ECONOMETRÍA BÁSICA

Tercera Edición

Damodar N. Gujarati

United States Military Academy, West Point

Traducción

Gladys Arango Medina

Economista de la Universidad de Los Andes
Traductora e intérprete oficial

Revisión técnica

Martha Misas Arango

Investigadora Subgerencia de Estudios Económicos
Banco de la República

McGraw-Hill

Santafé de Bogotá • Buenos Aires • Caracas • Guatemala • Lisboa • Madrid • México
Nueva York • Panamá • San Juan • Santiago de Chile • Sao Paulo
Auckland • Hamburgo • Londres • Milán • Montreal • Nueva Delhi • París
San Francisco • San Luis • Singapur • Sidney • Tokio • Toronto

DERECHOS RESERVADOS. Copyright © 1997, por McGRAW-HILL INTERAMERICANA, S.A.
Avenida de las Américas, 46-41. Santafé de Bogotá, Colombia

Traducido de la tercera edición de
BASIC ECONOMETRICS
Copyright © MCMXCV, por McGRAW-HILL, INC.
ISBN: 0-07-025214-9

Editora: Emma Ariza Herrera

3124567890   9012345786

ISBN: 958-600-585-2

Impreso en Colombia   Printed in Colombia
Se imprimieron 5000 ejemplares en el mes de enero de 1999
Impreso y encuadernado por: Lito Camargo Ltda.
Santafé de Bogotá D.C.

EL AUTOR

Después de enseñar durante más de 28 años en la City University of New York, Damodar N. Gujarati es actualmente profesor de Economía en el Departamento de Ciencias Sociales de la U.S. Military Academy en West Point, New York. El Dr. Gujarati recibió el grado de M.Com de la Universidad de Bombay en 1960, el grado de M.B.A. de la Universidad de Chicago en 1963 y el grado de Ph.D. de la Universidad de Chicago en 1965. El Dr. Gujarati ha publicado sus trabajos ampliamente en revistas reconocidas a nivel nacional e internacional, tales como *Review of Economics and Statistics,* el *Economic Journal,* el *Journal of Financial and Quantitative Analysis,* el *Journal of Business,* el *American Statistician* y el *Journal of Industrial and Labor Relations.* El Dr. Gujarati es árbitro editorial para diversas revistas y libros y miembro de la Junta de Editores del *Journal of Quantitative Economics,* publicación oficial de la Sociedad Econométrica de la India. El Dr. Gujarati es también el autor de *Pensions and the New York Fiscal Crisis (Las pensiones y la crisis fiscal de la ciudad de Nueva York)* (The American Enterprise Institute, 1978), *Government and Business* (El gobierno y las empresas) (McGraw-Hill, 1984) y *Essentials of Econometrics* (McGraw-Hill, 1992). Los libros del Dr. Gujarati sobre econometría han sido traducidos a diversos idiomas.

El Dr. Gujarati fue profesor visitante en la Universidad de Sheffield, Inglaterra (1970-1971), profesor visitante Fulbright en la India (1981-1982), profesor visitante en la Facultad de Administración de la Universidad Nacional de Singapur (1985-1986) y profesor visitante de econometría en la Universidad de Nueva Gales del Sur, Australia (durante el verano de 1988). Como participante activo del programa de conferencias de la USIA en el exterior, el Dr. Gujarati ha dictado numerosas conferencias sobre temas micro y macroeconómicos en países como Australia, Bangladesh, Alemania, India, Israel, Mauricio y la República de Corea del Sur. El Dr. Gujarati también ha dictado seminarios y exposiciones en Canadá y México.

A la memoria de
«Akka» (Shalini)
y
«Suru» (Suryakant)

CONTENIDO

7   Análisis de Regresión Múltiple: Problema de Estimación   189

9   Enfoque Matricial en el Modelo de Regresión Lineal   277

Parte 2 Violación de los Supuestos del Modelo Clásico

16 Regresión con la Variable Dependiente Dicótoma: Los Modelos MLP, Logit, Probit y Tobit

Parte 5   Econometría de Series de Tiempo

Apéndices

PREFACIO

Igual que en las dos ediciones anteriores, el objetivo principal de la tercera edición de *Econometría* es proporcionar una introducción elemental pero completa a la econometría sin tener que recurrir al algebra matricial, al cálculo ni a la estadística, más allá de un nivel elemental.

En esta edición he intentado incorporar algunos de los desarrollos en la teoría y práctica de econometría que han tenido lugar desde la publicación de la segunda edición en 1988. Adicionalmente, esta revisión me ha dado la oportunidad de simplificar el análisis de algunos temas incluídos en las ediciones previas y, a la vez, añadir algún material nuevo. Los principales cambios en esta edición son los siguientes:

1. En el capítulo 1 he ampliado el análisis sobre la naturaleza y las fuentes de información disponibles para el análisis econométrico. En vista del creciente uso de la información de series de tiempo en el análisis económico, he introducido muy tempranamente el concepto de **serie de tiempo estacionaria**, un concepto que es crucial para analizar la información relacionada con series de tiempo económicas.

2. En el capítulo 3 presento una análisis más amplio de los supuestos del modelo clásico de regresión lineal (MCRL). El MCRL es la base de la econometría. En este capítulo también analizo los experimentos de simulación de **Monte Carlo**.

3. En el capítulo 5, sobre prueba de hipótesis, he introducido el concepto de **valor p**, «*P-value*», o nivel exacto de significancia de un estadístico de prueba. En este capítulo también analizo la **prueba de normalidad de Jarque-Bera**.

4. En el capítulo 8 he simplificado el análisis sobre prueba de hipótesis en el contexto de los modelos de regresión múltiple. En este capítulo también se ha incluido un estudio sobre selección entre modelos de regresión lineal y log-lineal. En el apéndice de este capítulo analizo la **prueba de hipótesis de la razón de verosimilitud (RV)**, a un nivel elemental.

5. En el capítulo 10, sobre multicolinealidad, he dado igual valor al análisis basado en **muestras pequeñas**, un concepto atribuido a Arthur Goldnberger. También he introducido las herramientas de **tolerancia** e **innflación de varianza** para detectar multicolinealidad.

6 En el capítulo 11, sobre heterocedasticidad, he incluido la **prueba de Breusch-Pagan-Godfrey** y la **prueba de White** de heterocedasticidad. También analizo las varianzas de heterocedasticidad de White y los errores estándar de los estimadores MCO.

7. En el capítulo 12, sobre autocorrelación, he incluido las siguientes pruebas: La prueba asintótica de autocorrelación, la prueba Breusch-Godfrey de autocorrelación de orden mayor y la prueba de Berenblut-Webb. También está incluido en este capítulo el **modelo ARCH**, utilizado con más frecuencia en economía financiera.

8. En el capítulo 13 sobre construcción de modelos, se analiza el nivel nominal de significancia *versus* su nivel real en presencia del mecanismo de regresión por etapas o «data mining) y **la prueba del multiplicador de Lagrange (ML)** para agregar variables a un modelo de regresión.

9. En el capítulo 14, que es nuevo, analizo alternativas para la metodología econométrica tradicional. En particular, trato los enfoques econométricos de Leamer y de Hendry. Se incluyen en este capítulo pruebas de hipótesis no anidadas, en particular, la **prueba *J* de Davidson-MacKinnon.**

10. En el capítulo 15 sobre variables dicótomicas, se agrega un análisis del uso de éstas al combinar información de series de tiempo y de corte transversal. Además se muestra cómo pueden ser utilizadas las variables dicótomicas en presencia de autocorrelación y heterocedasticidad. En un ejercicio de este capítulo se analiza la técnica de **regresión aparentemente no relacionada (SURE)**, de Zellner.

11. En el capítulo 16, sobre modelos de regresión CON variable dependiente dicótoma, se adiciona ahora un análisis del **modelo Tobit.**

12. En el capítulo 17, sobre modelos dinámicos de regresión, se incluye un análisis de las pruebas de causalidad **Granger** y de **Sims**.

13. Los capítulos 18, 19 y 20, sobre modelos de ecuaciones simultáneas, contienen ahora pruebas de simultaneidad y de exogeneidad. En estos capítulos también se analiza la relación entre causalidad y exogeneidad.

14. Como reconocimiento a la importancia creciente de las series de tiempo en el análisis económico, he incluido dos capítulos nuevos sobre series de tiempo econométricas. En el capítulo 21, introduzco los conceptos claves en el análisis de series de tiempo, tales como **estacionariedad, caminata aleatoria, raíz unitaria, pruebas de estacionariedad de Dickey-Fuller y de Dickey-Fuller aumentada, tendencias determinísticas y estocásticas, procesos estocásticos estacionarios alrededor de una tendencia y estacionarios en diferencia, cointegración, pruebas de Engle-Granger de cointegración, mecanismo de corrección de errores y regresión espuria.** En el capítulo 22 analizo los enfoques de **Box-Jenkins,** o **ARIMA,** y la aplicación de **vectores autorregresivos (VAR)** y su aplicación a los pronósticos económicos. Estas son alternativas para los enfoques tradicionales de proyección uniecuacional y de ecuaciones simultáneas.

He agregado otros ejercicios nuevos, que aparecen al final de los capítulos y se han dividido en dos grupos: preguntas y problemas. Estos últimos, son ejercicios basados en manejo de datos (creo firmemente en el aprendizaje mediante la práctica).

Todos estos cambios han ampliado considerablemente el alcance de este libro, con lo que espero dar flexibilidad sustancial al instructor en la selección de temas que sean apropiados para la audiencia a la cual se pretende llegar. A continuación hay algunas sugerencias sobre la forma como puede ser utilizado este libro. **Curso de un semestre para no especialistas:** apéndice A, capítulos 1 al 8, revisión general de los capítulos 10, 11 y 12 (omitiendo todas las pruebas) y capítulo 15. Los ejercicios teóricos pueden ser omitidos. **Curso de un semestre para personas especializadas en economía:** apéndice A, capítulos 1 al 8 y capítulos 10 al 15. Si se utiliza álgebra matricial, el curso debe incluir el apéndice B y el capítulo 9. Algunos de los ejercicios teóricos pueden ser omitidos. **Curso de dos semestres para personas especializadas en economía:** los apéndices A y B y los capítulos 1 al 22. Las pruebas matemáticas dadas en los diversos apéndices pueden cubrirse sobre una base selectiva. Adicionalmente, el instructor puede desear cubrir el tema de modelos de regresión no lineal (en los parámetros).

Esta revisión no hubiera sido posible sin los comentarios constructivos, las sugerencias y el estímulo que he recibido de varias personas quienes han leído diversos borradores. En particular, me gustaría reconocer mi deuda con los siguientes profesores, sin hacerlos responsables, ciertamente, por cualquier deficiencia que pueda tener el libro: Ted Amato, (University of North Carolina); Dale Belman, (University of Wisconsin-Milwaukee); Tom Daula, (U.S. Military Academy); Mary Deily, (Lehigh University); Frank Diebold, (University of Pennsylvania); David Garman, (Tufts University); Sushila Gidwani-Bushchi, (Manhattan College); William Greene, (New York University); Dennis Jansen, (Texas A & M University); Jane Lillydahl, (University of Colorado); Dagmar Rajagopal, (Ryerson Polytechnic University; Bo Ruck, (U.S. Military Academy); John Spitzer, (State University of New York, Brockport); y H.D. Vinod, (Fordham University).

Tengo una gran deuda de gratitud con el profesor Kenneth J. White y Steven A. Theobald por haber verificado los cálculos numéricos y preparado el manual: *Basic Econometrics: A Computer Handbook Using SHAZAM, 3 ed., McGraw-Hill, Nueva York, 1995.* Mi esposa Pushpa y mis hijas Joan y Diane han sido una fuente constante de inspiración y estímulo. Más allá de un sencillo gracias, deseo que sepan que las quiero mucho.

Una nota personal. Después de enseñar durante cerca de 28 años en la City University of New York (CUNY), me he vinculado al Departamento de Ciencias Sociales de la Academia Militar de los Estados Unidos, en West Point, Nueva York. Le agradezco a CUNY el haberme dado mi primer trabajo y a la Academia por ofrecerme nuevos desafíos y oportunidades.

Damodar N. Gujarati

INTRODUCCIÓN

1. ¿QUÉ ES ECONOMETRÍA?

Literalmente, *econometría* significa «medición económica». Sin embargo, si bien es cierto que la medición es una parte importante de la econometría, el alcance de esta disciplina es mucho más amplio, como puede deducirse de las siguientes citas:

La econometría, resultado de cierta perspectiva sobre el papel que juega la economía, consiste en la aplicación de la estadística matemática a la información económica para dar soporte empírico a los modelos construidos por la economía matemática y obtener resultados numéricos[1].

... la econometría puede ser definida como el análisis cuantitativo de fenómenos económicos reales, basados en el desarrollo simultáneo de la teoría y la observación, relacionados mediante métodos apropiados de inferencia[2].

La econometría puede ser definida como la ciencia social en la cual las herramientas de la teoría económica, las matemáticas y la inferencia estadística son aplicadas al análisis de los fenómenos económicos[3].

La econometría tiene que ver con la determinación empírica de las leyes económicas[4].

El arte del econometrista consiste en encontrar el conjunto de supuestos que sean suficientemente específicos y realistas, de tal forma que le permitan aprovechar de la mejor manera los datos que tiene a su disposición[5].

Los econometristas... son una ayuda en el esfuerzo por disipar la mala imagen pública de la economía (cuantitativa o de otro tipo) considerada como una materia en la cual se abren cajas vacías, suponiendo

---

[1]Gerhard Tintner, *Methodology of Mathematical Economics and Econometrics*, The University of Chicago Press, Chicago, 1968, p. 74.

[2]P. A. Samuelson, T. C. Koopmans, y J. R. N. Stone, «Report of the Evaluative Committee for *Econometrica*», vol. 22, No. 2, abril 1954, pp. 141-146.

[3]Arthur S. Goldberger, *Econometric Theory*, John Wiley & Sons, New York, 1964, p. 1.

[4]H. Theil, *Principles of Econometrics*, John Wiley & Sons, New York, 1971, p. 1.

[5]E. Malinvaud, *Statistical Methods of Econometrics*, Rand McNally, Chicago, 1966, p. 514.

la existencia de abrelatas, para revelar un contenido que será interpretado por cada diez economistas de 11 maneras diferentes[6].

El método de investigación econométrica busca esencialmente una conjunción entre la teoría económica y la medición real, utilizando como soporte la teoría y la técnica de inferencia estadística[7].

2. ¿POR QUÉ UNA DISCIPLINA APARTE?

Como lo sugieren las definiciones anteriores, la econometría es una amalgama de teoría económica, economía matemática, estadística económica y estadística matemática. Todavía la materia merece ser estudiada en forma separada por las siguientes razones.

La teoría económica hace afirmaciones o formula hipótesis de naturaleza principalmente cualitativa. Por ejemplo, la teoría microeconómica establece que, permaneciendo constantes otros factores, se espera que una reducción en el precio de un bien aumente la cantidad demandada de ese bien. Así, la teoría económica postula una relación negativa o inversa entre el precio y la cantidad demandada de un bien. Pero la teoría de por sí no proporciona medida numérica alguna de la relación entre los dos; no dice en qué magnitud aumentará o se reducirá la cantidad como resultado de un cambio determinado en el precio del bien. El trabajo del econometrista es proporcionar tales estimativos numéricos. Planteado de otra forma, la econometría da contenido empírico a gran parte de la teoría económica.

El interés principal de la economía matemática es expresar la teoría económica en una forma matemática (ecuaciones) sin considerar la capacidad de medición o de verificación empírica de la teoría. La econometría está interesada principalmente en la verificación empírica de la teoría económica. Como veremos, el econometrista utiliza frecuentemente las ecuaciones matemáticas, propuestas por el economista matemático, pero las expresa en tal forma que éstas se prestan para la prueba empírica. Y esta conversión de ecuaciones matemáticas en ecuaciones econométricas requiere una gran dosis de ingenio y destreza.

La estadística económica se relaciona principalmente con la recolección, procesamiento y presentación de las cifras económicas en forma de gráficos y tablas. Este es el trabajo del estadístico económico, cuya actividad principal consiste en recoger cifras sobre el PIB, el empleo, el desempleo, los precios, etc. La información así recogida constituye la materia prima para el trabajo econométrico. Pero el estadístico económico no va más allá de la recolección de información, pues no le concierne la utilización de las cifras recogidas para probar la validez de las teorías económicas o para refutarlas. Ciertamente, es el econometrista quien se ocupa de realizar esta labor.

Aunque la estadística matemática proporciona muchas de las herramientas utilizadas por esta ciencia, el econometrista frecuentemente necesita métodos especiales en vista de la naturaleza única de la mayoría de las cifras económicas, ya que éstas no se generan como resultado de un experimento controlado. El econometrista, como el meteorólogo, depende generalmente de cifras que no pueden ser controladas directamente. Por tanto, las cifras sobre consumo, ingreso, inversión, ahorro, precios, etc., recogidas por agencias oficiales y privadas, son información no experimental. El econometrista toma estos datos como dados, hecho que genera problemas especiales que normalmente no se manejan en la estadística matemática. Además, es probable que tales cifras contengan errores de medición, situación que el econometrista puede ayudar a remediar desarrollando métodos especiales de análisis.

---

[6]Adrian C. Darnell y J. Lynne Evans, *The Limits of Econometrics*, Edward Elgar Publishing, Hants, England, 1990, p. 54.

[7]T. Haavelmo, «The Probability Approach in Econometrics», Suplemento de *Econometrica*, vol. 12, 1944, prefacio p. iii.

3. METODOLOGÍA DE LA ECONOMETRÍA

¿Cómo proceden los econometristas en el análisis de un problema económico? Es decir, ¿Cuál es su metodología? Aunque existen diversas escuelas de pensamiento sobre metodología econométrica, se presenta aquí la **metodología tradicional** o **clásica**, que predomina en la investigación empírica en economía y en los campos relacionados. En los capítulos 13 y 14 se analizará el tema general de la metodología econométrica en mayor detalle.

En términos generales, la metodología econométrica tradicional se realiza dentro de los siguientes lineamientos:

1. Planteamiento de la teoría o de la hipótesis
2. Especificación del modelo matemático de la teoría
3. Especificación del modelo econométrico de la teoría
4. Obtención de datos
5. Estimación de los parámetros del modelo econométrico
6. Prueba de hipótesis
7. Pronóstico o predicción
8. Utilización del modelo para fines de control o de política

Para ilustrar los pasos anteriores, se considera la conocida teoría keynesiana de consumo.

1. Planteamiento de la teoría o hipótesis

Keynes plantea:

> La ley sicológica fundamental... consiste en que los hombres [y las mujeres] como regla general y en promedio, están dispuestos a incrementar su consumo a medida que su ingreso aumenta, pero no en la misma cuantía del aumento en su ingreso[8].

En pocas palabras, Keynes postula que la **propensión marginal a consumir (PMC)**, es decir, la tasa de cambio del consumo generado por una unidad (digamos, un dólar) de cambio en el ingreso, es mayor que cero pero menor que uno.

2. Especificación del modelo matemático de consumo

A pesar de haber postulado una relación positiva entre el consumo y el ingreso, Keynes no especifica la forma precisa de la relación funcional entre las dos. Por simplicidad, un economista matemático podría sugerir la siguiente forma de la función keynesiana de consumo:

$$Y = \beta_1 + \beta_2 X \qquad 0 < \beta_2 < 1 \qquad\qquad (I.3.1)$$

donde Y = gasto de consumo y X = ingreso, y donde β_1 y β_2, conocidos como **parámetros** del modelo son, respectivamente, los coeficientes del **intercepto** y de la **pendiente**.

El coeficiente de la pendiente β_2 mide la PMC. Geométricamente, la Ec.(I.3.1) se muestra en la figura I.1. Esta ecuación plantea que el consumo está relacionado linealmente con el ingreso, y es un ejemplo de un modelo matemático de la relación entre consumo e ingreso llamada en economía

---

[8]John Maynard Keynes, *The General Theory of Employment, Interest and Money*, Harcourt Brace Jovanovich, New York, 1936, p. 96.

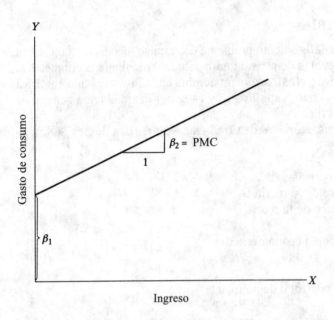

FIGURA I.1
Función keynesiana de consumo.

la función consumo. Un modelo es simplemente un conjunto de ecuaciones matemáticas. Si el modelo tiene una sola ecuación, como en el ejemplo anterior, se denomina **modelo uniecuacional**, mientras que si tiene más de una ecuación, se conoce como **modelo multiecuacional** (este tipo de modelos será considerado más adelante en el libro).

En la ecuación (I.3.1) la variable que aparece al lado izquierdo del signo de la igualdad se llama **variable dependiente** y la(s) variable(s) en el lado derecho se llama(n) **variable(s) independiente(s)**, o **explicativa(s)**. Así, en la función keynesiana de consumo, la ecuación (I.3.1), el consumo (gasto) es la variable dependiente y el ingreso es la variable explicativa.

3. Especificación del modelo econométrico de consumo

El modelo puramente matemático de la función de consumo dado en la ecuación (I.3.1) es de interés limitado para el econometrista, ya que supone que existe una relación *exacta* o *determinística* entre el consumo y el ingreso. Pero las relaciones entre las variables económicas generalmente son inexactas. Así, por ejemplo, si se fuera a obtener información sobre gasto de consumo e ingreso disponible (es decir, después de impuestos) de una muestra de 500 familias americanas y graficar estos datos, asignando el eje vertical al gasto de consumo y el eje horizontal al ingreso disponible, no se esperaría que todas las 500 observaciones quedaran exactamente sobre la línea recta de la ecuación (I.3.1) porque, además del ingreso, existen otras variables que afectan el gasto de consumo. Por ejemplo, el tamaño de la familia, las edades de sus miembros, su religión, etc., ejercerán probablemente alguna influencia sobre el consumo.

Para dar cabida a relaciones inexactas entre las variables económicas, el econometrista modificaría la función determinística de consumo (I.3.1) de la siguiente manera:

$$Y = \beta_1 + \beta_2 X + u \qquad\qquad (I.3.2)$$

donde u, conocida como el **término de perturbación,** o **de error** es una **variable aleatoria (estocástica)** que tiene propiedades probabilísticas claramente definidas. El término de perturbación u puede representar claramente todos aquellos factores que afectan el consumo pero que no son considerados en el modelo en forma explícita.

La ecuación (I.3.2) es un ejemplo de un **modelo econométrico.** Más técnicamente, dicha ecuación es un ejemplo de un **modelo de regresión lineal,** el principal interés de este libro. La función econométrica de consumo plantea como hipótesis que la variable dependiente Y (consumo) está relacionada linealmente con la variable explicativa X (ingreso) pero que la relación entre las dos no es exacta; está sujeta a variaciones individuales.

El modelo econométrico de la función de consumo puede representarse gráficamente como aparece en la figura I.2.

4. Obtención de información

Para estimar el modelo econométrico dado en (I.3.2), esto es, para obtener los valores numéricos de β_1 y β_2, necesitamos datos. Aunque tendremos más que decir en el siguiente capítulo sobre la importancia crucial de los datos para el análisis económico, por el momento observemos unas cifras relacionadas con la economía de los Estados Unidos dadas en la tabla I.1. La variable Y en esta tabla es el gasto de consumo personal *agregado* (para la economía como un todo) y la variable X es el Producto Interno Bruto (PIB), una medida del ingreso agregado, ambos medidos en miles de millones de dólares de 1987. Por consiguiente, los datos están en términos «reales», es decir, han sido medidos en precios constantes (1987). Estos datos se han graficado en la figura I.3 (*cf.* figura I.2).

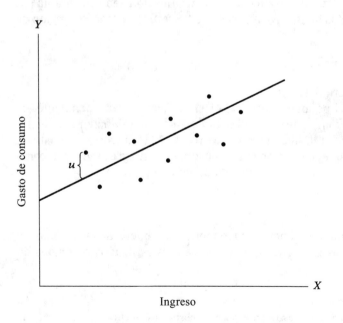

FIGURA I.2
Modelo econométrico de la función keynesiana de consumo.

TABLA I.1
Información sobre Y (gasto de consumo personal)
y X (Producto Interno Bruto), 1980-1991,
en miles de millones de dólares de 1987

Año	Y	X
1980	2,447.1	3,776.3
1981	2,476.9	3,843.1
1982	2,503.7	3,760.3
1983	2,619.4	3,906.6
1984	2,746.1	4,148.5
1985	2,865.8	4,279.8
1986	2,969.1	4,404.5
1987	3,052.2	4,539.9
1988	3,162.4	4,718.6
1989	3,223.3	4,838.0
1990	3,260.4	4,877.5
1991	3,240.8	4,821.0

Fuente: Economic Report of the President, 1993, tabla B-2, p.350.

5. Estimación del modelo econométrico

Ahora que tenemos los datos, nuestra siguiente labor es estimar los parámetros de la función consumo. La estimación numérica de los parámetros da contenido empírico a la función consumo. El mecanismo real para estimar los parámetros será ilustrada en el capítulo 3. Por el momento, note que la técnica estadística conocida como **análisis de regresión** es la herramienta principal utilizada para obtener los valores estimados. Utilizando esta técnica y la información dada en la tabla I.1, obtuvimos los siguientes valores estimados de β_1 y β_2, a saber, -231.8 y 0.7194. Así, la función de consumo estimada es

$$\hat{Y} = -231.8 + 0.7194X \qquad (I.3.3)$$

El gorro sobre Y indica que es un valor estimado[9].

De esta ecuación vemos que para el periodo 1980 a 1991 el coeficiente de la pendiente (es decir, la PMC) fue alrededor de 0.72, sugiriendo que para el periodo muestral un incremento de un dólar en el ingreso real lleva, en *promedio*, a un incremento de cerca de 72 centavos en el gasto de consumo real[10]. Se dice en promedio, porque la relación entre consumo e ingreso es inexacta, como se deduce de la figura I.3, la cual muestra la línea de regresión obtenida en (I.3.3).

6. Prueba de hipótesis

Suponiendo que el modelo ajustado es una aproximación razonablemente buena de la realidad, se tienen que desarrollar criterios apropiados para encontrar si los valores estimados obtenidos en

---

[9]Por convención, un gorro sobre una variable o parámetro indica que es un valor estimado.

[10]No se preocupe aquí por la forma como se obtuvieron estos valores; como lo mostramos en el capítulo 3, el método estadístico de mínimos cuadrados ha producido estos valores estimados. También, por el momento, no se preocupe por el valor negativo del intercepto.

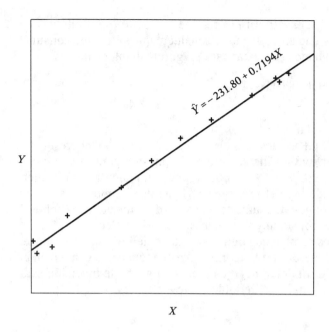

FIGURA I.3
Gasto de consumo personal (Y) en relación con el PIB (X), 1980–
1991 (línea de regresión no dibujada a escala).

una ecuación como la (I.3.3) por ejemplo, concuerdan con las expectativas de la teoría que está siendo probada. De acuerdo con los economistas «positivos», como Milton Friedman, una teoría o hipótesis que no es verificable por la evidencia empírica no puede ser admisible como parte de la investigación científica[11].

Como se anotó anteriormente, Keynes esperaba que la PMC fuera positiva pero menor que 1. En el ejemplo se encuentra una PMC de cerca de 0.72. Pero antes de aceptar este hallazgo como confirmación de la teoría keynesiana de consumo, debemos averiguar si este estimativo está suficientemente por debajo de la unidad para convencernos de que no se trata de un suceso del azar o de una peculiaridad de la información particular que hemos utilizado. En otras palabras, ¿es 0.72 *estadísticamente menor que 1*? Si lo es, puede apoyar la teoría de Keynes.

Tal confirmación o refutación de las teorías económicas con base en evidencia muestral está basada en una rama de la teoría estadística conocida como **inferencia estadística (prueba de hipótesis).** A lo largo de este libro se verá cómo se realiza en la práctica este proceso de inferencia.

7. Proyección o predicción

Si el modelo escogido confirma la hipótesis o la teoría en consideración, se puede utilizar para predecir el(los) valor(es) futuro(s) de la **variable** dependiente Y, o **de pronóstico,** con base en el valor futuro conocido o esperado de la **variable** X explicativa, o **predictora.**

---

[11]*Véase* Milton Friedman, «The Methodology of Positive Economics», *Essays in Positive Economics,* University of Chicago Press, Chicago, 1953.

A manera de ilustración, suponga que se espera un PIB real de US$6000 (mil millones) en 1994. ¿Cuál es el pronóstico de gasto de consumo en 1994? Si se considera que la función consumo (I.3.3) continuará siendo válida en 1994, podemos contestar esta pregunta simplemente así:

$$\hat{Y} = -231.8 + 0.7196(6000)$$
$$= 4084.6 \qquad\qquad (I.3.4)$$

es decir, cerca de 4085 miles de millones de dólares.

Hay otro uso del modelo estimado (I.3.3). Poco después de su posesión en 1993, el presidente Clinton anunció su plan económico, que incluyó un incremento en impuestos para la gente con ingresos por encima de un nivel mínimo de cerca de US$140,000. Propuso también gravar la energía, entre otros renglones, para recortar el déficit del presupuesto federal; el impuesto sobre la gasolina, de hecho, fue elevado 5 centavos por galón. ¿Cuál será el efecto de estas políticas sobre el ingreso y, por consiguiente, sobre el gasto de consumo y finalmente sobre el empleo?

Supóngase que como resultado de estos cambios de política el gasto de inversión se reduce. ¿Cuál será el efecto sobre la economía? De acuerdo con la teoría macroeconómica, el cambio en el ingreso generado por un cambio por valor de un dólar, por ejemplo, en el gasto de inversión está dado por el **multiplicador del ingreso (M)**, el cual está definido como

$$M = \frac{1}{1 - \text{PMC}} \qquad\qquad (I.3.5)$$

Si se utiliza la PMC de 0.72 obtenida de (I.3.3), este multiplicador se convierte en $M = 1/(1 - 0.72) = 3.57$. Esto es, una reducción (o aumento) de un dólar en la inversión, finalmente llevará a una reducción (o incremento) cerca de cuatro veces mayor en el ingreso; advierta que el multiplicador demora algún tiempo en actuar.

El valor crítico en este cálculo es la PMC, ya que M depende de ésta. Y este valor estimado de la PMC se obtiene de modelos de regresión tales como (I.3.3). Así, un valor estimado cuantitativo de la PMC proporciona valiosa información para fines de política. Conociendo la PMC, uno puede predecir el curso futuro del ingreso y del gasto de consumo que sigue a un cambio en las políticas fiscales del gobierno.

8. Uso del modelo para fines de control o de política

Suponga que tenemos la función keynesiana de consumo estimada dada en (I.3.3). Suponga además que el gobierno considera que un nivel de gasto de 4000 (miles de millones de dólares de 1987) mantendrá la tasa de desempleo en su nivel actual de cerca de 6.5 por ciento (estimación de abril de 1994 realizado por el Bureau of Labor Statistics). ¿Cuál nivel de ingreso garantizará la cantidad de gasto de consumo fijado como meta?

Si la función de consumo dada en (I.3.3) es aceptable, la aritmética simple mostrará que

$$4000 = -231.8 + 0.7194X$$
$$X = 5882 \text{ (aprox.)} \qquad\qquad (I.3.6)$$

Esto es, un nivel de ingresos de US$5882 (miles de millones), dada una PMC de cerca de 0.72, producirá un gasto de US$4000 miles de millones.

Como lo sugieren estos cálculos, un modelo estimado puede ser utilizado para fines de control o de política. Mediante una mezcla apropiada de política fiscal y monetaria, el gobierno puede manejar la **variable de control X** para producir el nivel deseado de la **variable objetivo Y**.

La figura I.4 resume la anatomía de la elaboración de modelos econométricos clásicos.

Teoría económica
Modelo matemático de la teoría
Modelo econométrico de la teoría
Datos
Estimación del modelo econométrico
Prueba de hipótesis
Pronóstico o predicción
Uso del modelo para fines de control o de política

FIGURA I.4
Anatomía de la elaboración de modelos econométricos.

4. TIPOS DE ECONOMETRÍA

Como lo sugiere el esquema de clasificación en la figura I.5, la econometría puede ser dividida en dos amplias categorías: la **econometría teórica** y la **econometría aplicada**. En cada categoría, uno puede enfocar la materia en la tradición **clásica** o en la **bayesiana**. En este libro se hace énfasis en el enfoque clásico. Para el enfoque bayesiano, el lector puede consultar las referencias dadas al final del capítulo.

La econometría teórica se relaciona con el desarrollo de métodos apropiados, para medir las relaciones económicas especificadas por los modelos econométricos. En este aspecto, la econometría se apoya en gran medida en la estadística matemática. Por ejemplo, uno de los métodos utilizados ampliamente en este libro es el de **mínimos cuadrados**. La econometría teórica debe expresar los supuestos de este método, sus propiedades y lo que sucede a éstas cuando uno o más de los supuestos del método no se cumplen.

En la econometría aplicada utilizamos herramientas de la econometría teórica para estudiar algunos campos especiales de la economía y los negocios, tales como la función de producción, la función de inversión, las funciones de demanda y oferta, la teoría de portafolio, etc.

Este libro se refiere en gran parte al desarrollo de los métodos econométricos, sus supuestos, sus usos y limitantes. Estos métodos están ilustrados con ejemplos en diversas áreas de la economía y los negocios. Pero éste *no* es un libro de econometría aplicada en el sentido de buscar a fondo dentro de un campo particular de aplicación económica. Para esa labor existen textos especializados. Al final de esta obra se proporcionan referencias de algunos de ellos.

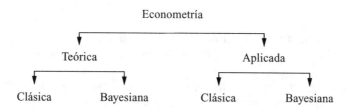

FIGURA I.5
Categorías de la econometría.

5. PRERREQUISITOS MATEMÁTICOS Y ESTADÍSTICOS

A pesar de que este libro está escrito en un nivel elemental, el autor supone que el lector está familiarizado con los conceptos básicos de la estimación estadística y prueba de hipótesis.

Sin embargo, una revisión amplia pero no técnica de los conceptos estadísticos básicos utilizados en esta obra se presenta en el apéndice A para beneficio de aquellos que quieren refrescar sus conocimientos. En lo que concierne a las matemáticas, es deseable aunque no esencial, estar un poco familiarizado con las nociones de cálculo diferencial. Si bien la mayoría de los textos de econometría para graduados hace amplio uso del álgebra matricial, deseo aclarar que este libro no requiere estudio. Considero firmemente que las ideas fundamentales de econometría pueden ser transmitidas sin el uso del álgebra matricial. Sin embargo, para el beneficio del estudiante amigo de las matemáticas, el capítulo 9, *opcional*, resume la teoría de regresión básica en notación matricial. Para estos estudiantes, el apéndice B proporciona un resumen sucinto de los principales resultados del álgebra matricial.

6. EL PAPEL DEL COMPUTADOR

El análisis de regresión, la herramienta de uso diario de la econometría, no sería posible hoy en día sin el computador y algún acceso al software estadístico. (¡Créanme, yo crecí en la generación de la regla de cálculo!) Afortunadamente, existen muchos paquetes de regresión excelentes disponibles en el comercio, tanto para los computadores (*mainframe*) como para los microcomputadores y con el tiempo la lista es cada vez mayor. Los paquetes de software de regresión, tales como **ET, LIMDEP, SHAZAM, MICRO TSP, MINITAB, SAS, SPSS**, y **BMD** tienen la mayoría de las técnicas econométricas y las pruebas analizadas en este libro. En el apéndice C se presenta una lista detallada de los diversos paquetes de computador y de sus proveedores. Algunos de estos paquetes están disponibles en versión estudiantil a precios comparativamente económicos.

En este libro, ocasionalmente, se pedirá al lector realizar experimentos **Monte Carlo** utilizando uno o más paquetes estadísticos. Los experimentos Monte Carlo son ejercicios «divertidos» que capacitarán al lector para apreciar las propiedades de diversos métodos estadísticos analizados en este libro. Los experimentos Monte Carlo serán analizados en detalle en los lugares apropiados.

7. SUGERENCIAS PARA LECTURAS POSTERIORES

El tema de la metodología econométrica es vasto y controversial. Para aquellos interesados en este tema, sugiero los siguientes libros:

Neil de Marchi y Christopher Gilbert, eds., *History and Methodology of Econometrics*, Oxford University Press, New York, 1989. En esta colección de lecturas se analizan los primeros trabajos realizados sobre metodología econométrica. El análisis se extiende al enfoque británico de la econometría relacionado con cifras de series de tiempo, esto es, datos recolectados durante un periodo de tiempo.

Wojciech W. Charemza y Derek F. Deadman, *New Directions in Econometric Practice: General to Specific Modelling, Cointegration and Vector Autoregression,* Edward Elgar Publishing Ltd., Hants, England, 1992. Los autores de este libro critican el enfoque tradicional de la econometría y dan una exposición detallada de nuevos enfoques a la metodología econométrica.

Adrian C. Darnell y J. Lynne Evans, *The Limits of Econometrics,* Edward Elgar Publishing Ltd., Hants, England, 1990. Este libro presenta un análisis en cierta medida balanceado de los diversos enfoques metodológicos a la econometría, con una renovada fidelidad a la metodología econométrica tradicional.

Mary S. Morgan, *The History of Econometric Ideas,* Cambridge University Press, New York, 1990. El autor proporciona una perspectiva histórica excelente sobre la teoría y la práctica de la econometría, con un análisis a fondo de las primeras contribuciones de Haavelmo (Nobel Laureado en Economía en 1990) a la econometría.

David Colander y Reuven Brenner, eds., *Educating Economists,* University of Michigan Press, Ann Arbor, Michigan, 1992. El texto presenta un punto de vista crítico, en ocasiones agnóstico, de la enseñanza y práctica de la economía.

Para consultar estadísticas bayesianas y la econometría, una fuente de fácil acceso es John H. Dey, *Data in Doubt,* Basil Blackwell Ltd., Oxford, England, 1985. Una referencia avanzada es Arnold Zellner, *An Introduction to Bayesian Inference in Econometrics,* John Wiley & Sons, New York, 1971.

MODELOS
DE REGRESIÓN
UNIECUACIONALES

La parte I de este texto introduce los modelos de regresión uniecuacionales. En estos modelos, una variable llamada *dependiente*, es expresada como función lineal de una o más variables, llamadas *explicativas*. En modelos de ese tipo se supone implícitamente que si existen relaciones causales entre las variables dependientes y explicativas, éstas van en una dirección solamente: de las variables explicativas hacia la variable dependiente.

En el capítulo 1 se hace una exposición relacionada con la interpretación, tanto histórica como moderna, del término *regresión* y se ilustran las diferencias entre las dos interpretaciones con diversos ejemplos tomados de la economía y de otros campos.

En el capítulo 2 se introducirán algunos conceptos fundamentales del análisis de regresión con la ayuda del modelo de regresión lineal con dos variables, en el cual la variable dependiente es expresada como una función lineal de sólo una variable explicativa.

En el capítulo 3 se seguirá manejando el modelo con dos variables y se introducirá lo que se conoce como el *modelo clásico de regresión lineal*, que tiene diversos supuestos simplificadores. Con estos supuestos, se introducirá el método de *mínimos cuadrados ordinarios* (MCO) para estimar los parámetros del modelo de regresión con dos variables. El método MCO es simple de aplicar y tiene algunas propiedades estadísticas muy deseables.

En el capítulo 4, se introducirá el modelo de regresión lineal clásico *normal*, un modelo que supone que la variable dependiente aleatoria sigue una distribución de probabilidad normal. Con este supuesto, los estimadores MCO obtenidos en el capítulo 3 poseen algunas propiedades estadísticas más fuertes que las de los modelos de regresión lineal clásicos no normales. Estas propiedades nos permiten llevar a cabo la inferencia estadística y en particular, las pruebas de hipótesis.

El capítulo 5 se dedicará al tema de prueba de hipótesis. En éste se tratará de encontrar si los coeficientes estimados de regresión son compatibles con los valores hipotéticos de tales coeficientes, estos valores son sugeridos por la teoría y/o por el trabajo empírico anterior.

En el capítulo 6 se considerarán algunas extensiones del modelo de regresión con dos variables. En particular, se analizarán temas como (1) la regresión a través del origen, (2) escalas y unidades de medición, y (3) formas funcionales de modelos de regresión tales como doble-logarítmicos, semilogarítmicos y recíprocos.

En el capítulo 7 se considerará el modelo de regresión múltiple, en el cual hay más de una variable explicativa y muestra cómo puede extenderse el método MCO para estimar los parámetros de tales modelos.

En el capítulo 8 se extenderán los conceptos introducidos en el capítulo 5 al modelo de regresión múltiple y se señalarán algunas de las complicaciones que surgen de la introducción de diversas variables explicativas.

El capítulo 9, opcional, resume los desarrollos de los primeros ocho capítulos en materia de álgebra matricial. Aunque la notación matricial no introduce nuevos conceptos, proporciona un método muy compacto para presentar la teoría de regresión que considera cualquier número de variables explicativas.

CAPÍTULO

1

NATURALEZA
DEL ANÁLISIS
DE REGRESIÓN

Como se mencionó en la Introducción, la regresión es una herramienta fundamental de la econometría; en este capítulo consideraremos muy brevemente la naturaleza de este instrumento.

1.1 ORIGEN HISTÓRICO DEL TÉRMINO «REGRESIÓN»

El término *regresión* fue introducido por Francis Galton. En un famoso artículo Galton planteó que, a pesar de la presencia de una tendencia en la que los padres de estatura alta tenían hijos altos y los padres de estatura baja tenían hijos bajos, la estatura promedio de los niños nacidos de padres de una estatura dada tendía a moverse o «regresar» hacia la estatura promedio de la población total[1]. En otras palabras, la estatura de los hijos inusualmente altos o de padres inusualmente bajos tiende a moverse hacia la estatura promedio de la población. La *Ley de regresión universal* de Galton fue confirmada por su amigo Karl Pearson, quien reunió más de mil registros de estaturas de miembros de grupos familiares[2]. Pearson encontró que la estatura promedio de los hijos de un grupo de padres de estatura alta era menor que la estatura de sus padres y la estatura promedio de los hijos de un grupo de padres de estatura baja era mayor que la estatura de sus padres, generándose un fenómeno mediante el cual los hijos altos e hijos bajos, «regresaban» en forma similar hacia la estatura promedio de todos los hombres. En palabras de Galton, se trataba de una «regresión hacia la mediocridad».

[1]Francis Galton, «Family Likeness in Stature», *Proceedings of Royal Society, Londres,* vol. 40, 1886. pp. 42-72.

[2]K. Pearson y A. Lee, «On the Laws of Inheritance», *Biometrika,* vol. 2, nov. 1903, pp. 357-462.

1.2 INTERPRETACIÓN MODERNA DE LA REGRESIÓN

La interpretación moderna de la regresión es, sin embargo, bastante diferente. En términos generales se puede decir:

El análisis de regresión trata del estudio de la dependencia de la *variable dependiente*, en una o más variables; las *variables explicativas*, con el objetivo de estimar y/o predecir la media o valor promedio poblacional de la primera en términos de los valores conocidos o fijos (en muestras repetidas) de las últimas.

La trascendental importancia de este enfoque del análisis de regresión se hará más claro a medida que avanzamos, pero algunos ejemplos sencillos aclararán este concepto básico.

Ejemplos

1. Considérese nuevamente la ley de regresión universal de Galton. Él estaba interesado en averiguar las razones por las cuales existía estabilidad en la distribución de estaturas dentro de una población. En el enfoque moderno la preocupación no está dirigida a esta explicación sino en averiguar la manera como cambia la estatura *promedio* de los hijos, dada la estatura de los padres. En otras palabras, se está interesado en predecir la estatura promedio de los hijos conociendo la estatura de sus padres. Para apreciar la forma como puede esto llevarse a cabo, se considera la figura 1.1 que corresponde a un **diagrama de dispersión**.

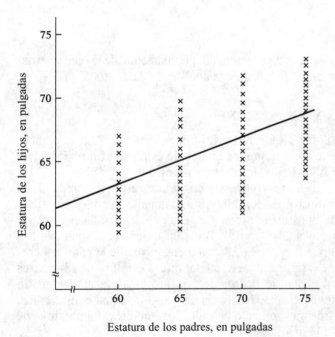

FIGURA 1.1
Distribución hipotética de las estaturas de los hijos correspondientes
a estaturas dadas de los padres.

La figura muestra la distribución de las estaturas de los hijos en una población hipotética, correspondiente al conjunto de valores dados o fijos de las estaturas de los padres. *Nótese* que para cualquier estatura dada de un padre existe un rango (distribución) de estaturas de los hijos. Sin embargo, adviértase que la estatura promedio de los hijos aumenta a medida que la estatura de los padres es mayor. Para ver esto claramente, hemos trazado una línea recta a través de los puntos dispersos. Esta línea muestra la forma como aumenta la estatura promedio de los hijos con la estatura de los padres. Esta línea, como se verá, se conoce como la **línea de regresión**[3].

2. Considérese el diagrama de dispersión en la figura 1.2, que presenta la distribución de una población hipotética de estaturas de niños medidas a edades determinadas. Nótese que existe un rango de estaturas correspondiente a cada edad dada. Obviamente no es probable que todos los niños de una edad determinada tengan estaturas idénticas. Pero el promedio de las estaturas se incrementa con la edad (obviamente, hasta un cierto momento). Así, conociendo la edad, podemos predecir la estatura promedio correspondiente a ésta.

3. Volviendo a los ejemplos de la economía, un economista puede estar interesado en estudiar la dependencia del gasto de consumo personal en el ingreso personal neto disponible (después de impuestos). Un análisis de este tipo puede ser útil para estimar la propensión marginal a consumir (PMC), esto es, el cambio promedio en el gasto de consumo ante un cambio de un dólar, por ejemplo, en el ingreso real.

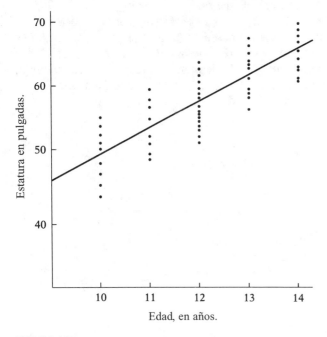

FIGURA 1.2
Distribución hipotética de estaturas correspondientes a edades
seleccionadas.

---

[3]En esta etapa del desarrollo del tema denominaremos a esta línea de regresión simplemente la *línea de relación promedio entre la variable dependiente (estatura del hijo) y la variable explicativa (estatura del padre). Nótese* que esta línea tiene una pendiente positiva; pero la pendiente es menor que 1, lo cual está de acuerdo con el concepto de regresión de Galton hacia la mediocridad. (¿Por qué?)

4. Un monopolista que puede fijar el precio o la producción (pero no ambos factores) puede desear encontrar la respuesta de la demanda de un producto ante cambios en el precio. Tal experimento puede permitir la estimación de la **elasticidad-precio** (es decir, la respuesta a variaciones en el precio) de la demanda del producto y ayudar a determinar el precio que maximiza las ganancias de una empresa.

5. Un economista laboral puede desear estudiar la tasa de cambio de los salarios monetarios o nominales con relación a la tasa de desempleo. Las cifras históricas aparecen en el diagrama de dispersión dado en la figura 1.3. La curva en la figura 1.3 es un ejemplo de la célebre *curva de Phillips* que relaciona cambios en los salarios nominales con la tasa de desempleo. Un diagrama de dispersión de este tipo permite al economista laboral, predecir el cambio promedio en los salarios nominales dada una cierta tasa de desempleo. Tal conocimiento es útil para establecer ciertas ideas sobre el proceso inflacionario en una economía, ya que es probable que los incrementos en los salarios monetarios se reflejen en incrementos de precios.

6. De la economía monetaria se sabe que, si se mantienen algunos factores constantes, entre mayor sea la tasa de inflación, menor será la proporción k de su ingreso que la gente desearía mantener en forma de dinero, como se deduce de la figura 1.4. Un análisis cuantitativo de esta relación permitirá al economista monetario predecir la cantidad de dinero, como proporción de su ingreso, que la gente desearía mantener a diversas tasas de inflación.

7. El director de mercadeo de una compañía puede desear saber la forma como se relaciona la demanda del producto de su compañía con el gasto de publicidad, por ejemplo. Un estudio de este tipo será de gran ayuda para encontrar la **elasticidad de la demanda** con respecto a los gastos de publicidad, esto es, el cambio porcentual en la demanda en respuesta, por ejemplo, a un cambio de 1 por ciento en el presupuesto de publicidad. Este conocimiento puede ser útil para determinar el presupuesto «óptimo» de publicidad.

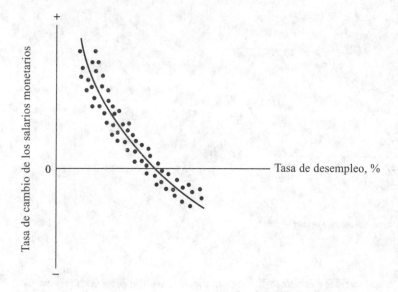

FIGURA 1.3
Curva de Phillips hipotética.

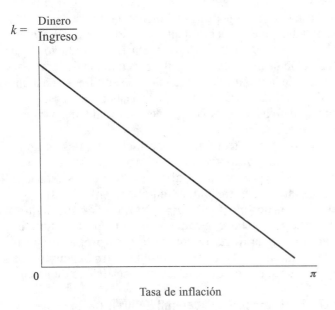

FIGURA 1.4
Tenencias de dinero con relación a la tasa de inflación π.

8. Finalmente, un agrónomo puede estar interesado en estudiar la dependencia existente entre el producto de una cosecha, de trigo por ejemplo, y la temperatura, la lluvia, la cantidad de sol y los fertilizantes. Un análisis de dependencia de ese tipo puede facilitar la predicción o el pronóstico de la producción media de la cosecha, dada la información sobre las variables explicativas.

El lector puede proporcionar una amplia gama de tales ejemplos de la dependencia de una variable con respecto de una o más variables. Las técnicas del análisis de regresión comentadas en este texto están diseñadas especialmente para estudiar dicha dependencia entre variables.

1.3 RELACIONES ESTADÍSTICAS *VS.* RELACIONES DETERMINÍSTICAS

De los ejemplos citados en la sección 1.2, el lector podrá observar, que en el análisis de regresión nos interesa lo que se conoce como dependencia *estadística* entre variables, no aquella *funcional* o *determinística* propia de la física clásica. En las relaciones estadísticas entre variables tratamos esencialmente con variables **aleatorias** o **estocásticas**[4], esto es, variables que tienen distribuciones de probabilidad. Por otra parte, en la dependencia funcional o determinística también manejamos variables, pero estas variables no son aleatorias o estocásticas.

---

[4]La palabra *estocástica* viene de la palabra griega *stokhos* que significa «centro del blanco». El resultado de lanzar dardos sobre un tablero es un proceso estocástico, esto es, un proceso que permite errores.

La dependencia del producto de una cosecha de la temperatura ambiente, la lluvia, el sol y los fertilizantes, por ejemplo, es de naturaleza estadística en el sentido que las variables explicativas, si bien son importantes, no permitirán al agrónomo predecir en forma exacta el producto de la cosecha debido a los errores involucrados en la medición de estas variables y en razón de otra serie de factores (variables), que afectan colectivamente la producción pero pueden ser difíciles de identificar individualmente. De esta manera habrá alguna variabilidad «intrínseca» o aleatoria en la variable dependiente, producto de la cosecha, que no puede ser explicada en su totalidad sin importar cuántas otras variables explicativas consideremos.

En los fenómenos determinísticos, por otra parte, tratamos con relaciones tales como la ley de la gravedad de Newton, la cual plantea que toda partícula en el universo atrae a cualquier otra partícula con una fuerza directamente proporcional al producto de sus masas e inversamente proporcional al cuadrado de la distancia entre ellas. Simbólicamente, $F = k(m_1 m_2 / r^2)$, donde F = fuerza, m_1 y m_2 son las masas de las dos partículas, r = distancia, y k = constante de proporcionalidad. Otro ejemplo es el de la ley de Ohm, la cual postula que para conductores metálicos dentro de un rango limitado de temperatura, la corriente C es proporcional al voltaje V; esto es, $C = (\frac{1}{k})V$ donde $\frac{1}{k}$ es la constante de proporcionalidad. Otros ejemplos de tales relaciones determinísticas son la ley de los gases de Boyle, la ley de electricidad de Kirchhoff y la ley de movimiento de Newton.

En este texto no estamos interesados en tales relaciones determinísticas. Obviamente, de haber errores de medición, por ejemplo, en la k de la ley de la gravedad de Newton, la relación que de otra forma hubiera sido determinística se convierte en una relación estadística. En esta situación es posible predecir la fuerza en forma aproximada solamente, a partir de un valor dado de k (y m_1, m_2 y r), el cual contiene errores. La variable F se convierte en este caso en aleatoria.

1.4 REGRESIÓN *VS.* CAUSALIDAD

A pesar de que el análisis de regresión tiene que ver con la dependencia de una variable de otras variables, esto no implica causalidad necesariamente. En palabras de Kendall y Stuart, «Una relación estadística, sin importar qué tan fuerte y sugestiva sea, nunca podrá establecer una conexión causal: nuestras ideas de causalidad deben venir de estadísticas externas y, en último término, de una u otra teoría»[5].

En el ejemplo del producto de una cosecha citado previamente, no hay una *razón estadística* para suponer que la lluvia no depende del producto de la cosecha. El hecho de que se trata el producto de la cosecha como dependiente de la lluvia (entre otras cosas) es debido a consideraciones no estadísticas: el sentido común sugiere que la relación no puede revertirse, ya que no podemos controlar la lluvia modificando la producción de la cosecha.

En todos los ejemplos citados en la sección 1.2 el punto de anotar es que **una relación estadística no puede por sí misma implicar en forma lógica una causalidad.** Para aducir causalidad se debe acudir a consideraciones *a priori* o teóricas. Así, en el tercer ejemplo citado, uno puede recurrir a la teoría económica al afirmar que el gasto de consumo depende del ingreso real[6].

---

[5]M.G. Kendall y A. Stuart, *The Advanced Theory of Statistics,* Charles Griffin Publishers, New York, 1961, vol. 2, cap. 26, p.279.

[6]Pero como veremos en el capítulo 3, el análisis clásico de regresión está basado en el supuesto de que el modelo utilizado en el análisis es el modelo correcto. Por consiguiente, la dirección de la causalidad puede estar implícita en el modelo postulado.

1.5 REGRESIÓN *VS.* CORRELACIÓN

El **análisis de correlación** está estrechamente relacionado con el de regresión aunque conceptualmente los dos son muy diferentes. En el análisis de correlación el objetivo principal es medir la *fuerza* o el *grado* de *asociación lineal* entre dos variables. El **coeficiente de correlación**, que se estudiará en detalle en el capítulo 3, mide esta fuerza de asociación (lineal). Por ejemplo, se puede estar interesado en encontrar la correlación (el coeficiente) entre el hábito de fumar y el cáncer del pulmón; entre las calificaciones obtenidas en exámenes de estadística y las obtenidas en exámenes de matemáticas; entre las calificaciones obtenidas en la escuela secundaria y en la universidad, y así sucesivamente. En el análisis de regresión, como ya se mencionó, no estamos interesados en ese tipo de medición. En cambio, se trata de estimar o de predecir el valor promedio de una variable sobre la base de valores fijos de otras variables. Así, puede ser que se desee saber si se puede predecir el promedio de las calificaciones en un examen de estadística, conociendo la calificación de un estudiante en un examen de matemáticas.

La regresión y la correlación tienen algunas diferencias fundamentales que vale la pena mencionar. En el análisis de regresión hay una asimetría en el tratamiento que se da a las variables dependientes y explicativas. Se supone que la variable dependiente es estadística, aleatoria, o estocástica, esto es, que tiene una distribución de probabilidad. Por otra parte se ha determinado que las variables explicativas tienen valores fijos (en muestras repetidas)[7], lo cual fue hecho explícito en la definición de regresión dada en la sección 1.2. Así, en la figura 1.2 se supuso que la variable edad era fija a los niveles dados y se obtuvieron medidas de estatura a esos niveles. En el análisis de correlación, por otra parte, tratamos dos variables cualquiera en forma simétrica; no hay distinción entre la variable dependiente y las explicativas. Después de todo, la correlación entre las calificaciones de los exámenes de matemáticas y de estadística es la misma que la existente entre calificaciones de los exámenes de estadística y el de matemáticas. Además, se ha supuesto que las dos variables son aleatorias. Como se verá, la mayor parte de la teoría de correlación está basada en el supuesto de aleatoriedad de variables, mientras que la mayor parte de la teoría de regresión que se expondrá en este texto está condicionada al supuesto de que la variable dependiente es estocástica pero las variables explicativas son fijas o no estocásticas[8].

1.6 TERMINOLOGÍA Y NOTACIÓN

Antes de proceder a un análisis formal de la teoría de regresión, se puede ver brevemente el tema de la terminología y la notación. En la teoría económica los términos *variable dependiente* y *variable explicativa* están descritos de varias maneras; a continuación se presenta una lista representativa de ellas:

---

[7]Es de crucial importancia anotar que las variables explicativas pueden ser intrínsecamente estocásticas, pero para fines del análisis de regresión asumimos que sus valores son fijos en el muestreo repetido (esto es, X adquiere los mismos valores en diversas muestras), resultando así que, en efecto, no sean aleatorias ni estocásticas. Hay más sobre este tema en el capítulo 3, sección 3.2.

[8]En el tratamiento avanzado de econometría uno puede relajar el supuesto de que las variables explicativas sean no estocásticas (*véase* la introducción a la Parte II).

Variable dependiente	Variable explicativa
↑↓	↑↓
Variable explicada	Variable independiente
↑↓	↑↓
Predicha	Predictor
↑↓	↑↓
Regresada	Regresor
↑↓	↑↓
Respuesta	Variable de control o estímulo
↑↓	↑↓
Endógena	Exógena

Aunque es un asunto de preferencia personal y de tradición, en este texto se utiliza la terminología de variable-dependiente-variable explicativa.

Si se está estudiando la dependencia de una variable en una única variable explicativa, como es el caso del gasto de consumo sobre el ingreso real, dicho estudio es conocido como el **análisis de regresión** *simple,* o con **dos variables.** Sin embargo, si se está estudiando la dependencia de una variable en más de una variable explicativa, tal como el producto de una cosecha, la lluvia, la temperatura, el sol y los fertilizantes, éste se conoce como **análisis de regresión múltiple.** En otras palabras, en una regresión de dos variables sólo hay una variable explicativa, mientras que en la regresión múltiple hay más de una variable explicativa.

El término **aleatorio** es un sinónimo de **estocástico.** Como se anotó anteriormente una variable aleatoria o estocástica es aquella que puede tomar cualquier conjunto de valores, positivos o negativos, con una probabilidad dada[9].

Si se afirma lo contrario, la letra Y representará la variable dependiente y las X (X_1, X_2 ,..., X_k) representarán las variables explicativas, siendo X_k la k-ésima variable explicativa. Los subíndices i o t denotarán la observación o valor i-ésimo o t-ésimo respectivamente. X_{ki} (o X_{kt}) denotará la i-ésima (o la t-ésima) observación de la variable X_k. N (o T) representará el número total de observaciones o valores en la población y n (o t) el número total de observaciones en una muestra. Por convención, se utilizará el subíndice i para los **datos de corte transversal** (es decir, información recogida en un punto del tiempo) y el subíndice t será utilizado para **datos de series de tiempo** (es decir, información recogida a lo largo de cierto periodo). La naturaleza de la información de las series de corte transversal y de las series de tiempo, igual que el importante tema de la naturaleza y las fuentes de información para el análisis empírico, se estudiarán en la siguiente sección.

1.7 NATURALEZA Y FUENTES DE INFORMACIÓN PARA EL ANÁLISIS ECONOMÉTRICO[10]

El éxito de cualquier análisis econométrico depende en último término de la disponibilidad de información apropiada. Es muy importante dedicar algún tiempo a estudiar la naturaleza, las fuentes y las limitaciones de los datos que se pueden encontrar en el análisis empírico.

---

[9]*Véase* una definición formal y detalles adicionales en el apéndice A.

[10]Para conocer una explicación informativa, *véase* Michael D. Intriligator, *Econometric Models, Techniques, and Applications,* Prentice Hall. Englewood Cliffs, N.J., 1978, cap. 3.

Tipos de información

Puede haber tres tipos de datos disponibles para el análisis empírico: **series de tiempo, series de corte transversal,** e información **combinada** (combinación de series de tiempo y series de corte transversal).

SERIES DE TIEMPO. La información que aparece en la tabla I.1 de la Introducción es un ejemplo de series de tiempo. Una serie de tiempo es un conjunto de observaciones sobre los valores que toma una variable en diferentes momentos del tiempo. Tal información debe ser recopilada a intervalos regulares, es decir, en forma *diaria* (*v.gr.*, precios de acciones), *semanal* (*v.gr.* cifras de oferta monetaria proporcionadas por la Junta de la Reserva Federal), *mensual* (*v.gr.*, la tasa de desempleo y el Índice de Precios al Consumidor), *trimestral* (*v.gr.*, el PIB), *anual* (*v.gr.* los presupuestos del gobierno), *quinquenal,* es decir, cada 5 años (*v.gr.*, el Censo Manufacturero), o *decenalmente* (*v.gr.*, los censos de población). Algunas veces los datos están disponibles trimestral y anualmente, como en el caso de datos sobre el PIB y los gastos de consumo (*v.gr.*, las cifras anuales sobre el PIB y gastos de consumo dados en la tabla I.1 de la Introducción también está disponible en forma trimestral).

La información así reunida puede ser *cuantitativa* (*v.gr.*, ingreso, precios, oferta monetaria) o *cualitativa* (*v.gr.*, masculino o femenino, empleado o desocupado, casado o soltero, graduado o no graduado en la universidad). Como se mostrará más adelante, las variables cualitativas, llamadas también **variables dicótomas** o **categóricas,** pueden ser tan importantes como las variables cuantitativas.

Aunque la información de series de tiempo es utilizada en muchos estudios econométricos, éstas presentan algunos problemas especiales para los econometristas. Como se verá en los capítulos sobre **Econometría de series de tiempo**, la mayor parte del trabajo empírico basado en datos de series de tiempo supone que éstas son **estacionarias**. Aunque es muy pronto para introducir el significado técnico preciso de serie estacionaria, informalmente hablando, una serie de tiempo, tal como la presentada en la tabla I.1 de la Introducción sobre el PIB, es estacionaria si el valor de su media y su varianza no varían sistemáticamente con el tiempo[11]. Se debe tener en cuenta que al manejar series de tiempo, hay que revisar su estacionariedad.

INFORMACIÓN DE CORTE TRANSVERSAL. La información de corte transversal consiste en datos de una o más variables recogidos *en el mismo momento del tiempo*, tales como el censo de población realizado por la Oficina del Censo cada 10 años, las encuestas de gastos del consumidor realizadas por la Universidad de Michigan y, ciertamente, las encuestas de opinión tales como las realizadas por Gallup y diferentes empresas especializadas. Un ejemplo concreto de información de corte transversal está dado en la tabla 1.1 que presenta datos sobre producción de huevos en los Estados Unidos y sus precios para 50 estados de la Unión durante los años 1990 y 1991. Para cada año los datos sobre los 50 estados son información de corte transversal. Así, en la tabla 1.1 tenemos dos muestras de corte transversal.

---

[11]Otra forma intuitiva de revisar el concepto de estacionariedad es considerar la información sobre gasto de consumo real personal el (GCP) y el PIB real dado en la tabla I.1 de la Introducción. Estos datos se refieren al periodo 1980-1991. Supóngase que se tenían datos sobre las mismas variables para el periodo 1968 a 1979. Considérense, por ejemplo, los datos sobre GCP. Si las 12 observaciones sobre GCP en el periodo 1968 a 1979 y las 12 observaciones sobre GCP en el periodo 1980 a 1991, tienen la misma media, varianza y covarianza, entonces se dice que la serie de tiempo GCP es estacionaria. Ampliaremos este concepto en los capítulos sobre series de tiempo econométricas consideradas en la parte V del libro, aunque este material es opcional.

TABLA 1.1

Producción de huevos en los Estados Unidos

Estado	Y_1	Y_2	X_1	X_2
AL	2,206	2,186	92.7	91.4
AK	0.7	0.7	151.0	149.0
AZ	73	74	61.0	56.0
AR	3,620	3,737	86.3	91.8
CA	7,472	7,444	63.4	58.4
CO	788	873	77.8	73.0
CT	1,029	948	106.0	104.0
DE	168	164	117.0	113.0
FL	2,586	2,537	62.0	57.2
GA	4,302	4,301	80.6	80.8
HI	227.5	224.5	85.0	85.5
ID	187	203	79.1	72.9
IL	793	809	65.0	70.5
IN	5,445	5,290	62.7	60.1
IA	2,151	2,247	56.5	53.0
KS	404	389	54.5	47.8
KY	412	483	67.7	73.5
LA	273	254	115.0	115.0
ME	1,069	1,070	101.0	97.0
MD	885	898	76.6	75.4
MA	235	237	105.0	102.0
MI	1,406	1,396	58.0	53.8
MN	2,499	2,697	57.7	54.0
MS	1,434	1,468	87.8	86.7
MO	1,580	1,622	55.4	51.5
MT	172	164	68.0	66.0
NE	1,202	1,400	50.3	48.9
NV	2.2	1.8	53.9	52.7
NH	43	49	109.0	104.0
NJ	442	491	85.0	83.0
NM	283	302	74.0	70.0
NY	975	987	68.1	64.0
NC	3,033	3,045	82.8	78.7
ND	51	45	55.2	48.0
OH	4,667	4,637	59.1	54.7
OK	869	830	101.0	100.0
OR	652	686	77.0	74.6
PA	4,976	5,130	61.0	52.0
RI	53	50	102.0	99.0
SC	1,422	1,420	70.1	65.9
SD	435	602	48.0	45.8
TN	277	279	71.0	80.7
TX	3,317	3,356	76.7	72.6
UT	456	486	64.0	59.0
VT	31	30	106.0	102.0
VA	943	988	86.3	81.2
WA	1,287	1,313	74.1	71.5
WV	136	174	104.0	109.0
WI	910	873	60.1	54.0
WY	1.7	1.7	83.0	83.0

Nota: Y_1 = huevos producidos en 1990 (millones)

Y_2 = huevos producidos en 1991 (millones)

X_1 = precio por docena (centavos) en 1990

X_2 = precio por docena (centavos) en 1991

Fuente: World Almanac, 1993, p.119. Los datos provienen del Economic Research Service, U.S. Department of Agriculture.

De igual manera, la información de series de tiempo crea sus propios problemas especiales debido al factor estacionario; la información de corte transversal tiene también sus propios problemas, específicos de *heterogeneidad*. Hay algunos estados que producen grandes cantidades de huevos (v.gr., Pensilvania) y otros que producen muy poco (v.gr., Alaska). Cuando incluimos unidades heterogéneas en un análisis estadístico, el efecto de **tamaño** o de **escala** debe ser tenido en cuenta con el fin de no mezclar manzanas con naranjas. Si se grafican los precios de los huevos y el número de huevos producidos para el año 1990, *v.gr.*, de los datos en la tabla 1.1 (*véase* ejercicio 1.3) verá la amplia dispersión que presentan las observaciones. En el capítulo 11 se verá cómo el efecto de escala puede ser un factor importante en la estimación de las relaciones entre variables económicas.

INFORMACIÓN COMBINADA. Los datos agrupados tienen elementos de series de tiempo y de corte transversal reunidos. Los datos en la tabla 1.1 son un ejemplo de datos agrupados. Para cada año tenemos 50 observaciones de corte transversal y para cada estado tenemos dos observaciones de series de tiempo sobre precios y cantidades de huevos producidas; un total de 100 observaciones agrupadas. De igual forma, los datos dados en el ejercicio 1.1 son agrupados ya que la tasa de inflación para cada país durante 1960–1980 es una serie de tiempo, mientras que los datos sobre la tasa de inflación dados para un sólo año correspondientes a los cinco países son de corte transversal. En la información agrupada tenemos 105 observaciones –21 anuales para cada uno de los cinco países.

Hay un tipo especial de datos agrupados, la **información de panel** o **longitudinal**, también llamada información micropanel, en la cual la misma unidad de corte transversal (v.gr., una familia o una empresa) es encuestada a través del tiempo. Por ejemplo, el Departamento de Comercio de los Estados Unidos realiza un censo de vivienda en intervalos periódicos. Para cada encuesta periódica se entrevista la misma unidad familiar (o la gente que vive en la misma dirección) para encontrar si ha habido algún cambio en las condiciones de vivienda o financieras de esa unidad familiar desde la última encuesta. La entrevista periódica a una misma unidad familiar, la información de panel, proporciona información muy útil sobre la dinámica del comportamiento de las unidades familiares.

Fuentes de información[12]

Los datos utilizados en el análisis empírico pueden ser recogidos por una agencia gubernamental (*v.gr.*, el Departamento de Comercio), una agencia internacional (*v.gr.*, el FMI o el Banco Mundial), una organización privada (v.gr., la empresa Standard & Poor's), o un individuo. Literalmente, hay miles de agencias de este tipo recolectando información para uno u otro fin.

La información reunida por estas agencias puede ser de naturaleza *experimental* o *no experimental*. En la información experimental, reunida frecuentemente en las ciencias naturales, el investigador puede desear recoger datos manteniendo constantes ciertos factores con el fin de evaluar el impacto de otros sobre un fenómeno dado. Por ejemplo, al estimar el impacto de la obesidad sobre la presión arterial, el investigador podría desear reunir información manteniendo constantes los hábitos alimenticios, el fumar y el beber de las personas con el fin de minimizar la influencia de estas variables sobre la presión arterial.

En las ciencias sociales los datos obtenidos son generalmente de naturaleza no experimental, es decir, no están sujetos al control del investigador. Por ejemplo, los datos sobre el PIB, el desempleo, los precios de las acciones, etc., no están directamente bajo el control del investigador. Como

---

[12]Para mayor claridad, *véase* Albert T. Somers, *The U.S. Economy Demystified: What the Major Economic Statistics Mean and Their Significance for Business,* D.C. Heath, Lexington, Mass., 1985.

se verá, esta falta de control frecuentemente crea problemas especiales para el investigador en el momento de identificar la causa exacta o las causas que afectan una situación particular. Por ejemplo, ¿la oferta monetaria determina el PIB (nominal)? o, ¿se presenta la relación inversa?

Un problema práctico al cual se enfrenta el investigador es la obtención de información. En el apéndice de este capítulo, se enumeran algunas fuentes de información económica y financiera. Esta lista, de ninguna manera es exhaustiva.

Precisión de la información[13]

Aunque existe cuantiosa información disponible para la investigación económica, la calidad de ésta no siempre es buena. Existen múltiples razones para ello. Primero, como se anotó, la mayor parte de la información de las ciencias sociales es de naturaleza no experimental. Por consiguiente, existe una posibilidad de incurrir en errores de observación, bien sea por acción u omisión. Segundo, aún en datos reunidos experimentalmente surgen errores de medición debido a las aproximaciones o al redondeo. Tercero, en encuestas de tipo cuestionario, el problema de respuestas en blanco puede ser grave; un investigador tiene suerte al obtener respuestas del 40% a un cuestionario. El análisis basado en tal respuesta parcial puede no reflejar verdaderamente el comportamiento del 60% que no respondió, ocasionando, por consiguiente, lo que se conoce como un **sesgo de selectividad** (muestral). Entonces existe el problema adicional de aquellos quienes responden el cuestionario pero pueden no responder a todas las preguntas, especialmente aquellas sensibles por ser de naturaleza financiera, generando así un sesgo adicional de selectividad. Cuarto, los métodos de muestreo utilizados en la obtención de datos pueden variar tanto que frecuentemente es difícil comparar los resultados obtenidos de las diversas muestras. Quinto, las cifras económicas generalmente están disponibles a niveles altamente agregados. Por ejemplo, la mayor parte de los macrodatos (*v.gr.*, el PIB, el empleo, la inflación, el desempleo) están disponibles para la economía como un todo o, en el mejor de los casos, para algunas regiones geográficas muy amplias. Tales datos con un elevado nivel de agregación pueden no decirnos mucho sobre el individuo o sobre las microunidades que puedan ser el objeto fundamental del estudio. Sexto, debido a su carácter confidencial, cierta información puede ser publicada solamente en forma muy agregada. En el caso de los Estados Unidos, por ejemplo, a la agencia de impuestos no le está permitido, por ley, revelar información sobre declaraciones individuales de renta; solamente puede revelar algunos datos agregados y resumidos. Por consiguiente, si uno desea saber cuánto dinero gastan en salud los individuos con cierto nivel de ingresos, no es posible hacer ese análisis, excepto a un nivel muy agregado. Pero los macroanálisis de este tipo frecuentemente resultan insuficientes para revelar la dinámica del comportamiento de las microunidades. En forma similar, el Departamento de Comercio, que realiza el Censo de Negocios cada cinco años, no tiene autorización de revelar información sobre producción, empleo, consumo de energía, gastos de investigación y desarrollo, etc., a nivel de empresa. Por consiguiente, es difícil estudiar las diferencias entre las empresas con respecto a estos renglones.

Debido a múltiples problemas, **el investigador debe tener siempre en mente que el resultado de la investigación solamente será tan bueno como lo sea la calidad de los datos.** Por consiguiente, si en situaciones dadas los investigadores encuentran que los resultados de la investigación son «insatisfactorios», la causa puede ser la mala calidad de los datos y no la utilización de un modelo equivocado. Desafortunadamente, debido a la naturaleza no experimental de los datos utilizados en la mayoría de los estudios de las ciencias sociales, los investigadores, con frecuencia no tienen alter-

---

[13]Para un punto de vista crítico, *véase* O. Morgenstern, *The Accuracy of Economic Observations*, 2a. ed., Princeton University Press, Princeton, N.J., 1963.

nativa diferente que depender de la información disponible. Pero ellos siempre deben tener en mente que los datos utilizados pueden no ser los mejores y deben tratar de no ser muy dogmáticos sobre los resultados obtenidos de un estudio dado, especialmente cuando la calidad de los datos es sospechosa.

1.8 RESUMEN Y CONCLUSIONES

1. La idea clave detrás del análisis de regresión es la dependencia estadística de una variable, la variable dependiente, sobre una o más variables, las variables explicativas.
2. El objetivo de tal análisis es estimar y/o predecir la media o el valor promedio de la variable dependiente con base en los valores conocidos o determinados de las variables explicativas.
3. En la práctica el éxito del análisis de regresión depende de la disponibilidad de la información apropiada. En este capítulo se analizó la naturaleza, las fuentes y limitaciones de los datos que están disponibles para la investigación, especialmente en las ciencias sociales.
4. En cualquier investigación, el investigador debe describir en forma clara las fuentes de los datos utilizadas en el análisis, sus definiciones, sus métodos de recolección y cualquier brecha u omisión en los datos igual que cualquier revisión hecha sobre éstos. Recuerde que los datos macroeconómicos publicados por el gobierno con frecuencia son objeto de revisión.
5. Puesto que el lector puede no tener el tiempo, la energía o los recursos para llegar a la fuente original de los datos, el lector tiene el derecho de suponer que los datos utilizados por el investigador han sido reunidos de manera apropiada y que los cálculos y análisis están correctos.

EJERCICIOS

1.1. La siguiente tabla presenta las tasas de inflación para cinco países industrializados durante el periodo 1960–1980.

Tasas de inflación en cinco países industrializados, 1960-1980 (% anual)

Año	USA	R. Unido	Japón	Alemania	Francia
1960	1.5	1.0	3.6	1.5	3.6
1961	1.1	3.4	5.4	2.3	3.4
1962	1.1	4.5	6.7	4.5	4.7
1963	1.2	2.5	7.7	3.0	4.8
1964	1.4	3.9	3.9	2.3	3.4
1965	1.6	4.6	6.5	3.4	2.6
1966	2.8	3.7	6.0	3.5	2.7
1967	2.8	2.4	4.0	1.5	2.7
1968	4.2	4.8	5.5	1.8	4.5
1969	5.0	5.2	5.1	2.6	6.4
1970	5.9	6.5	7.6	3.7	5.5
1971	4.3	9.5	6.3	5.3	5.5
1972	3.6	6.8	4.9	5.4	5.9
1973	6.2	8.4	12.0	7.0	7.5
1974	10.9	16.0	24.6	7.0	14.0
1975	9.2	24.2	11.7	5.9	11.7
1976	5.8	16.5	9.3	4.5	9.6
1977	6.4	15.9	8.1	3.7	9.4
1978	7.6	8.3	3.8	2.7	9.1
1979	11.4	13.4	3.6	4.1	10.7
1980	13.6	18.0	8.0	5.5	13.3

Fuente: Richard Jackman. Charles Mulvey y James Trevithick, *The Economics of Inflation*. 2a. ed., Martin Robertson, 1981. tabla 1.1. p. 5.

(a) Grafíquese la tasa de inflación para cada país contra el tiempo. (Utilícese el eje horizontal para el tiempo y el eje vertical para la tasa de inflación).

(b) ¿Qué conclusiones generales se pueden inferir acerca de la inflación en los cinco países?

(c) ¿Qué país parece tener la tasa de inflación más variable? ¿Se puede dar alguna explicación?

1.2. Utilícense los datos del ejercicio 1.1.

(a) Grafíquese la tasa de inflación para Gran Bretaña, Japón, Alemania y Francia contra la tasa de inflación de los Estados Unidos. (Utilícese el eje horizontal para la tasa de inflación de los Estados Unidos y el eje vertical para las tasas de inflación de los otros cuatro países. Si se prefiere, es posible dibujar cuatro diagramas separados).

(b) Realícense comentarios generales sobre el comportamiento de la tasa de inflación en los cuatro países, en comparación con su comportamiento en los Estados Unidos.

(c) ¿Se observa algún cambio notorio en el comportamiento inflacionario de cada país en el tiempo y de los cuatro países con relación a los Estados Unidos?

(d) ¿Se piensa que los embargos de petróleo de 1974 y 1979 han tenido un efecto significativo sobre la tasa de inflación en los distintos países? De ser así, explíquese ¿por qué razón?

(e) Obténgase información sobre la tasa de inflación de los cinco países desde 1980 y haga comentarios sobre el comportamiento de la inflación desde entonces en esos países. ¿Se cree que la situación mundial del petróleo prevaleciente desde 1980 ha tenido algún efecto sobre la tasa de inflación desde entonces?

1.3. Utilícense los datos dados de la tabla 1.1.

(a) Para cada año grafique la cantidad de huevos en el eje vertical y su precio por docenas en el eje horizontal.

(b) Trácese la línea de regresión. ¿Existe alguna relación entre las dos variables, precio y cantidad de huevos producidos?

(c) ¿Si se observa una relación positiva entre las dos variables, se puede decir que la línea de regresión observada sugiere una función de oferta?

(d) Por otra parte, si se observa una relación negativa entre las dos variables, ¿se puede decir que la línea de regresión dibujada sugiere una función de demanda?

(e) Con base en el diagrama de dispersión, ¿cómo se puede decir si la línea de regresión representa una función de demanda o una función de oferta? Este interrogante es el famoso **Problema de Identificación** en econometría, que se estudiará en detalle en la parte IV del libro. En general, el problema de identificación ocurre cuando es imposible decir por medio de los datos cuál función está siendo estimada, por ejemplo, la función de demanda o la función de oferta en el presente caso.

(f) Puesto que la escala de producción de huevos varía en cada estado ¿se piensa que los puntos graficados en (a) tienen significado? ¿Cómo se graficaría el diagrama de dispersión, considerando la heterogeneidad (v.gr., el efecto de escala) de los datos?

APÉNDICE 1A
FUENTES DE INFORMACIÓN FINANCIERA Y ECONÓMICA

1A.1 FUENTES DE INFORMACIÓN ECONÓMICA

Existen diversas fuentes de información económica, a saber:

1. *Estadísticas de negocios*, publicadas por el Bureau of Economic Analysis (BEA) del Departamento de Comercio, presentan información histórica y notas metodológicas de aproximadamente 2100 series que aparecen en la publicación mensual de BEA, el *Survey of Current Business*. La edición más reciente del *Business Statistics*, al momento de escribir esta tercera edición, cubre

cifras anuales para 1963-1991 y cifras mensuales desde 1988-1991 para casi 1900 series. El apéndice I presenta cifras mensuales para 1963-1987 para cerca de 260 series y el apéndice II presenta información trimestral y anual para 1960-1991 para diversas series de tiempo seleccionadas.

La BEA también publica el *Statistical Abstract of the United States* cada año. Proporciona datos a nivel de estado de los Estados Unidos, y de los países extranjeros en áreas tales como población, estadísticas vitales, salud y nutrición, educación, cumplimiento de leyes, cortes y prisiones, geografía y ambiente, parques, recreación y viajes, elecciones, finanzas y empleo nacional y local, finanzas y empleo a nivel de gobierno federal, asuntos de defensa nacional y de veteranos, seguro social y servicios humanos, fuerza laboral, empleo y ganancias, ingreso, gasto y riqueza, precios, banca y seguros, empresa privada, comunicaciones, energía, ciencia, transporte (por tierra, aire y agua) agricultura, bosques y pesca, minería y productos minerales, construcción y vivienda, manufacturas, comercio interno y servicios, comercio exterior y ayuda externa.

La vasta cantidad de información estadística reunida por la BEA es almacenada ahora electrónicamente en el **Economic Bulletin Board (EBB)**, al cual tiene fácil acceso durante las 24 horas del día cualquier persona con un computador personal. La forma más fácil de acceder a EBB es abrir una cuenta con el National Technical Information Service (NTIS) del Departamento de Comercio de los Estados Unidos. La tarifa de US$35 proporciona dos horas de tiempo de conexión libre. Se recibirá una identificación y una clave que permitirá tener acceso a todos los archivos recolectados por EBB. En la actualidad la BEA cobra 20 centavos de dólar por minuto desde las 8 a.m hasta las 12 p.m., 15 centavos desde las 12 p.m. hasta las 6 p.m, y 5 centavos por minuto de las 6 p.m. hasta las 8 a.m. (EST). Estas sumas serán cargadas a la cuenta y se recibirá mensualmente un recibo de cobro. Pueden obtenerse detalles de NTIS llamando al (703)487-4064.

2. La información detallada sobre cuentas nacionales de ingreso y producción puede hallarse en el *National Income and Product Accounts of the United States: Vol.1, 1929-1958* y en el *National Income and Product Accounts of the United States: Vol. 2, 1958-1988*, publicados por el Departamento de Comercio de los Estados Unidos.

3. Una fuente de información económica de fácil acceso y muy popular es el *Economic Report of the President*, generalmente publicado en el mes de febrero de cada año.

4. El Banco de la Reserva Federal de St. Louis, entre sus diversas publicaciones estadísticas, emite el *National Economic Trend* (mensualmente) y el *International Economic Conditions* (anualmente), el primero proporciona información sobre variables económicas claves de los Estados Unidos y el segundo acerca de información económica comparativa sobre variables económicas claves para los Estados Unidos, Canadá, Francia, Alemania, Italia, Japón, el Reino Unido, Australia, México, Holanda, Nueva Zelanda, Singapur, República de Corea, España, Suiza y Venezuela.

5. CITIBASE es un banco de datos de más de 5600 series de tiempo económicas, mantenido y publicado por Citicorp Database Services. La base de datos puede comprarse mediante suscripción. La mayoría de las universidades se suscriben a CITIBASE. Los usuarios del paquete estadístico **MICRO TSP** también pueden tener acceso a esos datos.

6. Varias agencias privadas reúnen datos para diversos propósitos. Por ejemplo, el Conference Board en la ciudad de Nueva York recolecta datos sobre diversas variables económicas. El Institute for Social Research en la Universidad de Michigan reúne datos sobre gastos de consumo y el sentir del consumidor.

7. Diversas ramas del gobierno de los Estados Unidos publican datos relacionados con sus jurisdicciones. Por ejemplo, el Departamento del Trabajo publica información extensa sobre empleo, desempleo y salarios. El *Monthly Labor Review* da información sobre los datos que el Departamento reúne. De forma similar, el Departamento de Agricultura de los Estados Unidos, publica cada año el *Agricultural Statistics*, en el cual se presenta información voluminosa sobre toda clase de estadísticas agrícolas.

8. A nivel internacional, las siguientes fuentes proporcionan una masa de información estadística. El *International Financial Statistics* publicado mensualmente por el Fondo Monetario Internacional (FMI), dispone de datos económicos y financieros comparativos sobre los países miembros. La Organización para la Cooperación Económica y el Desarrollo (OCED) publica *Basic Statistics of the Community*, el cual provee estadísticas clave sobre diversas variables macroeconómicas. También publica información estadística voluminosa para 24 de sus miembros. Estos países miembros son Australia, Austria, Bélgica, Canadá, Dinamarca, Finlandia, Francia, Alemania, Grecia, Islandia, Irlanda, Italia, Japón, Luxemburgo, Holanda, Nueva Zelanda, Noruega, Portugal, España, Suecia, Suiza, Turquía, Reino Unido y los Estados Unidos. Para sus diversas publicaciones estadísticas, contacte OCED, Publications and Information Center, 2001 L Street, N.W., Washington, D.C. 20036-4910.

Las Naciones Unidas (ONU) publica el *World Statistics*, el cual contiene abundante cantidad de datos para los países miembros. La ONU también publica el *Yearbook of National Accounts Statistics*. La organización Food and Agricultural Organization (FAO) publica el *FAO Trade Year Book*.

Para obtener mayor información sobre otras fuentes de información económica, el lector puede consultar los siguientes documentos:

Albert T. Somers, *The U.S. Economic Demystified: What the Major Economic Statistics Mean and Their Significance for Business,* D.C. Heath, Lexington, Mass., 1985.

Norman Frumkin, *Tracking America's Economy*, 2 ed., M.E. Sharpe, Armonk, N.Y., 1992.

Gary E. Clayton y Martin Gerhard Giesbrecht, *A Guide To Every Day Economic Statistics,* 2a. ed., McGraw-Hill, New York, 1992.

L.M. Daniels, *Business Information Sources,* University of California Press, Berkeley, 1976.

1A.2 FUENTES DE INFORMACIÓN FINANCIERA

Existe una gran cantidad de información financiera. Algunos archivos importantes de datos para computador son los siguientes:

1. **El Archivo CRSP:** El Center for Research in Security Prices (CRSP) mantiene en forma de cinta magnética datos sobre precios de mercado y dividendos trimestrales para cada compañía listada en la bolsa de valores de Nueva York (NYSE) desde 1926. La cinta está disponible para suscriptores en el Graduate School of Business, University of Chicago, 1101 E. 58 St., Chicago, Ill. 60607.

2. **Cinta ISL:** La cinta ISL, producida por Interactive Data Corporation (IDC), es una cinta magnética que contiene el volumen de transacciones diarias en bolsa, los precios, dividendos trimestrales y utilidades para todos los valores de la NYSE y AMEX (American Stock Exchange y algunos valores OTC (over-the-counter). Para obtener información, escriba a IDC, 122 E. 42nd St., New York, N.Y. 10017.

3. **Cintas Compustat:** Estas cintas, producidas por Investors Management Sciences, Inc. (IMSI), contienen datos anuales para un periodo de más de 20 años, para más de 3500 acciones. También tienen información trimestral disponible sobre 2700 acciones desde 1962. Para obtener información, escriba IMSI, 7400 S. Alton Court, Englewood, Colo. 80110.

ANÁLISIS
DE REGRESIÓN
CON DOS VARIABLES:
ALGUNAS IDEAS
BÁSICAS

En el capítulo 1 se estudió el concepto de regresión en términos generales. En este capítulo se aborda la materia más formalmente. De manera específica, este capítulo y los tres siguientes introducirán al lector en la teoría que constituye la base para el análisis de regresión más sencillo posible, el caso de dos variables. Este caso es considerado primero, no necesariamente debido a su adecuación práctica sino porque presenta las ideas fundamentales del análisis de regresión de la manera más sencilla posible y algunas de estas ideas pueden ser ilustradas con la ayuda de diagramas bidimensionales. Además, como se verá, el análisis de regresión múltiple más general es, en gran parte, una extensión lógica del caso de dos variables.

2.1 EJEMPLO HIPOTÉTICO

Como se señaló en la sección 1.2, el análisis de regresión se relaciona en gran medida con la estimación y/o predicción de la media (de la población) o valor promedio de la variable dependiente, con base en los valores conocidos o fijos de las variables explicativas. Para entender la forma como esto se realiza, considere el siguiente ejemplo.

Imagínese un país hipotético con una **población**[1] total de 60 familias. Supóngase que se está interesados en estudiar la relación entre el gasto de consumo familiar semanal Y y el ingreso semanal familiar después de impuestos o disponible X. Más específicamente, supóngase que se desea predecir el nivel de la media (poblacional) del gasto de consumo semanal conociendo el ingreso semanal de la familia. Para este fin, supóngase que se dividen estas 60 familias en 10 grupos con ingresos aproximadamente iguales y se examinan los gastos de consumo de las familias en cada uno de estos grupos. Las cifras hipotéticas están dadas en la tabla 2.1. (Para fines del análisis, supóngase que solamente se observaron realmente los niveles de ingreso dados en la tabla 2.1).

La tabla 2.1 debe ser interpretada de la siguiente manera: Correspondiente a un ingreso semanal de US$80, por ejemplo, existen cinco familias cuyos gastos de consumo semanal se encuentran en un rango de US$55 a US$75. En forma similar, dado que $X = $ US$240, hay seis familias cuyos gastos de consumo semanal se encuentran entre US$137 y US$189. En otras palabras, cada columna (ordenamiento vertical) de la tabla 2.1 presenta la distribución del gasto de consumo Y correspondiente a un nivel de ingreso fijo X; esto es, da la **distribución condicional** de Y, condicionada a los valores dados de X.

Al advertir que las cifras de la tabla 2.1 representan la población, podemos calcular fácilmente las **probabilidades condicionales** de Y, $p(Y \mid X)$, probabilidad de Y dado X, de la siguiente manera[2]. Para $X = $ US$80, por ejemplo, hay cinco valores de Y: US$55, US$60, US$65, US$70 y US$75. Por consiguiente, dado $X = 80$, la probabilidad de obtener cualquiera de estos gastos de consumo es $\frac{1}{5}$. Simbólicamente, $p(Y = 55 \mid X = 80) = \frac{1}{5}$. En forma similar, $p(Y = 150 \mid X = 260) = \frac{1}{7}$, y así sucesivamente. Las probabilidades condicionales para las cifras de la tabla 2.1 están dadas en la tabla 2.2.

TABLA 2.1
Ingreso familiar semanal X, US$

$Y \downarrow$ $X \rightarrow$	80	100	120	140	160	180	200	220	240	260
Gasto de consumo familiar semanal, Y, $	55	65	79	80	102	110	120	135	137	150
	60	70	84	93	107	115	136	137	145	152
	65	74	90	95	110	120	140	140	155	175
	70	80	94	103	116	130	144	152	165	178
	75	85	98	108	118	135	145	157	175	180
	–	88	–	113	125	140	–	160	189	185
	–	–	–	115	–	–	–	162	–	191
Total	325	462	445	707	678	750	685	1,043	966	1,211

---

[1]El significado estadístico del término 'población' se explica en el apéndice A. Informalmente, significa el conjunto de todos los resultados posibles de un experimento o medición, *v.gr.*, cuando se lanza una moneda al aire repetidamente o cuando se registran los precios de todos los títulos valores de la Bolsa de Valores de Nueva York al final de un día de negocios.

[2]*Algunas palabras sobre la notación utilizada:* La expresión $p(Y \mid X)$ o $p(Y \mid X_i)$ es una abreviación para $p(Y = Y_j \mid X = X_i)$, es decir, la probabilidad de que la variable aleatoria (discreta) Y tome el valor numérico de Y_j dado que la variable aleatoria (discreta) X ha tomado el valor numérico de X_i. Sin embargo, para evitar confusiones en la notación, se utilizará el subíndice i (el índice de observación) para las dos variables. Por tanto, $p(Y \mid X)$ o $p(Y \mid X_i)$ significará $p(Y = Y_i \mid X = X_i)$, es decir, la probabilidad de que Y adquiera el valor Y_i dado que X ha tomado el valor X_i, puesto que se desea aclarar el rango de los valores tomados por Y y X. En la tabla 2.1, cuando $X = $ US$220, Y adquiere siete valores diferentes, pero cuando $X = $ US$120, Y adquiere solamente cinco valores diferentes.

TABLA 2.2
Probabilidades condicionales $p(Y X_i)$ para los datos de la tabla 2.1

$p(Y \mid X_i)$ $X \to$ $\downarrow$	80	100	120	140	160	180	200	220	240	260
Probabilidades condicionales $p(Y \mid X_i)$	$\frac{1}{5}$	$\frac{1}{6}$	$\frac{1}{5}$	$\frac{1}{7}$	$\frac{1}{6}$	$\frac{1}{6}$	$\frac{1}{5}$	$\frac{1}{7}$	$\frac{1}{6}$	$\frac{1}{7}$
	$\frac{1}{5}$	$\frac{1}{6}$	$\frac{1}{5}$	$\frac{1}{7}$	$\frac{1}{6}$	$\frac{1}{6}$	$\frac{1}{5}$	$\frac{1}{7}$	$\frac{1}{6}$	$\frac{1}{7}$
	$\frac{1}{5}$	$\frac{1}{6}$	$\frac{1}{5}$	$\frac{1}{7}$	$\frac{1}{6}$	$\frac{1}{6}$	$\frac{1}{5}$	$\frac{1}{7}$	$\frac{1}{6}$	$\frac{1}{7}$
	$\frac{1}{5}$	$\frac{1}{6}$	$\frac{1}{5}$	$\frac{1}{7}$	$\frac{1}{6}$	$\frac{1}{6}$	$\frac{1}{5}$	$\frac{1}{7}$	$\frac{1}{6}$	$\frac{1}{7}$
	$\frac{1}{5}$	$\frac{1}{6}$	$\frac{1}{5}$	$\frac{1}{7}$	$\frac{1}{6}$	$\frac{1}{6}$	$\frac{1}{5}$	$\frac{1}{7}$	$\frac{1}{6}$	$\frac{1}{7}$
	—	$\frac{1}{6}$	—	$\frac{1}{7}$	$\frac{1}{6}$	$\frac{1}{6}$	—	$\frac{1}{7}$	$\frac{1}{6}$	$\frac{1}{7}$
	—	—	—	$\frac{1}{7}$	—	—	—	$\frac{1}{7}$	—	$\frac{1}{7}$
Medias condicionales de Y	65	77	89	101	113	125	137	149	161	173

Ahora, para cada una de las distribuciones de probabilidad condicional de Y podemos calcular su media o valor promedio, conocido como la **media condicional** o la **esperanza condicional**, que se denota como $E(Y \mid X = X_i)$ y se lee así: «el valor esperado de Y dado que X adquiere el valor específico de X_i», lo cual se escribirá $E(Y \mid X_i)$ para efectos de simplificar la notación. (*Nota:* Un valor esperado es simplemente una media poblacional o valor promedio). Para nuestras cifras hipotéticas, estas esperanzas condicionales pueden calcularse fácilmente como la sumatoria de los productos entre los valores relevantes de Y (tabla 2.1) y sus respectivas probabilidades (tabla 2.2). Como ilustración, la media condicional o esperanza de Y dado $X = 80$ es $55(\frac{1}{5}) + 60(\frac{1}{5}) + 65(\frac{1}{5}) + 70(\frac{1}{5}) + 75(\frac{1}{5}) = 65$. Las medias condicionales así calculadas aparecen en la última fila de la tabla 2.2.

Antes de proceder, es instructivo observar las cifras de la tabla 2.1 en un diagrama de dispersión, como el que aparece en la figura 2.1. El diagrama de dispersión muestra la distribución condicional de Y correspondiente a diversos valores de X. Aunque hay variaciones en los gastos de consumo familiar individual, la figura 2.1 muestra muy claramente que el *valor promedio* del gasto de consumo aumenta a medida que el ingreso aumenta. Planteado en forma diferente, el diagrama de dispersión revela que los valores de la media (condicional) de Y aumentan a medida que X aumenta. Esta observación puede verse más claramente si se concentra en los puntos más gruesos que representan diversas medias condicionales de Y. El diagrama de dispersión muestra que estas medias condicionales caen sobre una línea recta con una pendiente positiva[3]. Esta línea se conoce como la **línea de regresión poblacional**, o más generalmente, la **curva de regresión poblacional**. Más sencillamente, **es la regresión de Y sobre X**.

De esta forma, una curva de regresión poblacional es simplemente el lugar geométrico de las medias condicionales o esperanzas de la variable dependiente para los valores fijos de la(s) variable(s) explicativa(s). Esto puede apreciarse en la figura 2.2, que muestra cómo para cada X_i existen valores poblacionales de Y (los cuales se suponen normalmente distribuidos por razones que se explicarán más adelante) y una media (condicional) correspondiente. Y la línea o curva de regresión pasa a través de estas medias condicionales. Con esta interpretación de la curva de regresión el lector puede encontrar instructivo leer nuevamente la definición de regresión dada en la sección 1.2.

---

[3]El lector debe tener en mente la naturaleza hipotética de nuestras cifras. No se sugiere aquí que las medias condicionales estarán siempre sobre una línea recta; éstas pueden estar sobre una curva.

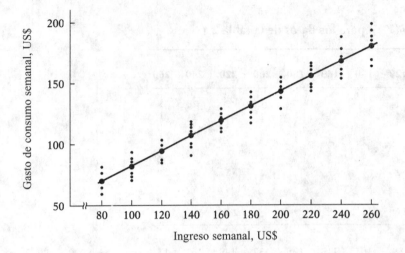

FIGURA 2.1
Distribución condicional del gasto
para diversos niveles de ingreso
(datos de la tabla 2.1).

2.2 CONCEPTO DE FUNCIÓN DE REGRESIÓN POBLACIONAL (FRP)

De la anterior exposición y especialmente de las figuras 2.1 y 2.2, es claro que cada media condicional $E(Y \mid X_i)$ es función de X_i. Simbólicamente,

$$E(Y \mid X_i) = f(X_i) \qquad (2.2.1)$$

donde $f(X_i)$ denota alguna función de la variable explicativa X_i. [En nuestro ejemplo hipotético, $E(Y \mid X_i)$ es una función lineal de X_i.] La ecuación (2.2.1) es conocida como la **función de regresión poblacional** (FRP) en dos variables, o **regresión poblacional** (RP) para abreviar. Dicha función denota únicamente que la media (*poblacional*) de la distribución de Y dado X_i está relacionada funcionalmente con X_i. En otras palabras, nos dice cómo la media o respuesta promedio de Y varía con X.

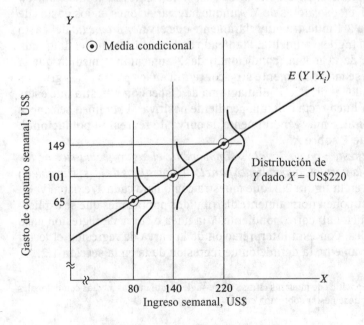

FIGURA 2.2
Línea de regresión poblacional
(datos de la tabla 2.1).

¿Qué forma toma la función $f(X_i)$? Esta pregunta es importante porque en una situación real no tenemos a nuestra disposición la totalidad de la población para efectuar el análisis. La forma funcional de la FRP es, por consiguiente, una pregunta empírica, aunque en casos específicos la teoría puede tener algo que decir. Por ejemplo, un economista podría plantear que el gasto de consumo está relacionado linealmente con el ingreso. Por lo tanto, como una primera aproximación o como una hipótesis de trabajo, podemos suponer que la FRP $E(Y \mid X_i)$ es una función lineal de X_i, digamos, del tipo.

$$E(Y \mid X_i) = \beta_1 + \beta_2 X_i \qquad\qquad (2.2.2)$$

donde β_1 y β_2 son parámetros no conocidos pero fijos que se denominan **coeficientes de regresión**; β_1 y β_2 son conocidos también como el **intercepto** y el **coeficiente de la pendiente**, respectivamente. La ecuación (2.2.2.) en sí misma es conocida como la **función de regresión lineal poblacional**, o simplemente la **regresión lineal poblacional**. En las explicaciones se utilizan algunas expresiones alternativas, tales como modelo de regresión lineal poblacional o ecuación de regresión lineal poblacional. En lo sucesivo, los términos **regresión, ecuación de regresión** y **modelo de regresión** serán considerados sinónimos.

En el análisis de regresión el interés es estimar las FRP como (2.2.2), es decir, estimar los valores de β_1 y β_2 no conocidos con base en las observaciones de Y y X. Este tema será estudiado en detalle en el capítulo 3.

2.3 SIGNIFICADO DEL TÉRMINO «LINEAL»

Puesto que este texto se relaciona principalmente con modelos lineales tales como (2.2.2), es esencial entender lo que significa realmente el término *lineal*, ya que éste puede ser interpretado de dos formas diferentes.

Linealidad en las variables

El primer significado y posiblemente el más «natural» de linealidad es aquel en que la esperanza condicional de Y es una función lineal de X_i, como es el caso de (2.2.2)[4]. Geométricamente, la curva de regresión en este caso es una línea recta. En esta interpretación, una función de regresión como $E(Y \mid X_i) = \beta_1 + \beta_2 X_i^2$ no es una función lineal porque la variable X aparece elevada a una potencia o índice de 2.

Linealidad en los parámetros

La segunda interpretación de linealidad se presenta cuando la esperanza condicional de Y, $E(Y \mid X_i)$, es una función lineal de los parámetros, los β's; puede ser lineal en la variable X o puede no serlo[5]. De acuerdo con esta interpretación, $E(Y \mid X_i) = \beta_1 + \beta_2 X_i^2$ es un modelo de regresión lineal pero

---

[4]Se dice que una función $Y = f(X)$ es lineal en X si X aparece elevado a una potencia o índice de 1 solamente (esto es, términos tales como X^2, $\sqrt{X}$, y demás, son excluidos) y dicha variable no está multiplicada ni dividida por alguna otra variable (por ejemplo, $X \cdot Z$ o X/Z donde Z es otra variable). Si Y depende solamente de X, otra forma de plantear que Y está relacionada linealmente con X es que la tasa de cambio de Y con respecto a X (es decir, la pendiente, o la derivada, de Y con respecto a X, dY/dX) es independiente del valor de X. Así, si $Y = 4X$, $dY/dX = 4$, este valor es independiente del valor de X. Pero si $Y = 4X^2$, $dY/dX = 8X$, este término que no es independiente del valor tomado por X. Por consiguiente la función no es lineal en X.

[5]Se dice que una función es lineal en el parámetro, β_1 por ejemplo, si β_1 aparece elevado a una potencia de 1 solamente y no está multiplicado ni dividido por ningún otro parámetro (por ejemplo, $\beta_1\beta_2$, β_2/β_1, etc.)

$E(Y \mid X_i) = \beta_1 + \sqrt{\beta_2} X_i$ no lo es. El segundo es un ejemplo de modelo de regresión no lineal (en los parámetros); no se tratará con tales modelos en este texto.

De las dos interpretaciones de linealidad, la linealidad en los parámetros es relevante para el desarrollo de la teoría de regresión que será presentada en breve. Por consiguiente, *de ahora en adelante el término regresión «lineal» siempre significará una regresión que es lineal en los parámetros, los β's (esto es, los parámetros son elevados solamente a la primera potencia); puede o no ser lineal en las variables explicativas X.* Esquemáticamente, tenemos la tabla 2.3. Así, $E(Y \mid X_i) = \beta_1 + \beta_2 X_i$, lineal en los parámetros igual que en las variables, es un MRL, lo mismo que $E(Y \mid X_i) = \beta_1 + \beta_2 X_i^2$, es lineal en los parámetros pero no lineal en la variable X.

2.4 ESPECIFICACIÓN ESTOCÁSTICA DE LA FRP

Es claro en la figura 2.1 que a medida que el ingreso familiar aumenta, el gasto de consumo familiar en promedio, también aumenta. Pero ¿qué sucede con el gasto de consumo de una familia individual con relación a su nivel (fijo) de ingresos? Es obvio en la tabla 2.1 y en la figura 2.1 que el gasto de consumo de una familia individual no necesariamente aumenta a medida que el nivel de ingresos es mayor. Por ejemplo, en la tabla 2.1, se observa que para el nivel de ingresos de US\$100 existe una familia cuyo gasto de consumo de US\$65 es menor que los gastos de consumo de dos familias cuyo ingreso semanal es solamente US\$80. Pero advierta que el gasto de consumo *promedio* de familias con un ingreso semanal de US\$100 es mayor que el gasto de consumo promedio de familias con un ingreso semanal de US\$80 (\$77 vs. US\$65).

¿Entonces, qué podemos decir sobre la relación entre el gasto de consumo de una familia individual y un nivel dado de ingresos? Se ve en la figura 2.1 que, dado el nivel de ingresos de X_i, el gasto de consumo de una familia individual está agrupado alrededor del consumo promedio de todas las familias en ese nivel de X_i, esto es, alrededor de su esperanza condicional. Por consiguiente, podemos expresar la *desviación* de un Y_i individual alrededor de su valor esperado de la manera siguiente:

$$u_i = Y_i - E(Y \mid X_i)$$

o

$$Y_i = E(Y \mid X_i) + u_i \tag{2.4.1}$$

donde la desviación u_i es una variable aleatoria no observable que toma valores positivos o negativos. Técnicamente, u_i es conocida como **perturbación estocástica** o **término de error estocástico**.

TABLA 2.3
Modelos de regresión lineal

¿Es el modelo lineal en los parámetros?	¿Es el modelo lineal en las variables?	
	Sí	No
Sí	MRL	MRL
No	MRNL	MRNL

Nota: MRL = modelo de regresión lineal
MRNL = modelo de regresión no lineal

¿Cómo se interpreta (2.4.1)? Se puede decir que el gasto de una familia individual, dado su nivel de ingresos, puede ser expresado como la suma de dos componentes: (1) $E(Y \mid X_i)$, que es simplemente la media del gasto de consumo de todas las familias con el mismo nivel de ingresos. Este componente se conoce como, el componente **sistemático**, o **determinístico**, y (2) u_i que es el componente aleatorio, o **no sistemático**. Se examinará en breve la naturaleza del término de perturbación estocástica, pero por el momento supóngase que es un término que *sustituye* o *representa* todas las variables omitidas o ignoradas que puedan afectar a Y pero que no están (o pueden no estar) incluidas en el modelo de regresión.

Si se supone que $E(Y \mid X_i)$ es lineal en X_i, como en (2.2.2), la ecuación (2.4.1) puede escribirse como

$$Y_i = E(Y \mid X_i) + u_i$$
$$= \beta_1 + \beta_2 X_i + u_i \qquad (2.4.2)$$

La ecuación (2.4.2) plantea que el gasto de consumo de una familia está relacionado linealmente con su ingreso, más el término de perturbación. Así, los gastos de consumo individual, dado $X =$ US$80 (*véase* tabla 2.1), pueden ser expresados como

$$Y_1 = 55 = \beta_1 + \beta_2(80) + u_1$$
$$Y_2 = 60 = \beta_1 + \beta_2(80) + u_2$$
$$Y_3 = 65 = \beta_1 + \beta_2(80) + u_3$$
$$Y_4 = 70 = \beta_1 + \beta_2(80) + u_4 \qquad (2.4.3)$$
$$Y_5 = 75 = \beta_1 + \beta_2(80) + u_5$$

Ahora, si se toma el valor esperado de (2.4.1) en ambos lados, obtenemos

$$E(Y_i \mid X_i) = E[E(Y \mid X_i)] + E(u_i \mid X_i)$$
$$= E(Y \mid X_i) + E(u_i \mid X_i) \qquad (2.4.4)$$

donde se hace uso del valor esperado de una constante que es la constante misma[6]. Obsérvese cuidadosamente que en (2.4.4) se ha tomado la esperanza condicional, condicionada a las X dadas.

Puesto que $E(Y_i \mid X_i)$ es lo mismo que $E(Y \mid X_i)$, la ecuación (2.4.4) implica que

$$E(u_i \mid X_i) = 0 \qquad (2.4.5)$$

Así, el supuesto de que la línea de regresión pasa a través de las medias condicionales de Y (*véase* figura 2.2) implica que los valores de la media condicional de u_i (condicionadas al valor dado de X) son cero.

De la exposición anterior es claro que (2.2.2) y (2.4.2) son formas equivalentes si $E(u_i \mid X_i) = 0$[7]. Pero la especificación estocástica (2.4.2) tiene la ventaja que muestra claramente otras variables además del ingreso, que afectan el gasto de consumo y que un gasto de consumo de familias individuales no puede ser explicado en su totalidad solamente por la(s) variable(s) incluidas en el modelo de regresión.

---

[6]*Véase* en el apéndice A un análisis breve de las propiedades del operador de esperanza E. Nótese que $E(Y \mid X_i)$, una vez el valor de X_i ha sido fijado, es una constante.

[7]En efecto, en el método de mínimos cuadrados que será desarrollado en el capítulo 3, se supone explícitamente que $E(u_i \mid X_i) = 0$. *Véase* sección 3.2.

2.5 SIGNIFICADO DEL TÉRMINO «PERTURBACIÓN ESTOCÁSTICA»

Como se anotó en la sección 2.4, el término «perturbación estocástica» u_i es un sustituto para todas aquellas variables que son omitidas del modelo pero que, colectivamente, afectan a Y. La pregunta obvia es: ¿Por qué no se introducen estas variables en el modelo explícitamente? Planteado de otra forma, ¿por qué no se desarrolla un modelo de regresión múltiple con tantas variables como sea posible? Las razones son muchas.

1. *Vaguedad de la teoría:* de existir una teoría que determine el comportamiento de Y, ésta puede estar incompleta y frecuentemente lo está. Podríamos saber con seguridad que el ingreso semanal X afecta el gasto de consumo semanal Y, pero se podría ignorar o no estar seguros sobre las demás variables que afectan a Y. Por consiguiente, u_i puede ser utilizada como sustituto de todas las variables excluidas u omitidas del modelo.

2. *No disponibilidad de información:* Aún si se sabe cuáles son algunas de las variables excluidas y se considera por consiguiente una regresión múltiple en lugar de una regresión simple, se puede no tener información cuantitativa sobre esas variables. Es una experiencia corriente en el análisis empírico que la información que idealmente se desearía tener, frecuentemente no esté disponible. Por ejemplo, en principio se podría introducir la riqueza familiar, como una variable explicativa adicional a la variable ingreso para explicar el gasto de consumo familiar. Pero desafortunadamente, la información sobre riqueza familiar por lo general no está disponible. Por consiguiente, se puede ver forzado a omitir la variable riqueza de nuestro modelo a pesar de su gran relevancia teórica en la explicación del gasto de consumo.

3. *Variables centrales vs. variables periféricas:* Supóngase en el ejemplo consumo-ingreso que además del ingreso X_1 hay otras variables que afectan también el gasto de consumo, como el número de hijos por familia X_2, el sexo X_3, la religión X_4, la educación X_5, y la región geográfica X_6. Pero es muy posible que la influencia conjunta de todas o de algunas de estas variables pueda ser muy pequeña o a lo mejor no sistemática o aleatoria, y que desde el punto de vista práctico y por consideraciones de costo no se justifique su introducción explícita en el modelo. Uno espera que su efecto combinado pueda ser tratado como una variable aleatoria u_i [8].

4. *Aleatoriedad intrínseca en el comportamiento humano:* Aun si se tiene éxito en la introducción en el modelo de todas las variables relevantes, hay posibilidad de que exista alguna aleatoriedad «intrínseca» en Y que no puede ser explicada a pesar de todos los esfuerzos que se hagan. Las perturbaciones, u, pueden reflejar muy bien esta aleatoriedad intrínseca.

5. *Variables próximas* inadecuadas:* A pesar de que el modelo de regresión clásico (que será desarrollado en el capítulo 3) supone que las variables Y y X son medidas en forma precisa, en la práctica, los datos pueden estar plagados de errores de medición. Considérese, por ejemplo, la teoría muy conocida de Milton Friedman de la función de consumo[9]. Él considera el *consumo permanente* (Y^p) como función del *ingreso permanente* (X^p). Pero como la información sobre estas variables no es observable directamente, en la práctica se utilizan variables próximas, tales como el consumo observado (Y) y el ingreso observado (X). Puesto que las Y y las X observadas pueden no ser iguales a Y^p y X^p, existe el problema de errores de medición. El término de perturbación u puede en este caso también representar entonces los errores de medición. Como se verá en un capítulo posterior, de existir tales errores de medición, estos pueden tener graves implicaciones en la estimación de los coeficientes de regresión, los β.

---

[8] Una dificultad adicional es que variables tales como el sexo, la educación, la religión, etc., son difíciles de cuantificar.

*N. del T. O variables *Proxy*.

[9] Milton Friedman, *A Theory of the Consumption Function,* Princeton University Press, Princeton, N.J., 1957.

6. *Principio de parsimonia:* Siguiendo el principio de la cuchilla de afeitar de Occam[10], nos gustaría mantener nuestro modelo de regresión lo más sencillo posible. Si podemos explicar «sustancialmente» el comportamiento de Y con dos o tres variables explicativas y si nuestra teoría no es lo suficientemente fuerte para sugerir otras variables que pudieran ser incluidas, ¿por qué introducir más variables? Permita que u_i represente todas las demás variables. Por supuesto, no se deben excluir variables relevantes e importantes sólo para mantener simple la forma del modelo de regresión.

7. *Forma funcional incorrecta:* Aún si se tienen variables teóricamente correctas, para explicar un fenómeno y se puede obtener información sobre ellas, muy frecuentemente no se conoce la forma de la relación funcional entre la variable dependiente y las variables explicativas. ¿Es el gasto de consumo una función lineal (en variables) del ingreso o es una función no lineal (en variables)? Si se trata de lo primero, $Y_i = \beta_1 + \beta_2 X_i + u_i$ es la relación funcional apropiada entre Y y X, pero el segundo caso, $Y_i = \beta_1 + \beta_2 X_i + \beta_3 X_i^2 + u_i$ puede ser la forma funcional correcta. En los modelos de dos variables la forma funcional de la relación frecuentemente puede ser juzgada a partir del diagrama de dispersión. Pero en un modelo de regresión múltiple, no es fácil determinar la forma funcional apropiada, puesto que no se puede visualizar gráficamente los diagramas de dispersión en dimensiones múltiples.

Por todas estas razones, las perturbaciones estocásticas u_i asumen un papel extremadamente crítico en el análisis de regresión, que se apreciará a medida que se progrese.

2.6 FUNCIÓN DE REGRESIÓN MUESTRAL (FRM)

Hasta el momento, se ha limitado la exposición a los valores poblacionales de Y correspondientes a valores fijos de X. Deliberadamente se han evitado consideraciones muestrales (nótese que la información de la tabla 2.1 representa la población, no una muestra). Pero ya es hora de enfrentar los problemas muestrales, ya que en la práctica lo que se tiene al alcance no es más que una muestra de valores de Y que corresponden a algunos valores fijos de X. Por consiguiente la labor ahora es estimar la FRP con base en información muestral.

A manera de ilustración, supóngase que no se conocía la población de la tabla 2.1 y que la única información que se tenía era una muestra de valores de Y seleccionada aleatoriamente para valores dados de X tal como se presenta en la tabla 2.4. A diferencia de la tabla 2.1, ahora se tiene sólo un valor de Y correspondiente a los valores de X; cada Y (dado X_i) en la tabla 2.4 es seleccionado aleatoriamente de Y similares correspondientes a los mismos X_i de la población de la tabla 2.1.

La pregunta es: De la muestra de la tabla 2.4, ¿se puede predecir el gasto de consumo semanal promedio Y para la población como un todo correspondiente a los valores de X seleccionados? En otras palabras, ¿se puede estimar la forma FRP a partir de la información muestral? Como el lector seguramente sospecha, se puede no ser capaces de estimar la FRP en forma «precisa» debido a las fluctuaciones muestrales. Para ver esto, supóngase que se toma de la población de la tabla 2.1 otra muestra aleatoria, la cual se presenta en la tabla 2.5.

---

[10]«Las descripciones deben mantenerse lo más simples posibles hasta el momento en que se demuestre que resultan inadecuadas», *The World of Mathematics,* vol. 2, J.R. Newman (ed), Simon & Schuster, Nueva York, 1956, p. 1247, o, «Los individuos no deben ser multiplicados más allá de lo necesario», Donald F. Morrison, *Applied Linear Statistical Methods*, Prentice Hall, Englewood Cliffs, N.J., 1983, p. 58.

TABLA 2.4
Muestra aleatoria tomada
de la población de la tabla 2.1

Y	X
70	80
65	100
90	120
95	140
110	160
115	180
120	200
140	220
155	240
150	260

Al graficar los datos de las tablas 2.4 y 2.5, se obtiene el diagrama de dispersión dado en la figura 2.3. En el diagrama de dispersión se han trazado dos líneas de regresión muestral con el fin de «ajustar» las dispersiones razonablemente bien: FRM_1 está basada en la primera muestra y FRM_2 está basada en la segunda muestra. ¿Cuál de las dos líneas de regresión representa la línea de regresión poblacional «verdadera»? Si se evita la tentación de mirar la figura 2.1, que intencionalmente representa la RP, no hay forma de estar absolutamente seguros de que alguna de las líneas de regresión mostradas en la figura 2.3 representa la línea (o curva) de regresión poblacional verdadera. Las líneas de regresión en la figura 2.3 se conocen como **líneas de regresión muestral**. Supuestamente éstas representan la línea de regresión poblacional, pero debido a fluctuaciones muestrales pueden ser consideradas en el mejor de los casos sólo como una aproximación de la verdadera RP. En general, se obtendría N FRM diferentes para N muestras diferentes y estas FRM no necesariamente son iguales.

Ahora, en forma análoga a la FRP en la cual se basa la línea de regresión poblacional, se puede desarrollar el concepto de **función de regresión muestral** (FRM) para representar la línea de regresión muestral. La contraparte muestral de (2.2.2) puede escribirse como

TABLA 2.5
Otra muestra aleatoria tomada
de la población de la tabla 2.1

Y	X
55	80
88	100
90	120
80	140
118	160
120	180
145	200
135	220
145	240
175	260

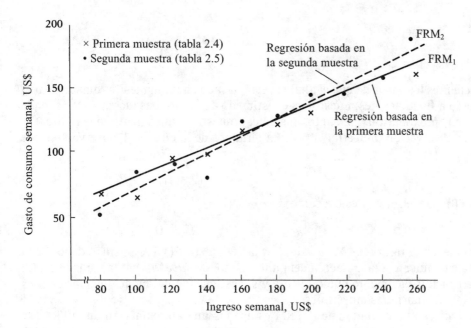

FIGURA 2.3
Líneas de regresión basadas en dos muestras diferentes.

$$\hat{Y}_i = \hat{\beta}_1 + \hat{\beta}_2 X_i \qquad (2.6.1)$$

donde $\hat{Y}$ se lee «Y-gorro» o «Y-sombrero»

$\hat{Y}_i$ = estimador de $E(Y \mid X_i)$

$\hat{\beta}_1$ = estimador de β_1

$\hat{\beta}_2$ = estimador de β_2

Adviértase que un **estimador**, conocido también como **estadístico** (muestral), es simplemente una regla, fórmula o método que dice cómo estimar el parámetro poblacional a partir de la información suministrada por la muestra disponible. Un valor numérico particular obtenido por el estimador en una aplicación es conocido como **estimado**[11].

Ahora, tal como se expresa la FRP en dos formas equivalentes, (2.2.2) y (2.4.2), se puede expresar la FRM (2.6.1) en su forma estocástica de la siguiente manera:

$$Y_i = \hat{\beta}_1 + \hat{\beta}_2 X_i + \hat{u}_i \qquad (2.6.2)$$

donde, adicional a los símbolos ya definidos, u_i denota el término **residual** (muestral). Conceptualmente $\hat{u}_i$ es análogo a u_i y puede ser considerado como un *estimado* de u_i, el cual se introduce en la FRM por las mismas razones que u_i fue introducida en la FRP.

Para resumir, entonces, se halla que el objetivo principal en el análisis de regresión es estimar la FRP

$$Y_i = \beta_1 + \beta_2 X_i + u_i \qquad (2.4.2)$$

---

[11]Como se anotó en la Introducción, un gorro sobre una variable significará un estimador del valor poblacional relevante.

con base en la FRM

$$Y_i = \hat{\beta}_1 + \hat{\beta}_2 X_i + \hat{u}_i \qquad (2.6.2)$$

porque son más frecuentes los casos en que el análisis está basado en una muestra tomada de una población. Pero debido a fluctuaciones muestrales el estimado de la FRP basado en FRM es, en el mejor de los casos, una aproximación. Esta aproximación se muestra gráficamente en la figura 2.4.

Para $X = X_i$, una observación (muestral) $Y = Y_i$. En términos de la FRM, la Y_i observada puede ser expresada como

$$Y_i = \hat{Y}_i + \hat{u}_i \qquad (2.6.3)$$

y en términos de la FRP, puede ser expresada como

$$Y_i = E(Y \mid X_i) + u_i \qquad (2.6.4)$$

Ahora obviamente, en la figura 2.4 $\hat{Y}_i$ *sobreestima* la verdadera $E(Y \mid X_i)$ para X_i dado. De la misma manera, para cualquier X_i a la izquierda del punto A, la FRM *subestimará* la verdadera FRP. Pero el lector puede concluir fácilmente que tal sobre y subestimación del modelo poblacional es inevitable debido a las fluctuaciones muestrales.

La pregunta crítica es ahora: Dado que la FRM es apenas una aproximación de la FRP, ¿se puede diseñar una regla o método que haga que esta aproximación sea lo más «ajustada» posible? En otras palabras, ¿cómo se debe construir la FRM para que $\hat{\beta}_1$ y $\hat{\beta}_2$ estén tan «cerca» de los verdaderos β_1 y β_2 como sea posible aun cuando nunca se llegue a conocer los verdaderos β_1 y β_2 ?

La respuesta a esta pregunta ocupará gran parte de nuestra atención en el capítulo 3. Se advierte aquí que es posible desarrollar procedimientos que dicen cómo construir la FRM para reflejar la FRP tan fielmente como sea posible. Es fascinante considerar que esto pueda hacerse aun cuando realmente nunca se llegue a determinar la propia FRP.

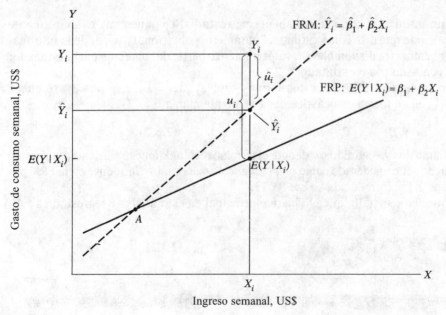

FIGURA 2.4
Líneas de regresión muestral y poblacional.

2.7 RESUMEN Y CONCLUSIONES

1. El concepto clave en el cual se basa el análisis de regresión es el de **función de regresión poblacional (FRP).**
2. Este libro trata con FRP lineales, es decir, con regresiones que son lineales en los parámetros desconocidos. Éstas pueden ser o no lineales en la variable dependiente o regresada Y y la(s) variable(s) independiente(s) o regresor(es) X.
3. Para propósitos empíricos, es la FRP estocástica la que importa. El término de perturbación estocástico u_i juega un papel crítico en la estimación de la FRP.
4. La FRP es un concepto idealizado, puesto que en la práctica raramente se tiene acceso al total de la población de interés. Generalmente, se tiene sólo una muestra de observaciones de la población. Por consiguiente, uno utiliza la función de regresión muestral estocástica (FRM) para estimar la FRP. La forma como esto se logra es considerada en el capítulo 3.

EJERCICIOS

2.1. En la siguiente tabla aparecen las tasas de retorno anuales anticipadas de cierta inversión y sus probabilidades asociadas.

Tasa de retorno X, %	Probabilidad p_i
-20	0.10
-10	0.15
10	0.45
25	0.25
30	0.05

Utilizando las definiciones dadas en el apéndice A, trabájese lo siguiente:

(*a*) Calcúlese la tasa de retorno esperada, $E(X)$.

(*b*) Calcúlese la varianza (σ^2) y la desviación estándar (σ) de los retornos.

(*c*) Calcúlese el coeficiente de variación, V, definido como $V = \sigma / E(X)$. *Nota:* V frecuentemente es multiplicado por 100 para expresarlo en su forma porcentual.

(*d*) Utilizando la definición de asimetría, estímese la asimetría de la distribución de las tasas de retorno dadas en la tabla. ¿La distribución de los retornos en este ejemplo presenta una asimetría positiva o negativa?

(*e*) Utilizando la definición de curtosis, estímese la curtosis en el ejemplo dado. ¿Es la distribución de las tasas de retorno dada en la tabla de tipo **leptocurtico** (de cola angosta) o **platycurtico** (de cola más larga)?

2.2. En la siguiente tabla se presenta la distribución de probabilidad conjunta, $p(X,Y)$, de las variables X y Y.

Y \ X	1	2	3
1	0.03	0.06	0.06
2	0.02	0.04	0.04
3	0.09	0.18	0.18
4	0.06	0.12	0.12

Utilizando las definiciones dadas en el apéndice A, determínese lo siguiente:

(*a*) Distribuciones de probabilidad marginales o no condicionales de X y Y.

(*b*) Distribuciones de probabilidad condicionales $p(X \mid Y_i)$ y $p(Y \mid X_i)$.

(*c*) Esperanzas condicionales $E(X \mid Y_i)$ y $E(Y \mid X_i)$.

2.3. En la siguiente tabla se presenta la distribución de probabilidad conjunta $p(X,Y)$ de las variables aleatorias X y Y donde X = tasa de retorno (%) esperada durante el primer año del proyecto A y Y = tasa de retorno (%) durante el primer año esperada del proyecto B.

Y \ X	−10	0	20	30
20	0.27	0.08	0.16	0.00
50	0.00	0.04	0.10	0.35

(*a*) Calcúlese la tasa de retorno esperada del proyecto A, $E(X)$.
(*b*) Calcúlese la tasa de retorno esperada del proyecto B, $E(Y)$.
(*c*) ¿Son independientes las tasas de retorno de los dos proyectos? (*Guía:* ¿Es $E(XY) = E(X)E(Y)$?) Advierta que,

$$E(X\ Y) = \sum_{i=1}^{4} \sum_{j=1}^{2} X_i Y_j p(X_i Y_j)$$

2.4. Para 50 parejas, las edades (en años) de la esposa X y del marido Y han sido agrupadas en la siguiente tabla en intervalos de clase de 10 años para cada pareja. Las frecuencias para las diferentes clases aparecen en el cuerpo de la tabla. Los valores de X y Y que aparecen corresponden a los valores medios de cada intervalo de clase.

Y \ X	20	30	40	50	60	70	Total
20	1						1
30	2	11	1				14
40		4	10	1			15
50			3	6	1		10
60				2	3	2	7
70					1	2	3
Total	3	15	14	9	5	4	50

Así, para la clase en la cual la edad del marido está entre 35 y 45 y la edad de la esposa está entre 25 y 35, se han asignado a X y a Y los valores (centrados) de 40 y 30 respectivamente y la frecuencia es 4.
(*a*) Determínese la media de cada ordenamiento, esto es, de cada fila y cada columna.
(*b*) Utilizando la abscisa para la variable X y la ordenada para la variable Y, grafíquese el ordenamiento de medias (condicionales) obtenidas en (*a*). Se puede utilizar un símbolo + para las medias de las columnas y ⊕ para las medias de las filas.
(*c*) ¿Qué se puede decir sobre la relación entre X y Y?
(*d*) ¿Caen las medias condicionales de filas y de columnas sobre líneas aproximadamente rectas? Dibújense las líneas de regresión.

2.5. En la siguiente tabla se presenta la cotización (X) y el rendimiento hasta la madurez Y(%) de 50 bonos, donde la cotización se mide a tres niveles: $X = 1$(Bbb), $X = 2$(Bb), y $X = 3$(B). De acuerdo

Y \ X	1 Bbb	2 Bb	3 B	Total
8.5	13	5	0	18
11.5	2	14	2	18
17.5	0	1	13	14
Total	15	20	15	50

con la cotización de bonos suministrados por la forma Standard & Poor, Bbb, Bb y B son todos bonos de calidad intermedia, donde Bb tiene una cotización ligeramente mayor que B mientras que Bbb tiene una ligeramente superior que Bb.

(*a*)   Conviértase la tabla anterior en una que muestre la distribución de probabilidad conjunta, $p(X,Y)$, por ejemplo, $p(X=1, Y=8.5) = 13/50 = .26$.

(*b*)   Calcúlese $p(Y \mid X = 1)$, $p(Y \mid X = 2)$, y $p(Y \mid X = 3)$.

(*c*)   Calcúlese $E(Y \mid X = 1)$, $E(Y \mid X = 2)$, y $E(Y \mid X = 3)$.

(*d*)   ¿Las tasas de retorno calculadas en (*c*) están de acuerdo con las expectativas a *priori* sobre la relación entre cotización de bonos y rendimiento a la madurez?

*2.6.   La función de densidad conjunta de dos variables aleatorias continuas, X y Y es la siguiente:

$$f(X, Y) = 4 - X - Y \qquad 0 \leq X \leq 1; \qquad 0 \leq Y \leq 1$$

$$= 0 \qquad \text{de lo contrario}$$

(*a*)   Encuéntrense las funciones de densidad marginal, $f(X)$ y $f(Y)$.

(*b*)   Encuéntrense las funciones de densidad condicional, $f(X \mid Y)$ y $f(Y \mid X)$.

(*c*)   Encuéntrense $E(X)$ y $E(Y)$.

(*d*)   Encuéntrese $E(X \mid Y = 0.4)$.

2.7.   Considérense los siguientes datos:

Medianas de salarios de economistas para grupos seleccionados por edad y experiencia, registro nacional, 1966 (miles de dólares)

Edad	\multicolumn{10}{c}{Años de experiencia profesional}

Edad	0–2	2–4	5–9	10–14	15–19	20–24	25–29	30–34	35–39	40–44*
20–24	7.5									
25–29	9.0	9.1	10.0							
30–34	9.0	9.5	11.0	12.6						
35–39		10.0	11.7	13.2	15.0					
40–44		9.6	11.0	13.0	15.5	17.0				
45–49				12.0	15.0	17.0	20.0			
50–54				11.3	13.3	15.0	18.2	20.0		
55–59					13.8	16.0	18.0	19.0		
60–64						13.1	16.0	17.2	18.8	
65–69								13.8	17.0	
70–74†									12.5	

Nota: Los grupos seleccionados comprenden todos aquellos representados por 25 o más personas encuestadas que cumplían las combinaciones indicadas de edad y experiencia.

* La categoría real es 40 o más.

† La categoría real es 70 y más.

Fuente: N. Arnold Tolles y Emanuel Melichar, «Studies of the Structure of Economists' Salaries and Income», *American Economic Review*, vol.57, no. 5, pt. 2, suplemento, diciembre 1968, tabla H, p. 119.

(*a*)   ¿Qué sugieren estos datos?

(*b*)   ¿Cuál variable está más cercanamente relacionada con el nivel salarial, la edad o la experiencia? ¿Cómo se sabe?

(*c*)   Dibújense dos gráficas separadas. En una, muestre la mediana del salario en relación con la edad y en la otra muestre la mediana del salario en relación con la experiencia profesional (en años).

---

* Opcional.

2.8. Examínense los siguientes datos:

Media de ganancias monetarias de personas, por logro educacional, sexo y edad: 1990. (En dólares. Para trabajadores de tiempo completo durante todo el año, de edades iguales o superiores a los 25 años de edad. En marzo de 1991)

Edad y sexo	Total	Educ. elemen. 8 años o menos	Educación secundaria			Educación universitaria			
			Total	1–3 años	4 años	Total	1–3 años	4 años	5 o más años
Total hombres	34,886	19,188	27,131	22,564	28,043	43,217	34,188	44,554	55,831
25 a 34 años	27,743	15,887	23,255	19,453	24,038	33,003	28,298	35,534	39,833
35 a 44 años	37,958	18,379	28,205	23,621	28,927	45,819	36,180	47,401	58,542
45 a 54 años	40,231	19,686	31,235	24,133	32,862	50,545	39,953	50,718	62,902
55 a 64 años	37,469	22,379	29,460	25,280	30,779	50,585	36,954	55,518	61,647
65 años o más	33,145	17,028	24,003	19,530	25,516	44,424	34,323	43,092	52,149
Total mujeres	22,768	13,322	18,469	15,381	18,954	27,493	22,654	28,911	35,827
25 a 34 años	21,337	11,832	16,673	13,385	17,076	25,194	20,872	27,210	32,563
35 a 44 años	24,453	13,714	19,344	15,695	19,886	29,287	23,307	31,631	37,599
45 a 54 años	23,429	13,490	19,500	16,651	19,986	29,334	24,608	29,242	38,307
55 a 64 años	21,388	13,941	18,607	15,202	19,382	26,930	23,364	27,975	33,383
65 años o más	19,194	*	18,281	*	18,285	23,277	*	*	*

* La cifra base es muy baja para cumplir con los estándares estadísticos de confiabilidad en la cifra obtenida.

Fuente: Statistical Abstract of the United States, 1992, Departamento de Comercio de los Estados Unidos, tabla 713, p. 454.

(*a*)   Utilizando el eje *Y* para la media de las ganancias monetarias y el eje *X* para representar estos niveles de educación: –8 años o menos de educación, 1 – 3 años de educación secundaria, 4 años de educación secundaria, 1 – 3 años de educación universitaria, 4 años de educación universitaria y 5 o más años de educación universitaria – grafíquense los datos para hombres y mujeres separadamente para cada grupo de edad.

(*b*)   ¿Qué conclusiones generales se pueden sacar?

2.9. Examínese la siguiente tabla:

Mediana de salarios de economistas (miles de dólares) por títulos académicos, 1966

Años de experiencia	Ph.D.	Maestría	Bachelors
Menos de 2	9.8	8.0	9.0
2–4	10.0	8.8	8.9
5–9	11.5	10.5	10.6
10–14	13.0	12.3	13.0
15–19	15.0	15.0	15.6
20–24	16.2	15.6	17.0
25–29	18.0	17.0	20.0
30–34	17.9	17.7	20.0
35–39	16.9	16.2	20.5
40–44*	17.5	14.2	22.0

* Realmente la categoría es 40 años o más.

Fuente: N. Arnold Tolles y Emanuel Melichar, «Studies of the Structure of Economists' Salaries and Income», *American Economic Review*, vol.57, no. 5, pt. 2, suplemento, diciembre 1968, tabla III-B-3, p. 92.

(a)   Grafíquese la mediana de salarios para los tres grupos frente a los valores medios de los diversos intervalos de años de experiencia y dibuje las líneas de regresión.

(b)   ¿Cuáles factores explican las diferencias de salarios de los tres grupos de economistas? Especialmente, ¿por qué ganan más los economistas con el título básico, que sus contrapartes con Ph. D. para 15 o más años de experiencia? ¿Implicará esta observación que no se justifica obtener un doctorado (Ph.D)?

2.10. Considérese la siguiente tabla:

Número de economistas por años de experiencia y edad (solamente economistas empleados profesionalmente de tiempo completo)

Grupos de edad (años)	Años de experiencia						
	0–2	2–4	5–9	10–14	15–19	20–24*	Total
20–24	24	13	1	–	–	–	38
25–29	121	405	184	–	–	–	710
30–34	77	497	825	197	3	–	1599
35–39	18	125	535	780	194	1	1653
40–44	6	36	161	652	761	235	1851
45–49	1	15	48	183	433	751	1431
50–54	1	5	19	52	119	784	980
55–59	1	2	10	18	27	612	670
60–64	1	–	3	6	8	382	400
65–69	–	1	1	2	4	206	214
70–74†	–	–	–	–	1	27	28
Total	250	1099	1787	1890	1550	2998	9574

* Realmente esta categoría es 20 años o más.

† Realmente esta categoría es 70 años y mayores.

Fuente: Adaptado de «The Structure of Economists' Employment and Salaries, 1964", *American Economic Review,* vol. 55, no.4, diciembre 1965, tabla VII, p. 40.

En la tabla anterior se presentan las frecuencias absolutas conjuntas de las variables edad y años de experiencia. Utilizando frecuencias relativas (las frecuencias absolutas divididas por el número total) como medidas de probabilidad, hágase lo siguiente:

(a)   Obténgase la distribución de probabilidad conjunta de edad y años de experiencia.

(b)   Obténganse las distribuciones de probabilidad condicional de edad para los diversos años de experiencia.

(c)   Obténgase la distribución de probabilidad condicional de años de experiencia para las diversas edades.

(d)   Utilizando los puntos medios de los diversos intervalos de edad y años de experiencia, obténganse las medias condicionales de las distribuciones derivadas en (b) y en (c).

(e)   Dibújense diagramas de dispersión apropiados mostrando las diversas medias condicionales.

(f)   Si se conectan las medias condicionales dibujadas en (e), ¿qué se obtiene?

(g)   ¿Qué se puede decir sobre la relación entre años de experiencia y edad?

2.11. Determínese si los siguientes modelos son lineales en los parámetros, o en las variables, o en ambos. ¿Cuáles de estos modelos son de regresión lineal?

Modelo   **Título descriptivo**

$(a)\, Y_i = \beta_1 + \beta_2 \left(\dfrac{1}{X_i}\right) + u_i$ Recíproco

Modelo	Título descriptivo
$(b)\ Y_i = \beta_1 + \beta_2 \ln X_i + u_i$	Semilogarítmico
$(c)\ \ln Y_i = \beta_1 + \beta_2 X_i + u_i$	Semilogarítmico inverso
$(d)\ \ln Y_i = \ln \beta_1 + \beta_2 \ln X_i + u_i$	Logarítmico o doble logarítmico
$(e)\ \ln Y_i = \beta_1 - \beta_2 \left(\dfrac{1}{X_i}\right) + u_i$	Logarítmico recíproco

Nota: ln = logaritmo natural (es decir, logaritmo en base e); u_i es el término de perturbación estocástico. Estudiaremos estos modelos en el capítulo 6.

2.12. Los siguientes, ¿son modelos de regresión lineal? ¿Por qué razón?

(a) $Y_i = e^{\beta_1 + \beta_2 X_i + u_i}$

(b) $Y_i = \dfrac{1}{1 + e^{\beta_1 + \beta_2 X_i + u_i}}$

(c) $\ln Y_i = \beta_1 + \beta_2 \left(\dfrac{1}{X_i}\right) + u_i$

(d) $Y_i = \beta_1 + (0.75 - \beta_1)e^{-\beta_2(X_i - 2)} + u_i$

(e) $Y_i = \beta_1 + \beta_2^3 X_i + u_i$

2.13. Si $\beta_2 = 0.8$ en (d) del problema 2.12, ¿se convertiría el modelo en uno de regresión lineal? ¿Por qué?

*2.14. Considérense los siguientes modelos no estocásticos. ¿Son lineales estos modelos?; es decir, ¿son modelos lineales en los parámetros? De no serlo, ¿sería posible, utilizando manipulaciones algebraicas apropiadas, convertirlos en modelos lineales?

(a) $Y_i = \dfrac{1}{\beta_1 + \beta_2 X_i}$

(b) $Y_i = \dfrac{X_i}{\beta_1 + \beta_2 X_i}$

(c) $Y_i = \dfrac{1}{1 + \exp(-\beta_1 - \beta_2 X_i)}$

*2.15. Una variable aleatoria discreta X tiene una **distribución** (discreta) **rectangular** o **uniforme** si su FDP tiene la siguiente forma:

$$f(X) = 1/k \text{ para } X = X_1, X_2, \ldots, X_k \qquad [X_i \neq X_j \text{ cuando } i \neq j]$$

(a)   Muéstrese que para esta distribución $E(X) = \sum X_i(1/k)$ y la varianza $\sigma_X^2 = \sum [X_i - E(X_i)]^2 \cdot (1/k)$, donde $E(X)$ es tal como se muestra.

(b)   ¿Cuáles son los valores de $E(X)$ y de σ_X^2 si $X = 1, 2, \ldots, k$?

2.16. La siguiente tabla presenta datos sobre los puntajes de la Prueba de Aptitud Escolar (SAT) para estudiantes recién ingresados a la universidad, para 1967-1990.

(a)   Utilícese el eje horizontal para los años y el eje vertical para los puntajes SAT para graficar los puntajes del examen oral y de matemáticas para hombres y mujeres separadamente.

(b)   ¿Qué conclusiones generales se pueden obtener?

(c)   Conociendo los puntajes del examen de aptitud verbal de hombres y mujeres, ¿cómo se pueden predecir sus puntajes de aptitud matemática?

---

* Opcional.

Media de los puntajes de la prueba de aptitud escolar
para estudiantes recién ingresados a la universidad, 1967-1990*

Año	Aptitud verbal			Aptitud matemática		
	Hombres	Mujeres	Total	Hombres	Mujeres	Total
1967	463	468	466	514	467	492
1968	464	466	466	512	470	492
1969	459	466	463	513	470	493
1970	459	461	460	509	465	488
1971	454	457	455	507	466	488
1972	454	452	453	505	461	484
1973	446	443	445	502	460	481
1974	447	442	444	501	459	480
1975	437	431	434	495	449	472
1976	433	430	431	497	446	472
1977	431	427	429	497	445	470
1978	433	425	429	494	444	468
1979	431	423	427	493	443	467
1980	428	420	424	491	443	466
1981	430	418	424	492	443	466
1982	431	421	426	493	443	467
1983	430	420	425	493	445	468
1984	433	420	426	495	449	471
1985	437	425	431	499	452	475
1986	437	426	431	501	451	475
1987	435	425	430	500	453	476
1988	435	422	428	498	455	476
1989	434	421	427	500	454	476
1990	429	419	424	499	455	476

* Los datos correspondientes a 1967-1971 son estimados.

Fuente: The College Board. El *New York Times,* Agosto. 28, 1990, p. B-5.

(*d*) Grafíquese el puntaje SAT total para mujeres frente al puntaje SAT total para hombres. Dibújese una línea de regresión a través de los puntos dispersos. ¿Qué se observa?

2.17. ¿La línea de regresión que aparece en la figura I.3 de la Introducción es la FRP o la FRM? ¿Por qué? ¿Cómo se pueden interpretar los puntos dispersos alrededor de la línea de regresión? Aparte del PIB, ¿qué otros factores, o variables, podrían determinar el gasto de consumo personal?

CAPÍTULO

3

MODELO DE REGRESIÓN CON DOS VARIABLES: PROBLEMA DE ESTIMACIÓN

Como se anotó en el capítulo 2, la primera tarea consiste en estimar la función de regresión poblacional (FRP) con base en la función de regresión muestral (FRM) en la forma más precisa posible. Hay diversos métodos de calcular la FRM, pero en lo que respecta al análisis de regresión, el más utilizado es el **método de mínimos cuadrados ordinarios (MCO)**[1]. En este capítulo, se estudiará el método en términos del modelo de regresión de dos variables. La generalización del método a los modelos de regresión múltiple está dada en el capítulo 7.

3.1 MÉTODO DE MÍNIMOS CUADRADOS ORDINARIOS (MCO)

El método de mínimos cuadrados ordinarios se atribuye a Carl Friedrich Gauss, un matemático alemán. Bajo ciertos supuestos (estudiados en la sección 3.2), el método de mínimos cuadrados tiene algunas propiedades estadísticas muy atractivas que lo han convertido en uno de los más eficaces y populares del análisis de regresión. Para entenderlo, se explicará primero el principio de los mínimos cuadrados.

---

[1]Otro método, conocido como el *método de máxima verosimilitud*, será considerado brevemente en el capítulo 4.

Recuérdese la FRP de dos variables:

$$Y_i = \beta_1 + \beta_2 X_i + u_i \tag{2.4.2}$$

Sin embargo, como se mencionó en el capítulo 2, la FRP no es observable directamente. Esta función debe ser estimada a partir de la FRM:

$$Y_i = \hat{\beta}_1 + \hat{\beta}_2 X_i + \hat{u}_i \tag{2.6.2}$$

$$= \hat{Y}_i + \hat{u}_i \tag{2.6.3}$$

donde $\hat{Y}_i$ es el valor estimado (media condicional) de Y_i.

Pero, ¿cómo se determina en sí misma la FRM? Para ver esto, se procede de la siguiente forma. Primero, se expresa (2.6.3) como

$$\hat{u}_i = Y_i - \hat{Y}_i$$

$$= Y_i - \hat{\beta}_1 - \hat{\beta}_2 X_i \tag{3.1.1}$$

que muestra que los $\hat{u}_i$ (los residuos) son simplemente las diferencias entre los valores observados y los estimados de Y.

Ahora, dados n pares de observaciones de Y y X, se está interesado en determinar la FRM de tal manera que esté lo más cerca posible a Y observado. Con este fin, se puede adoptar el siguiente criterio: seleccionar la FRM de tal manera que la suma de los residuos $\sum \hat{u}_i = \sum (Y_i - \hat{Y}_i)$ sea la menor posible. Este criterio, aunque es intuitivamente atractivo, no es muy bueno, como puede verse en el diagrama de dispersión hipotético que aparece en la figura 3.1.

Si se adopta el criterio de minimizar $\sum \hat{u}_i$, la figura 3.1 muestra que los residuos $\hat{u}_2$ y $\hat{u}_3$ al igual que los residuos $\hat{u}_1$ y $\hat{u}_4$ reciben el mismo peso en la suma $(\hat{u}_1 + \hat{u}_2 + \hat{u}_3 + \hat{u}_4)$, aunque los dos primeros están mucho más cerca de la FRM que los dos últimos. En otras palabras, a todos los

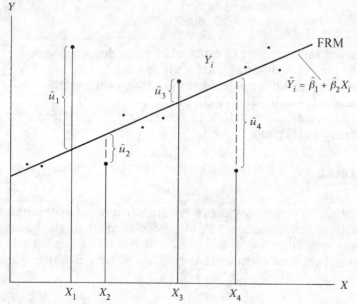

FIGURA 3.1
Criterio de mínimos cuadrados.

residuos se les da la misma importancia sin importar qué tan cerca o qué tan lejos estén las observaciones individuales de la FRM. De tal forma que es muy posible que la suma algebraica de las $\hat{u}_i$ sea pequeña (aun cero) a pesar de que las $\hat{u}_i$ están bastante dispersas alrededor de FRM. Para verificar lo anterior, permita que $\hat{u}_1$, $\hat{u}_2$, $\hat{u}_3$ y $\hat{u}_4$ en la figura 3.1 asuman los valores de 10, –2, +2 y –10, respectivamente. La suma algebraica de estos residuos es cero a pesar de que $\hat{u}_1$ y $\hat{u}_4$ presentan una mayor dispersión alrededor de FRM que $\hat{u}_2$ y $\hat{u}_3$. Se puede evitar este problema si se adopta el *criterio de mínimos cuadrados*, el cual establece que la FRM puede determinarse en forma tal que

$$\sum \hat{u}_i^2 = \sum (Y_i - \hat{Y}_i)^2$$
$$= \sum (Y_i - \hat{\beta}_1 - \hat{\beta}_2 X_i)^2 \qquad (3.1.2)$$

sea lo más pequeña posible, donde $\hat{u}_i^2$ son los residuos elevados al cuadrado. Al elevar al cuadrado $\hat{u}_i$, este método da más peso a los residuos tales como $\hat{u}_1$ y $\hat{u}_4$ en la figura 3.1 que a los residuos $\hat{u}_2$ y $\hat{u}_3$. Como se anotó anteriormente, bajo el criterio de minimización de $\sum \hat{u}_i$, la suma puede ser pequeña a pesar de que los $\hat{u}_i$ estén bastante dispersos alrededor de la FRM. La situación anterior no puede presentarse bajo el procedimiento de mínimos cuadrados, ya que entre mayor sea $\hat{u}_i$ (en valores absolutos), mayor será $\sum \hat{u}_i^2$. Una justificación adicional para el método de los mínimos cuadrados reside en el hecho de que los estimadores obtenidos con este método tienen algunas propiedades estadísticas muy deseables, como se verá más adelante.

Es obvio a partir de (3.1.2.) que

$$\sum \hat{u}_i^2 = f(\hat{\beta}_1, \hat{\beta}_2) \qquad (3.1.3)$$

es decir, la suma de los residuos elevados al cuadrado es algún tipo de función de los estimadores $\hat{\beta}_1$ y $\hat{\beta}_2$. Para cada conjunto dado de datos con diferentes valores para $\hat{\beta}_1$ y $\hat{\beta}_2$, se obtendrá como resultado $\hat{u}$ diferentes y, por consiguiente, valores diferentes de $\sum \hat{u}_i^2$. Para ver esto claramente, considérense las cifras hipotéticas de Y y de X dadas en las primeras dos columnas de la tabla 3.1. Realícense ahora dos experimentos. En el experimento 1, sea $\hat{\beta}_1 = 1.572$ y $\hat{\beta}_2 = 1.357$ (por ahora no preocupa la forma como se obtuvieron estos valores; es decir, que se adivinaron)[2]. Utilizando estos

TABLA 3.1
Determinación experimental de la FRM

Y_i (1)	X_t (2)	$\hat{Y}_{1i}$ (3)	$\hat{u}_{1i}$ (4)	$\hat{u}_{1i}^2$ (5)	$\hat{Y}_{2i}$ (6)	$\hat{u}_{2i}$ (7)	$\hat{u}_{2i}^2$ (8)
4	1	2.929	1.071	1.147	4	0	0
5	4	7.000	–2.000	4.000	7	–2	4
7	5	8.357	–1.357	1.841	8	–1	1
12	6	9.714	2.286	5.226	9	3	9
Suma: 28	16		0.0	12.214		0	14

Notas: $\hat{Y}_{1i} = 1.572 + 1.357X_i$ (i.e., $\hat{\beta}_1 = 1.572$ y $\hat{\beta}_2 = 1.357$)
$\hat{Y}_{2i} = 3.0 + 1.0X_i$ (i.e., $\hat{\beta}_1 = 3$ y $\hat{\beta}_2 = 1.0$)
$\hat{u}_{1i} = (Y_i - \hat{Y}_{1i})$
$\hat{u}_{2i} = (Y_i - \hat{Y}_{2i})$

[2] Para los curiosos, estos valores se obtienen por el método de mínimos cuadrados, explicado en breve. *Véase* ecuaciones (3.1.6) y (3.1.7)

valores $\hat{\beta}$ y los valores X dados en la columna (2) de la tabla 3.1, se puede calcular fácilmente el Y_i estimado que está dado en la columna (3) de la tabla y denotado como $\hat{Y}_{1i}$ (el subíndice 1 se utiliza para indicar el primer experimento). Ahora realícese otro experimento, pero esta vez utilizando los valores de $\hat{\beta}_1 = 3$ y $\hat{\beta}_2 = 1$. Los valores estimados de Y_i a partir de este experimento están dados por $\hat{Y}_{2i}$ en la columna (6) de la tabla 3.1. Puesto que los valores $\hat{\beta}$ en los dos experimentos son diferentes, se obtienen también valores diferentes para los residuos estimados, como se observa en la tabla; $\hat{u}_{1i}$ corresponden a los del primer experimento y $\hat{u}_{2i}$ corresponden a los del segundo. Los cuadrados de estos residuos están dados en las columnas (5) y (8). Obviamente, como se esperaba de (3.1.3), estas sumas de residuales al cuadrado son diferentes puesto que están basados en conjuntos diferentes de valores de $\hat{\beta}$.

Ahora, ¿cuáles conjuntos de $\hat{\beta}$ se deben escoger? Puesto que los valores $\hat{\beta}$ del primer experimento nos dan una $\sum \hat{u}_i^2 (\doteq 12.214)$ inferior a la que se obtiene de los valores $\hat{\beta}$ del segundo experimento ($=14$), se podría decir que las $\hat{\beta}$ estimadas del primer experimento son los "mejores" valores. Pero, ¿cómo se puede saber? Ya que, si se tuviera tiempo y paciencia infinitas, se podrían haber realizado muchos más experimentos de este tipo, escogiendo cada vez diferentes conjuntos de $\hat{\beta}$ y comparando las $\sum \hat{u}_i^2$ resultantes y luego escogiendo ese conjunto de valores de $\hat{\beta}$ que diera el menor valor posible de $\sum \hat{u}_i^2$ suponiendo desde luego que se han considerado todos los valores posibles de β_1 y β_2. Pero puesto que el tiempo y, ciertamente, la paciencia generalmente son escasos, se necesita considerar alguna abreviación de este proceso de ensayo y error. Afortunadamente, el método de mínimos cuadrados ofrece tal abreviación. El principio o método de mínimos cuadrados escoge $\hat{\beta}_1$ y $\hat{\beta}_2$ de tal manera que para una muestra dada o conjunto de datos, $\sum \hat{u}_i^2$ es la más pequeña posible. En otras palabras, para una muestra dada, proporciona valores estimados únicos de β_1 y de β_2 que producen el valor más pequeño o reducido posible de $\sum \hat{u}_i^2$. ¿Cómo puede lograrse esto? Se trata de un ejercicio sencillo de cálculo diferencial. Como se observa en el apéndice 3A, sección 3A.1, el proceso de diferenciación genera las siguientes ecuaciones para estimar β_1 y β_2:

$$\sum Y_i = n\hat{\beta}_1 + \hat{\beta}_2 \sum X_i \qquad (3.1.4)$$

$$\sum Y_i X_i = \hat{\beta}_1 \sum X_i + \hat{\beta}_2 \sum X_i^2 \qquad (3.1.5)$$

donde n es el tamaño de la muestra. Estas ecuaciones simultáneas se conocen como **ecuaciones normales**.

Resolviendo las ecuaciones normales simultáneamente, se obtiene

$$\begin{aligned}
\hat{\beta}_2 &= \frac{n\sum X_i Y_i - \sum X_i \sum Y_i}{n\sum X_i^2 - \left(\sum X_i\right)^2} \\[2mm]
&= \frac{\sum (X_i - \bar{X})(Y_i - \check{Y})}{\sum (X_i - \bar{X})^2} \\[2mm]
&= \frac{\sum x_i y_i}{\sum x_i^2}
\end{aligned}$$

$$(3.1.6)$$

donde $\bar{X}$ y $\bar{Y}$ son las medias muestrales de X y Y y donde definimos $x_i = (X_i - \bar{X})$ y $y_i = (Y_i - \bar{Y})$. *De aquí en adelante se adoptará la convención de utilizar letras minúsculas para representar desviaciones con respecto a los valores medios.*

$$\hat{\beta}_1 = \frac{\sum X_i^2 \sum Y_i - \sum X_i \sum X_i Y_i}{n \sum X_i^2 - (\sum X_i)^2}$$

$$= \bar{Y} - \hat{\beta}_2 \bar{X} \tag{3.1.7}$$

El último paso en (3.1.7) puede obtenerse directamente de (3.1.4) mediante manipulación algebraica simple.

Incidentalmente, adviértase que, mediante el uso de identidades algebraicas simples, la fórmula (3.1.6) para estimar β_2 puede expresarse en forma alterna como

$$\hat{\beta}_2 = \frac{\sum x_i y_i}{\sum x_i^2}$$

$$= \frac{\sum x_i Y_i}{\sum X_i^2 - n\bar{X}^2} \tag{3.1.8}[3]$$

$$= \frac{\sum X_i y_i}{\sum X_i^2 - n\bar{X}^2}$$

lo cual puede reducir el exceso de cálculos si uno utiliza una calculadora manual para resolver un problema de regresión con un conjunto pequeño de datos.

Los estimadores obtenidos previamente se conocen como **estimadores de mínimos cuadrados,** ya que estos se derivan del principio de mínimos cuadrados. Obsérvense las siguientes **propiedades numéricas** de los estimadores obtenidos por el método de MCO: «Propiedades numéricas son aquellas que se mantienen como consecuencia del uso de mínimos cuadrados ordinarios, sin considerar la forma como se generaron los datos»[4]. En breve, se considerarán también las **propiedades estadísticas** de los estimadores MCO, esto es, propiedades «que se mantienen sólo bajo ciertos supuestos sobre la forma como se generaron los datos»[5]. (*Véase* el modelo de regresión lineal clásico en la sección 3.2).

I.   Los estimadores MCO están expresados únicamente en términos de las cantidades (*v.gr.* X y Y) observables (*v.gr.* muestras). Por consiguiente, pueden ser fácilmente calculados.

II. Son **estimadores puntuales**, esto es, dada la muestra, cada estimador proporcionará un solo valor (puntual) del parámetro poblacional relevante. (En el capítulo 5 se considerará la llamada

---

[3]*Nota 1:* $\sum x_i^2 = \sum (X_i - \bar{X})^2 = \sum X_i^2 - 2\sum X_i \bar{X} + \sum \bar{X}^2 = \sum X_i^2 - 2\bar{X}\sum X_i + \sum \bar{X}^2$, puesto que $\bar{X}$, es una constante. Además, apréciese que $\sum X_i = n\bar{X}$ y $\sum \bar{X}^2 = n\bar{X}^2$ ya que $\bar{X}$ es una constante, finalmente obtenemos $\sum x_i^2 = \sum X_i^2 - n\bar{X}^2$

Nota 2: $\sum x_i y_i = \sum x_i (Y_i - \bar{Y}) = \sum x_i Y_i - \bar{Y}\sum x_i = \sum x_i Y_i - \bar{Y}\sum (X_i - \bar{X}) = \sum x_i Y_i$, puesto que $\bar{Y}$ es una constante y puesto que la suma de las desviaciones de una variable de su valor medio [es decir, $\sum (X_i - \bar{X})$] siempre es cero. De la misma manera, $\sum y_i = \sum (Y_i - \bar{Y}) = 0$.

[4]Russell Davidson y James G. MacKinnon, *Estimation and Inference in Econometrics,* Oxford University Press, New York, 1993, p. 3.

[5]*Ibid.*

estimación de intervalos, la cual proporciona un rango de valores posibles para los parámetros poblacionales no conocidos).

III.   Una vez obtenidos los estimadores de MCO de la información muestral, la línea de regresión
muestral (fig. 3.1) puede obtenerse fácilmente. La línea de regresión así obtenida tiene las
siguientes propiedades:

1. Pasa a través de las medias muestrales de Y y X. Este hecho es obvio a partir de (3.1.7), ya
que esta ecuación puede escribirse como $\bar{Y} = \hat{\beta}_1 + \hat{\beta}_2\bar{X}$, como se observa gráficamente en
la figura 3.2.

2. El valor promedio o medio del Y estimado = $\hat{Y}_i$ es igual al valor medio del Y observado para

$$\begin{aligned}
\hat{Y}_i &= \hat{\beta}_1 + \hat{\beta}_2 X_i \\
.&= (\bar{Y} - \hat{\beta}_2\bar{X}) + \hat{\beta}_2 X_i \\
&= \bar{Y} + \hat{\beta}_2(X_i - \bar{X})
\end{aligned} \qquad (3.1.9)$$

Sumando ambos lados de esta última igualdad sobre los valores muestrales y dividiendo
por el tamaño n de la muestra, se obtiene:

$$\bar{\hat{Y}} = \bar{Y} \qquad\qquad (3.1.10)^6$$

donde se hace uso del hecho de que $\sum(X_i - \bar{X}) = 0$. (¿Por qué?)

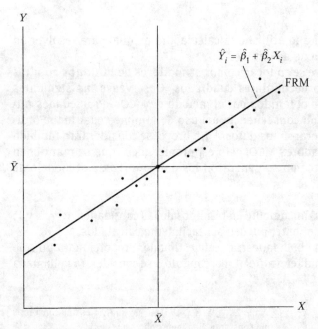

FIGURA 3.2
Diagrama que muestra cómo la línea de regresión muestral pasa
a través de los valores de las medias muestrales de Y y de X.

---

[6]Se debe señalar que este resultado es correcto únicamente cuando el modelo de regresión incluye el término intercepto β_1. Como
se demuestra en el apéndice 6A, sección 6A.1, cuando β_1 está ausente del modelo, este resultado no se da necesariamente.

3. El valor de la media de los residuos $\hat{u}_i$ es cero. Del apéndice 3A, sección 3A.1, la primera ecuación es

$$-2\sum(Y_i - \hat{\beta}_1 - \hat{\beta}_2 X_i) = 0$$

Pero dado que $\hat{u}_i = Y_i - \hat{\beta}_1 - \hat{\beta}_2 X_i$, la ecuación anterior se reduce a $-2\sum \hat{u}_i = 0$, teniéndose que $\bar{\hat{u}} = 0$[7].

Como resultado de la propiedad anterior, la regresión muestral

$$Y_i = \hat{\beta}_1 + \hat{\beta}_2 X_i + \hat{u}_i \qquad (2.6.2)$$

puede ser definida en una forma alterna en la cual Y y X estén expresadas como desviaciones de sus medias. Para apreciar lo anterior, sume (2.6.2) a ambos lados para obtener

$$\sum Y_i = n\hat{\beta}_1 + \hat{\beta}_2 \sum X_i + \sum \hat{u}_i \qquad (3.1.11)$$

$$= n\hat{\beta}_1 + \hat{\beta}_2 \sum X_i \quad \text{puesto que} \quad \sum \hat{u}_i = 0$$

Dividiendo la ecuación (3.1.11) por n, se obtiene

$$\bar{Y} = \hat{\beta}_1 + \hat{\beta}_2 \bar{X} \qquad (3.1.12)$$

que es lo mismo que (3.1.7). Restando la ecuación (3.1.12) de (2.6.2), se logra

$$Y_i - \bar{Y} = \hat{\beta}_2(X_i - \bar{X}) + \hat{u}_i$$

o

$$y_i = \hat{\beta}_2 x_i + \hat{u}_i \qquad (3.1.13)$$

donde y_i y x_i, de acuerdo con nuestra convención, representan desviaciones con relación a los valores respectivos de sus medias (muestrales).

La ecuación (3.1.13) es conocida como **forma de desviación**. *Nótese* que el término del intercepto $\hat{\beta}_1$ ha desaparecido. Pero este término siempre podrá ser estimado mediante (3.1.7), debido al hecho de que la línea de regresión muestral pasa a través de las medias muestrales de Y y X. Una ventaja de las ecuaciones en forma de desviaciones es que éstas frecuentemente simplifican los cálculos aritméticos mientras se esté trabajando con calculadoras de escritorio. Pero en esta época del computador esta ventaja pierde validez.

Obsérvese de paso, que la FRM puede ser escrita en forma de desviaciones como

$$\hat{y}_i = \hat{\beta}_2 x_i \qquad (3.1.14)$$

mientras que en las unidades de medición originales, dicha expresión era $\hat{Y}_i = \hat{\beta}_1 + \hat{\beta}_2 X_i$ como se muestra en (2.6.1).

---

[7]Este resultado también requiere que el término del intercepto β_1 esté presente en el modelo (*véase* apéndice 6A, sec. 6A.1)

4. Los residuos $\hat{u}_i$ no están correlacionados con el valor predicho de Y_i, lo cual puede ser verificado de la siguiente manera: utilizando la forma de desviación, podemos escribir

$$\begin{aligned}
\sum \hat{y}_i \hat{u}_i &= \hat{\beta}_2 \sum x_i \hat{u}_i \\
&= \hat{\beta}_2 \sum x_i(y_i - \hat{\beta}_2 x_i) \\
&= \hat{\beta}_2 \sum x_i y_i - \hat{\beta}_2^2 \sum x_i^2 \\
&= \hat{\beta}_2^2 \sum x_i^2 - \hat{\beta}_2^2 \sum x_i^2 \\
&= 0
\end{aligned} \qquad (3.1.15)$$

basados en el hecho de que $\hat{\beta}_2 = \sum x_i y_i / \sum x_i^2$.

5. Los residuos $\hat{u}_i$ no están correlacionados con X_i; esto es, $\sum \hat{u}_i X_i = 0$. Este hecho se desprende de la ecuación (2) en el apéndice 3A, sección 3A.1.

3.2 MODELO CLÁSICO DE REGRESIÓN LINEAL: SUPUESTOS DETRÁS DEL MÉTODO DE MÍNIMOS CUADRADOS

Si nuestro objetivo consiste en estimar β_1 y β_2 solamente, el método de MCO presentado en la sección anterior será suficiente. Pero recuérdese del capítulo 2 que en el análisis de regresión nuestro objetivo es no sólo obtener $\hat{\beta}_1$ y $\hat{\beta}_2$ sino también hacer inferencia sobre los verdaderos β_1 y β_2. Por ejemplo, se desearía saber qué tan cerca están $\hat{\beta}_1$ y $\hat{\beta}_2$ de sus contrapartes en la población o qué tan cerca está $\hat{Y}_i$ de la verdadera $E(Y \mid X_i)$. Para este fin, no solamente se debe especificar la forma funcional del modelo, como aparece en (2.4.2), sino también se deben hacer ciertos supuestos sobre la forma como las Y_i son generadas. Para ver las razones de este requisito, obsérvese la FRP: $Y_i = \beta_1 + \beta_2 X_i + u_i$. Esta expresión muestra que Y_i depende de X_i y de u_i. Por consiguiente, mientras no se especifique la forma como se crean o se generan las X_i y las u_i no hay manera de hacer alguna inferencia estadística sobre las Y_i ni tampoco, como se verá, sobre β_1 y β_2. Así, los supuestos hechos sobre la(s) variable(s) X_i y el término de error son muy críticos para lograr una interpretación válida de los valores estimados de la regresión.

El modelo de Gauss o modelo clásico o estándar de regresión lineal, (MCRL), el cual es el cimiento de la mayor parte de la teoría econométrica, plantea 10 supuestos[8]. Primero se estudiarán estos supuestos en el contexto del modelo de regresión de dos variables y, en el capítulo 7, se extenderán para modelos de regresión múltiple, esto es, modelos en los cuales hay más de un regresor.

Supuesto 1: Modelo de regresión lineal. El modelo de regresión es **lineal en los parámetros**, como se observa en (2.4.2)

$$Y_i = \beta_1 + \beta_2 X_i + u_i \qquad (2.4.2)$$

---

[8]Es un modelo clásico en el sentido de que fue desarrollado por primera vez por Gauss en 1821 y desde entonces ha servido como norma o patrón, frente al cual se pueden comparar los modelos de regresión que no satisfacen los supuestos gaussianos.

Ya se discutió el modelo (2.4.2) en el capítulo 2. Puesto que los modelos de regresión lineal-en-parámetros son el punto de partida del MCRL, se mantendrá este supuesto a lo largo de este libro. Es de recordar que la variable dependiente Y y el regresor X pueden no ser lineales en sí mismos, como se explicó en el capítulo 2[9].

> **Supuesto 2: Los valores de X son fijos en muestreo repetido.** Los valores que toma el regresor X son considerados fijos en muestreo repetido. Más técnicamente, se supone *no estocástica.*

Este supuesto está implícito en nuestro análisis de la FRP en el capítulo 2. Pero es muy importante entender el concepto de «valores fijos en muestreo repetido», que puede ser explicado en términos del ejemplo dado en la tabla 2.1. Considérense las diversas poblaciones Y correspondientes a los niveles de ingreso que aparecen en esa tabla. Manteniendo el valor del ingreso X fijo, al nivel de US$80, se puede seleccionar aleatoriamente una familia y observar su gasto de consumo familiar semanal Y, digamos US$60. Manténgase X aún en US$80, mientras se selecciona aleatoriamente otra familia y se observe su valor Y de US$75. En cada una de estas selecciones (es decir, muestreo repetido), el valor de X está fijo en US$80. Se puede repetir este proceso para todos los valores de X que aparecen en la tabla 2.1. A propósito, los datos muestrales que aparecen en las tablas 2.4 y 2.5 fueron seleccionados de esta forma.

Lo que todo esto significa es que el análisis de regresión es un **análisis de regresión condicional,** esto es, condicionado a los valores dados del (los) regresor(es) X.

> **Supuesto 3: El valor medio de la perturbación u_i es igual a cero.** Dado el valor de X, la media, o el valor esperado del término aleatorio de perturbación u_i es cero. Técnicamente, el valor de la media condicional de u_i es cero. Simbólicamente, se tiene
>
> $$E(u_i \mid X_i) = 0 \qquad\qquad (3.2.1)$$

El supuesto 3 establece que el valor de la media de u_i, condicional sobre las X_i dadas, es cero. Geométricamente, este supuesto puede representarse gráficamente como aparece en la figura 3.3, que muestra algunos valores de la variable X y las poblaciones Y asociadas con cada uno de ellos. Puede observarse que cada población Y correspondiente a un X dado está distribuida alrededor de su media (que se representa por los puntos rodeados por un círculo sobre la FRP) con algunos valores de Y por encima y por debajo de ésta. Las distancias por encima y por debajo de los valores medios no son otra cosa que los u_i, y lo que (3.2.1) requiere es que el promedio o el valor medio de estas desviaciones correspondientes a cualquier X dado deban ser cero[10].

Este supuesto no debe ser difícil de entender en vista de lo expuesto en la sección 2.4 (*véase* la ecuación 2.4.5). Lo que el supuesto dice es que los factores que no están incluidos en el modelo y que, por consiguiente, están incorporados en u_i, no afectan sistemáticamente el valor de la media

---

[9]No se pretende sugerir que los modelos de regresión no lineal-en-parámetros no sean importantes o que raramente sean utilizados. Sin embargo, el nivel de conocimiento matemático y estadístico requerido para tratar con tales modelos está por fuera del alcance de este texto introductorio. Para una explicación excelente de modelos de regresión no lineal-en-parámetros, *véase* Russell Davidson y James MacKinnon, *Estimation and Inference in Econometrics,* Oxford University Press, New York, 1993. Este texto no es para principiantes.

[10]Para fines ilustrativos, sólo se está suponiendo que las u están distribuidas simétricamente como se muestra en la figura 3.3. Pero en el capítulo 4 se supondrá que las u están repartidas normalmente.

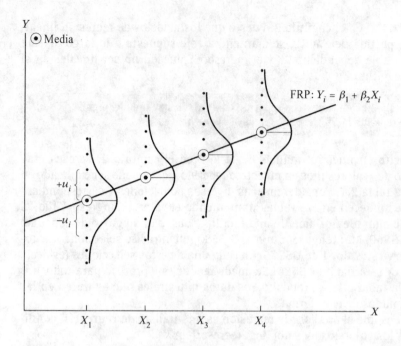

FIGURA 3.3
Distribución condicional de las perturbaciones u_i.

de Y; es decir, los valores positivos de u_i se cancelan con los valores negativos de u_i de tal manera que el efecto de promedio o de su media sobre Y es cero[11].

Nótese que el supuesto $E(u_i \mid X_i) = 0$ implica que $E(Y_i \mid X_i) = \beta_1 + \beta_2 X_i$. (¿Por qué?) Por consiguiente, los dos supuestos son equivalentes.

Supuesto 4: Homoscedasticidad o igual varianza de u_i. Dado el valor de X, la varianza de u_i es la misma para todas las observaciones. Esto es, las varianzas condicionales de u_i son idénticas. Simbólicamente, se tiene que

$$
\begin{aligned}
\mathbf{var}\,(u_i \mid X_i) &= E\,[u_i - E\,(u_i) \mid X_i]^2 \\
&= E(u_i^2 \mid X_i) \quad \text{por el supuesto 3} \\
&= \sigma^2
\end{aligned}
\tag{3.2.2}
$$

donde **var** significa varianza.

La ecuación (3.2.2) establece que la varianza de u_i para cada X_i (esto es, la varianza condicional de u_i) es algún número positivo constante igual a σ^2. Técnicamente, (3.2.2) representa el supuesto de **homoscedasticidad**, o *igual* (homo) *dispersión* (cedasticidad), o *igual varianza*. Planteado de otra forma, (3.2.2) significa que las poblaciones Y correspondientes a diversos valores de X tienen la misma varianza. Esta situación puede apreciarse en el diagrama de la figura 3.4.

---

[11]Para una explicación más técnica de por qué el supuesto 3 es necesario *véase* E. Malinvaud, *Statistical Methods of Econometrics,* Rand McNally, Chicago, 1966, p.75. *Obsérvese* también el ejercicio 3.3.

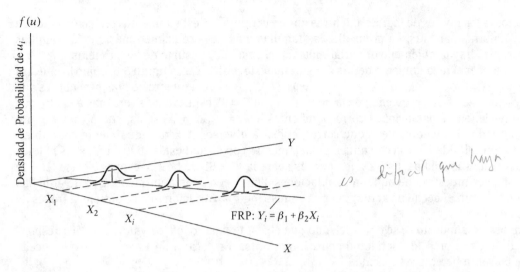

FIGURA 3.4
Homoscedasticidad.

En contraste, considere la figura 3.5, donde la varianza condicional de la población Y varía con X. Esta situación se conoce apropiadamente como **heteroscedasticidad,** o *dispersión desigual,* o *varianza desigual.* Simbólicamente, en esta situación (3.2.2) puede escribirse como

$$\text{var }(u_i \mid X_i) = \sigma_i^2 \tag{3.2.3}$$

Obsérvese el subíndice sobre σ^2 en la ecuación (3.2.3), el cual indica que la varianza de la población Y ya no es constante.

Para diferenciar claramente las dos situaciones, sea Y el gasto de consumo semanal y X el ingreso semanal. Las figuras 3.4 y 3.5 muestran que a medida que el ingreso aumenta, el gasto de consumo promedio también aumenta. Pero en la figura 3.4 la varianza del gasto de consumo permanece

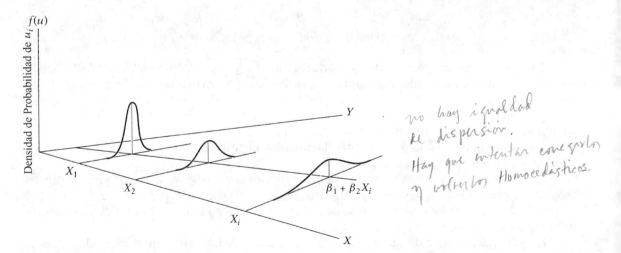

FIGURA 3.5
Heteroscedasticidad.

igual para todos los niveles de ingreso mientras que en la figura 3.5 ésta aumenta con incrementos en el ingreso. En otras palabras, en promedio, las familias más ricas consumen más que las familias más pobres, pero hay también mayor variabilidad en el gasto de consumo de las primeras.

Para entender el razonamiento detrás de este supuesto, obsérvese la figura 3.5. Como lo muestra la figura, la $\text{var}(u \mid X_1) < \text{var}(u \mid X_2), \ldots, < \text{var}(u \mid X_i)$. Por consiguiente, lo más probable es que las observaciones de Y que provienen de la población con $X = X_1$ estarían más cercanas a la FRP que aquellas que vienen de poblaciones correspondientes a $X = X_2$, $X = X_3$, y así sucesivamente. En resumen, no todos los valores de Y que corresponden a diversos X serán igualmente confiables, juzgando la confiabilidad por la cercanía o el alejamiento con el cual están distribuídos los valores de Y alrededor de sus medias, esto es, los puntos sobre la FRP. Si, de hecho, este es el caso, ¿no se preferiría obtener muestras de aquellas poblaciones Y más cercanas a su media que de aquellas muy dispersas? Pero el hecho de actuar así podría restringir la variación que se obtiene a través de los valores de X.

Al invocar el supuesto 4, se está diciendo que en esta etapa todos los valores de Y correspondientes a diversos valores de X son igualmente importantes. En el capítulo 11 se verá lo que sucede cuando se presenta heteroscedasticidad.

Nótese que el supuesto 4 implica que las varianzas condicionales de Y_i también son homoscedásticas. Esto es,

$$\text{var}\,(Y_i \mid X_i) = \sigma^2 \tag{3.2.4}$$

Por supuesto, la *varianza incondicional* de Y es σ_Y^2. Posteriormente veremos la importancia de distinguir entre varianza condicional e incondicional de Y (*véase* apéndice A para detalles de varianzas condicionales e incondicionales).

Supuesto 5: No autocorrelación entre las perturbaciones. Dados dos valores cualquiera de X, X_i y X_j $(i \neq j)$, la correlación entre dos u_i y u_j cualquiera $(i \neq j)$ es cero. Simbólicamente,

$$\text{cov}\,(u_i, u_j \mid X_i, X_j) = E[u_i - E(u_i) \mid X_i][u_j - E(u_j) \mid X_j]$$

$$= E(u_i \mid X_i)(u_j \mid X_j) \qquad \text{¿por qué?}$$

$$= 0 \tag{3.2.5}$$

donde i y j son dos observaciones diferentes y donde **cov** significa **covarianza**.

En palabras, (3.2.5) postula que las perturbaciones u_i y u_j no están correlacionadas. Técnicamente, éste es un supuesto de **no correlación serial,** o **no autocorrelación.** Esto significa que, dado X_i, las desviaciones de dos valores cualquiera de Y de su media no muestran patrones como los que aparecen en la figura 3.6*a* y *b*. En la figura 3.6*a* se ve que los u están **correlacionados positivamente,** ya que un u positivo está seguido por un u positivo o un u negativo está seguido por un u negativo. En la figura 3.6*b* los u están **correlacionados negativamente,** ya que un u positivo está seguida por un u negativo y viceversa.

Si las perturbaciones (desviaciones) siguen patrones sistemáticos, tales como los que aparecen en las figuras 3.6*a* y *b*, hay correlación serial o autocorrelación y lo que requiere el supuesto 5 es que dichas correlaciones estén ausentes. La figura 3.6*c* muestra que no hay un patrón sistemático para los u, indicando así cero correlación.

La importancia de este supuesto será explicada extensamente en el capítulo 12. Pero intuitivamente uno puede explicar este supuesto de la siguiente forma. Supóngase que en la FRP$(Y_t = \beta_1 + \beta_2 X_t + u_t)$ u_t y u_{t-1} están correlacionados positivamente. Entonces Y_t depende no

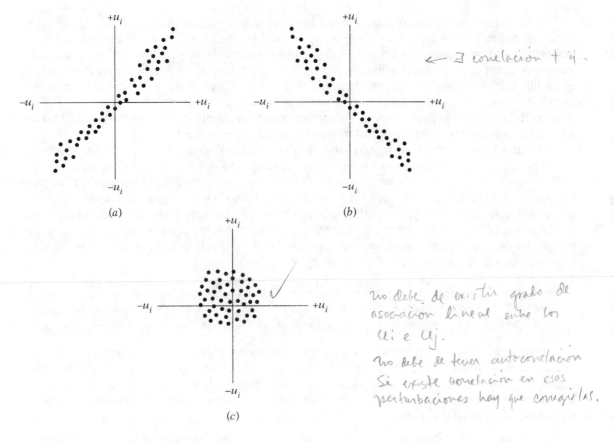

(a)   *(b)*   *(c)*

← ∃ correlación + y.

no debe de existir grado de
asociación lineal entre los
ui e uj.

no debe se tener autocorrelación
Si existe correlación en esas
perturbaciones hay que corregirlas.

FIGURA 3.6
Patrones de correlación entre perturbaciones. (a) correlación serial positiva; (b) correlación serial
negativa; (c) correlación cero.

solamente de X_t sino también de u_{t-1} puesto que u_{t-1} determina en cierta medida a u . En esta
etapa del desarrollo de la materia, al invocar el supuesto 5, se está diciendo que se considerará
el efecto sistemático, si éste existe, de X_t sobre Y_t, sin preocuparse sobre las otras influencias
que podrían actuar sobre Y como resultado de las posibles correlaciones entre los u. Pero, como
se anota en el capítulo 12, se verá cómo pueden ser incorporadas en el análisis las correlaciones entre las perturbaciones y cuáles son las consecuencias.

Supuesto 6: La covarianza entre u_i y X_i es cero, o $E(u_i X_i) = 0$. Formalmente,

$$\operatorname{cov}(u_i, X_i) = E[u_i - E(u_i)][X_i - E(X_i)]$$
$$= E[u_i(X_i - E(X_i))], \quad \text{puesto que} \quad E(u_i) = 0$$
$$= E(u_i X_i) - E(X_i)E(u_i), \text{ puesto que } E(X_i) \text{ es no estocástica}$$
$$= E(u_i X_i), \quad \text{puesto que } E(u_i) = 0$$
$$= 0, \quad \text{por supuesto} \tag{3.2.6}$$

El supuesto 6 establece que la perturbación u y la variable explicativa X no están correlacionadas. El razonamiento para este supuesto es el siguiente: Cuando se expresa la FRP en la forma (2.4.2), se supone que X y u (la cual puede representar la influencia de todas las variables omitidas) tienen una influencia separada (y aditiva) sobre Y. Pero si X y u están correlacionadas, no es posible determinar sus efectos individuales sobre Y. Así, si X y u están correlacionados positivamente, X aumenta cuando u aumenta y disminuye cuando u disminuye. Similarmente, si X y u están correlacionados negativamente, X aumenta cuando u disminuye y disminuye cuando u aumenta. En cualquier caso, es difícil aislar la influencia de X y u sobre Y.

El supuesto 6 se cumple automáticamente si la variable X no es aleatoria o no es estocástica y el supuesto 3 se mantiene, ya que en ese caso, la $\text{cov}(u_i, X_i) = [X_i - E(X_i)]E[u_i - E(u_i)] = 0$. (¿Por qué?) Pero puesto que se ha supuesto que la variable X no solamente no es estocástica sino que también asume valores fijos en muestras repetidas[12], el supuesto 6 no es muy crítico para nosotros; se plantea aquí solamente para resaltar que la teoría de regresión presentada continúa siendo válida aún si las X son estocásticas o aleatorias, siempre que éstas sean independientes o, por lo menos, no estén correlacionadas con las perturbaciones u_i[13]. (En la parte II se examinarán las consecuencias de no cumplir con el supuesto 6).

Supuesto 7: El número de observaciones n debe ser mayor que el número de parámetros por estimar. Alternativamente, el número de observaciones n debe ser mayor que el número de variables explicativas.

Este supuesto no es tan inocuo como parece. En el ejemplo hipotético de la tabla 3.1, imagínese que se tenía solamente el primer par de observaciones sobre Y y X (4 y 1). De esta sola observación no hay forma de estimar los dos parámetros desconocidos, β_1 y β_2. Se necesitan por lo menos dos pares de observaciones para estimar dichos parámetros. En un capítulo posterior se verá la importancia crítica de este supuesto.

Supuesto 8: Variabilidad en los valores de X. No todos los valores de X en una muestra dada deben ser iguales. Técnicamente, $\text{var}(X)$ debe ser un número positivo finito[14].

Este supuesto tampoco es tan inocuo como parece. Obsérvese la ecuación (3.1.6). Si todos los valores de X son idénticos, entonces $X_i = \bar{X}$ (¿Por qué?) y el denominador de esa ecuación será cero, haciendo esto que la estimación de β_2 y, por consiguiente, de β_1 sea imposible. Intuitivamente, pronto se advierte la razón por la cual este supuesto es importante. Obsérvese el ejemplo de gasto de consumo familiar del capítulo 2. Si la variación en el ingreso familiar es muy leve, no seremos capaces de explicar gran parte de la variación en el gasto de consumo. El lector debe tener en mente

---

[12]Recuérdese que en la obtención de las muestras que aparecen en las tablas 2.4 y 2.5, mantuvimos los mismos valores de X.

[13]Como se analizará en la parte II, si las X son estocásticas pero están distribuídas independientemente de u_i, las propiedades de estimadores mínimos analizados en breve continuarán manteniendose, pero si las X simplemente no están correlacionadas con u_i, las propiedades de los estimadores MCO se mantienen válidas solamente si el tamaño de la muestra es muy grande. En esta etapa, sin embargo, no hay necesidad de preocuparse acerca de este punto teórico.

[14]La varianza muestral de X es

$$\text{var}(X) = \frac{\sum(X_i - \bar{X})^2}{n-1}$$

donde n es el tamaño de la muestra.

que la variación en Y al igual que en X es esencial para utilizar el análisis de regresión como herramienta de investigación. En pocas palabras, ¡las variables deben variar!

Supuesto 9: El modelo de regresión está correctamente especificado. Alternativamente, no hay un sesgo de especificación o error en el modelo utilizado en el análisis empírico.

Como se expuso en la Introducción, la metodología econométrica clásica supone implícitamente, cuando no lo hace explícito, que el modelo utilizado para verificar una teoría económica está «especificado correctamente». Este supuesto puede ser explicado informalmente de la manera siguiente. Una investigación econométrica empieza con la especificación de un modelo econométrico que sirve de base para explicar el fenómeno de interés. Surgen algunas preguntas importantes en la especificación del modelo entre las cuales se incluyen las siguientes: (1) ¿Cuáles variables deben estar incluidas en el modelo? (2) ¿Cuál es la forma funcional del modelo? ¿Es el modelo lineal en los parámetros, en las variables, o en ambos? (3) ¿Cuáles son los supuestos probabilísticos considerados sobre inclusión Y_i, X_i y u_i en el modelo?

Estas preguntas son muy importantes, ya que, como demostraremos en el capítulo 13, la omisión de variables importantes del modelo, o la escogencia de una forma funcional equivocada, o la consideración de supuestos estocásticos equivocados sobre las variables del modelo, harán muy cuestionable la validez de la interpretación de la regresión estimada. Para poder apreciar esto intuitivamente, obsérvese la curva de Phillips que aparece en la figura 1.3. Supóngase que se seleccionan los dos modelos siguientes para describir la relación entre la tasa de cambio de los salarios monetarios y la tasa de desempleo:

$$Y_i = \alpha_1 + \alpha_2 X_i + u_i \qquad (3.2.7)$$

$$Y_i = \beta_1 + \beta_2 \left(\frac{1}{X_i} \right) + u_i \qquad (3.2.8)$$

donde Y_i = la tasa de cambio de los salarios monetarios y X_i = la tasa de desempleo.

El modelo de regresión (3.2.7) es lineal en los parámetros al igual que en las variables, mientras que (3.2.8) es lineal en los parámetros (y por tanto, es un modelo de regresión lineal, de acuerdo con nuestra definición) pero no lo es respecto a la variable X. Ahora considérese la figura 3.7 en la siguiente página.

Si el modelo (3.2.8) es el modelo «correcto» o «verdadero», el ajuste del modelo (3.2.7) a los puntos dispersos que aparecen en la figura 3.7 nos dará predicciones erróneas: Entre los puntos A y B, para cualquier X_i dado, el modelo (3.2.7) sobreestimará el valor verdadero de la media de Y, mientras que hacia la izquierda de A (o hacia la derecha de B) el modelo subestimará (o sobreestimará, en términos absolutos) el valor verdadero de la media de Y.

El ejemplo anterior ilustra lo que se conoce como el **sesgo de especificación** o el **error de especificación**; aquí el sesgo consiste en escoger la forma funcional equivocada. Se verán otros tipos de errores de especificación en el capítulo 13.

Desafortunadamente, en la práctica rara vez se conocen con precisión las variables que deben ser incluidas en el modelo o la forma funcional correcta de éste o los supuestos probabilísticos correctos sobre las variables que entran al modelo por la teoría en la cual se basa la investigación particular (por ejemplo, la relación de tipo Phillips que muestra la disyuntiva existente entre el cambio en los salarios monetarios y la tasa de desempleo) ya que ésta puede no ser lo suficientemente fuerte o sólida para responder a todas estas preguntas. Por consiguiente, en la práctica, el econometrista tiene que usar algún tipo de juicio al escoger el número de variables que ingresan al

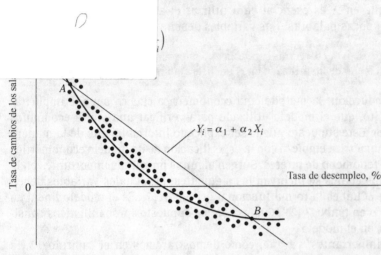

FIGURA 3.7
Curvas de Phillips lineal y no lineal.

modelo y la forma funcional de éste y además tiene que plantear algunos supuestos sobre la naturaleza estocástica de las variables incluidas en el modelo. En cierta medida, hay algo de ensayo y error involucrado en la escogencia del modelo «correcto» para el análisis empírico[15].

Si se necesita realizar un juicio en el momento de seleccionar un modelo, ¿por qué razón se requiere el supuesto 9? Sin entrar aquí en detalles (*véase* capítulo 13), este supuesto se especifica para recordar que el análisis de regresión y, por consiguiente, los resultados basados en ese análisis están condicionados al modelo escogido y para advertir que se debe pensar cuidadosamente al formular modelos econométricos, especialmente cuando puede haber diversas teorías compitiendo para tratar de explicar un fenómeno económico, tal como la tasa de inflación o la demanda de dinero, o la determinación del valor apropiado o de equilibrio de una acción o bono. Así, la construcción de modelos econométricos, como se verá posteriormente, con más frecuencia resulta ser más un arte que una ciencia.

La exposición de los supuestos en los cuales se basa el modelo clásico de regresión lineal ya está completa. Es importante anotar que todos estos supuestos se relacionan con la FRP solamente y no con la FRM. Pero es interesante observar que el método de mínimos cuadrados expuesto anteriormente tiene algunas propiedades que son similares a los supuestos que se han hecho sobre la FRP. Por ejemplo, encontrar que $\sum \hat{u}_i = 0$, y, por consiguiente, $\bar{\hat{u}} = 0$, tiene similitud con el supuesto de que $E(u_i \mid X_i) = 0$. De la misma manera que $\sum \hat{u}_i X_i = 0$ es similar al supuesto de que $\text{cov}(u_i, X_i) = 0$. Es alentador afirmar entonces que el método de mínimos cuadrados entonces trata de «duplicar» algunos de los supuestos que se han formulado sobre la FRP.

Ciertamente, la FRM no duplica todos los supuestos del MCRL. Como mostraremos más adelante, aunque $\text{cov}(u_i, u_j) = 0 (i \neq j)$ por supuesto, *no* es cierto que para la muestra la $\text{cov}(\hat{u}_i, \hat{u}_j) = 0$ $(i \neq j)$. De hecho se mostrará más adelante que los residuos no sólo están autocorrelacionados sino que también son heteroscedásticos (*véase* capítulo 12).

---

[15]Pero uno debe evitar lo que se conoce como «**data mínima**» esto es, ensayar todos los modelos posibles con la esperanza de que por lo menos uno se ajuste bien a la información. Esta es la razón por la cual es esencial que haya algún razonamiento económico detrás del modelo escogido y que cualquier modificación al modelo debe tener alguna justificación económica. Un modelo puramente *ad hoc* puede ser difícil de justificar desde el punto de vista teórico o *a priori*. En resumen, la teoría debe ser la base de la estimación.

Cuando vamos más adelante del modelo de dos variables y consideramos los modelos de regresión múltiple, es decir, modelos que contienen diversos regresores, se agregan los siguientes supuestos.

> **Supuesto 10: No hay multicolinealidad perfecta.** Es decir, *no hay relaciones perfectamente lineales entre las variables explicativas.*

$$(2) \quad St = \beta_0 + \beta (Pt) + \beta_2 Zt + u_2$$

Se analizará este supuesto en el capítulo 7, donde se estudiarán los modelos de regresión múltiple.

de nada sirve que Pt, Zt estén relacionados. Bastaría una.

¿Qué tan realistas son estos supuestos?

La pregunta del millón de dólares es: ¿Qué tan realistas son todos estos supuestos? La «realidad de los supuestos» es una pregunta que desde hace muchos años ha sido planteada en la filosofía de las ciencias. Algunos argumentan que no interesa si los supuestos son realistas. Lo que interesa son las predicciones basadas en esos supuestos. Entre quienes apoyan la «tesis de la irrelevancia de los supuestos» sobresale Milton Friedman. Para él, la irrealidad de los supuestos es una ventaja positiva: «para que una hipótesis sea importante... debe ser descriptivamente falsa en sus supuestos»[16].

Uno puede no estar completamente de acuerdo con este punto de vista, pero recuérdese que en cualquier estudio científico se hacen ciertos supuestos porque ellos facilitan el desarrollo de la materia objeto de estudio en pasos graduales, no porque ellos sean necesariamente realistas en el sentido de que repliquen la realidad exactamente. Como lo anota un autor, «... si la simplicidad es un criterio deseable de una buena teoría, todas las buenas teorías idealizan y sobresimplifican violentamente»[17].

La siguiente analogía puede ser de utilidad aquí. Los estudiantes de economía generalmente son introducidos al modelo de competencia perfecta antes de haber sido introducidos a los modelos de competencia imperfecta tales como el monopolio y el oligopolio, debido a que las implicaciones derivadas de este modelo nos capacitan para apreciar mejor los modelos de competencia imperfecta y no porque el modelo de competencia perfecta sea necesariamente realista. ¡El MCRL en econometría es el equivalente al modelo de competencia perfecta en la teoría de precios!

El plan es estudiar primero a fondo las propiedades del MCRL y, luego, en capítulos posteriores examinar a fondo lo que sucede si uno o más de los supuestos del MCRL no se cumple. Al final de este capítulo, en la tabla 3.5, se ofrece una guía para encontrar lo que sucede al MCRL si un supuesto particular no es satisfecho.

Como lo señalaba un colega mío, cuando revisamos las investigaciones realizadas por otros, necesitamos considerar si los supuestos hechos por el investigador son apropiados para los datos y para el problema. Muy frecuentemente, la investigación publicada está basada en supuestos implícitos sobre el problema y los datos que probablemente no son correctos y que producen estimaciones basadas en esos supuestos. Claramente, el lector conocedor, sabiendo que estos problemas existen, debe adoptar una actitud escéptica hacia la investigación. Los supuestos enumerados en la tabla 3.5, por consiguiente, constituyen una lista de verificación para guiar la investigación y para evaluar las investigaciones de otros.

---

[16]Milton Friedman, *Essays in Positive Economics,* University of Chicago Press, Chicago, 1953, p.14.

[17]Mark Blaug, *The Methodology of Economics: Or How Economists Explain,* 2a. ed., Cambridge University Press, New York, 1992, p. 92.

Con esta salvedad, se está listo ahora para estudiar el MCRL. En particular se desea encontrar las **propiedades estadísticas** de los MCO comparadas con las **propiedades numéricas** puras expuestas anteriormente. Las propiedades estadísticas de los MCO están basadas en los supuestos del MCRL ya estudiado y están protegidas por el famoso **teorema Gauss-Markov**. Pero antes de referirse a este teorema, el cual proporciona justificación teórica para la popularidad de los MCO, se necesita considerar primero los **errores estándar** o de **precisión** de los mínimos cuadrados estimados.

3.3 PRECISIÓN O ERRORES ESTÁNDAR DE LOS MÍNIMOS CUADRADOS ESTIMADOS

De las ecuaciones (3.1.6) y (3.1.7) es evidente que los mínimos cuadrados estimados son función de los datos muestrales. Pero puesto que es probable que los datos cambien entre una muestra y otra, los valores estimados cambiarán *ipso facto*. Por consiguiente, lo que se requiere es alguna medida de «confiabilidad» o **precisión** de los estimadores $\hat{\beta}_1$ y $\hat{\beta}_2$. En estadística la precisión de un valor estimado es medida por su error estándar (se)[18]. Dados los supuestos gaussianos, en el apéndice 3A, sección 3A.3, se muestra que los errores estándar de los MCO estimados pueden ser obtenidos de la siguiente manera:

$$\text{var}(\hat{\beta}_2) = \frac{\sigma^2}{\sum x_i^2} \tag{3.3.1}$$

$$\text{ee}(\hat{\beta}_2) = \frac{\sigma}{\sqrt{\sum x_i^2}} \tag{3.3.2}$$

$$\text{var}(\hat{\beta}_1) = \frac{\sum X_i^2}{n \sum x_i^2} \sigma^2 \tag{3.3.3}$$

$$\text{ee}(\hat{\beta}_1) = \sqrt{\frac{\sum X_i^2}{n \sum x_i^2}} \sigma \tag{3.3.4}$$

donde var = varianza y ee = error estándar y donde σ^2 es la constante o varianza homoscedástica de u_i del supuesto 4.

Todas las cantidades que entran en las anteriores ecuaciones excepto σ^2 pueden ser estimadas a partir de los datos. Como se muestra en el apéndice 3A, sección 3A.5, la misma σ^2 es estimada mediante la fórmula:

$$\hat{\sigma}^2 = \frac{\sum \hat{u}_i^2}{n-2} \tag{3.3.5}$$

[18]El **error estándar** no es otra cosa que la desviación estándar de la distribución muestral del estimador, y la distribución muestral de un estimador es simplemente una probabilidad o distribución de frecuencias del estimador, es decir, una distribución del conjunto de valores del estimador obtenidos de todas las muestras posibles de igual tamaño de una población dada. Las distribuciones muestrales son utilizadas para inferir sobre los valores de los parámetros de la población, con base en los valores de los estimadores calculados de una o más muestras. (*véanse* detalles, en el apéndice A).

donde $\hat{\sigma}^2$ es el estimador de MCO de la verdadera σ^2 aunque desconocida y donde la expresión $n - 2$ es conocida como el **número de grados de libertad (g de l)**, $\sum \hat{u}_i^2$ siendo la suma de los valores residuales al cuadrado o la **suma de residuales al cuadrado (SRS)**[19].

Una vez conocida $\sum \hat{u}_i^2$, $\hat{\sigma}^2$ puede calcularse fácilmente. $\sum \hat{u}_i^2$ puede obtenerse de (3.1.2) o de la siguiente expresión (*véase* demostración en la sección 3.5):

$$\sum \hat{u}_i^2 = \sum y_i^2 - \hat{\beta}_2^2 \sum x_i^2 \tag{3.3.6}$$

Comparada con la ecuación (3.1.2), la ecuación (3.3.6) es fácil de utilizar, ya que no requiere calcular $\hat{u}_i$ para cada observación a pesar de que tal cálculo sería útil en esencia (como se verá en los capítulos 11 y 12).

Puesto que

$$\hat{\beta}_2 = \frac{\sum x_i y_i}{\sum x_i^2}$$

una expresión alterna para el cálculo de $\sum \hat{u}_i^2$ es

$$\sum \hat{u}_i^2 = \sum y_i^2 - \frac{\left(\sum x_i y_i \right)^2}{\sum x_i^2} \tag{3.3.7}$$

Nótese que la raíz cuadrada positiva de $\hat{\sigma}^2$

$$\hat{\sigma} = \sqrt{\frac{\sum \hat{u}_i^2}{n - 2}} \tag{3.3.8}$$

es conocida como el **error estándar del valor estimado.** Simplemente es la desviación estándar de los valores Y alrededor de la línea de regresión estimada, la cual es utilizada frecuentemente como una medida resumen de la «bondad del ajuste» de dicha línea, tema que será analizado en la sección 3.5.

Anteriormente se anotó que, dado X_i, σ^2 representa la varianza (condicional) de u_i y Y_i. Por consiguiente, el error estándar del valor estimado puede llamarse también la desviación estándar (condicional) de u_i y Y_i. Ciertamente, como es usual, σ_Y^2 y σ_Y representan la varianza y la desviación estándar incondicionales de Y, respectivamente.

Nótense las siguientes características de las varianzas (y por consiguiente, los errores estándar) de $\hat{\beta}_1$ y $\hat{\beta}_2$.

1. La varianza de $\hat{\beta}_2$ es directamente proporcional a σ^2 pero inversamente proporcional a $\sum x_i^2$. Esto es, dada σ^2, entre más grande sea la variación en los valores X, menor será la varianza

---

[19]El término **número de grados de libertad** significa el número total de observaciones en la muestra ($= n$) menos el número de restricciones (lineales) independientes o de restricciones puestas en ellas. En otras palabras, es el número de observaciones independientes de un total de n observaciones. Por ejemplo, antes de poder calcular la SRC, $\hat{\beta}_1$ y $\hat{\beta}_2$ deben ser obtenidos. Por consiguiente, estos dos valores estimados ponen dos restricciones sobre la SRC. Son, entonces $n - 2$, las observaciones independientes, y no n, para calcular la SRC. Siguiendo esta lógica, en la regresión de tres variables SRC tendrá $n - 3$ g de l, y para el modelo de k variables tendrá $n - k$ g de l. La regla general es esta: g de l $= n$ - el número de parámetros estimados.

de $\hat{\beta}_2$ y por tanto mayor será la precisión con la cual β_2 puede ser estimada. En resumen, dado σ^2, si hay una variación sustancial en los valores de X (recuérdese el supuesto 8), β_2 puede medirse en forma más precisa que cuando las X_i no variaban sustancialmente. También, dado $\sum x_i^2$, entre mayor sea la varianza de σ^2, mayor será la de β_2. Adviértase que a medida que aumenta el tamaño n de la muestra, aumentará el número de términos en la suma, $\sum x_i^2$. A medida que aumenta n, la precisión con la cual β_2 puede ser estimada también es mayor. (¿Por qué?)

2.   La varianza de $\hat{\beta}_1$ es directamente proporcional a σ^2 y a $\sum X_i^2$ pero inversamente proporcional a $\sum x_i^2$ y al tamaño n de la muestra.

3.   Puesto que $\hat{\beta}_1$ y $\hat{\beta}_2$ son estimadores, estos no sólo variarán de una muestra a otra sino que también en una muestra dada es probable que dependan entre sí; esta dependencia es medida por la covarianza entre ellos. En el apéndice 3A, sección 3A.4: se muestra que

$$\begin{aligned} \mathrm{cov}(\hat{\beta}_1, \hat{\beta}_2) &= -\bar{X} \ \mathrm{var}(\hat{\beta}_2) \\ &= -\bar{X} \left(\frac{\sigma^2}{\sum x_i^2} \right) \end{aligned}$$

$$(3.3.9)$$

Puesto que var $(\hat{\beta}_2)$ es siempre positivo, al igual que la varianza de cualquier variable, la naturaleza de la covarianza entre $\hat{\beta}_1$ y $\hat{\beta}_2$ depende del signo de $\bar{X}$. Si $\bar{X}$ es positivo, entonces, como lo indica la fórmula, la covarianza será negativa. Así, si el coeficiente de la pendiente β_2 está *sobreestimado* (es decir, la pendiente está muy inclinada), el coeficiente del intercepto β_1 estará *subestimado* (es decir, el intercepto será muy pequeño). Más adelante (especialmente en el capítulo 10 sobre multicolinealidad), se verá la utilidad de estudiar las covarianzas entre los coeficientes estimados de regresión.

¿Cómo pueden las varianzas y los errores estándar de los coeficientes estimados de regresión permitir juzgar la confiabilidad de estos valores estimados? Este es un problema de la inferencia estadística y se tratará en los capítulos 4 y 5.

3.4 PROPIEDADES DE LOS ESTIMADORES DE MÍNIMOS CUADRADOS: TEOREMA DE GAUSS-MARKOV[20]

Como se mencionó anteriormente, dados los supuestos del modelo clásico de regresión lineal, los valores estimados de mínimos cuadrados poseen algunas propiedades ideales u óptimas. Estas propiedades están contenidas en el muy conocido **teorema Gauss-Markov**. Para entender este teorema, se necesita considerar la **propiedad por la cual un estimador se considera el mejor estimador lineal insesgado**[21]. Como se explicó en el apéndice A, se dice que un estimador, es decir, el estimador MCO $\hat{\beta}_2$, es un mejor estimador lineal insesgado (MELI) de β_2 si se cumple lo siguiente:

1.   Es **lineal**, es decir, función lineal de una variable aleatoria, tal como la variable dependiente Y en el modelo de regresión.

---

[20]Aunque conocido como el *teorema de Gauss-Markov,* el enfoque de Gauss de mínimos cuadrados antecede (1821) al enfoque de Markov de varianza mínima (1900).

[21]El lector debe remitirse al apéndice A donde se explica la importancia de los estimadores lineales y donde se presenta un análisis general sobre las propiedades deseables de los estimadores estadísticos.

2.   Es **insesgado**, es decir, su valor promedio o esperado, $E(\hat{\beta}_2)$, es igual al valor verdadero, β_2.
3.   Tiene varianza mínima dentro de la clase de todos los estimadores lineales insesgados; un estimador insesgado con varianza mínima es conocido como un **estimador eficiente**.

En el contexto de regresión puede probarse que los estimadores MCO son MELI. Esta es la clave del famoso teorema Gauss-Markov, el cual se puede enunciar de la siguiente forma:

> **Teorema Gauss-Markov:** Dados los supuestos del modelo clásico de regresión lineal, los estimadores de mínimos cuadrados, dentro de la clase de estimadores lineales insesgados, tienen varianza mínima, es decir, son MELI.

La prueba de este teorema se presenta en el apéndice 3A, sección 3A.6. La trascendencia del teorema Gauss-Markov se hará más clara a medida que se avance. Es suficiente anotar aquí que el teorema tiene importancia teórica y práctica a la vez[22].

Lo que todo esto significa puede ser explicado con la ayuda de la figura 3.8.

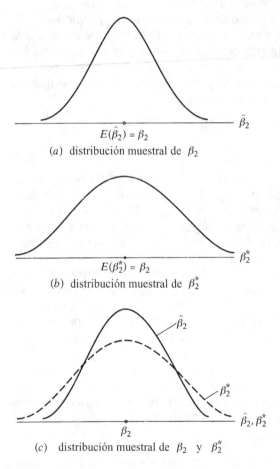

(a) distribución muestral de β_2

(b) distribución muestral de β_2^*

(c) distribución muestral de β_2 y β_2^*

FIGURA 3.8
Distribución muestral del estimador MCO $\hat{\beta}_2$ y del estimador alterno β_2^*.

---

[22]Por ejemplo, puede demostrarse que cualquier combinación lineal de las β, digamos $(\beta_1 - 2\beta_2)$, puede ser estimada por $(\hat{\beta}_1 - 2\hat{\beta}_2)$ y su estimador es MELI. Para más detalles, *véase* Henri Theil, *Introduction to Econometrics,* Prentice-Hall, Englewood Cliffs, N.J., 1978, pp. 401-402.

En la figura 3.8*(a)* se ha mostrado la **distribución muestral** del estimador MCO $\hat{\beta}_2$, esto es, la distribución de los valores asumidos por $\hat{\beta}_2$ en experimentos repetidos de muestreo (*véase* tabla 3.1). Por conveniencia se ha supuesto que $\hat{\beta}_2$ está distribuido simétricamente (se hablará más al respecto en el capítulo 4). Como lo indica la figura, la media de los valores $\hat{\beta}_2$, $E(\hat{\beta}_2)$, es igual al verdadero β_2. En esta situación se dice que $\hat{\beta}_2$ es un *estimador insesgado* de β_2. En la figura 3.8*(b)* se mostró la distribución muestral de β_2^*, un estimador alterno de β_2 obtenido utilizando otro método (es decir, diferente al MCO). Por conveniencia, supóngase que β_2^*, al igual que $\hat{\beta}_2$, es insesgado, esto es, su valor promedio o esperado es igual a β_2. Supóngase además que $\hat{\beta}_2$ y β_2^* son estimadores lineales, es decir, son funciones lineales de Y. ¿Cuál estimador escogería, $\hat{\beta}_2$ o β_2^*?

Para responder a esta pregunta, sobreponga las dos figuras, como se muestra en la figura 3.8*(c)*. Es obvio que si bien $\hat{\beta}_2$ y β_2^* son insesgados la distribución de β_2^* está más difusa o dispersa alrededor del valor de la media que la distribución de $\hat{\beta}_2$. En otras palabras, la varianza de β_2^* es mayor que la varianza de $\hat{\beta}_2$. Ahora, dados dos estimadores que son a la vez lineales e insesgados, uno escogería el estimador con la menor varianza porque es probable que esté más cercano a β_2 que el estimador alterno. En resumen, uno escogería el estimador MELI.

Las propiedades estadísticas que se acaban de exponer se conocen como **propiedades de muestra finita:** Estas propiedades se mantienen sin importar el tamaño de la muestra sobre la cual estén basados los estimadores. Más adelante se tendrá ocasión de considerar las **propiedades asintóticas**, es decir, propiedades que se mantienen solamente si el tamaño de la muestra es muy grande (técnicamente hablando, es infinito). En el apéndice A se presenta un análisis general de las propiedades de los estimadores en muestra finita y en muestra grande.

3.5 COEFICIENTE DE DETERMINACIÓN r^2: MEDIDA DE LA «BONDAD DEL AJUSTE»

Hasta el momento nos hemos concentrado en el problema de estimar los coeficientes de regresión, sus errores estándar y algunas de sus propiedades. Se considerará ahora la **bondad del ajuste** de la línea de regresión ajustada a un conjunto de datos; es decir, se verá qué tan «bien» se ajusta la línea de regresión a los datos. De la figura 3.1, es claro que si todas las observaciones fueran a caer en la línea de regresión, se obtendría un ajuste «perfecto», pero raramente se presenta este caso. Generalmente, hay algunas $\hat{u}_i$ positivas y algunas $\hat{u}_i$ negativas. Se tiene la esperanza de que estos residuos alrededor de la muestra serán lo más pequeños posibles. El **coeficiente de determinación** r^2 (caso de dos variables) o R^2 (regresión múltiple) es una medida resumen que nos dice qué tan bien se ajusta la línea de regresión muestral a los datos.

Antes de mostrar la forma como se calcula r^2, considérese una explicación heurística de r^2 en términos de una herramienta gráfica, conocida como el **diagrama de Venn** o de **Ballentine**, que aparece en la figura 3.9[23].

En esta figura el círculo Y representa la variación en la variable dependiente Y y el círculo X representa variación en la variable explicativa X[24]. La intersección de los dos círculos (el área sombreada) indica la medida en la cual la variación en Y es explicada por la variación en X (por ejemplo, a través de una regresión MCO). Entre mayor sea la medida de la intersección, mayor será

---

[23]*Véase* Peter Kennedy, «Ballentine: A Graphical Aid for Econometrics,» *Australian Economics Papers,* vol.20, 1981, pp.414-416. El nombre Ballentine se deriva del emblema de la conocida cerveza Ballentine con sus círculos.

[24]El término *variación* y *varianza* son diferentes. Variación significa la suma de los cuadrados de las desviaciones de una variable al valor de su media. Varianza es la suma de los cuadrados dividida por los grados de libertad apropiados. En resumen, la varianza = variación/g de l.

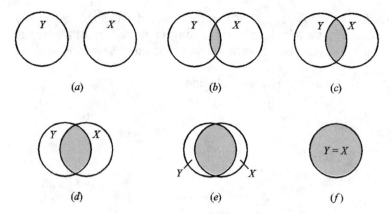

FIGURA 3.9
Enfoque Ballentine de r^2 :(a) r^2 = 0; (f) r^2 = 1.

la variación en Y que es explicada por X. El r^2 es simplemente una medida numérica de esta intersección. En la figura, a medida que se va de izquierda a derecha, el área de la intersección aumenta, es decir, sucesivamente hay una proporción cada vez mayor de la variación en Y que está explicada por X. En resumen, r^2 aumenta. Cuando no hay intersección, obviamente r^2 es cero, pero cuando la intersección es completa, r^2 es 1, puesto que el 100 por ciento de la variación en Y está explicada por X. Como se verá pronto, r^2 se encuentra entre 0 y 1.

Para calcular esta r^2, se procede de la siguiente forma: Recuérdese que

$$Y_i = \hat{Y}_i + \hat{u}_i \qquad (2.6.3)$$

o expresado en forma de desviaciones

$$y_i = \hat{y}_i + \hat{u}_i \qquad (3.5.1)$$

donde se hace uso de (3.1.13) y de (3.1.14). Elevando (3.5.1) al cuadrado en ambos lados y sumando sobre la muestra, se obtiene

$$\begin{aligned}
\sum y_i^2 &= \sum \hat{y}_i^2 + \sum \hat{u}_i^2 + 2\sum \hat{y}_i \hat{u}_i \\
&= \sum \hat{y}_i^2 + \sum \hat{u}_i^2 \\
&= \hat{\beta}_2^2 \sum x_i^2 + \sum \hat{u}_i^2
\end{aligned} \qquad (3.5.2)$$

puesto que $\sum \hat{y}_i \hat{u}_i = 0$ (¿por qué?) y $\hat{y}_i = \hat{\beta}_2 x_i$.

Las diversas sumas de cuadrados que aparecen en (3.5.2) pueden ser descritas de la manera siguiente: $\sum y_i^2 = \sum (Y_i - \bar{Y})^2 =$ variación total de los valores observados de Y con respecto a su media muestral, los cuales pueden ser llamados **suma total de cuadrados (STC)**. $\sum \hat{y}_i^2 = \sum (\hat{Y}_i - \bar{Y})^2 = \sum (\hat{Y}_i - \bar{Y})^2 = \hat{\beta}_2^2 \sum x_i^2 =$ variación de los valores Y estimados alrededor de su media $(\hat{Y} = \bar{Y})$ que apropiadamente puede llamarse la suma de los cuadrados debida a la regresión [es decir, debida a la(s) variable(s) explicativa(s)], o explicada por ésta, o simplemente la **suma explicada de cuadrados (SEC)**. $\sum \hat{u}_i^2 =$ la variación residual o **no explicada** de los valores de Y alrededor de la línea de regresión, o simplemente la **suma de residuales cuadrados (SRC)**. Así, (3.5.2) es

$$STC = SEC + SRC \qquad (3.5.3)$$

y muestra que la variación total en los valores Y observados alrededor del valor de su media puede ser dividida en dos partes, una atribuible a la línea de regresión y la otra a fuerzas aleatorias puesto que no todas las observaciones Y caen sobre la línea ajustada. Geométricamente, se tiene la figura 3.10.

Ahora, dividiendo (3.5.3) por la STS a ambos lados, se obtiene

$$1 = \frac{\text{SEC}}{\text{STC}} + \frac{\text{SRC}}{\text{STC}}$$
$$= \frac{\sum(\hat{Y}_i - \bar{Y})^2}{\sum(Y_i - \bar{Y})^2} + \frac{\sum \hat{u}_i^2}{\sum(Y_i - \bar{Y})^2} \qquad (3.5.4)$$

Ahora, se define r^2 como

$$r^2 = \frac{\sum(\hat{Y}_i - \bar{Y})^2}{\sum(Y_i - \bar{Y})^2} = \frac{\text{SEC}}{\text{STC}} \qquad (3.5.5)$$

o en forma alterna, como

$$r^2 = 1 - \frac{\sum \hat{u}_i^2}{\sum(Y_i - \bar{Y})^2}$$
$$= 1 - \frac{\text{SRC}}{\text{STC}} \qquad (3.5.5a)$$

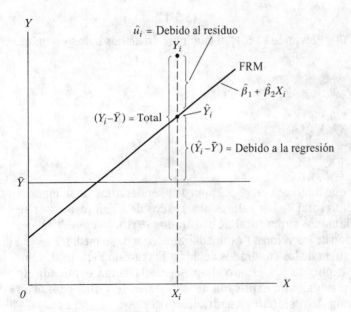

FIGURA 3.10
Partición de la variación de Y_i en dos componentes.

La cantidad r^2 así definida se conoce como el **coeficiente de determinación** (muestral) y es la medida de bondad del ajuste de una línea de regresión más frecuentemente utilizada. Verbalmente, *r^2 mide la proporción o el porcentaje de la variación total en Y explicada por el modelo de regresión.*

Pueden anotarse dos propiedades de r^2:

1. Es una cantidad no negativa. (¿Por qué?)
2. Sus límites son $0 \leq r \leq 1$. Un r^2 de 1 significa un ajuste perfecto, es decir, $\hat{Y}_i = Y_i$ para cada i. Por otra parte, un r de cero significa que no hay relación alguna entre la variable dependiente y la variable explicativa (es decir, $\hat{\beta}_2 = 0$). En este caso, como lo indica (3.1.9), $\hat{Y}_i = \hat{\beta}_1 = \bar{Y}$, es decir, la mejor predicción de cualquier valor de Y es simplemente el valor de su media. En esta situación por consiguiente, la línea de regresión será horizontal al eje X.

A pesar de que r^2 puede ser calculado directamente a partir de su definición dada en (3.5.5), su valor puede ser obtenido más rápidamente haciendo uso de la siguiente fórmula:

$$
\begin{aligned}
r^2 &= \frac{\text{SEC}}{\text{STC}} \\[2mm]
&= \frac{\sum \hat{y}_i^2}{\sum y_i^2} \\[2mm]
&= \frac{\hat{\beta}_2^2 \sum x_i^2}{\sum y_i^2} \\[2mm]
&= \hat{\beta}_2^2 \left(\frac{\sum x_i^2}{\sum y_i^2} \right)
\end{aligned}
\tag{3.5.6}
$$

Si se divide el numerador y el denominador de (3.5.6) por el tamaño n de la muestra (o $n-1$ si el tamaño de la muestra es pequeño), se obtiene:

$$
r^2 = \hat{\beta}_2^2 \left(\frac{S_x^2}{S_y^2} \right)
\tag{3.5.7}
$$

donde S_y^2 y S_x^2 son las varianzas muestrales de Y y X, respectivamente.

Dado que $\hat{\beta}_2 = \sum x_i y_i / \sum x_i^2$, la ecuación (3.5.6) puede expresarse también como

$$
r^2 = \frac{(\sum x_i y_i)^2}{\sum x_i^2 \sum y_i^2}
\tag{3.5.8}
$$

una expresión que computacionalmente puede ser fácil de calcular.

Dada la definición de r^2, se puede expresar SEC y SRC explicadas anteriormente de la siguiente forma:

$$
\begin{aligned}
\text{SEC} &= r^2 \cdot \text{STC} \\[2mm]
&= r^2 \sum y_i^2
\end{aligned}
\tag{3.5.9}
$$

$$SRC = STC - SEC$$
$$= STC(1 - SEC/STC)$$
$$= \sum y_i^2 \cdot (1 - r^2) \tag{3.5.10}$$

Por consiguiente, se puede escribir

$$STC = SEC + SRC$$
$$\sum y_i^2 = r^2 \sum y_i^2 + (1 - r^2) \sum y_i^2 \tag{3.5.11}$$

una expresión que encontraremos muy útil más adelante.

Una cantidad estrechamente relacionada con r^2 pero conceptualmente muy diferente de éste es el **coeficiente de correlación,** el cual, como se anotó en el capítulo 1, es una medida del grado de asociación entre dos variables. Puede ser calculado a partir de

$$r = \pm \sqrt{r^2} \tag{3.5.12}$$

o a partir de su definición

$$r = \frac{\sum x_i y_i}{\sqrt{(\sum x_i^2)(\sum y_i^2)}}$$
$$= \frac{n \sum X_i Y_i - (\sum X_i)(\sum Y_i)}{\sqrt{[n \sum X_i^2 - (\sum X_i)^2][n \sum Y_i^2 - (\sum Y_i)^2]}} \tag{3.5.13}$$

medida que se conoce como el **coeficiente de correlación muestral**[25].

Algunas de las propiedades de r son las siguientes (*véase* figura 3.11):

1. Puede tener signo positivo o negativo, dependiendo del signo del término en el numerador de (3.5.13), el cual mide la *covariación* muestral de dos variables.
2. Cae entre los límites de -1 y $+1$; es decir, $-1 \le r \le 1$.
3. Es simétrico por naturaleza; es decir, el coeficiente de correlación entre X y $Y(r_{XY})$ es el mismo que entre Y y $X(r_{YX})$.
4. Es independiente del origen y de la escala; es decir, si definimos $X_i^* = aX_i + c$ y $Y_i^* = bY_i + d$, donde $a > 0$, $b > 0$, y c y d son constantes, entonces r entre X^* y Y^* es igual al r entre las variables originales X y Y.
5. Si X y Y son estadísticamente independientes (*véase* definición en el apéndice A), el coeficiente de correlación entre ellos es cero; pero si $r = 0$, esto no significa que las dos variables sean independientes. En otras palabras, **una correlación igual a cero no necesariamente implica independencia.** [*Véase* figura 3.11(h).]
6. Es una medida de *asociación lineal* o *dependencia lineal* solamente; su uso en la descripción de relaciones no lineales no tiene significado. Así en la figura 3.11 (h), $Y = X^2$ es una relación exacta y aún r es cero. (¿Por qué?)

---

[25]El coeficiente de correlación poblacional, denotado por ρ, está definido en el apéndice A.

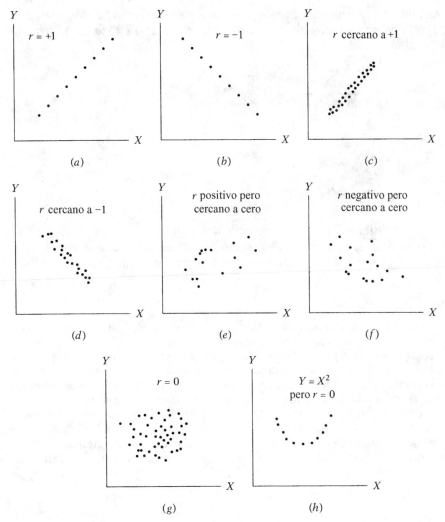

FIGURA 3.11
Patrones de correlación (adaptado de Henri Theil, *Introduction to Econometrics*, Prentice-Hall,
Englewood Cliffs, N.J., 1978, p. 86).

7. Aunque es una medida de asociación lineal entre dos variables, esto no implica necesaria-
    mente alguna relación causa-efecto, como se anotó en el capítulo 1.

En el contexto de la regresión, r^2 es una medida con más significado que r, ya que la primera
nos dice la proporción de la variación en la variable dependiente explicada por la(s) variable(s)
explicativa(s) y, por consiguiente, constituye una medida global del grado en que la variación en
una variable determina la variación en la otra. La segunda no tiene tal valor[26]. Además, como se
verá, la interpretación de $r(= R)$ en un modelo de regresión múltiple es de valor dudoso. Sin
embargo, se tendrá más que decir sobre r^2 en el capítulo 7.

---

[26]En el proceso de elaboración de modelos de regresión la teoría base indicará la dirección de causalidad entre Y y X, la cual,
en el contexto de los modelos uniecuacionales, se presenta generalmente de X hacia Y.

Nótese que la r^2 definida anteriormente *también puede ser calculada como el coeficiente de correlación elevado al cuadrado entre Y_i observado Y_i estimado*, es decir, $\hat{Y}_i$. Esto es, utilizando (3.5.13), se puede escribir

$$r^2 = \frac{[\sum (Y_i - \bar{Y})(\hat{Y}_i - \bar{Y})]^2}{\sum (Y_i - \bar{Y})^2 \sum (\hat{Y}_i - \bar{Y})^2}$$

Es decir,

$$r^2 = \frac{(\sum y_i \hat{y}_i)^2}{(\sum y_i^2)(\sum \hat{y}_i^2)} \qquad (3.5.14)$$

donde $Y_i = Y$ observado, $\hat{Y}_i = Y$ estimado, y $\bar{Y} = \bar{\hat{Y}} =$ media de Y. Para la prueba, *véase* el ejercicio 3.15. La expresión (3.5.14) justifica la descripción de r^2 como medida de bondad del ajuste, ya que nos dice qué tan cerca están los valores de Y estimados a sus valores observados.

3.6 EJEMPLO NUMÉRICO

Se ilustra la teoría econométrica desarrollada hasta el momento considerando la función keynesiana de consumo expuesta en la introducción. Recuérdese que Keynes planteaba «La ley fundamental de sicología... según la cual los hombres [y las mujeres] están dispuestos, como regla y en promedio, a incrementar su consumo a medida que su ingreso aumenta, pero no tanto como el incremento en su ingreso», es decir, la propensión marginal a consumir (PMC) es mayor que cero pero menor que uno. Aunque Keynes no especificó la forma funcional exacta de la relación entre el consumo y el ingreso, supóngase para simplificar que la relación es lineal como en (2.4.2). Como prueba de la función keynesiana de consumo, se utilizan los datos muestrales de la tabla 2.4, los cuales por conveniencia se reproducen en la tabla 3.2. La información primaria requerida para obtener los valores estimados de los coeficientes de regresión, sus errores estándar, etc., están dados en la tabla 3.3. Con base en esta información, se obtuvieron los siguientes cálculos, que se recomienda al lector verificar.

TABLA 3.2
Datos hipotéticos sobre el gasto de consumo familiar semanal Y y el ingreso familiar semanal X

Y($)	X($)
70	80
65	100
90	120
95	140
110	160
115	180
120	200
140	220
155	240
150	260

TABLA 3.3
Datos primarios basados en la Tabla 3.2

Y_i (1)	X_i (2)	Y_iX_i (3)	X_i^2 (4)	$x_i =$ $X_i - \bar{X}$ (5)	$y_i =$ $Y_i - \bar{Y}$ (6)	x_i^2 (7)	x_iy_i (8)	$\hat{Y}_i$ (9)	$\hat{u}_i =$ $Y_i - \hat{Y}_i$ (10)	$\hat{Y}_i\hat{u}_i$ (11)
70	80	5600	6400	−90	−41	8100	3690	65.1818	4.8181	314.0524
65	100	6500	10000	−70	−46	4900	3220	75.3636	−10.3636	−781.0382
90	120	10800	14400	−50	−21	2500	1050	85.5454	4.4545	381.0620
95	140	13300	19600	−30	−16	900	480	95.7272	−0.7272	−69.6128
110	160	17600	25600	−10	−1	100	10	105.9090	4.0909	433.2631
115	180	20700	32400	10	4	100	40	116.0909	−1.0909	−126.6434
120	200	24000	40000	30	9	900	270	125.2727	−6.2727	−792.0708
140	220	30800	48400	50	29	2500	1450	136.4545	3.5454	483.7858
155	240	37200	57600	70	44	4900	3080	145.6363	8.3636	1226.4073
150	260	39000	67600	90	39	8100	3510	156.8181	−6.8181	−1069.2014
Suma 1110	1700	205500	322000	0	0	33000	16800	1109.9995 ÷ 1110.0	0	0.0040 ÷ 0.0
Media 111	170	nc	nc	0	0	nc	nc	110	0	0

$$\hat{\beta}_2 = \frac{\sum x_iy_i}{\sum x_i^2} \qquad \hat{\beta}_1 = \bar{Y} - \hat{\beta}_2\bar{X}$$

$$= 16{,}800/33{,}000 \qquad\qquad = 111 - 0.5091(170)$$

$$= 0.5091 \qquad\qquad\qquad = 24.4545$$

Notas: ÷simboliza «aproximadamente igual a»; nc significa «no calculado».

$$\hat{\beta}_1 = 24.4545 \qquad \text{var}(\hat{\beta}_1) = 41.1370 \qquad y \qquad ee(\hat{\beta}_1) = 6.4138$$

$$\hat{\beta}_2 = 0.5091 \qquad \text{var}(\hat{\beta}_2) = 0.0013 \qquad y \qquad ee(\hat{\beta}_2) = 0.0357 \tag{3.6.1}$$

$$\text{cov}(\hat{\beta}_1, \hat{\beta}_2) = -0.2172 \quad \hat{\sigma}^2 = 42.1591$$

$$r^2 = 0.9621 \qquad r = 0.9809 \qquad g \text{ de } l = 8$$

La línea de regresión estimada es por consiguiente,

$$\hat{Y}_i = 24.4545 + 0.5091X_i \tag{3.6.2}$$

que se muestra geométricamente en la figura 3.12.

Siguiendo lo expuesto en el capítulo 2, la FRM [ecuación (3.6.2)] y la línea de regresión asociada son interpretadas de la siguiente forma: Cada punto en la línea de regresión da un *estimado* del valor esperado o de la media de Y correspondiente al valor seleccionado X; es decir, $\hat{Y}_i$ es un valor estimado de $E(Y \mid X_i)$. El valor de $\beta_2 = 0.5091$, que mide la pendiente de la curva, indica que, dentro de un rango muestral de X entre US$80 y US$260 por semana, a medida que X se incrementa, digamos en US$1, el incremento estimado en la media o en el gasto de consumo semanal promedio asciende a cerca de US$51 centavos. El valor de $\hat{\beta}_1 = 24.4545$, es el intercepto de la línea e indica el nivel promedio del gasto de consumo promedio cuando el ingreso semanal es cero. Sin embargo, ésta es una interpretación mecánica del intercepto. En el análisis de regresión, este tipo de interpretación literal, del término intercepto puede no siempre tener sentido, aunque en este ejemplo puede argumentarse que una familia sin ingreso alguno (por razones de desempleo, despido temporal, etc) podría mantener algún nivel mínimo de gasto de consumo mediante endeudamiento o desahorro. Pero en general, uno debe utilizar el sentido común al

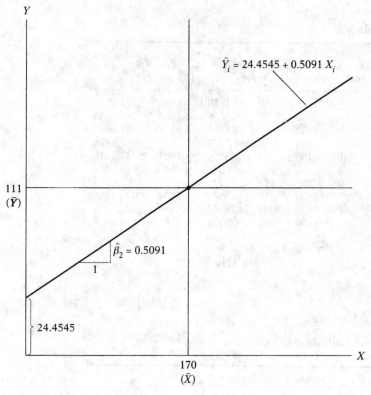

FIGURA 3.12
Línea de regresión muestral basada en los datos de la tabla 3.2.

interpretar el término intercepto ya que muy frecuentemente el rango muestral de los valores de X no incluye el cero como uno de los valores observados.

Tal vez lo mejor sea interpretar el término intercepto como el efecto de la media o promedio sobre Y de todas las variables omitidas del modelo de regresión. El valor de r^2 de 0.9621 significa que cerca del 96% de la variación en el gasto de consumo semanal está explicado por el ingreso. Puesto que r^2 puede llegar a ser máximo 1, la r^2 observada sugiere que la línea de regresión muestral se ajusta muy bien a los datos[27]. El coeficiente de correlación de 0.9809 indica que las dos variables, el gasto de consumo y el ingreso, tienen una alta correlación positiva. Los errores estándar de los coeficientes estimados de regresión serán interpretados en el capítulo 5.

3.7 EJEMPLOS ILUSTRATIVOS

Consumo de café en los Estados Unidos, 1970-1980

Considérense los datos de la tabla 3.4[28].

Según la microeconomía, la demanda de un bien de consumo primario depende generalmente del precio de ese bien, de los precios de otros bienes que compiten con él o que son complementarios al bien

---

[27]Una prueba formal de la significancia de r^2 será presentada en el capitulo 8.

[28]Agradezco a Scott E. Sandberg por su ayuda en la recolección de la información.

TABLA 3.4
Consumo de café en los Estados Unidos (Y) en relación con el precio observado al detal promedio (X),* 1970-1980

Año	Y (tazas diarias por persona)	X (US$ por libra)
1970	2.57	0.77
1971	2.50	0.74
1972	2.35	0.72
1973	2.30	0.73
1974	2.25	0.76
1975	2.20	0.75
1976	2.11	1.08
1977	1.94	1.81
1978	1.97	1.39
1979	2.06	1.20
1980	2.02	1.17

* *Nota:* El precio nominal fue dividido por el Índice de Precios al Consumidor (IPC) para alimentos y bebidas, 1967 = 100.

Fuente: Los datos para Y se obtuvieron de *Summary of National Coffee Drinking Study,* Grupo de Datos, Elkins Park, Penn., 1981; y los datos sobre X nominal (es decir, X expresado en precios corrientes) se obtuvieron de *Nielsen Food Index,* A.C. Nielsen, New York, 1981.

$$1)\ \ln Y_i = \beta_1 + \beta_2 X_{2i} + \beta_3 X_{3i} + u_i$$
$$2)\ Y_i = \beta_1 + \beta_2 X_{2i} + \beta_3 X_{3i} + u_i$$

primario y del ingreso del consumidor. Para incorporar todas estas variables a la función de demanda, suponiendo que los datos están disponibles, se precisaría un modelo de regresión múltiple para lo cual no estamos aún preparados. Por consiguiente, lo que se hará será suponer una función de demanda *parcial* o *ceteris paribus* (todo lo demás constante) en la que se relaciona solamente la cantidad demandada con su precio —y se supone que las demás variables que entran en la función de demanda permanecen constantes. Entonces, si se ajusta el modelo lineal de dos variables (2.4.2) a los datos dados en la tabla 3.4, se obtienen los siguientes resultados (el listado SAS se presenta en el apéndice 3A, sección 3A.7):

$$\hat{Y}_t = 2.6911 - 0.4795 X_t$$
$$\text{var}(\hat{\beta}_1) = 0.0148; \ \text{ee}(\hat{\beta}_1) = 0.1216$$
$$\text{var}(\hat{\beta}_2) = 0.0129; \ \text{ee}(\hat{\beta}_2) = 0.01140; \qquad \hat{\sigma}^2 = 0.01656 \tag{3.7.1}$$
$$r^2 = 0.6628$$

La interpretación de la regresión estimada es la siguiente: Si el precio de venta al detal observado promedio del café por libra aumenta, digamos, en un dólar, se espera que el consumo promedio diario del café disminuya en aproximadamente media taza. Si el precio del café fuera igual a cero, se esperaría que el consumo promedio de café por persona fuera de aproximadamente 2.69 tazas por día. Ciertamente, como se mencionó anteriormente, con frecuencia no podemos asignar algún significado físico al intercepto. Sin embargo, se debe tener en mente que aún si el precio del café fuera cero, la gente no consumiría cantidades desproporcionadas de café por el aparente efecto negativo de la cafeína en la salud. El valor r^2 significa que cerca del 66% de la variación en el consumo de café diario *per cápita* está explicado por la variación en el precio al detal del café.

¿Qué tan real es el modelo que se ha ajustado a la información? Puesto que no incluye todas las variables relevantes, no se puede decir que es una función completa de demanda de café. Este modelo sencillo seleccionado para este ejemplo fue ciertamente escogido para fines didácticos en esta etapa del estudio. En el capítulo 7 se presentará una función de demanda más completa. (*Véase* el ejercicio 7.23, que da una función de demanda de consumo de pollos en los Estados Unidos).

La función keynesiana de consumo para los Estados Unidos, 1980-1991

Retómense los datos dados en la tabla I.1 de la introducción. Con base en esta información, se estimó la siguiente regresión MCO, donde Y representa el gasto de consumo personal (GCP) en miles de millones de dólares de 1987 y X representa el Producto Interno Bruto (PIB), una medida del ingreso, en miles de millones de dólares de 1987 (los resultados se obtuvieron utilizando versión **SHAZAM**™ versión 7.0) :

$$\hat{Y}_t = -231.80 + 0.71943\, X_t$$
$$\text{ee}(\hat{\beta}_1) = 0.9453; \ \text{ee}(\hat{\beta}_2) = 0.02175 \qquad (3.7.2)$$
$$r^2 = 0.9909$$

Como lo sugieren estos resultados, durante el período 1980-1991 la media del gasto de consumo aumentó en cerca de 72 centavos por cada dólar de incremento en el PIB; esto es, la propensión marginal a consumir (PMC) estuvo cercana a los 72 centavos. Interpretado literalmente, el valor del intercepto de cerca de –232 sugiere que si el PIB fuera cero, la media del gasto de consumo habría sido –232 mil millones de dólares. Nuevamente tal interpretación mecánica del intercepto no tiene sentido económico en el presente caso pues está por fuera del rango de valores, con el cual se está trabajando y, por tanto, no representa realmente un resultado probable. El valor de r^2 de cerca de 0.99 significa que el PIB explica aproximadamente el 99% de la variación en la media del gasto de consumo que, por cierto, es un valor elevado.

A pesar de este valor elevado de r^2 se puede cuestionar si una función de consumo keynesiana sencilla como esa sería el modelo apropiado para explicar el gasto de consumo agregado de los Estados Unidos. Algunas veces los modelos de regresión muy simples (por ejemplo, de dos variables) pueden proporcionar información útil. Los valores estimados de la PMC para los Estados Unidos basados en modelos complicados muestran también que la PMC está cercana a 0.7. Pero se tendrá más que decir sobre la adecuación del modelo en capítulos posteriores.

3.8 LISTADO DE COMPUTADOR DE LA FUNCIÓN DE DEMANDA DE CAFÉ

Como se anotó en la introducción, a lo largo de este libro se estará utilizando intensamente el computador, para obtener respuestas a los ejemplos ilustrativos con el fin de familiarizar al lector con algunos paquetes de programas de regresión. En el apéndice C se expondrán en detalle algunos de estos programas. En los ejemplos ilustrativos de este libro se hace uso de uno o más de estos programas. Para la función de demanda de café de nuestro ejemplo, se presenta en el apéndice 3A, sección 3A.7 el listado de computador SAS.

3.9 NOTA SOBRE EXPERIMENTOS DE MONTE CARLO

En este capítulo se muestra cómo bajo los supuestos del MCRL los estimadores de mínimos cuadrados tienen ciertas características estadísticas deseables que se resumen en la propiedad MELI. En el apéndice a este capítulo se prueba esta propiedad más formalmente. Pero en la práctica ¿cómo se puede saber si se mantiene la propiedad MELI? Por ejemplo, ¿cómo se puede averiguar si los estimadores MCO son insesgados? La respuesta se logra mediante los llamados experimentos de **Monte Carlo**, los cuales son esencialmente experimentos de muestreo o de simulación en computador.

Para introducir las ideas básicas, considérese la FRP de dos variables:

$$Y_i = \beta_1 + \beta_2 X_i + u_i \tag{3.9.1}$$

Un experimento Monte Carlo se realiza de la siguiente forma:

1.   Supóngase que los valores verdaderos de los parámetros son los siguientes: $\beta_1 = 20$ y $\beta_2 = 0.6$.
2.   Escójase el tamaño de la muestra, por ejemplo $n = 25$.
3.   Fíjense los valores de X para cada observación. En total usted tendrá 25 valores de X.
4.   Supóngase que se consulta una tabla de números aleatorios, escójanse 25 valores y llámense u_i (hoy en día la mayoría de los paquetes estadísticos tienen generadores de números aleatorios)[29].
5.   Ahora que se conocen β_1, β_2, X_i y u_i, utilizando (3.9.1) obténganse 25 valores de Y_i.
6.   Utilizando los 25 valores de Y_i generados de esa forma, hágase la regresión de estos valores sobre los 25 valores de X seleccionados en el paso 3, obteniendo así los estimadores de mínimos cuadrados $\hat{\beta}_1$ y $\hat{\beta}_2$.
7.   Supóngase que se repite este experimento 99 veces, utilizando cada vez los mismos valores de β_1 y β_2 y X. Ciertamente, los valores u_i variarán de un experimento a otro. Por consiguiente, en total se tienen 100 experimentos, generando así 100 valores para cada β_1 y β_2. (En la práctica, se realizan muchos de los experimentos de este tipo, en ocasiones llegan a 1000 ó 2000).
8.   Obténganse los promedios de estos 100 valores estimados y denomínense $\bar{\hat{\beta}}_1$ y $\bar{\hat{\beta}}_2$.
9.   Si estos valores promedios son aproximadamente los mismos que los valores verdaderos de β_1 y β_2 supuestos en el paso 1, mediante este experimento de Monte Carlo se «establece» que, en efecto, los estimadores de mínimos cuadrados son insesgados. Recuérdese que bajo el MCRL, $E(\hat{\beta}_1) = \beta_1$ y $E(\hat{\beta}_2) = \beta_2$.

Estos pasos caracterizan la naturaleza general de los experimentos Monte Carlo. Tales experimentos son frecuentemente utilizados para estudiar las propiedades estadísticas de diversos métodos de estimación de los parámetros poblacionales. Son particularmente útiles para estudiar el comportamiento de los estimadores en muestras pequeñas, o finitas. Estos experimentos son también un medio excelente de aplicar personalmente el concepto de **muestreo repetido**, que es la base de la mayor parte de la inferencia estadística clásica, como se verá en el capítulo 5. Se presentarán diversos ejemplos de los experimentos Monte Carlo en forma de ejercicios para realizar en clase. (*véase* ejercicio 3.26).

---

[29]En la práctica, se supone que u_i sigue una cierta distribución de probabilidad, digamos, normal, con ciertos parámetros (es decir, la media y la varianza). Una vez se hayan especificado los parámetros, uno puede generar fácilmente las u_i utilizando paquetes estadísticos.

3.10 RESUMEN Y CONCLUSIONES

Los temas y conceptos importantes desarrollados en este capítulo pueden resumirse de la siguiente forma.

1. El marco básico para el análisis de regresión es el MCRL.
2. El MCRL está basado en un conjunto de supuestos.
3. Con base en estos supuestos, los estimadores de mínimos cuadrados adquieren ciertas propiedades resumidas en el teorema de Gauss-Markov, el cual plantea que dentro de la clase de estimadores lineales insesgados, los estimadores de mínimos cuadrados tienen una varianza mínima. En resumen, son MELI .
4. La *precisión* de los estimadores MCO está medida por sus **errores estándar.** En los capítulos 4 y 5 se verá cómo los errores estándar permiten hacer inferencia sobre los parámetros poblacionales, los coeficientes β.
5. La bondad del ajuste general del modelo de regresión está medida por el **coeficiente de determinación,** r^2. Éste dice qué proporción de la variación en la variable dependiente, o variable regresada, está explicada por la variable explicativa, o regresor. Esta r^2 se encuentra entre 0 y 1; entre más cerca esté de 1, mejor es el ajuste.
6. Un concepto relacionado con el coeficiente de determinación es el **coeficiente de correlación,** r. Esta es una medida de *asociación lineal* entre dos variables y su valor se encuentra entre -1 y $+1$.
7. El MCRL es una construcción o abstracción teórica puesto que está basado en un conjunto de supuestos que pueden ser considerados como rigurosos o «poco realistas». Sin embargo, tal abstracción es a menudo necesaria en las etapas iniciales del estudio de cualquier disciplina. Una vez se haya dominado el MCRL, se puede encontrar lo que sucede si uno o más de sus supuestos no es satisfecho. La primera parte de este libro está dedicada el estudio del MCRL. Las demás partes del libro se consideran refinaciones del MCRL. La tabla 3.5 señala el mapa del camino a seguir.

TABLA 3.5
¿Qué sucede si se violan los supuestos del MCRL?

Número del supuesto	Tipo de violación	¿Dónde estudiar al respecto?
1	No linealidad en parámetros	No cubierto en este libro
2	Regresor(es) estocástico(s)	Introducción a la Parte II
3	Media de u_i distinta de cero	Introducción a la Parte II
4	Heteroscedasticidad	Capítulo 11
5	Perturbaciones autocorrelacionadas	Capítulo 12
6	Covarianza distinta de cero entre las perturbaciones y el regresor	Introducción a la Parte II y Parte IV
7	Menos observaciones muestrales que número de regresores	Capítulo 10
8	Variabilidad insuficiente en regresores	Capítulo 10
9	Sesgo de especificación	Capítulo 13, 14
10	Multicolinealidad	Capítulo 10
11*	No normalidad de las perturbaciones	Introducción a la Parte II

* *Nota:* El supuesto de que las perturbaciones u_i están normalmente distribuidas no hace parte del MCRL. *Véase* más al respecto en el capítulo 4.

EJERCICIOS

Preguntas

3.1. Dados los supuestos en la columna 1 de la siguiente tabla, demuéstrese que los supuestos en la columna 2 son equivalentes.

Supuestos del modelo clásico

(1)	(2)
$E(u_i \mid X_i) = 0$	$E(Y_i \mid X_i) = \beta_2 + \beta_2 X$
$\text{cov}(u_i, u_j) = 0 \quad i \neq j$	$\text{cov}(Y_i, Y_j) = 0 \quad i \neq j$
$\text{var}(u_i \mid X_i) = \sigma^2$	$\text{var}(Y_i \mid X_i) = \sigma^2$

3.2. Demuéstrese que los valores estimados $\hat{\beta}_1 = 1.572$ y $\hat{\beta}_2 = 1.357$ utilizados en el primer experimento de la Tabla 3.1 son, de hecho, los estimadores de MCO.

3.3. De acuerdo con Malinvaud (*véase* nota de pie 11), los supuestos de $E(u_i \mid X_i) = 0$ son muy importantes. Para ver esto, considérese la FRP: $Y = \beta_1 + \beta_2 X_i + u_i$. Ahora considérense dos situaciones: (i) $\beta_1 = 0$, $\beta_2 = 1$ y $E(u_i) = 0$; y (ii) $\beta_1 = 1$, $\beta_2 = 0$, y $E(u_i) = (X_i - 1)$. Ahora obténgase la esperanza de la FRP condicional sobre X en los dos casos anteriores y decídase si está de acuerdo con Malinvaud sobre la significancia del supuesto $E(u_i \mid X_i) = 0$.

3.4. Considérese la regresión muestral

$$Y_i = \hat{\beta}_1 + \hat{\beta}_2 X_i + \hat{u}_i$$

Impuestas las restricciones (i) $\sum \hat{u}_i = 0$ y (ii) $\sum \hat{u}_i X_i = 0$, obténganse los estimadores $\hat{\beta}_1$ y $\hat{\beta}_2$ y demuestre que son idénticos a los estimadores de mínimos cuadrados dados en (3.1.6) y (3.1.7). Este método de obtención de estimadores se denomina el **principio de analogía**. Dé una justificación intuitiva para la imposición de las restricciones (i) y (ii). (*Guía*: Recuérdense los supuestos del MCRL sobre u_i). Recuérdese que el principio de analogía para la estimación de parámetros desconocidos se conoce también como el **método de momentos** en el cual los momentos muestrales (es decir la media muestral) son utilizados para estimar los momentos poblacionales (es decir la media poblacional). Como se anotó en el apéndice A, un momento es un estadístico resumen de una distribución de probabilidad, tal como el valor esperado y la varianza.

3.5. Demuéstrese que r^2 definida en (3.5.5) se encuentra dentro de un rango de 0 a 1. Utilícese la desigualdad Cauchy- Schwarz, la cual establece que para dos variables aleatorias X y Y cualesquiera se cumple la siguiente relación:

$$[E(XY)]^2 \leq E(X^2)E(Y^2)$$

3.6. Sean $\hat{\beta}_{YX}$ y $\hat{\beta}_{XY}$ las pendientes en la regresión de Y sobre X y de X sobre Y, respectivamente. Demuéstrese que

$$\hat{\beta}_{YX}\hat{\beta}_{XY} = r^2$$

donde r es el coeficiente de correlación entre X y Y.

3.7. Supóngase en la pregunta 3.6 que $\hat{\beta}_{YX}\hat{\beta}_{XY} = 1$. ¿Tiene importancia entonces si se vuelve Y sobre X, o X sobre Y?

3.8. Explíquese detalladamente el rango de correlación de Spearman, r_s está definido de la forma siguiente:

$$r_s = 1 - \frac{6 \sum d^2}{n(n^2 - 1)}$$

donde d = la diferencia en los rangos asignada al mismo individuo o fenómeno
n = número de individuos o de fenómenos clasificados en rangos

Obténgase r_s a partir del r definido en (3.5.13). *Guía:* Ordénense los valores de X y Y de 1 hasta n. Nótese que la suma de cada rango X y Y es $n(n + 1)/2$ y, por consiguiente, sus medias son $(n + 1)/2$.

3.9. Considérense las siguientes formulaciones de la FRP de dos variables:

$$\text{Modelo I:} \quad Y_i = \beta_1 + \beta_2 X_i + u_i$$

$$\text{Modelo II:} \quad Y_i = \alpha_1 + \alpha_2(X_i - \bar{X}) + u_i$$

(a) Encuéntrense los estimadores de β_1 y α_1. ¿Son idénticos? ¿Son sus varianzas idénticas?
(b) Encuéntrense los estimadores de β_2 y α_2. ¿Son idénticos? ¿Son sus varianzas idénticas?
(c) ¿Cuál es la ventaja, si la hay, del modelo II sobre el modelo I?

3.10. Supóngase que se realiza la siguiente regresión:

$$y_i = \hat{\beta}_1 + \hat{\beta}_2 x_i + \hat{u}_i$$

donde, como es lo usual, y_i y x_i son las desviaciones de sus respectivos valores de las medias. ¿Cuál será el valor de $\hat{\beta}_1$? ¿Por qué? ¿Será $\hat{\beta}_2$ igual al obtenido de la ecuación (3.1.6)? ¿Por qué?

3.11. Sea r_1 = el coeficiente de correlación entre n pares de valores (Y_i, X_i) y r_2 = el coeficiente de correlación entre n pares de valores $(aX_i + b, cY_i + d)$, donde a, b, c, y d son constantes. Demuestre que $r_1 = r_2$ y de aquí, *establezca el principio de que el coeficiente de correlación es invariable frente a cambios de escala o a cambios de origen.*

    Guía: Aplíquese la definición de r dada en (3.5.13).

    Nota: Las operaciones aX_i, $X_i + b$, y $aX_i + b$ se conocen por los nombres de *cambios de escala, cambios de origen,* y *cambios de escala y de origen,* respectivamente.

3.12. Si r, el coeficiente de correlación entre n pares de valores (X_i, Y_i), es positivo, determínese entonces si las siguientes afirmaciones son ciertas o falsas:
(a) r entre $(-X_i, -Y_i)$ es también positivo.
(b) r entre $(-X_i, Y_i)$ y entre $(X_i, -Y_i)$ puede ser positivo o negativo.
(c) Los dos coeficientes de la pendiente, β_{yx} y β_{xy} son positivos, en donde β_{yx} = coeficiente de la pendiente en la regresión de Y sobre X y β_{xy} = el coeficiente de la pendiente en la regresión de X sobre Y.

3.13. Si X_1, X_2, y X_3 son variables que no están correlacionadas, y cada una tiene la misma desviación estándar, demuéstrese que el coeficiente de correlación entre $X_1 + X_2$ y $X_2 + X_3$ es igual a $\frac{1}{2}$. ¿Por qué el coeficiente de correlación no es cero?

3.14. En la regresión $Y_i = \beta_1 + \beta_2 X_i + u_i$, supóngase que se *multiplica* cada valor de X por una constante, 2. ¿Cambiará esto los residuos y los valores ajustados de Y? Explíquese. ¿Qué sucede si se *agrega* un valor constante 2, a cada valor de X?

3.15. Demuéstrese que (3.5.14) mide, de hecho, el coeficiente de determinación. *Guía:* Apíquese la definición de r dada en (3.5.13) y recuérdese que $\sum y_i \hat{y}_i = \sum (\hat{y}_i + \hat{u}_i)\hat{y}_i = \sum \hat{y}_i^2$ y recuérdese (3.5.6).

Problemas

3.16 Se dan los rangos de 10 estudiantes en los exámenes de estadística intermedios y finales. Calcúlese el coeficiente de rango de correlación de Spearman e interprétese:

					Estudiante					
Rango	A	B	C	D	E	F	G	H	I	J
Mitad de término	1	3	7	10	9	5	4	8	2	6
Fin de término	3	2	8	7	9	6	5	10	1	4

3.17. La siguiente tabla proporciona datos sobre la tasa de retiro por cada 100 empleados en la industria manufacturera y la tasa de desempleo en la misma en los Estados Unidos para el periodo 1960-1972. *Nota:* El término *retiro* se refiere a gente que deja sus trabajos voluntariamente.

Tasas de retiro y de desempleo en la industria manufacturera de los Estados Unidos, 1960-1972

Año	Tasa de retiro por cada 100 empleados, Y	Tasa de desempleo (%), X	y_i	x_i	$x_i y_i$	x_i^2	u_i	$\hat{Y}_i$
1960	1.3	6.2	-0.6	1.1	-0.66	1.21		
1961	1.2	7.8	-0.7	2.7	-1.89	7.29		
1962	1.4	5.8	-0.5	0.7	-0.35	0.49		
1963	1.4	5.7	-0.5	0.6	-0.30	0.36		
1964	1.5	5.0	-0.4	-0.1	0.04	0.01		
1965	1.9	4.0	0	-1.1	0	1.21		
1966	2.6	3.2	0.7	-1.9	-1.33	3.61		
1967	2.3	3.6	0.4	-1.5	-0.6	2.25		
1968	2.5	3.3	0.6	-1.8	-1.08	3.24		
1969	2.7	3.3	0.8	-1.8	-1.44	3.24		
1970	2.1	5.6	0.2	0.5	0.10	0.25		
1971	1.8	6.8	-0.1	1.7	-0.17	2.89		
1972	2.2	5.6	0.3	0.5	0.15	0.25		
$\sum$	24.9	65.9	0.2	-0.4	-7.53	26.3		

Fuente: Manpower Report of the President, 1973, tablas C-10 y A-18.

(a) Grafíquense los datos en un diagrama de dispersión.

(b) Supóngase que la tasa de retiro Y está relacionada linealmente con la tasa de desempleo X en la siguiente forma: $Y_i = \beta_1 + \beta_2 X_i + u_i$. Estímense β_1 y β_2, y sus errores estándar.

(c) Calcúlense r^2 y r.

(d) Interprétense sus resultados.

(e) Grafíquense los residuos $\hat{u}_i$. ¿Qué se puede aprender de estos residuos?

(f) Utilizando la información anual para el periodo 1966-1978 y mediante el mismo modelo aplicado en *(b)* arriba, se obtuvieron los siguientes resultados:

$$\hat{Y}_i = 3.1237 - 0.1714 X_i$$

$$\text{ee}\,(\hat{\beta}_2) = 0.0210 \quad \text{y} \quad r^2 = 0.8575$$

Si estos resultados son diferentes de los que se obtuvieron en *(b)*, ¿cómo se racionaliza esa diferencia?

3.18. Basado en una muestra de 10 observaciones, se obtuvieron los siguientes resultados:

$$\sum Y_i = 1110 \quad \sum X_i = 1700 \quad \sum X_i Y_i = 205,500$$

$$\sum X_i^2 = 322,000 \quad \sum Y_i^2 = 132,100$$

con el coeficiente de correlación $r = 0.9758$. Pero al verificar por segunda vez estos cálculos, se encontró que se habían registrado dos pares de observaciones:

Y	X		Y	X
90	120	en lugar de	80	110
140	220		150	210

¿Cuál será el efecto de este error en *r*? Obténgase la *r* correcta.

3.19. La siguiente tabla presenta los datos sobre precio del oro, el índice de precios al consumidor (IPC), el índice de la Bolsa de Valores de Nueva York (BVNY) para los Estados Unidos durante el período 1977-1991. El índice BVNY incluye la mayor parte de las acciones que aparecen registradas en la BVNY, las cuales ascienden a más de 1500.

Año	Precio del oro en Nueva York, US$ por onza troy	Indice de precios al consumidor (IPC), 1982-84 = 100	Índice de la Bolsa de Valores de Nueva York (BVNY), Dic. 31, 1965 = 100
1977	147.98	60.6	53.69
1978	193.44	65.2	53.70
1979	307.62	72.6	58.32
1980	612.51	82.4	68.10
1981	459.61	90.9	74.02
1982	376.01	96.5	68.93
1983	423.83	99.6	92.63
1984	360.29	103.9	92.46
1985	317.30	107.6	108.90
1986	367.87	109.6	136.00
1987	446.50	113.6	161.70
1988	436.93	118.3	149.91
1989	381.28	124.0	180.02
1990	384.08	130.7	183.46
1991	362.04	136.2	206.33

Fuente: Los datos sobre el IPC y la BVNY se obtuvieron del *Economic Report of the President,* enero 1993, tablas B-59 y B-91, respectivamente. Los precios del oro se obtuvieron del Departamento de Comercio de los Estados Unidos, Oficina de Análisis Económico, *Business Statistics, 1963-1991,* p.68.

(a) En el mismo diagrama de dispersión, grafíquense los precios del oro, el IPC, y el índice BVNY.

(b) Se supone que una inversión es una protección contra la inflación si su precio y/o la tasa de retorno, al menos, se mantiene al ritmo de la inflación. Para probar esta hipótesis, supóngase que se decide ajustar el siguiente modelo, suponiendo que la graficación de puntos dispersos en (a) sugiere que esto es lo apropiado:

$$\text{Precio del oro}_t = \beta_1 + \beta_2 \ \text{IPC}_t + u_t$$
$$\text{Índice BVNY}_t = \beta_1 + \beta_2 \ \text{IPC}_t + u_t$$

Si la hipótesis es correcta, ¿qué valor de β_2 esperaría usted?

(c) ¿Cuál mercado constituye una mejor protección contra la inflación, el mercado del oro o el de acciones?

3.20. Ajústese un modelo lineal apropiado a los siguientes datos, que relacione el índice de precios al consumidor y la oferta monetaria en el Japón para el período 1988-1 a 1992-3 y coméntense sus resultados.

Precios al consumidor y oferta monetaria en el Japón, 1988-1 a 1992-3

Año y trimestre	IPC (1985 = 100)	Oferta Monetaria (M$_1$) (miles de millones de yenes)
1988-1	101.0	101,587
1988-2	101.1	102,258
1988-3	101.6	104,653
1988-4	102.1	107,561
1989-1	102.1	109,525
1989-2	103.7	108,442
1989-3	104.4	109,176
1989-4	104.7	107,660
1990-1	105.7	111,600
1990-2	106.3	111,929
1990-3	107.1	112,753
1990-4	108.5	112,155
1991-1	109.7	113,150
1991-2	109.9	115,827
1991-3	110.5	120,718
1991-4	111.5	125,891
1992-1	111.7	123,589
1992-2	112.4	125,583
1992-3	112.5	126,816

Fuente: Banco de la Reserva Federal de San Luis, *International Economic Conditions,* febrero 1993, pp. 26,28.

3.21. En la siguiente tabla se presentan datos sobre el número de teléfonos por cada 1000 personas (*Y*) y el Producto Interno Bruto *per cápita* (PIB), a un costo de factores *(X)* (en dólares de Singapur de 1968) para Singapur durante el período 1960-1981. ¿Existe alguna relación entre las dos variables? ¿Cómo se sabe?

Propiedad de teléfonos y PIB per cápita en Singapur, 1960-1981

Año	Y	X	Año	Y	X
1960	36	1299	1971	90	2723
1961	37	1365	1972	102	3033
1962	38	1409	1973	114	3317
1963	41	1549	1974	126	3487
1964	42	1416	1975	141	3575
1965	45	1473	1976	163	3784
1966	48	1589	1977	196	4025
1967	54	1757	1978	223	4286
1968	59	1974	1979	262	4628
1969	67	2204	1980	291	5038
1970	78	2462	1981	317	5472

Fuente: Lim Chong-Yah, *Economic Restructuring in Singapore,* Publicaciones Federales, Pvt. Ltd., Singapur, 1984, pp. 110-113.

3.22. En la siguiente tabla, se presenta información sobre el Producto Interno Bruto (PIB) para los Estados Unidos para los años 1972-1991.

Producto Interno Bruto (PIB) en dólares corrientes y en dólares de 1987, 1972-1991

Año	PIB (dólares corrientes, miles de millones)	PIB (dólares de 1987, miles de millones)
1972	1207.0	3107.1
1973	1349.6	3268.6
1974	1458.6	3248.1
1975	1585.9	3221.7
1976	1768.4	3380.8
1977	1974.1	3533.3
1978	2232.7	3703.5
1979	2488.6	3796.8
1980	2708.0	3776.3
1981	3030.6	3843.1
1982	3149.6	3760.3
1983	3405.0	3906.6
1984	3777.2	4148.5
1985	4038.7	4279.8
1986	4268.6	4404.5
1987	4539.9	4539.9
1988	4900.4	4718.6
1989	5250.8	4838.0
1990	5522.2	4877.5
1991	5677.5	4821.0

Fuente: Economic Report of the President, enero, 1993, tablas B-1 y B-2, pp. 348-349.

(a) Grafíquese la información del PIB en dólares corrientes y constantes (es decir, 1987) frente al tiempo.

(b) Sea Y el PIB y X el tiempo (medido cronológicamente empezando por 1 para 1972, 2 para 1973, hasta 20 para 1991), véase si el siguiente modelo se ajusta a los datos del PIB:

$$Y_t = \beta_1 + \beta_2 X_t + u_t$$

Estímese este modelo para el PIB en dólares corrientes y constantes.

(c) ¿Cómo se interpretaría β_2?

(d) Si existe diferencia entre el β_2 estimado para el PIB en dólares corrientes y el estimado para el PIB en dólares constantes, ¿qué explica esa diferencia?

(e) De los resultados obtenidos, ¿que se puede decir sobre la naturaleza de la inflación en los Estados Unidos a lo largo del período muestral?

3.23. Utilizando los datos de la tabla I.1. de la introducción, verifíquese la ecuación (3.7.2).

3.24. Para el ejemplo SAT dado en el ejercicio 2.16 hágase lo siguiente:

(a) Grafíquese el puntaje del examen oral de mujeres, frente al puntaje del examen oral de hombres.

(b) Si el diagrama de dispersión de puntos sugiere que parecería apropiado trazar una relación lineal entre los dos, obténgase la regresión del puntaje del examen oral de mujeres sobre el puntaje del examen oral de los hombres.

(c) Si existe una relación entre los puntajes de los dos exámenes orales, ¿dicha relación es *causal*?

3.25. Repítase el ejercicio en el problema 3.24 reemplazando los puntajes del examen oral por los puntajes de matemáticas.

3.26. *Trabajo para realizar en clase,* sobre el estudio Monte Carlo: Consúltense los 10 valores de X dados en la tabla 3.2. Sea $\beta_1 = 25$ y $\beta_2 = 0.5$. Supóngase que $u_i \sim N(0,9)$, es decir, las u_i están normalmente distribuidas con media 0 y varianza 9. Genérense 100 muestras utilizando estos valores, obteniendo 100 valores estimados de β_1 y β_2. Grafíquense estos valores estimados. ¿Qué conclusiones se pueden sacar del estudio Monte Carlo? *Nota:* La mayor parte de los paquetes estadísticos pueden ahora generar variables aleatorias de la mayoría de las distribuciones de probabilidad conocidas. Pida ayuda a su instructor, en caso de que tenga dificultad en generar dichas variables.

APÉNDICE 3A

3A.1 DERIVACIÓN DE LOS MÍNIMOS CUADRADOS ESTIMADOS

Diferenciando (3.1.2) parcialmente con respecto a $\hat{\beta}_1$ y $\hat{\beta}_2$, se obtiene

$$\frac{\partial(\sum \hat{u}_i^2)}{\partial \hat{\beta}_1} = -2 \sum (Y_i - \hat{\beta}_1 - \hat{\beta}_2 X_i) = -2 \sum \hat{u}_i \tag{1}$$

$$\frac{\partial(\sum \hat{u}_i^2)}{\partial \hat{\beta}_2} = -2 \sum (Y_i - \hat{\beta}_1 - \hat{\beta}_2 X_i) X_i = -2 \sum \hat{u}_i X_i \tag{2}$$

Igualando estas ecuaciones a cero y después de alguna simplificación y manipulación algebraica, se obtienen los estimadores dados en las ecuaciones (3.1.6) y (3.1.7).

3A.2 PROPIEDADES DE LINEALIDAD E INSESGAMIENTO DE LOS ESTIMADORES DE MÍNIMOS CUADRADOS

De (3.1.8) se tiene

$$\hat{\beta}_2 = \frac{\sum x_i Y_i}{\sum x_i^2} = \sum k_i Y_i \tag{3}$$

donde

$$k_i = \frac{x_i}{(\sum x_i^2)}$$

que muestra que $\hat{\beta}_2$ es un **estimador lineal** porque es una función lineal de Y; de hecho es un promedio ponderado de Y_i en donde k_i representa las ponderaciones. De la misma manera, puede demostrarse que $\hat{\beta}_1$ es también un estimador lineal.

Apartándonos del tema central, nótense las siguientes propiedades de las ponderaciones k_i:

1. Puesto que se ha supuesto que las X_i no son estocásticas, las k_i tampoco lo son.
2. $\sum k_i = 0$.
3. $\sum k_i^2 = 1/\sum x_i^2$.
4. $\sum k_i x_i = \sum k_i X_i = 1$. Estas propiedades pueden verificarse directamente de la definición de k_i.

Por ejemplo,

$$\sum k_i = \sum \left(\frac{x_i}{\sum x_i^2} \right) = \frac{1}{\sum x_i^2} \sum x_i, \quad \text{puesto que para una muestra dada } \sum x_i^2 \text{ es conocido}$$

$$= 0, \qquad \text{dado que } \sum x_i, \text{ la suma de las derivaciones}$$
$$\text{de la media, es siempre cero.}$$

Ahora sustitúyase la FRP $Y_i = \beta_1 + \beta_2 X_i + u_i$ en (3) para obtener

$$\hat{\beta}_2 = \sum k_i(\beta_1 + \beta_2 X_i + u_i)$$
$$= \beta_1 \sum k_i + \beta_2 \sum k_i X_i + \sum k_i u_i$$
$$= \beta_2 + \sum k_i u_i \tag{4}$$

en donde se ha hecho uso de las propiedades de k_i anotadas anteriormente.

Ahora, obteniendo la esperanza de (4) a ambos lados y advirtiendo que k_i, al ser no-estocásticas, pueden ser tratadas como constantes, se obtiene:

$$E(\hat{\beta}_2) = \beta_2 + \sum k_i E(u_i)$$
$$= \beta_2 \tag{5}$$

puesto que $E(u_i) = 0$ por supuestos. Por consiguiente, $\hat{\beta}_2$ es un estimador insesgado de β_2. De la misma manera, puede probarse que $\hat{\beta}_1$ es también un estimador insesgado de β_1.

3A.3 VARIANZAS Y ERRORES ESTÁNDAR DE LOS ESTIMADORES DE MÍNIMOS CUADRADOS

Ahora, de acuerdo con la definición de varianza, se puede escribir

$$\text{var}(\hat{\beta}_2) = E[\hat{\beta}_2 - E(\hat{\beta}_2)]^2$$
$$= E(\hat{\beta}_2 - \beta_2)^2, \quad \text{puesto que } E(\hat{\beta}_2) = \beta_2$$
$$= E\left(\sum k_i u_i\right)^2, \quad \text{utilizando la ecuación (4) anterior}$$
$$= E(k_1^2 u_1^2 + k_2^2 u_2^2 + \cdots + k_n^2 u_n^2 + 2k_1 k_2 u_1 u_2 + \cdots + 2k_{n-1} k_n u_{n-1} u_n) \tag{6}$$

Teniendo por supuestos $E(u_i^2) = \sigma^2$ para cada i y $E(u_iu_j) = 0$, $i \neq j$, se deduce que

$$\text{var}\left(\hat{\beta}_2\right) = \sigma^2 \sum k_i^2$$

$$= \frac{\sigma^2}{\sum x_i^2}, \qquad \text{(utilizando la definición de } k_i^2)$$

$$= \text{Ec. (3.3.1)} \tag{7}$$

La varianza de $\hat{\beta}_1$ puede ser obtenida siguiendo el mismo tipo de raciocinio. Una vez que se hayan obtenido las varianzas de $\hat{\beta}_1$ y $\hat{\beta}_2$, se pueden obtener los errores estándar correspondientes, tomando las raíces cuadradas positivas.

3A.4 COVARIANZA ENTRE $\hat{\beta}_1$ Y $\hat{\beta}_2$

Por definición,

$$\text{cov}(\hat{\beta}_1, \hat{\beta}_2) = E\{[\hat{\beta}_1 - E(\hat{\beta}_1)][\hat{\beta}_2 - E(\hat{\beta}_2)]\}$$

$$= E(\hat{\beta}_1 - \beta_1)(\hat{\beta}_2 - \beta_2) \qquad \text{¿Por qué?}$$

$$= -\bar{X}E(\hat{\beta}_2 - \beta_2)^2$$

$$= -\bar{X} \, \text{var}\,(\hat{\beta}_2)$$

$$= \text{Ec. (3.3.9)} \tag{8}$$

donde se hace uso del hecho de que $\hat{\beta}_1 = \bar{Y} - \hat{\beta}_2\bar{X}$ y $E(\hat{\beta}_1) = \bar{Y} - \beta_2\bar{X}$, que es igual a $\hat{\beta}_1 - E(\hat{\beta}_1) = -\bar{X}(\hat{\beta}_2 - \beta_2)$. *Nota:* La var($\hat{\beta}_2$) está dada en (3.3.1).

3A.5 ESTIMADOR DE MÍNIMOS CUADRADOS DE σ^2

Recuérdese que

$$Y_i = \beta_1 + \beta_2X_i + u_i \tag{9}$$

Por consiguiente,

$$\bar{Y} = \beta_1 + \beta_2\bar{X} + \bar{u} \tag{10}$$

Restando (10) de (9) se obtiene

$$y_i = \beta_2x_i + (u_i - \bar{u}) \tag{11}$$

Recuérdese también que

$$\hat{u}_i = y_i - \hat{\beta}_2x_i \tag{12}$$

Por consiguiente, sustituyendo (11) en (12) se obtiene

$$\hat{u}_i = \beta_2x_i + (u_i - \bar{u}) - \hat{\beta}_2x_i \tag{13}$$

Reuniendo términos, elevando al cuadrado y sumando a ambos lados, se obtiene:

$$\sum \hat{u}_i^2 = (\hat{\beta}_2 - \beta_2)^2 \sum x_i^2 + \sum (u_i - \bar{u})^2 - 2(\hat{\beta}_2 - \beta_2) \sum x_i (u_i - \bar{u}) \quad (14)$$

Tomando valores esperados a ambos lados

$$E(\sum \hat{u}_i^2) = \sum x_i^2 E(\hat{\beta}_2 - \beta_2)^2 + E[\sum (u_i - \bar{u})^2] - 2E[(\hat{\beta}_2 - \beta_2) \sum x_i (u_i - \bar{u})]$$

$$= \quad A \quad + \quad B \quad + \quad C$$

$$(15)$$

Apelando a los supuestos del modelo clásico de regresión lineal, al igual que a algunos de los resultados recién establecidos, puede verificarse que

$$A = \sigma^2$$
$$B = (n - 1)\sigma^2$$
$$C = -2\sigma^2$$

Por consiguiente, sustituyendo estos valores en (15), se obtiene

$$E\left(\sum \hat{u}_i^2\right) = (n - 2)\sigma^2 \qquad (16)$$

Por lo tanto, si se define

$$\hat{\sigma}^2 = \frac{\sum \hat{u}_i^2}{n - 2} \qquad (17)$$

su valor esperado es

$$E(\hat{\sigma}^2) = \frac{1}{n - 2} E\left(\sum \hat{u}_i^2\right) = \sigma^2 \quad \text{utilizando (16)} \qquad (18)$$

lo cual muestra que $\hat{\sigma}^2$ es un estimador insesgado del verdadero σ^2.

3A.6 PROPIEDAD DE VARIANZA MÍNIMA DE LOS ESTIMADORES DE MÍNIMOS CUADRADOS

Se demostró en el apéndice 3A, sección 3A.2, que el estimador $\hat{\beta}_2$ de mínimos cuadrados era lineal e insesgado (esto es válido también para $\hat{\beta}_1$). Para demostrar que estos estimadores tienen varianza mínima dentro de la clase de todos los estimadores lineales insesgados, consideremos el estimador de mínimos cuadrados $\hat{\beta}_2$:

$$\hat{\beta}_2 = \sum k_i Y_i$$

donde

$$k_i = \frac{X_i - \bar{X}}{\sum (X_i - \bar{X})^2} = \frac{x_i}{\sum x_i^2} \quad \text{(véase apéndice 3A.2)} \qquad (19)$$

lo cual muestra que $\hat{\beta}_2$ es un promedio ponderado de las Y con las k_i sirviendo como ponderaciones.

Se define un estimador lineal alterno de β_2 de la siguiente forma:

$$\beta_2^* = \sum w_i Y_i \tag{20}$$

donde w_i son también ponderaciones, no necesariamente iguales a k_i . Ahora

$$
\begin{aligned}
E(\beta_2^*) &= \sum w_i E(Y_i) \\
&= \sum w_i(\beta_1 + \beta_2 X_i) \\
&= \beta_1 \sum w_i + \beta_2 \sum w_i X_i \tag{21}
\end{aligned}
$$

Por consiguiente, para que β_2^* sea insesgado se requiere que

$$\sum w_i = 0 \tag{22}$$

y

$$\sum w_i X_i = 1 \tag{23}$$

También, se puede escribir

$$
\begin{aligned}
\operatorname{var}(\beta_2^*) &= \operatorname{var} \sum w_i Y_i \\
&= \sum w_i^2 \operatorname{var} Y_i \qquad [\textit{Nota:} \operatorname{var} Y_i = \operatorname{var} u_i = \sigma^2] \\
&= \sigma^2 \sum w_i^2 \qquad [\textit{Nota:} \operatorname{cov}(Y_i, Y_j) = 0(i \neq j)] \\
&= \sigma^2 \sum \left(w_i - \frac{x_i}{\sum x_i^2} + \frac{x_i}{\sum x_i^2} \right)^2 \text{(Nótese la manipulación matemática)} \\
&= \sigma^2 \sum \left(w_i - \frac{x_i}{\sum x_i^2} \right)^2 + \sigma^2 \frac{\sum x_i^2}{\left(\sum x_i^2 \right)^2} + 2\sigma^2 \sum \left(w_i - \frac{x_i}{\sum x_i^2} \right) \left(\frac{x_i}{\sum x_i^2} \right) \\
&= \sigma^2 \sum \left(w_i - \frac{x_i}{\sum x_i^2} \right)^2 + \sigma^2 \left(\frac{1}{\sum x_i^2} \right) \tag{24}
\end{aligned}
$$

por cuanto el último término desaparece en el penúltimo paso. (¿Por qué?)

Puesto que el último término en (24) es constante, la varianza de (β_2^*) puede ser minimizada solamente manipulando el primer término. Si se permite que

$$w_i = \frac{x_i}{\sum x_i^2}$$

La ecuación (24) se reduce a

$$
\begin{aligned}
\operatorname{var}(\beta_2^*) &= \frac{\sigma^2}{\sum x_i^2} \\
&= \operatorname{var}(\hat{\beta}_2) \tag{25}
\end{aligned}
$$

Expresado en palabras, con ponderaciones $w_i = k_i$, que son ponderaciones de mínimos cuadrados, la varianza del estimador lineal β_2^* es igual a la del estimador de mínimos cuadrados $\hat{\beta}_2$; de lo contrario la var $(\beta_2^*) > \text{var}(\hat{\beta}_2)$. Dicho de otra manera, si hay un estimador lineal insesgado de β_2 de varianza mínima, éste debe ser el estimador de mínimos cuadrados. Igualmente, puede demostrarse que $\hat{\beta}_1$ es un estimador lineal insesgado con varianza mínima de β_1.

3A.7 LISTADO SAS DE LA FUNCIÓN DE DEMANDA DE CAFÉ (3.7.1)

Puesto que ésta es la primera vez que se está presentando un listado SAS, puede ser de utilidad hacer algunos breves comentarios sobre esta salida. Los resultados se obtienen del procedimiento de REGRESIÓN de SAS. La variable dependiente es Y (tazas diarias por persona) y el regresor es X_2 [precio al detal real promedio, US$ por lb. Nótese que ésta es la variable X en (3.7.1)]. Para efectos de presentación, se ha dividido el listado dado en la página siguiente en seis partes . Obsérvese que aparece un buen número de cifras decimales en el listado, aunque en la práctica no necesitamos más de cuatro o cinco.

Parte I: Muestra la tabla del análisis de varianza (ANOVA), la cual se analiza en el capítulo 5.

Parte II: *ROOT MSE* significa la raíz cuadrada del error medio cuadrático ($= \hat{\sigma}^2$), es decir, da el error estándar del valor estimado, $\hat{\sigma}$.

                Dep Mean significa el valor de la media de la variable dependiente $Y (= \bar{Y})$.

                C.V. es el coeficiente de variación definido como $(\hat{\sigma}/\bar{Y}) \times 100$ y expresa la variabilidad no explicada que permanece aún en la información (*v.gr.*, en la variable Y) en relación con el valor promedio $\bar{Y}$.

                R^2 = coeficiente de determinación.

                $\bar{R}^2 = R^2$ ajustado (*véase* capítulo 7).

Parte III: Esta parte muestra los valores estimados de los parámetros, sus errores estándar, sus razones t y el nivel de significancia de las mismas. Estas últimas dos se analizarán extensamente en el capítulo 5.

Parte IV: Esta sección nos proporciona lo que se conoce como la matriz de varianza-covarianza de los parámetros estimados. Los elementos sobre la diagonal que van de la esquina superior izquierda a la esquina inferior derecha muestran las varianzas (*v.gr.*, los cuadrados de los errores estándar dados en la Parte III)[30], mientras que los elementos que están fuera de la diagonal representan las covarianzas entre los parámetros estimados: en este caso, $\text{cov}(\hat{\beta}_1, \hat{\beta}_2)$, como se definió en (3.3.9).

Parte V: Muestra los valores observados para Y_i y X_i, los valores estimados de $Y (= \hat{Y}_i)$, y los residuos $\hat{u}_i = (Y_i - \hat{Y}_i)$.

Parte VI: En esta parte se presenta el estadístico d de Durbin-Watson y el coeficiente de autocorrelación de primer orden, temas que se analizan en el capítulo 12.

---

[30]Así, la varianza de $\hat{\beta}_1$ es 0.01479 y la varianza de $\hat{\beta}_2$ es 0.0130; sacando las raíces cuadradas de estos números, se obtiene 0.1216 y 0.1140, que son los errores estándar de los dos coeficientes respectivamente, como se muestra en la parte III, excepto por errores de redondeo.

DEP VARIABLE: Y

I	SOURCE	DF	SUM OF SQUARES	MEAN SQUARE	F VALUE	PROB > F
	MODEL	1	0.292975	0.292975	17.687	0.0023
	ERROR	9	0.149080	0.016564		
	C TOTAL	10	0.442055			

II					
	ROOT MSE	0.128703	R-SQUARE	0.6628	
	DEP MEAN	2.206364	ADJ R-SC	0.6253	
	C.V.	5.833255			

III	VARIABLE	DF	PARAMETER ESTIMATE	STANDARD ERROR	T FOR HO: PARAMETER = 0	PROB > |T|
	INTERCEP	1	2.691124	0.121622	22.127	0.0001
	X	1	−0.479529	0.114022	−4.206	0.0023

IV | COVARIANCE OF ESTIMATES

COVB	INTERCEP	X
INTERCEP	0.01479203	−0.0131428
X	−0.0131428	0.01300097

V	OBS	Y	X	YHAT	YRESID = $\hat{u}_i$
	1	2.57	0.77	2.32189	0.24811
	2	2.50	0.74	2.33627	0.16373
	3	2.35	0.72	2.34586	0.00414
	4	2.25	0.73	2.34107	−0.04107
	5	2.20	0.76	2.32668	−0.07668
	6	2.20	0.75	2.33148	−0.13148
	7	2.11	1.08	2.17323	−0.06323
	8	1.94	1.81	1.82318	0.11682
	9	1.97	1.39	2.02458	−0.05458
	10	2.06	1.20	2.11569	−0.05569
	11	2.02	1.17	2.13007	−0.11007

VI	DURBIN-WATSON d	0.727
	1ST ORDER AUTOCORRELATION	0.390

CAPÍTULO

4

SUPUESTO DE NORMALIDAD: MODELO CLÁSICO DE REGRESIÓN LINEAL NORMAL (MCRLN)

En este capítulo se continúa tratando el modelo clásico de regresión lineal con dos variables pero bajo el supuesto de que las perturbaciones de la población u_i están distribuidas normalmente. Este modelo recibe el nombre de **modelo clásico de regresión lineal normal** (MCRLN) con dos variables. En este capítulo, se ofrece una justificación del supuesto de normalidad para u_i, y se hace énfasis en las consecuencias del mismo.

4.1 DISTRIBUCIÓN DE PROBABILIDAD DE LAS PERTURBACIONES u_i

Recuérdese que para la aplicación del método de mínimos cuadrados ordinarios (MCO) al modelo clásico de regresión lineal no se consideran supuestos sobre la distribución de probabilidad de las perturbaciones u_i. Los únicos supuestos que se formularon con respecto a las u_i eran que éstas tenían valor esperado de cero, no estaban correlacionadas y tenían varianza constante. Con estos supuestos, se vio (en el capítulo 3) que los estimadores MCO $\hat{\beta}_1$, $\hat{\beta}_2$ y $\hat{\sigma}^2$ satisfacían diversas propiedades estadísticas deseables, tales como las de insesgamiento y varianza mínima. Si nuestro objetivo es únicamente la estimación puntual, el método MCO será, por tanto, suficiente. Pero la estimación puntual es solamente un aspecto de la inferencia estadística, siendo el otro, las pruebas de hipótesis[1].

Así, el interés está no sólo en obtener, digamos $\hat{\beta}_2$, sino también en utilizarlo para hacer afirmaciones o inferencias acerca del verdadero β_2. Más generalmente, nuestra meta es no sólo obtener la función de regresión muestral (FRM) sino utilizarla para inferir acerca de la función de regresión poblacional (PRF), como se enfatizó en el capítulo 2.

Puesto que el objetivo es la estimación igual que las pruebas de hipótesis, se necesita especificar la distribución de probabilidad de las perturbaciones u_i. ¿Por qué? La respuesta es sencilla. En la sección 3A.2 del apéndice 3A, se demostró que los dos estimadores MCO $\hat{\beta}_1$ y $\hat{\beta}_2$ son funciones lineales de u_i, el cual es aleatorio por supuestos[2]. Por consiguiente, las distribuciones muestrales o de probabilidad de los estimadores MCO dependerán de los supuestos formulados sobre la distribución de probabilidad de u_i. Dado que las distribuciones de probabilidad de estos estimadores son necesarias para realizar inferencias sobre sus valores poblacionales, la naturaleza de la distribución de probabilidad de u_i asume un papel muy importante en las pruebas de hipótesis.

Puesto que el método de MCO no considera supuestos sobre la naturaleza probabilística de u_i, es poco útil para obtener inferencias sobre la FRP a partir de la FRM, a pesar del teorema Gauss-Markov. Este vacío puede llenarse si se está dispuesto a suponer que los u siguen algún tipo de distribución probabilística. Por razones que se explicarán muy pronto, en el contexto del análisis de regresión generalmente se supone que los u poseen una distribución normal.

4.2 SUPUESTO DE NORMALIDAD

La regresión lineal *normal* clásica supone que cada u_i está *normalmente* distribuido con

$$\text{Media:} \qquad E(u_i) = 0 \qquad\qquad (4.2.1)$$

$$\text{Varianza:} \qquad E(u_i^2) = \sigma^2 \qquad\qquad (4.2.2)$$

$$\text{cov}(u_i, u_j): \qquad E(u_i, u_j) = 0 \quad i \neq j \qquad\qquad (4.2.3)$$

Estos supuestos pueden expresarse en forma más compacta como

$$u_i \sim N(0, \sigma^2) \qquad\qquad (4.2.4)$$

donde $\sim$ significa «distribuido» y N significa «distribución normal» y donde los términos entre paréntesis representan los dos parámetros de la distribución normal, la media y la varianza.

A propósito, se puede observar que para **dos variables normalmente distribuidas, una covarianza o correlación cero significa independencia entre las dos variables**. Por consiguiente, con el supuesto de normalidad, (4.2.3) significa que u_i y u_j no solamente, no están correlacionadas sino también independientemente distribuidas (*Véase* ejercicio 4.1 en el apéndice 4A)

---

[1] La que es conocida como **teoría clásica de la inferencia estadística** consta de dos partes, a saber, la estimación (puntual y de intervalos) y las pruebas de hipótesis. La estimación puntual fue considerada en el capítulo 3. Los temas de estimación de intervalos y prueba de hipótesis, los cuales están íntimamente conectados, serán analizados a fondo en el capítulo 5. Por el momento, es suficiente anotar que en las pruebas de hipótesis nos interesa generalmente la relación entre las cantidades poblacionales (parámetros) y sus contrapartes muestrales (los estimadores).

[2] *Nótese* que estos estimadores son realmente funciones lineales de la variable dependiente Y. Pero Y es, de por sí, una función lineal de u, como se postuló en (2.4.2). Por tanto, los estimadores son, en última instancia, funciones lineales de u, el cual es aleatorio por supuestos. [*Véase* ecuación (4) en el apéndice 3A, sec. 3A.2.]

Por consiguiente, podemos escribir (4.2.4) como

$$u_i \sim \text{NID}(0, \sigma^2) \qquad\qquad (4.2.5)$$

donde **NID** significa *normal e independientemente distribuido*.

¿Por qué razón debe formularse el supuesto de normalidad? Existen diversas razones.

1. Como se señaló en la sección 2.5, u_i representa la influencia combinada (sobre la variable dependiente) de un gran número de variables independientes que no han sido introducidas explícitamente en el modelo de regresión. Como se explicó, esperamos que la influencia de estas variables omitidas o descartadas sea pequeña y, en el mejor de los casos, aleatoria. Ahora, gracias al conocido **teorema del límite central** en estadística, se puede demostrar que si existe un gran número de variables aleatorias independientes e idénticamente distribuidas entonces, con pocas excepciones, la distribución de su suma tiende a ser normal a medida que el número de tales variables se incrementa indefinidamente[3]. Precisamente este teorema del límite central es el que proporciona una justificación teórica para el supuesto de normalidad de u_i.

2. Una variante del teorema del límite central establece que aunque el número de variables no sea muy grande o si estas variables no son estrictamente independientes, su suma puede estar aún normalmente distribuida[4].

3. Con el supuesto de normalidad, las distribuciones de probabilidad de los estimadores MCO pueden derivarse fácilmente ya que **una propiedad de la distribución normal es que cualquier función lineal de variables normalmente distribuidas estará también normalmente distribuida.** Se demuestra más adelante que, bajo el supuesto de normalidad para u_i, los estimadores MCO $\hat{\beta}_1$ y $\hat{\beta}_2$ están también normalmente distribuidos.

4. Finalmente, la distribución normal es una distribución comparativamente sencilla e involucra dos parámetros (la media y la varianza); es muy conocida y sus propiedades teóricas han sido ampliamente estudiadas en estadística matemática. Las propiedades de la distribución normal se estudian en el apéndice A.

4.3 PROPIEDADES DE LOS ESTIMADORES MCO BAJO EL SUPUESTO DE NORMALIDAD

Con el supuesto de normalidad, los estimadores MCO, $\hat{\beta}_1$, $\hat{\beta}_2$ y $\hat{\sigma}^2$ tienen las siguientes propiedades estadísticas[5]:

1. Son insesgados.

2. Tienen varianza mínima. En combinación con 1, esto significa que son **insesgados con varianza mínima**, o, **estimadores eficientes.**

3. **Consistencia;** esto es, a medida que el tamaño de la muestra aumenta indefinidamente, los estimadores convergen hacia sus verdaderos valores poblacionales.

---

[3]Para una discusión relativamente sencilla del teorema, véase Harald Cramer, *The Elements of Probability Theory and Some of its Applications*, John Wiley & Sons, New York, 1955, pp. 114-116. Una excepción al teorema es la distribución Cauchy; véase M. G. Kendall y A. Stuart, *The Advanced Theory of Statistics*, Charles Griffin & Company, London, 1960, Vol. 1, pp. 248-249.

[4]Para las diversas formas del teorema del límite central, véase Harald Cramer, *Mathematical Methods of Statistics*, Princeton University Press, Princeton, N. J., 1946, cap. 17.

[5]Las propiedades estadísticas de los estimadores se presentan en detalle en el apéndice A.

4. $\hat{\beta}_1$ está *normalmente* distribuido con

$$\text{Media:} \qquad E(\hat{\beta}_1) = \beta_1 \qquad\qquad (4.3.1)$$

$$\text{var}(\hat{\beta}_1): \qquad \sigma_{\hat{\beta}_1}^2 = \frac{\sum X_i^2}{n \sum x_i^2}\sigma^2 \qquad\qquad (4.3.2)$$

o, en forma más compacta,

$$\hat{\beta}_1 \sim N(\beta_1, \sigma_{\hat{\beta}_1}^2)$$

Entonces, de acuerdo con las propiedades de la distribución normal, la variable Z definida como,

$$Z = \frac{\hat{\beta}_1 - \beta_1}{\sigma_{\hat{\beta}_1}} \qquad\qquad (4.3.3)$$

sigue una **distribución normal estándar**, es decir, una distribución normal con media cero y varianza unitaria ($=1$), o

$$Z \sim N(0, 1)$$

Geométricamente, la distribución de probabilidad de $\hat{\beta}_1$ se puede ilustrar de la forma que aparece en la figura 4.1.

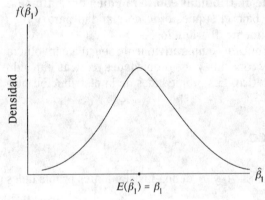

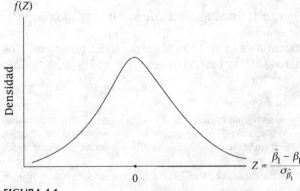

FIGURA 4.1
Distribución de probabilidad de $\hat{\beta}_1$.

5. $\hat{\beta}_2$ está *normalmente* distribuida con

$$\text{Media:} \quad E(\hat{\beta}_2) = \beta_2$$

$$\text{var}(\hat{\beta}_2): \quad \sigma_{\hat{\beta}_2}^2 = \frac{\sigma^2}{\sum x_i^2} \tag{4.3.4}$$

o, en forma más compacta,

$$\hat{\beta}_2 \sim N(\beta_2, \sigma_{\hat{\beta}_2}^2)$$

Entonces, como en (4.3.3),

$$Z = \frac{\hat{\beta}_2 - \beta_2}{\sigma_{\hat{\beta}_2}} \tag{4.3.5}$$

también sigue una distribución normal estándar.

En términos geométricos, la distribución de probabilidad de $\hat{\beta}_2$ es como se ilustra en la figura 4.2.

6. $(n-2)\hat{\sigma}^2/\sigma^2$ sigue una distribución χ^2 (Ji-cuadrado) con $n-2$ g de l. La distribución Ji-cuadrado se presenta en el apéndice A y en el capítulo 5 se presenta una aplicación.

7. $(\hat{\beta}_1, \hat{\beta}_2)$ están distribuidas independientemente de $\hat{\sigma}^2$.

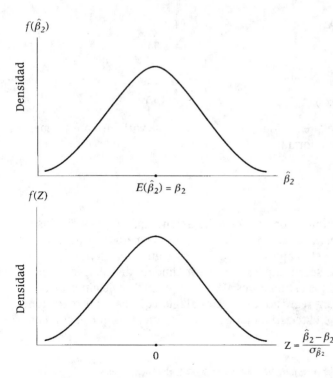

FIGURA 4.2
Función probabilística de $\hat{\beta}_2$.

8. $\hat{\beta}_1$ y $\hat{\beta}_2$ *tienen varianza mínima entre todas las clases de estimadores insesgados, lineales o no lineales.* Este resultado, desarrollado por Rao, es muy poderoso porque a diferencia del teorema de Gauss-Markov no está restringido solamente a la clase de estimadores lineales[6]. Por consiguiente, se puede decir que los estimadores de mínimos cuadrados son los **mejores estimadores insesgados (MEI).**

Las propiedades de insesgamiento y de varianza mínima de los estimadores MCO han sido demostradas en el apéndice 3A, secciones 3A.2 y 3A.6. Es fácil demostrar que $\hat{\beta}_1$ y $\hat{\beta}_2$ siguen la distribución normal. Como se anotó en el capítulo 3, $\hat{\beta}_1$ y $\hat{\beta}_2$ son funciones lineales del término de perturbación estocástica u_i(*véase* nota de pie de página 2). Ya que se ha supuesto que las u_i están normalmente distribuidas, entonces, siguiendo la regla de que cualquier función lineal de variables normalmente distribuidas tiene igualmente una distribución normal, se cumple que $\hat{\beta}_1$ y $\hat{\beta}_2$ están normalmente distribuidas con las medias y las varianzas dadas anteriormente. La prueba de la afirmación de que $(n-2)\hat{\sigma}^2/\sigma^2$ sigue una distribución χ^2 con $n-2$ g de l es un poco más elaborada y puede encontrarse en las referencias[7].

El punto importante de anotar es que el supuesto de normalidad nos permite derivar las distribuciones de probabilidad o muestrales de $\hat{\beta}_1$ (normal), $\hat{\beta}_2$ (normal), y $\hat{\sigma}^2$ (Ji-cuadrado). Como se verá en el capítulo 5, esto simplifica la tarea de establecer intervalos de confianza y de pruebas (estadísticas) de hipótesis.

A propósito, obsérvese que si se supone que u_i está distribuida normalmente con media 0 y varianza $\hat{\sigma}^2$, entonces Y_i posee también una distribución normal con una media y una varianza dada por

$$E(Y_i) = \beta_1 + \beta_2 X_i \tag{4.3.6}$$

$$\text{var}(Y_i) = \sigma^2 \tag{4.3.7}$$

En forma más compacta, podemos escribir

$$Y_i \sim N(\beta_1 + \beta_2 X_i, \sigma^2) \tag{4.3.8}$$

La prueba de (4.3.8) se deduce del hecho de que cualquier función lineal de variables normalmente distribuidas posee también una distribución normal.

4.4 MÉTODO DE MÁXIMA VEROSIMILITUD (MV)

Un método de estimación puntual, con algunas propiedades teóricamente más fuertes que las del método MCO es el método de **máxima verosimilitud (MV)**. Puesto que este método es ligeramente complicado, se analiza en el apéndice de este capítulo. Para el lector que sólo tiene un interés general, será suficiente con aclarar que si se ha supuesto u_i normalmente distribuido, como lo hemos hecho por las razones ya expuestas, los estimadores MV y MCO de los coeficientes de regresión, los β, son idénticos y esto es válido para regresiones simples al igual que para las regresiones múltiples. El estimador MV de σ^2 es $\sum \hat{u}_i^2/n$. Este estimador es sesgado, mientras que el estimador

---

[6]C.R. Rao, *Linear Statistical Inference and Its Applications*, John Wiley & Sons, New York, 1965, p. 258.

[7]*Véase*, por ejemplo, Robert V. Hogg y Allen T. Craig, *Introduction to Mathematical Statistics,* 2a. ed., Macmillan, New York, 1965, p. 144.

MCO de $\sigma^2 = \sum \hat{u}_i^2/(n-2)$ como hemos visto, es insesgado. Pero, comparando estos dos estimadores de σ^2, se ve que a medida que el tamaño de la muestra n aumenta, los dos estimadores de σ^2 tienden a ser iguales. Por tanto, asintóticamente, (es decir, a medida que n crece indefinidamente), el estimador MV de σ^2 también es insesgado.

Puesto que el método de mínimos cuadrados con el supuesto adicional de normalidad de u_i nos proporciona todas las herramientas necesarias para llevar a cabo la estimación y las pruebas de hipótesis de los modelos de regresión lineal, no existe pérdida alguna para los lectores que no deseen continuar revisando el método de máxima verosimilitud debido a su ligera complejidad matemática.

4.5 DISTRIBUCIONES DE PROBABILIDAD RELACIONADAS CON LA DISTRIBUCIÓN NORMAL: DISTRIBUCIONES t, JI - CUADRADO (χ^2), Y F

Las distribuciones de probabilidad t, **Ji-cuadrado**, y F, cuyas características más importantes se presentan en el apéndice A, están estrechamente relacionadas con la distribución normal. Puesto que se hará uso frecuente de estas distribuciones de probabilidad en los siguientes capítulos, se resumen sus relaciones con la distribución normal en los siguientes teoremas; las pruebas, que están más allá del alcance de este libro, pueden hallarse en las referencias[8].

Teorema 4.1. Si $Z_1, Z_2,..., Z_n$ son variables aleatorias independientes y normalmente distribuidas independientes, tales que $Z_i \sim N(\mu_i, \sigma_i^2)$, entonces la suma $Z = \sum k_i Z_i$, donde k_i son constantes, no todas iguales a cero, está también normalmente distribuida con media $\sum k_i \mu_i$ y varianza $\sum k_i^2 \sigma_i^2$; es decir, $Z \sim N(\sum k_i \mu_i, \sum k_i^2 \sigma_i^2)$. *Nota:* μ denota el valor de la media.

En resumen, las combinaciones lineales de variables normales también poseen una distribución normal. Por ejemplo, si Z_1 y Z_2 son independientes y normalmente distribuidas y si $Z_1 \sim N(10,2)$ y $Z_2 \sim N(8,1.5)$, entonces la combinación lineal $Z = 0.8Z_1 + 0.2Z_2$ también está normalmente distribuida con media $= 0.8(10) + 0.2(8) = 9.6$ y varianza $= 0.64(2) + 0.04(1.5) = 1.34$, es decir, $Z \sim (9.6, 1.34)$.

Teorema 4.2. Si $Z_1, Z_2,..., Z_n$ están normalmente distribuidas pero no son independientes, la suma $Z = \sum k_i Z_i$, donde k_i son constantes, no todas iguales a cero, está también normalmente distribuida con media $\sum k_i \mu_i$ y varianza $[\sum k_i^2 \sigma_i^2 + 2 \sum k_i k_j \text{cov}(Z_i, Z_j), i \neq j]$.

De esta forma, si $Z_1 \sim N(6,2)$ y $Z_2 \sim N(7,3)$ y $\text{cov}(Z_1, Z_2) = 0.8$, entonces la combinación lineal $0.6Z_1 + 0.4Z_2$ también está normalmente distribuida con media $= 0.6(6) + 0.4(7) = 6.4$ y varianza $= [0.36(2) + 0.16(3) + 2(0.6)(0.4)(0.8)] = 1.584$.

Teorema 4.3 Si $Z_1, Z_2,..., Z_n$ son variables aleatorias independientes normalmente distribuidas tales que cada $Z_i \sim N(0,1)$, es decir, una variable normal estándar, entonces $\sum Z_i^2 = Z_1^2 + Z_2^2 + \cdots + Z_n^2$ sigue una distribución ji-cuadrado con n g de l. Simbólicamente, $\sum Z_i^2 \sim \chi_n^2$, donde n denota los grados de libertad, g de l.

---

[8]*Véase* un breve análisis de las diversas distribuciones de probabilidad y sus propiedades en el apéndice A. Sobre las pruebas de los teoremas, consulte Alexander M. Mood, Franklin A. Graybill y Duane C. Boes, *Introduction to the Theory of Statistics*, 3a. ed., McGraw-Hill, New York, 1974, pp. 239-249.

En resumen, «la suma de los cuadrados de las variables independientes normales estándar tiene una distribución Ji-cuadrado con grados de libertad iguales al número de términos en la suma»[9].

Teorema 4.4. Si $Z_1, Z_2,..., Z_n$ son variables aleatorias, distribuidas independientemente, cada una de las cuales sigue una distribución Ji-cuadrado con k g de l, entonces la suma $\sum Z_i = Z_1 + Z_2 + \cdots + Z_n$ también sigue una distribución Ji- cuadrado con $k = \sum k_i$ g de l.

De esta forma, si Z_1 y Z_2 son variables χ^2 independientes con k_1 y k_2 g de l, respectivamente, entonces $Z = Z_1 + Z_2$ es también una variable (χ^2) con $(k_1 + k_2)$ grados de libertad. Esto se denomina la **propiedad reproductiva** de la distribución χ^2.

Teorema 4.5. Si Z_1 es una variable normal estándar $[Z_1 \sim N(0,1)]$ y otra variable Z_2 sigue una distribución Ji- cuadrado con k g de l y es independiente de Z_1, entonces la variable definida como

$$t = \frac{Z_1}{\sqrt{Z_2}\,/\,\sqrt{k}} = \frac{Z_1\sqrt{k}}{\sqrt{Z_2}} = \frac{\text{variable normal stándar}}{\sqrt{\text{variable independiente Ji cuadrado/g de l}}} \sim t_k \qquad (4.5.1)$$

sigue la distribución t de Student con k g de l. *Nota:* Esta distribución se trata en el apéndice A y está ilustrada en el capítulo 5.

A propósito, obsérvese que a medida que las k, es decir los g de l en (4.5.1), aumentan indefinidamente (es decir, a medida que $k \to \infty$), la distribución t de Student se aproxima a la distribución normal estándar[10]. Por convención, la notación tk significa la distribución t de Student o variable con k grados de libertad.

Teorema 4.6. Si Z_1 y Z_2 son variables Ji-cuadrado independientemente distribuidas con k_1 y k_2 g de l, respectivamente, entonces la variable

$$F = \frac{Z_1/k_1}{Z_2/k_2} \sim F_{k_1,k_2} \qquad (4.5.2)$$

tiene una distribución F con k_1 y k_2 grados de libertad, donde k_1 es conocida como el **numerador de los grados de libertad** y k_2 como el **denominador de los grados de libertad**.

Nuevamente, por convención, la notación F_{k_1, k_2} significa una variable F con k_1 y k_2 grados de libertad, en donde el primer subíndice se refiere a los g de l del numerador.

En otras palabras, (4.5.2) establece que la variable F es simplemente la razón entre dos variables Ji-cuadrado independientemente distribuidas dividida por sus respectivos grados de libertad.

Teorema 4.7. La variable t (Student) elevada al cuadrado con k g de l tiene una distribución F con $k_1 = 1$ g de l en el numerador y $k_2 = k$ g de l en el denominador[11]. Es decir,

$$F_{1,k} = t_k^2 \qquad (4.5.3)$$

---

[9]Ibid., p. 243.

[10]Para una demostración, véase Henri Theil, *Introduction to Econometrics,* Prentice-Hall, Englewood Cliffs, N.J., 1978, pp. 237-245.

[11]Para una demostración, *véanse* las ecuaciones (5.3.2) y (5.9.1) en el capítulo 5. Para una aplicación, *véase* sección 5.9.

Obsérvese que para que esta igualdad se mantenga, el numerador de los g de l de la variable F debe ser 1. Por tanto, $F_{1,4} = t_4^2$ o $F_{1,23} = t_{23}^2$ y así sucesivamente.

Como se anotó, se verá la utilidad práctica de los teoremas anteriores a medida que se avance.

4.6 RESUMEN Y CONCLUSIONES

1. En este capítulo se considera el modelo clásico de regresión lineal *normal* (MCRLN).
2. Este modelo difiere del modelo clásico de regresión lineal (MCRL) que supone específicamente que el término de perturbación u_i, que hace parte del modelo de regresión, está normalmente distribuido. El MCRL no requiere ningún supuesto sobre la distribución de probabilidad de u_i; solamente requiere que el valor de la media de u_i sea cero y su varianza sea una constante finita.
3. La justificación teórica para el supuesto de normalidad es el **Teorema del límite central**.
4. Sin el supuesto de normalidad, bajo los otros supuestos analizados en el capítulo 3, el Teorema de Gauss-Markov demostró que los estimadores MCO son MELI.
5. Con el supuesto adicional de normalidad, los estimadores MCO no solamente son los **mejores estimadores insesgados (MEI)** sino que también siguen distribuciones de probabilidad bien conocidas. Los estimadores MCO del intercepto y de la pendiente están normalmente distribuidos y el estimador MCO de la varianza de $u_i (= \hat{\sigma}^2)$ está relacionado con la distribución Ji cuadrado.
6. En los capítulos 5 y 8 mostraremos la utilidad de estos conocimientos para realizar inferencia con respecto a los valores de los parámetros poblacionales.
7. Una alternativa al método de los mínimos cuadrados es el método de **máxima verosimilitud (MV)**. Para utilizar este método, sin embargo, uno debe hacer un supuesto sobre la distribución de probabilidad del término de perturbación u_i. En el contexto de regresión, el supuesto más corriente es que las u_i siguen la distribución normal.
8. Bajo el supuesto de normalidad, los estimadores MCO y MV de los parámetros del intercepto y la pendiente del modelo de regresión son idénticos. Sin embargo, los estimadores MCO y MV de la varianza de u_i son diferentes. En muestras grandes, sin embargo, estos dos estimadores convergen.
9. Por tanto, el método MV generalmente recibe el nombre de método de grandes muestras. El método MV tiene una aplicación más extensa ya que puede ser aplicado también a modelos de regresión no lineal en los parámetros. En este último caso, el MCO generalmente no se utiliza.
10. En este texto, dependeremos en gran parte del método MCO por razones prácticas: *(a)* Comparado con el MV, el MCO es fácil de aplicar; *(b)* los estimadores MV y MCO de β_1 y β_2 son idénticos (lo cual es cierto también en regresión múltiple); y *(c)* aún en muestras moderadamente grandes, los estimadores MCO y MV de σ^2 no difieren considerablemente.

Sin embargo, para satisfacer al lector con formación matemática, se presenta una breve introducción al MV, en el apéndice de este capítulo.

APÉNDICE 4A

ESTIMACIÓN DE MÁXIMA VEROSIMILITUD DEL MODELO DE REGRESIÓN CON DOS VARIABLES

Supóngase que en el modelo de dos variables $Y_i = \beta_1 + \beta_2 X_i + u_i$ las Y_i son independientes y normalmente distribuidas con media $= \beta_1 + \beta_2 X_i$ y varianza $= \sigma^2$. [*Véase* ecuación (4.3.8).] Como resultado, puede escribirse la función de densidad de probabilidad conjunta de Y_1, Y_2, ..., Y_n, dadas las medias y varianzas anteriores, de la siguiente forma

$$f(Y_1, Y_2, \ldots, Y_n \mid \beta_1 + \beta_2 X_i, \sigma^2)$$

Pero dada la independencia de las Y, esta función de densidad de probabilidad conjunta puede escribirse como el producto de la n funciones de densidad individuales como

$$f(Y_1, Y_2, \ldots, Y_n \mid \beta_1 + \beta_2 X_i, \sigma^2)$$
$$= f(Y_1 \mid \beta_1 + \beta_2 X_i, \sigma^2) f(Y_2 \mid \beta_1 + \beta_2 X_i, \sigma^2) \cdots f(Y_n \mid \beta_1 + \beta_2 X_i, \sigma^2) \quad (1)$$

donde

$$f(Y_i) = \frac{1}{\sigma\sqrt{2\pi}} \exp\left\{ -\frac{1}{2} \frac{(Y_i - \beta_1 - \beta_2 X_i)^2}{\sigma^2} \right\} \quad (2)$$

es la función de densidad de una variable normalmente distribuida con media y varianza dadas. (*Nota:* exp significa *e* elevado a la potencia de la expresión indicada por {}.)

Sustituyendo (2) por cada Y_i en (1) se tiene

$$f(Y_1, Y_2, \ldots, Y_n \mid \beta_1 + \beta_2 X_i, \sigma^2) = \frac{1}{\sigma^n\left(\sqrt{2\pi}\right)^n} \exp\left\{ -\frac{1}{2} \sum \frac{(Y_i - \beta_1 - \beta_2 X_i)^2}{\sigma^2} \right\}$$

$$(3)$$

Si Y_1, Y_2,..., Y_n son conocidos o están dados, pero β_1, β_2 y σ^2 no se conocen, la función en (3) se llama **función de verosimilitud**, denotada por $FV(\beta_1, \beta_2, \sigma^2)$ y escrita así[1].

$$FV(\beta_1, \beta_2, \sigma^2) = \frac{1}{\sigma^n\left(\sqrt{2\pi}\right)^n} \exp\left\{ -\frac{1}{2} \sum \frac{(Y_i - \beta_1 - \beta_2 X_i)^2}{\sigma^2} \right\} \quad (4)$$

El **método de máxima verosimilitud**, como lo indica el nombre, consiste en estimar los parámetros desconocidos de tal manera que la probabilidad de observar los Y dados sea lo más alta posible (o máxima). Por consiguiente, se tiene que encontrar el máximo de la función (4). Este es un ejercicio sencillo de cálculo diferencial. Para la diferenciación es más fácil expresar (4) en términos de la función logaritmo o log de la siguiente manera[2]. (*Nota:* ln = logaritmo natural).

---

[1]Por supuesto, si β_1, β_2 y σ^2 son conocidas pero las Y_i no se conocen, (4) representa la función de densidad de probabilidad conjunta, la probabilidad de observar conjuntamente las Y_i.

[2]Puesto que la función log es una función monotónica, el ln FV alcanzará su máximo valor en el mismo punto que FV.

$$\ln FV = -n \ln \sigma - \frac{n}{2} \ln (2\pi) - \frac{1}{2} \sum \frac{(Y_i - \beta_1 - \beta_2 X_i)^2}{\sigma^2}$$

$$= -\frac{n}{2} \ln \sigma^2 - \frac{n}{2} \ln (2\pi) - \frac{1}{2} \sum \frac{(Y_i - \beta_1 - \beta_2 X_i)^2}{\sigma^2} \qquad (5)$$

Diferenciando (5) parcialmente con respecto a β_1, β_2 y σ^2, se obtiene

$$\frac{\partial \ln FV}{\partial \beta_1} = -\frac{1}{\sigma^2} \sum (Y_i - \beta_1 - \beta_2 X_i)(-1) \qquad (6)$$

$$\frac{\partial \ln FV}{\partial \beta_2} = -\frac{1}{\sigma^2} \sum (Y_i - \beta_1 - \beta_2 X_i)(-X_i) \qquad (7)$$

$$\frac{\partial \ln FV}{\partial \sigma^2} = -\frac{n}{2\sigma^2} + \frac{1}{2\sigma^4} \sum (Y_i - \beta_1 - \beta_2 X_i)^2 \qquad (8)$$

Igualando estas ecuaciones a cero (la condición de primer orden para la optimización) y dejando que $\tilde{\beta}_1$, $\tilde{\beta}_2$ y $\tilde{\sigma}^2$ denoten los estimadores MV, se obtiene[3]

$$\frac{1}{\tilde{\sigma}^2} \sum (Y_i - \tilde{\beta}_1 - \tilde{\beta}_2 X_i) = 0 \qquad (9)$$

$$\frac{1}{\tilde{\sigma}^2} \sum (Y_i - \tilde{\beta}_1 - \tilde{\beta}_2 X_i) X_i = 0 \qquad (10)$$

$$-\frac{n}{2\tilde{\sigma}^2} + \frac{1}{2\tilde{\sigma}^4} \sum (Y_i - \tilde{\beta}_1 - \tilde{\beta}_2 X_i)^2 = 0 \qquad (11)$$

Después de simplificar, las ecuaciones (9) y (10) llevan a

$$\sum Y_i = n\tilde{\beta}_1 + \tilde{\beta}_2 \sum X_i \qquad (12)$$

$$\sum Y_i X_i = \tilde{\beta}_1 \sum X_i + \tilde{\beta}_2 \sum X_i^2 \qquad (13)$$

Las cuales son precisamente las *ecuaciones normales* de la teoría de mínimos cuadrados obtenida en (3.1.4) y (3.1.5). Por consiguiente, los estimadores MV, los $\tilde{\beta}$, son los mismos que los estimadores MCO, los $\hat{\beta}$, dados en (3.1.6) y (3.1.7). Esta igualdad no es fortuita. Al examinar la verosimilitud (5), se ve que el último término entra con signo negativo. Por consiguiente, la maximización de (5) equivale a la minimización de este término, que es precisamente el enfoque de mínimos cuadrados, como se puede apreciar en (3.1.2).

Sustituyendo los estimadores MV (= MCO) en (11) y simplificando, se obtiene el estimador MV de $\tilde{\sigma}^2$, así:

$$\tilde{\sigma}^2 = \frac{1}{n} \sum (Y_i - \tilde{\beta}_1 - \tilde{\beta}_2 X_i)^2$$

$$= \frac{1}{n} \sum (Y_i - \hat{\beta}_1 - \hat{\beta}_2 X_i)^2$$

---

[3]Se utiliza el símbolo ~ (virgulilla) para los estimadores MV y ^ (gorro) para los estimadores MCO.

$$= \frac{1}{n} \sum \hat{u}_i^2 \qquad\qquad (14)$$

Se deduce de (14) que el estimador MV, $\tilde{\sigma}^2$, difiere del estimador MCO $\hat{\sigma}^2 = [1/(n-2)] \sum \hat{u}_i^2$, el cual, como se demuestra en el apéndice 3A, sección 3A.5, es un estimador insesgado de σ^2. Por lo cual, el estimador MV de σ^2 es sesgado. La magnitud de este sesgo puede determinarse fácilmente de la siguiente manera:

Tomando la esperanza matemática de (14) en ambos lados de la ecuación, se obtiene

$$E(\tilde{\sigma}^2) = \frac{1}{n} E\left(\sum \hat{u}_i^2\right)$$

$$= \left(\frac{n-2}{n}\right)\sigma^2 \text{ utilizando la ecuación (16) del apéndice 3A, sección 3A.5}$$

$$= \sigma^2 - \frac{2}{n}\sigma^2 \qquad\qquad (15)$$

lo cual demuestra que $\tilde{\sigma}^2$ está sesgado hacia abajo (es decir, se subestima el verdadero σ^2) en muestras pequeñas. Pero obsérvese que a medida que n, el tamaño de la muestra, se incrementa indefinidamente, el segundo término en (15), factor de sesgo, tiende a ser cero. Por consiguiente, *asintóticamente* (es decir, en una muestra muy grande), $\tilde{\sigma}^2$ también es *insesgado*. Esto es, el lim $E(\tilde{\sigma}^2) = \sigma^2$ a medida que $n \to \infty$. Se puede demostrar además que $\tilde{\sigma}^2$ es también un estimador **consistente**[4], es decir, a medida que n aumenta indefinidamente $\tilde{\sigma}^2$ converge hacia su verdadero valor de σ^2.

ESTIMACIÓN POR MÁXIMA VEROSIMILITUD DEL EJEMPLO DE CONSUMO-INGRESO

Volviendo al ejemplo de la función de consumo keynesiana analizada en la sección 3.6, se ve que los estimadores $\tilde{\beta}_1$ y $\tilde{\beta}_2$ de MV son los mismos que los estimadores $\hat{\beta}_1$ y $\hat{\beta}_2$ de MCO, a saber, 24.4545 y 0.5091, respectivamente, pero el estimador MV, $\tilde{\sigma}^2 = 33.7272$ es menor que el estimador MCO, $\hat{\sigma}^2$ de 42.1591. Como se anotó, en muestras pequeñas el estimador MV está sesgado hacia abajo, es decir, en promedio, éste subestima la verdadera varianza, σ^2.

Al considerar o incluir los valores de MV de β_1, β_2 y σ^2 en la función log de verosimilitud dada en la ecuación (5), se puede demostrar que el valor máximo de la función log de verosimilitud en este ejemplo es -31.7809 (la mayoría de los paquetes de regresión imprimen estos valores). Si se desea obtener el valor máximo de la función de verosimilitud, simplemente obtenga el antilogaritmo de -31.7809. Ningunos otros valores de los parámetros le darán a usted una probabilidad mayor de obtener la muestra que usted ha empleado en el análisis.

---

[4]*Véase* el apéndice A para una discusión general de las propiedades de los estimadores de máxima verosimilitud, así como también para la distinción entre insesgamiento asintótico y consistencia. En términos generales, en el insesgamiento asintótico se trata de encontrar el lím $E(\tilde{\sigma}_n^2)$ cuando n tiende a infinito, donde n es el tamaño de la muestra sobre la cual está basado el estimador, mientras que en la consistencia, se trata de averiguar cómo se comporta $\tilde{\sigma}_n^2$ a medida que n aumenta indefinidamente. *Obsérvese* que la propiedad de insesgamiento es una propiedad del muestreo repetido de un estimador basado en una muestra de un tamaño dado, mientras que la consistencia está relacionada con el comportamiento del estimador a medida que el tamaño de la muestra aumenta indefinidamente.

Se deja como ejercicio para el lector demostrar que para el ejemplo de café dado en la tabla 3.4, los valores MV de los coeficientes del intercepto y de la pendiente son exactamente los mismos que los valores MCO. Sin embargo, el valor MV de σ^2 es 0.01355, mientras que el obtenido por MCO es 0.01656, mostrando una vez más que en muestras pequeñas el valor estimado MV es menor que el estimado MCO. A propósito, para este ejemplo el máximo valor del log de verosimilitud es 8.04811.

APÉNDICE 4A EJERCICIOS

4.1. «Si dos variables aleatorias son estadísticamente independientes, el coeficiente de correlación entre las dos es cero. Pero lo contrario no necesariamente es cierto; es decir, una correlación de cero no implica independencia estadística. Sin embargo, cuando dos variables están normalmente distribuidas, una correlación cero necesariamente implica independencia estadística». Verifíquese esta afirmación para la siguiente función de densidad de probabilidad conjunta de dos variables normalmente distribuidas, Y_1 y Y_2 (esta función de densidad de probabilidad conjunta se conoce como la **función de densidad de probabilidad normal bivariada**):

$$f(Y_1, Y_2) =$$
$$\frac{1}{2\pi\sigma_1\sigma_2\sqrt{1-\rho^2}} \exp\left\{ -\frac{1}{2(1-\rho^2)} \left[\left(\frac{Y_1-\mu_1}{\sigma_1}\right)^2 - 2\rho\frac{(Y_1-\mu_1)(Y_2-\mu_2)}{\sigma_1\sigma_2} + \left(\frac{Y_2-\mu_2}{\sigma^2}\right)^2 \right] \right\}$$

$\mu_1 =$ media de Y_1

$\mu_2 =$ media de Y_2

$\sigma_1 =$ desviación estándar de Y_1

$\sigma_2 =$ desviación estándar de Y_2

$\rho =$ coeficiente de correlación entre Y_1 y Y_2

4.2. Al aplicar las condiciones de segundo orden para la optimización (es decir, la prueba de la segunda derivada), demuéstrese que los estimadores de MV de β_1, β_2 y σ^2, que se obtienen resolviendo las ecuaciones (9), (10) y (11), de hecho maximizan la función de verosimilitud (4).

4.3. Una variable aleatoria X sigue una **distribución de probabilidad exponencial** si presenta la siguiente función de densidad de probabilidad (FDP):

$$f(X) = (1/\theta)e^{-X/\theta} \quad \text{para} \quad X > 0$$
$$= 0 \qquad \text{en otro caso}$$

donde $\theta > 0$ es el parámetro de la distribución. Utilizando el método de MV, demuestre que el estimador MV de θ es $\hat{\theta} = \sum X_i/n$, donde n es el tamaño de la muestra. Es decir, demuestre que el estimador MV de θ es la media muestral $\bar{X}$.

CAPÍTULO

5

REGRESIÓN CON DOS VARIABLES: ESTIMACIÓN DE INTERVALOS Y PRUEBA DE HIPÓTESIS

Cuidado con el chequeo de muchas hipótesis: entre más se torturen los datos, más probable es que ellos confiesen, pero la confesión obtenida bajo presión puede no ser admisible en la corte de la opinión científica[1].

Como se señaló en el capítulo 4, la estimación y la prueba de hipótesis constituyen las dos ramas principales de la estadística clásica. La teoría de la estimación consta de dos partes: estimación puntual y estimación por intervalos. En los dos capítulos anteriores se estudió a fondo la estimación puntual en donde se introdujeron los métodos MCO y MV de la estimación puntual. En este capítulo se considerará primero la estimación por intervalos y luego se tratará el tema de las pruebas de hipótesis, un tema estrechamente relacionado con la estimación por intervalos.

---

[1]Stephen M. Stigler, «Testing Hypothesis or Fitting Models? Another Look at Mass Extinctions,» en Matthew H. Nitecki y Antoni Hoffman, eds., *Neutral Models in Biology,* Oxford University Press, Oxford, 1987, p. 148.

5.1 PRERREQUISITOS ESTADÍSTICOS

Antes de exponer el mecanismo real de la construcción de los intervalos de confianza y de la prueba de hipótesis estadísticas, se supone que el lector está familiarizado con los conceptos fundamentales de probabilidad y estadística. Aunque el apéndice A no sustituye un curso básico de estadística, proporciona los elementos esenciales de éste con los cuales el lector deberá estar totalmente familiarizado. Conceptos importantes tales como **probabilidad, distribuciones de probabilidad, errores tipo I y tipo II, nivel de significancia, potencia de una prueba estadística** e **intervalos de confianza** son cruciales para entender el material cubierto en este capítulo y en los siguientes.

5.2 ESTIMACIÓN DE INTERVALOS: ALGUNAS IDEAS BÁSICAS

Para poner en orden las ideas, considérese el ejemplo hipotético consumo-ingreso del capítulo 3. La ecuación (3.6.2) muestra que la propensión marginal a consumir (PMC) estimada β_2, es 0.5091, la cual constituye una única estimación (puntual) de la PMC poblacional desconocida β_2. ¿Qué tan confiable es esta estimación? Como se mencionó en el capítulo 3, debido a las fluctuaciones muestrales, es probable que una sola estimación difiera del valor verdadero, aunque en un muestreo repetido se espera que el valor de su media sea igual al valor verdadero. (*Nota:* $E(\hat{\beta}_2) = \beta_2$) Ahora, en estadística, la confiabilidad de un estimador puntual se mide por su error estándar. Por consiguiente, en lugar de depender de un solo estimador puntual, se puede construir un intervalo alrededor del estimador puntual, por ejemplo, dentro de dos o tres errores estándar a cada lado del estimador puntual, tal que este intervalo tenga, digamos 95% de probabilidad de incluir el verdadero valor del parámetro. Esta es, a grandes rasgos, la idea básica de la **estimación por intervalos**.

Para ser más específico, supóngase que se desea encontrar qué tan «cerca» está, por ejemplo, $\hat{\beta}_2$ de β_2. Con este fin, tratamos de encontrar dos números positivos, δ y α, éste último situado entre 0 y 1, tal que la probabilidad de que el **intervalo aleatorio** $(\hat{\beta}_2 - \delta, \hat{\beta}_2 + \delta)$ contenga el verdadero β_2 sea $1 - \alpha$. Simbólicamente,

$$\Pr(\hat{\beta}_2 - \delta \leq \beta_2 \leq \hat{\beta}_2 + \delta) = 1 - \alpha \qquad (5.2.1)$$

Tal intervalo, si existe, se conoce como **intervalo de confianza**; a $1 - \alpha$ se le denomina **coeficiente de confianza**; y $\alpha(0 < \alpha < 1)$ se conoce como el **nivel de significancia**[2]. Los puntos extremos del intervalo de confianza se conocen como **límites de confianza** (también denominados valores *críticos*), siendo $\hat{\beta}_2 - \delta$ el *límite* **de confianza inferior** y $\hat{\beta}_2 + \delta$ el *límite* de **confianza superior**. Obsérvese que en la práctica α y $1 - \alpha$ son expresados frecuentemente en forma porcentual como 100α y $100(1 - \alpha)\%$.

La ecuación (5.2.1) muestra que un **estimador de intervalo**, en contraste con un estimador puntual, es un intervalo construido de tal manera que tenga una probabilidad específica $1 - \alpha$ de contener dentro de sus límites el valor verdadero del parámetro. Por ejemplo, si $\alpha = 0.05$, o 5%, (5.2.1) debería leerse: La probabilidad de que el intervalo (aleatorio) que allí aparece incluya el verdadero β_2 es 0.95, o 95%. El estimador de intervalos proporciona entonces un rango de valores dentro de los cuales puede encontrarse el verdadero β_2.

---

[2]También conocida como **probabilidad de cometer un error tipo I**. Un error tipo I consiste en rechazar una hipótesis verdadera, mientras que el error tipo II consiste en aceptar una hipótesis falsa. (Este tema se analiza en mayor detalle en el apéndice A). El símbolo α es también conocido como **tamaño de la prueba (estadísitica)**

Es muy importante conocer los siguientes aspectos de la estimación de intervalos:

1. La ecuación (5.2.1) no dice que la probabilidad de que β_2 se encuentre entre los límites dados sea $1 - \alpha$. Puesto que se supone que β_2, aún siendo desconocido, es un número fijo, se dice que está o no está dentro del intervalo. La ecuación (5.2.1) establece que, al utilizar el método descrito en este capítulo, la probabilidad de construir un intervalo que contenga β_2 es $1 - \alpha$.
2. El intervalo (5.2.1) es un **intervalo aleatorio**; es decir variará de una muestra a la siguiente debido a que está basado en $\hat{\beta}_2$, el cual es aleatorio. (¿Por qué?)
3. Puesto que el intervalo de confianza es aleatorio, los enunciados probabilísticos que le corresponden deben ser entendidos en un sentido de largo plazo, es decir, para muestreo repetido. Más específicamente, (5.2.1) significa: Si se construyen intervalos de confianza como el anterior con base probabilística de $1 - \alpha$, entonces, en el largo plazo, en promedio, tales intervalos contendrán, en $1 - \alpha$ de los casos, el valor verdadero del parámetro.
4. Como se mencionó en 2, el intervalo (5.2.1) es aleatorio siempre y cuando $\hat{\beta}_2$ sea desconocido. Pero una vez se tenga una muestra específica y se obtenga un valor numérico específico de $\hat{\beta}_2$, el intervalo (5.2.1) deja de ser aleatorio quedando entonces fijo. En este caso, **no se puede** hacer la afirmación probabilística (5.2.1); así, no se puede decir que la probabilidad de que un intervalo *fijo* dado incluya el verdadero β_2 sea $(1 - \alpha)$. En esta situación, β_2 está en el intervalo fijo, o por fuera de éste. Por consiguiente, la probabilidad será 1 ó 0. Por tanto, en nuestro ejemplo hipotético consumo-ingreso, si el intervalo de confianza al 95% fuera obtenido $(0.4268 \leq \beta_2 \leq 0.5914)$ se mostrará en (5.3.9) que **no se puede** decir que la probabilidad de que este intervalo incluya el verdadero β_2 sea del 95%. Esa probabilidad es 1 ó 0.

¿Cómo se construyen los intervalos de confianza? De la exposición anterior se puede esperar que si se conocen **las distribuciones muestrales o de probabilidad** de los estimadores, se puedan hacer afirmaciones sobre intervalos de confianza tales como (5.2.1). En el capítulo 4 se vio que bajo el supuesto de normalidad de las perturbaciones u_i, los estimadores MCO $\hat{\beta}_1$ y $\hat{\beta}_2$ están también normalmente distribuidos y que el estimador MCO, $\hat{\sigma}^2$ está relacionado con la distribución χ^2 (Ji-cuadrado). Entonces, parecería que la labor de construir intervalos de confianza es muy sencilla. ¡Y, de hecho, lo es!

5.3 INTERVALOS DE CONFIANZA PARA LOS COEFICIENTES DE REGRESIÓN β_1 Y β_2

Intervalo de confianza para β_2

En el capítulo 4, sección 4.3, se mostró que bajo el supuesto de normalidad de u_i, los estimadores $\hat{\beta}_1$ y $\hat{\beta}_2$ son en sí mismos normalmente distribuidos con medias y varianzas allí establecidas. Por consiguiente, por ejemplo, la variable

$$Z = \frac{\hat{\beta}_2 - \beta_2}{\text{ee}(\hat{\beta}_2)}$$

$$= \frac{(\hat{\beta}_2 - \beta_2)\sqrt{\sum x_i^2}}{\sigma} \tag{5.3.1}$$

como se anotó en (4.3.5), es una variable normal estándar. Por consiguiente, parece que se puede utilizar la distribución normal para hacer afirmaciones probabilísticas sobre β_2 siempre que se conozca la verdadera varianza poblacional σ^2. Si σ^2 se conoce, una propiedad importante de una variable normalmente distribuida con media μ y varianza σ^2 es que el área bajo la curva normal entre $\mu \pm \sigma$ esté cercana al 68%, que entre $\mu \pm 2\sigma$ esté alrededor del 95% y que entre los límites $\mu \pm 3\sigma$ el área se acerque al 99.7%.

Pero σ^2 raramente es conocido y, en la práctica, está determinado por el estimador insesgado $\hat{\sigma}^2$. Si se reemplaza σ por $\hat{\sigma}$, (5.3.1) puede escribirse así

$$t = \frac{\hat{\beta}_2 - \beta_2}{ee(\hat{\beta}_2)} = \frac{\text{estimador - parámetro}}{\text{error estándar estimado del estimador}}$$

$$= \frac{(\hat{\beta}_2 - \beta_2)\sqrt{\sum x_i^2}}{\hat{\sigma}} \qquad (5.3.2)$$

donde se$(\hat{\beta}_2)$ se refiere ahora al error estándar estimado. Puede demostrarse (*véase* el apéndice 5A, sección 5A.1) que la variable t, así definida, sigue la distribución t con $n - 2$ g de l. [*Nótese* la diferencia entre (5.3.1) y (5.3.2).] Por consiguiente, en lugar de utilizar la distribución normal, se puede utilizar la distribución t para construir un intervalo de confianza para β_2 de la siguiente forma:

$$\Pr\left(-t_{\alpha/2} \le t \le t_{\alpha/2}\right) = 1 - \alpha \qquad (5.3.3)$$

donde el valor t en el centro de esta doble desigualdad es el valor t dado por (5.3.2) y donde $t_{\alpha/2}$ es el valor de la variable t obtenida de la distribución t para un nivel de significancia de $\alpha/2$ y $n - 2$ g de l; frecuentemente es llamado el valor **crítico** t a un nivel de significancia $\alpha/2$. Sustituyendo (5.3.2) en (5.3.3), se obtiene

$$\Pr\left[-t_{\alpha/2} \le \frac{\hat{\beta}_2 - \beta_2}{ee(\hat{\beta}_2)} \le t_{\alpha/2}\right] = 1 - \alpha \qquad (5.3.4)$$

Reorganizando (5.3.4), se obtiene

$$\Pr[\hat{\beta}_2 - t_{\alpha/2}\, ee(\hat{\beta}_2) \le \beta_2 \le \hat{\beta}_2 + t_{\alpha/2}\, ee(\hat{\beta}_2)] = 1 - \alpha \qquad (5.3.5)[3]$$

La ecuación (5.3.5) proporciona un **intervalo de confianza** para β_2 al $100(1 - \alpha)$%, el cual puede ser escrito en forma más compacta como

Intervalo de confianza para β_2 al $100(1 - \alpha)$%:

$$\hat{\beta}_2 \pm t_{\alpha/2}\, ee(\hat{\beta}_2) \qquad (5.3.6)$$

Mediante argumentación análoga y utilizando (4.3.1) y (4.3.2), se puede escribir:

$$\Pr[\hat{\beta}_1 - t_{\alpha/2}\, ee(\hat{\beta}_1) \le \beta_1 \le \hat{\beta}_1 + t_{\alpha/2}\, ee(\hat{\beta}_1)] = 1 - \alpha \qquad (5.3.7)$$

---

[3]Algunos autores prefieren escribir (5.3.5) con los g de l indicados explícitamente. Por tanto, ellos escribirían

$$\Pr[\hat{\beta}_2 - t_{(n-2),\alpha/2}\, ee(\hat{\beta}_2) \le \beta_1 \le \hat{\beta}_2 + t_{(n-2)\alpha/2}\, ee(\hat{\beta}_2)] = 1 - \alpha$$

Pero, por simplicidad, utilizaremos nuestra notación; el contexto clarifica los g de l apropiados.

o, en forma más compacta,

Intervalo de confianza para β_1 al $100(1 - \alpha)$%:

$$\hat{\beta}_1 \pm t_{\alpha/2} \, ee(\hat{\beta}_1) \qquad\qquad (5.3.8)$$

Obsérvese un rasgo importante de los intervalos de confianza dados en (5.3.6) y (5.3.8): En ambos casos *la amplitud del intervalo de confianza es proporcional al error estándar del estimador.* Es decir, entre más grande sea el error estándar, más amplio será el intervalo de confianza. Expresado de otra forma, entre más grande sea el error estándar del estimador, mayor será la incertidumbre de estimar el verdadero valor del parámetro desconocido. Así, el error estándar de un estimador es descrito frecuentemente como una medida de la **precisión** del estimador, es decir, qué tan preciso mide el estimador al verdadero valor poblacional.

Volviendo al ejemplo ilustrativo consumo-ingreso, en el capítulo 3 (sección 3.6), se encuentra que $\hat{\beta}_2 = 0.5091$, se$(\hat{\beta}_2) = 0.0357$, y g de l = 8. Si se supone que $\alpha = 5$%, es decir, un coeficiente de confianza de 95%, entonces la tabla t muestra que para 8 g de l el **valor crítico** $t_{\alpha/2} = t_{0.025} = 2.306$. Sustituyendo estos valores en (5.3.5), el lector debe verificar que el intervalo de confianza para β_2 al 95% es el siguiente:

$$0.4268 \leq \beta_2 \leq 0.5914 \qquad\qquad (5.3.9)$$

O, utilizando (5.3.6), es

$$0.5091 \pm 2.306(0.0357)$$

es decir,

$$0.5091 \pm 0.0823 \qquad\qquad (5.3.10)$$

La interpretación de este intervalo de confianza es: Dado el coeficiente de confianza de 95%, en el largo plazo, en 95 de cada 100 casos, intervalos como (0.4268, 0.5914) contendrán el verdadero β_2. Pero, como se advirtió antes, obsérvese que no se puede decir que la probabilidad de que el intervalo específico (0.4268 a 0.5914) contenga el verdadero β_2 sea de 95% porque este intervalo es ahora fijo y no aleatorio; por consiguiente, β_2 se encontrará o no dentro de él: La probabilidad de que el intervalo específicamente fijado incluya el verdadero β_2 es por consiguiente 1 ó 0.

Intervalo de confianza para β_1

Siguiendo (5.3.7), el lector puede verificar fácilmente que para el ejemplo consumo-ingreso, el intervalo de confianza para β_1 al 95% es:

$$9.6643 \leq \beta_1 \leq 39.2448 \qquad\qquad (5.3.11)$$

O, utilizando (5.3.8), se encuentra que es

$$24.4545 \pm 2.306(6.4138)$$

es decir,

$$24.4545 \pm 14.7902 \qquad\qquad (5.3.12)$$

Nuevamente, se debe ser cauteloso al interpretar este intervalo de confianza. En el largo plazo, en 95 de cada 100 casos, intervalos como (5.3.11) contendrán el verdadero β_1; la probabilidad de que este intervalo fijo incluya el verdadero β_1 es 1 ó 0.

Intervalo de confianza para β_1 Y β_2 simultáneamente

Hay ocasiones en las cuales se necesita construir un intervalo de confianza conjunto para β_1 y β_2 tal que, para un coeficiente de confianza $(1 - \alpha)$, digamos del 95%, ambos β_1 y β_2 caigan simultáneamente dentro de ese intervalo. Puesto que este tema es complejo, el lector puede desear consultar referencias[4]. (*Véase* también la sección 8.4 y el capítulo 10).

5.4 INTERVALO DE CONFIANZA PARA σ^2

Como se señaló en el capítulo 4, sección 4.3, bajo el supuesto de normalidad, la variable

$$\chi^2 = (n - 2)\frac{\hat{\sigma}^2}{\sigma^2} \qquad (5.4.1)$$

sigue una distribución χ^2 con $n - 2$ g de l[5]. Por consiguiente, podemos utilizar la distribución χ^2 para establecer el intervalo de confianza para σ^2

$$\Pr(\chi^2_{1-\alpha/2} \leq \chi^2 \leq \chi^2_{\alpha/2}) = 1 - \alpha \qquad (5.4.2)$$

donde el valor de χ^2 en el medio de esta doble desigualdad es igual a la planteada en (5.4.1) y donde $\chi^2_{1-\alpha/2}$ y $\chi^2_{\alpha/2}$ son dos valores de χ^2 (los valores **críticos** χ^2) obtenidos de la tabla ji cuadrado para $n - 2$ g de l, de tal manera, que ellos cortan $100(\alpha/2)\%$ de las áreas de las colas de la distribución χ^2, como se muestra en la figura 5.1.

Sustituyendo χ^2 de (5.4.1) en (5.4.2) y reorganizando los términos, se obtiene

$$\Pr\left[(n - 2)\frac{\hat{\sigma}^2}{\chi^2_{\alpha/2}} \leq \sigma^2 \leq (n - 2)\frac{\hat{\sigma}^2}{\chi^2_{1-\alpha/2}}\right] = 1 - \alpha \qquad (5.4.3)$$

que da el intervalo de confianza para σ^2 de $100(1 - \alpha)\%$.

Para ilustrar, considérese este ejemplo. Del capítulo 3, sección 3.6, se obtuvo $\hat{\sigma}^2 = 42.1591$ y g de l = 8. Si se escoge α igual al 5%, la tabla ji cuadrado para 8 g de l da los siguientes valores críticos: $\chi^2_{0.025} = 17.5346$ y $\chi^2_{0.975} = 2.1797$. Estos valores muestran que la probabilidad de un valor ji cuadrado que exceda 17.5346 es 2.5% y el de 2.1797 es 97.5%. Por consiguiente, el intervalo entre estos dos valores es el intervalo de confianza para χ^2 al 95%, como se muestra en el diagrama de la figura 5.1. (Obsérvese la característica asimétrica de la distribución ji cuadrado).

Sustituyendo los datos del ejemplo en (5.4.3), el lector debe verificar que el intervalo de confianza para σ^2 al 95% es el siguiente:

$$19.2347 \leq \sigma^2 \leq 154.7336 \qquad (5.4.4)$$

La interpretación de este intervalo es la siguiente: Si establecemos límites de confianza al 95% sobre σ^2 y si afirmamos *a priori* que entre estos límites caerá el verdadero σ^2, se acertará en el largo plazo el 95% de las veces.

---

[4]Para una exposición clara, *véase* John Neter, William Wasserman y Michael H. Kutner, *Applied Linear Regression Models*, Richard D. Irwin, Homewood, Ill., 1983, capítulo 5.

[5]Para una demostración, *véase* Robert V. Hogg y Allen T. Craig, *Introduction to Mathematical Statistics*, 2a. ed., Macmillan, New York, 1965, p. 144.

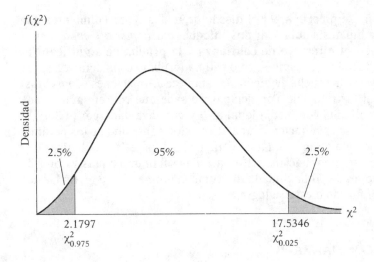

FIGURA 5.1
El intervalo de confianza del 95% para χ^2 (8 g de l).

5.5 PRUEBA DE HIPÓTESIS: COMENTARIOS GENERALES

Habiendo estudiado el problema de la estimación puntual y de intervalos, se considerará ahora el tema de la prueba de hipótesis. En esta sección se analizarán brevemente algunos aspectos generales de este tema; El apéndice A proporciona algunos detalles adicionales.

El problema de la prueba de hipótesis estadística puede plantearse sencillamente de la siguiente manera: *¿Es compatible una observación dada o un hallazgo, con algunas hipótesis planteadas o no?* La palabra «compatible», se utiliza aquí en el sentido de que la observación está lo «suficientemente» cercana al valor hipotético de tal forma que no se rechaza la hipótesis planteada. Así, si alguna teoría o experiencia previa lleva a creer que el verdadero coeficiente de la pendiente β_2 en el ejemplo consumo-ingreso es la unidad, ¿es el $\hat{\beta}_2 = 0.5091$ obtenido de la muestra de la tabla 3.2 consistente con la hipótesis planteada? De ser así, no se rechaza la hipótesis; de lo contrario, se puede rechazar.

En el lenguaje de estadística, la hipótesis planteada es conocida como **hipótesis nula** y está denotada por el símbolo H_0. La hipótesis nula es usualmente probada frente a una **hipótesis alternativa** (también conocida como **hipótesis mantenida**) denotada por H_1, que puede plantear, por ejemplo, que el verdadero β_2 es diferente a la unidad. La hipótesis alterna puede ser **simple** o **compuesta**[6]. Por ejemplo, $H_1: \beta_2 = 1.5$ es una hipótesis simple, pero $H_1: \beta_2 \neq 1.5$ es una hipótesis compuesta.

---

[6]Se dice que una hipótesis estadística se denomina **hipótesis simple** si especifica el(los) valor(es) preciso(s) del(los) parámetro(s) de una función de densidad de probabilidad (fdp); de lo contrario, es llamada **hipótesis compuesta**. Por ejemplo, en la fdp normal $(1/\sigma \sqrt{2\pi}) \exp\{-\frac{1}{2}[(X - \mu)/\sigma]^2\}$, si afirmamos que $H_1: \mu = 15$ y $\sigma = 2$, se trata de una hipótesis simple; pero si $H_1: \mu = 15$ y $\sigma > 15$, es una hipótesis compuesta, porque la desviación estándar no tiene un valor específico.

La teoría de prueba de hipótesis se preocupa por el diseño de reglas o procedimientos que permitan decidir si se rechaza o no la hipótesis nula. Hay dos enfoques *mutuamente complementarios* para diseñar tales reglas, a saber: **el intervalo de confianza** y **la prueba de significancia**. Estos dos enfoques plantean que la variable (el estadístico o estimador) bajo consideración sigue alguna distribución de probabilidad y que la prueba de hipótesis establece afirmaciones sobre el(los) valor(es) del(los) parámetro(s) de tal distribución. Por ejemplo, se sabe que con el supuesto de normalidad $\hat{\beta}_2$ está normalmente distribuida con media igual a β_2 y varianza dada por (4.3.4). Si formulamos la hipótesis de que $\beta_2 = 1$, se está haciendo una afirmación sobre uno de los parámetros de la distribución normal, por ejemplo, la media. La mayoría de las hipótesis estadísticas que se encuentran en este texto serán de este tipo, haciendo afirmaciones sobre uno o más valores de los parámetros de algunas distribuciones de probabilidad tales como la normal, F, t, o χ^2. En las dos secciones siguientes se estudia la forma como esto se logra.

5.6 PRUEBA DE HIPÓTESIS: ENFOQUE DEL INTERVALO DE CONFIANZA

Prueba de dos lados o dos colas

Para ilustrar el enfoque del intervalo de confianza, una vez más se hace referencia al ejemplo consumo-ingreso. Como se sabe, la propensión marginal a consumir estimada (PMC), $\hat{\beta}_2$, es 0.5091. Supóngase que se postula que

$$H_0: \beta_2 = 0.3$$

$$H_1: \beta_2 \neq 0.3$$

es decir, bajo la hipótesis nula, la verdadera PMC es 0.3 pero, según la hipótesis alterna, su valor es menor o mayor de 0.3. La hipótesis nula es una hipótesis simple, mientras que la hipótesis alterna es compuesta; y, en la práctica, se conoce como **hipótesis de dos lados o de dos colas**. Muy frecuentemente dicha hipótesis alterna de dos lados refleja el hecho de que no se tiene una expectativa fuerte a *priori* o teórica sobre la dirección en la cual debe moverse la hipótesis alterna con respecto a la hipótesis nula.

¿Es el $\hat{\beta}_2$ compatible con H_0? Para responder a esta pregunta, se hace referencia al intervalo de confianza (5.3.9). Se sabe que, en el largo plazo, intervalos como (0.4268, 0.5914) contendrán el verdadero β_2 con una probabilidad del 95%.

En consecuencia, en el largo plazo (es decir, en muestreo repetido) tales intervalos proporcionan un rango o límites dentro de los cuales puede encontrarse el verdadero β_2 con un coeficiente de confianza de, digamos, 95%. Por tanto, el intervalo de confianza proporciona un conjunto de hipótesis nulas posibles. Por consiguiente, si β_2 bajo H_0 se encuentra dentro del intervalo de confianza $100(1 - \alpha)$%, no se rechaza la hipótesis nula; si éste se encuentra por fuera del intervalo, se puede rechazar[7]. Este rango se ilustra esquemáticamente en la figura 5.2.

Regla de decisión: Constrúyase un intervalo de confianza para β_2 al $100(1 - \alpha)$%. Si el β_2 bajo H_0 se encuentra dentro de este intervalo de confianza, no se rechace H_0, pero si está por fuera del intervalo, rechace H_0.

---

[7]Siempre téngase en mente que hay una posibilidad de 100α% de que el intervalo de confianza no contenga a β_2 bajo H_0 aunque la hipótesis esté correcta. En pocas palabras hay una posibilidad de 100α% de cometer un **error tipo I**. Así, si $\alpha = 0.05$, hay una posibilidad de 5% de que se pueda rechazar la hipótesis nula aun cuando ésta sea verdadera.

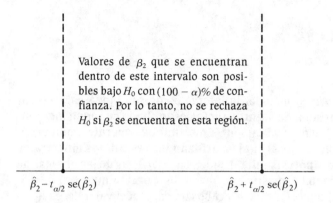

Valores de β_2 que se encuentran dentro de este intervalo son posibles bajo H_0 con $(100 - \alpha)\%$ de confianza. Por lo tanto, no se rechaza H_0 si β_2 se encuentra en esta región.

$\hat{\beta}_2 - t_{\alpha/2}\,\text{se}(\hat{\beta}_2)$ $\hat{\beta}_2 + t_{\alpha/2}\,\text{se}(\hat{\beta}_2)$

FIGURA 5.2
Intervalo de confianza para β_2 al $(100 - \alpha)\%$.

Siguiendo esta regla, para el ejemplo hipotético, H_0: $\beta_2 = 0.3$ es claro que éste se encuentra por fuera del intervalo de confianza al 95% dado en (5.3.9). Por consiguiente, se puede rechazar la hipótesis de que la verdadera PMC sea 0.3, con 95% de confianza. Si la hipótesis nula fuera cierta, la probabilidad de obtener por casualidad un valor de PMC igual a 0.5091 es, como máximo de 5%, una probabilidad pequeña.

En estadística, cuando se rechaza la hipótesis nula, se dice que el hallazgo es **estadísticamente significativo**. Por otra parte, cuando no se hace, se dice que el hallazgo **no es estadísticamente significativo**.

Algunos autores utilizan frases como «altamente significativo desde un punto de vista estadístico». Con este término, generalmente quieren decir que cuando ellos rechazan la hipótesis nula, la probabilidad de cometer un error tipo I (por ejemplo, α) es un número pequeño, usualmente 1%. Pero, como lo demostrará el análisis del **valor p** en la sección 5.8, es mejor dejar que el investigador califique el hallazgo estadístico como «significativo» , «moderadamente significativo», o «altamente significativo».

Prueba de un lado o de una cola

Algunas veces tenemos una gran expectativa *a priori* o teórica (o existen expectativas basadas en algún trabajo empírico previo) de que la hipótesis alterna es de un lado o de una dirección, en lugar de ser de dos lados o dos colas, como se acaba de analizar. Así, para el ejemplo consumo-ingreso, se puede postular que

$$H_0\!: \beta_2 \le 0.3 \quad \text{y} \quad H_1\!: \beta_2 > 0.3$$

Puede ser que la teoría económica o el trabajo empírico previo sugieran que la propensión marginal a consumir es mayor de 0.3. Aunque el procedimiento para probar esta hipótesis puede derivarse fácilmente de (5.3.5), el mecanismo real está mejor explicado en términos del enfoque de prueba de significancia analizado a continuación[8].

---

[8]Si se desea utilizar el enfoque de intervalos de confianza, constrúyase un intervalo de confianza para β_2 al $(100 - \alpha)\%$ de *un lado* o de *una cola*. ¿Por qué?

5.7 PRUEBA DE HIPÓTESIS: ENFOQUE DE PRUEBA DE SIGNIFICANCIA

Prueba de significancia de los coeficientes de regresión: La prueba t

Un *enfoque alternativo, pero complementario* al método de intervalos de confianza para probar hipótesis estadísticas es **el enfoque de la prueba de significancia** desarrollado en forma independiente por R.A. Fisher y conjuntamente por Neyman y Pearson[9]. **En términos generales, una prueba de significancia es un procedimiento mediante el cual se utilizan los resultados muestrales para verificar la verdad o falsedad de una hipótesis nula.** La idea básica detrás de las pruebas de significancia es la de un **estadístico de prueba** (un estimador) y su distribución muestral bajo la hipótesis nula. La decisión de aceptar o rechazar H_0 se lleva a cabo con base en el valor del estadístico de prueba obtenido a partir de los datos disponibles.

Como ilustración, recuérdese que, bajo el supuesto de normalidad, la variable

$$t = \frac{\hat{\beta}_2 - \beta_2}{ee(\hat{\beta}_2)}$$

$$= \frac{(\hat{\beta}_2 - \beta_2)\sqrt{\sum x_i^2}}{\hat{\sigma}} \qquad (5.3.2)$$

sigue la distribución t con $n - 2$ g de l. Si el valor del verdadero β_2 es especificado bajo la hipótesis nula, el valor t de (5.3.2) puede ser calculado fácilmente a partir de la muestra disponible y, por consiguiente, puede servir como estadístico de prueba. Debido a que este estadístico de prueba sigue una distribución t, pueden hacerse afirmaciones sobre los intervalos de confianza como la siguiente:

$$\Pr\left[-t_{\alpha/2} \leq \frac{\hat{\beta}_2 - \beta_2^*}{ee(\hat{\beta}_2)} \leq t_{\alpha/2}\right] = 1 - \alpha \qquad (5.7.1)$$

donde β_2^* es el valor de β_2 bajo H_0 y donde $-t_{\alpha/2}$ y $t_{\alpha/2}$ son los valores de t (los valores **críticos** de t) obtenidos de la tabla t para un nivel de significancia ($\alpha/2$) y $n - 2$ g de l [cf. (5.3.4)]. La tabla t está dada en el apéndice D.

Reorganizando (5.7.1), se obtiene

$$\Pr[\beta_2^* - t_{\alpha/2}\, ee(\hat{\beta}_2) \leq \hat{\beta}_2 \leq \beta_2^* + t_{\alpha/2}\, ee(\hat{\beta}_2)] = 1 - \alpha \qquad (5.7.2)$$

que da el intervalo en el cual se encontrará $\hat{\beta}_2$ con probabilidad $1 - \alpha$, dado $\beta_2 = \beta_2^*$. En el lenguaje de prueba de hipótesis, el intervalo de confianza al $100(1 - \alpha)\%$ establecido en (5.7.2) es conocido como la **región de aceptación** (de la hipótesis nula) y la(s) *región(es)* que queda(n) por fuera del intervalo de confianza es(son) llamada(s) la(s) **región(es) de rechazo** (de la H_0) o la(s) **región(es) crítica(s)**. Como se anotó previamente, los límites de confianza dados por los puntos extremos del intervalo de confianza son llamados también **valores críticos**.

---

[9]Se pueden encontrar detalles en E.L. Lehman, *Testing Statistical Hypotheses,* John Wiley & Sons, New York, 1959.

La estrecha conexión entre los enfoques de intervalo de confianza y prueba de significancia para realizar la prueba de hipótesis puede verse ahora comparando (5.3.5) con (5.7.2). En el procedimiento de intervalo de confianza se trata de establecer un rango o intervalo que tenga una probabilidad determinada de contener el verdadero, aunque desconocido β_2, mientras que en el enfoque de prueba de significancia se somete a hipótesis algún valor de β_2 y se trata de ver si el $\hat{\beta}_2$ calculado se encuentra dentro de límites (de confianza) razonables alrededor del valor sometido a hipótesis.

Considérese una vez más el ejemplo de consumo-ingreso. Se sabe que $\hat{\beta}_2 = 0.5091$, ee $(\hat{\beta}_2) = 0.0357$, y g de l = 8. Si se supone $\alpha = 5\%$, $t_{\alpha/2} = 2.306$. Si se plantea que $H_0: \beta_2 = \beta_2^* = 0.3$ y $H_1: \beta_2 \neq 0.3$, (5.7.2) se convierte en

$$\Pr\,(0.2177 \le \hat{\beta}_2 \le 0.3823) = 0.95 \qquad (5.7.3)^{[10]}$$

como se muestra en el diagrama de la figura 5.3. Puesto que el $\hat{\beta}_2$ se encuentra en la región crítica, se rechaza la hipótesis nula de que el verdadero $\beta_2 = 0.3$.

En la práctica, no hay necesidad de estimar (5.7.2) explícitamente. Se puede calcular el valor de t del centro de la doble desigualdad dada en (5.7.1) y ver si esta cae entre los valores críticos t o por fuera de estos. Para el ejemplo,

$$t = \frac{0.5091 - 0.3}{0.0357} = 5.86 \qquad (5.7.4)$$

es claro que este valor se encuentra en la región crítica de la figura 5.4. La conclusión se mantiene; es decir, rechazamos H_0.

Obsérvese que si el $\beta_2(=\hat{\beta}_2)$ estimado es igual al β_2 hipotético, es decir, al valor del β_2 planteado bajo H_0, el valor t en (5.7.4) será cero. Sin embargo, en la medida en que el valor de β_2 estimado se aleje del valor hipotético de β_2, el $|t|$ (es decir, el valor absoluto de t; *nota:* t puede ser

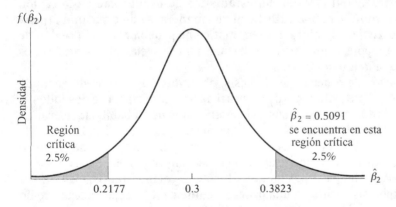

FIGURA 5.3
Intervalo de confianza al 95% para β_2 bajo la hipótesis de que $\beta_2 = 0.3$.

---

[10]En la sección 5.2, punto 4, se afirma que *no se puede* decir que la probabilidad de que el intervalo fijo (0.4268, 0.5914) incluya el verdadero β_2, sea del 95%. Pero podemos hacer la afirmación probabilística dada en (5.7.3) porque β_2, siendo un estimador, es una variable aleatoria.

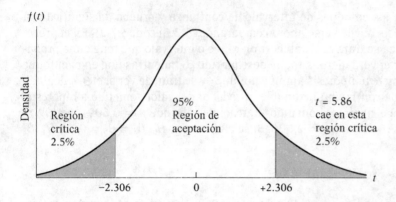

FIGURA 5.4
Intervalo de confianza del 95% para t(8 g de l).

positivo o negativo) será cada vez mayor. *Por consiguiente, un valor «grande» de* $|t|$ *será evidencia en contra de la hipótesis nula.* Siempre se puede utilizar la tabla t para determinar si un valor t particular es grande o pequeño; la respuesta, como se sabe, depende de los grados de libertad igual que de la probabilidad del error tipo I que se esté dispuesto a aceptar. Como se puede observar en la tabla t dada en el apéndice D, para cualquier valor dado de g de l, la probabilidad de obtener un valor de $|t|$ cada vez mayor se hace progresivamente menor. Por tanto, para 20 g de l, la probabilidad de obtener un valor $|t|$ mayor o igual a 1.725 es 0.10 o 10%, pero para los mismos g de l, la probabilidad de obtener un valor $|t|$ mayor o igual a 3.552 es tan solo 0.002 o 0.2%.

Puesto que se utiliza la distribución t, el anterior procedimiento de prueba es llamado apropiadamente la **prueba** t. **En el lenguaje de las pruebas de significancia, se dice que un estadístico es estadísticamente significativo si el valor del estadístico de prueba cae en la región crítica. En este caso, la hipótesis nula se rechaza. De la misma manera, se dice que una prueba es estadísticamente no significativa si el valor de el estadístico de prueba cae en la región de aceptación.** En esta situación, la hipótesis nula no se rechaza. En nuestro ejemplo, la prueba t es significativa y por tanto se rechaza la hipótesis nula.

Antes de concluir la exposición de pruebas de hipótesis, obsérvese que el procedimiento de prueba presentado se conoce como el procedimiento de las pruebas de significancia **de dos lados, o dos colas,** ya que se consideran las dos colas extremas de la distribución de probabilidad relevante, como regiones de rechazo, y se rechaza la hipótesis nula si cae en cualquiera de ellas. Esto sucede porque la H_1 era una hipótesis compuesta de dos lados; $\beta_2 \neq 0.3$. significa que β_2 es mayor que o menor que 0.3. Supóngase que la experiencia sugiere que la PMC sea mayor que 0.3. En este caso se tiene: $H_0: \beta_2 \leq 0.3$ y $H_1: \beta_2 > 0.3$. Aunque H_1 es aún una hipótesis compuesta, tiene ahora tan solo un lado. Para probar esta hipótesis, se utiliza una **prueba de una cola** (la cola derecha), como se observa en la figura 5.5 (*Véase* también el análisis en la sección 5.6)

El procedimiento de prueba es similar al anterior excepto que el límite de confianza superior o valor crítico corresponde ahora a $t_\alpha = t_{.05}$, es decir, al nivel del 5%. Como lo indica la figura 5.5, en este caso no es preciso considerar la cola inferior de la distribución t. La utilización de una prueba de significancia de una o dos colas dependerá de la forma como esté formulada la hipótesis alterna, la cual, a su vez, puede depender de algunas consideraciones *a priori* o de experiencia empírica previa. (Otras consideraciones en la sección 5.8)

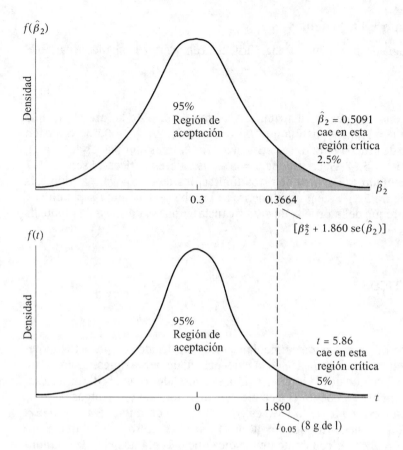

FIGURA 5.5
Prueba de significancia de una cola.

Un resumen del enfoque de la prueba t de significancia para la prueba de hipótesis se presenta en la tabla 5.1.

TABLA 5.1
La prueba t de significancia: Reglas de decisión

Tipo de hipótesis	H_0: La hipótesis nula	H_1: La hipótesis alterna	Regla de decisión: Rechazar H_0 si
Dos colas	$\beta_2 = \beta_2^*$	$\beta_2 \neq \beta_2^*$	$|t| > t_{\alpha/2, \text{g de l}}$
Cola derecha	$\beta_2 \leq \beta_2^*$	$\beta_2 > \beta_2^*$	$t > t_{\alpha, \text{g de l}}$
Cola izquierda	$\beta_2 \geq \beta_2^*$	$\beta_2 < \beta_2^*$	$t < -t_{\alpha, \text{g de l}}$

Notas: β_2^* es el valor numérico de β_2 hipotético.
$|t|$ significa el valor absoluto de t.
t_α o $t_{\alpha/2}$ significa el valor crítico de t al nivel de significancia α o $\alpha/2$.
g de l: grados de libertad, $(n-2)$ para el modelo de dos variables, $(n-3)$ para el modelo de tres variables y así sucesivamente.
Para probar hipótesis sobre β_1 se sigue un procedimiento similar.

Prueba de significancia para σ^2: La prueba χ^2

Como otro ejemplo de la metodología de las pruebas de significancia, considérese la siguiente variable:

$$\chi^2 = (n - 2)\frac{\hat{\sigma}^2}{\sigma^2} \qquad (5.4.1)$$

la cual, como se anotó previamente, sigue una distribución χ^2 con n - 2 g de l. Para el ejemplo hipotético, $\hat{\sigma}^2 = 42.1591$ y g de l = 8. Si se postula que H_0: $\sigma^2 = 85$ *vs.* H_1: $\sigma^2 \neq 85$, la ecuación (5.4.1) proporciona el estadístico de prueba para H_o. Sustituyendo los valores apropiados en (5.4.1), puede encontrarse que bajo H_0, $\chi^2 = 3.97$. Si se supone $\alpha = 5\%$, los valores críticos χ^2 son 2.1797 y 17.5346. Puesto que el χ^2 calculado cae dentro de estos límites, los datos apoyan la hipótesis nula y no se la rechaza. (*véase* figura 5.1). Este procedimiento de prueba se denomina la **prueba de significancia ji cuadrado.** El enfoque de la prueba de significancia χ^2 para la prueba de hipótesis se resume en la tabla 5.2.

5.8 PRUEBA DE HIPÓTESIS: ALGUNOS ASPECTOS PRÁCTICOS

El significado de «aceptar» o «rechazar» una hipótesis

Si, con base en una prueba de significancia, por ejemplo, la prueba t, se decide «aceptar» la hipótesis nula, todo lo que se está diciendo es que con base en la evidencia dada por la muestra, no existe razón para rechazarla; no se está diciendo que la hipótesis nula sea verdadera con absoluta certeza. ¿Por qué? Para responder esto, téngase en cuenta el ejemplo consumo-ingreso y supóngase que H_o : β_2 (PMC) = 0.50. Ahora, el valor estimado de la PMC es $\hat{\beta}_2 = 0.5091$ con un se ($\hat{\beta}_2$) = 0.0357. Entonces, con base en la prueba t, se encuentra que $t = (0.5091 - 0.50)/0.0357 = 0.25$, que es no significativo, es decir, para un $\alpha = 5\%$. Por consiguiente, se dice que «aceptamos» H_0. Pero ahora supóngase H_0: $\beta_2 = 0.48$. Aplicando la prueba t, se obtiene $t = (0.5091 - 0.48)/0.0357 = 0.82$, el

TABLA 5.2
Resumen de la prueba χ^2

H_0: La hipótesis nula	H_1: La hipótesis alterna	Región crítica: Rechazar H_0 si
$\sigma^2 = \sigma_0^2$	$\sigma^2 > \sigma_0^2$	$\dfrac{\text{g de l}(\hat{\sigma}^2)}{\sigma_0^2} > \chi^2_{\alpha,\,\text{g de l}}$
$\sigma^2 = \sigma_0^2$	$\sigma^2 < \sigma_0^2$	$\dfrac{\text{g de l}(\hat{\sigma}^2)}{\sigma_0^2} < \chi^2_{(1-\alpha),\,\text{g de l}}$
$\sigma^2 = \sigma_0^2$	$\sigma^2 \neq \sigma_0^2$	$\dfrac{\text{g de l}(\hat{\sigma}^2)}{\sigma_0^2} > \chi^2_{\alpha/2,\,\text{g de l}}$
		o $< \chi^2_{(1-\alpha/2),\,\text{g de l}}$

Nota: σ_0^2 es el valor de σ^2 bajo la hipótesis nula. El primer subíndice asociado a χ^2 en la última columna es el nivel de significancia, en tanto que el segundo indica los grados de libertad. Estos son los valores críticos ji-cuadrado. Obsérvese que si el modelo de regresión es de dos variables, los g de l son $(n - 2)$, si el modelo de regresión es de tres variables son $(n - 3)$ y así sucesivamente.

cual tampoco es estadísticamente significativo. Entonces, se dice ahora que «se acepta» esta H_0. ¿Cuál de estas dos hipótesis nulas es la «verdadera»? No se sabe. Por consiguiente, en la «aceptación» de una hipótesis nula se debe tener presente siempre que puede existir otra hipótesis nula igualmente compatible con los datos. Es preferible, por tanto, decir que se puede aceptar la hipótesis nula en lugar de decir que se la acepta. Mejor aún,

> ...de la misma manera que una corte pronuncia un veredicto de «no culpable» en lugar de decir «inocente», así la conclusión de un estadístico de prueba es la de «no rechazar» en lugar de «aceptar».[11]

Hipótesis nula o «cero» y regla práctica «2-t»

La hipótesis nula que es objeto frecuente de prueba en el trabajo empírico es $H_0: \beta_2 = 0$, es decir, el coeficiente de la pendiente es cero. Esta hipótesis nula de «cero» es un mecanismo para establecer si Y tiene relación con X, la variable explicativa. Si, para empezar, no existe relación entre Y y X, entonces la prueba de hipótesis tal como $\beta_2 = 0.3$ o cualquier otro valor no tiene significado.

Esta hipótesis nula puede probarse fácilmente mediante los enfoques de intervalos de confianza o prueba t estudiados en las secciones anteriores. Pero, muy frecuentemente, tales pruebas formales pueden abreviarse adoptando la regla de significancia «2-t» que puede expresarse así:

> **Regla práctica «2-t».** Si el número de grados de libertad es 20 o más y si α, el nivel de significancia, se fija en 0.05, entonces la hipótesis nula $\beta_2 = 0$ puede ser rechazada si el valor de t [$= \hat{\beta}_2/\text{se}(\hat{\beta}_2)$] calculado a partir de (5.3.2) excede a 2 en valor absoluto.

El razonamiento para esta regla no es muy difícil de entender. De (5.7.1) se sabe que se rechazará $H_0: \beta_2 = 0$ si

$$t = \hat{\beta}_2/\text{ee}(\hat{\beta}_2) > t_{\alpha/2} \quad \text{cuando } \hat{\beta}_2 > 0$$

o

$$t = \hat{\beta}_2/\text{ee}(\hat{\beta}_2) < -t_{\alpha/2} \quad \text{cuando } \hat{\beta}_2 < 0$$

o cuando

$$|t| = \left| \frac{\hat{\beta}_2}{\text{ee}(\hat{\beta}_2)} \right| > t_{\alpha/2} \tag{5.8.1}$$

para los grados de libertad apropiados.

Ahora, si se examina la tabla t dada en el apéndice D, se ve que para g de l alrededor de 20 o más, un valor calculado t mayor que 2 (en términos absolutos), es decir, 2.1, es estadísticamente significativo al nivel del 5%, lo cual implica rechazo de la hipóesis nula. Por consiguiente, si se encuentra que para 20 o más g de l el valor t calculado es, digamos, 2.5 o 3, ni siquiera se tiene que consultar la tabla t para asegurar la significancia del coeficiente de la pendiente estimado. Por supuesto, siempre puede referirse a la tabla t para obtener el nivel preciso de significancia. Sin embargo, esto debe hacerse siempre cuando los g de l sean inferiores, por ejemplo, a 20.

---

[11]Jan Kmenta, *Elements of Econometrics,* Macmillan, New York, 1971, p. 114.

A propósito, obsérvese que si se está probando la hipótesis de un lado $\beta_2 = 0$ *vs.* $\beta_2 > 0$ o $\beta_2 < 0$, entonces se debe rechazar la hipótesis nula si

$$|t| = \left| \frac{\hat{\beta}_2}{\text{ee}(\hat{\beta}_2)} \right| > t_\alpha \qquad (5.8.2)$$

Si se fija α en 0.05, entonces en la tabla t se observa que, para 20 o más g de l, un valor t mayor que de 1.73 es estadísticamente significativo al nivel de significancia del 5% (de una cola). Por lo tanto, siempre que un valor t exceda, por ejemplo 1.8 (en términos absolutos) y los g de l sean 20 o más, no es necesario consultar la tabla t para la significancia estadística del coeficiente observado. Es claro que, si se escoge α igual a 0.01 o cualquier otro nivel, se tendrá que decidir sobre el valor apropiado de t como valor crítico de referencia; el lector deberá ser capaz de hacer eso.

Formación de las hipótesis nula y alterna[12]

Dadas las hipótesis nula y alterna, probar su significancia estadística no debe seguir siendo un misterio. Pero, ¿cómo se formulan estas hipótesis? No existen reglas específicas. Muy frecuentemente el fenómeno bajo estudio sugerirá la forma de las hipótesis nula y alterna. Por ejemplo, en el ejercicio 5.16 se pide estimar la línea del mercado de capitales (LMC) de la teoría de portafolio, que postula que $E_i = \beta_1 + \beta_2\sigma_i$, donde $E =$ retorno esperado sobre el portafolio y $\sigma =$ la desviación estándar del retorno, una medida de riesgo. Puesto que se espera que el retorno y el riesgo estén relacionados positivamente entre mayor sea el riesgo, más alto será el retorno; la hipótesis alterna natural a la hipótesis nula, $\beta_2 = 0$, sería $\beta_2 > 0$. Es decir, no se considerarán valores de β_2 menores de cero.

Pero considérese el caso de la demanda de dinero. Como se demostrará más adelante, uno de los determinantes importantes de la demanda de dinero es el ingreso. Estudios anteriores de las funciones de demanda de dinero han mostrado que la elasticidad ingreso de la demanda de dinero (el cambio porcentual en la demanda de dinero por un cambio porcentual de 1% en el ingreso) ha estado típicamente dentro de un rango de 0.7 a 1.3. Por consiguiente, en un nuevo estudio de la demanda de dinero, si se postula que el coeficiente β_2 de la elasticidad ingreso es 1, la hipótesis alterna podría ser que $\beta_2 \neq 1$, una hipótesis alterna de dos lados.

Por tanto, las expectativas teóricas o el trabajo empírico previo o ambos pueden ser la base para la formulación de hipótesis. Sin embargo, sin importar la forma como se postulen las hipótesis, *es extremadamente importante que el investigador plantee estas hipótesis antes de llevar a cabo la investigación empírica.* De lo contrario, él o ella serán culpables de razonamientos circulares o de profecías autocumplidas. Es decir, si se formulara la hipótesis después de examinar los resultados empíricos, podría presentarse la tentación de formular la hipótesis de tal manera que justifique los resultados obtenidos. Una práctica así debe ser evitada a cualquier costo, al menos para salvar la objetividad científica. ¡Recuérdese la cita de Stigler que se presenta al principio de este capítulo!

Selección del nivel de significancia α.

Del análisis adelantado hasta el momento, debe tenerse claro que el hecho de rechazar o no una hipótesis nula depende en forma crítica de α, el nivel de significancia o *probabilidad de cometer un*

---

[12]Para una exposición interesante sobre la formulación de hipótesis, *véase* J. Bradford De Long y Kevin Lang, «Are All Economic Hypotheses False?» *Journal of Political Economy,* vol 100, no.6, 1992, pp. 1257-1272.

error tipo I, o sea, la probabilidad de rechazar la hipótesis cuando es verdadera. En el apéndice A analizamos en detalle la naturaleza del llamado error tipo I, su relación con el error *tipo II* (la probabilidad de aceptar la hipótesis cuando es falsa) y la razón por la cual la estadística clásica se centra generalmente en el error tipo I. ¿Por qué generalmente se considera α como un valor del 1%, 5%, o máximo del 10% para α? De hecho, no hay nada sagrado acerca de estos valores; cualquier otro valor sería igualmente apropiado.

En un libro introductorio como éste, no es posible analizar a fondo la razón por la cual se escogen los niveles de significancia 1, 5 o 10%, ya que esto nos llevaría al campo de la toma de decisiones estadísticas, que de por sí es una disciplina completa. Sin embargo, puede ofrecerse un breve resumen. Como se estudió en el apéndice A, para un tamaño de muestra dada, si tratamos de reducir un *error tipo I,* un *error tipo II* aumenta y viceversa. Es decir, dado el tamaño de la muestra, si tratamos de reducir la probabilidad de rechazar la hipótesis cuando es verdadera, se puede aumentar al mismo tiempo la probabilidad de aceptarla cuando es falsa. Por tanto, dado el tamaño de la muestra, existe una conexión de intercambio entre estos dos tipos de error. Ahora, la única forma en la cual se puede decidir sobre esta conexión es encontrar los costos relativos de los dos tipos de error. Entonces,

> Si el error de rechazar la hipótesis nula cuando es verdadera (error tipo I) es costoso en comparación con el error de no rechazar la hipótesis nula cuando es falsa (error tipo II), será razonable fijar la probabilidad de ocurrencia del primer tipo de error a niveles bajos. Si, por otra parte, el costo de incurrir en el error tipo I es bajo comparado con el costo de cometer el error tipo II, se justificará que la probabilidad del primer tipo de error sea alta (rebajando así la posibilidad de incurrir en el segundo tipo de error)[13].

Desde luego, pocas veces se conocen los costos de cometer los dos tipos de error. Por tanto, los econometristas tienen por costumbre fijar el valor de α a niveles del 1, el 5 o el 10% como máximo y escogen un estadístico de prueba que minimice la probabilidad de cometer un error tipo II. Puesto que uno menos la probabilidad de cometer un error tipo II se conoce como **la potencia de la prueba**, este procedimiento equivale a maximizar esa potencia de la prueba. (*Véase* en el apéndice A un análisis de la potencia de una prueba).

Pero todo este problema relacionado con la selección del valor apropiado de α puede ser evitado si se utiliza lo que se conoce como el *«P-value»* del estadístico de prueba, que se analiza a continuación.

Nivel exacto de significancia: Valor p o «P - value»

Como recién se anotó, el talón de Aquiles del enfoque clásico de la prueba de hipótesis es su arbitrariedad en la selección de α. Una vez se ha obtenido un estadístico de prueba (es decir el estadístico t) en un ejemplo dado, ¿por qué no consultar sencillamente la tabla estadística apropiada y encontrar la probabilidad real de obtener un valor del estadístico de prueba tan grande o mayor que el obtenido en el ejemplo? Esta probabilidad se denomina el **valor p** (es decir, **el valor de probabilidad**), también conocido como el **nivel observado o exacto de significancia** o la **probabilidad exacta de cometer un error tipo I**. Más técnicamente, el valor p está definido como **el nivel de significancia más bajo al cual puede rechazarse una hipótesis nula.**

Para ilustrar, recuérdese el ejemplo consumo-ingreso. Dada la hipótesis nula de que la verdadera PMC es 0.3, se obtuvo un valor t de 5.86 en (5.7.4). ¿Cual es el valor p o «p-value» de obtener un valor t igual o superior a 5.86? En la tabla t del apéndice D, se observa que para 8 g de l la probabili-

---

[13]Jan Kmenta, *Elements of Econometrics,* Macmillan, New York, 1971, pp. 126-127.

dad de obtener tal valor t debe estar muy por debajo de 0.001 (una cola) o 0.002 (dos colas). Mediante el uso del computador, puede mostrarse que la probabilidad de obtener un valor t mayor o igual a 5.86 (8 g de l) es alrededor de 0.000189[14]. Este es el valor p del estadístico t observado. Este nivel de significancia observado o exacto del estadístico t es mucho menor que los niveles de significancia del 1%, del 5% o del 10% fijados convencional y arbitrariamente. De hecho, si fueramos a utilizar el valor p recién calculado y rechazar la hipótesis nula de que la verdadera PMC es 0.3, la probabilidad de que se cometa un error tipo I es sólo de cerca de 0.02%, es decir, ¡solamente 2 en 10,000!

Como se anotó anteriormente, si los datos no apoyan la hipótesis nula, el $|t|$ obtenido bajo tal hipótesis nula será «grande» y, por consiguiente, el valor p de obtener tal $|t|$ será «pequeño». En otras palabras, para un tamaño de muestra dado, a medida que aumenta $|t|$, el valor p se reduce y se puede, por consiguiente, rechazar la hipótesis nula con mayor confianza.

¿Cuál es la relación entre el valor p y el nivel de significancia α? Si se adquiere el hábito de fijar α igual al valor p de un estadístico de prueba (es decir, el estadístico t), entonces no hay conflicto entre estos dos valores. Expresado en otros términos, **es mejor no fijar α a algún nivel de forma arbitraria sino escoger simplemente el valor p del estadístico de prueba**. Es preferible dejar que el lector decida si debe rechazar la hipótesis nula al valor p dado. Si, en una aplicación, el valor p de un estadístico de prueba resulta ser, por ejemplo, 0.145 o 14.5% y si el lector desea rechazar la hipótesis nula a este nivel (exacto) de significancia, entonces lo puede hacer. No está mal tomar el riesgo de equivocarse un 14.5% de las veces si se rechaza la hipótesis nula verdadera. De manera similar, como en el ejemplo de consumo-ingreso, no está mal si el investigador desea escoger un valor p cercano al 0.02% y no tomar el riesgo de equivocarse en más de ¡2 veces de cada 10,000! Después de todo, ¡algunos investigadores pueden ser amantes del riesgo y otros opuestos a él!

En el resto de este texto, se citará generalmente el valor p de un estadístico de prueba dado. Algunos lectores pueden desear fijar α a algún nivel y rechazar la hipótesis nula si el valor p es menor que α. Es su opción.

Significancia estadística *versus* significancia práctica

Recuérdese el ejemplo consumo-ingreso y ahora plantéese que la verdadera PMC es 0.61 (H_0: $\beta_2 = 0.61$). Basados en el resultado muestral de $\hat{\beta}_2 = 0.5091$, se obtuvo el intervalo (0.4268, 0.5914) al 95% de confianza. Puesto que este intervalo no incluye 0.61, es posible decir, con un 95% de confianza, que el valor estimado es estadísticamente significativo, es decir, significativamente diferente de 0.61.

Pero, ¿cuál es el significado práctico o real del hallazgo? Es decir, ¿qué diferencia existe entre asignar a la PMC, un valor de 0.61 o uno de 0.5091? ¿Es la diferencia de 0.1009 entre las dos PMC así de importante en la práctica?

La respuesta a esta pregunta depende de lo que en realidad se haga con estos estimados. Por ejemplo, de la macroeconomía se sabe que el multiplicador del ingreso es 1/(1 - PMC). Por tanto, si la PMC es 0.5091, el multiplicador es 2.04, pero será 2.56 si la PMC es igual a 0.61. Esto es, si el gobierno fuera a incrementar su gasto en US$1 para sacar la economía de una recesión, el ingreso aumentaría en ese caso en US$2.04 si la PMC es 0.5091 pero lo hará en US$2.56 si la PMC es 0.61. Y esa diferencia podría ser crucial para reactivar la economía.

---

[14]Es posible obtener el valor p utilizando tablas estadísticas electrónicas con varios lugares decimales. Desafortunadamente, las tablas estadísticas convencionales, debido a falta de espacio, no pueden ser así de refinadas. Existen paquetes estadísticos como Micro TSP, SHAZAM y ET entre muchos otros que imprimen, hoy en día, los valores p o «p-values».

El punto de toda esta exposición es que no se debe confundir la significancia estadística con la signifcancia práctica o económica. Como lo afirma Goldberger:

Cuando una hipótesis nula, digamos $\beta_j = 1$, se especifica, lo que se busca es que β_j esté *cercano* a 1, tan cerca que para todos los propósitos prácticos pudiera ser tratado *como si fuera* 1. Pero el que 1.1 sea «prácticamente lo mismo que» 1.0 es un asunto de economía, no de estadística. No se puede resolver el asunto apoyándose en una prueba de hipótesis porque el estadístico de prueba $[t =](b_j - 1)/\hat\sigma_{bj}$ mide el coeficiente estimado en unidades de errores estándar, las cuales no tienen significado para medir el parámetro económico $\beta_j - 1$. Puede ser una buena idea reservar el término «significancia» para el concepto estadístico, adoptando la palabra «sustancial» para el concepto económico[15].

El punto expresado por Goldberger es importante. A medida que el tamaño de la muestra se hace muy grande, la importancia de los temas relacionados con significancia estadística se hace mucho menor pero los temas de significancia económica adquieren importancia crítica. En efecto, puesto que con muestras grandes casi todas las hipótesis nulas serán rechazadas, puede haber estudios en los cuales la magnitud de los valores estimados puntuales pueda ser lo único importante.

Selección entre los enfoques del intervalo de confianza y la prueba de significancia en la prueba de hipótesis

En la mayor parte de los análisis económicos aplicados, la hipótesis nula postulada hace las veces de comodín, y el objetivo del trabajo empírico es tumbarlo, es decir, rechazar la hipótesis nula. Por tanto, en nuestro ejemplo consumo-ingreso, la hipótesis nula de que la PMC, $\beta_2 = 0$ es claramente absurda, pero con frecuencia la utilizamos para ejemplificar los resultados empíricos. Parece ser que los editores de publicaciones especializadas de renombre no encuentran emocionante publicar un trabajo empírico que no rechace la hipótesis nula. De alguna manera, como noticia es más novedoso el hallazgo de que la PMC sea estadísticamente diferente de cero que el hallazgo de que sea igual a, digamos, ¡0.7!

Por tanto, J. Bradford De Long y Kevin Lang sostienen que es mejor para los economistas

...concentrarse en las magnitudes de los coeficientes y dar informes sobre los niveles de confianza y no sobre las pruebas de significancia. Si todas, o casi todas, las hipótesis nulas son falsas, tiene poco sentido concentrarse en averiguar si un estimado es o no indistinguible de su valor predicho bajo la hipótesis nula. En lugar de esto, deseamos averiguar cuáles modelos son buenas aproximaciones, para lo cual es necesario que conozcamos los rangos de los valores de los parámetros excluidos por los estimados empíricos[16].

En resumen, estos autores prefieren el enfoque del intervalo de confianza al enfoque de la prueba de significancia. El lector puede desear tener este consejo en mente.

---

[15] Arthur S. Goldberger, *A Course in Econometrics,* Harvard University Press, Cambridge, Massachusetts, 1991, p. 240. *Obsérvese* que b_j es el estimador MCO de β_j y $\hat\sigma_{bj}$ es su error estándar. Este enfoque está corroborado en D.N. McCloskey, «The Loss Function Has Been Mislaid: The Rhetoric of Significance Tests,» *American Economic Review,* vol. 75, 1985, pp. 201-205.

[16] *Véase* su artículo citado en la nota de pie de página 12, p.1271.

5.9 ANÁLISIS DE REGRESIÓN Y ANÁLISIS DE VARIANZA

En esta sección se estudiará el análisis de regresión desde el punto de vista del análisis de varianza y se introducirá al lector hacia una forma complementaria de mirar el problema de la inferencia estadística.

En el capítulo 3, sección 3.5, se desarrolló la siguiente identidad:

$$\sum y_i^2 = \sum \hat{y}_i^2 + \sum \hat{u}_i^2 = \hat{\beta}_2^2 \sum x_i^2 + \sum \hat{u}_i^2 \qquad (3.5.2)$$

es decir, STC = SEC + SRC, la cual descompone la suma total de cuadrados (STC) en dos componentes: la suma explicada de cuadrados (SEC) y la suma de residuales al cuadrado (SRC). Un estudio de estos componentes de STC se conoce como el **análisis de varianza** (ANOVA) desde el punto de vista de la regresión.

Asociado con toda suma de cuadrados están sus g de l, es decir, el número de observaciones independientes sobre las cuales está basada. La STC tiene $n-1$ g de l porque se pierde 1 g de l en el cálculo de la media muestral $\bar{Y}$. La SRC tiene $n-2$ g de l. (¿Por qué?) (*Nota:* Esto es cierto solamente para el modelo de regresión con dos variables con presencia del intercepto β_1). SEC tiene 1 g de l (de nuevo, esto es cierto solamente para el caso de dos variables), lo cual se deduce del hecho de que SEC $= \hat{\beta}_2^2 \sum x_i^2$ es una función de $\hat{\beta}_2$ sólo si $\sum x_i^2$ es conocida.

Reorganícense las sumas de cuadrados y sus g de l asociados en la tabla 5.3, que es la forma estándar de la tabla AOV, denominada algunas veces la **tabla ANOVA**. Dada la información de la tabla 5.3, considérese ahora la siguiente variable:

$$F = \frac{\text{SPC de SEC}}{\text{SPC de SRC}}$$

$$= \frac{\hat{\beta}_2^2 \sum x_i^2}{\sum \hat{u}_i^2/(n-2)}$$

$$= \frac{\hat{\beta}_2^2 \sum x_i^2}{\hat{\sigma}^2} \qquad (5.9.1)$$

Si se supone que las perturbaciones u_i están normalmente distribuidas y $H_0 : \beta_2 = 0$, puede demostrarse que la F de (5.9.1) satisface las condiciones del teorema 4.6 (sección 4.5) y, por consiguiente, presenta la distribución F con 1 y $n-2$ g de l. (*Véase* el apéndice 5A, sección 5A.2).

¿Qué uso puede hacerse de la razón F anterior? Puede demostrarse[17] que

$$E\left(\hat{\beta}_2^2 \sum x_i^2\right) = \sigma^2 + \beta_2^2 \sum x_i^2 \qquad (5.9.2)$$

y

$$E\frac{\sum \hat{u}_i^2}{n-2} = E(\hat{\sigma}^2) = \sigma^2 \qquad (5.9.3)$$

---

[17]Para una demostración, *véase* K.A. Brownlee, *Statistical Theory and Methodology in Science and Engineering,* John Wiley & Sons, New York, 1960, pp. 278-280.

TABLA 5.3
Tabla ANOVA para el modelo de regresión con dos variables

Fuente de variación	SC*	g de l	SPC†
Debido a la regresión (SEC)	$\sum \hat{y}_i^2 = \hat{\beta}_2^2 \sum x_i^2$	1	$\hat{\beta}_2^2 \sum x_i^2$
Debido a los residuos (SRC)	$\sum \hat{u}_i^2$	$n - 2$	$\dfrac{\sum \hat{u}_i^2}{n-2} = \hat{\sigma}^2$
STC	$\sum y_i^2$	$n - 1$	

* SC significa suma de cuadrados.

† Significa suma de promedio de cuadrados, la cual se obtiene dividiendo SC por el número de g de l.

(Obsérvese que β_2 y σ^2 al lado derecho de estas ecuaciones son los verdaderos parámetros). Por consiguiente, si β_2, es en realidad cero, ambas ecuaciones (5.9.2) y (5.9.3) proporcionan estimaciones idénticas del verdadero σ^2. En esta situación, la variable explicativa X no tiene influencia lineal alguna sobre Y y toda la variación en Y es explicada por las perturbaciones aleatorias u_i. De otra parte, si β_2 es diferente de cero, (5.9.2) y (5.9.3) serán diferentes y parte de la variación en Y se atribuirá a X. Por consiguiente, la razón F de (5.9.1) constituye una prueba sobre la hipótesis nula H_0: $\beta_2 = 0$. Puesto que todas las cantidades que hacen parte de esta ecuación pueden ser obtenidas a partir de la muestra disponible, esta razón F constituye un estadístico de prueba para verificar la hipótesis nula de que el verdadero β_2 es igual a cero. Todo lo que debe hacerse es calcular la razón F y compararla con el valor crítico F obtenido de la tabla F al nivel de significancia seleccionado, u obtener el **valor p** del estadístico F calculado.

A manera de ilustración, se continúa con el ejemplo consumo-ingreso. La tabla ANOVA para este ejemplo se presenta en la Tabla 5.4. El valor F calculado es 202.87. El valor p de este estadístico F correspondiente a 1 y 8 g de l no puede ser obtenido de la tabla F dada en el apéndice D pero, utilizando tablas estadísticas electrónicas puede demostrarse que el valor p es 0.0000001, en efecto una probabilidad muy pequeña. Si se decide escoger el enfoque de nivel de significancia para la prueba de hipótesis y fijar α en 0.01, o en un nivel del 1%, se puede ver que la F calculada de 202.87 es obviamente significativa a este nivel. Por consiguiente, si se rechaza la hipótesis nula de que $\beta_2 = 0$, la probabilidad de cometer un error tipo I es muy pequeña. Para todos los fines prácticos, la muestra no pudo haber provenido de una población con un valor β_2 igual a cero y se puede concluir con gran confianza que X, el ingreso, afecta Y, el gasto de consumo.

Recuérdese el teorema 4.7 de la sección 4.5, que plantea que el cuadrado del valor t con k g de l es un valor F con un g de l en el numerador y k g de l en el denominador. Para el ejemplo consumo-ingreso, si se supone H_0: $\beta_2 = 0$, entonces de (5.3.2) puede verificarse fácilmente que el valor t

TABLA 5.4
Tabla ANOVA para el ejemplo consumo-ingreso

Fuente de variación	SC	g de l	STC	
Debido a la regresión (SEC)	8552.73	1	8552.73	$F = \dfrac{8552.73}{42.159}$
Debido a los residuos (SRC)	337.27	8	42.159	$= 202.87$
STC	8890.00	9		

estimado es 14.24. Este valor t tiene 8 g de l. Bajo la misma hipótesis nula, el valor F era 202.87 con 1 y 8 g de l. De donde $(14.24)^2$ = valor F, excepto por errores de aproximación.

Así, la pruebas t y F proporcionan dos formas alternas, pero complementarias, de probar la hipótesis nula que $\beta_2 = 0$. Si este es el caso, ¿por qué no simplemente confiar en la prueba t y no preocuparse por la prueba F y por el análisis de varianza que lo acompaña? Para el modelo de dos variables, realmente no hay necesidad de recurrir a la prueba F. Pero cuando se considere el tema de la regresión múltiple, se verá que la prueba F tiene diversas aplicaciones interesantes que hacen que sea un método muy útil y poderoso de demostrar hipótesis estadísticas.

5.10 APLICACIÓN DEL ANÁLISIS DE REGRESIÓN: PROBLEMA DE PREDICCIÓN

Con base en los datos muestrales de la tabla 3.2, se obtuvo la siguiente regresión muestral

$$\hat{Y}_i = 24.4545 + 0.5091X_i \qquad (3.6.2)$$

donde $\hat{Y}_t$ es el estimador del verdadero $E(Y_i)$ correspondiente a X dado. ¿Qué uso se puede dar a esta **regresión histórica**? Un uso es «predecir» o «pronosticar» el gasto de consumo futuro Y correspondiente a algún nivel dado de ingreso X. Ahora, hay dos clases de predicciones: (1) la predicción del valor de la media condicional de Y correspondiente a un valor escogido X, por ejemplo X_0, que es el punto sobre la línea de regresión poblacional misma (*véase* fig. 2.2), y (2) predicción de un valor individual Y correspondiente a X_0. Se llamarán estas dos predicciones la **predicción media** y la **predicción individual**.

Predicción media[18]

Para ordenar las ideas, supóngase que $X_0 = 100$ y se desea predecir $E(Y \mid X_0 = 100)$. Ahora, puede demostrarse que la regresión histórica (3.6.2) proporciona la estimación puntual de esta predicción media de la siguiente forma:

$$\begin{aligned} \hat{Y}_0 &= \hat{\beta}_1 + \hat{\beta}_2 X_0 \\ &= 24.4545 + 0.5091(100) \\ &= 75.3645 \qquad (5.10.1) \end{aligned}$$

donde $\hat{Y}_0$ = estimador de $E(Y \mid X_0)$. Puede demostrarse que este predictor puntual es el mejor estimador lineal e insesgado (MELI).

Puesto que $\hat{Y}_0$ es un estimador, es probable que éste sea diferente de su verdadero valor. La diferencia entre los dos valores dará alguna idea sobre el error de predicción o de pronóstico. Para evaluar este error, es necesario encontrar la distribución muestral de $\hat{Y}_0$. En el apéndice 5A, sección 5A.3, se demuestra que en la ecuación (5.10.1), $\hat{Y}_0$ está normalmente distribuida con media $(\beta_1 + \beta_2 X_0)$ y con varianza dada por la siguiente fórmula:

$$\operatorname{var}(\hat{Y}_0) = \sigma^2 \left[\frac{1}{n} + \frac{(X_0 - \bar{X})^2}{\sum x_i^2} \right] \qquad (5.10.2)$$

---

[18]Para las pruebas de las distintas afirmaciones hechas, *véase* el apéndice 5A, sección 5A.3.

Al reemplazar σ^2 desconocido por su estimador insesgado $\hat{\sigma}^2$, se cumple que la variable

$$t = \frac{\hat{Y}_0 - (\beta_1 + \beta_2 X_0)}{\text{ee}(\hat{Y}_0)} \qquad (5.10.3)$$

sigue una distribución t con $n - 2$ g de l. La distribución t puede ser utilizada por consiguiente para construir intervalos de confianza para el verdadero $E(Y_0 \mid X_0)$ y para hacer pruebas de hipótesis acerca de tal valor de la manera usual, a saber,

$$\Pr[\hat{\beta}_1 + \hat{\beta}_2 X_0 - t_{\alpha/2}\,\text{ee}(\hat{Y}_0) \leq \beta_1 + \beta_2 X_0 \leq \hat{\beta}_1 + \hat{\beta}_2 X_0 + t_{\alpha/2}\,\text{ee}(\hat{Y}_0)] = 1 - \alpha$$

$$(5.10.4)$$

donde $\text{ee}(\hat{Y}_0)$ se obtiene de (5.10.2).

Para los datos (*véase* tabla 3.3),

$$\text{var}(\hat{Y}_0) = 42.159\left[\frac{1}{10} + \frac{(100 - 170)^2}{33,000}\right]$$

$$= 10.4759$$

y

$$\text{ee}(\hat{Y}_0) = 3.2366$$

Por consiguiente, el intervalo de confianza al 95% para el verdadero $E(Y \mid X_0) = \beta_1 + \beta_2 X_0$ está dado por

$$75.3645 - 2.306(3.2366) \leq E(Y_0 \mid X = 100) \leq 75.3645 + 2.306(3.2366)$$

es decir,

$$67.9010 \leq E(Y \mid X = 100) \leq 82.8381 \qquad (5.10.5)$$

Por tanto, dada $X_0 = 100$, en muestreo repetido, en 95 de cada 100 intervalos como (5.10.5) estará incluído el verdadero valor medio; la mejor estimación del verdadero valor medio es, por supuesto, la estimación puntual 75.3645.

Si se obtienen intervalos de confianza al 95% como (5.10.5) para cada uno de los valores de X dados en la tabla 3.2, se obtiene lo que se conoce como el **intervalo de confianza**, o **banda de confianza**, para la función de regresión poblacional, que se presenta en la figura 5.6.

Predicción individual

Si nuestro interés está en predecir un valor individual Y, Y_0 correspondiente a un valor dado X, digamos, X_0, entonces, como se muestra en el apéndice 5, sección 5A.3, el mejor estimador lineal insesgado de Y_0 está dado también por (5.10.1), pero su varianza es la siguiente:

$$\text{var}(Y_0 - \hat{Y}_0) = E[Y_0 - \hat{Y}_0]^2 = \sigma^2\left[1 + \frac{1}{n} + \frac{(X_0 - \bar{X})^2}{\sum x_i^2}\right] \qquad (5.10.6)$$

Puede demostrarse además que Y_0 también sigue una distribución normal con media y varianza dadas por (5.10.1) y (5.10.6), respectivamente. Sustituyendo $\hat{\sigma}^2$ desconocido por σ^2, se cumple que

$$t = \frac{Y_0 - \hat{Y}_0}{\text{ee}(Y_0 - \hat{Y}_0)}$$

también sigue una distribución t. Por consiguiente, la distribución t puede utilizarse para hacer inferencia sobre el verdadero Y_0. Al continuar con nuestro ejemplo consumo-ingreso, se ve que la predicción puntual de Y_0 es 75.3645, igual a $\hat{Y}_0$ y su varianza es 52.6349 (el lector debe verificar este cálculo). Por consiguiente, el intervalo de confianza al 95% para Y_0 correspondiente a $X_0 = 100$ es

$$(58.6345 \le Y_0 \mid X_0 = 100 \le 92.0945) \tag{5.10.7}$$

Comparando este intervalo con (5.10.5), se ve que el intervalo de confianza para el Y_0 individual es más amplio que el intervalo para el valor medio de Y_0. (¿Por qué?) Calculando los intervalos de confianza como en (5.10.7) condicionales a los valores de X dados en la tabla 3.2, se obtiene la banda de confianza al 95% para los valores individuales Y correspondientes a estos valores de X. Esta banda de confianza, al igual que la banda de confianza para $\hat{Y}_0$ asociadas con los mismos X, se muestran en la figura 5.6.

Nótese una característica importante de las bandas de confianza que se muestran en la figura 5.6. La amplitud más pequeña de estas bandas se presenta cuando $X_0 = \bar{X}$. (¿Por qué?) Sin embargo, ésta aumenta considerablemente a medida que X_0 se aleja de $\bar{X}$. (¿Por qué?) Este cambio sugeriría que la capacidad de predicción de la línea de regresión muestral *histórica* decrece a medida que X_0 se aleja progresivamente de $\bar{X}$. **Por consiguiente, se debe ser cauteloso al «extrapolar» la línea de regresión histórica para predecir $E(Y \mid X_0)$ o Y_0 asociado con un X_0 dado, que esté muy alejado de la media muestral $\bar{X}$.**

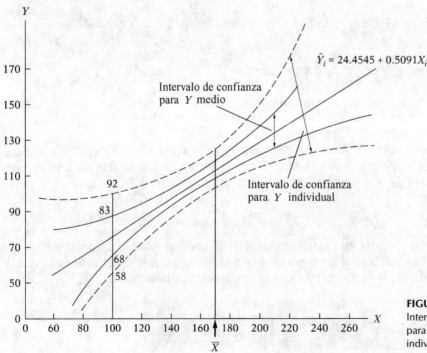

FIGURA 5.6
Intervalos (bandas) de confianza para Y medio y para valores individuales de Y.

5.11 INFORME DE RESULTADOS
DEL ANÁLISIS DE REGRESIÓN

Existen diversas formas de presentar los resultados de un análisis de regresión, sin embargo, en este texto se utilizará el siguiente formato, empleando el ejemplo consumo-ingreso del capítulo 3 a manera de ilustración:

$$\hat{Y}_i = 24.4545 \quad + \quad 0.5091X_i$$

$$ee = (6.4138) \quad\quad (0.0357) \quad\quad\quad r^2 = 0.9621$$

$$t = (3.8128) \quad\quad (14.2405) \quad\quad g \text{ de } l = 8 \quad\quad (5.11.1)$$

$$p = (0.002571) \quad\quad (0.000000289) \quad\quad F_{1,2} = 202.87$$

En la ecuación (5.11.1), las cifras en el primer conjunto de paréntesis son los errores estándar estimados de los coeficientes de regresión, las cifras del segundo conjunto son los valores t estimados calculados de (5.3.2) bajo la hipótesis nula de que el verdadero valor poblacional de cada coeficiente de regresión individual es cero (es decir, $3.8128 = 24.4545 \div 6.4138$), y las cifras en el tercer grupo son los valores p o «p-values» estimados. Por tanto, para 8 g de l la probabilidad de obtener un valor t mayor o igual a 3.8128 es 0.0026 y la probabilidad de obtener un valor t mayor o igual a de 14.2405 es alrededor de 0.0000003.

Al presentar los valores p de los coeficientes t estimados, se puede ver inmediatamente el nivel exacto de significancia de cada valor t estimado. Así, bajo la hipótesis nula de que el verdadero valor del intercepto poblacional es cero, la probabilidad exacta (es decir, el valor p) de obtener un valor t mayor o igual a 3.8128 es apenas de 0.0026. Por consiguiente, si rechazamos esta hipótesis nula, la probabilidad de que se cometa un error tipo I es de cerca de 26 en 10,000, en efecto una probabilidad muy baja. Para todo fin práctico, se puede decir que el verdadero intercepto poblacional es diferente de cero. De igual forma, el valor p del coeficiente de la pendiente estimado es cero para cualquier fin práctico. Si la verdadera PMC fuera de hecho cero, la posibilidad de obtener una PMC de 0.5091 sería prácticamente cero. Por lo cual se puede rechazar la hipótesis nula de que la verdadera PMC es cero.

En el teorema 4.7 se muestra la conexión entre los estadísticos F y t, a saber, $F_{1,k} = t_k^2$. Bajo la hipótesis nula de que el verdadero $\beta_2 = 0$, (5.11.1) muestra que el valor F es 202.87 (para 1 g de l en el numerador y 8 g de l en el denominador) y el valor t es cercano a 14.24 (8 g de l); como se esperaba, el primer valor es igual al último valor elevado al cuadrado, salvo por errores de aproximación. La tabla ANOVA para este problema ya ha sido analizada.

5.12 EVALUACIÓN DE RESULTADOS
DEL ANÁLISIS DE REGRESIÓN

En la figura I.4 de la introducción se esboza la anatomía de la elaboración de modelos econométricos. Ahora que se han presentado los resultados del análisis de regresión de nuestro ejemplo consumo-ingreso en (5.11.1), nos gustaría cuestionar la bondad del modelo ajustado. ¿Qué tan «bueno» es el modelo ajustado? Se necesita algún criterio para poder responder a esta pregunta.

Primero, ¿están los signos de los coeficientes estimados de acuerdo con las expectativas teóricas o previas? *A priori*, la propensión marginal a consumir (PMC) en la función consumo β_2, debe ser positiva. En el presente ejemplo, lo es. Segundo, si la teoría dice que la relación no debe ser solamente positiva sino también estadísticamente significativa, ¿es este el caso en la presente aplicación? Como lo analizamos en la sección 5.11, la PMC no sólo es positiva sino también estadísticamente signficativa, es decir, diferente de cero; el valor p del valor t estimado es extremadamente pequeño. Los mismos comentarios son aplicables al coeficiente del intercepto. Tercero, ¿qué tan bien explica el modelo de regresión la variación en el gasto de consumo? Se puede utilizar r^2 para responder esta pregunta. En el ejemplo presente, r^2 es alrededor de 0.96, el cual es un valor muy alto considerando que r^2 puede ser como máximo 1.

Por tanto, el modelo que se ha escogido para explicar el comportamiento del gasto de consumo parece muy bueno. Pero antes de comprometerse con él, sería interesante averiguar si el modelo satisface los supuestos del MCRLN. No se mirarán, ahora los diversos supuestos pues la simplicidad del modelo es clara. Solo hay un supuesto que se podría verificar, a saber, el de normalidad del término de perturbación, u_i. Recuérdese que la pruebas t y F utilizadas antes requieren que el término de error siga una distribución normal. De lo contrario, el procedimiento de prueba no será válido en muestras pequeñas, o finitas.

Prueba de normalidad

Aunque se han estudiado diversas pruebas de normalidad en la teoría, solamente se considerarán dos: (1) la **prueba de bondad de ajuste ji cuadrado** y (2) la **prueba de Jarque-Bera**. Ambas pruebas utilizan los residuales $\hat{u}_i$ y la distribución de probabilidad ji-cuadrado.

PRUEBA DE BONDAD DE AJUSTE JI CUADRADO (χ^2)[19]. Esta prueba se realiza de la siguiente forma: Primero se corre la regresión, se obtienen los residuales, u_i y se calcula la desviación estándar muestral de $\hat{u}_i$ [*Nota:* var$(\hat{u}_i) = \sum(\hat{u}_i - \bar{\hat{u}})^2/(n-1) = \sum \hat{u}_i^2/(n-1)$, puesto que $\bar{\hat{u}} = 0$]. Entonces se ordenan los residuales por rango y se ubican en diversos grupos (en el ejemplo, se han ubicado en seis grupos) correspondientes al número de desviaciones estándar desde cero. (*Nota:* El valor de la media de los residuales es cero. ¿Por qué?) Para el ejemplo, se obtienen los siguientes datos, para su análisis.

Residuales observados (O_i)	0.0	2.0	3.0	4.0	1.0	0.0	
Residuos esperados (E_i)	0.2	1.4	3.4	3.4	1.4	0.2	
$(O_i - E_i)^2/E_i$	0.2	0.26	0.05	0.10	0.11	0.2	Suma = 0.92

Nota: $O_i = \hat{u}_i$, donde $\hat{u}_i$ son residuales MCO

La fila titulada como residuales observados da la *distribución de frecuencia* de los residuales para desviaciones estándar específicas por debajo y por encima de cero. En el ejemplo no hay residuales a una distancia de 2 desviaciones estándar por debajo de cero, hay 2 residuales entre 1 y 2 desviaciones estándar por debajo de cero, hay 3 residuales entre 0 y 1 desviaciones estándar por debajo de cero, hay 4 residuales entre 0 y 1 desviación estándar por encima de cero, hay 1 residual entre 1 y 2 desviaciones estándar por encima de cero y no hay residuales más allá de 2 desviaciones estándar por encima de cero.

---

[19]La siguiente exposición está basada en Kenneth J. White y Linda T. M. Bui, *Basic Econometrics: A Computer Handbook Using SHAZAM* para ser utilizado con Gujarati, *Basic Econometrics*, McGraw-Hill, New York, 1988, p. 34. El paquete de computador TSP también utiliza un procedimiento similar.

De la fila de residuos esperados se obtiene la *distribución de frecuencia* de los residuos con base en una distribución de probabilidad hipotética, normal en este caso[20]. En la tercera fila se calcula la diferencia entre las frecuencias observadas y esperadas, se eleva al cuadrado la diferencia, se divide por la frecuencia esperada y se suman. Algebraicamente, se tiene

$$X^2 = \sum_{i=1}^{k} \frac{(O_i - E_i)^2}{E_i} \tag{5.12.1}$$

donde O_i = frecuencia observada en la clase o intervalo i y E_i = la frecuencia esperada en la clase i con base en la distribución hipotética, es decir, la normal. Ahora, si la diferencia entre las frecuencias observada y esperada es «pequeña», esto sugiere que las perturbaciones u_i probablemente provienen de la distribución de probabilidad hipotética. Por otra parte, si la discrepancia entre las frecuencias observada y esperada es «grande», podemos rechazar la hipótesis nula de que las perturbaciones provienen, de la distribución de probabilidad hipotética. Por esta razón, el estadístico dado en (5.12.1) es llamado una medida de **bondad de ajuste,** ya que nos dice qué tan bien se ajusta la distribución de probabilidad hipotética a los datos observados (es decir, ¿es el ajuste bueno?).

¿Qué tan «grande» o «pequeño» debe ser el valor de X^2 dado en (5.12.1) para hacernos decidir en contra o a favor de la hipótesis nula, es decir, rechazarla o no? Puede mostrarse que si el tamaño de la muestra es razonablemente grande, el estadístico X^2 dado en (5.12.1) *presenta aproximadamente la distribución ji cuadrado* (χ^2) *con* $(N - 1)$ *g de l, donde N es el número de clases o de grupos*[21]. Se pierde un grado de libertad debido a la restricción de que el número total de frecuencias observadas y esperadas debe ser el mismo.

Volviendo al ejemplo de consumo-ingreso, como se mostró en la tabla anterior, vemos que el valor de X^2 es alrededor de 0.92. Aunque el tamaño de la muestra es más bien pequeño, solamente para ilustrar el procedimiento aplicaremos la prueba ji cuadrado. En este ejemplo se tienen seis clases. Parecería que los grados de libertad fueran $(6 - 1) = 5$. Pero, como se anotó en la nota de pie de página 21, perdimos 3 g de l más, pues se tuvieron que estimar β_1 y β_2 antes de poder calcular los residuos $\hat{u}_i$ y 1 porque se utilizan los datos para estimar la desviación estándar de los residuos. Ahora, para 2 g de l, el **valor** p de obtener un valor ji cuadrado mayor o igual que 0.92 es alrededor de 0.63. Puesto que esta probabilidad es bastante alta, la diferencia entre los valores observado y esperado de los residuos no es lo suficientemente fuerte para rechazar el supuesto de normalidad.

A propósito, antes de aplicar la prueba ji cuadrado de la forma recién descrita, se puede, en forma sencilla, graficar los residuos observados dados en la tabla anterior en la forma de **histograma** como aparece en la figura 5.7. Como lo muestra esta figura, los residuales observados (medidos en términos de unidades de desviación estándar desde cero) parecen aproximarse a la distribución normal. *Muy frecuentemente, una gráfica como ésta es una buena manera de aprender informalmente sobre la forma probable de la distribución de probabilidad de una variable aleatoria.*

---

[20]SHAZAM, TSP, ET™, y diversos paquetes estadísticos pueden ajustar a una distribución normal para un conjunto de datos. Estos paquetes también proporcionan una prueba ji-cuadrado que se analiza en breve.

[21]La regla general para encontrar los grados de libertad es la siguiente: g de l = $(N - 1 - k)$, donde N es el número de grupos y k es el número de parámetros estimados. En nuestro caso, recuérdese que se está tratando con los residuos $\hat{u}_i$. Pero, para obtener estos residuos primero se deben estimar los dos parámetros desconocidos, β_1 y β_2. Entonces se pierden 2 g de l. Ahora, para ajustar la distribución normal a los u_i, se tienen que estimar los parámetros de la misma, a saber, la media y la varianza. Pero, puesto que el valor de la media de $\hat{u}_i$ es cero (¿Por qué?), solamente se tiene que estimar la varianza. Por tanto, se pierde 1 g de l. Por consiguiente, se pierde $k = 3$ g de l. Dado que se tiene $N = 6$, los g de l son entonces, $(6 - 1 - 3) = 2$. Sobre el uso de la prueba ji cuadrado en la medición de bondad del ajuste, *véase* cualquier libro de introducción a la estadística.

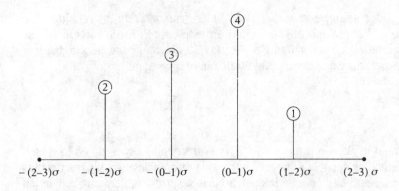

FIGURA 5.7
Distribución de residuos en el ejemplo consumo-ingreso, número de
desviaciones estándar(σ) por debajo y por encima de cero.

PRUEBA DE NORMALIDAD DE JARQUE-BERA (JB)[22]. La prueba JB de normalidad es una prueba
asintótica, o de grandes muestras. También está basada en los residuos MCO. Esta prueba calcula
primero la **asimetría** y la **curtosis** o apuntamiento (descritos en el apéndice A) de los residuos MCO
y utiliza el siguiente estadístico de prueba:

$$JB = n\left[\frac{A^2}{6} + \frac{(K-3)^2}{24}\right] \qquad (5.12.2)$$

donde A representa la **asimetría** y K representa la **curtosis** o apuntamiento.

Puesto que para una distribución normal el valor de la asimetría es cero y el valor de la
curtosis es 3, en (5.12.2) $(K-3)$ representa la curtosis excedente. Bajo la hipótesis nula de que los
residuos están normalmente distribuidos, Jarque y Bera demostraron que **asintóticamente (es
decir, en muestras grandes) el estadístico JB dado en (5.12.2) sigue una distribución ji cuadrado con 2 g de l.** Si el valor p del estadístico ji cuadrado calculado en una aplicación es suficientemente pequeño, se puede rechazar la hipótesis de que los residuos están normalmente distribuidos.
Pero si el valor p es razonablemente alto, no se rechaza el supuesto de normalidad.

En el ejemplo consumo-ingreso se encuentra (utilizando los paquetes **SHAZAM, TSP,** o **ET**) el
valor JB de 0.7769. Si la muestra fuera razonablemente grande, el valor p de obtener tal valor ji
cuadrado para 2 g de l sería alrededor de 0.6781, una probabilidad bastante grande. Por consiguiente, asintóticamente, no se rechaza el supuesto de normalidad.

Otras prueba sobre la bondad del modelo

Recuérdese que el MCRLN tiene muchos otros supuestos adicionales al de la normalidad del
término de error. A medida que se desarrolle la teoría econométrica, se considerarán diversas
pruebas de la bondad del modelo. Hasta entonces, recuérdese que nuestra elaboración de modelos de regresión está basada en diversos supuestos simplificadores que pueden no mantenerse en
todos los casos.

---

[22]*Véase* C.M. Jarque y A.K. Bera, «A Test for Normality of Observations and Regression Residuals», *International Statistical
Review,* vol.55, 1987, pp. 163-172.

5.13 RESUMEN Y CONCLUSIONES

1. La estimación y las pruebas de hipótesis constituyen las dos ramas principales de la estadística clásica. Después de haber analizado el problema de la estimación en los capítulos 3 y 4, en este capítulo se han contemplado las pruebas de hipótesis.

2. Las pruebas de hipótesis responden a esta pregunta: ¿Es un hallazgo dado compatible con la hipótesis planteada, o no lo es?

3. Hay dos enfoques mutuamente complementarios para responder a la pregunta anterior: **intervalo de confianza** y **prueba de significancia**.

4. El enfoque de intervalo de confianza está basado en el concepto de **estimación de intervalos**. Un estimador de intervalos es un intervalo o rango construido de tal manera que tiene una probabilidad específica de contener dentro de sus límites el verdadero valor del parámetro desconocido. El intervalo así construido se conoce como **intervalo de confianza**, que frecuentemente se define en forma porcentual, tal como 90 o 95%. El intervalo de confianza proporciona un conjunto de hipótesis factibles acerca del valor del parámetro desconocido. Si el valor al que hace referencia la hipótesis nula se encuentra en el intervalo de confianza, la hipótesis no se rechaza, mientras que si se encuentra por fuera de este intervalo, la hipótesis nula puede ser rechazada.

5. En el procedimiento de **prueba de significancia**, se desarrolla un **estadístico de prueba** y se examina su distribución muestral bajo la hipótesis nula. El estadístico de prueba sigue, con frecuencia, una distribución de probabilidad conocida como la normal, la t, la F, o la ji cuadrado. Una vez se ha calculado el estadístico de prueba (por ejemplo, el estadístico t) a partir de los datos disponibles, resulta sencillo obtener su valor p. El valor p da la probabilidad exacta de obtener el estadístico de prueba estimado bajo la hipótesis nula. Si este valor p es pequeño, se puede rechazar la hipótesis nula, pero si es grande puede no rechazarse. El investigador deberá decidir qué constituye un valor p pequeño o grande. Al seleccionar el valor p, el investigador debe considerar la probabilidad de cometer **errores tipo I y tipo II**.

6. En la práctica, se debe tener cuidado al determinar α, la probabilidad de cometer un **error tipo I**, asignándole valores arbitrarios tales como 1, 5, o 10%. Es mejor hacer referencia al **valor p** del estadístico de prueba. Además, la significancia estadística de un estimado no debe confundirse con su significancia práctica.

7. Por supuesto, la prueba de hipótesis presupone que el modelo seleccionado para el análisis empírico es adecuado en el sentido de que no viola alguno(s) de los supuestos que sirven de base al modelo clásico de regresión lineal normal. Por consiguiente, las pruebas sobre la bondad del modelo deben preceder a las pruebas de hipótesis. En este capítulo se describió una de estas pruebas, la **prueba de normalidad**, cuyo fin es establecer si el término de error sigue una distribución normal. Puesto que en muestras pequeñas, o finitas, las pruebas t, F y ji cuadrado requieren el supuesto de normalidad, es importante que este supuesto sea verificado formalmente.

8. Si el modelo se considera correcto o adecuado, puede ser utilizado para pronóstico. Pero, al pronosticar los valores futuros del regresando o variable dependiente, no se debe salir demasiado del rango muestral de los valores del regresor o variable explicativa. De lo contrario, los errores de pronóstico pueden aumentar en forma dramática.

EJERCICIOS

Preguntas

5.1. Establézcase si las siguientes afirmaciones son ciertas, falsas o inciertas. Explíquese la razón de la respuesta. Sea preciso.

(a) La prueba t de significancia estudiada en este capítulo requiere que las distribuciones muestrales de los estimadores $\hat{\beta}_1$ y $\hat{\beta}_2$ sigan una distribución normal.

(b) Aunque el término de perturbación en el MCRL no esté normalmente distribuído, los estimadores MCO continúan siendo insesgados.

(c) Si no hay intercepto en el modelo de regresión, las u_i $(= \hat{u}_i)$ no sumarán cero.

(d) El valor p y el tamaño de un estadístico de prueba tienen el mismo significado.

(e) En un modelo de regresión que contenga intercepto, la suma de los residuos es siempre cero.

(f) Si una hipótesis nula no es rechazada, ésta es verdadera.

(g) Entre mayor sea el valor de σ^2, mayor será la varianza de $\hat{\beta}_2$ dada en (3.3.1).

(h) Las medias condicional e incondicional de una variable aleatoria significan lo mismo.

(i) En una FRP de dos variables, si el coeficiente de la pendiente β_2 es cero, el intercepto β_1 es estimado por la media muestral $\bar{Y}$.

(j) La varianza condicional, $\text{var}(Y_i \mid X_i) = \sigma^2$ y la varianza incondicional de Y, $\text{var}(Y) = \sigma_Y^2$, serían la misma si X no tuviera influencia en Y.

5.2. Para el modelo de regresión dado en (3.7.2), prepárese la tabla ANOVA en la misma forma que la tabla 5.4 y pruébese la hipótesis de que el gasto de consumo personal y el Producto Interno Bruto de la economía de los Estado Unidos para 1980-1991, no estuvieron relacionados.

5.3. Considérese los siguientes resultados de regresión para la economía de los Estados Unidos durante el período 1968-1987 ($\hat{Y}$ = gasto de los Estados Unidos en bienes importados y X = ingreso personal disponible, ambos medidos en miles de millones de dólares de 1982):

$$\hat{Y}_t = -261.09 + 0.2453\, X_t$$
$$\text{ee} = \quad (31.327) \quad (\quad) \qquad r^2 = 0.9388$$
$$t = \quad (\quad) \quad (16.616) \qquad n = 20$$

(a) Complétense los números faltantes.

(b) ¿Cómo se interpreta el coeficiente 0.2453? ¿Y el coeficiente −261.09?

(c) ¿Se rechazaría la hipótesis de que el verdadero coeficiente de la pendiente es cero? ¿Cuál prueba se utiliza? y ¿por qué? ¿Cuál es el valor p de su estadístico de prueba?

(d) Elabórese la tabla ANOVA para este ejemplo y pruébese la hipótesis de que el verdadero coeficiente de la pendiente es cero. ¿Cuál prueba se utilizará y por qué?

(e) ¿Los resultados que se obtuvieron en (a) y (d) están en conflicto? Si no lo están ¿Explíquese la armonía entre estos dos resultados?

(f) Supóngase que en la regresión recién presentada no fue dado el valor r^2. ¿Podría obtenerse de los demás resultados en la regresión?

5.4. Sea ρ^2 el verdadero coeficiente de correlación poblacional. Supóngase que se desea probar la hipótesis de que $\rho^2 = 0$. Explíquese cómo se probaría esta hipótesis. *Guía:* Utilícese la ecuación (3.5.11). *Véase* también el ejercicio 5.7.

5.5. Lo que se conoce como la **línea característica** del análisis de inversión moderno, es sencillamente la línea de regresión obtenida del siguiente modelo:

$$r_{it} = \alpha_i + \beta_i r_{mt} + u_t$$

donde r_{it} = la tasa de retorno del iésimo título-valor en el tiempo t
r_{mt} = la tasa de retorno del portafolio del mercado en el tiempo t
u_t = término de perturbación estocástica

En este modelo, β_i es conocido como el **Coeficiente Beta** del $i$ésimo título-valor, una medida del riesgo del mercado (o sistemático) de un título-valor*.

Con base en 240 tasas de retorno mensuales para el período 1956-1976, Fogler y Ganapathy obtuvieron la siguiente línea característica para las acciones de IBM en relación con el índice de portafolio del mercado desarrollado en la Universidad de Chicago†:

$$r_{it} = 0.7264 + 1.0598 r_{mt} \qquad r^2 = 0.4710$$
$$\text{ee} = (0.3001) \quad (0.0728) \qquad \text{g de l} = 238$$
$$F_{1,238} = 211.896$$

(*a*) Se dice que un título-valor cuyo coeficiente Beta es mayor que uno es un título-valor volátil o agresivo. ¿Fueron las acciones de IBM valores volátiles en el período de tiempo bajo estudio?

(*b*) ¿Es el coeficiente del intercepto significativamente diferente de cero? Si lo es, ¿cuál es su significado práctico?

5.6. La ecuación (5.3.5) puede ser escrita también como

$$\Pr\left[\hat{\beta}_2 - t_{\alpha/2}\text{ee}(\hat{\beta}_2) < \beta_2 < \hat{\beta}_2 + t_{\alpha/2}\,\text{ee}(\hat{\beta}_2)\right] = 1 - \alpha$$

Es decir, la desigualdad débil ($\leq$) puede ser reemplazada por la desigualdad fuerte ($<$). ¿Por qué?

5.7. R.A. Fisher ha derivado la distribución muestral del coeficiente de correlación definido en (3.5.13). Si se supone que las variables X y Y tienen una distribución normal conjunta, es decir, si provienen de una distribución normal bivariada (*véase* el apéndice 4A, ejercicio 4.1), entonces, bajo el supuesto de que el coeficiente de correlación poblacional ρ es cero, puede demostrarse que $t = r\sqrt{n-2}/\sqrt{1-r^2}$ sigue la distribución t de Student con $n-2$ g de l.** Demuéstrese que este valor t es idéntico al valor t dado en (5.3.2) bajo la hipótesis nula de que $\beta_2 = 0$. Por tanto, establézcase que bajo la misma hipótesis nula $F = t^2$. (*Véase* sección 5.9.)

Problemas

5.8. Refiérase a la función de demanda por café estimada en la ecuación (3.7.1).

(*a*) Establézcanse intervalos de confianza *individuales* al 95% para β_1, β_2 y σ^2.

(*b*) Utilizando el enfoque de intervalos de confianza, pruébese la hipótesis de que el precio del café no tiene ningún efecto sobre el consumo de café.

(*c*) Repítase (*b*) utilizando el enfoque de prueba de significancia. ¿Cuál prueba se aplica y por qué? Utilícese $\alpha = 5\%$.

(*d*) ¿Cuál es el valor p del estadístico de prueba que se obtuvo en (*c*)? Si este valor p es menor que α, ¿qué se puede concluir?

(*e*) Llévese a cabo la tabla ANOVA para este problema y pruébese la hipótesis de que $\beta_2 = 0$. ¿Existe contradicción entre el resultado obtenido aquí y el obtenido en (*b*)?

(*f*) En lugar de probar la hipótesis nula de que $\beta_2 = 0$, ¿podría haberse probado la hipótesis de que el *verdadero* coeficiente de determinación es cero? ¿Cuál es la relación entre estas dos hipótesis?

(*g*) Supóngase que se rechaza la hipótesis nula de que $\beta_2 = 0$. ¿Podría rechazarse la hipótesis nula de que $\beta_2 = 1$? ¿Cuál prueba se utiliza para probar ésta última hipótesis?

(*h*) ¿Puede probarse la hipótesis de que $\beta_2 = 1$ utilizando la prueba F de ANOVA? ¿Por qué o por qué no?

Véase Haim Levy y Marshall Sarnat, *Portfolio and Investment Selection: Theory and Practice,* Prentice-Hall International, Englewood Cliffs, N.J., 1984, capítulo 12.

†H. Russell Fogler y Sundaram Ganapathy, *Financial Econometrics,* Prentice-Hall, Englewood Cliffs, N.J., 1982, p. 13.

**Si, en realidad, ρ es cero, Fisher ha demostrado que r sigue la misma distribución t siempre y cuando X o Y estén normalmente distribuidas. Pero si ρ no es igual a cero, ambas variables deben estar normalmente distribuidas. *Véase* R.L. Anderson y T.A. Bancroft, *Statistical Theory in Research,* McGraw-Hill, New York, 1952, pp. 87-88.

5.9. Refiérase al ejercicio 3.19.

(*a*) Estímense las dos regresiones que allí se dan y obténgase la información usual, tal como errores estándar, etc.

(*b*) Pruébese la hipótesis de que las perturbaciones en los dos modelos de regresión están normalmente distribuidos.

(*c*) En la regresión de precios del oro, pruébese la hipótesis de que $\beta_2 = 1$, es decir, de que existe una relación uno a uno entre los precios del oro y el IPC (es decir, el oro es la protección perfecta). ¿Cuál es el valor p del estadístico de prueba estimado?

(*d*) Repítase el paso (*c*) para la regresión del Indice BVNY. ¿Es la inversión en el mercado de acciones una protección perfecta frente a la inflación? ¿Cuál es la hipótesis nula que usted está probando? ¿Cuál es su valor p?

(*e*) Entre el oro y las acciones, ¿qué inversión se escogería? ¿Cuál es la base de la decisión?

5.10. Refiérase al ejercicio 3.20. Constrúyase la tabla ANOVA para probar la hipótesis de que cambios en la oferta monetaria no tuvieron efecto alguno sobre los precios al consumidor en Japón para el período de tiempo fijado.

5.11. Refiérase al ejercicio 3.21.

(*a*) ¿Existe una relación entre la cantidad de teléfonos y el PIB *per cápita* en Singapur para el período 1960- 1981? ¿Cómo se sabe?

(*b*) Supóngase que el PIB real *per cápita* en 1982 fue US\$5752. ¿Cuál es el valor estimado de la media de Y, el número de teléfonos por cada 1000 personas, para ese año? Establézcase un intervalo de confianza al 95% para este estimado.

5.12. Refiérase al ejercicio 1.1. Para cada país que allí aparece, ajústese el siguiente modelo:

$$Y_t = \beta_1 + \beta_2 X_t + u_t$$

donde $Y_t =$ tasa de inflación en el tiempo t
$X_t =$ tiempo, toma los valores 1,2,...,21
$u_t =$ el término de perturbación estocástico.

(*a*) ¿Qué conclusiones generales se pueden obtener sobre el comportamiento de la inflación en cada país?

(*b*) Para la regresión de cada país, pruébese la hipótesis de que β_2, el coeficiente de tendencia, es mayor que cero. (Utilícese un nivel de significancia del 5%).

5.13. Continúese con los datos del ejercicio 1.1 y estímese la siguiente regresión:

$$Y_{it} = \beta_1 + \beta_2 X_t + u_t$$

donde $Y_{it} =$ tasa de inflación del país i, siendo i el Reino Unido,
Japón, Alemania o Francia
$X_t =$ tasa de inflación de los Estados Unidos.

(*a*) Para cada una de las cuatro regresiones, ¿existe alguna relación entre la tasa de inflación de ese país y la de los Estados Unidos?

(*b*) ¿Cómo se haría para probar formalmente esa relación?

(*c*) ¿Puede utilizarse el modelo para predecir la tasa de inflación para los cuatro países de 1980 en adelante? ¿Por qué sí o por qué no?

5.14. La siguiente tabla presenta los datos observados sobre el Producto Nacional Bruto y cuatro definiciones de la oferta monetaria de los Estados Unidos durante el período 1970-1983.

Producto Nacional Bruto y cuatro medidas de la oferta monetaria

Año	PNB, US$ miles de millones	Medida de Oferta monetaria, US$ miles de millones			
		M_1	M_2	M_3	L
1970	992.70	216.6	628.2	677.5	816.3
1971	1,077.6	230.8	712.8	776.2	903.1
1972	1,185.9	252.0	805.2	886.0	1,023.0
1973	1,326.4	265.9	861.0	985.0	1,141.7
1974	1,434.2	277.6	908.5	1,070.5	1,249.3
1975	1,549.2	291.2	1,023.3	1,174.2	1,367.9
1976	1,718.0	310.4	1,163.6	1,311.9	1,516.6
1977	1,918.3	335.4	1,286.7	1,472.9	1,704.7
1978	2,163.9	363.1	1,389.1	1,647.1	1,910.6
1979	2,417.8	389.1	1,498.5	1,804.8	2,117.1
1980	2,631.7	414.9	1,632.6	1,990.0	2,326.2
1981	2,957.8	441.9	1,796.6	2,238.2	2,599.8
1982	3,069.3	480.5	1,965.4	2,462.5	2,870.8
1983	3,304.8	525.4	2,196.3	2,710.4	3,183.1

Definiciones:

M_1 = circulante + depósitos a la vista + cheques viajeros y otros depósitos a corto plazo (ODC)

$M_2 = M_1$ + transacciones de recompra (RC) entre bancos y eurodólares a corto plazo + saldos FMMM (fondos mutuos mercado monetario) + CAMM (Cuentas de ahorro del mercado monetario) + ahorros y pequeños depósitos $M_3 = M_2$ + depósitos al largo plazo + transacciones de recompra a largo plazo (RC a término) + FMMM institucional

$L = M_3$ + otros activos líquidos

Fuente: Economic Report of the President, 1985, datos del PNB de la tabla B-1, p.232; Datos de oferta monetaria de la tabla B-61, p. 303.

Al hacer regresiones del PNB con respecto a las diversas definiciones de dinero, obtenemos los resultados que aparecen en la siguiente tabla:

Regresiones PNB-oferta monetaria, 1970-1983

$$1) \, PNB_t = -787.4723 + 8.0863 \, M_{1t} \qquad r^2 = 0.9912$$
$$(77.9664) \quad (0.2197)$$

$$2) \, PNB_t = -44.0626 + 1.5875 \, M_{2t} \qquad r^2 = 0.9905$$
$$(61.0134) \quad (0.0448)$$

$$3) \, PNB_t = 159.1366 + 1.2034 \, M_{3t} \qquad r^2 = 0.9943$$
$$(42.9882) \quad (0.0262)$$

$$4) \, PNB_t = 164.2071 + 1.0290 \, L_t \qquad r^2 = 0.9938$$
$$(44.7658) \quad (0.0234)$$

Nota: Las cifras en paréntesis son los errores estándar estimados.

Los monetaristas o partidarios de la teoría cuantitativa sostienen que el ingreso nominal (es decir, el PNB nominal) está determinado en gran medida por cambios en la cantidad de dinero, aunque no hay consenso sobre la definición «correcta» de dinero. Dados los resultados de la tabla anterior, considérense las siguientes preguntas:

(a) ¿Cuál definición de oferta monetaria parece estar estrechamente relacionada con el PNB nominal?

(b) Puesto que los términos r^2 son uniformemente elevados, significa este hecho que la escogencia de la definición de dinero no tiene importancia?

(c) Si el Banco de la Reserva Federal desea controlar la oferta monetaria, ¿cuál de estas medidas de dinero es una mejor meta para ese propósito? ¿Puede usted deducir su respuesta de los resultados de la regresión?

5.15. Supóngase que la ecuación de una **curva de indiferencia** entre dos bienes está dada por

$$X_i Y_i = \beta_1 + \beta_2 X_i$$

¿Cómo se estimarían los parámetros de este modelo? Aplíquese el modelo anterior a los siguientes datos y coméntese sus resultados:

Consumo del bien X:	1	2	3	4	5
Consumo del bien Y:	4	3.5	2.8	1.9	0.8

5.16. La línea del mercado de capitales (LMC) de la teoría del portafolio* postula, para portafolios eficientes, una relación lineal entre el retorno esperado y el riesgo (medido por la desviación estándar) como la siguiente:

$$E_i = \beta_1 + \beta_2 \sigma_i$$

donde E_i = retorno esperado sobre el portafolio i y σ_i = desviación estándar del retorno. Dados los siguientes datos sobre retorno esperado y desviación estándar del retorno de los portafolios de 34 fondos mutuos en los Estados Unidos durante el período 1954-1963, verifíquese si los datos apoyan la teoría.

Desempeño de 34 fondos mutuos, 1954-1963

	Rendimiento anual promedio, %	Desviación estándar del rendimiento anual, %
Affiliated Fund	14.6	15.3
American Business Shares	10.0	9.2
Axe-Houghton, Fund A	10.5	13.5
Axe-Houghton, Fund B	12.0	16.3
Axe-Houghton, Stock Fund	11.9	15.6
Bosten Fund	12.4	12.1
Board Street Investing	14.8	16.8
Bullock Fund	15.7	19.3
Commonwealth Investment Company	10.9	13.7
Delaware Fund	14.4	21.4
Dividend Shares	14.4	15.9
Eaton and Howard Balanced Fund	11.0	11.9
Eaton and Howard Stock Fund	15.2	19.2
Equity Fund	14.6	18.7
Fidelity Fund	16.4	23.5
Financial Industrial Fund	14.5	23.0
Fundamental Investors	16.0	21.7
Group Securities. Common Stock Fund	15.1	19.1
Group Securities. Fully Administered Fund	11.4	14.1

*Véase William F. Sharpe, *Portfolio Theory and Capital Markets,* McGraw-Hill, New York, 1970, p.83.

Desempeño de 34 fondos mutuos, 1954-1963

	Rendimiento anual promedio, %	Desviación estándar del rendimiento anual, %
Incorporated Investors	14.0	25.5
Investment Company of America	17.4	21.8
Investors Mutual	11.3	12.5
Loomis-Sales Mutual Fund	10.0	10.4
Massachusetts Investors Trust	16.2	20.8
Massachusetts Investors—Growth Stock	18.6	22.7
National Investors Corporation	18.3	19.9
National Securities—Income Series	12.4	17.8
New England Fund	10.4	10.2
Putnam Fund of Boston	13.1	16.0
Scudder, Stevens & Clark Balanced Fund	10.7	13.3
Selected American Shares	14.4	19.4
United Funds—Income Fund	16.1	20.9
Wellington Fund	11.3	12.0
Wisconsin Fund	13.8	16.9

Fuente: William F. Sarpe, «Mutual Fund Performance», *Journal of Business*, enero, 1966, suppl., p.125.

5.17. Refiérase al ejercicio 3.22. Utilizando los datos dados allí, estímese el modelo allí sugerido para el PIB en dólares corrientes durante el período 1972 a 1986. Utilizando el modelo estimado, obténgase los valores de pronóstico del PIB en dólares corrientes para 1987, 1988, 1989, 1990 y 1991 y compárense con los valores observados.

5.18. Desde 1986, el *Economist* ha estado publicando el índice Big Mac como una medida cruda y divertida para averiguar si las monedas internacionales poseen su tasa de cambio «correcta», según la teoría de la **paridad del poder de compra (PPC)**. La PPC sostiene que con una unidad de moneda debe ser posible comprar la misma canasta de bienes en todos los países. Los proponentes de la PPC argumentan que, en el largo plazo, las monedas tienden a moverse hacia su PPC. El *Economist* utiliza la hamburguesa Big Mac de McDonald como canasta representativa y presenta la siguiente información.

La hamburguesa estándar

	Precios del Big Mac		Tasa de cambio del día US$ 4/5/94	PPC† implícito del dólar	Moneda local sub(–)/sobre(+) valuación**, %
	En moneda local*	En dólares			
ESTADOS UNIDOS‡	$2.30	2.30	—	—	—
Argentina	Peso3.60	3.60	1.00	1.57	+57
Australia	Dól A2.45	1.72	1.42	1.07	−25
Austria	Sch34.00	2.84	12.0	14.8	+23
Bélgica	FrB109	3.10	35.2	47.39	−35
Brasil	Cr1,500	1.58	949	652	−31
Gran Bretaña	£1.81	2.65	1.46‡‡	1.27‡‡	+15
Canadá	Dól C2.86	2.06	1.39	1.24	−10
Chile	Peso948	2.28	414	412	−1
China	Yuan9.00	1.03	8.70	3.91	−55
República Checa	CKr50	1.71	29.7	21.7	−27
Dinamarca	DKr25.75	3.85	6.69	11.2	+67

La hamburguesa estándar

	Precios del Big Mac		Tasa de cambio del día US$ 4/5/94	PPC† implícito del dólar	Moneda local sub(–)/sobre(+) valuación**, %
	En moneda local*	En dólares			
Francia	FrF18.5	3.17	5.83	8.04	+38
Alemania	M4.60	2.69	1.71	2.00	+17
Grecia	Dr620	2.47	251	270	+8
Holanda	Fl5.45	2.85	1.91	2.37	+24
Hong Kong	Dól HK9.20	1.19	7.73	4.00	–48
Hungría	Forint169	1.66	103	73.48	–29
Italia	Lira4,550	2.77	1,641	1,978	+21
Japón	¥391	3.77	104	170	+64
Malasia	Dól M3.77	1.40	2.69	1.64	–39
México	Peso8.10	2.41	3.36	3.52	+5
Polonia	Zloty31,000	1.40	22,433	13,478	–40
Portugal	Esc440	2.53	174	191	+10
Rusia	Rublo2,900	1.66	1,775	1,261	–29
Singapur	US$2.98	1.90	1.57	1.30	–17
Corea del Sur	Won2,300	2.84	810	1,000	+24
España	Ptas345	2.50	138	150	+9
Suecia	Coronas S25.5	3.20	7.97	11.1	+39
Suiza	Fr Suizo5.70	3.96	1.44	2.48	+72
Taiwan	Dól NT62	2.35	26.4	26.96	+2
Tailandia	Baht48	1.90	25.3	20.87	–17

* Los precios varían localmente.
† Paridad del poder de compra: precio local dividido por el precio en los Estados Unidos.
** Frente al dólar
‡ Promedio de Nueva York, Chicago, San Francisco y Atlanta.
‡‡ Dólares por libra.
Fuente: McDonald's and *The Economist,* abril 9, 1994, p.88.

Considérese el siguiente modelo de regresión:

$$Y_i = \beta_1 + \beta_2 X_i + u_i$$

donde Y = tasa de cambio del día y X = PPC implícito del dólar
(*a*) Si se mantiene la PPC, ¿qué valores de β_1 y β_2 se esperarían *a priori*?
(*b*) ¿Están las expectativas apoyadas por los resultados de la regresión? ¿Qué prueba formal se aplica para demostrar la hipótesis?
(*c*) ¿El *Economist* debe continuar publicando el índice Big Mac? ¿Por qué o por qué no?

5.19 Refiérase a los datos S.A.T. que aparecen en el ejercicio 2.16. Supóngase que se desea predecir los puntajes masculinos de matemáticas (Y) con base en los puntajes femeninos de esa materia (X) efectuando la siguiente regresión:

$$Y_t = \beta_1 + \beta_2 X_t + u_t$$

(*a*) Estímese el modelo anterior.
(*b*) De los residuos estimados, verifíquese si el supuesto de normalidad puede sostenerse.
(*c*) Ahora pruébese la hipótesis de que $\beta_2 = 1$, es decir, que existe una correspondencia uno a uno entre los puntajes de matemáticas femeninos y los masculinos.
(*d*) Realícese la tabla ANOVA para este problema.

5.20. En el problema anterior, repítase el ejercicio en el problema anterior pero con Y y X representando los puntajes de habilidad verbal masculino y femenino, respectivamente.

APÉNDICE 5A

5A. DERIVACIÓN DE LA ECUACIÓN (5.3.2)

Sea

$$Z_1 = \frac{\hat{\beta}_2 - \beta_2}{ee(\hat{\beta}_2)} = \frac{(\hat{\beta}_2 - \beta_2)\sqrt{x_i^2}}{\sigma} \tag{1}$$

y

$$Z_2 = (n - 2)\frac{\hat{\sigma}^2}{\sigma^2} \tag{2}$$

Siempre que σ sea conocidO, Z_1 sigue una distribución normal estándar; es decir, $Z_1 \sim N(0,1)$; (¿Por qué?) Z_2, sigue la distribución χ^2 con $(n-2)$ g de l. (*Véase* demostración en la nota de pie de página 5). Además, puede demostrarse que Z_2 y Z_1 están independientemente distribuidos.* Por consiguiente, en virtud del teorema 4.5, la variable

$$t = \frac{Z_1 \sqrt{n-2}}{\sqrt{Z_2}} \tag{3}$$

sigue una distribución t con $n-2$ g de l. De la sustitución de (1) y (2) en (3), se obtiene la ecuación (5.3.2).

5A.2 DERIVACIÓN DE LA ECUACIÓN (5.9.1)

La ecuación (1) muestra que $Z_1 \sim N(0,1)$. Por consiguiente, por el teorema 4.3,

$$Z_1^2 = \frac{(\hat{\beta}_2 - \beta_2)^2 \sum x_i^2}{\sigma^2}$$

sigue una distribución χ^2 con 1 g de l. Como se anotó en la sección 5A.1,

$$Z_2 = (n-2)\frac{\hat{\sigma}^2}{\sigma^2} = \frac{\sum \hat{u}_i^2}{\sigma^2}$$

también sigue la distribución χ^2 con $n-2$ g de l. Además, como se anotó en la sección 4.3., Z_2 está distribuida independientemente de Z_1. Entonces, aplicando el teorema 4.6 , se tiene que

$$F = \frac{Z_1^2/1}{Z_2/(n-2)} = \frac{(\hat{\beta}_2 - \beta_2)^2(\sum x_i^2)}{\sum \hat{u}_i^2/(n-2)}$$

sigue una distribución F con 1 y $n-2$ g de l, respectivamente. Bajo la hipótesis nula $H_0: \beta_2 = 0$, la razón F anterior se reduce a la ecuación (5.9.1).

---

*Para una demostración, *véase* J. Johnston, *Econometric Methods,* McGraw-Hill, 3a. ed., New York, 1984, pp. 181-182. (Se requiere álgebra matricial para entender la prueba).

5.A.3 DERIVACIÓN DE LAS ECUACIONES (5.10.2) Y (5.10.6)

Varianza de la predicción media

Dado $X_i = X_0$, la verdadera predicción media $E(Y_0 \mid X_0)$ está dada por

$$E(Y_0 \mid X_0) = \beta_1 + \beta_2 X_0 \tag{1}$$

Estimamos (1) a partir de

$$\hat{Y}_0 = \hat{\beta}_1 + \hat{\beta}_2 X_0 \tag{2}$$

Tomamos el valor esperado de (2), dado X, se obtiene

$$\begin{aligned} E(\hat{Y}_0) &= E(\hat{\beta}_1) + E(\hat{\beta}_2) X_0 \\ &= \beta_1 + \beta_2 X_0 \end{aligned}$$

porque $\hat{\beta}_1$ y $\hat{\beta}_2$ son estimadores insesgados. Por consiguiente,

$$E(\hat{Y}_0) = E(Y_0 \mid X_0) = \beta_1 + \beta_2 X_0 \tag{3}$$

Es decir, $\hat{Y}_0$ es un predictor insesgado de $E(Y_0 \mid X_0)$.

Ahora, utilizando la propiedad de que $\text{var}(a + b) = \text{var}(a) + \text{var}(b) + 2\,\text{cov}(a,b)$, se obtiene

$$\text{var}\,(\hat{Y}_0) = \text{var}(\hat{\beta}_1) + \text{var}(\hat{\beta}_2) X_0^2 + 2\,\text{cov}(\hat{\beta}_1\hat{\beta}_2) X_0 \tag{4}$$

Utilizando las fórmulas para varianzas y covarianza de $\hat{\beta}_1$ y $\hat{\beta}_2$ dadas en (3.3.1), (3.3.3) y (3.3.9) y reordenando términos, se obtiene

$$\text{var}(\hat{Y}_0) = \sigma^2 \left[\frac{1}{n} + \frac{(X_0 - \bar{X})^2}{\sum x_i^2} \right] \qquad = (5.10.2)$$

Varianza de la predicción individual

Se desea predecir un Y individual correspondiente a $X = X_0$, es decir, se quiere obtener:

$$Y_0 = \beta_1 + \beta_2 X_0 + u_0 \tag{5}$$

Se predice de la siguiente forma

$$\hat{Y}_0 = \hat{\beta}_1 + \hat{\beta}_2 X_0 \tag{6}$$

El error de predicción, $Y_0 - \hat{Y}_0$, es

$$\begin{aligned} Y_0 - \hat{Y}_0 &= \beta_1 + \beta_2 X_0 + u_0 - (\hat{\beta}_1 + \hat{\beta}_2 X_0) \\ &= (\beta_1 - \hat{\beta}_1) + (\beta_2 - \hat{\beta}_2) X_0 + u_0 \end{aligned} \tag{7}$$

Por consiguiente,

$$E(Y_0 - \hat{Y}_0) = E(\beta_1 - \hat{\beta}_1) + E(\beta_2 - \hat{\beta}_2)X_0 - E(u_0)$$
$$= 0$$

porque $\hat{\beta}_1$, $\hat{\beta}_2$ son insesgados, X_0 es o no estocástico y $E(u_0)$ es cero por supuestos.

Elevando (7) al cuadrado a ambos lados y tomando valores esperados, se obtiene. $\text{var}(Y_0 - \hat{Y}_0) = \text{var}(\hat{\beta}_1) + X_0^2 \text{var}(\hat{\beta}_2) + 2X_0 \text{cov}(\beta_1, \beta_2) + \text{var}(u_0)$. Utilizando las fórmulas de varianza y covarianza para $\hat{\beta}_1$ y $\hat{\beta}_2$ dadas anteriormente y observando que $\text{var}(u_0) = \sigma^2$, se obtiene

$$\text{var}(Y_0 - \hat{Y}_0) = \sigma^2 \left[1 + \frac{1}{n} + \frac{(X_0 - \bar{X})^2}{\sum x_i^2} \right] \qquad = (5.10.6)$$

EXTENSIONES DEL MODELO DE REGRESIÓN LINEAL DE DOS VARIABLES

Algunos aspectos del análisis de regresión lineal pueden introducirse fácilmente dentro del marco del modelo de regresión lineal con dos variables que se ha estado analizando hasta ahora. Primero consideraremos el caso de **regresión a través del origen**, es decir, una situación en la cual el término del intercepto, β_1 está ausente del modelo. Luego se considerará el tema de las **unidades de medición**, es decir, la forma como han sido medidas X y Y y la forma como un cambio en las unidades de medición afecta los resultados de la regresión. Finalmente, se verá el tema de la **forma funcional** del modelo de regresión lineal. Hasta el momento, se han considerado modelos que son lineales en los parámetros al igual que en las variables. Pero recuérdese que la teoría de regresión desarrollada en los capítulos anteriores solamente exige linealidad en los parámetros; las variables pueden entrar linealmente al modelo o pueden no hacerlo. Al considerar modelos que son lineales en los parámetros pero no necesariamente en las variables, se demuestra en este capítulo la forma como el modelo de dos variables puede tratarse a través de algunos problemas prácticos de interés.

Una vez hayan sido entendidas las ideas introducidas en este capítulo, su extensión a los modelos de regresión múltiple es bastante sencilla, como se verá en los capítulos 7 y 8.

6.1 REGRESIÓN A TRAVÉS DEL ORIGEN

Hay ocasiones en las cuales la FRP de dos variables adquiere la siguiente forma:

$$Y_i = \beta_2 X_i + u_i \qquad (6.1.1)$$

En este modelo el término intercepto está ausente o es cero, lo cual explica el nombre **regresión a través del origen**.

A manera de ilustración, considérese el Modelo de Fijación de Precios de Activos de Capital (MPAC) de la teoría moderna de portafolio la cual, en su forma riesgo-premio, puede expresarse como[1]

$$(ER_i - r_f) = \beta_i(ER_m - r_f) \qquad (6.1.2)$$

donde ER_i = tasa esperada de retorno sobre el título-valor i

ER_m = tasa esperada de retorno sobre el portafolio del mercado como aparece representada por ejemplo, por el índice compuesto de acciones S&P 500

r_f = tasa de retorno libre de riesgo, por ejemplo, el retorno de los bonos del Tesoro a 90 días

β_i = el coeficiente Beta, una medida de riesgo sistemático, es decir, riesgo que no puede ser eliminado a través de diversificación. También, una medida del grado en el cual la iésima tasa de retorno del título-valor se mueve con el mercado. Un $\beta_i > 1$ implica un título-valor volátil o riesgoso, mientras que $\beta_i < 1$ es un título-valor seguro. (*Nota:* No confunda esta β_i con el coeficiente de la pendiente de la regresión con dos variables, β_2).

Si los mercados de capitales trabajan eficientemente, entonces el MPAC postula que el premio esperado del riesgo del título-valor ($= ER_i - r_f$) es igual a ese coeficiente β del título valor multiplicado por el premio esperado del riesgo del mercado ($= ER_m - r_f$). Si el MPAC se mantiene, tenemos la situación de la fig. 6.1. La línea que aparece en la figura es conocida como línea del mercado de títulos-valores (LMV).

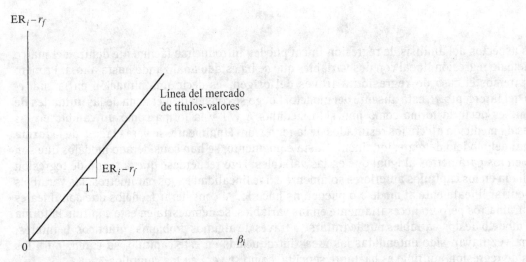

FIGURA 6.1
Riesgo sistemático.

[1]*Véase* Haim Levy y Marshall Sarnat, *Portfolio and Investment Selection: Theory and Practice,* Prentice-Hall International, Englewood Cliffs, N.J., 1984, capítulo 14.

Para fines empíricos, (6.1.2) es expresado frecuentemente así

$$R_i - r_f = \beta_i(R_m - r_f) + u_i \qquad (6.1.3)$$

o

$$R_i - r_f = \alpha_i + \beta_i(R_m - r_f) + u_i \qquad (6.1.4)$$

Este último modelo es conocido como el **Modelo del Mercado**[2]. Si el MPAC se mantiene, se espera que α_i sea cero. (*Véase* figura 6.2).

Obsérvese que en (6.1.4) la variable dependiente, Y, es $(R_i - r_f)$ y la variable explicativa, X, es β_i, el coeficiente de volatilidad y *no* $(R_m - r_f)$. Por consiguiente, para realizar la regresión (6.1.4), se debe estimar primero β_i, el cual usualmente se obtiene de la **línea característica**, como se describió en el ejercicio 5.5. (Para mayores detalles, *véase* ejercicio 8.34).

Como lo muestra este ejemplo, algunas veces la teoría que sirve de base requiere o exige que el término del intercepto deba estar ausente del modelo. La hipótesis de ingreso permanente de Milton Friedman, que afirma que el consumo permanente es proporcional al ingreso permanente, es otro caso en el cual el modelo de intercepto cero puede ser apropiado como también en la teoría del análisis de costos, en donde se postula que la variable costo de producción es proporcional al producto; y en algunas versiones de la teoría monetarista que afirman que la tasa de crecimiento de los precios (es decir, la tasa de inflación) es proporcional a la tasa de crecimiento de la oferta monetaria.

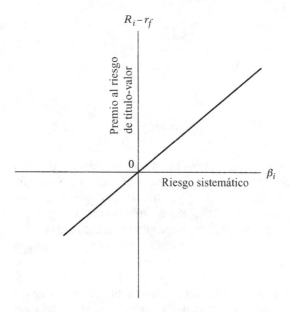

FIGURA 6.2
El modelo de mercado de la teoría de portafolio
(suponiendo $\alpha_i = 0$).

---

[2]*Véase*, por ejemplo, Diana R. Harrington, *Modern Portfolio Theory and the Capital Asset Pricing Model: A User´s Guide*, Prentice-Hall, Englewood Cliffs, N.J., 1983, p. 71.

¿Cómo se estiman modelos como (6.1.1) y qué problemas presentan ellos? Para responder a estas preguntas, escríbase primero la FRM de (6.1.1), a saber

$$Y_i = \hat{\beta}_2 X_i + \hat{u}_i \tag{6.1.5}$$

Ahora, aplicando el método MCO a (6.1.5), obtenemos las siguientes fórmulas para $\hat{\beta}_2$ y su varianza (las pruebas están dadas en el apéndice 6A, sección 6A.1):

$$\hat{\beta}_2 = \frac{\sum X_i Y_i}{\sum X_i^2} \tag{6.1.6}$$

$$\text{var}(\hat{\beta}_2) = \frac{\sigma^2}{\sum X_i^2} \tag{6.1.7}$$

donde σ^2 es estimada por

$$\hat{\sigma}^2 = \frac{\sum \hat{u}_i^2}{n-1} \tag{6.1.8}$$

Es interesante comparar estas fórmulas con aquellas obtenidas cuando el término intercepto es incluido en el modelo:

$$\hat{\beta}_2 = \frac{\sum x_i y_i}{\sum x_i^2} \tag{3.1.6}$$

$$\text{var}(\hat{\beta}_2) = \frac{\sigma^2}{\sum x_i^2} \tag{3.3.1}$$

$$\hat{\sigma}^2 = \frac{\sum \hat{u}_i^2}{n-2} \tag{3.3.5}$$

Las diferencias entre estos dos conjuntos de fórmulas deben ser obvias: En el modelo sin término de intercepto, utilizamos sumas sencillas de cuadrados y productos cruzados pero en el modelo con intercepto, utilizamos sumas de cuadrados ajustadas (de la media) y productos cruzados. Segundo, los g de l para calcular $\hat{\sigma}^2$ son $(n-1)$ en el primer caso y $(n-2)$ en el segundo caso. (¿Por qué?)

Aunque el modelo sin intercepto o con intercepto cero puede ser apropiado en algunas ocasiones, hay algunas características de este modelo que deben ser observadas. Primero, $\sum \hat{u}_i$, que es siempre cero en el modelo con intercepto (el modelo convencional), no necesita serlo cuando ese término está ausente. En resumen, $\sum \hat{u}_i$ no necesita ser cero en la regresión a través del origen. Segundo, r^2, el coeficiente de determinación introducido en el capítulo 3, que siempre es no negativo en el modelo convencional, ¡en ocasiones puede volverse *negativo* al considerar el modelo sin intercepto! Este resultado anómalo surge porque el r^2 introducido en el capítulo 3 supone explícitamente que el intercepto está incluido en el modelo. Por consiguiente, el r^2 calculado convencionalmente puede no ser apropiado en los modelos de regresión a través del origen[3].

---

[3]Para un análisis adicional, *véase* Dennis J. Aigner, *Basic Econometrics,* Prentice-Hall, Englewood Cliffs, N.J., 1971, pp. 85-88.

r^2 para el modelo de regresión a través del origen

Como recién se anotó y se analizará en mayor detalle en el apéndice 6A, sección 6A.1, el r^2 convencional dado en el capítulo 3 no es apropiado en regresiones que no incluyan o consideren el intercepto. Pero se puede calcular para tales modelos, lo que se conoce como el r^2 **simple**, el cual es definido como

$$r^2 \text{ simple} = \frac{\sum (X_i Y_i)^2}{\sum X_i^2 \sum Y_i^2} \tag{6.1.9}$$

Nota: Se trata de sumas de cuadrados simples o sencillas (es decir, no corregidas por la media) y de productos cruzados.

A pesar de que este r^2 simple satisface la relación $0 < r^2 < 1$, no es directamente comparable con el valor r^2 convencional. Por esta razón, algunos autores no presentan el valor r^2 en los modelos de regresión de intercepto cero.

Debido a las características especiales de este modelo, se debe ser muy cauteloso al utilizar el modelo de regresión de intercepto cero. *A menos que haya una expectativa* a priori *muy fuerte*, sería aconsejable apegarse al modelo convencional con presencia de intercepto. Esto tiene una doble ventaja. Primero, si el término intercepto es incluido en el modelo, pero resulta ser estadísticamente no significativo (es decir, estadísticamente igual a cero), para todos los fines prácticos tenemos una regresión a través del origen[4]. Segundo y más importante, si de hecho, el modelo tiene un intercepto pero nosotros insistimos en ajustar una regresión a través del origen, estaríamos cometiendo un **error de especificación**, violando así el supuesto 9 del modelo clásico de regresión lineal.

Ejemplo ilustrativo: Linea característica de la teoría del portafolio

La tabla 6.1 presenta los datos observados de las tasas anuales de retorno (%) sobre el fondo «Afuture Fund», un fondo mutuo cuyo principal objetivo de inversión es obtener una ganancia máxima sobre el capital y sobre el portafolio del mercado con base en el índice Fisher, durante el período 1971-1980.

En el ejercicio 5.5 introdujimos la *línea característica* del análisis de inversión, la cual puede ser escrita como

$$Y_i = \alpha_i + \beta_i X_i + u_i \tag{6.1.10}$$

donde Y_i = tasa anual de retorno (%) sobre Afuture Fund
   X_i = tasa anual de retorno (%) sobre el portafolio de mercado
   β_i = coeficiente de la pendiente, conocido también como el coeficente **Beta** en la teoría del portafolio, y
   α_i = el intercepto

En la explicación no hay consenso sobre el valor teórico de α_i. Algunos resultados empíricos han mostrado que éste es positivo y estadísticamente significativo en tanto que otros han mostrado que no es estadísticamente significativo, es decir, no es diferente de cero; en este último caso escribiríamos el modelo así

$$Y_i = \beta_i X_i + u_i \tag{6.1.11}$$

es decir, una regresión a través del origen.

---

[4]Henri Theil señala que si el intercepto efectivamente está ausente, el coeficiente de la pendiente puede ser estimado con mucha más precisión que cuando el término del intercepto está incluido. *Véase* su libro *Introduction to Econometrics,* Prentice-Hall, Englewood Cliffs, N.J. 1978, p. 76. *Véase* también el ejemplo numérico que se presenta a continuación.

TABLA 6.1
Tasas anuales de retorno sobre el fondo «Afuture» y sobre el Indice Fisher (de portafolio de mercado), 1971-1980

Año	Retorno sobre el fondo «Afuture», % Y	Retorno sobre el Indice Fisher, % X
1971	67.5	19.5
1972	19.2	8.5
1973	−35.2	−29.3
1974	−42.0	−26.5
1975	63.7	61.9
1976	19.3	45.5
1977	3.6	9.5
1978	20.0	14.0
1979	40.3	35.3
1980	37.5	31.0

Fuente: Haim Levy y Marshall Sarnat, *Portfolio and Investment Selection: Theory and Practice,* Prentice-Hall International, Englewood Cliffs, N.J., 1984., pp. 730 y 738. Los autores obtuvieron estos datos de Weisenberg Investment Service, *Investment Companies,* edición de 1981.

Si decidimos utilizar el modelo (6.1.1), obtenemos los siguientes resultados de regresión (*véase* el listado SAS en el apéndice 6A, sección 6A.2):

$$\hat{Y}_i = 1.0899 X_i$$
$$(0.1916) \qquad r^2 \text{ simple} = 0.7825 \qquad (6.1.12)$$
$$t = (5.6884)$$

lo cual indica que β_i es significativamente mayor que cero. La interpretación es que un incremento del 1% en la tasa de retorno del mercado, conduce en promedio a un incremento de cerca del 1.09% en la tasa de retorno del Fondo «Afuture Fund».

¿Cómo podemos estar seguros de que el modelo (6.1.11) y no (6.1.10), es el apropiado, especialmente en vista del hecho de que no existe una creencia *a priori* fuerte en la hipótesis de que α_i sea de hecho cero? Esto puede ser verificado corriendo la regresión (6.1.10). Utilizando la información dada en la tabla 6.1, se obtuvieron los siguientes resultados:

$$\hat{Y}_i = 1.2797 + 1.0691 X_i$$
$$(7.6886) \quad (0.2383) \qquad\qquad (6.1.13)$$
$$t = (0.1664) \quad (4.4860) \qquad r^2 = 0.7155$$

Nota: Los valores r^2 de (6.1.12) y (6.1.13) *no* son directamente comparables. A partir de estos resultados, no se puede rechazar la hipótesis de que el verdadero intercepto sea igual a cero, justificando con ello, el uso de (6.1.1), es decir, la regresión a través del origen.

A propósito, obsérvese que no existe una gran diferencia en los resultados de (6.1.12) y (6.1.13), a pesar de que el error estándar estimado de $\hat{\beta}$ es ligeramente inferior para el modelo de regresión a través del origen, apoyando así el argumento de Theil dado en la nota de pie de página 4 que si α_i es en realidad cero, el coeficiente de la pendiente puede ser medido con mayor precisión: utilizando la información dada en la tabla 6.1 y los resultados de regresión, el lector puede verificar fácilmente que el intervalo de confianza al 95% para el coeficiente de la pendiente del modelo de regresión a través del origen es (0.6566, 1.5232) mientras que para el modelo (6.1.13) es (0.5195, 1.6186); es decir, el primer intervalo de confianza es más angosto que el segundo.

6.2 ESCALAS Y UNIDADES DE MEDICIÓN

Para entender las ideas desarrolladas en esta sección, considérese la información dada en la tabla 6.2. La información en esta tabla se refiere a la inversión doméstica privada bruta (IDPB) de los Estados Unidos y al Producto Nacional Bruto (PNB) en dólares de 1972 durante el período 1974-1983. En la columna (1) aparecen cifras del IDPB en miles de millones de dólares, mientras que en la columna (2) la misma información aparece expresada en millones de dólares. En las columnas (3) y (4) aparece información sobre el PNB en miles de millones de dólares y en millones de dólares respectivamente.

Supóngase que en la regresión de la IDPB sobre el PNB, un investigador utiliza información medida en miles de millones de dólares y otro lo hace sobre estas variables medidas en millones de dólares. ¿Serán iguales los resultados de la regresión en ambos casos? De no ser así, ¿cuál de los resultados debe ser utilizado? En resumen, ¿hay alguna diferencia en los resultados de regresión si las unidades en las cuales se miden las variables Y y X son distintas? De ser así, ¿qué curso razonable debe seguirse en la selección de unidades de medida para el análisis de regresión?

TABLA 6.2
Inversión doméstica privada bruta (IDPB) y Producto Nacional Bruto (PNB) en dólares de 1972, Estados Unidos, 1974-1983

Año	IDPB (miles de millones de dólares de 1972) (1)	IDPB (millones de dólares de 1972) (2)	PNB (miles de millones de dólares de 1972) (3)	PNB (millones de dólares de 1972) (4)
1974	195.5	195,500	1246.3	1,246,300
1975	154.8	154,800	1231.6	1,231,600
1976	184.5	184,500	·1298.2	1,298,200
1977	214.2	214,200	1369.7	1,369,700
1978	236.7	236,700	1438.6	1,438,600
1979	236.3	236,300	1479.4	1,479,400
1980	208.5	208,500	1475.0	1,475,000
1981	230.9	230,900	1512.2	1,512,200
1982	194.3	194,300	1480.0	1,480,000
1983	221.0	221,000	1534.7	1,534,700

Fuente: Economic Report of the President, 1985, p. 234 (para cifras expresadas en miles de millones de dólares).

Para responder estas preguntas, se procede sistemáticamente. Sea

$$Y_i = \hat{\beta}_1 + \hat{\beta}_2 X_i + \hat{u}_i \qquad (6.2.1)$$

donde Y = IDPB y X = PNB. Defina

$$Y_i^* = w_1 Y_i \qquad (6.2.2)$$
$$X_i^* = w_2 X_i \qquad (6.2.3)$$

donde w_1 y w_2 son constantes, denominadas **factores de escala**; w_1 puede ser igual o diferente a w_2.

De (6.2.2) y (6.2.3), es claro que Y_i^* y X_i^* son Y_i y X_i *reescaladas*. Por tanto, si Y_i y X_i son medidas en miles de millones de dólares y se desea expresarlas en millones de dólares, se tendrá $Y_i^* = 1000Y_i$ y $X_i^* = 1000X_i$; aquí $w_1 = w_2 = 1000$

Ahora, considérese la regresión utilizando las variables Y_i^* y X_i^*:

$$Y_i^* = \hat{\beta}_1^* + \hat{\beta}_2^* X_i^* + \hat{u}_i^* \qquad (6.2.4)$$

donde $Y_i^* = w_1 Y_i$, $X_i^* = w_2 X_i$, y $\hat{u}_i^* = w_1 \hat{u}_i$. (¿Por qué?)
Se desean encontrar las relaciones entre los siguientes pares:

1. $\hat{\beta}_1$ y $\hat{\beta}_1^*$
2. $\hat{\beta}_2$ y $\hat{\beta}_2^*$
3. $\text{var}(\hat{\beta}_1)$ y $\text{var}(\hat{\beta}_1^*)$
4. $\text{var}(\hat{\beta}_2)$ y $\text{var}(\hat{\beta}_2^*)$
5. $\hat{\sigma}^2$ y $\hat{\sigma}^{*2}$
6. r_{xy}^2 y $r_{x^*y^*}^2$

De la teoría de mínimos cuadrados, se sabe (*véase* capítulo 3) que

$$\hat{\beta}_1 = \bar{Y} - \hat{\beta}_2 \bar{X} \qquad (6.2.5)$$

$$\hat{\beta}_2 = \frac{\sum x_i y_i}{\sum x_i^2} \qquad (6.2.6)$$

$$\text{var}(\hat{\beta}_1) = \frac{\sum X_i^2}{n \sum x_i^2} \cdot \sigma^2 \qquad (6.2.7)$$

$$\text{var}(\hat{\beta}_2) = \frac{\sigma^2}{\sum x_i^2} \qquad (6.2.8)$$

$$\hat{\sigma}^2 = \frac{\sum \hat{u}_i^2}{n-2} \qquad (6.2.9)$$

Similarmente, aplicando el método MCO a (6.2.4), se obtiene

$$\hat{\beta}_1^* = \bar{Y}^* - \hat{\beta}_2^* \bar{X}^* \qquad (6.2.10)$$

$$\hat{\beta}_2^* = \frac{\sum x_i^* y_i^*}{\sum x_i^{*2}} \qquad (6.2.11)$$

$$\text{var}(\hat{\beta}_1^*) = \frac{\sum X_i^{*2}}{n \sum x_i^{*2}} \cdot \sigma^{*2} \qquad (6.2.12)$$

$$\text{var}(\hat{\beta}_2^*) = \frac{\sigma^{*2}}{\sum x_i^{*2}} \qquad (6.2.13)$$

$$\hat{\sigma}^{*2} = \frac{\sum \hat{u}_i^{*2}}{(n-2)} \qquad (6.2.14)$$

De estos resultados, es fácil establecer relaciones entre estos dos conjuntos de parámetros estimados. Todo lo que se debe hacer es recordar las siguientes relaciones definicionales: $Y_i^* = w_1 Y_i$ (o $y_i^* = w_1 y_i$); $X_i^* = w_2 X_i$ (o $x_i^* = w_2 x_i$); $\hat{u}_i^* = w_1 \hat{u}_i$; $\bar{Y}^* = w_1 \bar{Y}$ y $\bar{X}^* = w_2 \bar{X}$, mediante las cuales el lector puede fácilmente verificar que

$$\hat{\beta}_2^* = \left(\frac{w_1}{w_2}\right)\hat{\beta}_2 \qquad (6.2.15)$$

$$\hat{\beta}_1^* = w_1 \hat{\beta}_1 \qquad (6.2.16)$$

$$\hat{\sigma}^{*2} = w_1^2 \hat{\sigma}^2 \qquad (6.2.17)$$

$$\text{var}(\hat{\beta}_1^*) = w_1^2 \, \text{var}(\hat{\beta}_1) \qquad (6.2.18)$$

$$\text{var}(\hat{\beta}_2^*) = \left(\frac{w_1}{w_2}\right)^2 \text{var}(\hat{\beta}_2) \qquad (6.2.19)$$

$$r_{xy}^2 = r_{x^* y^*}^2 \qquad (6.2.20)$$

De los resultados anteriores debe quedar claro que, dados los resultados de regresión basados en una escala de medición, se pueden obtener los resultados basados en otra una vez se conozcan los factores de escala, w. En la práctica, sin embargo, se pueden escoger las unidades de medición en forma razonable; no tiene objeto manejar todos esos ceros al expresar números en millones o en miles de millones de dólares.

De los resultados dados en (6.2.15) hasta (6.2.20) se pueden derivar fácilmente algunos casos especiales. Por ejemplo, si $w_1 = w_2$, es decir, los factores de escala son idénticos, el coeficiente de la pendiente y su error estándar permanecen inalterados en el cambio de escala de (Y_i, X_i) a (Y_i^*, W_i^*), lo cual intuitivamente debería ser claro. Sin embargo, el intercepto y su error estándar están ambos multiplicados por w_1. Si la escala X no es cambiada (es decir, $w_2 = 1$), pero la escala Y es cambiada por el factor w_1, el coeficiente de la pendiente al igual que el intercepto y sus errores estándar respectivos, se multiplican todos por el mismo factor w_1. Finalmente, si la escala Y permanece inalterada (es decir, $w_1 = 1$), pero la escala X es cambiada por el factor w_2, el coeficiente de la pendiente y su error estándar son multiplicados por el factor $(1/w_2)$, pero el coeficiente del intercepto y su error estándar permanecen inalterados.

Sin embargo, debe observarse que la transformación de la escala (Y, X) a la escala (Y^*, X^*) no afecta las propiedades de los estimadores MCO analizadas en los capítulos anteriores.

Ejemplo numérico: relación entre el IDPB y el PNB, Estados Unidos, 1974-1983

Para respaldar los resultados teóricos anteriores, considérese nuevamente el ejemplo de la tabla 6.2 y examínense los resultados de regresión siguientes. (Las cifras en paréntesis son los errores estándar estimados).

Si la escala de la IDPB y del PNB está en miles de millones de dólares:

$$\widehat{IDPB}_t = -37.0015205 + 0.17395 \ PNB_t$$
$$(76.2611278) \ (0.05406) \qquad\qquad (6.2.21)$$
$$r^2 = 0.5641$$

Si la escala de la IDPB y del PNB está en millones de dólares:

$$\widehat{IDPB}_t = -37001.5205 + 0.17395 \ PNB_t$$
$$(76261.1278) \ (0.05406) \qquad\qquad (6.2.22)$$
$$r^2 = 0.5641$$

Obsérvese que el intercepto, lo mismo que su error estándar, es 1000 (es decir, $w_1 = 1000$ al pasar de miles de millones a millones de dólares) veces los valores correspondientes en la regresión (6.2.21), pero el coeficiente de la pendiente, al igual que su error estándar permanecen inalterados, como lo afirma la teoría.

La IDPB en miles de millones de dólares y el PNB en millones de dólares:

$$\widehat{IDPB}_t = -37.0015205 + 0.00017395 \ PNB_t$$
$$(76.2611278) \ (0.00005406) \qquad\qquad (6.2.23)$$
$$r^2 = 0.5641$$

Como se esperaba, el coeficiente de la pendiente, al igual que su error estándar, es (1/1000) de su valor en (6.2.21) puesto que solamente la escala de X, es decir, del PNB ha sido cambiada.

La IDPB en millones de dólares y el PNB en miles de millones de dólares:

$$\widehat{IDPB}_t = -37001.5205 + 173.95 \ PNB_t$$
$$(76261.1278) \ (54.06) \qquad\qquad (6.2.24)$$
$$r^2 = 0.5641$$

Obsérvese nuevamente que el intercepto, al igual que el coeficiente de la pendiente y sus errores estándar respectivos, son 1000 veces sus valores en (6.2.21), lo cual concuerda con nuestros resultados teóricos.

Una nota sobre la interpretación

Puesto que el coeficiente de la pendiente, β_2, es simplemente la tasa de cambio, ésta se mide en unidades de razón[5]

$$\frac{\text{Unidades de la variable dependiente, } Y}{\text{Unidades de la variable explicativa, } X}$$

---

[5]*Véase* un análisis más extenso y una ampliación a la regresión múltiple, en Donald F. Morrison, *Applied Linear Statistical Methods,* Prentice-Hall, Englewood Cliffs, N.J., 1983, p. 72.

Así, en la regresión (6.2.21), la interpretación del coeficiente de la pendiente 0.17395 es que si el PNB cambia en una unidad, siendo ésta mil millones de dólares, la IDPB cambia en promedio en 0.17395 mil millones de dólares. En la regresión (6.2.23), una unidad de cambio en el PNB, que es un millón de dólares, induce en promedio a un cambio de 0.00017395 miles de millones de dólares en la IDPB. Los dos resultados son por supuesto idénticos en sus efectos del PNB sobre la IDPB; simplemente, están expresados en diferentes unidades de medición.

6.3 FORMAS FUNCIONALES DE LOS MODELOS DE REGRESIÓN

Como se observó en el capítulo 2, este texto trata principalmente con modelos que son lineales en los parámetros; los cuales pueden ser o no lineales en las variables. En las secciones que siguen, se consideran algunos modelos de regresión más comúnmente utilizados, que pueden ser no lineales en las variables pero que son lineales en los parámetros o que pueden serlo mediante transformaciones apropiadas de las variables. En particular, se analizarán los siguientes modelos de regresión:

1.   El modelo log-lineal
2.   Modelos semilogarítmicos
3.   Modelos recíprocos

Analizaremos las características especiales de cada modelo, los casos en los cuales su uso es apropiado y la forma como éstos son estimados. Cada modelo es ilustrado con ejemplos apropiados.

6.4 CÓMO MEDIR LA ELASTICIDAD: MODELO LOG-LINEAL

Considérese el siguiente modelo, conocido como el **modelo de regresión exponencial**:

$$Y_i = \beta_1 X_i^{\beta_2} e^{u_i} \qquad (6.4.1)$$

el cual puede ser expresado alternativamente como[6]

$$\ln Y_i = \ln \beta_1 + \beta_2 \ln X_i + u_i \qquad (6.4.2)$$

donde ln = logaritmo natural (es decir, logaritmo en base e y donde $e = 2.718$)[7].
   Si escribimos (6.4.2) como

$$\ln Y_i = \alpha + \beta_2 \ln X_i + u_i \qquad (6.4.3)$$

donde $\alpha = \ln \beta_1$, este modelo es lineal en los parámetros α y β_2, lineal en los logaritmos de las variables Y y X y puede ser estimado por regresión MCO. Debido a esta linealidad, tales modelos se denominan modelos **log-log, doble-log,** o **log-lineales.**

---

[6]*Obsérvense* estas propiedades de los logaritmos: (1)$\ln(AB) = \ln A + \ln B$, (2) $\ln(A/B) = \ln A - \ln B$, y (3) $\ln(A^k) = k \ln A$, suponiendo que A y B son positivos y donde k es alguna constante.

[7]En la práctica uno puede utilizar logaritmos comunes, es decir, logaritmos con base 10. La relación entre el logaritmo natural y el logaritmo común es: $\ln_e X = 2.3026 \log_{10} X$. Por convención, ln significa logaritmo natural y log significa logaritmo con base 10; por lo tanto no hay necesidad de escribir los subíndices e y 10 explícitamente.

Si los supuestos del modelo clásico de regresión lineal se cumplen, los parámetros de (6.4.3) pueden ser estimados por el método MCO considerando

$$Y_i^* = \alpha + \beta_2 X_i^* + u_i \qquad\qquad (6.4.4)$$

donde $Y_i^* = \ln Y_i$ y $X_i^* = \ln X_i$. Los estimadores MCO obtenidos, $\hat{\alpha}$ y $\hat{\beta}_2$, serán los mejores estimadores lineales insesgados de α y β_2, respectivamente.

Una característica importante del modelo log-log, que lo ha hecho muy popular en el trabajo empírico, es que el coeficiente de la pendiente β_2 mide la **elasticidad** de Y con respecto a X, es decir, el cambio porcentual en Y ante un pequeño cambio porcentual en X dado[8]. Así, si Y representa la cantidad demandada de un bien y X su precio unitario, β_2 mide la elasticidad-precio de la demanda, un parámetro de gran interés en economía. Si la relación entre la cantidad demandada y el precio es como se muestra en la Figura 6.3*a*, la transformación doble-log presentada en la Figura 6.3*b* dará entonces la estimación de la elasticidad-precio ($-\beta_2$).

Pueden observarse dos características especiales del modelo log-lineal: El modelo supone que el coeficiente de la elasticidad entre Y y X, β_2, permanece constante a través del tiempo (¿Por qué?) de aquí su nombre alterno **modelo de elasticidad constante**[9]. En otras palabras, como lo indica la figura 6.3*b*, el cambio en $\ln Y$ por unidad de cambio en $\ln X$ (es decir, la elasticidad, β_2) permanece igual sin importar en cual $\ln X$ medimos la elasticidad. Otro aspecto del modelo es que a pesar de que $\hat{\alpha}$ y $\hat{\beta}_2$ son estimadores insesgados de α y β_2, β_1 (el parámetro del modelo original) al ser estimado como $\hat{\beta}_1 =$ antilog ($\hat{\alpha}$) es, de por sí, un estimador sesgado. En la mayor parte de los problemas prácticos, sin embargo, el término del intercepto es de importancia secundaria y no es necesario preocuparse por obtener este estimador insesgado[10].

En el modelo de dos variables, la forma más simple de decidir si el modelo log-lineal se ajusta a los datos es graficar el diagrama de dispersión de $\ln Y_i$ frente a $\ln X_i$ y ver si las observaciones caen aproximadamente sobre una línea recta, como en la Figura 6.3*b*.

---

[8]El coeficiente de la elasticidad, en la notación de cálculo, se define como $(dY/Y)/(dX/X) = [(dY/dX)(X/Y)]$. Los lectores familiarizados con el cálculo diferencial verán fácilmente que β_2 es, en efecto, el coeficiente de la elasticidad.

Nota técnica: El lector con una buena formación en cálculo notará que $d(\ln X)/dX = 1/X$ o $d(\ln X) = dX/X$, es decir, para cambios infinitesimalmente pequeños (*obsérvese* el operador diferencial *d*), un cambio en $\ln X$ es igual al cambio relativo o proporcional en X. En la práctica, sin embargo, si el cambio en X es pequeño, esta relación puede escribirse como: cambio en $\ln X \doteq$ cambio relativo en X, donde $\doteq$ significa aproximadamente.

Así, para cambios pequeños,

$$(\ln X_t - \ln X_{t-1}) \doteq (X_t - X_{t-1})/X_{t-1} = \text{cambio relativo en X}$$

A propósito, el lector deberá observar estos términos, a los que se hace referencia frecuentemente: (1) **cambio absoluto,** (2) **cambio relativo** o **proporcional** y (3) **cambio porcentual,** o **tasa de crecimiento porcentual**. Así, $(X_t - X_{t-1})$ representa un cambio absoluto, $(X_t - X_{t-1})/X_{t-1} = (X_t/X_{t-1}-1)$ es un cambio relativo o proporcional y $[(X_t - X_{t-1})/X_{t-1}]100$ es el cambio porcentual, o la tasa de crecimiento. X_t y X_{t-1} son los valores actual y anterior de la variable X, respectivamente.

[9]Un modelo de elasticidad constante permitirá obtener un cambio en el ingreso total constante ante un cambio porcentual dado en precios dado sin importar el nivel absoluto del precio. Los lectores deben contrastar este resultado con las condiciones de elasticidad implicadas en una función de demanda lineal simple, $Y_i = \beta_1 + \beta_2 X_i + u_i$. Sin embargo, una función lineal simple permite obtener un cambio constante en la cantidad generado por un cambio unitario en el precio. Confronte esto con lo que implica el modelo log-lineal para un cambio dado en el precio del dólar.

[10]Sobre lo concerniente a la naturaleza del sesgo y lo que puede hacerse sobre esto, *véase* Arthur S. Goldberger, *Topics in Regression Analysis,* Macmillan, New York, 1978, p. 120.

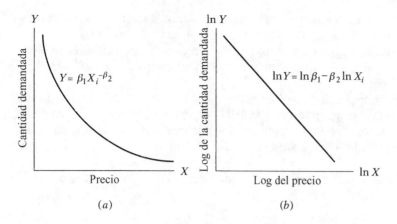

FIGURA 6.3
Modelo de elasticidad constante.

Ejemplo ilustrativo: función de demanda de café reconsiderada

Considérese la función de demanda de café de la sección 3.7. Mi asistente de investigación me había informado que, cuando se graficaron los datos utilizando la escala ln Y y ln X, el diagrama de dispersión parecía indicar que el modelo log-log podría haberse ajustado tan bien a los datos como el modelo lineal (3.7.1)[11]. Al efectuar los cálculos, el asistente obtuvo los siguientes resultados:

$$\widehat{\ln Y}_t = \quad 0.7774 \ - \ 0.2530 \ \ln X_t \qquad r^2 = 0.7448$$
$$(0.0152) \ \ (0.0494) \qquad F_{1,9} = 26.27 \qquad (6.4.5)$$
$$t = (51.1447)(-5.1214)$$
$$\textbf{Valor } p = \quad (0.000) \quad \ (0.0003)$$

donde Y_t = consumo de café, tasas por persona por día y X_t precio real del café, dólares por libra.

De estos resultados, vemos que el coeficiente de elasticidad-precio es -0.25, lo cual implica que por un incremento del 1% en el precio real del café por libra, la demanda de café (medida en términos de consumo diario de tazas de café) se reduce, en promedio, en cerca de 0.25%. Puesto que el valor de la elasticidad precio 0.25 es menor que 1 en términos absolutos, podemos decir que la demanda por café es inelástica al precio.

Surge una pregunta interesante: Comparando los resultados de la función de demanda log-lineal *vs.* la función de demanda lineal de (3.7.1), ¿cómo se decide cuál es el mejor modelo? ¿Se puede decir que (6.4.5) es mejor que (3.7.1) porque su valor r^2 es superior (0.7448 *vs.* 0.6628)? Desafortunadamente, no se puede decir esto, como será demostrado en el capítulo 7, cuando la variable dependiente de dos modelos no es la misma (aquí, ln Y *vs.* Y), los dos valores de r^2 no son directamente comparables. No se puede tampoco comparar directamente los dos coeficientes de las pendientes ya que en (3.7.1) el coeficiente de la pendiente da el efecto de un

---

[11]Por supuesto. (3.7.1) fue introducido únicamente por razones pedagógicas.

cambio unitario en el precio del café, por ejemplo US$1 por libra, sobre la cantidad absoluta (es decir, no relativa) constante de reducción en el consumo de café, que es 0.4795 tazas por día. Por otra parte, el coeficiente de -0.2530 obtenido de (6.4.5) da la reducción porcentual constante en el consumo de café como resultado de un incremento del 1% en el precio del café por libra (es decir, da la elasticidad-precio)[12].

¿Cómo se pueden entonces comparar los resultados de los dos modelos? Este interrogante hace parte de uno mucho más amplio relacionado con **análisis de especificación**, un tema analizado en el capítulo 13. Por ahora, una forma de comparar los dos modelos consiste en calcular una medida aproximada de la elasticidad-precio para el modelo (3.7.1). Esto puede hacerse de la manera siguiente:

La elasticidad E de la variable Y (por ejemplo, la cantidad demandada) con respecto a otra variable X (por ejemplo, el precio) es definido como

$$
\begin{aligned}
E &= \frac{\text{cambio \% en } Y}{\text{cambio \% en } X} \\
&= \frac{(\Delta Y/Y) \cdot 100}{(\Delta X/X) \cdot 100} \\
&= \frac{\Delta Y}{\Delta X} \cdot \frac{X}{Y} \\
&= (\text{pendiente})(X/Y)
\end{aligned}
\qquad (6.4.6)
$$

donde Δ denota un cambio (pequeño). Si Δ es suficientemente pequeño, podemos reemplazar $\Delta Y/\Delta X$ por la notación de cálculo diferencial, dY/dX (*véase* nota de pie de página 8).

Ahora, para el modelo lineal (3.7.1), una estimación de la pendiente está dada por el coeficiente β_2 estimado, el cual, para la función de demanda de café, es -0.4795. Como se observa en (6.4.6), para obtener la elasticidad, se debe multiplicar este coeficiente de la pendiente por la razón (X/Y), es decir, el precio sobre la cantidad. Pero, ¿cuáles valores de X y de Y seleccionar? Como lo muestra la tabla 3.4, hay 11 pares de valores de precio (X) y cantidad (Y). Si se utilizan todos estos valores, se tendrá 11 estimaciones de la elasticidad-precio.

En la práctica, sin embargo, la elasticidad se calcula para los valores medios, o promedios, de Y y de X. Es decir, se obtiene una estimación de la elasticidad *promedio*. Para el ejemplo, $\bar{Y} = 2.43$ tazas y $\bar{X} = US\$1.11$. Utilizando estos valores y el valor estimado de la pendiente de -0.4795, se obtiene de (6.4.6) un coeficiente de elasticidad-precio promedio de $(-0.4795)(1.11/2.43) = -0.219$, o cerca de -0.22. Este resultado presenta diferencia con el coeficiente de elasticidad de cerca de -0.25 obtenido del modelo log-lineal. Obsérvese que esta última elasticidad permanece igual sin importar el precio al cual es medida (¿por qué?), mientras que la primera depende de los valores particulares de la media.

---

[12]Hay una diferencia entre el coeficiente de la pendiente y la medida de elasticidad. Como lo demuestra la nota de pie de página 8, la elasticidad es igual a la pendiente $(= dY/dX)$ multiplicada por la razón (X/Y). El coeficiente de la pendiente del modelo (3.7.1) da solamente (dY/dX), mientras que el coeficiente de la pendiente de (6.4.5) da la medida de elasticidad, *(dY/dX)(X/Y)*. En resumen, **para el modelo log-lineal, los coeficientes de la pendiente y de la elasticidad son los mismos, pero esto no se cumple para el modelo lineal.**

6.5 MODELOS SEMILOGARÍTMICOS: LOG-LIN Y LIN-LOG

Cómo medir la tasa de crecimiento: Modelo Log-Lin

Los economistas, la gente de negocios y los gobiernos frecuentemente están interesados en encontrar la tasa de crecimiento de ciertas variables económicas, tales como población, PNB, oferta monetaria, empleo, productividad, déficit comercial, etc.

En el ejercicio 3.22 presentamos información sobre el PIB real para los Estados Unidos durante el período 1972-1991. Suponga que deseamos encontrar la tasa de crecimiento del PIB real en este período. Sea Y_t = PIB real (PIBR) en el tiempo t y Y_O = el valor inicial (por ejemplo, 1972) del PIB real. Ahora recuérdese la siguiente fórmula conocida de interés compuesto de cursos introductorios en moneda, banca y finanzas.

$$Y_t = Y_O(1 + r)^t \qquad (6.5.1)$$

donde r es tasa de crecimiento compuesta de Y (es decir, a través del tiempo). Tomando el logaritmo natural de (6.5.1), podemos escribir

$$\ln Y_t = \ln Y_O + t\ln(1 + r) \qquad (6.5.2)$$

Ahora sea

$$\beta_1 = \ln Y_O \qquad (6.5.3)$$
$$\beta_2 = \ln(1 + r) \qquad (6.5.4)$$

Se puede escribir (6.5.2) así

$$\ln Y_t = \beta_1 + \beta_2 t \qquad (6.5.5)$$

Agregando el término de perturbación a (6.5.5), se obtiene[13]

$$\ln Y_t = \beta_1 + \beta_2 t + u_t \qquad (6.5.6)$$

Este modelo es igual a cualquier otro modelo de regresión lineal en el sentido de que los parámetros β_1 y β_2 son lineales. La única diferencia es que la variable dependiente o regresada es el logaritmo de Y y el regresor o variable explicativa es el «tiempo», que adquiere valores de 1,2,3, etc.

Modelos como (6.5.6) se denominan **modelos semilog** porque solamente una variable (en este caso la regresada) aparece en forma logarítmica. Para fines descriptivos, un modelo en el cual la variable regresada es logarítmica se denominará **modelo log-lin**. Más adelante se considerará un modelo en el cual la variable regresada es lineal pero el(los) regresor(es) es (son) logarítmico(s) y lo llamaremos un **modelo lin-log**.

Antes de presentar los resultados de la regresión, examínense las propiedades del modelo (6.5.5). En este modelo *el coeficiente de la pendiente mide el cambio proporcional constante o relativo en Y para un cambio absoluto dado en el valor del regresor* (en este caso la variable t), es decir,[14]

---

[13]Se agrega el término de error porque la fórmula de interés compuesto no se cumple exactamente. La razón por la cual se agrega un error después de la transformación logarítmica se explica en la sección 6.8.

[14]Utilizando cálculo diferencial, se puede demostrar que $\beta_2 = d(\ln Y)/dX = (1/Y)(dY/dX) = (dY/Y)/dX$, que no es otra cosa que (6.5.7). Para cambios pequeños en Y y en X, esta relación puede aproximarse mediante

$$\frac{(Y_t - Y_{t-1})/Y_{t-1}}{(X_t - X_{t-1})}$$

$$\beta_2 = \frac{\text{Cambio relativo en la variable regresada}}{\text{Cambio absoluto en el regresor}} \qquad (6.5.7)$$

Si se multiplica el cambio relativo en Y por 100, (6.5.7) nos dará entonces el cambio porcentual, o la *tasa de crecimiento*, en Y ocasionada por un cambio absoluto en X, el regresor.

Un modelo log-lin como (6.5.5) es particularmente útil en situaciones en las cuales la variable X es el tiempo, como en el ejemplo del PNB, puesto que en ese caso el modelo describe la *tasa de crecimiento* constante relativa ($=\beta_2$) o porcentual ($100 \cdot \beta_2$) (si $\beta_2 > 0$) o la *tasa de decrecimiento* ($\beta_2 < 0$) de la variable Y. Es por esta razón que los modelos como (6.5.5) se denominan **modelos de crecimiento (constante)**.

Retornemos al ejemplo del PIB real. Podemos escribir los resultados de la regresión basada en (6.5.6) de la siguiente manera:

$$
\begin{aligned}
\widehat{\ln \text{PIBR}_t} &= \quad 8.0139 + 0.02469t \\
se &= \quad (0.0114) \ (0.00956) \qquad r^2 = 0.9738 \qquad (6.5.8) \\
t &= \quad (700.54) \quad (25.8643) \\
\text{valor } p &= \quad (0.0000)*(0.0000)*
\end{aligned}
$$

* Denota un valor muy pequeño.

La interpretación de esta regresión es la siguiente: Durante el período 1972-1991, el PIB real de los Estados Unidos creció a una tasa de 2.469% por año. Puesto que $8.0139 = \ln \widehat{Y_o}$ (¿por qué?), si se toma el antilog de 8.0139, se encuentra que $\hat{Y}_o = 3022.7$ (aproximadamente), es decir, a principios de 1972 el PIB real estimado fue alrededor de 3023 miles de millones de dólares. La línea de regresión obtenida de (6.5.8) se muestra en la figura 6.4.

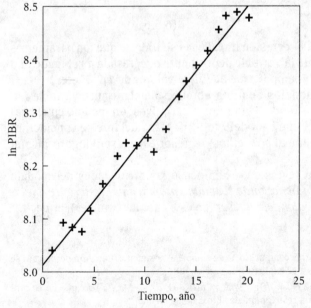

FIGURA 6.4
Crecimiento del PIB real, Estados Unidos, 1972-1991; modelo semilog.

Tasa de crecimiento instantánea *vs*. compuesta. El coeficiente de la pendiente de 0.02469 obtenido en (6.5.8) o, más generalmente, el coeficiente β_2 del modelo de crecimiento (6.5.5) da la tasa de crecimiento **instantánea** (en un punto del tiempo) y no la **compuesta** (durante un período de tiempo). Pero esta última puede encontrarse fácilmente a partir de (6.5.4): Simplemente obténgase el antilogaritmo de 0.02469, réstesele 1 y multiplíquese la diferencia por 100. Así, en el presente caso, el antilog(0.02469)–1 = 0.024997, cerca del 2.499%. Es decir, durante el período en estudio, la *tasa compuesta de crecimiento del PIB real fue cerca de 2.499% por año*. Esta tasa de crecimiento es ligeramente superior a la tasa instantánea de crecimiento alrededor de 2.469%.

Modelo de tendencia lineal. En lugar de estimar el modelo (6.5.6), los investigadores algunas veces estiman el siguiente modelo:

$$Y_t = \beta_1 + \beta_2 t + u_t \qquad\qquad (6.5.9)$$

Es decir, en lugar de regresar el log de Y sobre el tiempo, ellos regresan Y sobre el tiempo. Un modelo de este tipo se denomina **modelo de tendencia lineal** y la variable tiempo t se conoce como la **variable de tendencia**. Por *tendencia* se quiere decir un movimiento sostenido hacia arriba o hacia abajo en el comportamiento de una variable. Si el coeficiente de la pendiente en (6.5.9) es positivo, existe una *tendencia creciente* en Y, mientras que si es negativa, existe una *tendencia decreciente* en Y.

Para los datos del PIB real, los resultados basados en (6.5.9) son los siguientes:

$$\widehat{\text{PIBR}}_t = 2933.0538 \;+\; 97.6806\,t$$
$$\text{ee} = \quad (50.5913) \qquad (4.2233) \qquad r^2 = 0.9674 \qquad (6.5.10)$$
$$t = \quad (57.9754) \qquad (23.1291)$$
$$\text{valor } p = \quad (0.0000)* \qquad (0.0000)*$$

* Denota un valor muy pequeño.

En contraste con (6.5.8), la interpretación de esta regresión es la siguiente. Durante el período 1972 a 1991, en promedio el PIB real aumentó a una tasa absoluta (*Nota*: no relativa) de cerca de 97.68 mil millones de dólares. Así, durante ese período hubo una tendencia creciente en el PIB real.

La escogencia entre el modelo de crecimiento (6.5.8) y el modelo de tendencia lineal (6.5.10), dependerá de si se está interesado en el cambio relativo o absoluto del PIB real aunque, para muchos fines, es el cambio relativo el que tiene mayor importancia. A propósito, obsérvese que *no se puede comparar los valores de r^2 de los modelos (6.5.8) y (6.5.10) porque los regresados o variables dependientes son diferentes en los dos modelos*.

Advertencia sobre los modelos log-lin y de tendencia lineal. Aunque estos modelos se utilizan frecuentemente para estimar el cambio relativo o absoluto en la variable dependiente a través del tiempo, su uso rutinario para este fin ha sido cuestionado por los analistas de series de tiempo. Su argumento principal es que tales modelos pueden ser apropiados solamente si la serie de tiempo es estacionaria en el sentido definido en la sección 1.7. Para el lector avanzado este tema se analiza en bastante detalle en el capítulo 21 sobre Series de Tiempo Econométricas (*nota:* Este capítulo es opcional).

El modelo Lin-Log

Suponga que tiene la información dada en la tabla 6.3, donde Y es PNB y X es la oferta monetaria (M_2). Supóngase luego que se está interesado en encontrar en qué magnitud (en valor absoluto) aumenta el PNB si la oferta monetaria se incrementa digamos, en un porcentaje.

A diferencia del modelo de crecimiento recién estudiado, en el cual se estaba interesado en encontrar el crecimiento porcentual en Y, ante un cambio unitario absoluto en X, ahora hay interés en encontrar el cambio absoluto en Y debido a un cambio porcentual en X. Un modelo que puede lograr este propósito puede escribirse como

$$Y_i = \beta_1 + \beta_2 \ln X_i + u_i \qquad (6.5.11)$$

Para fines descriptivos, llamamos a este modelo un **modelo lin-log**.

Interprétese el coeficiente de la pendiente β_2[15]. Como es usual,

$$\beta_2 = \frac{\text{Cambio en } Y}{\text{Cambio en } \ln X}$$

$$= \frac{\text{Cambio en } Y}{\text{Cambio relativo en } X}$$

El segundo paso se basa en el hecho de que *un cambio en el log de un número es un cambio relativo*.

Simbólicamente, se tiene

$$\beta_2 = \frac{\Delta Y}{\Delta X / X} \qquad (6.5.12)$$

donde, como es usual, Δ denota un cambio pequeño. La ecuación (6.5.12) puede ser escrita en forma equivalente así:

$$\Delta Y = \beta_2(\Delta X / X) \qquad (6.5.13)$$

Esta ecuación plantea que el cambio absoluto en Y ($= \Delta Y$) es igual a β_2 veces el cambio relativo en X. Si éste último es multiplicado por 100, entonces (6.5.13) da el cambio absoluto en Y ocasionado por un cambio porcentual en X. Así, si $\Delta X / X$ cambia en 0.01 unidades (o 1%), el cambio absoluto en Y es 0.01(β_2). Por tanto, si en una aplicación se encuentra que $\beta_2 = 500$, entonces el cambio absoluto en Y es (0.01)(500), o 5.0. Por consiguiente, *cuando se utiliza MCO para estimar regresiones como en (6.5.11), se debe multiplicar el valor del coeficiente de la pendiente estimado, β_2, por 0.01 o, lo que es lo mismo dividirlo por 100.*

Volviendo a los datos dados en la tabla 6.3, se pueden escribir los resultados de la regresión de la siguiente manera:

$$\hat{Y}_t = -16329.0 + 2584.8X_t$$
$$t = \quad (-23.494) \quad (27.549) \qquad r^2 = 0.9832 \qquad (6.5.14)$$
$$\text{valor } p = \qquad (0.0000)*(0.0000)*$$

* Denota un valor muy pequeño.

Obsérvese que no se han dado los errores estándar (¿pueden calcularse?).

---

[15]Nuevamente, utilizando cálculo diferencial, se tiene $dY/dX = \beta_2(1/X)$. Por consiguiente, $\beta_2 = dY/(dX/X) = (6.5.12)$.

TABLA 6.3
PNB y oferta monetaria, Estados Unidos, 1973-1987

Año	PNB Dólares, en miles de millones	M_2
1973	1,359.3	861.0
1974	1,472.8	908.5
1975	1,598.4	1023.2
1976	1,782.8	1163.7
1977	1,990.5	1286.7
1978	2,249.7	1389.0
1979	2,508.2	1500.2
1980	2,723.0	1633.1
1981	3,052.6	1795.5
1982	3,166.0	1954.0
1983	3,405.7	2185.2
1984	3,772.2	2363.6
1985	4,014.9	2562.6
1986	4,240.3	2807.7
1987	4,526.7	2901.0

Notas: Las cifras del PNB son trimestrales en términos de tasas anuales ajustadas estacionalmente.

M_2 = circulante + depósitos a la vista + cheques viajeros

+ otros depósitos en cheque + transacciones de recompra entre bancos y Eurodólares

+ saldos FMMM (fondos mutuos del mercado monetario)

+ CAMM (cuentas de ahorro del mercado monetario) + ahorros y pequeños depósitos.

Estas son cifras diarias promedio, ajustadas estacionalmente.

Fuente: Economic Report of the President, 1989, datos PNB de la tabla B-1, p.308, y M_2 de la tabla B-67, p.385.

Con la interpretación realizada de la manera recién descrita, el coeficiente de la pendiente alrededor de 2585 significa que en el período muestral un incremento en la oferta monetaria de 1% era, en promedio, seguido por un incremento en el PNB cercano a US\$25.85 mil millones (*nota:* Divida el coeficiente de la pendiente estimado por 100).

Antes de continuar, obsérvese que si se desea calcular el coeficiente de elasticidad para los modelos log-lin o lin-log, esto puede hacerse a partir de la definición del coeficiente de elasticidad dado anteriormente, a saber $(dY/dX)(X/Y)$. De hecho, una vez se conozca la forma funcional de un modelo, se pueden calcular elasticidades aplicando la definición anterior. La tabla 6.5, dada más adelante, resume los coeficientes de elasticidad de los diversos modelos que se han considerado en este capítulo.

6.6 MODELOS RECÍPROCOS

Los modelos del siguiente tipo se conocen como modelos **recíprocos**.

$$Y_i = \beta_1 + \beta_2\left(\frac{1}{X_i}\right) + u_i \tag{6.6.1}$$

A pesar de que este modelo es no lineal en la variable X porque entra inversamente o en forma recíproca, el modelo es lineal en β_1 y β_2 y, por consiguiente, es un modelo de regresión lineal[16].

Este modelo tiene las siguientes características: A medida que X aumenta indefinidamente, el término $\beta_2(1/X)$ se acerca a cero (*nota:* β_2 es una constante) y Y se aproxima al valor límite o *asintótico* β_1. Por consiguiente, modelos tales como (6.6.1) han construido en ellos un valor **asintótico** o límite que tomará la variable dependiente cuando el valor de la variable X aumente indefinidamente[17].

Algunas formas probables de la curva correspondiente a (6.6.1) se muestran en la figura 6.5. Un ejemplo de la figura 6.5*a* está dado en la figura 6.6, que relaciona el costo fijo promedio (CFP) de producción con el nivel de la producción. Como lo muestra esta figura, el CFP desciende continuamente a medida que aumenta la producción (porque el costo fijo se distribuye entre un gran número de unidades) y, en este caso, se vuelve asintótico en el eje de la producción al nivel β_1.

Una de las aplicaciones importantes de la figura 6.5*b* es la conocida curva de Phillips de macroeconomía. Con base en los datos de tasa de cambio porcentual de los salarios nominales (Y) y la tasa porcentual de desempleo (X) para el Reino Unido durante el período 1861 a 1957, Phillips obtuvo una curva cuya forma general se parece a la figura 6.5*b* y es reproducida en la figura 6.7[18].

Como lo muestra la figura 6.7, existe asimetría en la respuesta de los cambios salariales al nivel de desempleo: si la tasa de desempleo está por debajo de U^N (denominada por los economistas como *tasa natural de desempleo*) por cada unidad de cambio en el desempleo, los salarios aumentan con mayor rapidez de lo que caen debido a un cambio equivalente cuando la tasa de desempleo está por encima del nivel natural, β_1 indicando la base asintótica para el cambio salarial. Este hecho particular de la curva de Phillips puede deberse a factores institucionales, tales como el poder de negociación de los sindicatos, los salarios mínimos, compensaciones por desempleo, etc.

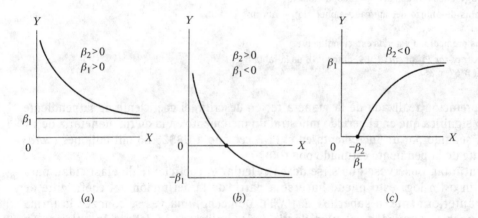

FIGURA 6.5
El modelo recíproco: $Y = \beta_1 + \beta_2\left(\dfrac{1}{X}\right)$.

---

[16]Si se define que $X_i^* = (1/X_i)$, entonces (6.6.1) es lineal en los parámetros al igual que en las variables Y_i y X_i^*.

[17]La pendiente de (6.6.1) es: $dY/dX = -\beta_2(1/X^2)$, e implica que si β_2 es positivo, la pendiente siempre es negativa y si β_2 es negativa, la pendiente es positiva. *Véanse* figuras 6.5*a* y 6.5*c*, respectivamente.

[18]A.W. Phillips, «The Relation Between Unemployment and the Rate of Change of Money Wages in the United Kingdom, 1861-1957», *Economica*, noviembre 1958, vol.25, pp. 283-299. *Obsérvese* que la curva original fue ajustada a los datos para el período 1861 a 1913 y no cruzó el eje del desempleo, pero la figura 6.7 representa la imagen moderna de la versión de Phillips.

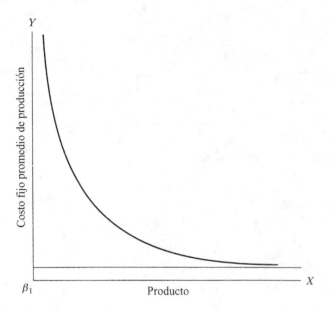

FIGURA 6.6
El modelo recíproco.

Una aplicación importante de la figura 6.5c es la curva de gasto de Engel (llamada así por el estadístico alemán Ernst Engel, 1821-1896), que relaciona el gasto del consumidor en un bien frente a su gasto o ingreso total. Sea Y el gasto en un bien y X el ingreso entonces, para algunos bienes se presentan las siguientes características: (a) Existe un *umbral* o nivel crítico de ingreso por debajo del cual el bien no es comprado; en la figura 6.5c este umbral del ingreso se encuentra en el nivel $-(\beta_2/\beta_1)$. (b) Existe un nivel de satisfacción de consumo que el consumidor no traspasará sin importar qué tan alto sea el ingreso. Este nivel no es otra cosa que la asíntota β_1 que aparece en esta figura. Para tales bienes, el modelo recíproco representado en la figura 6.5c es el más apropiado[19].

Ejemplo ilustrativo: Curva de Phillips para el Reino Unido, 1950-1966

La tabla 6.4 presenta información sobre el cambio porcentual anual en tasas de salario Y y la tasa de desempleo, X para el Reino Unido durante el período 1950-1966.

Un intento de ajustar el modelo recíproco (6.6.1) arrojó los siguientes resultados (*véase* el listado SAS en el apéndice 6A, sección 6A.3):

$$\hat{Y}_t = -1.4282 + 8.2743\frac{1}{X_t} \qquad r^2 = 0.3849 \qquad (6.6.2)$$
$$(2.0675)\ (2.8478) \qquad F_{1,15} = 9.39$$

donde las cifras en paréntesis son los errores estándar estimados.

---

[19]Para ejemplos concretos, *véase* S.J. Prais y H.S. Houthakker, *The Analysis of Family Budgets,* Cambridge University Press, Londres, 1971, capítulo 7

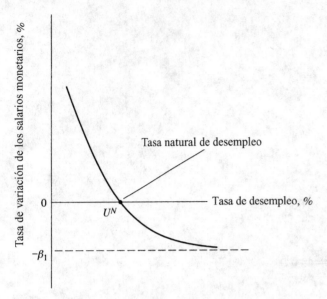

FIGURA 6.7
La curva de Phillips.

La línea de regresión estimada se grafica en la figura 6.8 De esta figura es claro que la base salarial es –1.43%, es decir, a medida que X aumenta indefinidamente, la disminución porcentual en los salarios no será superior al 1.43% por año.

A propósito, obsérvese que el valor de r^2 es más bien bajo, aunque el coeficiente de la pendiente es estadísticamente diferente de cero y tiene el signo correcto. Esta observación, como lo argumentaremos en el capítulo 7, es una razón por la cual no se debe enfatizar indebidamente el valor de r^2.

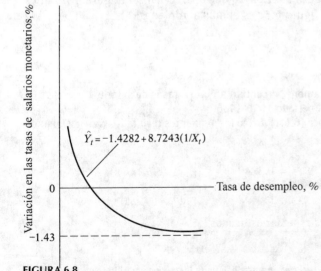

FIGURA 6.8
La curva de Phillips para el Reino Unido, 1950-1966.

TABLA 6.4
Incremento anual en las tasas salariales y en la tasa de desempleo, Reino Unido, 1950-1966

Año	Incremento anual en las tasas salariales, % Y	Desempleo, % X
1950	1.8	1.4
1951	8.5	1.1
1952	8.4	1.5
1953	4.5	1.5
1954	4.3	1.2
1955	6.9	1.0
1956	8.0	1.1
1957	5.0	1.3
1958	3.6	1.8
1959	2.6	1.9
1960	2.6	1.5
1961	4.2	1.4
1962	3.6	1.8
1963	3.7	2.1
1964	4.8	1.5
1965	4.3	1.3
1966	4.6	1.4

Fuente: Cliff Pratten, *Applied Macroeconomics*, Oxford University Press, Oxford, 1985, p.85.

6.7 RESUMEN DE FORMAS FUNCIONALES

En la tabla 6.5 resumimos las características más sobresalientes de las diversas formas funcionales consideradas hasta el momento.

TABLA 6.5

Modelo	Ecuación	Pendiente $\left(= \dfrac{dY}{dX} \right)$	Elasticidad $\left(= \dfrac{dY}{dX} \cdot \dfrac{X}{Y} \right)$
Lineal	$Y = \beta_1 + \beta_2 X$	β_2	$\beta_2 \left(\dfrac{X}{Y} \right) *$
Log-lineal o log-log	$\ln Y = \beta_1 + \beta_2 \ln X$	$\beta_2 \left(\dfrac{Y}{X} \right)$	β_2
Log-lin	$\ln Y = \beta_1 + \beta_2 X$	$\beta_2(Y)$	$\beta_2(X)*$
Lin-log	$Y = \beta_1 + \beta_2 \ln X$	$\beta_2 \left(\dfrac{1}{X} \right)$	$\beta_2 \left(\dfrac{1}{Y} \right) *$
Recíproco	$Y = \beta_1 + \beta_2 \left(\dfrac{1}{X} \right)$	$-\beta_2 \left(\dfrac{1}{X^2} \right)$	$-\beta_2 \left(\dfrac{1}{XY} \right) *$

Nota: * indica que el coeficiente de elasticidad es variable dependiendo del valor tomado por X o por Y o por ambas. En la práctica, cuando no se especifican los valores de X y de Y, es muy frecuente medir estas elasticidades para sus valores medios, $\bar{X}$ y $\bar{Y}$.

* 6.8 NOTA SOBRE LA NATURALEZA DEL TÉRMINO ERROR ESTOCÁSTICO: TÉRMINO DE ERROR ESTOCÁSTICO ADITIVO *VS.* MULTIPLICATIVO

Considérese el siguiente modelo de regresión, que es similar a (6.4.1) pero sin el término de error:

$$Y_i = \beta_1 X^{\beta_2} \tag{6.8.1}$$

Para fines de estimación, se puede expresar este modelo en tres formas diferentes:

$$Y_i = \beta_1 X_i^{\beta_2} u_i \tag{6.8.2}$$

$$Y_i = \beta_1 X_i^{\beta_2} e^{u_i} \tag{6.8.3}$$

$$Y_i = \beta_1 X_i^{\beta_2} + u_i \tag{6.8.4}$$

Tomando logaritmos a ambos lados de estas ecuaciones, se obtiene

$$\ln Y_i = \alpha + \beta_2 \ln X_i + \ln u_i \tag{6.8.2a}$$

$$\ln Y_i = \alpha + \beta_2 \ln X_i + u_i \tag{6.8.3a}$$

$$\ln Y_i = \ln(\beta_1 X_i^{\beta_2} + u_i) \tag{6.8.4a}$$

donde $\alpha = \ln \beta_1$.

Modelos como (6.8.2) son modelos de regresión *intrínsecamente lineales* (*en los parámetros*), en el sentido en que, mediante una apropiada transformación (log), los modelos pueden hacerse lineales en los parámetros α y β_2. (*Nota:* Estos modelos son no lineales en β_1.) Pero el modelo (6.8.4) *intrínsecamente es no lineal en los parámetros.* No hay una manera simple de obtener el log de (6.8.4) porque $\ln(A + B) \neq \ln A + \ln B$.

A pesar de que (6.8.2) y (6.8.3) son modelos de regresión lineal y pueden ser estimados por MCO o MV, se debe ser cuidadoso sobre las propiedades del término de error estocástico, considerado en estos modelos. Recuérdese que la propiedad MELI de MCO exige que el valor de la media de u_i sea cero, varianza constante y autocorrelación cero. Para la prueba de hipótesis, suponemos además que u_i sigue una distribución normal con los valores de la media y la varianza recién estudiados. En resumen, se ha supuesto que $u_i \sim N(0, \sigma^2)$.

Ahora, considérese el modelo (6.8.2). Su contraparte estadística está dada en (6.8.2a). Para utilizar el modelo clásico de regresión lineal normal (MCRLN), se debe suponer que

$$\ln u_i \sim N(0, \sigma^2) \tag{6.8.5}$$

Por consiguiente, cuando se realice la regresión (6.8.2a), se tendrán que aplicar las pruebas de normalidad estudiadas en el capítulo 5 a los residuos obtenidos de esta regresión. A propósito, obsérvese que si $\ln u_i$ sigue una distribución normal con media cero y varianza constante, entonces la teoría estadística muestra que u_i en (6.8.2) debe seguir la **distribución log-normal** con media $e^{\sigma^2/2}$ y varianza $e^{\sigma^2}(e^{\sigma^2} - 1)$.

---

*Opcional

Como lo muestra el análisis anterior, se tiene que prestar mucha atención al término de error al transformar un modelo para el análisis de regresión. Igual que para (6.8.4), éste es un modelo de regresión *no lineal en los parámetros* y deberá ser resuelto mediante algún procedimiento computacional iterativo. La estimación del modelo (6.8.3) no debe tener ningún problema.

Para resumir, se debe prestar atención al término de perturbación cuando se transforme un modelo para el análisis de regresión. De lo contrario, una aplicación a ciegas de MCO al modelo transformado no producirá un modelo con las propiedades estadísticas deseables.

6.9 RESUMEN Y CONCLUSIONES

En este capítulo se introdujeron diversos aspectos detallados del modelo clásico de regresión lineal (MCRL).

1. Algunas veces, un modelo de regresión puede no contener un término explícito de intercepto. Estos modelos se conocen como **regresión a través del origen**. A pesar de que el álgebra requerida en la estimación de tales modelos es simple, se deben utilizar con cautela. En tales modelos, la suma de los residuos $\sum \hat{u}_i$ es diferente de cero; adicionalmente, el r^2 calculado convencionalmente puede no tener significado. A menos que exista una razón teórica fuerte, es mejor introducir el intercepto explícitamente en el modelo.

2. Las unidades y la escala en las cuales están expresados el regresado y el(los) regresor(es), son muy importantes puesto que la interpretación de los coeficientes de regresión depende críticamente de estos. En la investigación empírica, el investigador no solamente debe citar la fuente de los datos, sino también describir explícitamente la forma como se miden las variables.

3. Es igualmente importante la forma funcional de la relación entre el regresado y el(los) regresor(es). Algunas de las formas funcionales importantes estudiadas en este capítulo son (*a*) el modelo log-lineal o de elasticidad constante, (*b*) los modelos de regresión semilogarítmicos y (*c*) los modelos recíprocos.

4. En el modelo log-lineal, el regresado y el(los) regresor(es) está(n) expresados en forma logarítmica. El coeficiente de regresión asociado al log de un regresor es interpretado como la elasticidad del regresado con respecto al regresor.

5. En el modelo semilog, el regresado o el(los) regresor(es) están en forma log. En el modelo semilogarítmico, en el cual el regresado es logarítmico y el regresor X es tiempo, el coeficiente de la pendiente estimado (multiplicado por 100) mide la tasa de crecimiento (instantánea) del regresado. Tales modelos se utilizan frecuentemente para medir la tasa de crecimiento de muchos fenómenos económicos. En el modelo semilogarítmico, si el regresor es logarítmico, su coeficiente mide la tasa de cambio absoluta en el regresado para un cambio porcentual dado en el valor del regresor.

6. En los modelos recíprocos, el regresado o el regresor está expresado en forma recíproca o inversa para capturar relaciones no lineales entre variables económicas, como sucede en la conocida curva de Phillips.

7. Al seleccionar las diversas formas funcionales, debe prestarse gran atención al término de perturbación estocástica u_i. Como se anotó en el capítulo 5, el MCRL supone explícitamente que el valor de la media del término de perturbación estocástico es cero y su varianza es constante (homoscedástica) y no está correlacionado con el(los) regresor(es). Es bajo estos supuestos que los estimadores MCO son MELI. Además, bajo el MCRLN, los estimadores MCO están también normalmente distribuidos. Por consiguiente, se debe verificar si estos supuestos se mantienen en la forma funcional escogida para el análisis empírico. Después

de realizar la regresión, el investigador debe aplicar pruebas de diagnóstico, tales como la prueba de normalidad, estudiada en el capítulo 5. Este punto no puede ser sobreenfatizado, ya que las pruebas de hipótesis clásicas, tales como la t, F y χ^2, descansan en el supuesto de que las perturbaciones están normalmente distribuidas. Esto es especialmente crítico si el tamaño de la muestra es pequeño.

8. Si bien el análisis hasta el momento se ha limitado a modelos de regresión con dos variables, los capítulos subsiguientes mostrarán, que en muchos casos, la extensión a modelos de regresión múltiple simplemente involucra más álgebra sin introducir necesariamente más conceptos fundamentales. Por esta razón, es muy importante que el lector tenga un concepto claro del modelo de regresión de dos variables.

EJERCICIOS

Preguntas

6.1. Considérese el modelo de regresión

$$y_i = \beta_1 + \beta_2 x_i + u_i$$

donde $y_i = (Y_i - \bar{Y})$ y $x_i = (X_i - \bar{X})$. En este caso, la línea de regresión debe pasar a través del origen. ¿Cierto o falso? Muéstrense los cálculos.

6.2. Con base en datos mensuales durante el período enero 1978 a diciembre 1987, se obtuvieron los siguientes resultados de regresión:

$$\hat{Y}_t = \quad 0.00681 \quad + \quad 0.75815 X_t$$
$$ee = \quad (0.02596) \quad\quad (0.27009)$$
$$t = \quad (0.26229) \quad\quad (2.80700)$$
$$valor\ p = \quad (0.7984) \quad\quad (0.0186) \quad\quad r^2 = 0.4406$$

$$\hat{Y}_t = \quad 0.76214 X_t$$
$$ee = \quad (0.265799)$$
$$t = \quad (2.95408)$$
$$valor\ p = \quad (0.0131) \quad\quad\quad\quad r^2 = 0.43684$$

donde Y = tasa mensual de retorno sobre las acciones comunes de Texaco, %
    X = tasa mensual de retorno del mercado, %[*]

(a) ¿Cuál es la diferencia entre los dos modelos de regresión?

(b) Dados los resultados anteriores, ¿se conservaría el término del intercepto en el primer modelo? ¿Por qué o por qué no?

(c) ¿Cómo se interpretarían los coeficientes de la pendiente en los dos modelos?

(d) ¿Cuál es la teoría subyacente en los dos modelos?

(e) ¿Pueden compararse los términos r^2 de los dos modelos? ¿Por qué o por qué no?

(f) El estadístico de normalidad de Jarque-Bera para el primer modelo en este problema es 1.1167 y para el segundo modelo es 1.1170. ¿Qué conclusiones puede usted obtener de estas estadísticas?

(g) El valor t del coeficiente de la pendiente en el modelo con intercepto cero es aproximadamente 2.95, mientras que, considerando el intercepto, tiene un valor aproximado de 2.81. ¿Puede racionalizarse este resultado?

---

[*]Los datos básicos fueron obtenidos del diskette de datos incluido en Ernst R. Berndt, *The Practice of Econometrics: Classic and Contemporary*, Addison-Wesley, Reading, Massachusetts, 1991.

6.3 Considérese el siguiente modelo de regresión:

$$\frac{1}{Y_i} = \beta_1 + \beta_2 \left(\frac{1}{X_i}\right) + u_i$$

Nota: X y Y no asumen el valor cero.
(a) ¿Es este un modelo de regresión lineal?
(b) ¿Cómo se puede estimar este modelo?
(c) ¿Cuál es el comportamiento de Y a medida que X tiende a infinito?
(d) ¿Puede darse un ejemplo de un caso en el cual un modelo de esta clase pueda ser apropiado?

6.4 Considérese el modelo log-lineal:

$$\ln Y_i = \beta_1 + \beta_2 \ln X_i + u_i$$

Grafíquese Y en el eje vertical y X en el eje horizontal. Dibújense las curvas que exhiben la relación entre Y y X cuando $\beta_2 = 1$, cuando $\beta_2 > 1$ y cuando $\beta_2 < 1$.

6.5 **Modelo log hipérbole o modelo recíproco logarítmico.** En el ejercicio 2.11e introdujimos el siguiente modelo, llamado el modelo recíproco logarítmico:

$$\ln Y_i = \beta_1 - \beta_2 \left(\frac{1}{X_i}\right) + u_i$$

(a) ¿Cuáles son las propiedades de este modelo? (*Guía:* Considérese el coeficiente de la pendiente, la asíntota, etc.)
(b) Sea X = tiempo. ¿Qué clase de curva de crecimiento es trazada por este modelo?
(c) ¿En qué situaciones se consideraría, que se debe utilizar un modelo como éste?

6.6 Refiérase a la función de demanda de café dada en la sección 3.7. Supóngase que los precios de café fueron dados en centavos en lugar de dólares por libra.
(a) ¿Cómo afectaría esto el intercepto y la pendiente estimadas dadas en (3.7.1)? Muéstrense los cálculos realizados.
(b) ¿Cuál es el cambio, si lo hay, en los errores estándar estimados?
(c) ¿Se verá afectado el r^2? ¿Por qué o por qué no?

6.7 **Regresión con variables estandarizadas.** Sea $X_i^* = (X_i - \bar{X})/S_x$ y $Y_i^* = (Y_i - \bar{Y})/S_y$, donde S_x y S_y son las desviacionestándar muestrales de X y Y, respectivamente.
Demuéstrese que en el modelo

$$Y_i^* = \alpha_1 + \alpha_2 X_i^* + u_i$$

$\hat{\alpha}_1 = 0$ y $\hat{\alpha}_2 = r$, el coeficiente de correlación entre X y Y. ¿Puede pensarse en una razón por la cual se podría desear utilizar un modelo de regresión utilizando variables estandarizadas?

Nota: Las variables Y_i^* y X_i^* definidas arriba se conocen como **variables estandarizadas.** Se dice que una variable es estandarizada o está expresada en unidades (de desviación) estándar si está expresada en términos de desviación de su media (es decir un cambio del origen) y dividida por su desviación estándar muestral (es decir, un cambio de escala). Por tanto, la estandarización involucra un cambio en el origen y en la escala.

Dichas variables estandarizadas tienen estas propiedades: Cada una tiene un valor medio de cero y varianza de 1. Como resultado, una unidad de cambio en, digamos, X^* se convierte en un cambio de 1 desviación estándar. Por consiguiente, el coeficiente de la pendiente en el presente modelo puede ser interpretado como el cambio promedio en términos de número de desviaciones estándar de la variable dependiente cuando la variable explicativa cambia en una desviación estándar. A propósito, el coeficiente de la pendiente en este modelo es conocido como el coeficiente beta, que no debe confundirse con el coeficiente beta de la teoría del portafolio.

6.8. Considérense los siguientes modelos:

$$\text{Modelo I:} \quad Y_i = \beta_1 + \beta_2 X_i + u_i$$
$$\text{Modelo II:} \quad Y_i^* = \alpha_1 + \alpha_2 X_i^* + u_i$$

donde Y^* y X^* son variables estandarizadas como han sido finidas en el ejercicio 6.7. Demuéstrese que $\hat{\alpha}_2 = \hat{\beta}_2(S_x/S_y)$ y, de allí, *establézcase que, a pesar de que los coeficientes de la pendiente de la regresión son independientes de un cambio de origen, no lo son de un cambio de escala.*

6.9. Considérense los siguientes modelos:

$$\ln Y_i^* = \alpha_1 + \alpha_2 \ln X_i^* + u_i^*$$
$$\ln Y_i = \beta_1 + \beta_2 \ln X_i + u_i$$

donde $Y_i^* = w_1 Y_i$ y $X_i^* = w_2 X_i$, siendo las w constantes.

(*a*) Establézcanse las relaciones entre los dos conjuntos de coeficientes de regresión y sus errores estándar.

(*b*) ¿Es el r^2 diferente entre los dos modelos?

6.10. Entre las regresiones (6.5.8) y (6.5.10), ¿cuál modelo es preferible? ¿Por qué?

6.11. Dada la función de demanda de café estimada (6.4.5), ¿aceptaría usted la hipótesis de que la elasticidad–precio de la demanda de café no es significativamente diferente de cero? Utilice la prueba de una cola al nivel de significancia del 5%. Considérese la razón por la cual es apropiada una prueba de una cola.

6.12. Para la regresión (6.5.8), pruebe la hipótesis de que el coeficiente de la pendiente no es significativamente diferente de 0.03.

6.13. De la curva de Phillips estimada dada en (6.6.2), ¿es posible estimar la tasa natural de desempleo? ¿Cómo?

6.14. Para el modelo log-lin (6.4.3) si Y es la cantidad consumida de un bien y X el ingreso del consumidor, ¿cómo se calcularía la elasticidad ingreso: $(dY/dX)(X/Y)$? Y, ¿para el modelo lin-log (6.5.11)?

6.15. La curva de gasto de Engel relaciona el gasto del consumidor sobre un bien con su ingreso total. Sea Y = el gasto de consumo sobre un bien y X = ingreso del consumidor, considere los siguientes modelos:

$$Y_i = \beta_1 + \beta_2 X_i + u_i$$
$$Y_i = \beta_1 + \beta_2(1/X_i) + u_i$$
$$\ln Y_i = \ln \beta_1 + \beta_2 \ln X_i + u_i$$
$$\ln Y_i = \ln \beta_1 + \beta_2(1/X_i) + u_i$$
$$Y_i = \beta_1 + \beta_2 \ln X_i + u_i$$

¿Cuál(es) de estos modelo(s) se escogería(n) para la curva de gasto de Engel y por qué? (*Guía:* Interprétense los diversos coeficientes de pendiente, encuéntrense las expresiones para la elasticidad de gasto con respecto al ingreso, etc.)

Problemas

6.16. En la siguiente tabla se presenta información sobre los deflactores del PIB (producto interno bruto) para los bienes domésticos y para los bienes importados de Singapur durante el período 1968-1982. El deflactor del PIB es utilizado frecuentemente como un indicador de la inflación en lugar del IPC. Singapur es una economía pequeña, abierta y muy dependiente del comercio exterior para su supervivencia.

Año	Deflactor del PIB para bienes domésticos, Y	Deflactor del PIB para importaciones, X
1968	1000	1000
1969	1023	1042
1970	1040	1092
1971	1087	1105
1972	1146	1110
1973	1285	1257
1974	1485	1749
1975	1521	1770
1976	1543	1889
1977	1567	1974
1978	1592	2015
1979	1714	2260
1980	1841	2621
1981	1959	2777
1982	2033	2735

Fuente: Colin Simkin, «Does Money Matter in Singapore?»*The Singapore Economic Review,* vol. XXIX, no. 1, abril 1984, tabla 6, p.8.

Para estudiar la relación entre los precios domésticos y los mundiales, le dan los siguientes modelos:

1. $Y_t = \alpha_1 + \alpha_2 X_t + u_t$

2. $Y_t = \beta_2 X_t + u_t$

donde Y = Deflactor PIB para bienes domésticos

X = Deflactor PIB para importaciones

(*a*) ¿Cómo se escogería, *a priori*, entre los dos modelos?

(*b*) Ajústense ambos modelos a los datos y decida cuál se ajusta mejor.

(*c*) ¿Cuál(es) otro(s) modelo(s) podrían ser apropiados para los datos?

6.17. Refiérase a los datos dados en el ejercicio 6.16. Las medias de Y y X son 1456 y 1760, respectivamente, y las desviaciones estándar correspondientes son 346 y 641. Estímese la siguiente regresión:

$$Y_t^* = \alpha_1 + \alpha_2 X_t^* + u_t$$

donde las variables con asterisco son varibles estandarizadas, e interprétense los resultados.

6.18. Refiérase a los datos del ejercicio 1.1 Para cada país estímese la tasa de crecimiento de la inflación obtenida del modelo:

$$\ln Y_t = \beta_1 + \beta_2 \text{Tiempo} + u_t$$

donde Y es la tasa de inflación. ¿Cómo difieren estos resultados de los obtenidos en el ejercicio 5.12?

6.19. Refiérase a la información del ejercicio 3.22. Calcúlese la tasa de crecimiento del PIB nominal de los Estados Unidos para el periodo 1972-1991 y compárense los resultados con los presentados en la ecuación (6.5.8). ¿Ayudarán los dos resultados de regresión para estimar la tasa de inflación en los Estados Unidos durante el período de tiempo mencionado? ¿De qué forma?

6.20. Supóngase que se ajusta la siguiente versión de la curva de Phillips a la información dada en la tabla 6.4:

$$Y_t = \alpha_1 + \alpha_2 X_t + u_t$$

donde Y = cambio % anual en las tasas de salario monetario

X = tasa de desempleo

(*a*) *A priori*, ¿cuál es el signo esperado de α_2?

(*b*) Estímese esta regresión, y obténganse las estadísticas usuales.

(*c*) ¿Cómo se comparan estos resultados con los de la regresión (6.6.2)? ¿Hay algún conflicto en los resultados?

(d) ¿Pueden compararse los dos valores de r^2?

(e) ¿Cuál modelo se prefiere? ¿Por qué?

6.21. En la siguiente tabla se presentan datos sobre el PNB y la oferta monetaria (M_1) en millones de dólares para el Canadá durante el período 1970-1984.

Año	PNB	Oferta monetaria, M_1
1970	85,685	9,077
1971	94,450	10,178
1972	105,234	11,626
1973	123,560	13,320
1974	147,528	14,555
1975	165,343	16,566
1976	191,857	17,889
1977	210,189	19,381
1978	232,211	21,328
1979	264,279	22,823
1980	297,556	24,254
1981	339,797	25,379
1982	358,302	25,541
1983	390,340	28,137
1984	420,819	28,798

Fuente: The Federal Reserve Bank of St. Louis, *International Economic Conditions,* Edición anual, junio 1985, p.14 (información de M_1) y p.17 (información de PNB).

Utilícense estos datos para ajustar el siguiente modelo y coméntense los resultados.

$$\text{PNB}_t = \beta_1 + \beta_2 \ln M_{1t} + u_t$$

6.22. Se da la siguiente información:

Y_i	X_i	Y_i	X_i
86	3	62	35
79	7	52	45
76	12	51	55
69	17	51	70
65	25	48	120

Fuente: Adaptado de J. Johnston, *Econometric Methods,* 3a. ed., McGraw-Hill, New York, 1984, p.87. Realmente, esta información ha sido tomada de un examen de econometría de la Universidad de Oxford, 1975.

Ajústese el siguiente modelo a esta información y obténganse las estadísticas usuales de regresión:

$$\left(\frac{100}{100 - Y_i} \right) = \beta_1 + \beta_2 \left(\frac{1}{X_i} \right)$$

6.23. Para medir la elasticidad de sustitución entre los insumos de capital y de trabajo, Arrow, Chenery, Minhas y Solow, los autores de la ahora famosa función de producción CES (elasticidad de sustitución constante), utilizaron en el siguiente modelo:[*]

$$\log\left(\frac{V}{L}\right) = \log \beta_1 + \beta_2 \log W + u$$

donde $(V/L) =$ valor agregado por unidad de trabajo

$L =$ insumo trabajo

$W =$ tasa de salario real

El coeficiente β_2 mide la elasticidad de sustitución entre trabajo y capital (es decir, el cambio proporcional en las proporciones de los factores, el cambio proporcional en los precios relativos de los factores). De la información dada en la siguiente tabla, verifíquese que la elasticidad estimada es 1.3338 y que ésta no es estadísticamente diferente de 1.

Industria	$\log(V/L)$	$\log W$
Harina de trigo	3.6973	2.9617
Azúcar	3.4795	2.8532
Pinturas y barnices	4.0004	3.1158
Cemento	3.6609	3.0371
Vidrio y sus manufacturas	3.2321	2.8727
Cerámica	3.3418	2.9745
Tríplex	3.4308	2.8287
Textiles de algodón	3.3158	3.0888
Textiles de lana	3.5062	3.0086
Textiles de Yute	3.2352	2.9680
Químicos	3.8823	3.0909
Aluminio	3.7309	3.0881
Hierro y acero	3.7716	3.2256
Bicicletas	3.6601	3.1025
Máquinas de coser	3.7554	3.1354

Fuente: Damodar Gujarati, «A Test of ACMS Production Function: Indian Industries, 1958,» *Indian Journal of Industrial Relations,* vol.2, no. 1, julio 1966, pp.95-97.

---

[*]«Capital-Labor Sustitution and Economic Efficiency,» *Review of Economics and Statistics,* Agosto 1961, vol.43, no. 5, pp. 225-254.

6A.1 DERIVACIÓN DE LOS ESTIMADORES DE MÍNIMOS CUADRADOS PARA LA REGRESIÓN A TRAVÉS DEL ORIGEN

Deseamos minimizar

$$\sum \hat{u}_i^2 = \sum (Y_i - \hat{\beta}_2 X_i)^2 \tag{1}$$

con respecto a $\hat{\beta}_2$

Diferenciando (1) con respecto a $\hat{\beta}_2$, se obtiene

$$\frac{d \sum \hat{u}_i^2}{d\hat{\beta}_2} = 2 \sum (Y_i - \hat{\beta}_2 X_i)(-X_i) \tag{2}$$

Igualamos (2) a cero y simplificamos, para obtener

$$\hat{\beta}_2 = \frac{\sum X_i Y_i}{\sum X_i^2} \qquad (6.1.6) = (3)$$

Ahora, sustituyendo la FRP: $Y_i = \beta_2 X_i + u_i$ en esta ecuación, se obtiene

$$\hat{\beta}_2 = \frac{\sum X_i (\beta_2 X_i + u_i)}{\sum X_i^2} \tag{4}$$

$$= \beta_2 + \frac{\sum X_i u_i}{\sum X_i^2}$$

(*Nota*: $E(\hat{\beta}_2) = \beta_2$. Por consiguiente,

$$E(\hat{\beta}_2 - \beta_2)^2 = E\left[\frac{\sum X_i u_i}{\sum X_i^2}\right]^2 \tag{5}$$

Expandiendo el lado derecho de (5) y advirtiendo que las X_i son no estocásticas y las u_i son homoscedásticas y no correlacionadas, se obtiene

$$\text{var}(\hat{\beta}_2) = E(\hat{\beta}_2 - \beta_2)^2 = \frac{\sigma^2}{\sum X_i^2} \qquad (6.1.7) = (6)$$

A propósito, observe que a partir de (2) obtenemos, después de igualarla a cero

$$\sum \hat{u}_i X_i = 0 \tag{7}$$

Del apéndice 3A, sección 3A.1, se ve que cuando el término intercepto está presente en el modelo, adicionalmente a (7), se obtiene la condición $\sum \hat{u}_i = 0$. Del desarrollo matemático anterior debe quedar clara la razón por la cual en la regresión a través del origen puede no presentarse la suma de errores, $\sum \hat{u}_i$ igual a cero.

Supóngase que se desea imponer la condición $\sum \hat{u}_i = 0$. En ese caso, se tiene

$$\sum Y_i = \hat{\beta}_2 \sum X_i + \sum \hat{u}_i \tag{8}$$

$$= \hat{\beta}_2 \sum X_i, \qquad \text{puesto que } \sum \hat{u}_i = 0 \text{ por construcción}$$

Esta expresión entonces da

$$\hat{\beta}_2 = \frac{\sum Y_i}{\sum X_i} \qquad (9)$$

$$= \frac{\bar{Y}}{\bar{X}} = \frac{\text{valor de la media de } Y}{\text{valor de la media de } X}$$

Pero este estimador no es el mismo que el definido anteriormente en (3) o en (6.1.6). Dado que el $\hat{\beta}_2$ de (3) es insesgado (¿Por qué?), el $\hat{\beta}_2$ de (9) no puede serlo.

El punto clave a tener en cuenta es que, en la regresión a través del origen no podemos igualar $\sum \hat{u}_i X_i$ y $\sum \hat{u}_i$ a cero como en el modelo convencional. La única condición que se satisface es que $\sum \hat{u}_i X_i$ es cero.

Recuérdese que

$$Y_i = \hat{Y}_i + \hat{u} \qquad (2.6.3)$$

Sumando esta ecuación a ambos lados y dividiendo por N, el tamaño de la muestra, se obtiene

$$\bar{Y} = \bar{\hat{Y}} + \bar{\hat{u}} \qquad (10)$$

Puesto que para el modelo de intercepto cero $\sum \hat{u}_i$ y, por consiguiente $\bar{\hat{u}}$, no necesariamente es cero, se cumple que

$$\bar{Y} \neq \bar{\hat{Y}} \qquad (11)$$

es decir, la media de los valores observados de Y no necesita ser igual a la media de los valores estimados de Y; los dos valores de la medias son idénticos en el modelo con intercepto, como puede verse de (3.1.10).

Se observó que para el modelo de intercepto cero, el r^2 puede ser negativo, mientras que para el modelo convencional éste nunca puede ser negativo. Esta condición puede demostrarse de la manera siguiente:

Utilizando (3.5.5a), podemos escribir

$$r^2 = 1 - \frac{\text{SRC}}{\text{STC}} = 1 - \frac{\sum \hat{u}_i^2}{\sum y_i^2} \qquad (12)$$

Ahora, para el modelo convencional, o con presencia de intercepto, la ecuación (3.3.6) muestra que

$$\text{SRC} = \sum \hat{u}_i^2 = \sum y_i^2 - \hat{\beta}_2^2 \sum x_i^2 \leq \sum y_i^2 \qquad (13)$$

a menos que $\hat{\beta}_2$ sea cero (es decir, X no tiene influencia alguna sobre Y). Es decir, para el modelo convencional, SRC ≤ STC, así, el r^2 nunca podrá ser negativo.

Análogamente, para el modelo de intercepto-cero, puede demostrarse que

$$\text{SRC} = \sum \hat{u}_i^2 = \sum Y_i^2 - \hat{\beta}_2^2 \sum X_i^2 \qquad (14)$$

(*Nota:* Las sumas de los cuadrados de Y y X no están ajustados por la media). Ahora, no existe garantía de que esta SRC sea siempre menor que $\sum y_i^2 = \sum Y_i^2 - N\bar{Y}^2$ (la STC), lo cual sugiere que SRC puede ser mayor que STC, implicando que el r^2, como ha sido definido convencionalmente, pueda ser negativo. A propósito, obsérvese que en este caso SRC será mayor que STC si $\hat{\beta}_2^2 \sum X_i^2 < N\bar{Y}^2$.

APÉNDICE 6A.2 LISTADO SAS
DE LA LÍNEA CARACTERÍSTICA (6.1.12)

DEP VARIABLE: Y

SOURCE	DF	SUM OF SQUARES	MEAN SQUARE	F VALUE	PROB > F
MODEL	1	12364.263	12364.263	32.375	0.0008
ERROR	9	3437.147	381.905		
TOTAL	10	15801.410			

ROOT MSE	19.542396	R-SQUARE	0.7825
DEP MEAN	19.390000	ADJ R-SQ	0.7825
C.V.	100.786		

NOTE: NO INTERCEPT TERM IS USED. R-SQUARE IS REDEFINED.

VARIABLE	DF	PARAMETER ESTIMATE	STANDARD ERROR	T FOR HO: PARAMETER = 0	PROB > |T|
X	1	1.089912	0.191551	5.690	0.0008

OBS	Y	X	YHAT	YRESID
1	67.5	19.5	21.253	46.247
2	19.2	8.5	9.264	9.936
3	−35.2	−29.3	−31.394	−3.266
4	−42.0	−26.5	−28.883	−13.117
5	63.7	61.9	67.466	−3.766
6	19.3	45.5	49.591	−30.291
7	3.6	9.5	10.354	−6.754
8	20.0	14.0	15.259	4.741
9	40.3	35.3	38.474	1.826
10	37.5	31.0	33.787	3.713

DURBIN-WATSON d	0.896
1ST ORDER AUTOCORRELATION	0.239

Nota: El valor PROB > |T| = 0.0008 representa el valor *p*.

APÉNDICE 6A.3 LISTADO SAS DE LA REGRESIÓN DE LA CURVA DE PHILLIPS PARA EL REINO UNIDO (6.6.2)

DEP VARIABLE: Y

SOURCE	DF	SUM OF SQUARES	MEAN SQUARE	F VALUE	PROB > F
MODEL	1	25.054647	25.054647	9.385	0.0079
ERROR	15	40.043000	2.669533		
TOTAL	16	65.097647			

ROOT MSE		1.633871	R-SQUARE		0.3849
DEP MEAN		4.788235	ADJ R-SQ		0.3439
C.V.		34.12261			

VARIABLE	DF	PARAMETER ESTIMATE	STANDARD ERROR	T FOR HO: PARAMETER = 0	PROB > |T|
INTERCEP	1	−428177	2.067478	−0.691	0.5003
X_1	1	8.724344	2.847779	3.064	0.0079

OBS	Y	X	$X_1 = 1/X$	YHAT	YRESID
1	1.8	1.4	0.71429	4.80350	−3.0035
2	8.5	1.1	0.90909	6.50304	1.9970
3	8.4	1.5	0.66667	4.38805	4.0119
4	4.5	1.5	0.66667	4.38805	0.1119
5	4.8	1.2	0.83333	5.84211	−1.5421
6	6.9	1.0	1.00000	7.29617	−0.3962
7	8.0	1.1	0.90909	6.50304	1.4970
8	5.0	1.3	0.76923	5.28286	−0.2829
9	3.6	1.8	.055556	3.41868	0.1813
10	2.6	1.9	0.52632	3.16358	−0.5636
11	2.6	1.5	0.66667	4.38805	−1.7881
12	4.2	1.4	0.71429	4.80350	−0.6035
13	3.6	1.8	0.55556	3.41868	0.1813
14	3.7	2.1	0.47619	2.72627	0.9737
15	4.8	1.5	0.66667	4.38805	0.4119
16	4.3	1.3	0.76923	5.28286	−0.9829
17	4.6	1.4	0.71429	4.80350	−0.2035

Nota: Los números bajo la columna PROB > |T| representan los valores *p*.

ANÁLISIS DE REGRESIÓN MÚLTIPLE: PROBLEMA DE ESTIMACIÓN

El modelo de dos variables, estudiado extensamente en los capítulos anteriores, con frecuencia es inadecuado en la práctica. Es el caso del ejemplo consumo-ingreso, en donde se supuso implícitamente que solamente el ingreso X afecta el consumo Y. Pero la teoría económica rara vez es tan simple, ya que, además del ingreso, existen muchas otras variables que probablemente afectan el gasto de consumo. Un ejemplo obvio es la riqueza del consumidor. Para citar otro ejemplo, es probable que la demanda de un bien dependa no sólo de su propio precio sino también de los precios de otros bienes competitivos o complementarios, del ingreso del consumidor, de la condición social, etc. Por consiguiente, se necesita ampliar el modelo simple de regresión con dos variables para considerar modelos que contengan más de dos variables. La adición de variables conduce al análisis de los modelos de regresión múltiple, es decir, modelos en los cuales la variable dependiente, o regresada, Y depende de dos o más variables explicativas, o regresores.

El modelo de regresión múltiple más simple posible es la regresión de tres variables, con una variable dependiente y dos variables explicativas. En este capítulo y en el siguiente se estudiará este modelo y, en el capítulo 9, se generalizará a más de tres variables. Durante todo el análisis, se tratará con modelos de regresión lineal múltiple, es decir, modelos lineales en los parámetros; que pueden ser o no lineales en las variables.

7.1 MODELO DE TRES VARIABLES: NOTACIÓN Y SUPUESTOS

Generalizando la función de regresión poblacional (FRP) de dos variables (2.4.2), se puede escribir la FRP de tres variables así:

$$Y_i = \beta_1 + \beta_2 X_{2i} + \beta_3 X_{3i} + u_i \qquad (7.1.1)$$

donde Y es la variable dependiente, X_2 y X_3 las variables explicativas (o regresores), u es el término de perturbación estocástica, e i la $i$ésima observación; en caso de información de series de tiempo, el subíndice t denotará la t ésima observación[1].

En la ecuación (7.1.1) β_1 es el término del intercepto. Como es usual, este término nos da el efecto medio o promedio sobre Y de todas las variables excluidas del modelo, aunque su interpretación mecánica sea el valor promedio de Y cuando X_2 y X_3 se hacen iguales a cero. Los coeficientes β_2 y β_3 se denominan coeficientes de regresión parcial y su significado se explicará en breve.

Se continúua operando dentro del marco del modelo clásico de regresión lineal (MCRL), introducido por primera vez en el capítulo 3. Específicamente, se supone lo siguiente:

Valor medio de u_i igual a cero,

$$E(u_i \mid X_{2i}, X_{3i}) = 0 \qquad \text{para cada } i \qquad (7.1.2)$$

No correlación serial, o

$$\text{cov}(u_i, u_j) = 0 \quad i \neq j \qquad (7.1.3)$$

Homoscedasticidad, o

$$\text{var}(u_i) = \sigma^2 \qquad (7.1.4)$$

Covarianza entre u_i y cada variable X igual a cero, o

$$\text{cov}(u_i, X_{2i}) = \text{cov}(u_i, X_{3i}) = 0 \qquad (7.1.5)[2]$$

No hay sesgo de especificación, o

$$\text{El modelo está especificado correctamente} \qquad (7.1.6)$$

No hay colinealidad exacta entre las variables X, o

$$\text{No hay } \textbf{relación lineal exacta} \text{ entre } X_2 \text{ y } X_3 \qquad (7.1.7)$$

Adicionalmente, igual que en el capítulo 3, se supone que el modelo de regresión múltiple es *lineal en los parámetros,* que los valores de los regresores son fijos en muestreo repetido y que hay suficiente variablidad en dichos valores.

---

[1]Para efectos de simetría notacional, la ecuación (7.1.1) puede escribirse también como

$$Y_i = \beta_1 X_{1i} + \beta_2 X_{2i} + \beta_3 X_{3i} + u_i$$

donde $X_{1i} = 1$ para todo i.

[2]Este supuesto se cumple automáticamente si X_2 y X_3 son no estocásticas y (7.1.2) se mantiene.

La razón de los supuestos (7.1.2) a (7.1.6) es la misma analizada en la sección 3.2. El supuesto (7.1.7) que establece la no existencia de una relación lineal exacta entre X_2 y X_3, conocido técnicamente como el supuesto de *no colinealidad,* o de **no multicolinealidad** cuando hay más de una relación lineal exacta involucrada, es nuevo y requiere alguna explicación[3].

Informalmente, el concepto de no colinealidad significa que ninguna de las variables explicativas puede escribirse como combinación lineal de las variables explicativas restantes. El significado de este concepto puede entenderse mediante el diagrama de Venn, o de Ballentine, estudiado en el capítulo 3. En esta figura, el círculo Y representa variación en la variable dependiente Y y los círculos X_2 y X_3 representan variaciones en los regresores X_2 y X_3 respectivamente. En la figura 7.1a el área 1 representa variaciones en Y explicadas por X_2 (mediante una regresión MCO) y el área 2 representa la variación en Y explicada por X_3. En la figura 7.1b las áreas 3 y 4 representan la variación en Y explicada por X_2 y las áreas 4 y 5 representan la variación en Y explicada por X_3. Pero, dado que el área 4 es común a X_2 y X_3, no sabemos *a priori* qué parte de 4 pertenece a X_2 y qué parte a X_3. El área común 4 representa la situación de colinealidad. Lo que requiere el supuesto de no colinealidad es que no haya sobreposición entre X_2 y X_3, es decir, el área común 4 debe ser cero. En otras palabras, lo que se desea se asemeja a la situación ilustrada en la figura 7.1a.

Formalmente, la no colinealidad significa que no existe un conjunto de números λ_2 y λ_3, tales que al menos uno sea diferente de cero de forma tal que

$$\lambda_2 X_{2i} + \lambda_3 X_{3i} = 0 \qquad (7.1.8)$$

Si dicha relación lineal existe, entonces se dice que X_2 y X_3 son **colineales** o linealmente dependientes. Por otra parte, si (7.1.8) se cumple solamente cuando $\lambda_2 = \lambda_3 = 0$, entonces se dice que X_2 y X_3 son *linealmente independientes*.

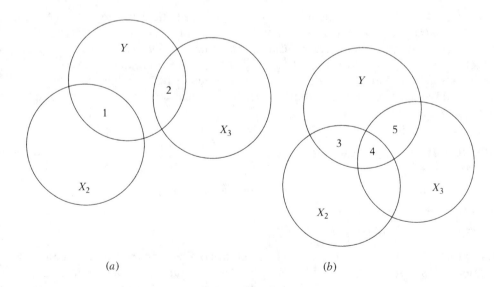

(a)   (b)

FIGURA 7.1
El Ballentine, indicando no colinealidad *(a)* y colinealidad *(b)*.

---

[3]En el modelo de dos variables no se necesita este supuesto. ¿Por qué?

Así, si

$$X_{2i} = -4X_{3i} \quad \text{o} \quad X_{2i} + 4X_{3i} = 0 \qquad (7.1.9)$$

las dos variables son linealmente dependientes y si ambas son incluidas en un modelo de regresión, se tendrá colinealidad perfecta o una relación lineal exacta entre los dos regresores.

Pero supóngase que $X_{3i} = X_{2i}^2$. ¿Violaría esto el supuesto de no colinealidad? No, porque la relación entre las dos variables en este caso es *no lineal* y no viola el requisito de que no existan *relaciones lineales exactas* entre los regresores. Sin embargo, debe observarse en este caso que el r^2 y el r calculados convencionalmente, serán elevados, particularmente en las muestras de X_2 y X_3 con pocos valores en el extremo. Pero se hablará más acerca de este tema en el capítulo 10.

A pesar de que se considerará en más detalle el problema de multicolinealidad en el capítulo 10, intuitivamente la lógica detrás del supuesto de no multicolinealidad no es difícil de entender. Supóngase que en (7.1.1) Y, X_2 y X_3 representan el gasto de consumo, el ingreso y la riqueza del consumidor, respectivamente. Al postular que el gasto de consumo está relacionado linealmente con el ingreso y la riqueza, la teoría económica presupone que los dos anteriores pueden tener alguna influencia independiente sobre el consumo. De no ser así, no tiene sentido incluir ambas variables, ingreso y riqueza, en el modelo. En la situación extrema, si existe una relación lineal exacta entre ingreso y riqueza, solamente se tiene una variable independiente, no dos y no hay forma de evaluar la influencia *separada* del ingreso y de la riqueza sobre el consumo. Para ver esto claramente, sea $X_{3i} = 2X_{2i}$ en la regresión consumo-ingreso-riqueza. Entonces, la regresión (7.1.1) resulta ser

$$\begin{aligned} Y_i &= \beta_1 + \beta_2 X_{2i} + \beta_3 (2X_{2i}) + u_i \\ &= \beta_1 + (\beta_2 + 2\beta_3) X_{2i} + u_i \\ &= \beta_1 + \alpha X_{2i} + u_i \end{aligned} \qquad (7.1.10)$$

donde $\alpha = (\beta_2 + 2\beta_3)$. Es decir, de hecho se tiene una regresión de dos variables y no de tres. Además, si se corre la regresión (7.1.10) y se obtiene α, no hay forma de estimar la influencia separada de $X_2 (= \beta_2)$ y $X_3 (= \beta_3)$ sobre Y, pues α nos da la *influencia combinada* de X_2 y X_3 sobre Y[4].

En resumen, el supuesto de no multicolinealidad requiere que en la FRP se incluyan solamente aquellas variables que no sean funciones lineales de algunas de las variables en el modelo. Otro problema será si esto puede siempre lograrse en la práctica, lo cual será investigado extensamente en el capítulo 10.

7.2 INTERPRETACIÓN DE LA ECUACIÓN DE REGRESIÓN MÚLTIPLE

Dados los supuestos del modelo de regresión clásico, se cumple que, al tomar la esperanza condicional de Y a ambos lados de (7.1.1), se obtiene

$$E(Y_i \mid X_{2i}, X_{3i}) = \beta_1 + \beta_2 X_{2i} + \beta_3 X_{3i} \qquad (7.2.1)$$

Expresado en palabras, de (7.2.1) se obtiene la **media condicional o el valor esperado de Y condicionado a los valores dados o fijos de las variables** X_2 y X_3. Por consiguiente, igual que en el caso de dos variables, el análisis de regresión múltiple es el análisis de regresión condicional, a los

---

[4]En términos matemáticos, $\alpha = (\beta_2 + 2\beta_3)$ es una ecuación con dos incógnitas y no hay una forma *única* de estimar β_2 y β_3 a partir del α estimada.

valores fijos de las variables explicativas y lo que obtenemos es el valor promedio o la media de Y, o la respuesta media de Y a valores fijos de las variables X.

7.3 SIGNIFICADO DE LOS COEFICIENTES DE REGRESIÓN PARCIAL

El significado del **coeficiente de regresión parcial** es el siguiente: β_2 mide el cambio en el valor de la media de Y, $E(Y \mid X_2, X_3)$ por unidad de cambio en X_2, *permaneciendo X_3 constante*. En otras palabras, nos da la pendiente de $E(Y \mid X_2, X_3)$ con respecto a X_2 manteniendo X_3 constante[5]. Expresado en forma diferente, nos da el efecto «directo» o «neto» de una unidad de cambio en X_2 sobre el valor de la media de Y, neto de X_3. De forma similar, β_3 mide el cambio en el valor de la media de Y por unidad de cambio en X_3, *manteniendo X_2 constante*. Es decir, da el efecto «directo» o «neto» de una unidad de cambio en X_3 sobre el valor de la media de Y, sin considerar X_2.

¿Qué tan preciso es el significado del término *mantener constante*?[6]. Para entender esto, supóngase que Y representa el producto y X_2 y X_3 representan los insumos trabajo y capital, respectivamente. Piénsese además que tanto X_2 como X_3 se requieren en la producción de Y y las proporciones en las cuales estos pueden ser empleados en la producción de Y pueden variar. Ahora, téngase en cuenta que se incrementa el insumo trabajo en una unidad, lo cual resulta en algún aumento en la producción (producto marginal bruto del trabajo). ¿Se puede atribuir el cambio resultante en el producto exclusivamente al insumo trabajo X_2?[7]. Si se fuera a hacer eso, se estaría *inflando* la contribución de X_2 en Y; X_2 obtiene «crédito» por esa porción del cambio en Y debida al aumento concomitante en el insumo capital. Por consiguiente, para evaluar la «verdadera» contribución de X_2 al cambio en Y (el producto marginal neto del trabajo), se debe «controlar» de alguna forma la influencia de X_3. En forma similar, para evaluar la verdadera contribución de X_3 se debe controlar también la influencia de X_2.

¿Cómo se realiza este procedimiento de control? Para ser concretos, supóngase que se desea controlar la influencia lineal del insumo capital X_3 en la medición del impacto de un cambio unitario, en el insumo trabajo X_2 sobre el producto. Con este fin, se puede proceder de la siguiente manera:

Etapa I: Efectúese la regresión de Y solamente sobre X_3 de la siguiente manera:

$$Y_i = b_1 + b_{13}X_{3i} + \hat{u}_{1i} \qquad (7.3.1)$$

La ecuación (7.3.1) no es otra cosa que una regresión con dos variables, con la diferencia de que tiene una nueva notación autoexplicativa, donde $\hat{u}_{1i}$ es el término residual (muestral). (*Nota:* En b_{13} el subíndice 1 se refiere a la variable Y).

Etapa II: Efectúese la regresión X_2 solamente sobre X_3 de la siguiente forma:

$$X_{2i} = b_2 + b_{23}X_{3i} + \hat{u}_{2i} \qquad (7.3.2)$$

donde $\hat{u}_{2i}$ es también el término residual. Ahora,

$$\hat{u}_{1i} = Y_i - b_1 - b_{13}X_{3i}$$
$$= Y_i - \hat{Y}_i \qquad (7.3.3)$$

---

[5]El lector familiarizado con el cálculo observará al instante que β_2 y β_3 son las derivadas parciales de $E(Y \mid X_2, X_3)$ con respecto a X_2 y a X_3.

[6]Los términos *controlar, mantener constante, permitir o responder por la influencia de,* y *corregir la influencia de* son todos sinónimos y serán utilizados en forma intercambiable en este texto.

[7]Puesto que el trabajo al igual que el capital se requieren en la producción, este incremento puede inducir algún incremento en capital; la cuantía del cambio en este último dependerá de la tecnología de producción.

y

$$\hat{u}_{2i} = X_{2i} - b_2 - b_{23}X_{3i}$$

$$= X_{2i} - \hat{X}_{2i} \qquad (7.3.4)$$

donde $\hat{Y}_i$ y $\hat{X}_{2i}$ son los valores estimados de la regresión (7.3.1) y (7.3.2), respectivamente.

¿Qué implican los residuos $\hat{u}_{1i}$ y $\hat{u}_{2i}$? El término $\hat{u}_{1i}$ presenta el valor de Y_i después de eliminar la influencia (lineal) sobre éste de X_3 y similarmente $\hat{u}_{2i}$ representa el valor de X_{2i} después de eliminar la influencia (lineal) sobre éste de X_3. Podría decirse $\hat{u}_{1i}$ y $\hat{u}_{2i}$ son Y_i y X_{2i} «depurados», es decir, depurados de la influencia (¿contaminación?) de X_3.

Etapa III: Por consiguiente, si ahora se procede a efectuar la regresión $\hat{u}_{1i}$ sobre $\hat{u}_{2i}$ de la siguiente forma,

$$\hat{u}_{1i} = a_0 + a_1\hat{u}_{2i} + \hat{u}_{3i} \qquad (7.3.5)$$

donde $\hat{u}_{3i}$ es también el término residual de la muestra. Entonces a_1 debe dar un estimado del efecto «verdadero» o neto de un cambio unitario en X_2 sobre Y (es decir, el producto marginal neto del trabajo) o la verdadera pendiente de Y con respecto a X_2, es decir, un estimado de β_2. De hecho, ésto se hace, como se muestra en el apéndice 7A, sección 7A.2. (*Véase* también el ejercicio 7.5)

Geométricamente, se tiene la figura 7.2. En la práctica, sin embargo, no hay necesidad de pasar por este procedimiento elaborado y dispendioso, ya que a_1 puede ser estimada directamente de las fórmulas dadas en la sección 7.4 [*véase* la ecuación (7.4.7)]. El procedimiento de tres etapas recién esbozado es apenas una herramienta pedagógica, para hacer entendible el significado del coeficiente de regresión «parcial».

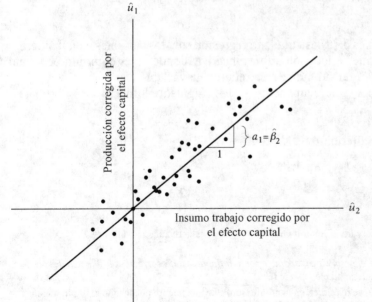

FIGURA 7.2
Diagrama de dispersión entre el producto y el insumo trabajo corregido por la influencia lineal del capital.

7.4 ESTIMACIÓN MCO Y MV
DE LOS COEFICIENTES DE REGRESIÓN PARCIAL

Para estimar los parámetros del modelo de regresión con tres variables (7.1.1), se considerará primero el método de mínimos cuadrados ordinarios (MCO), introducido en el capítulo 3 y luego se considerará brevemente el método de máxima verosimilitud (MV) estudiado en el capítulo 4.

Estimadores MCO

Para encontrar los estimadores MCO, se escribe primero la función de regresión muestral (FRM) correspondiente a la FRP de (7.1.1) de la siguiente manera:

$$Y_i = \hat{\beta}_1 + \hat{\beta}_2 X_{2i} + \hat{\beta}_3 X_{3i} + \hat{u}_i \qquad (7.4.1)$$

donde $\hat{u}_i$ es el término residual, la contraparte muestral del término de perturbación estocástico u_i.

Como se anotó en el capítulo 3, el procedimiento MCO consiste en seleccionar los valores desconocidos de los parámetros en tal forma que la suma de residuales al cuadrado (SRC) $\sum \hat{u}_i^2$ sea tan pequeña como sea posible. Simbólicamente,

$$\min \sum \hat{u}_i^2 = \sum (Y_i - \hat{\beta}_1 - \hat{\beta}_2 X_{2i} - \hat{\beta}_3 X_{3i})^2 \qquad (7.4.2)$$

donde se obtiene la expresión SRC por manipulación algebraica simple de (7.4.1).

El procedimiento más directo para obtener estimadores que minimizarán (7.4.2) es diferenciarla con respecto de las incógnitas, igualar a cero las expresiones resultantes y resolverlas simultáneamente. Como se muestra en el apéndice 7A, sección 7A.1, de este procedimiento se obtienen las siguientes *ecuaciones normales* [comparables con las ecuaciones (3.1.4) y (3.1.5)]:

$$\bar{Y} = \hat{\beta}_1 + \hat{\beta}_2 \bar{X}_2 + \hat{\beta}_3 \bar{X}_3 \qquad (7.4.3)$$

$$\sum Y_i X_{2i} = \hat{\beta}_1 \sum X_{2i} + \hat{\beta}_2 \sum X_{2i}^2 + \hat{\beta}_3 \sum X_{2i} X_{3i} \qquad (7.4.4)$$

$$\sum Y_i X_{3i} = \hat{\beta}_1 \sum X_{3i} + \hat{\beta}_2 \sum X_{2i} X_{3i} + \hat{\beta}_3 \sum X_{3i}^2 \qquad (7.4.5)$$

De la ecuación (7.4.3) se ve al instante que

$$\hat{\beta}_1 = \bar{Y} - \hat{\beta}_2 \bar{X}_2 - \hat{\beta}_3 \bar{X}_3 \qquad (7.4.6)$$

que es el estimador MCO del intercepto poblacional β_1.

Siguiendo la convención de permitir que las letras minúsculas denoten desviaciones de la media muestral, se pueden derivar las siguientes fórmulas de las ecuaciones normales (7.4.3) a (7.4.5):

$$\hat{\beta}_2 = \frac{(\sum y_i x_{2i})(\sum x_{3i}^2) - (\sum y_i x_{3i})(\sum x_{2i} x_{3i})}{(\sum x_{2i}^2)(\sum x_{3i}^2) - (\sum x_{2i} x_{3i})^2} \qquad (7.4.7)[8]$$

$$\hat{\beta}_3 = \frac{(\sum y_i x_{3i})(\sum x_{2i}^2) - (\sum y_i x_{2i})(\sum x_{2i} x_{3i})}{(\sum x_{2i}^2)(\sum x_{3i}^2) - (\sum x_{2i} x_{3i})^2} \qquad (7.4.8)$$

---

[8]Este estimador es igual a a_1 de (7.3.5), como se muestra en el apéndice 7A, sección 7A.2.

que nos dan los estimadores MCO de los coeficientes de regresión parcial poblacionales, β_2 y β_3 respectivamente.

A propósito, obsérvese lo siguiente: (1) Las ecuaciones (7.4.7) y (7.4.8) son simétricas por naturaleza porque una puede ser obtenida de la otra mediante el cambio de papeles de X_2 y X_3; (2) los denominadores en estas dos ecuaciones son idénticos; y (3) el caso de tres variables es una extensión natural del caso de dos variables.

Varianzas y errores estándar de los estimadores MCO

Habiendo obtenido los estimadores MCO de los coeficientes de regresión parcial, se puede derivar las varianzas y los errores estándar de estos estimadores en la forma indicada en el apéndice 3A.3. Igual que en el caso de dos variables, se necesitan los errores estándar para dos fines principales: establecer intervalos de confianza y probar hipótesis estadísticas. Las fórmulas relevantes son las siguientes[9]:

$$\text{var}(\hat{\beta}_1) = \left[\frac{1}{n} + \frac{\bar{X}_2^2 \sum x_{3i}^2 + \bar{X}_3^2 \sum x_{2i}^2 - 2\bar{X}_2\bar{X}_3 \sum x_{2i}x_{3i}}{\sum x_{2i}^2 \sum x_{3i}^2 - (\sum x_{2i}x_{3i})^2} \right] \cdot \sigma^2 \qquad (7.4.9)$$

$$\text{ee}(\hat{\beta}_1) = +\sqrt{\text{var}(\hat{\beta}_1)} \qquad (7.4.10)$$

$$\text{var}(\hat{\beta}_2) = \frac{\sum x_{3i}^2}{(\sum x_{2i}^2)(\sum x_{3i}^2) - (\sum x_{2i}x_{3i})^2}\sigma^2 \qquad (7.4.11)$$

o, en forma equivalente,

$$\text{var}(\hat{\beta}_2) = \frac{\sigma^2}{\sum x_{2i}^2(1 - r_{23}^2)} \qquad (7.4.12)$$

donde r_{23} es el coeficiente de correlación muestral entre X_2 y X_3 como se define en el capítulo 3[10].

$$\text{ee}(\hat{\beta}_2) = +\sqrt{\text{var}(\hat{\beta}_2)} \qquad (7.4.13)$$

$$\text{var}(\hat{\beta}_3) = \frac{\sum x_{2i}^2}{(\sum x_{2i}^2)(\sum x_{3i}^2) - (\sum x_{2i}x_{3i})^2}\sigma^2 \qquad (7.4.14)$$

o, en forma equivalente,

$$\text{var}(\hat{\beta}_3) = \frac{\sigma^2}{\sum x_{3i}^2(1 - r_{23}^2)} \qquad (7.4.15)$$

---

[9]Las derivaciones de estas fórmulas son más sencillas utilizando notación matricial. Por tanto, las pruebas se han postergado hasta el capítulo 9.

[10]Utilizando la definición de r dada en el capítulo 3, se tiene que

$$r_{23}^2 = \frac{(\sum x_{2i}x_{3i})^2}{\sum x_{2i}^2 \sum x_{3i}^2}$$

$$ee(\hat{\beta}_3) = +\sqrt{var(\hat{\beta}_3)} \qquad (7.4.16)$$

$$cov(\hat{\beta}_2, \hat{\beta}_3) = \frac{-r_{23}\sigma^2}{(1 - r_{23}^2)\sqrt{x_{2i}^2}\sqrt{x_{3i}^2}} \qquad (7.4.17)$$

En todas estas fórmulas σ^2 es la varianza (homoscedástica) poblacional de las perturbaciones u_i.

Siguiendo el argumento del apéndice 3A, sección 3A.5, el lector puede verificar que un estimador insesgado de σ^2 está dado por

$$\hat{\sigma}^2 = \frac{\sum \hat{u}_i^2}{n - 3} \qquad (7.4.18)$$

Obsérvese la similitud entre este estimador de σ^2 y su correspondiente en el caso de dos variables $[\sigma^2 = (\sum \hat{u}_i^2)/(n - 2)]$. Los grados de libertad son ahora $(n - 3)$ porque, para calcular $\sum \hat{u}_i^2$, se deben estimar primero β_1, β_2 y β_3, los cuales consumen 3 g de l. (El argumento es muy general. Así, en el caso de cuatro variables los g de l serán $n - 4$).

El estimador $\hat{\sigma}^2$ puede ser calculado de (7.4.18) una vez se dispone de los residuos, pero también puede obtenerse más rápidamente utilizando la siguiente relación (para una prueba, *véase* apéndice 7A, sección 7A.3):

$$\sum \hat{u}_i^2 = \sum y_i^2 - \hat{\beta}_2 \sum y_i x_{2i} - \hat{\beta}_3 \sum y_i x_{3i} \qquad (7.4.19)$$

que es la contraparte de tres variables de la relación dada en (3.3.6).

Propiedades de los estimadores MCO

Las propiedades de los estimadores MCO del modelo de regresión múltiples son similares a aquellas del modelo con dos variables. Específicamente:

1. La línea de regresión de tres variables (superficie) pasa través de las medias de $\bar{Y}, \bar{X}_2$ y $\bar{X}_3$, lo cual se hace evidente en (7.4.3) [comparable ecuación (3.1.7) del modelo con dos variables]. Esta propiedad generalmente se mantiene. Así, en el modelo de regresión lineal con k variables [un regresado y $(k - 1)$ regresores]

$$Y_i = \beta_1 + \beta_2 X_{2i} + \beta_3 X_{3i} + \cdots + \beta_k X_{ki} + u_i \qquad (7.4.20)$$

se tiene que

$$\hat{\beta}_1 = \bar{Y} - \beta_2 \bar{X}_2 - \beta_3 \bar{X}_3 - \cdots - \beta_k \bar{X}_k \qquad (7.4.21)$$

2. El valor medio de Y_i estimado$(= \hat{Y}_i)$ es igual al valor medio de Y_i observado, lo cual es fácil de demostrar:

$$\begin{aligned}
\hat{Y}_i &= \hat{\beta}_1 + \hat{\beta}_2 X_{2i} + \hat{\beta}_3 X_{3i} \\
&= (\bar{Y} - \hat{\beta}_2 \bar{X}_2 - \hat{\beta}_3 \bar{X}_3) + \hat{\beta}_2 X_{2i} + \hat{\beta}_3 X_{3i} \quad \text{(¿Por qué?)} \\
&= \bar{Y} + \hat{\beta}_2(X_{2i} - \bar{X}_2) + \hat{\beta}_3(X_{3i} - \bar{X}_3) \\
&= \bar{Y} + \hat{\beta}_2 x_{2i} + \hat{\beta}_3 x_{3i} \qquad (7.4.22)
\end{aligned}$$

donde, como es usual, las letras minúsculas indican los valores de las variables expresadas como desviaciones de sus medias respectivas.

Sumando en ambos lados de (7.4.22) sobre los valores muestrales y dividiendo por el tamaño de la muestra n, se tiene $\hat{Y} = \bar{Y}$. (*Nota:* $\sum x_{2i} = \sum x_{3i} = 0$ ¿Por qué?) Obsérvese que, en virtud de (7.4.22), se puede escribir

$$\hat{y}_i = \hat{\beta}_2 x_{2i} + \hat{\beta}_3 x_{3i} \tag{7.4.23}$$

donde $\hat{y}_i = (\hat{Y}_i - \bar{Y})$.

Por consiguiente, la FRM (7.4.1) puede ser expresada en *forma de desviaciones* como

$$y_i = \hat{y}_i + \hat{u}_i = \hat{\beta}_2 x_{2i} + \hat{\beta}_3 x_{3i} + \hat{u}_i \tag{7.4.24}$$

3. $\sum \hat{u}_i = \bar{\hat{u}} = 0$, lo cual puede verificarse de (7.4.24). [*Guía:* Súmense los valores muestrales a ambos lados de (7.4.24)].

4. Los residuos $\hat{u}_i$ no están correlacionados con X_{2i} y X_{3i}, es decir, $\sum \hat{u}_i X_{2i} = \sum \hat{u}_i X_{3i} = 0$ (*véase* prueba en el apéndice 7A.1).

5. Los residuos $\hat{u}_i$ no están correlacionados con $\hat{Y}_i$, es decir, $\sum \hat{u}_i \hat{Y}_i = 0$. ¿Por qué? [*Guía:* Multiplíquese a ambos lados (7.4.23) por $\hat{u}_i$ y súmense sobre los valores muestrales].

6. De (7.4.12) y (7.4.15) es evidente que a medida que r_{23}, el coeficiente de correlación entre X_2 y X_3, aumenta hacia 1, las varianzas de $\hat{\beta}_2$ y $\hat{\beta}_3$ aumentan para los valores dados de σ^2 y $\sum x_{2i}^2$ o $\sum x_{3i}^2$. En el límite, cuando $r_{23} = 1$ (es decir, colinealidad perfecta), estas varianzas se hacen infinitas. Las implicaciones de esto serán analizadas a fondo en el capítulo 10, pero intuitivamente el lector puede ver que a medida que r_{23} aumenta, resultará cada vez más difícil saber cuáles son los valores verdaderos de β_2 y β_3. [Se verán más detalles en el siguiente capítulo, pero refiérase a la ecuación (7.1.10).]

7. También es claro de (7.4.12) y (7.4.15) que para valores dados de r_{23} y $\sum x_{2i}^2$ o $\sum x_{3i}^2$, las varianzas de los estimadores MCO son directamente proporcionales a σ^2, es decir, aumentan a medida que σ^2 aumenta. En forma similar, para valores dados de σ^2 y r_{23} la varianza de $\hat{\beta}_2$ es inversamente proporcional a $\sum x_{2i}^2$, es decir, entre mayor sea la variación de los valores muestrales de X_2, menor será la varianza de $\hat{\beta}_2$ y, por consiguiente, β_2 puede ser estimada en forma más precisa. Una afirmación similar puede hacerse con respecto a la varianza de $\hat{\beta}_3$.

8. Dados los supuestos del modelo clásico de regresión lineal enunciados en la sección 7.1, se puede demostrar que los estimadores MCO de los coeficientes de regresión parcial no solamente son lineales e insesgados, sino que también tienen mínima varianza dentro la clase de todos los estimadores lineales insesgados. En resumen, *son MELI*: Dicho de otra forma, ellos satisfacen el teorema de Gauss-Markov. (La prueba es similar al caso de dos variables demostrado en el apéndice 3A, sección 3A.6 y será presentado en forma más compacta utilizando notación matricial en el capítulo 9).

Estimadores de máxima verosimilitud

En el capítulo 4 se observó que bajo el supuesto de que u_i, las perturbaciones poblacionales, estén normalmente distribuidas con media cero y varianza σ^2 constante, los estimadores de máxima verosimilitud (MV) y los estimadores MCO de los coeficientes de regresión del modelo de dos variables son idénticos. Esta igualdad se extiende a modelos que contengan cualquier número de variables. (Para una demostración, *véase* el apéndice 7A, sección 7A.4) Sin embargo, esto no es cierto para el estimador de σ^2. Puede demostrarse que el estimador MV de σ^2 es $\sum \hat{u}_i^2/n$ sin importar el número de variables en el modelo, mientras que el estimador MCO de σ^2 es $\sum \hat{u}_i^2/(n-2)$ en el caso de dos variables, $\sum \hat{u}_i^2/(n-3)$ en el caso de tres variables y $\sum \hat{u}_i^2/(n-k)$ en el caso del modelo de k variables (7.4.20). En resumen, el estimador MCO de σ^2 tiene en cuenta el número de grados de libertad, mientras que el estimador MV no lo hace. Por supuesto, si n es grande, los estimadores MV y MCO de σ^2 tenderán a estar cerca uno del otro. (¿Por qué?)

7.5 EL COEFICIENTE DE DETERMINACIÓN MÚLTIPLE R^2 Y EL COEFICIENTE DE CORRELACIÓN MÚLTIPLE R

En el caso de dos variables se vio que r^2, definido en (3.5.5), mide la bondad de ajuste de la ecuación de regresión; es decir, da la proporción o porcentaje de la variación total en la variable dependiente Y explicada por la variable explicativa X. Esta notación de r^2 puede extenderse fácilmente a los modelos de regresión que contienen más de dos variables. Así, en el modelo de tres variables nos gustaría conocer la proporción de la variación en Y explicada por las variables X_2 y X_3 conjuntamente. La medida que da esta información es conocida como el **coeficiente de determinación múltiple** y se denota por R^2; conceptualmente se asemeja a r^2.

Para obtener el R^2, se puede seguir el procedimiento de obtención del r^2 descrito en la sección 3.5. Recuérdese que

$$Y_i = \hat{\beta}_1 + \hat{\beta}_2 X_{2i} + \hat{\beta}_3 X_{3i} + \hat{u}_i$$
$$= \hat{Y}_i + \hat{u}_i \qquad (7.5.1)$$

donde $\hat{Y}_i$ es el valor estimado de Y_i de la línea de regresión ajustada y es un estimador del verdadero $E(Y_i \mid X_{2i}, X_{3i})$. Sustituyendo las letras mayúsculas por minúsculas para indicar desviaciones de sus medias, la ecuación (7.5.1) puede escribirse como

$$y_i = \hat{\beta}_2 x_{2i} + \hat{\beta}_3 x_{3i} + \hat{u}_i$$
$$= \hat{y}_i + \hat{u}_i \qquad (7.5.2)$$

Elevando al cuadrado (7.5.2) a ambos lados y sumando los valores muestrales, se obtiene

$$\sum y_i^2 = \sum \hat{y}_i^2 + \sum \hat{u}_i^2 + 2 \sum \hat{y}_i \hat{u}_i$$
$$= \sum \hat{y}_i^2 + \sum \hat{u}_i^2 \qquad (\text{¿Por qué?}) \qquad (7.5.3)$$

En palabras, la ecuación (7.5.3) afirma que la suma total de cuadrado (STC) es igual a la suma explicada de cuadrados (SEC) + la suma de residuales al cuadrado (SRC). Ahora, sustituyendo $\sum \hat{u}_i^2$ por (7.4.19), se obtiene

$$\sum y_i^2 = \sum \hat{y}_i^2 + \sum y_i^2 - \hat{\beta}_2 \sum y_i x_{2i} - \hat{\beta}_3 \sum y_i x_{3i}$$

la cual, al reordenar términos, da

$$\text{SEC} = \sum \hat{y}_i^2 = \hat{\beta}_2 \sum y_i x_{2i} + \hat{\beta}_3 \sum y_i x_{3i} \qquad (7.5.4)$$

Ahora, por definición,

$$R^2 = \frac{\text{SEC}}{\text{STC}}$$

$$= \frac{\hat{\beta}_2 \sum y_i x_{2i} + \hat{\beta}_3 \sum y_i x_{3i}}{\sum y_i^2} \qquad (7.5.5)^{11}$$

[*Véase* (7.5.5) con (3.5.6)].

Puesto que las cantidades consideradas en (7.5.5) generalmente son calculadas computacionalmente, el R^2 puede ser calculado en forma fácil. *Obsérvese* que el R^2, al igual que el r^2, se encuentra entre 0 y 1. Si es 1, la línea de regresión ajustada explica el 100% de la variación en Y. Por otra parte, si es 0, el modelo no explica parte alguna de la variación en Y. Sin embargo, generalmente el R^2 se encuentra entre estos dos valores extremos. Se dice que el ajuste del modelo es «mejor» entre más cerca esté el R^2 de 1.

Recuérdese que, en el caso de dos variables, se definió la medida r como el coeficiente de correlación y se indicó que éste mide el grado de asociación (lineal) entre las dos variables. El análogo de r para tres o más variables es el coeficiente de **correlación múltiple**, denotado por R, el cual es una medida del grado de asociación entre Y y todas las variables explicativas conjuntamente. Aun cuando r puede ser positivo o negativo, R siempre se considera positivo. En la práctica, sin embargo, R tiene poca importancia. La medida de mayor significado es R^2.

Antes de continuar, se establece la siguiente relación entre R^2 y la varianza de un coeficiente de regresión parcial en el modelo de regresión múltiple con k variables dado en (7.4.20):

$$\text{var}(\hat{\beta}_j) = \frac{\sigma^2}{\sum x_j^2} \left(\frac{1}{1 - R_j^2} \right) \qquad (7.5.6)$$

donde $\hat{\beta}_j$ es el coeficiente de regresión parcial del regresor X_j y R_j^2 es el R^2 en la regresión de X_j sobre los $(k-2)$ regresores restantes. [*Nota:* En el modelo de regresión con k variables hay $(k-1)$ regresores]. Aunque la utilidad de la ecuación (7.5.6) se verá en el capítulo 10 sobre multicolinealidad, obsérvese que esta ecuación es simplemente una extensión de la fórmula dada en (7.4.12) o (7.4.15) para el modelo de regresión con tres variables, un regresado y dos regresores.

7.6 EJEMPLO 7.1: LA CURVA DE PHILLIPS AMPLIADA CON EXPECTATIVAS PARA LOS ESTADOS UNIDOS, 1970-1982

Para ilustrar las ideas introducidas hasta ahora en el capítulo, considérese el siguiente modelo:

$$Y_t = \beta_1 + \beta_2 X_{2t} + \beta_3 X_{3t} + u_t \qquad (7.6.1)$$

donde Y_t = tasa de inflación observada (%) en el tiempo t, X_{2t} = tasa de desempleo (%) en el tiempo t, y X_{3t} = tasa de inflación esperada o anticipada (%) en el tiempo t. Este modelo se conoce como la *curva de Phillips ampliada con expectativas*[12].

---

[11]*Obsérvese* que R^2 puede calcularse de la siguiente manera: $R^2 = 1 - \sum \hat{u}_i^2 / \sum y_i^2$ ¿Por qué?

[12]Para un análisis sencillo, *véase* Rudiger Dornbush y Stanley Fischer, *Macroeconomics,* McGraw-Hill, 3a. ed., New York, 1984, p. 425.

TABLA 7.1
Tasa de inflación observada Y (%), tasa de desempleo X_2 (%) y tasa de inflación esperada X_3 (%); Estados Unidos, 1970-1982

Año	Y^*	X_2	X_3
1970	5.92	4.9	4.78
1971	4.30	5.9	3.84
1972	3.30	5.6	3.13
1973	6.23	4.9	3.44
1974	10.97	5.6	6.84
1975	9.14	8.5	9.47
1976	5.77	7.7	6.51
1977	6.45	7.1	5.92
1978	7.60	6.1	6.08
1979	11.47	5.8	8.09
1980	13.46	7.1	10.01
1981	10.24	7.6	10.81
1982	5.99	9.7	8.00

Fuente: La información correspondiente a Y y X_2 se obtuvo de diversas páginas del *Business Statistics*, 1982, Departamento de Comercio de los Estado Unidos, Oficina de Análisis Económico; la información sobre X_3 se obtuvo del *Economic Review*, Federal Reserve Bank of Richmond, diversos números. Estoy agradecido con Alan Gilbert por la recolección de la información.

* Cambio porcentual en el Índice de Precios al Consumidor.

De acuerdo con la teoría macroeconómica, se espera que β_2 sea negativo (¿Por qué?) y que β_3 sea positivo (¿puede entenderse el razonamiento?); de hecho, la teoría llevaría a pensar que $\beta_3 = 1$.

Como prueba de este modelo, se obtuvo la información que aparece en la tabla 7.1. Con base en esta información, la aplicación del método MCO dió los siguientes resultados[13].

$$\hat{Y}_t = 7.1933 - 1.3925 X_{2t} + 1.4700 X_{3t}$$
$$(1.5948) \quad (0.3050) \quad (0.1758) \tag{7.6.2}$$
$$R^2 = 0.8766$$

donde las cifras en paréntesis son los errores estándar estimados. La interpretación de esta regresión es la siguiente: Si durante el período muestral, X_2 y X_3 hubiesen sido cero, la tasa promedio de inflación observada habría estado cercana al 7.19%. Pero como se observó en diversas ocasiones, esta interpretación del intercepto es puramente mecánica. Con mucha frecuencia, no tiene significado físico o económico. El coeficiente de regresión parcial de -1.3925 significa que al mantener constante X_3 (la tasa de inflación esperada), la tasa de inflación observada en promedio aumentó (se redujo) en cerca de 1.4% por cada unidad (en este caso, un punto porcentual) de disminución (aumento) en la tasa de desempleo durante el período 1970–1982. De igual forma, al mantener la tasa de desempleo constante, el valor del coeficiente de 1.4700 implica que durante el mismo período de tiempo la tasa de inflación observada en promedio, aumentó en cerca de 1.47% por cada punto porcentual de incremento en la tasa de inflación

---

[13]Estoy agradecido con Alan Gilbert por la recolección de la información.

anticipada o esperada. El valor de R^2 de 0.88 indica que las dos variables explicativas, en conjunto, son las causa de cerca del 88% de la variación en la tasa de inflación observada, una proporción más bien alta de poder explicativo puesto que R^2 puede ser como máximo uno.

En términos de expectativas previas, las dos variables explicativas tienen los signos esperados. ¿Es el coeficiente de la variable de inflación esperada estadísticamente igual a uno? Se responderá a esta pregunta en el capítulo 8.

7.7 LA REGRESIÓN SIMPLE EN EL CONTEXTO DE REGRESIÓN MÚLTIPLE: INTRODUCCIÓN AL SESGO DE ESPECIFICACIÓN[14]

El supuesto (7.1.6) del modelo clásico de regresión lineal plantea que el modelo de regresión utilizado en el análisis está correctamente especificado, es decir, que no hay sesgo o error de especificación (*véanse* algunos comentarios introductorios en el capítulo 3). Aun cuando el tema del análisis de especificación será analizado con más detalle en el capítulo 13, el ejemplo ilustrativo presentado en la sección anterior da una oportunidad no sólo para entender la importancia del supuesto (7.1.6) sino también para aclarar de manera adicional el significado del coeficiente de regresión parcial y presentar una introducción formal al tema del sesgo de especificación.

Supóngase que (7.6.1) es el modelo «verdadero» que explica el comportamiento de la tasa de inflación observada en términos de la tasa de desempleo y de la tasa esperada de inflación. Pero piénsese que alguien persiste en ajustar el siguiente modelo de regresión con dos variables (la curva de Phillips original):

$$Y_t = b_1 + b_{12}X_{2t} + \hat{u}_{1t} \qquad (7.7.1)$$

donde Y_t = inflación observada (%) en el tiempo t, X_{2t} = tasa de desempleo (%) en el tiempo t y $\hat{u}_{1t}$ = los residuos. El coeficiente de la pendiente b_{12} nos da el efecto de un cambio unitario en la tasa de desempleo sobre la tasa promedio de inflación observada.

Puesto que (7.6.1) es el «verdadero» modelo, (7.7.1) constituirá un error de especificación; aquí, el error consiste en *omitir* del modelo la variable X_3, es decir, la tasa esperada de inflación.

Sabemos que el $\hat{\beta}_2$ de la regresión múltiple (7.6.1) es un estimador insesgado del verdadero β_2, es decir, $E(\hat{\beta}_2) = \beta_2$. (¿Por qué?) ¿Será que b_{12}, el coeficiente de regresión simple en la regresión de Y solamente sobre X_2 también constituye un estimador insesgado de β_2? Es decir, ¿será $E(b_{12}) = \beta_2$? (Si este es el caso $b_{12} = \hat{\beta}_2$). En términos del ejemplo, ¿será el coeficiente de la variable tasa de desempleo en (7.7.1) un estimador insesgado de su verdadero impacto sobre la tasa de inflación observada, sabiendo que se ha omitido del análisis a X_3, la tasa de inflación esperada? La respuesta *en general* es que b_{12} no será un estimador insesgado de β_2. También, la var(b_{12}) puede ser un estimador sesgado de la var($\hat{\beta}_2$). De hecho, puede probarse que (*véase* el apéndice 7A, sección 7A.5)

$$b_{12} = \beta_2 + \beta_3 b_{32} + \text{término de error} \qquad (7.7.2)$$

donde b_{32} es el coeficiente de la pendiente en la regresión de X_3 sobre X_2, a saber,[15]

---

[14]Esta sección está influenciada por Ronald J. Wonnacott, y Thomas H. Wonnacott *Econometrics*, 2a. ed., John Wiley, New York, 1979, pp. 95-98.

[15]¿Es esta una violación del supuesto de «no multicolinealidad»? La respuesta está dada en la nota de pie de página 16.

$$X_{3t} = b_2 + b_{32}X_{2t} + \hat{u}_{2t} \qquad (7.7.3)$$

donde $\hat{u}_2$ es el término residual. *Obsérvese* que (7.7.3) es simplemente la regresión de la variable omitida X_3 sobre X_2.

De (7.7.2) puede verificarse fácilmente que

$$E(b_{12}) = \beta_2 + \beta_3 b_{32} \qquad (7.7.4)$$

(*Nota:* Para una muestra dada $[b_{32} = (\sum x_{3i}x_{2i})/\sum x_{2i}^2]$ es una constante conocida).

Como lo indica la ecuación (7.7.4), siempre que $\beta_3 b_{32}$ sea diferente de cero, b_{12} será un estimador sesgado de β_2. Si $\beta_3 b_{32}$ es positivo, b_{12}, en promedio, sobreestimará a β_2 (¿Por qué?), es decir, b_{12} tiene un sesgo hacia arriba y si $\beta_3 b_{32}$ es negativo, b_{12}, en promedio, subestimará a β_2 (¿Por qué?), es decir es sesgado hacia abajo.

¿Qué significa realmente todo esto? Como lo muestra (7.7.2), el coeficiente de regresión simple b_{12} no solamente mide la influencia «directa» o «neta» de X_2 sobre Y (es decir, manteniendo la influencia de X_3 constante), sino también la influencia indirecta o inducida sobre Y a través de su efecto sobre la variable omitida X_3. En resumen, b_{12} mide el efecto «bruto» (directo e indirecto) de X_2 sobre Y, mientras que $\hat{\beta}_2$ mide solamente el efecto directo o neto de X_2 sobre Y, puesto que la influencia de X_3 se mantiene constante cuando estimamos la regresión múltiple (7.6.1), como lo hicimos en (7.6.2). En palabras, tenemos entonces

$$\text{Efecto bruto de } X_2 \text{ sobre } Y (= b_{12})$$
$$= \text{efecto directo de } X_2 \text{ sobre } Y (= \beta_2)$$
$$+ \text{efecto indirecto de } X_2 \text{ sobre } Y (= \beta_3 b_{32}) \quad (7.7.5)$$

En términos del ejemplo, el efecto bruto de una unidad de cambio en la tasa de desempleo sobre la tasa de inflación observada es igual a su influencia directa (es decir, manteniendo constante la influencia de la tasa de inflación esperada) más el efecto indirecto como resultado del efecto que ésta (es decir, la tasa de desempleo) tenga sobre la tasa esperada de inflación ($= b_{32}$), la cual de por sí tiene algún efecto directo ($= \beta_3$) sobre la tasa de inflación observada. Todo esto puede verse más claramente en la figura 7.3; los números que allí se muestran se relacionan con el ejemplo ilustrativo que se explica en breve.

Hasta aquí la teoría. Considérese nuevamente el ejemplo de la curva de Phillips a manera de ilustración.

Utilizando la información dada en la tabla 7.1, se estima (7.7.1) de la siguiente forma:

$$\hat{Y}_t = \;\; 6.1272 \;\; + \;\; 0.2448X_{2t}$$
$$\quad (4.2853) \quad (0.6304) \qquad\qquad (7.7.6)$$
$$t = (1.4298) \quad (0.3885) \qquad r^2 = 0.0135$$

El rasgo que llama la atención de esta ecuación es que $b_{12} = 0.2448$ no sólo es positivo (¿una curva de Phillips de pendiente positiva?) sino que es estadísticamente no significativo. Pero, de (7.6.2) se observa que $\hat{\beta}_2 = -1.3925$ no solamente tiene el signo correcto, *a priori*, sino que, como se mostrará en el capítulo 8, es estadísticamente significativo. ¿Cómo es esto posible? La respuesta se encuentra en el término de efecto indirecto o en el factor de sesgo, $\beta_3 b_{32}$, dado en (7.74). De (7.6.2) se sabe que $\hat{\beta}_3 = 1.4700$. Para obtener b_{32}, se efectúa la regresión (7.7.3), encontrando los siguientes resultados:

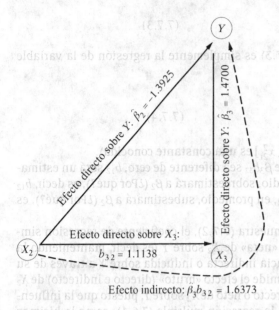

FIGURA 7.3
Efectos directos e indirectos de X_2 sobre Y.

$$X_{3t} = \begin{array}{cc} 0.7252 & + & 1.1138X_{2t} \\ (2.7267) & (0.4011) \end{array} \qquad (7.7.7)$$

$$t = (-0.2659) \quad (2.7769) \qquad r^2 = 0.4120$$

Como lo indica esta ecuación, $b_{32} = 1.1138$ significa que a medida que X_2 aumenta en una unidad, X_3 aumenta en promedio cerca de 1.11 unidades[16]. Pero si X_3 aumenta en estas unidades, su efecto sobre Y será $(1.4700)(1.1138) = \hat{\beta}_3 b_{32} = 1.6373$. Por consiguiente, de (7.7.2) finalmente tenemos que

$$\hat{\beta}_2 + \hat{\beta}_3 b_{32} = -1.3925 + 1.6373$$
$$= 0.2448$$
$$= b_{12} \; [véase \; Ec.(7.7.6)]$$

La conclusión de la discusión en esta sección es simplemente esta: Si se requiere una regresión de tres variables, no efectuar una regresión simple o de dos variables. O, en forma más general, si se adopta un modelo particular de regresión como el «verdadero» modelo, no modificar omitiendo una o más variables de éste. Si ignora este principio, es probable que se obtengan estimados sesgados de los parámetros. No sólo eso, es probable que se subestime la verdadera varianza (σ^2) y, por consiguiente, los errores estándar estimados de los coeficientes de regresión. Aunque se demostrará esto formalmente

---

[16]¿Pero no se supone que, en razón del supuesto de no multicolinealidad, se debe evitar la inclusión de regresores correlacionados en nuestro modelo? En el capítulo 10 se dará una respuesta completa a este interrogante. Es suficiente anotar aquí que el supuesto de no multicolinealidad se refiere a la función de regresión poblacional y no a la función de regresión muestral; en una muestra dada, no tenemos control sobre la forma como las variables X están relacionadas, es mínima la realización de experimentos controlados, una perspectiva bastante oscura en la mayoría de las ciencias sociales.

en el capítulo 13, es posible darse una idea a este respecto comparando los resultados de las regresiones (7.6.2) y (7.7.6): El error estándar de $\hat{\beta}_2$ es mucho menor (en relación con su coeficiente) en (7.6.2) que en (7.7.6) (en relación con su coeficiente). Por tanto, los intervalos de confianza y la prueba de hipótesis basados en el modelo (correcto) (7.6.2) tienden a ser mucho más confiables que aquellos basados en el modelo mal especificado (7.7.6).

7.8 R^2 Y R^2 AJUSTADO

Una propiedad importante del R^2 es que es una función no decreciente del número de variables explicativas o de regresores presentes en el modelo; a medida que aumenta el número de regresores, el R^2 aumenta casi invariablemente y nunca disminuye. Planteado de otra forma, una variable adicional X no reducirá al R^2. Para ver esto, recuérdese la definción del coeficiente de determinación:

$$R^2 = \frac{\text{SEC}}{\text{STC}}$$

$$= 1 - \frac{\text{SRC}}{\text{STC}}$$

$$= 1 - \frac{\sum \hat{u}_i^2}{\sum y_i^2} \qquad (7.8.1)$$

Ahora, $\sum y_i^2$ es independiente del número de variables X en el modelo porque es simplemente $\sum (Y_i - \bar{Y})^2$. La SRC, $\sum \hat{u}_i^2$, sin embargo, depende del número de regresores presentes en el modelo. Intuitivamente, es claro que a medida que el número de variables X aumenta, es más probable que $\sum \hat{u}_i^2$ disminuya (al menos no aumentará); por tanto, el R^2 como ha sido definido en (7.8.1) aumentará. En vista de esto, al comparar dos modelos de regresión con la *misma variable dependiente* pero un número diferente de variables X, se debe tener mucho cuidado al escoger el modelo con el R^2 más alto.

Para comparar dos términos R^2, se debe tener en cuenta el número de variables X presentes en el modelo. Esto puede hacerse fácilmente si se considera un coeficiente de determinación alternativo, que es el siguiente:

$$\bar{R}^2 = 1 - \frac{\sum \hat{u}_i^2/(n-k)}{\sum y_i^2/(n-1)} \qquad (7.8.2)$$

donde k = el número de parámetros en el modelo *incluyendo el término de intercepto*. (En la regresión con tres variables, $k = 3$. ¿Por qué?) El R^2 así definido se conoce como **R^2 ajustado**, denotado por $\bar{R}^2$. El término *ajustado* significa ajustado por los g de l asociados con las sumas de los cuadrados que se consideran en (7.8.1): $\sum \hat{u}_i^2$ tiene $n - k$ g de l en un modelo que contiene k parámetros, el cual incluye el término de intercepto y $\sum y_i^2$ tiene $n - 1$ g de l. (¿Por qué?) Para el caso de tres variables, se sabe que $\sum \hat{u}_i^2$ tiene $n - 3$ g de l.

La ecuación (7.8.2) puede ser escrita también como

$$\bar{R}^2 = 1 - \frac{\hat{\sigma}^2}{S_Y^2} \qquad (7.8.3)$$

donde $\hat{\sigma}^2$ es la varianza residual, un estimador insesgado de la verdadera σ^2, y S_Y^2 es la varianza muestral de Y.

Es fácil ver que el $\bar{R}^2$ y el R^2 están relacionados porque, al incluir (7.8.1) en (7.8.2), se obtiene

$$\bar{R}^2 = 1 - (1 - R^2)\frac{n-1}{n-k} \qquad (7.8.4)$$

De la ecuación (7.8.4) se hace inmediatamente entendible que (1) para $k > 1$, $\bar{R}^2 < R^2$ lo cual implica que a medida que el número de variables X aumenta, el R^2 ajustado aumenta menos que el R^2 no ajustado; y (2) el $\bar{R}^2$ puede ser negativo, aun cuando el R^2 es necesariamente no-negativo[17]. En caso de que el $\bar{R}^2$ resulte ser negativo en una aplicación, su valor se toma como cero. (El lector debe verificar que para el ejemplo ilustrativo dado anteriormente, el $\bar{R}^2$ es 0.8519, que es menor que el valor de R^2 0.8766).

¿Cuál R^2 se debe utilizar en la práctica? Como lo anota Theil:

> ...es una buena práctica utilizar $\bar{R}^2$ en lugar de R^2 porque R^2 tiende a dar una imagen demasiado optimista del ajuste de la regresión, particularmente cuando el número de variables explicativas no es muy pequeño comparado con el número de observaciones[18].

Pero la opinión de Theil no es compartida totalmente, ya que él no ha dado una justificación teórica general para la «superioridad» de $\bar{R}^2$. Por ejemplo, Goldberger argumenta que el siguiente R^2, denominado R^2 **modificado**, servirá igualmente[19].

$$R^2 \text{ Modificado} = (1 - k/n)R^2 \qquad (7.8.5)$$

Su sugerencia es informar sobre el R^2, n y k y dejar que el lector decida sobre la forma de ajustar el R^2 considerando n y a k.

A pesar de esta sugerencia, es el R^2 ajustado, como aparece en (7.8.4), el que es utilizado por la mayoría de los paquetes estadísticos junto con el R^2 convencional. Se aconseja al lector tratar el $\bar{R}^2$ como cualquier otro estadístico más de resumen.

Además de R^2 y R^2 ajustado como medidas de bondad de ajuste, a menudo se utilizan otros criterios para juzgar la bondad de un modelo de regresión. Dos de estos son **el criterio de información de Akaike** y **el criterio de predicción de Amemiya**, los cuales son utilizados para escoger entre modelos que compiten. Se analizarán estos criterios cuando se considere el problema de selección de modelos en mayor detalle en un capítulo posterior (*véase* capítulo 14).

Comparación de dos valores de R^2.

Es de crucial importancia anotar que al comparar dos modelos con base en el coeficiente de determinación, ajustado o no, *el tamaño de la muestra n y la variable dependiente deben ser los mismos;* las variables explicativas pueden tomar cualquier forma. Así, para los modelos

$$\ln Y_i = \beta_1 + \beta_2 X_{2i} + \beta_3 X_{3i} + u_i \qquad (7.8.6)$$

$$Y_i = \alpha_1 + \alpha_2 X_{2i} + \alpha_3 X_{3i} + u_i \qquad (7.8.7)$$

---

[17]*Obsérvese*, sin embargo, que si $R^2 = 1$, $\bar{R}^2 = R^2 = 1$. Cuando $R^2 = 0$, $\bar{R}^2 = (1-k)/(n-k)$, en cuyo caso $\bar{R}^2$ puede ser negativo si $k > 1$.

[18]Henri Theil, *Introduction to Econometrics,* Prentice-Hall, Englewood Cliffs, N.J., 1978, p. 135.

[19]Arthur S. Goldberger, *A Course in Econometrics,* Harvard University Press, Cambridge, Massachusetts, 1991, p. 178. Para un punto de vista más crítico de R^2, *véase* S.Cameron, «Why is the R Squared Adjusted Reported?», *Journal of Quantitative Economics,* vol. 9, no. 1, enero 1993, pp. 183 - 186. Él argumenta que «[R^2] NO es un estadístico de prueba y parece que no hay una justificación intuitiva clara para su uso como un estadístico descriptivo. Finalmente, debe quedar claro que no es una herramienta efectiva para la prevención de la excavación de datos» (p. 186).

los términos R^2 calculados no pueden ser comparados. La razón es la siguiente: Por definición, el R^2 mide la proporción de la variación en la variable dependiente explicada por la(s) variable(s) explicativa(s). Por consiguiente, en (7.8.6) el R^2 mide la proporción de la *variación en* ln Y explicada por X_2 y X_3, mientras que en (7.8.7) mide la proporción de la *variación en* Y y las dos no son la misma variable: Como se observó en el capítulo 6, un cambio en ln Y da un cambio relativo o proporcional en Y, mientras que un cambio en Y da un cambio absoluto. Por consiguiente, var $\hat{Y}_i$ /var Y_i no es igual a var($\widehat{\ln Y_i}$)/var(ln Y_i), es decir, los dos coeficientes de determinación no son lo mismo[20].

Si se hace referencia a la función de demanda de café (3.7.1), que es la especificación lineal y a (6.4.5), la especificación log-lineal, los dos términos de r^2 0.6628 y 0.7448, respectivamente, por tanto, no son directamente comparables[21]. ¿Cómo entonces se comparan los términos R^2 de modelos tales como (3.7.1) y (6.4.5)? Para explicar la forma de hacerlo, recúrrase al ejemplo de demanda de café.

Ejemplo 7.2: Función de demanda de café reconsiderada

Para comparar los valores de R^2 obtenidos de dos modelos en los cuales las variables dependientes no son las mismas, como sucede en los modelos (3.7.1) y (6.4.5), se procede de la siguiente manera:

1. Obténgase $\widehat{\ln Y}_i$ del modelo (6.4.5), después los valores de sus antilogaritmos y luego calcúlese el R^2 entre el antilog de $\widehat{\ln Y}_i$ y Y_t en la forma indicada por la ecuación (3.5.14). Este valor Y_t es comparable con el valor R^2 del modelo (3.7.1).
2. *Alternativamente,* obténgase $\widehat{Y}_t$ de (3.7.1), conviértase en (ln $\widehat{Y}_t$) y, finalmente, calcúlese el R^2 entre el ln($\widehat{Y}_t$) y el ln(Y_t) de acuerdo con la ecuación (3.5.14). Este valor R^2 es comparable con el valor de R^2 obtenido de (6.4.5).

Supóngase que se decide primero comparar el valor de R^2 del modelo lineal (3.7.1) con el valor de R^2 del modelo doble-log (6.4.5). De la Y estimada dada por (3.7.1) se obtiene primero (ln$\widehat{Y}_t$), luego el log del Y_t observado y luego se calcula el r^2 entre estos dos conjuntos de valores de acuerdo con la ecuación (3.5.14). Utilizando la información dada en la tabla 7.2, el lector puede verificar que el valor R^2 así calculado es 0.7318, que es directamente comparable con el valor r^2 del modelo log-lineal (6.4.5), a saber, 0.7448, aun cuando el valor R^2 obtenido del modelo log-lineal es ligeramente más alto.

Por otra parte, si se desea comparar el valor R^2 del modelo log-lineal con el obtenido del modelo lineal, se estima $\widehat{\ln Y}_i$ de (6.4.5), se obtienen sus valores antilog y finalmente se calcula el R^2 entre estos valores antilog y los valores de Y observados utilizando la fórmula (3.5.14). El lector puede verificar a partir de la información dada en la Tabla 7.2 que este valor R^2 es 0.7187, el cual es superior al valor R^2 de 0.6628 obtenido del modelo lineal (3.7.1).

Utilizando cualquier método, se observa que el modelo log-lineal ofrece un ajuste ligeramente mejor.

---

[20]De la definición de R^2, se sabe que

$$1 - R^2 = \frac{\text{SRC}}{\text{STC}} = \frac{\sum \hat{u}_i^2}{\sum (Y_i - \overline{Y})^2}$$

para el modelo lineal y

$$1 - R^2 = \frac{\sum \hat{u}_i^2}{\sum (\ln Y_i - \overline{\ln Y})^2}$$

para el modelo log. Puesto que los denominadores en el lado derecho de estas expresiones son diferentes, no se puede comparar los dos términos R^2 directamente.

[21]Para la especificación lineal, la SRC = 0.1491 (la suma residual al cuadrado del consumo de café) y para la especificación log-lineal, la SRC = 0.0226 (la suma residual al cuadrado del logaritmo del consumo de café). Estos residuos son de diferentes órdenes de magnitud y por tanto no son directamente comparables.

TABLA 7.2
Información básica para comparar dos valores de R^2

Año	Y_t	$\hat{Y}_t$	$\widehat{\ln Y}_t$	Antilog de $\widehat{\ln Y}_t$	$\ln Y_t$	$\ln (\hat{Y}_t)$
	(1)	(2)	(3)	(4)	(5)	(6)
1970	2.57	2.321887	0.843555	2.324616	0.943906	0.842380
1971	2.50	2.336272	0.853611	2.348111	0.916291	0.848557
1972	2.35	2.345863	0.860544	2.364447	0.854415	0.852653
1973	2.30	2.341068	0.857054	2.356209	0.832909	0.850607
1974	2.25	2.326682	0.846863	2.332318	0.810930	0.844443
1975	2.20	2.331477	0.850214	2.340149	0.788457	0.846502
1976	2.11	2.173233	0.757943	2.133882	0.746688	0.776216
1977	1.94	1.823176	0.627279	1.872508	0.662688	0.600580
1978	1.97	2.024579	0.694089	2.001884	0.678034	0.705362
1979	2.06	2.115689	0.731282	2.077742	0.722706	0.749381
1980	2.02	2.130075	0.737688	2.091096	0.703098	0.756157

Notas: Columna (1): Valores observados de Y de la Tabla 3.4

Columna (2): Valores estimados de Y del modelo lineal (3.7.1)

Columna (3): Valores estimados de Y del modelo doble-log (6.4.5)

Columna (4): Antilog de valores de la columna (3)

Columna (5): Valores log de Y en la columna (1)

Columna (6): Valores log de $\hat{Y}_t$ en la columna (2)

El «juego» de maximización de $\bar{R}^2$

Para concluir esta sección debe hacerse una advertencia: Algunas veces los investigadores juegan de maximizar el $\bar{R}^2$, es decir, escogen el modelo que da el $\bar{R}^2$ más elevado. Pero esto puede ser peligroso, ya que en el análisis de regresión, el objetivo no es obtener un $\bar{R}^2$ elevado *per se* sino más bien obtener estimados de los verdaderos coeficientes de regresión poblacional de los cuales se pueda depender y sea posible realizar inferencia estadística sobre ellos. En el análisis empírico no es inusual obtener un $\bar{R}^2$ muy elevado, sino encontrar que algunos de los coeficientes de regresión no son estadísticamente significativos o muestran signos contrarios a los esperados *a priori*. Por consiguiente, el investigador debe preocuparse más por la relevancia lógica o teórica que tienen las variables explicativas para la variable dependiente y por su significancia estadística. Si en este proceso se obtiene un $\bar{R}^2$ elevado, muy bien; por otra parte, si $\bar{R}^2$ es bajo, esto no significa que el modelo sea necesariamente malo[22].

De hecho, Goldberger es muy crítico sobre el papel del R^2; ha dicho:

---

[22]Algunos autores desearían reducir el énfasis en el uso de R^2 como medida de bondad de ajuste al igual que su uso para comparar dos o más valores de R^2. *Véase* Christopher H. Achen, *Interpreting and Using Regression,* Sage Publications, Beverly Hills, Calif, 1982, pp. 58-67 y C.Granger y P. Newbold, «R^2 and the Transformation of Regression Variables», *Journal of Econometrics,* vol 4, 1976, pp. 205-210. A propósito, la práctica de seleccionar un modelo con base en el R^2 más elevado, un estilo de «data mining», introduce lo que se conoce como **sesgo pre-prueba**, que puede destruir algunas de las propiedades de los estimadores MCO del modelo clásico de regresión lineal. Sobre este tema, el lector puede consultar George G. Judge, Carter R. Hill, William E. Griffiths, Helmut Lütkepohl y Tsoun-Chao Lee, *Introduction to the Theory and Practice of Econometrics,* John Wiley, New York, 1982, capítulo 21.

Desde nuestra perspectiva, el R^2 tiene un papel muy modesto en el análisis de regresión, y es una medida de la bondad del ajuste de una regresión lineal MC [mínimos cuadrados] de una muestra en un cuerpo de datos. Nada en el modelo RC [MCRL] exige que R^2 sea elevado. Por tanto, un R^2 elevado no es evidencia en favor del modelo y un R^2 bajo no es evidencia en su contra.

De hecho, lo más importante sobre el R^2 es que éste no es importante en el modelo RC. El modelo RC tiene que ver con parámetros en una población, no con la bondad de ajuste en la muestra. Si se insiste en una medida de predecir el éxito (o más bien el fracaso), entonces σ^2 sería suficiente: después de todo el parámetro σ^2 es el error de predicción esperado al cuadrado que resultaría si la población CEF [FRP] fuera utilizada como predictor. En forma alterna, el error estándar de predicción elevado al cuadrado para valores relevantes de x [regresores] puede ser informativo[23].

7.9 COEFICIENTES DE CORRELACIÓN PARCIAL

Explicación de los coeficientes de correlación simple y parcial

En el capítulo 3 se introdujo el coeficiente de correlación r como una medida del grado de asociación lineal entre dos variables. Para el modelo de regresión con tres variables se pueden calcular tres coeficientes de correlación: r_{12} (correlación entre Y y X_2), r_{13} (coeficiente de correlación entre Y y X_3) y r_{23} (coeficiente de correlación entre X_2 y X_3); *obsérvese* que el subíndice 1 representa Y por conveniencia notacional. Estos coeficientes de correlación se denominan **coeficientes de correlación bruta** o **simple** o **coeficientes de correlación de orden cero**. Estos coeficientes pueden ser calculados a partir de la definición de coeficiente de correlación dada en (3.5.13).

Pero consideremos ahora este interrogante: ¿Podemos decir en realidad que r_{12} mide el «verdadero» grado de asociación (lineal) entre Y y X_2 cuando existe una tercera variable X_3 que puede estar asociada con ellas? Esta pregunta es análoga a la siguiente: Suponga que el verdadero modelo de regresión verdadero es (7.1.1) pero omitimos del modelo la variable X_3 y simplemente regresamos Y sobre X_2, obteniendo el coeficiente de la pendiente, de digamos b_{12}. ¿Será este coeficiente igual al verdadero coeficiente β_2 si para empezar, fuera estimado el modelo (7.1.1)? La respuesta debe ser clara a partir del análisis en la sección 7.7. En general, r_{12} probablemente no refleja el verdadero grado de asociación entre Y y X_2 en presencia de X_3. De hecho, es probable que dé una falsa impresión de la naturaleza de la asociación entre Y y X_2 como se demostrará en breve. Por consiguiente, lo que se necesita es un coeficiente de correlación que sea independiente de la influencia, si hay alguna, de X_3 sobre X_2 y Y. Dicho coeficiente de correlación puede ser obtenido y se conoce apropiadamente como el **coeficiente de correlación parcial**. Conceptualmente, es similar al coeficiente de regresión parcial. Se define

$r_{12.3}$ = coeficiente de correlación parcial entre Y y X_2, manteniendo X_3 constante
$r_{13.2}$ = coeficiente de correlación parcial entre Y y X_3, manteniendo X_2 constante
$r_{23.1}$ = coeficiente de correlación parcial entre X_2 y X_3, manteniendo Y constante

Una forma de calcular los coeficientes de correlación parcial anteriores es la siguiente: Recuérdese el procedimiento de tres etapas estudiado en la sección 7.3. En la tercera etapa se realiza la regresión de $\hat{u}_{1i}$ sobre $\hat{u}_{2i}$, que eran Y_i y X_{2i} depurados, es decir depurados de la influencia lineal de X_3. Por consiguiente, si ahora se calcula el coeficiente de correlación simple entre $\hat{u}_{1i}$ y $\hat{u}_{2i}$, se debe obtener $r_{12.3}$ porque la variable X_3 se mantiene ahora constante. Simbólicamente,

---

[23]Arther S. Goldberger, *Op. Cit.*, pp. 177-178.

$$r_{\hat{u}_1 \hat{u}_2} = r_{12.3}$$

$$= \frac{\sum(\hat{u}_{1i} - \bar{\hat{u}}_1)(u_{2i} - \bar{\hat{u}}_2)}{\sqrt{\sum(\hat{u}_{1i} - \text{var}\,\hat{u}_1)^2(\hat{u}_{2i} - \bar{\hat{u}}_2)^2}}$$

$$= \frac{\sum \hat{u}_{1i}\hat{u}_{2i}}{\sqrt{\sum(\hat{u}_{1i}^2 \sum \hat{u}_{2i}^2)}} \tag{7.9.1}$$

donde se hace uso del hecho de que $\bar{\hat{u}}_1 = \bar{\hat{u}}_2 = 0$ (¿Por qué?)

Del análisis anterior, es claro que la correlación parcial entre Y y X_2, manteniendo X_3 constante, no es otra cosa que el coeficiente de correlación simple (o de orden cero) entre los residuales de la regresión de Y sobre X_3 y de X_2 sobre X_3, respectivamente. Los términos $r_{13.2}$ y $r_{23.1}$ deben ser interpretados en forma similar.

En realidad, no es necesario pasar por el procedimiento de tres etapas para calcular las correlaciones parciales porque éstas pueden obtenerse fácilmente de los coeficientes de correlación simple o de orden cero de la manera siguiente (para las demostraciones, *véanse* los ejercicios)[24]:

$$r_{12.3} = \frac{r_{12} - r_{13}r_{23}}{\sqrt{(1 - r_{13}^2)(1 - r_{23}^2)}} \tag{7.9.2}$$

$$r_{13.2} = \frac{r_{13} - r_{12}r_{23}}{\sqrt{(1 - r_{12}^2)(1 - r_{23}^2)}} \tag{7.9.3}$$

$$r_{23.1} = \frac{r_{23} - r_{12}r_{13}}{\sqrt{(1 - r_{12}^2)(1 - r_{13}^2)}} \tag{7.9.4}$$

Las correlaciones parciales dadas en las ecuaciones (7.9.2) a (7.9.4) se denominan **coeficientes de correlación de primer orden.** Por *orden* se quiere decir el número de subíndices secundarios. Así $r_{12.34}$ sería el coeficiente de correlación de orden dos, $r_{12.345}$ sería el coeficiente de correlación de orden tres, y así sucesivamente. Como se anotó anteriormente, r_{12}, r_{13} y así sucesivamente se denominan *correlaciones simples* o *de orden cero*. La interpretación de $r_{12.34}$, por ejemplo es que éste da el coeficiente de correlación entre Y y X_2, manteniendo constantes X_3 y X_4.

Interpretación de los coeficientes de correlación simple y parcial

En el caso de dos variables, el r simple tenía un significado directo: medía el grado de asociación (lineal) (no causación) entre la variable dependiente Y y la variable explicativa X. Pero, una vez se sale del caso de dos variables, se debe prestar cuidadosa atención a la interpretación del coeficiente de correlación simple. De (7.9.2), por ejemplo, se observa lo siguiente:

1. Aún si $r_{12} = 0$, $r_{12.3}$ no será cero a menos que r_{13} o r_{23} o ambos sean cero.
2. Si $r_{12} = 0$ y r_{13} y r_{23} son diferentes de cero y tienen el mismo signo, $r_{12.3}$ será negativo, mientras que si son de signos opuestos, será positivo. Un ejemplo hará más claro este punto. Sea Y = producto de la cosecha, X_2 = la lluvia y X_3 = la temperatura. Supóngase que $r_{12} = 0$, es decir, no hay asociación entre el producto de la cosecha y la lluvia. Téngase en cuenta, además

---

[24]La mayoría de los programas de computador, en la rutina de análisis de regresión múltiple, calculan los coeficientes de correlación simple; por tanto, los coeficientes de correlación parcial pueden ser fácilmente calculados.

que r_{13} es positivo y r_{23} es negativo. Entonces, como lo indica (7.9.2), $r_{12.3}$ será positivo; es decir, manteniendo la temperatura constante, existe una asociación positiva entre la cosecha y la lluvia. Sin embargo, este resultado, aparentemente paradójico, no es sorprendente. Puesto que la temperatura X_3 afecta la producción Y y también afecta la lluvia X_2 con el fin de encontrar la relación neta entre producto de la cosecha y lluvia, debemos eliminar la influencia de la «molesta» variable temperatura. Este ejemplo muestra cómo el coeficiente de correlación simple puede llevar a resultados equivocados.

3. Los términos $r_{12.3}$ y r_{12} (y comparaciones similares) no necesitan tener el mismo signo.
4. En el caso de dos variables, hemos visto que r^2 se encuentra entre 0 y 1. La misma propiedad se cumple para los coeficientes de correlación parcial cuadráticos. Haciendo uso de este hecho, el lector debe verificar que es posible obtener la siguiente expresión a partir de (7.9.2):

$$0 \le r_{12}^2 + r_{13}^2 + r_{23}^2 - 2r_{12}r_{13}r_{23} \le 1 \qquad (7.9.5)$$

que da las interrelaciones entre los tres coeficientes de correlación de orden cero. Expresiones similares pueden derivarse a partir de las ecuaciones (7.9.3) y (7.9.4).

5. Supóngase que $r_{13} = r_{23} = 0$. ¿Significa esto que r_{12} es también cero? La respuesta es obvia y se desprende de (7.9.5). El hecho de que Y y X_3 y X_2 y X_3 no estén correlacionadas no significa que Y y X_2 no lo estén.

A propósito, *obsérvese* que la expresión $r_{12.3}^2$ puede denominarse el **coeficiente de determinación parcial** y puede ser interpretado como la proporción de la variación en Y no explicada por la variable X_3 que ha sido explicada por la inclusión de X_2 en el modelo (*véase* ejercicio 7.6). Conceptualmente es similar a R^2.

Antes de continuar, obsérvese las siguientes relaciones entre el R^2, los coeficientes de correlación simple y los coeficientes de correlación parcial:

$$R^2 = \frac{r_{12}^2 + r_{13}^2 - 2r_{12}r_{13}r_{23}}{1 - r_{23}^2} \qquad (7.9.6)$$

$$R^2 = r_{12}^2 + (1 - r_{12}^2)r_{13.2}^2 \qquad (7.9.7)$$

$$R^2 = r_{13}^2 + (1 - r_{13}^2)r_{12.3}^2 \qquad (7.9.8)$$

Para terminar esta sección, considérese lo siguiente: Se planteó anteriormente que R^2 no disminuirá si se introduce una variable explicativa adicional en el modelo, lo cual puede verse claramente de (7.9.7). Esta ecuación afirma que la proporción de la variación en Y explicada por X_2 y X_3 conjuntamente es la suma de dos partes: la parte explicada solamente por X_2 ($= r_{12}^2$) y la parte no explicada por X_2 ($= 1 - r_{12}^2$) veces la proporción que es explicada por X_3 después de mantener constante la influencia de X_2. Ahora $R^2 > r_{12}^2$ siempre que $r_{13.2}^2 > 0$. En el peor de los casos, $r_{13.2}^2$ será cero, en cuyo caso $R^2 = r_{12}^2$.

7.10 EJEMPLO 7.3: LA FUNCIÓN DE PRODUCCIÓN COBB-DOUGLAS: MÁS SOBRE LA FORMA FUNCIONAL

En la sección 6.4 se demostró cómo, mediante transformaciones apropiadas, se pueden convertir relaciones no lineales en relaciones lineales de tal forma que podamos trabajar dentro del marco del modelo clásico de regresión lineal. Las diversas transformaciones analizadas allí en el contexto del caso de dos variables pueden ampliarse fácilmente a los modelos de regresión múltiple. Se demostraron las transformaciones en esta sección haciendo uso de una extensión multivariable del modelo log-lineal de dos variables; pueden encontrarse otras en los ejercicios y en los ejemplos ilustrativos estudiados en el resto de este libro. El ejemplo específico que tratamos es la conocida **función de producción de Cobb-Douglas** de la teoría de producción.

La función de producción de Cobb-Douglas, en su forma estocástica, puede expresarse como

$$Y_i = \beta_1 X_{2i}^{\beta_2} X_{3i}^{\beta_3} e^{u_i} \qquad (7.10.1)$$

donde Y = producto
X_2 = insumo trabajo
X_3 = insumo capital
u = término de perturbación estocástico
e = base del logaritmo natural

De la ecuación (7.10.1) es claro que la relación entre el producto y los dos insumos es no lineal. Sin embargo, si se transforma este modelo, mediante la función logaritmo, se obtiene:

$$\ln Y_i = \ln \beta_1 + \beta_2 \ln X_{2i} + \beta_3 \ln X_{3i} + u_i$$
$$= \beta_0 + \beta_2 \ln X_{2i} + \beta_3 \ln X_{3i} + u_i \qquad (7.10.2)$$

donde $\beta_0 = \ln \beta_1$.

Escrito de esta forma, el modelo es lineal en los parámetros β_0, β_2 y β_3 y por consiguiente es un modelo de regresión lineal. Obsérvese, sin embargo, que es no lineal en las variables Y y X aunque sí lo es en los logaritmos de éstas. En resumen, (7.10.2) es un *modelo log-log, doble-log o log-lineal*, el equivalente en la regresión múltiple al modelo log-lineal con dos variables (6.4.3).

Las propiedades de la función de producción de Cobb-Douglas son bien conocidas:

1. β_2 es la elasticidad (parcial) del producto con respecto al insumo trabajo, es decir, mide el cambio porcentual en la producción debido, a una variación del 1% en el insumo trabajo, manteniendo el insumo capital constante (*véase* ejercicio 7.10).

2. De igual forma, β_3 es la elasticidad (parcial) del producto con respecto al insumo capital, manteniendo constante el insumo trabajo.

3. La suma $(\beta_2 + \beta_3)$ nos da información sobre los *rendimientos escala*, es decir, la respuesta del producto a un cambio proporcional en los insumos. Si esta suma es 1, entonces existen *rendimientos constantes a escala,* es decir, la duplicación de los insumos duplicará el producto, la triplicación de los insumos triplicará el producto y así sucesivamente. Si la suma es menor que 1, existen *rendimientos decrecientes a escala* –duplicando los insumos, el producto crecerá en menos del doble. Finalmente, si la suma es mayor que 1, habrá *rendimientos crecientes a escala* –la duplicación de los insumos aumentará el producto en más del doble.

Antes de continuar, *obsérvese* que siempre que se tenga un modelo de regresión log-lineal con cualquier número de variables, el coeficiente de cada una de las variables X mide la elasticidad (parcial) de la variable dependiente Y con respecto a esa variable. Así, si se tiene un modelo log-lineal con k variables:

$$\ln Y_i = \beta_0 + \beta_2 \ln X_{2i} + \beta_3 \ln X_{3i} + \cdots + \beta_k \ln X_{ki} + u_i \qquad (7.10.3)$$

cada uno de los coeficientes de regresión (parcial), β_2 hasta β_k, es la elasticidad (parcial) de Y con respecto a las variables X_2 hasta X_k[25].

Para ilustrar la función de producción de Cobb-Douglas, se obtuvo la información que aparece en la tabla 7.3; esta información se refiere al sector agrícola de Taiwan durante 1958-1972.

---

[25]Para ver esto, derívese parcialmente (7.10.3) con respecto al log de cada variable X. Por consiguiente, $\partial \ln Y / \partial \ln X_2 = (\partial Y / \partial X_2)(X_2/Y) = \beta_2$, que por definición, es la elasticidad de Y con respecto a X_2 y $\partial \ln Y / \partial \ln X_3 = (\partial Y / \partial X_3)(X_3/Y) = \beta_3$, que es la elasticidad de Y con respecto a X_3 y así sucesivamente.

TABLA 7.3
Producto bruto real, días laborales e insumo capital
real en el sector agrícola de Taiwan, 1958-1972

Año	Producto bruto real (millones de NT\$)*, Y	Días laborales (millones de días), X_2	Insumo capital real (millones de NT\$), X_3
1958	16,607.7	275.5	17,803.7
1959	17,511.3	274.4	18,096.8
1960	20,171.2	269.7	18,271.8
1961	20,932.9	267.0	19,167.3
1962	20,406.0	267.8	19,647.6
1963	20,831.6	275.0	20,803.5
1964	24,806.3	283.0	22,076.6
1965	26,465.8	300.7	23,445.2
1966	27,403.0	307.5	24,939.0
1967	28,628.7	303.7	26,713.7
1968	29,904.5	304.7	29,957.8
1969	27,508.2	298.6	31,585.9
1970	29,035.5	295.5	33,474.5
1971	29,281.5	299.0	34,821.8
1972	31,535.8	288.1	41,794.3

Fuente: Thomas Pei-Fan Chen. «Economic Growth and Structural Change in Taiwan–1952–
1972, A Production Function Approach», tesis doctoral inédita, Departamento de Economía, Centro de graduados, City University of New York, junio 1976, Tabla II.
* Nuevos dólares taiwaneses.

Suponiendo que el modelo (7.10.2) satisface los supuestos del modelo clásico de regresión lineal[26], se obtuvo la siguiente regresión por el método MCO (*véase* el apéndice 7A, sección 7A.7 para el
listado de computador):

$$\widehat{\ln Y_i} = -3.3384 + 1.4988 \ln X_{2i} + 0.4899 \ln X_{3i}$$
$$(2.4495) \quad (0.5398) \quad (0.1020)$$
$$t = (-1.3629) \quad (2.7765) \quad (4.8005)$$
$$R^2 = 0.8890 \quad \text{g de l} = 12$$
$$\bar{R}^2 = 0.8705 \tag{7.10.4}$$

De la ecuación (7.10.4), se ve que en el sector agrícola taiwanés durante el período 1958-1972, las
elasticidades del producto con respecto al trabajo y al capital fueron 1.4988 y 0.4899 respectivamente. En
otras palabras, durante el período en estudio, manteniendo constante el insumo capital, un incremento de
1% en el insumo trabajo condujo en promedio a un incremento de cerca del 1.5% en el producto. En forma
similar, manteniendo constante el insumo trabajo, un incremento del 1% en el insumo capital condujo en
promedio a un incremento de cerca del 0.5% en el producto. Sumando las dos elasticidades del producto,
se obtiene 1.9887, que da el valor del parámetro de rendimientos a escala. Como es evidente, durante el
período en estudio, el sector agrícola taiwanés se caracterizó por rendimientos crecientes a escala[27].

---

[26]*Obsérve* que en la función de producción de Cobb-Douglas (7.10.1) se ha introducido el término de error estocástico, en
una forma especial tal que en la transformación logarítmica resultante, éste ingrese en la forma lineal usual. Sobre el tema,
véase sección 6.8.

[27]Nos abstenemos de la pregunta de qué tan apropiado es el modelo desde el punto de vista teórico al igual que de la
pregunta de si se pueden medir rendimientos a escala de la información de series de tiempo.

Desde el punto de vista puramente estadístico, la línea de regresión estimada se ajusta a los datos bastante bien. El valor R^2 de 0.8890 significa que cerca del 89% de la variación en el (log del) producto es explicada por el (log del) trabajo y el (log del) capital. En el capítulo 8 se verá cómo pueden ser utilizados los errores estándar estimados para probar hipótesis sobre los «verdaderos» valores de los parámetros de la función de producción de Cobb-Douglas para la economía taiwanesa (*véase* ejercicio 8.15).

7.11 MODELOS DE REGRESIÓN POLINOMIAL

Para concluir este capítulo, se considerará una clase de modelos de regresión múltiple, los **modelos de regresión polinomial** que han encontrado un amplio uso en la investigación econométrica relacionada con funciones de costo y de producción. Al introducir estos modelos, se amplía el rango de modelos a todos los que pueda aplicarse fácilmente el modelo clásico de regresión lineal.

Para ordenar las ideas, considérese la figura 7.4 que relaciona el costo marginal de corto plazo (CM) de la producción de un bien (Y) con el nivel de su producto (X). La curva de CM dibujada en la figura, la curva con forma de U de los textos, muestra que la relación entre CM y producto es no lineal. Si se fuera a cuantificar esta relación a partir de los puntos dispersos dados, ¿cómo se haría? En otras palabras, ¿qué tipo de modelo econométrico recogerá la naturaleza primero decreciente y luego creciente del costo marginal?

Geométricamente, la curva CM que aparece en la figura 7.4 representa una *parábola*. Matemáticamente, la parábola está representada por la siguiente ecuación:

$$Y = \beta_0 + \beta_1 X + \beta_2 X^2 \qquad (7.11.1)$$

que se denomina una *función cuadrática* ó, más generalmente, *un polinomio de segundo grado* en la variable X –la mayor potencia de X representa el grado del polinomio (si se agregara un X^3 a la función anterior, sería un polinomio de tercer grado y así sucesivamente).

La versión estocástica de (7.11.1) puede escribirse así:

$$Y_i = \beta_0 + \beta_1 X_i + \beta_2 X_i^2 + u_i \qquad (7.11.2)$$

que se denomina una regresión *polinomial de segundo grado*.

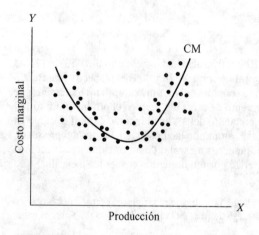

FIGURA 7.4
Curva de costo marginal en forma de U.

La *regresión polinomial de grado k* general puede escribirse así:

$$Y_i = \beta_0 + \beta_1 X_i + \beta_2 X_i^2 + \cdots + \beta_k X_i^k + u_i \qquad (7.11.3)$$

Téngase en cuenta que en estos tipos de regresiones polinomiales, solamente hay una variable explicativa al lado derecho, pero aparece elevada a distintas potencias, convirtiéndolas en modelos de regresión múltiple. A propósito, obsérvese que si se ha supuesto que X_i es fija o no estocástica, los términos de X_i elevados a alguna potencia también se hacen fijos o no estocásticos.

¿Presentan estos modelos problemas especiales de estimación? Puesto que el polinomio de segundo grado (7.11.2) o el polinomio de grado k (7.11.13) es lineal en los parámetros, los β pueden ser estimados mediante las metodologías usuales MCO o MV. Pero, ¿qué sucede con el problema de colinealidad? ¿Acaso las diferentes X no están altamente correlacionadas puesto que todas son potencias de X? Sí, pero recuérdese que términos como X^2, X^3, X^4, etc, son todas funciones no lineales de X y por consiguiente, de manera estricta, no violan el supuesto de no multicolinealidad[28]. En resumen, es posible estimar modelos de regresión polinomial mediante las técnicas presentadas en este capítulo sin que se presenten nuevos problemas de estimación.

Ejemplo 7.4: Estimación de la función de costo total

Como ejemplo de regresión polinomial, considérese la información dada en la tabla 7.4 sobre producción de un bien y su costo de producción total en el corto plazo. ¿Qué tipo de modelo de regresión ajustará estos datos? Para este fin, dibújese primero el diagrama de dispersión, que se muestra en la figura 7.5.

De esta figura es claro que la relación entre el costo total y el la producción, semeja una curva en forma de S alargada; *obsérvese* cómo la curva de costo total primero aumenta gradualmente y luego lo hace rápidamente, como lo establece la conocida ley de *rendimientos decrecientes*. Esta forma de S de la curva de costo total puede ser representada por el siguiente *polinomio cúbico ó de tercer grado*:

$$Y_i = \beta_0 + \beta_1 X_i + \beta_2 X_i^2 + \beta_3 X_i^3 + u_i \qquad (7.11.4)$$

donde Y = costo total y X = producción.

TABLA 7.4
Costo total (Y) y producción (X)

Producción	Costo total, US$
1	193
2	226
3	240
4	244
5	257
6	260
7	274
8	297
9	350
10	420

---

[28]Se considerará este problema nuevamente en el capítulo 10, donde se analizará a fondo el tema completo de la multicolinealidad.

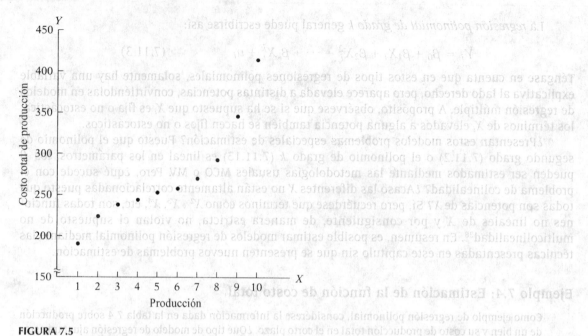

FIGURA 7.5
La curva de costo total.

Dada la información de la tabla 7.4, se puede aplicar el método MCO para estimar los paráme-tros de (7.11.4). Pero, antes de hacerlo, véase lo que la teoría económica tiene que decir sobre la función cúbica de costo de corto plazo (7.11.4). La teoría elemental de precios muestra que en el corto plazo, las curvas de costo marginal de producción (CM) y de costo promedio (CP) en general tienen forma de U -inicialmente, a medida que la producción aumenta tanto el CM como el CP decrecen pero, después de un nivel dado de producción, ambas vuelven a aumentar, nuevamente como consecuencia de la ley de rendimientos decrecientes. Esto puede verse en la figura 7.6 (*véase* también la figura 7.4). Y, puesto que las curvas de CM y de CP se derivan de la curva de costo total, la naturaleza de estas curvas en forma de U impone algunas restricciones sobre los parámetros de la curva de costo total (7.11.4).

De hecho, puede mostrarse que los parámetros de (7.11.4) deben satisfacer las siguientes restric-ciones si se desea observar las curvas de costo marginal y promedio de corto plazo en forma típica de U[29]:

1. β_0, β_1 y $\beta_3 > 0$

2. $\beta_2 < 0$ $\qquad\qquad\qquad$ (7.11.5)

3. $\beta_2^2 < 3\beta_1\beta_3$

Toda esta exposición teórica podría parecer un poco tediosa. Pero este conocimiento es extre-madamente útil cuando se examinan los resultados empíricos, puesto que si éstos no concuerdan con las expectativas *a priori*, entonces, suponiendo que no se ha cometido un error de especifica-ción (es decir, escogido el modelo erróneo), tendremos que modificar nuestra teoría o buscar una nueva y reiniciar la investigación empírica desde el principio. Pero como se anotó en la **introduc-ción**, ésta es la naturaleza de cualquier investigación empírica.

---

[29]*Véase* Alpha C. Chiang, *Fundamental Methods of Mathematical Economics,* 3a. ed., McGraw-Hill, New York, 1984, pp. 250-252.

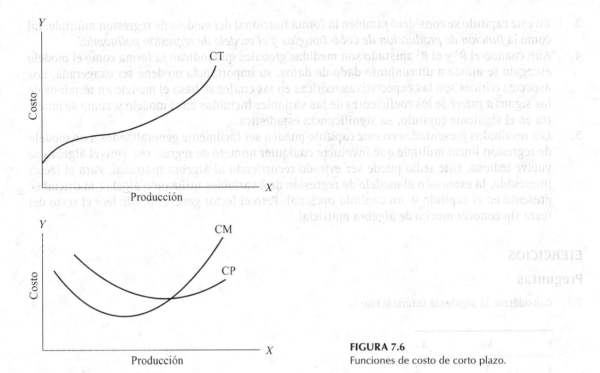

FIGURA 7.6
Funciones de costo de corto plazo.

Resultados empíricos

Cuando la regresión polinomial de tercer grado se ajustó a los datos de la tabla 7.4, se obtuvieron los siguientes resultados,

$$\hat{Y}_i = 141.7667 + 63.4776X_i - 12.9615X_i^2 + 0.9396X_i^3$$
$$\quad\quad (6.3753) \quad (4.7786) \quad\quad (0.9857) \quad\quad (0.0591) \quad\quad\quad (7.11.6)$$
$$R^2 = 0.9983$$

(*Nota:* Las cifras en paréntesis son los errores estándar estimados). Aun cuando se examinará la significancia estadística de estos resultados en el siguiente capítulo, el lector puede verificar que éstos están en conformidad con las expectativas teóricas descritas en (7.11.5). Como ejercicio para el lector dejamos la tarea de interpretar la regresión (7.11.6)

7.12 RESUMEN Y CONCLUSIONES

1. En este capítulo se introdujo el modelo más simple posible de regresión lineal múltiple, a saber, el modelo de regresión con tres variables. Se entiende que el término *lineal* se refiere a linealidad en los parámetros y no necesariamente en las variables.
2. Aunque un modelo de regresión con tres variables es, en muchas formas, una extensión del modelo con dos variables, hay algunos conceptos nuevos involucrados, tales como *coeficientes de regresión parcial, coeficientes de correlación parcial, coeficiente de correlación múltiple, R^2 ajustado y no ajustado (por grados de libertad), multicolinealidad y sesgo de especificación.*

3. En este capítulo se consideró también la forma funcional del modelo de regresión múltiple, tal como la *función de producción de Cobb-Douglas* y *el modelo de regresión polinomial.*

4. Aun cuando el R^2 y el R^2 ajustado son medidas globales que indican la forma como el modelo escogido se ajusta a un conjunto dado de datos, su importancia no debe ser exagerada. Los aspectos críticos son las expectativas teóricas en las cuales se basa el modelo en términos de los signos *a priori* de los coeficientes de las variables incluidas en el modelo y, como se muestra en el siguiente capítulo, su significancia estadística.

5. Los resultados presentados en este capítulo pueden ser fácilmente generalizados a un modelo de regresión lineal múltiple que involucre cualquier número de regresores. Pero el álgebra se vuelve tediosa. Este tedio puede ser evitado recurriendo al álgebra matricial. Para el lector interesado, la extensión al modelo de regresión de k variables utilizando álgebra matricial se presenta en el capítulo 9, un capítulo opcional. Pero el lector general puede leer el resto del texto sin conocer mucho de álgebra matricial.

EJERCICIOS

Preguntas

7.1. Considérese la siguiente información:

Y	X_2	X_3
1	1	2
3	2	1
8	3	−3

Basado en esta información, téngase en cuenta las siguientes regresiones:

$$Y_i = \alpha_1 + \alpha_2 X_{2i} + u_{1i} \qquad (1)$$
$$Y_i = \lambda_1 + \lambda_3 X_{3i} + u_{2i} \qquad (2)$$
$$Y_i = \beta_1 + \beta_2 X_{2i} + \beta_3 X_{3i} + u_i \qquad (3)$$

Nota: Estímense solamente los coeficientes y no los errores estándar.

(a) ¿Es $\alpha_2 = \beta_2$? ¿Por qué o por qué no?

(b) ¿Es $\lambda_3 = \beta_3$? ¿Por qué o por qué no?

¿Qué conclusión importante se obtiene de este ejercicio?

7.2. De los siguientes datos, estímense los coeficientes de regresión parcial, sus errores estándar y los valores R^2 ajustado y sin ajustar:

$$\bar{Y} = 367.693 \qquad \bar{X}_2 = 402.760 \qquad \bar{X}_3 = 8.0$$

$$\sum (Y_i - \bar{Y})^2 = 66042.269 \qquad \sum (X_{2i} - \bar{X}_2)^2 = 84855.096$$

$$\sum (X_{3i} - \bar{X}_3)^2 = 280.000 \qquad \sum (Y_i - \bar{Y})(X_{2i} - \bar{X}_2) = 74778.346$$

$$\sum (Y_i - \bar{Y})(X_{3i} - \bar{X}_3) = 4250.900 \qquad \sum (X_{2i} - \bar{X}_2)(X_{3i} - \bar{X}_3) = 4796.000$$

$$n = 15$$

7.3. Demuéstrese que (7.9.1) y (7.9.2) son equivalentes.

7.4. Demuéstrese que $a_0 = 0$ en la ecuación (7.3.5). (*Guía:* Recuérdese que los residuos de mínimos cuadrados suman cero, suponiendo que el intercepto está presente en el modelo).

7.5. Demuéstrese que la Ecuación (7.4.7) puede ser expresada también como

$$\hat{\beta}_2 = \frac{\sum y_i(x_{2i} - b_{23}x_{3i})}{\sum(x_{2i} - b_{23}x_{3i})^2}$$

$$= \frac{\text{covariación neta (de } x_3) \text{ entre } y \text{ y } x_2}{\text{variación neta (de } x_3) \text{ en } x_2}$$

donde b_{23} es el coeficiente de la pendiente en la regresión de X_2 sobre X_3 como en (7.3.2). (*Guía:* Recuérdese que $b_{23} = \sum x_{2i}x_{3i} / \sum x_{3i}^2$.)

7.6. Demuéstrese que $r_{12.3}^2 = (R^2 - r_{13}^2)/(1 - r_{13}^2)$e interprétese la ecuación.

7.7. Si la relación $\alpha_1 X_1 + \alpha_2 X_2 + \alpha_3 X_3 = 0$ se cumple para todos los valores de X_1, X_2, y X_3, encuéntrese los valores de los tres coeficientes de correlación parcial.

7.8. ¿Es posible obtener los siguientes resultados de un conjunto de datos?
   (*a*) $r_{23} = 0.9$, $r_{13} = -0.2$, $r_{12} = 0.8$
   (*b*) $r_{12} = 0.6$, $r_{23} = -0.9$, $r_{31} = -0.5$
   (*c*) $r_{21} = 0.01$, $r_{13} = 0.66$, $r_{23} = -0.7$

*7.9. Si $Z = aX + bY$ y $W = cX - dY$ y si el coeficiente de correlación entre X y Y es r pero Z y W no están correlacionados, demuéstrese que $\sigma_z \sigma_w = (a^2 + b^2)\sigma_x \sigma_y (1 - r^2)^{1/2}$, donde $\sigma_z, \sigma_w, \sigma_x$ son las desviaciones estándar de las cuatro variables y donde a, b, c y d son constantes.

7.10. Demuéstrese que β_2 y β_3 en (7.10.2) dan, de hecho, las elasticidades producto de trabajo y capital. (Esta pregunta puede resolverse sin utilizar cálculo; solamente recuérdese la definición del coeficiente de elasticidad y que un cambio en el logaritmo de una variable es relativo, suponiendo que los cambios son pequeños).

7.11. Si $X_3 = a_1 X_1 + a_2 X_2$, donde a_1 y a_2 son constantes, demuéstrese que las tres correlaciones parciales son numéricamente iguales a 1, teniendo $r_{13.2}$ el signo de a_1, $r_{23.1}$ el signo de a_2 y $r_{12.3}$ el signo opuesto de a_1/a_2.

7.12. En general, $R^2 \neq r_{12}^2 + r_{13}^2$, pero esto sólo se cumple si $r_{23} = 0$. Coméntese y resáltese la importancia de este hallazgo. [*Guía: Véase* la ecuación (7.9.6)].

7.13. ¿Bajo qué condición es $\beta_2 = b_{12}$, donde b_{12} es el coeficiente de la pendiente en la regresión de Y sobre X_2 solamente como se muestra en (7.7.1)?

7.14. Considérense los siguientes modelos.**

$$\text{Modelo A: } Y_t = \alpha_1 + \alpha_2 X_{2t} + \alpha_3 X_{3t} + u_{1t}$$

$$\text{Modelo B: } (Y_t - X_{2t}) = \beta_1 + \beta_2 X_{2t} + \beta_3 X_{3t} + u_{2t}$$

   (*a*) ¿Son iguales los valores estimados MCO de α_1 y β_1? ¿Por qué?
   (*b*) ¿Son iguales los valores estimados MCO de α_3 y β_3? ¿Por qué?
   (*c*) ¿Cuál es la relación entre α_2 y β_2?
   (*d*) ¿Es posible comparar los términos R^2 de los dos modelos? ¿Por qué o por qué no?

7.15. Supóngase que se estima la función de consumo†

$$Y_i = \alpha_1 + \alpha_2 X_i + u_{1i}$$

y la función de ahorro

$$Z_i = \beta_1 + \beta_2 X_i + u_{2i}$$

---

*Opcional

**Adaptado de Wojciech W. Charemza y Derek F. Deadman, *Econometric Practice: General to Specific Modelling, Cointegration and Vector Autoregression,* Edward Elgar, Brookfield, Vermont, 1992, p. 18.

†Adaptado de Peter Kennedy, *A Guide To Econometrics,* 3a. ed., The MIT Press, Cambridge, Massachusetts, 1992, p. 308, pregunta #9.

donde Y = consumo, Z = ahorro, X = ingreso y $X = Y + Z$, es decir, el ingreso es igual al consumo más el ahorro.

(a) ¿Cuál es la relación, si ésta existe, entre α_2 y β_2? Mostrar los cálculos.

(b) ¿Será la suma residual al cuadrado SRC la misma para los dos modelos? Explicar.

(c) ¿Se pueden comparar los términos R^2 de los dos modelos? ¿Por qué o por qué no?

7.16. Supóngase que se expresa el modelo de Cobb-Douglas dado en (7.10.1) de la siguiente manera:

$$Y_i = \beta_1 X_{2i}^{\beta} X_{3i}^{\beta} u_i$$

Si se expresa este modelo en términos logarítmicos, tendrá ln u_i como término de perturbación en el lado derecho.

(a) ¿Qué supuestos probabilísticos se deben hacer sobre ln u_i para ser capaz de aplicar el modelo clásico de regresión lineal normal (MCRLN)? ¿Cómo se probaría esto con la información dada en la tabla 7.3?

(b) ¿Se aplican los mismos supuestos a u_i? ¿Por qué o por qué no?

7.17. *Regresión a través del origen.* Considérese la siguiente regresión a través del origen:

$$Y_i = \hat{\beta}_2 X_{2i} + \hat{\beta}_3 X_{3i} + \hat{u}_i$$

(a) ¿Qué pasos se seguirían al estimar las incógnitas?

(b) ¿Será $\sum \hat{u}_i$ cero para este modelo? ¿Por qué o por qué no?

(c) ¿Será $\sum \hat{u}_i X_{2i} = \sum \hat{u}_i X_{3i} = 0$ para este modelo?

(d) ¿Cuando se utilizaría un modelo de este tipo?

(e) ¿Se pueden generalizar los resultados para el modelo de k variables?

(*Guía:* Seguir el análisis para el caso de dos variables dado en el capítulo 6)

Problemas

7.18. En la siguiente tabla se presenta información sobre el producto bruto real, el insumo trabajo y el insumo de capital real en el sector manufacturero taiwanés.

Año	Producto bruto real (millones de NT)*, Y	Insumo trabajo (por cada mil personas), X_2	Insumo capital real (millones de NT), X_3
1958	8911.4	281.5	120,753
1959	10,873.2	284.4	122,242
1960	11,132.5	289.0	125,263
1961	12,086.5	375.8	128,539
1962	12,767.5	375.2	131,427
1963	16,347.1	402.5	134,267
1964	19,542.7	478.0	139,038
1965	21,075.9	553.4	146,450
1966	23,052.0	616.7	153,714
1967	26,128.2	695.7	164,783
1968	29,563.7	790.3	176,864
1969	33,376.6	816.0	188,146
1970	38,354.3	848.4	205,841
1971	46,868.3	873.1	221,748
1972	54,308.0	999.2	239,715

* Nuevos dólares taiwaneses.

Fuente: Thomas Pei-Fan Chen, «Economic Growth and Structural Change in Taiwan -1952-1972, A Production Function Approach», tesis doctoral inédita, Departamento de Economía, Graduate Center, City University of New York, junio 1976, tabla II.

(a) Ajústense los siguientes modelos a la información anterior:

$$Y_t = \beta_1 + \beta_2 X_{2t} + \beta_3 X_{3t} + u_t$$

$$\ln Y_t = \alpha_1 + \alpha_2 \ln X_{2t} + \alpha_3 \ln X_{3t} + u_t$$

(b) ¿Cuál modelo se ajusta mejor y por qué?

(c) Para el modelo log-lineal α_2 y α_3 dan las elasticidades producto con respecto al trabajo y al capital respectivamente. ¿Cómo se podrían calcular elasticidades similares para el modelo lineal?

(d) ¿Cómo se compararían los valores de R^2 de los dos modelos? (Mostrar los cálculos).

(e) ¿Cómo difieren los resultados para el sector manufacturero de aquellos para el sector agrícola dados en la tabla 7.3?

(f) ¿Qué supuestos se hacen sobre el término perturbación en el modelo log-lineal? ¿Cómo se prueban estos supuestos?

7.19. Refiérase a la información del Reino Unido sobre cambios porcentuales de salarios y la tasa de desempleo dada en la tabla 6.4. Utilizando estos datos, examínese si la siguiente versión de la curva de Phillips proporciona un buen ajuste a la información del Reino Unido:

$$Y_i = \beta_1 + \beta_2 X_i + \beta_3 X_i^2 + u_i$$

donde Y = cambio porcentual anual en las tasas salariales y X = tasa de desempleo.

(a) Interprétense los resultados.

(b) ¿Cuál es el razonamiento para introducir la tasa de desempleo elevada al cuadrado en el modelo? ¿Se esperaría, *a priori*, que β_3 fuera positiva o negativa?

(c) ¿Es este modelo realmente de regresión múltiple cuando solamente una variable explicativa, la tasa de desempleo, se considera en el modelo?

(d) ¿Cómo se comparan sus resultados con aquellos obtenidos en (6.6.2) y en el ejercicio 6.20?

(e) ¿Se pueden comparar los términos R^2 de los diversos modelos? ¿Por qué o por qué no?

(f) ¿Cuál modelo se escogería: el cuadrático que aquí se presenta, el recíproco dado en (6.6.2) o el lineal, dado en el ejercicio 6.20? ¿Qué criterios se utilizan?

7.20. *La demanda de rosas**. En la siguiente tabla se presenta información trimestral sobre estas variables:

Año y trimestre	Y	X_2	X_3	X_4	X_5
1971–III	11,484	2.26	3.49	158.11	1
–IV	9,348	2.54	2.85	173.36	2
1972–I	8,429	3.07	4.06	165.26	3
–II	10,079	2.91	3.64	172.92	4
–III	9,240	2.73	3.21	178.46	5
–IV	8,862	2.77	3.66	198.62	6
1973–I	6,216	3.59	3.76	186.28	7
–II	8,253	3.23	3.49	188.98	8
–III	8,038	2.60	3.13	180.49	9
–IV	7,476	2.89	3.20	183.33	10
1974–I	5,911	3.77	3.65	181.87	11
–II	7,950	3.64	3.60	185.00	12
–III	6,134	2.82	2.94	184.00	13
–IV	5,868	2.96	3.12	188.20	14
1975–I	3,160	4.24	3.58	175.67	15
–II	5,872	3.69	3.53	188.00	16

*Estoy agradecido con Joe Walsh por recolectar estos datos de un mayorista en el área metropolitana de Detroit y por el subsiguiente procesamiento de estos.

Y = cantidad de rosas vendidas, docenas
X_2 = precio promedio al por mayor de las rosas, US$/docena
X_3 = precio promedio al por mayor de los claveles, US$/docena
X_4 = ingreso promedio disponible familiar semanal, US$/semana
X_5 = variable de tendencia que toma valores de 1, 2, y así sucesivamente, durante el período 1971-III a 1975-II en el área metropolitana de Detroit.

Se pide considerar las siguientes funciones de demanda:

$$Y_t = \alpha_1 + \alpha_2 X_{2t} + \alpha_3 X_{3t} + \alpha_4 X_{4t} + \alpha_5 X_{5t} + u_t$$
$$\ln Y_t = \beta_1 + \beta_2 \ln X_{2t} + \beta_3 \ln X_{3t} + \beta_4 \ln X_{4t} + \beta_5 \ln X_{5t} + u_t$$

(*a*) Estímense los parámetros del modelo lineal e interprétense los resultados.
(*b*) Estímense los parámetros del modelo log-lineal e interprétense los resultados.
(*c*) β_2, β_3 y β_4 dan respectivamente las elasticidades de la demanda con respecto a *precio-propio, precio-cruzado* e *ingreso*. ¿Cuáles son, *a priori,* los signos de estas elasticidades? ¿Concuerdan estos resultados con las expectativas *a priori*?
(*d*) ¿Cómo se calcularían las elasticidades precio-propio, precio cruzado e ingreso en el modelo lineal?
(*e*) Con base en el análisiss, ¿cuál modelo, si éste existe, se escogería y por qué?

7.21. *Actividad de exploración*: Reciben el nombre de «pozos de sondeo» los que son explorados para encontrar y producir petróleo y/o gas en un área mejorada o para encontrar una nueva reserva en un campo donde anteriormente se había encontrado petróleo o gas o para extender el límite de una reserva de petróleo o gas conocida. La siguiente tabla da información sobre estas variables:*

Miles de pozos de sondeo (**Y**)	Precio por barril, US$ constantes, (**X₂**)	Producción doméstica (millones de barriles diarios), (**X₃**)	PNB, US$ miles de millones constantes (**X₄**)	Tiempo, (**X₅**)
8.01	4.89	5.52	487.67	1948 = 1
9.06	4.83	5.05	490.59	1949 = 2
10.31	4.68	5.41	533.55	1950 = 3
11.76	4.42	6.16	576.57	1951 = 4
12.43	4.36	6.26	598.62	1952 = 5
13.31	4.55	6.34	621.77	1953 = 6
13.10	4.66	6.81	613.67	1954 = 7
14.94	4.54	7.15	654.80	1955 = 8
16.17	4.44	7.17	668.84	1956 = 9
14.71	4.75	6.71	681.02	1957 = 10
13.20	4.56	7.05	679.53	1958 = 11
13.19	4.29	7.04	720.53	1959 = 12
11.70	4.19	7.18	736.86	1960 = 13
10.99	4.17	7.33	755.34	1961 = 14
10.80	4.11	7.54	799.15	1962 = 15
10.66	4.04	7.61	830.70	1963 = 16
10.75	3.96	7.80	874.29	1964 = 17

---

*Estoy agradecido con Raymond Savino por recolectar y procesar la información.

(continuación)

Miles de pozos de sondeo (Y)	Precio por barril, US\$ constantes, (X_2)	Producción doméstica (millones de barriles diarios), (X_3)	PNB, US\$ miles de millones constantes (X_4)	Tiempo, (X_5)
9.47	3.85	8.30	925.86	1965 = 18
10.31	3.75	8.81	980.98	1966 = 19
8.88	3.69	8.66	1,007.72	1967 = 20
8.88	3.56	8.78	1,051.83	1968 = 21
9.70	3.56	9.18	1,078.76	1969 = 22
7.69	3.48	9.03	1,075.31	1970 = 23
6.92	3.53	9.00	1,107.48	1971 = 24
7.54	3.39	8.78	1,171.10	1972 = 25
7.47	3.68	8.38	1,234.97	1973 = 26
8.63	5.92	8.01	1,217.81	1974 = 27
9.21	6.03	7.78	1,202.36	1975 = 28
9.23	6.12	7.88	1,271.01	1976 = 29
9.96	6.05	7.88	1,332.67	1977 = 30
10.78	5.89	8.67	1,385.10	1978 = 31

Fuente: «Energy Information Administration», Informe al Congreso. Año 1978.

Y = número de pozos de sondeo explorados

X_2 = precio en la cabeza del pozo en el período anterior (en dólares constantes, 1972 = 100)

X_3 = producción interna

X_4 = PNB en dólares constantes (1972=100)

X_5 = variable de tendencia, 1948 = 1, 1949 = 2,..., 1978 - 31

Véase si el siguiente modelo se ajusta a los datos:

$$Y_t = \beta_1 + \beta_2 X_{2t} + \beta_3 \ln X_{3t} + \beta_4 X_{4t} + \beta_5 X_{5t} + u_t$$

(*a*) ¿Se puede ofrecer un razonamiento *a priori* para este modelo?

(*b*) Suponiendo que el modelo es aceptable, estímense los parámetros del modelo y sus errores estándar y obténganse el R^2 y el $\bar{R}^2$.

(*c*) Coméntense los resultados desde el punto de vista de sus expectativas *a priori*

(*d*) ¿Qué otra especificación se podría sugerir para explicar la actividad de exploración? ¿Por qué?

7.22. *Desembolsos de presupuesto de defensa de los Estados Unidos, 1962-1981.* Con el fin de explicar el presupuesto de defensa de los Estados Unidos, considérese el siguiente modelo:

$$Y_t = \beta_1 + \beta_2 X_{2t} + \beta_3 X_{3t} + \beta_4 X_{4t} + u_t$$

donde Y_t = desembolsos del presupuesto de defensa durante el año t, US\$ miles de millones

X_t = PNB durante el año t_2, US\$ miles de millones

X_{3t} = ventas militares de los Estados Unidos/ ayuda en el año t, US\$/ miles de millones

X_{4t} = ventas de la industria aeroespacial, US\$/miles de millones

X_{5t} = conflictos militares que involucran más de 100.000 soldados. Esta variable adquiere el valor de 1 cuando están involucrados 100.000 soldados o más y es igual a cero cuando el número de soldados está por debajo de 100.000.

Para probar este modelo, se da la siguiente información:

Año	Desembolsos del presupuesto de defensa Y	PNB, X_2	Ventas militares de los Estados Unidos/ ayuda, X_3	Ventas industria aeroespacial, X_4	Conflictos 100,000 +, X_5
1962	51.1	560.3	0.6	16.0	0
1963	52.3	590.5	0.9	16.4	0
1964	53.6	632.4	1.1	16.7	0
1965	49.6	684.9	1.4	17.0	1
1966	56.8	749.9	1.6	20.2	1
1967	70.1	793.9	1.0	23.4	1
1968	80.5	865.0	0.8	25.6	1
1969	81.2	931.4	1.5	24.6	1
1970	80.3	992.7	1.0	24.8	1
1971	77.7	1,077.6	1.5	21.7	1
1972	78.3	1,185.9	2.95	21.5	1
1973	74.5	1,326.4	4.8	24.3	0
1974	77.8	1,434.2	10.3	26.8	0
1975	85.6	1,549.2	16.0	29.5	0
1976	89.4	1,718.0	14.7	30.4	0
1977	97.5	1,918.3	8.3	33.3	0
1978	105.2	2,163.9	11.0	38.0	0
1979	117.7	2,417.8	13.0	46.2	0
1980	135.9	2,633.1	15.3	57.6	0
1981	162.1	2,937.7	18.0	68.9	0

Fuente: Los datos fueron recolectados por Albert Lucchino a partir de diversas publicaciones gubernamentales.

(*a*) Estímense los parámetros de este modelo y sus errores estándar y obténganse el R^2, el R^2 modificado y el $\bar{R}^2$.

(*b*) Coméntense los resultados, considerando cualquier expectativa *a priori* que se tenga sobre la relación entre Y y las diversas variables X.

(*c*) ¿Qué otra(s) variable(s) se podrían incluir en el modelo y por qué?

7.23. *La demanda de pollos en los Estados Unidos, 1960-1982.* Para estudiar el consumo de pollo *per cápita* en los Estados Unidos, se da la siguiente información:

Año	Y	X_2	X_3	X_4	X_5	X_6
1960	27.8	397.5	42.2	50.7	78.3	65.8
1961	29.9	413.3	38.1	52.0	79.2	66.9
1962	29.8	439.2	40.3	54.0	79.2	67.8
1963	30.8	459.7	39.5	55.3	79.2	69.6
1964	31.2	492.9	37.3	54.7	77.4	68.7
1965	33.3	528.6	38.1	63.7	80.2	73.6
1966	35.6	560.3	39.3	69.8	80.4	76.3
1967	36.4	624.6	37.8	65.9	83.9	77.2
1968	36.7	666.4	38.4	64.5	85.5	78.1
1969	38.4	717.8	40.1	70.0	93.7	84.7
1970	40.4	768.2	38.6	73.2	106.1	93.3

(continuación)

Año	Y	X_2	X_3	X_4	X_5	X_6
1971	40.3	843.3	39.8	67.8	104.8	89.7
1972	41.8	911.6	39.7	79.1	114.0	100.7
1973	40.4	931.1	52.1	95.4	124.1	113.5
1974	40.7	1,021.5	48.9	94.2	127.6	115.3
1975	40.1	1,165.9	58.3	123.5	142.9	136.7
1976	42.7	1,349.6	57.9	129.9	143.6	139.2
1977	44.1	1,449.4	56.5	117.6	139.2	132.0
1978	46.7	1,575.5	63.7	130.9	165.5	132.1
1979	50.6	1,759.1	61.6	129.8	203.3	154.4
1980	50.1	1,994.2	58.9	128.0	219.6	174.9
1981	51.7	2,258.1	66.4	141.0	221.6	180.8
1982	52.9	2,478.7	70.4	168.2	232.6	189.4

Fuente: La información sobre Y se obtuvo de *Citibase* y la información sobre X_2 hasta X_6 proviene del Departamento de Agricultura de los Estados Unidos. Estoy agradecido con Robert J. Fisher por reunir la información y por el análisis estadístico.

Nota: Los precios reales fueron obtenidos dividiendo los precios nominales por el índice de precios al consumidor de alimentos.

donde Y = consumo *per cápita* de pollos, lbs
$\quad X_2$ = ingreso *per cápita* real disponible, US$
$\quad X_3$ = precio real al detal del pollo por lb, US¢
$\quad X_4$ = precio real al detal del cerdo por lb, US¢
$\quad X_5$ = precio real al detal de la carne de res por lb, US¢
$\quad X_6$ = Precio real compuesto de los sustitutos del pollo, US¢, por lb, el cual se obtiene mediante un promedio ponderado de los precios reales al detal por libra del cerdo y de la carne de res; las ponderaciones son los consumos relativos de la carne de res y de cerdo en estos consumos totales.

Ahora considérense las siguientes funciones de demanda:

$$\ln Y_t = \alpha_1 + \alpha_2 \ln X_{2t} + \alpha_3 \ln X_{3t} + u_t \tag{1}$$

$$\ln Y_t = \gamma_1 + \gamma_2 \ln X_{2t} + \gamma_3 \ln X_{3t} + \gamma_4 \ln X_{4t} + u_t \tag{2}$$

$$\ln Y_t = \lambda_1 + \lambda_2 \ln X_{2t} + \lambda_3 \ln X_{3t} + \lambda_4 \ln X_{5t} + u_t \tag{3}$$

$$\ln Y_t = \theta_1 + \theta_2 \ln X_{2t} + \theta_3 \ln X_{3t} + \theta_4 \ln X_{4t} + \theta_5 \ln X_{5t} + u_t \tag{4}$$

$$\ln Y_t = \beta_1 + \beta_2 \ln X_{2t} + \beta_3 \ln X_{3t} + \beta_4 \ln X_{6t} + u_t \tag{5}$$

De la teoría microeconómica, se sabe que la demanda de un bien generalmente depende del ingreso real del consumidor, el precio real del bien y los precios reales de los bienes complementarios o que compiten con él. Ante estas consideraciones, responder las siguientes preguntas.

(*a*) Entre las funciones de demanda que aquí se dan, ¿cuál se podría escoger y por qué?

(*b*) ¿Cómo se interpretarían los coeficientes de $\ln X_{2t}$ y $\ln X_{3t}$ en estos modelos?

(*c*) ¿Cuál es la diferencia entre las especificaciones (2) y (4)?

(*d*) ¿Qué problemas se prevén si se adopta la especificación (4)? (*Guía:* Los precios del cerdo y de la carne de res están incluidos junto con el precio del pollo).

(*e*) Puesto que la especificación (5) incluye el precio compuesto de la carne de res y de cerdo, ¿es preferible la función de demanda (5) a la función (4)? ¿Por qué?

(*f*) Son el cerdo y/o la carne de res productos que compiten con el pollo o que lo sustituyen? ¿Cómo se sabe?

(g) Supóngase que la función (5) es la de demanda «correcta». Estímense los parámetros de este modelo, obténganse sus errores estándar y el R^2, el $\bar{R}^2$ y el R^2 modificado. Interprétense los resultados.

(h) Ahora supóngase que se corre el modelo «incorrecto» (2). Evalúense las consecuencias de esta mala especificación considerando los valores de γ_2 y γ_3 en relación con β_2 y β_3, respectivamente. (*Guía:* Préstese atención al análisis de la sección 7.7)

7.24. En un estudio de retorno del capital en el mercado laboral, James F. Ragan, Jr. obtuvo los siguientes resultados para la economía de los Estados Unidos durante el período de 1950-I a 1979-IV*. (Las cifras en paréntesis son los estadísticos t estimados).

Nota: Se estudiarán los estadísticos t en el próximo capítulo

$$\widehat{\ln Y_t} = \underset{(4.28)}{4.47} - \underset{(-5.31)}{0.34 \ln X_{2t}} + \underset{(3.46)}{1.22 \ln X_{3t}} + \underset{(3.10)}{1.22 \ln X_{4t}}$$

$$+ \underset{(1.10)}{0.80 \ln X_{5t}} - \underset{(-3.09)}{0.0054 X_{6t}} \qquad \bar{R}^2 = 0.5370$$

donde Y = tasa de retiro laboral en el sector manufacturero, definida como el número de personas que deja sus trabajos voluntariamente por cada 100 empleados.

X_2 = variable instrumental o «Proxy» de la tasa de desempleo masculina adulta

X_3 = porcentaje de empleados menores de 25 años.

X_4 = N_{t-1} / N_{t-4} = tasa de empleo en el sector manufacturero en el trimestre $(t-1)$ con respecto a aquella en el trimestre $(t-4)$

X_5 = porcentaje de mujeres empleadas

X_6 = tendencia de tiempo (1950-I = 1)

(a) Interprétense los resultados anteriores.

(b) ¿Puede justificarse *a priori* la relación negativa observada entre los logaritmos de Y y X_2?

(c) ¿Por qué es positivo el coeficiente de $\ln X_3$?

(d) Puesto que el coeficiente de tendencia es negativo, existe un descenso secular de ese porcentaje en la tasa de retiro laboral. ¿Por qué se presenta este descenso?

(e) ¿Es el $\bar{R}^2$ «muy» bajo?

(f) ¿Se pueden estimar los errores estándar de los coeficientes de regresión a partir de los datos dados? ¿Por qué o por qué no?

7.25 Considérese la siguiente función de demanda de dinero simple:

$$M_t = \beta_0 Y_t^{\beta_1} r_t^{\beta_2} e^{u_t}$$

donde M_t = saldos reales de efectivo agregados en el tiempo t

Y_t = ingreso nacional real agregado en el tiempo t

r_t = tasa de interés de largo plazo

(a) Dada la siguiente información, estímense las elasticidades de los saldos reales de efectivo agregados con respecto al ingreso real agregado y a la tasa de interés de largo plazo.

(b) Si en lugar de ajustar la función de demanda anterior se precisará ajustar el modelo $(M/Y)_t = \alpha r_t^{\beta}$, ¿cómo se interpretarían los resultados? Indíquense los cálculos necesarios.

Nota: Para convertir las cantidades nominales en reales, dividanse las primeras por el deflactor implícito de precios

---

*Fuente: Véase el artículo de Ragan, «Turnover in the Labor Market: A Study of Quit and Layoff Rates», *Economic Review,* Federal Reserve Bank of Kansas City, mayo 1981, pp. 13-22.

Información sobre dinero, ingreso nacional y deflactor implícito de precios para la India, 1948-1965

Año	Dinero nominal, crores de rupias	Ingreso neto nominal por 100 crores de rupias	Deflactor implícito de precio	Tasa de interés de largo plazo, %
1948–1949	1,898.69	86.5	100.00	3.03
1949–1950	1,880.29	90.1	102.15	3.07
1950–1951	1,979.49	95.3	107.68	3.15
1951–1952	1,803.79	99.7	109.56	3.41
1952–1953	1,764.71	98.2	103.81	3.66
1953–1954	1,793.97	104.8	104.49	3.64
1954–1955	1,920.63	96.1	93.48	3.70
1955–1956	2,216.95	99.8	95.23	3.74
1956–1957	2,341.89	113.1	102.82	3.99
1957–1958	2,413.16	113.9	104.59	4.18
1958–1959	2,526.02	126.9	108.15	4.13
1959–1960	2,720.22	129.5	109.19	4.05
1960–1961	2,868.61	141.4	111.19	4.06
1961–1962	3,045.82	148.0	113.32	4.16
1962–1963	3,309.98	154.0	115.70	4.49
1963–1964	3,752.12	172.1	123.19	4.66
1964–1965	4,080.06	200.1	132.96	4.80

Fuente: Damodar Gujarati, «The Demand for Money in India», *The Journal of Development Studies,* vol. V, no. 1, 1968, pp. 59-64.

Nota: Una rupia crore equivale a diez millones de rupias. Una rupia es aproximadamente igual de 3.4 centavos de dólar a precios de 1994.

APÉNDICE 7A

7A.1 DERIVACIÓN DE ESTIMADORES MCO DADOS EN LAS ECUACIONES (7.4.3) Y (7.4.5)

Diferenciando parcialmente la ecuación

$$\sum \hat{u}_i^2 = \sum (Y_i - \hat{\beta}_1 - \hat{\beta}_2 X_{2i} - \hat{\beta}_3 X_{3i})^2 \qquad (7.4.2)$$

con respecto a las tres incógnitas e igualando a cero las ecuaciones resultantes, se obtiene

$$\frac{\partial \sum \hat{u}_i^2}{\partial \hat{\beta}_1} = 2 \sum (Y_i - \hat{\beta}_1 - \hat{\beta}_2 X_{2i} - \hat{\beta}_3 X_{3i})(-1) = 0$$

$$\frac{\partial \sum \hat{u}_i^2}{\partial \hat{\beta}_2} = 2 \sum (Y_i - \hat{\beta}_1 - \hat{\beta}_2 X_{2i} - \hat{\beta}_3 X_{3i})(-X_{2i}) = 0$$

$$\frac{\partial \sum \hat{u}_i^2}{\partial \hat{\beta}_3} = 2 \sum (Y_i - \hat{\beta}_1 - \hat{\beta}_2 X_{2i} - \hat{\beta}_3 X_{3i})(-X_{3i}) = 0$$

Simplificando lo anterior, se obtienen las ecuaciones (7.4.3) a (7.4.5).

A propósito, obsérvese que las tres ecuaciones anteriores pueden escribirse como

$$\sum \hat{u}_i = 0$$

$$\sum \hat{u}_i X_{2i} = 0 \qquad \text{(¿Por qué?)}$$

$$\sum \hat{u}_i X_{3i} = 0$$

lo cual muestra que las propiedades de los mínimos cuadrados se ajustan, es decir, que los residuos suman cero y que no están correlacionados con las variables explicativas X_2 y X_3.

Obsérvese que para obtener los estimadores MCO del modelo de regresión lineal de k variables (7.4.20) se procede análogamente. Así, se escribe primero

$$\sum \hat{u}_i^2 = \sum (Y_i - \hat{\beta}_1 - \hat{\beta}_2 X_{2i} - \cdots - \hat{\beta}_k X_{ki})^2$$

Diferenciando esta expresión parcialmente con respecto a cada una de las k incógnitas, igualando a cero las ecuaciones resultantes y reorganizando, se obtienen las siguientes k ecuaciones normales en las k incógnitas:

$$\sum Y_i = n\hat{\beta}_1 + \hat{\beta}_2 \sum X_{2i} + \hat{\beta}_3 \sum X_{3i} + \cdots + \hat{\beta}_k \sum X_{ki}$$

$$\sum Y_i X_{2i} = \hat{\beta}_1 \sum X_{2i} + \hat{\beta}_2 \sum X_{2i}^2 + \hat{\beta}_3 \sum X_{2i} X_{3i} + \cdots + \hat{\beta}_k \sum X_{2i} X_{ki}$$

$$\sum Y_i X_{3i} = \hat{\beta}_1 \sum X_{3i} + \hat{\beta}_2 \sum X_{2i} X_{3i} + \hat{\beta}_3 \sum X_{3i}^2 + \cdots + \hat{\beta}_k \sum X_{3i} X_{ki}$$

$$\cdots \cdots \cdots \cdots \cdots \cdots \cdots \cdots$$

$$\sum Y_i X_{ki} = \hat{\beta}_1 \sum X_{ki} + \hat{\beta}_2 \sum X_{2i} X_{ki} + \hat{\beta}_3 \sum X_{3i} X_{ki} + \cdots + \hat{\beta}_k \sum X_{ki}^2$$

O, cambiando a letras minúsculas, estas ecuaciones pueden expresarse como

$$\sum y_i x_{2i} = \hat{\beta}_2 \sum x_{2i}^2 + \hat{\beta}_3 \sum x_{2i} x_{3i} + \cdots + \hat{\beta}_k \sum x_{2i} x_{ki}$$

$$\sum y_i x_{3i} = \hat{\beta}_2 \sum x_{2i} x_{3i} + \hat{\beta}_3 \sum x_{3i}^2 + \cdots + \hat{\beta}_k \sum x_{3i} x_{ki}$$

$$\cdots \cdots \cdots \cdots \cdots \cdots \cdots \cdots$$

$$\sum y_i x_{ki} = \hat{\beta}_2 \sum x_{2i} x_{ki} + \hat{\beta}_3 \sum x_{3i} x_{ki} + \cdots + \hat{\beta}_k \sum x_{ki}^2$$

Debe observarse además que el modelo de k variables satisface también estas ecuaciones:

$$\sum \hat{u}_i = 0$$

$$\sum \hat{u}_i X_{2i} = \sum \hat{u}_i X_{3i} = \cdots = \sum \hat{u}_i X_{ki} = 0$$

7A.2 IGUALDAD ENTRE a_1
DE (7.3.5) Y β_2 DE (7.4.7)

El estimador MCO de a_1 es

$$a_1 = \frac{\sum (\hat{u}_{1i} - \bar{\hat{u}}_1)(\hat{u}_{2i} - \bar{\hat{u}}_2)}{\sum (\hat{u}_{2i} - \bar{\hat{u}}_2)^2}$$

$$= \frac{\sum \hat{u}_{1i}\hat{u}_{2i}}{\sum \hat{u}_{2i}^2} \quad \text{puesto que } \bar{\hat{u}}_1 = \bar{\hat{u}}_2 = 0 \quad \text{(¿Por qué?)}$$

Dado que $\bar{\hat{u}}_1 = \bar{\hat{u}}_2 = 0$, las ecuaciones (7.3.1) y (7.3.2) pueden escribirse como

$$y_i = b_{13}x_{3i} + \hat{u}_{1i}$$
$$x_{2i} = b_{23}x_{3i} + \hat{u}_{2i}$$

donde las letras en minúsculas, como es usual, denotan desviaciones respecto a los valores medios. Sustituyendo $\hat{u}_{1i}$ y $\hat{u}_{2i}$ de las ecuaciones anteriores en la ecuación para a_1, obtenemos

$$a_i = \frac{\sum (y_i - b_{13}x_{3i})(x_{2i} - b_{23}x_{3i})}{\sum (x_{2i} - b_{23}x_{3i})^2}$$

$$= \frac{\sum y_i x_{2i} - b_{23} \sum y_i x_{3i} - b_{13} \sum x_{2i}x_{3i} + b_{13}b_{23} \sum x_{3i}^2}{\sum x_{2i}^2 + b_{23}^2 \sum x_{3i}^2 - 2b_{23} \sum x_{2i}x_{3i}}$$

Obsérvese que $b_{23} = \sum x_{2i}x_{3i}/\sum x_{3i}^2$ y $b_{13} = \sum y_i x_{3i}/\sum x_{3i}^2$; el lector puede verificar fácilmente que a_1 arriba, de hecho se reduce a β_2 dado en (7.4.7).

7A.3 DERIVACIÓN DE LA ECUACIÓN (7.4.19)

Recuérdese que

$$\hat{u}_i = Y_i - \hat{\beta}_1 - \hat{\beta}_2 X_{2i} - \hat{\beta}_3 X_{3i}$$

el cual puede ser escrito también como

$$\hat{u}_i = y_i - \hat{\beta}_2 x_{2i} - \hat{\beta}_3 x_{3i}$$

donde las letras minúsculas, como es usual, indican desviaciones respecto a los valores de la media.
Ahora,

$$\sum \hat{u}_i^2 = \sum (\hat{u}_i \hat{u}_i)$$
$$= \sum \hat{u}_i(y_i - \hat{\beta}_2 x_{2i} - \hat{\beta}_3 x_{3i})$$
$$= \sum \hat{u}_i y_i$$

donde se hace uso del hecho de que $\sum \hat{u}_i x_{2i} = \sum \hat{u}_i x_{3i} = 0$ (¿Por qué?). También

$$\sum \hat{u}_i y_i = \sum y_i \hat{u}_i = \sum y_i(y_i - \hat{\beta}_2 x_{2i} - \hat{\beta}_3 x_{3i})$$

es decir,

$$\sum \hat{u}_i^2 = \sum y_i^2 - \hat{\beta}_2 \sum y_i x_{2i} - \hat{\beta}_3 \sum y_i x_{3i}$$

que es el resultado requerido.

7A.4 ESTIMACIÓN DE MÁXIMA VEROSIMILITUD DEL MODELO DE REGRESIÓN MÚLTIPLE

Con la extensión de las ideas introducidas en el capítulo 4, apéndice 4A, se puede escribir la función log de verosimilitud para el modelo de regresión lineal con k variables (7.4.20) como

$$\ln L = -\frac{n}{2}\ln\sigma^2 - \frac{n}{2}\ln(2\pi) - \frac{1}{2}\sum \frac{(Y_i - \beta_1 - \beta_2 X_{2i} - \cdots - \beta_k X_{ki})^2}{\sigma^2}$$

Diferenciando esta función parcialmente con respecto a $\beta_1, \beta_2, \ldots, \beta_k$ y σ^2, obtenemos las siguientes $(K + 1)$ ecuaciones:

$$\frac{\partial \ln L}{\partial \beta_1} = -\frac{1}{\sigma^2}\sum (Y_i - \beta_1 - \beta_2 X_{2i} - \cdots - \beta_k X_{ki})(-1) \tag{1}$$

$$\frac{\partial \ln L}{\partial \beta_2} = -\frac{1}{\sigma^2}\sum (Y_i - \beta_1 - \beta_2 X_{2i} - \cdots - \beta_k X_{ki})(-X_{2i}) \tag{2}$$

$$\cdots\cdots\cdots\cdots\cdots\cdots\cdots\cdots\cdots\cdots\cdots\cdots\cdots\cdots\cdots$$

$$\frac{\partial \ln L}{\partial \beta_k} = -\frac{1}{\sigma^2}\sum (Y_i - \beta_1 - \beta_2 X_{2i} - \cdots - \beta_k X_{ki})(-X_{ki}) \tag{K}$$

$$\frac{\partial \ln L}{\partial \sigma^2} = -\frac{n}{2\sigma^2} + \frac{1}{2\sigma^4}\sum (Y_i - \beta_1 - \beta_2 X_{2i} - \cdots - \beta_k X_{ki})^2 \tag{K+1}$$

Igualando estas ecuaciones a cero (la condición de primer orden para optimización) y definiendo $\tilde{\beta}_1, \tilde{\beta}_2, \ldots, \tilde{\beta}_k$ y $\tilde{\sigma}^2$ como estimadores MV, se obtiene, después de simples manipulaciones algebraicas,

$$\sum Y_i = n\tilde{\beta}_1 + \tilde{\beta}_2 \sum X_{2i} + \cdots + \tilde{\beta}_k \sum X_{ki}$$

$$\sum Y_i X_{2i} = \tilde{\beta}_1 \sum X_{2i} + \tilde{\beta}_2 \sum X_{2i}^2 + \cdots + \tilde{\beta}_k \sum X_{2i}X_{ki}$$

$$\cdots\cdots\cdots\cdots\cdots\cdots\cdots\cdots\cdots\cdots\cdots\cdots\cdots\cdots\cdots$$

$$\sum Y_i X_{ki} = \tilde{\beta}_1 \sum X_{ki} + \tilde{\beta}_2 \sum X_{2i}X_{ki} + \cdots + \tilde{\beta}_k \sum X_{ki}^2$$

que son precisamente las ecuaciones normales de la teoría de mínimos cuadrados, como puede verse en el apéndice 7A, sección 7A.1. Por consiguiente, los estimadores MV, los $\tilde{\beta}$, son los mismos que los estimadores MCO, los $\tilde{\beta}$, dados anteriormente. Pero, como se anotó en el capítulo 4, apéndice 4A, esta igualdad no es accidental.

Sustituyendo los estimadores MV ($=$ MCO) en la ecuación número $(K + 1)$ recién dada, se obtiene, después de simplificar, el siguiente estimador MV de σ^2

$$\tilde{\sigma}^2 = \frac{1}{n} \sum (Y_i - \tilde{\beta}_1 - \tilde{\beta}_2 X_{2i} - \cdots - \tilde{\beta}_k X_{ki})^2$$

$$= \frac{1}{n} \sum \hat{u}_i^2$$

Como se anotó en el texto, este estimador difiere del estimador MCO $\hat{\sigma}^2 = \sum \hat{u}_i^2 / (n-k)$. Y, puesto que el último es un estimador insesgado de σ^2, esta conclusión implica que el estimador MV, $\tilde{\sigma}^2$ es sesgado. Pero, como puede ser fácilmente verificado, asintóticamente, $\tilde{\sigma}^2$ es también insesgado.

7A.5 LA PRUEBA DE QUE $E(b_{12}) = \beta_2 + \beta_3 b_{32}$ (ECUACIÓN 7.7.4)

El modelo de regresión poblacional con tres variables en forma de desviaciones puede escribirse como

$$y_i = \beta_2 x_{2i} + \beta_3 x_{3i} + (u_i - \bar{u}) \tag{1}$$

Primero multiplicando por x_2 y luego por x_3, las ecuaciones normales usuales son

$$\sum y_i x_{2i} = \beta_2 \sum x_{2i}^2 + \beta_3 \sum x_{2i} x_{3i} + \sum x_{2i}(u_i - \bar{u}) \tag{2}$$

$$\sum y_i x_{3i} = \beta_2 \sum x_{2i} x_{3i} + \beta_3 \sum x_{3i}^2 + \sum x_{3i}(u_i - \bar{u}) \tag{3}$$

Dividiendo ambos lados de (2) por $\sum x_{2i}^2$, se obtiene

$$\frac{\sum y_i x_{2i}}{\sum x_{2i}^2} = \beta_2 + \beta_3 \frac{\sum x_{2i} x_{3i}}{\sum x_{2i}^2} + \frac{\sum x_{2i}(u_i - \bar{u})}{\sum x_{2i}^2} \tag{4}$$

Ahora, recordando que

$$b_{12} = \frac{\sum y_i x_{2i}}{\sum x_{2i}^2}$$

$$b_{32} = \frac{\sum x_{2i} x_{3i}}{\sum x_{2i}^2}$$

La ecuación (4) puede escribirse como

$$b_{12} = \beta_2 + \beta_3 b_{32} + \frac{\sum x_{2i}(u_i - \bar{u})}{\sum x_{2i}^2} \tag{5}$$

Tomando el valor esperado a ambos lados de (5) finalmente se obtiene

$$E(b_{12}) = \beta_2 + \beta_3 b_{32} \tag{6}$$

donde se hace uso de los hechos de que (a) para una muestra dada b_{32} es una cantidad fija conocida, (b) β_2 y β_3 son constantes y (c) u_i no está correlacionada con X_{2i} (ni con X_{3i}).

No solamente b_{12} es sesgado, sino que es probable que su varianza también lo sea. Este hecho puede demostrarse de la siguiente manera. Por definición,

$$\text{var}(b_{12}) = E[b_{12} - E(b_{12})]^2 \tag{7}$$

Sustituyendo (5) y (6) en (7) y simplificando, se puede demostrar que

$$\text{var}(b_{12}) = \frac{\sigma^2}{\sum x_{2i}^2} \tag{8}$$

mientras que, de (7.4.12) se sabe que

$$\text{var}(\hat{\beta}_2) = \frac{\sigma^2}{\sum x_{2i}^2(1 - r_{23}^2)} \tag{7.4.12}$$

Obviamente, (8) y (7.4.12) no son las mismas. Obsérvese, sin embargo, un hallazgo interesante. Aun cuando b_{12} es un estimador sesgado, su varianza podría ser menor que la varianza de $\hat{\beta}_2$ *si el* σ^2 *estimado* en los dos modelos no es bastante diferente. En ese caso, la varianza de b_{12} podría ser mucho menor que la de $\hat{\beta}_2$ si $r^2{}_{23}$ es alta. (¿Por qué?) Por supuesto, es muy posible que el valor estimado de σ^2 en el modelo mal especificado pueda ser mayor que el obtenido del modelo correctamente especificado, en cuyo caso, la varianza de b_{12} puede no necesariamente ser menor que la de $\hat{\beta}_2$.

7A.6 LISTADO SAS DE LA CURVA DE PHILLIPS AMPLIADA CON EXPECTATIVAS (7.6.2)

DEP VARIABLE: Y

SOURCE	DF	SUM OF SQUARES	MEAN SQUARE	F VALUE	PROB > F
MODEL	2	97.334119	48.667060	35.515	0.0001
ERROR	10	13.703158	1.370816		
C TOTAL	12	111.037			

ROOT MSE	1.170605	R-SQUARE	0.8766	
DEP MEAN	7.756923	ADJ R-SQ	0.8519	
C.V.	15.0911			

VARIABLE	DF	PARAMETER ESTIMATE	STANDARD ERROR	T FOR HO: PARAMETER = 0	PROB > |T|
INTERCEP	1	7.193357	1.594789	4.511	0.0011
X2	1	−1.392472	0.305018	−4.565	0.0010
X3	1	1.470032	0.175736	8.363	0.0001

COVARIANCE OF ESTIMATES

COVB	INTERCEP	X2	X3
INTERCEP	2.543353	−0.388917	0.02241163
X2	−0.388917	0.09303593	−0.0344189
X3	0.02241163	−0.0344189	0.03090064

CBS	Y	X2	X3	YHAT	YRESID
1	5.92	4.9	4.78	7.3970	−1.4770
2	4.30	5.9	3.84	4.6227	−0.3227
3	3.30	5.6	3.13	3.9967	−0.6967
4	6.23	4.9	3.44	5.4272	0.8028
5	10.97	5.6	6.84	9.4505	1.5195
6	9.14	8.5	9.47	9.2785	−0.1385
7	5.77	7.7	6.51	6.0412	−0.2712
8	6.45	7.1	5.92	6.0094	0.4406
9	7.60	6.1	6.08	7.6371	−0.0371
10	11.47	5.8	8.09	11.0096	0.4604
11	13.46	7.1	10.01	12.0218	1.4382
12	10.24	7.6	10.81	12.5016	−2.2616
13	5.99	9.7	8.00	5.4466	0.5434

DURBIN-WATSON d	2.225
1ST ORDER AUTOCORRELATION	−0.203

Nota: Los números bajo la columna PROB > \|T\| representa los valores *p*.

Véase un análisis sobre el estadístico *d* de Durbin-Watson y de autocorrelación de primer orden.

7A.7 LISTADO SAS DE LA FUNCIÓN DE PRODUCCIÓN DE COBB-DOUGLAS (7.10.4)

DEP VARIABLE: Y1

SOURCE	DF	SUM OF SQUARES	MEAN SQUARE	F VALUE	PROB > F
MODEL	2	0.538038	0.269019	48.069	0.0001
ERROR	12	0.067153	0.005596531		
C TOTAL	14	0.605196			

ROOT MSE	0.074810	R-SQUARE	0.8890	
DEP MEAN	10.096535	ADJ R-SQ	0.8705	
C.V.	0.7409469			

VARIABLE	DF	PARAMETER ESTIMATE	STANDARD ERROR	T FOR HO: PARAMETER = 0	PROB > |T|
INTERCEP	1	−3.338455	2.449508	−1.363	0.1979
Y2	1	1.498767	0.539803	2.777	0.0168
Y3	1	0.489858	0.102043	4.800	0.0004

COVARIANCE OF ESTIMATES

COVB	INTERCEP	Y2	Y3
INTERCEP	6.000091	−1.26056	0.1121951
Y2	−1.26056	0.2913868	−0.0384272
Y3	0.01121951	−0.0384272	0.01041288

Y	X2	X3	Y1	Y2	Y3	Y1HAT	Y1RESID
16607.7	275.5	17803.7	9.7176	5.61859	9.7872	9.8768	−0.15920
17511.3	274.4	18096.8	9.7706	5.61459	9.8035	9.8788	−0.10822
20171.2	269.7	18271.8	9.9120	5.59731	9.8131	9.8576	0.05437
20932.9	267.0	19167.3	9.9491	5.58725	9.8610	9.8660	0.08307
20406.0	267.8	19647.6	9.9236	5.59024	9.8857	9.8826	0.04097
20831.6	275.0	20803.5	9.9442	5.61677	9.9429	9.9504	−0.00615
24806.3	283.0	22076.6	10.1189	5.64545	10.0023	10.0225	0.09640
26465.8	300.7	23445.2	10.1836	5.70611	10.0624	10.1428	0.04077
27403.0	307.5	24939.0	10.2184	5.72848	10.1242	10.2066	0.01180
28628.7	303.7	26713.7	10.2622	5.71604	10.1929	10.2217	0.04051
29904.5	304.7	29957.8	10.3058	5.71933	10.3075	10.2827	0.02304
27508.2	298.6	31585.9	10.2222	5.69910	10.3605	10.2783	−0.05610
29035.5	295.5	33474.5	10.2763	5.68867	10.4185	10.2911	−0.01487
29281.5	299.0	34821.8	10.2847	5.70044	10.4580	10.3281	−0.04341
31535.8	288.1	41794.3	10.3589	5.66331	10.6405	10.3619	−0.00299

COLLINEARITY DIAGNOSTICS			VARIANCE PROPORTIONS		
NUMBER	CONDITION EIGENVALUE	PORTION INDEX	PORTION INTERCEP	PORTION Y2	Y3
1	3.000	1.000	0.0000	0.0000	0.0000
2	.000375451	89.383	0.0491	0.0069	0.5959
3	.000024219	351.925	0.9509	0.0031	0.4040

DURBIN-WATSON *d*	0.891	
1ST ORDER AUTOCORRELATION	0.366	

Notas: Y1 = ln Y; Y2 = ln X2; Y3 = ln X3. Los números bajo la columna PROB > \|T\| representan valores *p. Véase* un análisis sobre diagnóstico de colinealidad en el capítulo 10.

CAPÍTULO

8

ANÁLISIS DE REGRESIÓN MÚLTIPLE: PROBLEMA DE INFERENCIA

En este capítulo, continuación del número 5, se amplían las ideas sobre estimación de intervalos y pruebas de hipótesis, allí desarrolladas a modelos que contienen tres o más variables. Aunque en muchas formas los conceptos desarrollados en el capítulo 5 pueden ser aplicados directamente al modelo de regresión múltiple, estos modelos poseen algunas características adicionales que les son únicas y por tanto recibirán más atención.

8.1 UNA VEZ MÁS, EL SUPUESTO DE NORMALIDAD

Como ya se sabe si el único objetivo es la estimación puntual de los parámetros de los modelos de regresión, será suficiente el método de mínimos cuadrados ordinarios (MCO), el cual no hace supuestos sobre la distribución de probabilidad de las perturbaciones u_i. Pero si el objetivo no sólo es la estimación sino además la inferencia, entonces, como se discutió en los capítulos 4 y 5, se debe suponer que las u_i siguen alguna distribución de probabilidad.

Por las razones ya expresadas, se supuso que las u_i seguían la distribución normal con media cero y varianza constante σ^2. Se mantiene el mismo supuesto para los modelos de regresión múltiple. Con el supuesto de normalidad y continuando la discusión de los capítulos 4 y 7, se halla que los estimadores MCO de los coeficientes de regresión parcial, los cuales son idénticos a los estimadores de máxima verosimilitud (MV), son los mejores estimadores lineales insesgados (MELI)[1]. Además, los estimadores $\hat{\beta}_2$, $\hat{\beta}_3$ y $\hat{\beta}_1$, están ellos mismos, normalmente distribuidos con medias iguales a los verdaderos β_2, β_3 y β_1 y con las varianzas dadas en el capítulo 7. Además, $(n - 3)\hat{\sigma}^2/\sigma^2$ sigue una distribución χ^2 con n - 3 g de l, y los tres estimadores MCO están distribuidos independientemente de $\hat{\sigma}^2$. Las pruebas son similares a las del caso de dos variables estudiado en el apéndice 3. Como resultado y siguiendo el capítulo 5, se puede demostrar que, al reemplazar σ^2 por su estimador insesgado $\hat{\sigma}^2$ en el cálculo de los errores estándar, cada una de las variables

$$t = \frac{\hat{\beta}_1 - \beta_1}{ee(\hat{\beta}_1)} \qquad (8.1.1)$$

$$t = \frac{\hat{\beta}_2 - \beta_2}{ee(\hat{\beta}_2)} \qquad (8.1.2)$$

$$t = \frac{\hat{\beta}_3 - \beta_3}{ee(\hat{\beta}_3)} \qquad (8.1.3)$$

sigue la distribución t con n - 3 g de l.

Obsérvese que los g de l son ahora n - 3 porque, al calcular $\sum \hat{u}_i^2$ y, por consiguiente, $\hat{\sigma}^2$, se necesita primero estimar los tres coeficientes de regresión parcial, lo cual impone por lo tanto tres restricciones sobre la suma de residuos al cuadrado (SRC) (siguiendo esta lógica, en el caso de cuatro variables habrá n - 4 g de l, y así sucesivamente). Por consiguiente, la distribución t puede ser utilizada para establecer intervalos de confianza y para probar hipótesis estadísticas sobre los verdaderos coeficientes de regresión parcial poblacionales. Similarmente, la distribución χ^2 puede ser utilizada para probar hipótesis sobre el verdadero σ^2. Para demostrar el mecanismo real, se utiliza el siguiente ejemplo ilustrativo.

8.2 EJEMPLO 8.1: RELACIÓN ENTRE EL CONSUMO PERSONAL DE LOS ESTADOS UNIDOS Y EL INGRESO PERSONAL DISPONIBLE, 1956-1970

Supóngase que se desea estudiar el comportamiento del gasto de consumo personal en los Estados Unidos durante los últimos años. Con este fin, se utiliza el siguiente modelo simple:

$$E(Y \mid X_2, X_3) = \beta_1 + \beta_2 X_{2i} + \beta_3 X_{3i} \qquad (8.2.1)$$

donde Y = gasto personal de consumo (GPC)
$\quad X_2$ = ingreso personal disponible (después de impuestos) (IPD)
$\quad X_3$ = tiempo medido en años

La ecuación (8.2.1) postula que el GPC está relacionado linealmente con el IPD y con el tiempo o **variable de tendencia**. En la mayoría de los análisis de regresión múltiple que consideran series de tiempo es común la práctica de introducir la variable tiempo o variable de tendencia adicionalmente a otras variables explicativas por las siguientes razones.

---

[1] Con el supuesto de normalidad, los estimadores MCO $\hat{\beta}_2$, $\hat{\beta}_3$ y $\hat{\beta}_1$ son de varianza mínima entre toda la clase de estimadores insesgados, sean lineales o no. En resumen, son MEI (mejores estimadores insesgados). *Véase* C.R. Rao, *Linear Statistical Inference and Its Applications,* John Wiley & Sons, New York, 1965, p. 258.

1. El interés puede ser simplemente encontrar la forma como se comporta la variable dependiente a través del tiempo. Por ejemplo, frecuentemente se llevan a cabo gráficas mostrando, por ejemplo, el comportamiento del PNB, el empleo, el desempleo, los precios de las acciones, etc, durante diversos períodos de tiempo. Una mirada a tales gráficas puede revelar si el movimiento general de las series de tiempo, bajo consideración es hacia arriba (tendencia hacia arriba), hacia abajo (tendencia hacia abajo) o no muestra tendencia (es decir, no se observa un patrón distinguible). En un análisis de este tipo, se puede no estar interesados en las causas detrás de la tendencia hacia arriba o hacia abajo; el objetivo puede ser simplemente describir la infomación en el tiempo.

2. Muchas veces la variable tendencia es un sustituto de una variable básica que afecta Y. Pero esta variable básica puede no ser directamente observable o, de serlo, puede suceder que su información no esté disponible o sea difícil de obtener. Por ejemplo, en la teoría de producción la tecnología es una de estas variables. Se puede sentir el impacto de la tecnología, pero no saber cómo medirla. Por consiguiente, puede ser «conveniente» suponer que la tecnología es alguna función del tiempo medido cronológicamente. En algunas situaciones puede creerse que una variable, que afecta a Y, y que puede ser medida, está tan estrechamente relacionada con el tiempo que es más fácil (al menos en términos de costo), introducir la variable tiempo que la misma variable básica. Por ejemplo, en (8.2.1), el tiempo X_3 puede representar muy bien la población. El GPC agregado aumenta a medida que la población aumenta y la población puede estar muy bien relacionada (linealmente) de alguna forma con el tiempo.

3. Otra razón para introducir la variable de tendencia es para evitar el problema de **correlación espuria**. La información relacionada con series de tiempo económicas, tales como el GPC y el IPD en la regresión (8.2.1), frecuentemente tienden a moverse en la misma dirección, reflejando una propensión creciente o decreciente. Por consiguiente, si se fuera a efectuar la regresión de GPC sobre IPD y obtener un valor R^2 elevado, este valor elevado puede no reflejar la verdadera asociación entre GPC e IPD; puede reflejar simplemente la inclinación común presente en ellas. Para evitar dicha asociación espuria entre series de tiempo económicas se puede proceder en alguna de las dos siguientes maneras: Suponiendo que las series de tiempo presentan una tendencia lineal, se puede introducir el tiempo, o variable de tendencia explícitamente en el modelo, como en la ecuación (8.2.1)[2]. Como resultado, β_2 en (8.2.1) refleja ahora la verdadera asociación entre GPC e IPD, es decir, la asociación neta del efecto de tiempo (lineal) (recuérdese la definición del coeficiente de regresión parcial).

    Alternativamente, se puede **eliminar el efecto de tendencia** de Y (GPC) y de X_2 (IPD) y efectuar la regresión de sobre Y y X_2 **libres de tendencia**. Suponiendo nuevamente una tendencia de tiempo lineal, la eliminación del efecto de tendencia puede realizarse mediante el procedimiento de tres etapas analizado en el capítulo 7. Primero se efectúa la regresión de Y sobre X_3 (tiempo) y se obtienen los residuos de esta regresión, $\hat{u}_{1t}$. Segundo, se efectúa la regresión de X_2 sobre X_3 y se obtienen los residuos de esta regresión, $\hat{u}_{2t}$. Finalmente, se efectúa la regresión de $\hat{u}_{1t}$ sobre $\hat{u}_{2t}$, los cuales están libres de la influencia (lineal) del tiempo. El coeficiente de pendiente en esta regresión reflejará la verdadera asociación entre Y y X_2 y deberá por consiguiente ser igual a β_2 (*véase* ejercicio 8.7). Desde el punto de vista computacional, el primer método es más económico que el último.

4. *Una nota de precaución:* El procedimiento recién descrito para limpiar una serie de tiempo de la tendencia, aun cuando en el trabajo aplicado es comúnmente utilizado, ha venido a ser objeto de análisis crítico por parte de los teóricos del análisis de series de tiempo[3]. Como lo analizaremos en los capítulos sobre análisis de series de tiempo, el procedimiento de eliminación de tendencias

---

[2]El procedimiento es bastante general. Si una serie de tiempo exhibe una tendencia cuadrática, se introduce X_3^2 en (8.2.1), donde X_3 es el tiempo.

[3]Como se anotó en el capítulo 1, el análisis empírico basado en información de series de tiempo supone implícitamente que la serie de tiempo bajo análisis es estacionaria. La eliminación de tendencias es uno de los procedimientos utilizado para convertir una serie de tiempo en estacionaria. Como se mostrará en el capítulo 21, el procedimiento de eliminación de tendencias descrito anteriormente, puede ser recomendado si la serie de tiempo objeto de estudio tiene una **tendencia determinística**.

recién descrito en (3) puede ser apropiado si una serie de tiempo presenta una **tendencia determinística** y no **una tendencia estocástica (o variable).** En esos capítulos, se delimitarán los métodos utilizados, para determinar si una serie de tiempo particular presenta una tendencia determinística o estocástica.

Como prueba del modelo (8.2.1), se obtuvo la información presentada en la tabla 8.1. La línea de regresión estimada es la siguiente:

$$\hat{Y}_i = 53.1603 + 0.7266X_{2i} + 2.7363X_{3i}$$
$$(13.0261) \qquad (0.0487) \qquad (0.8486)$$
$$t = (4.0811) \qquad (14.9060) \qquad (3.2246)$$
$$\textit{valor } p = (0.0008) \qquad (0.000)^* \qquad (0.0036)$$
$$\text{g de l} = 12 \qquad \begin{array}{l} R^2 = 0.9988 \\ \bar{R}^2 = 0.9986 \end{array} \qquad F_{2,12} = 5128.88$$

(8.2.2)

* Denota un valor muy bajo.

donde, al seguir el formato de la ecuación (5.11.1), las cifras en el primer grupo de paréntesis son los errores estándar estimados, las del segundo grupo son los valores t, bajo la hipótesis nula de que el coeficiente poblacional relevante tiene un valor de cero y las del tercer grupo son los valores p estimados.

La interpretación de la ecuación (8.2.2) es la siguiente: Si X_2 y X_3 se fijan en cero, el valor promedio o la media del gasto personal de consumo (en donde se refleja tal vez la influencia de todas las variables omitidas) es estimado en aproximadamente 53.16 mil millones de dólares de 1958. Como se previno anteriormente, en la mayoría de los casos el término del intercepto no tiene significado

TABLA 8.1
Gasto personal de consumo e ingreso personal disponible en los Estados Unidos, 1956-1970, miles de millones de dólares de 1958

GPC, Y	IPD, X_2	Tiempo, X_3
281.4	309.3	1956 = 1
288.1	316.1	1957 = 2
290.0	318.8	1958 = 3
307.3	333.0	1959 = 4
316.1	340.3	1960 = 5
322.5	350.5	1961 = 6
338.4	367.2	1962 = 7
353.3	381.2	1963 = 8
373.7	408.1	1964 = 9
397.7	434.8	1965 = 10
418.1	458.9	1966 = 11
430.1	477.5	1967 = 12
452.7	499.0	1968 = 13
469.1	513.5	1969 = 14
476.9	533.2	1970 = 15

Fuente: Survey of Current Business, Departamento de Comercio de los Estados Unidos, diversos números.

económico. El coeficiente de regresión parcial 0.7266 significa que, si se mantienen constantes las demás variables (X_3 en el presente caso), a medida que aumenta el ingreso personal, es decir, en US$1, el gasto medio de consumo aumenta en cerca de 73 centavos. Por el mismo procedimiento, si X_2 se mantiene constante, se estima que el gasto personal de consumo promedio aumente a la tasa de 2.7 mil millones de dólares por año. El valor R^2 de 0.9988 indica que las dos variables explicativas explican cerca del 99.9% de la variación, en el gasto personal de consumo en los Estados Unidos durante el período 1956-1970. El R^2 ajustado indica que, después de considerar los g de l, X_2 y X_3 aún explican cerca del 99.8% de la variación en Y.

8.3 PRUEBA DE HIPÓTESIS EN REGRESIÓN MÚLTIPLE: COMENTARIOS GENERALES

Una vez fuera del mundo simple del modelo de regresión lineal con dos variables, la prueba de hipótesis adquiere diversas e interesantes formas, tales como las siguientes:
1. Prueba de hipótesis sobre un coeficiente de regresión parcial individual (sección 8.4)
2. Prueba de significancia global del modelo de regresión múltiple estimado, es decir, encontrar si todos los coeficientes de pendiente parciales son iguales a cero simultáneamente (sección 8.5)
3. Prueba de que dos o más coeficientes son iguales a otro (sección 8.6)
4. Prueba de que los coeficientes de regresión parcial satisfacen ciertas restricciones (sección 8.7)
5. Prueba de la estabilidad del modelo de regresión estimado a través del tiempo o en diferentes unidades de corte transversal (sección 8.8)
6. Prueba sobre la forma funcional de los modelos de regresión (sección 8.9)

Puesto que el uso de este tipo de pruebas es tan frecuente en el análisis empírico, dedicamos una sección a cada tipo.

8.4 PRUEBA DE HIPÓTESIS SOBRE COEFICIENTES INDIVIDUALES DE REGRESIÓN PARCIAL

Bajo el supuesto de que $u_i \sim N(0, \sigma^2)$, entonces, como se anotó en la sección 8.1, se puede utilizar la prueba t para probar una hipótesis sobre cualquier coeficiente de regresión parcial *individual*. Para ilustrar el procedimiento, considérese el ejemplo numérico. Se postula que

$$H_0: \beta_2 = 0 \qquad y \qquad H_1: \beta_2 \neq 0$$

La hipótesis nula establece que, manteniendo X_3 constante, el ingreso personal disponible no tiene influencia (lineal) sobre el gasto personal de consumo[4]. Para probar la hipótesis nula, se utiliza la prueba t dada en (8.1.2). Siguiendo el capítulo 5, si el valor de t calculado excede el valor de t crítico al nivel de significancia escogido, podemos rechazar la hipótesis; de lo contrario, no se puede hacer. Para el ejemplo, utilizando (8.1.2) y advirtiendo que $\beta_2 = 0$ bajo la hipótesis nula, se obtiene

$$t = \frac{0.7266}{0.0487} = 14.9060 \qquad\qquad (8.4.1)$$

---

[4]En la mayoría de las investigaciones empíricas, la hipótesis nula es planteada en esta forma, es decir, tomando la posición extrema (una clase de referente de comodín) de que no hay relación entre la variable dependiente y la variable explicativa bajo consideración. La idea aquí para empezar es encontrar si la relación entre las dos es trivial.

Si se supone $\alpha = 0.05$, $t_{\alpha/2} = 2.179$ para 12 g de l. [*Nota:* Se está utilizando la prueba t de dos colas. (¿Por qué?)] Puesto que 14.9060, valor de t calculado, excede ampliamente al valor de t crítico 2.179, se puede rechazar la hipótesis nula y decir que $\hat{\beta}_2$ es estadísticamente significativo, es decir, significativamente diferente de cero. A propósito, como lo indica (8.2.2), el valor p de obtener un valor t mayor o igual a 14.9060 es en extremo bajo. Gráficamente, la situación se muestra en la figura 8.1.

En el capítulo 5 se vió la estrecha conexión entre la prueba de hipótesis y la estimación de intervalos de confianza. Para el ejemplo, el intervalo de confianza al 95% para β_2 es

$$\hat{\beta}_2 - t_{\alpha/2}\,\text{se}(\hat{\beta}_2) \leq \beta_2 \leq \hat{\beta}_2 + t_{\alpha/2}\,\text{se}(\hat{\beta}_2)$$

que en nuestro caso se convierte en

$$0.7266 - 2.179(0.0487) \leq \beta_2 \leq 0.7266 + 2.179(0.0487)$$

es decir,

$$0.6205 \leq \beta_2 \leq 0.8327 \tag{8.4.2}$$

es decir, β_2 se encuentra entre 0.6205 y 0.8327 con un coeficiente de confianza del 95%. Por tanto, si se seleccionan 100 muestras de tamaño 15 y se construyen 100 intervalos de confianza como $\hat{\beta}_2 \pm t_{\alpha/2}\,\text{ee}(\hat{\beta}_2)$, se espera que 95 de ellos contengan el verdadero parámetro poblacional β_2. Puesto que el valor de cero, postulado bajo la hipótesis nula no se encuentra en el intervalo (8.4.2), se puede rechazar la hipótesis nula de que $\beta_2 = 0$ con un coeficiente de confianza de 95%. Así, mediante la utilización de la prueba de significancia t como en (8.4.1) o con la estimación del intervalo de confianza como en (8.4.2), se llega a la misma conclusión. Pero esto no debe sorprender en vista de la estrecha conexión entre la estimación de intervalos de confianza y las pruebas de hipótesis.

Siguiendo el procedimiento recién descrito, se puede probar la hipótesis sobre otros parámetros del modelo (8.2.1) a partir de la información presentada en la ecuación (8.2.2). Si, por ejemplo, se supone que $\alpha = 0.05$ y se postula la hipótesis de que cada uno de los verdaderos coeficientes de regresión parcial *individualmente* son iguales a cero, entonces, es claro de (8.2.2) que cada coeficiente de regresión parcial estimado es estadísticamente significativo, es decir, significativamente diferente de cero, porque el valor t calculado en cada caso excede el valor t crítico; *individualmente* se puede rechazar la hipótesis nula (individual).

A propósito, obsérvese que los valores p de los diferentes coeficientes de regresión en (8.2.2) son extremadamente bajos, lo cual sugiere que cada coeficiente de regresión parcial, es

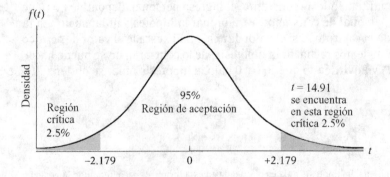

FIGURA 8.1 Intervalo de confianza al 95% para t(12 g de l).

estadísticamente significativo a un nivel de significancia mucho más bajo, que los niveles convencionales de 5% o de 1%.

8.5 PRUEBA DE SIGNIFICANCIA GLOBAL DE LA REGRESIÓN MUESTRAL

En la sección anterior se hizo referencia a la prueba de significancia individual de los coeficientes de regresión parcial estimados, es decir, bajo la hipótesis separada de que cada uno de los verdaderos coeficientes de regresión parcial de la población era cero. Pero ahora considérese la siguiente hipótesis:

$$H_0: \beta_2 = \beta_3 = 0 \qquad\qquad (8.5.1)$$

Esta hipótesis nula es conjunta de que β_2 y β_3 son iguales a cero en forma conjunta o simultánea. Una prueba de tal hipótesis se denomina prueba de **significancia global** de la línea de regresión observada o estimada, es decir, si Y está relacionada linealmente con X_2 y X_3 a la vez.

¿Puede la hipótesis conjunta en (8.5.1) ser probada al probar la significancia de $\hat{\beta}_2$ y $\hat{\beta}_3$ individualmente como en la sección 8.4? La respuesta es no y el razonamiento es el siguiente:

Al probar la significancia individual de un coeficiente de regresión parcial observado en la sección 8.4, se supuso implícitamente que cada prueba de significancia estaba basada en una muestra diferente (es decir, independiente). Así, en la prueba de significancia de $\hat{\beta}_2$ bajo la hipótesis de que $\beta_2 = 0$, se supuso tácitamente que la prueba estaba basada en una muestra diferente de la utilizada en la prueba de significancia de $\hat{\beta}_3$ bajo la hipótesis nula de que $\beta_3 = 0$. Pero para probar la hipótesis **conjunta** de (8.5.1), si se utilizan los mismos datos muestrales (Tabla 8.1), se estará violando el supuesto existente detrás del procedimiento de pruebas[5]. El asunto puede plantearse en forma diferente: En (8.4.2) se estableció un intervalo de confianza al 95% para β_2. Pero si se utilizan los mismos datos muestrales para establecer un intervalo de confianza para β_3, es decir, con un coeficiente de confianza del 95%, no podemos asegurar que ambos β_2 y β_3 se encuentren dentro de sus respectivos intervalos de confianza con una probabilidad de $(1 - \alpha)(1 - \alpha) = (0.95)(0.95))$.

En otras palabras, aun cuando las afirmaciones

$$\Pr[\hat{\beta}_2 - t_{\alpha/2}\, ee(\hat{\beta}_2) \leq \beta_2 \leq \hat{\beta}_2 + t_{\alpha/2}\, ee(\hat{\beta}_2)] = 1 - \alpha$$

$$\Pr[\hat{\beta}_3 - t_{\alpha/2}\, ee(\hat{\beta}_3) \leq \beta_3 \leq \hat{\beta}_3 + t_{\alpha/2}\, ee(\hat{\beta}_3)] = 1 - \alpha$$

son individualmente ciertas, *no es cierto que* la probabilidad de que β_2 y β_3 simultáneamente se encuentren en los intervalos $[\hat{\beta}_2 \pm t_{\alpha/2}\, ee(\hat{\beta}_2), \hat{\beta}_3 \pm t_{\alpha/2}\, ee(\hat{\beta}_3)]$ sea $(1 - \alpha)^2$ porque los intervalos pueden no ser independientes, cuando se utiliza la misma información para derivarlos. Para plantear el asunto de otra forma,

... probar una serie de hipótesis simples [individuales] *no* es equivalente a probar las mismas hipótesis en forma conjunta. La razón intuitiva para esto es que en una prueba conjunta de varias hipótesis, cualquier hipótesis simple es «afectada» por la información en las otras hipótesis[6].

---

[5]En cualquier muestra dada la cov $(\hat{\beta}_2, \hat{\beta}_3)$ puede no ser cero; es decir, $\hat{\beta}_2$ y $\hat{\beta}_3$ pueden estar correlacionadas. *Véase* (7.4.17).

[6]Thomas B. Fomby, R. Carter Hill, y Stanley R. Johnson. *Advanced Econometric Methods,* Springer-Verlag, New York, 1984, p. 37.

El resultado final del argumento anterior es que para un ejemplo dado (muestra) solamente puede obtenerse un intervalo de confianza o sólo una prueba de significancia. ¿Cómo, entonces, puede probarse la hipótesis nula simultánea de que $\beta_2 = \beta_3 = 0$? Enseguida se responde a esta pregunta.

El enfoque del análisis de varianza en las pruebas de significancia global de una regresión múltiple observada: prueba F

Por las razones recién explicadas, no se puede utilizar la prueba t usual para probar la hipótesis conjunta de que los verdaderos coeficientes de pendiente parciales, sean simultáneamente iguales a cero. Sin embargo, esta hipótesis conjunta puede ser probada por la técnica de **análisis de varianza** (ANOVA) introducida por primera vez en la sección 5.9, lo cual puede ser demostrado de la siguiente manera:

Recuérdese la identidad

$$\sum y_i^2 = \hat{\beta}_2 \sum y_i x_{2i} + \hat{\beta} \sum y_i x_{3i} + \sum \hat{u}_i^2 \tag{8.5.2}$$
$$\text{STC} = \qquad \text{SEC} \qquad + \text{SRC}$$

STC tiene, como es usual, n - 1 g de l y SRC tiene n - 3 g de l por las razones ya expuestas. SEC tiene 2 g de l puesto que es función de $\hat{\beta}_2$ y $\hat{\beta}_3$. Por consiguiente, siguiendo el procedimiento ANOVA estudiado en la sección 5.9, se puede construir la tabla 8.2.

Ahora puede demostrarse[7] que, bajo el supuesto de la distribución normal para u_i y la hipótesis nula $\beta_2 = \beta_3 = 0$, la variable

$$F = \frac{(\hat{\beta}_2 \sum y_i x_{2i} + \hat{\beta}_3 \sum y_i x_{3i})/2}{\sum \hat{u}_i^2/(n-3)} \tag{8.5.3}$$

$$= \frac{\text{SEC}/\text{g de l}}{\text{SRC}/\text{g de l}}$$

sigue una distribución del tipo F con 2 y n - 3 g de l.

TABLA 8.2
Tabla ANOVA para la regresión con tres variables

Origen de la variación	SC	g de l	SMC
Debido a la regresión (SEC)	$\hat{\beta}_2 \sum y_i x_{2i} + \hat{\beta}_3 \sum y_i x_{3i}$	2	$\dfrac{\hat{\beta}_2 \sum y_i x_{2i} + \hat{\beta}_3 \sum y_i x_{3i}}{2}$
Debido al residuo (SRC)	$\sum \hat{u}_i^2$	$n-3$	$\hat{\sigma}^2 = \dfrac{\sum \hat{u}_i^2}{n-3}$
Total	$\sum y_i^2$	$n-1$	

---

[7]*Véase* K. A. Brownlee, *Statistical Theory and Methodology in Science and Engineering,* John Wiley & Sons, New York, 1960, pp. 278-280.

¿Qué utilidad puede tener la razón F anterior? Puede demostrarse[8] que bajo el supuesto de que los $u_i \sim N(0, \sigma^2)$,

$$E\frac{\sum \hat{u}_i^2}{n-3} = E(\hat{\sigma}^2) = \sigma^2 \qquad (8.5.4)$$

Con el supuesto adicional de que $\beta_2 = \beta_3 = 0$, puede demostrarse que

$$\frac{E(\hat{\beta}_2 \sum y_i x_{2i} + \hat{\beta}_3 \sum y_i x_{3i})}{2} = \sigma^2 \qquad (8.5.5)$$

Por consiguiente, si la hipótesis nula es verdadera, ambas ecuaciones (8.5.4) y (8.5.5) proporcionan estimaciones idénticas del verdadero σ^2. Esta afirmación no debe sorprender puesto que si existe una relación trivial entre Y y X_2 y X_3, la única fuente de variación en Y se debe a las fuerzas aleatorias representadas por u_i. Sin embargo, si la hipótesis nula es falsa, es decir si X_2 y X_3 definitivamente ejercen influencia sobre Y, la igualdad entre (8.5.4) y (8.5.5) no se mantendrá. En este caso, la SEC será relativamente más grande que la SRC, teniendo en cuenta sus respectivos g de l. Por consiguiente, el valor F de (8.5.3) proporciona una prueba de la hipótesis nula de que los verdaderos coeficientes de pendiente son simultáneamente cero. Si el valor F calculado de (8.5.3) excede el valor F crítico de la tabla F al nivel de significancia α %, se rechaza H_o; de otra forma no se rechaza. Alternativamente, si el valor p del F observado es suficientemente bajo, se puede rechazar H_0.

Volviendo al ejemplo, se obtiene la tabla 8.3. Utilizando (8.5.3), se obtiene

$$F = \frac{32982.5502}{6.4308} = 5128.8781 \qquad (8.5.6)$$

Si se utiliza el nivel de significancia de 5%, el valor F crítico para 2 y 12 g de l, $F_{0.05}(2,12)$, es 3.89. Obviamente el valor F calculado es significativo y por tanto, se puede rechazar la hipótesis nula. (Si la hipótesis nula fuera verdadera, la probabilidad de obtener un valor F de 5129 es menor que 5 en 100). Si se ha supuesto que el nivel de significancia es 1%, $F_{0.01}(2,12) = 6.93$. El F calculado aún excede este valor crítico por un gran margen. Aún se rechaza la hipótesis nula; si la hipótesis nula fuera verdadera, la posibilidad de obtener un valor F de 5129 es menor de 1 en 100[9]. A propósito, el valor p del F observado es extremadamente pequeño.

Podemos generalizar el anterior procedimiento de prueba F de la siguiente manera

TABLA 8.3
Tabla ANOVA para el ejemplo ilustrativo

Fuente de variación	SC	g de l	SMC
Debido a la regresión	65,965.1003	2	32,982.5502
Debido a residuos	77.1690	12	6.4308
Total	66,042.2693	14	

---

[8]*Ibid.*

[9]Por convención, en este caso se dice que el valor de F calculado es altamente significativo porque la probabilidad de cometer un error de tipo 1 (es decir, el nivel de significancia) es muy bajo - 1 en 100.

Prueba de Significancia Global de una Regresión Múltiple: La prueba F

Regla de decisión. Dado el modelo de regresión con k variables:

$$Y_i = \beta_1 + \beta_2 X_{2i} + \beta_3 X_{3i} + \cdots + \beta_k X_{ki} + u_i$$

Para probar la hipótesis

$$H_0: \beta_2 = \beta_3 = \cdots = \beta_k = 0$$

(es decir, todos los coeficientes de pendiente son simultáneamente cero) *versus* H_1 : No todos los coeficientes de pendiente son simultáneamente cero.
Calcular

$$F = \frac{\text{SEC}/\text{g de l}}{\text{SRC}/\text{g de l}} = \frac{\text{SEC}/(k-1)}{\text{SRC}/(n-k)} \qquad (8.5.7)$$

Si $F > F_a(k-1, n-k)$, rechazar H_0; de lo contrario, no se rechace, donde $F_a(k-1, n-k)$ es el valor F *crítico* al nivel de significancia a, y $(k-1)$ g de l el numerador y $(n-k)$ g de l el denominador. Alternativamente, si el valor p del F obtenido de (8.5.7) es suficientemente bajo, se puede rechazar H_0.

Sobra decir que en el caso de tres variables (Y y X_2, X_3) k es 3, en el caso de cuatro variables k es 4 y así sucesivamente.

A propósito, obsérvese que la mayoría de los paquetes de regresión calculan el valor F (dado en la tabla de análisis de varianza) junto con las estadísticas usuales de regresión, tales como los coeficientes estimados, sus errores estándar, los valores t, etc. Usualmente se supone que la hipótesis nula para el cálculo t es $\beta_i = 0$.

Prueba de hipótesis individual versus conjunta. En la sección 8.4 se analizó la prueba de significancia de un coeficiente de regresión simple y en la sección 8.5 se estudió la prueba de significancia conjunta o global de la regresión estimada (es decir, todos los coeficientes de pendiente son simultáneamente iguales a cero). **Se reitera que estas pruebas son diferentes.** Así, con base en la prueba t o intervalo de confianza (de la sección 8.4), es posible aceptar la hipótesis de que un coeficiente de pendiente particular, β_k, es cero y aún rechazar la hipótesis conjunta de que todos los coeficientes de pendiente son cero.

La lección que debe aprenderse es que el «mensaje» conjunto de los intervalos de confianza individuales, no sustituye una región de confianza conjunta [implicada por la prueba F], en el momento de realizar pruebas de hipótesis conjuntas y realizar afirmaciones de confianza conjuntas[10].

Una relación importante entre R^2 y F

Existe una relación estrecha entre el coeficiente de determinación R^2 y la prueba F utilizada en el análisis de varianza. Suponiendo que las perturbaciones u_i están normalmente distribuidas y bajo la hipótesis nula de que $\beta_2 = \beta_3 = 0$, se ha visto que

---

[10]Fomby *et al.*, *op. cit.*, p. 42.

$$F = \frac{SEC/2}{SRC/(n-3)} \qquad (8.5.8)$$

sigue una distribución F con 2 y n - 3 g de l.

Más generalmente, en el caso de k variables (incluyendo el intercepto), si se supone que las perturbaciones están normalmente distribuidas y que la hipótesis nula es

$$H_0: \beta_2 = \beta_3 = \cdots = \beta_k = 0 \qquad (8.5.9)$$

entonces se cumple que

$$F = \frac{SEC/(k-1)}{SRC/(n-k)} \qquad (8.5.10)$$

sigue la distribución F con k - 1 y n - k g de l. (*Nota:* El número total de parámetros que va a ser estimado es k, de los cuales uno es el término de intercepto).

Se manipula (8.5.10) de la siguiente manera:

$$F = \frac{n-k}{k-1} \frac{SEC}{SRC}$$
$$= \frac{n-k}{k-1} \frac{SEC}{STC - SEC}$$
$$= \frac{n-k}{k-1} \frac{SEC/STC}{1 - (SEC/STC)}$$
$$= \frac{n-k}{k-1} \frac{R^2}{1 - R^2}$$
$$= \frac{R^2/(k-1)}{(1 - R^2)/(n-k)} \qquad (8.5.11)$$

donde se hace uso de la definición $R^2 = SEC/STC$. La ecuación (8.5.11) muestra la forma como F y R^2 están relacionados. Estos dos varían en relación directa. Cuando $R^2 = 0$, F es cero *ipso facto*. Cuanto mayor sea el R^2, mayor será el valor F. En el límite, cuando $R^2 = 1$, F es infinito. *Así la prueba F, que nos mide la significancia global de la regresión estimada, es también una prueba de significancia de R^2.* En otras palabras, la prueba de la hipótesis nula (8.5.9) es equivalente a probar la hipótesis nula de que el R^2 poblacional es cero.

Para el caso de tres variables (8.5.11) se convierte en

$$F = \frac{R^2/2}{(1 - R^2)/(n-3)} \qquad (8.5.12)$$

Debido a la estrecha conexión entre F y R^2, la tabla ANOVA 8.2 puede ser convertida en la tabla 8.4.

Para el ejemplo ilustrativo, el lector debe verificar que la F de (8.5.12) es 4994, lo cual es aproximadamente igual al valor F de (8.5.6), atribuyendo la diferencia a errores de aproximación. Como antes, el valor F de (8.5.6) es altamente significativo y se puede rechazar la hipótesis nula de que Y no está relacionada linealmente con X_2 y X_3.

TABLA 8.4
Tabla ANOVA en términos de R^2

Fuente de variación	SC	g de l	SMC*
Debido a la regresión	$R^2(\sum y_i^2)$	2	$R^2(\sum y_i^2)/2$
Debido a los residuos	$(1 - R^2)(\sum y_i^2)$	$n - 3$	$(1 - R^2)(\sum y_i^2)/(n - 3)$
Total	$\sum y_i^2$	$n - 1$	

* Obsérvese que al calcular el valor F no hay necesidad de multiplicar R^2 y $(1 - R^2)$ por $\sum y_i^2$ porque este término desaparece, como se observa en (8.5.12).

Una ventaja de la prueba F expresada en términos de R^2 es su facilidad de cálculo: todo lo que se necesita saber es el valor de R^2. Por consiguiente, la prueba de significancia global F dada en (8.5.7) puede ser expresada en términos de R^2 como se indica en la tabla 8.4.

Prueba de significancia global de una regresión múltiple en términos de R^2

Regla de decisión. Para probar la significancia global de una regresión en términos de R^2: Prueba alternativa pero equivalente a (8.5.7).
Dado el modelo de regresión con k variables:

$$Y_i = \beta_i + \beta_2 X_{2i} + \beta_3 X_{3i} + \cdots + \beta_\lambda X_{ki} + u_i$$

Para probar la hipótesis

$$H_0: \beta_2 = \beta_3 = \cdots = \beta_k = 0$$

versus
H_1 : No todos los coeficientes de pendiente son simultáneamente cero
calcular

$$F = \frac{R^2/(k - 1)}{(1 - R^2)/(n - k)} \qquad (8.5.13)$$

Si $F > F_{\alpha(k-1, n-k)}$, rechácese H_0; de lo contrario, se puede aceptar H_0 donde $F_{\alpha(k-1, n-k)}$ es el valor F crítico al nivel de significancia α y $(k - 1)$ g de l en el numerador y $(n - k)$ g de l en el denominador. De la misma forma, si el valor p del F obtenido de (8.5.13) es suficientemente bajo, rechazar H_0.

La contribución «incremental» o «marginal» de una variable explicativa

Retornar al ejemplo ilustrativo. Se sabe de (8.2.2) que los coeficientes de X_2 (ingreso) y de X_3 (tendencia) son estadísticamente significativos con base en pruebas t *separadas*. También se ha visto que la línea de regresión obtenida es significativa en sí misma con base en la prueba F dada en (8.5.7) o (8.5.13). Ahora supóngase que introducimos X_2 y X_3 *secuencialmente;* es decir, se efectúa una primera regresión de Y sobre X_2 y se evalúa su significancia y luego se agrega X_3 al modelo para encontrar si contribuye de alguna forma (por supuesto, el orden en el cual X_2 y X_3 ingresan puede ser intercambiado). Por contribución queremos decir si la adición de la variable al modelo incrementa la SEC (y por consiguiente R_2) «significativamente» en relación con la SRC. Esta contribución puede ser denominada apropiadamente la contribución **incremental**, o **marginal**, de una variable explicativa.

El tema de la contribución incremental es importante en la práctica. En la mayoría de las investigaciones empíricas, el investigador puede no estar completamente seguro de si se justifica agregar una variable X al modelo, sabiendo que ya se encuentran presentes en el modelo muchas otras variables X. No se desea incluir variable(s) cuya contribución a la SEC sea poca. Por la misma causa, tampoco se quiere excluir variable(s) que aumente(n) sustancialmente la SEC. Pero, ¿cómo se decide si una variable X reduce significativamente la SRC? La técnica de análisis de varianza puede fácilmente extenderse para responder a esta pregunta.

Supóngase que se efectúa primero la regresión de Y (gasto personal de consumo) sobre X_2 (ingreso personal disponible) y se obtiene la siguiente regresión:

$$
\begin{aligned}
\hat{Y}_i &= \hat{\beta}_1 & + \hat{\beta}_{12}X_{2i} \\
&= 12.762 & + \ 0.8812X_{2i} \\
& (4.6818) & (0.0114) \\
t = & (2.7259) & (77.2982) & \qquad r^2 = 0.9978 \\
& & \text{ajustado } r^2 = 0.9977
\end{aligned}
\qquad (8.5.14)
$$

Bajo la hipótesis nula $\beta_{12} = 0$, puede verse que el valor t estimado es de 77.2982 (= 0.8812 / 0.0114), el cual obviamente es estadísticamente significativo a los niveles de significancia del 5 o del 1%. Así, X_2 afecta significativamente a Y. La tabla ANOVA para la regresión (8.5.14) está dada en la tabla 8.5.

Suponiendo que las perturbaciones u_i están normalmente distribuidas y la hipótesis nula $\beta_{12} = 0$, sabemos que

$$
F = \frac{65898.235}{11.080} = 5947.494 \qquad (8.5.15)
$$

sigue una distribución F con 1 y 13 g de l. Este valor F es significativo a los niveles usuales de significancia. Así, como antes, se puede rechazar la hipótesis de que $\beta_{12} = 0$. A propósito, obsérvese que $t^2 = (77.2982)^2 = 5975.012$, que es igual al valor F de (8.5.15) excepto por errores de aproximación. Pero este resultado no debe sorprender puesto que, como se anotó en el capítulo 5, bajo la misma hipótesis nula y el mismo nivel de significancia, el cuadrado del valor t con n - 2 g de l es igual al valor F con 1 y n - 2 g de l.

Habiendo efectuado la regresión (8.5.14), supóngase que se decide agregar X_3 al modelo y obtener la regresión múltiple (8.2.2). Las preguntas que se quieren responder son estas: (1) ¿Cuál

TABLA 8.5
Tabla ANOVA para la regresión (8.5.14)

Fuente de variación	SC	g de l	SMC
SEC (debido a X_2)	65898.2353	1	65898.2353
SRC	144.0340	13	11.0800
Total	66042.2693	14	

TABLA 8.6
Tabla ANOVA para evaluar la contribución incremental de una(s) variable(s)

Fuente de variación	SC	g de l	SMC
SEC debido a X_2 solamente	$Q_1 = \hat{\beta}_{12}^2 \sum x_2^2$	1	$\dfrac{Q_1}{1}$
SEC debido a la adición de X_3	$Q_2 = Q_3 - Q_1$	1	$\dfrac{Q_2}{1}$
SEC debido a ambas X_2 y X_3	$Q_3 = \hat{\beta}_2 \sum y_i x_{2i} + \hat{\beta}_3 \sum y_i x_{3i}$	2	$\dfrac{Q_3}{2}$
SRC	$Q_4 = Q_5 - Q_3$	$n-3$	$\dfrac{Q_4}{n-3}$
Total	$Q_5 = \sum y_i^2$	$n-1$	

es la contribución marginal o incremental de X_3 sabiendo que X_2 ya aparece en el modelo y que está relacionada significativamente con Y? (2) ¿Es la contribución incremental estadísticamente significativa? (3) ¿Cuál es el criterio para agregar variables al modelo? Estas preguntas pueden ser resueltas mediante la técnica ANOVA. Para ver esto, se construye la tabla 8.6. Para el ejemplo numérico, la tabla 8.6 se convierte en tabla 8.7.

Para evaluar la contribución *incremental* de X_3 después de considerar la contribución de X_2, se calcula

$$
F' = \frac{Q_2 / \text{g de l}}{Q_4 / \text{g de l}}
$$

$$
= \frac{\text{SEC}_{\text{nueva}} - \text{SEC}_{\text{vieja}} / \text{número de regresores nuevos}}{\text{SRC}_{\text{nueva}} / \text{g de l} \, (= n - \text{número de parámetros en el modelo nuevo})}
$$

$$
= \frac{Q_2 / 1}{Q_4 / 12} \quad \text{para el ejemplo}
$$

$$(8.5.16)$$

donde $\text{SEC}_{\text{nueva}}$ = SEC bajo el modelo nuevo (es decir, después de agregar los regresores nuevos = Q_3), $\text{SEC}_{\text{vieja}}$ = SEC bajo el viejo modelo (= Q_1) y $\text{SRC}_{\text{nueva}}$ = SRC bajo el modelo nuevo (es decir, después de considerar todos los regresores = Q_4).

TABLA 8.7
Tabla ANOVA para el ejemplo ilustrativo: Análisis incremental

Fuente de variación	SC	g de l	SMC
SEC debido a X_2 solamente	$Q_1 = 65898.2353$	1	65898.2353
SEC debido a la adición de X_3	$Q_2 = 66.8647$	1	66.8647
SEC debido a X_2 y X_3	$Q_3 = 65965.1000$	2	32982.5500
SRC	$Q_4 = 77.1693$	12	6.4302
Total	$Q_5 = 66042.2693$	14	

Para el ejemplo ilustrativo, se obtiene

$$F = \frac{66.865 / 1}{77.1693 / 12}$$

$$= 10.3973 \qquad (8.5.17)$$

Ahora bajo el supuesto usual de normalidad de u_i y la hipótesis nula de que $\beta_3 = 0$, puede demostrarse que la F de (8.5. 16) sigue la distribución F con 1 y 12 g de l. De la tabla F es obvio que el valor F de 10.3973 es significativo más allá del nivel de significancia del 1%, siendo 0.0073 el valor p.

A propósito, la razón F de (8.5.16) puede ser reformulada en términos de los valores R^2, como se hizo en (8.5.13). Como lo indica el ejercicio 8.2, la razón F de (8.5.16) es *equivalente* a la siguiente razón F[11]:

$$F = \frac{(R^2_{\text{nuevo}} - R^2_{\text{viejo}}) / \text{g de l}}{(1 - R^2_{\text{nuevo}}) / \text{g de l}}$$

$$= \frac{(R^2_{\text{nuevo}} - R^2_{\text{viejo}}) / \text{número de regresores nuevos}}{(1 - R^2_{\text{nuevo}}) / \text{g de l} \ (= n - \text{número de parámetros en el nuevo modelo})}$$

$$(8.5.18)$$

Esta razón F también sigue la distribución F con los g de l apropiados en el numerador y el denominador, 1 y 12, respectivamente, en el ejemplo.

Para el ejemplo, $R^2_{\text{nuevo}} = 0.9988$ [de (8.2.2)] y $R^2_{\text{viejo}} = 0.9978$ [de (8.5.14)]. Por consiguiente,

$$F = \frac{(0.9988 - 0.9978) / 1}{(1 - 0.9988) / 12}$$

$$= 10.3978 \qquad (8.5.19)$$

lo cual es casi lo mismo que el valor F de (8.5.17), excepto por errores de aproximación.

Así, basados en cualquier prueba F, se puede rechazar la hipótesis nula y concluir que la adición de X_3 al modelo incrementa significativamente SEC y por tanto, el valor R^2. Por consiguiente, la variable de tendencia X_3 debe ser adicionada al modelo.

Recuérdese que en (8.2.2) se obtuvo el valor t de 3.2246 para el coeficiente X_3 bajo H_o : $\beta_3 = 0$. Ahora $t^2 = (3.2246)^2 = 10.3980 =$ valor F dado en (8.5.17) excepto por errores de aproximación. Pero este resultado se esperaba debido a la estrecha relación entre F y t^2, como se anotó anteriormente.

Cuándo adicionar una nueva variable. El procedimiento de prueba F recién presentado constituye un método formal, para decidir si una variable debe ser adicionada a un modelo de regresión. Frecuentemente los investigadores se enfrentan a la labor de escoger entre diversos modelos en competencia, **que consideran la misma variable dependiente** pero diferentes variables explicativas. Como un asunto de escogencia *ad hoc* (debido a que muy frecuentemente la base teórica del análisis es débil), estos investigadores a menudo seleccionan el modelo que presenta el R^2 ajustado

---

[11]La siguiente prueba F es un caso especial de una prueba F más general dada en (8.7.9) o (8.7.10) en la sección 8.7.

más elevado. Por consiguiente, si la inclusión de una variable incrementa el $\bar{R}^2$ ésta es retenida en el modelo aunque no reduzca significativamente SRC en el sentido estadístico. La pregunta entonces es: ¿cuándo aumenta el R^2 ajustado? Puede demostrarse que el $\bar{R}^2$ *aumentará si el valor t del coeficiente de la variable recién agregada es mayor que 1 en valor absoluto*, donde el valor t es calculado bajo la hipótesis de que el valor poblacional del mencionado coeficiente es cero (es decir, el valor t calculado a partir de (5.3.2) bajo la hipótesis de que el verdadero β es cero)[12]. El criterio anterior puede también plantearse en forma diferente: $\bar{R}^2$ *aumentará con la adición de una variable explicativa extra solamente si el valor F (= t²) de esa variable excede 1.*

Aplicando cualquier criterio, la variable de tendencia X_3 con un valor t de 3.2246 o un valor F de 10.3973 debe aumentar el $\bar{R}^2$, lo cual ciertamente sucede cuando X_3 es agregada al modelo, $\bar{R}^2$ se incrementa de 0.9977 a 0.9986. Por supuesto, X_3 también resulta ser estadísticamente significativa.

Cuándo es posible agregar un grupo de variables. ¿Se puede desarrollar una regla similar, para decidir si se justifica agregar (o quitar) un grupo de variables del modelo? La respuesta debe ser clara a partir de (8.5.18): *Si la adición (o eliminación) de un grupo de variables al modelo genera un valor F mayor (menor) que 1, el R² aumentará (disminuirá)*. Por supuesto, de (8.5.18) se puede encontrar fácilmente si la adición (disminución) de un grupo de variables incrementa (reduce) significativamente el poder explicativo de un modelo de regresión.

8.6 PRUEBA DE IGUALDAD DE DOS COEFICIENTES DE REGRESIÓN

Supóngase que en la regresión múltiple

$$Y_i = \beta_1 + \beta_2 X_{2i} + \beta_3 X_{3i} + \beta_4 X_{4i} + u_i \tag{8.6.1}$$

se desea probar la hipótesis

$$
\begin{aligned}
H_0: \beta_3 &= \beta_4 & \text{o} & \quad (\beta_3 - \beta_4) = 0 \\
H_1: \beta_3 &\neq \beta_4 & \text{o} & \quad (\beta_3 - \beta_4) \neq 0
\end{aligned}
\tag{8.6.2}
$$

es decir, los dos coeficientes de pendiente β_3 y β_4 son iguales.

Una hipótesis nula de este tipo tiene importancia práctica. Por ejemplo, si (8.6.1) representa la función de demanda de un bien donde Y = cantidad demandada del bien, X_2 = precio del bien, X_3 = ingreso del consumidor y X_4 = riqueza del consumidor. La hipótesis nula en este caso significa que los coeficientes de ingreso y riqueza son los mismos. Si Y_i y las X están expresadas en forma logarítmica, la hipótesis nula en (8.6.2) implica que las elasticidades ingreso y riqueza del consumo son iguales. (¿Por qué?)

¿Cómo se prueba una hipótesis nula como ésta? Bajo los supuestos clásicos, puede demostrarse que

$$t = \frac{(\hat{\beta}_3 - \hat{\beta}_4) - (\beta_3 - \beta_4)}{ee(\hat{\beta}_3 - \hat{\beta}_4)} \tag{8.6.3}$$

[12]Para una demostración *véase* Dennis J. Aigner, *Basic Econometrics,* Prentice-Hall, Englewood Cliffs, New Jersey, 1971, pp. 91-92.

sigue la distribución t con $(n - 4)$ g de l porque (8.6.1) es un modelo con cuatro variables o, más generalmente, con $(n - k)$ g de l, donde k es el número total de parámetros estimados, incluyendo el término constante. El $ee(\hat{\beta}_3 - \hat{\beta}_4)$ se obtiene de la siguiente fórmula conocida (*véanse* detalles en el apéndice estadístico):

$$ee(\hat{\beta}_3 - \hat{\beta}_4) = \sqrt{\operatorname{var}(\hat{\beta}_3) + \operatorname{var}(\hat{\beta}_4) - 2\operatorname{cov}(\hat{\beta}_3, \hat{\beta}_4)} \qquad (8.6.4)$$

Si sustituimos la hipótesis nula y la expresión para el $ee(\hat{\beta}_3 - \hat{\beta}_4)$ en (8.6.3), el estadístico de prueba se convierte en:

$$t = \frac{\hat{\beta}_3 - \hat{\beta}_4}{\sqrt{\operatorname{var}(\hat{\beta}_3) + \operatorname{var}(\hat{\beta}_4) - 2\operatorname{cov}(\hat{\beta}_3, \hat{\beta}_4)}} \qquad (8.6.5)$$

Ahora el procedimiento de prueba comprende los siguientes pasos:

1. Estímese $\hat{\beta}_3$ y $\hat{\beta}_4$. Cualquier paquete de computador estándar tal como SAS, SPSS o SHAZAM puede hacerlo.
2. La mayor parte de los paquetes de computador calculan las varianzas y covarianzas de los parámetros estimados[13]. De estos estimados, el error estándar en el denominador de (8.6.5) puede obtenerse fácilmente.
3. Obténgase la razón t de (8.6.5). Obsérvese que la hipótesis nula en el caso presente es $(\beta_3 - \beta_4) = 0$.
4. Si la variable t calculada de (8.6.5) excede el valor t crítico al nivel de significancia designado para los g de l dados, entonces se puede rechazar la hipótesis nula; de lo contrario, no se la rechace. En forma alternativa, si el valor p del estadístico t de (8.6.5) es razonablemente bajo, se pueden rechazar las hipótesis nulas.

Ejemplo 8.2: Reconsideración de la Función Cúbica de Costo

Recuérdese la función cúbica de costo total estimada en la sección 7.11, la cual por conveniencia se reproduce en seguida:

$$\hat{Y}_i = 141.7667 + 63.4777X_i - 12.9615X_i^2 + 0.9396X_i^3$$
$$ee = (6.3753) \quad (4.7786) \quad (0.9857) \quad (0.0591) \qquad (7.11.6)$$
$$\operatorname{cov}(\hat{\beta}_3, \hat{\beta}_4) = -0.0576; \qquad R^2 = 0.9983$$

donde Y es el costo total y X es el producto, y donde las cifras en paréntesis son los errores estándar estimados.

Supóngase que se desea probar la hipótesis de que los coeficientes de los términos X^2 y X^3 en la función cúbica de costo son los mismos, es decir, $\beta_3 = \beta_4$ o $(\beta_3 - \beta_4) = 0$. En la regresión

---

[13]La expresión algebraica para la fórmula de la covarianza es un poco compleja. En el capítulo 9 se ofrece una expresión compacta de ésta, aunque utiliza notación matricial.

(7.11.6) tenemos todos los resultados necesarios para realizar la prueba t a partir de (8.6.5). La mecánica es la siguiente:

$$
\begin{aligned}
t &= \frac{\hat{\beta}_3 - \hat{\beta}_4}{\sqrt{\operatorname{var}(\hat{\beta}_3) + \operatorname{var}(\hat{\beta}_4) - 2\operatorname{cov}(\hat{\beta}_3, \hat{\beta}_4)}} \\
&= \frac{-12.9615 - 0.9396}{\sqrt{(0.9867)^2 + (0.0591)^2 - 2(-0.0576)}} \\
&= \frac{-13.9011}{1.0442} \\
&= -13.3130 \qquad\qquad\qquad\qquad\qquad (8.6.6)
\end{aligned}
$$

El lector puede verificar que para 6 g de l (¿Por qué?) el valor t observado, excede el valor t crítico aún al nivel de significancia de 0.002 (o 0.2%) (prueba de dos colas); el valor p es extremadamente pequeño, 0.000006. Por tanto, se puede rechazar la hipótesis de que los coeficientes de X^2 y X^3 en la función cúbica de costo son idénticos.

8.7 MÍNIMOS CUADRADOS RESTRINGIDOS: PRUEBA SOBRE RESTRICCIONES DE TIPO IGUALDAD LINEAL

Hay ocasiones en las cuales la teoría económica puede sugerir que los coeficientes en un modelo de regresión satisfacen algunas restricciones de tipo igualdad lineal. Por ejemplo, considérese la función de producción Cobb-Douglas:

$$
Y_i = \beta_1 X_{2i}^{\beta_2} X_{3i}^{\beta_3} e^{u_i} \qquad\qquad (7.10.1) = (8.7.1)
$$

donde Y = producción, X_2 = insumo trabajo y X_3 = insumo capital. Escrito en forma de logaritmo, la ecuación se convierte en

$$
\ln Y_i = \beta_0 + \beta_2 \ln X_{2i} + \beta_3 \ln X_{3i} + u_i \qquad\qquad (8.7.2)
$$

donde $\beta_0 = \ln \beta_1$.

Ahora si existen rendimientos constantes a escala (un cambio equiproporcional en la producción ante un cambio equiproporcional en los insumos), la teoría económica sugeriría que

$$
\beta_2 + \beta_3 = 1 \qquad\qquad (8.7.3)
$$

el cual es un ejemplo de una restricción de tipo igualdad lineal[14].

¿Cómo se sabe si hay rendimientos constantes a escala, es decir, si la restricción (8.7.3) es válida? Existen dos enfoques.

El enfoque de la prueba t

El procedimiento más simple es estimar (8.7.2) de la forma usual sin tener en cuenta la restricción (8.7.3) explícitamente. Esto se denomina **regresión no restringida** o **no limitada**. Habiendo esti-

---

[14]Si se tuviera $\beta_2 + \beta_3 < 1$, esta relación sería un ejemplo de restricción del tipo desigualdad lineal. Para el manejo de tales restricciones, se requiere el uso de técnicas de programación matemática.

mado β_2 y β_3 (digamos, mediante el método MCO), puede realizarse una prueba de hipótesis o de la restricción (8.7.3) mediante la prueba t de (8.6.3), a saber:

$$t = \frac{(\hat{\beta}_2 + \hat{\beta}_3) - (\beta_2 + \beta_3)}{ee(\hat{\beta}_2 + \hat{\beta}_3)}$$

$$= \frac{(\hat{\beta}_2 + \hat{\beta}_3) - 1}{\sqrt{var(\hat{\beta}_2) + var(\hat{\beta}_3) + 2\,cov(\hat{\beta}_2\hat{\beta}_3)}} \qquad (8.7.4)$$

donde $(\beta_2 + \beta_3) = 1$ bajo la hipótesis nula y donde el denominador es el error estándar de $(\hat{\beta}_2 + \hat{\beta}_3)$. Entonces, siguiendo la sección 8.6, si el valor t calculado a partir de (8.7.4) excede el valor t crítico al nivel de significancia seleccionado, entonces se rechaza la hipótesis de rendimientos constantes a escala; de lo contrario, no se rechaza.

Enfoque de la prueba F: mínimos cuadrados restringidos

La prueba t anterior es una clase de examen *post mortem*, puesto que se trata de encontrar si la restricción lineal es satisfecha despues de estimar la regresión «no restringida». Un enfoque directo sería incorporar la restricción (8.7.3), en el procedimiento de estimación desde el comienzo. En el ejemplo presente, este procedimiento puede realizarse fácilmente. De (8.7.3) se ve que:

$$\beta_2 = 1 - \beta_3 \qquad (8.7.5)$$

o

$$\beta_3 = 1 - \beta_2 \qquad (8.7.6)$$

Por consiguiente, utilizando cualquiera de estas igualdades, se puede eliminar uno de los coeficientes β en (8.7.2) y estimar la ecuación resultante. Así, si utilizamos (8.7.5), se puede escribir la función de producción de Cobb-Douglas de la siguiente manera:

$$\ln Y_i = \beta_0 + (1 - \beta_3)\ln X_{2i} + \beta_3 \ln X_{3i} + u_i$$

$$= \beta_0 + \ln X_{2i} + \beta_3(\ln X_{3i} - \ln X_{2i}) + u_i$$

o

$$(\ln Y_i - \ln X_{2i}) = \beta_0 + \beta_3(\ln X_{3i} - \ln X_{2i}) + u_i \qquad (8.7.7)$$

o

$$\ln(Y_i/X_{2i}) = \beta_0 + \beta_3 \ln(X_{3i}/X_{2i}) + u_i \qquad (8.7.8)$$

donde $(Y_i/X_{2i}) =$ razón producto/trabajo y $(X_{3i}/X_{2i}) =$ razón capital trabajo, que son indicadores de gran importancia económica.

Obsérvese cómo se transforma la ecuación original (8.7.2). Una vez se estima β_3 de (8.7.7) o (8.7.8), β_2 puede ser estimada fácilmente a partir de la relación (8.7.5). Sobra decir, este procedimiento garantizará que la suma de los coeficientes estimados de los dos insumos igualará a 1. El procedimiento esquematizado en (8.7.7) o en (8.7.8) es conocido como **mínimos cuadrados restringidos (MCR)**. Este procedimiento puede ser generalizado a modelos que contengan cualquier número de variables explicativas y más de una restricción de igualdad lineal. La generalización puede encontrarse en Theil [15]. (*Véase* también la prueba F general enseguida).

¿Cómo se comparan las regresiones de mínimos cuadrados no restringidas y las restringidas? En otras palabras ¿cómo se sabe que, por ejemplo, la restricción (8.7.3) es válida? Esta pregunta puede ser verificada aplicando la prueba F de la siguiente manera. Sea

$\sum \hat{u}_{NR}^2$ = SRC de la regresión no restringida (8.7.2)

$\sum \hat{u}_R^2$ = SRC de la regresión restringida (8.7.7)

m = número de restricciones lineales (1 en el presente ejemplo)

k = número de parámetros en la regresión no restringida

n = número de observaciones

Entonces,

$$
F = \frac{(SRC_R - SRC_{NR})/m}{SRC_{NR}/(n-k)}
$$

$$
= \frac{(\sum \hat{u}_R^2 - \sum \hat{u}_{NR}^2)/m}{\sum \hat{u}_{NR}^2/(n-k)}
\tag{8.7.9}
$$

sigue la distribución F con m, $(n - k)$ g de l. (*Nota:* Las letras NR y R representan «no restringida» y «restringida», respectivamente).

La anterior prueba F puede también expresarse en términos de R^2 de la siguiente manera:

$$
F = \frac{(R_{NR}^2 - R_R^2)/m}{(1 - R_{NR}^2)/(n-k)}
\tag{8.7.10}
$$

donde R_{NR}^2 y R_R^2 son los valores R^2 obtenidos de las regresiones no restringidas y restringidas respectivamente, es decir, de las regresiones (8.7.2) y (8.7.7). Debe observarse que

$$
R_{NR}^2 \geq R_R^2
\tag{8.7.11}
$$

y

$$
\sum \hat{u}_{NR}^2 \leq \sum \hat{u}_R^2
\tag{8.7.12}
$$

En el ejercicio 8.4 se pide justificar estas afirmaciones.

Nota de precaución: Al utilizar (8.7.10), téngase en mente que si la variable dependiente en los modelos restringidos y no restringidos no es la misma, R_{NR}^2 y R_R^2 no son directamente comparables. En ese caso, utilícese el procedimiento descrito en el capítulo 7 para hacer comparables los dos valores de R^2 (*véase* ejemplo 8.3 en seguida).

Debe agregarse que se ha advertido acerca del énfasis excesivo sobre el R^2; se hace uso de éste en (8.7.10) por sola conveniencia en el caso de que los valores SRC no estén fácilmente disponibles.

---

[15]Henri Theil, *Principles of Econometrics,* John Wiley & Sons, New York, 1971, pp. 43-45.

Ejemplo 8.3: Función de producción Cobb-Douglas para el sector agrícola Taiwanés, 1958-1972

Con el fin de ilustrar el análisis anterior se hace refencia a la información en la tabla 7.3 y a la función de producción Cobb-Douglas resultante dada en (7.10.4). Esta es la regresión no restringida ya que no existen restricciones sobre los parámetros. Ahora supóngase que se desea imponer la restricción de que $(\beta_2+\beta_3) = 1$, es decir, que hay rendimientos constantes a escala en el sector agrícola taiwanés, durante el mencionado período. Imponiendo esta restricción se estima la regresión (8.7.8), para obtener los siguientes resultados:

$$\widehat{\ln(Y_i/X_{2i})} = \begin{array}{cc} 1.7086 & + \ 0.61298\ln(X_{3i}/X_{2i}) \\ (0.4159) & (0.0933) \end{array}$$

$$R^2 = 0.7685$$

$$\bar{R}^2 = 0.7507$$

(8.7.13)

donde las cifras en paréntesis son los errores estándar estimados.

Nota: Los valores R^2 de (7.10.4), la regresión no restringida, y (8.7.13), la regresión restringida, no son directamente comparables, porque la variable dependiente en los dos modelos no es la misma. Al utilizar el método de comparación de dos valores R^2 presentado en la sección 7.6, se obtiene un valor R^2 de 0.8489 para el modelo (8.7.13), el cual puede ahora ser comparado con el valor R^2 de 0.8890 de la regresión no restringida (7.10.4).

A partir de la regresión no restringida (7.10.4) se obtiene el R^2_{NR} no restringido de 0.8890 mientras que la regresión restringida (8.7.13) da el R^2_R restringido de 0.8489. Por consiguiente, se puede utilizar fácilmente la prueba F de (8.7.10) para probar la validez del supuesto de rendimientos constantes a escala impuesto sobre la función de producción.

$$\begin{aligned} F &= \frac{(R^2_{NR} - R^2_R)/m}{(1 - R^2_{NR})/(n - k)} \\[2mm] &= \frac{(0.8890 - 0.8489)/1}{(1 - 0.8890)/12} \\[2mm] &= \frac{0.0401}{0.0092} \\[2mm] &= 4.3587 \end{aligned}$$

(8.7.14)

el cual tiene la distribución F con 1 y 12 g de l respectivamente. De la tabla F se ve que $F_{0.05}(1,12)$ = 4.75 pero $F_{0.10}(1, 12) = 3.18$. Es decir, el valor F observado de 4.3587 no es signficativo al nivel del 5% pero sí lo es al nivel del 10%. Si se decide continuar con el nivel de significancia del 5%, entonces el valor F observado no es significativo, lo cual implica que se puede aceptar la hipótesis de que hubo rendimientos constantes a escala en el sector agrícola taiwanés durante el período 1958-1972; el valor observado de rendimientos a escala de 1.9887 que produce la regresión (7.10.4) no es *estadísticamente* diferente de la unidad. Este ejemplo ilustra la razón por la cual es esencial que se considere la prueba de hipótesis formal y no se apoye únicamente en los coeficientes estimados. Este ejemplo también recuerda que se debe especificar el nivel de significancia, antes de probar efectivamente una hipótesis estadística y no escogerlo después de haber estimado la regresión. Como se observó en diversas ocasiones, es mejor referirse al valor p del estadístico estimado, el cual, en el ejemplo presente, es 0.0588. Así el valor F observado de 4.3587 es significativo a un nivel cercano al 0.06.

A propósito, obsérvese que el coeficiente de la pendiente estimado de 0.61298 es $\hat{\beta}_3$ y por consiguiente, de la ecuación (8.7.5) se puede obtener fácilmente el valor de $\hat{\beta}_2$ de 0.38702. Como se anotó, se ha garantizado que la suma de estos coeficientes es 1.

Prueba F Global[16].

La prueba F dada en (8.7.10) o su equivalente (8.7.9) proporciona un método general de prueba de hipótesis sobre uno o más parámetros del modelo de regresión con k variables:

$$Y_i = \beta_1 + \beta_2 X_{2i} + \beta_3 X_{3i} + \cdots + \beta_k X_{ki} + u_i \qquad (8.7.15)$$

La prueba F de (8.5.16) o la prueba t de (8.6.3) no es otra cosa que una aplicación específica de (8.7.10). Así, hipótesis tales como

$$H_0 : \beta_2 = \beta_3 \qquad (8.7.16)$$
$$H_0 : \beta_3 + \beta_4 + \beta_5 = 3 \qquad (8.7.17)$$

que consideran algunas restricciones lineales en los parámetros del modelo con k variables, o hipótesis tales como

$$H_0 : \beta_3 = \beta_4 = \beta_5 = \beta_6 = 0 \qquad (8.7.18)$$

que implica que algunos regresores están ausentes del modelo, pueden ser todos probados mediante la prueba F de (8.7.10).

Del análisis en la sección 8.5 y 8.7, el lector habrá notado que la estrategia general de la prueba F es la siguiente: Hay un modelo más grande, el *modelo no restringido* (8.7.15) y un modelo más pequeño, el *modelo restringido* o *limitado*, que ha sido obtenido del modelo más grande eliminando algunas variables de éste, por ejemplo (8.7.18), o colocando algunas restricciones lineales sobre uno o más coeficientes del modelo más grande, por ejemplo, (8.7.16) o (8.7.17).

Entonces se ajustan los modelos no restringido y restringido a los datos y se obtienen los coeficientes de determinación respectivos, a saber, R_{NR}^2 y R_R^2. Se observan los g de l en el modelo no restringido ($= n - k$) y también notamos los g de l en el modelo restringido ($=m$), siendo m el número de restricciones lineales [por ejemplo 1 en (8.7.16) o en (8.7.18)] o el número de regresores omitidos del modelo [por ejemplo $m = 4$ si se cumple (8.7.18), pues se supone que hay cuatro regresores ausentes del modelo]. Entonces se puede calcular la razón F como se indica en (8.7.10) y utilizamos esta *Regla de decisión: Si el F calculado excede $F_\alpha(m, n - k)$, donde $F_\alpha(m, n - k)$ es el F crítico al nivel de significancia α se rechaza la hipótesis nula: de lo contrario no se rechaza.*

Se ilustra lo anterior:

Ejemplo 8.4: La Demanda de Pollos en los Estados Unidos, 1960-1982.

En el ejercicio 7.23, entre otras cosas, se le pidió considerar la siguiente función de demanda de pollos:

$$\ln Y_t = \beta_1 + \beta_2 \ln X_{2t} + \beta_3 \ln X_{3t} + \beta_4 \ln X_{4t} + \beta_5 \ln X_{5t} + u_i \qquad (8.7.19)$$

---

[16]Si se está utilizando un enfoque de máxima verosimilitud en la estimación, entonces hay una prueba similar a la recién estudiada a saber, **la prueba de razón de verosimilitud**, la cual es ligeramente complicada y por lo tanto se estudia en el apéndice de este capítulo. Para un mayor análisis *véase* Theil, *op. cit.* pp. 179-184.

donde Y = consumo de pollo *per cápita*, lbs, X_2 = ingreso real disponible *per cápita*, \$, X_3 = precio real al detal del pollo por lb, ¢, X_4 = precio real al detal del cerdo por lb, ¢, y X_5 = precio real de la carne de res por lb, ¢.

En este modelo β_2, β_3, β_4 y β_5 son las elasticidades ingreso, precio-propio, precio-cruzado (cerdo) y precio-cruzado (carne de res). (¿Por qué?) De acuerdo con la teoría económica,

$$\beta_2 > 0$$
$$\beta_3 < 0$$

$\beta_4 > 0,$ si el pollo y el cerdo son productos que compiten

   $< 0,$ si el pollo y el cerdo son productos complementarios   (8.7.20)

   $= 0,$ si el pollo y el cerdo son productos no relacionados

$\beta_5 > 0,$ si el pollo y la carne de res son productos que compiten

   $< 0,$ si son productos complementarios

   $= 0,$ si son productos no relacionados

Supóngase que alguien sostiene que el pollo, el cerdo y la carne de res, son productos no relacionados en el sentido de que el consumo de pollo no es afectado por los precios del cerdo y de la carne de res. En resumen,

$$H_0: \beta_4 = \beta_5 = 0 \qquad (8.7.21)$$

Por consiguiente, la regresión restringida se transforma en

$$\ln Y_t = \beta_1 + \beta_2 \ln X_{2t} + \beta_3 \ln X_{3t} + u_t \qquad (8.7.22)$$

La ecuación (8.7.19) es, ciertamente, la regresión no restringida.

Utilizando la información dada en el ejercicio 7.23, se obtiene lo siguiente:

Regresión no restringida

$$\widehat{\ln Y_t} = 2.1898 + 0.3425 \ln X_{2t} - 0.5046 \ln X_{3t} + 0.1485 \ln X_{4t} + 0.0911 \ln X_{5t}$$
$$(0.1557) \quad (0.0833) \qquad (0.1109) \qquad\quad (0.0997) \qquad\quad (0.1007)$$

$$R_{NR}^2 = 0.9823 \qquad\qquad\qquad (8.7.23)$$

Regresión restringida

$$\widehat{\ln Y_t} = 2.0328 + 0.4515 \ln X_{2t} - 0.3772 \ln X_{3t} \qquad (8.7.24)$$
$$(0.1162) \quad (0.0247) \qquad (0.0635)$$

$$R_R^2 = 0.9801$$

donde las cifras en paréntesis son los errores estándar estimados. *Obsérvese:* Los valores de R^2 de (8.7.23) y (8.7.24) son comparables ya que la variable dependiente en los dos modelos es la misma.

Ahora la razón F para probar la hipótesis (8.7.21) es

$$F = \frac{(R_{NR}^2 - R_R^2)/m}{(1 - R_{NR}^2)/(n - k)} \qquad (8.7.10)$$

En este caso el valor de m es 2, puesto que hay dos restricciones involucradas: $\beta_4 = 0$ y $\beta_5 = 0$. Los g de l del denominador $(n - k)$, son 18, puesto que $n = 23$ y $k = 5$ (5 coeficientes β).

Por consiguiente, la razón F es

$$F = \frac{(0.9823 - 0.9801)/2}{(1 - 0.9823)/18}$$

$$= 1.1224 \qquad\qquad (8.7.25)$$

que tiene una distribución F con 2 y 18 g de l.

Al nivel del 5%, claramente, este valor F no es estadísticamente significativo [$F_{0.05}(2,18)$ = 3.55]. El valor p es 0.3472. Por consiguiente, no hay razón para rechazar la hipótesis nula – la demanda de pollo no depende de los precios del cerdo y de la carne de res. En resumen, podemos aceptar la regresión restringida (8.7.24) como la que representa la función de demanda de pollo.

Obsérvese que la función de demanda satisface las expectativas económicas *a priori* puesto que la elasticidad precio-propio es negativa y la elasticidad ingreso es positiva. Sin embargo la elasticidad precio estimada, en valor absoluto, es estadísticamente menor que la unidad, lo que implica que la demanda por pollo es inelástica al precio. (¿Por qué?) Además, la elasticidad ingreso, si bien es positiva, estadísticamente también es menor que la unidad, lo que sugiere que el pollo no es un artículo de lujo; por convención, se dice que un artículo es de lujo si su elasticidad ingreso es mayor que uno.

8.8 COMPARACIÓN DE DOS REGRESIONES: PRUEBA DE LA ESTABILIDAD ESTRUCTURAL DE LOS MODELOS DE REGRESIÓN

En la tabla 8.8 se presenta información sobre ahorro personal e ingreso personal en el Reino Unido durante el período 1946-1963.

Supóngase que se desea encontrar la forma como se comporta el ahorro personal en relación con el ingreso personal, es decir, se desea estimar una simple *función de ahorro*. Una breve mirada a la información dada en la tabla 8.8 muestra que el comportamiento del ahorro, en relación con el ingreso durante el período 1946-1954, el período inmediatamente posterior a la Segunda Guerra Mundial (puede llamarlo período de reconstrucción), parece diferir del período 1955-1963 (de post reconstrucción). Para expresarlo de otra forma, la función de ahorro ha sufrido un *cambio estructural* entre los dos períodos, es decir, los parámetros de la función de ahorro han cambiado.

TABLA 8.8
Información sobre ahorro e ingreso personal, Reino Unido,
1946-1963 (millones de libras)

Período I: 1946-1954	Ahorro	Ingreso	Período II: 1955-1963	Ahorro	Ingreso
1946	0.36	8.8	1955	0.59	15.5
1947	0.21	9.4	1956	0.90	16.7
1948	0.08	10.0	1957	0.95	17.7
1949	0.20	10.6	1958	0.82	18.6
1950	0.10	11.0	1959	1.04	19.7
1951	0.12	11.9	1960	1.53	21.1
1952	0.41	12.7	1961	1.94	22.8
1953	0.50	13.5	1962	1.75	23.9
1954	0.43	14.3	1963	1.99	25.2

Fuente: Oficina Central de Estadística, Reino Unido

Para ver si este cambio es real, supóngase que la función de ahorro para los dos períodos es la siguiente:

$$\text{Período de reconstrucción:} \qquad Y_t = \alpha_1 + \alpha_2 x_t + u_{1t} \qquad (8.8.1)$$

$$t = 1, 2, \ldots n_1$$

$$\text{Período de postreconstrucción:} \quad Y_t = \beta_1 + \beta_2 x_t + u_{2t} \qquad (8.8.2)$$

$$t = 1, 2, \ldots n_2$$

donde Y es el ahorro personal, X es el ingreso personal, los u son los términos de perturbación en las dos ecuaciones y n_1 y n_2 son el número de observaciones en los dos períodos. Téngase en cuenta que el número de observaciones en los dos períodos puede ser igual o diferente.

Ahora un cambio estructural puede significar que los dos interceptos son diferentes, o que las dos pendientes son diferentes, o que tanto los interceptos como las pendientes son diferentes, o cualquier otra combinación posible de los parámetros. Por supuesto, si no hay cambio estructural (es decir, hay estabilidad estructural) podemos combinar todas las observaciones n_1 y n_2 y estimar sencillamente la función de ahorro como

$$Y_t = \lambda_1 + \lambda_2 X_t + u_t \qquad (8.8.3)$$

¿Cómo determinar si hay un cambio estructural en la relación ahorro-ingreso entre los dos períodos? Una prueba corrientemente utilizada para responder esta pregunta se conoce como la **prueba de Chow**, por Gregory Chow[17], aun cuando es simplemente la prueba F estudiada anteriormente.

Los supuestos en los cuales se basa la prueba de Chow son dos:

$$(a) \quad u_{1t} \sim N(0, \sigma^2) \quad \text{y} \quad u_{2t} \sim N(0, \sigma^2)$$

es decir, los dos términos de error están normalmente distribuidos con la misma varianza (homoscedástica) σ^2 y

$$(b) \quad u_{1t} \text{ y } u_{2t} \text{ estan distribuídos independientemente}[18].$$

Con estos supuestos, la prueba de Chow se realiza de la siguiente manera.

Paso I: Combinando todas las observaciones n_1 y n_2, se estima (8.8.3) y se obtiene su suma residual al cuadrado (SRC), es decir, S_1 con g de l = $(n_1 + n_2 - k)$, donde k es el número de parámetros estimados, 2 en el presente caso.

Paso II: Estímense (8.8.1) y (8.8.2) individualmente y obténganse sus SRC, es decir S_2 y S_3 con g de l = $(n_1 - k)$ y $(n_2 - k)$ respectivamente. Adiciónese estas dos SRC, es decir, $S_4 = S_2 + S_3$ con g de l = $(n_1 + n_2 - 2k)$.

Paso III: Obténgase $S_5 = S_1 - S_4$.

[17]Gregory C.Chow, «Tests of Equality between Sets of Coefficients in Two Linear Regressions,» *Econometrica,* vol. 28, no. 3, 1960, pp. 591-605.

[18]En el capítulo 11 sobre homoscedasticidad se mostrará la forma de determinar si dos (o más) varianzas son iguales. La prueba de Chow ha sido modificada para considerar la heteroscedasticidad. *Véase* W.A. Jayatissa, «Tests of Equality between Sets of Coefficients in Two Linear Regressions When Disturbance Variances Are Unequal», *Econometrica,* vol. 45, 1977, pp. 1291-1292.

Paso IV: Dados los supuestos de la prueba de Chow, puede demostrarse que

$$F = \frac{S_5/k}{S_4/(n_1 + n_2 - 2k)} \qquad (8.8.4)$$

sigue la distribución F con g de l = $(k, n_1 + n_2 - 2k)$. Si la F calculada de (8.8.4) excede el valor F crítico a un el nivel escogido de α, rechácese la hipótesis de que las regresiones (8.8.1) y (8.8.2) son iguales, es decir, rechácese la hipótesis de estabilidad estructural. Alternativamente, si el valor p de F obtenido de (8.8.4) es bajo, rechácese la hipótesis nula de estabilidad estructural.

Retornando al ejemplo, los resultados son los siguientes: Obsérvese que en el ejemplo $n_1 = n_2 = 9$.

Paso I:

$$\hat{Y}_t = \begin{matrix} -1.0821 & + & 0.1178\,X_t \\ (0.1452) & & (0.0088) \end{matrix}$$
$$t = (-7.4548) \quad (13.4316) \quad r^2 = 0.9185$$
$$S_1 = 0.5722; \quad \text{g de l} = 16 \qquad (8.8.5)$$

Paso II: Período de reconstrucción, 1946-1954

$$\hat{Y}_t = \begin{matrix} -0.2622 & + & 0.0470\,X_t \\ (0.3054) & & (0.0266) \end{matrix}$$
$$t = (-0.8719) \quad (1.7700) \quad r^2 = 0.3092$$
$$S_2 = 0.1396; \quad \text{g de l} = 7 \qquad (8.8.6)$$

Período de postreconstrucción, 1955-1963

$$\hat{Y}_t = \begin{matrix} -1.7502 & + & 0.1504\,X_t \\ (0.3576) & & (0.0175) \end{matrix}$$
$$t = (-4.8948) \quad (8.5749) \quad r^2 = 0.9131$$
$$S_3 = 0.1931; \quad \text{g de l} = 7 \qquad (8.8.7)$$

Paso III:

$$S_4 = (S_2 + S_3) = 0.3327$$
$$S_5 = (S_1 - S_4) = 0.2395$$

Paso IV:

$$F = \frac{0.2395/2}{0.3327/14}$$
$$= 5.04$$

Si el nivel α se fija al 5%, el valor crítico $F_{2,14} = 3.74$. Y puesto que el valor F observado de 5.04 excede este valor crítico, se puede rechazar la hipótesis de que la función de ahorro en los dos períodos de tiempo es la misma. A propósito, el **valor p** del F observado es 0.0224.

Si se acepta la conclusión de que las funciones de ahorro en los dos períodos de tiempo son diferentes, ¿se debe esta diferencia a la diferencia en los valores de los interceptos o a los valores de las pendientes, o a ambos valores? Aun cuando la prueba de Chow puede ser adaptada para responder a estas preguntas, en el capítulo sobre variables dicotómicas (*véase* el capítulo 15) se presentará una alternativa a la prueba de Chow, que puede responder a estas preguntas más fácilmente.

*8.9 PRUEBA DE LA FORMA FUNCIONAL DE LA REGRESIÓN: SELECCIÓN ENTRE MODELOS DE REGRESIÓN LINEAL Y LOG-LINEAL

La selección entre un modelo de regresión lineal (el regresor es una función lineal de los regresores) o un modelo de regresión log-lineal (el logaritmo del regresor es función de los logaritmos de los regresores) es la eterna pregunta en el análisis empírico. Se puede utilizar una prueba propuesta por MacKinnon, White y Davidson, que se denominará, por brevedad la **prueba MWD** para escoger entre los dos modelos[19].

Para ilustrar esta prueba, supóngase lo siguiente

H_0 : *Modelo Lineal:* Y es una función lineal de los regresores, los X

H_1 : *Modelo Log-lineal:* lnY es función lineal de los logaritmos de los regresores, los logaritmos de las X.

en donde, como es usual, H_0 y H_1 denotan las hipótesis nula y alterna.

La prueba MWD comprende los siguientes pasos[20]:

Paso I: Estímese el modelo lineal y obténganse los valores Y estimados. Llámelos Yf (es decir, $\hat{Y}$).

Paso II: Estímese el modelo log-lineal y obténganse los valores ln Y estimados; denomínense ln f (es decir., $\widehat{\ln Y}$).

Paso III: Obténgase $Z_1 = (\ln Yf - \ln f)$.

Paso IV: Efectúese la regresión de Y sobre las X y Z_1 obtenida en el Paso III. Rechácese H_0 si el coeficiente de Z_1 es estadísticamente significativo mediante la prueba t usual.

Paso V: Obténgase $Z_2 = $ (antilog de ln f - Yf).

Paso VI: Efectúese la regresión del logaritmo de Y sobre los logaritmos de las X y Z_2. Rechácese H_1 si el coeficiente de Z_2 es estadísticamente significativo mediante la prueba t usual.

Aun cuando la prueba MWD parece compleja, la lógica de la prueba es bastante simple. Si el modelo lineal es en realidad el modelo correcto, la variable construida Z_1 no debería ser estadísticamente significativa en el Paso IV, ya que en ese caso los valores Y estimados del modelo lineal y aquellos

---

*Opcional

[19]J. Mackinnon, H. White y R. Davidson, «Tests for Model Specification in the Presence of Alternative Hypothesis: Some Further Results», *Journal of Econometrics,* vol 21, 1983, pp. 53-70. Se propone una prueba similar en A.K. Bera y C.M. Jarque, «Model Specification Tests: A Simultaneous Approach, *Journal of Econometrics,* vol. 20, 1982, pp. 59-82.

[20]Este análisis está basado en William H. Greene, *ET: The Econometrics Toolkit Version 3,* Econometric Software, Bellport, New York, 1992, pp. 245-246.

estimados del modelo log-lineal (después de obtener sus valores antilog para efectos comparativos) no deberían ser diferentes. El mismo comentario se aplica a la hipótesis alternativa H_1.

Ejemplo 8.5: Demanda de rosas

Refiérase al ejercicio 7.20 en el cual se ha presentado la información sobre la demanda de rosas en el área metropolitana de Detroit durante el período 1971-II a 1975- II. Para fines ilustrativos se considerará la demanda de rosas como función solamente de los precios de las rosas y de los claveles, dejando por fuera la variable ingreso por el momento. Ahora se considerarán los siguientes modelos:

$$\text{Modelo Lineal:} \qquad Y_t = \alpha_1 + \alpha_2 X_{2t} + \alpha_3 X_{3t} + u_t \qquad (8.9.1)$$

$$\text{Modelo Log-lineal:} \qquad \ln Y_t = \beta_1 + \beta_2 \ln X_{2t} + \beta_3 \ln X_{3t} + u_t \qquad (8.9.2)$$

donde Y es la cantidad de rosas en docenas, X_2 es el precio promedio de las rosas al por mayor (US\$/docena) y X_3 es el precio promedio de los claveles al por mayor (US\$/docena). Se espera *a priori*, que α_2 y β_2 sean negativos (¿Por qué?) y que α_3 y β_3 sean positivos (¿Por qué?). Como se sabe, los coeficientes de pendiente en los modelos log-lineal son coeficientes de elasticidad.

Los resultados de las regresiones son los siguientes:

$$\widehat{Y_t} = 0.9734.2176 - 3782.1956 X_{2t} + 2815.2515 X_{3t}$$
$$t = (3.3705) \qquad (-6.6069) \qquad (2.9712) \qquad\qquad (8.9.3)$$
$$F = 21.84; \quad R^2 = 0.77096$$

$$\widehat{\ln Y_t} = 9.2278 - 1.7607 \ln X_{2t} + 1.3398 \ln X_{3t}$$
$$t = (16.2349) \quad (-5.9044) \qquad (2.5407) \qquad\qquad (8.9.4)$$
$$F = 17.50; \quad R^2 = 0.7292$$

Como lo indican estos resultados, ambos modelos, el lineal y el log-lineal parecen ajustarse a la información razonablemente bien: los parámetros tienen los signos esperados y los valores t y R^2 son estadísticamente significativos.

Para decidir entre estos modelos con base en la **prueba MWD**, se prueba primero la hipótesis de que el modelo verdadero es lineal. Luego, siguiendo el Paso IV de la prueba, se obtiene la siguiente regresión:

$$\widehat{Y_t} = 9727.5685 - 3783.0623 X_{2t} + 2817.7157 X_{3t} + 85.2319 Z_{1t}$$
$$t = (3.2178) \qquad (-6.3337) \qquad (2.8366) \qquad (0.0207) \qquad (8.9.5)$$
$$F = 13.44; \quad R^2 = 0.7707$$

Puesto que el coeficiente de Z_1 no es estadísticamente significativo (el valor p del t estimado es 0.98), no se rechaza la hipótesis de que el verdadero modelo es lineal.

Supóngase que se acelera el proceso y se supone que el verdadero modelo es log-lineal. Siguiendo el Paso VI de la prueba MWD, se obtienen los siguientes resultados de la regresión:

$$\widehat{\ln Y_t} = 9.1486 - 1.9699 \ln X_t + 1.5891 \ln X_{2t} - 0.0013 Z_{2t}$$
$$t = (17.0825) \quad (-6.4189) \qquad (3.0728) \qquad (-1.6612) \qquad (8.9.6)$$
$$F = 14.17; \quad R^2 = 0.7798$$

El coeficiente de Z_2 es estadísticamente significativo a un nivel de significancia del 12% (el valor p es 0.1225). Por consiguiente, se puede rechazar la hipótesis de que el verdadero modelo es log-lineal a este nivel de significancia. Por supuesto, si se utilizan los niveles de significancia convencionales de 1 y 5% entonces no se puede rechazar la hipótesis de que el verdadero modelo es log-lineal. Como lo muestra este ejemplo, es muy posible que en una situación dada no se puedan rechazar una u otra de las especificaciones.

8.10 PREDICCIÓN CON REGRESIÓN MÚLTIPLE

En la sección 5.10 se mostró cómo el modelo estimado de regresión con dos variables puede ser utilizado para (*a*) predicción de la media, es decir, predicción puntual sobre la función de regresión poblacional (FRP) y también para (*b*) predicción individual, es decir, predicción de un valor individual de Y, dado el valor del regresor $X = X_0$, donde X_0 es el valor numérico específico de X.

La regresión múltiple estimada también puede ser utilizada para fines similares y el procedimiento para hacerlo es una extensión directa del caso de dos variables, con excepción de las fórmulas para estimar la varianza y el error estándar de los valores de pronóstico [comparables a (5.10.2) y (5.10.6) del modelo con dos variables] las cuales son más bien complejas y se manejan mejor mediante los métodos matriciales estudiados en el capítulo 9. (*Véase* sección 9.9).

Para ilustrar el mecanismo de la predicción media e individual, se recuerda la regresión anteriormente estimada del consumo personal para los Estados Unidos durante el período 1956-1970.

$$\hat{Y}_i = 53.1603 + 0.7266X_{2i} + 2.7363X_{3i}$$
$$(13.0261) \quad (0.0487) \quad (0.8486) \qquad (8.10.1)$$
$$R^2 = 0.9988 \qquad = (8.2.2)$$

donde Y = gasto de consumo personal, X_2 = ingreso personal disponible y X_3 = tendencia de tiempo.

$\hat{Y}_i$, como se sabe, es un *estimador* de $E(Y \mid X_2, X_3)$, es decir, la verdadera media de Y dado X_2 y X_3.

Ahora supóngase que la información para 1971 es la siguiente: X_2 = US\$567 mil millones y X_3 = 16. Reemplazando estos valores en (8.10.1) se obtiene:

$$(\hat{Y}_{1971} \mid X_2 = 567, X_3 = 16)$$
$$= 53.1603 + 0.7266(567) + 2.7363(16) = 508.9297 \quad (8.10.2)$$

Así, para 1971 el GCP es alrededor de US\$509 mil millones. Por las razones anotadas en la sección 5.10, US\$509 mil millones es también el valor de la predicción *individual,* para 1971, Y_{1971}.

Sin embargo, las varianzas de $\hat{Y}_{1971}$ y Y_{1971} son diferentes. De las fórmulas dadas en el capítulo 9, puede mostrarse que:

$$\text{var}(\hat{Y}_{1971} \mid X_2, X_3) = 3.6580 \quad \text{y} \quad \text{ee}(\hat{Y}_{1971} \mid X_2, X_3) = 1.9126 \quad (8.10.3)$$
$$\text{var}(Y_{1971} \mid X_2, X_3) = 10.0887 \quad \text{y} \quad \text{ee}(Y_{1971} \mid X_2, X_3) = 3.1763 \quad (8.10.4)$$

donde $\text{var}(Y_{1971} \mid X_2, X_3)$ reemplaza $E(Y_{1971} - \hat{Y}_{1971} \mid X_2, X_3)^2$. Como era de esperarse, $\text{var}(Y_{1971}) >$. $\text{var}(\hat{Y}_{1971})$. (¿Por qué?) *Nota:* var Y_{1971} es una abreviación de $\text{var}(Y_{1971} - \hat{Y}_{1971})$.

Bajo los supuestos del modelo clásico y siguiendo lo expuesto en la sección 5.10, se puede establecer el *intervalo de confianza* $100(1 - \alpha)$ para *la predicción de la media* como

$$[\hat{Y}_{1971} - t_{\alpha/2} \ \text{ee}(\hat{Y}_{1971}) \leq E(Y_{1971}) \leq \hat{Y}_{1971} + t_{\alpha/2} \text{ee}(\hat{Y}_{1971})] \quad (8.10.5)$$

donde se($\hat{Y}_{1971}$) se obtiene de (8.10.3) y donde se supone que esta predicción está basada en los valores dados de X_2 y X_3 para 1971. Sobra decir, el mismo procedimiento puede repetirse para cualquier otro valor de X_2 y X_3.

El intervalo de confianza $100(1-\alpha)$ equivalente para la *predicción individual,* Y_{1971} es

$$[\hat{Y}_{1971} - t_{\alpha/2} \, ee(Y_{1971}) \leq \hat{Y}_{1971} \leq \hat{Y}_{1971} + t_{\alpha/2} \, ee(Y_{1971})]$$

donde ee(Y_{1971}) una abreviación para ee($Y_{1971} - \hat{Y}_{1971}$), se obtiene ahora de (8.10.4)

Para el ejemplo ilustrativo, el lector puede verificar que estos intervalos de confianza son los siguientes:

Predicción de la media:

$$508 \cdot 9297 - 2 \cdot 179(1 \cdot 9126) \leq E(Y_{1971}) \leq 508 \cdot 9297 + 2 \cdot 179(1 \cdot 9126)$$

es decir,

$$504 \cdot 7518 \leq E(Y_{1971}) \leq 513 \cdot 0868 \qquad (8.10.6)$$

Predicción individual:

$$508 \cdot 9297 - 2 \cdot 179(3 \cdot 1763) \leq Y_{1971} \leq 508 \cdot 9297 + 2 \cdot 179(3 \cdot 1763)$$
$$501 \cdot 9988 \leq Y_{1971} \leq 515 \cdot 8412 \qquad (8.10.7)$$

Recuérdese que los g de l para el valor t es $(n - 3)$ para el modelo de tres variables, $(n - 4)$ para el modelo de cuatro variables, o $(n - k)$ para el modelo de k variables.

*8.11 LA TRÍADA DE LAS PRUEBAS DE HIPÓTESIS: RAZÓN DE VEROSIMILITUD (RV), WALD (W) Y MULTIPLICADOR DE LAGRANGE (ML)[21]

En este capítulo y en los anteriores se han utilizado, generalmente, las pruebas t, F, y ji- cuadrado para probar una diversidad de hipótesis en el contexto de los modelos de regresión lineal (en parámetros). Pero una vez se sale del mundo algo cómodo de los modelos de regresión lineal, se necesitan métodos para probar hipótesis con los que se puedan manejar modelos de regresión, lineales o no lineales.

Con la conocida triada de **pruebas de verosimilitud, de Wald y del multiplicador de Lagrange**, se puede lograr este propósito. Lo interesante de observar es que asintóticamente (es decir, en muestras grandes) las tres pruebas son equivalentes en cuanto a que la estadística de prueba asociada con cada una de estas pruebas sigue la distribución ji cuadrado.

Aun cuando se estudiará la **Prueba de la razón de verosimilitud** en el apéndice de este capítulo, en general no se utilizará este tipo de pruebas en este libro de texto por la razón pragmática de que en muestras pequeñas o finitas, que son las que, desafortunadamente, manejan la mayoría de los investigadores, la prueba F que se ha utilizado hasta ahora será suficiente. Como lo anotan Davidson y MacKinnon:

---

*Opcional

[21]*Véase* una exposición sencilla en A. Buse, «The Likelihood Ratio, Wald and Lagrange Multiplier Tests: An Expository Note,» *American Statistician,* vol 36, 1982, pp. 153-157.

Para modelos de regresión lineal, con errores normales o sin ellos, no hay necesidad de revisar el ML, W y RV ya que al hacerlo no se gana información adicional a la contenida en F[22].

8.12 RESUMEN Y CONCLUSIONES

1. En este capítulo se extendieron y refinaron las ideas sobre estimación de intervalos y prueba de hipótesis introducidas inicialmente en el capítulo 5 en el contexto del modelo de regresión lineal con dos variables.

2. En la regresión múltiple, la prueba de *significancia individual* de un coeficiente de regresión parcial (utilizando la prueba *t*) y la prueba de la *significancia global* de la regresión (es decir, H_0 : todos los coeficientes de pendiente parcial son cero o $R^2 = 0$) no son la misma cosa.

3. En particular, encontrar que uno o más coeficientes de regresión parcial no son estadísticamente significativos con base en la prueba *t individual*, no significa que todos los coeficientes de regresión parcial (colectivamente) tampoco sean significativos. Esta última hipótesis puede ser probada solamente mediante la prueba *F*.

4. La **prueba F** tiene gran versatilidad en el sentido de que con ella se pueden probar una diversidad de hipótesis, tales como (1) si un coeficiente de regresión individual es estadísticamente significativo, (2) si todos los coeficientes de pendiente parciales son cero, (3) si dos o más coeficientes son estadísticamente iguales, (4) si los coeficientes satisfacen algunas restricciones lineales y (5) si el modelo de regresión posee estabilidad estructural.

5. Como en el caso de dos variables, el modelo de regresión múltiple puede ser utilizado para fines de predicción de media o individual.

EL CAMINO A SEGUIR

Con este capítulo se concluyó nuestra exposición del modelo clásico de regresión lineal iniciada en el capítulo 2. Como se señaló en ocasiones, el modelo clásico está basado en algunos supuestos ideales o rigurosos. Pero ha proporcionado una norma o posición estándar frente a la cual podemos juzgar otros modelos de regresión que tratan de inyectar «realismo» relajando uno o más supuestos del modelo clásico. La labor en el resto del texto será encontrar lo que sucede si se incumple uno o más supuestos del modelo clásico. Agradaría saber qué tan «robusto» o «sólido» es el modelo clásico en el caso de que se adopten supuestos menos rigurosos. Interesaría saber, por ejemplo, lo que sucede si se incumple el supuesto de normalidad, o si se permite la presencia de heteroscedasticidad o de correlación serial o de errores de especificación.

Pero antes de dedicarse a esta investigación, en el capítulo 9 se introducirá el modelo clásico en notación matricial. Este capítulo proporciona un resumen conveniente de los capítulos 1 al 8 y muestra además la razón por la cual el álgebra matricial es una herramienta tan útil, una vez se sale de los modelos de regresión con dos o tres variables; si se permite que con ésta se maneje el modelo de regresión con k variables sería un trabajo muy desordenado.

Debe anotarse que el capítulo 9 no es esencial para entender el resto del texto. Se ha incluido para beneficio de los estudiantes con mayor formación matemática. Sin embargo con las bases de álgebra matricial dadas en el apéndice B el lector sin conocimiento previo del álgebra matricial encontrará de utilidad estudiar el capítulo. **Pero permítanme reiterar, este capítulo no es crítico para entender el resto del texto**; puede ser omitido sin pérdida de continuidad.

---

[22]Russell Davidson y James G. MacKinnon, *Estimation and Inference in Econometrics,* Oxford University Press, New York, 1993, p. 456.

EJERCICIOS

Preguntas

8.1. Supóngase que se desea estudiar el comportamiento de las ventas de un producto, digamos, automóviles sobre un número de años y supóngase que alguien sugiere ensayar los siguientes modelos:

$$Y_t = \beta_0 + \beta_1 t$$
$$Y_t = \alpha_0 + \alpha_1 t + \alpha_2 t^2$$

donde Y_t = ventas en el tiempo t y t = tiempo, medido en años. El primer modelo postula que la variable ventas es una función lineal del tiempo, mientras que el segundo plantea que ésta es función cuadrática del tiempo.

(*a*)   Analícense las propiedades de estos modelos.

(*b*)   ¿Cómo se decidiría entre los dos modelos?

(*c*)   ¿En qué situaciones sería útil el modelo cuadrático?

(*d*)   Trátese de obtener información sobre ventas de automóviles en los Estados Unidos durante los pasados 20 años y vea cuál modelo ajusta mejor los datos.

8.2. Demuéstrese que la razón F de (8.5.16) es igual a la razón F de (8.5.18). (*Guía:* SEC/STC = R^2).

8.3. Demuéstrese que las pruebas F de (8.5.18) y (8.7.10) son equivalentes.

8.4. Justifíquense los supuestos utilizados en (8.7.11) y (8.7.12).

8.5. Considérese la función de producción Cobb-Douglas

$$Y = \beta_1 L^{\beta_2} K^{\beta_3} \tag{1}$$

donde Y = producto, L = insumo trabajo y K = insumo capital. Dividiendo (1) por K, se obtiene:

$$(Y/K) = \beta_1 (L/K)^{\beta_2} K^{\beta_2 + \beta_3 - 1} \tag{2}$$

Tomando el logaritmo natural de (2), tenemos:

$$\ln(Y/K) = \beta_0 + \beta_2 \ln(L/K) + (\beta_2 + \beta_3 - 1)\ln K \tag{3}$$

donde $\beta_0 = \ln \beta_1$.

(*a*)   Supóngase que se tenía información para correr la regresión (3). ¿Cómo se probaría la hipótesis de que hay rendimientos constantes a escala, es decir $(\beta_2 + \beta_3) = 1$?

(*b*)   De existir rendimientos constantes a escala, ¿cómo se interpretaría la regresión (3)?

(*c*)   ¿Hay alguna diferencia si se divide (1) por L en lugar de hacerlo por K?

8.6. **Valores críticos de R^2 cuando la verdadera $R^2 = 0$.** La ecuación (8.5.11) da la relación entre F y R^2 bajo la hipótesis de que todos los coeficientes de pendiente parciales son simultáneamente iguales a cero (es decir, $R^2 = 0$). De la misma manera en que se puede encontrar el valor F crítico al nivel de significancia a de la tabla F, es posible encontrar el valor R^2 crítico a partir de la siguiente relación:

$$R^2 = \frac{(k-1)F}{(k-1)F + (n-k)}$$

donde k es el número de parámetros en el modelo de regresión incluyendo el intercepto y donde F es el valor F crítico al nivel de significancia α. Si el R^2 observado excede el R^2 crítico obtenido de la fórmula anterior, se puede rechazar la hipótesis de que el verdadero R^2 es cero.

Establézcase la fórmula anterior y encuéntrese el valor R^2 crítico (para a = 5%) para la regresión (8.2.2).

8.7. Siguiendo el procedimiento de eliminación de tendencia en series de tiempo analizada en la sección 8.2, verifíquese que para la información dada en la tabla 8.1 el coeficiente de pendiente en la regresión de Y libre de tendencia sobre X_2 libre de tendencia es ciertamente igual a β_2 dada en (8.2.2).

8.8 ¿Será el R^2 obtenido en (8.2.2) igual al obtenido de la regresión de Y libre de tendencia sobre X_2 libre de tendencia? Explicar.

8.9. De acuerdo con la sección 8.2, considérense las siguientes regresiones:

$$\hat{u}_{1i} = a_1 + a_2\hat{u}_{2i} + w_{1i} \tag{1}$$

donde $\hat{u}_{1i} = Y$ libre de tendencia (lineal), $\hat{u}_{2i} = X_2$ libre de tendencia (lineal) y w_{1i} = residuo (todos los w en las regresiones siguientes representan residuos).

$$Y_i = b_1 + b_2\hat{u}_{2i} + w_{2i} \tag{2}$$
$$\hat{u}_{1i} = c_1 + c_2X_{2i} + c_3X_{3i} + w_{3i} \qquad (X_3 \text{ es tiempo}) \tag{3}$$
$$Y_i = d_1 + d_2\hat{u}_{2i} + d_3X_{3i} + w_{4i} \tag{4}$$

Muéstrese que $a_2 = b_2 = c_2 = d_2$. ¿Qué conclusiones generales se deducen? (*Nota:* $a_2 = \beta_2$).

8.10. Con base en información anual para los años 1968-1987, se obtuvieron los siguientes resultados de regresión:

$$\hat{Y}_t = -859.92 + 0.6470X_{2t} - 23.195X_{3t} \qquad R^2 = 0.9776 \tag{1}$$
$$\hat{Y}_t = -261.09 + 0.2452X_{2t} \qquad R^2 = 0.9388 \tag{2}$$

donde Y = gasto de los Estados Unidos en bienes importados, miles de millones de dólares de 1982, X_2 = ingreso personal disponible, miles de millones de dólares de 1982 y X_3 = variable de tendencia. *Cierto o falso:* El error estándar de X_3 en (1) es 4.2750. Muestre sus cálculos. (*Guía:* Utilícese la relación entre R^2, F y t).

8.11. Supóngase que en la regresión

$$\ln(Y_i/X_{2i}) = \alpha_1 + \alpha_2 \ln X_{2i} + \alpha_3 \ln X_{3i} + u_i$$

los valores de los coeficientes de regresión y sus errores estándar son conocidos[*]. Sabiendo esto, ¿cómo se estimarían los parámetros y los errores estándar del siguiente modelo de regresión?

$$\ln Y_i = \beta_1 + \beta_2 \ln X_{2i} + \beta_3 \ln X_{3i} + u_i$$

8.12. Supóngase lo siguiente:

$$Y_i = \beta_1 + \beta_2X_{2i} + \beta_3X_{3i} + \beta_4X_{2i}X_{3i} + u_i$$

donde Y es el gasto personal de consumo, X_2 es el ingreso personal y X_3 es la riqueza personal[†]. El término $(X_{2i}.X_{3i})$ se conoce como el **término de interacción**. ¿Qué se quiere significar con esta expresión? ¿Cómo se probaría la hipótesis de que la propensión marginal a consumir (PMC) (es decir, β_2) es independiente de la riqueza del consumidor?

8.13. Se le dan los siguientes resultados de regresión:

$$\hat{Y}_t = 16899 \qquad\qquad - 2978.5X_{2t} \qquad\qquad\qquad\qquad R^2 = 0.6149$$
$$t = \qquad (8.5152) \qquad (-4.7280)$$
$$\hat{Y}_t = 9734.2 \qquad\qquad - 3782.2X_{2t} \quad + 2815X_{3t} \qquad R^2 = 0.7706$$
$$t = \qquad (3.3705) \qquad (-6.6070) \qquad (2.9712)$$

¿Se puede encontrar el tamaño de la muestra en la cual se basan estos resultados? (*Guía:* Recuérdese la relación entre los valores de R^2, F y t).

8.14. Con base en el análisis de pruebas de hipótesis *individuales* y *conjuntas* a partir de las pruebas t y F respectivamente, ¿cuáles de las siguientes situaciones son probables?

---

[*]Adaptado de Peter Kennedy, *A Guide to Econometrics,* the MIT Press, 3a. ed, Cambridge, Massachusetts, 1992, p. 310.
[†]*Ibid.*, p.327.

1. Rechazar la nula conjunta con base en la estadística F, pero no rechazar cada nula por separado con base en las pruebas t individuales;
2. Rechazar la nula conjunta con base en la estadística F, rechazar una hipótesis individual con base en la prueba t y no rechazar otras hipótesis individuales con base en la prueba t;
3. Rechazar la nula conjunta con base en la estadística F y rechazar cada hipótesis nula por separado con base en pruebas t individuales.
4. No rechazar la nula conjunta con base en la estadística F y no rechazar cada nula por separado con base en las pruebas t individuales.
5. No rechazar la nula conjunta con base en la estadística F, rechazar una hipótesis individual con base en una prueba t y no rechazar otras hipótesis individuales con base en la prueba t;
6. No rechazar la nula conjunta con base en la estadística F pero rechazar cada nula por separado con base en pruebas t individuales[**].

Problemas

8.15. Refiérase al ejercicio 7.18.
   (a)   ¿Son $\hat{\beta}_2$ y $\hat{\beta}_3$ considerados en forma individual, estadísticamente significativos?
   (b)   ¿Son estadísticamente diferentes de la unidad?
   (c)   ¿Son $\hat{\alpha}_2$ y $\hat{\alpha}_3$ estadísticamente significativos individualmente?
   (d)   ¿La información apoya la hipótesis de que $\beta_2 = \beta_3 = 0$?
   (e)   Pruébese la hipótesis de que $\alpha_2 = \alpha_3 = 0$.
   (f)   ¿Cómo se podrían calcular las elasticidades sobre el producto del trabajo y del capital para el primer modelo? ¿Para el segundo modelo?
   (g)   ¿Cuál de los modelos es preferible? ¿Por qué?
   (h)   Compárense los valores R^2 de los dos modelos. Se puede utilizar el nivel de significancia del 5%.
8.16. Refiérase al ejercicio 7.19.
   (a)   Pruébese la significancia global de la regresión estimada.
   (b)   ¿Cuál es la contribución incremental de X_i^2?
   (c)   ¿Se conservaría X_i^2 en el modelo con base en la prueba F? ¿Con base en el R^2?
8.17. Refiérase al ejercicio 7.25.
   (a)   ¿Cuáles son las elasticidades-ingreso real y -tasa de interés con respecto a los balances reales de efectivo?
   (b)   ¿Son las elasticidades anteriores consideradas en forma individual estadísticamente significativas?
   (c)   Pruébese la significancia global de la regresión estimada.
   (d)   ¿Es la elasticidad ingreso de la demanda por balances reales de efectivo significativamente diferente de la unidad?
   (e)   Debe conservarse en el modelo la variable tasa de interés? ¿Por qué?
8.18. Continúese con el ejercicio 7.25. Supóngase que se efectua la siguiente regresión:

$$M_t^n = \alpha_0 Y_t^{\alpha_1} r_t^{\alpha_2} P_t^{\alpha_3}$$

donde M_t^n = balances monetarios de efectivo *nominal* agregado en el tiempo t, Y_t = Ingreso real agregado en el tiempo t, r_t = tasa de interés de largo plazo y P_t = deflactor implícito de precios en el tiempo t (como una medida del nivel general de precios).
   (a)   Llévese a cabo la regresión anterior e interprétense los resultados.
   (b)   Compárense los resultados de esta regresión con aquellos obtenidos en la regresión del ejercicio 7.25.
   (c)   *A priori*, ¿cuál sería el valor de α_3? ¿Por qué?
   (d)   ¿Qué se puede decir sobre la «ilusión monetaria» en la economía de la India durante el período 1948-1965?

[**]Cita textual de Ernst R. Berndt, *The Practice of Econometrics: Classic and Contemporary*, Addison-Wesley, Reading, Massachusetts, 1991, p.79.

8.19. Continuando con el ejercicio 8.18, considérese la siguiente función de demanda de dinero:

$$M_t^n = \lambda_0 (Y_t^n)^{\lambda_1} r_t^{\lambda_2} P_t^{\lambda_3}$$

donde, además de las definiciones dadas en el ejercicio 8.18, Y_t^n representa el ingreso nacional neto nominal agregado.

(*a*) Efectúese la regresión anterior y coméntense sus resultados.

(*b*) Compárense los resultados de esta regresión con aquellos obtenidos en los ejercicios 7.25 y 8.18.

(*c*) ¿Cuál es la relación, si ésta existe, entre α_1 y λ_1?

8.20. Suponiendo que Y y $X_2, X_3, ..., X_k$ siguen una distribución normal conjunta y suponiendo que la hipótesis nula plantea que las correlaciones parciales poblacionales son individualmente iguales a cero, R.A. Fisher ha demostrado que

$$t = \frac{r_{12.34...k} \sqrt{n - k - 2}}{\sqrt{1 - r_{12.34...k}^2}}$$

sigue la distribución t con $n - k - 2$ g de l, donde k es el coeficiente de correlación parcial de grado k y n es el número total de observaciones. (*Nota:* $r_{12.3}$ es un coeficiente de correlación parcial de primer orden, $r_{12.34}$ es un coeficiente de correlación parcial de segundo orden y así sucesivamente). Refiérase al ejercicio 7.2. Suponiendo que Y y X_2 y X_3 siguen una distribución normal conjunta, calcúlense las tres correlaciones parciales $r_{12.3}$, $r_{13.2}$ y $r_{23.1}$ y pruébese su significancia bajo la hipótesis de que las correlaciones poblacionales correspondientes son individualmente iguales a cero.

8.21. Al estudiar la demanda de tractores agrícolas en los Estados Unidos durante los períodos 1921-1941 y 1948-1957, Griliches[*] obtuvo los siguientes resultados:

$$\widehat{\log Y_t} = \text{constant} - 0.519 \ \log X_{2t} - 4.933 \ \log X_{3t} \qquad R^2 = 0.793$$
$$\qquad\qquad\qquad (0.231) \qquad\qquad\quad (0.477)$$

donde Y_t = valor de las existencias de tractores en las granjas el 1º de enero, en dólares de 1935-1939, X_2 = índice de precios pagado por los tractores dividido por un índice de precios recibidos por todas las cosechas en el tiempo $t - 1$, X_3 = tasa de interés prevalente en el año $t - 1$ y los errores estándar están dados entre paréntesis.

(*a*) Interprétese la regresión anterior.

(*b*) ¿Son los coeficientes de pendiente estimados estadísticamente significativos de manera individual? ¿Son ellos significativamente diferentes de la unidad?

(*c*) Utilícese la técnica de análisis de varianza para probar la significancia de la regresión en general. *Guía:* Utilícese la variante R^2 de la técnica ANOVA.

(*d*) ¿Cómo se calcularía la elasticidad tasa de interés de la demanda de tractores agrícolas?

(*e*) ¿Cómo se probaría la significancia del R^2 estimado?

8.22. Considérese la siguiente ecuación de determinación de salarios para la economía británica[†] durante el período 1950-1969:

$$\hat{W}_t = 8.582 + 0.364(\text{PF})_t + 0.004(\text{PF})_{t-1} - 2.560U_t$$
$$\quad (1.129) \quad (0.080) \qquad\quad (0.072) \qquad\qquad (0.658)$$

$$R^2 = 0.873; \quad \text{g de L} = 15$$

[*]Z. Griliches, «The Demand for a Durable Input: Farm Tractors in the United States, 1921-1957», en *The Demand for Durable Goods,* Arnold C. Harberger (ed.), The University of Chicago Press, Chicago, 1960, tabla 1, p. 192.

[†]Tomado de *Prices and Earnings in 1951-1969: An Econometric Assessment,* Dept. de Empleo HMSO, 1971, Ec. (19), p. 35.

donde W = sueldos y salarios por empleado, PF = precios del producto final a costo de factores, U = desempleo en la Gran Bretaña como porcentaje del número total de empleados de la Gran Bretaña y t = tiempo. (Las cifras en paréntesis son los errores estándar estimados).

(a) Interprétese la ecuación anterior.

(b) ¿Son los coeficentes estimados individualmente significativos?

(c) ¿Cuál es el razonamiento para introducir la $(PF)_{t-1}$?

(d) ¿Debe eliminarse del modelo la variable $(PF)_{t-1}$? ¿Por qué?

(e) ¿Cómo se calcularía la elasticidad de sueldos y salarios por empleado con respecto a la tasa de desempleo U?

8.23. Una variación de la ecuación de determinación de salarios dada en el ejercicio 8.22 es la siguiente[*]:

$$\hat{W}_t = 1.073 + 5.288V_t - 0.116X_t + 0.054M_t + 0.046M_{t-1}$$
$$(0.797) \quad (0.812) \quad (0.111) \quad (0.022) \quad (0.019)$$

$$R^2 = 0.934; \quad \text{g de L} = 14$$

donde W se define igual que antes, V = empleos vacantes como porcentaje del número total de empleados en la Gran Bretaña, X = producto interno bruto por persona empleada, M = precios de importaciones y M_{t-1} = precios de importaciones en el año anterior (o rezagado). (Los errores estándar estimados están dados entre paréntesis).

(a) Interprétese la ecuación anterior.

(b) ¿Cuáles de los coeficientes estimados son estadísticamente significativos individualmente?

(c) ¿Cuál es el razonamiento para la introducción de la variable X? *A priori*, ¿se espera que el signo de X sea negativo?

(d) ¿Cuál es el propósito de incluir M_t y M_{t-1} en el modelo?

(e) ¿Cuales variables pueden sacarse del modelo? ¿Por qué?

(f) Pruébese la significancia global de la regresión observada.

8.24. Refiérase a la regresión de la curva de Phillips aumentada por expectativas (7.6.2). ¿Es el coeficiente de X_3, la tasa de inflación esperada, estadísticamente igual a la unidad como lo afirma la teoría? Muéstrense los cálculos.

8.25. Para la función de demanda de pollos estimada en (8.7.24), ¿es la elasticidad ingreso estimada igual a 1? ¿Es la elasticidad precio igual a -1?

8.26. Para la función de demanda (8.7.24) ¿cómo se probaría la hipótesis de que la elasticidad ingreso es igual en valor pero opuesta en signo a la elasticidad precio de la demanda? Muéstrense los cálculos necesarios. (*Nota:* $\text{cov}(\hat{\beta}_2, \hat{\beta}_3) = -0.00142$).

8.27. Refiérase a la función de demanda de rosas del ejercicio 7.20. Limítense las consideraciones a la especificación logarítmica.

(a) ¿Cuál es la elasticidad precio-propio de la demanda estimada (es decir, la elasticidad con respecto al precio de las rosas)?

(b) ¿Es ésta estadísticamente significativa?

(c) De ser así, ¿es ésta significativamente diferente de la unidad?

(d) *A priori*, ¿cuáles son los signos esperados de X_3 (precio de los claveles) y X_4 (ingreso)? ¿Están de acuerdo los resultados empíricos con estas expectativas?

(e) Si los coeficientes de X_3 y X_4 no son estadísticamente significativos, ¿cuáles pueden ser las razones?

8.28. Refiérase al ejercicio 7.21 relacionada con la actividad de excavación de pozos.

(a) ¿Es cada uno de los coeficientes de pendiente estimados estadísticamente significativo individualmente al nivel del 5%?

(b) ¿Se rechazaría la hipótesis de que $R^2 = 0$?

(c) ¿Cuál es la tasa de crecimiento instantánea de la actividad de excavación durante el período 1948- 1978? ¿Cuál es la tasa de crecimiento compuesta correspondiente?

---

[*]*Ibid.*, ec. (67), p. 37.

8.29. Refiérase a los resultados de la regresión de los gastos de presupuesto de defensa de los Estados Unidos estimada en el ejercicio 7.22.

(a) Coméntense, en términos generales los resultados de regresión estimados.

(b) Prepárese la tabla ANOVA y pruébese la hipótesis de que todos los coeficientes de pendiente parciales son iguales a cero.

8.30. La siguiente función se conoce como la **función de producción trascendental** (FPT), una generalización de la conocida función de producción Cobb-Douglas:

$$Y_i = \beta_1 L^{\beta_2} k^{\beta_3} e^{\beta_4 L + \beta_5 K}$$

donde Y = producto, L = insumo trabajo y K = insumo capital.

Después de tomar logaritmos y de adicionar el término de perturbación estocástico, se obtiene la FPT estocástica como

$$\ln Y_i = \beta_0 + \beta_2 \ln L_i + \beta_3 \ln K_i + \beta_4 L_i + \beta_5 K_i + u_i$$

donde $\beta_0 = \ln \beta_1$.

(a) ¿Cuáles son las propiedades de esta función?

(b) Para reducir la FPT a la función de producción Cobb- Douglas, ¿cuáles deben ser los valores de β_4 y β_5?

(c) Si se tuviera la información, ¿cómo se haría para encontrar la forma como la FPT se reduce a la función de producción Cobb-Douglas? ¿Qué procedimiento de prueba se utilizaría?

(d) Verifíquese si la FPT se ajusta a la información dada en el ejercicio 7.18. Muéstrense los cálculos.

8.31. *Precios de la energía y formación de capital: Estados Unidos, 1948-1978.* Para probar la hipótesis de que un aumento en el precio de la energía relativo al producto conduce a un descenso en la productividad del capital *existente* y de los recursos laborales, John A. Tatom estimó la siguiente función de producción para los Estados Unidos, para el periodo trimestral 1948-I a 1978-II[*]:

$$\ln (y/k) = \underset{(16.33)}{1.5492} + \underset{(21.69)}{0.7135 \ln (h/k)} - \underset{(-6.42)}{0.1081 \ln (P_e/P)}$$

$$+ \underset{(15.86)}{0.0045t} \qquad R^2 = 0.98$$

donde y = producto real en el sector de negocios privado, k = una medida del flujo de servicios de capital, h = horas por persona en el sector de negocios privado, P_e = índice de precios al productor para combustible y productos relacionados, P = deflactor de precios del sector de negocios privado y t = tiempo. Los números en paréntesis son los estadísticos t.

(a) ¿Apoyan los resultados la hipótesis del autor?

(b) Entre 1972 y 1977 el precio relativo de la energía (P_e/P) aumentó en 60%. A partir de la regresión estimada ¿cuál es la pérdida en productividad?

(c) Después de permitir los cambios en (h/k) y (P_e/P) ¿cuál ha sido la tendencia de la tasa de crecimiento de la productividad durante el período muestral?

(d) ¿Cómo se interpreta el valor del coeficiente de 0.7135?

(e) ¿El hecho de que cada coeficiente de pendiente parcial estimado sea estadísticamente significativo a nivel individual (¿Por qué?) significa que se puede rechazar la hipótesis de que $R^2 = 0$? ¿Por qué o por qué no?

8.32. *La demanda por cable.* La siguiente tabla presenta información utilizada por un fabricante de cable telefónico para predecir ventas a un cliente mayorista durante el periodo 1968-1983[†].

---

[*]Consúltese su publicación «Energy Prices and Capital Formation: 1972-1977», *Review,* Federal Reserve Bank of St. Louis, vol. 61, No. 5, mayo 1979, p. 4.

[†]Estoy agradecido con Daniel J. Reardon por reunir y procesar la información.

Las variables en la tabla se definen de la siguiente forma:

Y = ventas anuales en millones *paired feed.* (MPF)

X_2 = Producto Nacional Bruto (PNB), US$, miles de millones

X_3 = Conexiones en los hogares, miles de unidades

X_4 = tasa de desempleo, %

X_5 = tasa «prime» rezagada 6 meses

X_6 = ganancias de línea para el cliente, %

Variables de regresión

Año	X_2, PNB	X_3, Conexiones en los hogares	X_4, Desempleo, %	X_5, Tasa«Prime» rezag. 6 meses	X_6, Ganancias línea cliente, %	Y, Compras de plástico totales (MPF)
1968	1,051.8	1,503.6	3.6	5.8	5.9	5,873
1969	1,078.8	1,486.7	3.5	6.7	4.5	7,852
1970	1,075.3	1,434.8	5.0	8.4	4.2	8,189
1971	1,107.5	2,035.6	6.0	6.2	4.2	7,497
1972	1,171.1	2,360.8	5.6	5.4	4.9	8,534
1973	1,235.0	2,043.9	4.9	5.9	5.0	8,688
1974	1,217.8	1,331.9	5.6	9.4	4.1	7,270
1975	1,202.3	1,160.0	8.5	9.4	3.4	5,020
1976	1,271.0	1,535.0	7.7	7.2	4.2	6,035
1977	1,332.7	1,961.8	7.0	6.6	4.5	7,425
1978	1,399.2	2,009.3	6.0	7.6	3.9	9,400
1979	1,431.6	1,721.9	6.0	10.6	4.4	9,350
1980	1,480.7	1,298.0	7.2	14.9	3.9	6,540
1981	1,510.3	1,100.0	7.6	16.6	3.1	7,675
1982	1,492.2	1,039.0	9.2	17.5	0.6	7,419
1983	1,535.4	1,200.0	8.8	16.0	1.5	7,923

Considérese el siguiente modelo:

$$Y_i = \beta_1 + \beta_2 X_{2t} + \beta_3 X_{3t} + \beta_4 X_{4t} + \beta_5 X_{5t} + \beta_6 X_{6t} + u_t$$

(a)   Estímese la regresión anterior.

(b)   ¿Cuáles son los signos esperados para los coeficientes de este modelo?

(c)   ¿Están los resultados empíricos de acuerdo con las expectativas *a priori*?

(d)   ¿Son los coeficientes de regresión parcial estimados estadísticamente significativos considerados en forma individual al nivel del 5% de significancia?

(e)   Supóngase que se efectúa la regresión de Y sobre X_2, X_3 y X_4 solamente y luego se decide adicionar las variables X_5 y X_6. ¿Cómo se averiguará si se justifica agregar las variables X_5 y X_6 ? ¿Qué prueba se utiliza? Indíquense los cálculos necesarios.

8.33. Marc Nerlove ha estimado la siguiente función de costo para la generación de electricidad[*]:

$$Y = AX^\beta P_1^{\alpha_1} P_2^{\alpha_2} P_3^{\alpha_3} u \qquad (1)$$

donde Y = costo total de producción, X = producto en horas kilovatio, P_1 = precio del insumo trabajo, P_2 = precio del insumo capital, P_3 = precio del combustible y u = término de perturbación. Teóricamente, se espera que la suma de las elasticidades-precio sea igual a la unidad, es decir, $(\alpha_1 + \alpha_2 + \alpha_3) = 1$. Pero al imponer esta restricción, la función de costos anterior puede escribirse como

$$(Y/P_3) = AX^\beta (P_1/P_3)^{\alpha_1} (P_2/P_3)^{\alpha_2} u \qquad (2)$$

---

[*]Marc Nerlove, «Returns to Scale in Electric Supply», en Carl Christ, ed., *Measurement in Economics*, Stanford University Press, Palo Alto, California, 1963. La notación ha sido cambiada.

En otras palabras, (1) es una función de costo no restringida y (2) es una función de costo restringida. Con base en una muestra de 29 empresas de tamaño mediano y después de realizar la transformación logarítmica, Nerlove obtuvo los siguientes resultados de la regresión

$$\widehat{\ln Y_i} = -4.93 + 0.94 \ln X_i + \qquad\qquad 0.31 \ln P_1 \qquad (3)$$
$$\text{ee} = \quad (1.96) \qquad (0.11) \qquad\qquad\qquad (0.23)$$

$$\qquad\qquad -0.26 \ln P_2 + 0.44 \ln P_3$$
$$\qquad\qquad (0.29) \qquad\quad (0.07) \qquad\qquad \text{SRC} = 0.336$$

$$\widehat{\ln (Y/P_3)} = -6.55 + 0.91 \ln X + 0.51 \ln(P_1/P_3) + 0.09 \ln(P_2/P_3)$$
$$\text{ee} = \quad (0.16) \quad (0.11) \qquad (0.19) \qquad\qquad (0.16) \qquad \text{SRC} = 0.364$$
$$(4)$$

(a) Interprétense las ecuaciones (3) y (4).

(b) ¿Cómo se averiguaría si la restricción $(\alpha_1 + \alpha_2 + \alpha_3) = 1$ es válida? Muéstrense los cálculos.

8.34. *Estímese el modelo de fijación de precios de activos de capital (MPAC).* En la sección 6.1 se consideró brevemente el conocido modelo de fijación de precios de activos de capital de la teoría moderna de portafolio. En el análisis empírico, el MPAC es estimado en dos etapas.

Etapa I (Regresión de serie de tiempo). Para cada uno de los N títulos-valor incluidos en la muestra, efectuamos la siguiente regresión a través del tiempo:

$$R_{it} = \hat{\alpha}_i + \hat{\beta}_i R_{mt} + e_{it} \qquad (1)$$

donde R_{it} y R_{mt} son las tasas de retorno sobre el i-ésimo título-valor y sobre el portafolio del mercado (es decir el S&P 500) en el año t; β_i, como ya se anotó, es el coeficiente Beta o coeficiente de volatilidad del mercado del i-ésimo título valor y e_{it} son los residuos. En total hay N regresiones, una para cada título-valor, y se produce, por consiguiente, N valores estimados para β_i.

Etapa II (Regresión de corte transversal). En esta etapa se corre la siguiente regresión para los N títulos-valor:

$$\bar{R}_i = \hat{\gamma}_1 + \hat{\gamma}_2 \hat{\beta}_i + u_i \qquad (2)$$

donde $\bar{R}_i$ es el promedio o tasa media de retorno para el título-valor i, calculado sobre el período muestral cubierto por la Etapa I, $\hat{\beta}_i$ es el coeficiente beta estimado de la regresión de la primera etapa y u_i es el término residual.

Comparando la regresión (2) de la segunda etapa con el MPAC Ec (6.1.2), escrita como

$$\text{ER}_i = r_f + \beta_i(\text{ER}_m - r_f) \qquad (3)$$

donde r_f es la tasa de retorno libre de riesgo, se ve que $\hat{\gamma}_1$ es estimativo de r_f y es $\hat{\gamma}_2$ un estimativo de $(\text{ER}_m - r_f)$, el premium del riesgo del mercado.

Así, en la prueba empírica de MPAC, $\bar{R}_i$ y $\hat{\beta}_i$ son utilizados como estimadores de ER_i y β_i respectivamente. Ahora, si MPAC se mantiene, estadísticamente,

$$\hat{\gamma}_1 = r_f$$
$$\hat{\gamma}_2 = R_m - r_f, \text{ el estimador de } (\text{ER}_m - r_f)$$

Considérese luego un modelo alternativo:

$$\bar{R}_i = \hat{\gamma}_1 + \hat{\gamma}_2 \hat{\beta}_i + \hat{\gamma}_3 s_{e_i}^2 + u_i \qquad (4)$$

donde $s_{e_i}^2$ es la varianza residual del i-ésimo título-valor de la regresión de la primera etapa. Entonces, si MPAC es válido, $\hat{\gamma}_3$ no debe ser significativamente diferente de cero.

Para probar el MPAC, Levy efectuó las regresiones (2) y (4) sobre una muestra de 101 acciones, durante el período 1948-1968 y obtuvo los siguientes resultados[*]:

$$\bar{R}_i = \underset{(0.009)}{0.109} + \underset{(0.008)}{0.037\beta_i}$$

$$\phantom{\bar{R}_i = }t = (12.0) \qquad (5.1) \qquad R^2 = 0.21 \tag{2'}$$

$$\bar{R}_i = \underset{(0.008)}{0.106} + \underset{(0.007)}{0.0024\hat{\beta}_i} + \underset{(0.038)}{0.201s_{ei}^2}$$

$$\phantom{\bar{R}_i = }t = (13.2) \qquad (3.3) \qquad (5.3) \qquad R^2 = 0.39 \tag{4'}$$

(a)   ¿Apoyan estos resultados el MPAC?

(b)   ¿Se justifica agregar la variable s_{ei}^2 al modelo? ¿Cómo se sabe?

(c)   Si el MPAC se mantiene, $\hat{\gamma}_1$ en (2)'debe aproximar el valor promedio de la tasa libre de riesgo r_f. El valor estimado es 10.9%. ¿Parece ser éste un estimado razonable de la tasa de retorno libre de riesgo durante el período de observación, 1948-1968? (Se puede considerar la tasa de retorno sobre los bonos del Tesoro o sobre un activo libre de riesgo comparativamente similar).

(d)   Si el MPAC se mantiene, el premio de riesgo del mercado $(\bar{R}_m - r_f)$ de (2)'es cerca de 3.7%. Si se supone que r_f es 10.9%, esto implica que $\bar{R}_m$ para el período de la muestra fue aproximadamente 14.6%. ¿Parece éste un estimado razonable?

(e)   ¿Qué se puede decir sobre el MPAC en general?

8.35.   En la siguiente tabla se presenta información sobre ahorro personal (Y) e ingreso personal (X), ambos expresados en miles de millones de dólares durante los años 1970-1991.

Ahorro personal (Y) e ingreso personal X), Estados Unidos, 1970-1991; cifras en miles de millones de dólares

Año	Ahorro, Y	Ingreso X
1970	57.5	831.0
1971	65.4	893.5
1972	59.7	980.5
1973	86.1	1,098.7
1974	93.4	1,205.7
1975	100.3	1,307.3
1976	93.0	1,446.3
1977	87.9	1,601.3
1978	107.8	1,807.9
1979	123.3	2.033.1
1980	153.8	2,265.4
1981	191.8	2,534.7
1982	199.5	2,690.9
1983	168.7	2,862.5
1984	222.0	3,154.6
1985	189.3	3,379.8
1986	187.5	3,590.4
1987	142.0	3,802.0
1988	155.7	4,075.9
1989	152.1	4,380.3
1990	175.6	4,664.2
1991	199.6	4,828.3

Fuente: *Economic Report of the President*, 1993, tabla B-24, p.376.

[*]H. Levy, «Equilibrium in an Imperfect Market: A Constraint on the Number of Securities in the Portfolio», *American Economic Review*, vol. 68, No. 4, septiembre 1978, pp. 643-658.

Para ver si ha habido un cambio significativo en la relación ahorro-ingreso durante el período 1970-1980 y 1981-1991 (período presidencial Reagan-Bush), efectúese la **prueba de Chow**. Puede utilizarse un modelo lineal o log-lineal en el cual se relacione ahorro con ingreso. Indíquense claramente los cálculos. ¿Qué conclusiones generales se obtienen de este análisis? Intuitivamente, ¿cómo se averiguaría si se cumplen los supuestos en los cuales se basa la prueba de Chow?

*APÉNDICE 8A

PRUEBA DE LA RAZÓN DE VEROSIMILITUD (RV)

La **prueba RV** está basada en el principio de máxima verosimilitud (MV) estudiado en el apéndice 4A, en el cual se muestra la forma como se obtienen los estimadores MV del modelo de regresión con dos variables. Ese principio puede extenderse directamente al modelo de regresión múltiple. Bajo el supuesto de que las perturbaciones u_i están normalmente distribuidas, se muestra que para el modelo de regresión con dos variables los estimadores MCO y MV de los coeficientes de regresión son idénticos, pero las varianzas del error estimado son diferentes. El estimador MCO de σ^2 es $\sum \hat{u}_i^2/(n-2)$ pero el estimador MV es $\sum \hat{u}_i^2/n$, siendo el primero insesgado y el último sesgado, aun cuando en muestras grandes el sesgo desaparece.

Lo mismo es cierto en el caso de la regresión múltiple. Para ilustrar, considérese la función lineal de demanda de rosas dada en la ecuación (8.9.1). Análoga a la ecuación (5) del apéndice 4A, la función log-de verosimilitud para (8.9.1) puede escribirse así:

$$\ln \text{FV} = -\frac{n}{2}\sigma^2 - \frac{n}{2}\ln(2\pi) - \frac{1}{2}\sum(Y_i - \alpha_1 - \alpha_2 X_{2i} - \alpha_3 X_{3i})^2 \qquad (1)$$

Como se indica en el apéndice 4A, al diferenciar esta función con respecto a α_1, α_2, α_3 y σ^2, igualando a cero las expresiones resultantes y resolviendo, se obtienen los estimadores MV de estos parámetros; los estimadores MV de α_1, α_2 y α_3 serán idénticos a los estimadores MCO que ya se han dado en la ecuación (8.9.3), pero la varianza del error diferirá en que la suma residual al cuadrado (SRC) estará dividida por n y no por $(n-3)$ como en el caso de MCO.

Ahora supóngase que nuestra hipótesis nula H_0 es que α_3, el coeficiente de la variable precios de claveles, X_3, es cero. En este caso, la función log de verosimilitud dada en (1) se convertirá en

$$\ln \text{FV} = -\frac{n}{2}\ln \sigma^2 - \frac{n}{2}\ln(2\pi) - \frac{1}{2}\sum(Y_i - \alpha_1 - \alpha_2 X_{2i})^2 \qquad (2)$$

La ecuación (2) se conoce como la **función logarítmica de verosimilitud restringida (FLVR)** por haber sido estimada con la restricción de que *a priori* α_3 es cero, mientras que la ecuación (1) se

---

*Opcional.

conoce como la **FV Logarítmica no restringida (FLVNR)** porque *a priori* no se han impuesto restricciones sobre los parámetros. Para probar la validez de la restricción *a priori* de que α_3 sea cero, la prueba RV produce el siguiente estadístico de prueba:

$$\lambda = 2(\text{FLVNR} - \text{FLVR}) \qquad\qquad (3)^*$$

donde FLVNR y FLVR son, la función logarítmica de verosimilitud no restringida [ecuación (1)] y la función logarítmica de verosimilitud restringida [ecuación (2)], respectivamente. Si el tamaño de la muestra es grande, puede demostrarse que el estadístico de prueba λ dado en (3), sigue una distribución ji cuadrado (χ^2) con un número de g de l igual al número de restricciones impuestas bajo la hipótesis nula, 1 en el presente caso.

La idea básica detrás de la prueba RV es simple: Si la(s) restricción(es) *a priori* son válidas, los FV (log) restringida y no restringida no deben ser diferentes, en cuyo caso λ en (3) será cero. Pero si ese no es el caso, las dos FV divergirán. Puesto que cuando la muestra es grande sabemos que λ sigue una distribución ji cuadrado, podemos averiguar si la divergencia es estadísticamente significativa, es decir a un nivel de significancia de 1 o 5%. O de lo contrario, podemos encontrar el valor p del λ estimado.

Para continuar con el ejemplo, utilizando la versión MICRO TSP 7.0, se obtiene la siguiente información:

$$\text{FLVNR} = -132.3601 \quad \text{y} \quad \text{FLVR} = -136.5061$$

Por consiguiente,

$$\lambda = 2[-132.3601 - (-136.50610)] = 8.2992$$

Asintóticamente, su distribución es igual a la ji cuadrado con 1 g de l (porque solamente se tiene una restricción impuesta)†. El valor p de obtener un valor ji cuadrado de 8.2992 o superior es de 0.004 aproximadamente, lo cual es una baja probabilidad. Por lo tanto se puede rechazar la hipótesis nula de que el precio de los claveles no tenga efecto sobre la demanda de rosas, es decir, en la ecuación (8.9.3) la variable X_3 debe conservarse. No es sorprendente que el valor t del coeficiente de X_3 en esta ecuación sea significativo.

Debido a la complejidad matemática de las pruebas de Wald y LM no se estudiarán aquí. Pero como se anotó anteriormente, asintóticamente las pruebas RV, Wald y LM dan respuestas idénticas; la escogencia entre una u otra prueba depende de la conveniencia computacional.

---

*Esta expresión también puede ser escrita como -2(FLVR - FLVNR) o como -2ln(FVR/FVNR).

†En el ejemplo presente, el tamaño de la muestra es más bien pequeño. Por consiguiente, se debe tener precaución al utilizar los resultados asintóticos. El ejemplo tiene, por supuesto, motivos pedagógicos.

ENFOQUE MATRICIAL EN EL MODELO DE REGRESIÓN LINEAL*

En este capítulo se presenta el modelo clásico de regresión lineal de k variables (Y y X_2, X_3,...,X_k) en notación de álgebra matricial. Conceptualmente, el modelo de k variables es una extensión lógica de los modelos de dos y tres variables considerados hasta ahora en este texto. Por consiguiente, en este capítulo se presentan muy pocos conceptos nuevos a excepción de la notación matricial.[1]

   Una gran ventaja del álgebra matricial sobre la escalar (álgebra elemental que trata con escalares o números reales) es que proporciona un método compacto de manejo de modelos de regresión, que involucran cualquier número de variables; una vez que el modelo de k variables ha sido formulado y resuelto en notación matricial, la solución se puede aplicar a una, dos, tres, o cualquier número de variables.

9.1 MODELO DE REGRESIÓN LINEAL DE K VARIABLES

Si generalizamos los modelos de regresión lineal de dos y tres variables, el modelo de regresión poblacional de k variables (FRP) que contiene la variable dependiente Y y $k-1$ variables explicativas X_2, X_3,..., X_k puede escribirse así:

---

*Este capítulo es opcional y su estudio puede omitirse sin pérdida de continuidad.

[1]Los lectores que no estén familiarizados con el álgebra matricial deben revisar el apéndice B antes de continuar. El apéndice B proporciona las bases del álgebra matricial requeridas para comprender este capítulo.

$$\text{FRP: } Y_i = \beta_1 + \beta_2 X_{2i} + \beta_3 X_{3i} + \cdots + \beta_k X_{ki} + u_i \qquad i = 1, 2, 3, \ldots, n \qquad (9.1.1)$$

donde β_1 = el intercepto, β_2 a β_k = coeficientes (pendientes) parciales u = término de perturbación estocástica e i = $i$ésima observación, siendo n el tamaño de la población. La FRP (9.1.1) debe interpretarse en la forma usual: la media o el valor esperado de Y condicionado a los valores fijos (en muestreo repetido) de $X_2, X_3, \ldots, X_k$, es decir, $E(Y \mid X_{2i}, X_{3i}, \ldots, X_{ki})$.

La ecuación (9.1.1) es una expresión abreviada para el siguiente conjunto de n ecuaciones simultáneas:

$$
\begin{aligned}
Y_1 &= \beta_1 + \beta_2 X_{21} + \beta_3 X_{31} + \cdots + \beta_k X_{k1} + u_1 \\
Y_2 &= \beta_1 + \beta_2 X_{22} + \beta_3 X_{32} + \cdots + \beta_k X_{k2} + u_2 \\
&\cdots\cdots\cdots\cdots\cdots\cdots\cdots\cdots\cdots\cdots\cdots\cdots\cdots\cdots\cdots\cdots\cdots \\
Y_n &= \beta_1 + \beta_2 X_{2n} + \beta_3 X_{3n} + \cdots + \beta_k X_{kn} + u_n
\end{aligned}
\qquad (9.1.2)
$$

El sistema de ecuaciones (9.1.2) puede escribirse en una forma alterna aunque más ilustrativa[2]:

$$
\underset{\substack{\mathbf{y} \\ n \times 1}}{
\begin{bmatrix} Y_1 \\ Y_2 \\ \vdots \\ Y_n \end{bmatrix}}
=
\underset{\substack{\mathbf{X} \\ n \times k}}{
\begin{bmatrix}
1 & X_{21} & X_{31} & \cdots & X_{k1} \\
1 & X_{22} & X_{32} & \cdots & X_{k2} \\
\vdots & \vdots & \vdots & \ddots & \vdots \\
1 & X_{2n} & X_{3n} & \cdots & X_{kn}
\end{bmatrix}}
\underset{\substack{\boldsymbol{\beta} \\ k \times 1}}{
\begin{bmatrix} \beta_1 \\ \beta_2 \\ \vdots \\ \beta_k \end{bmatrix}}
+
\underset{\substack{\mathbf{u} \\ n \times 1}}{
\begin{bmatrix} u_1 \\ u_2 \\ \vdots \\ u_n \end{bmatrix}}
\qquad (9.1.3)
$$

donde $\mathbf{y}$ = vector columna, $n \times 1$, de observaciones sobre la variable dependiente Y

$\mathbf{X}$ = matriz, $n \times k$, que contiene n observaciones sobre las $k - 1$ variables X_2 a X_k, la primera columna de números 1 representan el término del intercepto. (Esta matriz se conoce también como la **matriz de información**).

$\boldsymbol{\beta}$ = vector columna, $k \times 1$, de los parámetros desconocidos $\beta_1, \beta_2, \ldots, \beta_k$

$\mathbf{u}$ = vector columna, $n \times 1$, de n perturbaciones u_i

Utilizando las reglas de multiplicación y adición de matrices, el lector debe verificar que los sistemas (9.1.2) y (9.1.3) sean equivalentes.

El sistema (9.1.3) es conocido como *la representación matricial del modelo de regresión lineal general (de k variables)*. Puede escribirse en forma más compacta como

$$
\underset{n \times 1}{\mathbf{y}} = \underset{n \times k}{\mathbf{X}} \ \underset{k \times 1}{\boldsymbol{\beta}} + \underset{n \times 1}{\mathbf{u}}
\qquad (9.1.4)
$$

Donde no hay confusión sobre las dimensiones u órdenes de la matriz $\mathbf{X}$ y de los vectores $\mathbf{y}$, $\boldsymbol{\beta}$ y $\mathbf{u}$, la ecuación (9.1.4) puede escribirse simplemente como:

$$\mathbf{y} = \mathbf{X}\boldsymbol{\beta} + \mathbf{u} \qquad (9.1.5)$$

---

[2]Siguiendo la notación introducida en el apéndice B, representaremos los vectores por letras minúsculas en negrilla y las matrices por letras mayúsculas en negrilla.

Como ilustración de la representación matricial, considérese el modelo de dos variables consumo–ingreso presentado en el capítulo 3, a saber, $Y_i = \beta_1 + \beta_2 X_i + u_i$, donde Y es el gasto de consumo y X es el ingreso. Utilizando la información dada en la tabla 3.2, se puede escribir la formulación matricial así:

$$
\begin{bmatrix} 70 \\ 65 \\ 90 \\ 95 \\ 110 \\ 115 \\ 120 \\ 140 \\ 155 \\ 150 \end{bmatrix} = \begin{bmatrix} 1 & 80 \\ 1 & 100 \\ 1 & 120 \\ 1 & 140 \\ 1 & 160 \\ 1 & 180 \\ 1 & 200 \\ 1 & 220 \\ 1 & 240 \\ 1 & 260 \end{bmatrix} \begin{bmatrix} \beta_1 \\ \beta_2 \end{bmatrix} + \begin{bmatrix} u_1 \\ u_2 \\ u_3 \\ u_4 \\ u_5 \\ u_6 \\ u_7 \\ u_8 \\ u_9 \\ u_{10} \end{bmatrix} \qquad (9.1.6)
$$

$$
\begin{array}{cccc}
\mathbf{y} & = & \mathbf{X} & \boldsymbol{\beta} & + & \mathbf{u} \\
10 \times 1 & & 10 \times 2 & 2 \times 1 & & 10 \times 1
\end{array}
$$

Como en los casos de dos y tres variables, el objetivo es estimar los parámetros de la regresión múltiple (9.1.1) e inferir sobre ellos a partir de la información disponible. En la notación matricial esto equivale a estimar $\boldsymbol{\beta}$ y a inferir sobre ella. Para fines de estimación, se puede utilizar el método de mínimos cuadrados ordinarios (MCO) o el método de máxima verosimilitud (MV). Pero como se anotó antes, estos dos métodos producen valores estimados idénticos de los coeficientes de regresión[3]. Por consiguiente, se limitará la atención al método de MCO.

9.2 SUPUESTOS DEL MODELO CLÁSICO DE REGRESIÓN LINEAL EN NOTACIÓN MATRICIAL

Los supuestos en los cuales se basa el modelo clásico de regresión lineal están dados en la tabla 9.1; éstos se presentan en notación escalar y en notación matricial. El supuesto 1 dado en (9.2.1) significa que el valor esperado del vector de perturbaciones $\mathbf{u}$, es decir, de cada uno de sus elementos, es cero. Más explícitamente, $E(\mathbf{u}) = \mathbf{0}$ significa

$$
E \begin{bmatrix} u_1 \\ u_2 \\ \vdots \\ u_n \end{bmatrix} = \begin{bmatrix} E(u_1) \\ E(u_2) \\ \vdots \\ E(u_n) \end{bmatrix} = \begin{bmatrix} 0 \\ 0 \\ \vdots \\ 0 \end{bmatrix} \qquad (9.2.1)
$$

El supuesto 2 [ecuación (9.2.2)] es una forma compacta de expresar los dos supuestos dados en (3.2.5) y (3.2.2) bajo notación escalar. Para ver esto, se puede escribir

---

[3]La prueba de que esto es así en el caso de k variables, puede encontrarse en las referencias de pie de página dadas en el capítulo 4.

$$E(\mathbf{uu'}) = E \begin{bmatrix} u_1 \\ u_2 \\ \vdots \\ u_n \end{bmatrix} [\, u_1 \quad u_2 \quad \cdots \quad u_n \,]$$

donde $\mathbf{u'}$ es el transpuesto del vector columna $\mathbf{u}$, o vector fila. Efectuando la multiplicación, se obtiene

$$E(\mathbf{uu'}) = E \begin{bmatrix} u_1^2 & u_1 u_2 & \cdots & u_1 u_n \\ u_2 u_1 & u_2^2 & \cdots & u_2 u_n \\ \cdots\cdots\cdots\cdots\cdots\cdots\cdots\cdots \\ u_n u_1 & u_n u_2 & \cdots & u_n^2 \end{bmatrix}$$

Aplicando el operador de valor esperado E a cada elemento de la matriz anterior, se obtiene

$$E(\mathbf{uu'}) = \begin{bmatrix} E(u_1^2) & E(u_1 u_2) & \cdots & E(u_1 u_n) \\ E(u_2 u_1) & E(u_2^2) & \cdots & E(u_2 u_n) \\ \cdots\cdots\cdots\cdots\cdots\cdots\cdots\cdots\cdots\cdots\cdots \\ E(u_n u_1) & E(u_n u_2) & \cdots & E(u_n^2) \end{bmatrix} \qquad (9.2.2)$$

TABLA 9.1
Supuestos del modelo clásico de regresión lineal

Notación escalar	Notación matricial
1. $E(u_i) = 0$, para cada i, (3.2.1)	1. $E(\mathbf{u}) = \mathbf{0}$ donde $\mathbf{u}$ y $\mathbf{0}$ son vectores columna $n \times 1$, siendo $\mathbf{0}$ un vector nulo
2. $E(u_i u_j) = 0$ $i \neq j$ (3.2.5) $= \sigma^2$ $i = j$ (3.2.2)	2. $E(\mathbf{uu'}) = \sigma^2 \mathbf{I}$ donde $\mathbf{I}$ es una matriz identidad $n \times n$
3. $X_2, X_3, \ldots, X_k$ son fijas o no estocásticas	3. La matriz $\mathbf{X}$, $n \times k$, es no estocástica, es decir, consiste en un conjunto de números fijos
4. No hay relación lineal (7.1.7) exacta entre las variables X, es decir, no hay multicolinealidad	4. El rango de $\mathbf{X}$ es $p(\mathbf{X}) = k$, donde k es el número de columnas en $\mathbf{X}$ y k es menor que el número de observaciones, n
5. Para la prueba de hipótesis (4.2.4) $u_i \sim N(0, \sigma^2)$	5. El vector $\mathbf{u}$ tiene una distribución normal multivariada, es decir, $\mathbf{u} \sim N(\mathbf{0}, \sigma^2 \mathbf{I})$

Debido a los supuestos de homoscedasticidad y de no correlación serial, la matriz (9.2.2) se reduce a

$$E(\mathbf{uu}') = \begin{bmatrix} \sigma^2 & 0 & 0 & \cdots & 0 \\ 0 & \sigma^2 & 0 & \cdots & 0 \\ \multicolumn{5}{c}{\dotfill} \\ 0 & 0 & 0 & \cdots & \sigma^2 \end{bmatrix}$$

$$= \sigma^2 \begin{bmatrix} 1 & 0 & 0 & \cdots & 0 \\ 0 & 1 & 0 & \cdots & 0 \\ \multicolumn{5}{c}{\dotfill} \\ 0 & 0 & 0 & \cdots & 1 \end{bmatrix}$$

$$= \sigma^2 \mathbf{I} \qquad (9.2.3)$$

donde $\mathbf{I}$ es una matriz identidad $N \times N$.

La matriz (9.2.2) [y su representación dada en (9.2.3)] se denomina **matriz de varianza-covarianza** de las perturbaciones u_i; los elementos sobre la diagonal principal (que van de la esquina superior izquierda a la esquina inferior derecha) dan las varianzas y los elementos por fuera de la diagonal principal dan las covarianzas[4]. Obsérvese que la matriz de varianza-covarianza es **simétrica**: Los elementos por encima y por debajo de la diagonal principal son reflejos unos de los otros.

El supuesto 3 establece que la matriz $\mathbf{X}$, $n \times k$ es no–estocástica; es decir, consta de números fijos. Como se anotó anteriormente, el análisis de regresión es de regresión condicional, es decir, condicional a los valores fijos de las variables X.

El supuesto 4 establece que la matriz $\mathbf{X}$ tiene rango columna completo igual a k, el número de columnas en la matriz. Esto significa que las columnas de la matriz X son linealmente independientes; es decir, no hay **relación lineal exacta** entre las variables X. En otras palabras no hay multicolinealidad. En notación escalar esto es equivalente a decir que no existe un conjunto de números $\lambda_1, \lambda_2, \ldots, \lambda_k = 0$ no todos iguales a cero tales que [*véase* (7.1.8)]

$$\lambda_1 X_{1i} + \lambda_2 X_{2i} + \cdots + \lambda_k X_{ki} = 0 \qquad (9.2.4)$$

donde $X_{1i} = 1$ para todo i (para dar cabida a la columna de números 1 en la matriz $\mathbf{X}$). En notación matricial, (9.2.4) puede estar representada por

$$\boldsymbol{\lambda}'\mathbf{x} = 0 \qquad (9.2.5)$$

donde $\boldsymbol{\lambda}'$ es un vector fila $1 \times k$ y $\mathbf{x}$ es un vector columna $k \times 1$.

Si existe una relación lineal exacta tal como (9.2.4), se dice que las variables son colineales. Si, por otra parte, (9.2.4) se cumple solamente si $\lambda_1 = \lambda_2 = \lambda_3 = \cdots = 0$, entonces se dice que las variables X son linealmente independientes. Una razón intuitiva para el supuesto de *no multicolinealidad* se dio en el capítulo 7. Se analizará más a fondo este supuesto en el capítulo 10.

---

[4]Por definición, la varianza de $u_i = E[u_i - E(u_i)]^2$ y la covarianza entre u_i y $u_j = E[u_i - E(u_i)][u_j - E(u_j)]$. Pero debido al supuesto $E(u_i) = 0$ para cada i, se tiene la matriz de varianza-covarianza (9.2.3).

9.3 ESTIMACIÓN MCO

Para obtener el estimado MCO de $\boldsymbol{\beta}$, se escribe primero la regresión muestral de k–variables (FRM):

$$Y_i = \hat{\beta}_1 + \hat{\beta}_2 X_{2i} + \hat{\beta}_3 X_{3i} + \cdots + \hat{\beta}_k X_{ki} + \hat{u}_i \qquad (9.3.1)$$

la cual puede ser escrita en forma más compacta en notación matricial como:

$$\mathbf{y} = \mathbf{X}\hat{\boldsymbol{\beta}} + \hat{\mathbf{u}} \qquad (9.3.2)$$

y en forma matricial así,

$$
\begin{bmatrix} Y_1 \\ Y_2 \\ \vdots \\ Y_n \end{bmatrix}
=
\begin{bmatrix}
1 & X_{21} & X_{31} & \cdots & X_{k1} \\
1 & X_{22} & X_{32} & \cdots & X_{k2} \\
\multicolumn{5}{c}{\dotfill} \\
1 & X_{2n} & X_{3n} & \cdots & X_{kn}
\end{bmatrix}
\begin{bmatrix} \hat{\beta}_1 \\ \hat{\beta}_2 \\ \vdots \\ \hat{\beta}_k \end{bmatrix}
+
\begin{bmatrix} \hat{u}_1 \\ \hat{u}_2 \\ \vdots \\ \hat{u}_n \end{bmatrix}
\qquad (9.3.3)
$$

$$
\begin{array}{cccc}
\mathbf{y} & \mathbf{X} & \hat{\boldsymbol{\beta}} & \hat{\mathbf{u}} \\
n \times 1 & n \times k & k \times 1 & n \times 1
\end{array}
$$

donde $\hat{\boldsymbol{\beta}}$ es un vector columna de k elementos compuesto por los estimadores MCO de los coeficientes de regresión y donde $\hat{\mathbf{u}}$ es un vector columna $n \times 1$ de n residuales.

Como en los modelos de dos y tres variables, en el caso de k variables los estimadores MCO se obtienen minimizando

$$\sum \hat{u}_i^2 = \sum (Y_i - \hat{\beta}_1 - \hat{\beta}_2 X_{2i} - \cdots - \hat{\beta}_k X_{ki})^2 \qquad (9.3.4)$$

donde $\sum \hat{u}_i^2$ es la suma de residuales al cuadrado (SRC). En notación matricial, esto equivale a minimizar $\hat{\mathbf{u}}'\hat{\mathbf{u}}$ puesto que

$$
\hat{\mathbf{u}}'\hat{\mathbf{u}} = \begin{bmatrix} \hat{u}_1 & \hat{u}_2 & \cdots & \hat{u}_n \end{bmatrix}
\begin{bmatrix} \hat{u}_1 \\ \hat{u}_2 \\ \vdots \\ \hat{u}_n \end{bmatrix}
= \hat{u}_1^2 + \hat{u}_2^2 + \cdots + \hat{u}_n^2 = \sum \hat{u}_i^2 \quad (9.3.5)
$$

Ahora, de (9.3.2) se obtiene

$$\hat{\mathbf{u}} = \mathbf{y} - \mathbf{X}\hat{\boldsymbol{\beta}} \qquad (9.3.6)$$

Por consiguiente,

$$
\begin{aligned}
\hat{\mathbf{u}}'\hat{\mathbf{u}} &= (\mathbf{y} - \mathbf{X}\hat{\boldsymbol{\beta}})'(\mathbf{y} - \mathbf{X}\hat{\boldsymbol{\beta}}) \\
&= \mathbf{y}'\mathbf{y} - 2\hat{\boldsymbol{\beta}}'\mathbf{X}'\mathbf{y} + \hat{\boldsymbol{\beta}}'\mathbf{X}'\mathbf{X}\hat{\boldsymbol{\beta}} \qquad (9.3.7)
\end{aligned}
$$

donde se hace uso de las propiedades de la transpuesta de una matriz, a saber, $(\mathbf{X}\hat{\boldsymbol{\beta}})' = \hat{\boldsymbol{\beta}}'\mathbf{X}'$; y puesto que $\hat{\boldsymbol{\beta}}'\mathbf{X}'\mathbf{y}$ es un escalar (un número real), es igual a su transpuesta $\mathbf{y}'\mathbf{X}\hat{\boldsymbol{\beta}}$.

La ecuación (9.3.7) es la representación matricial de (9.3.4). En notación escalar, el método MCO consiste en estimar $\beta_1, \beta_2, \ldots, \beta_k$ de tal manera que $\sum \hat{u}_i^2$ sea lo más pequeño posible. Esto se logra diferenciando parcialmente (9.3.4) con respecto a $\beta_1, \beta_2, \ldots, \beta_k$ e igualando a cero las expresiones resultantes. Este proceso produce k ecuaciones simultáneas con k incógnitas, que son las ecuaciones normales de la teoría de mínimos cuadrados. Como se muestra en el apéndice 9A, sección 9A.1, estas ecuaciones son las siguientes:

$$n\hat{\beta}_1 + \hat{\beta}_2 \sum X_{2i} + \hat{\beta}_3 \sum X_{3i} + \cdots + \hat{\beta}_k \sum X_{ki} = \sum Y_i$$

$$\hat{\beta}_1 \sum X_{2i} + \hat{\beta}_2 \sum X_{2i}^2 + \hat{\beta}_3 \sum X_{2i}X_{3i} + \cdots + \hat{\beta}_k \sum X_{2i}X_{ki} = \sum X_{2i}Y_i$$

$$\hat{\beta}_1 \sum X_{3i} + \hat{\beta}_2 \sum X_{3i}X_{2i} + \hat{\beta}_3 \sum X_{3i}^2 + \cdots + \hat{\beta}_k \sum X_{3i}X_{ki} = \sum X_{3i}Y_i$$

$$\cdots\cdots\cdots\cdots\cdots\cdots\cdots\cdots\cdots\cdots\cdots\cdots\cdots\cdots\cdots\cdots\cdots\cdots\cdots\cdots\cdots \quad (9.3.8)^5$$

$$\hat{\beta}_1 \sum X_{ki} + \hat{\beta}_2 \sum X_{ki}X_{2i} + \hat{\beta}_3 \sum X_{ki}X_{3i} + \cdots + \hat{\beta}_k \sum X_{ki}^2 = \sum X_{ki}Y_i$$

En forma matricial, la ecuación (9.3.8) puede representarse de la siguiente manera

$$\underbrace{\begin{bmatrix} n & \sum X_{2i} & \sum X_{3i} & \cdots & \sum X_{ki} \\ \sum X_{2i} & \sum X_{2i}^2 & \sum X_{2i}X_{3i} & \cdots & \sum X_{2i}X_{ki} \\ \sum X_{3i} & \sum X_{3i}X_{2i} & \sum X_{3i}^2 & \cdots & \sum X_{3i}X_{ki} \\ \cdots & \cdots & \cdots & & \cdots \\ \sum X_{ki} & \sum X_{ki}X_{2i} & \sum X_{ki}X_{3i} & \cdots & \sum X_{ki}^2 \end{bmatrix}}_{(\mathbf{X'X})} \underbrace{\begin{bmatrix} \hat{\beta}_1 \\ \hat{\beta}_2 \\ \hat{\beta}_3 \\ \vdots \\ \hat{\beta}_k \end{bmatrix}}_{\hat{\boldsymbol{\beta}}} = \underbrace{\begin{bmatrix} 1 & 1 & \cdots & 1 \\ X_{21} & X_{22} & \cdots & X_{2n} \\ X_{31} & X_{32} & \cdots & X_{3n} \\ \cdots & \cdots & & \cdots \\ X_{k1} & X_{k2} & \cdots & X_{kn} \end{bmatrix}}_{\mathbf{X'}} \underbrace{\begin{bmatrix} Y_1 \\ Y_2 \\ Y_3 \\ \vdots \\ Y_n \end{bmatrix}}_{\mathbf{y}}$$

$$(9.3.9)$$

o en forma más compacta, como

$$(\mathbf{X'X})\hat{\boldsymbol{\beta}} = \mathbf{X'y} \qquad (9.3.10)$$

Nótense las siguientes características de la matriz $(\mathbf{X'X})$: (1) Proporciona las sumas simples de cuadrados y productos cruzados de las variables X, una de las cuales es el término intercepto que toma el valor 1 para cada observación. Los elementos sobre la diagonal principal, dan las sumas simples de cuadrados y aquellos por fuera de la diagonal principal, dan las sumas simples de productos cruzados (por *simples* se quiere decir, en las unidades originales de medición). (2) Es simétrica puesto que el producto cruzado entre X_{2i} y X_{3i} es el mismo que entre X_{3i} y X_{2i} .(3) Es de orden $(k \times k)$, es decir, tiene k filas y k columnas.

En (9.3.10), las cantidades conocidas son $(\mathbf{X'X})$ y $(\mathbf{X'y})$ (el producto cruzado entre las variables X y y) y la incógnita es $\hat{\boldsymbol{\beta}}$. Ahora utilizando álgebra matricial, si la inversa de $(\mathbf{X'X})$ existe, es decir, $(\mathbf{X'X})^{-1}$, entonces premultiplicando ambos lados de (9.3.10) por esta inversa, se obtiene

$$(\mathbf{X'X})^{-1}(\mathbf{X'X})\hat{\boldsymbol{\beta}} = (\mathbf{X'X})^{-1}\mathbf{X'y}$$

Pero, dado que $(\mathbf{X'X})^{-1}(\mathbf{X'X}) = \mathbf{I}$ es una matriz identidad de orden $k \times k$, se obtiene

$$\mathbf{I}\hat{\boldsymbol{\beta}} = (\mathbf{X'X})^{-1}\mathbf{X'y}$$

---

[5]Estas ecuaciones pueden recordarse fácilmente. Se empieza con la ecuación $Y_i = \hat{\beta}_1 + \hat{\beta}_2 X_{2i} + \hat{\beta}_3 X_{3i} + \cdots + \hat{\beta}_k X_{ki}$. Sumando los n valores en esta ecuación se obtiene la primera ecuación de (9.3.8); multiplicando ésta por X_2 a ambos lados y sumando sobre las n se obtiene la segunda ecuación; multiplicando ésta por X_3 a ambos lados y sumando sobre las n se obtiene la tercera ecuación; y así sucesivamente. A propósito, *obsérvese* que a partir de la primera ecuación en (9.3.8) resulta $\hat{\beta}_1 = \bar{Y} - \hat{\beta}_2\bar{X}_2 - \cdots - \hat{\beta}_k\bar{X}_k$ [cf. (7.4.6)].

o

$$\underset{k \times 1}{\hat{\boldsymbol{\beta}}} = \underset{k \times k}{(\mathbf{X}'\mathbf{X})^{-1}} \underset{(k \times n)}{\mathbf{X}'} \underset{(n \times 1)}{\mathbf{y}} \qquad (9.3.11)$$

La ecuación (9.3.11) es un resultado fundamental de la teoría MCO en notación matricial. Muestra la forma cómo el vector $\hat{\boldsymbol{\beta}}$ puede ser estimado a partir de la información dada. Aun cuando (9.3.11) se obtuvo de (9.3.9), ésta puede obtenerse directamente de (9.3.7) diferenciando $\hat{\mathbf{u}}'\hat{\mathbf{u}}$ con respecto a $\hat{\boldsymbol{\beta}}$. La prueba se da en el apéndice 9A, sección 9A.2.

Una ilustración

Como ilustración de los métodos matriciales desarrollados hasta el momento, se trabaja nuevamente sobre el ejemplo consumo–ingreso del capítulo 3, cuya información se reproduce en (9.1.6). Para el caso de dos variables se tiene que

$$\hat{\boldsymbol{\beta}} = \begin{bmatrix} \hat{\beta}_1 \\ \hat{\beta}_2 \end{bmatrix}$$

$$(\mathbf{X}'\mathbf{X}) = \begin{bmatrix} 1 & 1 & 1 & \cdots & 1 \\ X_1 & X_2 & X_3 & \cdots & X_n \end{bmatrix} \begin{bmatrix} 1 & X_1 \\ 1 & X_2 \\ 1 & X_3 \\ \cdots \\ 1 & X_N \end{bmatrix} = \begin{bmatrix} n & \sum X_i \\ \sum X_i & \sum X_i^2 \end{bmatrix}$$

y

$$\mathbf{X}'\mathbf{y} = \begin{bmatrix} 1 & 1 & 1 & \cdots & 1 \\ X_1 & X_2 & X_3 & \cdots & X_n \end{bmatrix} \begin{bmatrix} Y_1 \\ Y_2 \\ Y_3 \\ \vdots \\ Y_n \end{bmatrix} = \begin{bmatrix} \sum Y_i \\ \sum X_i Y_i \end{bmatrix}$$

Utilizando la información dada en (9.1.6), se obtiene

$$\mathbf{X}'\mathbf{X} = \begin{bmatrix} 10 & 1700 \\ 1700 & 322000 \end{bmatrix}$$

y

$$\mathbf{X}'\mathbf{y} = \begin{bmatrix} 1110 \\ 205500 \end{bmatrix}$$

Haciendo uso de las reglas de inversión de matriz dadas en el apéndice B, se puede ver que la inversa de la matriz $(\mathbf{X}'\mathbf{X})$ anterior es

$$(\mathbf{X}'\mathbf{X})^{-1} = \begin{bmatrix} 0.97576 & -0.005152 \\ -0.005152 & 0.0000303 \end{bmatrix}$$

Por consiguiente,

$$\hat{\boldsymbol{\beta}} = \begin{bmatrix} \hat{\beta}_1 \\ \hat{\beta}_2 \end{bmatrix} = \begin{bmatrix} 0.97576 & -0.005152 \\ -0.005152 & 0.0000303 \end{bmatrix} \begin{bmatrix} 1110 \\ 205500 \end{bmatrix}$$

$$= \begin{bmatrix} 24.4545 \\ 0.5079 \end{bmatrix}$$

Anteriormente se obtuvo $\hat{\beta}_1 = 24.4545$ y $\hat{\beta}_2 = 0.5091$ utilizando el computador. La diferencia entre las dos estimaciones se debe a errores de aproximación. A propósito obsérvese que al trabajar con calculadora de escritorio, es esencial obtener resultados con un número significativo de dígitos para minimizar los errores de aproximación.

Matriz de varianza–covarianza de $\hat{\boldsymbol{\beta}}$

Los métodos matriciales permiten desarrollar fórmulas no sólo para la varianza de $\hat{\beta}_i$, cualquier elemento dado de $\hat{\boldsymbol{\beta}}$, sino también para la covarianza entre dos elementos de $\hat{\boldsymbol{\beta}}$ cualesquiera, es decir, $\hat{\beta}_i$ y $\hat{\beta}_j$. Se necesitan estas varianzas y covarianzas para fines de inferencia estadística.

Por definición, la matriz de varianza–covarianza de $\hat{\boldsymbol{\beta}}$ es [cf.(9.2.2)]

$$\text{var-cov}\,(\hat{\boldsymbol{\beta}}) = E\{[\hat{\boldsymbol{\beta}} - E(\hat{\boldsymbol{\beta}})][\hat{\boldsymbol{\beta}} - E(\hat{\boldsymbol{\beta}})]'\}$$

la cual puede ser escrita explícitamente como

$$\text{var-cov}\,(\hat{\boldsymbol{\beta}}) = \begin{bmatrix} \text{var}\,(\hat{\beta}_1) & \text{cov}\,(\hat{\beta}_1, \hat{\beta}_2) & \cdots & \text{cov}\,(\hat{\beta}_1, \hat{\beta}_k) \\ \text{cov}\,(\hat{\beta}_2, \hat{\beta}_1) & \text{var}\,(\hat{\beta}_2) & \cdots & \text{cov}\,(\hat{\beta}_2, \hat{\beta}_k) \\ \cdots\cdots\cdots\cdots\cdots\cdots\cdots\cdots\cdots\cdots\cdots \\ \text{cov}\,(\hat{\beta}_k, \hat{\beta}_1) & \text{cov}\,(\hat{\beta}_k, \hat{\beta}_2) & \cdots & \text{var}\,(\hat{\beta}_k) \end{bmatrix} \quad (9.3.12)$$

Se muestra en el apéndice 9A, sección 9A.3, que la matriz anterior de varianza–covarianza puede obtenerse a partir de la siguiente fórmula:

$$\text{var-cov}\,(\hat{\boldsymbol{\beta}}) = \sigma^2 (\mathbf{X'X})^{-1} \qquad (9.3.13)$$

donde σ^2 es la varianza homoscedástica de u_i y $(\mathbf{X'X})^{-1}$es la matriz inversa que aparece en la ecuación (9.3.11), la cual da el estimador MCO, $\hat{\boldsymbol{\beta}}$.

En los modelos de regresión lineal con dos y tres variables un estimador insesgado de σ^2 estaba dado por $\hat{\sigma}^2 = \sum \hat{u}_i^2/(n-2)$ y $\hat{\sigma}^2 = \sum \hat{u}_i^2/(n-3)$, respectivamente. En el caso de k variables, la fórmula correspondiente es

$$\hat{\sigma}^2 = \frac{\sum \hat{u}_i^2}{n-k}$$

$$= \frac{\hat{\mathbf{u}}'\hat{\mathbf{u}}}{n-k} \qquad (9.3.14)$$

donde ahora hay $n - k$ g de l. (¿Por qué?)

Aun cuando, en principio, $\hat{\mathbf{u}}'\hat{\mathbf{u}}$ puede ser calculado a partir de los residuales estimados, en la práctica puede ser obtenido directamente de la siguiente manera. Recuérdese que $\sum \hat{u}_i^2 \, (= \text{SRC}) = \text{STC} - \text{SEC}$, en el caso de dos variables se puede escribir

$$\sum \hat{u}_i^2 = \sum y_i^2 - \hat{\beta}_2^2 \sum x_i^2 \qquad (3.3.6)$$

y en el caso de tres variables

$$\sum \hat{u}_i^2 = \sum y_i^2 - \hat{\beta}_2 \sum y_i x_{2i} - \hat{\beta}_3 \sum y_i x_{3i} \qquad (7.4.19)$$

Al extender este principio, puede verse que para el modelo de k variables

$$\sum \hat{u}_i^2 = \sum y_i^2 - \hat{\beta}_2 \sum y_i x_{2i} - \cdots - \hat{\beta}_k \sum y_i x_{ki} \qquad (9.3.15)$$

En notación matricial,

$$\text{STC:} \sum y_i^2 = \mathbf{y}'\mathbf{y} - n\bar{Y}^2 \qquad (9.3.16)$$

$$\text{SEC:} \hat{\beta}_2 \sum y_i x_{2i} + \cdots + \hat{\beta}_k \sum y_i x_{ki} = \hat{\boldsymbol{\beta}}'\mathbf{X}'\mathbf{y} - n\bar{Y}^2 \qquad (9.3.17)$$

donde el término $n\bar{Y}^2$ se conoce como la corrección para la media[6]. Por consiguiente,

$$\hat{\mathbf{u}}'\hat{\mathbf{u}} = \mathbf{y}'\mathbf{y} - \hat{\boldsymbol{\beta}}'\mathbf{X}'\mathbf{y} \qquad (9.3.18)$$

Una vez obtenida $\hat{\mathbf{u}}'\hat{\mathbf{u}}$, $\hat{\sigma}^2$ puede calcularse fácilmente de (9.3.14), lo cual, a su vez, permitirá estimar la matriz de varianza–covarianza (9.3.13).

Para el ejemplo ilustrativo,

$$\hat{\mathbf{u}}'\hat{\mathbf{u}} = 132100 - \begin{bmatrix} 24.4545 & 0.5091 \end{bmatrix} \begin{bmatrix} 1110 \\ 205500 \end{bmatrix}$$

$$= 337.373$$

Por tanto, $\hat{\sigma}^2 = (337.273/8) = 42.1591$, que es aproximadamente el valor obtenido previamente en el capítulo 3.

Propiedades del vector MCO $\hat{\boldsymbol{\beta}}$

En los casos de dos y tres variables, se sabe que los estimadores MCO son lineales e insesgados y en la clase de todos los estimadores lineales e insesgados, éstos tienen varianza mínima (la propiedad de Gauss–Markov). En resumen, los estimadores MCO son los mejores estimadores lineales insesgados (MELI). Esta propiedad se extiende a todo el vector $\hat{\boldsymbol{\beta}}$; es decir, $\hat{\boldsymbol{\beta}}$ es lineal (cada uno de sus elementos es una función lineal de Y, la variable dependiente). $E(\hat{\boldsymbol{\beta}}) = \boldsymbol{\beta}$, es decir, el valor esperado de cada elemento de $\hat{\boldsymbol{\beta}}$ es igual al elemento correspondiente de la verdadera $\boldsymbol{\beta}$, y en la clase de todos los estimadores lineales e insesgados de $\boldsymbol{\beta}$, el estimador MCO, $\hat{\boldsymbol{\beta}}$ tiene varianza mínima.

La prueba se da en el apéndice 9A, sección 9A.4. Como se estableció en la introducción, el caso de k variables es como en la mayoría, una extensión directa de los casos de dos y tres variables.

---

[6]*Nota:* $\sum y_i^2 = \sum (Y_i - \bar{Y})^2 = \sum Y_i^2 - n\bar{Y}^2 = \mathbf{y}'\mathbf{y} - n\bar{Y}^2$. Por consiguiente, sin el término de corrección, $\mathbf{y}'\mathbf{y}$ dará simplemente la suma simple de cuadrados cruda, no la suma de las desviaciones al cuadrado.

9.4 COEFICIENTE DE DETERMINACIÓN R^2 EN NOTACIÓN MATRICIAL

El coeficiente de determinación R^2 ha sido definido como

$$R^2 = \frac{\text{SEC}}{\text{STC}}$$

En el caso de dos variables,

$$R^2 = \frac{\hat{\beta}_2^2 \sum x_i^2}{\sum y_i^2} \tag{3.5.6}$$

y en el caso de tres variables

$$R^2 = \frac{\hat{\beta}_2 \sum y_i x_{2i} + \hat{\beta}_3 \sum y_i x_{3i}}{\sum y_i^2} \tag{7.5.5}$$

Generalizando, para el caso de k variables se obtiene

$$R^2 = \frac{\hat{\beta}_2 \sum y_i x_{2i} + \hat{\beta}_3 \sum y_i x_{3i} + \cdots + \hat{\beta}_k \sum y_i x_{ki}}{\sum y_i^2} \tag{9.4.1}$$

Utilizando (9.3.16) y (9.3.17), la ecuación (9.4.1) puede escribirse así

$$R^2 = \frac{\hat{\beta} \mathbf{X'y} - n\bar{Y}^2}{\mathbf{y'y} - n\bar{Y}^2} \tag{9.4.2}$$

lo cual da la representación matricial de R .
Para el ejemplo ilustrativo,

$$\hat{\beta}'\mathbf{X'y} = \begin{bmatrix} 24.3571 & 0.5079 \end{bmatrix} \begin{bmatrix} 1,110 \\ 205,500 \end{bmatrix}$$

$$= 131,409.831$$

$$\mathbf{y'y} = 132,100$$

y

$$n\bar{Y}^2 = 123,210$$

Reemplazando estos valores en (9.4.2), se ve que $R^2 = 0.9224$, que se acerca al valor obtenido antes, salvo por errores de aproximación.

9.5 MATRIZ DE CORRELACIÓN

En los capítulos anteriores se encuentran los coeficientes de correlación de orden cero o simple, r_{12}, r_{13}, r_{23}, y las correlaciones parciales o de primer orden $r_{12,3}$, $r_{13,2}$, $r_{23,1}$, y sus interrelaciones. En el caso de k variables se tendrá en total $k(k-1)/2$ coeficientes de correlación de orden cero. (¿Por qué?) Estas $k(k-1)/2$ correlaciones pueden situarse en una matriz, denominada la **matriz de correlación** **R** de la siguiente manera:

$$R = \begin{bmatrix} r_{11} & r_{12} & r_{13} & \cdots & r_{1k} \\ r_{21} & r_{22} & r_{23} & \cdots & r_{2k} \\ \cdots\cdots\cdots\cdots\cdots\cdots\cdots \\ r_{k1} & r_{k2} & r_{k3} & \cdots & r_{kk} \end{bmatrix}$$

$$= \begin{bmatrix} 1 & r_{12} & r_{13} & \cdots & r_{1k} \\ r_{21} & 1 & r_{23} & \cdots & r_{2k} \\ \cdots\cdots\cdots\cdots\cdots\cdots\cdots \\ r_{k1} & r_{k2} & r_{k3} & \cdots & 1 \end{bmatrix} \qquad (9.5.1)$$

donde el subíndice 1, al igual que antes, denota la variable dependiente Y (r_{12} significa el coeficiente de correlación entre Y y X_2, y así sucesivamente) y donde se hace uso del hecho de que el coeficiente de correlación de una variable con respecto a ella misma es siempre 1 ($r_{11} = r_{22} = \ldots = rk_k = 1$).

A partir de la matriz de correlación **R** se pueden obtener los coeficientes de correlación de primer orden (*véase* capítulo 7) y de órdenes superiores tales como $r_{12.34\ldots k}$. (*Véase* ejercicio 9.4). Muchos programas de computador calculan bajo rutina la matriz **R**. Se estudiará la matriz de correlación en nuestro trabajo futuro (*véase* el capítulo 10).

9.6 PRUEBA DE HIPÓTESIS SOBRE COEFICIENTES INDIVIDUALES DE REGRESIÓN EN NOTACIÓN MATRICIAL

Por las razones expresadas en los capítulos anteriores, si el objetivo es la inferencia al igual que la estimación, se tendrá que suponer que las perturbaciones u_i siguen alguna distribución de probabilidad. Además por las razones dadas anteriormente, en el análisis de regresión usualmente se supone que cada u_i sigue una distribución normal con media cero y varianza constante σ^2. En notación matricial, se tiene

$$\mathbf{u} \sim N(\mathbf{0}, \sigma^2 \mathbf{I}) \qquad (9.6.1)$$

donde **u** y **0** son vectores columna $n \times 1$ e **I** es una matriz identidad ($n \times n$), siendo **0** el **vector nulo**.

Dado el supuesto de normalidad, sabemos que en los modelos de regresión lineal de dos y tres variables (1) los estimadores MCO, $\hat{\beta}_i$, y MV, $\tilde{\beta}_i$ son idénticos, pero el estimador MV $\tilde{\sigma}^2$ es sesgado, aun cuando este sesgo puede eliminarse utilizando el estimador MCO insesgado, $\hat{\sigma}^2$; y (2) los estimadores MCO $\hat{\beta}_i$ también están normalmente distribuidos. Generalizando, en el caso de k variables podemos demostrar que

$$\hat{\boldsymbol{\beta}} \sim N[\boldsymbol{\beta}, \sigma^2 (\mathbf{X'X})^{-1}] \qquad (9.6.2)$$

es decir, cada elemento de $\hat{\boldsymbol{\beta}}$ está normalmente distribuido con media igual al elemento correspondiente del verdadero $\boldsymbol{\beta}$ y la varianza está dada por σ^2 veces el elemento correspondiente de la diagonal de la matriz inversa $(\mathbf{X'X})^{-1}$.

Puesto que en la práctica σ^2 es desconocida, ésta se estima mediante $\hat{\sigma}^2$. Entonces por el desplazamiento usual hacia la distribución t, se cumple que cada elemento de $\hat{\boldsymbol{\beta}}$ sigue la distribución t con $n - k$ g de l. Simbólicamente,

$$t = \frac{\hat{\beta}_i - \beta_i}{se(\hat{\beta}_i)} \qquad (9.6.3)$$

con $n - k$ g de l, donde $\hat{\beta}_i$ es cualquier elemento de $\hat{\boldsymbol{\beta}}$.

Por consiguiente, la distribución t puede ser utilizada para probar hipótesis sobre el verdadero β_i y para establecer intervalos de confianza sobre éste. El verdadero mecanismo ya ha sido ilustrado en los capítulos 5 y 8. Para un ejemplo completo, *véase* la sección 9.10.

9.7 PRUEBA DE SIGNIFICANCIA GLOBAL DE LA REGRESIÓN: ANÁLISIS DE VARIANZA EN NOTACIÓN MATRICIAL

En el capítulo 8 se desarrolló la técnica ANOVA (1) para probar la significancia global de la regresión estimada, es decir, para probar la hipótesis nula de que los verdaderos coeficientes de pendiente (parciales) son simultáneamente iguales a cero, y (2) para evaluar la contribución incremental de una variable explicativa. La técnica ANOVA puede ampliarse fácilmente al caso de k variables. Recuérdese que la técnica ANOVA consiste en descomponer la STC en dos componentes: la SEC y la SRC. Las expresiones matriciales para estas tres sumas de cuadrados ya han sido dadas en (9.3.16), (9.3.17) y (9.3.18), respectivamente. Los grados de libertad asociados con estas sumas de cuadrados son $n - 1$, $k - 1$ y $n - k$, respectivamente. (¿Por qué?) Entonces, siguiendo el capítulo 8, tabla 8.2, se puede elaborar la tabla 9.2.

Suponiendo que las perturbaciones u_i están normalmente distribuidas y la hipótesis nula es $\beta_2 = \beta_3 = \cdots = \beta_k = 0$, y de acuerdo con el capítulo 8, se puede demostrar que

$$F = \frac{(\hat{\boldsymbol{\beta}}'\mathbf{X}'\mathbf{y} - n\bar{Y}^2)/(k-1)}{(\mathbf{y}'\mathbf{y} - \hat{\boldsymbol{\beta}}'\mathbf{X}'\mathbf{y})/(n-k)} \qquad (9.7.1)$$

sigue la distribución F con $k - 1$ y $n - k$ g de l.

En el capítulo 8 vimos que, bajo los supuestos postulados anteriormente, existe una estrecha relación entre F y R^2, a saber,

$$F = \frac{R^2/(k-1)}{(1 - R^2)/(n-k)} \qquad (8.5.11)$$

Por consiguiente, la tabla ANOVA 9.2 puede ser expresada como tabla 9.3. Una ventaja de la tabla 9.3 sobre la tabla 9.2 es que la totalidad del análisis puede hacerse en términos de R^2; no se requiere considerar el término $(\mathbf{y}'\mathbf{y} - n\bar{Y}^2)$, pues este se cancela en la razón F.

TABLA 9.2
Formulación matricial de la tabla ANOVA para el modelo de regresión lineal con k variables

Fuente de variación	SC	g de l	SMC
Debido a la regresión (es decir, debido a X_2, X_3, ..., X_k)	$\hat{\boldsymbol{\beta}}'\mathbf{X}'\mathbf{y} - n\bar{Y}^2$	$k - 1$	$\dfrac{\hat{\boldsymbol{\beta}}'\mathbf{X}'\mathbf{y} - n\bar{Y}^2}{k-1}$
Debido a los residuales	$\mathbf{y}'\mathbf{y} - \hat{\boldsymbol{\beta}}'\mathbf{X}'\mathbf{y}$	$n - k$	$\dfrac{\mathbf{y}'\mathbf{y} - \hat{\boldsymbol{\beta}}'\mathbf{X}'\mathbf{y}}{n-k}$
Total	$\mathbf{y}'\mathbf{y} - n\bar{Y}^2$	$n - 1$	

TABLA 9.3
Tabla ANOVA de k variables en forma matricial en términos de R^2

Fuente de variación	SC	g de l	SMC
Debido a la regresión (es decir debido a $X_2, X_3, ..., X_k$)	$R^2(\mathbf{y'y} - n\bar{Y}^2)$	$k - 1$	$\dfrac{R^2(\mathbf{y'y} - n\bar{Y}^2)}{k - 1}$
Debido a los residuales	$(1 - R^2)(\mathbf{y'y} - n\bar{Y}^2)$	$n - k$	$\dfrac{(1 - R^2)(\mathbf{y'y} - n\bar{Y}^2)}{n - k}$
Total	$\mathbf{y'y} - n\bar{Y}^2$	$n - 1$	

9.8 PRUEBA DE RESTRICCIONES LINEALES: PRUEBA F GLOBAL UTILIZANDO NOTACIÓN MATRICIAL

En la sección 8.7 se introdujo la prueba general F, para verificar la validez de las restricciones lineales impuestas sobre uno o más parámetros del modelo de regresión lineal de k variables. La prueba apropiada se dio en (8.7.9) [o su equivalente (8.7.10)]. La matriz correspondiente a (8.7.9) puede derivarse fácilmente.

Sea

$\hat{\mathbf{u}}_R$ = el vector residual de la regresión de mínimos cuadrados restringidos

$\hat{\mathbf{u}}_{NR}$ = el vector residual de la regresión de mínimos cuadrados no restringidos

Entonces,

$\hat{\mathbf{u}}_R' \hat{\mathbf{u}}_R = \sum \hat{u}_R^2$ = SRC de la región restringida

$\hat{\mathbf{u}}_{NR}' \hat{\mathbf{u}}_{NR} = \sum \hat{u}_{NR}^2$ = SRC de la región no restringida

m = número de restricciones lineales

k = número de parámetros (incluyendo el intercepto) en la regresión no restringida

n = número de observaciones

La matriz correspondiente a (8.7.9) es entonces

$$F = \frac{(\hat{\mathbf{u}}_R' \hat{\mathbf{u}}_R - \hat{\mathbf{u}}_{NR}' \hat{\mathbf{u}}_{NR})/m}{(\hat{\mathbf{u}}_{NR}' \hat{\mathbf{u}}_{NR})/(n - k)} \qquad (9.8.1)$$

que sigue la distribución F con $(m, n-k)$ g de l. Como es usual, si el valor F calculado a partir de (9.8.1) excede al valor F crítico, se puede rechazar la regresión restringida; de lo contrario, no se rechaza.

9.9 PREDICCIÓN UTILIZANDO REGRESIÓN MÚLTIPLE: FORMULACIÓN MATRICIAL

En la sección 8.10 se analizó, utilizando notación escalar, la forma como la regresión múltiple estimada puede ser utilizada para predecir (1) la media y (2) los valores individuales de Y, dados los valores de los regresores X. En esta sección se muestra la forma de expresar estas predicciones en forma matricial. También se presentan las fórmulas para estimar las varianzas y los errores estándar de los valores proyectados; en el capítulo 8 notamos que estas fórmulas se trabajan mejor mediante notación matricial, ya que las expresiones escalares o algebraicas de estas fórmulas se hacen inmanejables.

Predicción media

Sea

$$\mathbf{x}_0 = \begin{bmatrix} 1 \\ X_{02} \\ X_{03} \\ \vdots \\ X_{0k} \end{bmatrix} \qquad (9.9.1)$$

el vector de valores de las variables X para las cuales deseamos predecir $\hat{Y}_0$, la predicción media de Y.

Ahora la regresión múltiple estimada en forma escalar es

$$\hat{Y}_i = \hat{\beta}_1 + \hat{\beta}_2 X_{2i} + \hat{\beta}_3 X_{3i} + \cdots + \hat{\beta}_k X_{ki} \qquad (9.9.2)$$

la cual en notación matricial puede escribirse de manera compacta como:

$$\hat{Y}_i = \mathbf{x}_i' \hat{\boldsymbol{\beta}} \qquad (9.9.3)$$

donde $\mathbf{x}_i' = [1 \ X_{2i} \ X_{3i} \ ... \ X_{ki}]$ y

$$\hat{\boldsymbol{\beta}} = \begin{bmatrix} \hat{\beta}_1 \\ \hat{\beta}_2 \\ \vdots \\ \hat{\beta}_k \end{bmatrix}$$

La ecuación (9.9.2) o (9.9.3) es por supuesto, la predicción media de Y_i que corresponde a un $\mathbf{x}_i'$ dado.

Si $\mathbf{x}_i'$ es igual a (9.9.1), (9.9.3) se convierte en

$$(\hat{Y}_i \mid \mathbf{x}_0') = \mathbf{x}_0' \hat{\boldsymbol{\beta}} \qquad (9.9.4)$$

donde, por supuesto, los valores de $\mathbf{x}_0$ están especificados. Obsérvese que (9.9.4) da una predicción insesgada de $E(Y_i \mid \mathbf{x}_0')$, puesto que $E(\mathbf{x}_0' \hat{\beta}) = \mathbf{x}_0' \boldsymbol{\beta}$. (¿Por qué?)

Predicción individual

Como se sabe de los capítulos 5 y 8, la predicción individual de Y, Y_0, está dada generalmente por (9.9.3) o también por (9.9.4) específicamente. Es decir,

$$(Y_0 \mid \mathbf{x}_0') = \mathbf{x}_0' \hat{\boldsymbol{\beta}} \qquad (9.9.5)$$

Así, para el ejemplo ilustrativo de la sección 8.11, la formulación matricial de la predicción media e individual es

$$\mathbf{x}_0 = \mathbf{x}_{1971} = \begin{bmatrix} 1 \\ 567 \\ 16 \end{bmatrix}$$

y

$$\hat{\boldsymbol{\beta}} = \begin{bmatrix} 53.1603 \\ 0.7266 \\ 2.7363 \end{bmatrix}$$

Por consiguiente,

$$(\hat{Y}_{1971} \mid \mathbf{x}'_{1971}) = \begin{bmatrix} 1 & 567 & 16 \end{bmatrix} \begin{bmatrix} 53.1603 \\ 0.7266 \\ 2.7363 \end{bmatrix}$$

$$= 508.9297 \tag{9.9.6}$$

$$= (8.10.2)$$

y

$$(Y_{1971} \mid \mathbf{x}'_{1971}) = 508.9297 \quad (\text{¿Por qué?}) \tag{9.9.7}$$

Varianza de la predicción media

La fórmula para estimar la varianza de $(\hat{Y}_0 \mid \mathbf{x}'_0)$ es la siguiente[7]:

$$\text{var}\,(\hat{Y}_0 \mid \mathbf{x}'_0) = \sigma^2 \mathbf{x}'_0 \left(\mathbf{X}'\mathbf{X}\right)^{-1} \mathbf{x}_0 \tag{9.9.8}$$

donde σ^2 es la varianza de u_i, $\mathbf{x}'_0$ son los valores dados de las variables X para los cuales se desea predecir y $(\mathbf{X}'\mathbf{X})$ es la matriz dada en (9.3.9), es decir, la matriz utilizada para estimar la regresión múltiple. Reemplazando σ^2 por su estimador insesgado $\hat{\sigma}^2$, podemos escribir la fórmula (9.9.8) como

$$\text{var}\,(\hat{Y}_0 \mid \mathbf{x}'_0) = \hat{\sigma}^2 \mathbf{x}'_0 \left(\mathbf{X}'\mathbf{X}\right)^{-1} \mathbf{x}_0 \tag{9.9.9}$$

Para el ejemplo ilustrativo de la sección 8.10, se tienen los siguientes valores:

$$\hat{\sigma}^2 = 6.4308 \quad \mathbf{X}'\mathbf{X}^{-1} = \begin{bmatrix} 26.3858 & -0.0982 & 1.6532 \\ -0.0982 & 0.0004 & -0.0063 \\ 1.6532 & -0.0063 & 0.1120 \end{bmatrix}$$

Utilizando estos datos, se obtiene a partir de (9.9.9)

$$(\text{var}\,\hat{Y}_{1971} \mid \mathbf{x}'_{1971}) = 6.4308 \begin{bmatrix} 1 & 567 & 16 \end{bmatrix} (\mathbf{X}'\mathbf{X})^{-1} \begin{bmatrix} 1 \\ 567 \\ 16 \end{bmatrix}$$

$$= 6.4308 \quad (0.5688)$$

$$= 3.6580 \tag{9.9.10}$$

$$= (8.10.3)$$

[7]Para la derivación, *véase* J. Johnston, *Econometric Methods,* McGraw-Hill, 3a. ed., New York, 1984, pp. 195-196.

y

$$ee(\hat{Y}_{1971} \mid x_{1971}) = \sqrt{3.6580} = 1.9126 \qquad (9.9.11)$$
$$= (8.10.3)$$

Entonces, continuando el análisis de los capítulos 5 y 8, se encuentra que el intervalo de confianza de $100(1 - \alpha)\%$ sobre la respuesta media, dado $\mathbf{x}_0$, es

$$\hat{Y}_0 - t_{\alpha/2}\sqrt{\hat{\sigma}^2 \mathbf{x}_0 (\mathbf{X}'\mathbf{X})^{-1}\mathbf{x}_0} \le E(Y \mid \mathbf{x}_0) \le \hat{Y}_0 + t_{\alpha/2}\sqrt{\hat{\sigma}^2 \mathbf{x}_0 (\mathbf{X}'\mathbf{X})^{-1}\mathbf{x}_0} \quad (9.9.12)$$

Para el ejemplo, el intervalo de confianza al 95% para la respuesta media es igual al que aparece en (8.10.6): $504 \cdot 7518 \le E(Y_{1971}) \ge 513 \cdot 0868$.

Varianza de la predicción individual

La fórmula para la varianza de una predicción individual es la siguiente[8]:

$$\text{var}(Y_0 \mid \mathbf{x}_0) = \hat{\sigma}^2[1 + \mathbf{x}_0'(\mathbf{X}'\mathbf{X})^{-1}\mathbf{x}_0] \qquad (9.9.13)$$

donde $\text{var}(Y_0 \mid \mathbf{x}_0)$ representa $E[Y_0 - \hat{Y}_0 \mid X]^2$. *Véase* también (5.10.6)]. Nuevamente, utilizando la información, se obtiene

$$\text{var}(Y_{1971} \mid \mathbf{x}_{1971}) = 6.4308(1 + 0.5688)$$
$$= 10.0887 \qquad (9.9.14)$$
$$= (8.10.4)$$

y

$$ee(Y_{1971} \mid \mathbf{x}_{1971}) = \sqrt{10.0887} = 3.1763 \qquad (9.9.15)$$
$$= (8.10.4)$$

Si se desea establecer un intervalo de confianza al $100(1 - \alpha)\%$ para predicción individual se procede como en (9.9.12), excepto que el error estándar de la predicción se obtiene ahora de (9.9.13). Sobra decir que se espera que para la predicción individual, el error estándar de la predicción sea más grande que aquél de la predicción media [*Véase* (8.10.7)].

9.10 RESUMEN DEL ENFOQUE MATRICIAL: UN EJEMPLO ILUSTRATIVO

Para resumir el enfoque matricial al análisis de regresión, se presentará un ejemplo numérico que contiene tres variables. Recuérdese el ejemplo ilustrativo del capítulo 8, sobre la regresión del gasto de consumo personal agregado sobre el ingreso disponible personal agregado y el tiempo para el período 1956–1970. Se planteó allí que la variable de tendencia t puede representar, entre otras cosas, la población total o agregada: se espera que el gasto de consumo agregado aumente a medida que la población aumenta. Una forma de aislar la influencia de la población es convertir las cifras de gasto de consumo agregado y de ingreso agregado a una base *per cápita*, dividiéndolas por la población total. Una regresión del gasto de consumo *per cápita* sobre el ingreso *per cápita* dará entonces la relación entre gasto de consumo e ingreso neto de cambios poblacionales (o del efecto escala). La variable tendencia

---

[8]*Ibid.*

puede aún mantenerse en el modelo para capturar todas las demás influencias que afectan el gasto de consumo (por ejemplo, tecnología). Para fines empíricos, por consiguiente, el modelo de regresión es

$$Y_i = \hat{\beta}_1 + \hat{\beta}_2 X_{2i} + \hat{\beta}_3 X_{3i} + \hat{u}_i \qquad (9.10.1)$$

donde Y = gasto de consumo *per cápita*, X_2 = ingreso disponible *per cápita*, y X_3 = tiempo. La información requerida para efectuar la regresión (9.10.1) se proporciona en la tabla 9.4.

En notación matricial, el problema puede mostrarse de la siguiente manera:

$$
\begin{bmatrix} 1673 \\ 1688 \\ 1666 \\ 1735 \\ 1749 \\ 1756 \\ 1815 \\ 1867 \\ 1948 \\ 2048 \\ 2128 \\ 2165 \\ 2257 \\ 2316 \\ 2324 \end{bmatrix}
=
\begin{bmatrix} 1 & 1839 & 1 \\ 1 & 1844 & 2 \\ 1 & 1831 & 3 \\ 1 & 1881 & 4 \\ 1 & 1883 & 5 \\ 1 & 1910 & 6 \\ 1 & 1969 & 7 \\ 1 & 2016 & 8 \\ 1 & 2126 & 9 \\ 1 & 2239 & 10 \\ 1 & 2336 & 11 \\ 1 & 2404 & 12 \\ 1 & 2487 & 13 \\ 1 & 2535 & 14 \\ 1 & 2595 & 15 \end{bmatrix}
\begin{bmatrix} \hat{\beta}_1 \\ \hat{\beta}_2 \\ \hat{\beta}_3 \end{bmatrix}
+
\begin{bmatrix} \hat{u}_1 \\ \hat{u}_2 \\ \hat{u}_3 \\ \hat{u}_4 \\ \hat{u}_5 \\ \hat{u}_6 \\ \hat{u}_7 \\ \hat{u}_8 \\ \hat{u}_9 \\ \hat{u}_{10} \\ \hat{u}_{11} \\ \hat{u}_{12} \\ \hat{u}_{13} \\ \hat{u}_{14} \\ \hat{u}_{15} \end{bmatrix}
\qquad (9.10.2)
$$

$$
\begin{array}{cccc}
\mathbf{y} & \mathbf{X} & \hat{\boldsymbol{\beta}} & \hat{\mathbf{u}} \\
15 \times 1 & 15 \times 3 & 3 \times 1 & 15 \times 1
\end{array}
$$

TABLA 9.4
Gasto de consumo personal *per cápita* (GCPP) e ingreso disponible personal per cápita (IDPP) en los Estados Unidos, 1956-1970, en dólares de 1958

GCPP, Y	IDPP, X_2	Tiempo, X_3
1673	1839	1 (= 1956)
1688	1844	2
1666	1831	3
1735	1881	4
1749	1883	5
1756	1910	6
1815	1969	7
1867	2016	8
1948	2126	9
2048	2239	10
2128	2336	11
2165	2404	12
2257	2487	13
2316	2535	14
2324	2595	15 (= 1970)

Fuente: Economic Report of the President, enero 1972, tabla B-16.

De la información anterior, se obtienen los siguientes resultados:

$$\bar{Y} = 1942.333 \qquad \bar{X}_2 = 2126.333 \qquad \bar{X}_3 = 8.0$$
$$\sum (Y_i - \bar{Y})^2 = 830,121.333$$
$$\sum (X_{2i} - \bar{X}_2)^2 = 1,103,111.333 \qquad \sum (X_{3i} - \bar{X}_3)^2 = 280.0$$

$$\mathbf{X'X} = \begin{bmatrix} 1 & 1 & 1 & \cdots & 1 \\ X_{21} & X_{22} & X_{23} & \cdots & X_{2n} \\ X_{31} & X_{32} & X_{33} & \cdots & X_{3n} \end{bmatrix} \begin{bmatrix} 1 & X_{21} & X_{31} \\ 1 & X_{22} & X_{32} \\ 1 & X_{23} & X_{33} \\ \vdots & \vdots & \vdots \\ 1 & X_{2n} & X_{3n} \end{bmatrix}$$

$$= \begin{bmatrix} n & \sum X_{2i} & \sum X_{3i} \\ \sum X_{2i} & \sum X_{2i}^2 & \sum X_{2i}X_{3i} \\ \sum X_{3i} & \sum X_{2i}X_{3i} & \sum X_{3i}^2 \end{bmatrix}$$

$$= \begin{bmatrix} 15 & 31,895 & 120 \\ 31,895 & 68,922.513 & 272,144 \\ 120 & 272,144 & 1240 \end{bmatrix} \qquad (9.10.3)$$

$$\mathbf{X'y} = \begin{bmatrix} 29,135 \\ 62,905,821 \\ 247,934 \end{bmatrix} \qquad (9.10.4)$$

Utilizando las reglas de inversión de matrices dadas en el apéndice B, puede verse que

$$(\mathbf{X'X})^{-1} = \begin{bmatrix} 37.232491 & -0.0225082 & 1.336707 \\ -0.0225082 & 0.0000137 & -0.0008319 \\ 1.336707 & -0.0008319 & 0.054034 \end{bmatrix} \qquad (9.10.5)$$

Por consiguiente,

$$\hat{\boldsymbol{\beta}} = (\mathbf{X'X})^{-1}\mathbf{X'y} = \begin{bmatrix} 300.28625 \\ 0.74198 \\ 8.04356 \end{bmatrix} \qquad (9.10.6)$$

La suma de residuales al cuadrado puede calcularse ahora así:

$$\sum \hat{u}_i^2 = \hat{\mathbf{u}}'\hat{\mathbf{u}}$$
$$= \mathbf{y'y} - \hat{\boldsymbol{\beta}}'\mathbf{X'y}$$
$$= 57,420,003 - [\,300.28625 \quad 0.74198 \quad 8.04356\,] \begin{bmatrix} 29,135 \\ 62,905,821 \\ 247,934 \end{bmatrix}$$
$$= 1976.85574 \qquad (9.10.7)$$

de donde se obtiene

$$\hat{\sigma}^2 = \frac{\hat{\mathbf{u}}'\hat{\mathbf{u}}}{12} = 164.73797 \qquad (9.10.8)$$

Por lo tanto, la matriz de varianza–covarianza para $\hat{\boldsymbol{\beta}}$ puede presentarse como

$$\text{var-cov}(\hat{\boldsymbol{\beta}}) = \hat{\sigma}^2(\mathbf{X'X})^{-1} = \begin{bmatrix} 6133.650 & -3.70794 & 220.20634 \\ -3.70794 & 0.00226 & -0.13705 \\ 220.20634 & -0.13705 & 8.90155 \end{bmatrix} \quad (9.10.9)$$

Los elementos diagonales de esta matriz dan las varianzas de $\hat{\beta}_1$, $\hat{\beta}_2$ y $\hat{\beta}_3$, respectivamente, y sus raíces cuadradas positivas dan los errores estándar correspondientes.

De la información anterior, puede verificarse fácilmente que

$$\text{SEC:} \hat{\boldsymbol{\beta}}\mathbf{X'y} - n\bar{Y}^2 = 828{,}144.47786 \qquad (9.10.10)$$

$$\text{STC:} \mathbf{y'y} - n\bar{Y}^2 = 830{,}121.333 \qquad (9.10.11)$$

Por consiguiente,

$$\begin{aligned} R^2 &= \frac{\hat{\boldsymbol{\beta}}'\mathbf{X'y} - n\bar{Y}^2}{\mathbf{y'y} - n\bar{Y}^2} \\ &= \frac{828{,}144.47786}{830{,}121.333} \\ &= 0.99761 \qquad\qquad (9.10.12) \end{aligned}$$

Aplicando (7.8.4), puede verse que el **coeficiente de determinación ajustado** es

$$\bar{R}^2 = 0.99722 \qquad\qquad (9.10.13)$$

Reuniendo los resultados obtenidos hasta ahora, se tiene

$$\begin{aligned} \hat{Y}_i = \ & 300.28625 \ + \ \ 0.74198X_{2i} + \ 8.04356X_{3i} \\ & (78.31763) \quad (0.04753) \quad \ (2.98354) \\ t = \ \ & (3.83421) \quad (15.61077) \quad (2.69598) \\ & R^2 = 0.99761 \quad \bar{R}^2 = 0.99722 \quad \text{g de l} = 12 \end{aligned} \qquad (9.10.14)$$

La interpretación de (9.10.14) es esta: si tanto X_2 como X_3 reciben un valor de cero, el valor promedio del gasto de consumo personal *per cápita* se estima alrededor de US$300. Como es usual, esta interpretación mecánica del intercepto debe tomarse con cautela. El coeficiente de regresión parcial de 0.74198 significa que, manteniendo todas las otras variables constantes, un incremento en el ingreso *per cápita* de un dólar, por ejemplo, es acompañado por un incremento en el gasto de consumo personal *per cápita* medio de alrededor de 74 centavos de dólar. En resumen, se estima que la propensión marginal a consumir sea de alrededor de 0.74, o 74%. En forma similar, manteniendo constantes todas las otras variables, el gasto de consumo personal *per cápita* medio aumentó a una tasa de alrededor de US$8 por año durante el período del estudio, 1956–1970. El valor R^2 de 0.9976 muestra que las dos variables explicativas mostraron más del 99% de la variación en el gasto de consumo *per cápita* en los Estados Unidos durante el período 1956–1970. Aun cuando $\bar{R}^2$ se reduce ligeramente, éste continúa siendo muy elevado.

Volviendo a la significancia estadística de los coeficientes estimados, a partir de (9.10.14) se observa que cada uno de los coeficientes estimados es estadísticamente significativo *individualmente*, a un nivel de significancia del 5% por ejemplo: Las razones entre los coeficientes estimados y sus errores estándar (es decir, las razones t) son 3.83421, 15.61077 y 2.69598, respectivamente. Utilizando una prueba t de dos colas al nivel de significancia del 5%, se observa que el valor t crítico para 12 g de l es 2.179. Cada uno de los valores t calculados excede este valor crítico. Por tanto, a nivel individual, se puede rechazar la hipótesis nula de que el verdadero valor poblacional del coeficiente relevante es cero.

Como se anotó anteriormente, no es posible aplicar la prueba t usual para verificar la hipótesis de que $\beta_2 = \beta_3 = 0$ simultáneamente, porque el procedimiento de prueba t supone que se toma una muestra independiente cada vez que se aplica una prueba t. Si se utiliza la misma muestra para probar la hipótesis sobre β_2 y β_3 simultáneamente, es probable que los estimadores $\hat{\beta}_2$ y $\hat{\beta}_3$ estén correlacionados, violando así el supuesto en el cual se basa el procedimiento de la prueba t[9]. En realidad, la matriz de varianza–covarianza de $\hat{\boldsymbol{\beta}}$ dada en (9.10.9) muestra que los estimadores $\hat{\beta}_2$ y $\hat{\beta}_3$ están correlacionados negativamente (la covarianza entre los dos es –0.13705). Por tanto, no se utiliza la prueba t para probar la hipótesis nula de que $\beta_2 = \beta_3 = 0$.

Pero recuérdese que una hipótesis nula como $\beta_2 = \beta_3 = 0$, simultáneamente, puede ser probada mediante la técnica de análisis de varianza y la tradicional prueba F, las cuales fueron introducidas en el capítulo 8. Para el problema, la tabla del análisis de varianza es la tabla 9.5. Bajo los supuestos usuales, se obtiene

$$F = \frac{414,072.3893}{164.73797} = 2513.52 \qquad (9.10.15)$$

cuya distribución es igual a la distribución F con 2 y 12 g de l. El valor F calculado es, obviamente, muy significativo; se puede rechazar la hipótesis nula de que $\beta_2 = \beta_3 = 0$, es decir, que el gasto de consumo personal *per capita* no está relacionado linealmente con el ingreso disponible *per cápita* ni con la tendencia.

En la sección 9.9 se estudió el mecanismo de proyección, media e individual. Supóngase que para 1971 la cifra del IDPP es US$2610 y se desea proyectar el GCPP correspondiente a esta cifra. Entonces, la proyección media como la individual del GCPP para 1971 es la misma y está dada por

$$(\text{GCPP}_{1971} \mid \text{IDPP}_{1971}, X_3 = 16) = \mathbf{x}'_{1971}\hat{\boldsymbol{\beta}}$$

$$= [\,1 \quad 2610 \quad 16\,]\begin{bmatrix} 300.28625 \\ 0.74198 \\ 8.04356 \end{bmatrix}$$

$$= 2365.55 \qquad (9.10.16)$$

donde se hace uso de (9.9.3).

Como se sabe por la sección 9.9, las varianzas de $\hat{Y}_{1971}$ y Y_{1971} son diferentes y son las siguientes:

$$\text{var}(\hat{Y}_{1971} \mid \mathbf{x}'_{1971}) = \hat{\sigma}^2[\mathbf{x}'_{1971}(\mathbf{X}'\mathbf{X})^{-1}\mathbf{x}_{1971}]$$

$$= 164.73797[\,1 \quad 2610 \quad 16\,](\mathbf{X}'\mathbf{X})^{-1}\begin{bmatrix} 1 \\ 2610 \\ 16 \end{bmatrix} \qquad (9.10.17)$$

TABLA 9.5
La tabla ANOVA para la información de la tabla 9.4

Fuente de variación	SC	g de l	SMC
Debido a X_2 , X_3	828,144.47786	2	414,072.3893
Debido a los residuales	1,976.85574	12	164.73797
Total	830,121.33360	14	

[9]Para mayor detalle *véase* Sección 8.5.

donde $(\mathbf{X'X})^{-1}$ es como se muestra en (9.10.5). Sustituyendo esto en (9.10.17), el lector debe verificar que

$$\text{var}(\hat{Y}_{1971} \mid \mathbf{x}'_{1971}) = 48.6426 \qquad (9.10.18)$$

y por consiguiente,

$$\text{ee}(\hat{Y}_{1971} \mid \mathbf{x}'_{1971}) = 6.9744$$

Se deja que el lector verifique, utilizando (9.9.13), que

$$\text{var}(Y_{1971} \mid \mathbf{x}'_{1971}) = 213.3806 \qquad (9.10.19)$$

y

$$\text{ee}(Y_{1971} \mid \mathbf{x}'_{1971}) = 14.6076$$

Nota: $\text{var}(Y_{1971} \mid \mathbf{x}'_{1971}) = E[Y_{1971} - \hat{Y}_{1971} \mid \mathbf{x}'_{1971}]^2$

En la sección 9.5 se introdujo la matriz de correlación **R**. Para los datos, la matriz de correlación es la siguiente:

$$R = \begin{array}{c} \\ Y \\ X_2 \\ X_3 \end{array} \begin{array}{ccc} Y & X_2 & X_3 \\ \left[\begin{array}{ccc} 1 & 0.9980 & 0.9743 \\ 0.9980 & 1 & 0.9664 \\ 0.9743 & 0.9664 & 1 \end{array} \right] \end{array} \qquad (9.10.20)$$

Obsérvese que en (9.10.20) se ha bordeado la matriz de correlación con las variables del modelo, de tal forma que se pueda identificar fácilmente cuáles variables están incluidas en el cálculo del coeficiente de correlación. Así, el coeficiente 0.9980 en la primera fila de la matriz (9.10.20) dice que es el coeficiente de correlación entre Y y X_2 (es decir, r_{12}). A partir de las correlaciones de orden cero dadas en la matriz de correlación (9.10.20) se pueden derivar fácilmente los coeficientes de correlación de primer orden. (*véase* ejercicio 9.7).

9.11 RESUMEN Y CONCLUSIONES

El propósito principal de este capítulo era introducir el enfoque matricial al modelo clásico de regresión lineal. Aun cuando se introdujeron muy pocos conceptos nuevos del análisis de regresión, la notación matricial proporciona un método compacto para tratar con los modelos de regresión lineal que contienen cualquier número de variables.

Al concluir este capítulo obsérvese que si las variables X y Y están medidas en forma de desviaciones, es decir, como desviaciones de sus medias muestrales, hay pocos cambios en las fórmulas presentadas anteriormente. Estos cambios se enumeran en la tabla 9.6[10]. Como lo muestra la siguiente tabla, en forma de desviaciones la corrección para la media $n\bar{Y}^2$ se elimina de STC y de SEC. (¿Por qué?) Esta pérdida resulta en un cambio en la fórmula para R^2. Por lo demás, la mayoría de las fórmulas desarrolladas en las unidades originales de medición se mantienen para la forma de desviación.

---

[10]En estos días de computadores de alta velocidad puede no ser necesaria la forma de desviación. Pero ésta simplifica fórmulas y, por consiguiente, simplifica cálculos si se está trabajando con calculadora de escritorio y si se están manejando números grandes.

TABLA 9.6
Modelo de regresión con k variables en unidades originales y en forma de desviación*

Unidades originales		Forma de desviación	
$\mathbf{y} = \mathbf{X}\hat{\boldsymbol{\beta}} + \hat{\mathbf{u}}$	(9.3.2)	$\mathbf{y} = \mathbf{X}\hat{\boldsymbol{\beta}} + \hat{\mathbf{u}}$ la columna de 1's en la matriz $\mathbf{X}$ se elimina (¿Por qué?)	
$\hat{\boldsymbol{\beta}} = (\mathbf{X}'\mathbf{X})^{-1}\mathbf{X}'\mathbf{y}$	(9.3.11)	Igual	
var-cov $(\hat{\boldsymbol{\beta}}) = \sigma^2(\mathbf{X}'\mathbf{X})^{-1}$	(9.3.13)	Igual	
$\hat{\mathbf{u}}'\hat{\mathbf{u}} = \mathbf{y}'\mathbf{y} - \hat{\boldsymbol{\beta}}'\mathbf{X}'\mathbf{y}$	(9.3.18)	Igual	
$\sum y_i^2 = \mathbf{y}'\mathbf{y} - n\bar{Y}^2$	(9.3.16)	$\sum y_i^2 = \mathbf{y}'\mathbf{y}$	(9.11.1)
$\text{SEC} = \hat{\boldsymbol{\beta}}'\mathbf{X}'\mathbf{y} - n\bar{Y}^2$	(9.3.17)	$\text{SEC} = \hat{\boldsymbol{\beta}}'\mathbf{X}'\mathbf{y}$	(9.11.2)
$R^2 = \dfrac{\hat{\boldsymbol{\beta}}'\mathbf{X}'\mathbf{y} - n\bar{Y}^2}{\mathbf{y}'\mathbf{y} - n\bar{Y}^2}$	(9.4.2)	$R^2 = \dfrac{\hat{\boldsymbol{\beta}}'\mathbf{X}'\mathbf{y}}{\mathbf{y}'\mathbf{y}}$	(9.11.3)

* Obsérvese que a pesar de que en ambos casos los símbolos para las matrices y los vectores son iguales, en la forma de desviaciones se supone que los elementos de las matrices y de los vectores son desviaciones y no datos simples. Obsérvese además que en la forma de desviación $\hat{\boldsymbol{\beta}}$ es de orden $k - 1$ y la var-cov($\hat{\boldsymbol{\beta}}$) es de orden $(k-1)(k-1)$.

EJERCICIOS

9.1. Para el ejemplo ilustrativo analizado en la sección 9.10, las $\mathbf{X}'\mathbf{X}$ y $\mathbf{X}'\mathbf{y}$, utilizando la información en forma de desviaciones, es la siguiente:

$$\mathbf{X}'\mathbf{X} = \begin{bmatrix} 1,103,111.333 & 16,984 \\ 16,984 & 280 \end{bmatrix}$$

$$\mathbf{X}'\mathbf{y} = \begin{bmatrix} 955,099.333 \\ 14,854.000 \end{bmatrix}$$

(a) Estímese β_2 y β_3.
(b) ¿Cómo se estimaría β_1?
(c) Estímese la varianza de $\hat{\beta}_2$ y $\hat{\beta}_3$ y sus covarianzas.
(d) Obténgase el R^2 y el $\bar{R}^2$.
(e) Comparando los resultados con aquellos dados en la sección 9.10, ¿cuáles ventajas se encuentran en la estimación en forma de desviación?

9.2. Para el ejemplo 8.1 del capítulo 8, se ha dado la siguiente información donde todas las variables están medidas en forma de desviación, es decir, como desviaciones de sus medias muestrales:

$$\mathbf{X}'\mathbf{X} = \begin{bmatrix} 84,855.096 & 4796.00 \\ 4796.00 & 280.000 \end{bmatrix}$$

$$\mathbf{X}'\mathbf{y} = \begin{bmatrix} 74,778.346 \\ 4250.900 \end{bmatrix}$$

Además, $\bar{Y} = 367.693, \bar{X}_2 = 402.760$ y $\bar{X}_3 = 8.0$.

(a) Obténgase $\hat{\beta}_2$ y $\hat{\beta}_3$ y sus varianzas y covarianzas.
(b) Estímese el término intercepto β_1.
(c) Calcúlese el R^2.
(d) Utilizando el R^2 calculado, pruébese la hipótesis de que $\beta_2 = \beta_3 = 0$.

9.3. **Verificación de igualdad de dos coeficientes de regresión.** Supóngase que se tiene el siguiente modelo de regresión:

$$Y_i = \beta_1 + \beta_2 X_{2i} + \beta_3 X_{3i} + u_i$$

y se desea probar la hipótesis de que $\beta_2 = \beta_3$. Si se supone que los u_i están normalmente distribuidos, puede mostrarse que

$$t = \frac{\hat{\beta}_2 - \hat{\beta}_3}{\sqrt{\text{var}(\hat{\beta}_2) + \text{var}(\hat{\beta}_3) - 2\,\text{cov}(\hat{\beta}_2, \hat{\beta}_3)}}$$

sigue la distribución t con $n - 3$ g de l (*véase* sección 8.6). (En general, para el caso de k variables los g de l son $n - k$). Por consiguiente, la anterior prueba t puede ser utilizada para probar la hipótesis nula $\beta_2 = \beta_3$.

Aplíquese la prueba t anterior para verificar la hipótesis de que los verdaderos valores de β_2 y β_3 en la regresión (9.10.14) son idénticos.

Guía: Utilícese la matriz var–cov de **β** dada en (9.10.9).

9.4. **Forma de expresar correlaciones de orden superior en términos de correlaciones de orden inferior.** Los coeficientes de correlación de orden p pueden ser expresados en términos de los coeficientes de correlación de orden $p - 1$ mediante la siguiente **fórmula de reducción:**

$$r_{12.345...p} = \frac{r_{12.345...(p-1)} - [r_{1p.345...(p-1)} r_{2p.345...(p-1)}]}{\sqrt{[1 - r^2_{1p.345...(p-1)}]}\sqrt{[1 - r^2_{2p.345...(p-1)}]}}$$

Así,

$$r_{12.3} = \frac{r_{12} - r_{13}r_{23}}{\sqrt{1 - r^2_{13}}\sqrt{1 - r^2_{23}}}$$

igual a la obtenida en el capítulo 7.

Dada la siguiente matriz de correlación:

$$\mathbf{R} = \begin{array}{c} \\ Y \\ X_2 \\ X_3 \\ X_4 \\ X_5 \end{array} \begin{array}{c} \begin{array}{ccccc} Y & X_2 & X_3 & X_4 & X_5 \end{array} \\ \begin{bmatrix} 1 & 0.44 & -0.34 & -0.31 & -0.14 \\ & 1 & 0.25 & -0.19 & -0.35 \\ & & 1 & 0.44 & 0.33 \\ & & & 1 & 0.85 \\ & & & & 1 \end{bmatrix} \end{array}$$

Encuéntrese lo siguiente:

(*a*) $r_{12.345}$ (*b*) $r_{12.34}$ (*c*) $r_{12.3}$

(*d*) $r_{13.245}$ (*e*) $r_{13.24}$ (*f*) $r_{13.2}$

9.5. **Forma de expresar coeficientes de regresión de orden superior en términos de coeficientes de regresión de orden inferior.** Un coeficiente de regresión de orden p puede ser expresado en términos de un coeficiente de regresión de orden $p - 1$ mediante la siguiente fórmula de reducción:

$$\hat{\beta}_{12.345...p} = \frac{\hat{\beta}_{12.345...(p-1)} - [\hat{\beta}_{1p.345...(p-1)}\hat{\beta}_{p2.345...(p-1)}]}{1 - \hat{\beta}_{2p.345...(p-1)}\hat{\beta}_{p2.345...(p-1)}}$$

Así,

$$\hat{\beta}_{12.3} = \frac{\hat{\beta}_{12} - \hat{\beta}_{13}\hat{\beta}_{32}}{1 - \hat{\beta}_{23}\hat{\beta}_{32}}$$

donde $\beta_{12.3}$ es el coeficiente de pendiente en la regresión de y sobre X_2 manteniendo X_3 constante. En forma similar, $\beta_{12.34}$ es el coeficiente de pendiente en la regresión de Y sobre X_2 manteniendo X_3 y X_4 constantes, y así sucesivamente.

Utilizando la fórmula anterior, encuéntrense expresiones para los siguientes coeficientes de regresión en términos de coeficientes de regresión de orden menor: $\hat{\beta}_{12.3456}$, $\hat{\beta}_{12.345}$ y $\hat{\beta}_{12.34}$.

9.6. Establézcase la siguiente identidad:

$$\hat{\beta}_{12.3}\hat{\beta}_{23.1}\hat{\beta}_{31.2} = r_{12.3}r_{23.1}r_{31.2}$$

9.7. Para la matriz de correlación **R** dada en (9.10.20), encuéntrense todos los coeficientes de correlación parcial de primer orden.

9.8. Al estudiar la variación en las tasas de criminalidad en algunas ciudades grandes en los Estados Unidos, Ogburn obtuvo la siguiente información*:

$$\bar{Y} = 19.9 \qquad S_1 = 7.9$$
$$\bar{X}_2 = 49.2 \qquad S_2 = 1.3$$
$$\bar{X}_3 = 10.2 \qquad S_3 = 4.6$$
$$\bar{X}_4 = 481.4 \qquad S_4 = 74.4$$
$$\bar{X}_5 = 41.6 \qquad S_5 = 10.8$$

$$\mathbf{R} = \begin{array}{c} \\ Y \\ X_2 \\ X_3 \\ X_4 \\ X_5 \end{array} \begin{array}{ccccc} Y & X_2 & X_3 & X_4 & X_5 \\ \begin{bmatrix} 1 & 0.44 & -0.34 & -0.31 & -0.14 \\ & 1 & 0.25 & -0.19 & -0.35 \\ & & 1 & 0.44 & 0.33 \\ & & & 1 & 0.85 \\ & & & & 1 \end{bmatrix} \end{array}$$

donde Y = tasa de criminalidad, número de delitos conocidos por cada mil personas
   X_2 = porcentaje de habitantes masculinos
   X_3 = porcentaje del total de habitantes masculinos nacidos en el exterior
   X_4 = número de niños menores de 5 años por cada mil mujeres casadas entre los 15 y los 44 años de edad.
   X_5 = pertenencia a la iglesia, número de miembros de la iglesia de 13 años de edad o mayores por cada 100 personas de la población total de 13 años de edad y superior; de S_1 a S_5 son las desviaciones estándar muestrales de las variables Y hasta X_5 y **R** es la matriz de correlación.

(a) Tratando Y como variable dependiente, obténgase la regresión de Y sobre las cuatro variables X e interprétese la regresión estimada.

(b) Obténgase $r_{12.3}$, $r_{14.35}$, y $r_{15.34}$.

(c) Obténgase el R^2 y pruébese la hipótesis de que todos los coeficientes de pendiente parciales son simultáneamente iguales a cero.

9.9. En la siguiente tabla se da información sobre producción y costo total de producción de un bien en el corto plazo. (*véase* ejemplo 7.4).

Producción	Costo total, US$
1	193
2	226
3	240
4	244
5	257
6	260
7	274
8	297
9	350
10	420

---

*W.F. Ogburn, «Factors in the Variation of Crime among Cities»,*Journal of American Statistical Association,* vol. 30, 1935, p. 12.

Para probar si los datos anteriores sugieren las curvas de costo promedio y de costo marginal en forma de U encontrada generalmente en el corto plazo, se puede utilizar el siguiente modelo:

$$Y_i = \beta_1 + \beta_2 X_i + \beta_3 X_i^2 + \beta_4 X_i^3 + u_i$$

donde Y = costo total y X = producción. Las variables explicativas adicionales X_i^2 y X_i^3 son derivadas de X.

(a) Exprésense los datos en forma de desviación y obténgase $(\mathbf{X'X}), (\mathbf{X'y})$ y $(\mathbf{X'X})^{-1}$.

(b) Estímense β_2, β_3 y β_4.

(c) Estímese la matriz var–cor de $\hat{\boldsymbol{\beta}}$.

(d) Estímese β_1. Interprétese $\hat{\beta}_1$ en el contexto del problema.

(e) Obténgase el R^2 y el $\bar{R}^2$.

(f) A priori, ¿cuáles son los signos de β_2, β_3 y β_4? ¿Por qué?

(g) De la función de costo total dada anteriormente, obténganse expresiones para las funciones de costo marginal y promedio.

(h) Ajústense las funciones de costo promedio y marginal a los datos y realícense comentarios sobre éste.

(i) Si $\beta_3 = \beta_4 = 0$, ¿cuál es la naturaleza de la función de costo marginal? ¿Cómo se probaría la hipótesis de que $\beta_3 = \beta_4 = 0$?

(j) ¿Cómo se derivarían las funciones de costo variable total y de costo variable promedio a partir de la información dada?

9.10. Con el fin de estudiar la participación en la fuerza laboral de las familias urbanas pobres (familias con ingresos menores de US$3943 en 1969), se obtuvieron los datos siguientes del Censo de Población de 1970.

(a) Utilizando el modelo de regresión $Y_i = \beta_1 + \beta_2 X_{2i} + \beta_3 X_{3i} + \beta_4 X_{4i} + u_i$, obténganse las estimaciones de los coeficientes de regresión e interprétense sus resultados.

(b) A priori, ¿cuáles son los signos esperados de los coeficientes de regresión en el modelo anterior y por qué?

Experiencia de participación en la fuerza laboral de la población urbana pobre : área del censo, Ciudad de Nueva York, 1970

Area no.	% en la fuerza laboral, Y^*	Ingreso familiar medio, X_2†	Tamaño familiar medio, X_3	Tasa de desempleo, X_4^{**}
137	64.3	1,998	2.95	4.4
139	45.4	1,114	3.40	3.4
141	26.6	1,942	3.72	1.1
142	87.5	1,998	4.43	3.1
143	71.3	2,026	3.82	7.7
145	82.4	1,853	3.90	5.0
147	26.3	1,666	3.32	6.2
149	61.6	1,434	3.80	5.4
151	52.9	1,513	3.49	12.2
153	64.7	2,008	3.85	4.8
155	64.9	1,704	4.69	2.9
157	70.5	1,525	3.89	4.8
159	87.2	1,842	3.53	3.9
161	81.2	1,735	4.96	7.2
163	67.9	1,639	3.68	3.6

*Y = cabeza de familia de edad inferior a 65 años.
†X_2 = dólares
**Y_4 = porcentaje de la fuerza laboral civil desempleada
Fuente: Area del censo: Nueva York, Oficina del Censo, Departamento de Comercio de los Estados Unidos, 1970.

(c)   ¿Cómo se probaría la hipótesis de que la tasa global de desempleo no tiene efecto sobre la participación en la fuerza laboral de la población urbana pobre en el área del censo dada en la tabla anterior?

(d)   ¿Debe eliminarse alguna de las variables del modelo anterior? ¿Por qué?

(e)   ¿Qué otras variables se consideraría que deben ser incluidas en el modelo?

9.11. En una aplicación de la función de producción de Cobb–Douglas se obtuvieron los siguientes resultados:

$$\widehat{\ln Y_i} = 2.3542 + 0.9576 \ln X_{2i} + 0.8242 \ln X_{3i}$$
$$\qquad\qquad\quad (0.3022) \qquad\quad (0.3571)$$

$$R^2 = 0.8432 \quad \text{g de l} = 12$$

donde Y = producción, X_2 = insumo trabajo y X_3 = insumo capital y donde las cifras en paréntesis son los errores estándar estimados.

(a)   Como se anotó en el capítulo 7, los coeficientes de los insumos trabajo y capital en la ecuación anterior dan las elasticidades producto con respecto al trabajo y al capital. Pruébese la hipótesis de que estas elasticidades son *individualmente* iguales a la unidad.

(b)   Pruébese la hipótesis de que las elasticidades trabajo y capital son iguales, suponiendo (i) que la covarianza entre los coeficientes estimados del trabajo y del capital es cero y (ii) que ésta es –0.0972.

(c)   ¿Cómo se probaría la significancia global de la ecuación de regresión anterior?

*9.12.   Exprésese la función de verosimilitud para el modelo de regresión con k variables en notación matricial y muéstrese que $\tilde{\boldsymbol{\beta}}$, el vector de estimadores de máxima verosimilitud, es idéntico a $\hat{\boldsymbol{\beta}}$, el vector de estimadores MCO del modelo de regresión con k variables.

9.13. **Regresión utilizando variables estandarizadas.** Considérense las siguientes funciones de regresión muestral (FRM):

$$Y_i = \hat{\beta}_1 + \hat{\beta}_2 X_{2i} + \hat{\beta}_3 X_{3i} + \hat{u}_i \qquad\qquad (1)$$

$$Y_i* = b_1 + b_2 X_{2i}* + b_3 X_{3i}* + \hat{u}_i* \qquad\qquad (2)$$

donde

$$Y_i* = \frac{Y_i - \bar{Y}}{s_Y}$$

$$X_{2i}* = \frac{X_{2i} - \bar{X}_2}{s_2}$$

$$X_{3i}* = \frac{X_{3i} - \bar{X}_3}{s_3}$$

donde las letras s denotan las desviaciones estándar muestrales. Como se anotó en el capítulo 6, ejercicio 6.7, las variables que aparecen con asterisco se conocen como *variables estandarizadas*. Éstas tienen medias cero y desviaciones estándar unitarias ($=1$). Expresando todas las variables en forma de desviaciones, demuéstrese lo siguiente para el modelo (2):

(a) $\mathbf{X'X} = \begin{bmatrix} 1 & r_{23} \\ r_{23} & 1 \end{bmatrix} n$

(b) $\mathbf{X'y} = \begin{bmatrix} r_{12} \\ r_{13} \end{bmatrix} n$

(c) $(\mathbf{X'X})^{-1} = \dfrac{1}{n(1 - r_{23}^2)} \begin{bmatrix} 1 & -r_{23} \\ -r_{23} & 1 \end{bmatrix}$

---

*Opcional.

(d) $\hat{\boldsymbol{\beta}} = \begin{bmatrix} b_2 \\ b_3 \end{bmatrix} = \dfrac{1}{1 - r_{23}^2} \begin{bmatrix} r_{12} - r_{23}r_{13} \\ r_{13} - r_{23}r_{12} \end{bmatrix}$

(e) $b_1 = 0$

Establézcase también la relación entre los b y los $\hat{\beta}$.

    (Obsérvese que en las relaciones anteriores n denota el tamaño de la muestra; r_{12}, r_{13} y r_{23} denotan las correlaciones entre Y y X_2, entre Y y X_3, y entre X_2 y X_3, respectivamente).

9.14. Verifíquense las ecuaciones (9.10.18) y (9.10.19).

*9.15. **Mínimos cuadrados restringidos.** Supóngase que

$$\mathbf{y} = \mathbf{X}\boldsymbol{\beta} + \mathbf{u} \qquad\qquad (1)$$

el cual se desea estimar sujeto a un conjunto de restricciones de igualdad:

$$\mathbf{R}\boldsymbol{\beta} = \mathbf{r} \qquad\qquad (2)$$

donde $\mathbf{R} =$ es una matriz *conocida* de orden $q x k (q \leq k)$ y $\mathbf{r}$ es vector *conocido* de q elementos. Para ilustrar, supóngase que el modelo es

$$Y_i = \beta_1 + \beta_2 X_{2i} + \beta_3 X_{3i} + \beta_4 X_{4i} + \beta_5 X_{5i} + u_i \qquad\qquad (3)$$

y supóngase que se desea estimar este modelo sujeto a estas restricciones:

$$\begin{aligned} \beta_2 - \beta_3 &= 0 \\ \beta_4 + \beta_5 &= 1 \end{aligned} \qquad\qquad (4)$$

Se pueden utilizar algunas de las técnicas estudiadas en el capítulo 8 para incorporar estas restricciones (por ejemplo, $\beta_2 = \beta_3$ y $\beta_4 = 1 - \beta_5$, eliminando así β_2 y β_4 del modelo) y probar la validez de estas restricciones mediante la prueba F allí tratada. Pero una forma más directa de estimar (3) incorporando las restricciones (4) directamente en el procedimiento de estimación, es expresar primero las restricciones en la forma de la ecuación (2), que en el presente caso se convierte en

$$\mathbf{R} = \begin{bmatrix} 0 & 1 & -1 & 0 & 0 \\ 0 & 0 & 0 & 1 & 1 \end{bmatrix} \qquad \mathbf{r} = \begin{bmatrix} 0 \\ 1 \end{bmatrix} \qquad\qquad (5)$$

Al permitir que $\boldsymbol{\beta}^*$ denote el estimador de mínimos cuadrados restringidos, se puede demostrar que $\boldsymbol{\beta}^*$ puede ser estimado por la siguiente fórmula[*]:

$$\hat{\boldsymbol{\beta}}^* = \hat{\boldsymbol{\beta}} + (\mathbf{X'X})^{-1}\mathbf{R'}[\mathbf{R}(\mathbf{X'X})^{-1}\mathbf{R'}]^{-1}(\mathbf{r} - \mathbf{R}\hat{\boldsymbol{\beta}}) \qquad\qquad (6)$$

donde $\hat{\boldsymbol{\beta}}$ es el estimador usual (no restringido) para la fórmula usual $(\mathbf{X'X})^{-1}\mathbf{X'y}$.

(a)   ¿Cuál es el vector β en (3)?

(b)   Dado este vector β, verifíquese que la matriz $\mathbf{R}$ y el vector $\mathbf{r}$ dado en (5) incorpora en realidad las restricciones especificadas en (4).

(c)   Escríbase la matriz $\mathbf{R}$ y el vector $\mathbf{r}$ en los siguientes casos:

    (i) $\beta_2 = \beta_3 = \beta_4 = 2$

    (ii) $\beta_2 = \beta_3$ y $\beta_4 = \beta_5$

    (iii) $\beta_2 - 3\beta_3 = 5\beta_4$

    (iv) $\beta_2 + 3\beta_3 = 0$

(d)   ¿Cuando será $\hat{\boldsymbol{\beta}}^* = \hat{\boldsymbol{\beta}}$?

---

*Opcional.

*Véase J. Johnston, *op. cit.*, p. 205.

9A.1 DERIVACIÓN DE k ECUACIONES NORMALES O SIMULTÁNEAS

Diferenciando

$$\sum \hat{u}_i^2 = \sum (Y_i - \hat{\beta}_1 - \hat{\beta}_2 X_{2i} - \cdots - \hat{\beta}_k X_{ki})^2$$

parcialmente con respecto a $\hat{\beta}_1, \hat{\beta}_2, \ldots, \hat{\beta}_k$, se obtiene

$$\frac{\partial \sum \hat{u}_i^2}{\partial \hat{\beta}_1} = 2 \sum (Y_i - \hat{\beta}_1 - \hat{\beta}_2 X_{2i} - \cdots - \hat{\beta}_k X_{ki})(-1)$$

$$\frac{\partial \sum \hat{u}_i^2}{\partial \hat{\beta}_2} = 2 \sum (Y_i - \hat{\beta}_1 - \hat{\beta}_2 X_{2i} - \cdots - \hat{\beta}_k X_{ki})(-X_{2i})$$

$$\cdots\cdots\cdots\cdots\cdots\cdots\cdots\cdots\cdots\cdots\cdots\cdots\cdots\cdots\cdots\cdots\cdots\cdots$$

$$\frac{\partial \sum \hat{u}_i^2}{\partial \hat{\beta}_k} = 2 \sum (Y_i - \hat{\beta}_1 - \hat{\beta}_2 X_{ki} - \cdots - \hat{\beta}_k X_{ki})(-X_{ki})$$

Igualando a cero las derivadas parciales anteriores y reordenando los términos, se obtiene las k ecuaciones normales dadas en (9.3.8).

9A.2 DERIVACIÓN MATRICIAL DE LAS ECUACIONES NORMALES

A partir de (9.3.7), se obtiene

$$\hat{u}'\hat{u} = y'y - 2\hat{\beta}'X'y + \hat{\beta}'X'X\hat{\beta}$$

Utilizando las reglas de diferenciación matricial dadas en el apéndice B, se obtiene

$$\frac{\partial(\hat{u}'\hat{u})}{\partial \hat{\beta}} = -2X'y + 2X'X\hat{\beta}$$

Igualando a cero la ecuación anterior se obtiene

$$(X'X)\hat{\beta} = X'y$$

de donde $\hat{\beta} = (X'X)^{-1}X'y$ siempre que la inversa exista.

9A.3 MATRIZ DE VARIANZA–COVARIANZA DE $\hat{\beta}$

De (9.3.11), se obtiene

$$\hat{\beta} = (X'X)^{-1}X'y$$

Sustituyendo $\mathbf{y} = \mathbf{X\beta} + \mathbf{u}$ en la expresión anterior, se obtiene

$$
\begin{aligned}
\hat{\boldsymbol{\beta}} &= (\mathbf{X'X})^{-1}\mathbf{X'}(\mathbf{X\beta} + \mathbf{u}) \\
&= (\mathbf{X'X})^{-1}\mathbf{X'X\beta} + (\mathbf{X'X})^{-1}\mathbf{X'u} \\
&= \boldsymbol{\beta} + (\mathbf{X'X})^{-1}\mathbf{X'u}
\end{aligned}
\tag{1}
$$

Por consiguiente,

$$
\hat{\boldsymbol{\beta}} - \boldsymbol{\beta} = (\mathbf{X'X})^{-1}\mathbf{X'u}
\tag{2}
$$

Por definición

$$
\begin{aligned}
\text{var-cov } (\hat{\boldsymbol{\beta}}) &= E[(\hat{\boldsymbol{\beta}} - \boldsymbol{\beta})(\hat{\boldsymbol{\beta}} - \boldsymbol{\beta})'] \\
&= E\{[(\mathbf{X'X})^{-1}\mathbf{X'u}][(\mathbf{X'X})^{-1}\mathbf{X'u}]'\} \\
&= E[(\mathbf{X'X})^{-1}\mathbf{X'uu'X(X'X)}^{-1}]
\end{aligned}
\tag{3}
$$

donde en el último paso se hace uso del hecho de que $(\mathbf{AB})' = \mathbf{B'A'}$.

Puesto que las X son no estocásticas, al tomar el valor esperado de (3) se obtiene:

$$
\begin{aligned}
\text{var-cov } (\hat{\boldsymbol{\beta}}) &= (\mathbf{X'X})^{-1}\mathbf{X'}E(\mathbf{uu'})\mathbf{X(X'X)}^{-1} \\
&= (\mathbf{X'X})^{-1}\mathbf{X'}\sigma^2\mathbf{IX(X'X)}^{-1} \\
&= \sigma^2(\mathbf{X'X})^{-1}
\end{aligned}
$$

que es el resultado dado en (9.3.13). Obsérvese que al derivar el resultado anterior se hace uso del supuesto de que $E(\mathbf{uu'}) = \sigma^2\mathbf{I}$.

9A.4 PROPIEDAD MELI DE LOS ESTIMADORES MCO

De (9.3.11) se tiene que

$$
\hat{\boldsymbol{\beta}} = (\mathbf{X'X})^{-1}\mathbf{X'y}
\tag{1}
$$

Dado que $(\mathbf{X'X})^{-1}\mathbf{X'}$ es una matriz de números fijos, $\hat{\boldsymbol{\beta}}$ es una función lineal de Y. Por lo tanto, por definición, es un estimador lineal.

Recuérdese que la FRP es

$$
\mathbf{y} = \mathbf{X\beta} + \mathbf{u}
\tag{2}
$$

Sustituyendo esto en (1), se obtiene

$$
\hat{\boldsymbol{\beta}} = (\mathbf{X'X})^{-1}\mathbf{X'}(\mathbf{X\beta} + \mathbf{u})
\tag{3}
$$

$$
= \boldsymbol{\beta} + (\mathbf{X'X})^{-1}\mathbf{X'u}
\tag{4}
$$

Debido a que $(\mathbf{X'X})^{-1}\mathbf{X'X} = \mathbf{I}$.

Tomando el valor esperado de (4)

$$
\begin{aligned}
E(\hat{\boldsymbol{\beta}}) &= E(\boldsymbol{\beta}) + (\mathbf{X'X})^{-1}\mathbf{X'}E(\mathbf{u}) \\
&= \boldsymbol{\beta}
\end{aligned}
\tag{5}
$$

puesto que $E(\hat{\beta}) = \beta$ (¿Por qué?) y $E(\mathbf{u}) = \mathbf{0}$ por supuestos, lo cual indica que $\hat{\beta}$ es un estimador insesgado de β.

Sea $\hat{\beta}^*$ cualquier otro estimador lineal de β, el cual puede escribirse como

$$\beta^* = [(\mathbf{X}'\mathbf{X})^{-1}\mathbf{X}' + \mathbf{C}]\mathbf{y} \tag{6}$$

donde $\mathbf{C}$ es una matriz de constantes.

Sustituyendo $\mathbf{y}$ de (2) en (6), se obtiene

$$\hat{\beta}^* = [(\mathbf{X}'\mathbf{X})^{-1}\mathbf{X}' + \mathbf{C}](\mathbf{X}\beta + \mathbf{u})$$
$$= \beta + \mathbf{C}\mathbf{X}\beta + (\mathbf{X}'\mathbf{X})^{-1}\mathbf{X}'\mathbf{u} + \mathbf{C}\mathbf{u} \tag{7}$$

Si $\hat{\beta}^*$ es un estimador insesgado de β, se debe tener

$$\mathbf{C}\mathbf{X} = 0 \qquad (¿Por\ qué?) \tag{8}$$

Utilizando (8), (7) puede ser escrito así:

$$° \quad \hat{\beta}^* - \beta = (\mathbf{X}'\mathbf{X})^{-1}\mathbf{X}'\mathbf{u} + \mathbf{C}\mathbf{u} \tag{9}$$

Por definición, la matriz de var–cov($\hat{\beta}^*$) es

$$E(\hat{\beta}^* - \beta)(\hat{\beta}^* - \beta)' = E[(\mathbf{X}'\mathbf{X})^{-1}\mathbf{X}'\mathbf{u} + \mathbf{C}\mathbf{u}][(\mathbf{X}'\mathbf{X})^{-1}\mathbf{X}'\mathbf{u} + \mathbf{C}\mathbf{u}]' \tag{10}$$

Haciendo uso de las propiedades de inversión y transposición de matrices y después de simplificación algebraica, se obtiene

$$\text{var-cov}(\hat{\beta}^*) = \sigma^2(\mathbf{X}'\mathbf{X})^{-1} + \sigma^2\mathbf{C}\mathbf{C}'$$
$$= \text{var-cov}(\hat{\beta}) + \sigma^2\mathbf{C}\mathbf{C}' \tag{11}$$

lo cual indica que la matriz de varianza–covarianza del estimador lineal e insesgado alterno $\hat{\beta}^*$ es igual a la matriz de varianza–covarianza del estimador MCO, $\hat{\beta}$ más σ^2 veces $\mathbf{C}\mathbf{C}'$, que es una matriz semidefinida* positiva. Por tanto, las varianzas de un elemento dado de $\hat{\beta}^*$ deben ser necesariamente iguales o mayores al elemento correspondiente de $\hat{\beta}$, lo cual demuestra que $\hat{\beta}$ es MELI. Por supuesto, si $\mathbf{C}$ es una matriz nula, es decir, $\mathbf{C} = \mathbf{0}$, entonces $\hat{\beta}^* = \hat{\beta}$, lo que equivale a decir que si se ha encontrado un estimador MELI, éste debe ser el estimador de mínimos cuadrados $\hat{\beta}$.

---

*Véase referencias en el apéndice B.

VIOLACIÓN DE LOS SUPUESTOS DEL MODELO CLÁSICO

En la parte I se consideró extensamente el modelo clásico de regresión lineal normal y se mostró la forma como éste puede ser utilizado para manejar dos problemas de inferencia estadística, a saber, la estimación y la prueba de hipótesis; lo mismo que el problema de predicción. Pero recuérdese que este modelo está basado en diversos supuestos simplificadores, que son los siguientes:

Supuesto 1. El modelo de regresión es lineal en los parámetros.

Supuesto 2. Los valores de los regresores, las X, son fijos en muestreo repetido.

Supuesto 3. Para X dadas, el valor medio de la perturbación u_i es cero.

Supuesto 4. Para X dadas, la varianza de u_i es constante u homoscedástica.

Supuesto 5. Para X dadas, no hay autocorrelación en las perturbaciones.

Supuesto 6. Si las X son estocásticas, el término de perturbación y las X (estocásticas) son independientes o, al menos, no están correlacionadas.

Supuesto 7.   El número de observaciones debe ser mayor que el número de regresores.

Supuesto 8.   Debe haber suficiente variabilidad en los valores que toman los regresores.

Supuesto 9.   El modelo de regresión está correctamente especificado.

Supuesto 10. No hay relación lineal exacta (es decir, no hay multicolinealidad) en los regresores.

Supuesto 11. El término estocástico (de perturbación) u_i está normalmente distribuido.

Antes de proseguir, se observa que la mayoría de los libros de texto enumeran menos de 11 supuestos. Por ejemplo, los supuestos 7 y 8 se dan por cumplidos en lugar de expresarlos explícitamente. Se decidió hacerlos explícitos pues parece razonable distinguir entre los supuestos requeridos para que los MCO tengan las propiedades estadísticas deseables (como es la de MELI) y las condiciones requeridas para que los MCO sean útiles. Por ejemplo, los estimadores MCO son estimadores MELI aun si el supuesto 8 no se satisface. Pero en ese caso los errores estándar de los estimadores MCO serán grandes comparativamente frente a sus coeficientes (es decir, razones t pequeñas), con lo cual se hace difícil evaluar la contribución de uno o más regresores a la suma explicada de cuadrado.

Como lo menciona Wetherill, en la práctica surgen dos tipos de problemas grandes al aplicar el modelo clásico de regresión lineal:(1) aquellos debidos a supuestos sobre la especificación del modelo y sobre las perturbaciones u_i y (2) aquellos debidos a los supuestos sobre la información[1]. En la primera categoría están los supuestos 1,2,3,4,5,9 y 11. Aquellos en la segunda categoría incluyen los supuestos 6,7,8 y 10. Adicionalmente, los problemas de información, tales como las observaciones atípicas (o inusuales) y los errores de medición en la información también se encuentran en la segunda categoría.

Con respecto a problemas que surgen debido a los supuestos sobre las perturbaciones y las especificaciones del modelo, aparecen tres grandes interrogantes: (1) ¿Qué tan severo es el alejarse de un supuesto particular para que éste realmente importe? Por ejemplo, si las u_i no siguen exactamente una distribución exactamente normal, ¿qué nivel de alejamiento de este supuesto se puede aceptar sin que se destruya la propiedad MELI de los estimadores MCO? (2) ¿Cómo averiguar si un supuesto particular ha sido realmente violado en un caso concreto? Así, ¿cómo se verifica si las perturbaciones están normalmente distribuidas en una aplicación dada? Ya se han estudiado las pruebas de normalidad **ji cuadrado** y de **Jarque-Bera**. (3) ¿Qué medidas remediales se pueden adoptar si uno o más supuestos son falsos? Por ejemplo, si se encuentra que el supuesto de homoscedasticidad en una aplicación es falso, ¿qué se hace entonces?

Con respecto a problemas atribuibles a supuestos sobre la información, también se enfrentan interrogantes similares. (1) ¿Qué tan grave es un problema particular? Por ejemplo, ¿es la multicolinealidad tan severa que hace muy difícil la estimación y la inferencia? Por ejemplo, ¿cómo se decide si la inclusión o la exclusión de una observación u observaciones que pueden representar observaciones atípicas constituirá una diferencia sustancial en el análisis? (3) ¿Pueden algunos problemas de información ser fácilmente remediados? Por ejemplo, se puede tener acceso a la información original para encontrar las fuentes de los errores de medición en la información?

Desafortunadamente, no se pueden dar respuestas satisfactorias a todas estas preguntas. Lo que se hará en lo que resta de la parte II es mirar algunos de los supuestos en forma más critica, aunque no todos serán objeto de un escrutinio completo. En particular, no se analizarán a fondo los supuestos 1,2,3,6 y 11., por las siguientes razones:

---

[1]G. Barrie Wetherill, *Regression Analysis with Applications,* Chapman y Hall, New York, 1986, pp. 14-15.

Supuesto 1: Modelo de regresión lineal en los parámetros. En la sección 6.8 se trataron breve-mente los modelos de regresión no lineales en los parámetros. Tales modelos usualmente se esti-man mediante algún procedimiento iterativo o de ensayo y error. No se analizó ese tipo de modelos en este libro porque algunas de las matemáticas requeridas para justificar su utilización están más allá del alcance de este libro introductorio. Existe también la razón más pragmática de que los modelos de regresión lineales en los parámetros han demostrado tener bastante éxito en muchos fenómenos empíricos. Algunas veces, tales modelos son aproximaciones de primer grado a modelos de regresión no lineales más complicados.

Supuestos 2 y 6: Regresores fijos *vs.* regresores estocásticos. Recuérdese que el análisis de regresión está basado en el supuesto de que los regresores son no estocásticos y suponen valores fijos en muestreo repetido. Existe una buena razón para esta estrategia. A diferencia de los cientí-ficos en las ciencias físicas, como se mencionó en el capítulo 1, los economistas, generalmente, no tienen control sobre los datos que usan, pues dependen de datos secundarios, es decir, información recopilada por otros, tales como el gobierno y las organizaciones privadas. Por consiguiente, la estrategia práctica a seguir es suponer que para el problema que va a ser resuelto, los valores de las variables explicativas están dados aun cuando las variables mismas pueden ser intrínsecamente estocásticas o aleatorias. Por lo tanto, los resultados del análisis de regresión están condicionados a estos valores dados.

Pero suponga que no podemos considerar las X como realmente no estocásticas o fijas. Este es el caso de los **regresores aleatorios** o **estocásticos.** Ahora la situación es más compleja. Las u_i por supuesto, son estocásticas. Si las X también lo son, entonces se debe especificar la forma como están distribuidas tanto las X como las u_i. Si estamos dispuestos a considerar el supuesto 6 (es decir, las X, aunque aleatorias, están distribuidas independientemente de, o por lo menos no están correlacionadas con, las u_i), entonces para todo fin práctico se puede continuar operando como si las X fueran no estocásticas. Como lo anota Kmenta:

Así, la no consideración o la exclusión del supuesto de que X es no estocástica y su reemplazo por el supuesto de que X es estocástica aunque independiente de [u] no cambia las propiedades deseables y la factibilidad de la estimación de mínimos cuadrados[2].

Por consiguiente, se conservarán el supuesto 2 o el supuesto 6 hasta que se vuelva a tratar con los modelos de ecuaciones simultáneas en la parte IV[3].

Supuesto 3: Valor de la media de u_i igual a cero. Recuérdese el modelo de regresión lineal con k variables:

$$Y_i = \beta_1 + \beta_2 X_{2i} + \beta_3 X_{3i} + \cdots + \beta_k X_{ki} + u_i \tag{1}$$

---

[2]Jan Kmenta, *Elements of Econometrics*, 2a. ed., Macmillan, New York, 1986, p. 338. (Énfasis en el original)

[3]Aquí debe anotarse un punto técnico. En lugar del supuesto fuerte de que las X y las u son independientes, se puede utilizar un supuesto más débil de que los valores de las variables X y las u no están correlacionados contemporáneamente (es decir, en el mismo momento del tiempo). En este caso, los estimadores MCO pueden estar sesgados pero son **consisten-tes**, es decir, a medida que el tamaño se incrementa indefinidamente, los estimadores convergen hacia sus verdaderos valores. Sin embargo, si las X y las u están correlacionadas contemporáneamente, los estimadores MCO son sesgados al igual que inconsistentes. En el capítulo 17 se mostrará cómo, en esta situación, el método de **variables instrumentales** puede ser utilizado algunas veces para obtener estimadores consistentes.

supóngase ahora que

$$E(u_i \mid X_{2i}, X_{3i}, \ldots, X_{ki}) = w \tag{2}$$

donde w es una constante; obsérvese que en el modelo estándar $w = 0$, pero ahora permitimos que éste sea cualquier constante.

Tomando la esperanza condicional de (1), se obtiene

$$
\begin{aligned}
E(Y_i \mid X_{2i}, X_{3i}, \ldots, X_{ki}) &= \beta_1 + \beta_2 X_{2i} + \beta_3 X_{3i} + \cdots + \beta_k X_{ki} + w \\
&= (\beta_1 + w) + \beta_2 X_{2i} + \beta_3 X_{3i} + \cdots + \beta_k X_{ki} \\
&= \alpha + \beta_2 X_{2i} + \beta_3 X_{3i} + \cdots + \beta_k X_{ki} \tag{3}
\end{aligned}
$$

donde $\alpha = (\beta_1 + w)$ y donde, al tomar las esperanzas, se debe mencionar que las X son tratadas como constantes. (¿Por qué?)

Por consiguiente, si el supuesto 3 no se satisface, se ve que no se puede estimar el intercepto original β_1; lo que se obtiene es α, el cual contiene a β_1 y a $E(u_i) = w$. En resumen, se obtiene un estimado *sesgado* de β_1.

Pero como se ha mencionado en diversas ocasiones, en muchas situaciones prácticas el término intercepto, β_1, es de poca importancia; los parámetros con mayor significado son los coeficientes de pendiente, que permanecen inalterados aún si el supuesto 3 es violado[4]. Además, en muchas aplicaciones el término intercepto no tiene interpretación alguna.

Supuesto 11: Normalidad de u. Este supuesto no es esencial si el objetivo es solamente la estimación. Como se mencionó en el capítulo 3, los estimadores MCO son MELI sin importar si las u_i están normalmente distribuidas o no. Con el supuesto de normalidad, sin embargo, es posible establecer que los estimadores MCO de los coeficientes de regresión siguen la distribución normal, que $(n - k)\hat{\sigma}^2/\sigma^2$ sigue la distribución χ^2 y que se podrían utilizar las pruebas t y F para verificar diversas hipótesis estadísticas sin importar el tamaño de la muestra.

Pero ¿qué sucede si las u_i no están normalmente distribuidas? Entonces se tiene en cuenta la siguiente extensión del teorema de límite central; recuérdese que fue el teorema de límite central, en primera instancia, el que se utilizó para justificar el supuesto de normalidad:

Si las perturbaciones [u_i] son independientes e idénticamente distribuidas con media cero y varianza [constante] σ^2 y si las variables explicativas son constantes en muestras repetidas, los estimadores MC[O] de coeficientes son asintóticamente normales con medias iguales a los β correspondientes[5].

Por consiguiente, los procedimientos de prueba usuales – las pruebas t y F– son aún válidas *asintóticamente*, es decir, en la muestra grande, pero no en muestras finitas o pequeñas.

Los estimadores MCO siguen una distribución normal asintóticamente (bajo el supuesto de varianza homoscedástica y X fijas) a pesar de que las perturbaciones no estén normalmente distribuidas. Este hecho es de poca ayuda a los economistas empíricos, quienes frecuentemente no

---

[4]Es muy importante mencionar que esta afirmación es cierta solamente si $E(u_i) = w$ para cada i. Sin embargo, si $E(u_i) = w_i$, es decir, una constante diferente para cada i, los coeficientes parciales de pendiente pueden ser sesgados lo mismo que inconsistentes. En este caso, la violación del supuesto 3 será crítica. Para una demostración y mayores detalles, *véase* Peter Schmidt, *Econometrics*, Marcel Dekker, New York, 1976, pp. 36-39.

[5]Henri Theil, *Introduction to Econometrics*, Prentice-Hall, Englewood Cliffs, N.J., 1978, p. 240. Debe mencionarse que los supuestos de X fijas y σ^2 constantes son cruciales para este resultado.

disponen de información de grandes muestras. Por lo tanto, el supuesto de normalidad se hace extremadamente importante para los fines de prueba de hipótesis y predicción. Entonces, teniendo en mente los problemas de estimación y de prueba de hipótesis y dado el hecho de que las muestras pequeñas son la regla más que la excepción en la mayoría de los análisis económicos, se debe continuar utilizando el supuesto de normalidad[6].

Por supuesto, esto significa que cuando se trata con una muestra finita, se debe realizar la prueba explícita para el supuesto de normalidad. Ya se ha considerado la **bondad de ajuste ji cuadrado** y las **pruebas de Jarque-Bera** de normalidad. Se le sugiere al lector aplicar éstas u otras pruebas de normalidad a los residuales de la regresión. Se debe tener en mente que en muestras finitas sin el supuesto de normalidad los estadísticos usuales t y F pueden no seguir las distribuciones t y F.

Quedan los supuestos 4, 5, 7, 8, 9 y 10. Los supuestos 7, 8 y 10 están estrechamente interrelacionados y se analizan en el capítulo sobre multicolinealidad (capítulo 10). El supuesto 4 se estudia en el capítulo sobre heteroscedasticidad, (capítulo 11). El supuesto 5 se analiza en el capítulo sobre autocorrelación (capítulo 12). Finalmente, el supuesto 9 se analiza en el capítulo sobre especificación de modelos (capítulo 13) y se trabaja más en detalle en el capítulo 14.

Por razones pedagógicas, en cada uno de esos capítulos se sigue un esquema común, a saber, (1) identificar la naturaleza del problema, (2) examinar sus consecuencias, (3) sugerir métodos para detectarlo y (4) considerar medidas remediales de tal forma que puedan conducir a estimadores que posean las propiedades estadísticas deseables analizadas en la parte I.

Cabe anotar: Como se mencionó anteriormente, no existen respuestas satisfactorias a todos los problemas que surgen de la violación de los supuestos del MCRL. Además, puede haber más de una solución a un problema particular y frecuentemente no está claro cuál método es el mejor. Además, en una aplicación particular, puede estar involucrada más de una violación del MCRL. Así, el sesgo de especificación, la multicolinealidad y la heteroscedasticidad pueden coexistir en una aplicación y no existe una prueba única omnipotente que resuelva todos los problemas simultáneamente[7]. Además, una prueba específica, corriente en alguna época, quizá ya no se aplique porque se descubrió que tenía algunas limitaciones. Pero esta es la forma como la ciencia progresa. La econometría no es la excepción.

---

[6]A propósito, *obsérvese* que los efectos del incumplimiento de la normalidad y de los temas relacionados es frecuentemente analizada bajo el tema de **estimación robusta** en la teoría, un tema que está por fuera del alcance de este libro.

[7]Esto no es por falta de ensayo. *Véase* A.K. Bera y C.M. Jarque, «Efficient Tests for Normality, Homoscedasticity and Serial Independence of Regression Residuals: Monte Carlo Evidence», *Economic Letters,* vol 7, 1981, pp. 313-318.

MULTICOLINEALIDAD Y MUESTRAS PEQUEÑAS[1]

El término «problema de multicolinealidad» ha sido utilizado en forma muy errónea en los textos de econometría y en la teoría aplicada. Es un hecho real que muchas de nuestras variables explicativas son altamente colineales. Está completamente claro que hay diseños experimentales ($\mathbf{X'X}$) [es decir, la matriz de datos] que serían preferibles a los diseños que el experimento natural nos proporciona [la muestra disponible]. Sin embargo, las quejas sobre la aparente malevolencia de la naturaleza no son constructivas y las medidas *ad hoc* para corregir un mal diseño, tal como una regresión por pasos o por canales, pueden resultar desastrosamente inapropiadas. Es mejor aceptar debidamente el hecho de que la información no reunida mediante experimentos formales algunas veces no ofrece mucha claridad sobre los parámetros de interés[2].

El supuesto 10 del *modelo clasico de regresión lineal* (*MCRL*) plantea que no existe multicolinealidad entre los regresores incluidos en el modelo de regresión. Los supuestos 7 y 8 son complementarios al supuesto de multicolinealidad. El supuesto 7, especifica que el número de observaciones debe superar al número de regresores (el tema de muestras pequeñas) y el supuesto 8, que debe haber suficiente variabilidad en los valores de los regresores. En este capítulo consideramos en forma crítica el supuesto de no multicolinealidad buscando respuestas a las siguientes preguntas:

1. ¿Cuál es la naturaleza de la multicolinealidad?
2. ¿Es la multicolinealidad realmente un problema?

---

[1]O micronumerosidad, término atribuido a Arthur S. Goldberger que significa «tamaño de muestra pequeño». *Véase* su libro *A Course in Econometrics,* Harvard University Press, Cambridge, Mass., 1991, p. 249.

[2]Edward E. Leamer, «Model Choice and Specification Analysis», en Zvi Griliches y Michael D. Intriligator, eds., *Handbook of Econometrics,* vol. I, North Holland Publishing Company, Amsterdam, 1983, pp. 300-301.

3.   ¿Cuáles son sus consecuencias prácticas?
4.   ¿Cómo se detecta?
5.   ¿Qué medidas remediales pueden tomarse para aliviar el problema de multicolinealidad?

También mostraremos la forma como los supuestos 7 y 8 se ajustan con el supuesto de no multicolinealidad.

10.1 NATURALEZA DE LA MULTICOLINEALIDAD

El término *multicolinealidad* se atribuye a Ragnar Frisch[3]. Originalmente, significó la existencia de una relación «perfecta» o exacta entre algunas o todas las variables explicativas de un modelo de regresión[4]. Para la regresión con k variables que incluye las variables explicativas X_1, X_2,..., X_k (donde $X_1 = 1$ para todas las observaciones que den cabida al término intercepto), se dice que existe una relación lineal exacta si se satisface la siguiente condición:

$$\lambda_1 X_1 + \lambda_2 X_2 + \cdots + \lambda_k X_k = 0 \qquad (10.1.1)$$

donde λ_1, λ_2, ..., λ_k son constantes tales que no todas ellas son simultáneamente iguales a cero[5].

Hoy en día, sin embargo, el término multicolinealidad se utiliza en un sentido más amplio para incluir el caso de multicolinealidad perfecta como lo indica (10.1.1), como también, el caso en el cual hay X variables intercorrelacionadas pero no en forma perfecta, de la siguiente manera[6]:

$$\lambda_1 X_1 + \lambda_2 X_2 + \cdots + \lambda_2 X_k + v_i = 0 \qquad (10.1.2)$$

donde v_i es un término de error estocástico.

Para apreciar la diferencia entre multicolinealidad *perfecta* y multicolinealidad *menos que perfecta*, supóngase, por ejemplo, que $\lambda_2 \neq 0$. Entonces, (10.1.1) puede escribirse como

$$X_{2i} = -\frac{\lambda_1}{\lambda_2} X_{1i} - \frac{\lambda_3}{\lambda_2} X_{3i} - \cdots - \frac{\lambda_k}{\lambda_2} X_{ki} \qquad (10.1.3)$$

que muestra la forma como X_2 está exactamente relacionada de manera lineal con otras variables o como ésta puede derivarse a partir de una combinación lineal de otras variables X. En esta situación, el coeficiente de correlación entre la variable X_2 y la combinación lineal del lado derecho de (10.1.3) debe ser igual a uno.

---

[3]Ragnar Frisch, *Statistical Confluence Analysis by Means of Complete Regression Systems,* Institute of Economics, Oslo University, publ. no. 5, 1934.

[4]Estrictamente hablando, la *multicolinealidad* se refiere a la existencia de más de una relación lineal exacta y *colinealidad* se refiere a la existencia de una sola relación lineal. Pero esta distinción raramente se mantiene en la práctica, haciéndose entonces referencia a multicolinealidad en ambos casos.

[5]Las posibilidades de obtener una muestra de valores en la cual los regresores estén relacionados en esta forma son ciertamente muy pocas en la práctica, excepto por diseño cuando, por ejemplo, el número de observaciones es menor que el número de regresores o si se cae en la «trampa de la variable dicótoma» como se analiza más adelante en el capítulo 15. *Véase* el ejercicio 10.2.

[6]Si solamente hay dos variables explicativas, puede medirse su *intercorrelación* mediante el coeficiente de orden cero o de correlación simple. Pero si hay más de dos variables X, la intercorrelación puede medirse por los coeficientes de correlación parcial o por el coeficiente de correlación múltiple R de una variable X considerando conjuntamente todas las demás variables X.

En forma similar, si $\lambda_2 \neq 0$, la ecuación (10.1.2) puede escribirse como

$$X_{2i} = -\frac{\lambda_1}{\lambda_2}X_{1i} - \frac{\lambda_3}{\lambda_2}X_{3i} - \cdots - \frac{\lambda_k}{\lambda_2}X_{ki} - \frac{1}{\lambda_2}v_i \qquad (10.1.4)$$

lo cual muestra que X_2 no es una combinación lineal exacta de otras X porque está determinada también por el término de error estocástico v_i.

Como ejemplo numérico, considérese la siguiente información hipotética:

X_2	X_3	X_3^*
10	50	52
15	75	75
18	90	97
24	120	129
30	150	152

Es aparente que $X_{3i} = 5X_{2i}$. Por consiguiente, hay colinealidad perfecta entre X_2 y X_3 puesto que el coeficiente de correlación r_{23} es la unidad. La variable X_3^* fue creada a partir de X_3 agregándole a ésta simplemente los siguientes números, que fueron tomados de una tabla de números aleatorios: 2,0,7,9,2. Ahora ya no hay multicolinealidad perfecta entre X_2 y X_3^*. Sin embargo, las dos variables están altamente correlacionadas pues los cálculos indicarán que el coeficiente de correlación entre ellas es 0.9959.

El enfoque algebraico anterior al problema de la multicolinealidad se puede expresar concisamente mediante un diagrama de Ballentine (*recuerde* la figura 7.1). En esta figura los círculos Y, X_2 y X_3 representan las variaciones en Y (la variable dependiente) y en X_2 y X_3 (las variables explicativas), respectivamente. El grado de colinealidad puede medirse por la magnitud de la sobreposición (área sombreada) de los círculos X_2 y X_3. En la figura 10.1a no hay sobreposición entre X_2 y X_3 y, por tanto, no hay colinealidad– En las figuras 10.1b hasta 10.1e, el grado de colinealidad va de «bajo» a «alto» —entre mayor sea la sobreposición entre X_2 y X_3 (es decir, entre mayor sea el área sombreada), mayor será el grado de colinealidad. En el extremo, si X_2 y X_3 estuvieran superpuestos completamente (o si X_2 estuviera completamente dentro de X_3, o viceversa), la colinealidad sería perfecta.

A propósito, obsérvese que la multicolinealidad, como se ha definido, se refiere solamente a relaciones lineales entre las variables X. No elimina las relaciones no lineales existentes entre ellas. Por ejemplo, considérese el siguiente modelo de regresión:

$$Y_i = \beta_0 + \beta_1 X_i + \beta_2 X_i^2 + \beta_3 X_i^3 + u_i \qquad (10.1.5)$$

donde, Y = costo total de producción y X = producción. Las variables X_i^2 (producción al cuadrado) y X_i^3 (producción al cubo) obviamente están funcionalmente relacionadas con X_i, pero la relación es no lineal. Estrictamente, por consiguiente, modelos tales como (10.1.5) no violan el supuesto de no multicolinealidad. Sin embargo, en aplicaciones concretas, el coeficiente de correlación convencionalmente medido demostrará que X_i, X_i^2, y X_i^3 están altamente correlacionadas, lo cual, como mostraremos, hará difícil estimar los parámetros de (10.1.5) con mayor precisión (es decir, con errores estándar pequeños).

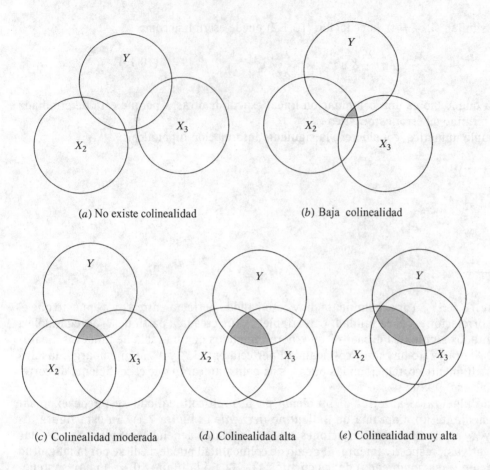

(a) No existe colinealidad

(b) Baja colinealidad

(c) Colinealidad moderada

(d) Colinealidad alta

(e) Colinealidad muy alta

FIGURA 10.1
Gráfico de Ballentine de multicolinealidad.

¿Por qué supone el modelo clásico de regresión lineal que no hay multicolinealidad entre las X? El razonamiento es el siguiente: **Si la multicolinealidad es perfecta en el sentido de (10.1.1), los coeficientes de regresión de las variables X son indeterminados y sus errores estándar son infinitos. Si la multicolinealidad es menos que perfecta, como sucede en (10.1.2), los coeficientes de regresión, aunque sean determinados, poseen grandes errores estándar(en relación con los coeficientes mismos), lo cual significa que los coeficientes no pueden ser estimados con gran precisión o exactitud.** Las pruebas de estas afirmaciones se presentan en las siguientes secciones.

Existen diversas fuentes de multicolinealidad. Como lo afirman Montgomery y Peck, la multicolinealidad puede deberse a los siguientes factores[7]:

---

[7]Douglas Montgomery y Elizabeth Peck, *Introduction to Linear Regression Analysis*, John Wiley & Sons, New York, 1982, pp. 289-290. *Véase* también R.L. Mason, R.F. Gunst, y J.T. Webster, «Regression Analysis and Problems of Multicollinearity,» *Communications in Statistics A*, vol. 4, No. 3, 1975, pp. 277-292; R.F. Gunst, y R.L.Mason, «Advantages of Examining Multicollinearities in Regression Analysis», *Biometrics*, vol. 33, 1977, pp. 249-260.

1. *El método de recolección de información empleado,* por ejemplo, la obtención de muestras en un rango limitado de valores tomados por los regresores en la población.
2. *Restricciones sobre el modelo o en la población que es objeto de muestreo.* Por ejemplo, en la regresión del consumo de electricidad sobre el ingreso (X_2) y el tamaño de las viviendas (X_3) hay una restricción física en la población puesto que las familias con ingresos más altos, generalmente tienen viviendas más grandes que las familias con ingresos más bajos.
3. *Especificación del modelo,* por ejemplo, la adición de términos polinomiales a un modelo de regresión, especialmente cuando el rango de la variable X es pequeño.
4. *Un modelo sobredeterminado.* Esto sucede cuando el modelo tiene más variables explicativas que el número de observaciones. Esto podría suceder en investigación médica donde puede haber un número bajo de pacientes sobre quienes se reúne información respecto a un gran número de variables.

10.2 ESTIMACIÓN EN PRESENCIA DE MULTICOLINEALIDAD PERFECTA

Se estableció anteriormente que en el caso de multicolinealidad perfecta, los coeficientes de regresión permanecen indeterminados y sus errores estándar son infinitos. Este hecho puede demostrarse fácilmente en términos del modelo de regresión con tres variables. Utilizando la forma de desviación, en la cual todas las variables están expresadas como desviaciones de sus medias muestrales, se puede escribir el modelo de regresión con tres variables como

$$y_i = \hat{\beta}_2 x_{2i} + \hat{\beta}_3 x_{3i} + \hat{u}_i \qquad (10.2.1)$$

Ahora, del capítulo 7, se obtiene

$$\hat{\beta}_2 = \frac{(\sum y_i x_{2i})(\sum x_{3i}^2) - (\sum y_i x_{3i})(\sum x_{2i} x_{3i})}{(\sum x_{2i}^2)(\sum x_{3i}^2) - (\sum x_{2i} x_{3i})^2} \qquad (7.4.7)$$

$$\hat{\beta}_3 = \frac{(\sum y_i x_{3i})(\sum x_{2i}^2) - (\sum y_i x_{2i})(\sum x_{2i} x_{3i})}{(\sum x_{2i}^2)(\sum x_{3i}^2) - (\sum x_{2i} x_{3i})^2} \qquad (7.4.8)$$

Supóngase que $X_{3i} = \lambda X_{2i}$, donde λ es una constante diferente de cero (por ejemplo, 2,4, 1.8, etc.). Sustituyendo esto en (7.4.7), se obtiene

$$\hat{\beta} = \frac{(\sum y_i x_{2i})(\lambda^2 \sum x_{2i}^2) - (\lambda \sum y_i x_{2i})(\lambda \sum x_{2i}^2)}{(\sum x_{2i}^2)(\lambda^2 \sum x_{2i}^2) - \lambda^2 (\sum x_{2i}^2)^2}$$

$$= \frac{0}{0} \qquad (10.2.2)$$

que es una expresión indeterminada. El lector puede verificar que $\hat{\beta}_3$ también es indeterminada[8].

¿Por qué se obtiene el resultado que aparece en (10.2.2)? Recuérdese el significado de $\hat{\beta}_2$: éste da la tasa de cambio en el valor promedio de Y a medida que X_2 cambia en una unidad, manteniendo X_3 constante. Pero si X_3 y X_2 son perfectamente colineales, no hay forma de que X_3 se mantenga *kte.*

---

[8] Otra forma de ver esto es la siguiente: Por definición, el coeficiente de correlación entre X_2 y X_3, r_{23}, es $\sum x_{2i} x_{3i} / \sqrt{\sum x_{2i}^2 \sum x_{3i}^2}$. Si $r_{23}^2 = 1$, es decir, colinealidad perfecta entre X_2 y X_3, el denominador de (7.4.7) será cero, haciendo imposible la estimación de β_2 (o de β_3).

constante: A medida que X_2 cambia, también lo hace X_3 por el factor λ. Lo que esto significa, entonces, es que no hay forma de desenredar las influencias separadas de X_2 y X_3 de la muestra dada: Para fines prácticos X_2 y X_3 son indistinguibles. En la econometría aplicada, este problema ocasiona mucho daño, puesto que la idea consiste en separar los efectos parciales de cada X sobre la variable dependiente.

Para ver esto en forma diferente, se sustituye $X_{3i} = \lambda X_{2i}$, en (10.2.1) para obtener lo siguiente [*véase* también (7.1.10)]:

$$
\begin{aligned}
y_i &= \hat{\beta}_2 x_{2i} + \hat{\beta}_3 (\lambda x_{2i}) + \hat{u}_i \\
&= (\hat{\beta}_2 + \lambda \hat{\beta}_3) x_{2i} + \hat{u}_i \\
&= \hat{\alpha} x_{2i} + \hat{u}_i
\end{aligned}
\tag{10.2.3}
$$

donde

$$
\hat{\alpha} = (\hat{\beta}_2 + \lambda \hat{\beta}_3)
\tag{10.2.4}
$$

Aplicando la fórmula conocida MCO a (10.2.3), se obtiene

$$
\hat{\alpha} = (\hat{\beta}_2 + \lambda \hat{\beta}_3) = \frac{\sum x_{2i} y_i}{\sum x_{2i}^2}
\tag{10.2.5}
$$

Por consiguiente, aun cuando se puede estimar α en forma única, no hay forma de estimar β_2 y β_3 en forma igualmente única; matemáticamente,

$$
\hat{\alpha} = \hat{\beta}_2 + \lambda \hat{\beta}_3
\tag{10.2.6}
$$

proporciona una sola ecuación con dos incógnitas (obsérvese que λ está dada) y existe infinidad de soluciones para (10.2.6) para valores dados de $\hat{\alpha}$ y λ. Para expresar esta idea en términos concretos, sea $\hat{\alpha} = 0.8$ y $\lambda = 2$. Entonces:

$$
0.8 = \hat{\beta}_2 + 2\hat{\beta}_3
\tag{10.2.7}
$$

o

$$
\hat{\beta}_2 = 0.8 - 2\hat{\beta}_3
\tag{10.2.8}
$$

Ahora selecciónese un valor de $\hat{\beta}_3$ arbitrariamente y tendrá una solución para $\hat{\beta}_2$. Selecciónese otro valor para $\hat{\beta}_3$ y tendrá otra solución para $\hat{\beta}_2$. No importa que tanto se trate, no existe un valor único para β_2.

La conclusión del análisis anterior es que en el caso de multicolinealidad perfecta, no se puede obtener una solución única para los coeficientes de regresión individual. Pero obsérvese que se puede obtener una solución única para combinaciones lineales de estos coeficientes. La combinación lineal $(\beta_2 + \lambda \beta_3)$ es estimada en forma única por α, dado el valor de λ[9].

A propósito, obsérvese que en el caso de multicolinealidad perfecta, las varianzas y los errores estándar de $\hat{\beta}_2$ y $\hat{\beta}_3$ individualmente son infinitos. (*Véase* ejercicio 10.21).

---

[9]En la teoría econométrica, una función del tipo $(\beta_2 + \lambda \beta_3)$ se conoce como una **función estimable**.

10.3 ESTIMACIÓN EN PRESENCIA DE MULTICOLINEALIDAD «ALTA» PERO «IMPERFECTA»

La situación de multicolinealidad perfecta es un extremo de tipo patológico. Generalmente, no existe una relación lineal exacta entre las variables X, especialmente en información económica relacionada con series de tiempo. Por lo tanto, retornando al modelo de tres variables en forma de desviación dado en (10.2.1), en lugar de multicolinealidad exacta se puede tener

$$x_{3i} = \lambda x_{2i} + v_i \qquad (10.3.1)$$

donde $\lambda \neq 0$ y donde v_i es un término de error estocástico tal que $\sum x_{2i}v_i = 0$ (¿Por qué?)

A propósito, el diagrama de Ballentine que aparece en la figura 10.1*b* a 10.1*e* representa casos de colinealidad imperfecta.

En este caso, la estimación de los coeficientes de regresión β_2 y β_3 puede ser posible. Por ejemplo, sustituyendo (10.3.1) en (7.4.7), se obtiene

$$\hat{\beta}_2 = \frac{\sum(y_ix_{2i})(\lambda^2\sum x_{2i}^2 + \sum v_i^2) - (\lambda\sum y_ix_{2i} + \sum y_iv_i)(\lambda\sum x_{2i}^2)}{\sum x_{2i}^2(\lambda^2\sum x_{2i}^2 + \sum v_i^2) - (\lambda\sum x_{2i}^2)^2} \qquad (10.3.2)$$

donde se utiliza el hecho de que $\sum x_{2i}v_i = 0$. Una expresión similar puede derivarse para $\hat{\beta}_3$.

Ahora, a diferencia de (10.2.2), no hay razón *a priori* para pensar que (10.3.2) no pueda ser estimado. Por supuesto, si v_i es suficientemente pequeño, es decir, muy cercano a cero, (10.3.1) indicará colinealidad casi perfecta retornando al caso indeterminado (10.2.2).

10.4 MULTICOLINEALIDAD: ¿MUCHO TRABAJO PARA NADA? CONSECUENCIAS TEÓRICAS DE LA MULTICOLINEALIDAD

Recuérdese que si se satisfacen los supuestos del modelo clásico, los estimadores MCO de los coeficientes de regresión son MELI (o MEI, si se añade el supuesto de normalidad). Ahora puede demostrarse que aún si la multicolinealidad es muy alta, como en el caso de *casi multicolinealidad,* los estimadores MCO conservarán aún la propiedad de MELI[10]. Entonces, ¿cuáles son los inconvenientes de la multicolinealidad? Christopher Achen comenta al respecto (téngase en cuenta también la cita de Leamer al principio de este capítulo):

> Los estudiantes principiantes en el estudio de la metodología ocasionalmente se preocupan por el hecho de que sus variables independientes estén correlacionadas —el llamado problema de multicolinealidad. Sin embargo, la multicolinealidad no viola los supuestos básicos de la regresión. Se presentarán estimaciones consistentes e insesgadas y sus errores estándar se estimarán en la forma correcta. El único efecto de la multicolinealidad tiene que ver con la dificultad de obtener los coeficientes estimados con errores estándar pequeños. Sin embargo, el mismo problema se tiene al contar con un número reducido de observaciones o al tener variables independientes con varianzas pequeñas. (De hecho, a nivel teórico, los conceptos de multicolinealidad, número reducido de observaciones y varianzas

---

[10]Puesto que la casi multicolinealidad por sí misma no viola los otros supuestos enumerados en el capítulo 7, los estimadores MCO son MELI como allí se indica.

pequeñas en las variables independientes hacen todos parte esencial del mismo problema). Por lo tanto, la pregunta «¿qué se debe hacer entonces acerca de la multicolinealidad?» es similar al interrogante «¿qué se debe hacer si no se tienen muchas observaciones?» A este respecto no se puede dar una respuesta estadística[11].

Para referirnos a la importancia del tamaño de la muestra, Goldberger acuñó el término **micronumerosidad,** para contrarrestar el exótico nombre polisílabo *multicolinealidad.* De acuerdo con Goldberger, la **micronumerosidad exacta** (la contraparte de multicolinealidad exacta) surge cuando n, el tamaño de la muestra, es cero, en cuyo caso cualquier clase de estimación es imposible. La *casi micronumerosidad*, igual que la casi multicolinealidad perfecta, surge cuando el número de observaciones escasamente excede al número de parámetros que va a ser estimado.

Leamer, Achen y Goldberger están en lo correcto al lamentar la falta de atención dada al problema del tamaño de la muestra, lo mismo que al problema de multicolinealidad. Desafortunadamente, en el trabajo aplicado que comprende información secundaria (es decir, información recopilada por alguna agencia, como la información del PNB recopilada por el gobierno), es posible que el investigador individual no pueda hacer gran cosa sobre el tamaño de la información muestral y puede ser que tenga que enfrentarse con «la estimación de problemas que son lo suficientemente importantes para justificar su tratamiento [como es el caso de la multicolinealidad] como lo es una violación del modelo CRL [clásico de regresión lineal]»[12].

Primero, es cierto que aún en el caso de casi multicolinealidad los estimadores MCO son insesgados. Pero el insesgamiento es una propiedad multimuestral o de muestreo repetido. Lo que esto significa es que, manteniendo fijos los valores de X, si se obtienen muestras repetidas y se calculan los estimadores MCO para cada una de esas muestras, el promedio de los valores muestrales se aproximará a los verdaderos valores poblacionales de los estimadores a medida que aumenta el número de las muestras. Pero esto no dice nada sobre las propiedades de los estimadores en una muestra dada.

Segundo, es también cierto que la colinealidad no destruye la propiedad de varianza mínima: En la clase de los estimadores lineales insesgados, los estimadores MCO tienen varianza mínima: es decir, son eficientes. Pero esto no significa que la varianza de un estimador MCO necesariamente será pequeña(en relación con el valor del estimador) en cualquier muestra dada, como se demostrará en breve.

Tercero, *la multicolinealidad es esencialmente un fenómeno (de regresión)muestral* en el sentido en que aún si las variables X no están linealmente relacionadas en la población, pueden estarlo en la muestra particular disponible: Cuando se postula la función de regresión teórica o poblacional (FRP), se considera que todas las variables X incluidas en el modelo tienen una influencia separada o independiente sobre la variable dependiente Y. Pero puede suceder que en cualquier muestra dada que sea utilizada para probar la FRP, alguna o todas las variables X son tan altamente colineales, que no podemos aislar su influencia individual sobre Y. Es decir, nuestra muestra nos falla, aunque la teoría diga que todas las X son importantes. En resumen, nuestra muestra puede no ser lo suficientemente «rica» para acomodar todas las variables X en el análisis.

A manera de ilustración, reconsidere el ejemplo consumo–ingreso del capítulo 3. Los economistas teorizan que, además del ingreso, la riqueza del consumidor es también un determinante importante del gasto de consumo. Así, se puede escribir

$$\text{Consumo}_i = \beta_1 + \beta_2\,\text{Ingreso}_i + \beta_3\,\text{Riqueza}_i + u_i$$

---

[11]Christopher H. Achen, *Interpreting and Using Regression*, Sage Publications, Beverly Hills, Calif., 1982, pp. 82-83.
[12]Peter Kennedy, *A Guide to Econometrics*, 3a. ed., The MIT Press, Cambridge, Mass., 1992, p. 177.

Ahora, puede suceder que cuando se obtiene información sobre el ingreso y la riqueza, las dos variables pueden estar altamente correlacionadas, aunque no en forma perfecta: La gente con mayor riqueza generalmente tiende a tener ingresos más altos. Así, aun cuando, en teoría, el ingreso y la riqueza son candidatos lógicos para explicar el comportamiento del gasto de consumo, en la practica (es decir, en la muestra) puede ser difícil distinguir las influencias separadas del ingreso y de la riqueza sobre el gasto de consumo.

Idealmente, para evaluar los efectos individuales de la riqueza y del ingreso sobre el gasto de consumo se necesita un número suficiente de observaciones muestrales de individuos con riqueza pero con ingresos bajos e individuos de altos ingresos con escasa riqueza (recuérdese el supuesto 8). Aunque esto puede ser posible en los estudios de corte transversal (incrementando el tamaño de la muestra), es algo muy difícil de lograr en el trabajo de series de tiempo agregadas.

Por todas estas razones, el hecho de que los estimadores MCO sean MELI a pesar de la presencia de multicolinealidad es poco consuelo en la práctica. Se debe ver lo que sucede o puede suceder en una muestra dada, un tema analizado en la siguiente sección.

10.5 CONSECUENCIAS PRÁCTICAS DE LA MULTICOLINEALIDAD

En los casos de casi o alta multicolinealidad es probable que se presenten las siguientes consecuencias:

1. Aun cuando los estimadores MCO son MELI, éstos presentan varianzas y covarianzas grandes, que hacen difícil la estimación precisa.
2. Debido a la consecuencia 1, los intervalos de confianza tienden a ser mucho más amplios, conduciendo a una aceptación más fácil de la «hipótesis nula de cero» (es decir, que el verdadero coeficiente poblacional es cero).
3. También debido a la consecuencia 1, la razón t de uno o más coeficientes tiende a ser estadísticamente no significativa.
4. Aun cuando la razón t de uno o más coeficientes sea estadísticamente no significativa, el R^2, la medida global de bondad de ajuste, puede ser muy alto.
5. Los estimadores MCO y sus errores estándar pueden ser sensibles a pequeños cambios en la información.

Las consecuencias anteriores pueden ser demostradas de la siguiente manera.

Estimadores MCO con varianzas y covarianzas grandes

Para ver varianzas y covarianzas grandes, recuérdese que para el modelo (10.2.1), las varianzas y covarianzas de $\hat{\beta}_2$ y $\hat{\beta}_3$ están dadas por

$$\text{var}(\hat{\beta}_2) = \frac{\sigma^2}{\sum x_{2i}^2(1 - r_{23}^2)} \qquad (7.4.12)$$

$$\text{var}(\hat{\beta}_3) = \frac{\sigma^2}{\sum x_{3i}^2(1 - r_{23}^2)} \qquad (7.4.15)$$

$$\text{cov}(\hat{\beta}_2, \hat{\beta}_3) = \frac{-r_{23}\sigma^2}{(1 - r_{23}^2)\sqrt{\sum x_{2i}^2 \sum x_{3i}^2}} \qquad (7.4.17)$$

donde r_{23} es el coeficiente de correlación entre X_2 y X_3.

De (7.4.12) y (7.4.15) es aparente que a medida que r_{23} tiende a 1, es decir, a medida que la colinealidad aumenta, las varianzas de los dos estimadores aumentan y, en el límite, cuando $r_{23} = 1$, son infinitas. Es igualmente claro de (7.4.17) que a medida que r_{23} aumenta hacia 1, la covarianza de los dos estimadores también aumenta en valor absoluto. [*Nota:* $\text{cov}(\hat{\beta}_2, \hat{\beta}_3) \equiv \text{cov}(\hat{\beta}_3, \hat{\beta}_2)$].

La velocidad con la cual las varianzas y covarianzas se incrementan puede verse con el **factor inflador de varianza (FIV)**, que puede definirse como

$$FIV = \frac{1}{(1 - r_{23}^2)} \tag{10.5.1}$$

El FIV muestra la forma como la varianza de un estimador es *inflada* por la presencia de la multicolinealidad. A medida que r_{23}^2 se acerca a 1, el FIV se acerca a infinito. Es decir, a medida que el grado de colinealidad aumenta, la varianza de un estimador aumenta y, en el límite, se puede volver infinita. Como puede verse fácilmente, si no hay colinealidad entre X_2 y X_3, el FIV será 1.

Utilizando esta definición, se puede expresar (7.4.12) y (7.4.15) como

$$\text{var}(\hat{\beta}_2) = \frac{\sigma^2}{\sum x_{2i}^2} FIV \tag{10.5.2}$$

$$\text{var}(\hat{\beta}_3) = \frac{\sigma^2}{\sum x_{3i}^2} FIV \tag{10.5.3}$$

lo cual muestra que las varianzas de $\hat{\beta}_2$ y $\hat{\beta}_3$ son directamente proporcionales al FIV.

Para dar alguna idea de qué tan rápido aumentan estas varianzas y covarianzas a medida que r_{23} aumenta, considérese la tabla 10.1 que da estas varianzas y covarianzas para valores seleccionados de r_{23}. Como lo indica esta tabla, aumentos en r_{23} tienen un efecto dramático sobre las varianzas y covarianzas estimadas de los estimadores MCO. Cuando $r_{23} = 0.50$, la var($\hat{\beta}_2$) es 1.33 veces la varianza cuando r_{23} es cero pero, para el momento en que r_{23} alcance 0.95, ésta será alrededor de 10 veces más alta que cuando no hay colinealidad. Obsérvese bien, un incremento de r_{23} de 0.95 a 0.995 hace que la varianza estimada sea 100 veces la obtenida cuando la colinealidad es cero. El mismo efecto dramático se observa sobre la covarianza estimada. Todo esto puede verse en la figura 10.2.

TABLA 10.1
El efecto de aumentar r_{23} sobre var($\hat{\beta}_2$) y cov($\hat{\beta}_2, \hat{\beta}_3$)

Valor de r_{23} (1)	FIV (2)	var($\hat{\beta}_2$) (3)*	$\dfrac{\text{var}(\hat{\beta}_2)\ (r_{23} \neq 0)}{\text{var}(\hat{\beta}_2)\ (r_{23} = 0)}$ (4)	cov($\hat{\beta}_2, \hat{\beta}_3$) (5)
0.00	1.00	$\dfrac{\sigma^2}{\sum x_{2i}^2} = A$	—	0
0.50	1.33	$1.33 \times A$	1.33	$0.67 \times B$
0.70	1.96	$1.96 \times A$	1.96	$1.37 \times B$
0.80	2.78	$2.78 \times A$	2.78	$2.22 \times B$
0.90	5.76	$5.26 \times A$	5.26	$4.73 \times B$
0.95	10.26	$10.26 \times A$	10.26	$9.74 \times B$
0.97	16.92	$16.92 \times A$	16.92	$16.41 \times B$
0.99	50.25	$50.25 \times A$	50.25	$49.75 \times B$
0.995	100.00	$100.00 \times A$	100.00	$99.50 \times B$
0.999	500.00	$500.00 \times A$	500.00	$499.50 \times B$

Nota: $A = \dfrac{\sigma^2}{\sum x_{2i}^2}$

$B = \dfrac{-\sigma^2}{\sqrt{\sum x_{2i}^2 \sum x_{3i}^2}}$

$\times$ = veces

* Para encontrar el efecto de incrementar r_{23}, sobre la var($\hat{\beta}_3$), obsérvese que $A = \sigma^2/\sum x_{3i}^2$ cuando $r_{23} = 0$, pero los factores de amplificación de la varianza y la covarianza permanecen iguales.

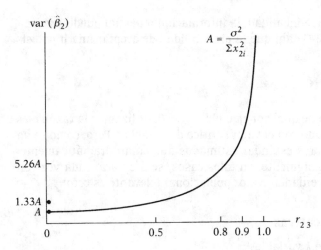

FIGURA 10.2
El comportamiento de la var($\hat{\beta}_2$) como función de r_{23}.

A propósito, los resultados recién analizados pueden extenderse fácilmente al modelo con k variables (*véanse* ejercicios 10.15 y 10.16)

Intervalos de confianza más amplios

Debido a los grandes errores estándar, los intervalos de confianza para los parámetros poblacionales relevantes tienden a ser más grandes, como puede verse en la tabla 10.2. Por ejemplo, cuando $r_{23} = 0.95$, el intervalo de confianza para β_2 es más grande que cuando $r_{23} = 0$ por un factor de $\sqrt{10.26}$, o alrededor de 3.

TABLA 10.2
El efecto de colinealidad creciente sobre el intervalo de confianza del 95% para
$\beta_2 : \hat{\beta}_2 \pm 1.96\,\mathrm{se}(\hat{\beta}_2)$

Valor de r_{23}	Intervalo de confianza al 95% para β_2
0.00	$\hat{\beta}_2 \pm 1.96 \sqrt{\dfrac{\sigma^2}{\sum x_{2i}^2}}$
0.50	$\hat{\beta}_2 \pm 1.96 \sqrt{(1.33)} \sqrt{\dfrac{\sigma^2}{\sum x_{2i}^2}}$
0.95	$\hat{\beta}_2 \pm 1.96 \sqrt{(10.26)} \sqrt{\dfrac{\sigma^2}{\sum x_{2i}^2}}$
0.99	$\hat{\beta}_2 \pm 1.96 \sqrt{(100)} \sqrt{\dfrac{\sigma^2}{\sum x_{2i}^2}}$
0.999	$\hat{\beta}_2 \pm 1.96 \sqrt{(500)} \sqrt{\dfrac{\sigma^2}{\sum x_{2i}^2}}$

Nota: Se utiliza la distribución normal porque se ha supuesto, por conveniencia, que σ^2 es conocida. De ahí el uso de 1.96, el factor de confianza del 95% para la distribución normal.

Los errores estándar correspondientes a los diversos valores r_{23} se obtienen de la tabla 10.1.

Por consiguiente, en casos de alta multicolinealidad, la información muestral puede ser compatible con un diverso conjunto de hipótesis. De ahí que la probabilidad de aceptar una hipótesis falsa (es decir, un error tipo II) aumente.

Razones t «no significativas»

Recuérdese que para probar la hipótesis nula de que, por ejemplo, $\beta_2 = 0$, utilizamos la razón t, es decir, $\hat{\beta}_2/\operatorname{se}(\hat{\beta}_2)$ y se compara el valor t estimado con el valor t crítico de la tabla t. Pero, como se ha visto, en casos de alta colinealidad, los errores estándar estimados aumentan dramáticamente, disminuyendo con esto los valores t. Por consiguiente, en tales casos, se aceptará, cada vez con mayor facilidad, la hipótesis nula de que el verdadero valor poblacional relevante es cero[13].

Un R^2 alto pero pocas razones t significativas

Considérese el modelo de regresión lineal con k variables:

$$Y_i = \beta_1 + \beta_2 X_{2i} + \beta_3 X_{3i} + \cdots + \beta_k X_{ki} + u_i$$

En casos de alta colinealidad es posible encontrar, como se acaba de mencionar, que uno o más coeficientes parciales de pendiente son de manera individual no significativos estadísticamente con base en la prueba t. Aún el $\bar{R}^2$ en tales situaciones puede ser tan alto, digamos superior a 0.9, que, con base en la prueba F, es posible rechazar convincentemente la hipótesis de que $\beta_2 = \beta_3 = \cdots = \beta_k = 0$. En realidad, esta es una de las señales de multicolinealidad –¡valores t no significativos pero un R^2 global alto (y un valor F significativo)!

Se demostrará esta señal en la siguiente sección, pero este resultado no debe sorprender si se tiene en cuenta el análisis de las pruebas individuales comparado con las pruebas conjuntas en el capítulo 8. Como se puede recordar, el problema real aquí consiste en que las covarianzas entre los estimadores, como lo indica la fórmula (7.4.17), están relacionadas con las correlaciones entre los regresores.

Sensibilidad de los estimadores MCO y sus errores estándar a pequeños cambios en la información

Siempre que la multicolinealidad no sea perfecta, es posible la estimación de los coeficientes de regresión; sin embargo, los estimadores y sus errores estándar se tornan muy sensibles aun al más ligero cambio en la información.

Para ver esto, considérese la tabla 10.3. Con base en esta información, se obtiene la siguiente regresión múltiple:

$$\hat{Y}_i = 1.1939 + 0.4463 X_{2i} + 0.0030 X_{3i}$$
$$\phantom{\hat{Y}_i =} (0.7737) \quad (0.1848) \quad\quad (0.0851)$$
$$t = (1.5431) \quad (2.4151) \quad\quad (0.0358) \tag{10.5.4}$$
$$R^2 = 0.8101 \quad r_{23} = 0.5523$$
$$\operatorname{cov}(\hat{\beta}_2, \hat{\beta}_3) = -0.00868 \quad \text{g de l} = 2$$

---

[13]En términos de intervalos de confianza, a medida que aumenta el grado de colinealidad, el valor $\beta_2 = 0$ se encontrará cada vez más en la región de aceptación.

La regresión (10.5.4) muestra que ninguno de los coeficientes de regresión es individualmente significativo a los niveles de significancia convencionales del 1 o del 5%, a pesar de que $\hat{\beta}_2$ sea significativo al nivel del 10% con base en la prueba t de una cola.

Ahora, considérese la tabla 10.4. La única diferencia entre las tablas 10.3 y 10.4 es que el tercer y cuarto valores de X_3 han sido intercambiados. Utilizando la información de la tabla 10.4, se obtiene ahora

$$\hat{Y}_i = 1.2108 + 0.4014X_{2i} + 0.0270X_{3i}$$
$$(0.7480) \quad (0.2721) \quad (0.1252)$$
$$t = (1.6187) \quad (1.4752) \quad (0.2158) \tag{10.5.5}$$
$$R^2 = 0.8143 \quad r_{23} = 0.8285$$
$$\text{cov}(\hat{\beta}_2, \hat{\beta}_3) = -0.0282 \quad \text{g de l} = 2$$

Como resultado de un ligero cambio en los datos, se ve que $\hat{\beta}_2$, que era estadísticamente significativo anteriormente, a un nivel de significancia del 10%, deja ahora de serlo aún a ese nivel. Obsérvese también que en (10.5.4), la $\text{cov}(\hat{\beta}_2, \hat{\beta}_3) = -0.00868$ mientras que en (10.5.5) ésta es -0.0282, un aumento superior a tres veces su valor inicial. Todos estos cambios se pueden atribuir a un aumento en la multicolinealidad: En (10.5.4), $r_{23} = 0.5523$, mientras que en (10.5.5) este coeficiente es de 0.8285. En forma similar, los errores estándar de $\hat{\beta}_2$ y $\hat{\beta}_3$ aumentan entre las dos regresiones, un síntoma corriente de la colinealidad.

Se mencionó anteriormente que en presencia de una alta colinealidad, no se pueden estimar los coeficientes de regresión individuales en forma precisa pero que las combinaciones lineales de estos coeficientes se pueden estimar más precisamente. Este hecho se confirma con las regresiones (10.5.4) y (10.5.5). En la primera regresión, la suma de los dos coeficientes parciales de las pendientes es 0.4493, en tanto que en la segunda regresión, dicha suma es 0.4284, prácticamente la misma. No sólo eso, sus errores estándar son prácticamente los mismos, 0.1550 *vs.* 0.1823[14]. Obsérvese, sin embargo, que el coeficiente de X_3 ha cambiado en forma notoria, pasando de 0.003 a 0.027.

TABLA 10.3 Información hipotética sobre Y, X_2 y X_3			**TABLA 10.4** Información hipotética sobre Y, X_2 y X_3		
Y	X_2	X_3	Y	X_2	X_3
1	2	4	1	2	4
2	0	2	2	0	2
3	4	12	3	4	0
4	6	0	4	6	12
5	8	16	5	8	16

---

[14]Estos errores estándar se obtienen de la fórmula

$$\text{ee}(\hat{\beta}_2 + \hat{\beta}_3) = \sqrt{\text{var}(\hat{\beta}_2) + \text{var}(\hat{\beta}_3) + 2\,\text{cov}(\hat{\beta}_2, \hat{\beta}_3)}$$

Obsérvese que al aumentar la colinealidad, aumentan las varianzas de $\hat{\beta}_2$ y $\hat{\beta}_3$, éstas se pueden compensar si existe una alta covarianza negativa entre las dos, como lo indican claramente los resultados.

Consecuencias del análisis basado en muestras pequeñas

En una parodia de las consecuencias de multicolinealidad y de manera informal, Goldberger cita consecuencias exactamente similares del análisis basado en muestras pequeñas, es decir, de la micronumerosidad[15]. Se aconseja al lector consultar el análisis de Goldberger para ver la razón por la cual él da la misma importancia a la micronumerosidad que a la multicolinealidad.

10.6 EJEMPLO ILUSTRATIVO: GASTOS DE CONSUMO EN RELACIÓN CON EL INGRESO Y LA RIQUEZA

Para ilustrar los diferentes puntos mencionados hasta ahora, se reconsidera el ejemplo consumo–ingreso del capítulo 3. En la tabla 10.5 se ha reproducido la información de la tabla 3.2 agregándole datos sobre la riqueza del consumidor. Si se supone que el gasto de consumo está relacionado linealmente con el ingreso y la riqueza, entonces, con base en la tabla 10.5, se obtiene la siguiente regresión:

$$\hat{Y}_i = 24.7747 + 0.9415X_{2i} - 0.0424X_{3i}$$
$$(6.7525) \quad (0.8229) \quad (0.0807)$$
$$t = (3.6690) \quad (1.1442) \quad (-0.5261) \tag{10.6.1}$$
$$R^2 = 0.9635 \quad \bar{R}^2 = 0.9531 \quad \text{g de l} = 7$$

La regresión (10.6.1) muestra que el ingreso y la riqueza explican conjuntamente alrededor del 96% de la variación de los gastos de consumo. A pesar de esto, ninguno de los coeficientes de las pendientes es estadísticamente significativo de manera individual. Además, no solamente la variable riqueza es estadísticamente no significativa sino que también tiene el signo incorrecto. *A priori*, se debería esperar una relación positiva entre el consumo y la riqueza. A pesar de que $\hat{\beta}_2$ y $\hat{\beta}_3$ no son significativos individualmente en términos estadísticos, si se prueba la hipótesis de que $\beta_2 = \beta_3 = 0$ simultáneamente, esta hipótesis puede ser rechazada como lo demuestra la tabla 10.6. Bajo el supuesto usual, se obtiene

$$F = \frac{4282.7770}{46.3494}$$
$$= 92.4019 \tag{10.6.2}$$

Como es obvio, este valor F es altamente significativo.

TABLA 10.5
Información hipotética sobre el gasto de consumo Y, el ingreso X_2 y la riqueza X_3

Y, US \$	X_2, US \$	X_3, US \$
70	80	810
65	100	1009
90	120	1273
95	140	1425
110	160	1633
115	180	1876
120	200	2052
140	220	2201
155	240	2435
150	260	2686

---

[15]Goldberger, *op. cit.*, pp. 248-250.

TABLA 10.6
Tabla ANOVA para el ejemplo
consumo-ingreso-riqueza

Fuente de variación	SC	g de l	SMC
Debido a la regresión	8,565.5541	2	4,282.7770
Debido al residual	324.4459	7	46.3494

Es interesante observar este resultado desde un punto de vista geométrico. (*Véase* figura 10.3). Con base en la regresión (10.6.1), se han establecido intervalos de confianza individuales al 95% de confianza para β_2 y β_3 siguiendo el procedimiento usual estudiado en el capítulo 8. Como lo muestran estos intervalos, cada uno de ellos, en forma individual, incluye el valor de cero. Por tanto, *individualmente* se puede aceptar la hipótesis de que las dos pendientes parciales son cero. Pero cuando se establece el intervalo de confianza conjunto para probar la hipótesis de que $\beta_2 = \beta_3 = 0$, esa hipótesis no puede aceptarse puesto que el intervalo de confianza conjunto, en realidad una elipse, no incluye el origen[16]. Como ya se reiteró anteriormente, cuando la colinealidad es alta, no son confiables las pruebas sobre los regresores individuales; en tales casos, la prueba F global es la que mostrará si Y está relacionada con los diversos regresores.

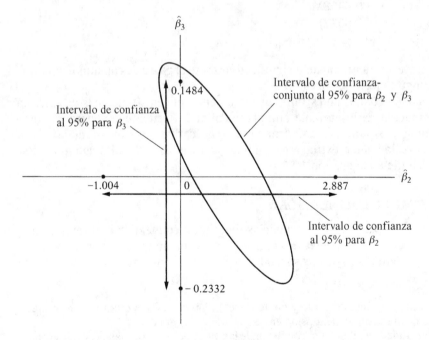

FIGURA 10.3
Intervalos de confianza indiviudales para β_2 y β_3 e intervalo de confianza conjunto (elipse) para β_2 y β_3.

[16]Como se mencionó en la sección 5.3, el tema de intervalo de confianza conjunto es bastante complicado. El lector interesado puede consultar la referencia mencionada allí.

El ejemplo muestra en forma dramática lo que hace la multicolinealidad. El hecho de que la prueba F sea significativa pero los valores t de X_2 y X_3 no sean significativos individualmente significa que las dos variables están tan altamente correlacionadas que es imposible aislar el impacto individual del ingreso o de la riqueza sobre el consumo. De hecho, si se efectúa la regresión de X_3 sobre X_2 se obtiene

$$\hat{X}_{3i} = \begin{array}{cc} 7.5454 & + \quad 10.1909X_{2i} \\ (29.4758) & (0.1643) \end{array} \qquad (10.6.3)$$

$$t = \begin{array}{cc} (0.2560) & (62.0405) \end{array} \qquad R^2 = 0.9979$$

lo cual muestra que existe colinealidad casi perfecta entre X_3 y X_2.

Ahora se ve lo que sucede si se efectúa la regresión de Y sobre X_2 únicamente:

$$\hat{Y}_i = \begin{array}{cc} 24.4545 & + \quad 0.5091X_{2i} \\ (6.4138) & (0.0357) \end{array} \qquad (10.6.4)$$

$$t = \begin{array}{cc} (3.8128) & (14.2432) \end{array} \qquad R^2 = 0.9621$$

En (10.6.1), la variable ingreso no era estadísticamente significativa, mientras que ahora pasa a ser altamente significativa. Si, en lugar de efectuar la regresión de Y sobre X_2, se efectúa sobre X_3, se obtiene:

$$\hat{Y}_i = \begin{array}{cc} 24.411 & + \quad 0.0498X_{3i} \\ (6.874) & (0.0037) \end{array} \qquad (10.6.5)$$

$$t = \begin{array}{cc} (3.551) & (13.29) \end{array} \qquad R^2 = 0.9567$$

Se observa que la riqueza tiene ahora un impacto significativo sobre el gasto de consumo, mientras que en (10.6.1) no tenía ningún efecto sobre éste.

Las regresiones (10.6.4) y (10.6.5) muestran muy claramente que en situaciones de extrema multicolinealidad, la eliminación de la variable altamente colineal frecuentemente traerá como resultado que la otra variable X se torne estadísticamente significativa. Este resultado sugeriría que una forma de evadir la colinealidad extrema es eliminar la variable colineal, tema al cual se hará referencia en mayor detalle en la sección 10.8.

10.7 DETECCIÓN DE LA MULTICOLINEALIDAD

Habiéndose estudiado la naturaleza y las consecuencias de la multicolinealidad, el interrogante natural es: ¿Cómo puede conocerse la presencia de colinealidad en cualquier situación dada, especialmente en modelos que contienen más de dos variables explicativas? Aquí es útil tener en mente la advertencia de Kmenta:

1. La multicolinealidad es un problema de grado y no de clase. La distinción importante no es entre la presencia y la ausencia de multicolinealidad, sino entre sus diferentes grados.
2. Puesto que la multicolinealidad se refiere a la condición de las variables explicativas las cuales son no estocásticas por supuestos, ésta es una característica de la muestra y no de la población.
        Por consiguiente, no es necesario «llevar a cabo pruebas sobre multicolinealidad» pero se puede, si se desea, medir su grado en cualquier muestra determinada[17].

---

[17]Jan Kmenta, *Elements of Econometrics*, 2a. ed., Macmillan, New York, 1986, p. 431.

Puesto que la multicolinealidad es esencialmente un fenómeno de tipo muestral que surge de información principalmente no experimental, recopilada en la mayoría de las ciencias sociales, no se tiene un método único de detectarla o de medir su fuerza. Lo que se tiene en realidad son ciertas reglas prácticas, algunas informales y algunas formales, pero todas ellas reglas prácticas. Considérense a continuación algunas de éstas.

1. **Un R^2 elevado pero pocas razones t significativas.** Como se mencionó anteriormente, éste es un síntoma «clásico» de multicolinealidad. Si el R^2 es alto, es decir, está por encima de 0.8, la prueba F, en la mayoría de los casos, rechazará la hipótesis de que los coeficientes parciales de pendiente son simultáneamente iguales a cero, pero las pruebas t individuales mostrarán que ningún coeficiente parcial de pendiente, o muy pocos de ellos, son estadísticamente diferentes de cero. Lo anterior se demostró claramente en el ejemplo de consumo ingreso riqueza.

   Aunque este diagnóstico es razonable, su desventaja es que «es demasiado fuerte, en el sentido de que la multicolinealidad se considera dañina, únicamente cuando la totalidad de las influencias de las variables explicativas sobre Y no se pueden separar»[18].

2. **Altas correlaciones entre parejas de regresores.** Otra regla práctica que se sugiere utilizar consiste en observar el coeficiente de correlación de orden cero o entre dos regresores. Si éste es alto, digamos superior a 0.8, entonces la multicolinealidad es un problema grave. El problema con este criterio es que, aunque las altas correlaciones de orden cero pueden sugerir la presencia de colinealidad, no es necesario que dichas correlaciones sean altas por contar con la presencia de colinealidad en un determinado caso específico. Para plantear lo anterior en términos un poco técnicos, *las correlaciones de orden cero elevadas son una condición suficiente pero no necesaria para la existencia de multicolinealidad debido a que ésta puede existir, a pesar de que las correlaciones de orden cero o correlaciones simples sean comparativamente bajas* (es decir, inferiores a 0.50). Para apreciar esta relación, supóngase que tenemos un modelo con cuatro variables:

$$Y_i = \beta_1 + \beta_2 X_{2i} + \beta_3 X_{3i} + \beta_4 X_{4i} + u_i$$

y supóngase que

$$X_{4i} = \lambda_2 X_{2i} + \lambda_3 X_{3i}$$

donde λ_2 y λ_3 son constantes, sin ser las dos iguales a cero. Obviamente, X_4 es una combinación lineal exacta de X_2 y X_3, dado $R^2_{4.23} = 1$, el coeficiente de determinación en la regresión de X_4 sobre X_2 y X_3.

Ahora, recordando la fórmula (7.9.6) del capítulo 7, se puede escribir

$$R^2_{4.23} = \frac{r^2_{42} + r^2_{43} - 2r_{42}r_{43}r_{23}}{1 - r^2_{23}} \qquad (10.7.1)$$

Pero, puesto que $R^2_{4.23} = 1$ debido a la existencia de colinealidad perfecta, se obtiene

$$1 = \frac{r^2_{42} + r^2_{43} - 2r_{42}r_{43}r_{23}}{1 - r^2_{23}} \qquad (10.7.2)$$

No es difícil ver que (10.7.2) se satisface con $r_{42} = 0.5$, $r_{43} = 0.5$ y $r_{23} = -0.5$, que no son valores muy altos.

---

[18]*Ibid.*, p. 439.

Por consiguiente, en los modelos que involucran más de dos variables explicativas, la correlación simple o de orden cero no proporcionará una guía infalible sobre la presencia de multicolinealidad. Claro está que si solamente existen dos variables explicativas, entonces las correlaciones de orden cero serán suficientes.

3. **Examen de las correlaciones parciales.** Debido al problema que se acaba de mencionar, cuando se basa en correlaciones de orden cero, Farrar y Glauber han sugerido que se deben observar, en lugar de ellos, los coeficientes de correlación parcial[19]. De esta forma, en la regresión de Y sobre X_2, X_3 y X_4, si se encuentra que $R^2_{1.234}$ es muy elevado pero $r^2_{12.34}$, $r^2_{13.24}$ y $r^2_{14.23}$ son comparativamente bajos, esto puede sugerir que las variables X_2, X_3 y X_4 están altamente intercorrelacionadas y que por lo menos una de estas variables es superflua.

Aunque puede ser útil un estudio de correlaciones parciales, no hay garantía de que éstas proporcionen una guía infalible sobre multicolinealidad, ya que puede suceder que tanto el R^2 como todas las correlaciones parciales sean suficientemente altas. Sin embargo y tal vez más importante, C. Robert Wichers ha mostrado[20] que la prueba de correlación parcial de Farrar–Glauber es ineficaz en el sentido de que una determinada correlación parcial puede ser compatible con diferentes patrones de multicolinealidad. La prueba de Farrar–Glauber también ha sido criticada severamente por T. Krishna Kumar[21], John O'Hagan y Brendan McCabe[22].

4. **Regresiones auxiliares.** Puesto que la multicolinealidad surge debido a que uno o más de los regresores son combinaciones lineales exactas o aproximadas de los otros regresores, una forma de encontrar cuál variable X está relacionada con las otras variables X es efectuar la regresión de cada X_i sobre las variables X restantes y calcular el R^2 correspondiente, que se designa R^2_i; cada una de estas regresiones se denomina **regresión auxiliar**, auxiliar a la regresión principal de Y sobre las X. Entonces, siguiendo la relación entre F y R^2 establecida en (8.5.11), la variable

$$R_i = \frac{R^2_{x_1 \cdot x_2 x_3 \cdots x_k} / (k-2)}{(1 - R^2_{x_1 \cdot x_2 x_3 \cdots x_k}) / (n-k+1)} \qquad (10.7.3)$$

sigue la distribución F con $k-2$ y $n-k+1$ g de l. En la ecuación (10.7.3), n representa el tamaño de la muestra, k representa el número de variables explicativas incluyendo el término intercepto y $R^2_{x_i \cdot x_2 x_3 \cdots x_k}$ es el coeficiente de determinación en la regresión de la variable X_i sobre las variables X restantes[23].

Si el F calculado excede al F_i crítico al nivel de significancia seleccionado, se dice entonces que la X_i particular es colineal con las demás X; si no excede al F_i crítico, se dice que ésta no es colineal con las demás X, en cuyo caso podemos mantener la variable en el modelo. Si F_i es estadísticamente significativo, aun tendremos que decidir si la X_i que se está considerando debe eliminarse del modelo. Este aspecto se analizará más detalladamente en la sección 10.8.

---

[19]D.E. Farrar y R.R. Glauber, «Multicollinearity in Regression Analysis: The Problem Revisited», *Review of Economics and Statistics*, vol. 49, 1967, pp. 92-107.

[20]«The Detection of Multicollinearity: A Comment», *Review of Economics and Statistics*, vol. 57, 1975, pp. 365-366.

[21]«Multicollinearity in Regression Analysis», *Review of Economics and Statistics*, vol. 57, 1975, pp. 366-368.

[22]«Tests for the Severity of Multicollinearity in Regression Analysis: A Comment», *Review of Economics and Statistics*, vol. 57, 1975, pp. 368-370.

[23]Por ejemplo, R^2_{x2} puede obtenerse efectuando la regresión de X_{2i} de la siguiente manera: $X_{2i} = a_i + a_3 X_{3i} + a_4 X_{4i} + \ldots + a_k X_{ki} + \hat{u}_i$.

Sin embargo, este método no deja de tener sus desventajas ya que

... si la multicolinealidad comprende solamente unas pocas variables, de tal forma que las regresiones auxiliares no sufren de multicolinealidad extensa, los coeficientes estimados pueden revelar la naturaleza de la dependencia lineal entre los regresores. Desafortunadamente, si existen diversas asociaciones lineales complejas, este ejercicio de ajuste de curva puede no tener gran valor puesto que será difícil identificar las interrelaciones separadas[24].

En lugar de probar formalmente todos los valores R^2 auxiliares, se puede adoptar **la regla práctica de Klien** que sugiere que la multicolinealidad puede ser un problema complicado solamente si el R^2 obtenido de una regresión auxiliar es mayor que el R^2 global, es decir, aquél obtenido de la regresión de Y sobre todos los regresores[25]. Por cierto, al igual que todas las demás reglas prácticas, ésta debe ser utilizada con buen criterio.

5. **Valores propios e índice de condición.** Si se examina el listado SAS de la función de producción Cobb–Douglas dada en el apéndice 7A.7, se verá que SAS utiliza los *valores propios* y el *índice de condición* para diagnosticar multicolinealidad. No se analizará aquí el tema de los valores propios puesto que llevaría a involucrarse en temas de álgebra matricial que están por fuera del alcance de este libro. Sin embargo, partiendo de estos valores propios, se puede derivar lo que se conoce como **número de condición** k definido como

$$k = \frac{\text{Máximo valor propio}}{\text{Mínimo valor propio}}$$

y el **índice de condición (IC)** definido como

$$IC = \sqrt{\frac{\text{Máximo valor propio}}{\text{Mínimo valor propio}}} = \sqrt{k}$$

Entonces se tiene esta regla práctica. Si k está entre 100 y 1000, existe una multicolinealidad que va desde moderada a fuerte, mientras que si éste excede a 1000, existe multicolinealidad severa. Alternativamente, si el IC ($= \sqrt{k}$) está entre 10 y 30, existe multicolinealidad entre moderada y fuerte y si excede 30, existe una multicolinealidad severa.

Para el ejemplo ilustrativo, $k = 3.0/0.00002422$ o alrededor de 123,864 e IC $= \sqrt{123864} =$ alrededor de 352; en consecuencia, tanto k como IC sugieren multicolinealidad severa. Claro está que k e IC pueden calcularse entre el máximo valor propio y cualquier otro valor propio, como se hace en el listado. (*Nota:* En el listado no se calcula explícitamente k, pero éste es simplemente IC elevado al cuadrado). A propósito, obsérvese que un valor propio bajo (en relación con el máximo valor propio) es generalmente una indicación de dependencias casi lineales en los datos.

Algunos autores consideran que el índice de condición es el mejor diagnóstico de multicolinealidad disponible. Sin embargo, esta opinión no es ampliamente aceptada. Entonces, el IC es solamente una regla práctica, quizá un poco más sofisticada. Para mayores detalles, el lector puede consultar las referencias[26].

---

[24]George G. Judge, R. Carter Hill, William E. Griffiths, Helmut Lütkepohl y Tsoung-Chao Lee, *Introduction to the Theory and Practice of Econometrics*, John Wiley & Sons, New York, 1982, p. 621.

[25]Lawrence R. Klien, *An Introduction to Econometrics,* Prentice-Hall, Englewood Cliffs, N.J., 1962, p. 101.

[26]*Véase* especialmente, D.A. Belsley, E. Kuh y R.E. Welsch, *Regression Diagnostics: Identifying Influential Data and Sources of Collinearity*, John Wiley & Sons, New York, 1980, capítulo 3. Sin embargo, este libro no es para el principiante.

6.   **Factores de tolerancia y de inflación de varianza.** Para el modelo de regresión con k variables [Y, el intercepto y los $(k-1)$ regresores], como hemos visto en (7.5.6), la varianza de un coeficiente de regresión parcial puede ser expresada como

$$\text{var}(\hat{\beta}_j) = \frac{\sigma^2}{\sum x_j^2} \cdot \left(\frac{1}{1 - R_j^2}\right) \tag{7.5.6}$$

$$= \frac{\sigma^2}{\sum x_j^2} \cdot \text{FIV}_j \tag{10.7.4}$$

donde β_j es el coeficiente de regresión (parcial) del regresor X_j, R_j^2 es el R^2 en la regresión (auxiliar) de X_j sobre los restantes $(k-2)$ regresores y FIV_j es el primer factor de inflación de varianza introducido en la sección 10.5. A medida que R_j^2 aumenta hacia la unidad, es decir, a medida que aumenta la colinealidad de X_j con los demás regresores, el FIV también aumenta y en el límite puede ser infinito.

Algunos autores utilizan, por consiguiente, el FIV como indicador de la multicolinealidad: Entre mayor es el valor del FIV_j, mayor «problema» o colinealidad tiene la variable X_j. ¿Pero, que tan alto debe ser el FIV antes de que un regresor se convierta en un problema? **Como regla práctica,** si el FIV de una variable es superior a 10 (esto sucederá si R_j excede 0.90), se dice que esa variable es altamente colineal[27].

Otros autores utilizan la medida de **tolerancia** para detectar la multicolinealidad. Esta se define como

$$\text{TOL}_j = (1 - R_j^2)$$

$$= (1/\text{FIV}_j) \tag{10.7.5}$$

Claramente, $\text{TOL}_j = 1$ si X_j no está correlacionada con los otros regresores, mientras que es cero si está perfectamente relacionada con ellos.

El FIV (o tolerancia) como medida de colinealidad no está libre de crítica. Como lo indica (10.7.4), $\text{var}(\hat{\beta}_j)$ depende de tres factores: σ^2, $\sum x_j^2$ y FIV_j. Un FIV alto puede ser contrarrestado por un σ^2 bajo o una $\sum x_j^2$ alta. Para ponerlo de otra forma, un FIV alto no es condición necesaria ni suficiente para obtener varianzas y errores estándar altos. Por consiguiente, la alta multicolinealidad, como la mide un FIV alto, puede no necesariamente ocasionar errores estándar altos. En toda esta discusión, los términos *alto* y *bajo* son utilizados en un sentido relativo.

Para concluir la discusión de detección de la multicolinealidad, se hace énfasis en que los diversos métodos que hemos estudiado son esencialmente «expediciones de pesca», ya que no se puede decir cuáles de ellos funcionan en una aplicación particular. Sin embargo, no se puede hacer mucho al respecto, puesto que la multicolinealidad es un problema específico de una muestra dada sobre la cual el investigador puede no tener mucho control, especialmente si los datos son no experimentales por naturaleza como es el caso común que enfrentan los investigadores en las ciencias sociales.

Nuevamente, como una parodia de multicolinealidad, Goldberger cita diversas formas de detectar la micronumerosidad, tales como el desarrollo de valores críticos del tamaño de la muestra, n^*, tales que la micronumerosidad es un problema solamente si el tamaño real de la muestra, n, es más pequeño que n^*. El punto de la parodia de Goldberger es enfatizar que el tamaño pequeño de la muestra y la falta de variabilidad en las variables explicativas pueden ocasionar problemas que son por lo menos tan graves como aquellos debidos a la multicolinealidad.

---

[27]*Véase* David G. Kleinbaum, Lawrence L. Kupper y Keith E. Muller, *Applied Regression Analysis and Other Multivariate Methods*, 2a. ed., PWS-Kent, Boston, Mass., 1988, p. 210.

10.8 MEDIDAS REMEDIALES

¿Qué puede hacerse si la multicolinealidad es grave? Como en el caso de la detección, no hay guías infalibles porque la multicolinealidad es esencialmente un problema muestral. Sin embargo, se pueden ensayar las siguientes reglas prácticas, dependiendo su éxito de la gravedad del problema de colinealidad.

1. **Información a priori.** Supóngase que se considera el modelo

$$Y_i = \beta_1 + \beta_2 X_{2i} + \beta_3 X_{3i} + u_i$$

donde Y = consumo, X_2 = ingreso y X_3 = riqueza. Como se mencionó anteriormente, las variables ingreso y riqueza tienden a ser altamante colineales. Pero supóngase que, *a priori,* se cree que $\beta_3 = 0.10\beta_2$; es decir, la tasa de cambio del consumo con respecto a la riqueza es una décima parte de la correspondiente con respecto al ingreso. Se puede entonces efectuar la siguiente regresión:

$$Y_i = \beta_1 + \beta_2 X_{2i} + 0.10\beta_2 X_{3i} + u_i$$
$$= \beta_1 + \beta_2 X_i + u_i$$

donde $X_i = X_{2i} + 0.1 X_{3i}$. Una vez se ha obtenido $\hat{\beta}_2$, se puede estimar $\hat{\beta}_3$ a partir de la relación postulada entre β_2 y β_3.

¿Cómo se obtiene información *a priori*? Esta puede provenir de trabajo empírico anterior, en donde el problema de colinealidad resultó ser menos grave o de la teoría relevante que soporta el campo de estudio. Por ejemplo, en la función de producción tipo Cobb–Douglas (7.10.1), si se espera que prevalezcan los rendimientos constantes a escala, entonces $(\beta_2 + \beta_3) = 1$, en cuyo caso se puede efectuar la regresión (8.7.13), regresando la razón producto–trabajo sobre la razón capital– trabajo. Si existe colinealidad entre el trabajo y el capital, como generalmente es el caso en la mayor parte de la información muestral, dicha transformación puede reducir o eliminar el problema de colinealidad. Pero es preciso hacer una advertencia aquí con respecto a la imposición de esas restricciones *a priori*, «... puesto que en general se desea probar las predicciones *a priori* de la teoría económica en lugar de imponerlas simplemente sobre los datos para los cuales ellas pueden no ser ciertas»[28]. Sin embargo, se sabe, de la sección 8.7, cómo probar explícitamente la validez de tales restricciones.

2. **Combinación de información de corte transversal y de series de tiempo.** Una variante de la técnica de información externa o *a priori* es la combinación de información de corte transversal y de series de tiempo, conocida como *mezcla de datos.* Supóngase que deseamos estudiar la demanda de automóviles en los Estados Unidos y supóngase que se tiene información de series de tiempo sobre el número de autos vendidos, el precio promedio del auto y el ingreso del consumidor. Supóngase además que

$$\ln Y_t = \beta_1 + \beta_2 \ln P_t + \beta_3 \ln I_t + u_t$$

donde Y = número de autos vendidos, P = precio promedio, I = ingreso y t = tiempo. El objetivo es estimar la elasticidad–precio $\hat{\beta}_2$ y la elasticidad–ingreso β_3.

En la información de series de tiempo, las variables precio e ingreso generalmente tienden a ser altamente colineales. Por consiguiente, si se desea efectuar la anterior regresión, se

---

[28]Mark B. Stewart y Kenneth F. Wallis, *Introductory Econometrics*, 2a. ed., John Wiley & Sons, A Halstead Press Book, New York, 1981, p. 154.

deberá enfrentar el problema usual de multicolinealidad. Una salida a esto ha sido sugerida por Tobin[29]. Él dice que si se tiene información de corte transversal (por ejemplo, información generada a través de grupos de consumidores o estudios de presupuesto realizados por diversas agencias privadas y estatales), se puede obtener una estimación relativamente confiable de la elasticidad–ingreso β_3, puesto que con tal información, que está en un punto en el tiempo, los precios no varían mucho. Sea $\hat{\beta}_3$ la elasticidad–ingreso estimada a partir de los datos de corte transversal. Utilizando esta estimación, la anterior regresión de series de tiempo puede escribirse como

$$Y_t^* = \beta_1 + \beta_2 \ln P_t + u_t$$

donde $Y^* = \ln Y - \hat{\beta}_3 \ln I$, es decir, Y^* representa ese valor de Y después de eliminarle el efecto del ingreso. Ahora se puede obtener una estimación de la elasticidad–precio β_2 de la regresión anterior.

Aunque ésta es una técnica atractiva, la mezcla de datos de series de tiempo y de corte transversal en la forma recién sugerida puede crear problemas de interpretación porque se está suponiendo implícitamente que la elasticidad–ingreso estimada a partir de datos de corte transversal es igual a la que se habría obtenido a partir de un análisis puro de series de tiempo[30]. Sin embargo, la técnica ha sido utilizada en muchas aplicaciones y es particularmente valiosa en situaciones en donde las estimaciones de corte transversal no varían sustancialmente de un grupo a otro. Un ejemplo de esta técnica se encuentra en el ejercicio 10.25.

3. **Eliminación de una(s) variable(s) y el sesgo de especificación.** Al enfrentar el problema de multicolinealidad severa, una de las soluciones «más simples» consiste en omitir del modelo una de las variables colineales. Así, en el ejemplo consumo–ingreso–riqueza, al omitir la variable riqueza, obtenemos la regresión (10.6.4), la cual muestra que mientras en el modelo original la variable ingreso no era estadísticamente significativa, ahora se vuelve «altamente» significativa.

Sin embargo, al eliminar una variable del modelo se puede estar incurriendo en un **sesgo de especificación** o **error de especificación.** El sesgo de especificación surge de la especificación incorrecta del modelo utilizado en el análisis. Así, si la teoría económica afirma que tanto el ingreso como la riqueza deben estar incluidos en el modelo que explica el gasto de consumo, al eliminar la variable riqueza se incurrirá en un sesgo de especificación.

Aunque se estudiará el tema del sesgo de especificación en el capítulo 13, se obtuvo una idea general sobre éste en la sección 7.7 donde se vió que si el modelo verdadero es

$$Y_i = \beta_1 + \beta_2 X_{2i} + \beta_3 X_{3i} + u_i$$

pero se ajusta de manera errónea el modelo

$$Y_i = b_1 + b_{12} X_{2i} + \hat{u}_i \qquad (7.7.1)$$

entonces,

$$E(b_{12}) = \beta_2 + \beta_3 b_{32} \qquad (7.7.4)$$

---

[29]J. Tobin, «A Statistical Demand Function for Food in the U.S.A.,» *Journal of the Royal Statistical Society*, Ser. A, pp. 113-141.

[30]Para un análisis completo y una aplicación de la técnica de combinación de datos, *véase* Edwin Kuh, *Capital Stock Growth: A Micro-Econometric Approach*, North-Holland Publishing Company, Amsterdam, 1963, capítulos 5 y 6.

donde b_{32} = coeficiente de la pendiente en la regresión de X_3 sobre X_2. Por consiguiente, es obvio de (7.7.4) que b_{12} será una estimación sesgada de β_2 en la medida en que b_{32} sea diferente de cero (se supone que β_3 es diferente de cero; en caso contrario, no tendría sentido el incluir X_3 en el modelo original)[31]. Claro está que si b_{32} fuera cero, para empezar no habría problema de multicolinealidad. También es claro de (7.7.4) que si b_{32} y β_3 son positivos, $E(b_{12})$ será mayor que β_2; por tanto, en promedio, b_{12} sobreestimará a β_2, ocasionando un sesgo positivo. En forma similar, si el producto $b_{32}\beta_3$ es negativo, en promedio, b_{12} subestimará a β_2, ocasionando un sesgo negativo.

Del análisis anterior es claro que eliminar una variable del modelo para aliviar el problema de la multicolinealidad puede producir un sesgo de especificación. Por tanto, el remedio puede ser peor que la enfermedad en algunas situaciones porque, mientras que la multicolinealidad puede obstaculizar la estimación precisa de los parámetros del modelo, la omisión de una variable puede llevar a graves equivocaciones con respecto a los verdaderos valores de los parámetros. Recuérdese que los estimadores MCO son MELI a pesar de la presencia de multicolinealidad perfecta.

4. **Transformación de variables**. Supóngase que se tiene información de series de tiempo sobre el gasto de consumo, el ingreso y la riqueza. Una razón para la alta multicolinealidad entre el ingreso y la riqueza en tal información es que en el tiempo las dos variables tienden a moverse en la misma dirección. Una forma de minimizar esta dependencia es proceder de la siguiente manera.

Si la relación

$$Y_t = \beta_1 + \beta_2 X_{2t} + \beta_3 X_{3t} + u_t \tag{10.8.1}$$

se cumple en el período t, también debe cumplirse en el período $t - 1$ puesto que el origen del tiempo es, de todas formas, arbitrario. Por consiguiente, se tiene que:

$$Y_{t-1} = \beta_1 + \beta_2 X_{2,t-1} + \beta_3 X_{3,t-1} + u_{t-1} \tag{10.8.2}$$

Si se resta (10.8.2) de (10.8.1), se obtiene

$$Y_t - Y_{t-1} = \beta_2(X_{2t} - X_{2,t-1}) + \beta_3(X_{3t} - X_{3,t-1}) + v_t \tag{10.8.3}$$

donde $v_t = u_t - u_{t-1}$. La ecuación (10.8.3) se conoce como la **forma en primeras diferencias** porque no se está corriendo la regresión sobre las variables originales sino sobre las diferencias de los valores sucesivos de dichas variables.

El modelo de regresión utilizando primeras diferencias reduce frecuentemente la severidad de la multicolinealidad porque, aun cuando los niveles de X_2 y X_3 pueden estar altamente correlacionados, no hay razón *a priori* para pensar que sus diferencias también lo están.

Sin embargo, la transformación que utiliza primeras diferencias crea algunos problemas adicionales. El término de error v_t que aparece en (10.8.3) puede no satisfacer uno de los supuestos del modelo clásico de regresión lineal, a saber, que las perturbaciones no están serialmente correlacionadas. Como veremos en el capítulo 12, si el u_t original es serialmente independiente o no correlacionada, el término de error v_t obtenido anteriormente estará, en la mayoría de los casos, serialmente correlacionado. Nuevamente, ¡el remedio puede ser peor

---

[31]Adicionalmente, *obsérvese* que si b_{32} no se acerca a cero a medida que el tamaño de la muestra aumenta indefinidamente, entonces b_{12} no solamente será sesgado sino también inconsistente

que la enfermedad! Además, se pierde una observación debido al procedimiento de diferenciación y, por consiguiente, los grados de libertad se reducen en 1. En una muestra pequeña, ésto puede ser un factor que se debe, por lo menos, considerar. Además, el procedimiento de primeras diferencias puede no ser el adecuado en los datos de corte transversal donde no hay un ordenamiento lógico de las observaciones.

5. **Datos nuevos o adicionales**. Puesto que la multicolinealidad es una característica de la muestra, es posible que en otra muestra que contenga las mismas variables, la colinealidad no sea tan grave como en la primera. A veces, con sólo aumentar el tamaño de la muestra (si esto es posible), se puede atenuar el problema de colinealidad. Por ejemplo, en el modelo de tres variables se vio que:

$$\text{var}(\hat{\beta}_2) = \frac{\sigma^2}{\sum x_{2i}^2 (1 - r_{23}^2)}$$

Ahora, a medida que aumenta el tamaño de la muestra, $\sum x_{2i}^2$ generalmente aumenta. (¿Por qué?). Por consiguiente, para cualquier r_{23} dado, la varianza de $\hat{\beta}_2$ disminuirá, disminuyendo así el error estándar, lo cual permitirá estimar β_2 de manera más precisa.

Como ejemplo, considérese la siguiente regresión del gasto de consumo Y sobre el ingreso X_2 y la riqueza X_3 basada en 10 observaciones[32]:

$$\hat{Y}_i = 24.377 + 0.8716X_{2i} - 0.0349X_{3i}$$
$$t = (3.875) \quad (2.7726) \quad (-1.1595) \quad R^2 = 0.9682 \qquad (10.8.4)$$

El coeficiente de la riqueza en esta regresión no solamente tiene el signo equivocado, sino que estadísticamente no es significativo al nivel del 5%. Pero cuando el tamaño de la muestra se incrementó a 40 observaciones (¿micronumerosidad?), se obtuvieron los siguientes resultados:

$$\hat{Y}_i = 2.0907 + 0.7299X_{2i} + 0.0605X_{3i}$$
$$t = (0.8713) \quad (6.0014) \quad (2.0014) \quad R^2 = 0.9672 \qquad (10.8.5)$$

Ahora, el coeficiente de la riqueza no solamente tiene el signo correcto, sino que es estadísticamente significativo al nivel del 5%.

La obtención de datos adicionales o «mejores» no siempre es tan sencilla, puesto que como lo mencionan Judge *et al*

> Desafortunadamente, los economistas, muy pocas veces, pueden obtener información adicional sin incurrir en altos costos y mucho menos pueden seleccionar los valores de las variables explicativas que desean. Adicionalmente, al agregar variables nuevas en situaciones que no son controladas, se debe ser cuidadoso de no agregar observaciones que fueron generadas en un proceso diferente del asociado con el conjunto original de datos; es decir, se debe estar seguros de que la estructura económica asociada con las nuevas observaciones sea igual a la estructura original[33].

6. **Reducción de la colinealidad en las regresiones polinomiales**. En la sección 7.11 se estudiaron los modelos de regresión polinomial. Una característica especial de estos modelos es que la(s) variable(s) explicativa(s) aparece(n) elevadas a diversas potencias. Por tanto, en la

---

[32]Agradezco a Albert Zucker la obtención de los resultados dados en las siguientes regresiones.

[33]Judge *et al*., *op. cit*., p. 625. *Véase* también sección 10.9.

función cúbica de costos totales que involucra la regresión del costo total sobre la producción, la (producción)^2 y la (producción)^3, como en (7.11.4), los diversos términos de la producción van a estar correlacionados, haciendo difícil la estimación precisa de los diversos coeficientes de pendiente[34]. No obstante, en la práctica, se ha encontrado que si la(s) variable(s) explicativa(s) están expresadas en forma de desviación (es decir, desviaciones del valor medio), la multicolinealidad se reduce sustancialmente. Pero, aun entonces el problema puede persistir[35], en cuyo caso se puede desear considerar técnicas tales como la de los **polinomios ortogonales**[36].

7. **Otros métodos de remediar la multicolinealidad.** Las técnicas estadísticas multivariadas tales como **el análisis de factores** y el de **componentes principales** o técnicas como la **ridge regression** se emplean frecuentemente para «resolver» el problema de la multicolinealidad. Desafortunadamente, estas técnicas están por fuera del alcance de este libro, ya que no pueden ser analizadas en forma competente sin acudir al álgebra matricial[37].

10.9 ¿ES LA MULTICOLINEALIDAD NECESARIAMENTE MALA? POSIBLEMENTE NO, SI EL OBJETIVO ES SOLAMENTE LA PREDICCIÓN

Se ha dicho que si el único propósito del analisis de regresión es el pronóstico o la predicción, entonces la multicolinealidad no es un problema grave puesto que entre más alto sea el R^2, mejor es la predicción[38]. Pero esto puede suceder «... siempre que los valores de las variables explicativas para los cuales se desean las predicciones obedezcan las mismas dependencias lineales casi exactas de la matriz X [de datos] de diseño original»[39]. Por tanto, si en una regresión estimada se encuentra que $X_2 = 2X_3$ aproximadamente entonces, en una muestra futura utilizada para pronosticar Y, X_2, también debe ser aproximadamente igual a $2X_3$, una condición difícil de cumplir en la práctica (*véase* nota de pie de página 33), en cuyo caso la predicción se hará cada vez más incierta[40]. Adicionalmente, si el objetivo del análisis no es solamente la predicción sino también la estimación confiable de los parámetros, la presencia de alta multicolinealidad puede ser un problema porque, como se ha visto, conduce a grandes errores estándar en los estimadores.

---

[34]Como se mencionó anteriormente, puesto que la relación entre X, X^2 y X^3 es no lineal, estrictamente hablando, las regresiones polinomiales no violan el supuesto de no multicolinealidad del modelo clásico.

[35]*Véase* R.A. Bradley y S.S.Srivastava, «Correlation and Polynomial Regression,» *American Statistician*, vol. 33, 1979, pp. 11-14.

[36]*Véase* Norman Draper y Harry Smith, *Applied Regression Analysis*, 2a. ed., John Wiley & Sons, New York, 1981, pp. 266-274.

[37]Una explicación sencilla de estas técnicas, desde un punto de vista aplicado, se puede encontrar en Samprit Chatterjee y Bertram Price, *Regression Analysis by Example,* John Wiley & Sons, New York, 1977, capítulos 7 y 8. *Véase* también H.D. Vinod, «A Survey of Ridge Regression and Related Techniques for Improvements over Ordinary Least Squares, «*Review of Economics and Statistics*, vol. 60, febrero 1978, pp. 121-131.

[38]*Véase* R.C. Geary, «Some Results about Relations Between Stochastic Variables: A Discussion Document,» *Review of International Statistical Institute*, vol. 31, 1963, pp. 163-181.

[39]Judge, *et al.*, *Op.cit.*, p. 619. También se encontrará en esta página prueba de por qué, a pesar de la existencia de colinealidad, se pueden obtener mejores predicciones medias si la estructura de colinealidad existente también persiste en muestras futuras.

[40]Para un excelente análisis del tema, *véase* E. Malinvaud, *Statistical Methods of Econometrics*, 2a. ed., North-Holland Publishing Company, Amsterdam, 1970, pp. 220-221.

Sin embargo, existen situaciones en las cuales la multicolinealidad puede no representar un problema grave. Es el caso en el cual se tiene un R^2 elevado y los coeficientes de regresión son significativos individualmente como lo demuestran los altos valores t. Aun así, los diagnósticos de multicolinealidad, por ejemplo, el índice de condición, indican que los datos presentan colinealidad grave. ¿Cuándo puede presentarse tal situación? Como menciona Johnston:

> Esto puede surgir si los coeficientes individuales resultan estar numéricamente por encima del valor verdadero, de tal forma que el efecto siga visible, a pesar de estar inflados los errores estándar y/o debido a que el valor verdadero mismo es tan grande que aun cuando se obtenga una estimación bastante subestimada, ésta continúa siendo significativa[41].

10.10 RESUMEN Y CONCLUSIONES

1. Uno de los supuestos del modelo clásico de regresión lineal es que no haya multicolinealidad entre las variables explicativas, las X. Interpretado en términos generales, la multicolinealidad se refiere a una situación en la cual existe una relación lineal exacta o aproximadamente exacta entre las variables X.

2. Las consecuencias de la multicolinealidad son las siguientes: Si existe colinealidad perfecta entre las X, sus coeficientes de regresión son indeterminados y sus errores estándar no están definidos. Si la colinealidad es alta pero no es perfecta, la estimación de los coeficientes de regresión es posible pero sus errores estándar tienden a ser grandes. Como resultado, los valores poblacionales de los coeficientes no pueden ser estimados en forma precisa. Sin embargo, si el objetivo es estimar combinaciones lineales de estos coeficientes, *las funciones estimables*, esto puede lograrse aun en presencia de multicolinealidad perfecta.

3. Aunque no hay métodos seguros para detectar la colinealidad, existen diversos indicadores de ésta, como los siguientes:

    (*a*) El signo más claro de multicolinealidad es cuando el R^2 es muy alto, pero ninguno de los coeficientes de regresión es estadísticamente significativo con base en la prueba t convencional. Por supuesto, este caso es extremo.

    (*b*) En los modelos que contienen apenas dos variables explicativas, puede tenerse una idea de colinealidad relativamente buena mediante el examen del coeficiente de correlación de orden cero, o simple, entre las dos variables. Si esta correlación es alta, la multicolinealidad es generalmente la culpable.

    (*c*) Sin embargo, los coeficientes de correlación de orden cero pueden ser malos indicadores en modelos que contienen más de dos variables X, puesto que es posible tener correlaciones bajas de orden cero y encontrar aún alta multicolinealidad. En situaciones como éstas, puede ser necesario examinar los coeficientes de correlación parcial.

    (*d*) Si R^2 es alto pero las correlaciones parciales son bajas, la multicolinealidad es una posibilidad. Aquí hay una o más variables que pueden ser superfluas. Pero si R^2 es alto y las correlaciones parciales son altas también, la multicolinealidad puede no ser fácilmente detectable. También, como lo señalan C. Robert, Krishna Kumar, John O'Hagan y Brendan Mc Cabe, hay algunos problemas estadísticos con la prueba de correlación parcial sugerida por Farrar y Glauber.

    (*e*) Por consiguiente, se puede regresar cada una de las variables X_i sobre las variables X restantes en el modelo y encontrar los coeficientes de determinación correspondientes R^2_i. Un R^2_i elevado sugeriría que X_i está altamente correlacionado con el resto de las X. Así, se puede eliminar esa X_i del modelo, siempre y cuando no conduzca a un sesgo de especificación grave.

---

[41] J. Johnston, *Econometric Methods*, 3a. ed., McGraw-Hill, New York, 1984, p. 249.

4. La detección de multicolinealidad es la mitad de la batalla. La otra mitad está relacionada con hallar la forma de deshacerse del problema. Nuevamente, no existen métodos seguros, solamente unas pocas reglas prácticas. Algunas de estas reglas son las siguientes: (1) utilizar información obtenida *a priori* o externa al modelo, (2) combinar información de corte transversal y de series de tiempo, (3) omitir una variable si es altamente colineal, (4) transformar los datos y (5) obtener información adicional o nueva. Naturalmente, saber cuál de estas reglas funcionará en la práctica dependerá de la naturaleza de la información y de la severidad del problema de colinealidad.

5. Se mencionó aquí el papel de la multicolinealidad en la predicción y se señaló que a menos de que la estructura colineal continúe en la muestra futura, es peligroso utilizar una regresión estimada que haya sido contaminada por multicolinealidad para fines de proyección.

6. Aunque la multicolinealidad ha recibido extensa (algunos dirían excesiva) atención en la teoría, un problema igualmente importante que se ha presentado en la investigación empírica es el de la micronumerosidad, o pequeñez del tamaño de la muestra. De acuerdo con Goldberger, «Cuando un artículo de investigación acusa la presencia de multicolinealidad, los lectores deben ver si esa queja sería convincente si se sustituyera el concepto de «micronumerosidad» por el de «multicolinealidad»[42]. Él sugiere que el lector decida, qué tan pequeña debe ser n, el número de observaciones, antes de decidir que se tiene un problema de muestra pequeña, exactamente en la misma forma en que uno decide qué tan alto es un valor de R^2 en una regresión auxiliar antes de declarar que el problema de colinealidad es muy severo.

EJERCICIOS

Preguntas

10.1. En el modelo de regresión lineal de k variables, hay k ecuaciones normales para estimar las k incógnitas. Estas ecuaciones normales están dadas en (9.3.8). Supóngase que X_k es una combinación lineal perfecta de las variables X restantes. ¿Cómo se demostraría que en este caso es imposible estimar los k coeficientes de regresión?

10.2. Considérese el conjunto de datos hipotéticos de la siguiente tabla. Supóngase que desea ajustar el modelo

$$Y_i = \beta_1 + \beta_2 X_{2i} + \beta_3 X_{3i} + u_i$$

a la información

Y	X_2	X_3
−10	1	1
−8	2	3
−6	3	5
−4	4	7
−2	5	9
0	6	11
2	7	13
4	8	15
6	9	17
8	10	19
10	11	21

---

[42]Goldberger, *op.cit.*, p. 250.

    (*a*) ¿Se pueden estimar las tres incógnitas? ¿Por qué o por qué no?

    (*b*) Si no se puede hacer, ¿qué funciones lineales de estos parámetros, las funciones estimables, se pueden estimar? Muéstrense los cálculos necesarios.

10.3. Recuérde el capítulo 8, sección 5, en donde se considera la contribución marginal o incremental de una variable explicativa. El ejemplo allí analizado consideraba la regresión del gasto personal de consumo Y sobre el ingreso personal disponible X_2 y la tendencia X_3. Cuando se introdujo primero la variable X_2 en el modelo y luego la variable X_3, se obtuvo la tabla 8.7. Pero, supóngase que se introduce X_3 primero y luego X_2. La tabla ANOVA correspondiente a este cambio es la siguiente:

Tabla ANOVA cuando X_3 ingresa primero

Fuente de variación	SC		g de l	SMC
SEC debido a X_3 solamente	Q_1 =	64,536.2529	1	64,536.2529
SEC debido a la adición de X_2	Q_2 =	1,428.8471	1	1,428.8471
SEC debido a X_2 y X_3	Q_3 =	65,965.1000	2	32,982.5500
Debido al residual	Q_4 =	77.1693	12	6.4310
Total	Q_5 =	66,042.2693		

    Aunque la SEC debida a X_2 y a X_3 conjunta es igual en las dos tablas, su ubicación entre las dos X es diferente. En la tabla 8.7, donde X_2 ingresa primero, su contribución a SEC es 65,898.2353 pero, cuando ingresa marginalmente, como en la tabla anterior, su contribución es solamente 1428.8471. Lo mismo sucede con X_3. ¿Cómo se explica este fenómeno?

10.4. Si la relación $\lambda_1 X_{1i} + \lambda_2 X_{2i} + \lambda_3 X_{3i} = 0$ se mantiene para todos los valores de λ_1, λ_2 y λ_3, estímense $r_{12.3}$, $r_{13.2}$ y $r_{23.1}$. Encuéntrese también $R^2_{1.23}$, $R^2_{2.13}$ y $R^2_{3.12}$. ¿Cuál es el grado de multicolinealidad en esta situación? *Nota*: $R^2_{1.23}$ es el coeficiente de determinación en la regresión de Y sobre X_2 y X_3. Otros valores R^2 deben ser interpretados en forma similar.

10.5. Considérese el siguiente modelo:

$$Y_t = \beta_1 + \beta_2 X_t + \beta_3 X_{t-1} + \beta_4 X_{t-2} + \beta_5 X_{t-3} + \beta_6 X_{t-4} + u_t$$

donde Y = consumo, X = ingreso y t = tiempo. El modelo anterior postula que el gasto de consumo en el tiempo t es función no solamente del ingreso en el tiempo t, sino también del ingreso en períodos anteriores. Por tanto, el gasto de consumo en el primer trimestre de 1976 es función del ingreso en ese trimestre y en los cuatro trimestres de 1975. Tales modelos se denominan **modelos de rezago distribuido** y se explicarán en un capítulo posterior.

    (*a*) ¿Se esperaría la presencia de multicolinealidad en tales modelos y por qué?

    (*b*) Si se espera la presencia de colinealidad, ¿cómo se resolvería el problema?

10.6. Considérese el ejemplo ilustrativo de la sección 10.6. ¿Cómo se interpretaría la diferencia en la propensión marginal a consumir obtenida de (10.6.1) y (10.6.4)?

10.7. En la información que comprende series de tiempo económicas tales como el PNB, la oferta monetaria, los precios, el ingreso, el desempleo, etc, se sospecha usualmente la presencia de multicolinealidad. ¿Por qué?

10.8. Supóngase en el modelo

$$Y_i = \beta_1 + \beta_2 X_{2i} + \beta_3 X_{3i} + u_i$$

que r_{23}, el coeficiente de correlación entre X_2 y X_3, es cero. Por consiguiente, alguien sugiere que se efectúen las siguientes regresiones:

$$Y_i = \alpha_1 + \alpha_2 X_{2i} + u_{1i}$$
$$Y_i = \gamma_1 + \gamma_3 X_{3i} + u_{2i}$$

(*a*) ¿Será $\hat{\alpha}_2 = \hat{\beta}_2$ y $\hat{\gamma}_3 = \hat{\beta}_3$? ¿Por qué?

(*b*) ¿Será $\hat{\beta}_1$ igual a $\hat{\alpha}_1$ o $\hat{\gamma}_1$ o alguna combinación de éstos?

(*c*) ¿Será $\text{var}(\hat{\beta}_2) = \text{var}(\hat{\alpha}_2)$ y $\text{var}(\hat{\beta}_3) = \text{var}(\hat{\gamma}_3)$?

10.9. Refiérase al ejemplo ilustrativo del capítulo 7 en el cual se ajustó la función de producción de Cobb–Douglas al sector agrícola taiwanés. Los resultados de la regresión dados en (7.10.4) muestran que los coeficientes del trabajo y del capital son estadísticamente significativos a nivel individual.

(*a*) Encuéntrese si las variables trabajo y capital están altamente correlacionadas.

(*b*) Si la respuesta a (*a*) es afirmativa, ¿se eliminaría, por ejemplo, la variable trabajo del modelo y efectuaría la regresión de la variable producción sobre el insumo capital solamente?

(*c*) Si se hace, ¿en qué clase de sesgo de especificación se está incurriendo? Encuéntrese la naturaleza de este sesgo.

10.10. Refiérase al ejemplo 7.4. Para este problema, la matriz de correlación es la siguiente:

	X_i	X_i^2	X_i^3
X_i	1	0.9742	0.9284
X_i^2		1.0	0.9872
X_i^3			1.0

(*a*) «Puesto que las correlaciones de orden cero son muy elevadas, debe existir multicolinealidad severa». Coméntese.

(*b*) ¿Se eliminarían del modelo las variables X_i^2 y X_i^3?

(*c*) Si se eliminan las variables anteriores, ¿que sucederá con el valor del coeficiente de X_i?

10.11. **Regresión paso a paso, «stepwise».** Al decidir sobre el «mejor» conjunto de variables explicativas para un modelo de regresión, los investigadores frecuentemente siguen el método de regresión paso a paso. En este método, se procede introduciendo una a una las variables X (**regresión paso a paso hacia adelante «stepwise forward regression»**) o se incluyen todas las variables X posibles en una regresión múltiple y se van rechazando una a la vez (**regresión paso a paso hacia atrás, «stepwise backward regression**). La decisión de adicionar o de eliminar una variable es usualmente tomada con base en la contribución de esa variable a la SEC, a juicio de la prueba F. Con lo que se sabe sobre multicolinealidad, ¿se recomendaría alguno de estos procedimientos? ¿Por qué, o por qué no?*

10.12. Establézcase si las *siguientes afirmaciones* son ciertas, falsas o inciertas y explíquese la respuesta.

(*a*) A pesar de la presencia de multicolinealidad perfecta, los estimadores MCO son MELI.

(*b*) En los casos de alta multicolinealidad, no es posible evaluar la significancia individual de uno o más coeficientes de regresión parcial.

(*c*) Si una regresión auxiliar muestra que un R_i^2 particular es alto, entonces hay evidencia definida de alta colinealidad.

(*d*) Las correlaciones altas entre parejas de regresores no sugieren la existencia de alta multicolinealidad.

(*e*) La multicolinealidad es inofensiva si el objetivo del análisis es solamente la predicción.

(*f*) Entre mayor sea el FIV, *ceteris paribus*, más grandes son las varianzas de los estimadores MCO.

(*g*) La tolerancia (TOL) es una medida de multicolinealidad mejor que el FIV.

(*h*) No se podrá obtener un valor R^2 elevado en una regresión múltiple si todos los coeficientes parciales de pendiente no son estadísticamente significativos, a nivel individual con base en la prueba t usual.

(*i*) En la regresión de Y sobre X_2 y X_3, supóngase que hay poca variabilidad en los valores de X_3. Esto aumentaría $\text{var}(\hat{\beta}_3)$. En el extremo, si todas las X_3 fueran idénticas, $\text{var}(\hat{\beta}_3)$ sería infinita.

---

*Compruébese si el razonamiento esta de acuerdo con el de Arthur S. Goldberg y D.B.Jochems, «Note on Stepwise Least-Squares,» *Journal of the American Statistical Association*, vol. 56, marzo 1961, pp. 105-110.

10.13. (a) Demuéstrese que si $r_{1i} = 0$ para $i = 2,3,...,k$ entonces

$$R_{1.23...k} = 0$$

(b) ¿Qué importancia tiene este hallazgo para la regresión de la variable $X_1 (= Y)$ sobre $X_2, X_3,..., X_k$?

10.14. Supóngase que todos los coeficientes de correlación de orden cero de $X_1 (= Y), X_2,..., X_k$ son iguales a r.

(a) ¿Cuál es el valor de $R^2_{1.23...k}$?

(b) ¿Cuáles son los valores de los coeficientes de correlación de primer orden?

**10.15. En notación matricial, se vio en el capítulo 9 que

$$\hat{\boldsymbol{\beta}} = (\mathbf{X}'\mathbf{X})^{-1}\mathbf{X}'\mathbf{y}$$

(a) ¿Qué sucede con $\hat{\boldsymbol{\beta}}$ cuando hay colinealidad perfecta entre las X?

(b) ¿Cómo se sabe si existe colinealidad perfecta?

**10.16. Utilizando notación matricial, se obtuvo en (9.3.13)

$$\text{var-cov}(\hat{\boldsymbol{\beta}}) = \sigma^2(\mathbf{X}'\mathbf{X})^{-1}$$

¿Qué le sucede a esta matriz var–cov (a) cuando hay multicolinealidad perfecta y (b) cuando la colinealidad es alta pero no perfecta?

10.17. Considérese la siguiente **matriz de correlación:

$$
\mathbf{R} =
\begin{array}{c}
\\ X_2 \\ X_3 \\ \\ X_k
\end{array}
\begin{array}{c}
\begin{array}{cccc} X_2 & X_3 & \cdots X_k \end{array} \\
\left[
\begin{array}{cccc}
1 & r_{23} & \cdots & r_{2k} \\
r_{32} & 1 & \cdots & r_{3k} \\
\cdots & \cdots & \cdots & \\
r_{k2} & r_{k3} & \cdots & 1
\end{array}
\right]
\end{array}
$$

¿Cómo se averiguaría, a partir de la matriz de correlación, si (a) hay colinealidad perfecta, (b) hay colinealidad menos que perfecta y (c) las X no están correlacionadas?

Guía: Puede utilizarse $|\mathbf{R}|$ para responder estas preguntas, donde $|\mathbf{R}|$ denota el determinante de **R**.

**10.18. Variable explicativas ortogonales. Supóngase que en el siguiente modelo

$$Y_i = \beta_1 + \beta_2 X_{2i} + \beta_3 X_{3i} + \cdots + \beta_k X_{ki} + u_i$$

X_2 a X_k no estan correlacionadas. Tales variables se denominan **variables ortogonales**.

Si este es el caso:

(a) ¿Cuál será la estructura de la matriz $(\mathbf{X}'\mathbf{X})$?

(b) ¿Cómo se obtiene $\hat{\boldsymbol{\beta}} = (\mathbf{X}'\mathbf{X})^{-1}\mathbf{X}'\mathbf{y}$?

(c) ¿Cuál será la naturaleza de la matriz var–cov de $\hat{\boldsymbol{\beta}}$?

(d) Supóngase que se ha efectuado la regresión y luego se desea introducir otra variable ortogonal, por ejemplo X_{k+1}, en el modelo. ¿Se deben recalcular todos los coeficientes anteriores $\hat{\beta}_1$ a β_k? ¿Por qué o por qué no?

10.19. Considérese el siguiente modelo:

$$\text{PNB}_t = \beta_1 + \beta_2 M_t + \beta_3 M_{t-1} + \beta_4(M_t - M_{t-1}) + u_t$$

donde PNB_t = PNB en el período t, M_t = oferta monetaria en el periodo t, M_{t-1} = oferta monetaria en el período $(t-1)$ y $(M_t - M_{t-1})$ = cambio en la oferta monetaria entre el tiempo t y el tiempo $(t-1)$. Este modelo postula entonces, que el nivel del PNB en el período t es función de la oferta monetaria en el tiempo t y en el tiempo $(t-1)$ lo mismo que del cambio en la oferta monetaria entre estos períodos de tiempo.

**Opcional.

(a) Suponiendo que tiene la información para estimar el modelo anterior, ¿sería posible estimar todos los coeficientes de este modelo? ¿Por qué o por qué no?

(b) De no ser posible, ¿qué coeficientes pueden ser estimados?

(c) Supóngase que el término $\beta_3 M_{t-1}$ estuviera ausente del modelo. ¿La respuesta a (a) sería la misma?

(d) Repítase (c) suponiendo que el término $\beta_2 M_t$ estuviera ausente del modelo.

10.20. Muéstrese que (7.4.7) y (7.4.8) también pueden ser expresados como

$$\hat{\beta}_2 = \frac{(\sum y_i x_{2i})(\sum x_{3i}^2) - (\sum y_i x_{3i})(\sum x_{2i} x_{3i})}{(\sum x_{2i}^2)(\sum x_{3i}^2)(1 - r_{23}^2)}$$

$$\hat{\beta}_3 = \frac{(\sum y_i x_{3i})(\sum x_{2i}^2) - (\sum y_i x_{2i})(\sum x_{2i} x_{3i})}{(\sum x_{2i}^2)(\sum x_{3i}^2)(1 - r_{23}^2)}$$

donde r_{23} es el coeficiente de correlación entre X_2 y X_3.

10.21. Utilizando (7.4.12) y (7.4.15), muéstrese que cuando hay colinealidad perfecta, las varianzas de $\hat{\beta}_2$ y $\hat{\beta}_3$ son infinitas.

10.22. Verifíquese que los errores estándar de las sumas de los coeficientes de pendiente, estimados a partir de (10.5.4) y (10.5.5), son 0.1992 y 0.1825, respectivamente. (*véase* sección 10.5).

10.23. Para el modelo de regresión de k variables (9.1.1) puede mostrarse que la varianza del coeficiente de regresión parcial k–ésimo ($k = 2,3,..., K$) puede ser expresado como*

$$\text{var}(\hat{\beta}_k) = \frac{1}{n-k} \frac{\sigma_y^2}{\sigma_k^2} \left(\frac{1 - R^2}{1 - R_k^2} \right)$$

donde $\sigma_y^2 =$ varianza de Y, $\sigma_k^2 =$ varianza de la k–ésima variable explicativa, $R_k^2 = R^2$ de la regresión de X_k sobre las variables X restantes y $R^2 =$ coeficiente de determinación de la regresión múltiple (9.1.1), es decir, la regresión de Y sobre todas las variables X.

(a) ¿Qué sucede con $\text{var}(\hat{\beta}_k)$ si aumenta σ_k^2, manteniendo todo lo demás constante? ¿Cuáles son las implicaciones para el problema de multicolinealidad?

(b) ¿Qué sucede con la fórmula anterior cuando la colinealidad es perfecta?

(c) Respóndase si es cierto o es falso: «La varianza de $\hat{\beta}_k$ disminuye a medida que R^2 aumenta, de tal manera que el efecto de un R_k^2 alto puede ser compensado por un R^2 alto».

10.24. Con base en la información anual para el sector manufacturero de los Estados Unidos durante el período 1899–1922, Dougherty obtuvo los siguientes resultados de regresión:**

$$\widehat{\log Y} = 2.81 - 0.53 \log K + 0.91 \log L + 0.047t \qquad (1)$$
$$\text{ee} = (1.38) \quad (0.34) \qquad (0.14) \qquad (0.021) \qquad R^2 = 0.97$$
$$F = 189.8$$

donde $Y =$ índice de producción real, $K =$ índice de insumo capital real, $L =$ índice de insumo trabajo real, $t =$ tiempo o tendencia.

Utilizando la misma información, él obtuvo también la siguiente regresión:

$$\widehat{\log(Y/L)} = -0.11 + 0.11 \log(K/L) + 0.006t \qquad (2)$$
$$\text{ee} = (0.03) \quad (0.15) \qquad (0.006) \qquad R^2 = 0.65$$
$$F = 19.5$$

---

*Esta fórmula está dada por R. Stone, «The Analysis of Market Demand», *Journal of the Royal Statistical Society*, vol. B7, 1945, p. 297. *Recuérdese* también (7.5.6). Para un análisis más detallado, *véase* Peter Kennedy, *A Guide to Econometrics*, 2a. ed., The MIT Press, Cambridge, Mass., 1985, p. 156.

**Christopher Dougherty, *Introduction to Econometrics*, Oxford University Press, New York, 1992, pp. 159-160.

(a) ¿Existe multicolinealidad en la regresión (1)? ¿Cómo se sabe?

(b) En la regresión (1), ¿cuál es el signo *a priori* de log K? ¿Concuerdan los resultados con esta expectativa? ¿Por qué o por qué no?

(c) ¿Cómo justificaría usted la forma funcional de la regresión (1): (*Guía:* Función de producción de Cobb– Douglas).

(d) Interprétese la regresión (1). ¿Cuál es el papel de la variable de tendencia en esta regresión?

(e) ¿Cuál es la lógica detrás de la estimación de la regresión (2)?

(f) Si hubo multicolinealidad en la regresión (1), ¿se vió ésta reducida por la regresión (2)? ¿Cómo se sabe?

(g) Si la regresión (2) es una versión restringida de la regresión (1), ¿qué restricción es impuesta por el autor? (*Guía:* rendimientos a escala). ¿Cómo se sabe si esta restricción es válida? ¿Cuál prueba se utiliza? Muéstrense todos los cálculos.

(h) ¿Son comparables los valores R^2 de las dos regresiones? ¿Por qué o por qué no? ¿Cómo se haría para hacerlos comparables, si no lo son en la forma actual?

Problemas

10.25. Klein y Goldberger intentaron ajustar el siguiente modelo de regresión a la economía de los Estados Unidos:

$$Y_i = \beta_1 + \beta_2 X_{2i} + \beta_3 X_{3i} + \beta_4 X_{4i} + u_i$$

donde Y = consumo, X_2 = ingreso salarial, X_3 = ingreso no salarial, no procedente del campo y X_4 = ingreso procedente del campo. Pero, puesto que se espera que X_2, X_3 y X_4 sean altamente colineales, ellos obtuvieron las siguientes estimaciones de β_3 y β_4 del análisis de corte transversal: $\beta_3 = 0.75\beta_2$ y $\beta_4 = 0.625\beta_2$. Utilizando estas estimaciones, ellos reformularon su función de consumo de la siguiente forma:

$$Y_i = \beta_1 + \beta_2(X_{2i} + 0.75X_{3i} + 0.625X_{4i}) + u_i = \beta_1 + \beta_2 Z_i + u_i$$

donde $Z_i = X_{2i} + 0.75X_{3i} + 0.625X_{4i}$

(a) Ajústese el modelo modificado a los datos siguientes y obténgase estimaciones de β_1 a β_4.

(b) ¿Como se interpretaría la variable Z?

Año	Y	X_2	X_3	X_4	Año	Y	X_2	X_3	X_4
1936	62.8	43.41	17.10	3.96	1946	95.7	76.73	28.26	9.76
1937	65.0	46.44	18.65	5.48	1947	98.3	75.91	27.91	9.31
1938	63.9	44.35	17.09	4.37	1948	100.3	77.62	32.30	9.85
1939	67.5	47.82	19.28	4.51	1949	103.2	78.01	31.39	7.21
1940	71.3	51.02	23.24	4.88	1950	108.9	83.57	35.61	7.39
1941	76.6	58.71	28.11	6.37	1951	108.5	90.59	37.58	7.98
1945*	86.3	87.69	30.29	8.96	1952	111.4	95.47	35.17	7.42

* Falta la información para los años de guerra 1942-1944. La información para los demás años está dada en miles de millones de dólares de 1939.

Fuente: L.R. Klein y A. S. Goldberger, *An Economic Model of the United States, 1929-1952*, North Holland Publishing Company, Amsterdam, 1964, p. 131.

10.26. La siguiente tabla proporciona cifras sobre importaciones, PNB e índice de precios al consumidor (IPC) para los Estados Unidos, durante el período 1970–1983.

Importaciones de mercancías, PNB e IPC, Estados Unidos, 1970-1983

Año	Importaciones de mercancías (millones de US$)	PNB (miles de millones de US$)	IPC, todos los renglones (1967 = 100)
1970	39,866	992.7	116.3
1971	45,579	1,077.6	121.3
1972	55,797	1,185.9	125.3
1973	70,499	1,326.4	133.1
1974	103,811	1,434.2	147.7
1975	98,185	1,549.2	161.2
1976	124,228	1,718.0	170.5
1977	151,907	1,918.3	181.5
1978	176,020	2,163.9	195.4
1979	212,028	2,417.8	217.4
1980	249,781	2,631.7	246.8
1981	265,086	2,957.8	272.4
1982	247,667	3,069.3	289.1
1983	261,312	3,304.8	298.4

Fuente: Economic Report of the President, 1985. Información sobre importaciones de la tabla B-98 (p.344), PNB de la tabla B-1(p.232) e IPC de la tabla B-52(p.291).

Se pide considerar el siguiente modelo:

$$\ln \text{Importaciones}_t = \beta_1 + \beta_2 \ln \text{PNB}_t + \beta_3 \ln \text{IPC}_t + u_t$$

(*a*) Estímense los parámetros de este modelo utilizando la información dada en la tabla.

(*b*) ¿Se sospecha que hay multicolinealidad en los datos?

(*c*) Examínese la naturaleza de la colinealidad utilizando el índice de condición.

(*d*) Efectúense las siguientes regresiones:

(1) $\ln \text{Importaciones}_t = A_1 + A_2 \ln \text{PNB}_t$
(2) $\ln \text{Importaciones}_t = B_1 + B_2 \ln \text{IPC}_t$
(3) $\ln \text{PNB}_t = C_1 + C_2 \ln \text{IPC}_t$

Con base en estas regresiones, ¿qué se puede decir sobre la naturaleza de la multicolinealidad en la información?

(*e*) Supóngase que existe multicolinealidad en los datos, pero que $\hat{\beta}_2$ y $\hat{\beta}_3$ son significativos individualmente al nivel del 5% y que la prueba global F es también significativa. En este caso, ¿debe preocupar el problema de colinealidad?

10.27. Refiérase al ejercicio 7.23 sobre la función de demanda de pollo en los Estados Unidos.

(*a*) Utilizando el modelo log–lineal o doble log, estímense las diversas regresiones auxiliares. ¿Cuántas hay?

(*b*) A partir de estas regresiones auxiliares, ¿cómo se decide cuáles regresores son altamente colineales? ¿Qué prueba se utiliza? Muéstrense sus cálculos en detalle.

(*c*) Si existe colinealidad significativa en los datos, ¿cuál(es) variable(s) se eliminaría(n) para reducir la gravedad del problema de colinealidad? Si hace eso, ¿a qué problemas econométricos se enfrenta?

(*d*) ¿Se tienen algunas sugerencias, diferentes a la de eliminar variables, para atenuar el problema de colinealidad? Explíquense.

10.28. La siguiente tabla proporciona información sobre los nuevos autos de pasajeros vendidos en los Estados Unidos como función de diversas variables.

(a) Desarróllese un modelo lineal o log–lineal apropiado para estimar una función de demanda de automóviles en los Estados Unidos.

(b) Si se decide incluir todos los regresores dados en la tabla como variables explicativas, ¿se espera encontrar el problema de multicolinealidad? ¿Por qué?

(c) Si se espera lo anterior, ¿cómo se haría para resolver el problema? Plantéense los supuestos claramente y muéstrense todos los cálculos explícitamente.

Año	Y	X_2	X_3	X_4	X_5	X_6
1971	10,227	112.0	121.3	776.8	4.89	79,367
1972	10,872	111.0	125.3	839.6	4.55	82,153
1973	11,350	111.1	133.1	949.8	7.38	85,064
1974	8,775	117.5	147.7	1,038.4	8.61	86,794
1975	8,539	127.6	161.2	1,142.8	6.16	85,846
1976	9,994	135.7	170.5	1,252.6	5.22	88,752
1977	11,046	142.9	181.5	1,379.3	5.50	92,017
1978	11,164	153.8	195.3	1,551.2	7.78	96,048
1979	10,559	166.0	217.7	1,729.3	10.25	98,824
1980	8,979	179.3	247.0	1,918.0	11.28	99,303
1981	8,535	190.2	272.3	2,127.6	13.73	100,397
1982	7,980	197.6	286.6	2,261.4	11.20	99,526
1983	9,179	202.6	297.4	2,428.1	8.69	100,834
1984	10,394	208.5	307.6	2,670.6	9.65	105,005
1985	11,039	215.2	318.5	2,841.1	7.75	107,150
1986	11,450	224.4	323.4	3,022.1	6.31	109,597

$Y =$ Autos nuevos de pasajeros vendidos (miles), sin ajuste estacional

$X_2 =$ Autos nuevos, Índice de Precios al Consumidor, 1967 = 100, sin ajuste estacional

$X_3 =$ Índice de Precios al Consumidor, todos los renglones, todos los consumidores urbanos, 1967 = 100, sin ajuste estacional

$X_4 =$ el ingreso personal disponible (IPD), miles de millones de dólares, sin ajustar por variación estacional

$X_5 =$ la tasa de interés, porcentaje, colocación directa de valores de la compañía financiera

$X_6 =$ fuerza laboral civil empleada (miles), sin ajustar por variación estacional

Fuente: Business Statistics, 1986, Suplemento del *Current Survey of Business*, Departamento de Comercio de los Estados Unidos.

HETEROSCEDASTICIDAD

La presencia de heteroscedasticidad nunca ha sido razón para descartar un buen modelo*.

¡Sin embargo, esto no significa que ella deba ser ignorada!

El autor

Un supuesto importante del modelo clásico de regresión lineal (supuesto 4) es que las perturbaciones u_i que aparecen en la función de regresión poblacional son homoscedásticas; es decir, todas tienen la misma varianza. En este capítulo se examina la validez de este supuesto y se analiza lo que sucede si éste no se cumple. Lo mismo que en el capítulo 10 se buscan respuestas a las siguientes preguntas:

1. ¿Cuál es la naturaleza de la heteroscedasticidad?
2. ¿Cuáles son sus consecuencias?
3. ¿Cómo se detecta?
4. ¿Qué medidas remediales existen?

11.1 NATURALEZA DE LA HETEROSCEDASTICIDAD

Como se mencionó en el capítulo 3, uno de los supuestos importantes del modelo clásico de regresión lineal es que la varianza de cada término de perturbación u_i, condicional a los valores seleccionados de las variables explicativas, es algún número constante igual a σ^2. Este es el

---

*N. Gregory Mankiw, «A Quick Refresher Course in Macroeconomics». *Journal of Economic Literature*, vol. XXVIII, diciembre 1990, p. 1648.

supuesto de **homoscedasticidad**, o *igual* (homo) *dispersión* (cedasticidad), es decir *igual varianza.* Simbólicamente,

$$E(u_i^2) = \sigma^2 \quad i = 1, 2, \ldots, n \tag{11.1.1}$$

Gráficamente, la homoscedasticidad en el modelo de regresión con dos variables puede ser observada en la figura 3.4, la cual, por conveniencia, se reproduce en la figura 11.1. Como lo indica esta figura, la varianza condicional de Y_i (la cual es igual a la de u_i), condicional a las X_i dadas, permanece igual sin importar los valores que tome la variable X.

En contraste, considérese la figura 11.2, que muestra que la varianza condicional de Y_i aumenta a medida que X aumenta. Aquí, las varianzas de Y_i no son las mismas. Por tanto, hay heteroscedasticidad. Simbólicamente,

$$E(u_i^2) = \sigma_i^2 \tag{11.1.2}$$

Obsérvese el subíndice de σ^2, que nos recuerda que las varianzas condicionales de u_i (= varianzas condicionales de Y_i) han dejado de ser constantes.

Para entender la diferencia entre homoscedasticidad y heteroscedasticidad, supóngase que en el modelo con dos variables $Y_i = \beta_1 + \beta_2 X_i + u_i$, Y representa el ahorro y X representa el ingreso. Las figuras 11.1 y 11.2 indican que a medida que el ingreso aumenta, el ahorro en promedio también aumenta. Pero, en la figura 11.1, la varianza del ahorro permanece igual en todos los niveles de ingreso, mientras que, en la figura 11.2 ésta se incrementa con aumentos del ingreso. Parece que en la figura 11.2, en promedio, las familias de ingresos más altos ahorran más que las de ingresos más bajos, pero también hay más variabilidad en su ahorro.

Hay diversas razones por las cuales las varianzas de u_i pueden ser variables, algunas de las cuales son las siguientes[1].

1. Con base en los *Modelos de aprendizaje sobre errores*, a medida que la gente aprende, con el tiempo, sus errores de comportamiento se hacen menores. En este caso, se espera que σ_i^2 se reduzca. Como ejemplo, considérese la figura 11.3, que relaciona el número de errores

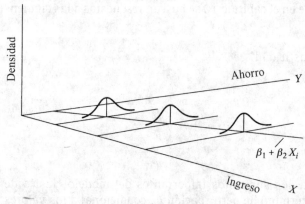

FIGURA 11.1
Perturbaciones homoscedásticas.

---

[1] *Véase* Stefan Valavanis, *Econometrics*, McGraw–Hill, New York, 1959, p. 48.

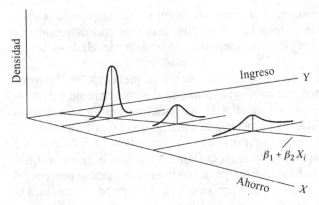

FIGURA 11.2
Perturbaciones heteroscedásticas.

cometidos en una prueba de tiempo, establecida para la práctica de mecanografía durante un período de tiempo dado. Como lo indica la figura 11.3, a medida que aumenta el número de horas de esta práctica, el número promedio de errores de mecanografía se reduce al igual que sus varianzas.

2.   A medida que aumentan los ingresos, la gente posee más *ingreso discrecional*[2] y, por tanto, tiene mayores posibilidades de selección con respecto a la forma de disponer de su ingreso. En consecuencia, es probable que σ_i^2 aumente con el ingreso. Así, en la regresión del ahorro sobre el ingreso, es probable encontrar que σ_i^2 aumenta con el ingreso (como sucede en la figura 11.2), pues las personas tienen mayores posibilidades de selección acerca de su comportamiento respecto al ahorro. En forma similar, se espera que las compañías con mayores ganancias presenten mayor variabilidad en sus políticas de dividendos, que las compañías cuyas ganancias son menores. Además, es probable que las empresas *orientadas hacia el crecimiento* presenten una mayor variabilidad en sus tasas de pago de dividendos que las empresas ya establecidas.

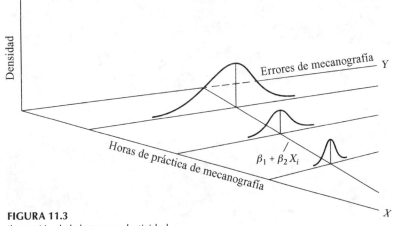

FIGURA 11.3
Ilustración de la heteroscedasticidad.

---

[2]Como lo señala Valavanis, "El ingreso aumenta y ahora la gente escasamente distingue los dólares mientras que anteriormente podían distinguir las monedas de diez centavos", *ibid.*, p. 48.

3. A medida que mejoran las técnicas de recolección de información, es probable que σ_i^2 se reduzca. Así, es probable que los bancos que poseen equipos sofisticados de procesamiento de información cometan menos errores en los extractos mensuales o trimestrales de sus clientes que los bancos que no los posean.

4. La heteroscedasticidad también puede surgir como resultado de la presencia de **factores atípicos.** Una observación o factor atípico es una observación que es muy diferente (o bien es muy pequeña o es muy grande) con relación a las demás observaciones en la muestra. La inclusión o exclusión de una observación de este tipo, especialmente si el tamaño de la muestra es pequeño, puede alterar sustancialmente los resultados del análisis de regresión. Como ejemplo, considérese el diagrama de dispersión dado en la figura 11.4. Con base en la información dada en el ejercicio 11.20, en esta figura se ha graficado la tasa de cambio porcentual de los precios de las acciones (Y) y los precios al consumidor (X) para el período posterior a la segunda guerra mundial hasta 1969 en 20 países. En esta figura, la observación sobre Y y X para Chile puede considerarse como atípica puesto que los valores Y y X son mucho más grandes que para el resto de los países. En situaciones como ésta, sería difícil mantener el supuesto de homoscedasticidad. En el ejercicio 11.20 se pide encontrar lo que sucede a los resultados de la regresión si se retiran del análisis las observaciones de Chile.

5. Otra fuente de heteroscedasticidad surge de la violación del supuesto 9 del MCRL, que establece que el modelo de regresión está correctamente especificado. Aunque se analizarán más a fondo los errores de especificación en el capítulo 13, con mucha frecuencia, lo que parece ser heteroscedas-

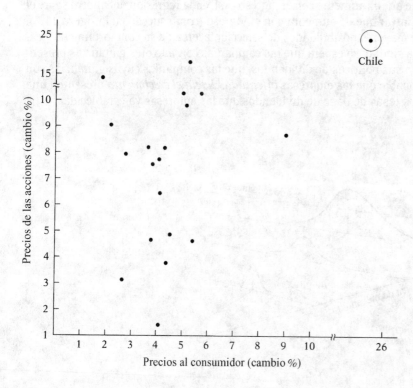

FIGURA 11.4
Relación entre los precios de las acciones y los precios al consumidor.

ticidad puede deberse al hecho de que algunas variables importantes son omitidas del modelo. Así, en la función de demanda de un bien, si no se incluyen los precios de los bienes que le son complementarios o de los que compiten con éste (sesgo de variable omitida), los residuales obtenidos de la regresión pueden dar la clara impresión de que la varianza del error no es constante. Pero si las variables omitidas son incluidas en el modelo, esa impresión puede desaparecer.

Obsérvese que el problema de heteroscedasticidad es probablemente más común en la información de corte transversal que en la información de series de tiempo. En la información de corte transversal, generalmente se trata con miembros de una población en un momento dado del tiempo, tal como consumidores individuales o sus familias, empresas, industrias, o subdivisiones geográficas tales como estados, países, ciudades, etc. Además, estos miembros pueden ser de diferentes tamaños como por ejemplo empresas pequeñas, medianas o grandes o ingresos bajos, medios o altos. En las series de tiempo, por el contrario, las variables tienden a ser de órdenes de magnitud similares porque generalmente se recopila información sobre el mismo fenómeno o hecho durante un período de tiempo. Son ejemplos el PNB, el gasto de consumo, el ahorro o el empleo en los Estados Unidos, digamos, durante el período 1950 a 1994.

A manera de ilustración sobre la heteroscedasticidad que es posible encontrar en un análisis de corte transversal, considérese la tabla 11.1. Esta tabla presenta información sobre compensación salarial por empleado en 10 industrias de bienes manufacturados no durables, clasificadas según número de empleados de la empresa o establecimiento para el año 1958. En la tabla se presentan además cifras de productividad promedio para nueve clases de empleos.

Aunque las industrias difieran en la composición de su producción, la tabla 11.1 muestra claramente que, en promedio, las empresas grandes pagan más que las firmas pequeñas. Como ejemplo, las empresas que emplean entre uno y cuatro empleados pagaron, en promedio, sueldos de alrededor de US\$3396, mientras que aquellas que emplean entre 1000 y 2499 empleados pagaron, en promedio, alrededor de US\$4843. Pero obsérvese que hay una gran variabilidad en las ganancias entre las diversas clases de empleo, como lo indican las desviaciones estándar estimadas de las ganancias. Esto puede verse también en la figura siguiente que muestra el rango de ganancias dentro de cada clase de empleo. Como lo muestra la figura 11.5, el rango (valor más alto - valor más bajo), una medida simple de variabilidad, difiere de una clase a otra, indicando la presencia de heteroscedasticidad en las ganancias de las diversas clases de empleo.

11.2 ESTIMACIÓN MCO EN PRESENCIA DE HETEROSCEDASTICIDAD

¿Qué sucede a los estimadores MCO y a sus varianzas si se introduce la heteroscedasticidad permitiendo que $E(u_i^2) = \sigma_i^2$ pero se conservan todos los demás supuestos del modelo clásico? Para responder esta pregunta, recuérdese el modelo con dos variables:

$$Y_i = \beta_1 + \beta_2 X_i + u_i$$

Aplicando la fórmula usual, el estimador MCO de β_2 es

$$\hat{\beta}_2 = \frac{\sum x_i y_i}{\sum x_i^2}$$

$$= \frac{n \sum X_i Y_i - \sum X_i \sum Y_i}{n \sum X_i^2 - (\sum X_i)^2} \tag{11.2.1}$$

TABLA 11.1
Compensación salarial por empleado (US$) en industrias manufactureras de bienes no durables de acuerdo con el empleo generado por el establecimiento, 1958

Industria	Empleo generado (número promedio de empleados)								
	1–4	5–9	10–19	20–49	50–99	100–249	250–499	500–999	1000–2499
Alimentos y productos afines	2,994	3,295	3,565	3,907	4,189	4,486	4,676	4,968	5,342
Productos derivados del tabaco	1,721	2,057	3,336	3,320	2,980	2,848	3,072	2,969	3,822
Productos textiles	3,600	3,657	3,674	3,437	3,340	3,334	3,225	3,163	3,168
Confecciones y productos relacionados	3,494	3,787	3,533	3,215	3,030	2,834	2,750	2,967	3,453
Papel y productos derivados	3,498	3,847	3,913	4,135	4,445	4,885	5,132	5,342	5,326
Industria de imprenta y editoriales	3,611	4,206	4,695	5,083	5,301	5,269	5,182	5,395	5,552
Productos químicos y relacionados	3,875	4,660	4,930	5,005	5,114	5,248	5,630	5,870	5,876
Productos del petróleo y del carbón	4,616	5,181	5,317	5,337	5,421	5,710	6,316	6,455	6,347
Productos del caucho y del plástico	3,538	3,984	4,014	4,287	4,221	4,539	4,721	4,905	5,481
Cuero y productos de cuero	3,016	3,196	3,149	3,317	3,414	3,254	3,177	3,346	4,067
Compensación salarial promedio	3,396	3,787	4,013	4,014	4,146	4,241	4,387	4,538	4,843
Desviación estándar	743.7	851.4	727.8	805.06	929.9	1080.6	1243.2	1307.7	1112.5
Productividad promedio	9,355	8,584	7,962	8,275	8,389	9,418	9,795	10,281	11,750

Fuente: The Census of Manufacturers, Departamento de Comercio de los Estados Unidos, 1958 (calculado por el autor).

pero su varianza está dada ahora por la siguiente expresión (*véase* apéndice 11A, sección 11A.1):

$$\text{var}(\hat{\beta}_2) = \frac{\sum x_i^2 \sigma_i^2}{(\sum x_i^2)^2} \qquad (11.2.2)$$

que, obviamente, difiere de la fórmula usual de varianza obtenida bajo el supuesto de homoscedasticidad, es decir,

$$\text{var}(\hat{\beta}_2) = \frac{\sigma^2}{\sum x_i^2} \qquad (11.2.3)$$

Ciertamente, si $\sigma_i^2 = \sigma^2$ para cada i, las dos fórmulas serán idénticas. (¿Por qué?).

Recuérdese que $\hat{\beta}_2$ es el mejor estimador lineal e insesgado (MELI) si se mantienen los supuestos del modelo clásico, incluyendo el de homoscedasticidad. ¿Sigue aun siendo éste MELI cuando se elimina solamente el supuesto de homoscedasticidad y se reemplaza por el supuesto de heteroscedasticidad? Es fácil probar que $\hat{\beta}_2$ sigue siendo lineal e insesgado. En realidad, como se indica en el apéndice 3A, sección 3A.2, para establecer el insesgamiento de $\hat{\beta}_2$, no es necesario que las perturbaciones (u_i) sean homoscedásticas. Realmente, la varianza de u_i, homoscedástica o heteroscedástica no juega papel alguno en la determinación de la propiedad de insesgamiento.

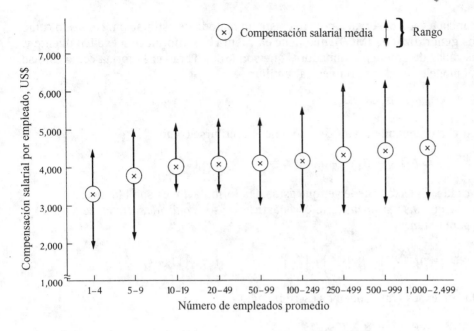

FIGURA 11.5
Compensación salarial por empleado en relación con el tamaño de la empresa.

Una vez se ha garantizado que $\hat{\beta}_2$ continúa siendo lineal e insesgado, ¿sigue éste siendo «eficiente» o «el mejor», es decir, tendrá varianza mínima en la clase de los estimadores lineales e insesgados? y ¿dicha varianza mínima estará dada por la ecuación (11.2.2)? La respuesta a ambas preguntas es *no*: $\hat{\beta}_2$ deja de ser el mejor y la varianza mínima ya no está dada por (11.2.2). Entonces, ¿cuál estimador es MELI en presencia de heteroscedasticidad? La respuesta se da en la siguiente sección.

11.3 EL MÉTODO DE MÍNIMOS CUADRADOS GENERALIZADOS (MCG)

¿Por qué el estimador usual MCO de β_2 dado en (11.2.1) no es el mejor, aunque aun sea insesgado? La razón puede verse intuitivamente, en la figura 11.5. Como lo indica esta figura, hay una gran variabilidad en los ingresos entre clases de empleo. Si se fuese a efectuar una regresión de salarios por empleado, sobre el tamaño del empleador, sería recomendable aprovechar el conocimiento que se tiene de que existe considerable variabilidad entre los ingresos de las diferentes clases. Idealmente, se quisiera diseñar un esquema de estimación de tal manera que las observaciones que surgen de poblaciones con mayor variabilidad, reciban menos peso que aquellas que provienen de poblaciones con menor variabilidad. Al examinar la figura 11.5, se desearía dar mayor ponderación a las observaciones que provienen de las clases de empleo 10-19 y 20–49 que a las clases de empleo como 5–9 y 250–499, ya que las primeras están más concentradas alrededor de sus valores medios que las últimas, permitiendo con esto estimar la FRP en forma más precisa.

Desafortunadamente, el método MCO usual no sigue esta estrategia y, por consiguiente, no hace uso de la «información» contenida en la variabilidad desigual de la variable dependiente Y, como es el caso de la compensación salarial de empleados de la figura 11.5: Este método asigna igual peso o importancia a cada observación. Pero existe un método de estimación, conocido como **mínimos cuadrados generalizados (MCG)**, que tiene en cuenta esa información explícitamente y, por consiguiente, es capaz de producir estimadores que son MELI. Para ver la forma como esto se logra, considérese el modelo con dos variables ya familiar:

$$Y_i = \beta_1 + \beta_2 X_i + u_i \qquad (11.3.1)$$

el cual, para facilitar el reordenamiento algebraico, puede escribirse como

$$Y_i = \beta_1 X_{0i} + \beta_2 X_i + u_i \qquad (11.3.2)$$

donde $X_{0i} = 1$ para cada i. El lector puede ver que estas dos formulaciones son idénticas.

Ahora, supóngase que las varianzas heteroscedásticas σ_i^2 son *conocidas*. Divídase (11.3.2) a ambos lados por σ_i para obtener

$$\frac{Y_i}{\sigma_i} = \beta_1 \left(\frac{X_{0i}}{\sigma_i}\right) + \beta_2 \left(\frac{X_i}{\sigma_i}\right) + \left(\frac{u_i}{\sigma_i}\right) \qquad (11.3.3)$$

la cual, para facilidad de exposición, podemos escribir como

$$Y_i^* = \beta_1^* X_{0i}^* + \beta_2 X_i^* + u_i^* \qquad (11.3.4)$$

en donde las variables con asterisco o variables transformadas son las variables originales divididas por σ_i (conocida). Se utiliza la notación β_1^* y β_2^*, los parámetros del modelo transformado, para distinguirlos de los parámetros MCO usuales β_1 y β_2.

¿Cuál es el propósito de transformar el modelo original? Para ver esto, obsérvese la siguiente característica del término de error transformado u_i^*:

$$\mathrm{var}(u_i^*) = E(u_i^*)^2 = E\left(\frac{u_i}{\sigma_i}\right)^2$$

$$= \frac{1}{\sigma_i^2} E(u_i^2) \quad \text{puesto que} \quad \sigma_i^2 \text{ es conocida}$$

$$= \frac{1}{\sigma_i^2} (\sigma_i^2) \quad \text{puesto que} \quad E(u_i^2) = \sigma_i^2$$

$$= 1 \qquad (11.3.5)$$

que es una constante. Es decir, la varianza del término de perturbación transformado u_i^* es ahora homoscedástica. Puesto que aun se están conservando los otros supuestos del modelo clásico, el hallazgo de que u^* es homoscedástico sugiere que si se aplica MCO al modelo transformado (11.3.3), se producirán estimadores MELI. En resumen, los β_1^* y β_2^* estimados son ahora MELI y no los estimadores MCO, $\hat{\beta}_1$ y $\hat{\beta}_2$.

Este procedimiento de transformar las variables originales, de tal forma que las variables transformadas satisfagan los supuestos del modelo clásico y de aplicar luego MCO a éstos, se conoce como el método de mínimos cuadrados generalizados (MCG)- *En resumen, MCG es MCO sobre las variables transformadas que satisfacen los supuestos estándar de mínimos cuadrados.* Los estimadores así obtenidos se conocen como **estimadores MCG** y son éstos los estimadores que son MELI.

El mecanismo de estimación de β_1^* y β_2^* es el siguiente. Primero se escribe la FRM de (11.3.3)

$$\frac{Y_i}{\sigma_i} = \hat{\beta}_1^*\left(\frac{X_{0i}}{\sigma_i}\right) + \hat{\beta}_2^*\left(\frac{X_i}{\sigma_i}\right) + \left(\frac{\hat{u}_i}{\sigma_i}\right)$$

o

$$Y_i^* = \hat{\beta}_1^* X_{0i}^* + \hat{\beta}_2^* X_i^* + \hat{u}_i^* \qquad (11.3.6)$$

Ahora, para obtener los estimadores MCG, se minimiza

$$\sum \hat{u}_i^{2*} = \sum (Y_i^* - \hat{\beta}_1^* X_{0i}^* - \hat{\beta}_2^* X_i^*)^2$$

es decir,

$$\sum \left(\frac{\hat{u}_i}{\sigma_i}\right)^2 = \sum \left[\left(\frac{Y_i}{\sigma_i}\right) - \hat{\beta}_1^*\left(\frac{X_{0i}}{\sigma_i}\right) - \hat{\beta}_2^*\left(\frac{X_i}{\sigma_i}\right)\right]^2 \qquad (11.3.7)$$

El mecanismo real para minimizar (11.3.7) sigue las técnicas estándar del cálculo y se presenta en el apéndice 11A, sección 11A.2. Como allí se muestra, el estimador MCG de β_2^* es

$$\hat{\beta}_2^* = \frac{(\sum w_i)(\sum w_i X_i Y_i) - (\sum w_i X_i)(\sum w_i Y_i)}{(\sum w_i)(\sum w_i X_i^2) - (\sum w_i X_i)^2} \qquad (11.3.8)$$

y su varianza está dada por

$$\text{var}(\hat{\beta}_2^*) = \frac{\sum w_i}{(\sum w_i)(\sum w_i X_i^2) - (\sum w_i X_i)^2} \qquad (11.3.9)$$

donde $w_i = 1/\sigma_i^2$.

Diferencia entre MCO y MCG

Recuérdese, del capítulo 3, que en MCO se minimiza:

$$\sum \hat{u}_i^2 = \sum (Y_i - \hat{\beta}_1 - \hat{\beta}_2 X_i)^2 \qquad (11.3.10)$$

pero en MCG se minimiza la expresión (11.3.7), la cual también puede escribirse como

$$\sum w_i \hat{u}_i^2 = \sum w_i (Y_i - \hat{\beta}_1^* - \hat{\beta}_2^* X_i)^2 \qquad (11.3.11)$$

donde $w_i = 1/\sigma_i^2$ [verifíquese que (11.3.11) y (11.3.7) sean idénticos].

Por tanto, en MCG se minimiza una *suma ponderada de residuales al cuadrado* donde $w_i = 1/\sigma_i^2$ actúan como ponderación, pero en MCO se minimiza la SRC sin ponderar o (lo que equivale a lo mismo) con ponderaciones iguales. Como lo muestra (11.3.7), en MCG, el peso asignado a cada observación es inversamente proporcional a su σ_i, es decir, las observaciones que provienen de una población con una σ_i más grande tendrán una ponderación relativamente menor y aquellas de una población con un σ_i menor tendrán una ponderación proporcionalmente mayor al minimizar la SRC (11.3.11). Para ver claramente la diferencia entre MCO y MCG, considérese el diagrama hipotético de dispersión dado en la figura 11.6.

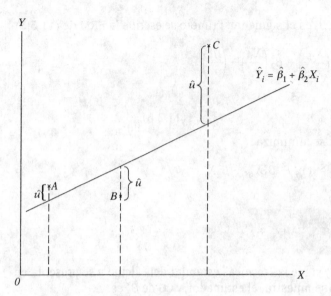

FIGURA 11.6
Diagrama hipotético de dispersión.

En el MCO (sin ponderar), cada $\hat{u}_i^2$ asociado con los puntos A, B y C, recibirá el mismo peso al minimizar la SRC. Obviamente, en este caso el $\hat{u}_i^2$ asociado con el punto C dominará la SRC. Pero, en MCG la observación extrema C obtendrá relativamente un peso menor que las otras dos observaciones. Como se anotó anteriormente, esta es la estrategia correcta, ya que para estimar la función de regresión poblacional (FRP) de una manera más confiable, sería deseable dar más peso a las observaciones que están agrupadas cerca de su media (poblacional) que a aquellas que están ampliamente dispersas a su alrededor.

Puesto que (11.3.11) minimiza una SRC ponderada, esto se conoce apropiadamente como **mínimos cuadrados ponderados (MCP)** y los estimadores así obtenidos que aparecen en (11.3.8) y (11.3.9) son conocidos como **estimadores MCP**. Pero MCP es apenas un caso especial de la técnica de estimación mas general, MCG. En el contexto de la heteroscedasticidad, se pueden tratar los dos términos MCP y MCG indistintamente. En capítulos posteriores se presentarán otros casos especiales de MCG.

A propósito, obsérvese que si $w_i = w$ es constante para todos los i, el $\hat{\beta}_2^*$ es idéntico al $\hat{\beta}_2$ y la var($\hat{\beta}_2^*$) es idéntica a la var($\hat{\beta}_2$) usual (es decir, homoscedástica) dada en (11.2.3), lo cual no debe sorprender. (¿Por qué?) (*véase* ejercicio 11.8).

11.4 CONSECUENCIAS DE UTILIZAR MCO EN PRESENCIA DE HETEROSCEDASTICIDAD

Como se ha visto, ambos $\hat{\beta}_2^*$ y $\hat{\beta}_2$ son estimadores (lineales) insesgados: En muestreo repetido, en promedio, $\hat{\beta}_2^*$ y $\hat{\beta}_2$ serán iguales al verdadero β_2,[3] es decir, ambos son estimadores insesgados. Pero se sabe que $\hat{\beta}_2^*$ es el eficiente, es decir, tiene la menor varianza. ¿Qué sucede con el intervalo de confianza, las pruebas de hipótesis y con otros procedimientos si se continúa utilizando el estimador MCO, $\hat{\beta}_2$? Se distinguen dos situaciones.

---

[3]También puede demostrarse que tanto $\hat{\beta}_2^*$ como $\hat{\beta}_2$, son **estimadores consistentes**, es decir, convergen hacia el verdadero β_2 a medida que el tamaño n de la muestra aumenta indefinidamente.

Estimación MCO considerando la heteroscedasticidad

Supóngase que se utiliza $\hat{\beta}_2$ y se usa la fórmula de varianza dada en (11.2.2), la cual considera explícitamente la heteroscedasticidad. Utilizando esta varianza y suponiendo que los σ_i^2 son conocidos, ¿es posible establecer intervalos de confianza y probar hipótesis con las pruebas t y F usuales? La respuesta generalmente es no, pues puede demostrarse que $\text{var}(\hat{\beta}_2^*) \leq \text{var}(\hat{\beta}_2)$,[4] lo cual significa que los intervalos de confianza basados en estos últimos serán innecesariamente grandes. Como resultado, es probable que las pruebas t y F nos den resultados imprecisos en el sentido de que la $\text{var}(\hat{\beta}_2)$ es demasiado grande y lo que parece ser un coeficiente estadísticamente no significativo (puesto que el valor t es mas bajo de lo apropiado), de hecho, puede resultar significativo si se establecen intervalos de confianza correctos con base en el procedimiento MCG.

Estimación MCO ignorando la heteroscedasticidad

La situación se torna muy grave si, además de utilizar $\hat{\beta}_2$, también se sigue utilizando la fórmula usual de varianza (homoscedástica) dada en (11.2.3), aun si existe heteroscedasticidad como si se sospecha de su existencia: obsérvese que este es el caso más probable de los dos que aquí se analizan, puesto que al correr un paquete de regresión MCO estándar e ignorar (o no saber de) la existencia de la heteroscedasticidad se producirá una varianza de $\hat{\beta}_2$ como la dada en (11.2.3). En primer lugar, la $\text{var}(\hat{\beta}_2)$ dada en (11.2.3) es un estimador *sesgado* de $\text{var}(\hat{\beta}_2)$ dada en (11.2.2), es decir, en promedio ésta sobreestima o subestima la última y *en general* no se puede decir si el sesgo es positivo (sobreestimación) o negativo (subestimación) pues éste depende de la naturaleza de la relación entre σ_i^2 y los valores tomados por la variable explicativa X, como puede verse claramente en (11.2.2) (*véase* ejercicio 11.9). El sesgo surge del hecho de que $\hat{\sigma}^2$, el estimador convencional de σ^2, a saber, $\sum \hat{u}_i^2/(n-2)$ deja de ser un estimador insesgado del último cuando hay presencia de heteroscedasticidad. Como resultado, ya no podemos depender de los intervalos de confianza calculados convencionalmente y de las pruebas t y F tradicionalmente empleadas[5]. **En resumen, si se persiste en utilizar los procedimientos de prueba usuales, a pesar de la presencia de heteroscedasticidad, las conclusiones a las cuales se llegue o las inferencias que se hagan pueden ser erróneas.**

Para dar mayor claridad a este tema, se hace referencia a un estudio de **Monte Carlo** realizado por Davidson y MacKinnon[6]. Ellos consideran el siguiente modelo simple, que en la notación es

$$Y_i = \beta_1 + \beta_2 X_i + u_i \qquad (11.4.1)$$

Suponen que $\beta_1 = 1$, $\beta_2 = 1$ y $u_i \sim N(0, X_i^\alpha)$. Como lo indica la última expresión, ellos suponen que la varianza del error es heteroscedástica y que está relacionada con el valor del regresor X elevado a la potencia α. Si, por ejemplo, $\alpha = 1$, la varianza del error es proporcional al valor de X; si $\alpha = 2$, la varianza del error es proporcional al cuadrado del valor de X y así sucesivamente. En la sección 11.6 se

---

[4]Una prueba formal puede encontrarse en Phoebus, J. Dhrymes, *Introductory Econometrics*, Springer-Verlag, New York, 1978, pp. 110-111. A propósito, *obsérvese* que la pérdida de eficiencia de $\hat{\beta}_2$ [es decir, en cuánto excede $\text{var}(\hat{\beta}_2)$ a $\text{var}(\hat{\beta}_2^*)$] depende de los valores muestrales de las variables X y del valor de σ_i^2.

[5]De (5.3.6), se sabe que el intervalo de confianza al $100(1-\alpha)\%$ para β_2 es $[\hat{\beta}_2 \pm t_{\alpha/2} \text{ ee}(\hat{\beta}_2)]$. Pero, si $\text{ee}(\hat{\beta}_2)$ no puede ser estimado en forma insesgada, qué confianza se puede tener en el intervalo de confianza calculado convencionalmente?

[6]Russell Davidson y James G. MacKinnon, *Estimation and Inference in Econometrics*, Oxford University Press, New York, 1993, pp. 549-550.

considerará la lógica que soporta tal procedimiento. Basados en 20,000 replicaciones y permitiendo diversos valores para α, ellos obtienen los errores estándar de los dos coeficientes de regresión utilizando MCO [*véase* la ecuación (11.2.3)], MCO con presencia de heteroscedasticidad [*véase* la ecuación (11.2.2)] y MCG [*véase* la ecuación (11.3.9)]. Se citan sus resultados para valores seleccionados de α:

	Error estándar de $\hat{\beta}_1$			Error estándar de $\hat{\beta}_2$		
Valor de α	MCO	MCO$_{het.}$	MCG	MCO	MCO$_{het.}$	MCG
0.5	0.164	0.134	0.110	0.285	0.277	0.243
1.0	0.142	0.101	0.048	0.246	0.247	0.173
2.0	0.116	0.074	0.0073	0.200	0.220	0.109
3.0	0.100	0.064	0.0013	0.173	0.206	0.056
4.0	0.089	0.059	0.0003	0.154	0.195	0.017

Nota: MCO$_{het}$ significa MCO permitiendo la heteroscedasticidad.

La característica más sobresaliente de estos resultados es que los MCO, con o sin corrección por heteroscedasticidad, sobreestiman consistentemente el verdadero error estándar obtenido mediante el procedimiento (correcto) MCG, especialmente para valores grandes de α, con lo cual se establece la superioridad de MCG. Estos resultados también muestran que si no se utiliza MCG y se depende de MCO —permitiendo o no la heteroscedasticidad— el resultado es una mezcla. Los errores estándar MCO usuales son muy grandes (para el intercepto) o <u>generalmente</u> muy bajos (para el coeficiente de pendiente) con relación a los obtenidos por MCO permitiendo la heteroscedasticidad. El mensaje es claro: ante la presencia de heteroscedasticidad, utilícese MCG. Sin embargo, por las razones explicadas más adelante en el capítulo, en la práctica no siempre es fácil aplicar MCG.

Del análisis anterior, es claro que la heteroscedasticidad es un problema potencialmente grave y el investigador debe saber si ella está presente en una situación dada. Si se detecta su presencia, se pueden tomar acciones correctivas, tales como utilizar una regresión de mínimos cuadrados ponderados o alguna otra técnica. Sin embargo, antes de examinar los diversos procedimientos correctivos, es preciso averiguar primero si hay presencia de heteroscedasticidad o si es probable que la haya en un caso dado. Este tema se analiza en la siguiente sección.

11.5 DETECCIÓN DE LA HETEROSCEDASTICIDAD

De igual forma que sucede con la multicolinealidad, la pregunta práctica importante es: ¿Cómo se sabe que la heteroscedasticidad está presente en una situación específica? Nuevamente, como en el caso de la multicolinealidad, no existen reglas fuertes y rápidas para detectar la heteroscedasticidad, solamente algunas reglas prácticas. Pero esta situación es inevitable porque σ_i^2 solamente puede conocerse si se tiene la población Y, correspondiente a las X seleccionadas, completa tal como la población presentada en la tabla 2.1 o en la tabla 11.1. Pero tal información es una excepción más que la regla en la mayoría de las investigaciones económicas. A este respecto, el econometrista difiere de los científicos en campos tales como la agricultura y la biología, donde los investigadores tienen gran parte del control sobre sus temas. En los estudios de economía, es frecuente que solamente haya un valor muestral Y correspondiente a un valor particular de X. Por consiguiente, no hay forma de conocer σ_i^2 a partir de una sola observación Y. Así, en la mayoría de los casos relacionados con investigaciones econométricas, la heteroscedasticidad puede ser un asunto de intuición, o un «*educated guesswork*» o un trabajo basado en experiencia empírica previa o en pura especulación.

Teniendo en mente la advertencia anterior, se pueden examinar algunos de los métodos informales y formales para detectar la heteroscedasticidad. Como lo revelará el siguiente análisis, la mayoría de estos métodos están basados en el examen de los residuales $\hat{u}_i$ de MCO, puesto que son estos los que se observan y no las perturbaciones u_i. Se espera que ellos sean buenas estimaciones de u_i, una esperanza que puede cumplirse si el tamaño de la muestra es relativamente grande.

Métodos informales

Naturaleza del problema. Con bastante frecuencia, la naturaleza del problema bajo consideración sugiere la posibilidad de que exista heteroscedasticidad. Por ejemplo, a partir del trabajo pionero de Prais y Houthakker sobre estudios de presupuesto familiar, en el cual se encontró que la varianza residual correspondiente a la regresión del consumo sobre el ingreso aumentaba con el ingreso, ahora, generalmente, se supone que en encuestas similares, se pueden esperar varianzas desiguales entre las perturbaciones[7]. De hecho, en la información de corte transversal que comprende unidades heterogéneas, la heteroscedasticidad puede ser la regla mas que la excepción. Así, en el análisis de corte transversal que relaciona el gasto de inversión con las ventas, la tasa de interés, etc., generalmente se espera la presencia de heteroscedasticidad si se han agrupado empresas de tamaños pequeño, mediano y grande.

Método gráfico. Si no hay información *a priori* o empírica sobre la naturaleza de la heteroscedasticidad, en la práctica se puede llevar a cabo análisis de regresión bajo el supuesto de que no hay heteroscedasticidad y luego hacer un examen *post mortem* de los residuales elevados al cuadrado, $\hat{u}_i^2$, para ver si ellos exhiben algún patrón sistemático. Aunque los $\hat{u}_i^2$ no son lo mismo que los u_i^2, los primeros pueden ser usados como aproximación de los últimos especialmente si el tamaño de la muestra es suficientemente grande[8]. Un examen de los $\hat{u}_i^2$ puede revelar patrones tales como los presentados en la figura 11.7.

En la figura 11.7, se grafican los $\hat{u}_i^2$ frente a los $\hat{Y}_i$, que son los Y_i estimados mediante la línea de regresión, con la idea de averiguar si el valor medio estimado de Y está relacionado sistemáticamente con el residual al cuadrado. En la figura 11.7*a* se ve que no hay un patrón sistemático entre las dos variables, lo cual sugiere que posiblemente no hay heteroscedasticidad en los datos. Sin embargo, las figuras 11.7*b* hasta 11.7*e* muestran patrones definidos. Por ejemplo, la figura 11.7*c* sugiere una relación lineal, mientras que las figuras 11.7*d* y 11.7*e* indican una relación cuadrática entre $\hat{u}_i^2$ y $\hat{Y}_i$. Utilizando tal conocimiento, si bien es informal, es posible transformar los datos de tal manera que una vez transformados, no presenten heteroscedasticidad. En la sección 11.6 se examinarán diversas transformaciones de este tipo.

En lugar de graficar los $\hat{u}_i^2$ frente a los $\hat{Y}_i$, se pueden graficar frente a una de las variables explicativas, especialmente si el gráfico de $\hat{u}_i^2$ frente a $\hat{Y}_i$ presenta un patrón como el que se aprecia en la figura 11.7*a*. Tal gráfico, que aparece en la figura 11.8, puede revelar patrones similares a aquellos dados en la figura 11.7. (En el caso del modelo con dos variables, el gráfico de los $\hat{u}_i^2$ frente a los $\hat{Y}_i$ es equivalente a graficar los primeros frente a X_i, razón por la cual la figura 11.8 es similar a la figura 11.7. Pero esta no es la situación cuando se considera un modelo que involucra dos o más variables X; en este caso, $\hat{u}_i^2$ puede ser graficado frente a cualquier variable X incluida en el modelo).

---

[7] S.J. Prais y H.S. Houthakker, *The Analysis of Family Budgets*, Cambridge University Press, New York, 1955.

[8] Con respecto a la relación entre $\hat{u}_i$ y u_i, *véase* E. Malinvaud, *Statistical Methods of Econometrics*, North Holland Publishing Company, Amsterdam, 1970, pp. 88-89.

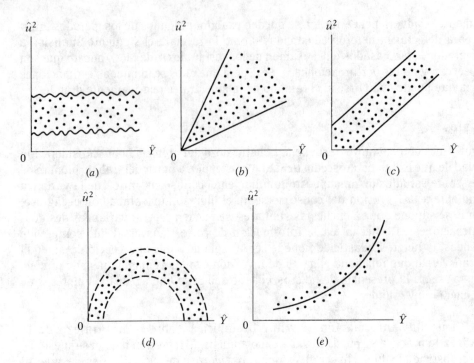

FIGURA 11.7
Patrones hipotéticos de los residuales estimados al cuadrado.

Un patrón como el que se muestra en la figura 11.8c, por ejemplo, sugiere que la varianza del término de perturbación está relacionada linealmente con la variable X. Así, si en la regresión de ahorro sobre ingreso se encuentra un patrón como el que aparece en la figura 11.8c, éste sugiere que la varianza heteroscedástica puede ser *proporcional* al valor de la variable ingreso. Este conocimiento puede ayudar a transformar la información de tal manera que en la regresión sobre los datos transformados, la varianza de las perturbaciones sea homoscedástica. Este tema se tratará en la siguiente sección.

Métodos formales

Prueba de Park[9]. Park formaliza el método gráfico sugiriendo que σ_i^2 es algún tipo de función de la variable explicativa X_i. La forma funcional sugerida por él fue

$$\sigma_i^2 = \sigma^2 X_i^{\beta} e^{vi}$$

o

$$\ln \sigma_i^2 = \ln \sigma^2 + \beta \ln X_i + v_i \qquad (11.5.1)$$

donde v_i es el término de perturbación estocástico.

---

[9]R.E. Park, «Estimation with Heteroscedastic Error Terms», *Econometrica*, vol. 34, no.4, octubre 1966, p. 888. La prueba de Park es un caso especial de la prueba general propuesta por A.C. Harvey en «Estimating Regression Models with Multiplicative Heteroscedasticity», *Econometrica*, vol. 44, no. 3, 1976, pp. 461-465.

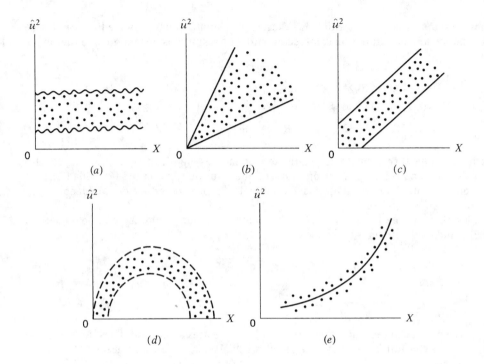

FIGURA 11.8
Diagrama de dispersión de los residuales estimados al cuadrado frente a X.

Puesto que σ_i^2 generalmente no se conoce, Park sugiere utilizar $\hat{u}_i^2$ como aproximación y correr la siguiente regresión:

$$\ln \hat{u}_i^2 = \ln \sigma^2 + \beta \ln X_i + v_i$$
$$= \alpha + \beta \ln X_i + v_i \qquad (11.5.2)$$

Si β resulta ser estadísticamente significativo, esto sugerirá que hay heteroscedasticidad en los datos. Si resulta ser no significativo, se puede aceptar el supuesto de homoscedasticidad. La prueba de Park es, por tanto, un procedimiento de dos etapas. En la primera etapa se efectúa la regresión MCO ignorando el interrogante de la heteroscedasticidad. Se obtiene $\hat{u}_i$ de esta regresión y luego, en la segunda etapa, se efectúa la regresión (11.5.2).

Aunque empíricamente la prueba de Park es atractiva, ésta tiene algunos problemas. Goldfeld y Quandt han argumentado que el término de error v_i que entra en (11.5.2) puede no satisfacer los supuestos MCO y puede en sí mismo ser heteroscedástico[10]. No obstante, es posible utilizar la prueba de Park como un método estrictamente exploratorio.

Ejemplo 11.1. Relación entre compensación salarial y productividad. Para ilustrar el enfoque de Park, se utiliza la información dada en la tabla 11.1 para correr la siguiente regresión:

$$Y_i = \beta_1 + \beta_2 X_i + u_i$$

---

[10]Stephen M. Goldfeld y Richard E. Quandt, *Nonlinear Methods in Econometrics*, North Holland Publishing Company, Amsterdam, 1972, pp. 93-94.

donde Y = compensación promedio en miles de dólares, X = productividad promedio en miles de dólares e i = $i$ésimo tamaño de empleo del establecimiento. Los resultados de la regresión fueron los siguientes:

$$\hat{Y}_i = 1992.3452 + 0.2329X_i$$
$$ee = (936.4791) \quad (0.0998) \quad\quad\quad\quad (11.5.3)$$
$$t = (2.1275) \quad (2.333) \quad\quad R^2 = 0.4375$$

Los resultados revelan que el coeficiente de pendiente estimado es significativo al nivel del 5% con base en una prueba t de una cola. La ecuación muestra que a medida que la productividad laboral aumenta, por ejemplo, en un dólar, la compensación laboral aumenta, en promedio, alrededor de 23 centavos de dólar.

Los residuales obtenidos de la regresión (11.5.3) fueron regresados sobre X_i como lo sugiere la ecuación (11.5.2), dando los siguientes resultados:

$$\ln \hat{u}_i^2 = 35.817 - 2.8099 \ln X_i$$
$$ee = (38.319) \quad (4.216) \quad\quad\quad\quad (11.5.4)$$
$$t = (0.934)(-0.667) \quad\quad R^2 = 0.0595$$

Obviamente, no hay una relación estadísticamente significativa entre las dos variables. Siguiendo la prueba de Park, se puede concluir que no hay heteroscedasticidad en la varianza del error[11].

Prueba de Glejser[12]. La prueba de Glejser es similar en concepción a la prueba de Park. Después de obtener los residuales $\hat{u}_i$ de la regresión MCO, Glejser sugiere regresar los valores absolutos de $\hat{u}_i$ sobre la variable X que se cree que está muy asociada con σ_i^2. En sus experimentos, Glejser utilizó las siguientes formas funcionales:

$$|\hat{u}_i| = \beta_1 + \beta_2 X_i + v_i$$
$$|\hat{u}_i| = \beta_1 + \beta_2 \sqrt{X_i} + v_i$$
$$|\hat{u}_i| = \beta_1 + \beta_2 \frac{1}{X_i} + v_i$$
$$|\hat{u}_i| = \beta_1 + \beta_2 \frac{1}{\sqrt{X_i}} + v_i$$
$$|\hat{u}_i| = \sqrt{\beta_1 + \beta_2 X_i} + v_i$$
$$|\hat{u}_i| = \sqrt{\beta_1 + \beta_2 X_i^2} + v_i$$

donde v_i es el término de error.

---

[11]La forma funcional particular seleccionada por Park es solamente una sugerencia. Una forma funcional diferente puede revelar relaciones significativas. Por ejemplo, se puede utilizar $\hat{u}_i^2$ en lugar de $\ln \hat{u}_i^2$ como la variable dependiente.

[12]H. Glejser, «A New Test for Heteroscedasticity», *Journal of the American Statistical Association*, vol. 64, 1969, pp. 316-323.

Nuevamente, como un asunto empírico o práctico, se puede utilizar el enfoque de Glejser. Sin embargo, Goldfeld y Quandt señalan que el término de error v_i tiene algunos problemas ya que su valor esperado es diferente de cero, está serialmente correlacionado (*véase* capítulo 12) e irónicamente es heteroscedástico[13]. Una dificultad adicional del método Glejser es que modelos tales como

$$|\hat{u}_i| = \sqrt{\beta_1 + \beta_2 X_i} + v_i \quad \text{y} \quad |\hat{u}_i| = \sqrt{\beta_1 + \beta_2 X_i^2} + v_i$$

no son lineales en los parámetros y, por consiguiente, no pueden ser estimados mediante el procedimiento MCO usual.

Glejser ha encontrado que para muestras grandes, los cuatro primeros modelos anteriores, generalmente dan resultados satisfactorios en la detección de la heteroscedasticidad. En la práctica, por consiguiente, la técnica de Glejser puede ser utilizada para muestras grandes y en muestras pequeñas puede ser utilizada estrictamente como herramienta cualitativa para obtener una noción sobre la heteroscedasticidad. Para una aplicación del método de Glejser, *véase* la sección 11.7.

Prueba de correlación por grado de Spearman. En el ejercicio 3.8 se definió el coeficiente de correlación por rango como

$$r_s = 1 - 6 \left[\frac{\sum d_i^2}{n(n^2 - 1)} \right] \tag{11.5.5}$$

donde d_i = diferencia en los rangos asignada a dos características diferentes del i-ésimo individuo o fenómeno y n = número de individuos o fenómenos clasificados por rango. El coeficiente de correlación por rango anterior puede ser utilizado para detectar heteroscedasticidad de la siguiente manera: Supóngase que $Y_i = \beta_0 + \beta_1 X_i + u_i$.

Paso 1. Ajústese la regresión a los datos sobre Y y X y obténganse los residuales $\hat{u}_i$.

Paso 2. Ignorando el signo de $\hat{u}_i$, es decir, tomando su valor absoluto $|\hat{u}_i|$, ordénense los valores $|\hat{u}_i|$ y X_i (o $\hat{Y}_i$) de acuerdo con un orden ascendente o descendente y calcúlese el coeficiente de correlación por rango de Spearman dado anteriormente.

Paso 3. Suponiendo que el coeficiente poblacional de correlación por rango ρ_s es cero y $n > 8$, la significancia del r_s muestral puede ser probada mediante la prueba t de la siguiente manera[14]:

$$t = \frac{r_s \sqrt{n-2}}{\sqrt{1 - r_s^2}} \tag{11.5.6}$$

con g de l $= n - 2$

Si el valor t calculado excede el valor t crítico, se puede aceptar la hipótesis de heteroscedasticidad; de lo contrario, ésta puede rechazarse. Si el modelo de regresión considera más de una variable X, r_s puede ser calculada entre $|\hat{u}_i|$ y cada una de las variables X separadamente, probando la significancia estadística mediante la prueba t dada en la ecuación (11.5.6).

---

[13]*Véanse* detalles en Goldfeld y Quandt, *op. cit.*, capítulo 3.

[14]*Véase* G. Udny Yule y M.G. Kendall, *An Introduction to the Theory of Statistics*, Charles Griffin & Company, London, 1953, p. 455.

Ejemplo 11.2. Ilustración de la prueba de correlación por rango. Para ilustrar la prueba de correlación por rango, considérense los datos dados en la tabla 11.2, los cuales son una submuestra de los datos de la tabla relacionada con el ejercicio 5.16 que pide estimar la línea del mercado de capitales a la cual hace referencia la teoría del portafolio, a saber, $E_i = \beta_1 + \beta_2\sigma_i$ donde E es el retorno esperado sobre el portafolio y σ es la desviación estándar de dicho retorno. Puesto que la información se relaciona con 10 fondos mutuos de tamaños y metas de inversión diferentes, *a priori* se podría esperar la presencia de heteroscedasticidad. Para probar esta hipótesis, aplicamos la técnica de correlación por rango. Los cálculos necesarios también se muestran en la tabla 11.2.

Aplicando la fórmula (11.5.5), se puede obtener

$$r_s = 1 - 6\frac{110}{10(100-1)}$$

$$= 0.3333 \tag{11.5.7}$$

Aplicando la prueba t dada en (11.5.6), se obtiene:

$$t = \frac{(0.3333)(\sqrt{8})}{\sqrt{1-0.1110}}$$

$$= 0.9998 \tag{11.5.8}$$

Para 8 g de l, este valor t no es significativo aun al nivel de significancia del 10%; el **valor** p es 0.17. Por tanto, no hay evidencia de una relación sistemática entre la variable explicativa y los valores absolutos de los residuales, lo cual podría sugerir que no hay heteroscedasticidad.

TABLA 11.2
Prueba de correlación por rango para heteroscedasticidad

Nombre del fondo mutuo	E_i, retorno promedio anual, %	σ_i, desviación estándar del retorno anual, %	$\hat{E}_i$*	$|\hat{u}_i|$† residuales $|(E_i - \hat{E}_i)|$	Rango de $|\hat{u}_i|$	Rango de σ_i	d, diferencia entre los dos rangos	d^2
Fondo Boston	12.4	12.1	11.37	1.03	9	4	5	25
Fondo Delaware	14.4	21.4	15.64	1.24	10	9	1	1
Fondo Equity	14.6	18.7	14.40	0.20	4	7	−3	9
Fondo Fundamental Investors	16.0	21.7	15.78	0.22	5	10	−5	25
Fondo Mutuo Investors	11.3	12.5	11.56	0.26	6	5	1	1
Fondo Mutuo Loomis-Sales	10.0	10.4	10.59	0.59	7	2	5	25
Fondo Massachusetts Investors Trust	16.2	20.8	15.37	0.83	8	8	0	0
Fondo New England	10.4	10.2	10.50	0.10	3	1	2	4
Fondo Putnam de Boston	13.1	16.0	13.16	0.06	2	6	−4	16
Fondo Wellington	11.3	12.0	11.33	0.03	1	3	−2	4
Total							0	110

* Obtenido de la regresión: $\hat{E}_i = 5.8194 + 0.4590\sigma_i$.

† Valor absoluto de los residuales.

Nota: El ordenamiento está en orden ascendente de valores.

Prueba de Goldfeld-Quandt[15]. Este popular método es aplicable si se supone que la varianza heteroscedástica, σ_i^2 está relacionada positivamente con *una* de las variables explicativas en el modelo de regresión. Por simplicidad, considérese el modelo usual con dos variables:

$$Y_i = \beta_1 + \beta_2 X_i + u_i$$

Supóngase que σ_i^2 está relacionado positivamente con X_i en la forma

$$\sigma_i^2 = \sigma^2 X_i^2 \qquad (11.5.9)$$

donde σ^2 es una constante[16].

El supuesto (11.5.9) postula que σ_i^2 es proporcional al cuadrado de la variable X. En su estudio de presupuestos familiares, Prais y Houthakker han encontrado bastante útil ese supuesto. (*Véase* sección 11.6)

Si (11.5.9) es la relación apropiada, significaría que σ_i^2 sería mayor entre mayores fueran los valores de X_i. Si éste resulta ser el caso, es muy probable que haya heteroscedasticidad en el modelo. Para probar esto explícitamente, Goldfeld y Quandt sugieren los siguientes pasos:

Paso 1. Ordénense las observaciones de acuerdo con los valores de X_i empezando por el valor de X más bajo.

Paso 2. Omítanse las c observaciones centrales, donde c se ha especificado *a priori* y divídanse las observaciones restantes $(n - c)$ en dos grupos, cada uno de $(n - c)/2$ observaciones.

Paso 3. Ajústense regresiones MCO separadas a las primeras $(n - c)/2$ observaciones y a las últimas $(n - c)/2$ observaciones y obtenga las respectivas sumas de residuales al cuadrado SRC_1 y SRC_2; SRC_1 representa la SRC de la regresión que corresponde a los valores más bajos de X_i (el grupo de varianza pequeña) y SRC_2 corresponde a los valores más grandes de X_i (el grupo de varianza grande). Cada una de las SRC tiene

$$\frac{(n - c)}{2} - k \quad \text{o} \quad \left(\frac{n - c - 2k}{2}\right) \text{ g de l}$$

donde k es el número de parámetros que deben ser estimados, incluyendo el intercepto. (¿Por qué?) Ciertamente, para el caso de dos variables k es 2.

Paso 4. Calcúlese la razón

$$\lambda = \frac{SRC_2 / \text{g de l}}{SRC_1 / \text{g de l}} \qquad (11.5.10)$$

Si se ha supuesto que las u_i están normalmente distribuidas (lo cual usualmente se hace) y *si el supuesto de homoscedasticidad es válido*, entonces puede mostrarse que λ de (11.5.10) sigue la distribución F con un número de g de l en el numerador y en el denominador iguales a $(n - c - 2k)/2$.

Si en una aplicación el $\lambda (= F)$ calculado es superior al F crítico al nivel de significancia seleccionado, se puede rechazar la hipótesis de homoscedasticidad, es decir, se puede afirmar que la presencia de heteroscedasticidad es muy probable.

---

[15]Goldfeld and Quandt, *op. cit.*, capítulo 3.

[16]Este supuesto es solamente una posibilidad. Realmente, lo que se requiere es que σ_i^2 esté relacionado monotónicamente con X_i.

Antes de ilustrar la prueba, conviene dar alguna explicación sobre la omisión de las observaciones centrales c. Estas observaciones son omitidas para agudizar o acentuar la diferencia entre el grupo de varianza pequeña (es decir, SRC_1) y el grupo de varianza grande (es decir, SRC_2). Pero la capacidad de la prueba de Goldfeld-Quandt para hacer esto exitosamente depende de la forma como c sea seleccionada[17]. Para el modelo con dos variables, los experimentos de Monte Carlo realizados por Goldfeld y Quandt sugieren que c es alrededor de 8 si el tamaño de la muestra es alrededor de 30 y es alrededor de 16 si el tamaño de la muestra es alrededor de 60. Sin embargo, Judge *et al.* han encontrado satisfactorios en la práctica los niveles de $c = 4$ si $n = 30$ y $c = 10$ si n es alrededor de 60[18].

Antes de proseguir, puede mencionarse que en caso de que haya más de una variable X en el modelo, el ordenamiento de las observaciones, que es el primer paso en la prueba, puede adelantarse de acuerdo con cualquiera de ellas. Por tanto, en el modelo: $Y_i = \beta_1 + \beta_2 X_{2i} + \beta_3 X_{3i} + \beta_4 X_{4i} + u_i$ se pueden ordenar los datos de acuerdo con cualquiera de estas X. Si, *a priori*, no hay seguridad sobre cuál variable X es la apropiada, podemos realizar la prueba sobre cada una de las variables X o aplicar la prueba de Park, por turnos, sobre cada X.

Ejemplo 11.3. La prueba de Goldfeld-Quandt. Para ilustrar la prueba de Goldfeld-Quandt, se presenta en la tabla 11.3 información sobre el gasto de consumo con relación al ingreso para un corte transversal de 30 familias. Supóngase que se postula que el gasto de consumo está relacionado linealmente con el ingreso pero que hay heteroscedasticidad en los datos. Se postula además que la naturaleza de la heteroscedasticidad es como la que se ha dado en (11.5.9). En la tabla 11.3 se presenta también el reordenamiento necesario de los datos para la aplicación de la prueba.

Eliminando las 4 observaciones de la mitad, las regresiones MCO basadas en las primeras 13 observaciones y en las últimas 13, y sus sumas de residuales al cuadrado asociadas se presentan a continuación (los errores estándar se indican entre paréntesis).

Regresión basada en las primeras 13 observaciones:

$$\hat{Y}_i = 3.4094 + 0.6968 X_i$$
$$(8.7049) \quad (0.0744) \qquad r^2 = 0.8887$$
$$SRC_1 = 377.17$$
$$g \text{ de } l = 11$$

La regresión basada en las últimas 13 observaciones:

$$\hat{Y}_i = -28.0272 + 0.7941 X_i$$
$$(30.6421) \quad (0.1319) \qquad r^2 = 0.7681$$
$$SRC_2 = 1536.8$$
$$g \text{ de } l = 11$$

---

[17]Técnicamente, la **potencia** de la prueba depende de la forma como c es seleccionada. En estadística, *la potencia de una prueba* es medida por la probabilidad de rechazar la hipótesis nula cuando ésta es falsa [es decir, 1 - Prob (error tipo II)]. Aquí la hipótesis nula es que las varianzas de los dos grupos son las mismas, es decir, homoscedasticidad. Para mayor análisis, *véase* M.M. Ali y C. Giaccotto, «A Study of Several New and Existing Tests for Heteroscedasticity in the General Linear Model», *Journal of Econometrics*, vol. 26, 1984, pp. 355-373.

[18]George G. Judge, R. Carter Hill, William E Griffiths, Helmut Lütkepohl y Tsoung-Chao Lee, *Introduction to the Theory and Practice of Econometrics*, John Wiley & Sons, New York, 1982, p. 422.

TABLA 11.3
Información hipotética sobre el
gasto de consumo _Y_ (US$) y el
ingreso _X_(US$) para ilustrar
la prueba de Goldfeld-Quandt

		Información ordenada de acuerdo con los valores X	
Y	X	Y	X
55	80	55	80
65	100	70	85
70	85	75	90
80	110	65	100
79	120	74	105
84	115	80	110
98	130	84	115
95	140	79	120
90	125	90	125
75	90	98	130
74	105	95	140
110	160	108	145
113	150	113	150
125	165	110	160
108	145	125	165
115	180	115	180
140	225	130	185
120	200	135	190
145	240	120	200
130	185	140	205
152	220	144	210
144	210	152	220
175	245	140	225
180	260	137	230
135	190	145	240
140	205	175	245
178	265	189	250
191	270	180	260
137	230	178	265
189	250	191	270

} 4 Observaciones del medio

De estos resultados, se obtiene

$$\lambda = \frac{\text{SRC}_2/\text{g de l}}{\text{SRC}_1/\text{g de l}} = \frac{1536.8/11}{377.17/11}$$

$$\lambda = 4.07$$

El valor F crítico para 11 g de l en el numerador y 11 g de l en el denominador al nivel del 5% es 2.82. Puesto que el valor $F(=\lambda)$ estimado excede al valor crítico, se puede concluir que hay heteroscedasticidad en la varianza del error. Sin embargo, si el nivel de significancia es fijado al 1%, no se puede rechazar el supuesto de homoscedasticidad. (¿Por qué?) Obsérvese que el valor p del λ observado es 0.014.

Prueba de Breusch-Pagan-Godfrey[19]. El éxito de la prueba de Goldfeld-Quandt depende, no solamente del valor de c (el número de observaciones centrales que van a ser omitidas), sino también de la identificación de la variable X correcta que servirá de referencia para el ordenamiento de las observaciones. Dicha limitación de esta prueba puede evitarse si se considera la **prueba de Breusch-Pagan-Godfrey (BPG).**

Para ilustrar esta prueba, considérese el modelo de regresión lineal con k variables

$$Y_i = \beta_1 + \beta_2 X_{2i} + \cdots + \beta_k X_{ki} + u_i \qquad (11.5.11)$$

Supóngase que la varianza del error σ_i^2 se describe como

$$\sigma_i^2 = f(\alpha_1 + \alpha_2 Z_{2i} + \cdots + \alpha_m Z_{mi}) \qquad (11.5.12)$$

es decir, σ_i^2 es algún tipo de función de las variables Z no estocásticas; alguna de las X o todas ellas pueden servir como Z. Específicamente, supóngase que

$$\sigma_i^2 = \alpha_1 + \alpha_2 Z_{2i} + \cdots + \alpha_m Z_{mi} \qquad (11.5.13)$$

es decir, σ_i^2 es una función lineal de las Z. Si $\alpha_2 = \alpha_3 = \cdots = \alpha_m = 0$, $\sigma_i^2 = \alpha_1$ que es una constante. Por consiguiente, para probar si σ_i^2 es homoscedástica, se puede probar la hipótesis de que $\alpha_2 = \alpha_3 = \cdots = \alpha_m = 0$. Esta es la idea básica detrás de la prueba de Breusch-Pagan. El procedimiento de la prueba es el siguiente.

Paso 1.   Estímese (11.5.11) mediante MCO y obténganse los residuales $\hat{u}_1, \hat{u}_2, \ldots, \hat{u}_n$.

Paso 2.   Obténgase $\tilde{\sigma}^2 = \sum \hat{u}_i^2/n$. Recuérdese, del capítulo 4, que éste es el estimador de máxima verosimilitud (MV) de σ^2. [*Nota:* El estimador MCO es $\sum \hat{u}_i^2/(n-k)$.]

Paso 3.   Constrúyanse las variables p_i definidas como

$$p_i = \hat{u}_i^2/\tilde{\sigma}^2$$

que es simplemente cada residual elevado al cuadrado dividido por $\tilde{\sigma}^2$.

Paso 4.   Regrésense los p_i así construidos sobre las Z como

$$p_i = \alpha_1 + \alpha_2 Z_{2i} + \cdots + \alpha_m Z_{mi} + v_i \qquad (11.5.14)$$

donde v_i es el término residual de esta regresión.

Paso 5.   Obténgase la SEC (suma explicada de cuadrados) de (11.5.14) y defínase

$$\Theta = \tfrac{1}{2}\,(\text{SEC}) \qquad (11.5.15)$$

Suponiendo que los u_i están normalmente distribuidos, se puede mostrar que sí hay homoscedasticidad y si el tamaño n de la muestra aumenta indefinidamente, entonces

$$\Theta \underset{\text{asy}}{\sim} \chi_{m-1}^2 \qquad (11.5.16)$$

es decir, Θ sigue una distribución ji cuadrado con $(m-1)$ grados de libertad. (*Nota: asy* significa asintóticamente).

Por consiguiente, si en una aplicación el $\Theta\,(=\chi^2)$ calculado excede al valor crítico χ^2 al nivel de significancia seleccionado, se puede rechazar la hipótesis de homoscedasticidad; de lo contrario, no se rechaza.

---

[19] T. Breusch y A. Pagan, «A Simple Test for Heteroscedasticity and Random Coefficient Variation», *Econometrica*, vol. 47, 1979, pp. 1287-1294. *Véase* también L. Godfrey, «Testing For Multiplicative Heteroscedasticity», *Journal of Econometrics*, vol. 8, 1978, pp. 227-236. Debido a la similitud, estas pruebas se conocen como pruebas de heteroscedasticidad de Breusch-Pagan-Godfrey.

Ejemplo 11.4. La prueba de Breusch-Pagan-Godfrey. A manera de ejemplo, reconsidérese la información (tabla 11.3) utilizada para ilustrar la prueba de heteroscedasticidad de Goldfeld-Quandt. Al efectuar la regresión de Y sobre X, se obtiene lo siguiente:

Paso 1.

$$\hat{Y}_i = 9.2903 + 0.6378X_i$$
$$ee = (5.2314) \quad (0.0286) \qquad SRC = 2361.153 \qquad (11.5.17)$$
$$R^2 = 0.9466$$

Paso 2.

$$\tilde{\sigma}^2 = \sum \hat{u}_i^2/30 = 2361.153/30 = 78.7051$$

Paso 3. Divídanse los residuales $\hat{u}_i$ obtenidos de la regresión (11.5.17) por 78.7051 para construir la variable p_i.

Paso 4. Suponiendo que las p_i estén relacionadas linealmente con X_i ($= Z_i$) como lo establece (11.5.13), se obtiene la regresión

$$\hat{p}_i = -0.7426 + 0.0101X_i$$
$$ee = (0.7529) \quad (0.0041) \qquad SEC = 10.4280 \qquad (11.5.18)$$
$$R^2 = 0.18$$

Paso 5.

$$\Theta = \tfrac{1}{2}(SEC) = 5.2140 \qquad\qquad (11.5.19)$$

Bajo los supuestos de la prueba BPG, Θ en (11.5.19) sigue asintóticamente la distribución ji cuadrado con 1 g de l. [*Nota:* Solamente hay un regresor en (11.5.18)]. Ahora, de la tabla ji cuadrado se encuentra que para 1 g de l, el valor crítico ji cuadrado al 5% es 3.8414 y el valor F crítico al 1% es 6.6349. Por tanto, el valor observado ji cuadrado de 5.2140 es significativo al nivel de significancia del 5% pero no al nivel del 1%. Por consiguiente, se llega a la misma conclusión obtenida mediante la prueba Goldfeld-Quandt. Pero téngase en mente que, estrictamente hablando, la prueba BPG es asintótica o de muestras grandes y en el ejemplo presente, la muestra de 30 observaciones puede no ser una muestra grande. Debe señalarse también que en muestras pequeñas, la prueba es sensible al supuesto de que las perturbaciones u_i estén normalmente distribuidas. Por supuesto, se puede probar el supuesto de normalidad mediante la prueba ji cuadrado o la prueba de **Bera-Jarque** analizadas anteriormente[20].

Prueba general de heteroscedasticidad de White. A diferencia de la prueba de Goldfeld-Quandt que requiere el reordenamiento de las observaciones con respecto a la variable X que supuestamente ocasiona la heteroscedasticidad, o la prueba BGP que es sensible al supuesto de normalidad, la prueba general de heteroscedasticidad propuesta por White no se apoya en el supuesto de normalidad y es fácil de implementar[21]. Como ilustración de la idea básica, considérese el siguiente modelo de regresión con tres variables (la generalización al modelo con k variables es directa):

$$Y_i = \beta_1 + \beta_2 X_{2i} + \beta_3 X_{3i} + u_i \qquad\qquad (11.5.20)$$

---

[20]A este respecto *véase* R. Koenker, «A Note on Studentizing a Test for Heteroscedasticity», *Journal of Econometrics*, vol. 17, 1981, pp. 1180 - 1200.

[21]H. White, «A Heteroscedasticity Consistent Covariance Matrix Estimator and a Direct Test of Heteroscedasticity», *Econometrica*, vol. 48, 1980, pp. 817-818.

Para realizar la prueba de White, se procede de la siguiente forma:

Paso 1. Dada la información, estímese (11.5.20) y obténganse los residuales $\hat{u}_i$.

Paso 2. Efectúese la siguiente regresión (*auxiliar*):

$$\hat{u}_i^2 = \alpha_1 + \alpha_2 X_{2i} + \alpha_3 X_{3i} + \alpha_4 X_{2i}^2 + \alpha_5 X_{3i}^2$$
$$+ \alpha_6 X_{2i} X_{3i} + v_i \qquad (11.5.21)^{22}$$

Es decir, los residuales al cuadrado de la regresión original son regresados sobre las variables o regresores X originales, sobre sus valores al cuadrado y sobre el (los) producto(s) cruzado(s) de los regresores. También pueden introducirse potencias más altas de los regresores. Obsérvese que hay un término constante en esta ecuación aunque la regresión original puede o no contenerlo. Obténgase el R^2 de esta regresión (auxiliar).

Paso 3. Bajo la hipótesis nula de que no hay heteroscedasticidad, puede demostrarse que el tamaño de la muestra (n) multiplicado por el R^2, obtenido de la regresión auxiliar *asintóticamente* sigue la distribución ji-cuadrado con g de l igual al número de regresores (excluyendo el término constante) en la regresión auxiliar. Es decir,

$$n \cdot R^2 \underset{\text{asy}}{\sim} \chi^2_{\text{g de l}} \qquad (11.5.22)$$

donde los g de l son iguales a los definidos anteriormente. En nuestro ejemplo, hay 5 g de l puesto que hay 5 regresores en la regresión auxiliar.

Paso 4. Si el valor ji cuadrado obtenido en (11.5.22) excede al valor ji cuadrado crítico al nivel de significancia seleccionado, la conclusión es que hay heteroscedasticidad. Si éste no excede el valor ji cuadrado crítico, no hay heteroscedasticidad, lo cual quiere decir que en la regresión auxiliar (11.5.21), $\alpha_2 = \alpha_3 = \alpha_4 = \alpha_5 = \alpha_6 = 0$ (*véase* nota de pie de página 22).

Ejemplo 11.5. Prueba de heteroscedasticidad de White. Basado en información de corte transversal de 41 países, Stephen Lewis estimó el siguiente modelo de regresión[23]:

$$\ln Y_i = \beta_1 + \beta_2 \ln X_{2i} + \beta_3 \ln X_{3i} + u_i \qquad (11.5.23)$$

donde Y = razón entre impuestos arancelarios (impuestos sobre importaciones y exportaciones) y recaudos totales del gobierno, X_2 = razón entre la suma de exportaciones e importaciones y el PNB y X_3 = PNB *per cápita*: y ln representa el logaritmo natural. Sus hipótesis fueron que Y y X_2 estarían relacionadas positivamente (a mayor volumen de comercio exterior, mayor recaudo arancelario) y que Y y X_3 estarían negativamente relacionados (a medida que aumenta el ingreso, el gobierno encuentra más sencillo recolectar impuestos directos —es decir, el impuesto sobre la renta— que depende de los impuestos sobre el comercio exterior).

---

[22]El supuesto de que la varianza del error u_i, σ_i^2 se relaciona funcionalmente con los regresores, con sus valores al cuadrado y con sus productos cruzados, está implícito en este procedimiento. Si todos los coeficientes parciales de pendiente en esta regresión son simultáneamente iguales a cero, entonces la varianza del error es homoscedástica e igual a la constante α_1.

[23]Stephen R. Lewis, «Government Revenue from Foreign Trade, «*Manchester School of Economics and Social Studies*, vol. 31, 1963, pp. 39-47.

Los resultados empíricos apoyaron las hipótesis. Para el propósito, el punto importante es averiguar si hay heteroscedasticidad en los datos. Puesto que los datos son de corte transversal e involucran una heterogeneidad de países, se puede esperar *a priori* la presencia de heteroscedasticidad en la varianza del error. Mediante la aplicación de la **prueba de heteroscedasticidad de White** a los residuales obtenidos de la regresión (11.5.23), se obtuvieron los siguientes resultados[24]:

$$\hat{u}_i^2 = -5.8417 + 2.5629 \ln \text{Comercio}_i + 0.6918 \ln \text{PNB}_i$$
$$-0.4081 (\ln \text{Comercio}_i)^2 - 0.0491 (\ln \text{PNB}_i)^2 \qquad (11.5.24)$$
$$+0.0015 (\ln \text{Comercio}_i)(\ln \text{PNB}_i) \qquad\qquad R^2 = 0.1148$$

Nota: Los errores estándar no están dados ya que no son pertinentes para el propósito que aquí se persigue.

Ahora, $n \times R^2 = 41(0.1148) = 4.7068$ que tiene, asintóticamente, una distribución ji cuadrado con 5 g de l (¿Por qué?) El valor ji cuadrado crítico al 5% para 5 g de l es 11.0705, el valor crítico al 10% es 9.2363 y el valor crítico al 25% es 6.62568. Para todos los fines prácticos, se puede concluir, con base en la prueba de White, que no hay heteroscedasticidad.

Conviene hacer un comentario relacionado con la prueba de White. Si un modelo tiene muchos regresores, entonces la introducción de todos los regresores, de sus términos elevados al cuadrado (o a potencias más elevadas) y de sus productos cruzados pueden consumir grados de libertad rápidamente. Por consiguiente, se debe tener cautela al utilizar la prueba. Algunas veces, es posible omitir los términos de los productos cruzados. En los casos en los cuales el estadístico de prueba es significativo, la heteroscedasticidad puede no necesariamente ser la causa, sino los errores de especificación, los cuales se tratarán en mayor detalle en el capítulo 13 (recuérdese el punto #5 de la sección 11.1). En otras palabras, **la prueba de White puede ser una prueba de heteroscedasticidad (pura) o de error de especificación o de ambos.**

Otras pruebas de heteroscedasticidad. Hay muchas otras pruebas de heteroscedasticidad, cada una basada en supuestos determinados. El lector interesado quizá desee consultar las referencias[25].

11.6 MEDIDAS REMEDIALES

Como se ha visto, la heteroscedasticidad no destruye las propiedades de insesgamiento y consistencia de los estimadores MCO, sin embargo, estos ya no son eficientes, ni siquiera asintóticamente (es decir, en muestras grandes). Esta falta de eficiencia resta credibilidad a los procedimientos corrientes de prueba de hipótesis. Por consiguiente, se hace necesario introducir medidas remediales. Existen dos enfoques para remediar el problema de heteroscedasticidad: cuando σ_i^2 es conocida y cuando no lo es.

---

[24]Estos resultados, con cambio en la notación, son reproducidos por William F. Lott y Subhash C. Ray, *Applied Econometrics: Problems with Data Sets*, Instructor's Manual, capítulo 22, pp. 137-140.

[25]*Véase* M.J. Harrison y B.P. McCabe, «A Test for Heteroscedasticity Based on Ordinary Least Squares Residuals», *Journal of the American Statistical Association*, vol. 74, 1979, pp. 494-499; J. Szroeter, «A Class of Parametric Tests for Heteroscedasticity in Linear Econometric Models», *Econometrica*, vol. 46, 1978, pp. 1311-1327; M.A. Evans y M.L. King, «A Further Class of Tests for Heteroscedasticity», *Journal of Econometrics*, vol.37, 1988, pp. 265-276.

Cuando σ_i^2 es conocida: Método de mínimos cuadrados ponderados

Como se vió en la sección 11.3, si se conoce σ_i^2, el método más directo de corregir la heteroscedasticidad es a través de los mínimos cuadrados ponderados, ya que los estimadores obtenidos mediante este método son MELI.

Ejemplo 11.6. Ilustración del método de mínimos cuadrados ponderados. Para ilustrar el método, supóngase que se desea estudiar la relación entre la compensación salarial y el tamaño de empleo para los datos presentados en la tabla 11.1. Por simplicidad, se mide el tamaño del empleo por las siguientes categorías 1(1–4 empleados), 2 (5–9 empleados),..., 9 (1000–2499 empleados), aunque éste también se podría medir utilizando el punto medio de las diversas clases de empleo dadas en la tabla (*véase* el ejercicio 11.21).

Ahora, sea Y la compensación salarial promedio por empleado (US$) y X el tamaño de empleo, se efectúa la siguiente regresión [*véase* ecuación (11.3.6)]:

$$Y_i/\sigma_i = \hat{\beta}_1^*(1/\sigma_i) + \hat{\beta}_2^*(X_i/\sigma_i) + (\hat{u}_i/\sigma_i) \qquad (11.6.1)$$

donde σ_i son las desviaciones estándar de los salarios como aparecen en la tabla 11.1. Los datos simples necesarios para efectuar esta regresión están dados en la tabla 11.4.

Antes de proseguir a analizar los resultados de la regresión, obsérvese que (11.6.1) no tiene término de intercepto (¿Por qué?). Por consiguiente, se debe utilizar el modelo de regresión a través del origen para estimar β_1^* y β_2^*, un tema analizado en el capítulo 6. Pero, hoy en día, la mayoría de los paquetes de computadores dan la opción de suprimir el término del intercepto (*véase* SAS por ejemplo). Obsérvese también otra característica interesante de (11.6.1): Ésta tiene dos variables explicativas, $(1/\sigma_i)$ y (X_i/σ_i), mientras que si fuéramos a utilizar MCO, la regresión del salario sobre el tamaño del empleo tendría una sola variable explicativa, X_i (¿Por qué?)

TABLA 11.4
Ilustración de una regresión de mínimos cuadrados ponderados

Compensación salarial Y	Nivel de empleo X	σ_i	Y_i/σ_i	X_i/σ_i
3396	1	743.7	4.5664	0.0013
3787	2	851.4	4.4480	0.0023
4013	3	727.8	5.5139	0.0041
4104	4	805.06	5.0978	0.0050
4146	5	929.9	4.4585	0.0054
4241	6	1080.6	3.9247	0.0055
4387	7	1243.2	3.5288	0.0056
4538	8	1307.7	3.4702	0.0061
4843	9	1112.5	4.3532	0.0081

Nota: En la regresión (11.6.2), la variable dependiente es (Y_i/σ_i) y las variables independientes son $(1/\sigma_i)$ y (X_i/σ_i).

Fuente: La información sobre Y y sobre σ_i (desviación estándar de la compensación salarial) corresponden a la tabla 11.1. El nivel de empleo: 1 = 1–4 empleados, 2 = 5–9 empleados, etc. Los últimos datos son también de la tabla 11.1.

Los resultados de la regresión MCP son los siguientes:

$$\widehat{(Y_i/\sigma_i)} = 3406.639(1/\sigma_i) + 154.153(X_i/\sigma_i)$$

$$(80.983) \qquad\qquad (16.959) \qquad\qquad\qquad (11.6.2)$$

$$t = \quad (42.066) \qquad\qquad (9.090)$$

$$R^2 = 0.9993^{26}$$

Para la comparación, se presentan a continuación los resultados de la regresión MCO corriente o no ponderada:

$$\hat{Y}_i = 3417.833 + 148.767 X_i$$

$$(81.136) \quad (14.418) \qquad\qquad\qquad (11.6.3)$$

$$t = \quad (42.125) \quad (10.318) \qquad R^2 = 0.9383$$

En el ejercicio 11.7 se le pide comparar estas dos regresiones.

Cuando σ_i^2 es no conocida

Como se anotó anteriormente, si las verdaderas σ_i^2 se conocen, se puede utilizar el método MCP para obtener estimadores MELI. Dado que las verdaderas σ_i^2 raramente se conocen, ¿existe alguna forma de obtener estimaciones *consistentes* (en el sentido estadístico) de las varianzas y covarianzas de los estimadores MCO aun si hay heteroscedasticidad? La respuesta es sí.

Varianzas y errores estándar consistentes con heteroscedasticidad de White. White ha demostrado que ésta estimación puede realizarse de tal forma que la inferencia estadística sea asintóticamente válida (es decir, para muestras grandes) sobre los verdaderos valores de los parámetros[27]. No se presentarán aquí los detalles matemáticos ya que no están al alcance de este libro. Sin embargo, hay diversos paquetes de computador (por ejemplo, TSP, ET, SHAZAM) que presentan varianzas y errores estándar bajo la corrección de heteroscedasticidad de White en forma simultánea con las varianzas y los errores estándar MCO usuales[28].

Ejemplo 11.7. Ilustración del procedimiento de White. Como ejemplo, se citan los siguientes resultados obtenidos por Greene[29]:

$$\hat{Y}_i = 832.91 - 1834.2\,(\text{Ingreso}) + 1587.04\,(\text{Ingreso})^2$$

$$\text{ee de MCO} = (327.3) \qquad (829.0) \qquad\qquad (519.1)$$

$$t = \quad (2.54) \qquad (2.21) \qquad\qquad (3.06) \qquad\qquad (11.6.4)$$

$$\text{ee de White} = (460.9) \qquad (1243.0) \qquad\qquad (830.0)$$

$$t = \quad (1.81) \qquad (-1.48) \qquad\qquad (1.91)$$

---

[26]Como se escribió en la nota de pie de página 3 del capítulo 6, el R^2 de la regresión a través del origen no es directamente comparable con el R^2 del modelo con presencia de intercepto. El R^2 de 0.9993 obtenido, tiene en cuenta esta diferencia. (*Véase* el paquete SAS para mayores detalles sobre la forma como el R^2 es corregido para tener en cuenta la ausencia del término intercepto. *Véase* también el apéndice 6A, sec. 6A1).

[27]*Véase* H. White, *op. cit.*

28. Más técnicamente, se conocen como **estimadores de matriz de covarianzas consistentes con heteroscedasticidad:** para abreviar, **EMCCH**.

[29]William H. Greene, *Econometric Analysis*, 2a. ed., Macmillan, New York, 1993, p. 385.

donde Y = gasto *per cápita* en colegios públicos por estado en 1979 e Ingreso = ingreso *per cápita* por estado en 1979. La muestra consistió en 50 estados más Washington, D.C.

Como lo demuestran los resultados anteriores, los errores estándar bajo la corrección de heteroscedasticidad (de White) resultan considerablemente más grandes que los errores estándar MCO y, por consiguiente, los valores t estimados son mucho menores que aquellos obtenidos por MCO. Con base en estos últimos, ambos regresores son estadísticamente significativos al nivel del 5%, mientras que con base en los estimadores de White, éstos no lo son. Sin embargo, debe señalarse que los errores estándar corregidos por heteroscedasticidad de White pueden ser más grandes o más pequeños que los errores estándar sin corregir.

Puesto que los estimadores de las varianzas consistentes con heteroscedasticidad de White están disponibles ahora en paquetes de regresión, se recomienda que el lector los reporte. Como lo anotan Wallace y Silver:

En términos generales, probablemente es buena idea utilizar la opción WHITE [disponible en los programas de regresión] sistemáticamente, tal vez comparar estos resultados con los resultados MCO regulares es una forma de verificar si la heterocedasticidad es un problema grave en un conjunto particular de datos[30].

Supuestos razonables sobre el patrón de heteroscedasticidad. Una desventaja del procedimiento de White, además de ser un procedimiento de muestras grandes, es que los estimadores obtenidos por este medio pueden no ser tan eficientes como aquellos obtenidos por métodos que transforman la información para reflejar tipos específicos de heteroscedasticidad. Para ilustrar esto, se debe recordar el modelo de regresión con dos variables:

$$Y_i = \beta_1 + \beta_2 X_i + u_i$$

Considérense ahora diversos supuestos sobre el patrón de heteroscedasticidad.

Supuesto 1: La varianza del error es proporcional a X_i^2:

$$E(u_i^2) = \sigma^2 X_i^2 \qquad (11.6.5)[31]$$

Si, por razones de «especulación», por los métodos gráficos, o por los enfoques de Park y Glejser, se cree que la varianza de u_i es proporcional al cuadrado de la variable explicativa X (*véase* figura 11.9), se puede transformar el modelo original de la siguiente manera. Dividir el modelo original a ambos lados por X_i:

$$\frac{Y_i}{X_i} = \frac{\beta_1}{X_i} + \beta_2 + \frac{u_i}{X_i}$$

$$= \beta_1 \frac{1}{X_i} + \beta_2 + v_i \qquad (11.6.6)$$

---

[30]T. Dudley Wallace y J. Lew Silver, *Econometrics: An Introduction*, Reading, Mass., 1988, p. 265.
[31]Recuérdese que ya se había tratado este supuesto en nuestro análisis de la prueba Goldfeld-Quandt.

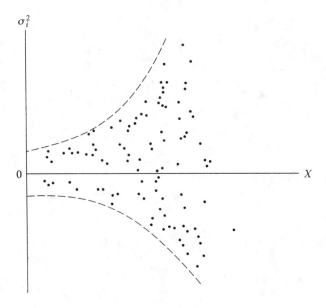

σ_i^2

0

X

FIGURA 11.9
Varianza del error proporcional a X^2.

donde v_i es el término de perturbación transformado, igual a u_i/X_i. Ahora, es fácil verificar que

$$E\left(v_i^2\right) = E\left(\frac{u_i}{X_i}\right)^2 = \frac{1}{X_i^2}E\left(u_i^2\right)$$
$$= \sigma^2 \quad \text{utilizando (11.6.5)}$$

Por tanto, la varianza de v_i es ahora homoscedástica y se puede proceder a aplicar MCO a la ecuación transformada (11.6.6), regresando Y_i/X_i sobre $1/X_i$.

Obsérvese que en la regresión transformada, el término de intercepto β_2 es el coeficiente de pendiente en la ecuación original y el coeficiente de la pendiente β_1 es el término de intercepto en el modelo original. Por consiguiente, para retornar al modelo original, será preciso multiplicar el estimado (11.6.6) por X_i. Una aplicación de esta transformación está dada en el ejercicio 11.17.

Supuesto 2: La varianza del error es proporcional a X_i. Transformación de raíz cuadrada:

$$E(u_i^2) = \sigma^2 X_i \qquad (11.6.7)$$

Se cree que la varianza de u_i, en lugar de ser proporcional al cuadrado de X_i, es proporcional a las propias X_i, entonces el modelo original puede ser transformado de la siguiente manera (*véase* figura 11.10):

$$\frac{Y_i}{\sqrt{X_i}} = \frac{\beta_1}{\sqrt{X_i}} + \beta_2\sqrt{X_i} + \frac{u_i}{\sqrt{X_i}}$$
$$= \beta_1\frac{1}{\sqrt{X_i}} + \beta_2\sqrt{X_i} + v_i \qquad (11.6.8)$$

donde $v_i = u_i/\sqrt{X_i}$ y donde $X_i > 0$.

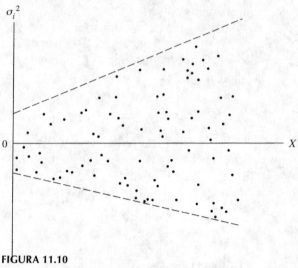

FIGURA 11.10
Varianza del error proporcional a X.

Dado el supuesto 2, se puede verificar fácilmente que $E(v_i^2) = \sigma^2$, una situación homoscedástica. Por consiguiente, se puede proceder a aplicar MCO a (11.6.8), efectuando la regresión de $Y_i/\sqrt{X_i}$ sobre $1/\sqrt{X_i}$ y $\sqrt{X_i}$.

Obsérvese una característica importante del modelo transformado: Éste no tiene término de intercepto. Por consiguiente, será necesario utilizar el modelo de regresión a través del origen para estimar β_1 y β_2. Habiendo efectuado la regresión (11.6.8), se puede retornar al modelo original simplemente multiplicando (11.6.8) por $\sqrt{X_i}$.

Supuesto 3: La varianza del error es proporcional al cuadrado del valor medio de Y.

$$E(u_i^2) = \sigma^2 \left[E(Y_i) \right]^2 \qquad (11.6.9)$$

La ecuación (11.6.9) postula que la varianza de u_i es proporcional al cuadrado del valor esperado de Y (*véase* figura 11.7e). Ahora,

$$E(Y_i) = \beta_1 + \beta_2 X_i$$

Por consiguiente, si se transforma la ecuación original de la siguiente manera,

$$\frac{Y_i}{E(Y_i)} = \frac{\beta_1}{E(Y_i)} + \beta_2 \frac{X_i}{E(Y_i)} + \frac{u_i}{E(Y_i)}$$

$$= \beta_1 \left(\frac{1}{E(Y_i)} \right) + \beta_2 \frac{X_i}{E(Y_i)} + v_i \qquad (11.6.10)$$

donde $v_i = u_i/E(Y_i)$, puede verse que $E(v_i^2) = \sigma^2$; es decir, las perturbaciones v_i son homoscedásticas. Por tanto, es la regresión (11.6.10) la que satisfará el supuesto de homoscedasticidad del modelo clásico de regresión lineal.

La transformación (11.6.10) es, sin embargo, inoperacional porque $E(Y_i)$ depende de β_1 y β_2, los cuales no se conocen. Por supuesto, se conoce $\hat{Y}_i = \hat{\beta}_1 + \hat{\beta}_2 X_i$, que es un estimador de $E(Y_i)$. Por consiguiente, se puede proceder en dos etapas: Primero, se efectúa la regresión MCO usual, sin considerar el problema de heteroscedasticidad y se obtiene $\hat{Y}_i$. Luego, utilizando el $\hat{Y}_i$ estimado, se transforma el modelo de la siguiente manera:

$$\frac{Y_i}{\hat{Y}_i} = \beta_1 \left(\frac{1}{\hat{Y}_i}\right) + \beta_2 \left(\frac{X_i}{\hat{Y}_i}\right) + v_i \qquad (11.6.11)$$

donde $v_i = (u_i/\hat{Y}_i)$. En el Paso 2, se efectúa la regresión (11.6.11). Aunque $\hat{Y}_i$ no es exactamente $E(Y_i)$, estos estimadores son consistentes; es decir, a medida que el tamaño de la muestra aumenta indefinidamente, éstos convergen hacia el verdadero $E(Y_i)$. Por tanto, la transformación (11.6.11) tendrá un desempeño adecuado en la práctica si el tamaño de la muestra es razonablemente grande.

> **Supuesto 4:** Una transformación log tal como
>
> $$\ln Y_i = \beta_1 + \beta_2 \ln X_i + u_i \qquad (11.6.12)$$
>
> con gran frecuencia reduce la heteroscedasticidad cuando se compara con la regresión $Y_i = \beta_1 + \beta_2 X_i + u_i$.

Este resultado surge porque la transformación logarítmica comprime las escalas en las cuales están medidas las variables, reduciendo una diferencia entre dos valores de diez veces a una diferencia de dos veces. Así, el número 80 es diez veces el número 8, pero el $\ln 80 (= 4,3280)$ es casi dos veces tan grande como $\ln 8 (= 2.0794)$.

Una ventaja adicional de la transformación logarítmica es que el coeficiente de pendiente β_2 mide la elasticidad de Y con respecto a X, es decir, el cambio porcentual en Y ante un cambio porcentual en X. Por ejemplo, si Y es el consumo y X es el ingreso, β_2 en (11.6.12) medirá la elasticidad-ingreso, mientras que en el modelo original, β_2 mide solamente la tasa de cambio del consumo medio por cambio unitario en el ingreso. Esta es una de las razones por las cuales los modelos logarítmicos son bastante populares en la econometría empírica. (En el ejercicio 11.4 pueden verse algunos de los problemas asociados con la transformación log).

Para concluir la exposición sobre medidas remediales, nuevamente se hace énfasis en que todas las transformaciones analizadas anteriormente son *ad hoc*; esencialmente, se está especulando sobre la naturaleza de σ_i^2. Cuál de las transformaciones estudiadas anteriormente será la que funcione, dependerá de la naturaleza del problema y de la severidad de la heteroscedasticidad. Hay algunos problemas adicionales con las transformaciones que se considera deben ser tenidos en cuenta:

1. Cuando se va más allá del modelo con dos variables puede no saberse *a priori* cuál de las variables X debe ser seleccionada para transformar los datos[32].

2. La transformación logarítmica como se analiza en el supuesto 4 no es aplicable si algunos de los valores de Y o de X son cero o negativos[33].

3. Entonces, hay un problema de **correlación espúrea**. Este término, atribuido a Karl Pearson, se refiere a la situación en la cual se ha encontrado la presencia de correlación entre las razones de

---

[32]Sin embargo, como un asunto práctico, se puede graficar $\hat{u}_i^2$ contra cada una de las variables y decidir cuál variable X puede ser utilizada para transformar la información (*Véase* figura 11.8).

[33]Algunas veces se puede utilizar $\ln(Y_i + k)$ o $\ln(X_i + k)$ donde k es un número positivo seleccionado en tal forma que todos los valores de Y y X se tornan positivos. *Véase* ejercicio 11.22.

variables, aun cuando las variables originales no estén correlacionadas o sean aleatorias[34]. Así, en el modelo $Y_i = \beta_1 + \beta_2 X_i + u_i$, Y y X pueden no estar correlacionados pero en el modelo transformado, $Y_i/X_i = \beta_1(1/X_i) + \beta_2$, frecuentemente se encuentra que Y_i/X_i y $1/X_i$ sí lo están.

4. Cuando las σ_i^2 no se conocen directamente y son estimadas a partir de una o más de las transformaciones ya analizadas, todos nuestros procedimientos de prueba utilizando las pruebas t, las pruebas F, etc, son estrictamente hablando válidas sólo para muestras grandes. Por consiguiente, se debe tener cuidado al interpretar resultados basados en las diversas transformaciones cuando las muestras son pequeñas o finitas[35].

11.7 EJEMPLO PARA CONCLUIR

Para concluir nuestro análisis de heteroscedasticidad presentamos un ejemplo en el cual se ilustran los diversos métodos de detección y algunas de las medidas remediales.

Ejemplo 11.8: Gastos de I&D en los Estados Unidos, 1988. En la tabla 11.5 se reproduce la información sobre gastos de investigación y desarrollo (I&D) para 18 grupos de industrias en relación con las ventas y las utilidades. Puesto que la información de corte transversal presentada en la tabla 11.5 es

TABLA 11.5
Innovación en América: Gastos en Investigación y desarrollo (I&D) en los Estados Unidos, 1988 (todas las cifras están expresadas en millones de dólares)

Agrupación industrial	Ventas	Gastos I&D	Utilidades
1. Contenedores y empaques	6,375.3	62.5	185.1
2. Industrias financieras no bancarias	11,626.4	92.9	1,569.5
3. Industrias de servicios	14,655.1	178.3	276.8
4. Metales y minería	21,869.2	258.4	2,828.1
5. Vivienda y Construcción	26,408.3	494.7	225.9
6. Manufacturas en general	32,405.6	1,083.0	3,751.9
7. Ind. relac. con descanso y esparcimiento	35,107.7	1,620.6	2,884.1
8. Papel y Productos forestales	40,295.4	421.7	4,645.7
9. Alimentos	70,761.6	509.2	5,036.4
10. Salud	80,552.8	6,620.1	13,869.9
11. Industria aeroespacial	95,294.0	3,918.6	4,487.8
12. Productos del consumidor	101,314.1	1,595.3	10,278.9
13. Productos eléctricos y electrónicos	116,141.3	6,107.5	8,787.3
14. Químicos	122,315.7	4,454.1	16,438.8
15. Conglomerados	141,649.9	3,163.8	9,761.4
16. Equipo de oficina y computadores	175,025.8	13,210.7	19,774.5
17. Combustible	230,614.5	1,703.8	22,626.6
18. Automotores	293,543.0	9,528.2	18,415.4

Nota: Las industrias se enumeran en orden ascendente de acuerdo con el volumen de ventas.
Fuente: Business Week, Special 1989 Bonus Issue, R&D Scorecard, pp. 180-224.

---

[34]Por ejemplo, si X_1, X_2 y X_3 están mutuamente no correlacionadas $r_{12} = r_{13} = r_{23} = 0$ y se encuentra que las (los valores de las) razones X_1/X_3 y X_2/X_3 están correlacionadas, entonces hay correlación espúrea. «En términos más generales, la correlación puede describirse como espúrea si es inducida por el método de manejo de datos y no está presente en la información original.» M.G. Kendall y W. R. Buckland, *A Dictionary of Statistical Terms*, Hafner Publishing, New York, 1972, p. 143.

[35]Para mayores detalles, *véase* George G. Judge *et al.*, *op. cit.*, sec. 14.4, pp. 415-420.

bastante heterogénea, en una regresión de I&D sobre las ventas (o utilidades) es probable la presencia de heteroscedasticidad. Los resultados obtenidos al regresar I&D sobre las ventas fueron los siguientes:

$$\widehat{I \& D}_i = 192.99 + 0.0319 \text{ Ventas}_i$$
$$\text{ee} = (990.99) \quad (0.0083)$$
$$t = (0.1948) \quad (3.8434) \qquad r^2 = 0.4783$$

(11.7.1)

Como se esperaba, los gastos y las ventas de I&D están positivamente correlacionados. El valor t calculado «parece» ser estadísticamente significativo al nivel del 0.002 (prueba de dos colas). Por supuesto, en presencia de heteroscedasticidad, no podemos confiar en los errores estándar estimados o en los valores t estimados. Al aplicar la prueba de Park sobre los residuales estimados de (11.7.1), se obtienen los siguientes resultados:

$$\widehat{\ln \hat{u}_i^2} = 5.6877 + 0.7014 \ln \text{ Ventas}_i$$
$$\text{ee} = (6.6877) \quad (0.6033)$$
$$t = (0.8572) \quad (1.1626) \qquad r^2 = 0.0779$$

(11.7.2)

Con base en la prueba de Park, no se tiene razón para rechazar el supuesto de homoscedasticidad.

Con base en la prueba de Glejser, obtenemos los siguientes resultados (para ahorrar espacio, solamente se presentan los valores t):

$$|\hat{u}_i| = 578.57 + 0.0119 \text{ Ventas}_i$$
$$t = (0.8525)(2.0931) \quad r^2 = 0.2150$$

(11.7.3)

$$|\hat{u}_i| = -507.02 + 7.9270 \sqrt{\text{Ventas}_i}$$
$$t = (-0.5032)(2.3704) \quad r^2 = 0.2599$$

(11.7.4)

$$|\hat{u}_i| = 2,273.7 + 19,925,000(1/\text{Ventas}_i)$$
$$t = (3.7601)(-1.6175) \quad r^2 = 0.1405$$

(11.7.5)

Como lo sugieren las ecuaciones (11.7.3) y (11.7.4), el supuesto de varianzas homoscedásticas puede rechazarse. Por consiguiente, los errores estándar estimados y los valores t no pueden ser aceptados por su valor presentado. En el ejercicio 11.23, se le pide al lector que aplique las pruebas de heteroscedasticidad de Breusch-Pagan y de White a los datos dados en la tabla 11.5.

Puesto que parece existir duda sobre el supuesto de homoscedasticidad, *véase* si se pueden transformar los datos de tal forma que se reduzca la severidad de la heteroscedasticidad, si es que ésta no se elimina totalmente. Al graficar los residuales obtenidos de la regresión (11.7.1), puede verse que la varianza del error es proporcional a la variable ventas (verífiquese esto) y por tanto, siguiendo el supuesto 2 analizado anteriormente, se puede utilizar la transformación raíz cuadrada para obtener los siguientes resultados:

$$\frac{I \& D_i}{\sqrt{\text{Ventas}_i}} = -246.68 \frac{1}{\sqrt{\text{Ventas}_i}} + 0.0368 \sqrt{\text{Ventas}_i}$$
$$\text{ee} = (341.13) \quad (0.0071)$$
$$t = (-0.6472) \quad (5.1723) \qquad R^2 = 0.6258$$

(11.7.6)

Si se multiplica (11.7.6) por $\sqrt{\text{Ventas}_i}$ a ambos lados, se obtienen resultados comparables a la regresión original (11.7.1). Hay muy poca diferencia entre los dos coeficientes de pendiente. Pero obsérvese que comparado con (11.7.1), el error estándar del coeficiente de pendiente en (11.7.6) es más pequeño, lo cual sugiere que la regresión MCO (original) realmente sobreestimó el error estándar. Como se anotó anteriormente, en presencia de heteroscedasticidad, los estimadores MCO de los errores estándar están sesgados y no se puede predecir la dirección en la cual irá el sesgo. En este ejemplo, el sesgo es hacia arriba, es decir, éste *sobreestimó* el error estándar. A propósito, obsérvese que (11.7.6) representa los *mínimos cuadrados ponderados* (¿Por qué?).

En el ejercicio 11.25 se pide al lector obtener los errores estándar corregidos por heteroscedasticidad de White para el ejemplo anterior y comparar los resultados con los dados en (11.7.6).

11.8 RESUMEN Y CONCLUSIONES

1. Un supuesto crítico del modelo clásico de regresión lineal es que todas las perturbaciones u_i tienen la misma varianza σ^2. Si este supuesto no se satisface, hay heterocedasticidad.
2. La heteroscedasticidad no destruye las propiedades de insesgamiento y consistencia de los estimadores MCO.
3. Sin embargo, estos estimadores dejan de tener varianza mínima, es decir, de ser eficientes. Por consiguiente, no son MELI.
4. Los estimadores MELI son proporcionados por el método de mínimos cuadrados ponderados, siempre que las varianzas heterocedásticas de error, σ_i^2 se conozcan.
5. En presencia de heteroscedasticidad, las varianzas de los estimadores MCO no se obtienen con las fórmulas usuales de MCO. Sin embargo, si se persiste en utilizar las fórmulas MCO usuales, las pruebas t y F basadas en éstas pueden conducir a grandes desatinos que darán por resultado conclusiones erróneas.
6. La documentación sobre las consecuencias de la heteroscedasticidad es más fácil que su detección. Existen diversas pruebas de diagnóstico disponibles, pero no se puede decir con seguridad cuál funcionará en una situación dada.
7. Aun si se sospecha y se detecta la heteroscedasticidad no es fácil corregir el problema. Si la muestra es grande, se pueden obtener los errores estándar de los estimadores MCO corregidos por el método de corrección de heteroscedasticidad de White y realizar inferencia estadística basados en ellos.
8. De lo contrario, se pueden hacer «educated guesses» del patrón probable de heteroscedasticidad con base en los residuales MCO y transformar la información original de tal manera que en la información transformada no haya heteroscedasticidad.
9. Finalmente, las perturbaciones residuales MCO no solamente pueden resultar heterocedásticas sino que también pueden estar autocorrelacionadas. Para resolver este problema, puede emplearse una técnica conocida como **modelo autorregresivo de heteroscedasticidad condicional, ARCH**. Esta técnica se tratará en el capítulo 12, donde se considerará a fondo el tema de la autocorrelación.

EJERCICIOS

Preguntas

11.1. Establézcase si las siguientes afirmaciones son ciertas, falsas o inciertas *y brevemente dé sus razones:*
  (*a*) En presencia de heteroscedasticidad, los estimadores MCO son sesgados al igual que ineficientes.
  (*b*) Si hay heteroscedasticidad, las pruebas convencionales t y F son inválidas.
  (*c*) En presencia de heteroscedasticidad, el método MCO usual sobreestima siempre los errores estándar de los estimadores.
  (*d*) Si los residuales estimados a través de una regresión MCO exhiben un patrón sistemático, significa ésto que hay presencia de heteroscedasticidad en los datos.

(e) No hay una prueba general de heteroscedasticidad que esté libre de supuesto alguno sobre cuál de las variables está correlacionado con el término de error.

(f) Si el modelo de regresión está mal especificado (por ejemplo, se ha omitido una variable importante), los residuales MCO mostrarán un patrón claramente distinguible.

(g) Si un regresor que tiene varianza no constante se omite (incorrectamente) de un modelo, los residuales (MCO) serán heteroscedásticos.

11.2. En una regresión de salarios promedio (W) sobre número de empleados (N) para una muestra aleatoria de 30 empresas, se obtuvieron los siguientes resultados:*

$$\widehat{W} = 7.5 + 0.009 N$$
$$t = \text{n.a.} \quad (16.10) \qquad R^2 = 0.90 \tag{1}$$
$$\widehat{W}/N = 0.008 + 7.8(1/N)$$
$$t = (14.43) \quad (76.58) \qquad R^2 = 0.99 \tag{2}$$

(a) ¿Cómo se interpretan las dos regresiones?

(b) ¿Qué está suponiendo el autor al pasar de la ecuación (1) a la (2)? ¿Estaba él preocupado por la heteroscedasticidad? ¿Cómo se sabe?

(c) ¿Se puede relacionar las pendientes y los interceptos de los dos modelos?

(d) ¿Se pueden comparar los valores R^2 de los dos modelos? ¿Por qué o por qué no?

11.3. (a) ¿Se pueden estimar los parámetros de los modelos

$$|\hat{u}_i| = \sqrt{\beta_1 + \beta_2 X_i} + v_i$$
$$|\hat{u}_i| = \sqrt{\beta_1 + \beta_2 X_i^2} + v_i$$

mediante el método de mínimos cuadrados ordinarios? ¿Por qué o por qué no?

(b) ¿Si la respuesta es negativa, ¿puede usted sugerir un método informal o formal de estimación de los parámetros de tales modelos?

11.4. Aunque los modelos logarítmicos tales como el modelo de la ecuación (11.6.12) frecuentemente reducen la heteroscedasticidad, se debe prestar cuidadosa atención a las propiedades del término de perturbación de tales modelos. Por ejemplo, el modelo

$$Y_i = \beta_1 X_i^{\beta_2} u_i \tag{1}$$

puede escribirse como

$$\ln Y_i = \ln \beta_1 + \beta_2 \ln X_i + \ln u_i \tag{2}$$

(a) Si se espera que $\ln u_i$ tenga valor esperado cero, ¿cuál debe ser la distribución de u_i?

(b) Si $E(u_i) = 1$, ¿Será $E(\ln u_i) = 0$? ¿Por qué o por qué no?

(c) Si $E(\ln u_i)$ es diferente de cero, ¿qué puede hacerse para volverlo cero?

11.5. Muéstrese que β_2^* de (11.3.8) también puede expresarse como

$$\beta_2^* = \frac{\sum w_i y_i^* x_i^*}{\sum w_i x_i^{2*}}$$

y var (β_2^*) dada en (11.3.9) también puede expresarse como

$$\text{var}(\beta_2^*) = \frac{1}{\sum w_i x_i^{2*}}$$

Véase Dominick Salvatore, *Managerial Economics*, McGraw-Hill, New York, 1989, p. 157.

donde $y_i^* = Y_i - \bar{Y}^*$ y $x_i^* = X_i - \bar{X}^*$ representan las desviaciones de las medias ponderadas $\bar{Y}^*$ y $\bar{X}^*$ definidas como

$$\bar{Y}^* = \sum w_i Y_i \Big/ \sum w_i$$

$$\bar{X}^* = \sum w_i X_i \Big/ \sum w_i$$

11.6   Con propósitos pedagógicos Hanushek y Jackson estiman el siguiente modelo:

$$C_t = \beta_1 + \beta_2 \text{PNB}_t + \beta_3 D_t + u_t \tag{1}$$

donde C_t = gasto agregado de consumo privado en el año t, PNB_t = producto nacional bruto en el año t y D_t = gastos de defensa nacional en el año t, siendo el objetivo del análisis estudiar el efecto de los gastos de defensa sobre otros gastos en la economía.

Ellos postulan que $\sigma_t^2 = \sigma^2 (\text{PNB}_t)^2$, luego transforman (1) y estiman

$$C_t / \text{PNB}_t = \beta_1 (1/\text{PNB}_t) + \beta_2 + \beta_3 (D_t/\text{PNB}_t) + u_t/\text{PNB}_t \tag{2}$$

Los resultados empíricos basados en la información para 1946-1975 fueron los siguientes (errores estándar entre paréntesis)*:

$$\widehat{C_t} = \underset{(2.73)}{26.19} + \underset{(0.0060)}{0.6248}\ \text{PNB}_t - \underset{(0.0736)}{0.4398}\,D_t \qquad R^2 = 0.999$$

$$\widehat{C_t / PNB_t} = \underset{(2.22)}{25.92}(1/\text{PNB}_t) + \underset{(0.0068)}{6246} - \underset{(0.0597)}{0.4315}(D_t/\text{PNB}_t) \qquad R^2 = 0.875$$

(a)   ¿Qué supuesto hacen los autores sobre la naturaleza de la heteroscedasticidad? ¿Puede justificarse?

(b)   Compárense los resultados de las dos regresiones. ¿La transformación del modelo original ha mejorado los resultados, es decir, ha reducido los errores estándar estimados? ¿Por qué o por qué no?

(c)   ¿Se pueden comparar los dos valores de R^2? ¿Por qué o por qué no? (*Guía*: Examínense las variables dependientes).

11.7.   Téngase en cuenta las regresiones estimadas (11.6.2) y (11.6.3). Los resultados de la regresión son muy similares. ¿A qué puede deberse este resultado? (*Guía:* Refiérase al ejercicio 11.13).

11.8.   Pruébese que si $w_i = w$ una constante, para cada i, $\hat{\beta}_2^*$ y $\hat{\beta}_2$ son idénticos al igual que sus varianzas.

11.9.   Refiéranse las fórmulas (11.2.2) y (11.2.3). Supóngase que

$$\sigma_i^2 = \sigma^2 k_i$$

donde σ^2 es una constante, y donde k_i son ponderaciones *conocidas*, no necesariamente todas iguales.

Utilizando este supuesto, muéstrese que la varianza dada en (11.2.2) puede expresarse como

$$\text{var}(\hat{\beta}_2) = \frac{\sigma^2}{\sum x_i^2} \cdot \frac{\sum x_i^2 k_i}{\sum x_i^2}$$

El primer término al lado derecho es la fórmula de la varianza dada en (11.2.3), es decir, $\text{var}(\hat{\beta}_2)$ bajo homoscedasticidad. ¿Qué puede usted decir sobre la naturaleza de la relación entre $\text{var}(\hat{\beta}_2)$ bajo heteroscedasticidad y bajo homoscedasticidad?

(*Guía:* Examínese, en la fórmula anterior, el segundo término del lado derecho). ¿Puede usted derivar alguna conclusión general sobre las relaciones entre (11.2.2) y (11.2.3)?

---

*Eric A. Hanushek y John E. Jackson, *Statistical Methods for Social Scientists*, Academic, New York, 1977, p. 160.

11.10. En el modelo

$$Y_i = \beta_2 X_i + u_i \quad (\textit{Nota: no hay intercepto})$$

le dicen que $\text{var}(u_i) = \sigma^2 X_i^2$. Demuéstrese que

$$\text{var}(\hat{\beta}_2) = \left(\sigma^2 \sum X_i^4\right) \Big/ \left(\sum X_i^2\right)^2$$

Problemas

11.11. Con la información dada en la tabla 11.1, efectúese la regresión de la compensación salarial promedio Y sobre la productividad promedio X, tratando el tamaño de empleo como unidad de observación. Interprétense sus resultados y véase si éstos están de acuerdo con los presentados en (11.5.3).

    (*a*) De la regresión anterior, obténganse los residuales $\hat{u}_i$.

    (*b*) Siguiendo la prueba de Park, efectúese la regresión de $\ln \hat{u}_i^2$ sobre $\ln X_i$ y verifíquese la regresión (11.5.4).

    (*c*) Siguiendo el enfoque de Glejser, efectúese la regresión de $|\hat{u}_i|$ sobre X_i y luego efectúese la regresión de $|\hat{u}_i|$ sobre $\sqrt{X_i}$ y coméntense sus resultados.

    (*d*) Encuéntrese la correlación por rango entre $|\hat{u}_i|$ y X_i y coméntese sobre la naturaleza de la heteroscedasticidad presente en los datos, si ésta existe.

11.12. La tabla siguiente presenta información sobre la razón ventas/efectivo en las industrias manufactureras de los Estados Unidos, clasificadas por tamaño de activos del establecimiento para el período 1971-I a 1973-IV. (Información trimestral). La razón ventas/efectivo puede considerarse como una medida de la velocidad del ingreso en el sector empresarial, es decir, el número de veces que un dólar circula.

Tamaño de activos (millones de dólares)

Año y trimestre	1–10	10–25	25–50	50–100	100–250	250–1,000	1,000 +
1971–I	6.696	6.929	6.858	6.966	7.819	7.557	7.860
–II	6.826	7.311	7.299	7.081	7.907	7.685	7.351
–III	6.338	7.035	7.082	7.145	7.691	7.309	7.088
–IV	6.272	6.265	6.874	6.485	6.778	7.120	6.765
1972–I	6.692	6.236	7.101	7.060	7.104	7.584	6.717
–II	6.818	7.010	7.719	7.009	8.064	7.457	7.280
–III	6.783	6.934	7.182	6.923	7.784	7.142	6.619
–IV	6.779	6.988	6.531	7.146	7.279	6.928	6.919
1973–I	7.291	7.428	7.272	7.571	7.583	7.053	6.630
–II	7.766	9.071	7.818	8.692	8.608	7.571	6.805
–III	7.733	8.357	8.090	8.357	7.680	7.654	6.772
–IV	8.316	7.621	7.766	7.867	7.666	7.380	7.072

Fuente: Quarterly Financial Report for Manufacturing Corporations, Federal Trade Commission and the Securities and Exchange Commission, Gobierno de los Estados Unidos, diversos números (calculados).

    (*a*) Para cada tamaño de activos, calcúlese la media y la desviación estándar de la razón ventas/efectivo.

    (*b*) Ggrafíquese el valor de la media frente a la desviación estándar obtenidos en (*a*), utilizando el tamaño de activos como unidad de observación.

    (*c*) Utilizando un modelo de regresión apropiado, decídase si la desviación estándar de la razón se incrementa con el valor de la media. De no ser así, ¿cómo se interpreta el resultado?

    (*d*) ¿Si hay una relación estadísticamente significativa entre los dos, ¿cómo se transformaría la información de tal manera que no haya heteroscedasticidad?

11.13. Prueba de homogeneidad de varianza de Bartlett*. Suponga que hay k varianzas muestrales independientes $s_1^2, s_2^2,..., s_k^2$ cada una con $f_1, f_2,..., f_k$ g de l, provenientes de poblaciones normalmente distribuidas con media μ y varianza σ_i^2. Supóngase además que se desea probar la hipótesis nula $H_0: \sigma_1^2 = \sigma_2^2 = \cdots = \sigma_k^2 = \sigma^2$; es decir, cada varianza muestral es una estimación de la misma varianza poblacional σ^2.

Si la hipótesis nula es verdadera, entonces

$$s^2 = \frac{\sum_{i=1}^{k} f_i s_i^2}{\sum f_i} = \frac{\sum f_i s_i^2}{f}$$

constituye una estimación de la estimación común (agrupada) de la varianza poblacional σ^2, donde $f_i = (n_i - 1)$, siendo n_i el número de observaciones en el grupo i-ésimo y $f = \sum_{i=1}^{k} f_i$.

Bartlett ha demostrado que la hipótesis nula puede probarse por la razón A/B, que está distribuida aproximadamente como la distribución χ^2 con $k - 1$ g de l, donde

$$A = f \ln s^2 - \sum \left(f_i \ln s_i^2 \right)$$

y

$$B = 1 + \frac{1}{3(k - 1)} \left[\sum \left(\frac{1}{f_i} \right) - \frac{1}{f} \right]$$

Aplíquese la prueba de Bartlett sobre los datos de la tabla 11.1 y verifíquese que no se puede rechazar la hipótesis de que las varianzas poblacionales de la compensación salarial son las mismas para cada tamaño de empleo del establecimiento, al nivel de significancia del 5%.

Nota: f_i, los g de l para cada varianza muestral, es 9, puesto que n_i para cada muestra (es decir, clase de empleo) es 10.

11.14. La información en la tabla siguiente se refiere a la mediana de salarios de economistas mujeres y economistas hombres clasificados por área de especialización para el año 1964.

Area de especialización	Medianas de salarios (miles de dólares)	
	Mujeres	Hombres
Negocios, finanzas, etc.	9.3	13.0
Economía laboral	10.3	12.0
Monetaria y fiscal	8.0	11.6
Teoría económica general	8.7	10.8
Población, programas de bienestar, etc.	12.0	11.5
Sistemas económicos y desarrollo	9.0	12.2

Fuente: «The Structure of Economists' Employment and Salaries», Committee on the National Science Foundation Report on the Economic Profession, *American Economic Review*, vol. 55, no. 4, diciembre 1965, p.62.

(*a*) Encuéntrese el salario promedio y la desviación estándar del salario de los dos grupos de economistas.

(*b*) ¿Hay alguna diferencia significativa entre las dos desviaciones estándar? (Puede utilizar la prueba de Bartlett).

(*c*) Supóngase que desea predecir la mediana del salario de los economistas hombres a partir de la mediana del salario de los economistas mujeres. Desarróllese un modelo de regresión lineal apropiado para este fin. Si se espera que haya heteroscedasticidad en ese modelo, ¿cómo se trataría?

---

*Véase «Properties of Sufficiency and Statistical Tests», *Proceedings of the Royal Society of London, A*, vol. 160, 1937, p. 268.

11.15. La siguiente información se refiere a la mediana de salarios de economistas clasificadas por grado obtenido y por edad:

	Medianas de salarios (miles de dólares)	
Edad, años	Grado de máster	Doctorado
25–29	8.0	8.8
30–34	9.2	9.6
35–39	11.0	11.0
40–44	12.8	12.5
45–49	14.2	13.6
50–54	14.7	14.3
55–59	14.5	15.0
60–64	13.5	15.0
65–69	12.0	15.0

Fuente: «The Structure of Economists' Employment and Salaries», Committee on National Science Foundation Report on the Economics Profession. *American Economic Review*, vol. 55, no. 4, diciembre 1965, p. 37.

(*a*) ¿Son las varianzas de los salarios medianos de los economistas con grado de máster y doctorado iguales?

(*b*) Si lo son, ¿cómo se probaría la hipótesis de que los salarios medianos de los dos grupos son iguales?

(*c*) Los economistas con un grado de máster obtuvieron mayores salarios que sus colegas con doctorado entre las edades de 35 y 54 años. ¿Como se explicaría este resultado si se considera que un economista con doctorado debe ganar más que un economista con máster?

11.16. Refiérase a la información sobre la productividad promedio y la desviación estándar de la productividad dada en la tabla siguiente. Supóngase que

$$Y_i = \beta_1 + \beta_2 X_i + u_i$$

donde Y_i = productividad promedio en la *i*ésima clase de empleo, X_i = tamaño del empleo medido por 1 = 1–4 empleados, 2 = 5–9 empleados,..., 9 = 1000–2499.

Tamaño de empleo (No. de empleados)	Productividad promedio, US$	Desviación estándar de la productividad, US$
1–4	9,355	2,487
5–9	8,584	2,642
10–19	7,962	3,055
20–49	8,275	2,706
50–99	8,389	3,119
100–249	9,418	4,493
250–499	9,795	4,910
500–999	10,281	5,893
1,000–2,499	11,750	5,550

Fuente: The Census of Manufactures, Departamento de Comercio de los Estados Unidos, 1958 (calculado).

Utilizando esta información, estímense las regresiones de mínimos cuadrados ponderados y no ponderados en la forma establecida en las ecuaciones (11.6.2) y (11.6.3) y coméntense los resultados.

11.17. En una encuesta a 9966 economistas en 1964, se obtuvo la siguiente información:

Edad, años	Mediana de salarios, US$
20–24	7,800
25–29	8,400
30–34	9,700
35–39	11,500
40–44	13,000
45–49	14,800
50–54	15,000
55–59	15,000
60–64	15,000
65–69	14,500
70+	12,000

Fuente: «The Structure of Economists' Employment and Salaries», Committee on the National Science Foundation Report on the Economics Profession, *American Economic Review,* vol. 55, no. 4, diciembre 1965, p. 36.

(a) Desarróllese un modelo de regresión apropiado que explique la relación entre las medianas de salarios y la edad.

   Nota: Para efectos de la regresión, supóngase que la mediana de salarios se refiere al punto medio del intervalo de edad. Así, US$7800 se refiere a la edad de 22.5 años y así sucesivamente. Para el último intervalo de edad, supóngase que la edad máxima es 75 años.

(b) Suponiendo que la varianza del término de perturbación es proporcional al cuadrado de la edad, transfórmese la información de tal manera que el término de perturbación resultante sea homoscedástico.

(c) Repítase (b) suponiendo que la varianza es proporcional a la edad. ¿Cuál de las transformaciones parece razonable?

(d) Si ninguna de las transformaciones anteriores parece razonable, supóngase que el término varianza es proporcional a la esperanza condicional de la mediana del salario, condicional a la edad dada. ¿Cómo se puede transformar la información de tal forma que la varianza resultante sea homoscedástica?

11.18. La tabla siguiente presenta, para 10 países, información sobre los derechos especiales de giro (DEG), también conocidos como *papel oro* y sobre la balanza de pagos durante el año 1974.

País	DEG, millones de dólares	Balanza de pagos, millones de dólares
Bélgica	715	346
Canadá	574	26
Francia	248	−83*
Alemania	1,763	−466
Italia	221	−4,633
Japón	529	1,241
Países Bajos	595	985
Suecia	131	−802
Reino Unido	843	−4,355
Estados Unidos	2,370	−8,374

* El signo negativo denota déficit en balanza de pagos.
Fuente: International Financial Statistics, Fondo Monetario Internacional, diciembre 1975.

Desde que los DEG se utilizan como moneda internacional, se espera que el nivel de DEG esté relacionado con la posición de la balanza de pagos de un país.

(a) Con base en la información dada, ¿se puede discernir alguna relación entre los DEG y la balanza de pagos? Dése respuesta efectuando la regresión de la primera variable sobre la segunda.

(b) Utilizando los resultados obtenidos en (a), pruébense separadamente las siguientes hipótesis: la varianza de la perturbación es proporcional a
(i) el cuadrado del valor de la balanza de pagos
(ii) el valor esperado condicional de los DEG, condicional al valor de la balanza de pagos

(c) ¿Se puede utilizar la transformación logarítmica analizada en el texto para transformar la información? ¿Por qué o por qué no?

(d) Aplíquese la prueba de correlación por rango a $\hat{u}_i$, obtenido de la regresión en (a) y a las cifras de balanza de pagos. Basado en esta prueba, ¿se puede decir algo sobre la heteroscedasticidad?

11.19. Si se tiene la siguiente información:

$$SRC_1 \text{ basado en las primeras 30 observaciones} = 55, \text{ g de l} = 25$$

$$SRC_2 \text{ basado en las últimas 30 observaciones} = 140, \text{ g de l} = 25$$

Realícese la prueba sobre heteroscedasticidad de Goldfeld-Quandt al nivel de significancia del 5%.

11.20. La siguiente tabla presenta información acerca de los precios de acciones (Y) y los precios al consumidor (X) expresados en cambios porcentuales anuales para un corte transversal de 20 países.

Precios de acciones y precios al consumidor, período posterior a la segunda guerra mundial (hasta 1969)

	Tasa de crecimiento, % anual	
	Precios de acciones,	Precios al consumidor,
País	Y	X
1. Australia	5.0	4.3
2. Austria	11.1	4.6
3. Bélgica	3.2	2.4
4. Canadá	7.9	2.4
5. Chile	25.5	26.4
6. Dinamarca	3.8	4.2
7. Finlandia	11.1	5.5
8. Francia	9.9	4.7
9. Alemania	13.3	2.2
10. India	1.5	4.0
11. Irlanda	6.4	4.0
12. Israel	8.9	8.4
13. Italia	8.1	3.3
14. Japón	13.5	4.7
15. México	4.7	5.2
16. Países Bajos	7.5	3.6
17. Nueva Zelanda	4.7	3.6
18. Suecia	8.0	4.0
19. Reino Unido	7.5	3.9
20. Estados Unidos	9.0	2.1

Fuente: Phillip Cagan, *Common Stock Values and Inflation: The Historical Record of Many Countries,* National Bureau of Economic Research, Suppl., marzo 1974, tabla 1, p. 4.

(a) Grafíquense los datos en un diagrama de dispersión.
(b) Efectúese la regresión de Y sobre X y examínense los residuales de esta regresión. ¿Qué se observa?
(c) Puesto que los datos en el caso de Chile parecen ser atípicos, repítase la regresión en (b), eliminando la información sobre Chile. Ahora, examínense los residuales de esta regresión. ¿Qué se observa?
(d) Si, con base en los resultados obtenidos en (b), se concluye que hubo heteroscedasticidad en la varianza del error pero con base en los resultados en (c), se modifica esta conclusión, ¿qué conclusiones generales se obtienen?

11.21. Obténganse regresiones similares a (11.6.2) y (11.6.3) midiendo el tamaño del empleo mediante marcas de clase (es decir, puntos medios) para las diversas clases de empleo (es decir, 2.5, 7.0, etc) y compárense sus resultados con aquellos dados en (11.6.2) y (11.6.3).

¿Cuál método de medición del tamaño del empleo se prefiere y por qué? ¿Cuál podría ser un problema potencial si se tuviera una clase de empleo abierta en un extremo, por ejemplo, 2500 empleados o más?

11.22. Refiérase a la tabla del ejercicio 11.18. Adiciónese el número 8500 a todas las cifras de balanza de pagos que aparecen en la tabla y
(a) efectúese la regresión de los DEG sobre las nuevas cifras de balanza de pagos utilizando el modelo lineal.
(b) efectúese la regresión de los DEG sobre las nuevas cifras de balanza de pagos utilizando el modelo log- lineal o doble-log.
(c) compárense los resultados de las dos regresiones y comente al respecto.
(d) ¿Por qué se agregó el número 8500 a las cifras de balanza de pagos? ¿Servirá igualmente cualquier otro número?

11.23. Refiérase a la información dada en la tabla 11.5. Efectúese la regresión de los gastos en I&D sobre las ventas y encuentre, con base en las pruebas de Breusch-Pagan y de White, si la varianza del error en esta regresión es homoscedástica.

11.24. Repítase el ejercicio 11.23, esta vez regresando el gasto I&D sobre las utilidades.

11.25. Para el ejemplo 11.8 analizado en la sección 11.7, obténganse los errores estándar corregidos mediante el método de correccción de heteroscedasticidad de White en la regresión del gasto en I&D sobre las ventas y compárense los resultados con la regresión (11.7.1). ¿Qué conclusión importante se obtiene de este ejemplo?

APÉNDICE 11A

11A.1 PRUEBA DE LA ECUACIÓN (11.2.2)

Del apéndice 3A, sección 3A.3, se tiene que

$$\text{var}(\hat{\beta}_2) = E(k_1^2 u_1^2 + k_2^2 u_2^2 + \cdots + k_n^2 u_n^2 + 2 \text{ términos de productos cruzados})$$

$$= E(k_1^2 u_1^2 + k_2^2 u_2^2 + \cdots + k_n^2 u_n^2)$$

puesto que los valores esperados de los términos de productos cruzados son cero debido al supuesto de no correlación serial,

$$\text{var}(\hat{\beta}_2) = k_1^2 E(u_1^2) + k_2^2 E(u_2^2) + \cdots + k_n^2 E(u_n^2)$$

Dado que los k_i son conocidas. (¿Por qué?)

$$\text{var}(\hat{\beta}_2) = k_1^2\sigma_1^2 + k_2^2\sigma_2^2 + \cdots + k_n^2\sigma_n^2$$

puesto que $E(u_i^2) = \sigma_i^2$.

$$\begin{aligned}
\text{var}(\hat{\beta}_2) &= \sum k_i^2\sigma_i^2 \\
&= \sum\left[\left(\frac{x_i}{\sum x_i^2}\right)^2\sigma_i^2\right] \quad \text{puesto que} \ \ k_i = \frac{x_i}{\sum x_i^2} \\
&= \frac{\sum x_i^2\sigma_i^2}{(\sum x_i^2)^2}
\end{aligned} \tag{11.2.2}$$

11A.2 MÉTODO DE MÍNIMOS CUADRADOS PONDERADOS

Para ilustrar el método, utilizamos el modelo de dos variables $Y_i = \beta_1 + \beta_2 X_i + u_i$. El método de mínimos cuadrados no ponderado minimiza

$$\sum \hat{u}_i^2 = \sum (Y_i - \hat{\beta}_1 - \hat{\beta}_2 X_i)^2 \tag{1}$$

para obtener las estimaciones, mientras que el método de mínimos cuadrados ponderados minimiza la suma ponderada de residuales al cuadrado:

$$\sum w_i\hat{u}_i^2 = \sum w_i(Y_i - \hat{\beta}_1^* - \hat{\beta}_2^* X_i)^2 \tag{2}$$

donde $\hat{\beta}_1^*$ y $\hat{\beta}_2^*$ son los estimadores de mínimos cuadrados ponderados y las ponderaciones w_i son tales que

$$w_i = \frac{1}{\sigma_i^2} \tag{3}$$

es decir, las ponderaciones son inversamente proporcionales a la varianza de u_i o Y_i condicional a las X_i dadas, quedando entendido que $\text{var}(u_i \mid X_i) = \text{var}(Y_i \mid X_i) = \sigma_i^2$.

Diferenciando (2) con respecto a $\hat{\beta}_1^*$ y $\hat{\beta}_2^*$, se obtiene

$$\frac{\partial \sum w_i\hat{u}_i^2}{\partial \hat{\beta}_1^*} = 2\sum w_i(Y_i - \hat{\beta}_1^* - \hat{\beta}_2^* X_i)(-1)$$

$$\frac{\partial \sum w_i\hat{u}_i^2}{\partial \hat{\beta}_2^*} = 2\sum w_i(Y_i - \hat{\beta}_1^* - \hat{\beta}_2^* X_i)(-X_i)$$

Igualando a cero las expresiones anteriores, se obtienen las dos siguientes ecuaciones normales:

$$\sum w_i Y_i = \hat{\beta}_1^* \sum w_i + \hat{\beta}_2^* \sum w_i X_i \tag{4}$$

$$\sum w_i X_i Y_i = \hat{\beta}_1^* \sum w_i X_i + \hat{\beta}_2^* \sum w_i X_i^2 \tag{5}$$

Obsérvese la similitud entre estas ecuaciones normales y las ecuaciones normales de los mínimos cuadrados no ponderados.

Resolviendo estas ecuaciones simultáneamente, se obtiene

$$\hat{\beta}_1^* = \bar{Y}^* - \hat{\beta}_2^* \bar{X}^* \tag{6}$$

y

$$\hat{\beta}_2^* = \frac{(\sum w_i)(\sum w_i X_i Y_i) - (\sum w_i X_i)(\sum w_i Y_i)}{(\sum w_i)(\sum w_i X_i^2) - (\sum w_i X_i)^2} \qquad (7) = (11.3.8)$$

La varianza de $\hat{\beta}_2^*$ que aparece en (11.3.9) puede obtenerse en la forma de la varianza de $\hat{\beta}_2$ que aparece en el apéndice 3A, sección 3A.3.

Nota: $\bar{Y}^* = \sum w_i Y_i / \sum w_i$ y $\bar{X}^* = \sum w_i X_i / \sum w_i$. Como se puede verificar fácilmente, estas medias ponderadas coinciden con las medias corrientes o sin ponderar $\bar{Y}$ y $\bar{X}$ cuando $w_i = w$, una constante, para todo i.

CAPÍTULO

12

AUTOCORRELACIÓN

No existe una forma universalmente efectiva para evitar la mala interpretación de la función de regresión mal especificada ante la presencia de los errores serialmente correlacionados*.

Un supuesto importante del modelo clásico lineal presentado en la parte I es que no hay autocorrelación o correlación serial entre las perturbaciones u_i consideradas dentro de la función de regresión poblacional. En este capítulo, se examinará en forma crítica este supuesto con el fin de buscar respuestas a las siguientes preguntas:

1. ¿Cuál es la naturaleza de la autocorrelación?
2. ¿Cuáles son las consecuencias teóricas y prácticas de la autocorrelación?
3. Puesto que el supuesto de no autocorrelación se relaciona con las perturbaciones no observables u_i, ¿cómo se sabe que hay autocorrelación en cualquier situación dada?
4. ¿Cómo se puede remediar el problema de la autocorrelación?

El lector encontrará en este capítulo, similitudes en muchos aspectos con el capítulo anterior sobre heteroscedasticidad, puesto que **en presencia de autocorrelación y de heteroscedasticidad, los estimadores MCO corrientes, a pesar de ser insesgados, dejan de tener mínima varianza entre todos los estimadores lineales insesgados. En resumen, dejan de ser MELI.**

---

*Russell Davidson y James G. MacKinnon, *Estimation and Inference in Econometrics*, Oxford University Press, New York 1993, p. 364.

12.1 NATURALEZA DEL PROBLEMA

El término **autocorrelación** se puede definir como la «correlación entre miembros de series de observaciones ordenadas en el tiempo [como en información de series de tiempo] o en el espacio [como en información de corte transversal]»[1]. En el contexto de regresión, el modelo clásico de regresión lineal supone que no existe tal autocorrelación en las perturbacions u_i. Simbólicamente,

$$E(u_i u_j) = 0 \qquad i \neq j \qquad\qquad (3.2.5)$$

Expresado en forma sencilla, el modelo clásico supone que el término de perturbación relacionado con una observación cualquiera no está influenciado por el término de perturbación relacionado con cualquier otra observación. Por ejemplo, si se está tratando con información trimestral de series de tiempo, para efectuar una regresión de la producción sobre los insumos trabajo y capital y si, por ejemplo, hay una huelga laboral que afecta la producción en un trimestre, no hay razón para pensar que esta interrupción afectará la producción del trimestre siguiente. Es decir, si la producción es inferior este trimestre, no hay razón para esperar que ésta sea baja en el siguiente trimestre. En forma similar, si se está tratando con información de corte transversal que involucra la regresión del gasto de consumo familiar sobre el ingreso familiar, no se espera que el efecto de un incremento en el ingreso de una familia sobre su gasto de consumo incida sobre el gasto de consumo de otra.

Sin embargo, si tal dependencia existe, se tiene autocorrelación. Simbólicamente,

$$E(u_i u_j) \neq 0 \qquad i \neq j \qquad\qquad (12.1.1)$$

En esta situación, la interrupción ocasionada por una huelga este trimestre puede afectar muy fácilmente la producción del siguiente trimestre, o los incrementos en el gasto de consumo de una familia pueden inducir muy fácilmente a otra familia a aumentar su gasto de consumo para no quedarse atrás de la primera.

Antes de encontrar la razón de la existencia de la autocorrelación, es esencial aclarar algunos aspectos de terminología. Aunque, hoy en día, es práctica común tratar como sinónimos los términos **autocorrelación** y **correlación serial**, algunos autores prefieren diferenciar los dos términos. Por ejemplo, Tintner define autocorrelación como «correlación rezagada de una serie dada consigo misma, rezagada por un número de unidades de tiempo», mientras que reserva el término correlación serial para «correlación rezagada entre dos series diferentes»[2]. Así, la correlación entre dos series de tiempo tales como $u_1, u_2,..., u_{10}$ y $u_2, u_3,..., u_{11}$, donde la primera es igual a la última rezagada un período de tiempo, es *autocorrelación*, mientras que la correlación entre dos series de tiempo tales como $u_1, u_2,..., u_{10}$ y $v_2, v_3,..., v_{11}$, donde u y v son dos series de tiempo diferentes, se denomina *correlación serial*. Aunque la distinción entre los dos términos puede ser de utilidad, en este libro se considerarán como sinónimos.

Se pueden visualizar algunos de los patrones razonables de autocorrelación y de no autocorrelación, los cuales están dados en la figura 12.1. Las figuras 12.1*a* a *d* muestran que hay un patrón distinguible entre las *u*. La figura 12.1*a* muestra un patrón cíclico; las figuras 12.1*b* y *c* sugieren una tendencia lineal hacia arriba o hacia abajo en las perturbaciones; y la figura 12.1*d* indica que tanto términos de tendencia lineal como de tendencia cuadrática están presentes en las perturbaciones. Solamente la figura 12.1*e* indica que no hay un patrón sistemático, apoyando el supuesto de no autocorrelación del modelo clásico de regresión lineal.

---

[1] Maurice G. Kendall y William R. Buckland, *A Dictionary of Statistical Terms*, Hafner Publishing Company, New York, 1971, p. 8.

[2] Gerhard Tintner, *Econometrics*, Science ed., John Wiley & Sons, New York, 1965, p. 187.

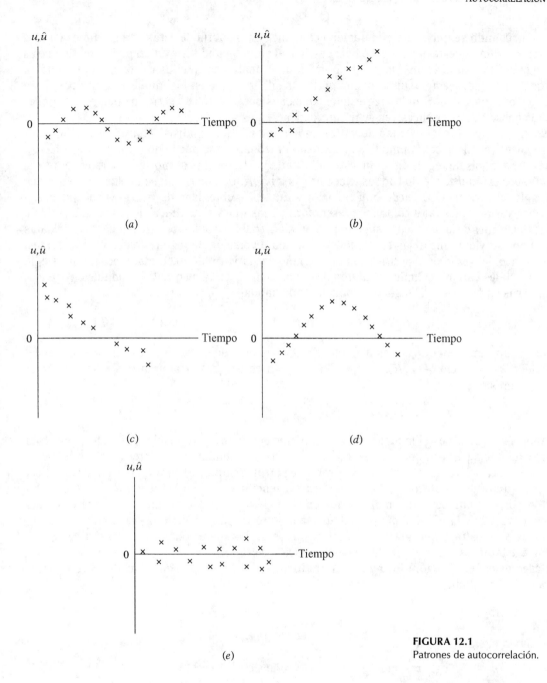

FIGURA 12.1
Patrones de autocorrelación.

La pregunta natural es: ¿Por qué razón ocurre la correlación serial? Hay diversas razones, algunas de las cuales son las siguientes:

Inercia. Una característica relevante de la mayoría de las series de tiempo económicas es la inercia o lentitud. Como bien se sabe, las series de tiempo tales como el PNB, los índices de precios, la producción, el empleo y el desempleo presentan ciclos (económicos). Empezando en el fondo de la recesión, cuando se inicia la recuperación económica, la mayoría de estas series empieza a moverse hacia arriba. En este movimiento hacia arriba, el valor de una serie en un punto del tiempo es mayor que su valor anterior. Así, hay un «momentum» construido en ellas y éste continuará hasta que algo suceda (por ejemplo, un aumento en la tasa de interés o en los impuestos o ambos) para reducirlo. Por consiguiente, en las regresiones que consideran datos de series de tiempo, es probable que las observaciones sucesivas sean interdependientes.

Sesgo de especificación: caso de variables excluidas. En el análisis empírico, el investigador frecuentemente empieza con un modelo de regresión razonable que puede no ser el más «perfecto». Después del análisis de regresión, el investigador haría el «examen post-mortem» para encontrar si los resultados están de acuerdo con las expectativas *a priori*. De no ser así, se iniciaría «la cirugía». Por ejemplo, el investigador puede graficar los residuales u_i obtenidos de la regresión ajustada y puede observar patrones tales como los presentados en las figuras 12.1*a* a *d*. Estos residuales (que son aproximaciones de las u_i) pueden sugerir que algunas variables que fueron originalmente candidatas pero que no estuvieron incluídas en el modelo por una diversidad de razones, deben ser incluídas. Este es el caso del sesgo de especificación ocasionado por la **variable excluida**. Frecuentemente, la inclusión de tales variables elimina el patrón de correlación observado entre los residuales. Por ejemplo, supóngase que se tiene el siguiente modelo de demanda:

$$Y_t = \beta_1 + \beta_2 X_{2t} + \beta_3 X_{3t} + \beta_4 X_{4t} + u_t \qquad (12.1.2)$$

donde Y = cantidad de carne de res demandada, X_2 = precio de la carne de res, X_3 = ingreso del consumidor, X_4 = precio del cerdo, y t = tiempo[3]. Sin embargo, por alguna razón se efectúa la siguiente regresión:

$$Y_t = \beta_1 + \beta_2 X_{2t} + \beta_3 X_{3t} + v_t \qquad (12.1.3)$$

Ahora, si (12.1.2) es el modelo «correcto» o el «verdadero» o la relación verdadera, efectuar (12.1.3) equivale a permitir que $v_t = \beta_4 X_{4t} + u_t$. Así, en la medida en que el precio del cerdo afecte el consumo de carne de res, el término de error o de perturbación v reflejará un patrón sistemático, creando así (una falsa) autocorrelación. Una prueba sencilla de esto sería llevar a cabo (12.1.2) y (12.1.3) y ver si la autocorrelación observada en el modelo (12.1.3), de existir, desaparece cuando se efectúa (12.1.2)[4]. El mecanismo para detectar la autocorrelación será analizado en la sección 12.5 donde se mostrará que gráficas de los residuos de las regresiones (12.1.2) y (12.1.3) con frecuencia aclaran bastante el problema de correlación serial.

Sesgo de especificación: forma funcional incorrecta. Supóngase que el modelo «verdadero» o correcto en un estudio de costo-producción es el siguiente:

$$\text{Costo Marginal}_i = \beta_1 + \beta_2 \text{ producción}_i + \beta_3 \text{ producción}_i^2 + u_i \qquad (12.1.4)$$

pero se ajusta el siguiente modelo:

$$\text{Costo marginal}_i = \alpha_1 + \alpha_2 \text{ producción}_i + v_i \qquad (12.1.5)$$

---

[3]Por convención, se utilizará el subíndice t para denotar información de series de tiempo y el subíndice usual i para datos de corte transversal.

[4]Si se encuentra que el problema real es de sesgo de especificación y no de autocorrelación, entonces, como se indica en la sección 7.7, los estimadores MCO de los parámetros (12.1.3) pueden ser sesgados al igual que inconsistentes. Para mayores detalles, *véase* Davidson y MacKinnon, *op. cit.*, pp. 327-328. *Véase* también su cita dada al principio de este capítulo.

La curva de costo marginal correspondiente al «verdadero» modelo se muestra en la figura 12.2 junto con la curva «incorrecta» de costo lineal.

Como se muestra en la figura 12.2, entre los puntos A y B, la curva de costo marginal lineal sobreestimará consistentemente al costo marginal verdadero, mientras que más allá de estos puntos ésta lo subestimará consistentemente. Este resultado es de esperarse porque el término de perturbación v_i es, en realidad, igual a la producción^2 + u_i, y, por tanto, capta el efecto sistemático del término producción^2 sobre el costo marginal. En este caso, v_i reflejará autocorrelación por el uso de una forma funcional incorrecta. En el capítulo 13 se considerarán diversos métodos para detectar sesgos de especificación.

Fenómeno de la telaraña. La oferta de muchos productos agrícolas refleja el llamado fenómeno de la telaraña en donde la oferta reacciona al precio con un rezago de un período de tiempo debido a que la implementación de las decisiones de oferta toman tiempo (período de gestación). Por tanto, en la siembra de cosechas al principio de este año, los agricultores están influenciados por el precio prevaleciente el año anterior, de tal forma que su función de oferta es

$$\text{Oferta}_t = \beta_1 + \beta_2 P_{t-1} + u_t \qquad (12.1.6)$$

Supóngase que al final del periodo t, el precio P_t resulta ser inferior a P_{t-1}. Por consiguiente, es muy probable que los agricultores decidan producir en el período $t + 1$ menos de lo que produjeron en el período t. Obviamente, en esta situación no se espera que las perturbaciones u_i sean aleatorias porque si los agricultores producen excedentes en el año t, es probable que reduzcan su producción en $t + 1$ y así sucesivamente, conduciendo a un patrón de telaraña.

Rezagos. En una regresión de series de tiempo del gasto de consumo sobre el ingreso, no es extraño encontrar que el gasto de consumo en el período actual dependa, entre otras cosas, del gasto de consumo del período anterior. Es decir,

$$\text{Consumo}_t = \beta_1 + \beta_2 \text{ ingreso}_t + \beta_3 \text{ consumo}_{t-1} + u_t \qquad (12.1.7)$$

Una regresión tal como (12.1.7) se conoce como **autorregresión** porque una de las variables explicativas es el valor rezagado de la variable dependiente. (Estos modelos se estudiarán en el capítulo 17). El razonamiento para un modelo tal como (12.1.7) es sencillo. Los consumidores no cambian sus hábitos de consumo fácilmente por razones sicológicas, tecnológicas o institucionales. Ahora, si ignoramos el término rezagado en (12.1.7), el término de error resultante reflejará un patrón sistemático debido a la influencia del consumo rezagado sobre el consumo actual.

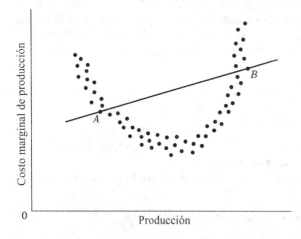

FIGURA 12.2
Sesgo de especificación: forma funcional incorrecta.

«Manipulación» de datos. En el análisis empírico, los datos simples son frecuentemente «manipulados». Por ejemplo, en las regresiones de series de tiempo que contienen información trimestral, esa información generalmente se deriva de información mensual agregando simplemente las observaciones de tres meses y dividiendo la suma por 3. Este procedimiento de promediar las cifras introduce cierto suavizamiento en los datos al eliminar las fluctuaciones en la información mensual. Por consiguiente, la gráfica referente a información trimestral aparece mucho más suave que la que contiene la información mensual y este suavizamiento puede, en sí mismo, inducir a un patrón sistemático en las perturbaciones, introduciendo con esto autocorrelación. Otra fuente de manipulación es la **interpolación** o **extrapolación** de la información. Por ejemplo, el Censo de Población es realizado cada 10 años en los Estados Unidos y fueron efectuados los dos últimos en 1990 y 1980. Ahora bien, si se necesita obtener datos para algún año comprendido en el período intercensal 1980-1990, la práctica común consiste en la interpolación con base an algunos supuestos *ad hoc*. Todas estas técnicas de «manejo» podrían imponer sobre la información un patrón sistemático que pudiera no estar presente en la información original[5].

Antes de concluir esta sección, obsérvese que el problema de autocorrelación es generalmente más común en los datos de series de tiempo, aunque puede presentarse y, de hecho, se presenta en la información de corte transversal. En la información de series de tiempo, las observaciones están ordenadas en orden cronológico. Por consiguiente, es probable que haya intercorrelaciones entre las observaciones sucesivas especialmente si el intervalo de tiempo entre éstas es corto, como por ejemplo un día, una semana o un mes en lugar de un año. Generalmente, no hay tal orden cronológico en la información de corte transversal, aunque en algunos casos puede existir un orden similar. De esta forma, en una regresión de corte transversal del gasto de consumo sobre el ingreso, donde las unidades de las observaciones son los 50 estados de los Estados Unidos, es posible que la información esté ordenada en forma de grupos tales como sur, suroeste, norte, etc. Puesto que es probable que el patrón de consumo difiera entre una región geográfica y otra, aunque sean sustancialmente similares dentro de una región dada, los residuales estimados de la regresión pueden presentar un patrón sistemático asociado con diferencias regionales. El punto de anotar es que, aunque la incidencia de la autocorrelación está asociada predominantemente con la información de series de tiempo, ésta puede presentarse en la información de corte transversal. Algunos autores denominan la autocorrelación como información de corte transversal **autocorrelación espacial**, es decir, correlación en el espacio más que en el tiempo. Sin embargo, es importante recordar que en el análisis de corte transversal, el ordenamiento de la información debe tener alguna lógica o interés económico para dar sentido a cualquier determinación de si hay o no presencia de autocorrelación.

Debe mencionarse también que la autocorrelación puede ser positiva o negativa, aunque generalmente muchas series económicas de tiempo presentan autocorrelación positiva porque la mayor parte de éstas se mueven hacia arriba o hacia abajo durante períodos prolongados de tiempo. El comportamiento que se muestra en la figura 12.3*b* de movimientos constantes hacia arriba y hacia abajo no es frecuente.

12.2 ESTIMACIÓN MCO EN PRESENCIA DE AUTOCORRELACIÓN

¿Qué les sucede a los estimadores MCO y a sus varianzas si se introduce autocorrelación en las perturbaciones, suponiendo que $E(u_i u_j) \neq 0$ $(i \neq j)$, pero se conservan todos los demás supuestos del modelo clásico? Una vez más, se vuelve al modelo de regresión con dos variables para explicar las

---

[5] Al respecto, *véase* William H. Greene, *Econometric Analysis*, Macmillan, 2a. ed., New York, 1993, p. 413.

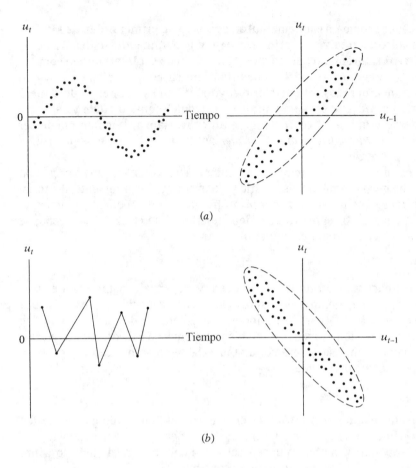

FIGURA 12.3
(a) Autocorrelación positiva (b) Autocorrelación negativa.

ideas básicas aquí contenidas, a saber, $Y_t = \beta_1 + \beta_2 X_t + u_t$, donde t denota los datos u observaciones en el tiempo t; obsérvese que ahora se está tratando con información de series de tiempo.

Para orientar el camino, se debe ahora suponer el mecanismo que generan las u_t, ya que $E(u_t \cdot u_{t+s}) \neq 0$ $(s \neq 0)$ es muy general como supuesto para ser de alguna utilidad práctica. Como punto de partida, o primera aproximación, se puede suponer que las perturbaciones se generan de la siguiente manera:

$$u_t = \rho u_{t-1} + \varepsilon_t \qquad -1 < \rho < 1 \qquad (12.2.1)$$

donde ρ se conoce como el **coeficiente de autocovarianza** y donde ε_t es la perturbación estocástica establecida de tal forma que satisface los supuestos MCO estándar, a saber,

$$\begin{aligned} E(\varepsilon_t) &= 0 \\ \mathrm{var}(\varepsilon_t) &= \sigma^2 \\ \mathrm{cov}(\varepsilon_t, \varepsilon_{t+s}) &= 0 \qquad s \neq 0 \end{aligned} \qquad (12.2.2)$$

El esquema (12.2.1) se conoce como un **esquema autorregresivo de primer orden de Markov** o simplemente un **esquema autorregresivo de primer orden** y generalmente se denota como AR(1). El nombre *autorregresivo* es apropiado puesto que (12.2.1) puede ser interpretado como la regresión de u_t sobre su propio rezago un período. Es de primer orden porque solamente u_t y su valor pasado inmediato están involucrados, es decir, el rezago máximo es 1. Si el modelo fuera $u_t = \rho_1 u_{t-1} + \rho_2 u_{t-2} + \varepsilon_t$, sería un AR (2) o esquema autorregresivo de segundo orden y así sucesivamente. A propósito, obsérvese que ρ, el coeficiente de autocovarianza, también puede ser interpretado como el *coeficiente de autocorrelación de primer orden*, o, en forma más precisa, *el coeficiente de autocorrelación del rezago 1*[6].

Lo que (12.2.1) postula es que el movimiento o desplazamiento en u_t consta de dos partes: una parte ρu_{t-1}, que corresponde a un desplazamiento sistemático y la otra ε_t que es puramente aleatoria.

Antes de proseguir, obsérvese que no hay razón *a priori* por la cual no podamos adoptar un AR(2) o AR(3) o cualquier esquema autorregresivo de orden superior al de (12.2.1). De hecho, se hubiera podido suponer que u_t es generado por el siguiente mecanismo:

$$u_t = v_t + \lambda v_{t-1} \qquad (12.2.3)$$

donde v es un término de perturbación aleatorio con media cero y varianza constante y λ es una constante tal que $|\lambda| < 1$. El esquema generador de errores (12.2.3) es conocido como un **media móvil de primer orden** o **esquema MA(1)** porque comprende la obtención del promedio de dos variables aleatorias adyacentes. Es posible considerar también esquemas MA de órdenes mayores.

No sólo eso, se puede suponer que u_t se genera por una mezcla de procesos autorregresivos y de medias móviles. Por ejemplo, se puede considerar

$$u_t = \rho u_{t-1} + v_t + \lambda v_{t-1} \qquad (12.2.4)$$

que es llamado, apropiadamente, **esquema ARMA(1,1)** puesto que es una combinación de los esquemas autorregresivo de primer orden y de media móvil de primer orden. Por supuesto, los esquemas ARMA de órdenes superiores también pueden ser considerados. En el capítulo sobre series de tiempo econométricas (capítulo 22) se retornará a este tema[7].

Por el momento, se utiliza el esquema AR(1) dado en (12.2.1), no solamente por su simplicidad, sino también porque en muchas aplicaciones ha demostrado ser bastante útil. Además, se ha realizado una gran cantidad de trabajo teórico y empírico sobre el esquema AR(1).

Ahora, el estimador MCO de β_2, como es usual, es

$$\hat{\beta}_2 = \frac{\sum x_t y_t}{\sum x_t^2} \qquad (12.2.5)$$

---

[6]Este nombre puede justificarse fácilmente. Por definición, el coeficiente de correlación (poblacional) entre u_t y u_{t-1} es

$$\rho = \frac{E\{[u_t - E(u_t)][u_{t-1} - E(u_{t-1})]\}}{\sqrt{\operatorname{var}(u_t)}\sqrt{\operatorname{var}(u_{t-1})}}$$

$$= \frac{E(u_t u_{t-1})}{\operatorname{var}(u_{t-1})}$$

puesto que $E(u_t) = 0$ para cada t y $\operatorname{var}(u_t) = \operatorname{var}(u_{t-1})$ porque estamos conservando el supuesto de homoscedasticidad. El lector puede ver que ρ es también el coeficiente de pendiente en la regresión de u_t sobre u_{t-1}.

[7]El cual es conocido como el enfoque de Box-Jenkins a la modelización de series de tiempo y está basado en los mecanismos de generación de error AR, MA y ARMA.

pero su varianza, dado el esquema AR(1), es ahora

$$\text{var}(\hat{\beta}_2)_{\text{AR1}} = \frac{\sigma^2}{\sum x_t^2} + \frac{2\sigma^2}{\sum x_t^2}\left[\rho\frac{\sum_{t=1}^{n-1}x_t x_{t+1}}{\sum_{t=1}^{n}x_t^2} + \rho^2\frac{\sum_{t=1}^{n-2}x_t x_{t+2}}{\sum_{t=1}^{n}x_t^2} + \cdots + \rho^{n-1}\frac{x_1 x_n}{\sum_{t=1}^{n}x_t^2}\right]$$

$$(12.2.6)$$

donde $\text{var}(\hat{\beta}_2)_{\text{AR1}}$ significa varianza de $\hat{\beta}_2$ bajo el esquema autorregresivo de primer orden. Realícese el contraste entre esta fórmula y la fórmula corriente en ausencia de autocorrelación:

$$\text{var}(\hat{\beta}_2) = \frac{\sigma^2}{\sum x_t^2} \qquad (12.2.7)$$

Una comparación de (12.2.6) con (12.2.7) muestra que la primera es igual a la última más un término que depende de ρ, igual que de las covarianzas muestrales entre los valores que toma X. En general, no se puede decir que la $\text{var}(\hat{\beta}_2)$ sea menor o mayor que $\text{var}(\hat{\beta}_2)_{\text{AR1}}$ [*véase* ecuación (12.4.1) más adelante]. Por supuesto, si ρ es cero, las dos fórmulas coincidirán, como debería ser. (¿Por qué?)

Supóngase que se sigue utilizando el estimador MCO $\hat{\beta}_2$ y se ajusta la fórmula de varianza corriente, teniendo en cuenta el esquema AR(1). Es decir, se utiliza el $\hat{\beta}_2$ dado por (12.2.5) pero se usa la fórmula de varianza dada por (12.2.6). ¿Cómo son ahora las propiedades de $\hat{\beta}_2$? Es fácil de probar que $\hat{\beta}_2$ es aun lineal e insesgado. En realidad, como se observa en el apéndice 3A, sección 3A.2, no se requiere el supuesto de no correlación serial, ni el supuesto de no heteroscedasticidad, para demostrar que $\hat{\beta}_2$ es insesgado. ¿Es $\hat{\beta}_2$ aun MELI? Desafortunadamente, no lo es; en la clase de estimadores lineales e insesgados, éste no tiene varianza mínima.

En resumen, aunque $\hat{\beta}_2$ es lineal-insesgado, éste no es eficiente (hablando en términos relativos, por supuesto). El lector notará que este hallazgo es bastante similar al hallazgo de que $\hat{\beta}_2$ es menos eficiente en presencia de heteroscedasticidad. Allí se vió que el estimador eficiente era el estimador de mínimos cuadrados ponderados, $\hat{\beta}_2^*$, dado en (11.3.8), un caso especial del estimador de mínimos cuadrados generalizados (MCG). ¿En el caso de autocorrelación se puede encontrar un estimador que sea MELI? La respuesta es sí, como puede verse del análisis en la siguiente sección.

12.3 ESTIMADOR MELI EN PRESENCIA DE AUTOCORRELACIÓN

Continuando con el modelo de dos variables y suponiendo el proceso AR(1), es posible demostrar que el estimador MELI de β_2 está dado por la siguiente expresión[8]:

$$\hat{\beta}_2^{\text{MCG}} = \frac{\sum_{t=2}^{n}(x_t - \rho x_{t-1})(y_t - \rho y_{t-1})}{\sum_{t=2}^{n}(x_t - \rho x_{t-1})^2} + C \qquad (12.3.1)$$

---

[8]Para las demostraciones, *véase* Jan Kmenta, *Elements of Econometrics*, Macmillan, New York, 1971, pp. 274-275. El factor de corrección C se refiere a la primera observación, (Y_1, X_1). Sobre este punto, *véase* el ejercicio 12.18.

donde C es un factor de corrección que puede ser ignorado en la práctica. Obsérvese que el subíndice t varía ahora de $t = 2$ a $t = n$. Y su varianza está dada por

$$
\operatorname{var} \hat{\beta}_2^{MCG} = \frac{\sigma^2}{\sum_{t=2}^{n} (x_t - \rho x_{t-1})^2} + D
\tag{12.3.2}
$$

donde también D es un factor de corrección que también puede ser ignorado en la práctica. (*Véase* ejercicio 12.18).

El estimador $\hat{\beta}_2^{MCG}$, como lo sugiere el superíndice, se obtiene por el método de MCG. Como se mencionó en el capitulo 11, en MCG se incorpora directamente cualquier información adicional que tengamos (por ejemplo, la naturaleza de la heteroscedasticidad o de la autocorrelación) en el proceso de estimación mediante la transformación de variables, mientras que en MCO, tal información no se tiene en consideración directamente. Como el lector puede ver, el estimador MCG de β_2 dado en (12.3.1) incorpora el parámetro de autocorrelación ρ en la fórmula de estimación, mientras que la fórmula MCO dada en (12.2.5) simplemente lo ignora. Intuitivamente, esta es la razón por la cual el estimador MCG es MELI y el estimador MCO no lo es —el estimador MCG hace uso máximo de la información disponible[9]. No es preciso mencionar que si $\rho = 0$, no hay información adicional que deba ser considerada y, por tanto, los estimadores MCG y MCO son idénticos.

En resumen, bajo autocorrelación, el estimador MCG dado en (12.3.1) es MELI y la varianza mínima está dada ahora por (12.3.2) y no por (12.2.6) y, obviamente, no por (12.2.7).

¿Qué sucede si se continúa trabajando con el procedimiento MCO usual a pesar de la autocorrelación? La respuesta se da en la siguiente sección.

12.4 CONSECUENCIAS DE UTILIZAR MCO EN PRESENCIA DE AUTOCORRELACIÓN

Como en el caso de la heteroscedasticidad, en presencia de autocorrelación los estimadores MCO continúan siendo lineales-insesgados al igual que consistentes, pero dejan de ser eficientes (es decir, no tienen mínima varianza) ¿Qué sucede entonces con los procedimientos usuales de prueba de hipótesis si se continúan utilizando los estimadores MCO? Nuevamente, como en el caso de heteroscedasticidad, se distinguen dos casos. Por razones pedagógicas, se continúa trabajando con el modelo de dos variables, aunque el siguiente análisis puede extenderse a regresiones múltiples sin mucho esfuerzo[10].

Estimación MCO permitiendo la autocorrelación

Como se mencionó, $\hat{\beta}_2$ no es MELI y aun si se fuera a usar $\operatorname{var}(\hat{\beta}_2)_{AR1}$, es probable que los intervalos de confianza derivados de allí sean más amplios que aquellos basados en el procedimiento MCG. Como lo indica Kmenta, es probable que éste sea el resultado aun si el tamaño de la muestra se incrementa

---

[9]La prueba formal de que $\hat{\beta}_2^{MCG}$ es MELI puede encontrarse en Kmenta, *ibid*. Pero la tediosa prueba algebraica se puede simplificar considerablemente utilizando notación matricial. *Véase* J. Johnston, *Econometric Methods*, 3a. ed., McGraw-Hill, New York, 1984, pp. 291-293.

[10]Pero el álgebra matricial se convierte casi en una necesidad para evitar tediosas manipulaciones algebraicas.

indefinidamente[11]. Es decir, $\hat{\beta}_2$ no es asintóticamente eficiente. La implicación de este hallazgo para la prueba de hipótesis es clara: es probable que se declare un coeficiente estadísticamente no significativo (es decir, no diferente de cero) aunque en realidad pueda serlo (es decir, si se basa en el procedimiento MCG correcto). Esta diferencia puede verse claramente de la figura 12.4. En esta figura se muestran intervalos de confianza al 95% MCO [AR(1)] y MCG suponiendo que el verdadero $\beta_2 = 0$. Considérese una estimación particular de β_2, por ejemplo b_2. Puesto que b_2 cae en el intervalo de confianza MCO, se puede aceptar la hipótesis de que el verdadero β_2 es cero con un 95% de confianza. Pero, si fuéramos a utilizar el intervalo de confianza MCG (correcto), se podría rechazar la hipótesis nula de que el verdadero β_2 es cero, ya que b_2 cae dentro de la región de rechazo.

El mensaje es: Para establecer intervalos de confianza y probar hipótesis debe utilizarse MCG y no MCO, aun cuando los estimadores derivados de éste último sean insesgados y consistentes.

Estimación MCO ignorando la autocorrelación

La situación es potencialmente muy grave si no solamente se utiliza $\hat{\beta}_2$, sino que también se continúa utilizando $\text{var}(\hat{\beta}_2) = \sigma^2/\sum x_t^2$, con lo cual se ignora completamente el problema de autocorrelación, es decir, se cree erróneamente que los supuestos usuales del modelo clásico se mantienen. Surgirán errores por las siguientes razones:

1. Es probable que la varianza residual $\hat{\sigma}^2 = \sum \hat{u}_t^2/(n - 2)$ subestime la verdadera σ^2.
2. Como resultado, es probable que se sobreestime R^2.
3. Aun si σ^2 no está subestimada, $\text{var}(\hat{\beta}_2)$ puede subestimar $\text{var}(\hat{\beta}_2)_{AR1}$ [ecuación 12.2.6], su varianza bajo autocorrelación (de primer orden), aun cuando ésta última es ineficiente comparada con $\text{var}(\hat{\beta}_2)^{MCG}$.
4. Por consiguiente, las pruebas de significancia t y F usuales dejan de ser válidas y, de ser éstas aplicadas, es probable que conduzcan a conclusiones erróneas sobre la significancia estadística de los coeficientes de regresión estimados.

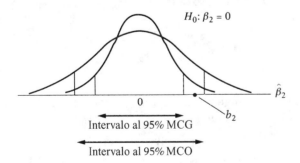

FIGURA 12.4
Intervalos de confianza al 95% de MCG y MCO.

---

[11]*Véase* Kmenta, *op. cit.*, pp. 277-278.

Para establecer algunas de estas proposiciones, téngase en cuenta el modelo de dos variables. Se sabe del capítulo 3, que bajo el supuesto clásico,

$$\hat{\sigma}^2 = \frac{\sum \hat{u}_i^2}{(n-2)}$$

constituye un estimador insesgado de σ^2, es decir, $E(\hat{\sigma}^2) = \sigma^2$. Pero si hay autocorrelación, dada por AR(1), puede mostrarse que

$$E(\hat{\sigma}^2) = \frac{\sigma^2\{n - [2/(1-\rho)] - 2\rho r\}}{n-2} \tag{12.4.1}$$

donde $r = \sum_{t=1}^{n-1} x_t x_{t-1} / \sum_{t=1}^{n} x_t^2$, que puede ser interpretado como el coeficiente de correlación (muestral) entre valores sucesivos de las X[12]. Si ρ y r son ambos positivos (lo cual no es un supuesto improbable para la mayoría de las series de tiempo de económicas), es claro de (12.4.1) que $E(\hat{\sigma}^2) < \sigma^2$ es decir, la fórmula usual de varianza residual, en promedio, subestimará la verdadera σ^2. En otras palabras, $\hat{\sigma}^2$ estará sesgada hacia abajo. Sobra decir, este sesgo en $\hat{\sigma}^2$ será transmitido a $\text{var}(\hat{\beta}_2)$ pues, en la práctica, ésta última se estima mediante la fórmula $\hat{\sigma}^2/\sum x_t^2$.

Pero aun si σ^2 no es subestimada, var $(\hat{\beta}_2)$ es un estimador *sesgado* de $\text{var}(\hat{\beta}_2)_{\text{AR1}}$, lo cual puede verse fácilmente comparando (12.2.6) con (12.2.7)[13], ya que las dos fórmulas no son iguales. En realidad, si ρ es positivo (lo cual es cierto para la mayoría de las series de tiempo económicas) y las X están correlacionadas positivamente (que también es cierto para la mayoría de las series de tiempo económicas), entonces es claro que

$$\text{var}(\hat{\beta}_2) < \text{var}(\hat{\beta}_2)_{\text{AR1}} \tag{12.4.2}$$

es decir, la varianza MCO usual de $\hat{\beta}_2$ subestima su varianza bajo AR(1). Por consiguiente, si se utiliza var($\hat{\beta}_2$), se estará inflando la precisión o exactitud (es decir, se subestima el error estándar) del estimador $\hat{\beta}_2$. Como resultado, al calcular la razón t como $t = \hat{\beta}_2/\text{se}(\hat{\beta}_2)$ (bajo la hipótesis de que $\beta_2 = 0$), se está sobreestimando el valor de t y, por tanto, la significancia estadística de β_2 estimado. La situación tiende a empeorar si adicionalmente, σ^2 está subestimada, como se anotó anteriormente.

Para ver la forma como es probable que MCO subestime σ^2 y la varianza de $\hat{\beta}_2$, se realiza el siguiente **experimento de Monte Carlo**. Supóngase que en el modelo de dos variables, «se conoce» el verdadero $\beta_1 = 1$ y $\beta_2 = 0.8$. Por consiguiente, la FRP estocástica es

$$Y_t = 1.0 + 0.8X_t + u_t \tag{12.4.3}$$

Por tanto,

$$E(Y_t \mid X_t) = 1.0 + 0.8X_t \tag{12.4.4}$$

lo cual da la verdadera línea de regresión poblacional. Supóngase que los u_t se generan mediante el esquema autorregresivo de primer orden de la siguiente manera:

$$u_t = 0.7u_{t-1} + \varepsilon_t \tag{12.4.5}$$

---

[12]*Véase* S.M. Goldfield y R.E. Quandt, *Nonlinear Methods in Econometrics,* North Holland Publishing Company, Amsterdam, 1972, p. 183. A propósito, *obsérvese* que si los errores están autocorrelacionados positivamente, el valor R^2 tiende a tener un sesgo hacia arriba, es decir, tiende a ser más grande que el R^2 en ausencia de tal correlación.

[13]Para una prueba formal, *véase* Kmenta, *op. cit.*, p. 281.

donde ε_t satisface todos los supuestos MCO. Supóngase además, por convenciencia, que los ε_t están normalmente distribuidos con media cero y varianza unitaria ($=1$). La ecuación (12.4.5) postula que las perturbaciones consecutivas están correlacionadas positivamente, con un coeficiente de autocorrelación de $+0.7$, un grado más bien alto de dependencia.

Ahora, utilizando una tabla de números aleatorios normales con media cero y varianza unitaria, se generan los 10 números aleatorios que se muestran en la tabla 12.1 mediante el esquema (12.4.5). Para iniciar el esquema, se necesita especificar el valor inicial de u, por ejemplo, $u_0 = 5$.

Graficando las u_t generadas en la tabla 12.1, se obtiene la figura 12.5 que muestra que inicialmente en forma sucesiva, cada u_t tiene un valor más alto, que su valor anterior y posteriormente éste generalmente es menor que su valor anterior mostrando, en general, una autocorrelación positiva.

Ahora, supóngase que los valores de X están dados en 1, 2, 3,..., 10. Entonces, dadas estas X, se puede generar una muestra de 10 valores Y de (12.4.3) y los valores de u_t dados en la tabla 12.1. Los detalles se dan en la tabla 12.2. Utilizando la información de la tabla 12.2, si se efectúa la regresión de Y sobre X, se obtiene la siguiente regresión (muestral):

$$\hat{Y}_t = \begin{array}{cc} 6.5452 + & 0.3051X_t \\ (0.6153) & (0.0992) \\ t = (10.6366) & (3.0763) \\ r^2 = 0.5419 & \hat{\sigma}^2 = 0.8114 \end{array} \qquad (12.4.6)$$

mientras que la verdadera línea de regresión es como la dada por (12.4.4). Ambas líneas de regresión están dadas en la figura 12.6, la cual muestra claramente cuánto distorsiona la línea de regresión ajustada a la verdadera línea de regresión; ésta subestima seriamente al verdadero coeficiente de pendiente pero sobreestima el intercepto verdadero. (Sin embargo, obsérvese que los estimadores MCO son aún insesgados).

La figura 12.6 también muestra por qué es probable que la verdadera varianza de u_i esté subestimada por el estimador $\hat{\sigma}^2$, el cual es calculado a partir de las $\hat{u}_i$. Las $\hat{u}_i$ generalmente están cerca de la línea ajustada (la cual se debe al procedimiento MCO) pero se desvía sustancialmente de la verdadera FRP. Por tanto, éstas no dan una imagen correcta de u_i.

TABLA 12.1
Un ejemplo hipotético de términos de error positivamente autocorrelacionados

	ε_t^*	$u_t = 0.7\,u_{t-1} + \varepsilon_t$
0	0	$u_0 = 5$ (supuesto)
1	0.464	$u_1 = 0.7(5) + 0.464 = 3.964$
2	2.026	$u_2 = 0.7(3.964) + 2.0262 = 4.8008$
3	2.455	$u_3 = 0.7(4.8010) + 2.455 = 5.8157$
4	-0.323	$u_4 = 0.7(5.8157) - 0.323 = 3.7480$
5	-0.068	$u_5 = 0.7(3.7480) - 0.068 = 2.5556$
6	0.296	$u_6 = 0.7(2.5556) + 0.296 = 2.0849$
7	-0.288	$u_7 = 0.7(2.0849) - 0.288 = 1.1714$
8	1.298	$u_8 = 0.7(1.1714) + 1.298 = 2.1180$
9	0.241	$u_9 = 0.7(2.1180) + 0.241 = 1.7236$
10	-0.957	$u_{10} = 0.7(1.7236) - 0.957 = 0.2495$

* Obtenido de *A Million Random Digits and One Hundred Thousand Deviates,* Rand Corporation, Santa Mónica, California, 1950.

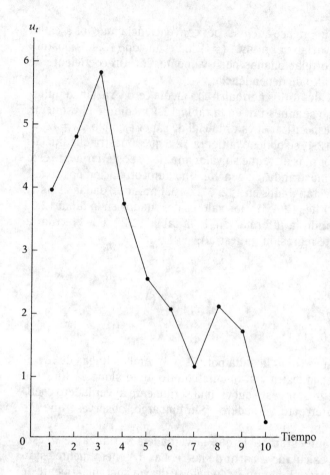

FIGURA 12.5
Correlación generada por el esquema
$u_t = 0.7u_{t-1} + \varepsilon_t$ (tabla 12.1).

Para tener una mejor idea de hasta dónde se subestima el verdadero valor de σ^2, supóngase que se lleva a cabo otro experimento de muestreo. Manteniendo los valores de X_t y ε_t dados en las tablas 12.1 y 12.2, supóngase que $\rho = 0$, es decir, que no hay autocorrelación. La nueva muestra de valores de Y, así generados, está dada en la tabla 12.3.

TABLA 12.2
Generación de valores muestrales de Y

X_t	u_t^*	$Y_t = 1.0 + 0.8X_t + u_t$
1	3.9640	$Y_1 = 1.0 + 0.8(1) + 3.9640 = 5.7640$
2	4.8010	$Y_2 = 1.0 + 0.8(2) + 4.8008 = 7.4008$
3	5.8157	$Y_3 = 1.0 + 0.8(3) + 5.8157 = 9.2157$
4	3.7480	$Y_4 = 1.0 + 0.8(4) + 3.7480 = 7.9480$
5	2.5556	$Y_5 = 1.0 + 0.8(5) + 2.5556 = 7.5556$
6	2.0849	$Y_6 = 1.0 + 0.8(6) + 2.0849 = 7.8849$
7	1.1714	$Y_7 = 1.0 + 0.8(7) + 1.1714 = 7.7714$
8	2.1180	$Y_8 = 1.0 + 0.8(8) + 2.1180 = 9.5180$
9	1.7236	$Y_9 = 1.0 + 0.8(9) + 1.7236 = 9.9236$
10	0.2495	$Y_{10} = 1.0 + 0.8(10) + 0.2495 = 9.2495$

*Obtenido de la tabla 12.1.

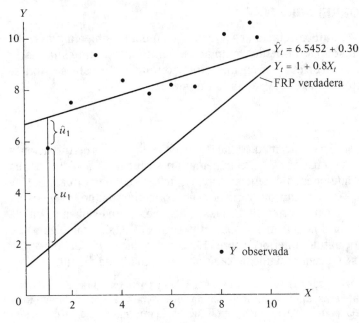

FIGURA 12.6
FRP verdadera y línea de regresión estimada para los datos de la tabla 12.2.

La regresión basada en la tabla 12.3 es la siguiente:

$$\hat{Y}_t = 2.5345 + 0.6145X_t$$
$$(0.6796) \quad (0.1087)$$
$$t = (3.7910) \quad (5.6541)$$
$$r^2 = 0.7997 \qquad \hat{\sigma}^2 = 0.9752$$

(12.4.7)

Esta regresión es mucho más cercana a la «verdadera» porque las Y son ahora esencialmente aleatorias. Obsérvese que $\hat{\sigma}^2$ ha aumentado de $0.8114(\rho = 0.7)$ a $0.9752(\rho = 0)$. Obsérvese también que los errores estándar de $\hat{\beta}_1$ y $\hat{\beta}_2$ han aumentado. Este resultado está de acuerdo con los resultados teóricos considerados anteriormente.

TABLA 12.3
Muestra de valores Y con correlación serial igual a cero

X_t	$\varepsilon_t = u_t^*$	$Y_t = 1.0 + 0.8X_t + \varepsilon_t$
1	0.464	2.264
2	2.026	4.626
3	2.455	5.855
4	−0.323	3.877
5	−0.068	4.932
6	0.296	6.096
7	−0.288	6.312
8	1.298	8.698
9	0.241	8.441
10	−0.957	8.043

* Puesto que no hay autocorrelación, las u_t y ε_t son idénticas. Las ε_t son tomadas de la tabla 12.1.

12.5 DETECCIÓN DE LA AUTOCORRELACIÓN

Como se demostró en la sección 12.4, la autocorrelación es potencialmente un problema grave. Por consiguiente, las medidas remediales son ciertamente apropiadas. Por supuesto, antes de hacer algo, es esencial averiguar si existe autocorrelación en una situación dada. En esta sección se considerarán algunas pruebas de correlación serial usadas comúnmente.

Método gráfico

Recuérdese que el supuesto de no autocorrelación del modelo clásico se relaciona con las perturbaciones poblacionales u_t, las cuales no pueden ser observadas directamente. En su lugar, se dispone de sus valores apoximados, los residuales $\hat{u}_t$ que pueden obtenerse a partir del procedimiento usual MCO. Aunque las $\hat{u}_t$ no son lo mismo que las u_t[14], con mucha frecuencia un examen visual de las $\hat{u}$ nos da algunas claves sobre la posible presencia de autocorrelación en las u. Realmente, un examen visual de $\hat{u}_t$ (o $\hat{u}_t^2$) puede proporcionar información útil no solamente sobre autocorrelación, sino también sobre heteroscedasticidad (como se vió en el capítulo anterior), sobre el grado de adecuación del modelo o sobre el sesgo de especificación, como se verá en el siguiente capítulo. Como lo afirma un autor:

> La importancia de producir y analizar gráficas [de residuos] como una parte estándar del análisis estadístico no puede ser enfatizada. Éstas, además de proporcionar ocasionalmente un resumen fácil para entender un problema complejo, permiten el examen simultáneo de la información, considerada en su conjunto, mientras que a la vez ilustran claramente el comportamiento de los casos individuales[15].

Hay diversas formas de examinar los residuales. Se puede simplemente graficarlos frente al tiempo, a través de una **gráfica de secuencia de tiempo**, como se hizo en la figura 12.7 que muestra los residuales obtenidos de la regresión de salarios sobre la productividad en los Estados Unidos durante el período 1960-1991 a partir de los datos que aparecen en el apéndice 12A. Los valores de estos residuales están dados en la tabla 12.4. (*Véase* también apéndice 12A, sección 12A.1). Alternativamente, se pueden graficar los **residuales estandarizados** frente al tiempo, los cuales también se muestran en la figura 12.7 y en la tabla 12.4. Los residuales estandarizados son simplemente las $\hat{u}_t$ divididas por $\hat{\sigma}$, el error estándar de la estimación ($= \sqrt{\hat{\sigma}^2}$). Obsérvese que $\hat{u}_t$ al igual que $\hat{\sigma}$ están medidos en las unidades en las cuales se mide la variable regresada Y. Los valores para $\hat{u}_t/\hat{\sigma}$ serán números puros (desprovistos de unidades de medición) y, por consiguiente, pueden ser comparados con los residuales estandarizados de otras regresiones. Además, los residuales estandarizados, tales como $\hat{u}_t$, tienen media igual a cero (¿Por qué?) y varianza *aproximadamente* igual a la unidad[16]. En muestras grandes, $(\hat{u}_t/\hat{\sigma})$ está distribuida en forma aproximadamente normal con media cero y varianza unitaria.

Al examinar la gráfica de secuencia de tiempo dada en la figura 12.7, se observa que tanto $\hat{u}_t$ como $\hat{u}_t$ estandarizados presentan un patrón similar al obtenido en la figura 12.1d, sugiriendo que tal vez las u_t no son aleatorias.

---

[14]Aun si las perturbaciones u_t son homoscedásticas y no están correlacionadas, sus estimadores, $\hat{u}_t$ son heteroscedásticos y autocorrelacionados. Al respecto, *véase* G.S. Maddala, *Introduction to Econometrics*, Macmillan, 2a. ed., New York, 1992, pp. 480-481.

[15]Stanford Weisberg, *Applied Linear Regression*, John Wiley & Sons, New York, 1980, p. 120.

[16]Realmente son los llamados **studentized residuals** [en términos de la prueba t de Student. N. del T.] los que tienen varianza unitaria. Pero en la práctica, los residuales estandarizados generalmente mostrarán la misma imagen que los studentized residuals y, por tanto, se puede confiar en ellos. Al respecto, *véase* Normal Draper y Harry Smith, *Applied Regression Analysis*, 2a. ed., John Wiley & Sons, New York, 1981, p. 144.

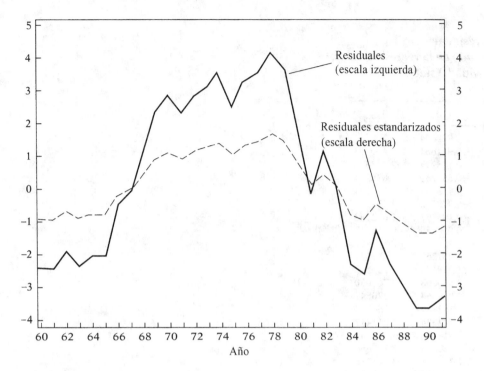

FIGURA 12.7
Residuales y residuales estandarizados de la regresión de salarios sobre productividad: *véase* apéndice 12A.

Para ver esto en forma diferente, se puede graficar $\hat{u}_t$ frente a $\hat{u}_{t-1}$, es decir, el residual en el tiempo t frente a su valor en el tiempo $(t-1)$, una clase de prueba empírica del esquema AR(1). Si los residuales no son aleatorios, se deben obtener gráficas similares a las que aparecen en la figura 12.3. Cuando se grafica $\hat{u}_t$ frente a $\hat{u}_{t-1}$ para la regresión salarios-productividad, se obtiene la gráfica que aparece en la figura 12.8; la información básica está dada en la tabla 12.4. Como lo revela esta figura, la mayoría de los residuales están agrupados en el primer (noreste) y tercer (suroeste) cuadrantes, sugiriendo fuertemente que hay correlación positiva en los residuales. Más adelante, se verá la forma de utilizar este conocimiento para eliminar el problema de autocorrelación (*Véase* sección 12.6).

Por naturaleza, el método gráfico que se acaba de exponer es esencialmente subjetivo o cualitativo. Sin embargo, hay diversas pruebas cuantitativas que pueden ser utilizadas para complementar el enfoque puramente cualitativo. A continuación se consideran algunas de estas pruebas.

Prueba de «las rachas»

Al reexaminar la figura 12.7, se observa una característica peculiar: Inicialmente, se tienen varios residuales que son negativos, luego se presenta una serie de residuales positivos y finalmente se observan muchos residuales, nuevamente negativos. Si los residuales fuesen puramente aleatorios, ¿sería posible observar tal patrón? Intuitivamente parece poco probable. Esta intuición puede verificarse mediante la llamada **prueba de «las rachas»**, conocida también algunas veces

TABLA 12.4
Residuales ($\hat{u}_t$) y residuales estandarizados ($\hat{u}_t/\hat{\sigma}$) de la regresión salarios-productividad, Estados Unidos, 1960-1991

Año	$\hat{u}_t$	$\hat{u}_t/\hat{\sigma}$	$\hat{u}_{t-1}$
1960	−2.409993	−0.922624	NA
1961	−2.433600	−0.931661	−2.409993
1962	−1.876264	−0.718295	−2.433600
1963	−2.342697	−0.896860	−1.876264
1964	−2.032917	−0.778266	−2.342697
1965	−2.032748	−0.778202	−2.032917
1966	−0.513517	−0.196591	−2.032748
1967	−0.132402	−0.050688	−0.513517
1968	1.063037	0.406965	−0.132402
1969	2.239265	0.857263	1.063037
1970	2.767930	1.059653	2.239265
1971	2.220547	0.850098	2.767930
1972	2.754114	1.054364	2.220547
1973	3.011447	1.152880	2.754114
1974	3.468447	1.327834	3.011447
1975	2.387666	0.914076	3.468447
1976	3.221236	1.233194	2.387666
1977	3.426122	1.311631	3.221236
1978	4.040456	1.546818	3.426122
1979	3.530841	1.351720	4.040456
1980	1.597454	0.611557	3.530841
1981	−0.254827	−0.097556	1.597454
1982	0.964233	0.369140	−0.254827
1983	−0.154652	−0.059206	0.964233
1984	−2.359201	−0.903179	−0.154652
1985	−2.673363	−1.023450	−2.359201
1986	−1.354143	−0.518410	−2.673363
1987	−2.344527	−0.897561	−1.354143
1988	−3.053972	−1.169159	−2.344527
1989	−3.725473	−1.426232	−3.053972
1990	−3.687362	−1.411642	−3.725473
1991	−3.311136	−1.267610	−3.687362

Fuente: $\hat{u}_t$ obtenidos de la regresión de salarios sobre productividad; *véase* apéndice 12A, sección. 12A.1. El valor de $\hat{\sigma}$ = 2.6121.

como **la prueba de Geary,** una prueba no paramétrica[17]. Para explicar esta prueba, se anotan simplemente los signos (+ o −) de los residuales de la regresión salarios-productividad dados en la tabla 12.4, columna 1.

$$(- - - - - - - -)(+ + + + + + + + + + + + +)(-)(+)(- - - - - - - -) \qquad (12.5.1)$$

---

[17]En las **pruebas no paramétricas** no se hacen supuestos sobre la distribución de donde se obtuvieron las observaciones. Sobre la prueba de Geary, *véase* R.C. Geary, «Relative Efficiency of Count of Sign Changes for Assessing Residual Autoregression in Least Squares Regression», *Biometrika*, vol. 57, 1970, pp. 123-127.

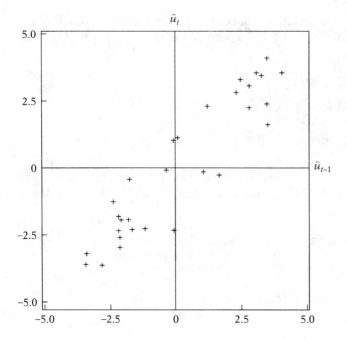

FIGURA 12.8
Residuales $\hat{u}_t$ vs. $\hat{u}_{t-1}$ de la regresión salarios-productividad.

Es así como hay 8 residuales negativos, seguidos por 13 residuales positivos, seguidos por 1 residual negativo y un residual positivo, seguido por 9 residuales negativos. Se define ahora una racha como una secuencia ininterrumpida de un símbolo o atributo, tal como + o −. Se expresa además la **longitud de una racha** como el número de elementos en ésta. En la secuencia mostrada en (12.5.1), hay 5 rachas: una racha de 8 signos menos (es decir, de longitud 8), una racha de 13 signos más (es decir de longitud 13), una racha de 1 signo menos (es decir, de longitud 1), una racha de 1 signo más (es decir, de longitud 1) y una racha de 9 signos menos (es decir, de longitud 9). Para un mejor efecto visual, hemos presentado las diversas rachas en paréntesis.

Al examinar el comportamiento de las rachas en una secuencia de observaciones estrictamente aleatoria, es posible derivar una prueba de aleatoriedad de las rachas. Se hace la siguiente pregunta: ¿Las 5 rachas observadas en el ejemplo ilustrativo consistente de 32 observaciones, son muchas o muy pocas en comparación con el número de rachas esperadas en una secuencia de 32 observaciones estrictamente aleatoria? Si hay muchas rachas, significa que en el ejemplo las $\hat{u}$ cambian de signo frecuentemente y se indica con esto una correlación serial negativa (compárese con fig. 12.3b). En forma similar, si hay muy pocas rachas, éstas pueden sugerir autocorrelación positiva, como en la figura 12.3a. Entonces, *a priori*, la figura 12.7 indicará una correlación positiva en los residuales.

Ahora sea:

$$n = \text{número total de observaciones} = n_1 + n_2$$
$$n_1 = \text{número de símbolos + (es decir, residuales +)}$$
$$n_2 = \text{número de símbolos − (es decir, residuales −)}$$
$$k = \text{número de rachas}$$

Entonces, bajo la hipótesis nula de que los resultados sucesivos (en este caso, residuales) son independientes y suponiendo que $n_1 > 10$ y $n_2 > 10$, el número de rachas está (asintóticamente) *normalmente* distribuido con

$$\text{media: } E(k) = \frac{2n_1 n_2}{n_1 + n_2} + 1$$

$$\text{varianza: } \sigma_k^2 = \frac{2n_1 n_2 (2n_1 n_2 - n_1 - n_2)}{(n_1 + n_2)^2 (n_1 + n_2 - 1)}$$

(12.5.2)

Si la hipótesis de aleatoriedad es sostenible, se debe esperar que k, el número de rachas obtenido en un problema, se encuentre entre $[E(k) \pm 1.96\sigma_k]$ al 95% de confianza. (¿Por qué?) Por consiguiente, se tiene esta regla:

Regla de decisión. No se rechace la hipótesis nula de aleatoriedad al 95% de confianza si $[E(k) - 1.96\sigma_k \leq k \leq E(k) + 1.96\sigma_k]$; rechácese la hipótesis nula si la k estimada se encuentra por fuera de estos límites.

En el ejemplo, $n_1 = 14$ y $n_2 = 18$. Por consiguiente, se obtiene

$$E(k) = 16.75$$
$$\sigma_k^2 = 7.49395 \qquad (12.5.3)$$
$$\sigma_k = 2.7375$$

Por tanto, el intervalo de confianza al 95%[18] es

$$[16.75 \pm 1.96\,(2.7375)] = (11.3845, 22.1155)$$

Puesto que el número de rachas es 5, éste claramente cae por fuera de este intervalo. Por consiguiente, se puede rechazar la hipótesis de que la secuencia observada de los residuales que se muestra en la figura 12.7 sea aleatoria, con el 95% de confianza.

Puesto que el número de observaciones puede ser pequeño para la prueba normal anterior, se invita al lector para que verifique, con base en los valores críticos de las rachas dados en el apéndice D, tabla D.6, que es posible llegar a la misma conclusión, a saber, que la secuencia observada no es aleatoria[19].

Si n_1 o n_2 son inferiores a 20, Swed y Eisenhart han desarrollado tablas especiales que proporcionan valores críticos de las rachas esperadas en una secuencia aleatoria de n observaciones. Estas tablas se dan en el apéndice D, tabla D.6.

Prueba d de Durbin-Watson[20]

La prueba más conocida para detectar correlación serial es la desarrollada por los estadísticos Durbin y Watson. Es comúnmente conocida como **el estadístico d de Durbin-Watson**, el cual se define como

---

[18]Se aconseja al lector verificar los cálculos anteriores.

[19]Utilizando los valores críticos de las rachas dadas en esta tabla, el lector debe verificar que para $n_1 = 14$ y $n_2 = 18$, los valores críticos inferior y superior de las rachas son 10 y 23 respectivamente.

[20]J. Durbin y G. S. Watson, «Testing for Serial Correlation in Least-Squares Regression» *Biometrika*, vol. 38, 1951, pp. 159-171.

$$d = \frac{\sum\limits_{t=2}^{t=n} (\hat{u}_t - \hat{u}_{t-1})^2}{\sum\limits_{t=2}^{t=n} \hat{u}_t^2} \qquad (12.5.4)$$

que es simplemente la razón de la suma de las diferencias al cuadrado de residuales sucesivos sobre la SRC. Obsérvese que en el numerador del estadístico d, el número de observaciones es $n - 1$ porque una observación se pierde al obtener las diferencias consecutivas.

Una gran ventaja del estadístico d es que está basado en los residuales estimados, que aparecen sistematizados en los análisis de regresión. Debido a esta ventaja, es frecuente incluir el estadístico d de Durbin-Watson en los informes de análisis de regresión, junto con otros estadísticos resumen tales como el R^2, el R^2 ajustado, las razones t, etc. Aunque el estadístico d es utilizado ahora en forma sistematizada, **es importante anotar los supuestos en los cuales éste se basa:**

1. El modelo de regresión incluye el término de intercepto. Si dicho término no está presente, como es el caso de la regresión a través del origen, es esencial efectuar nuevamente la regresión incluyendo el término del intercepto para obtener la SRC[21].
2. Las variables explicativas, X, son no estocásticas, es decir, son fijas en muestreo repetido.
3. Las perturbaciones u_t se generan mediante el esquema autorregresivo de primer orden: $u_t = \rho u_{t-1} + \varepsilon_t$
4. El modelo de regresión no incluye valor(es) rezagado(s) de la variable dependiente como una de las variables explicativas. Por tanto, la prueba es *inaplicable* a modelos del siguiente tipo:

$$Y_t = \beta_1 + \beta_2 X_{2t} + \beta_3 X_{3t} + \cdots + \beta_k X_{kt} + \gamma Y_{t-1} + u_t \qquad (12.5.5)$$

   donde Y_{t-1} es el valor de Y rezagado un período. Tales modelos se conocen como **modelos autorregresivos**, los cuales serán estudiados en el capítulo 17.
5. No hay observaciones faltantes en los datos. Por tanto, en nuestra regresión de salarios-productividad para el período 1960-1991 si por alguna razón faltaran las observaciones, por ejemplo para 1963 y 1972, el estadístico d no permitiría la ausencia de tales observaciones.

El muestreo exacto o la distribución de probabilidad del estadístico d dado en (12.5.4) es difícil de derivar porque, como lo han demostrado Durbin y Watson, depende de forma compleja de los valores presentes de X en una muestra dada[22]. Esta dificultad puede ser entendida porque d es calculado a partir de $\hat{u}_t$, los cuales, por supuesto, dependen de las X dadas. Por consiguiente, a diferencia de las pruebas t, F o χ^2, no hay un valor crítico único que lleve al rechazo o a la aceptación de la hipótesis nula de que no hay correlación serial de primer orden en las perturbaciones u_i. Sin embargo, Durbin y Watson tuvieron éxito al encontrar un límite inferior d_L y un límite superior d_U tales que si el valor d calculado de (12.5.4) cae por fuera de estos valores críticos, puede tomarse una decisión con respecto a la presencia de correlación serial positiva o negativa. Además, estos límites solamente dependen del número de observaciones n y del número de variables explicativas

---

[21]Sin embargo, R.W. Farebrother ha calculado valores d cuando el término intercepto está ausente del modelo. *Véase* su artículo «The Durbin-Watson Test for Serial Correlation When There Is No Intercept in the Regression», *Econometrica,* vol. 48, 1980, pp. 1553-1563.

[22]Sin embargo, refiérase al análisis sobre la prueba Durbin-Watson «exacta» dada más adelante en la sección.

y no dependen de los valores que adquieren estas variables explicativas. Estos límites para n, de 6 a 200 y hasta 20 variables explicativas, han sido tabulados por Durbin y Watson y son reproducidos en el apéndice D, tabla D.5 (hasta 20 variables explicativas).

El procedimiento de prueba aplicado puede explicarse mejor con la ayuda de la figura 12.9, la cual muestra que los límites de d son 0 y 4. Estos pueden establecerse expandiendo (12.5.4) para obtener

$$d = \frac{\sum \hat{u}_t^2 + \sum \hat{u}_{t-1}^2 - 2\sum \hat{u}_t \hat{u}_{t-1}}{\sum \hat{u}_t^2} \tag{12.5.6}$$

Puesto que $\sum \hat{u}_t^2$ y $\sum \hat{u}_{t-1}^2$ difieren sólo en una observación, éstos son aproximadamente iguales. Por consiguiente, haciendo $\sum \hat{u}_{t-1}^2 = \sum \hat{u}_t^2$, (12.5.6) puede escribirse como

$$d \doteq 2\left(1 - \frac{\sum \hat{u}_t \hat{u}_{t-1}}{\sum \hat{u}_t^2}\right) \tag{12.5.7}$$

donde $\doteq$ significa aproximadamente.

Se define ahora

$$\hat{\rho} = \frac{\sum \hat{u}_t \hat{u}_{t-1}}{\sum \hat{u}_t^2} \tag{12.5.8}$$

como el coeficiente de autocorrelación muestral de primer orden, un estimador de ρ. (*Véase* nota de pie de página 6). Utilizando (12.5.8), es posible expresar (12.5.7) como

$$d \doteq 2(1 - \hat{\rho}) \tag{12.5.9}$$

Pero, puesto que $-1 \le \rho \le 1$, (12.5.9) implica que

$$0 \le d \le 4 \tag{12.5.10}$$

Estos son los límites de d; cualquier valor d estimado debe caer dentro de estos límites.

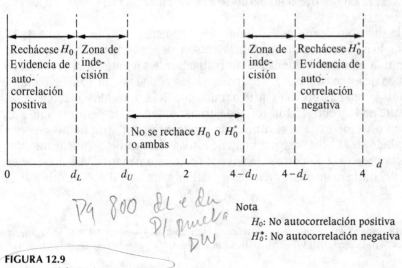

FIGURA 12.9
Estadístico d de Durbin-Watson.

Es deducible de la ecuación (12.5.9) que si $\hat{\rho} = 0$, $d = 2$; es decir, si no hay correlación serial (de primer orden), se espera que d esté alrededor de 2. *Por consiguiente, como regla práctica, si en una aplicación se encuentra que d es igual a 2, se puede suponer que no hay autocorrelación de primer orden, bien sea positiva o negativa.* Si $\hat{\rho} = +1$, indica una correlación positiva perfecta en los residuales, $d \doteq 0$. Por consiguiente, entre más cercano esté d a 0, mayor será la evidencia de correlación serial positiva. Esta relación debe ser evidente de (12.5.4) por que si hay autocorrelación positiva, las $\hat{u}_t$ aparecerán agrupadas y sus diferencias, por consiguiente, tenderán a ser pequeñas. Como resultado, la suma de cuadrados del numerador será menor en comparación con la suma de cuadrados del denominador, el cual es un valor que permanece fijo para cualquier regresión dada.

Si $\hat{\rho} = -1$ es decir, hay una correlación negativa perfecta entre los valores consecutivos de los residuales, $d \doteq 4$. Por tanto, entre más se acerque d a 4, mayor será la evidencia de correlación serial negativa. Nuevamente, al analizar (12.5.4), esto es entendible. Pues, si hay autocorrelación negativa, una $\hat{u}_t$ positiva tenderá a estar seguida por un $\hat{u}_t$ negativo y *viceversa*, de tal forma que $|\hat{u}_t - \hat{u}_{t-1}|$ será usualmente mayor que $|\hat{u}_t|$. Por consiguiente, el numerador de d será comparativamente mayor que el denominador.

El mecanismo de la prueba de Durbin-Watson es el siguiente, suponiendo que se cumplen los supuestos sobre los cuales se basa la prueba:

1. Efectuar la regresión MCO y obtener los residuales.
2. Calcular d a partir de (12.5.4). (La mayoría de los programas de computador incluyen este cálculo).
3. Para un tamaño de muestra dado y un número de variables explicativas dado, encuéntrense los valores críticos d_L y d_U.
4. Síganse ahora las reglas de decisión dadas en la tabla 12.5. Para facilitar su entendimiento, estas reglas se resumen en la figura 12.9.

Para ilustrar el mecanismo, se retorna a la regresión salarios-productividad. De la información dada en la tabla 12.4, podemos apreciar que el valor estimado de d es 0.1380, sugiriendo que existe una correlación serial positiva en los residuales. (¿Por qué?). A partir de las tablas de Durbin-Watson, se encuentra que para 32 observaciones y una variable explicativa (excluyendo el intercepto), $d_L = 1.37$ y $d_U = 1.50$ al nivel de 5%. Puesto que el valor estimado de 0.1380 se encuentra por debajo de 1.37, no se puede rechazar la hipótesis de que hay correlación serial positiva en los residuales.

A pesar de ser muy popular, la prueba d tiene una gran desventaja: cuando cae en la *zona de indecisión* o *región de ignorancia*, no se puede concluir si la autocorrelación existe o no. Para

TABLA 12.5
Prueba d Durbin-Watson: Reglas de decisión

Hipótesis nula	Decisión	Sí
No autocorrelación positiva	Rechazar	$0 < d < d_L$
No autocorrelación positiva	No tomar decisión	$d_L \leq d \leq d_U$
No correlación negativa	Rechazar	$4 - d_L < d < 4$
No correlación negativa	No tomar decisión	$4 - d_U \leq d \leq 4 - d_L$
No autocorrelación, positiva o negativa	No rechazar	$d_U < d < 4 - d_U$

resolver este problema, diversos autores han propuesto modificaciones a la prueba d de Durbin-Watson pero son un poco complicadas y están por fuera del alcance de este texto[23]. El programa de computador SHAZAM lleva a cabo una **prueba d exacta** (ésta da el valor p, la probabilidad exacta del valor d calculado) y quienes tengan acceso a este programa pueden utilizar esta prueba en caso de que el estadístico d usual se encuentre en la zona de indecisión. En muchas situaciones, sin embargo, se ha encontrado que el límite superior d_U es aproximadamente el verdadero límite de significancia[24] y, por consiguiente, en el caso de que el valor d estimado se encuentre en la zona de indecisión, se puede utilizar el siguiente procedimiento de **prueba d modificada**. Dado el nivel de significancia α,

1. H_0: $\rho = 0$ *vs*. H_1: $\rho > 0$: Si el valor estimado $d < d_U$, rechácese H_0 al nivel α, es decir, hay correlación positiva estadísticamente significativa.
2. H_0: $\rho = 0$ *vs*. H_1: $\rho < 0$: Si el valor estimado $(4-d) < d_U$, rechácese H_0 al nivel α; hay evidencia estadísticamente significativa de autocorrelación negativa.
3. H_0: $\rho = 0$ *vs*. H_1: $\rho \neq 0$: Si el valor estimado $d < d_U$ o $(4-d) < d_U$, rechácese H_0 al nivel 2α; estadísticamente, hay evidencia significativa de autocorrelación positiva o negativa.

Un ejemplo. Supóngase que en una regresión que considera 50 observaciones y 4 regresores, el valor estimado para d fue 1.43. De las tablas Durbin-Watson, se encuentra que al nivel del 5%, los valores d críticos son $d_L = 1.38$ y $d_U = 1.72$. Con base en la prueba d usual, no se puede decir si existe correlación positiva o no porque el valor d estimado se encuentra en el rango de indecisión. Pero con base en la prueba d modificada, se puede rechazar la hipótesis de no correlación positiva (de primer orden) puesto que $d < d_U$[25].

Si no se desea utilizar la prueba d modificada, puede caerse en la prueba no paramétrica de rachas analizada anteriormente.

Al utilizar la prueba Durbin-Watson, es esencial anotar que ésta no puede ser aplicada si se violan los supuestos en los cuales se basa la misma. En particular, no debe ser utilizada para comprobar la presencia de correlación serial en modelos autorregresivos, es decir, en modelos que contienen uno o varios valores rezagados de la variable dependiente como variable(s) explicativa(s). Si se aplica erróneamente, el valor d en tales casos estará frecuentemente alrededor de 2, que es el valor d esperado en ausencia de autocorrelación de primer orden [*véase* (12.5.9)]. Por tanto, hay un sesgo construido en contra del descubrimiento de correlación serial en tales modelos. Este resultado no significa que los modelos autorregresivos no sufran del problema de autocorrelación. Como se verá en un capítulo posterior, Durbin ha desarrollado el llamado **estadístico h** para probar correlación serial en tales modelos.

---

[23]Para mayores detalles, *véase* Thomas B. Fomby, R. Carter Hill y Stanley R. Johnson, *Advanced Econometric Methods*, Springer-Verlag, New York, 1984, pp. 225-228.

[24]Por ejemplo, Theil y Nagar han mostrado que el límite superior d_U «es aproximadamente igual al verdadero límite de significancia en todos aquellos casos en los cuales el comportamiento de las variables explicativas es suave en el sentido de que sus primeras y segundas diferencias son pequeñas comparadas con el rango de la variable correspondiente en sí misma». *Véase* Henri Theil, *Principles of Econometrics,* John Wiley & Sons, New York, 1971, p. 201. *Véase* también E. J. Hannon y R.D. Terrell, «Testing for Serial Correlation after Least-Squares Regression», *Econometrica,* vol. 34, 1961, pp. 646-660.

[25]Sobre ciertas recomendaciones prácticas sobre la forma de utilizar el estadístico Durbin-Watson, *véase* Draper y Smith *op. cit.*, pp. 162-169. *Véase* también G.S. Maddala, *op. cit.*, capítulo 6, sobre usos y abusos del estadístico Durbin-Watson.

Pruebas adicionales de autocorrelación

Prueba asintótica, o de grandes muestras. Bajo la hipótesis nula de que $\rho = 0$ y suponiendo que el tamaño n de la muestra es grande (técnicamente, infinito), puede demostrarse que $\sqrt{n} \cdot \hat{\rho}$ sigue una distribución normal con media 0 y varianza = 1. Es decir, asintóticamente,

$$\sqrt{n} \cdot \hat{\rho} \sim N(0, 1) \qquad\qquad (12.5.11)[26]$$

Como ilustración de la prueba, para el ejemplo de salarios-productividad, la estimación de ρ resultó ser 0.8844. Dado el tamaño de la muestra igual a 32, se encuentra que $\sqrt{32} \cdot (0.8844) = 5.003$. Asintóticamente, si la hipótesis nula de que $\rho = 0$ fuera verdadera, la probabilidad de obtener un valor de alrededor de 5.00 o superior es muy baja. Recuérdese que para la distribución normal estándar, el valor Z crítico al 5% (dos colas) (es decir, la variable normal estándar) es 1.96 y el valor Z crítico al 1% es alrededor de 2.58. Por tanto, se rechaza H_0 de que $\rho = 0$.

Prueba de Breusch-Godfrey (BG) sobre autocorrelación de orden superior. Supóngase que el término de perturbación u_t es generado por el siguiente esquema autorregresivo de orden p:

$$u_t = \rho_1 u_{t-1} + \rho_2 u_{t-2} + \cdots + \rho_p u_{t-p} + \varepsilon_t \qquad (12.5.12)$$

donde ε_t es un término de perturbación puramente aleatorio con media cero y varianza constante.

Nuestra hipótesis nula H_0 es: $\rho_1 = \rho_2 = \cdots = \rho_p = 0$, que todos los coeficientes autorregresivos son simultáneamente iguales a cero, es decir, que no hay autocorrelación de ningún orden. Breusch y Godfrey han demostrado que la hipótesis nula puede ser probada de la siguiente manera[27]:

1. Estímese el modelo de regresión mediante el procedimiento MCO usual y obtenga los residuales $\hat{u}_t$.
2. Efectúese la regresión de $\hat{u}_t$ sobre todos los regresores en el modelo más estos regresores adicionales, $\hat{u}_{t-1}, \hat{u}_{t-2}, \ldots, \hat{u}_{t-p}$, donde éstos últimos son los valores rezagados de los residuales estimados en el paso 1. Así, si $p = 4$, se introducirán en el modelo cuatro valores rezagados de los residuales como regresores adicionales. Obsérvese que para efectuar esta regresión, se tendrán solamente $(n - p)$ observaciones (¿Por qué?). Obténgase el valor R^2 de esta regresión, la regresión auxiliar.
3. Si el tamaño de la muestra es grande, Breusch y Godfrey han demostrado que

$$(n - p) \cdot R^2 \sim \chi_p^2 \qquad\qquad (12.5.13)$$

Es decir, asintóticamente, $(n - p)$ veces el R^2 obtenido en el paso 2 sigue la distribución ji cuadrado con p g de l. Si en una aplicación $(n - p) \cdot R^2$ excede el valor crítico ji cuadrado al nivel de significancia seleccionado, se puede rechazar la hipótesis nula, en cuyo caso, por lo menos un ρ es significativamente diferente de cero.

---

[26]*Véase* George G. Judge, R. Carter Hill, William E. Griffith, Helmut Lütkepohl y Tsoung-Chao Lee, *Introduction to the Theory and Practice of Econometrics*, 2a. ed., John Wiley & Sons, New York, 1988, p. 394.

[27]L.G. Godfrey «Testing against General Autoregressive and Moving Average Error Models When the Regressors Include Lagged Dependent Variables», *Econometrica*, vol. 46, 1978, pp. 1293-1302; y T.S. Breusch, «Testing for Autocorrelation in Dynamic Linear Models», *Australian Economic Papers,* vol. 17, 1978, pp. 334-355.

Los siguientes *puntos prácticos* sobre la prueba BG pueden mencionarse:

1.   Los regresores incluidos en el modelo de regresión pueden contener valores rezagados de la variable regresada Y, es decir, Y_{t-1}, Y_{t-2}, etc. pueden aparecer como variables explicativas. Contrástese este modelo con la restricción de la prueba de Durbin-Watson, que no permite valores rezagados de la variable regresada entre las variables explicativas.

2.   La prueba BG es aplicable aun si el término de perturbación sigue un **proceso MA** de orden p, es decir, que los u_t son generados en la forma

$$u_t = \varepsilon_t + \lambda_1 \varepsilon_{t-1} + \lambda_2 \varepsilon_{t-2} + \cdots + \lambda_p \varepsilon_{t-p} \qquad (12.5.14)$$

donde ε es un término de perturbación aleatorio con media cero y varianza constante.

3.   Si $p = 1$ en (12.5.12), significando autorregresión de primer orden, entonces la prueba BG se conoce por el nombre de **prueba m de Durbin**.

4.   Una desventaja de la prueba BG es que el valor de p, la longitud del rezago, no puede especificarse *a priori*. Es inevitable algún grado de experimentación con el valor de p. Se retornará a este tema más adelante en el análisis de series de tiempo econométricas.

Un ejemplo ilustrativo. Retornando a la regresión salarios-productividad, considerada anteriormente, se siguió el procedimiento BG, introduciendo cinco valores rezagados de los residuales MCO en la regresión auxiliar (es decir, en la regresión de salarios sobre productividad y cinco valores rezagados de los residuales, obtenidos de la regresión de salarios sobre productividad solamente). El valor R^2 de esta regresión (auxiliar) fue 0.8660. En total, hay 32 observaciones en la regresión original pero, debido a los cinco rezagos utilizados, se tienen solamente 27 observaciones en la regresión auxiliar. Por consiguiente, $(27)(0.8660) = 23.382$; el *valor p,* o probabilidad exacta de obtener tal valor ji cuadrado es alrededor de 0.0003, el cual es bastante bajo. Por tanto, se puede rechazar la hipótesis de que todos los cinco coeficientes rezagados de las $\hat{u}$ son iguales a cero. Al menos un coeficiente rezagado debe ser diferente de cero. Este hecho no es sorprendente dado el hallazgo anterior de que hay autocorrelación AR(1) en los residuales.

12.6 MEDIDAS REMEDIALES

Puesto que en presencia de correlación serial los estimadores MCO son ineficientes, es esencial buscar medidas remediales. El remedio, sin embargo, depende del conocimiento que se tenga sobre la naturaleza de la interdependencia entre las perturbaciones. Se distinguen dos situaciones: cuando la estructura de autocorrelación es conocida y cuando no lo es.

Cuando la estructura de la autocorrelación es conocida

Puesto que las perturbaciones u_t no son observables, la naturaleza de la correlación serial es frecuentemente un asunto de especulación o de exigencias prácticas. En la práctica, usualmente se supone que las u_t siguen el esquema autorregresivo de primer orden, a saber,

$$u_t = \rho u_{t-1} + \varepsilon_t \qquad (12.6.1)$$

donde $|\rho| < 1$ y donde las ε_t siguen los supuestos MCO de valor esperado cero, varianza constante y no autocorrelación, como se muestra en (12.2.2).

Si se supone la validez de (12.6.1), el problema de correlación serial puede ser resuelto satisfactoriamente si se conoce ρ, el coeficiente de autocorrelación. Para ver esto, se tiene en cuenta al modelo con dos variables[28].

$$Y_t = \beta_1 + \beta_2 X_t + u_t \qquad (12.6.2)$$

Si (12.6.2) es cierta en el tiempo t, también es cierta en el tiempo $t - 1$. Por tanto,

$$Y_{t-1} = \beta_1 + \beta_2 X_{t-1} + u_{t-1} \qquad (12.6.3)$$

Multiplicando (12.6.3) por ρ a ambos lados, se obtiene

$$\rho Y_{t-1} = \rho\beta_1 + \rho\beta_2 X_{t-1} + \rho u_{t-1} \qquad (12.6.4)$$

Restando (12.6.4) de (12.6.2) se obtiene

$$
\begin{aligned}
(Y_t - \rho Y_{t-1}) &= \beta_1(1 - \rho) + \beta_2 X_t - \rho\beta_2 X_{t-1} + (u_t - \rho u_{t-1}) \\
&= \beta_1(1 - \rho) + \beta_2(X_t - \rho X_{t-1}) + \varepsilon_t
\end{aligned}
\qquad (12.6.5)
$$

donde en el último paso, se hace uso de (12.6.1).

Se puede expresar (12.6.5) como

$$Y_t^* = \beta_1^* + \beta_2^* X_t^* + \varepsilon_t \qquad (12.6.6)$$

donde $\beta_1^* = \beta_1(1 - \rho)$, $Y_t^* = (Y_t - \rho Y_{t-1})$ y $X_t^* = (X_t - \rho X_{t-1})$.

Puesto que ε_t satisface todos los supuestos MCO, se puede proceder a aplicar MCO sobre las variables transformadas Y^* y X^* y obtener estimadores con todas las propiedades óptimas, es decir, MELI. En efecto, realizar la regresión (12.6.6) es equivalente a utilizar los mínimos cuadrados generalizados (MCG), estudiados en la sección 12.3. (*Véase* el ejercicio 12.19) Pero obsérvese que la primera expresión (Y_1, X_1) es excluida. (¿Por qué?)

La regresión (12.6.5) se conoce por el nombre de **ecuación en diferencia generalizada** o **cuasi-**. Esta consiste en regresar Y sobre X, no en la forma original, sino en forma de diferencia, lo cual se logra restando una proporción ($= \rho$) del valor de una variable en el período de tiempo anterior de su valor en el período de tiempo actual. En este procedimiento de diferenciación se pierde una observación, puesto que la primera observación no tiene precedente. Para evitar esta pérdida de una observación, la primera observación sobre Y y X es transformada de la siguiente manera[29]: $Y_1\sqrt{1 - \rho^2}$ y $X_1\sqrt{1 - \rho^2}$. Esta transformación es conocida como la **transformación de Prais-Winsten**.

Cuando ρ no es conocida

Aunque la regresión en diferencias generalizada es de aplicación sencilla, esta regresión generalmente es difícil de efectuar en la práctica porque ρ raramente se conoce. Por consiguiente, se requiere diseñar métodos alternativos. Algunos de estos métodos son los siguientes.

---

[28]No importa si el modelo tiene más de una variable explicativa porque la autocorrelación es una propiedad de los u_t.

[29]La pérdida de una observación puede no ser muy grave en una muestra grande, pero puede constituir una diferencia sustancial en los resultados en una muestra pequeña. Al respecto, *véase* J. Johnston, *op. cit.*, capítulo 8, pp. 321-323, y también sección 12.7. Sobre algunos resultados de Monte Carlo sobre la importancia de la primera observación, *véase* Davidson y MacKinnon, *op. cit.*, tabla 10.1, p. 349.

Método de la primera diferencia. Puesto que ρ se encuentra entre 0 y ±1, se puede partir de dos posiciones extremas. En un extremo, se puede suponer que $\rho = 0$, es decir, no hay correlación serial y en el otro extremo, se puede considerar que $\rho = \pm1$, es decir, una autocorrelación positiva o negativa perfecta. En realidad, cuando se efectúa una regresión, generalmente se supone que no hay autocorrelación y luego se deja que la prueba de Durbin-Watson u otras pruebas demuestren si el supuesto es justificado. Sin embargo, si $\rho = +1$, la ecuación en diferencia generalizada (12.6.5) se reduce a la **ecuación en primera diferencia** ya que

$$Y_t - Y_{t-1} = \beta_2(X_t - X_{t-1}) + (u_t - u_{t-1})$$
$$= \beta_2(X_t - X_{t-1}) + \varepsilon_t$$

o

$$\Delta Y_t = \beta_2 \Delta X_t + \varepsilon_t \qquad (12.6.7)$$

donde Δ, denominado *delta*, es el operador de primera diferencia y es un símbolo u operador (igual que el operador E de valor esperado) para diferencias consecutivas de dos valores. (*Nota:* Generalmente un operador es un símbolo para expresar una operación matemática). Al efectuar la regresión (12.6.7), todo lo que se debe hacer es formar las primeras diferencias de la variables dependiente y explicativa y utilizarlas en el análisis de regresión.

Obsérvese una característica importante del modelo en primera diferencia: **No hay término de intercepto en él.** Por tanto, para efectuar (12.6.7), deberá utilizarse el modelo de regresión a través del origen. Pero supóngase que el modelo original fuera

$$Y_t = \beta_1 + \beta_2 X_t + \beta_3 t + u_t \qquad (12.6.8)$$

donde t es la variable de tendencia y donde u_t sigue un esquema autorregresivo de primer orden. El lector puede verificar que la transformación de primera diferencia de (12.6.8) es la siguiente:

$$\Delta Y_t = \beta_2 \Delta X_t + \beta_3 + \varepsilon_t \qquad (12.6.9)$$

donde $\Delta Y_t = Y_t - Y_{t-1}$ y $\Delta X_t = X_t - X_{t-1}$. La ecuación (12.6.9) muestra que hay término de intercepto en la forma de primera diferencia, que está en contraste con (12.6.7).

Pero, por supuesto, β_3 es el coeficiente de la variable de tendencia en el modelo original. Por tanto, *la presencia de un término de intercepto en la forma de primera diferencia significa que hay un término de tendencia lineal en el modelo original y que el término de intercepto es, en realidad, el coeficiente de la variable de tendencia.* Si β_3, por ejemplo, es positivo en (12.6.9), significa que hay una tendencia hacia arriba en Y después de permitir la influencia de todas las otras variables.

En lugar de suponer que $\rho = +1$, si se supone que $\rho = -1$, es decir, correlación serial negativa perfecta (lo cual no es típico en las series de tiempo económicas), la ecuación en diferencia generalizada (12.6.5) se convierte ahora en

$$Y_t + Y_{t-1} = 2\beta_1 + \beta_2(X_t + X_{t-1}) + \varepsilon_t$$

o

$$\frac{Y_t + Y_{t-1}}{2} = \beta_1 + \beta_2 \frac{X_t + X_{t-1}}{2} + \frac{\varepsilon_t}{2} \qquad (12.6.10)$$

El modelo anterior se conoce como **regresión de promedios móviles** (de dos períodos) porque se está regresando el valor de un promedio móvil sobre otro[30].

La transformación de primera diferencia, presentada anteriormente, es bastante popular en la econometría aplicada puesto que es fácil de realizar. Pero obsérvese que esta transformación descansa sobre el supuesto de que $\rho = +1$; es decir, que las perturbaciones están correlacionadas positivamente en forma perfecta. Si este no es el caso, el remedio puede ser peor que la enfermedad. ¿Pero cómo se averigua si el supuesto de $\rho = +1$ se justifica en una situación dada? Esto puede comprobarse mediante la **prueba de Berenblutt-Webb**.

Prueba de Berenblutt-Webb sobre la hipótesis de que $\rho = 1$. Para probar la hipótesis de que $\rho = 1$ (es decir, correlación serial de primer orden positiva perfecta), Berenblutt y Webb han desarrollado el siguiente **estadístico g (o prueba)**[31]:

$$g = \frac{\sum\limits_{t=2}^{n} \hat{e}_t^2}{\sum\limits_{t=1}^{n} \hat{u}_t^2} \qquad (12.6.11)$$

donde $\hat{u}_t$ son los residuales MCO del modelo original y $\hat{e}_t$ son los residuales MCO de la regresión en primera diferencia de Y, ΔY (es decir, $Y_t - Y_{t-1}$) sobre la primera diferencia de los regresores, ΔX {es decir, $[X_{2t} - X_{2(t-1)}]$, $[X_{3(t-1)} - X_{3(t-1)}]$, etc.}. Pero, obsérvese que en la forma de primera diferencia, no hay intercepto (¿Por qué?).

Si el modelo original contiene un término constante, se pueden utilizar las tablas de Durbin-Watson para probar el estadístico g, excepto que la hipótesis nula es ahora que $\rho = 1$ en lugar de la hipótesis de Durbin-Watson de que $\rho = 0$.

Para ilustrar la prueba de Berenblutt-Webb, debe tenerse en cuenta el ejemplo salarios-productividad y suponer que H_0: $\rho = 1$. Regresando Y(salarios) sobre X (productividad), se obtiene SRC $= 204.6934$. En tanto que, regresando ΔY sobre ΔX (*Nota:* no hay intercepto en esta regresión), se obtiene SRC $= 28.1938$. Por consiguiente,

$$g = \frac{28.1938}{294.6934} = 0.1377$$

Al consultar la tabla de Durbin-Watson para 31 observaciones y 1 variable explicativa, se encuentra que $d_L = 1.363$ y $d_U = 1.496$ (al nivel de significancia del 5%) y $d_L = 1.147$ y $d_U = 1.273$ (al nivel de significancia del 1%). Puesto que el valor g observado se encuentra por debajo del límite inferior, no se rechaza la hipótesis nula de que el verdadero $\rho = 1$. *Téngase presente que, aunque se utilizan las mismas tablas de Durbin-Watson, ahora la hipótesis nula es que $\rho = 1$ y no que $\rho = 0$.* En vista de este hallazgo, la transformación de primera diferencia analizada anteriormente, bajo el supuesto de que $\rho = 1$, puede ser apropiada.

---

[30]Puesto que $(Y_t + Y_{t-1})/2$ y $(X_t + X_{t-1})/2$ son promedios de dos valores adyacentes, llamados *promedios de dos períodos*. Son móviles porque al calcular estos promedios en períodos consecutivos, se pierde una observación y se agrega otra. Por tanto, $(Y_{t+1} + Y_t)/2$ sería el promedio de los siguientes dos períodos, etc.

[31]I. I. Berenblutt y G.I. Webb, «A New Test for Autocorrelated Errors in the Linear Regression Model», *Journal of the Royal Statistical Society, Series B*, vol.35, No. 1, 1973, pp. 33-50.

ρ basado en el estadístico d de Durbin-Watson. Recuérdese que anteriormente se estableció la siguiente relación:

$$d \doteq 2\,(1 - \hat{\rho}) \qquad\qquad (12.5.9)$$

o

$$\hat{\rho} \doteq 1 - \frac{d}{2} \qquad\qquad (12.6.12)$$

lo cual sugiere una forma simple de obtener una estimación de ρ a partir del estadístico d estimado. Es claro de (12.6.12) que el supuesto de primera diferencia de que $\hat{\rho} = +1$ es válido solamente si $d = 0$ o aproximadamente este valor. Es claro también que cuando $d = 2$, $\hat{\rho} = 0$ y cuando $d = 4$, $\hat{\rho} = -1$. Por consiguiente, el estadístico d proporciona un método rápido para obtener una estimación de ρ. Pero obsérvese que la relación (12.6.12) es solamente una aproximación y puede no cumplirse para muestras pequeñas. Para muestras pequeñas, se puede utilizar el **estadístico d modificado de Theil-Nagar**[32].

Para el ejemplo salarios-productividad, $d = 0.1380$. Por tanto, $\hat{\rho} = 1 - (0.1382)/2 = 0.931$.

Una vez se ha estimado ρ de (12.6.12), es posible transformar los datos como se indica en (12.6.6) y proceder con la estimación MCO usual. Esta técnica se ilustrará en breve. Pero antes de eso, se plantea una pregunta importante: ¿Tendrán los coeficientes de regresión estimados las propiedades óptimas usuales del modelo clásico? Obsérvese que en la ecuación de diferencias generalizadas, aparece ρ y no $\hat{\rho}$, pero al efectuar la regresión MCO utilizamos la última. Sin entrar en aspectos técnicos complejos, puede establecerse que *como principio general, siempre que utilicemos un estimador en lugar del verdadero valor, los coeficientes estimados MCO tienen las propiedades óptimas usuales sólo asintóticamente, es decir, en muestras grandes. También, los procedimientos de prueba de hipótesis convencionales son, estrictamente hablando, válidos asintóticamente. En muestras pequeñas, por consiguiente, se debe tener precaución al interpretar los resultados estimados.*

Procedimiento iterativo de Cochrane-Orcutt para estimar ρ[33]. Una forma alternativa de estimar ρ a partir del d de Durbin-Watson es el método de Cochrane-Orcutt, frecuentemente utilizado, que usa los residuales estimados $\hat{u}_t$ para obtener información sobre ρ el desconocido.

Para explicar el método, considérese el modelo con dos variables:

$$Y_t = \beta_1 + \beta_2 X_t + u_t \qquad\qquad (12.6.13)$$

y supóngase que u_t es generado por el esquema AR(1), a saber,

$$u_t = \rho u_{t-1} + \varepsilon_t \qquad\qquad (12.2.1)$$

Cochrane y Orcutt recomiendan entonces los siguientes pasos para estimar ρ:

1. Estímese el modelo con dos variables siguiendo el procedimiento MCO y obténganse los residuales $\hat{u}_t$.

---

[32]Esta modificación se da en el ejercicio 12.6. *Véase* el artículo, «Testing the Independence of Regression Disturbances», *Journal of the American Statistical Association*, vol. 56, 1961, pp. 793-806.

[33]D. Cochrane y G.H. Orcutt, «Application of Least Squares Regressions to Relationships Containing Autocorrelated Error Terms», *Journal of the American Statistical Association*, vol. 44, 1949, pp. 32-61.

2. Utilizando los residuales estimados, efectúese la siguiente regresión:

$$\hat{u}_t = \hat{\rho}\hat{u}_{t-1} + v_t \qquad (12.6.14)$$

que es la parte empírica correspondiente al esquema AR(1) dado anteriormente[34].

3. Utilizando $\hat{\rho}$ obtenido de (12.6.14), efectúese la ecuación en diferencia generalizada (12.6.5), a saber,

$$(Y_t - \hat{\rho}Y_{t-1}) = \beta_1(1 - \hat{\rho}) + \beta_2(X_t - \hat{\rho}X_{t-1}) + (u_t - \hat{\rho}u_{t-1})$$

o

$$Y_t^* = \beta_1^* + \beta_2^*X_t^* + e_t^* \qquad (12.6.15)$$

(*Nota:* Se puede llevar a cabo esta regresión puesto que $\hat{\rho}$ se conoce. Obsérvese también que $\beta_1^* = \beta_1(1 - \hat{\rho})$).

4. Puesto que *a priori* no se sabe que el $\hat{\rho}$ obtenido de (12.6.14) es el «mejor» estimado de ρ, sustitúyanse los valores de $\hat{\beta}_1^* = \hat{\beta}_1(1 - \hat{\rho})$ y $\hat{\beta}_2^*$ obtenido de (12.6.15) en la regresión *original* (12.6.13) y obténganse los nuevos residuales, los $\hat{u}_t^{**}$, como

$$\hat{u}_t^{**} = Y_t - \hat{\beta}_1^* - \hat{\beta}_2^*X_t \qquad (12.6.16)$$

que pueden ser calculados fácilmente puesto que Y_t, X_t, β_1^* y β_2^* son todos conocidos.

5. Ahora, estímese esta regresión

$$\hat{u}_t^{**} = \hat{\hat{\rho}}\hat{u}_{t-1}^{**} + w_t \qquad (12.6.17)$$

que es similar a (12.6.14). Así, $\hat{\hat{\rho}}$ es la estimación de ρ de segunda vuelta.

Puesto que no se sabe si esta estimación de ρ de segunda vuelta es la mejor, se puede ir a la estimación de tercera vuelta, y así sucesivamente. Como lo sugieren los pasos anteriores, el método Cochrane-Orcutt es iterativo. Pero, ¿hasta cuando se debe seguir? El procedimiento general es suspender las iteraciones cuando las estimaciones consecutivas de ρ difieren en una cantidad muy pequeña, es decir, en menos de 0.01 o 0.005. Como ejemplo ilustrativo, se mostrará más adelante que en la práctica, con mucha frecuencia, serán suficientes tres o cuatro iteraciones.

Procedimiento de dos etapas de Cochrane-Orcutt. Esta es una versión abreviada del proceso iterativo. En la etapa uno, se estima ρ a partir de la primera iteración, es decir, de la regresión (12.6.14) y en la etapa dos, se utiliza esa estimación de ρ para efectuar la regresión de la ecuación en diferencia generalizada. Algunas veces, en la práctica, este método de dos etapas produce resultados bastante similares a los obtenidos del procedimiento iterativo más elaborado analizado antes.

Para nuestro ejemplo salarios-productividad, el ρ estimado de (12.6.14) da como resultado 0.9404. Utilizando esta estimación y la ecuación en diferencia generalizada (12.6.15), se obtiene

$$\hat{Y}_t^* = 1.7152 + 0.7152X_t^*$$
$$ee = (1.1069) \quad (0.1569) \quad R^2 = 0.4174 \qquad (12.6.18)$$
$$d = 1.5886$$

---

[34]*Nota:* $\hat{\rho} = \sum_{t=2}^n \hat{u}_t\hat{u}_{t-1} / \sum_{t=2}^n \hat{u}_{t-1}^2$ (¿Por qué?) (compárese con la nota de pie de página 6). A propósito, *obsérvese* que aunque sesgado, este es un estimador consistente de ρ, es decir, a medida que el tamaño de la muestra aumenta indefinidamente, $\hat{\rho}$ converge hacia el verdadero ρ.

donde $Y_t{}^* = (Y_t - 0.9404 Y_{t-1})$, $X_t{}^* = (X_t - 0.9404 X_{t-1})$, y $1.7152 = \hat{\beta}_1 (1 - 0.9404)$, de donde β_1 resulta ser 28.7785. Compárense estos resultados con la regresión original dada en el apéndice 12A, sección 12A.1.

Método de Durbin de dos pasos para estimar ρ[35]. Para ilustrar este método, se escribe la ecuación en diferencia generalizada (12.6.5) equivalentemente como

$$Y_t = \beta_1 (1 - \rho) + \beta_2 X_t - \rho \beta_2 X_{t-1} + \rho Y_{t-1} + \varepsilon_t \qquad (12.6.19)$$

Durbin sugiere el siguiente procedimiento en dos etapas para estimar ρ:

1. Trátese (12.6.19) como un modelo de regresión múltiple, regresando Y_t sobre X_t, X_{t-1}, y Y_{t-1} y trátese el valor estimado del coeficiente de regresión de Y_{t-1} ($= \hat{\rho}$) como una estimación de ρ. Aunque sesgada, ésta constituye una estimación consistente de ρ.
2. Habiendo obtenido $\hat{\rho}$, transfórmense las variables como $Y_t^* = (Y_t - \hat{\rho} Y_{t-1})$ y $X_t^* = X_t - \hat{\rho} X_{t-1})$ y efectúese la regresión MCO sobre las variables transformadas como en (12.6.6).

Del análisis anterior, es claro que el primer paso en el procedimiento de Durbin de dos etapas es obtener una estimación de ρ y el segundo paso comprende la obtención de los estimados de los parámetros. Más adelante, se harán comentarios sobre este método comparándolo con otros.

Para el ejemplo salarios-productividad, se obtiene la estimación de (12.6.19) de la siguiente manera:

$$\hat{Y}_t = 3.4879 + 0.7335 X_t - 0.7122 X_{t-1} + 0.9422 Y_{t-1} \qquad (12.6.20)$$
$$\text{ee} = (2.0889) \quad (0.1578) \quad (0.1681) \quad (0.0699) \qquad R^2 = 0.9922$$
$$d = 1.7664$$

Del coeficiente de Y_{t-1}, se observa que la estimación de ρ es 0.9422, que no es sustancialmente diferente a la obtenida a partir del valor d en la regresión original o a aquella obtenida del procedimiento de dos etapas de Cochrane-Orcutt.

Otros métodos para estimar ρ. Se han estudiado apenas algunos de los métodos comúnmente utilizados para estimar ρ, pero esta lista, de ninguna manera, es exhaustiva. Por ejemplo, se puede usar el método de máxima verosimilitud para estimar los parámetros de (12.6.19) directamente sin acudir a algunas de las rutinas iterativas analizadas anteriormente. Pero el método MV comprende procedimientos de estimación no lineales (en los parámetros) que está por fuera del alcance de este texto[36]. Entonces está el procedimiento de búsqueda o exploración de Hildreth-Lu (*véase* ejercicio 12.7). Pero este método consume mucho tiempo y se ha encontrado que es muy ineficiente comparado con la estimación MV y, por consiguiente, no es muy utilizado hoy en día.

Se concluye esta sección con las siguientes observaciones. Los diversos métodos recién analizados son básicamente métodos de dos etapas: En la etapa 1 se obtiene una estimación del ρ desconocido y en la etapa 2 se utiliza esa estimación para transformar las variables con las cuales se estima la ecuación en diferencia generalizada, que es básicamente MCG. Pero, puesto que se utiliza $\hat{\rho}$ en lugar del verdadero ρ, todos estos métodos de estimación se conocen en la literatura como métodos **de mínimos cuadrados generalizados estimados (MCGE)** o **factibles**.

---

[35]J. Durbin, «Estimation of Parameters in Time Series Regression Models», *Journal of the Royal Statistical Society,* ser. B, vol. 22, 1960, pp. 139-153.

[36]*Véase* J. Johnston, *op. cit*, pp. 325-326.

12.7 EJEMPLO ILUSTRATIVO: LA RELACIÓN ENTRE EL ÍNDICE DE VACANTES DE EMPLEO Y LA TASA DE DESEMPLEO EN ESTADOS UNIDOS: COMPARACIÓN DE LOS MÉTODOS

A manera de ilustración de los diversos métodos recién analizados, considérese el ejemplo siguiente. (*Véase* tabla 12.7)

El modelo de regresión seleccionado para investigación empírica fue

$$\ln IV_t = \beta_1 + \beta_2 \ln U_t + u_t$$

donde IV es el índice de vacantes y U la tasa de desempleo[37]. *A priori*, se espera que β_2 sea negativo. (¿Por qué?) Suponiendo que se cumplen todos los supuestos MCO, se puede escribir la regresión estimada como:

$$
\begin{aligned}
\widehat{\ln IV_t} = \quad & 7.3084 - \quad 1.5375 \ln U_t \\
& (0.1110) \quad (0.0711) \qquad N = 24 \\
t = \quad & (65.825) \quad (-21.612) \qquad r^2 = 0.9550 \\
& \qquad\qquad\qquad\qquad\qquad\quad d = 0.9108
\end{aligned}
\qquad (12.7.1)
$$

TABLA 12.6
Relación entre el índice de vacantes (IV) y la tasa de desempleo (U)

Año y trimestre	IV, 1957-1959=100	U, %
1962–1	104.66	5.63
–2	103.53	5.46
–3	97.30	5.63
–4	95.96	5.60
1963–1	98.83	5.83
–2	97.23	5.76
–3	99.06	5.56
–4	113.66	5.63
1964–1	117.00	5.46
–2	119.66	5.26
–3	124.33	5.06
–4	133.00	5.06
1965–1	143.33	4.83
–2	144.66	4.73
–3	152.33	4.46
–4	178.33	4.20
1966–1	192.00	3.83
–2	186.00	3.90
–3	188.00	3.86
–4	193.33	3.70
1967–1	187.66	3.66
–2	175.33	3.83
–3	178.00	3.93
–4	187.66	3.96

Fuente: Damodar Gujarati, «The Relation between Help-Wanted Index and the Unemployment Rate: A Statistical Analysis, 1962-1967», *The Quarterly Review of Economics and Business,* vol. 8, 1968, pp. 67-73.

---

[37]Por el momento, no debe preocupar el problema de simultaneidad, es decir si U ocasiona el IV o *viceversa*.

De la regresión estimada, se observa que el d de Durbin-Watson indica la presencia de correlación serial positiva: Para 24 observaciones y 1 variable explicativa la tabla Durbin-Watson al 5% muestra que $d_L = 1.27$ y $d_U = 1.45$ y el d estimado es de 0.9108 y está por debajo del límite crítico.

Puesto que la regresión (12.7.1) está contaminada de correlación serial, no se puede confiar en los errores estándar estimados y en las razones t por los argumentos ya anotados. Por consiguiente, es necesario aplicar medidas remediales. El remedio, por supuesto, depende de que ρ pueda ser estimado mediante uno o más de los métodos ya analizados. Para nuestro ejemplo ilustrativo el ρ estimado a partir de los diversos métodos es el siguiente:

Método utilizado	ρ	Comentario
d de Durbin-Watson	0.5446	*Véase* (12.6.12)
d de Theil-Nagar	0.5554	*Véase* ejercicio 12.6
Paso I del procedimiento Cochrane-Orcutt	0.5457	
Procedimiento iterativo Cochrane-Orcutt		
Iteración I	0.54571	
Iteración II	0.57223	
Iteración III	0.57836	
Iteración IV	0.57999	
Iteración V	0.58040	
Dos etapas, de Durbin	0.79517	

Como puede ver el lector, el d de Durbin-Watson, el d modificado de Theil-Nagar, el paso I del procedimiento de dos etapas de Cochrane-Orcutt y el procedimiento iterativo de Cochrane-Orcutt todos producen estimaciones de ρ que son bastante similares; pero la obtenida de Durbin, dos etapas, es bastante diferente[38].

La pregunta práctica es entonces: ¿Cuál método de estimación de ρ se debe seleccionar en la práctica? Se dará respuesta a esta pregunta en breve. Por el momento, se continuará con nuestro ejemplo y se ilustrará la forma de estimar la ecuación en diferencia generalizada (o estimación MCG factible) utilizando uno de estos $\hat{\rho}$.

Se utiliza la aproximación de d en muestras pequeñas de Theil-Nagar. Utilizando la fórmula dada en el ejercicio 12.6, se obtiene $\hat{\rho} = 0.5554$. Con esta estimación, se transforma la información de la siguiente manera:

$$\ln \text{IV}_t^* = \ln \text{IV}_t - 0.5554 \ln \text{IV}_{t-1}$$
$$\ln U_t^* = \ln U_t - 0.5554 \ln U_{t-1}$$

Es decir, se resta 0.5554 veces el valor anterior de la variable de su valor actual. Puesto que la primera observación no tiene un valor precedente, se tienen dos opciones: (1) eliminarla del análisis, o (2) incluirla mediante la transformación de Prais-Winsten, la cual, en el presente caso, se convierte en $[\sqrt{1 - (0.5554)^2} \cdot \ln \text{IV}_1]$ y $[\sqrt{1 - (0.5554)^2} \cdot \ln U_1]$. Se presentan los resultados en las dos formas.

---

[38]Puede haber una razón técnica para esta diferencia. Si se examina (12.6.19) cuidadosamente, se verá que hay dos estimaciones de ρ, una obtenida directamente del valor rezagado de Y y otra obtenida al dividir el coeficiente del valor rezagado de X por el coeficiente de X. No hay garantía de que las dos estimaciones sean idénticas. El problema real aquí es que (12.6.19) es *intrínsecamente* un modelo de regresión no lineal (en parámetros) y debe ser estimado mediante procedimientos de estimación de regresión no lineal, que están por fuera del alcance de este libro.

Omitiendo la primera observación

$$\widehat{\ln IV_t^*} = \quad 3.1284 - \quad 1.4672 \ln U_t^* \quad N = 23$$
$$ee = \quad (0.0886) \quad (0.1328) \qquad r^2 = 0.9685 \qquad (12.7.2)$$
$$t = (35.326) \quad (-11.045) \qquad d = 1.77$$

donde las variables con asterisco son las transformadas, como se indicó anteriormente. Obsérvese que $3.1284 = \hat{\beta}_1(1-\hat{\rho}) = \hat{\beta}_1(1-0.5554)$ de donde se obtiene $\hat{\beta}_1 = 7.0364$, que es comparable con el $\hat{\beta}_1$ de la regresión original (12.7.1).

Incluyendo la primera observación (transformación Prais-Winsten)[39]

$$\ln IV_t^* = \quad 3.1361 - \quad 1.4800 \ln U_t^* \qquad (12.7.3)$$
$$ee = \quad (0.0813) \quad (0.1198) \qquad N = 24$$
$$t = (38.583) \quad (-12.351) \qquad r^2 = 0.9684$$
$$d = 1.83$$

Comparando la regresión original (contaminada de autocorrelación) (12.7.1) con la regresión transformada (12.7.2) y la regresión Prais-Winsten (12.7.3), se observa que los resultados son generalmente comparables[40]. La pregunta práctica es: ¿se ha resuelto el problema de autocorrelación? Si se toman los valores Durbin-Watson estimados reportados en (12.7.2) y (12.7.3) por sus valores observados, parecería que ya no hay autocorrelación de (primer orden) (¿Por qué?) Sin embargo, como lo anota Kenneth White en su *SHAZAM* (p.86), las tablas de Durbin-Watson pueden no ser apropiadas para probar la presencia de correlación serial en la información, que ya ha sido ajustada por autocorrelación. Por consiguiente, se puede utilizar una de las pruebas no paramétricas analizada anteriormente. Para la regresión (12.7.2) puede demostrarse que con base en la prueba de rachas, no se puede rechazar la hipótesis de que no hay correlación serial en los residuales de esa regresión. (*Véase* ejercicio 12.20). Para la regresión Prais-Winsten (12.7.3) puede también demostrarse que los residuales estimados de esa regresión están libres del problema de correlación serial. (Verifíquese esto explícitamente. Como información, hay 11 residuales positivos, 13 residuales negativos y el número de rachas es 12.

Si se desea probar hipótesis sobre los parámetros, se puede proceder en la forma usual. Pero obsérvese que como se está estimando ρ, las pruebas usuales de significancia serán estrictamente válidas solamente en muestras grandes. En muestras pequeñas, los resultados de las pruebas serán solo aproximados. Por ejemplo, de (12.7.2) se puede concluir que el verdadero coeficiente de pendiente es estadísticamente diferente de cero. Pero se debe tener cautela aquí puesto que nuestra muestra de 23 observaciones no es demasiado grande.

Comparación de los métodos. Retornando a la pregunta planteada anteriormente: ¿Cuál método de estimación de ρ se debe utilizar en la práctica para efectuar la regresión en diferencia generalizada, o MCG factible? Si se está tratando con muestras grandes (digamos, por encima de 60-70 observaciones), no hay gran diferencia en cuál método sea seleccionado, ya que todos producen más o menos resultados similares. Pero, generalmente este no es el caso en muestras finitas, o pequeñas, ya que los resultados

---

[39]Un punto técnico: El término de intercepto en la regresión Prais-Winsten es algo complicado. Como resultado, se debe efectuar esta regresión a través del origen. El término de intercepto reportado en (12.7.3) no ha sido mezclado. Para mayores detalles, *véase* Kenneth J. White y Linda T.M. Bui, *Computer Handbook Using SHAZAM*, McGraw-Hill, New York, 1985, p. 86. Para detalles teóricos, *véase* Jan Kmenta, *Elements of Econometrics*, 2a. ed., Macmillan, New York, 1986, pp. 303-305.

[40]Pero recuérdese que en muestras pequeñas, los resultados podrían ser sensibles a la inclusión o exclusión de la primera observación.

pueden depender de cuál método se seleccione. En muestras pequeñas, entonces, ¿cuál método es preferible? Desafortunadamente, no hay una respuesta definitiva a esta pregunta porque los estudios de muestras pequeñas realizados mediante los diversos métodos, a través de las simulaciones de Monte Carlo, no favorecen consistentemente ninguno de los métodos[41]. En la práctica, sin embargo, el método frecuentemente utilizado es el método iterativo de Cochrane-Orcutt, que ya ha sido incorporado a diversos programas de computador, tales como ET, SHAZAM, TSP y SAS. A medida que el software de computador se hace más sofisticado, se pueden utilizar métodos de estimación de ρ orientados específicamente para tratar con tales muestras pequeñas. De hecho, en la actualidad, paquetes como SAS contienen MV y algunos procedimientos no lineales de estimación de ρ (Véase el procedimiento AUTOREG de SAS).

12.8 MODELO AUTORREGRESIVO DE HETEROSCEDASTICIDAD CONDICIONAL (ARCH)

La sabiduría convencional ha determinado que el problema de autocorrelación es una característica de la información de series de tiempo y la heteroscedasticidad una característica de la información de corte transversal. ¿Puede surgir la heteroscedasticidad en información de series de tiempo? Y ¿cómo?

Los investigadores comprometidos en la proyección de series de tiempo financieras, tales como precios de acciones, tasas de inflación, tasas de cambio, etc, han observado que su habilidad para predecir tales variables varía considerablemente de un período de tiempo a otro[42]: Para algunos períodos de tiempo, los errores de proyección son relativamente pequeños, durante otros, ellos pueden ser relativamente grandes y volver luego a ser nuevamente pequeños durante otro período de tiempo. Esta variabilidad podría deberse muy bien a la volatilidad en los mercados financieros, sensibles como ellos son a los rumores, a los trastornos políticos, a cambios en las políticas gubernamentales monetarias y fiscales y a factores similares. Esto sugeriría que la varianza de los errores de predicción no es constante sino que varía de un período a otro, es decir, hay alguna clase de autocorrelación en la varianza de los errores de predicción.

Puesto que puede suponerse que el comportamiento de los errores de predicción depende del comportamiento de las perturbaciones u_t (de la regresión), puede presentarse una situación de autocorrelación en la varianza de u_t. Para captar esta correlación, Engle desarrolló el **modelo autorregresivo de heteroscedasticidad condicional (ARCH)**[43]. La idea central del ARCH es que la varianza de u en el tiempo t ($= \sigma_t^2$), depende del tamaño del término de error al cuadrado en el tiempo $(t-1)$, es decir, de u_{t-1}^2.

Para ser más específico, recuérdese el modelo de regresión con k variables:

$$Y_t = \beta_1 + \beta_2 X_{2t} + \cdots + \beta_k X_{kt} + u_t \qquad (12.8.1)$$

y supóngase que *condicional* a la información disponible en el tiempo $(t-1)$, el término de perturbación se distribuye así

$$u_t \sim N[0, (\alpha_0 + \alpha_1 u_{t-1}^2)] \qquad (12.8.2)$$

es decir, u_t está normalmente distribuido con media cero y varianza de $(\alpha_0 + \alpha_1 u_{t-1}^2)$.

---

[41]Para una revisión de estos estudios, *véase* J. Johnston, *op. cit.*, pp. 326-327. Un tratamiento más bien avanzado puede encontrarse en A.C. Harvey, *The Econometric Analysis of Time Series*, John Wiley & Sons, New York, 1981, pp. 196-199.

[42]*Véase*, por ejemplo, M. Mandelbrot, «The Variation of Certain Speculative Prices,» *Journal of Business,* vol. 36, 1963, pp. 394-419.

[43]R. Engle, «Autoregressive Conditional Heteroscedasticity with Estimates of the Variance of United Kingdom Inflation», *Econometrica,* vol 50, no. 1, 1982, pp. 987-1007. *Véase* también A Bera y M. Higgins, «A Review of ARCH Models: Motivation, Theory and Applications», *Journal of Economic Surveys*, próximo a publicarse.

La normalidad de u_t no es nueva (¿Por qué?). Lo nuevo es que la varianza de u en el tiempo t depende de la perturbación al cuadrado en el tiempo $(t-1)$, dando así la apariencia de correlación serial.

Puesto que en (12.8.2) la varianza de u_t depende del término de perturbación al cuadrado en el período de tiempo anterior, el proceso se denomina **ARCH(1)**. Pero éste se puede generalizar fácilmente. Es así como un proceso **ARCH(p)** puede escribirse como

$$\text{var}(u_t) = \sigma_t^2 = \alpha_0 + \alpha_1 u_{t-1}^2 + \alpha_2 u_{t-2}^2 + \cdots + \alpha_p u_{t-p}^2 \qquad (12.8.3)$$

Si no hay autocorrelación en la varianza del error, se tiene que $H_0: \alpha_1 = \alpha_2 = \cdots = \alpha_p = 0$, en cuyo caso $\text{var}(u_t) = \alpha_0$ y se tiene el caso de varianza homoscedástica del error.

Como lo ha demostrado Engle, fácilmente puede realizarse una prueba sobre la hipótesis nula anterior efectuando la siguiente regresión:

$$\hat{u}_t^2 = \hat{\alpha}_0 + \hat{\alpha}_1 \hat{u}_{t-1}^2 + \hat{\alpha}_2 \hat{u}_{t-2}^2 + \cdots + \hat{\alpha}_p \hat{u}_{t-p}^2 \qquad (12.8.4)$$

donde $\hat{u}$, como es usual, denota los residuales MCO estimados del modelo de regresión original, (12.8.1).

Se puede probar la hipótesis nula H_0 mediante la prueba F usual analizada en el capítulo 8 o, en forma alterna, calculando nR^2, donde R^2 es el coeficiente de determinación obtenido en la regresión auxiliar (12.8.4). Puede mostrarse que

$$nR^2 \sim \chi_p^2 \qquad (12.8.5)$$

es decir, nR^2 sigue la distribución ji cuadrado con un número de g de l igual al número de términos autorregresivos en la regresión auxiliar.

Ejemplo ilustrativo. Continúese con el trajinado ejemplo sobre salarios-productividad. Utilizando los residuales obtenidos de esta regresión, se estimaron los modelos ARCH(1), ARCH(2), ARCH(3), ARCH(4) y ARCH(5). Pero solamente el modelo ARCH(1) resultó ser significativo. Los resultados de este modelo fueron los siguientes:

$$\hat{u}_t^2 = 2.0746 + 0.6946 \hat{u}_{t-1}^2$$
$$t = (1.0583) \quad (5.0364)$$
$$R^2 = 0.4665 \qquad (12.8.6)$$
$$d = 1.67$$

Aplicando (12.8.5), se observa que $nR = (31)(0.4665) \doteq 14.46$, que es aproximadamente χ^2 con 1 g de l. De la tabla ji cuadrado, es claro que la probabilidad de obtener tal valor ji cuadrado es mucho menor que 0.005 (el valor p es alrededor de 0.000143). Esto sugiere que en el ejemplo, la varianza del error está correlacionada serialmente.

¿Qué hacer ante la presencia de ARCH?

Recuérdese que se han expuesto diversos métodos para corregir la heteroscedasticidad que básicamente se relacionan con la aplicación de MCO a datos transformados. Recuérdese que MCO aplicado a datos transformados es el método de mínimos cuadrados generalizados (MCG). Si el efecto ARCH se encuentra, se tendrá que utilizar MCG. Para ahorrar espacio, los detalles de la teoría y la mecánica de ésta se encontrarán en las referencias[44].

---

[44]*Véase* Davidson y MacKinnon, *op. cit.*, sección 16.4. *Véase* también William H. Greene, *op.cit.*, sec. 15.9 y también su *ET:The Econometrics Toolkit*, Versión 3.0, Econometric Software, Inc., Bellport, New York, 1992, capítulo 29. MICRO TSP 7.0 y SHAZAM 7.0 tienen procedimientos de prueba ARCH.

A propósito, una generalización del modelo ARCH es el llamado **GARCH**, en el cual la varianza condicional de u en el tiempo t es dependiente no solamente de las perturbaciones al cuadrado, sino también sobre las varianzas condicionales pasadas. Los detalles al respecto pueden encontrarse en las referencias[45].

Una palabra sobre el estadístico d y el efecto ARCH

Recuérdese que cuando se efectuó la regresión de salarios sobre productividad, se obtuvo un valor d de 0.1380, sugiriendo fuertemente que había una correlación serial de primer orden positiva en el término de error. Pero esta conclusión parece ahora prematura debido al efecto ARCH. En otras palabras, la correlación serial observada en u_t puede deberse al efecto ARCH y no a la correlación serial de por sí. Por consiguiente, en los análisis de series de tiempo, especialmente aquellos relacionados con información financiera, se debe hacer la prueba del efecto ARCH antes de aceptar el estadístico d de los listados de computador como el verdadero valor de correlación.

12.9 RESUMEN Y CONCLUSIONES

1. Si se viola el supuesto del modelo clásico de regresión lineal de que los errores o las perturbaciones u_t, consideradas dentro del modelo de regresión poblacional son aleatorios o no correlacionados, surge el problema de autocorrelación o de correlación serial.

2. La autocorrelación puede surgir por diversas razones, tales como la inercia o lentitud de las series de tiempo económicas, el sesgo de especificación resultante de excluir variables importantes del modelo o de utilizar la forma funcional incorrecta, el fenómeno de la telaraña, el manejo de los datos etc.

3. Aunque los estimadores MCO continúan siendo insesgados y consistentes en presencia de autocorrelación, estos dejan de ser eficientes. Como resultado, las pruebas de significancia t y F usuales no pueden aplicarse legítimamente. Por tanto, se hace necesaria la aplicación de medidas remediales.
   El remedio depende de la naturaleza de la interdependencia entre las perturbaciones u_t. Pero como las u_t no son observables, la práctica común es suponer que éstas han sido generadas por algún mecanismo.

4. El mecanismo comúnmente adoptado es el esquema autorregresivo de primer orden de Markov, que supone que la perturbación en el período de tiempo actual está linealmente relacionada con el término de perturbación en el período de tiempo anterior, la medida de interdependencia está dada por el coeficiente de autocorrelación. Este mecanismo se conoce como el esquema AR(1).

5. Si el esquema AR(1) es válido y el coeficiente de autocorrelación se conoce, el problema de correlación serial puede atacarse fácilmente mediante la transformación de los datos siguiendo el procedimiento de diferencia generalizada. El esquema AR(1) puede generalizarse fácilmente a un esquema AR(p). También se puede suponer un mecanismo promedio móvil (MA) o una mezcla de los esquemas AR y MA, conocido como ARMA.

6. Aun si se utiliza un esquema AR(1), el coeficiente de autocorrelación ρ no se conoce *a priori*. Consideramos diversos métodos para estimar, tales como el d de Durbin- Watson, el d modificado

---

[45]T. Bollerslev, «Generalized Autoregressive Conditional Heteroscedasticity», *Journal of Econometrics,* vol. 31, 1986, pp. 307-326.

de Theil-Nagar, el procedimiento de dos etapas de Cochrane-Orcutt (C-O), el procedimiento iterativo C-O y el método de dos etapas de Durbin. En muestras grandes, estos métodos generalmente producen estimaciones similares, aunque en muestras pequeñas, estos tienen un desempeño diferente. En la práctica, el método iterativo C-O se ha vuelto bastante popular.

7. Claro está, antes de remediar el problema de autocorrelación es preciso detectarlo. Hay diversos métodos de detección, de los cuales el más conocido es el estadístico d de Durbin- Watson. Aunque son de uso corriente y aparecen en los impresos de la mayoría de los paquetes de software de computador, el estadístico d tiene diversas limitaciones. Muy frecuentemente, el estadístico d es indicador de la presencia de un sesgo de especificación o de efecto ARCH y no de autocorrelación pura.

8. Un modelo especial estudiado en este capítulo es el ARCH en el cual la varianza condicional del término de error está correlacionada serialmente con los valores pasados del término de error al cuadrado. Este modelo ha demostrado ser bastante útil en la modelación y predicción de muchas variables financieras, tales como tasas de cambio, tasas de inflación, etc.

EJERCICIOS

Preguntas

12.1. Establézcase si las siguientes afirmaciones son verdaderas o falsas. Justifique su respuesta brevemente.

(*a*) Cuando hay presencia de autocorrelación, los estimadores MCO son sesgados lo mismo que ineficientes.

(*b*) La prueba d de Durbin-Watson supone que la varianza del término de error u_t es homoscedástica.

(*c*) La transformación de primera diferencia para eliminar la autocorrelación supone que el coeficiente de autocorrelación ρ es -1.

(*d*) Los valores R^2 de dos modelos, de los cuales uno corresponde a una regresión en forma de primera diferencia y el otro a una regresión sin diferenciar, no son directamente comparables.

(*e*) Una d de Durbin-Watson significativa no necesariamente significa que hay autocorrelación de primer orden.

(*f*) En presencia de autocorrelación, las varianzas calculadas convencionalmente y los errores estándar de los valores proyectados son ineficientes.

(*g*) La exclusión de una o varias variables importantes de un modelo de regresión pueden producir un valor d significativo.

(*h*) En el esquema AR(1), una prueba de hipótesis de que $\rho = 1$ puede hacerse mediante el estadístico g de Berenblutt-Webb lo mismo que del estadístico d de Durbin-Watson.

(*i*) En la regresión de primera diferencia de Y sobre primeras diferencias de X, si hay un término constante y un término de tendencia lineal, significa que en el modelo original hay un término de tendencia lineal y uno de tendencia cuadrática.

12.2. Dada una muestra de 50 observaciones y de 4 variables explicativas, qué puede usted decir sobre autocorrelación si (*a*) ¿$d = 1.05$? (*b*) ¿$d = 1.40$? (*c*) ¿$d = 2.50$? (*d*) ¿$d = 3.97$?

12.3. Al estudiar el movimiento en la participación de la producción de los trabajadores en el valor agregado (es decir, la participación laboral), Gujarati consideró los siguientes modelos*:

$$\text{Modelo A:} \quad Y_t = \beta_0 + \beta_1 t + u_t$$
$$\text{Modelo B:} \quad Y_t = \alpha_0 + \alpha_1 t + \alpha_2 t^2 + u_t$$

---

*Damodar Gujarati, «Labor's Share in Manufacturing Industries», *Industrial and Labor Relations Review,* vol. 23, no. 1, octubre 1969, pp. 65-75.

donde Y = participación laboral y t = tiempo. Con base en información anual para 1949–1964, se obtuvieron los siguientes resultados para la industria metalúrgica básica:

$$\text{Modelo A:} \qquad \hat{Y}_t = 0.4529 - 0.0041t \qquad R^2 = 0.5284 \qquad d = 0.8252$$
$$(-3.9608)$$

$$\text{Modelo B:} \qquad \hat{Y}_t = 0.4786 - 0.0127t + 0.0005t^2$$
$$(-3.2724) \quad (2.7777)$$
$$R^2 = 0.6629 \qquad d = 1.82$$

donde las cifras en paréntesis son las razones t.

(a) ¿Hay correlación serial en el modelo A? ¿En el modelo B?

(b) ¿Qué explica la correlación serial?

(c) ¿Cómo se distinguiría entre autocorrelación «pura» y sesgo de especificación?

12.4. *Detección de la autocorrelación:* **prueba de la razón de von Neumann**[*]. Suponiendo que los residuales $\hat{u}_t$ se obtienen aleatoriamente de una distribución normal, von Neumann ha demostrado que para *n grande*, la razón

$$\frac{\delta^2}{s^2} = \frac{\sum (\hat{u}_i - \hat{u}_{i-1})^2 / (n-1)}{\sum (\hat{u}_i - \bar{\hat{u}})^2 / n} \qquad \text{\textit{Nota:} } \bar{\hat{u}} = 0 \text{ en MCO}$$

llamada la *razón de von Neumann*, la cual tiene una distribución aproximadamente normal con media

$$E \frac{\delta^2}{s^2} = \frac{2n}{n-1}$$

y varianza

$$\text{var } \frac{\delta^2}{s^2} = 4n^2 \frac{n-2}{(n+1)(n-1)^3}$$

(a) Si n es suficientemente grande, ¿cómo se utilizará la razón von Neumann para probar la autocorrelación?

(b) ¿Cuál es la razón entre el d de Durbin-Watson y la razón de von Neumann?

(c) El estadístico d se encuentra entre 0 y 4. ¿Cuáles son los límites correspondientes para la razón de von Neumann?

(d) Puesto que la razón depende del supuesto de que los $\hat{u}$ se obtienen aleatoriamente de una distribución normal, qué tan válido es este supuesto para los residuales MCO?

(e) Suponiendo que en una aplicación se encontró que la razón era 2.88 con 100 observaciones, evalúese la hipótesis de que no hay correlación serial en la información.

   Nota: B.I. Hart ha tabulado los valores críticos de la razón von Neumann para tamaños de muestras hasta de 60 observaciones[†].

12.5. En una secuencia de 17 residuales, 11 positivos y 6 negativos, el número de rachas fue de 3. ¿Hay aquí evidencia de autocorrelación? ¿Se cambiaría el resultado si hubiera 14 rachas?

---

[*] J. von Neumann, «Distribution of the Ratio of the Mean Square Successive Difference to the Variance, «*Annals of Mathematical Statistics*, vol. 12, 1941, pp. 367-395.

[†] La tabla puede encontrarse en Johnston, *op. cit.*, 3a. ed., p. 559.

12.6. Estimación del ρ de Theil-Nagar basado en el estadístico d. Theil y Nagar han sugerido que en muestras pequeñas, en lugar de estimar ρ como $(1 - d/2)$, éste puede ser estimado como

$$\hat{\rho} = \frac{n^2\left(1 - d/2\right) + k^2}{n^2 - k^2}$$

donde n = número total de observaciones, $d = d$ de Durbin- Watson y k = número de coeficientes que van a ser estimados (incluyendo el intercepto).

Muéstrese que para un n grande, esta estimación de ρ es igual a la obtenida por la fórmula más simple $(1 - d/2)$.

12.7. *Estimación de ρ:* **Procedimiento de búsqueda o exploración de Hildreth-Lu*.** Puesto que en el esquema autorregresivo de primer orden

$$u_t = \rho u_{t-1} + \varepsilon_t$$

se espera que ρ se encuentre entre -1 y $+1$, Hildreth y Lu sugieren una «exploración» o procedimiento sistemático de búsqueda para localizarlo. Recomiendan seleccionar ρ entre -1 y $+1$ utilizando, por ejemplo, intervalos de 0.1 de unidad y transformando los datos mediante la ecuación en diferencia generalizada (12.6.5). Así, se puede seleccionar ρ de -0.9, -0.8,..., 0.8, 0.9. Para cada seleccionado se efectúa la ecuación en diferencia generalizada y se obtiene la SRC asociada: $\sum \hat{u}_t^2$. Hildreth y Lu sugieren seleccionar el que minimice SRC (de donde se está maximizando R^2). Si se requiere mayor refinación, se sugieren intervalos unitarios más pequeños, es decir, de 0.01 de unidad tales como -0.99, -0.98,..., 0.90, 0.91 y así sucesivamente.

(*a*) ¿Cuáles son las ventajas del procedimiento Hildreth- Lu?

(*b*) ¿Cómo se sabe que el valor ρ seleccionado en última instancia para transformar los datos garantizará en realidad una $\sum \hat{u}_t^2$ mínima?

12.8. Al medir los rendimientos a escala en la oferta de electricidad, Nerlove utilizó información de corte transversal de 145 empresas de servicios de propiedad privada en los Estados Unidos durante el año 1955 y efectuó la regresión del logaritmo del costo total sobre los logaritmos de la producción, de la tasa de salarios, del precio del capital y del precio del combustible. Encontró que los residuales estimados a partir de esta regresión presentaban correlación «serial» a juicio del d de Durbin-Watson. Para buscar un remedio, graficó los residuales estimados contra el logaritmo de la producción y obtuvo la figura 12.10.

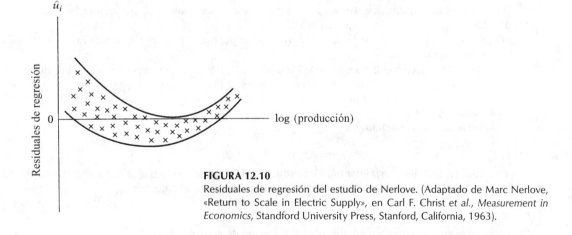

FIGURA 12.10

Residuales de regresión del estudio de Nerlove. (Adaptado de Marc Nerlove, «Return to Scale in Electric Supply», en Carl F. Christ *et al.*, *Measurement in Economics*, Standford University Press, Stanford, California, 1963).

---

*G. Hildreth y J. Y. Lu, «Demand Relations with Autocorrelated Disturbances», Michigan State University, *Agricultural Experiment Station*, Tech. Bull. 276, noviembre 1960.

(a) ¿Qué indica la figura 12.10?

(b) ¿Cómo puede usted deshacerse de la correlación «serial» en la situación anterior?

12.9. Al graficar los residuales de una regresión contra el tiempo, se obtuvo el diagrama de dispersión de la figura 12.11. El residual «extremo» encerrado en un círculo se denomina valor *atípico*. Un valor atípico es una observación cuyo valor excede a los valores de las demás observaciones en la muestra por una gran cantidad, tal vez tres o cuatro desviaciones estándar alejadas del valor medio de todas las observaciones.

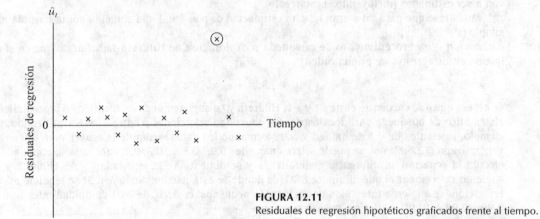

FIGURA 12.11
Residuales de regresión hipotéticos graficados frente al tiempo.

(a) ¿Cuáles son las razones de la existencia de uno o varios valores atípicos?

(b) Si hay uno o varios valores atípicos, ¿debe esa o esas observaciones descartarse y efectuarse la regresión sobre las observaciones restantes?

(c) ¿Es el d de Durbin-Watson aplicable en presencia de valores atípicos?

12.10. Verifíquese la ecuación (12.6.9).

*12.11. Supóngase el esquema autorregresivo de primer orden $u_t = \rho u_{t-1} + \varepsilon_t$ donde ε_t satisface los supuestos del modelo clásico de regresión lineal.

(a) Demuéstrese que $\text{var}(u_t) = \sigma^2/(1 - \rho^2)$, donde $\sigma^2 = \text{var}(\varepsilon_t)$.

(b) ¿Cuál es la covarianza entre u_t y u_{t-1}? ¿Entre u_t y u_{t-2}? Generalícense sus resultados.

(c) Escríbase la matriz de varianza-covarianza de las u.

(d) Si $\rho = 1$, ¿Qué sucede con la varianza de u_t? ¿Qué implicaciones tiene ésto para la transformación de primera diferencia?

12.12. Refiérase a la ecuación (12.4.1). Supóngase que $r = 0$ pero $\rho \neq 0$. ¿Cuál es el efecto sobre $E(\hat{\sigma}^2)$ si (a) $0 < \rho < 1$ y (b) $-1 < \rho < 0$? ¿Cuando será el sesgo en $\hat{\sigma}^2$ razonablemente pequeño?

12.13. Basado en el estadístico d de Durbin-Watson, ¿cómo se distinguiría la autocorrelación «pura» del sesgo de especificación?

12.14. Supóngase que en el modelo

$$Y_t = \beta_1 + \beta_2 X_t + u_t$$

los u son, en realidad, serialmente independientes. ¿Qué sucedería en esta situación si, suponiendo que $u_t = \rho u_{t-1} + \varepsilon_t$, se utiliza la regresión en diferencia generalizada

$$Y_t - \rho Y_{t-1} = \beta_1 (1 - \rho) + \beta_2 X_t - \rho \beta_2 X_{t-1} + \varepsilon_t$$

Analícense en particular las propiedades del término de perturbación ε_t.

---

*Opcional

12.15. En un estudio de determinación de precios de la producción final a costo de factores en el Reino Unido, se obtuvieron los siguientes resultados con base en información anual durante el período 1951–1969:

$$\widehat{PF}_t = 2.033 + 0.273W_t - 0.521X_t + 0.256M_t + 0.028M_{t-1} + 0.121PF_{t-1}$$
$$(0.992) \quad (0.127) \quad (0.099) \quad (0.024) \quad (0.039) \quad (0.119)$$
$$R^2 = 0.984 \quad d = 2.54$$

donde PF = precios de la producción final a costo de factores, W = salarios por empleado, X = producto interno bruto por persona empleada, M = precios de importación, M_{t-1} = precios de importación rezagados 1 año y PF_{t-1} = precios de la producción final a costo de factores en el año anterior[†].

«Puesto que para 18 observaciones y 5 variables explicativas, al 5% los valores d inferiores y superiores son 0.71 y 2.06, el valor d estimado de 2.54 indica que no hay autocorrelación positiva». Coméntese.

12.16. Establézcanse circunstancias bajo las cuales cada uno de los siguientes métodos de estimación del coeficiente de autocorrelación de primer orden ρ puede ser apropiado:
   (*a*) Regresión en primera diferencia
   (*b*) Regresión en promedio móvil
   (*c*) Transformación de Theil-Nagar
   (*d*) Procedimiento iterativo de Cochrane y Orcutt
   (*e*) Procedimiento de exploración de Hildreth-Lu
   (*f*) Procedimiento en dos etapas de Durbin

12.17. ¿El $\hat{\beta}_1 = 7.0364$ obtenido de la regresión(12.7.2) constituye una estimación insesgada del verdadero β_1? ¿Por qué o por qué no?

12.18. Incluyendo el factor de corrección C, la fórmula para $\hat{\beta}_2^{MCG}$ dada en (12.3.1) es

$$\hat{\beta}_2^{MCG} = \frac{(1-\rho^2)x_1y_1 + \sum_{t=2}^{n}(x_t - \rho x_{t-1})(y_t - \rho y_{t-1})}{(1-\rho^2)x_1^2 + \sum_{t=2}^{n}(x_t - \rho x_{t-1})^2}$$

Dada esta fórmula y (12.3.1), encuentre la expresión para el factor de corrección C.

12.19. Muéstrese que la estimación de (12.6.6) es equivalente a estimar MCG analizado en la sección 12.3, excluyendo la primera observación en Y y en X.

12.20. Para la regresión (12.7.2), los residuales estimados tuvieron los siguientes signos:

$$- - - + - - + + - - + + + - + - + + - - - + +$$

Con base en la prueba de rachas, muéstrese que se puede aceptar la hipótesis de que no hay autocorrelación en estos residuales.

*12.21.Prueba para correlación serial de orden superior. Supóngase que se tiene información de series de tiempo sobre una base trimestral. En los modelos de regresión que consideran información trimestral, en lugar de utilizar el esquema AR(1) dado en (12.2.1), puede ser más apropiado suponer un esquema AR(4) como el siguiente:

$$u_t = \rho_4 u_{t-4} + \varepsilon_t$$

es decir, suponer que el término de perturbación actual está correlacionado con el equivalente durante el mismo trimestre en el año anterior en lugar de estarlo con aquél del trimestre anterior.

[†]*Fuente: Prices and Earnings in 1951-1969: An Econometric Assessment*, Department of Employment, Her Majesty's Stationery Office, 1971, tabla no. C. p. 37, ecuación 63.

*Opcional

Para probar la hipótesis de que $\rho_4 = 0$, Wallis[†] sugiere la siguiente prueba d modificada de Durbin-Watson:

$$d_4 = \frac{\sum_{t=5}^{n}(\hat{u}_t - \hat{u}_{t-4})^2}{\sum_{t=1}^{n}\hat{u}_t^2}$$

El procedimiento de prueba sigue la rutina de la prueba d usual analizada en el texto.

Wallis ha preparado las tablas d_4, las cuales pueden encontrarse en su artículo original.

Supóngase ahora que hay información mensual. ¿Podría la prueba Durbin-Watson ser generalizada para considerar tal información? De ser así, escríbase la fórmula d_{12} apropiada.

12.22. Supóngase que se estima la siguiente regresión:

$$\Delta\ln \text{producción}_t = \beta_1 + \beta_2\Delta\ln L_t + \beta_3\Delta\ln K_t + u_t$$

donde Y es la producción, L es el insumo trabajo, K es el insumo capital y Δ es el operador de primera diferencia. ¿Cómo se interpretaría β_1 en este modelo? ¿Podría verse éste como una estimación del cambio tecnológico? Justifíquese la respuesta.

Determinantes del precio interno del cobre en los Estados Unidos, 1951-1980

Año	C	G	I	L	H	A
1951	21.89	330.2	45.1	220.4	1,491.0	19.00
52	22.29	347.2	50.9	259.5	1,504.0	19.41
53	19.63	366.1	53.3	256.3	1,438.0	20.93
54	22.85	366.3	53.6	249.3	1,551.0	21.78
55	33.77	399.3	54.6	352.3	1,646.0	23.68
56	39.18	420.7	61.1	329.1	1,349.0	26.01
57	30.58	442.0	61.9	219.6	1,224.0	27.52
58	26.30	447.0	57.9	234.8	1,382.0	26.89
59	30.70	483.0	64.8	237.4	1,553.7	26.85
60	32.10	506.0	66.2	245.8	1,296.1	27.23
61	30.00	523.3	66.7	229.2	1,365.0	25.46
62	30.80	563.8	72.2	233.9	1,492.5	23.88
63	30.80	594.7	76.5	234.2	1,634.9	22.62
64	32.60	635.7	81.7	347.0	1,561.0	23.72
65	35.40	688.1	89.8	468.1	1,509.7	24.50
66	36.60	753.0	97.8	555.0	1,195.8	24.50
67	38.60	796.3	100.0	418.0	1,321.9	24.98
68	42.20	868.5	106.3	525.2	1,545.4	25.58
69	47.90	935.5	111.1	620.7	1,499.5	27.18
70	58.20	982.4	107.8	588.6	1,469.0	28.72
71	52.00	1,063.4	109.6	444.4	2,084.5	29.00
72	51.20	1,171.1	119.7	427.8	2,378.5	26.67
73	59.50	1,306.6	129.8	727.1	2,057.5	25.33
74	77.30	1,412.9	129.3	877.6	1,352.5	34.06
75	64.20	1,528.8	117.8	556.6	1,171.4	39.79
76	69.60	1,700.1	129.8	780.6	1,547.6	44.49
77	66.80	1,887.2	137.1	750.7	1,989.8	51.23
78	66.50	2,127.6	145.2	709.8	2,023.3	54.42
79	98.30	2,628.8	152.5	935.7	1,749.2	61.01
80	101.40	2,633.1	147.1	940.9	1,298.5	70.87

Nota: La información fue recolectada por Gary R. Smith de fuentes tales como *American Metal Market, Metals Week,* y publicaciones del Departamento de Comercio de los Estados Unidos.

C = promedio de doce meses del precio interno del cobre en los Estados Unidos (centavos por libra)

G = Producto Nacional Bruto anual (US$ miles de millones)

I = Índice promedio de doce meses para la producción industrial

L = Precio promedio de doce meses del cobre en la bolsa de metales de Londres (libras esterlinas)

H = Número de construcción de casas por año (miles de unidades)

A = Precio promedio de doce meses del aluminio (centavos de dólar por libra)

[†]Kenneth Wallis, «Testing For Fourth Order Autocorrelation in Quarterly Regression Equations», *Econometrica,* vol. 40, 1972, pp. 617-636. Las tablas de d_4 pueden encontrarse también en J. Johnston, *op. cit.,* 3a. ed., p. 558.

12.23. Maddala sugiere que si la d de Durbin-Watson es menor que el R^2, se debe efectuar la regresión en forma de primera diferencia. ¿Cuál es la lógica detrás de esta sugerencia?*

Problemas

12.24. Refiérase a la información sobre la industria del cobre en la tabla anterior.

(a) Con base en esta información, estímese el siguiente modelo de regresión:

$$\ln C_t = \beta_1 + \beta_2 \ln I_t + \beta_3 \ln L_t + \beta_4 \ln H_t + \beta_5 \ln A_t + u_t$$

Interprétense los resultados.

(b) Obténganse los residuales y los residuales estandarizados de la regresión anterior y grafíquense. ¿Qué se puede opinar sobre la presencia de autocorrelación en estos residuales?

(c) Estímese el estadístico d de Durbin-Watson y coméntese sobre la naturaleza de la autocorrelación presente en los datos.

(d) Efectúese la prueba de rachas y vea si su respuesta difiere de la respuesta dada en (c).

(e) Pruébese el efecto ARCH en los residuales.

(f) ¿Cómo se encontraría si un proceso AR(p) describe mejor la autocorrelación que un proceso AR(1)? *Nota:* Guárdense estos datos para un análisis posterior (*véase* ejercicio 12.26).

12.25. Se le da la siguiente información:

Y, Gasto de consumo personal (miles de millones de dólares de 1958)	X, tiempo	$\hat{Y}$, estimado* Y^*	$\hat{u}$, residuales
281.4	1 (= 1956)	261.4208	19.9791
288.1	2	276.6026	11.4973
290.0	3	291.7844	−1.7844
307.3	4	306.9661	0.3338
316.1	5	322.1479	−6.0479
322.5	6	337.3297	−14.8297
338.4	7	352.5115	−14.1115
353.3	8	367.6933	−14.3933
373.7	9	382.8751	−9.1751
397.7	10	398.0569	−0.3569
418.1	11	413.2386	4.8613
430.1	12	428.4206	1.6795
452.7	13	443.6022	9.0977
469.1	14	458.7840	10.3159
476.9	15 (= 1970)	473.9658	2.9341

* Obtenido de la regresión $Y_t = \beta_0 + \beta_1 X_t + u_t$

(a) Verifíquese que el d de Durbin-Watson es igual a 0.4147.

(b) ¿Hay correlación serial positiva en las perturbaciones?

(c) De ser así, estímese ρ mediante el

    (i) método de Theil-Nagar

    (ii) procedimiento de dos etapas de Durbin

    (iii) método de Cochrane-Orcutt

(d) Utilícese el método de Theil-Nagar para transformar la información y efectúese la regresión con los datos transformados.

(e) ¿La regresión estimada en (d) presenta autocorrelación? De ser así, cómo deshacerse de ésta?

---

*G.S. Maddala, *op. cit.*, p. 232.

12.26. Refiérase al ejercicio 12.24 y a la información dada en la tabla que acompaña ese ejercicio. Si los resultados de este ejercicio muestran correlación serial,

(*a*)   Utilícese el procedimiento de Cochrane-Orcutt de dos etapas y obtenga las estimaciones de MCG factibles o la regresión en diferencias generalizadas y compárense sus resultados.

(*b*)   Si el ρ estimado del método de Cochrane-Orcutt en (*a*) difiere sustancialmente de aquél estimado a partir del estadístico *d*, ¿cuál método de estimación de ρ se seleccionaría y por qué?

12.27. Refiérase al ejemplo 7.4. Efectúese la regresión omitiendo las variables X^2 y X^3 y examínense los residuales en busca de correlación «serial». Si se encuentra correlación serial, ¿cómo se la racionaliza? ¿Qué medidas remediales serían sugeribles?

12.28. Refiérase al ejercicio 7.25. En tal información, *a priori* se espera autocorrelación. Por consiguiente, se sugiere que se efectúe la regresión del logaritmo de la oferta monetaria real sobre los logaritmos del ingreso nacional real y de la tasa de interés a largo plazo en forma de primera diferencia. Efectúese esta regresión y luego llévese a cabo nuevamente la regresión en la forma original. ¿Se satisface el supuesto en el cual se basa la transformación en primera diferencia? De no ser así, ¿qué clases de sesgos es probable que resulten de tal transformación? Ilústrese con la información que se tiene disponible.

12.29. **El uso del *d* de Durbin-Watson para probar no linealidad.** Continúese con el ejercicio 12.27. Ordénense los residuales obtenidos en esa regresión de acuerdo con valores crecientes de *X*. Utilizando la fórmula dada en (12.5.4), estímese *d* a partir de los residuales reordenados. Si el valor *d* calculado indica autocorrelación, esto implicaría que el modelo lineal era incorrecto y que el modelo completo debe incluir los términos X_i^2 y X_i^3. ¿Se puede dar una justificación intuitiva para tal procedimiento? Véase si la respuesta está de acuerdo con aquella dada por Henri Theil[*].

12.30. Refiérase al ejercicio 11.20. Obténganse los residuales y encuéntrese si hay autocorrelación en ellos. ¿Cómo se transformaría la información en caso de detectar correlación serial? ¿Cuál es el significado de la correlación serial en la instancia presente?

12.31. **Experimento de Monte Carlo.** Refiérase a las tablas 12.1 y 12.2. Utilizando los datos sobre ε_t y X_t que allí se presentan, genérese una muestra de 10 valores *Y* del modelo

$$Y_t = 3.0 + 0.5X_t + u_t$$

donde $u_t = 0.9u_{t-1} + \varepsilon_t$. Supóngase que $u_0 = 10$.

(*a*)   Coméntese sobre sus resultados.

(*b*)   Repítase este ejercicio 10 veces y coméntese sobre sus resultados.

(*c*)   Manténgase la información anterior, excepto que ahora permita que $\rho = 0.3$ en lugar de $\rho = 0.9$ y compárense sus resultados con aquellos obtenidos en (*b*).

12.32. Utilizando la información dada en la tabla siguiente, estímese el modelo

$$Y_t = \beta_1 + \beta_2 X_t + u_t$$

donde *Y* = inventarios y *X* = ventas, ambas medidas en miles de millones de dólares.

(*a*)   Estímese la regresión anterior.

(*b*)   Del residual estimado, averígüese si hay autocorrelación positiva utilizando (*i*) la prueba de Durbin-Watson y (*ii*) la prueba de normalidad de grandes muestras dada en (12.5.11).

(*c*)   Si ρ es positivo, apliquese la prueba de Berenblutt-Webb para evaluar la hipótesis de que $\rho = 1$.

(*d*)   Si se sospecha que la estructura autorregresiva del error es de orden *p*, utilícese la prueba de Breush-Godfrey para verificarlo. ¿Cómo se seleccionaría el orden de *p*?

(*e*)   Basado en los resultados de esta prueba, ¿cómo se transformaría la información para eliminar la autocorrelación? Muéstrense todos los cálculos.

(*f*)   Pruébese si en su modelo se tiene efecto ARCH. Si se observa el efecto ARCH, ¿se modificarían las anteriores conclusiones sobre autocorrelación?

---

[*]Henri Theil, *Introduction to Econometrics,* Prentice-Hall, Englewood Cliffs, N.J., 1978, pp. 307-308.

Inventarios y ventas en la industria manufacturera de los Estados Unidos, 1950-1991 (millones de dólares)

Año	Ventas*	Inventarios[†]	Año	Ventas*	Inventarios[†]
1950	38,596	59,822	1970	108,352	178,594
1951	43,356	70,242	1971	117,023	188,991
1952	44,840	72.377	1972	131,227	203,227
1953	47,987	76,122	1973	153,881	234,406
1954	46,443	73,175	1974	178,201	287,144
1955	51,694	79,516	1975	182,412	288,992
1956	54,063	87,304	1976	204,386	318,345
1957	55,879	89,052	1977	229,786	350,706
1958	54,201	87,055	1978	260,755	400,929
1959	59,729	92,097	1979	298,328	452,636
1960	60,827	94,719	1980	328,112	510,124
1961	61,159	95,580	1981	356,909	547,169
1962	65,662	101,049	1982	348,771	575,486
1963	68,995	105,463	1983	370,501	591,858
1964	73,682	111,504	1984	411,427	651,527
1965	80,283	120,929	1985	423,940	665,837
1966	87,187	136,824	1986	431,786	664,654
1967	90,918	145,681	1987	459,107	711,745
1968	98,794	156,611	1988	496,334	767,387
1969	105,812	170,400	1989	522,344	813,018
			1990	540,788	835,985
			1991	533,838	828,184

Fuente: Economic Report of the President, 1993, tabla B-53, p. 408.

* Las cifras anuales son promedios de cifras mensuales, sin ajustar estacionalmente.

† Ajustados estacionalmente, las cifras de fin de periodo a principios de 1982 no son comparables con un período anterior.

(*g*) Repítanse los pasos anteriores utilizando el siguiente modelo:

$$\ln Y_t = \beta_1 + \beta_2 \ln X_t + u_t$$

(*h*) ¿Cómo se decide entre especificaciones lineales y log-lineales? Muéstrese explícitamente la prueba o pruebas que utiliza.

12A.1 LISTADO TSP DE LA REGRESIÓN ENTRE LOS SALARIOS (Y) Y LA PRODUCTIVIDAD (X) DE ESTADOS UNIDOS, 1960-1991*

Residual Plot	obs	RESIDUAL	ACTUAL	FITTED
	1960	−2.40999	68.700	71.1100
	1961	−2.43360	70.700	73.1336
	1962	−1.87626	73.200	75.0763
	1963	−2.34270	75.000	77.3427
	1964	−2.03292	77.900	79.9329
	1965	−2.03275	79.600	81.6327
	1966	−0.51352	82.900	83.4135
	1967	−0.13240	84.900	85.0324
	1968	1.06304	88.200	87.1370
	1969	2.23926	89.700	87.4607
	1970	2.76793	91.200	88.4321
	1971	2.22055	93.000	90.7795
	1972	2.75411	95.800	93.0459
	1973	3.01145	98.000	94.9886
	1974	3.46845	97.000	93.5316
	1975	2.38767	97.700	95.3123
	1976	3.22124	100.800	97.5788
	1977	3.42612	102.300	98.8739
	1978	4.04046	103.400	99.3595
	1979	3.53084	102.000	98.4692
	1980	1.59745	99.500	97.9025
	1981	−0.25483	98.700	98.9548
	1982	0.96423	100.000	99.0358
	1983	−0.15465	100.500	100.6550
	1984	−2.35920	100.400	102.7590
	1985	−2.67336	101.300	103.9730
	1986	−1.35414	104.400	105.7540
	1987	−2.34453	104.300	106.6450
	1988	−3.05397	104.400	107.4540
	1989	−3.72547	103.000	106.7250
	1990	−3.68736	103.200	106.8870
	1991	−3.31114	103.900	107.2110

* Los datos observados se muestran en la tabla siguiente.

OLSQ // Dependent Variable is Y
SMPL range: 1960–1991
Number of observations: 32

VARIABLE	COEFFICIENT	STD. ERROR	t-STATISTIC	2-TAIL SIG.
C	18.091487	3.3106307	5.4646648	0.0000
X	0.8094428	0.0351369	23.036851	0.0000

R-squared	0.946495	Mean of dependent var	93.61250
Adjusted R-squared	0.944712	S.D. of dependent var	11.10898
S.E. of regression	2.612109	Sum of squared resid	204.69340
Log likelihood	−75.098470	F-statistic	530.69650
Durbin-Watson stat	0.138039	Prob(F-statistic)	0.00000

SMPL range: 1960–1991
Number of observations: 32

VARIABLE	MEAN	STANDARD DEVIATION	MAXIMUM	MINIMUM
RESID	−1.537E−08	2.5696328	4.0404560	−3.7254730

INTERVAL	COUNT	HISTOGRAM
−4.0 ≥ RESID < −3.5	2	* * * * * * * * * *
−3.5 ≥ RESID < −3.0	2	* * * * * * * * * *
−3.0 ≥ RESID < −2.5	1	* * * * * *
−2.5 ≥ RESID < −2.0	7	* *
−2.0 ≥ RESID < −1.5	1	* * * * * *
−1.5 ≥ RESID < −1.0	1	* * * * * *
−1.0 ≥ RESID < −0.5	1	* * * * * *
−0.5 ≥ RESID < 0.0	3	* * * * * * * * * * * * * * * *
0.0 ≥ RESID < 0.5	0	
0.5 ≥ RESID < 1.0	1	* * * * * *
1.0 ≥ RESID < 1.5	1	* * * * * *
1.5 ≥ RESID < 2.0	1	* * * * * *
2.0 ≥ RESID < 2.5	3	* * * * * * * * * * * * * * * *
2.5 ≥ RESID < 3.0	2	* * * * * * * * * * *
3.0 ≥ RESID < 3.5	4	* *
3.5 ≥ RESID < 4.0	1	* * * * * *
4.0 ≥ RESID < 4.5	1	* * * * * *

Skewness   0.109606
Jarque-Bera normality test statistic   3.306464

Kurtosis   1.440579
Probability   0.191430

Indice de compensación real por hora (Y) e índice de producción por hora (X), sector negocios, Estados Unidos, 1960-1991, 1982 = 100

obs	Y	X
1960	68.7000	65.5000
1961	70.7000	68.0000
1962	73.2000	70.4000
1963	75.0000	73.2000
1964	77.9000	76.4000
1965	79.6000	78.5000
1966	82.9000	80.7000
1967	84.9000	82.7000
1968	88.2000	85.3000
1969	89.7000	85.7000
1970	91.2000	86.9000
1971	93.0000	89.8000
1972	95.8000	92.6000
1973	98.0000	95.0000
1974	97.0000	93.2000
1975	97.7000	95.4000
1976	100.8000	98.2000
1977	102.3000	99.8000
1978	103.4000	100.4000
1979	102.0000	99.3000
1980	99.5000	98.6000
1981	98.7000	99.9000
1982	100.0000	100.0000
1983	100.5000	102.0000
1984	100.4000	104.6000
1985	101.3000	106.1000
1986	104.4000	108.3000
1987	104.3000	109.4000
1988	104.4000	110.4000
1989	103.0000	109.5000
1990	103.2000	109.7000
1991	103.9000	110.1000

Fuente: Economic Report of the President, 1993, tabla B-44, p. 398.

DISEÑO DE MODELOS ECONOMÉTRICOS I: METODOLOGÍA ECONOMÉTRICA TRADICIONAL

La búsqueda de los economistas por la «verdad» a través de los años ha dado origen a la versión de que los economistas son personas que andan buscando un gato negro que no existe dentro de un cuarto oscuro; con frecuencia, se acusa a los econometristas de encontrar uno*.

Debido a su importancia teórica y práctica, en este capítulo y en el siguiente se analizará con alguna profundidad el enfoque tradicional y algunos enfoques alternativos para construir un modelo econométrico.

13.1 PUNTO DE VISTA TRADICIONAL SOBRE LA MODELIZACIÓN ECONOMÉTRICA: REGRESIÓN ECONÓMICA PROMEDIO (REP)

El supuesto 9 del modelo clásico de regresión lineal (MCRL) plantea que el modelo de regresión seleccionado para el análisis empírico está «correctamente» especificado. Con este supuesto, nuestra preocupación principal hasta ahora ha sido la estimación de los parámetros del modelo seleccionado y la prueba de hipótesis con respecto a ellos. Si los estadísticos de diagnóstico, tales como R^2, t, F y el d de Durbin-Watson se consideran satisfactorios, el modelo seleccionado obtiene un reconocimiento de aprobación.

---

*Peter Kennedy, *A Guide to Econometrics*, 3a. ed., The MIT Press, Cambridge, Mass., 1992, p. 82.

Por otra parte, si hay uno o más estadísticos de prueba que no son satisfactorios, el investigador busca métodos más sofisticados de estimación, por ejemplo, el procedimiento de estimación en dos etapas de Durbin para resolver el problema de autocorrelación. Si las pruebas de diagnóstico son aún no satisfactorias, el investigador se empieza a preocupar por la existencia de errores de especificación o de sesgos en el modelo seleccionado: ¿Habrán sido omitidas del modelo algunas variables importantes? ¿Algunas variables de poca importancia habrán sido incluidas en el modelo? ¿La forma funcional del modelo seleccionado será la correcta? ¿Estará el error estocástico correctamente especificado? ¿Habrá más de un error de especificación?

Si por ejemplo, el sesgo resulta por la omisión de variables, el investigador empieza por agregar «nuevas» variables al modelo y trata de «reconstruir» sobre el modelo. Este enfoque tradicional del diseño de modelos econométricos se denomina **enfoque de abajo hacia arriba** porque se empieza a construir el modelo con un número dado de regresores y con base en el diagnóstico, se procede a agregar más variables al modelo. Este enfoque se conoce también como **Regresión Económica Promedio (REP)**, término atribuido a Gilbert[1], porque esta es la forma como se realiza en la práctica la mayor parte de la investigación económica.

En años recientes, esta metodología tradicional REP ha estado sujeta a fuertes críticas. Pero antes de considerar metodologías alternativas (*véase* el capítulo 14), se puede ver más de cerca la metodología REP pues, para muchos investigadores, ésta continúa siendo la metodología estándar. Además, econometristas como Darnell y Evans sostienen con fuerza que modificando un poco la metodología econométrica tradicional (dada en la figura I.4), la metodología REP puede continuar siendo la estrategia preferida[2].

En este capítulo se averigua la forma como la metodología REP maneja las diversas clases de errores de especificación o los sesgos mencionados anteriormente. Más específicamente, se analizan los siguientes temas:

1. Naturaleza de los errores de especificación
2. Consecuencias de los errores de especificación
3. Cómo detectar los errores de especificación
4. Una vez detectados los errores de especificación, qué remedios pueden adoptarse y con qué beneficios

Antes de proceder a estudiar los diversos errores de especificación, la pregunta importante es: ¿Cómo fue inicialmente seleccionado el modelo por la metodología clásica, o la REP? Frecuentemente, se utilizan criterios como los siguientes[3].

Parsimonia. Un modelo nunca puede llegar a ser una descripción completamente precisa de la realidad; para describir la realidad, es preciso desarrollar un modelo tan complejo que éste sería de poca utilidad práctica. En cualquier construcción de modelos es inevitable hacer abstracción o simplificación

---

[1]C.L. Gilbert, «Professor Hendry's Econometric Methodology», *Oxford Bulletin of Economics and Statistics*, vol. 48, 1986, pp. 283-307.

[2]Adrian C. Darnell y J. Lynne Evans, *The Limits of Econometrics*, Edward Elgar Publishing, Hants, Inglaterra, 1990, pp. 68-70. La modificación que ellos sugieren es que antes de proceder a probar una hipótesis, se deben aplicar diversas pruebas de diagnóstico para estar seguros de que el modelo seleccionado es razonablemente robusto.

[3]La siguiente exposición se atribuye a A.C. Harvey, *The Economic Analysis of Time Series*, John Wiley & Sons, New York, 1981, pp. 5-7.

en alguna medida. El principio de la hoja de afeitar de Occam (*véase* capítulo 3), o *principio de parsimonia,* establece que un modelo se debe conservar tan simple como sea posible, o, como diría Milton Friedman, «Una hipótesis [modelo] es importante si ésta 'explica' mucho, con poco...»[4] Esto significa que se deben introducir en el modelo unas pocas variables claves que capturen la esencia del fenómeno bajo estudio relegando toda influencia menor y aleatoria al término de error u_t.

Identificabilidad. Para un conjunto dado de datos, ésto significa que los parámetros estimados deben tener valores únicos o, su equivalente, que sólo debe haber un valor estimado para un parámetro dado. Para ver esto concretamente, recuérdese el procedimiento de dos etapas de Durbin para resolver el problema de autocorrelación analizado en el capítulo anterior. En el primer paso se efectuó la siguiente regresión:

$$Y_t = \beta_1(1 - \rho) + \beta_2 X_t - \rho \beta_2 X_{t-1} + \rho Y_{t-1} + \varepsilon_t \qquad (12.6.19)$$

Como el lector puede observar fácilmente, el parámetro de autocorrelación de primer orden ρ tiene dos estimaciones –una está dada por el coeficiente de Y_{t-1} y la otra se obtiene dividiendo el coeficiente de X_{t-1} por el de X_t y cambiando el signo. Y no hay garantía de que las dos estimaciones serán iguales.

Bondad del ajuste. Puesto que la razón básica del diseño de modelos de regresión es explicar tanto como se pueda la variación de la variable dependiente a través de las variables explicativas incluidas en el modelo, se considera que un modelo es bueno si esta explicación, medida por el $\bar{R}^2$, es tan alta como sea posible. Por supuesto, como se anotó anteriormente, no debe abusarse del criterio de un $\bar{R}^2$ alto *per se*, sino más bien aceptar un R^2 alto siempre y cuando éste venga acompañado de otros criterios (por ejemplo, signos esperados *a priori* o valores esperados de los coeficientes).

Consistencia teórica. Un modelo puede no ser bueno, a pesar de que se obtenga un R^2 elevado, si uno o más de los coeficientes estimados tienen los signos equivocados. En la función de demanda considerada en la ecuación (8.7.23), si se obtuviera un signo positivo para el coeficiente del precio del pollo (¡una curva de demanda con pendiente positiva!) se deberían tener grandes sospechas sobre los resultados obtenidos.

Poder de predicción. Para citar a Friedman nuevamente, «la única prueba relevante de la validez de una hipótesis [modelo] es la comparación de sus predicciones con la experiencia»[5] Pero, ¿no indica un valor elevado del R^2 el poder predictivo de un modelo? Sí, pero ese es su poder predictivo *dentro* de una muestra dada. Con lo que se desea contar es con su poder predictivo *por fuera* del periodo muestral. Como ejemplo, refiérase a la función de demanda estimada de pollos en los Estados Unidos durante el período 1960-1982 dada en la ecuación (8.7.23). El valor del R^2 fue 0.9823, que es bastante alto. Pero, si se fuera a predecir la demanda de pollos más allá del período muestral (siempre que no se aleje mucho), ¿se obtendría el mismo poder altamente explicativo?

---

[4]Milton Friedman, «The Methodology of Positive Economics», en *Essays in Positive Economics*, University of Chicago Press, Chicago, 1953, p. 14.

[5]*Ibid.*, p. 7.

13.2 TIPOS DE ERRORES DE ESPECIFICACIÓN

Supóngase que con base en los criterios recién enumerados, se llega a un modelo que se ha acepta-do como un buen modelo. Para ser concreto, este modelo sería

$$Y_i = \beta_1 + \beta_2 X_i + \beta_3 X_i^2 + \beta_4 X_i^3 + u_{1i} \qquad (13.2.1)$$

donde Y = costo total de producción y X = producción. La ecuación (13.2.1) es un ejemplo de la función cúbica de costo total que se presenta con frecuencia en los libros de texto.

Pero, suponiendo que por alguna razón (por ejemplo, por pereza de graficar el diagrama de dispersión), un investigador decide utilizar el siguiente modelo:

$$Y_i = \alpha_1 + \alpha_2 X_i + \alpha_3 X_i^2 + u_{2i} \qquad (13.2.2)$$

Obsérvese que se ha cambiado la notación para distinguir este modelo del modelo verdadero.

Puesto que se supone que (13.2.1) es verdadero, la adopción de (13.2.2) constituiría un error de especificación, que consiste en la **omisión de una variable relevante** (X_i^3). Por consiguiente, el término de error u_{2i} en (13.2.2) es, de hecho

$$u_{2i} = u_{1i} + \beta_4 X_i^3 \qquad (13.2.3)$$

Pronto se verá la importancia de esta relación.

Ahora, supóngase que otro investigador utiliza el siguiente modelo:

$$Y_i = \lambda_1 + \lambda_2 X_i + \lambda_3 X_i^2 + \lambda_4 X_i^3 + \lambda_5 X_i^4 + u_{3i} \qquad (13.2.4)$$

Si (13.2.1) es el «verdadero», (13.2.4) también constituye un error de especificación que consiste en **incluir una variable innecesaria o irrelevante** en el sentido de que el modelo verdadero supone que λ_5 es cero. El nuevo término de error es, de hecho

$$\begin{aligned} u_{3i} &= u_{1i} - \lambda_5 X_i^4 \\ &= u_{1i}, \quad \text{puesto que } \lambda_5 = 0 \text{ en el modelo verdadero (¿Por qué?)} \end{aligned} \qquad (13.2.5)$$

Suponiendo ahora que otro investigador postula el siguiente modelo:

$$\ln Y_i = \gamma_1 + \gamma_2 X_i + \gamma_3 X_i^2 + \gamma_4 X_i^3 + u_{4i} \qquad (13.2.6)$$

En relación con el modelo verdadero, (13.2.6) también presenta un sesgo de especificación, siendo el sesgo en este caso originado por el uso de una **forma funcional incorrecta**: En (13.2.1) Y aparece linealmente, mientras que en (13.2.6) ésta aparece en forma log-lineal.

Finalmente, considérese un investigador que utiliza el siguiente modelo:

$$Y_i^* = \beta_1^* + \beta_2^* X_i^* + \beta_3^* X_i^{*2} + \beta_4^* X_i^{*3} + u_i^* \qquad (13.2.7)$$

donde $Y_i^* = Y_i + \varepsilon_i$ y $X_i^* = X_i + w_i$, siendo ε_i y w_i los errores de medición. Lo que (13.2.7) plantea es que en lugar de utilizar los verdaderos Y_i y X_i, se utilizan sus valores aproximados, Y_i^* y X_i^*, los cuales pueden contener errores de medición. Por consiguiente, en (13.2.7) se comete el **sesgo por errores de medición**. En el trabajo aplicado, la información está afectada por errores de aproximación o errores de cobertura incompleta o simplemente errores de omisión de algunas observaciones. En las ciencias sociales se depende, con frecuencia, de datos secundarios y frecuentemente no hay forma de conocer los tipos de errores, si existen, cometidos por la agencia recolectora de datos primarios.

Para resumir, una vez se ha especificado un modelo como el modelo correcto, es probable que se cometan uno o más de los errores de especificación que a continuación se enumeran:

1. Omisión de una variable relevante, *véase* (13.2.2)
2. Inclusión de una variable innecesaria, *véase* (13.2.4)
3. Adopción de la forma funcional equivocada, *véase* (13.2.6)
4. Errores de medición[6], *véase* (13.2.7)

Antes de proceder, para empezar sería conveniente saber la razón por la cual se pueden cometer tales errores. En algunos casos, se sabe cuál es el modelo correcto pero no es posible implementarlo porque los datos necesarios no están disponibles. Así, en el análisis de la función de consumo, algunos autores han argumentado que además del ingreso, es preciso incluir la riqueza del consumidor como variable explicativa. Sin embargo, las cifras sobre riqueza son bastante difíciles de obtener y por esta razón, esa variable frecuentemente se excluye del análisis. Otra razón consiste en que se puede saber qué variables deben incluirse en el modelo pero quizás no se sabe la forma funcional exacta en la cual deben aparecer las variables en el modelo: Son frecuentes los casos en los cuales la teoría no indica la forma funcional precisa del modelo; tampoco dirá si el modelo es lineal en las variables o lineal en los logaritmos de las variables, o alguna mezcla de las dos posibilidades, o si tendrá alguna otra forma. Finalmente y quizás lo más importante, con frecuencia un error de especificación realmente es un **error por una mala especificación del modelo** puesto que, en primer término, no se sabe cuál es el verdadero modelo. Se tratará este punto nuevamente en el capítulo 14.

13.3 CONSECUENCIAS DE LOS ERRORES DE ESPECIFICACIÓN

Independientemente de las fuentes de los errores de especificación, ¿cuáles son las consecuencias? Para mantener esta discusión simple, se responderá a esta pregunta en el contexto del modelo con tres variables y se considerarán en detalle dos tipos de errores de especificación, a saber, la omisión de una variable relevante y la adición de una variable superflua o innecesaria. Por supuesto, los resultados se pueden generalizar al caso de k variables mediante manejo algebraico tedioso (una vez se tienen casos de más de tres variables, el álgebra matricial se convierte en necesidad).

Omisión de una variable relevante (especificación insuficiente de un modelo)

Supóngase que el verdadero modelo es

$$Y_i = \beta_1 + \beta_2 X_{2i} + \beta_3 X_{3i} + u_i \qquad (13.3.1)$$

pero, por alguna razón, se ajusta el siguiente modelo

$$Y_i = \alpha_1 + \alpha_2 X_{2i} + v_i \qquad (13.3.2)$$

---

[6]Para cubrir todas las posibilidades, se debe mencionar otro error de especificación, que es la especificación incorrecta del término de perturbación u_i. *Véase* el ejercicio 13.5.

Las consecuencias de omitir X_3 son las siguientes:

1. Si la variable excluida X_3 está correlacionada con la variable incluida X_2, es decir r_{23} es diferente de cero, $\hat{\alpha}_1$ y $\hat{\alpha}_2$ son *sesgados como también inconsistentes*. Es decir, $E(\hat{\alpha}_1)$ no es igual a β_1 y $E(\hat{\alpha}_2)$ no es igual a β_2 e independientemente de qué tan grande sea la muestra, el sesgo no desaparece.

2. Aun cuando X_2 y X_3 no estén correlacionados ($r_{23} = 0$), $\hat{\alpha}_1$ es aun sesgado, aunque $\hat{\alpha}_2$ sea ahora insesgado.

3. La varianza de la perturbación σ^2 está incorrectamente estimada.

4. La varianza medida convencionalmente de $\hat{\alpha}_2 (= \sigma^2 / \sum x_{2i}^2)$ es un estimador sesgado de la varianza del verdadero estimador $\hat{\beta}_2$.

5. En consecuencia, es probable que el intervalo de confianza usual y los procedimientos de prueba de hipótesis conduzcan a conclusiones equivocadas sobre la significancia estadística de los parámetros estimados.

Aunque las pruebas formales de las afirmaciones anteriores serían tema aparte[7], ya se han proporcionado algunas ideas sobre la naturaleza del problema en el apéndice 7A, sección 7A.5. Se mostró allí que (utilizando $\hat{\alpha}_2$ en lugar de b_{12})

$$E(\hat{\alpha}_2) = \beta_2 + \beta_3 b_{32} \qquad (13.3.3)$$

donde b_{32} es la pendiente en la regresión de la variable excluida X_3 sobre la variable incluida X_2 ($b_{32} = \sum x_{3i} x_{2i} / \sum x_{2i}^2$). Como lo indica esta expresión, $\hat{\alpha}_2$ es sesgado, el sesgo dependiendo de $\beta_3 b_{32}$. Si, por ejemplo, β_3 es positivo (es decir, X_3 tiene un efecto positivo sobre Y) y b_{32} es positivo (es decir, X_2 y X_3 están correlacionados positivamente), $\hat{\alpha}_2$; en promedio, sobreestimará el verdadero β_2 (es decir, tendrá un sesgo positivo), es decir, exagerará la importancia de X_2. Pero este resultado no debe sorprender, ya que X_2 representa no solamente su efecto directo sobre Y sino también su efecto indirecto (a través de X_3) sobre Y. En resumen, X_2 obtiene relevancia por la influencia que debe atribuirse a X_3, sin permitir que ésta última muestre su efecto explícitamente porque no se le «permite» ingresar al modelo. Lo anterior puede apreciarse con un ejemplo numérico en la sección 7.7. (*Véase* también la figura 7.3)

Examínense ahora las varianzas de $\hat{\alpha}_2$ y $\hat{\beta}_2$.

$$\text{var}(\hat{\alpha}_2) = \frac{\sigma^2}{\sum x_{2i}^2} \qquad (13.3.4)$$

$$\text{var}(\hat{\beta}_2) = \frac{\sigma^2}{\sum x_{2i}^2 (1 - r_{23}^2)} \qquad (13.3.5)$$

$$= (7.4.12)$$

Puesto que estas dos fórmulas no son las mismas, en general, la $\text{var}(\hat{\alpha}_2)$ será diferente de la $\text{var}(\hat{\beta}_2)$. Pero se sabe que la $\text{var}(\hat{\beta}_2)$ es insesgada (¿Por qué?). Por consiguiente, la $\text{var}(\hat{\alpha}_2)$ está sesgada, lo cual reafirma la aseveración anterior. En el presente caso, la $\text{var}(\hat{\alpha}_2)$ parece más pequeña que la

---

[7] Para un tratamiento algebraico, *véase* Jan Kmenta, *Elements of Econometrics*, Macmillan, New York, 1971, pp. 391-399. Aquellos familiarizados con el álgebra matricial pueden desear consultar J. Johnston, *Econometric Methods*, 3a. ed., McGraw-Hill, New York, 1984, pp. 259-264.

$\text{var}(\hat{\beta}_2)$ siempre que r_{23} sea diferente de cero (¿es esto evidente?). Pero se debe tener cuidado aquí, ya que el σ^2 estimado a partir del modelo (13.3.2) y el estimado del verdadero modelo (13.3.1) no son los mismos porque la SRC de los dos modelos al igual que sus g de l son diferentes. Así, es muy posible que el error estándar de los estimadores del modelo mal especificado pueda ser más grande que aquél para el modelo correctamente especificado.

Considérese ahora un caso especial en donde $r_{23} = 0$, es decir, X_2 y X_3 no están correlacionadas. En este caso, b_{32} será cero. (¿Por qué?) Por consiguiente, puede verse de (13.3.3) que $\hat{\alpha}_2$ es ahora insegada[8]. También, de (13.3.4) y (13.3.5) parece ser que las varianzas de $\hat{\alpha}_2$ y $\hat{\beta}_2$ son las mismas. ¿No hay perjuicio entonces en eliminar la variable X_3 del modelo aun si ésta puede ser relevante teóricamente? La respuesta generalmente es no ya que en este caso la $\text{var}(\hat{\alpha}_2)$ estimada de (13.3.4) es aún sesgada y, por consiguiente, es probable que nuestros procedimientos de prueba de hipótesis continúen siendo dudosos[9]. Además, en la mayoría de investigaciones económicas es probable que X_2 y X_3 estén correlacionadas, creando así los problemas mencionados anteriormente. **El punto es muy claro: Una vez se ha formulado el modelo con base en la teoría relevante, no se aconseja eliminar una variable de dicho modelo.**

Inclusión de una variable irrelavante (sobreespecificación de un modelo)

Supóngase que

$$Y_i = \beta_1 + \beta_2 X_{2i} + u_i \qquad (13.3.6)$$

es verdadero, pero se especifica el siguiente modelo:

$$Y_i = \alpha_1 + \alpha_2 X_{2i} + \alpha_3 X_{3i} + v_i \qquad (13.3.7)$$

cometiendo así el error de especificación de incluir una variable innecesaria en el modelo.

Las consecuencias de este error de especificación son las siguientes:

1. Los estimadores MCO de los parámetros del modelo «incorrecto» son todos *insegados y consistentes*, es decir, $E(\hat{\alpha}_1) = \beta_1$, $E(\hat{\alpha}_2) = \beta_2$, y $E(\hat{\alpha}_3) = \beta_3 = 0$.
2. La varianza del error σ^2 está correctamente estimada.
3. Los procedimientos usuales de intervalos de confianza y de prueba de hipótesis continúan siendo válidos.
4. Sin embargo, los α estimados generalmente serán ineficientes, es decir, sus varianzas generalmente serán más grandes que aquellas de los β del verdadero modelo. Las pruebas de algunas de estas afirmaciones pueden encontrarse en el apéndice 13A, sección 13A.1. El punto de interés aquí es la ineficiencia relativa de los α. Esto puede demostrarse fácilmente.

De la fórmula MCO usual, se sabe que

$$\text{var}(\hat{\beta}_2) = \frac{\sigma^2}{\sum x_{2i}^2} \qquad (13.3.8)$$

---

[8]*Obsérvese*, sin embargo, que $\hat{\alpha}_1$ es aún sesgado, lo cual puede verse intuitivamente de la siguiente manera. Se sabe que $\hat{\beta}_1 = \bar{Y} - \beta_2 \bar{X}_2 - \beta_3 \bar{X}_3$, mientras que $\hat{\alpha}_1 = \bar{Y} - \hat{\alpha}_2 \bar{X}_2$ y aún si $\hat{\alpha}_2 = \hat{\beta}_2$, los dos estimadores no serán iguales.

[9]*Véase* Kmenta, *op. cit.*, p. 394. *Véase también* el ejercicio 10.8.

y

$$\text{var}(\hat{\alpha}_2) = \frac{\sigma^2}{\sum x_{2i}^2 (1 - r_{23}^2)} \qquad (13.3.9)$$

Por consiguiente,

$$\frac{\text{var}(\hat{\alpha}_2)}{\text{var}(\hat{\beta}_2)} = \frac{1}{1 - r_{23}^2} \qquad (13.3.10)$$

Puesto que $0 \leq r_{23}^2 \leq 1$, se cumple que $\text{var}(\hat{\alpha}_2) \geq \text{var}(\hat{\beta}_2)$, es decir, la varianza de $\hat{\alpha}_2$ es generalmente más grande que la varianza de $\hat{\beta}_2$, aunque, en promedio, $\hat{\alpha}_2 = \beta_2$ [es decir, $E(\hat{\alpha}_2) = \beta_2$].

La implicación de este hallazgo es que la inclusión de la variable innecesaria X_3 hace que la varianza de $\hat{\alpha}_2$ sea más grande de lo necesario, con lo cual se hace $\hat{\alpha}_2$ menos preciso. Esto también es cierto de $\hat{\alpha}_1$.

Obsérvese la **asimetría** en los dos tipos de sesgos de especificación que se han considerado. Si se excluye una variable relevante, los coeficientes de las variables consideradas en el modelo son generalmente sesgados al igual que inconsistentes, la varianza del error es incorrectamente estimada y los procedimientos usuales de prueba de hipótesis se invalidan. Por otra parte, la inclusión de una variable irrelevante en el modelo proporciona aun estimaciones insesgadas y consistentes de los coeficientes en el modelo verdadero, la varianza del error es correctamente estimada y los métodos convencionales de prueba de hipótesis son aún válidos; la única penalización que se paga por la inclusión de la variable superflua es que las varianzas estimadas de los coeficientes son mayores y como resultado, las inferencias probabilísticas sobre los parámetros son menos precisas. Una conclusión no deseada aquí sería que es mejor incluir variables irrelevantes que omitir variables relevantes. Pero esta filosofía no es estricta puesto que la adición de variables innecesarias conducirá a una pérdida de eficiencia de los estimadores y puede llevar también al problema de multicolinealidad (¿por qué?), para no mencionar la pérdida de grados de libertad. Por consiguiente,

En general, el mejor enfoque es incluir solamente las variables explicativas que, teóricamente, influyan *directamente* sobre la variable dependiente y no hayan sido tenidas en cuenta en otras variables incluidas[10].

13.4 PRUEBAS DE ERRORES DE ESPECIFICACIÓN

Conocer las consecuencias de los errores de especificación es una cosa pero averiguar si se han cometido tales errores es otra muy diferente, ya que en la especificación no se espera deliberadamente cometer estos errores. Muy frecuentemente, los sesgos de especificación surgen en forma inadvertida, posiblemente de nuestra incapacidad de formular el modelo en la forma más precisa posible debido a que la teoría subyacente es débil o a que no se tiene la clase de información adecuada para probar el modelo. La pregunta práctica no es cómo se cometen tales errores, pues generalmente los hay, sino cómo detectarlos. Una vez se encuentra que hay errores de especificación, con frecuencia, los remedios surgen por sí mismos. Si, por ejemplo, puede demostrarse que una variable ha sido inapropiadamente omitida de un modelo, el remedio obvio es incluir esa variable en el análisis, suponiendo que se tiene información disponible sobre ésta. En esta sección se analizan algunas pruebas que pueden ser utilizadas para detectar errores de especificación.

---

[10]Michael D. Intriligator, *Econometric Models, Techniques and Applications*, Prentice-Hall, Englewood Cliffs, N.J., 1978, p. 189. Recuérdese el principio de la cuchilla de Occam.

Detección de la presencia de variables innecesarias

Supóngase que se desarrolla un modelo de k variables para explicar un fenómeno:

$$Y_i = \beta_1 + \beta_2 X_{2i} + \beta_3 X_{3i} + \cdots + \beta_k X_{ki} + u_i \qquad (13.4.1)$$

Sin embargo, no hay completa seguridad de que, por ejemplo, la variable X_k pertenezca a (13.4.1). Una forma sencilla de averiguar esto es probar la significancia del β_k estimado mediante la prueba t usual: $t = \hat{\beta}_k/\text{se}\,(\hat{\beta}_k)$. Pero, supóngase que no hay seguridad de que X_3 y X_4 pertenezcan en realidad al modelo. En este caso sería interesante probar si $\beta_3 = \beta_4 = 0$. Pero esto puede lograrse fácilmente mediante la prueba F estudiada en el capítulo 8. Así, la detección de la presencia de una o más variables irrelevantes no es una labor difícil. Pero es muy importante recordar que al realizar estas pruebas de significancia, se tiene en mente un modelo específico. Se acepta ese modelo como la *hipótesis mantenida* o la «verdad», sin importar lo tentativa que pueda ser. Dado ese modelo, entonces, mediante las pruebas usuales t o F, se puede averiguar la relevancia verdadera de uno o más regresores. Pero obsérvese cuidadosamente que no se pueden utilizar las pruebas t y F para construir un modelo *en forma iterativa,* es decir, no se puede decir que inicialmente Y está relacionada con X_2 solamente porque $\hat{\beta}_2$ es estadísticamente significativo y entonces ampliar el modelo para incluir X_3 y luego decidir conservar esa variable en el modelo si $\hat{\beta}_3$ resulta ser estadísticamente significativo y así sucesivamente[11]. Esta estrategia de **data mínima**, o **regression fishing, grubbing, o number-crunching*** no se recomienda ya que si X_3 perteneciera realmente al modelo, debería haber sido introducida desde un principio. La exclusión de X_3 en la regresión inicial llevaría entonces al sesgo de omisión de la variable relevante con las consecuencias que ya se han visto. Este punto no se debe sobreenfatizar: **La teoría debe ser la guía para la construcción de cualquier modelo.**

Nivel de significancia nominal *vs.* **nivel de significancia verdadero en presencia de data-mining.** Un peligro de la extracción de datos al cual se enfrenta el investigador desprevenido es que los niveles convencionales de significancia (α) tales como 1,5, o 10% no son verdaderos niveles de significancia. Lovell ha sugerido que si hay c candidatos regresores de los cuales k son finalmente seleccionados ($k \leq c$) con base en la **data-mining**, entonces el verdadero nivel de significancia (α^*) está relacionado con el nivel de significancia nominal (α) de la siguiente manera[12]:

$$\alpha^* = 1 - (1 - \alpha)^{c/k} \qquad (13.4.2)$$

o, aproximadamente como

$$\alpha^* = (c/k)\alpha \qquad (13.4.3)$$

Por ejemplo, si $c = 15$, $k = 5$ y $\alpha = 5\%$, utilizando (13.4.3), el verdadero valor de significancia es $(15/5)(5) = 15\%$. Por consiguiente, si un investigador extrae datos y selecciona 5 de 15 regresores y solamente informa los resultados al nivel de significancia del 5% nominal y declara que estos resultados son estadísticamente significativos, esta conclusión se debe tomar con gran reserva.

---

[11]Este proceso se conoce como **regresión por etapas.** Para una revisión crítica de este tema y de los tipos de regresiones por etapas, *véase* Norman Draper y Harry Smith, *Applied Regression Analysis*, 2a. ed., John Wiley & Sons, 1981, capítulo 6. *Véase* también Wojciech W. Charemza y Derek F. Deadman, *New Directions in Econometric Practice*, Edward Elgar Publishing, England, 1992, capítulo. 2, Data Mining.

*(N. del T.) Extracción o pesca de datos o mezcla de números para regresión.

[12]M. Lovell, «Data Mining», *Review of Economics and Statistics*, vol. 65, 1983, pp. 1-12.

Por supuesto, en la práctica los investigadores informan solamente los resultados finales, sin reconocer que llegaron a los resultados luego de una considerable **data-mining**. Posiblemente, una declaración en este sentido podría costarle al investigador la publicación de su trabajo y posiblemente un ascenso laboral y/o aun ¡su posición en la universidad!

Pruebas sobre variables omitidas y forma funcional incorrecta

En la práctica, nunca se está seguro de que el modelo adoptado para pruebas empíricas sea «el verdadero, toda la verdad y nada más que la verdad». Con base en la teoría o en la introspección y en el trabajo empírico previo, se desarrolla un modelo, el cual se cree que recoge la esencia del tema en estudio. Luego, el modelo se somete a una prueba empírica. Después de obtener los resultados, se inicia el «*post mortem*», teniendo en mente los criterios de un buen modelo estudiados anteriormente. Es en esta etapa cuando se viene a saber si el modelo seleccionado es adecuado. Al determinar la bondad de ajuste del modelo, se observan algunas características generales de los resultados, tales como el valor $\bar{R}^2$, las razones t estimadas, los signos de los coeficientes estimados en relación con sus expectativas previas, el estadístico Durbin-Watson y similares. Si estos diagnósticos son razonablemente buenos, puede proclamarse que el modelo seleccionado es una buena representación de la realidad. Mediante el mismo procedimiento, si los resultados no parecen estimulantes porque el valor de $\bar{R}^2$ es muy bajo o porque muy pocos coeficientes son estadísticamente significativos o tienen los signos correctos o debido a que el d de Durbin-Watson es muy bajo, entonces puede empezar a preocupar la bondad del ajuste del modelo y se puede empezar a buscar remedios: Tal vez se ha omitido una variable importante, o se ha utilizado la forma funcional equivocada o no se ha realizado la primera diferenciación de la serie de tiempo (para eliminar la correlación serial) y así sucesivamente. Como una ayuda para determinar si la inadecuabilidad del modelo se debe a uno o más de estos problemas, se pueden utilizar algunos de los siguientes métodos.

Examen de los residuos. Como se anotó en el capítulo 12, el examen de los residuos es un buen diagnóstico visual para detectar la autocorrelación o la heteroscedasticidad. Pero estos residuales pueden también ser examinados, especialmente en información de corte transversal, para detectar errores de especificación en los modelos, tales como la omisión de una variable importante o la definición de una forma funcional incorrecta. Si en realidad tales errores existen, una gráfica de los residuales permitirá apreciar patrones distinguibles.

Para ilustrar, reconsidérese la función cúbica del costo total de producción analizada en el capítulo 7. Supóngase que la verdadera función de costo total se describe de la siguiente manera, donde Y = costo total y X = producción:

$$Y_i = \beta_1 + \beta_2 X_i + \beta_3 X_i^2 + \beta_4 X_i^3 + u_i \qquad (13.4.4)$$

pero un investigador ajusta la siguiente función cuadrática:

$$Y_i = \alpha_1 + \alpha_2 X_i + \alpha_3 X_i^2 + u_{2i} \qquad (13.4.5)$$

y otro investigador ajusta la siguiente función lineal:

$$Y_i = \lambda_1 + \lambda_2 X_i + u_{3i} \qquad (13.4.6)$$

Aunque se sabe que ambos investigadores han cometido errores de especificación, para fines pedagógicos véase cómo se comportan los residuales estimados en los tres modelos. (La información costo-producción está dada en la tabla 7.4). La figura 13.1 habla por sí misma: A medida que uno se mueve de izquierda a derecha, es decir, a medida que uno se acerca a la verdad, no solamente los residuales son más pequeños (en valor absoluto) sino también estos no presentan los giros cíclicos pronunciados asociados con modelos mal especificados.

La utilidad de examinar la gráfica de residuales es entonces clara: Si hay errores de especificación, los residuales presentarán patrones distinguibles.

El estadístico d de Durbin-Watson una vez más. Si se examina el d de Durbin-Watson que aparece en la tabla 13.1, se observa que para la función lineal de costos, el d estimado es 0.716, lo cual sugiere que hay «correlación» positiva en los residuales estimados: para $n = 10$ y $k' = 1$, los valores d críticos al 5% son $d_L = 0.879$ y $d_U = 1.320$. De la misma manera, el valor d calculado para la función cuadrática de costo es 1.038, mientras que los valores críticos al 5% son $d_L = 0.697$ y $d_U = 1.641$, indicando indecisión. Pero, si se utiliza la prueba d modificada (*véase* capítulo 12), se puede decir que hay «correlación» positiva en los residuales, ya que el d calculado es menor que d_U. Para la función cúbica de costo, la verdadera especificación, el valor d estimado no indica «correlación» positiva alguna en los residuales[13].

La «correlación» positiva observada en los residuales cuando se ajusta el modelo lineal o cuadrático no es una medida de correlación serial (de primer orden) sino del error (o errores) de especificación (del modelo). La correlación observada refleja simplemente el hecho de que hay una o más variables pertenecientes al modelo que están incluidas en el término de error y necesitan ser

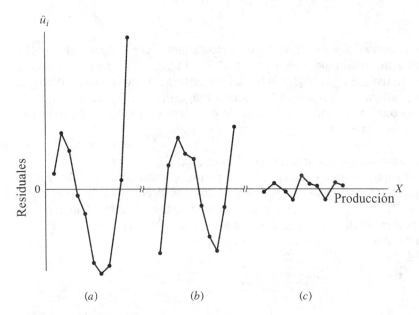

FIGURA 13.1
Residuales $\hat{u}_i$ obtenidos de las funciones de costo total de tipo (a) lineal,
(b) cuadrática y (c) cúbica.

---

[13]En el contexto presente, un valor $d = 2$ significa que no hay error de especificación. (¿Por qué?)

TABLA 13.1
Residuales estimados de las funciones de costo total de tipo lineal, cuadrático y cúbico

Observación número	$\hat{u}_i$, modelo lineal*	$\hat{u}_i$, modelo cuadrático†	$\hat{u}_i$, modelo cúbico**
1	6.600	−23.900	−0.222
2	19.667	9.500	1.607
3	13.733	18.817	−0.915
4	−2.200	13.050	−4.426
5	−9.133	11.200	4.435
6	−26.067	−5.733	1.032
7	−32.000	−16.750	0.726
8	−28.933	−23.850	−4.119
9	4.133	−6.033	1.859
10	54.200	23.700	0.022

$$*\hat{Y}_i = 166.467 + 19.933\,X_i \qquad\qquad R^2 = 0.8409$$
$$\quad\;\; (19.021)\;\; (3.066) \qquad\qquad\qquad \bar{R}^2 = 0.8210$$
$$\quad\;\; (8.752)\;\; (6.502) \qquad\qquad\qquad d = 0.716$$

$$^\dagger\hat{Y}_i = 222.383 - 8.0250\,X_i + 2.542\,X_i^2 \qquad R^2 = 0.9284$$
$$\quad\;\; (23.488)\;\; (9.809)\qquad (0.869) \qquad\qquad \bar{R}^2 = 0.9079$$
$$\quad\;\; (9.468)\;(-0.818)\qquad (2.925) \qquad\qquad d = 1.038$$

$$**\hat{Y}_i = 141.767 + 63.478\,X_i - 12.962\,X_i^2 + 0.939\,X_i^3 \qquad R^2 = 0.9983$$
$$\quad\;\; (6.375)\quad (4.778)\qquad (0.9856)\qquad (0.0592) \qquad \bar{R}^2 = 0.9975$$
$$\quad\;\; (22.238)\;(13.285)\quad(-13.151)\qquad(15.861) \qquad d = 2.70$$

desechadas de éste y ser introducidas, por derecho propio, como variables explicativas: Si se excluye X_i^3 de la función de costos, entonces, como lo muestra (13.2.3), el término de error en el modelo mal especificado (13.2.2) es, en realidad, $(u_{1i} + \beta_4 X_i^3)$ el cual presentará un patrón sistemático (por ejemplo, de autocorrelación positiva) si en realidad X_i^3 afecta a Y significativamente.

Para aplicar la prueba de Durbin-Watson para detectar error (o errores) de especificación de un modelo, se procede de la siguiente manera:

1.   A partir de un modelo supuesto, obténganse los residuales MCO.
2.   Si se cree que el modelo supuesto está mal especificado porque excluye una variable explicativa relevante, por ejemplo, Z, ordénense los residuales obtenidos en el Paso 1 de acuerdo con los valores crecientes de Z. *Nota:* La variable Z podría ser una de las variables X incluidas en el modelo supuesto o podría ser algún tipo de función de esa variable, tal como X^2 o X^3.
3.   Calcúlese el estadístico d con los residuales así ordenados mediante la fórmula d usual, a saber,

$$d = \frac{\sum_{t=2}^n (\hat{u}_t - \hat{u}_{t-1})^2}{\sum_{t=1}^n \hat{u}_t^2}$$

Nota: En este contexto, el subíndice t es el índice de la observación que no necesariamente se refiere a una serie de tiempo.

4.   Con base en las tablas de Durbin-Watson, si el valor d estimado es significativo, entonces se puede aceptar la hipótesis de mala especificación del modelo. Si ese resulta ser el caso, las medidas remediales surgirán naturalmente por sí mismas.

En el ejemplo de costos, la variable $Z(=X)$ (producción) ya fue ordenada[14]. Por consiguiente, no es preciso calcular el estadístico d nuevamente. Como se ha visto, el estadístico d para las funciones de costo lineal y cuadrática sugiere la presencia de errores de especificación. Los remedios son claros: Introdúzcanse los términos cuadrático y cúbico en la función lineal de costos y el término cúbico en la función cuadrática de costos. En resumen, efectúese la regresión del modelo cúbico de costo.

Prueba RESET de Ramsey. Ramsey ha propuesto una prueba general de errores de especificación conocida como RESET (Prueba del error de especificación en regresión)[15]. Aquí se ilustrará solamente la versión más simple de la prueba. Para establecer los conceptos, se continúa con el ejemplo costo-producción y se supone que la función de costos es lineal en la producción de la siguiente forma

$$Y_i = \lambda_1 + \lambda_2 X_i + u_{3i} \qquad (13.4.6)$$

donde Y = costo total y X = producción. Ahora, si se grafican los residuales $\hat{u}_i$ obtenidos de esta regresión frente a $\hat{Y}_i$, el estimado de Y_i de este modelo, se obtiene el gráfico que aparece en la figura 13.2. Aunque $\sum \hat{u}_i$ y $\sum \hat{u}_i \hat{Y}_i$ necesariamente son cero (¿Por qué? *véase* capítulo 3), los residuales en esta figura muestran un patrón en el cual su media cambia sistemáticamente con $\hat{Y}_i$. Esto sugeriría que si se introduce $\hat{Y}_i$ en alguna forma como regresor(es) en (13.4.6), ésta debe incrementar el R^2. *Y si el incremento en el R^2 es estadísticamente significativo* (con base en la prueba F analizada en el capítulo 8), esto sugeriría que la función lineal de costo (13.4.6) estaba mal especificada. Esta es esencialmente la idea que soporta la prueba RESET. **Los pasos considerados en RESET son los siguientes:**

1. A partir del modelo seleccionado, por ejemplo, el (13.4.6), obténgase el Y_i estimado, es decir $\hat{Y}_i$.
2. Nuevamente, efectúese la regresión (13.4.6) introduciendo $\hat{Y}_i$, en alguna forma, como uno o varios regresores adicionales. En la figura 13.2, se observa que hay una relación curvilínea entre $\hat{u}_i$ y $\hat{Y}_i$, sugiriendo que se pueden introducir $\hat{Y}_i^2$ y $\hat{Y}_i^3$ como regresores adicionales. Así, se efectúa la regresión

$$Y_i = \beta_1 + \beta_2 X_i + \beta_3 \hat{Y}_i^2 + \beta_4 \hat{Y}_i^3 + u_i \qquad (13.4.7)$$

3. Sea el R^2 obtenido de (13.4.7), R^2_{nuevo}, y aquél obtenido de (13.4.6) sea R^2_{viejo}. Entonces, se puede utilizar la prueba F introducida inicialmente en (8.5.18), a saber,

$$F = \frac{(R^2_{\text{nuevo}} - R^2_{\text{viejo}})/\text{número de regresores nuevos}}{(1 - R^2_{\text{nuevo}})/(n - \text{número de parámetros en el modelo nuevo})} \qquad (8.5.18)$$

para averiguar si el incremento en el R^2, al utilizar (13.4.7), es estadísticamente significativo.
4. Si el valor F calculado es significativo, por ejemplo, al nivel del 5%, se puede aceptar la hipótesis de que el modelo (13.4.6) está mal especificado.

---

[14]No importa si se ordena $\hat{u}_i$ de acuerdo con X_i^2 o con X_i^3 puesto que estas son funciones de X_i, la cual ya ha sido ordenada.

[15]J.B. Ramsey, «Tests for Specification Errors in Classical Linear Least Squares Regression Analysis», *Journal of the Royal Statistical Society*, series B, vol. 31, 1969, pp. 350-371.

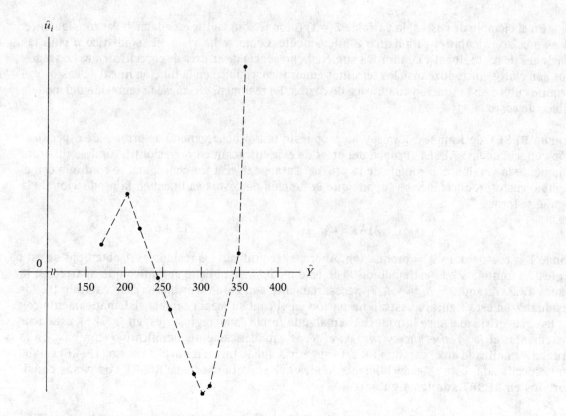

FIGURA 13.2
Residuales $\hat{u}_i$ y Y estimado de la función lineal de costo:
$Y_i = \lambda_1 + \lambda_2 X_i + u_i.$

Considerando nuevamente el ejemplo ilustrativo, se tienen los siguientes resultados (errores estándar en paréntesis):

$$\hat{Y}_i = \underset{(19.021)}{166.467} + \underset{(3.066)}{19.933X_i} \qquad R^2 = 0.8409 \qquad (13.4.8)$$

$$\hat{Y}_i = \underset{(132.0044)}{2140.7223} + \underset{(33.3951)}{476.6557X_i} - \underset{(0.00620)}{0.09187\hat{Y}_i^2} + \underset{(0.0000074)}{0.000119\hat{Y}_i^3} \quad (13.4.9)$$
$$R^2 = 0.9983$$

Nota: $\hat{Y}_i^2$ y $\hat{Y}_i^3$ en (13.4.9) se obtienen de (13.4.8).
Ahora, aplicando la prueba F se encuentra que

$$F = \frac{(0.9983 - 0.8409)/2}{(1 - 0.9983)/(10 - 4)}$$
$$= 284.4035 \qquad\qquad (13.4.10)$$

El lector puede verificar fácilmente que este valor F es altamente significativo, indicando que el modelo (13.4.8) está mal especificado. Por supuesto, se ha llegado a la misma conclusión con base en el examen visual de los residuales como también con el valor d de Durbin-Watson.

Una ventaja de RESET es que es fácil de aplicar, ya que no requiere de la especificación del modelo alterno. Sin embargo, ésta también es su desventaja pues saber que el modelo está mal especificado no necesariamente proporciona ayuda en la selección de una alternativa mejor.

Prueba del multiplicador de Lagrange (ML) para agregar variables. Esta es una alternativa para la prueba RESET de Ramsey. Para ilustrar esta prueba, se continúa con el ejemplo ilustrativo anterior.

Si se compara la función lineal de costos (13.4.6) con la función cúbica de costos (13.4.4), la primera es una *versión restringida* de la última (recuérdese el análisis de **mínimos cuadrados restringidos** del capítulo 8). La regresión restringida (13.4.6) supone que los coeficientes de los términos de producción elevados al cuadrado y al cubo son iguales a cero. Para probar esto, la prueba ML se realiza de la siguiente manera:

1. Estímese la regresión restringida (13.4.6) mediante MCO y obténgase los residuales, $\hat{u}_i$.
2. Si la regresión no restringida (13.4.4) resulta ser la verdadera regresión, los residuales obtenidos en (13.4.6) deben estar relacionados con los términos de la producción elevada al cuadrado y al cubo, es decir X_i^2 y X_i^3.
3. Esto sugiere que se efectúe la regresión de los $\hat{u}_i$ obtenidos en el paso 1 sobre todos los regresores (incluyendo los de la regresión restringida), lo cual, en el presente caso, significa que

$$\hat{u}_i = \alpha_1 + \alpha_2 X_i + \alpha_3 X_i^2 + \alpha_4 X_i^3 + v_i \qquad (13.4.11)$$

    donde v es un término de error con las propiedades usuales.
4. Para un tamaño de muestra grande, Engle ha demostrado que n (el tamaño de la muestra) multiplicado por el R^2 estimado en la regresión (auxiliar) (13.4.11) sigue una distribución ji cuadrado con g de l iguales al número de restricciones impuestas por la regresión restringida, dos en el ejemplo presente puesto que los términos X_i^2 y X_i^3 son eliminados del modelo[16]. Simbólicamente, se escribe

$$nR^2 \underset{asy}{\sim} \chi^2_{(\text{ número de restricciones })} \qquad (13.4.12)$$

    donde *asy* significa asintóticamente, es decir, en muestras grandes.
5. Si el valor ji cuadrado obtenido de (13.4.12) excede el valor ji cuadrado crítico al nivel de significancia seleccionado, se rechaza la regresión restringida. De lo contrario, no se rechaza.

Para el ejemplo, los resultados de la regresión son los siguientes:

$$\hat{Y}_i = 166.467 + 19.333 X_i \qquad (13.4.13)$$

donde Y es el costo total y X es la producción. Los errores estándar para esta regresión ya están dados en la tabla 13.1.

---

[16]R.F. Engle, «A General Approach to Lagrangian Multiplier Model Diagnostics», *Journal of Econometrics*, vol. 20, 1982, pp. 83-104.

Cuando los residuales de (13.4.13) son regresados como se acaba de sugerir en el paso 3, se obtienen los siguientes resultados:

$$\hat{u}_i = -24.7 + 43.5443X_i - 12.9615X_i^2 + 0.9396X_i^3 \qquad (13.4.14)$$
$$ee = \quad (6.375) \quad (4.779) \qquad (0.986) \qquad (0.059)$$
$$R^2 = 0.9896$$

Aunque el tamaño de la muestra es de 10, es decir no grande, apenas para ilustrar el mecanismo ML, se obtiene $nR^2 = (10)(0.9896) = 9.896$. De la tabla ji cuadrado, se observa que para 2 g de l, el valor ji cuadrado crítico al 1% es alrededor de 9.21. Por consiguiente, el valor observado de 9.896 es significativo al nivel del 1% y la conclusión sería rechazar la regresión restringida (es decir, la función lineal de costos). Con base en la prueba RESET de Ramsey se llegó a una conclusión similar.

13.5 ERRORES DE MEDICIÓN

Todo el tiempo se ha supuesto implícitamente que las mediciones de la variable dependiente Y y de las variables explicativas, las X, se realizan sin error. Así, en la regresión del gasto de consumo sobre el ingreso y la riqueza de las unidades familiares, se supone que la información sobre estas variables es «precisa»; que no se trata de *estimaciones supuestas*, extrapolaciones, interpolaciones o aproximaciones realizadas en forma sistemática, tales como la aproximación a la centésima de dólar más cercana y así sucesivamente. Desafortunadamente, este ideal no se cumple en la práctica por una diversidad de razones, tales como la presencia de errores de no respuesta, errores en los informes y errores de computación. Cualesquiera que sean las razones, el error de medición es un problema potencialmente complicado ya que constituye aun otro ejemplo de sesgo de especificación con las consecuencias que se anotan en seguida.

Errores de medición en la variable dependiente Y

Considérese el siguiente modelo:

$$Y_i^* = \alpha + \beta X_i + u_i \qquad (13.5.1)$$

donde Y_i^* = gasto de consumo permanente[17]
  X_i = ingreso actual
  u_i = término de perturbación estocástico

Puesto que Y_i^* no puede medirse directamente, puede utilizarse una variable de gasto observable Y_i tal que

$$Y_i = Y_i^* + \varepsilon_i \qquad (13.5.2)$$

donde ε_i denota los errores de medición en Y_i^*. Por consiguiente, en lugar de estimar (13.5.1) se estima

$$Y_i = (\alpha + \beta X_i + u_i) + \varepsilon_i$$
$$= \alpha + \beta X_i + (u_i + \varepsilon_i)$$
$$= \alpha + \beta X_i + v_i \qquad (13.5.3)$$

---

[17]Esta frase se atribuye a Milton Friedman. *Véase también* el ejercicio 13.9.

donde $v_i = u_i + \varepsilon_i$ es un término de error compuesto, que contiene el término de perturbación poblacional (que puede llamarse el *término de error ecuacional*) y el término de error de medición.

Por simplicidad, supóngase que $E(u_i) = E(\varepsilon_i) = 0$, $\text{cov}(X_i, u_i) = 0$ (que es el supuesto de la regresión lineal clásica) y la $\text{cov}(X_i, \varepsilon_i) = 0$; es decir, los errores de medición en Y_i^* no están correlacionados con X_i y la $\text{cov}(u_i, \varepsilon_i) = 0$; es decir, el error ecuacional y el error de medición no están correlacionados. Con estos supuestos, puede verse que el β estimado de (13.5.1) o (13.5.3) será un estimador insesgado del verdadero β (*véase* ejercicio 13.8); es decir, los errores de medición en la variable dependiente Y no destruyen la propiedad de insesgamiento de los estimadores MCO. Sin embargo, las varianzas y los errores estándar de β estimado de (13.5.1) y (13.5.3) serán diferentes porque, empleando las fórmulas usuales (*véase* capítulo 3), se obtiene

Modelo (13.5.1): $$\text{var}(\hat{\beta}) = \frac{\sigma_u^2}{\sum x_i^2} \tag{13.5.4}$$

Modelo (13.5.3): $$\text{var}(\hat{\beta}) = \frac{\sigma_v^2}{\sum x_i^2}$$

$$= \frac{\sigma_u^2 + \sigma_\varepsilon^2}{\sum x_i^2} \tag{13.5.5}$$

Obviamente, la última varianza es más grande que la primera[18]. Por consiguiente, **aunque los errores de medición en la variable dependiente aún producen estimaciones insesgadas de los parámetros y de sus varianzas, las varianzas estimadas son ahora más grandes que en el caso en el cual no existen tales errores de medición.**

Errores de medición en la variable explicativa X

Supóngase ahora que en lugar de (13.5.1), se tiene el siguiente modelo:

$$Y_i = \alpha + \beta X_i^* + u_i \tag{13.5.6}$$

donde Y_i = gasto de consumo actual
X_i^* = ingreso permanente
u_i = término de perturbación (error ecuacional)

Supóngase que en lugar de observar X_i^*, se observa

$$X_i = X_i^* + w_i \tag{13.5.7}$$

donde w_i representa los errores de medición en X_i^*. Por consiguiente, en lugar de estimar (13.5.6), se estima

$$Y_i = \alpha + \beta(X_i - w_i) + u_i$$
$$= \alpha + \beta X_i + (u_i - \beta w_i)$$
$$= \alpha + \beta X_i + z_i \tag{13.5.8}$$

donde $z_i = u_i - \beta w_i$, una composición de error ecuacional y de medición.

---

[18]Sin embargo, *obsérvese* que esta varianza es aún insesgada porque bajo las condiciones establecidas, el término de error compuesto $v_i = u_i + \varepsilon_i$ aún satisface los supuestos en los cuales se basa el método de mínimos cuadrados.

Ahora bien, aun si se supone que w_i tiene media cero, es serialmente independiente y no está correlacionado con u_i, no se puede ya suponer que el término de error compuesto z_i es independiente de la variable explicativa X_i porque [suponiendo que $E(z_i) = 0$]

$$\begin{aligned}
\text{cov}(z_i, X_i) &= E[z_i - E(z_i)][X_i - E(X_i)] \\
&= E(u_i - \beta w_i)(w_i) \text{ utilizando } (13.5.7) \\
&= E(-\beta w_i^2) \\
&= -\beta \sigma_w^2 \quad\quad\quad\quad\quad\quad (13.5.9)
\end{aligned}$$

Así, la variable explicativa y el término de error en (13.5.8) están correlacionados, lo cual viola el supuesto básico del modelo clásico de regresión lineal de que la variable explicativa no está correlacionada con el término de perturbación estocástico. Si este supuesto se viola, puede demostrarse que los *estimadores MCO no solamente están sesgados sino que son también inconsistentes, es decir, permanecen sesgados aun si el tamaño de la muestra, n, aumenta indefinidamente*[19].

Para el modelo (13.5.8), se demuestra en el apéndice 13A, sección 13A.2 que

$$\text{plim } \hat{\beta} = \beta \left[\frac{1}{1 + \sigma_w^2/\sigma_{X^*}^2} \right] \quad\quad\quad\quad (13.5.10)$$

donde σ_w^2 y $\sigma_{X^*}^2$ son las varianzas de w_i y de X^*, respectivamente y donde plim $\hat{\beta}$ significa el límite en probabilidad de β.

Puesto que se espera que el término entre corchetes sea menor que 1 (¿Por qué?), (13.5.10) indica que aun si el tamaño de la muestra aumenta indefinidamente, $\hat{\beta}$ no convergirá hacia β. De hecho, si se supone que β es positivo, $\hat{\beta}$ subestimará a β, es decir, es sesgado hacia cero. Por supuesto, si no hay errores de medición en X (es decir, $\sigma_w^2 = 0$), $\hat{\beta}$ servirá como estimador consistente de β.

Por consiguiente, los errores de medición constituyen un grave problema cuando están presentes en la(s) variable(s) explicativa(s) porque su presencia hace imposible la estimación consistente de los parámetros. Por supuesto, como se vió, si éstos están presentes solamente en la variable dependiente, los estimadores permanecen insegados y por tanto, son igualmente consistentes. Si los errores de medición están presentes en las variable(s) explicativas, ¿cuál es la solución? La respuesta no es fácil. En un extremo, se puede suponer que si σ_w^2 es pequeña comparada con $\sigma_{X^*}^2$, para todos los fines prácticos se puede suponer «que no existe» el problema y proceder con la estimación usual MCO. Por supuesto, el tropiezo aquí es que no es posible observar o medir σ_w^2 y $\sigma_{X^*}^2$ fácilmente y por consiguiente, no hay forma de juzgar sus magnitudes relativas.

Otro remedio sugerido es el uso de **variables instrumentales o aproximadas** que, aunque están altamente correlacionadas con las variables X originales, no están correlacionadas con los términos de error ecuacional y de medición (es decir, u_i y w_i). Si es posible encontrar tales variables aproximadas, entonces se puede obtener una estimación consistente de β. Pero es mucho más fácil hablar sobre esta labor que hacerla. En la práctica, no es fácil encontrar buenas variables «proxies» o aproximadas; frecuentemente estamos en una situación de queja sobre el mal clima sin ser capaces

---

[19]Como se demuestra en el apéndice A, $\hat{\beta}$ es un estimador consistente de β si, a medida que n aumenta indefinidamente, la distribución muestral de $\hat{\beta}$ tenderá al verdadero β. Técnicamente, esto se plantea así: $\text{plim}_{n \to \infty}\hat{\beta} = \beta$. Como se anotó en el apéndice A, la consistencia es una propiedad de muestras grandes y frecuentemente es utilizada para estudiar el comportamiento de un estimador cuando sus propiedades finitas o de muestras pequeñas (por ejemplo, insesgamiento) no pueden ser determinadas.

de hacer mucho al respecto. Además, no es fácil encontrar si la variable instrumental seleccionada es en realidad independiente de los términos de error u_i y w_i.

En la teoría, hay otras sugerencias para resolver el problema[20]. Pero la mayoría de estas son específicas a la situación dada y están basadas en supuestos restrictivos. Realmente, no hay respuesta satisfactoria al problema de errores de medición. Por esto es tan crucial que la medición de los datos sea lo más precisa posible.

Un ejemplo

Se concluye esta sección con un ejemplo construido para resaltar los puntos anteriores.

La tabla 13.2 proporciona información hipotética sobre el gasto de consumo verdadero Y^*, el ingreso verdadero X^*, el consumo medido Y y el ingreso medido X. La tabla explica también la forma como fueron medidas estas variables[21].

Errores de medición en la variable dependiente Y solamente

Con base en la información dada, la verdadera función de consumo es

$$\hat{Y}_i^* = \underset{(10.477)}{25.00} + \underset{(0.0584)}{0.6000 X_i^*} \qquad (13.5.11)$$
$$t = \underset{(2.3861)}{} \quad \underset{(10.276)}{}$$
$$R^2 = 0.9296$$

TABLA 13.2
Información hipotética sobre Y^* (verdadero gasto de consumo),
X^* (verdadero ingreso), Y (gasto de consumo medido)
y X (ingreso medido). Todas las cifras están en dólares

Y^*	X^*	Y	X	ε	w	u
75.4666	80.00	67.6011	80.0940	−7.8655	0.0940	2.4666
74.9801	100.00	75.4438	91.5721	0.4636	−8.4279	−10.0199
102.8242	120.00	109.6956	112.1406	6.8714	2.1406	5.8242
125.7651	140.00	129.4159	145.5969	3.6509	5.5969	16.7651
106.5035	160.00	104.2388	168.5579	−2.2647	8.5579	−14.4965
131.4318	180.00	125.8319	171.4793	−5.5999	−8.5207	−1.5682
149.3693	200.00	153.9926	203.5366	4.6233	3.5366	4.3693
143.8628	220.00	152.9208	222.8533	9.0579	2.8533	−13.1372
177.5218	240.00	176.3344	232.9879	−1.1874	−7.0120	8.5218
182.2748	260.00	174.5252	261.1813	−7.7496	1.1813	1.2748

Nota: Se supone que los datos sobre X^* están dados. En la derivación de las demás variables, los supuestos hechos fueron los siguientes: (1) $E(u_i) = E(\varepsilon_i) = E(w_i) = 0$; (2) $\text{cov}(X, u) = \text{cov}(X, \varepsilon) = \text{cov}(u, \varepsilon) = \text{cov}(w, u) = \text{cov}(\varepsilon, w) = 0$; (3) $\sigma_u^2 = 100, \sigma_\varepsilon^2 = 36$, y $\sigma_w^2 = 36$; y (4) $Y_i^* = 25 + 0.6 X_i^* + u_i$; $Y_i = Y_i^* + \varepsilon_i$ y $X_i = X_i^* + w_i$.

---

[20]*Véase* Thomas B. Fomby, R. Carter Hill y Stanley R. Johnson, *Advanced Econometric Methods*, Springer-Verlag, New York, 1984, pp. 273-277. *Véase* también en Kennedy, *op. cit.*, pp. 138-140, un análisis sobre regresión ponderada y variables instrumentales.

[21]Estoy agradecido con Kenneth J. White por la elaboración de este ejemplo. *Véase* su manual *Computer Handbook Using SHAZAM*, para ser utilizado con Damodar Gujarati, *Basic Econometrics*, septiembre 1985, pp. 117-121.

mientras que si se utiliza Y_i en lugar de Y_i^*, se obtiene

$$\hat{Y}_i = 25.00 + 0.6000X_i^* \qquad (13.5.12)$$
$$\quad (12.218) \quad (0.0681)$$
$$t = (2.0461) \quad (8.8118)$$
$$R^2 = 0.9066$$

Como lo indican estos resultados y de acuerdo con la teoría, los coeficientes estimados continúan iguales. El único efecto de los errores de medición en la varible dependiente es que los errores estándar estimados de los coeficientes tienden a ser más grandes [*véase* (13.5.5)], lo cual puede observarse claramente en (13.5.12). A propósito, obsérvese que los coeficientes de regresión en (13.5.11) y (13.5.12) son los mismos porque la muestra fue generada para cumplir con los supuestos del modelo de errores de medición.

Errores de medición en X

Se sabe que la regresión verdadera es (13.5.11). Supóngase ahora que en lugar de utilizar X_i^*, se utiliza X_i. (*Nota:* En realidad X_i^* raramente es observable). Los resultados de la regresión son los siguientes:

$$\hat{Y}_i^* = 25.992 + 0.5942X_i$$
$$\quad (11.0810) \ (0.0617)$$
$$t = (2.3457) \ (9.6270) \qquad (13.5.13)$$
$$R^2 = 0.9205$$

Estos resultados están de acuerdo con la teoría –cuando hay errores de medición en la(s) variable(s) explicativa(s), los coeficientes estimados están sesgados. Afortunadamente, en este ejemplo el sesgo es relativamente pequeño– de (13.5.10) es evidente que el sesgo depende de $\sigma_w^2/\sigma_{X^*}^2$, y en la generación de la información, se supuso que $\sigma_w^2 = 36$ y $\sigma_{X^*}^2 = 3667$, haciendo así pequeño el factor de sesgo, alrededor de 0.98% ($= 36/3667$).

Se deja al lector averiguar lo que sucede cuando hay errores de medición en Y y en X, es decir, cuando se efectúa la regresión de Y_i sobre X_i en lugar de regresar Y_i^* sobre X_i^* (véase el ejercicio 13.16).

13.6 RESUMEN Y CONCLUSIONES

1. El supuesto del MCRL de que el modelo econométrico utilizado en el análisis está correctamente especificado tiene dos significados. Primero, que no hay **errores de especificación ecuacionales** y segundo, que no hay **errores de especificación de modelo.** En este capítulo el enfoque principal estuvo sobre los errores de especificación ecuacionales; los segundos se estudian en el capítulo 14.

2. Los errores de especificación ecuacionales analizados en este capítulo fueron (1) omisión de una(s) variable(s) importante(s), (2) inclusión de una(s) variable(s) superflua(s), (3) adopción de la forma funcional equivocada, (4) especificación incorrecta del término de error u_i y (5) errores de medición en la variable regresada y en los regresores.

3. Cuando se omiten variables legítimas del modelo, las consecuencias pueden ser muy graves: Los estimadores MCO de las variables consideradas en el modelo no solamente están sesgados sino que también son inconsistentes. Adicionalmente, las varianzas y los errores estándar de estos coeficientes están estimados en forma incorrecta, viciando con esto los procedimientos usuales de prueba de hipótesis.

4. Las consecuencias de incluir variables irrelevantes en el modelo afortunadamente son menos graves: Los estimadores de los coeficientes de las variables relevantes al igual que los de las variables «irrelevantes» permanecen insesgados y continúan siendo consistentes y la

varianza del error σ^2 permanece correctamente estimada. El único problema es que las varianzas estimadas tienden a ser más grandes de lo necesario, haciendo con esto menos precisa la estimación de los parámetros. Es decir, los intervalos de confianza tienden a ser más grandes de lo necesario.

5. Para detectar los errores de especificación ecuacional, se consideraron diversas pruebas tales como (1) examen de residuales, (2) estadístico d de Durbin-Watson, (3) Prueba RESET de Ramsey y (4) prueba del multiplicador de Lagrange.

6. Una clase especial de error de especificación son los errores de medición en los valores de la variable regresada y de los regresores. Si hay errores de medición en la variable regresada solamente, los estimadores MCO son insesgados como también consistentes, pero son menos eficientes. Si hay errores de medición en los regresores, los estimadores MCO son sesgados lo mismo que inconsistentes.

7. Aun si se detectan o sospechan errores de medición, frecuentemente las medidas remediales no son fáciles. El uso de variables instrumentales o aproximadas es teóricamente atractivo pero no siempre práctico. Por tanto, es muy importante en la práctica que el investigador tenga cuidado al establecer las fuentes de su información, en conocer la forma como ésta fue obtenida, las definiciones utilizadas, etc. La información recolectada por agencias oficiales frecuentemente es presentada con diversas notas de pie de página y el investigador debe advertir al lector de su existencia.

EJERCICIOS

Preguntas

13.1. Refiérase a la función de demanda de pollos estimada en la ecuación (8.7.23). Considerando los atributos de un buen modelo analizados en la sección 13.1, ¿se puede decir que esta función de demanda está especificada «correctamente»?

13.2. Supóngase que el verdadero modelo es

$$Y_i = \beta_i X_i + u_i \tag{1}$$

pero en lugar de especificar esta regresión a través del origen, se especifica el modelo usual con presencia de intercepto:

$$Y_i = \alpha_0 + \alpha_1 X_i + v_i \tag{2}$$

Evalúense las consecuencias de este error de especificación.

13.3. Continúese con el ejercicio 13.2, pero supóngase que el modelo (2) es el verdadero. Analícense las consecuencias de ajustar el modelo mal especificado (1).

13.4. Supóngase que el «verdadero» modelo es

$$Y_i = \beta_1 + \beta_2 X_{2i} + u_i \tag{1}$$

pero se añade una variable «irrelevante», X_3, al modelo (irrelevante en el sentido de que el verdadero coeficiente β_3 que acompaña a la variable X_3 es cero) y estímese

$$Y_i = \beta_1 + \beta_2 X_{2i} + \beta_3 X_{3i} + v_i \tag{2}$$

(*a*) ¿El R^2 y el R^2 ajustado para el modelo (2) podrían ser más grandes que aquellos del modelo (1)?
(*b*) ¿Las estimaciones de β_1 y β_2 obtenidas de (2) son insesgadas?
(*c*) ¿La inclusión de la variable «irrelevante» X_3 afecta las varianzas de $\hat{\beta}_1$ y $\hat{\beta}_2$?

*13.5. Supóngase que el «verdadero» modelo es

$$Y_i = \beta X_i u_i \tag{1}$$

donde el término de error u_i es tal que $\ln u_i$ satisface los supuestos del modelo lineal normal clásico; es decir, tiene media cero y varianza constante. Pero, supóngase que se ajusta el siguiente modelo:

$$Y_i = \beta X_i + v_i \tag{2}$$

(a) ¿El β estimado de (2) será un estimador insesgado del verdadero β?

(b) Si el β estimado anteriormente es sesgado, ¿es éste consistente? Es decir, ¿desaparece el sesgo a medida que el tamaño de la muestra aumenta?

13.6. Considérese la siguiente función de producción (Cobb-Douglas) «verdadera»:

$$\ln Y_i = \alpha_0 + \alpha_1 \ln L_{1i} + \alpha_2 \ln L_{2i} + \alpha_3 \ln K_i + u_i$$

donde $Y = $ producción

$\quad L_1 = $ trabajo contenido en la producción

$\quad L_2 = $ trabajo no contenido en la producción

$\quad K = $ capital

Pero, supóngase que la regresión realmente utilizada en la investigación empírica es

$$\ln Y_i = \beta_0 + \beta_1 \ln L_{1i} + \beta_2 \ln K_i + u_i$$

Bajo el supuesto de que se tiene información de corte transversal sobre las variables relevantes,

(a) ¿Será $E(\hat{\beta}_1) = \alpha_1$ y $E(\hat{\beta}_2) = \alpha_3$?

(b) Si se sabe que L_2 es un insumo *irrelevante* en la función de producción, ¿se mantiene la respuesta en (a)? Muéstrense las derivaciones necesarias.

13.7. Refiérase a la ecuación (13.3.4) y (13.3.5). Como se puede ver, $\hat{\alpha}_2$, aunque sesgado, tiene una varianza menor que $\hat{\beta}_2$ el cual es insesgado. ¿Cómo se decidiría sobre el intercambio entre sesgo y varianza pequeña? *Guía:* El EMC (error medio cuadrático) para los dos estimadores se expresa como

$$\text{EMC}(\hat{\alpha}_2) = \left(\sigma^2 / \sum x_{2i}^2 \right) + \beta_3^2 b_{32}^2$$

$$= \text{varianza muestral} + \text{sesgo al cuadrado}$$

$$\text{EMC}(\hat{\beta}_2) = \sigma^2 / \sum x_2^2 (1 - r_{23}^2)$$

Con respecto a EMC, *Véase* apéndice A.

13.8. Muéstrese que el β estimado de (13.5.1) o (13.5.3) constituye una estimación insesgada del verdadero β.

13.9. Siguiendo la hipótesis de ingreso permanente de Friedman, se puede escribir

$$Y_i^* = \alpha + \beta X_i^* \tag{1}$$

donde $Y_i^* = $ gasto de consumo «permanente»

$\quad X_i^* = $ ingreso «permanente»

En lugar de observar las variables «permanentes», se observa

$$Y_i = Y_i^* + u_i$$
$$X_i = X_i^* + v_i$$

donde Y_i y X_i son las cantidades que pueden ser observadas o medidas y donde u_i y v_i son los errores de medición en Y^* y X^*, respectivamente.

---

*Opcional.

Utilizando las cantidades observables, se puede escribir la función de consumo como

$$Y_i = \alpha + \beta(X_i - v_i) + u_i$$
$$= \alpha + \beta X_i + (u_i - \beta v_i) \qquad (2)$$

Suponiendo que (1) $E(u_i) = E(v_i) = 0$, (2) $\text{var}(u_i) = \sigma_u^2$ y $\text{var}(v_i) = \sigma_v^2$, (3) $\text{cov}(Y_i^*, u_i) = 0$, $\text{cov}(X_i^*, v_i) = 0$, y (4) $\text{cov}(u_i, X_i^*) = \text{cov}(v_i, Y_i^*) = \text{cov}(u_i, v_i) = 0$, demuéstrese que en muestras grandes, el β estimado de (2) puede expresarse como

$$\text{plim}\,(\hat{\beta}) = \frac{\beta}{1 + (\sigma_v^2/\sigma_{X^*}^2)}$$

(a) ¿Qué se puede decir sobre la naturaleza del sesgo en $\hat{\beta}$?

(b) ¿Si el tamaño de la muestra aumenta indefinidamente, tenderá el β estimado a igualar el β verdadero?

13.10. Modelo de fijación de precios de activos de capital. El modelo de fijación de precios de activos de capital (MPAC) de la teoría de inversión moderna postula la siguiente relación entre la tasa de retorno promedio de un título valor (una acción común), medida durante un determinado período y la volatilidad del título, relación denominada *coeficiente beta* (la volatilidad es una medida del riesgo):

$$\bar{R}_i = \alpha_1 + \alpha_2(\beta_i) + u_i \qquad (1)$$

donde $\bar{R}_i$ = tasa de retorno promedio del título valor i

β_i = coeficiente β verdadero del título valor i

u_i = término de perturbación estocástico

El verdadero β_i no es directamente observable pero se mide de la siguiente manera:

$$r_{it} = \alpha_1 + \beta^* r_{m_t} + e_t \qquad (2)$$

donde r_{it} = tasa de retorno del título valor i durante el tiempo t

r_{mt} = tasa de retorno del mercado durante el tiempo t (esta tasa es la tasa de retorno sobre algún índice general del mercado, tal como el índice S&P de títulos valores industriales.

e_i = término residual

y donde β^* es una estimación del «verdadero» coeficiente Beta. En la práctica, por consiguiente, en lugar de estimar (1), se estima

$$\bar{R}_i = \alpha_1 + \alpha_2(\beta_i^*) + u_i \qquad (3)$$

donde los β_i^* se obtienen de la regresión (2). Pero, puesto que los β_i^* son estimados, la relación entre el verdadero β y β^* puede escribirse así

$$\beta_i^* = \beta_i + v_i \qquad (4)$$

donde v_i puede denominarse el *error de medición*.

(a) ¿Cuál será el efecto de este error de medición sobre la estimación de α_2?

(b) ¿El α_2 estimado de (3) proporcionará una estimación insesgada del verdadero α_2? De no ser así, ¿es ésta una estimación consistente de α_2? De no ser así, ¿qué medidas remediales se sugieren?

13.11. Considérese el modelo

$$Y_i = \beta_1 + \beta_2 X_{2i} + u_i \qquad (1)$$

Para averiguar si este modelo está mal especificado porque omite la variable X_3, se decide efectuar la regresión de los residuales obtenidos del modelo (1) sobre la variable X_3 solamente (*Nota:* Hay un intercepto en esta regresión). La prueba del multiplicador de Lagrange (ML), sin embargo, requiere que se efectúe la regresión de los residuales de (1) sobre X_2, X_3 y una constante. ¿Por qué es probable que su procedimiento sea inapropiado?*

13.12. Considérese el modelo

$$Y_i = \beta_1 + \beta_2 X_i^* + u_i$$

En la práctica, se mide X_i^* mediante X_i de tal manera que
(*a*) $X_i = X_i^* + 5$
(*b*) $X_i = 3X_i^*$
(*c*) $X_i = (X_i^* + \varepsilon_i)$, donde ε_i es un término puramente aleatorio con las propiedades usuales.
¿Cuál será el efecto de estos errores de medición sobre las estimaciones de los verdaderos β_1 y β_2?

13.13. Refiérase a las ecuaciones de regresión (13.3.1) y (13.3.2). En forma similar a (13.3.3), demuéstrese que

$$E(\hat{\alpha}_1) = \beta_1 + \beta_3(\bar{X}_3 - b_{32}\bar{X}_2)$$

donde b_{32} es el coeficiente de pendiente en la regresión de la variable omitida X_3 sobre la variable incluida X_2.

Problemas

13.14. Utilícese la información de la demanda de pollos dada en el ejercicio 7.23. Supóngase que le dicen que la verdadera función de demanda es

$$\ln Y_t = \beta_1 + \beta_2 \ln X_{2t} + \beta_3 \ln X_{3t} + \beta_6 \ln X_{6t} + u_t \qquad (1)$$

pero se piensa en forma diferente y se estima la siguiente función de demanda:

$$\ln Y_t = \alpha_1 + \alpha_2 \ln X_{2t} + \alpha_3 \ln X_{3t} + v_t \qquad (2)$$

donde Y = consumo de pollos *per cápita* (en libras)
X_2 = ingreso real disponible *per cápita*
X_3 = precio real de los pollos al detal
X_6 = precio real compuesto de los sustitutos del pollo

(*a*) Realícense las pruebas RESET y ML de errores de especificación, suponiendo que la función de demanda (1) dada es la verdadera.
(*b*) Supóngase que $\hat{\beta}_6$ en (1) resulta ser estadísticamente no significativo. ¿Significa esto que no hay error de especificación si se ajusta (2) a la información?
(*c*) Si $\hat{\beta}_6$ resulta no ser significativo, ¿significa eso que no se debe introducir el precio de uno o más productos sustitutos como argumento en la función de demanda?

13.15. Continúese con el ejercicio 13.14. Estrictamente por razones pedagógicas, supóngase que el modelo (2) es la verdadera función de demanda.
(*a*) Si ahora se estima el modelo (1), ¿qué tipo de error de especificación se comete en esta instancia?
(*b*) ¿Cuáles son las consecuencias teóricas de este error de especificación? Ilustre con la información disponible.

13.16. El verdadero modelo es

$$Y_i^* = \beta_1 + \beta_2 X_i^* + u_i \qquad (1)$$

---

*Véase Maddala, *op.cit.*, p. 477.

pero, debido a errores de medición, se estima

$$Y_i = \alpha_1 + \alpha_2 X_i + v_i \tag{2}$$

donde $Y_i = Y_i^* + \varepsilon_i$ y $X_i = X_i^* + w_i$, donde ε_i y w_i son errores de medición.

Utilizando la información dada en la tabla 13.2, consúltense las consecuencias de estimar (2) en lugar del verdadero modelo (1).

13.17. En el ejercicio 6.23 se pidió estimar la elasticidad de sustitución entre trabajo y capital utilizando la función de producción CES (de elasticidad de sustitución constante). Pero la función allí mostrada está basada en el supuesto de que hay competencia perfecta en el mercado laboral. Si la competencia es imperfecta, la formulación correcta del modelo es

$$\log\left(\frac{V}{L}\right) = \log\beta_1 + \beta_2\log W + \beta_3\log\left(1 + \frac{1}{E}\right)$$

donde (V/L) = valor agregado por unidad de trabajo, L = insumo trabajo, W = tasa de salario real y E = elasticidad de oferta de trabajo.

(a) ¿Qué clase de error de especificación está involucrado en la estimación CES original de la elasticidad de sustitución si en realidad el mercado laboral es imperfecto?

(b) ¿Cuáles son las consecuencias teóricas de este error para β_2, el parámetro de la elasticidad de sustitución?

(c) Supóngase que las elasticidades de la oferta de trabajo en las industrias que aparecen en el ejercicio 6.23 fueron las siguientes: 2.0, 1.8, 2.5, 2.3, 1.9, 2.1, 1.7, 2.7, 2.2, 2.1, 2.9, 2.8, 3.2, 2.9 y 3.1. Utilizando estos datos con los que aparecen en el ejercicio 6.23, estímese el modelo anterior y háganse comentarios sobre sus resultados a la luz de la teoría de errores de especificación.

13.18. **Experimento de Monte Carlo*:** Diez personas obtuvieron el siguiente ingreso permanente semanal: US$200, 220, 240, 260, 280, 300, 320, 340, 380 y 400. El consumo permanente (Y_i^*) estuvo relacionado con el ingreso permanente, X_i^*, así

$$Y_i^* = 0.8X_i^* \tag{1}$$

Cada uno de estos individuos tuvo un ingreso transitorio igual a 100 veces un número aleatorio u_i, obtenido de una población normal con media = 0 y $\sigma^2 = 1$ (es decir, una variable normal estándar). Supóngase que no hay un componente transitorio en el consumo. Así, el consumo medido y el consumo permanente son los mismos.

(a) Selecciónense 10 números aleatorios de una población normal con media cero y varianza unitaria y obtenga 10 números para el ingreso medido X_i $(= X_i^* + 100u_i)$.

(b) Efectúese la regresión del consumo permanente (= medido) sobre el ingreso medido utilizando la información obtenida en (a) y compárense los resultados con aquellos que aparecen en (1). A priori, el intercepto debe ser cero (¿Por qué?) ¿Es ese el caso? ¿Por qué o por qué no?

(c) Repítase (a) 100 veces y obténganse 100 regresiones como las de (b) y compárense los resultados con la verdadera regresión (1). ¿Qué conclusiones generales se obtienen?

---

*Adaptado de Christopher Dougherty, *Introduction to Econometrics*, Oxford University Press, New York, 1992, pp. 253-256.

13A.1 CONSECUENCIAS DE LA INCLUSIÓN DE UNA VARIABLE IRRELEVANTE: PROPIEDAD DE INSESGAMIENTO

Para el verdadero modelo (13.3.6), se tiene

$$\hat{\beta}_2 = \frac{\sum yx_2}{\sum x_2^2} \tag{1}$$

y se sabe que éste es insesgado.

Para el modelo (13.3.7), se obtiene

$$\hat{\alpha}_2 = \frac{(\sum yx_2)(\sum x_3^2) - (\sum yx_3)(\sum x_2x_3)}{\sum x_2^2 \sum x_3^2 - (\sum x_2x_3)^2} \tag{2}$$

Ahora, el verdadero modelo en forma de desviación es

$$y_i = \beta_2 x_2 + (u_i - \bar{u}) \tag{3}$$

Sustituyendo para y_i de (3) en (2) y simplificando, se obtiene

$$E(\hat{\alpha}_2) = \beta_2 \frac{\sum x_2^2 \sum x_3^2 - (\sum x_2x_3)^2}{\sum x_2^2 \sum x_3^2 - (\sum x_2x_3)^2}$$
$$= \beta_2 \tag{4}$$

es decir, $\hat{\alpha}_2$ permanece insesgado.

También se obtiene

$$\hat{\alpha}_3 = \frac{(\sum yx_3)(\sum x_2^2) - (\sum yx_2)(\sum x_2x_3)}{\sum x_2^2 \sum x_3^2 - (\sum x_2x_3)^2} \tag{5}$$

Sustituyendo para y_i de (3) en (5) y simplificando, se obtiene

$$E(\hat{\alpha}_3) = \beta_2 \frac{[(\sum x_2x_3)(\sum x_2^2) - (\sum x_2x_3)(\sum x_2^2)]}{\sum x_2^2 \sum x_3^2 - (\sum x_2x_3)^2}$$
$$= 0 \tag{6}$$

el cual es su valor en el verdadero modelo puesto que X_3 está ausente.

13A.2 PRUEBA DE (13.5.10)

Se tiene

$$Y = \alpha + \beta X_i^* + u_i \tag{1}$$
$$X_i = X_i^* + w_i \tag{2}$$

Por consiguiente, en la forma de desviación, se obtiene

$$y_i = \beta x_i^* + (u_i - \bar{u}) \tag{3}$$

$$x_i = x_i^* + (w_i - \bar{w}) \tag{4}$$

Ahora, cuando se utiliza

$$Y_i = \alpha + \beta X_i + u_i \tag{5}$$

$$= (13.5.8)$$

se obtiene

$$
\begin{aligned}
\hat{\beta} &= \frac{\sum yx}{\sum x^2} \\[2mm]
&= \frac{\sum \left[\beta x^* + (u - \bar{u})\right]\left[x^* + (w - \bar{w})\right]}{\sum \left[x^* + (w - \bar{w})\right]^2}, \quad \text{utilizando (3) y (4)} \\[2mm]
&= \frac{\beta \sum x^{*2} + \beta \sum x^*(w - \bar{w}) + \sum x^*(u - \bar{u}) + \sum (u - \bar{u})(w - \bar{w})}{\sum x^{*2} + 2\sum x^*(w - \bar{w}) + \sum (w - \bar{w})^2}
\end{aligned}
$$

Puesto que no se puede tomar la esperanza de esta expresión porque la esperanza de la razón de dos variables no es igual a la razón de sus esperanzas (*Nota:* El operador de esperanzas E es un operador lineal), primero se divide cada término del numerador y del denominador por n y se obtiene la probabilidad en el límite, plim (*véanse* detalles de plim en el apéndice A), de

$$\hat{\beta} = \frac{(1/n)\left[\beta \sum x^{*2} + \beta \sum x^*(w - \bar{w}) + \sum x^*(u - \bar{u}) + \sum (u - \bar{u})(w - \bar{w})\right]}{(1/n)\left[\sum x^{*2} + 2\sum x^*(w - \bar{w}) + \sum (w - \bar{w})^2\right]}$$

Ahora, la probabilidad en el límite de la razón de dos variables es la razón de sus probabilidades en el límite. Aplicando esta regla y tomando el plim de cada término, se obtiene

$$\text{plim}\,\hat{\beta} = \frac{\beta \sigma_{X^*}^2}{\sigma_{X^*}^2 + \sigma_w^2}$$

donde $\sigma_{X^*}^2$ y σ_w^2 son las varianzas de X^* y w a medida que el tamaño de la muestra aumenta indefinidamente y se donde utiliza el hecho de que a medida que el tamaño de la muestra aumenta indefinidamente, no hay correlación entre los errores u y w ni entre ellos y la verdadera X^*. De la expresión anterior, se obtiene

$$\text{plim}\,\hat{\beta} = \beta \left[\frac{1}{1 + (\sigma_w^2 / \sigma_{X^*}^2)}\right]$$

que es el resultado requerido.

DISEÑO DE MODELOS ECONOMÉTRICOS II: METODOLOGÍAS ECONOMÉTRICAS ALTERNATIVAS

Las tres reglas de oro de la econometría son: probar, probar y probar[1].

Es un pecado no saber por qué se está pecando. El pecado sin sentido debe evitarse[2].

Como se anotó en el capítulo anterior, la metodología econométrica tradicional supone un modelo econométrico particular y trata de ver si éste se ajusta a un conjunto de datos dado. Así, si el modelo es la función de consumo keynesiana (donde el consumo observado es una función del ingreso observado) o la función de consumo de Friedman (donde el consumo permanente es función del ingreso permanente), el investigador tomará una de estas funciones de consumo como dadas y tratará de averiguar si los datos disponibles la apoyan. La decisión de rechazar o no rechazar la función de consumo particular está basada en el diagnóstico de regresión usual, tal como el R^2, el t, el F y el estadístico d de Durbin-Watson.

---

[1]D.F. Hendry, «Econometrics-Alchemy or Science?» *Economica*, vol. 47, 1980, p. 403.

[2]Edward E. Leamer, *Specification Searches: Ad Hoc Inference with Nonexperimental Data*, John Wiley & Sons, New York, 1978, p. vi. *Véase* también su artículo «Let's Take the Con out of Econometrics», *American Economic Review*, vol. 73, 1983, pp. 31-43.

La crítica a esta tradición de la **REP** (regresión económica promedio) sostiene que esta estrategia es ciertamente cuestionable cuando los datos han sido recolectados en forma no experimental, que representa la mayor parte de la investigación económica práctica. Para ellos, una vez el modelo está dado, la estimación de sus parámetros y la labor de prueba de hipótesis es trivial. Pero la labor de determinar cuál es el modelo apropiado para empezar exige mucho esfuerzo. Esta última tarea está sujeta a la **specimetrics** (labor de especificación). De acuerdo con Leamer,

> La labor de especificación describe el proceso mediante el cual se conduce a un investigador a seleccionar la especificación de un modelo en lugar de otro; además, trata de identificar las inferencias que puedan obtenerse apropiadamente de un conjunto de datos cuando el mecanismo de generación de datos es ambiguo[3].

Este enfoque tiene muchos seguidores[4]. Como lo afirma un practicante de este tema, «La idea de que un modelo deba ser probado antes de ser tomado como base adecuada para el estudio del comportamiento económico ha ganado bastante aceptación»[5].

Obsérvese que esencialmente los defensores de metodologías alternativas están diciendo que antes de recurrir a la metodología REP, es preciso prestar atención cuidadosa a la labor de especificación, es decir, a la selección del modelo apropiado. Una vez que esto se hace, es posible seguir la técnica REP. Este punto fue esencialmente el punto planteado por Darnell y Evans (*véase* el capítulo 13).

A continuación se analiza a fondo el tema de la labor de especificación. Por limitantes de espacio, se estudiarán en este capítulo solamente algunos aspectos de los enfoques de Leamer y de Hendry a este tema. El lector, si desea obtener mayores detalles, puede consultar las referencias.

14.1 ENFOQUE DE LEAMER EN LA SELECCIÓN DE MODELOS

Aunque Leamer ha contribuido extensamente a la econometría, para los propósitos, se hará referencia solamente a dos de sus contribuciones. Primero, él ha analizado la forma como la metodología REP orienta la búsqueda de especificación (es decir, la selección de modelos) y cómo, al utilizar la **estadística bayesiana,** es posible mejorar este proceso de búsqueda. Segundo, él ha sugerido la forma como pueden fortalecerse los resultados de la regresión realizando un **análisis de cota extrema (ACE).** Se analizarán estos puntos brevemente.

De acuerdo con Leamer, hay seis razones diferentes para la búsqueda de la especificación de modelos[6]:

Tipo de búsqueda	Propósito
1. Prueba de hipótesis	Seleccionar un modelo «verdadero»
2. Interpretativa	Interpretar la información contenida en las diversas variables correlacionadas

---

[3]Leamer, *Specification Searches, op. cit.*, p. v.

[4]El estudiante interesado puede desear consultar las siguientes referencias: E.E. Leamer, *Specification Searches: Ad Hoc Inference with Nonexperimental Data*, John Wiley & Sons, New York, 1978; G.E. Mizon, «Model Selection Procedures», en M.J. Artis y A.R. Nobay, eds., *Studies in Current Economic Analysis*, Basil Blackwell, Oxford, 1977, cap. 4; y G.S. Maddala, ed., «Model Selection», *Journal of Econometrics,* vol. 16, 1981.

[5]L. G. Godfrey, *Misspecification Tests in Econometrics: The Lagrange Multiplier Principle and Other Approaches*, Cambridge University Press, New York, 1988, p. xi.

[6]Adaptado de Leamer, *op.cit.*, tabla 1.1, p.6.

3. Simplificación   Construir un modelo «fructífero»
4. Aproximación   Seleccionar entre medidas que pretendan medir la misma variable
5. Selección de datos   Seleccionar los datos apropiados para la estimación y la predicción
6. Construcción de modelos una vez se tienen los datos   Mejorar un modelo existente

Para ver lo que significan estas búsquedas, se presenta la investigación empírica de Leamer de la teoría de demanda de un bien o producto. En su forma más sencilla, la teoría de demanda plantea que, *ceteris paribus*, la cantidad de un bien demandado (por ejemplo, naranjas) depende del ingreso del consumidor y del precio del bien.

Para implementar esta teoría, supóngase, basado en la información para 150 unidades familiares, que el investigador selecciona inicialmente un modelo log-lineal y obtiene los siguientes resultados[7]:

$$\widehat{\log Y_i} = 6.2 + 0.85 \log I_i - 0.67 \log P_i \qquad (14.1.1)$$
$$ee = (1.1) \quad (0.21) \qquad (0.13)$$
$$R^2 = 0.15$$

donde $Y =$ cantidad de naranjas compradas
$I =$ ingreso monetario
$P =$ precio de las naranjas

Sin suscribirse a este modelo log-lineal, Leamer describe a continuación la forma como se inicia una investigación típica.

Como ejemplo de la **búsqueda de prueba de hipótesis**, supóngase que el investigador desea probar la hipótesis de que el coeficiente de elasticidad-precio es −1. Impuesta esta restricción, el investigador estima la siguiente *regresión restringida*:

$$\widehat{\log Y_i} + \log P_i = 7.2 + 0.96 \log I_i \qquad (14.1.2)$$
$$ee = (1.0) \quad (0.20) \qquad R^2 = 0.14$$

Utilizando la prueba F (*véase* capítulo 8), el investigador rechaza la hipótesis de que el coeficiente de elasticidad-precio es −1.

Puesto que la importancia nutricional de las naranjas puede ser máxima en áreas con luz solar limitada, el investigador estima dos regresiones separadas, una para las personas del norte y la otra para las del sur, con los siguientes resultados:

$$\widehat{\log Y_i^N} = 7.3 + 0.89 \log I_i^N - 0.60 \log P_i^N \qquad (14.1.3)$$
$$ee = (1.9) \quad (0.41) \qquad (0.25) \qquad R^2 = 0.18$$

$$\widehat{\log I_i^S} = 7.0 + 0.82 \log I_i^S - 1.10 \log P_i^S \qquad (14.1.4)$$
$$ee = (2.2) \quad (0.31) \qquad (0.26) \qquad R^2 = 0.19$$

---

[7]El resultado de ésta regresión y de las otras aquí presentadas (con cambios en la notación) son de Leamer, *op. cit.*, pp. 6-8.

donde los superíndices N y S representan el norte y el sur. La hipótesis de que los coeficientes de las variables ingreso y precio son diferentes no es rechazada al nivel de significancia del 5%. Este es un ejemplo de **búsqueda de selección de datos**. Obsérvese que se utiliza el mismo modelo, es decir, (14.1.1), excepto que la muestra de 150 observaciones está dividida en dos grupos de datos, según correspondan al sur o al norte.

Considerando que el gasto total E puede ser una mejor medida del ingreso que I, o ingreso monetario, el investigador sustituye E por I y obtiene los siguientes resultados:

$$\widehat{\log Y_i} = 5.2 + 1.1 \log E_i - 0.45 \log P_i \qquad (14.1.5)$$
$$ee = (1.0) \quad (0.18) \qquad (0.16) \qquad\qquad R^2 = 0.18$$

Como resultado de esta **búsqueda de variable aproximada**, el coeficiente de E, la variable ingreso, es ahora más significativa y el R^2 se ha incrementado.

Al observar que los valores de R^2 en (14.1.3) a (14.1.5) son bajos, el investigador piensa que el precio de un producto sustituto, por ejemplo, la toronja, debe agregarse a la función de demanda. Así, el investigador reestima la función de demanda y obtiene los siguientes resultados:

$$\widehat{\log Y_i} = 3.1 + 0.83 \log E_i + 0.01 \log P_i - 0.56 \log GP_i \qquad (14.1.6)$$
$$ee = (1.0) \quad (0.83) \qquad (0.15) \qquad (0.60)$$
$$R^2 = 0.20$$

donde GP es el precio de la toronja. Esta ecuación es un ejemplo de **construcción del modelo posterior a los datos**, es decir, se realiza una revisión del modelo original a la luz de los resultados iniciales. Aunque en la regresión (14.1.6) el valor R^2 se ha incrementado, los dos coeficientes de los precios no solamente no son estadísticamente significativos a manera *individual*, sino que también tienen los signos equivocados (¿Por qué?).

El investigador recuerda entonces el *postulado de homogeneidad* de la teoría de demanda de que no hay ilusión monetaria (si el ingreso y los precios cambian todos en la misma proporción, las compras no cambiarán). Se reestima entonces la función de demanda con esta restricción:

$$\widehat{\log Y_i} = 4.2 + 0.52 \log E_i - 0.61 \log P_i + 0.09 \log GP_i \qquad (14.1.7)$$
$$ee = (0.9) \quad (0.19) \qquad (0.14) \qquad (0.31)$$
$$R^2 = 0.19$$

Esta regresión es resultado de la **búsqueda interpretativa**; en comparación con (14.1.6), la imposición de la hipótesis de homogeneidad ha "mejorado" los resultados de la regresión en el sentido de que las variables precio tienen el signo correcto y tanto las variables ingreso como las de precio-propio son estadísticamente significativas de manera individual.

Habiendo advertido que la variable precio de la toronja estadísticamente no es significativa y que numéricamente los coeficientes del ingreso y del precio-propio no son muy diferentes, finalmente el investigador estima el siguiente modelo:

$$\widehat{\log Y_i} = 3.7 + 0.58 \log(E_i/P_i) \qquad (14.1.8)$$
$$ee = (0.8) \quad (0.18) \qquad R^2 = 0.18$$

La regresión (14.1.8) es un ejemplo de **búsqueda de simplificación**, cuyo objetivo es obtener un modelo simple (recuérdese la cuchilla de Occam) o económico pero útil.

Leamer continúa para demostrar, más o menos en seis capítulos de su libro, la forma como este procedimiento de búsqueda *ad hoc* puede fortalecerse utilizando las técnicas estadísticas bayesianas. Puesto que el estudio de las estadísticas bayesianas está por fuera del alcance de este libro, el lector interesado puede consultar su libro.

Para explicar el **análisis de cota extrema** de Leamer, suponga que en un modelo de regresión hay algunos regresores que el investigador considera como regresores *libres* (es decir, claves) y considera otros como *dudosos* (es decir, de importancia secundaria); los términos *libre* y *dudoso* son de Leamer. Supóngase que se efectúan las regresiones sobre las variables claves incluyendo o excluyendo todas las combinaciones de las variables dudosas. En este ejercicio, los coeficientes de las variables claves cambiarán entre una regresión y otra. Por consiguiente, para el coeficiente de cada variable clave se tendrán diversas estimaciones; los valores más bajos y los más altos de la estimación constituirán una *cota* o un rango[8].

Si esta cota es angosta, se puede decir que los datos producen información *sólida* sobre el coeficiente en cuestión. Si, por otra parte, la cota es muy ancha, se concluye que la información produce una estimación *frágil* del coeficiente en cuestión. En ese caso se requiere mayor análisis.

Como ejemplo, supóngase que se desean estudiar los efectos de la educación (E), la edad (A), el coeficiente intelectual IQ, la educación de los padres (EP) y el IQ de los padres (PIQ) sobre las ganancias[9]. Supóngase que se consideran E, A, e IQ como variables clave y EP y PIQ como variables dudosas. Primero, se efectúa la regresión de las ganancias sobre E, A e IQ; luego, se efectúa la regresión sobre E, A, IQ y EP; luego, sobre E, A, IQ y PIQ; y luego, sobre E, A, IQ, EP y PIQ. Así, se tienen cuatro estimaciones de cada uno de los coeficientes de E, A, e IQ. Supóngase que las cuatro estimaciones del coeficiente de E están dentro de una cota muy estrecha. Este resultado sugeriría que el coeficiente de E no es muy sensible a la inclusión o exclusión de las variables dudosas y por consiguiente, nuestra información produce una estimación robusta o *sólida* del coeficiente de E.

Aunque algunas veces la decisión de cuáles regresores son variables claves o centrales y cuáles son dudosos no es fácil, el ACE de Leamer tiene un gran valor. Como lo anotan Darnell y Evans sobre el ACE:

> Éste induce a los investigadores a reconocer explícitamente la incertidumbre que tienen sobre la especificación de ecuaciones; y a proporcionar una declaración más honesta de sus actividades en el terminal del computador[10].

Al presentar sus informes con los resultados de la regresión, el investigador posiblemente desee tener en mente este consejo.

14.2. ENFOQUE DE HENDRY EN LA SELECCIÓN DE MODELOS

El enfoque de Hendry o enfoque del London School of Economics (LSE) al diseño de modelos económicos es comúnmente conocido como el enfoque **de arriba hacia abajo** o **de lo general a lo específico**

---

[8]Se puede considerar esta cota como una clase de intervalo de confianza para el coeficiente en cuestión, un intervalo de confianza que refleja la incertidumbre de la especificación del modelo. Por supuesto, ésto es diferente del intervalo de confianza convencional, el cual representa la incertidumbre muestral dentro de la especificación de un modelo dado. Este punto se atribuye a Adrian C. Darnell y a J. Lynne Evans, *The Limits of Econometrics*, Edward Elgar Publishing, Hants, Inglaterra 1990, p. 109

[9]Este ejemplo se analiza en E. Leamer y H. Lenord, «Reporting the Fragility of Regression Estimates», *Review of Economics and Statistics*, vol. 65, 1983, pp. 306-317.

[10]Darnell y Evans, *op. cit.*, p. 109.

en el sentido de que se empieza con un modelo que tiene diversos regresores y luego se va depurando hasta llegar a un modelo que contiene solamente las variables "importantes".

El punto de partida del LSE es que la teoría económica postula una relación de equilibrio de largo plazo entre las variables económicas, por ejemplo Y (el consumo permanente) y X (el ingreso permanente). Esta relación se resume como

$$Y_t = \alpha X_t \qquad (14.2.1)$$

Hendry y sus colegas asignan a las observaciones el subíndice de tiempo t puesto que la metodología LSE fue desarrollada para tratar principalmente con datos económicos de series de tiempo.

Por supuesto, la relación de largo plazo postulada en (14.2.1) demora algún tiempo para lograrse. Por consiguiente, la metodología LSE propone el siguiente tipo de procedimiento dinámico con el fin de alcanzar (14.2.1)

$$Y_t = \beta_0 X_t + \beta_1 X_{t-1} + \cdots + \beta_m X_{t-m} + \delta_1 Y_{t-1} + \delta_2 Y_{t-2} + \cdots + \delta_m Y_{t-m} + u_t$$

$$(14.2.2)$$

Es decir, se efectúa la regresión de Y en el tiempo t sobre los valores de los regresores X en el tiempo t, $(t-1),...,(t-m)$ como también sobre los valores rezagados de la variable regresada en el tiempo $(t-1)$, $(t-2),...,(t-m)$. Como se verá en el capítulo 17, (14.2.2) es un ejemplo de un **modelo autorregresivo de rezagos distribuidos (ADL)** (porque los valores rezagados de la variable regresada aparecen como regresores); el término *distribuido* se refiere al hecho de que el efecto de X sobre Y se reparte en un período de tiempo.

Los modelos tales como (14.2.2) se conocen como **modelos dinámicos** porque se está considerando explícitamente el comportamiento de una variable en el tiempo.

El modelo (14.2.2) es un ejemplo de lo que Hendry llama un modelo general en el sentido de que contiene diversos valores rezagados (m) de los regresores. Ese modelo es muy general pues el valor de m debe ser especificado. Si se tiene información sobre Y y X, por ejemplo, para 100 trimestres, ¿cuántos valores rezagados se pueden incluir? Recuérdese que a medida que se continúa agregando más regresores a un modelo, se pierde un grado de libertad por cada regresor adicional. A medida que los grados de libertad se reducen, la inferencia estadística se hace más insegura.

Entonces, ¿cómo se hace para pasar de un modelo muy general a uno más específico o más simple (es decir, de arriba hacia abajo)? En otros términos ¿cómo se decide el tamaño del rezago m? De acuerdo con Hendry y Richard, un modelo simplificado debe satisfacer los seis siguientes criterios[11]:

1. *Tener posibilidad de admitir datos.* Es decir, las predicciones hechas por el modelo deben ser lógicamente posibles.
2. *Ser consistente con la teoría.* Es decir, debe tener buen sentido económico. Así, si la hipótesis del ingreso permanente se mantiene, el valor del intercepto en la regresión del consumo permanente sobre el ingreso permanente debe ser cero.
3. *Tener regresores exógenos débiles.* Es decir, los regresores no deben estar correlacionados con el término de error.
4. *Presentar constancia en los parámetros.* Es decir, los valores de los parámetros deben ser estables. De lo contrario, la predicción será difícil.

---

[11]D.F. Hendry y J.F. Richard, "The Econometric Analysis of Economic Time Series", *International Statistical Review*, vol. 51, 1983, pp. 3-33.

5. *Presentar coherencia en la información.* Es decir, los residuales estimados del modelo deben ser puramente aleatorios (lo cual se conoce técnicamente como ruido blanco). De no ser éste el caso, habrá algún error de especificación en el modelo.
6. *Ser envolvente.* Es decir, el modelo debe *envolver* o incluir a todos los modelos rivales en el sentido de ser capaz de explicar sus resultados. En otras palabras, no puede haber otros modelos que se constituyan como mejores con respecto al modelo seleccionado.

Obviamente, al seleccionar tal modelo, se deberán ensayar diversas especificaciones (es decir, seleccionar diferentes valores de *m*) antes de encontrar finalmente el modelo "final" (¿en busca del Santo Cáliz?). Es por esto que la metodología de Hendry es conocida también como la **TTT methodology**, que traduce "prueba, prueba y prueba".

La posibilidad de aplicar este procedimiento estricto en la práctica es debatible[12]. Los practicantes pueden desear tener en mente los criterios anteriores al buscar que su modelo tenga éxito.

14.3 PRUEBAS SELECCIONADAS DE DIAGNÓSTICO: COMENTARIOS GENERALES

Para el proceso de selección entre modelos que compiten, los econometristas han desarrollado todo un equipo de pruebas de diagnóstico. En términos generales, estas pruebas pueden agruparse en dos categorías:

1. Pruebas de modelos (hipótesis) anidados
2. Pruebas de modelos (hipótesis) no anidados

Para ilustrar la diferencia entre las dos, considérense los siguientes modelos:

$$\text{Modelo } A: \ Y_i = \beta_1 + \beta_2 X_{2i} + \beta_3 X_{3i} + \beta_4 X_{4i} + u_i$$
$$\text{Modelo } B: \ Y_i = \beta_1 + \beta_2 X_{2i} + \beta_3 X_{3i} \qquad + u_i$$

Se dice que el modelo B está *anidado* dentro del modelo A porque es un caso especial del modelo A: Si se estima el modelo A y se verifica la hipótesis $H_0: \beta_4 = 0$ y no se rechaza, entonces el modelo A se reduce al modelo B.

Así, si en el modelo A, *Y* representa la cantidad demandada de un bien, X_2 su precio unitario, X_3 el ingreso del consumidor y X_4 el precio de otro producto, la hipótesis de que $\beta_4 = 0$ significa que el precio del otro producto no tiene efecto sobre la cantidad demandada del producto en cuestión. Se puede probar esta hipótesis mediante la prueba *t* individual o mediante la prueba *F* estudiada en el capítulo 8[13].

Sin llamarlas como tales, las pruebas de error de especificación ecuacional que se estudiaron en el capítulo 13 y la prueba de mínimos cuadrados restringidos estudiada en el capítulo 8 son

---

[12]Para conocer un análisis crítico de la metodología de Hendry, *véase* Darnell y Evans, *op. cit.*, pp. 77-94. Para un punto de vista comparativamente reciente sobre dicha metodología, *véase* Milton Friedman y Anna Schwartz, "Alternative Approaches to Analyzing Economic Data", *American Economic Review*, vol. 81, 1991, pp. 39-49. Este último fue escrito como respuesta al artículo de D.F. Hendry y N.R. Ericsson, "An Econometric Analysis of UK Money Demand in 'Monetary Trends in the United States and the United Kingdom'por Milton Friedman y Anna J. Schwartz," *American Economic Review*, vol. 81 1991, pp. 8-38.

[13]Más generalmente, es posible utilizar la prueba de la razón de verosimilitud, o la prueba de Wald o la del multiplicador de Lagrange, de las cuales se hizo una breve exposición en el capítulo 8.

esencialmente pruebas de hipótesis anidadas. Por consiguiente, no dedicamos más tiempo a estudiarlas aquí, excepto en forma de ejercicios.

Ahora considérense los siguientes modelos:

$$Modelo\ C:\ Y_i = \alpha_1 + \alpha_2 X_{2i} + u_i$$
$$Modelo\ D:\ Y_i = \beta_1 + \beta_2 Z_{2i} + v_i$$

donde las X y las Z son diferentes conjuntos de variables. Se dice que los modelos C y D son **no anidados**, porque uno no puede ser derivado como un caso especial del otro. En economía, al igual que en otras ciencias, hay más de una teoría en competencia que puede explicar un fenómeno. Así, mientras los monetaristas enfatizan el papel del dinero en la explicación de los cambios en el PNB, los keynesianos pueden explicarlos mediante los cambios en el gasto gubernamental.

¿Cómo se prueban tales teorías o hipótesis no anidadas o competidoras? Enseguida se responde a esta pregunta.

14.4 PRUEBAS DE HIPÓTESIS NO ANIDADAS

De acuerdo con Harvey[14], en términos generales hay dos enfoques para probar una hipótesis no anidada: (1) el **enfoque de discriminación** en donde, dados dos modelos o más que compiten, se selecciona el modelo basado en algunos criterios de bondad de ajuste y (2) el **enfoque de discernimiento** (terminología del autor) donde, al investigar un modelo, se tiene en cuenta la información proporcionada por otros modelos. Se explican estos enfoques brevemente.

El enfoque de discriminación

Considérense los modelos C y D anteriores. Supóngase que se estiman ambos modelos. Entonces, se puede seleccionar entre estos dos (o más) modelos con base en algunos criterios de bondad de ajuste. Por ejemplo, se pueden obtener los valores del $R^2 (= \bar{R}^2)$ ajustados de los dos modelos y seleccionar los modelos con el R^2 más elevado. Por supuesto, al comparar los dos valores del R^2, la variable dependiente debe tener la misma forma (¿Por qué?). En la teoría hay otros criterios, además del R^2, para medir la bondad del ajuste, tales como **la medida S_p de Hocking, la medida C_p de Mallow, la medida PC de Amemiya** y **la medida AIC de Akaike** más **el criterio de Schwarz, el criterio de Hannan-Quinn,** y **el criterio de Shibata.** La exposición de estas medidas estaría por fuera del campo de estudio, por lo cual se hace mención a ésta en las referencias[15]. Los paquetes de computador tales como **SHAZAM, ET,** y **TSP** publican ahora uno o más de estos estadísticos.

Sin importar la medida utilizada, una desventaja del enfoque de discriminación es que éste simplemente ordena los modelos con base en uno de estos criterios y selecciona el modelo que da el valor más alto de la medida seleccionada de bondad de ajuste. Aparentemente, se considera que si un modelo sobresale entre otros en términos de, por ejemplo, el valor más alto del R^2, éste debe ajustar mejor a los datos y, por consiguiente, debe ser el «verdadero» modelo. El sentido común sugiere que ésta podría no ser la mejor estrategia. Por consiguiente, se necesita desarrollar un procedimiento de prueba que preste atención a modelos alternativos en la estimación del modelo bajo consideración. Esta idea es la base del enfoque de discernimiento, que se analiza enseguida.

---

[14]Andrew Harvey, *The Econometric Analysis of Time Series*, The MIT Press, 2a. ed., Cambridge, Mass., 1990, capítulo 5.
[15]*Véase*, por ejemplo, G.S. Maddala, *Introduction to Econometrics,* Macmillan, 2a. ed., New York, 1992, capítulo 12.

Enfoque de discernimiento

Prueba F no anidada. Considérense los modelos C y D en la sección 14.3. ¿Cómo se selecciona entre los dos modelos? Supóngase que se estima el siguiente modelo anidado o *híbrido:*

$$\text{Modelo } E: \quad Y_i = \lambda_1 + \lambda_2 X_{2i} + \lambda_3 Z_{2i} + u_i$$

Obsérvese que el modelo E *anida* o *envuelve* a los modelos C y D. Pero obsérvese que C es no anidado en D y D es no anidado en C, de tal manera que son modelos no anidados[16].

Ahora, si el modelo C es correcto, $\lambda_3 = 0$, mientras que si el modelo D es el correcto, $\lambda_2 = 0$. Por consiguiente, una prueba sencilla sobre modelos que compiten es efectuar la regresión del modelo anidado y buscar la significancia estadística de λ_2 y λ_3 mediante la prueba t, o en forma más general, mediante la prueba F si se omite más de un regresor de los modelos en competencia; de aquí el nombre de pruebas F no anidadas.

Sin embargo, hay problemas con este procedimiento de prueba. (1) Si X_2 y Z_2 son altamente colineales, entonces, como se anotó en el capítulo sobre multicolinealidad, es muy probable que ni λ_2 ni λ_3 sean significativamente diferentes de cero, aunque se puede rechazar la hipótesis de que $\lambda_2 = \lambda_3 = 0$. En este caso, no hay forma de decidir si el modelo correcto es el modelo C o el modelo D. (2) Existe otro problema. Supóngase que se selecciona el modelo C como la hipótesis o el modelo de referencia y se encuentra que todos sus coeficientes son significativos[17]. Se agrega Z_2 al modelo y se encuentra, utilizando la prueba F, que su contribución incremental a la suma explicada de cuadrados (SEC) es no significativa. Por consiguiente, se decide seleccionar el modelo C. Pero, supóngase que en su lugar se hubiera seleccionado el modelo D como hipótesis de referencia y se hubiera encontrado que todos sus coeficientes eran estadísticamente significativos. Pero, cuando X_2 se agrega a este modelo, utilizando nuevamente la prueba F, se encuentra que su contribución incremental a la SEC no es significativa. Por consiguiente, se hubiera seleccionado el modelo D como el modelo correcto. Por tanto, «la selección de la hipótesis de referencia podría determinar el resultado de la selección del modelo»[18], especialmente cuando hay presencia de una multicolinealidad fuerte en los regresores en competencia. (3) Finalmente, el modelo artificialmente anidado E puede no tener significado económico alguno.

Un ejemplo ilustrativo: El modelo de San Luis. Para determinar si los cambios en el PNB pueden ser explicados por cambios en la oferta monetaria (monetarismo) o por cambios en el gasto gubernamental (keynesianismo), se consideran los siguientes modelos:

$$\dot{Y}_t = \alpha + \beta_0 \dot{M}_t + \beta_1 \dot{M}_{t-1} + \beta_2 \dot{M}_{t-2} + \beta_3 \dot{M}_{t-3} + \beta_4 \dot{M}_{t-4} + u_{1t}$$

$$= \alpha + \sum_{i=0}^{4} \beta_i \dot{M}_{t-i} + u_{1t} \tag{14.4.1}$$

$$\dot{Y}_t = \gamma + \lambda_0 \dot{E}_t + \lambda_1 \dot{E}_{t-1} + \lambda_2 \dot{E}_{t-2} + \lambda_3 \dot{E}_{t-3} + \lambda_4 \dot{E}_{t-4} + u_{2t}$$

$$= \gamma + \sum_{i=0}^{4} \lambda_i \dot{E}_{t-i} + u_{2t} \tag{14.4.2}$$

---

[16]Se puede permitir que los modelos C y D contengan regresores comunes a ambos. Así, en el modelo C, Y podría ser una función lineal de X_2 y X_3 y en el modelo D, Y podría ser una función lineal de X_3 y Z_2. Ahora el modelo C no está anidado en el modelo D porque este no contiene Z_2 y el modelo D no está anidado en el modelo C porque éste no contiene X_2.

[17]Thomas B. Fomby, R. Carter Hill y Stanley R. Johnson, *Advanced Econometric Methods*, Springer-Verlag, New York, 1984, p. 416.

[18]*Ibid.*

donde $\dot{Y}_t$ = tasa de crecimiento del PNB nominal en el tiempo t

$\dot{M}_t$ = tasa de crecimiento de la oferta monetaria (versión M_1) en el tiempo t

$\dot{E}_t$ = tasa de crecimiento en pleno o alto gasto gubernamental en empleo en el período t

A propósito, obsérvese que (14.4.1) y (14.4.2) son ejemplos de **modelos de rezagos distribuidos**, un tema analizado ampliamente en el capítulo 17. Por el momento, obsérvese simplemente que el efecto de un cambio unitario en la oferta monetaria o en el gasto gubernamental sobre el PNB está distribuido sobre un período de tiempo y no es instantáneo.

Puesto que *a priori* puede ser difícil decidir entre los dos modelos en competencia, los dos modelos se reúnen como se muestra a continuación:

$$\dot{Y}_t = \text{constante} + \sum_{i=0}^{4} \beta_i \dot{M}_{t-i} + \sum_{i=0}^{4} \lambda_i \dot{E}_{t-i} + u_{3t} \qquad (14.4.3)$$

Este modelo anidado tiene la forma en la cual ha sido expresado y estimado el modelo famoso de San Luis (Federal Reserve Bank of) un banco de la escuela pro-monetarista. Los resultados de este modelo para el período 1953-I a 1976-IV para los Estados Unidos son los siguientes (razones t en paréntesis)[19]:

Coeficiente	Estimación	
β_0	0.40	(2.96)
β_1	0.41	(5.26)
β_2	0.25	(2.14)
β_3	0.06	(0.71)
β_4	−0.05	(−0.37)
		(14.4.4)
$\sum_{i=0}^{4} \beta_i$	1.06	(5.59)
λ_0	0.08	(2.26)
λ_1	0.06	(2.52)
λ_2	0.00	(0.02)
λ_3	−0.06	(−2.20)
λ_4	−0.07	(−1.83)
$\sum_{i=0}^{4} \lambda_i$	0.03	(0.40)

$$R^2 = 0.40$$
$$d = 1.78$$

¿Qué sugieren estos resultados sobre la superioridad de un modelo sobre el otro? Si se considera el efecto acumulado de un cambio unitario en $\dot{M}$ y $\dot{E}$ sobre $\dot{Y}$, se obtiene $\sum_{i=0}^{4} \beta_i = 1.06$ y $\sum_{i=0}^{4} \lambda_i = 0.03$, respectivamente, siendo el primero estadísticamente significativo y el segundo no. Esta comparación tendería a apoyar el argumento monetarista de que los cambios en la oferta monetaria son los que determinan los cambios en el PNB (nominal). Se deja al lector el ejercicio de evaluar críticamente este argumento.

Prueba *J* de Davidson-MacKinnon[20]. Debido a los problemas recién enumerados en el procedimiento de la prueba F no anidada, se han sugerido varias alternativas. Una es la prueba *J* de

---

[19]*Véase* Keith M. Carlson, «Does the St. Louis Equation Now Believe in Fiscal Policy?»*Review, Federal Reserve Bank of St. Louis,* vol. 60, no. 2, febrero 1978, p. 17, tabla IV.

[20]R. Davidson y J. G. MacKinnon, «Several Tests for Model Specification in the Presence of Alternative Hypotheses», *Econometrica,* vol. 49, 1981, pp. 781-793.

<u>Davidson-MacKinnon.</u> Para ilustrar esta prueba, supóngase que se desea comparar la hipótesis o modelo C con la hipótesis o modelo D. La **prueba** J se realiza de la siguiente manera:

1. Se estima el modelo D y se obtienen los valores Y estimados $\hat{Y}_i^D$.
2. Se agrega el valor de Y predicho en el paso 1 como un regresor adicional al modelo C y se estima el siguiente modelo:

$$Y_t = \alpha_1 + \alpha_2 X_{2i} + \alpha_3 \hat{Y}_i^D + u_i \qquad (14.4.5)$$

donde los valores de $\hat{Y}_i^D$ se obtienen del paso 1. Este modelo es un ejemplo del **principio de envolvimiento**, utilizando la metodología de Hendry.

3. Utilizando la prueba t, verifíquese la hipótesis de que $\alpha_3 = 0$.
4. Si la hipótesis de que $\alpha_3 = 0$ no es rechazada, se puede aceptar (es decir, no rechazar) el modelo C como el verdadero modelo porque $\hat{Y}_i^D$ incluido en (14.4.5), que representa la influencia de las variables no incluidas en el modelo C, no tiene un poder explicativo adicional a la contribución del modelo C. En otras palabras, el modelo C *envuelve* al modelo D en el sentido de que el último modelo no contiene información adicional alguna que pueda mejorar el desempeño del modelo C. Consecuentemente, si la hipótesis nula es rechazada, el modelo C no puede ser el verdadero modelo (¿Por qué?).
5. Ahora se reversan los papeles de las hipótesis o de los modelos C y D. Se estima ahora el modelo C primero, se utilizan los valores Y estimados de este modelo como regresor en (14.4.5), se repite el paso 4 y se decide si debe aceptarse el modelo D sobre el modelo C. Más específicamente, se estima el siguiente modelo:

$$Y_i = \beta_1 + \beta_2 Z_{2i} + \beta_3 \hat{Y}_i^C + u_i \qquad (14.4.6)$$

donde $\hat{Y}_i^C$ son los valores estimados de Y del modelo C. Ahora, se verifica la hipótesis de que $\beta_3 = 0$. Si esta hipótesis no es rechazada, se prefiere el modelo D al C. Si la hipótesis de que $\beta_3 = 0$ es rechazada, se selecciona C sobre D, el último no incrementa el desempeño de C.

Aunque, intuitivamente, la prueba J es atractiva, ésta tiene algunos problemas. Puesto que las pruebas dadas en (14.4.5) y (14.4.6) se realizan independientemente, se tienen los siguientes resultados posibles:

	Hipótesis: $\alpha_3 = 0$	
Hipótesis: $\beta_3 = 0$	**No rechazar**	**Rechazar**
No rechazar	Aceptar ambos C y D	Aceptar D, rechazar C
Rechazar	Aceptar C, rechazar D	Rechazar ambos C y D

Como lo muestra esta tabla, no será posible obtener una respuesta clara si el procedimiento de prueba J conduce a la aceptación o al rechazo de ambos modelos. En caso de que los dos modelos sean rechazados, ningún modelo ayuda a explicar el comportamiento de Y. En forma similar, si ambos modelos son aceptados, como lo afirma Kmenta, «la información aparentemente no es lo suficientemente rica para discriminar entre las dos hipótesis [modelos][21].

---

[21]Jan Kmenta, *Elements of Econometrics*, Macmillan, 2a. ed., New York, 1986, p. 597.

Otro problema con la prueba *J* es que cuando se utiliza el estadístico *t* para verificar la significancia de la variable *Y* estimada en los modelos (14.4.5) y (14.4.6), el estadístico *t* tiene la distribución normal estándar sólo asintóticamente, es decir, en muestras grandes. Por consiguiente, la prueba *J* puede no ser muy potente (en el sentido estadístico) en pequeñas muestras porque ésta tiende a rechazar la hipótesis o el modelo verdadero más frecuentemente de lo que debería ser.

Un ejemplo ilustrativo. Para ilustrar la prueba *J*, considérese la información dada en la tabla 14.1. En esta tabla se presenta información sobre el gasto de consumo personal *per cápita* (GPCP) e ingreso personal disponible *per cápita* (IPDP), ambos medidos en dólares de 1987, para los Estados Unidos durante el período 1970-1991. Ahora, considérense los siguientes modelos rivales:

$$\text{Modelo } A: \quad \text{GPCP}_t = \alpha_1 + \alpha_2 \text{ IPDP}_t + \alpha_3 \text{ IPDP}_{t-1} + u_t \qquad (14.4.7)$$

$$\text{Modelo } B: \quad \text{GPCP}_t = \beta_1 + \beta_2 \text{ IPDP}_t + \beta_3 \text{ GPCP}_{t-1} + u_t \qquad (14.4.8)$$

El modelo A plantea que el GPCP depende del IPDP en el período actual y anterior; este modelo es un ejemplo de lo que se conoce como **modelo de rezago distribuido** (*véase* capítulo 17). El modelo B postula que el GPCP depende del IPDP actual lo mismo que del GPCP del período de tiempo anterior; este modelo representa lo que se conoce como **modelo autorregresivo** (*véase* capítulo 17). Se introduce este valor rezagado de GPCP en este modelo para reflejar la inercia o persistencia de hábitos.

TABLA 14.1
Gasto de consumo personal *per cápita* (GPCP) e ingreso personal disponible *per cápita* (IPDP), dólares de 1987, Estados Unidos, 1970-1991

Año	GPCP	IPDP
1970	8,842	9,875
1971	9,022	10,111
1972	9,425	10,414
1973	9,752	11,013
1974	9,602	10,832
1975	9,711	10,906
1976	10,121	11,192
1977	10,425	11,406
1978	10,744	11,851
1979	10,876	12,039
1980	10,746	12,005
1981	10,770	12,156
1982	10,782	12,146
1983	11,179	12,349
1984	11,617	13,029
1985	12,015	13,258
1986	12,336	13,552
1987	12,568	13,545
1988	12,903	13,890
1989	13,029	14,005
1990	13,044	14,068
1991	12,824	13,886

Fuente: Economic Report of the President, 1993, tabla B-5. p.355.

Los resultados de estimar estos modelos separadamente fueron los siguientes:

$$\textit{Modelo A}: \quad \widehat{GPCP}_t = -1,299.0536 + 0.9204 \ IPDP_t + 0.0931 \ IPDP_{t-1}$$
$$t = \qquad (-4.0378) \ (6.0178) \qquad (0.6308)$$
$$R^2 = 0.9888 \qquad d = 0.8092 \qquad\qquad\qquad (14.4.9)$$

$$\textit{Modelo B}: \quad \widehat{GPCP}_t = -841.8568 + 0.7117 \ IPDP_t + 0.2954 \ GPCP_{t-1}$$
$$t = \quad (-2.4137) \ (5.4634) \qquad (2.3681)$$
$$R^2 = 0.9912 \qquad d = 1.0144 \qquad\qquad (14.4.10)$$

Si se fuera a escoger entre estos dos modelos con base en el enfoque de discriminación utilizando, por ejemplo, el criterio del R^2 más alto, se puede escoger (14.4.10); además, en (14.4.10), ambas variables parecen ser individualmente significativas estadísticamente, mientras que en (14.4.9) solamente el IPDP del período en curso es estadísticamente significativo (pero tenga cuidado con el problema de colinealidad!).

Pero la selección de (14.4.10) en lugar de (14.4.9) puede no ser apropiada porque, para fines predictivos, no hay mucha diferencia en los dos valores estimados de R^2.

Para aplicar la prueba J, suponga que se asume el modelo A como la hipótesis nula, es decir, como el modelo planteado y el modelo B como la hipótesis alterna. Ahora, siguiendo los pasos de la prueba J analizados anteriormente, se utilizan los valores de GPCP estimados del modelo (14.4.10) como regresor adicional en el modelo A, con el siguiente resultado:

$$\widehat{GPCP}_t = 1,322.7958 - 0.7061 \ IPDP_t - 0.4357 \ IPDP_{t-1} + 2.1335 \ \widehat{GPCP}_t^B$$
$$t = \quad (1.5896)(-1.3958) \qquad (-2.1926) \qquad (3.3141)$$
$$R^2 = 0.9932 \qquad d = 1.7115 \qquad\qquad (14.4.11)$$

donde $\widehat{GPCP}_t^B$ al lado derecho de (14.4.11) son los valores de GPCP estimados del modelo B, (14.4.10). Puesto que el coeficiente de esta variable es estadísticamente significativo (al nivel de 0.004 a dos colas), siguiendo el procedimiento de la prueba J, se tiene que rechazar el modelo A en favor del modelo B.

Ahora, suponiendo que el modelo B es la hipótesis planteada y que el modelo A es la hipótesis alterna y siguiendo exactamente el mismo procedimiento de antes, se obtienen los siguientes resultados:

$$\widehat{GPCP}_t = -6,549.8659 + 5.1176 \ IPDP_t + 0.6302 \ GPCP_{t-1} - 4.6776 \ \widehat{GPCP}_t^A$$
$$t = \quad (-2.4976) \ (2.5424) \qquad (3.4141) \qquad (-2.1926)$$
$$R^2 = 0.9920 \qquad d = 1.7115 \qquad\qquad (14.4.12)$$

donde $\widehat{GPCP}^A$ en el lado derecho de (14.4.12) se obtiene del modelo A, (14.4.9). Pero, en esta regresión, el coeficiente de $\widehat{GPCP}_t^A$ en el lado derecho, también es estadísticamente significativo (al nivel de 0.0425 a dos colas). ¡Este resultado sugiere que ahora se debe rechazar el modelo B en favor del modelo A!

Todo esto dice que ningún modelo es particularmente útil para explicar el comportamiento del gasto de consumo personal *per cápita* en los Estados Unidos durante el período 1970-1991.

Por supuesto, se han considerado solamente dos modelos competidores. En realidad, puede haber más de dos modelos. El procedimiento de prueba J puede extenderse a comparaciones de múltiples modelos, aunque el análisis puede hacerse complejo rápidamente.

Este ejemplo muestra vívidamente por qué el MCRL supone que el modelo de regresión utilizado en el análisis está correctamente especificado. Obviamente, en el desarrollo de un modelo, es crucial prestar cuidadosa atención al fenómeno que está siendo modelado.

Otras pruebas de selección de modelos. La prueba J recién analizada es solamente una dentro de un grupo de pruebas de selección de modelos. Existen la **prueba Cox,** la **prueba JA,** la **prueba P,** la **prueba envolvente de Mizon-Richard** y las variantes de estas pruebas. Obviamente, no se puede esperar analizar estas pruebas especializadas, para las cuales, el lector puede desear consultar las referencias citadas en las diversas notas de pie de página.

14.5 RESUMEN Y CONCLUSIONES

Los puntos principales estudiados en este capítulo son los siguientes.
1. El énfasis en la investigación econométrica se ha desplazado de la simple estimación de un modelo dado a la selección entre modelos que compiten.
2. En este desplazamiento, diversos econometristas, dentro de los cuales sobresalen Leamer y Hendry, han hecho aportes.
3. Leamer ha planteado los tipos de búsqueda que se deben realizar para encontrar el «verdadero» modelo. Él es un defensor del análisis de cota extrema (ACE) y su valor en el informe de resultados del análisis de regresión.
4. Después de definir lo que constituye un buen modelo, Hendry y sus asociados desarrollaron una estrategia de diseño de modelos de *arriba hacia abajo*, o *general a específica*, la cual desarrolla un modelo completo y luego, utilizando diversos diagnósticos, reduce en última instancia el alcance del modelo utilizado en el análisis final.
5. Al seleccionar modelos, los econometristas han desarrollado una diversidad de pruebas. En este capítulo solamente se estudió la prueba F no anidada y la prueba J David- MacKinnon.
6. El mensaje principal de este capítulo es que se debe prestar cuidadosa atención a la selección del modelo antes de apurarse a estimarlo. Una vez que el modelo finalmente es seleccionado, las técnicas clásicas de estimación y de prueba de hipótesis pueden ser aplicadas legítimamente. Posiblemente se debería tomar la sentencia del modelo clásico de regresión lineal de que el modelo de regresión está especificado «correctamente», para significar que el modelo seleccionado en el análisis empírico ha pasado por los rigores de la labor de especificación.

EJERCICIOS

Preguntas

*14.1. Evalúe críticamente el siguiente punto de vista expresado por Leamer:

Mi interés en la metaestadística [es decir, en la teoría de inferencia realmente proveniente de los datos] se origina en mis observaciones de los economistas durante su trabajo. La opinión de que la teoría econométrica es irrelevante es compartida por una proporción embarazosamente grande de la profesión económica. Podría esperarse que la amplia brecha entre la teoría y la práctica econométrica ocasione tensión profesional. En realidad, en nuestras publicaciones periódicas y en nuestras reuniones [profesionales] se refleja un equilibrio calmado. En forma cómoda nos dividimos entre un sacerdocio célibe de teóricos estadísticos por una parte y una legión de analistas de datos pecadores empedernidos por la otra. Los sacerdotes tienen poder para elaborar listas de pecados y reciben reverencias por los talentos especiales que demuestran. No se espera que los pecadores eviten los pecados; ellos solamente deben confesar sus errores abiertamente[†].

14.2. Teniendo en mente el análisis de cota extrema, evalúese la siguiente afirmación hecha por Henry Theil:

Dado el estado presente del arte, el procedimiento más razonable cuando los intervalos de confianza y los estadísticos de prueba son calculados de la regresión final de una estrategia de regresión en la

---

*Opcional.

†Leamer, *op. cit.*, p. vi.

manera convencional, es interpretar liberalmente los coeficientes de confianza y los límites de signi-ficancia. Esto es, un coeficiente de confianza del 95% puede ser realmente un coeficiente de confianza del 80% y un nivel de significancia del 1% puede ser realmente un nivel del 10%*·

14.3. ¿Se criticaría la metodología de diseño de modelos de lo general a lo específico del tipo «prueba, prueba y prueba» de Hendry como algo nada diferente de la práctica de *data-mining*? De ser así, ¿se ve algún mérito en la metodología de Hendry?

14.4. Al comentar sobre la metodología econométrica practicada en la década de los años cincuenta y a comienzos de los sesenta, Blaug afirmó[†]:

... gran parte de esto [es decir, de la investigación empírica] es como jugar tenis con la malla caída: en lugar de intentar refutar las predicciones demostrables, los economistas modernos se satisfacen fre-cuentemente con demostrar que el mundo real se conforma a sus predicciones, reemplazando así la falsificación [al estilo de Popper], lo cual es difícil, por la verificación, lo cual es fácil.

¿Se está de acuerdo con este punto de vista? Es posible que se desee leer detenidamente el libro de Blaug para aprender más acerca de sus opiniones.

14.5. De acuerdo con Blaug, «No hay lógica en la prueba pero sí la hay en la refutación»** ¿Qué quiere decir él con esto?

14.6. Refiérase al modelo de San Luis analizado en el texto. Teniendo en mente los problemas asociados con la prueba F anidada, evalúe críticamente los resultados presentados en la regresión (14.4.4).

Problemas

14.7. Refiérase al problema 8.32. Con las definiciones de las variables que allí se dan, considérense los dos modelos siguientes para explicar Y:

$$Modelo\ A:\ Y_t = \alpha_1 + \alpha_2 X_{3t} + \alpha_3 X_{4t} + \alpha_4 X_{6t} + u_t$$

$$Modelo\ B:\ Y_t = \beta_1 + \beta_2 X_{2t} + \beta_3 X_{5t} + \beta_4 X_{6t} + u_t$$

Utilizando la prueba F anidada, ¿como se escogería entre los dos modelos?

14.8. Continúese con el ejercicio 14.7. Utilizando la prueba J, ¿Cómo se decidiría entre los dos modelos?

14.9. Refiérase al ejercicio 7.23, relacionado con la demanda de pollos en los Estados Unidos. Allí se dieron cinco modelos.

(a) ¿Cuál es la diferencia entre el modelo 1 y el modelo 2? Si el modelo 2 es correcto y se estima el modelo 1, ¿qué clase de error se comete? ¿Cuál prueba se aplicaría, la de error de especificación ecuacional o la de error de selección de modelo? Muéstrense los cálculos necesarios.

(b) Entre los modelos 1 y 5, cuál se escogería? ¿Cuál(es) prueba(s) se utiliza(n) y por qué?

14.10. Refiérase al ejercicio 8.35, donde se presenta información sobre ahorro personal (Y) e ingreso personal(X) durante el período 1970-1991. Ahora, considérense los siguientes modelos:

$$Modelo\ A:\ Y_t = \alpha_1 + \alpha_2 X_t + \alpha_3 X_{t-1} + u_t$$

$$Modelo\ B:\ Y_t = \beta_1 + \beta_2 X_t + \beta_3 Y_{t-1} + u_t$$

¿Cómo se escogería entre estos dos modelos? Establézcase claramente el procedimiento de prueba(s) que se utilizan y todos los cálculos. Supóngase que alguien sostiene que la variable de tasa de interés pertenece a la función de ahorro. ¿Cómo se probaría esto? Reúnase información sobre la tasa trimes-tral de bonos del Tesoro como una aproximación a la tasa de interés y demuéstrese la respuesta.

---

*Henry Theil, *Principles of Econometrics*, John Wiley & Sons, New York, 1971, pp. 605-606.

†M. Blaug, *The Methodology of Economics. Or How Economists Explain*, Cambridge University Press, New York, 1980, p. 256.

**Ibid.*, p. 14.

PARTE
III

TEMAS EN ECONOMETRÍA

En la parte I se introdujo el modelo clásico de regresión lineal con todos sus supuestos. En la parte II se examinaron en detalle las consecuencias cuando uno o más de los supuestos no es satisfecho y lo que puede hacerse con respecto a ello. En la parte III se estudiarán algunas técnicas econométricas selectas pero de uso frecuente.

En el capítulo 15, se considera el papel de las variables explicativas *cualitativas* en el análisis de regresión. Las variables cualitativas, llamadas **variables dicótomas**, son un mecanismo para incorporar en el modelo de regresión variables tales como el sexo, la religión y el color que aunque no pueden ser cuantificadas fácilmente, influencian el comportamiento de la variable dependiente. Con diversos ejemplos, se muestra la forma como tales variables amplían el alcance del modelo de regresión lineal.

En el capítulo 16, se permite, en un modelo de regresión, que la variable dependiente en sí misma tenga por naturaleza carácter cualitativo. Tales modelos son utilizados en situaciones en las cuales la variable dependiente es del tipo «sí» o «no», tal como ser propietario de una casa, de un automóvil, o de accesorios domésticos o poseer un atributo, tal como la pertenencia a un sindicato o a una sociedad profesional. Los modelos que incluyen variables dependientes del tipo sí-no, se denominan **modelos de regresión de variable dependiente dicótoma**. Se consideran tres enfoques para la estimación de tales modelos: (1) el modelo lineal de probabilidad (**MLP**), (2) el **modelo logit**, y (3) el **modelo probit**. De estos, el MLP, aunque computacionalmente es fácil, es el menos satisfactorio ya que incumple algunos de los supuestos del MCO. Debido a esto, los modelos logit y probit son utilizados con mayor frecuencia cuando la variable dependiente resulta ser dicótoma. Estos modelos se ilustran con ejemplos numéricos y prácticos.

También se considera el **modelo tobit**, un modelo que está relacionado con el probit. En el modelo probit se trata, por ejemplo, de encontrar la probabilidad de poseer una casa. En el modelo tobit se trata de encontrar la cantidad de dinero que un consumidor gasta en comprar una casa con relación a su ingreso, etc. Pero, por supuesto, si el consumidor no compra la casa, no se dispone de información sobre gastos en vivienda por parte de tales consumidores; se dispone de ese tipo de información solamente para los consumidores que realmente compran casas. Por tanto, se tiene una **muestra censurada**, es decir, una muestra en la cual no se dispone de información sobre la variable dependiente para algunas observaciones, aunque sí pueda haber información sobre los regresores. El modelo tobit muestra la forma como se pueden estimar los modelos de regresión que consideran muestras censuradas.

En el capítulo 17, se consideran los modelos de regresión que incluyen valores de las variables explicativas para el periodo actual, lo mismo que para periodos pasados o rezagados además de modelos que incluyen uno o varios valores rezagados de la variable dependiente que son consideradas variables explicativas. Estos modelos se denominan, **modelos de rezago distribuido y modelos autorregresivos**. Aunque tales modelos son extremadamente útiles en la econometría empírica, su aplicación conlleva algunos problemas especiales de estimación ya que violan uno o más supuestos del modelo clásico de regresión lineal. Estos problemas especiales se consideran en el contexto de Koyck, del modelo de expectativas adaptativas (EA) y de los modelos de ajuste parcial. También se resalta la crítica mantenida en contra del modelo EA por parte de los defensores de la llamada escuela de expectativas racionales (ER).

Con el capítulo 17 se concluye el análisis del modelo de regresión de una sola ecuación iniciado en el capítulo 1. Estos 17 capítulos cubren mucho terreno en los modelos econométricos de una sola ecuación, obviamente sin agotarlo. En particular, no se han tratado aún las técnicas de estimación no lineal (en parámetros), ni se ha considerado el enfoque bayesiano de la ecuación lineal única, así como tampoco los modelos econométricos no lineales. Pero en un libro introductorio como éste, no sería posible hacer justicia a estos temas, pues estos exigen una formación matemática y estadística mucho más avanzada que la supuesta en este libro.

REGRESIÓN CON VARIABLES DICÓTOMAS

El propósito de este capítulo es considerar el papel de las variables explicativas cualitativas en el análisis de regresión. Se demostrará que la inclusión de las variables cualitativas, conocidas como **variables dicótomas**, hace que el modelo de regresión lineal sea una herramienta extremadamente flexible, capaz de manejar muchos problemas interesantes que se presentan en los estudios empíricos.

15.1 NATURALEZA DE LAS VARIABLES DICÓTOMAS

En el análisis de regresión, la variable dependiente está influenciada frecuentemente no sólo por variables que pueden ser fácilmente cuantificadas sobre una escala bien definida (por ejemplo: ingreso, producción, precios, costos, estatura y temperatura), sino también por variables que son esencialmente cualitativas por naturaleza (por ejemplo, sexo, raza, color, religión, nacionalidad, guerras, terremotos, huelgas, trastornos políticos y cambios en la política económica gubernamental). Por ejemplo, manteniendo los demás factores constantes, se ha encontrado que las profesoras universitarias ganan menos que sus colegas masculinos y que las personas de color ganan menos que las blancas. Este patrón puede resultar de la discriminación sexual o racial, pero cualquiera que sea la razón, las variables cualitativas tales como sexo y raza sí influyen sobre la variable dependiente y es claro que deben ser incluidas dentro de las explicativas.

Puesto que tales variables cualitativas usualmente indican la presencia o ausencia de una «cualidad» o atributo, tal como femenino o masculino, negro o blanco, o católico o no católico, un método de «cuantificar» tales atributos es mediante la construcción de variables artificiales que pueden adquirir valores de 1 o de 0, el 0 indicando ausencia del atributo y el 1 indicando presencia (o posesión) de ese atributo. Por ejemplo, el 1 puede indicar que una persona es de sexo masculino y 0 puede designar una de sexo femenino; o el 1 puede indicar que una persona se ha graduado en la universidad y 0 que no lo ha hecho y así sucesivamente. Las variables que adquieren tales valores 0 y 1 se llaman **variables dicótomas**[1]. Otros nombres para este término son *variables indicadoras, variables binarias, variables categóricas, variables cualitativas* y *variables dicótomas.*

Las variables dicótomas pueden ser utilizadas en los modelos de regresión en forma tan fácil como las variables cuantitativas. De hecho, un modelo de regresión puede contener variables explicativas que son exclusivamente dicótomas, o cualitativas, por naturaleza. Tales modelos se denominan **modelos de análisis de varianza (ANOVA)**. Como ejemplo, considérese el siguiente modelo:

$$Y_i = \alpha + \beta D_i + u_i \qquad (15.1.1)$$

donde Y = salario anual de un profesor universitario
$\quad D_i$ = 1 si es un profesor universitario hombre
$\quad\quad$ = 0 si no lo es (es decir, es una profesora)

Obsérvese que (15.1.1) se parece a los modelos de regresión de dos variables presentados anteriormente, excepto que en lugar de tener una variable cuantitativa X se tiene una variable dicótoma D (en lo sucesivo, se designarán todas las variables dicótomas por la letra D).

El modelo (15.1.1) puede servir para encontrar si el sexo es la causa de cualquier diferencia en el salario de un profesor universitario, suponiendo, por supuesto, que todas las demás variables tales como la edad, el grado alcanzado y los años de experiencia se mantienen constantes. Suponiendo que las perturbaciones satisfacen los supuestos usuales del modelo clásico de regresión lineal, de (15.1.1) se obtiene

Salario promedio de una profesora universitaria: $\quad E(Y_i \mid D_i = 0) = \alpha \quad$ (15.1.2)
Salario promedio de un profesor universitario: $\quad E(Y_i \mid D_i = 1) = \alpha + \beta$

es decir, el término intercepto α da el salario promedio de las profesoras universitarias y el coeficiente *pendiente* β dice en cuánto difiere el salario promedio de un profesor universitario del salario promedio de su colega femenina, estando el salario promedio de un profesor universitario masculino representado por $\alpha + \beta$.

Efectuando la regresión (15.1.1) en la forma usual, puede hacerse fácilmente una prueba de la hipótesis nula de que no hay discriminación por sexo (H_0: $\beta = 0$) y es posible averiguar si, con base en la prueba t, el β estimado es estadísticamente significativo.

---

[1]No es absolutamente esencial que las variables dicótomas adquieran los valores 0 y 1. El par (0,1) puede ser transformado en cualquier otro par mediante una función lineal tal que $Z = a + bD$ ($b \neq 0$), donde a y b son constantes y donde $D = 1$ o 0. Cuando $D = 1$, se tiene $Z = a + b$; y cuando $D = 0$, se tiene $Z = a$. Así, el par (0,1) se convierte en (a, $a+b$). Por ejemplo, si $a = 1$ y $b = 2$, las variables dicótomas serán (1,3). **Esta expresión muestra que las variables cualitativas no tienen una escala natural de medición.**

Ejemplo 15.1 Salario de los profesores universitarios por sexo

En la tabla 15.1 se presenta información hipotética sobre los salarios de iniciación de 10 profesores universitarios según el sexo del profesor. Los resultados correspondientes a la regresión (15.1.1) son los siguientes:

$$\hat{Y}_i = 18.00 + 3.28D_i$$
$$(0.32)\quad(0.44) \tag{15.1.3}$$
$$t = (57.74)\quad(7.439)\qquad R^2 = 0.8737$$

Como lo demuestran estos resultados, el salario promedio estimado de las profesoras universitarias es US\$ 18,000 $(= \hat{\alpha})$ y el de los profesores es US\$ 21,280 $(\hat{\alpha} + \hat{\beta})$; de la información en la tabla 15.1, puede calcularse fácilmente que los salarios promedio de las profesoras universitarias y de los profesores son US\$ 18,000 y US\$ 21.280, respectivamente, valores que son exactamente iguales a los estimados.

Puesto que $\hat{\beta}$ es estadísticamente significativo, los resultados indican que los salarios promedio de las dos categorías son diferentes; el salario promedio de las profesoras es, en realidad, más bajo que el salario de sus colegas masculinos. Si todas las demás variables se mantienen constantes (una gran condición), es muy probable que haya discriminación por sexos en los salarios. Por supuesto, el presente modelo es muy simple para responder a esta pregunta en forma definitiva, especialmente considerando que la información utilizada en el análisis es de naturaleza hipotética.

A propósito, es interesante ver la regresión (15.1.3) gráficamente, la cual aparece en la figura 15.1. En esta gráfica la información ha sido ordenada agrupándola en dos categorías, profesoras universitarias y profesores universitarios. Como puede verse en esta figura, la función de regresión resultante es una *función escalonada*, el salario promedio de las profesoras es US\$ 18,000 y el salario promedio de los profesores da un salto de US\$ 3,280 $(=\hat{\beta}_2)$ para situarse en US\$ 21,280; los salarios de los profesores individuales en los dos grupos se encuentran alrededor de sus respectivos salarios medios.

Los modelos ANOVA del tipo de (15.1.1), aunque son comunes en campos tales como la sociología, la sicología, la educación y la investigación de mercados, no lo son tanto en economía. Típicamente, en la mayor parte de la investigación económica, un modelo de regresión contiene algunas variables explicativas que son cuantitativas y algunas que son cualitativas. Los modelos de regresión que contienen una mezcla de variables cuantitativas y cualitativas se llaman **modelos de análisis de covarianza (ANCOVA)** y, en gran parte de este capítulo, se tratarán tales modelos.

TABLA 15.1
Información hipotética sobre salarios de iniciación de profesores universitarios por sexo

Salario de iniciación, Y (miles de dólares)	Sexo (1 = masculino, 0 = femenino)
22.0	1
19.0	0
18.0	0
21.7	1
18.5	0
21.0	1
20.5	1
17.0	0
17.5	0
21.2	1

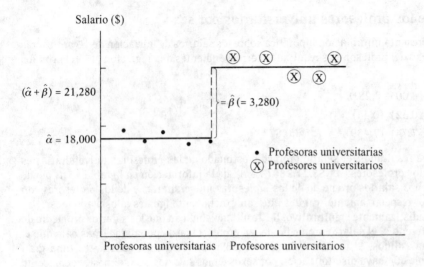

FIGURA 15.1
Funciones de salario de profesores universitarios mujeres y hombres.

15.2 REGRESIÓN CON UNA VARIABLE CUANTITATIVA Y UNA VARIABLE CUALITATIVA CON DOS CLASES, O CATEGORÍAS

Como ejemplo del modelo ANCOVA, se modifica el modelo (15.1.1) de la siguiente manera:

$$Y_i = \alpha_1 + \alpha_2 D_i + \beta X_i + u_i \qquad (15.2.1)$$

donde Y_i = salario anual de un profesor universitario
X_i = años de experiencia docente
D_i = 1   si es hombre
    = 0   si no lo es

El modelo (15.2.1) contiene una variable cuantitativa (años de experiencia docente) y una variable cualitativa (sexo) que tiene dos clases (o niveles, clasificaciones o categorías) a saber, hombres y mujeres.

    ¿Cuál es el significado de (15.2.1)? Suponiendo, como es usual, que $E(u_i) = 0$, se observa que

El salario promedio de una profesora universitaria:

$$E(Y_i \mid X_i, D_i = 0) = \alpha_1 + \beta X_i \qquad (15.2.2)$$

El salario promedio de un profesor universitario:

$$E(Y_i \mid X_i, D_i = 1) = (\alpha_1 + \alpha_2) + \beta X_i \qquad (15.2.3)$$

Geométricamente, se tiene la situación que se muestra en la figura 15.2 (como ilustración se supone que $\alpha_1 > 0$). En palabras, el modelo (15.2.1) postula que las funciones salario de los profesores y de las profesoras universitarias con relación a los años de experiencia docente tienen la misma pendiente (β), pero interceptos diferentes. En otras palabras, se supone que el nivel del salario promedio de los profesores difiere de aquél de las profesoras (en α_2), pero la tasa de crecimiento en el salario anual promedio por años de experiencia es el mismo para ambos sexos.

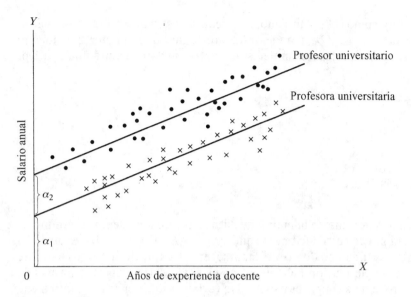

FIGURA 15.2

Diagrama de dispersión hipotético entre salario anual y años de experiencia docente de los profesores universitarios.

Si el supuesto de una pendiente común es válido[2], una prueba de la hipótesis de que las dos regresiones (15.2.2) y (15.2.3) tienen el mismo intercepto (es decir, que no hay discriminación sexual) puede hacerse fácilmente efectuando la regresión (15.2.1) y evaluando la significancia estadística del α_2 estimado con base en la prueba t tradicional. Si la prueba t muestra que $\hat{\alpha}_2$ es estadísticamente significativo, se rechaza la hipótesis nula de que los niveles de salario anual promedio de los profesores y las profesoras universitarias sean iguales.

Antes de proceder, obsérvense las siguientes características del modelo de regresión con variables dicótomas considerado anteriormente.

1. Para diferenciar las dos categorías, hombres y mujeres, se ha introducido solamente una variable dicótoma D_i. Si $D_i = 1$ siempre representa hombres, se sabe que $D_i = 0$ es mujeres puesto que solamente hay dos resultados posibles. Por tanto, es suficiente una variable dicótoma para diferenciar dos categorías. Supóngase que el modelo de regresión contiene un término de intercepto; si se fuera a escribir el modelo (15.2.1) como

$$Y_i = \alpha_1 + \alpha_2 D_{2i} + \alpha_3 D_{3i} + \beta X_i + u_i \qquad (15.2.4)$$

donde Y_i y X_i son como se definieron antes

$$
\begin{aligned}
D_{2i} &= 1 \quad && \text{es un profesor} \\
&= 0 \quad && \text{no lo es} \\
D_{3i} &= 1 \quad && \text{es una profesora} \\
&= 0 \quad && \text{no lo es}
\end{aligned}
$$

---

[2]La validez de este supuesto puede probarse mediante el procedimiento señalado en la sección 15.7.

entonces, el modelo (15.2.4), como está planteado, no puede ser estimado debido a la presencia de colinealidad perfecta entre D_2 y D_3. Para ver esto, supóngase que se tiene una muestra de tres profesores hombres y dos profesores mujeres. La matriz de datos tendrá una apariencia como la siguiente:

		D_2	D_3	X
Hombres	Y_1	1	1	0	X_1
Hombres	Y_2	1	1	0	X_2
Mujeres	Y_3	1	0	1	X_3
Hombres	Y_4	1	1	0	X_4
Mujeres	Y_5	1	0	1	X_5

La primera columna a la derecha de la matriz de datos anterior representa el término de intercepto común α_1. Ahora puede verse fácilmente que $D_2 = 1 - D_3$ o $D_3 = 1 - D_2$; es decir, D_2 y D_3 son perfectamente colineales. Como se mostró en el capítulo 10, en casos de multicolinealidad perfecta, la estimación MCO usual no es posible. Hay diversas formas de resolver este problema, pero la más simple es asignar las variables dicótomas en la forma que se hizo para el modelo (15.2.1), a saber, utilícese solamente una variable dicótoma si hay dos niveles o clases de la variable cualitativa. En este caso, la matriz de datos anterior no tendrá la columna titulada D_3, evitando así el problema de multicolinealidad perfecta. La regla general es ésta: **Si una variable cualitativa tiene m categorías, introdúzcase solamente $m - 1$ variables dicótomas.** En el ejemplo, el sexo tiene dos categorías y, por tanto, se introdujo solamente una variable dicótoma. Si esta regla no se sigue, se caerá en lo que podría llamarse **la trampa de la variable dicótoma**, es decir, la situación de multicolinealidad perfecta. (Para mayor análisis *véase* sección 15.13.)

2. La asignación de los valores 1 y 0 a las dos categorías, tales como hombres y mujeres, es arbitraria en el sentido de que en el ejemplo se hubiera podido asignar $D = 1$ para mujeres y $D = 0$ para hombres. En esta situación, las dos regresiones obtenidas de (15.2.1) serán

Profesora universitaria: $E(Y_i \mid X_i, D_i = 1) = (\alpha_1 + \alpha_2) + \beta X_i$ (15.2.5)

Profesor universitario: $E(Y_i \mid X_i, D_i = 0) = \alpha_1 + \beta X_i$ (15.2.6)

En contraste con (15.2.2) y (15.2.3) en los modelos anteriores, α_2 dice en cuánto difiere el salario promedio de una profesora universitaria del salario promedio de un profesor universitario. En este caso, sí hay discriminación sexual, se espera que α_2 sea negativo, mientras que antes se esperaba que fuera positivo. **Por consiguiente, al interpretar los resultados de los modelos que utilizan variables dicótomas, es de gran importancia saber la forma como los valores de 1 y de 0 han sido asignados.**

3. Frecuentemente se hace referencia al grupo, categoría o clasificación al cual se asigna el valor de 0 como la categoría *base, marca fija, control, comparación, referencia* o *categoría omitida.* Esta es la base en el sentido de que se hacen comparaciones con respecto a esa categoría. Así, en el modelo (15.2.1), la profesora es la categoría base. Obsérvese que el término de intercepto (común) α_1 es el término de intercepto para la categoría base en el sentido de que si se efectúa la regresión con $D = 0$, es decir, sobre el sexo femenino solamente, el intercepto será α_1. Obsérvese también que sea cual fuere la categoría que sirve como base, éste es un asunto de selección que algunas veces obedece a consideraciones *a priori.*

4.   El coeficiente α_2 que acompaña a la variable dicótoma D puede llamarse **coeficiente de intercepto diferencial** porque dice qué tanto difiere el valor del término de intercepto de la categoría que recibe el valor de 1 del coeficiente del intercepto de la categoría base.

Ejemplo 15.2 ¿Son los inventarios sensibles a las tasas de interés?

Dan M. Bechter y Stephen H. Pollock estimaron el siguiente modelo para explicar las fluctuaciones de inventario en el sector del comercio al por mayor de la economía de los Estados Unidos durante 1967–IV a 1979–IV (razones t en paréntesis)[3]:

$$I/S = 1.269 - 0.3615C + 0.0215S^e - 0.0227S$$
$$(19.6) \quad (-2.2) \quad\quad (5.7) \quad\quad (-2.4)$$
$$- 0.2552U + 0.0734\text{DUM}$$
$$(-2.4) \quad\quad (4.8) \quad\quad R^2 = 0.71 \quad d = 1.91$$

donde I/S = inventarios en dólares constantes divididos por ventas en dólares constantes, C = tasa mensual a 4 y 6 meses sobre documentos negociables preferenciales menos el cambio porcentual de un año anterior en el índice de precios al productor para los bienes de consumo final, S^e = ventas esperadas en el periodo actual, en donde estas ventas esperadas son iguales a la tendencia de las ventas ajustada por las desviaciones de la tendencia en el periodo anterior, todo en dólares constantes, U = incertidumbre en las ventas medida por la volatilidad de las ventas alrededor de la tendencia y DUM = variable dicótoma, que adquiere un valor de cero para 1967-IV a 1974-I y de 1 para 1974-II a 1979-IV.

Aunque todos los coeficientes son estadísticamente significativos y tienen los signos esperados, este análisis se concentrará en la variable dicótoma. Los resultados muestran que la razón de inventario a ventas es más alta (= 1.2690 + 0.0734) durante el periodo posterior a la recesión de 1974, que en el periodo previo. Así, la línea de regresión es, en realidad un plano, puesto que el último periodo es paralelo pero está situado a un nivel más elevado de la línea correspondiente al periodo previo (compárese con la figura 15.2). Los autores no analizan las razones para esto pero probablemente se está reflejando la severidad de la recesión de 1974.

15.3 REGRESIÓN SOBRE UNA VARIABLE CUANTITATIVA Y UNA VARIABLE CUALITATIVA CON MÁS DE DOS CLASES

Supóngase que, con base en la información de corte transversal, se desea efectuar la regresión del gasto anual en salud por parte de un individuo sobre el ingreso y la educación del individuo. Puesto que la variable *educación* es cualitativa por naturaleza, supóngase que se consideran tres niveles de educación mutuamente excluyentes: primaria, secundaria y universitaria. Ahora, a diferencia del caso anterior, se tienen más de dos categorías de la variable cualitativa educación. Por consiguiente, **siguiendo la regla de que el número de variables dicótomas sea uno menos que el número de categorías de la variable**, se deben introducir dos variables dicótomas para cubrir los tres niveles de educación. Suponiendo que los tres grupos educacionales tienen una pendiente común pero diferentes interceptos en la regresión del gasto anual en salud sobre el ingreso anual, se puede utilizar el siguiente modelo:

---

[3]«Are Inventories Sensitive to Interest Rates?» *Economic Review*, Federal Reserve Bank of Kansas, abril 1980, p. 24 (tabla 2). *Nota:* Los resultados están corregidos por autocorrelación de segundo orden; el d original fue 1.12.

$$Y_i = \alpha_1 + \alpha_2 D_{2i} + \alpha_3 D_{3i} + \beta X_i + u_i \qquad (15.3.1)$$

donde Y_i = gasto anual en salud
$\quad X_i$ = ingreso anual
$\quad D_2 = 1 \quad$ si es eduación secundaria
$\quad\quad = 0 \quad$ si es otro tipo de educación
$\quad D_3 = 1 \quad$ si es educación universitaria
$\quad\quad = 0 \quad$ si es otro tipo de educación

Obsérvese que en la asignación anterior de las variables dicótomas, se considera arbitrariamente la categoría «educación primaria» como la categoría base. Por consiguiente, el intercepto α_1
reflejará el intercepto para esta categoría. Los interceptos diferenciales α_2 y α_3 dicen qué tanto
difieren los interceptos de las otras dos categorías del intercepto de la categoría base, lo cual puede
verificarse fácilmente de la siguiente manera: Suponiendo que $E(u_i) = 0$, se obtiene de (15.3.1)

$$E(Y_i \mid D_2 = 0, D_3 = 0, X_i) = \alpha_1 + \beta X_i \qquad (15.3.2)$$

$$E(Y_i \mid D_2 = 1, D_3 = 0, X_i) = (\alpha_1 + \alpha_2) + \beta X_i \qquad (15.3.3)$$

$$E(Y_i \mid D_2 = 0, D_3 = 1, X_i) = (\alpha_1 + \alpha_3) + \beta X_i \qquad (15.3.4)$$

que son las funciones de gasto promedio en salud para los tres niveles de educación, a saber, la
educación primaria, secundaria y universitaria. Geométricamente, la situación se muestra en la
figura 15.3 (para fines ilustrativos se supone que $\alpha_3 > \alpha_2$).

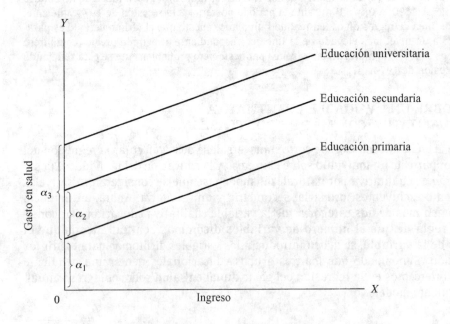

FIGURA 15.3
Gasto en salud en relación con el ingreso para tres niveles de educación.

Una vez efectuada la regresión (15.3.1), se puede encontrar fácilmente si los interceptos diferenciales α_2 y α_3 son estadísticamente significativos a nivel individual, es decir, diferentes al grupo base. Una prueba de la hipótesis de que $\alpha_2 = \alpha_3 = 0$ simultáneamente puede hacerse también mediante la técnica ANOVA y la prueba F correspondiente, como se muestra en el capítulo 8 [*véase* la ecuación (8.7.9)].

A propósito, obsérvese que la interpretación de la regresión (15.3.1) cambiaría si se hubiera adoptado un esquema diferente de asignación a las variables dicótomas. Por tanto, si se asigna $D_2 = 1$ a la categoría «educación primaria», y $D_3 = 1$ a la categoría de «educación secundaria», la categoría de referencia será entonces la «educación universitaria» y todas las comparaciones se harán en relación con esta categoría.

15.4 REGRESIÓN CON UNA VARIABLE CUANTITATIVA Y DOS VARIABLES CUALITATIVAS

La técnica de la variable dicótoma puede extenderse fácilmente para manejar más de una variable cualitativa. Retornando a la regresión de salarios de profesores universitarios (15.2.1), pero suponiendo ahora que adicionalmente a los años de experiencia docente y al sexo, la raza del profesor es también un determinante importante del salario. Por simplicidad, supóngase que la raza tiene dos categorías: negra y blanca. Ahora se puede escribir (15.2.1) como

$$Y_i = \alpha_1 + \alpha_2 D_{2i} + \alpha_3 D_{3i} + \beta X_i + u_i \qquad (15.4.1)$$

donde Y_i = salario anual
X_i = años de experiencia de enseñanza
$D_2 = 1$ si es hombre
$\quad = 0$ si no lo es
$D_3 = 1$ si es blanco
$\quad = 0$ si no lo es

Obsérvese que cada una de las dos variables cualitativas, el sexo y la raza, tiene dos categorías y, por tanto, se requiere de una variable dicótoma para cada una. Obsérvese además que la categoría omitida, o base, ahora es «profesora negra».

Suponiendo que $E(u_i) = 0$, se puede obtener la siguiente regresión a partir de (15.4.1):

Salario promedio de una profesora negra:

$$E(Y_i \mid D_2 = 0, D_3 = 0, X_i) = \alpha_1 + \beta X_i \qquad (15.4.2)$$

Salario promedio de un profesor negro:

$$E(Y_i \mid D_2 = 1, D_3 = 0, X_i) = (\alpha_1 + \alpha_2) + \beta X_i \qquad (15.4.3)$$

Salario promedio de una profesora blanca:

$$E(Y_i \mid D_2 = 0, D_3 = 1, X_i) = (\alpha_1 + \alpha_3) + \beta X_i \qquad (15.4.4)$$

Salario promedio de un profesor blanco:

$$E(Y_i \mid D_2 = 1, D_3 = 1, X_i) = (\alpha_1 + \alpha_2 + \alpha_3) + \beta X_i \qquad (15.4.5)$$

Una vez más, se supone que las regresiones anteriores difieren solamente en el coeficiente del intercepto pero no en el coeficiente de la pendiente β.

Una estimación MCO de (15.4.1) permitirá probar un diversidad de hipótesis. Por tanto, si α_3 es estadísticamente significativo, dirá que la raza afecta el salario de los profesores. En forma similar, si α_2 es estadísticamente significativo, implicará que el sexo también afecta el salario de los profesores. Si estos dos interceptos diferenciales son estadísticamente significativos, querrá decir que tanto el sexo como el color son determinantes importantes de los salarios de los profesores.

Del análisis anterior se deduce que se puede extender el modelo para incluir más de una variable cuantitativa y más de dos variables cualitativas. **La única precaución que debe tomarse es que el número de variables dicótomas para cada variable cualitativa debe ser una menos que el número de categorías de esa variable.** En la siguiente sección se da un ejemplo de esto.

15.5 EJEMPLO 15.3 LA ECONOMÍA DEL «DOBLE EMPLEO»

Una persona que posee dos o más empleos, uno primario y uno o más secundarios, se conoce como *«doble empleada»*. Shisko y Rostker estaban interesados en encontrar cuáles factores determinaban los salarios de las personas doblemente empleadas[4]. Con base en una muestra de 318 personas con doble empleo, ellos obtuvieron la siguiente regresión, la cual se presenta en la notación utilizada por los autores (los errores estándar en paréntesis):

$$\hat{w}_m = 37.07 + 0.403 w_0 - 90.06 \text{ raza} + 75.51 \text{ urbano}$$
$$(0.062) \quad (24.47) \qquad (21.60)$$
$$+ 47.33 \text{ bach} + 113.64 \text{ reg} + 2.26 \text{ edad} \tag{15.5.1}$$
$$(23.42) \qquad (27.62) \quad (0.94)$$
$$R^2 = 0.34 \quad \text{g de l} = 311$$

donde w_m = salario del doble empleado (centavos de dólar/hora)
  w_0 = salario principal (centavos de dólar/hora)
 raza = 0 si es blanco
  = 1 si no lo es
 urbano = 0 si no es urbano
  = 1 si lo es
 reg = 0 si no es occidente
  = 1 si es occidente
 bach = 0 no es graduado de bachiller
  = 1 es graduado de bachiller
 edad = edad, años

En el modelo (15.5.1), hay dos variables explicativas cuantitativas, w_0 y la edad y cuatro variables cualitativas. Obsérvese que los coeficientes de todas estas variables son estadísticamente significativos al nivel del 5%. Lo que es interesante de anotar es que todas las variables cualitativas afectan los salarios del doble empleo significativamente. Por ejemplo, manteniendo todos los demás factores constantes, se espera que el nivel de salario hora sea más alto en un nivel alrededor de 47 centavos para la persona graduada de bachiller que para aquellos sin grado de bachiller.

De la regresión (15.5.1), se pueden derivar diversas regresiones individuales, dos de las cuales son las siguientes: la media de la tasa de salarios hora de personas blancas, no urbanas, de una región no occidental y no graduados con doble empleo (es decir, cuando todas las variables dicótomas son iguales a cero) es

$$\hat{w}_m = 37.07 + 0.403 w_0 + 2.26 \text{ edad} \tag{15.5.2}$$

[4]Robert Shisko y Bernard Rostker, «The Economics of Multiple Job Holding», *The American Economic Review*, vol. 66, no. 3, junio 1976, pp. 298-308.

La media de la tasa de salarios-hora de una persona no blanca, urbana, del occidente, bachiller (es decir, cuando todas las variables dicótomas son iguales a 1) es

$$\hat{w}_m = 183.49 + 0.403w_0 + 2.26 \text{ edad} \qquad (15.5.3)$$

15.6 PRUEBA DE ESTABILIDAD ESTRUCTURAL DE LOS MODELOS DE REGRESIÓN

Hasta ahora, en los modelos considerados en este capítulo, se supuso que las variables cualitativas afectan al intercepto pero no al coeficiente de pendiente de los diversos subgrupos de regresión. Pero, ¿qué sucede si las pendientes también son diferentes? Si las pendientes son en realidad diferentes, la prueba de las diferencias en los interceptos puede ser de poca significancia práctica. Por consiguiente, se requiere desarrollar una metodología general para encontrar si una o más regresiones son diferentes, donde la diferencia pueda estar en los interceptos o en las pendientes o en ambos. Para ver la forma como esto puede hacerse, considérese la información sobre ahorro-ingreso para el Reino Unido dada en la tabla 8.8, la cual, por conveniencia, se reproduce en la tabla 15.2.

Ejemplo 15.4: Ahorro e ingreso, Reino Unido, 1946-1963

Como lo muestra la tabla, la información está dividida en dos periodos, 1946-1954 (período inmediatamente posterior a la Segunda Guerra Mundial, o de reconstrucción) y el lapso 1955-1963 (de postreconstrucción). Supóngase que se desea averiguar si la relación agregada ahorro ingreso ha cambiado entre los dos periodos. Para ser específico, sea

$$\text{Período de reconstrucción:} \quad Y_i = \lambda_1 + \lambda_2 X_i + u_{1i} \qquad (15.6.1)$$
$$i = 1, 2, \ldots, n_1$$

$$\text{Período de postreconstrucción:} \quad Y_i = \gamma_1 + \gamma_2 X_i + u_{2i} \qquad (15.6.2)$$
$$i = 1, 2, \ldots, n_2$$

TABLA 15.2
Datos de ahorro personal e ingreso, Reino Unido
1946-1963 (millones de libras)

Periodo I	Ahorro	Ingreso	Periodo II	Ahorro	Ingreso
1946	0.36	8.8	1955	0.59	15.5
1947	0.21	9.4	1956	0.90	16.7
1948	0.08	10.0	1957	0.95	17.7
1949	0.20	10.6	1958	0.82	18.6
1950	0.10	11.0	1959	1.04	19.7
1951	0.12	11.9	1960	1.53	21.1
1952	0.41	12.7	1961	1.94	22.8
1953	0.50	13.5	1962	1.75	23.9
1954	0.43	14.3	1963	1.99	25.2

Fuente: Oficina Central de Estadística, Reino Unido.

donde $Y =$ ahorro (millones de £)
$\qquad X =$ ingreso (millones de £)
$\qquad u_{1i}, u_{2i} =$ perturbaciones en las dos regresiones

Nota: El número de observaciones n_1 y n_2 en los dos grupos (periodos) no necesitan ser el mismo.

Ahora, las regresiones (15.6.1) y (15.6.2) presentan las siguientes cuatro posibilidades:

1. $\lambda_1 = \gamma_1$ y $\lambda_2 = \gamma_2$; es decir, las dos regresiones son idénticas. (**Regresiones coincidentes**).
2. $\lambda_1 \neq \gamma_1$ pero $\lambda_2 = \gamma_2$; es decir, las dos regresiones difieren solamente en su ubicación (es decir, en sus interceptos). (**Regresiones paralelas**).
3. $\lambda_1 = \gamma_1$ pero $\lambda_2 \neq \gamma_2$; es decir, las dos regresiones tienen los mismos interceptos pero pendientes diferentes. (**Regresiones concurrentes**).
4. $\lambda_1 \neq \gamma_1$ y $\lambda_2 \neq \gamma_2$; es decir, las dos regresiones son completamente diferentes (**Regresiones no similares**). Todas estas posibilidades se ilustran en la figura 15.4.

De la información dada en la tabla 15.2, se pueden efectuar las dos regresiones individuales (15.6.1) y (15.6.2) y luego utilizar una o varias técnicas estadísticas para probar todas las posibilidades anteriores, es decir, para encontrar si la función de ahorro ha sufrido un **cambio estructural** entre los dos periodos de tiempo. Por cambio estructural se entiende que los parámetros de la función de ahorro han cambiado.

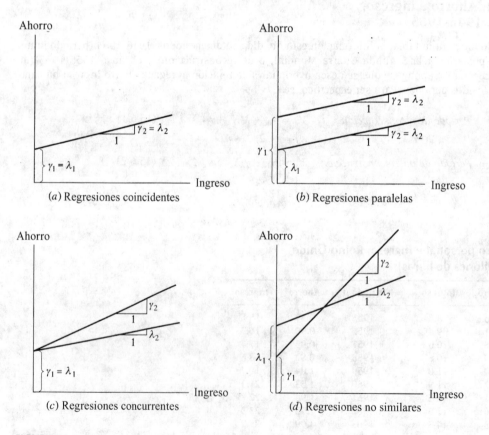

(a) Regresiones coincidentes

(b) Regresiones paralelas

(c) Regresiones concurrentes

(d) Regresiones no similares

FIGURA 15.4
Posibles regresiones ahorro-ingreso.

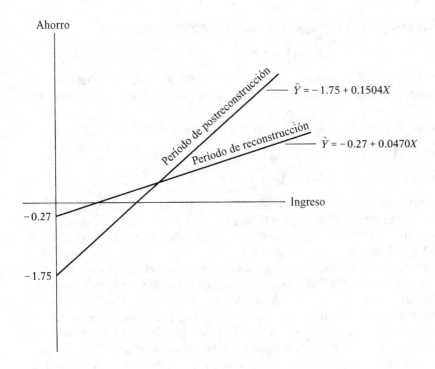

FIGURA 15.5
Regresiones ahorro-ingreso.

Una de dichas técnicas estadísticas es la **prueba de Chow**[5] analizada en la sección 8.8. La prueba de Chow mostró que los parámetros de la función de ahorro entre los periodos de reconstrucción y postreconstrucción en efecto cambiaron.

Como alternativa a la prueba de Chow, en la siguiente sección se muestra la forma cómo la técnica de la variable dicótoma maneja el problema de cambio estructural o quiebre y cuáles son algunas de sus ventajas con respecto a la prueba de Chow.

15.7 COMPARACIÓN DE DOS REGRESIONES: ENFOQUE DE LA VARIABLE DICÓTOMA

El procedimiento de multipaso de la prueba de Chow analizado en la sección 8.8 puede ser acortado sustancialmente mediante el uso de las variables dicótomas. Aunque las conclusiones globales derivadas de las pruebas de Chow y de variables dicótomas en una aplicación dada son las mismas, el método de variables dicótomas tiene algunas ventajas que serán explicadas después de presentar el método utilizando el mismo ejemplo ahorro-ingreso[6].

---

[5]Para conocer mayores detalles de la prueba de Chow, *véase* sección 8.8.

[6]Gran parte del material de esta sección se ha obtenido básicamente de los artículos del autor, «Use of Dummy Variables in Testing for Equality between Sets of Coefficients in Two Linear Regressions: A Note», y «Use of Dummy Variables...: A Generalization,» ambos publicados en el *American Statistician*, vol.24, nos. 1 y 5, 1970, pp. 50-52 y 18-21.

Reuniendo todas las observaciones n_1 y n_2 y estimando la siguiente regresión[7].

$$Y_i = \alpha_1 + \alpha_2 D_i + \beta_1 X_i + \beta_2 (D_i X_i) + u_i \qquad (15.7.1)$$

donde Y_i y X_i son el ahorro y el ingreso, lo mismo que antes, y donde $D_i = 1$ para las observaciones en el primer periodo o periodo de reconstrucción y cero para observaciones en el periodo de postreconstrucción.

Para ver las implicaciones del modelo (15.7.1) y suponiendo que $E(u_i) = 0$, se obtiene

$$E(Y_i \mid D_i = 0, X_i) = \alpha_1 + \beta_1 X_i \qquad (15.7.2)$$

$$E(Y_i \mid D_i = 1, X_i) = (\alpha_1 + \alpha_2) + (\beta_1 + \beta_2) X_i \qquad (15.7.3)$$

que son las funciones de ahorro promedio para el segundo periodo (de postreconstrucción) y primer periodo (de reconstrucción). Estas equivalen a (15.6.2) y (15.6.1) con $\gamma_1 = \alpha_1, \gamma_2 = \beta_1$, $\lambda_1 = (\alpha_1 + \alpha_2)$ y $\lambda_2 = (\beta_1 + \beta_2)$. Por consiguiente, la estimación de (15.7.1) es equivalente a estimar las dos funciones de ahorro individual (15.6.1) y (15.6.2).

En (15.7.1), α_2 es el **intercepto diferencial,** igual que antes y β_2 es el **coeficiente diferencial de pendiente,** indicando en cuánto difiere el coeficiente de pendiente de la función de ahorro del primer periodo del coeficiente de pendiente de la función de ahorro del segundo periodo. Obsérvese como la variable dicótoma D se introduce en forma *multiplicativa* (D multiplicado por X), permitiendo diferenciar entre los coeficientes de las pendientes de los dos periodos, de la misma manera, la introducción de la variable dicótoma en *forma aditiva* permite distinguir entre los interceptos de los dos periodos.

Retornando a los datos de ahorro-ingreso dados en la tabla 15.2, se encuentra que la estimación empírica de (15.7.1) es

$$\hat{Y}_t = -1.7502 + 1.4839 D_i + 0.1504 X_t - 0.1034 D_i X_t$$
$$\qquad (0.3319) \quad (0.4704) \qquad (0.0163) \qquad (0.0332) \qquad (15.7.4)$$
$$t = (-5.2733) \quad (3.1545) \qquad (9.2238) \quad (-3.1144)$$
$$\bar{R}^2 = 0.9425$$

Como lo demuestra esta regresión, tanto los coeficientes diferenciales de intercepto como los coeficientes diferenciales de las pendientes son estadísticamente significativos, dando un fuerte indicio de que las regresiones para los dos periodos son diferentes (*véase* figura 15.4d). Entonces, siguiendo (15.7.2) y (15.7.3), se pueden derivar las dos regresiones de la siguiente forma (*Nota:* $D = 1$ para el primer periodo; *véase* figura 15.5):

Período de reconstrucción:

$$\hat{Y}_t = (-1.7502 + 1.4839) + (0.1504 - 0.1034) X_t$$
$$= -0.2663 + 0.0470 X_t \qquad (15.7.5)$$

Período de postreconstrucción:

$$\hat{Y}_t = -1.7502 + 0.1504 X_t \qquad (15.7.6)$$

---

[7]Lo mismo que en la prueba de Chow, la técnica de agrupación supone que hay homoscedasticidad, es decir $\sigma_1^2 = \sigma_2^2 = \sigma^2$. Pero, del capítulo 11, se tienen ahora diversos métodos de prueba para este supuesto.

Como el lector puede verlo, estas regresiones son iguales a las obtenidas del procedimiento multipaso de Chow, lo cual puede verse de las regresiones dadas en la sección 8.8.

Las ventajas de la técnica de variable dicótoma [es decir, la estimación de (15.7.1)] sobre la prueba de Chow [es decir, la estimación de las tres regresiones (8.8.1),(8.8.2) y la regresión «agrupada» individualmente] pueden verse fácilmente ahora:

1. Se requiere efectuar solamente una regresión simple porque las regresiones individuales pueden deducirse fácilmente de ésta en la forma indicada por las ecuaciones (15.7.2) y (15.7.3).

2. La regresión simple puede ser utilizada para probar una diversidad de hipótesis. Así, si el coeficiente del intercepto diferencial α_2 no es estadísticamente significativo, se puede aceptar la hipótesis de que las dos regresiones tienen el mismo intercepto, es decir, las dos regresiones son concurrentes (*véase* figura 15.4c). En forma similar, si el coeficiente diferencial de pendiente β_2 no es estadísticamente significativo pero α_2 lo es, por lo menos puede no rechazarse la hipótesis de que las dos regresiones tengan la misma pendiente, es decir, las dos líneas de regresión son paralelas (*véase* figura 15.4b). La prueba de estabilidad de la regresión completa (es decir, $\alpha_2 = \beta_2 = 0$ simultáneamente) puede hacerse mediante la prueba F de significancia global de la regresión estimada estudiada en el capítulo 8. Si esta hipótesis se mantiene, las líneas de regresión serán coincidentes, como se muestra en la figura 15.4a.

3. La prueba de Chow no dice explícitamente *cuál* coeficiente, el del intercepto o el de la pendiente, es diferente o si (como sucede en este ejemplo) ambos son diferentes en los dos periodos, es decir, se puede obtener una prueba de Chow significativa porque *sólo la pendiente* es diferente o *sólo el intercepto es diferente* o ambas son diferentes. En otras palabras, no se puede decir, mediante la prueba de Chow, cuál de las cuatro posibilidades señaladas en la figura 15.4 existe en un momento dado. A este respecto, el enfoque de la variable dicótoma tiene una ventaja clara, ya que no solamente dice si las dos regresiones son diferentes, sino que señala la fuente o las fuentes de la diferencia —si ésta se debe al intercepto o a la pendiente o a ambos. En la práctica, el conocimiento de que las dos regresiones difieren en éste o en ese coeficiente es tanto o más importante que el conocimiento simple de que son diferentes.

4. Finalmente, puesto que la agrupación aumenta los grados de libertad, ésta puede mejorar la precisión relativa de los parámetros estimados[8].

15.8 COMPARACIÓN DE DOS REGRESIONES: ILUSTRACIÓN ADICIONAL

Debido a su importancia práctica, se considera otro ejemplo del uso de la técnica de la variable dicótoma para probar la equivalencia de dos (o más) regresiones.

Ejemplo 15.5 Comportamiento del desempleo y de las vacantes sin llenar: Gran Bretaña, 1958-1971[9]

Al estudiar la relación entre la tasa de desempleo y la tasa de vacantes sin llenar en la Gran Bretaña durante el periodo 1958–IV a 1971–II, el autor obtuvo el diagrama de dispersión que aparece en la figura 15.6. Como se observa en la figura, al principio del cuarto trimestre de 1966, la relación desempleo

---

[8]Pero, *obsérvese* que toda adición de una variable dicótoma consumirá un grado de libertad.

[9]Damodar Gujarati, «The Behaviour of Unemployment and Unfilled Vacancies: Great Britain, 1958-1971» *The Economic Journal*, vol. 82, marzo 1972, pp. 195-202.

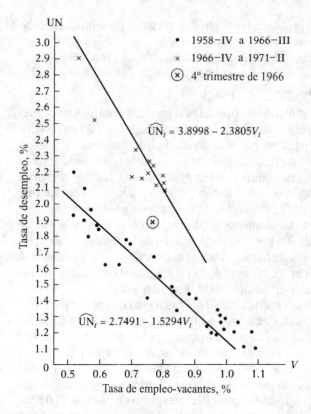

UN

• 1958−IV a 1966−III
× 1966−IV a 1971−II
⊗ 4° trimestre de 1966

$\widehat{UN}_t = 3.8998 - 2.3805V_t$

$\widehat{UN}_t = 2.7491 - 1.5294V_t$

Tasa de desempleo, %

Tasa de empleo-vacantes, %

FIGURA 15.6

Diagrama de dispersión de las tasas de desempleo y de la tasa de empleo-vacantes, Gran Bretaña, 1958-IV a 1971-II.

vacantes parece haber cambiado; la curva que relaciona las dos variables parece haberse desplazado hacia arriba a partir de ese trimestre. Este desplazamiento hacia arriba implica que para una tasa dada de empleos-vacantes hay más desempleo en el cuarto trimestre de 1966 que antes. En este estudio, el autor encontró que una posible causa del desplazamiento hacia arriba fue que en octubre de 1966 (es decir, en el cuarto trimestre) el gobierno laborista de entonces promulgó la ley nacional de seguros, remplazando el sistema de tasas constantes de beneficios de desempleo de corto plazo, por un sistema mixto de una tasa fija y otros beneficios (previos) relacionados con los ingresos, lo cual obviamente aumentó el nivel de beneficios para los desempleados. Si los beneficios de los desempleados aumentan, es más probable que el desempleado tome más tiempo para buscar trabajo, reflejando así una mayor cantidad de desempleo para cualquier tasa dada de empleos vacantes.

Para verificar si la desviación observada en la relación desempleo-vacantes que comenzó a observarse a partir del cuarto trimestre de 1966 era estadísticamente significativa, el autor utilizó el siguiente modelo:

$$UN_t = \alpha_1 + \alpha_2 D_t + \beta_1 V_t + \beta_2(D_t V_t) + u_t \qquad (15.8.1)$$

donde UN = tasa de desempleo, %

V = tasa de empleos vacantes, %

$D = 1$ para el periodo a partir de 1966-IV

$\quad = 0$ para el periodo anterior a 1966-IV

t = tiempo, medido en trimestres.

Con base en 51 observaciones para el periodo 1958–IV a 1971–II, se obtuvieron los siguientes resultados (los datos observados utilizados se presentan en el apéndice 15A, sección 15A.1; si el lector lo desea puede examinar esta información ya que ésta muestra la forma como se introducen las variables dicótomas):

$$\widehat{UN}_t = 2.7491 + 1.1507D_t - 1.5294V_t - 0.8511(D_tV_t)$$
$$(0.1022)\quad(0.3171)\quad(0.1218)\quad(0.4294)\qquad\qquad(15.8.2)$$
$$t = (26.896)\quad(3.6288)(-12.5552)\quad(-1.9819)\qquad R^2 = 0.9128$$

Con base en los criterios usuales, la regresión estimada muestra un ajuste excelente. Obsérvese que tanto el intercepto diferencial como los coeficientes de las pendientes son estadísticamente signficativos al nivel del 5% (una cola). Así, se puede aceptar la hipótesis de que definitivamente hubo un desplazamiento en la relación UN-V a partir del cuarto trimestre de 1966[10].

De la regresión anterior, se pueden derivar las siguientes regresiones:

$$1958\text{–}IV\ a\ 1966\text{–}III:\quad \hat{U}N_t = 2.7491 - 1.5294V_t\qquad\qquad(15.8.3)$$

$$1966\text{–}IV\ a\ 1971\text{–}III:\quad \hat{U}N_t = (2.7491 + 1.15) - (1.5294 + 0.8511)V_t$$
$$= 3.8998 - 2.3805V_t\qquad\qquad(15.8.4)$$

que se muestran en la figura 15.6. Estas regresiones muestran que en el periodo a partir de 1966–IV, la curva UN–V tiene una pendiente mucho mayor y un intercepto más alto que en el periodo que se inicia en 1958–IV.

15.9 EFECTOS DE INTERACCIÓN

Considérese el siguiente modelo:

$$Y_i = \alpha_1 + \alpha_2 D_{2i} + \alpha_3 D_{3i} + \beta X_i + u_i \qquad\qquad (15.9.1)$$

donde Y_i = gasto anual en vestuario
$\quad X_i$ = ingreso
$\quad D_2 = 1\quad$ si es mujer
$\quad\quad = 0\quad$ si es hombre
$\quad D_3 = 1\quad$ si es profesional
$\quad\quad = 0\quad$ si no lo es

En este modelo está implícito el supuesto de que el efecto diferencial de la variable dicótoma sexo D_2 es constante a través de los dos niveles de educación y el efecto diferencial de la variable dicótoma D_3 educación, es también constante a través de los dos sexos. Es decir, si, por ejemplo, el gasto medio en vestido es más alto para las mujeres que para los hombres, ésto sucede ya sean ellos profesionales o no. De la misma manera, si por ejemplo, en promedio los profesionales gastan más en ropa que los no profesionales, ésto se tiene ya sean ellos hombres o mujeres.

En muchas aplicaciones, tal supuesto puede ser imposible de mantener. Una mujer profesional puede gastar más en ropa que un hombre profesional. En otras palabras, puede haber *interacción* entre dos variables cualitativas D_2 y D_3 y, por consiguiente, su efecto sobre la media de Y puede no ser *aditivo* como en (15.9.1) sino *multiplicativo,* como en el siguiente modelo:

$$Y_i = \alpha_1 + \alpha_2 D_{2i} + \alpha_3 D_{3i} + \alpha_4(D_{2i}D_{3i}) + \beta X_i + u_i \qquad\qquad (15.9.2)$$

---

[10]Los resultados fueron derivados del supuesto de que las varianzas del error son las mismas en los dos subperíodos. Pero, como se anotó en la nota de pie de página 7, este supuesto debe probarse explícitamente (*véase* ejercicio 15.18).

De (15.9.2), se obtiene

$$E(Y_i \mid D_2 = 1, D_3 = 1, X_i) = (\alpha_1 + \alpha_2 + \alpha_3 + \alpha_4) + \beta X_i \qquad (15.9.3)$$

que es el gasto promedio en vestido para mujeres profesionales. Obsérvese que

α_2 = efecto diferencial de ser una mujer
α_3 = efecto diferencial de ser un profesional
α_4 = efecto diferencial de ser una mujer profesional

lo cual muestra que el gasto promedio en vestido de las mujeres profesionales es diferente (por α_4) del gasto promedio en vestido de las mujeres o de los profesionales. Si α_2, α_3 y α_4 son todos positivos, el gasto promedio en vestido de las mujeres es más alto (que la categoría base, que es hombre no profesional), pero es mucho más alto si las mujeres también resultan ser profesionales. En forma similar, el gasto promedio en vestido de un profesional tiende a ser superior que el de la categoría base, pero mucho más si el profesional resulta ser una mujer. Esto muestra cómo la **variable dicótoma de interacción** modifica el efecto de los dos atributos considerados individualmente.

La significancia estadística del coeficiente de la variable dicótoma de interacción se puede evaluar por medio de la prueba t usual. Si ésta resulta ser signficativa, la presencia simultánea de los dos atributos atenuará o reforzará los efectos individuales de estos atributos. Sobra decir que la omisión de un término de interacción significativo llevará a un sesgo de especificación.

15.10 USO DE LAS VARIABLES DICÓTOMAS EN EL ANÁLISIS ESTACIONAL

Muchas series de tiempo económicas basadas en información mensual o trimestral presentan patrones estacionales (movimiento oscilatorio regular). Como ejemplos están las ventas de almacenes de departamento en la época de Navidad, la demanda de dinero (saldos de efectivo) por parte de las familias en épocas de vacaciones, la demanda de helado y de bebidas refrescantes durante el verano y los precios de los cultivos justo después de la época de cosecha. Frecuentemente es útil eliminar el factor o *componente* estacional de las series de tiempo con el fin de poderse concentrar en los demás componentes, tales como la tendencia[11]. El proceso de eliminar el componente estacional de una serie de tiempo se conoce como **desestacionalización**, o **ajuste estacional** y la serie de tiempo así obtenida se denomina serie de tiempo **desestacionalizada** o **ajustada estacionalmente**. Las series de tiempo económicas importantes, tales como el índice de precios al consumidor, el índice de precios al por mayor y el índice de producción industrial, frecuentemente son publicados en forma ajustada estacionalmente.

Hay diversos métodos para desestacionalizar una serie de tiempo, pero se considerará solamente uno de ellos, a saber, el *método de las variables dicótomas*[12]. Para ilustrar la forma como las variables dicótomas pueden ser utilizadas para desestacionalizar las series de tiempo económicas, supóngase que se desea efectuar la regresión de las utilidades de las corporaciones manu-

---

[11]Una serie de tiempo puede contener cuatro componentes: uno estacional, uno cíclico, una tendencia y uno que es estrictamente aleatorio.

[12]Algunos otros métodos son el método de la razón de los promedios móviles, el método de encadenamiento relativo y el método de porcentaje de promedios anuales. Para conocer un estudio no técnico de estos métodos, *véase* Morris Hamburg, *Statistical Analysis for Decision Making*, Harcourt, Brace & World, New York, 1970, pp. 563-575.

factureras de los Estados Unidos sobre sus ventas durante el periodo 1965-1970 con información trimestral. La información relevante, sin ajuste estacional, está dada en el apéndice 15A, sección 15A.2, que muestra también la forma como se prepara la *matriz de datos* para incorporar las variables dicótomas. Una mirada a esta información revela un patrón interesante. Tanto las utilidades como las ventas son más elevadas en el segundo trimestre que en el primero o el tercero de cada año. Posiblemente, el segundo trimestre presenta algún efecto estacional. Para investigar esto, se procede de la siguiente manera:

Ejemplo 15.6 Comportamiento de las utilidades y de las ventas en la industria manufacturera de los Estados Unidos

$$\text{Utilidades}_t = \alpha_1 + \alpha_2 D_{2t} + \alpha_3 D_{3t} + \alpha_4 D_{4t} + \beta(\text{ventas})_t + u_t \qquad (15.10.1)$$

donde $D_2 = 1$ para el segundo trimestre
        $= 0$ para los demás
       $D_3 = 1$ para el tercer trimestre
        $= 0$ para los demás
       $D_4 = 1$ para el cuarto trimestre
        $= 0$ para los demás

Obsérvese que se está suponiendo que la variable «estación» tiene cuatro categorías, los cuatro trimestres de un año, requiriendo con esto el uso de tres variables dicótomas. Así, si hay un patrón estacional presente en los diferentes trimestres, los interceptos diferenciales estimados α_2, α_3 y α_4 serán estadísticamente significativos y lo reflejarán. Es posible que sólo algunos de estos interceptos diferenciales sean estadísticamente significativos, de tal modo que sólo algunos trimestres pueden reflejarlo. Pero el modelo (15.10.1) es suficientemente general para acomodar todos estos casos. (Obsérvese que el primer trimestre del año se considera como el trimestre base).

Utilizando los datos dados en el apéndice 15A, sección 15A.2, se obtuvieron los siguientes resultados (las cifras de utilidades y de ventas están expresadas en millones de dólares):

$$\widehat{\text{Utilidades}}_t =$$
$$6688.3789 + 1322.8938 D_{2t} - 217.8037 D_{3t} + 183.8597 D_{4t} + 0.0383(\text{ventas})_t$$
$$(1711.3707) \qquad (638.4753) \qquad (632.2561) \qquad (654.2937) \qquad (0.0115)$$
$$t = (3.9082) \qquad (2.0720) \qquad (-0.3445) \qquad (0.2810) \qquad (3.3313)$$
$$R^2 = 0.5255 \qquad\qquad\qquad (15.10.2)$$

Los resultados muestran que solamente el coeficiente de ventas y el intercepto diferencial asociado con el segundo trimestre son estadísticamente significativos al nivel del 5%. Así, se puede concluir que hay algún factor estacional operando en el segundo trimestre de cada año. El coeficiente de ventas de 0.0383 indica que, después de tener en cuenta el efecto estacional, si las ventas aumentan, por ejemplo en US\$ 1, se espera que las utilidades promedio aumenten en cerca de 4 centavos. El nivel promedio de las utilidades en la base o primer trimestre fue US\$ 6,688 y en el segundo trimestre fue superior en alrededor de US\$ 1,323 o fue alrededor de US\$ 8,011. (*Véase* figura 15.7)[13].

---

[13]*Nota:* Numéricamente, los interceptos para el tercer y cuarto trimestres son diferentes de los del primer trimestre pero estadísticamente son iguales. (¿Por qué?)

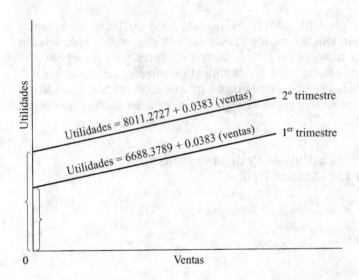

FIGURA 15.7
Relación entre utilidades y ventas en las corporaciones manufactureras
de los Estados Unidos, 1965-I a 1970-II.

Puesto que el segundo trimestre parece ser diferente del resto, si se desea, se podría efectuar nuevamente la regresión (15.10.2) utilizando solamente una variable dicótoma para diferenciar el segundo trimestre del resto de la siguiente manera:

$$\hat{Y}_t = 6516.6 + 1311.4D_2 + 0.0393(\text{ventas})$$
$$(1623.1) \quad (493.02) \quad (0.0106)$$
$$t = (4.0143) \ (2.7004) \ (3.7173)$$
$$R^2 = 0.5155$$

(15.10.3)

donde $D_2 = 1$ para la observación en el segundo trimestre y cero para las demás.

El lector podrá darse cuenta de que (15.10.3) es una versión restringida de (15.10.2), siendo la restricción que el intercepto para el primero, tercero y cuarto trimestres son iguales. A juzgar por los resultados de (15.10.2), se podría esperar que éstas restricciones sean válidas pero se sabe, del capítulo 8, cómo probarlas explícitamente. En el ejercicio 15.21, se pide verificar que estas restricciones sean realmente válidas. Por consiguiente, la conclusiones se mantienen igual que antes— hay algún patrón estacional solamente en el segundo trimestre.

En la formulación del modelo (15.10.1) se supuso que solamente el término de intercepto difiere entre trimestres, siendo el coeficiente de la pendiente de la variable ventas el mismo en cada trimestre. Pero este supuesto puede probarse por la técnica dicótoma multiplicativa de variable dicótoma analizada anteriormente. (*Véase* ejercicio 15.22)

15.11 REGRESIÓN LINEAL POR TRAMOS

Para ilustrar una vez más el uso de las variables dicótomas, considérese la figura 15.8, que muestra la forma como una compañía hipotética remunera a sus representantes de ventas. Ésta paga comisiones con base en las ventas de tal forma que hasta un cierto nivel, meta, *o* umbral, el nivel X^*, existe una estructura de comisiones (estocástica), mientras que por encima de ese nivel existe otra.

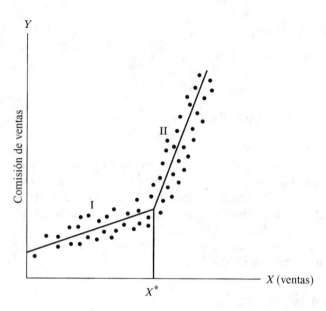

Y

Comisión de ventas

II

I

X*

X (ventas)

FIGURA 15.8
Relación hipotética entre las comisiones de ventas y el volumen de
ventas. (*Nota:* El intercepto en el eje Y denota una comisión
mínima garantizada).

(*Nota:* además de las ventas, hay otros factores que afectan la comisión de las ventas. Supóngase
que estos otros factores están representados por el término de perturbación estocástico). Más específicamente, se supone que la comisión de ventas aumenta linealmente con las ventas hasta el
nivel del umbral X^*, después del cual ésta también aumenta linealmente con las ventas pero a una
tasa mayor. Por tanto, se tiene una **regresión lineal por tramos** que consta de dos piezas o segmentos lineales, a los cuales se les da el nombre de I y II en la figura 15.8 y la función de las
comisiones cambia su pendiente en el valor del umbral. Dada la información sobre comisiones,
ventas y el valor del nivel del umbral X^*, la técnica de las variables dicótomas puede ser utilizada
para estimar las diferentes pendientes de los dos segmentos de la regresión lineal por tramos que
aparece en la figura 15.8. Se procede de la siguiente manera:

$$Y_i = \alpha_1 + \beta_1 X_i + \beta_2 (X_i - X^*) D_i + u_i \qquad (15.11.1)$$

donde Y_i = es la comisión de ventas
X_i = es el volumen de ventas generado por la persona que vende
X^* = valor del umbral de las ventas conocido también como **nudo** (conocido por anticipado)[14]
$D = 1$ si $X_i > X^*$
$\quad = 0$ si $X_i < X^*$

---

[14]Sin embargo, el valor del umbral puede no ser siempre fácil de identificar. Un enfoque *ad hoc* consiste en graficar la
variable dependiente frente a la(s) variable(s) explicativa(s) y observar si parece haber un cambio pronunciado en la relación después de un valor dado de X (por ejemplo, X^*). Un enfoque analítico para hallar el punto de quiebre puede encontrarse en los llamados **modelos «switching» de regresión**. Pero este es un tema avanzado acerca del cual se puede encontrar
un análisis de texto en Thomas Fomby, R. Carter Hill y Stanley Johnson, *Advanced Econometric Methods*, Springer-Verlag,
New York, 1984, capítulo 14.

Suponiendo que $E(u_i) = 0$, se ve inmediatamente que

$$E(Y_i \mid D_i = 0, X_i, X^*) = \alpha_1 + \beta_1 X_i \qquad (15.11.2)$$

el cual muestra la comisión de ventas promedio hasta el nivel objetivo X^* y

$$E(Y_i \mid D_i = 1, X_i, X^*) = \alpha_1 - \beta_2 X^* + (\beta_1 + \beta_2)X_i \qquad (15.11.3)$$

que muestra la comisión de ventas promedio más allá del nivel objetivo X^*.

Así, β_1 corresponde a la pendiente de la línea de regresión en el segmento I y $\beta_1 + \beta_2$ corresponde a la pendiente de la línea de regresión en el segmento II de la regresión lineal por tramos que aparece en la figura 15.8. Es fácil realizar una prueba sobre la hipótesis de que no existe, en la regresión, una discontinuidad en el valor del umbral X^* observando la significancia estadística del coeficiente estimado de la pendiente diferencial $\hat{\beta}_2$ (*véase* la figura 15.9).

A propósito, la regresión lineal por tramos que se acaba de exponer es un ejemplo de una clase más general de funciones conocidas como **funciones de spline**[15].

Ejemplo 15.7 Costo total con relación a la producción

Como ejemplo de aplicación de la regresión lineal por tramos, considérese la información hipotética sobre costo total-producción total dada en la tabla 15.3. Se dice que el costo total puede cambiar su pendiente al alcanzar un nivel de producción de 5500 unidades.

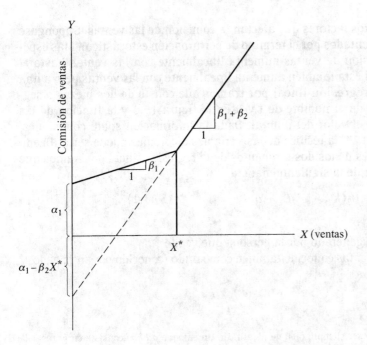

FIGURA 15.9
Parámetros de la regresión lineal por tramos.

---

[15]Para conocer una exposición sencilla de las funciones de «spline» (por ejemplo, *véanse* los polinomios por tramos de orden k), *véase* Douglas C. Montgomery y Elizabeth A. Peck, *Introduction to Linear Regression Analysis*, John Wiley & Sons, 2a. ed., New York, 1992, pp. 210-218.

TABLA 15.3
Información hipotética sobre la producción y el costo total

Costo total, dólares	Unidades de producción
256	1,000
414	2,000
634	3,000
778	4,000
1,003	5,000
1,839	6,000
2,081	7,000
2,423	8,000
2,734	9,000
2,914	10,000

Si se permite que Y en (15.11.1) represente el costo total y X la producción total, se obtienen los siguientes resultados:

$$\hat{Y}_i = -145.72 + 0.2791X_i + 0.0945(X_i - X_i^*)D_i$$

$$t = \quad (-0.8245)(6.0669) \quad (1.1447) \quad\quad\quad (15.11.4)$$

$$R^2 = 0.9737 \quad X^* = 5500$$

Como lo muestran estos resultados, el costo marginal de producción es de cerca de 28 centavos de dólar por unidad y aunque éste es cerca de 37 centavos (28 + 9) para la producción por encima de 5500 unidades, la diferencia entre los dos no es estadísticamente significativa puesto que la variable dicótoma no es significativa, por ejemplo, al nivel del 5%. Para todos los fines prácticos, entonces, se puede efectuar la regresión del costo total sobre la producción total, eliminando la variable dicótoma.

15.12 EL USO DE LAS VARIABLES DICÓTOMAS AL COMBINAR SERIES DE TIEMPO E INFORMACIÓN DE CORTE TRANSVERSAL

Para ilustrar la versatilidad de las variables dicótomas, se considera en esta sección aun otra aplicación.

Regresión agrupada: manejo de series de tiempo e información de corte transversal, agrupadas

Considérese la información dada en la tabla 15.4, tomada de un estudio famoso de la teoría de la inversión propuesto por Y. Grunfeld[16]. Grunfeld estaba interesado en averiguar la forma como la inversión bruta (Y) depende del valor de la firma (X_2) y de las existencias de capital (X_3). En esta tabla hay datos para cada una de estas tres variables para cada año, considerado para General Motors y para Westinghouse (por el momento, ignore la información para General Electric, pero *véase* el ejercicio 15.31). Estos son un ejemplo de **información de corte transversal**. Así mismo,

---

[16]Estos datos se reproducen en diversos libros. Los hemos tomado de H.D. Vinod y Aman Ullah, *Recent Advances in Regression Methods*, Marcel Dekker, New York, 1981, pp. 259-261. La fuente original es Y. Grunfeld, *The Determinants of Corporate Investment*, tesis Ph.D. sin publicar, Departamento de Economía, Universidad de Chicago, 1958.

TABLA 15.4
Datos de inversión sobre las compañías G.M., Westinghouse y G.E.

	G.M.			Westinghouse			G.E.		
	I	F_{-1}	C_{-1}	I	F_{-1}	C_{-1}	I	F_{-1}	C_{-1}
1935	317.6	3,078.5	2.8	12.93	191.5	1.8	33.1	1,170.6	97.8
36	391.8	4,661.7	52.6	25.90	516.0	.8	45.0	2,015.8	104.4
37	410.6	5,387.1	156.9	35.05	729.0	7.4	77.2	2,803.3	118.0
38	257.7	2,792.2	209.2	22.89	560.4	18.1	44.6	2,039.7	156.2
39	330.8	4,313.2	203.4	18.84	519.9	23.5	48.1	2,256.2	172.6
40	461.2	4,643.9	207.2	28.57	628.5	26.5	74.4	2,132.2	186.6
41	512.0	4,551.2	255.2	48.51	537.1	36.2	113.0	1,834.1	220.9
42	448.0	3,244.1	303.7	43.34	561.2	60.8	91.9	1,588.0	287.8
43	499.6	4,053.7	264.1	37.02	617.2	84.4	61.3	1,749.4	319.9
44	547.5	4,379.3	201.6	37.81	626.7	91.2	56.8	1,687.2	321.3
45	561.2	4,840.9	265.0	39.27	737.2	92.4	93.6	2,007.7	319.6
46	688.1	4,900.9	402.2	53.46	760.5	86.0	159.9	2,208.3	346.0
47	568.9	3,526.5	761.5	55.56	581.4	111.1	147.2	1,656.7	456.4
48	529.2	3,254.7	922.4	49.56	662.3	130.6	146.3	1,604.4	543.4
49	555.1	3,700.2	1,020.1	32.04	583.8	141.8	98.3	1,431.8	618.3
50	642.9	3,755.6	1,099.0	32.24	635.2	136.7	93.5	1,610.5	647.4
51	755.9	4,833.0	1,207.7	54.38	723.8	129.7	135.2	1,819.4	671.3
52	891.2	4,924.9	1,430.5	71.78	864.1	145.5	157.3	2,079.7	726.1
53	1,304.4	6,241.7	1,777.3	90.08	1,193.5	174.8	179.5	2,371.6	800.3
54	1,486.7	5,593.6	2,226.3	68.60	1,188.9	213.5	189.6	2,759.9	888.9

Notas: Y = I inversión bruta = adiciones a planta y equipo más mantenimiento y reparaciones, en millones de dólares deflactados por P_1

$X_2 = F$ = valor de la firma = precio de las acciones comunes y preferenciales en diciembre 31 (o precio promedio entre diciembre 31 y enero 31 del año siguiente) multiplicado por el número de acciones emitidas comunes y preferenciales más el valor total de la deuda en libros a diciembre 31, en millones de dólares deflactados por P_2

$X_3 = C$ = existencias de planta y equipo = suma acumulada de adiciones netas a planta y equipo deflactadas por P_1 menos una partida por depreciación deflactada por P_3 en estas definiciones

P_1 = deflactor implícito de precios del equipo durable de los productores (1947 = 100)

P_2 = deflactor implícito de precios del PNB (1947 = 100)

P_3 = deflactor de gastos de depreciación = promedio móvil de diez años del índice de precios al por mayor de los metales y de los productos metálicos (1947 = 100)

Fuente: Reproducido de H.D. Vinod y Aman Ullah, *Recent Advances in Regression Methods*, Marcel Dekker, New York, 1981, pp. 259-261.

para cada firma se tienen datos sobre estas variables durante 20 años. Estos son un ejemplo de **datos de series de tiempo**. Ahora, para estudiar la respuesta de Y a X_2 y X_3, se puede proceder en una de tres formas diferentes.

Primero, se puede efectuar la siguiente **regresión de series de tiempo** para cada empresa separadamente:

$$\text{G.M.:} \qquad Y_t = \alpha_1 + \alpha_2 X_{2t} + \alpha_3 X_{3t} + u_t \qquad (15.12.1)$$

$$\text{Westinghouse:} \qquad Y_t = \alpha'_1 + \alpha'_2 X_{2t} + \alpha'_3 X_{3t} + u'_t \qquad (15.12.2)$$

Utilizando la técnica de la variable dicótoma o la prueba de Chow, se puede averiguar si los parámetros de las dos funciones de inversión son los mismos.

Segundo, para cada año se puede estimar una **regresión de corte transversal**. Desafortunadamente, en el caso actual no puede hacerse porque solamente hay dos observaciones de corte transversal (las dos firmas) pero son tres los parámetros que van a ser estimados, lo cual es imposible. Si se tuviera, por ejemplo, información sobre cuatro empresas al menos, se podría estimar dicha regresión de corte transversal para cada uno de los 20 años, dando un total de 20 regresiones de corte transversal.

Tercero, ¿por qué no agrupar todas las 40 observaciones (20 observaciones de series de tiempo para cada una de las dos firmas) y estimar la siguiente regresión?

$$Y_{it} = \beta_1 + \beta_2 X_{2it} + \beta_3 X_{3it} + u_{it} \tag{15.12.3}$$

donde i representa la firma $i$ésima y t representa el periodo de tiempo $t$ésimo. En nuestro ejemplo $i = 2$ y $t = 20$, dando así un total de 40 observaciones. La ecuación (15.12.3) es un ejemplo de una **regresión agrupada** en donde las observaciones de series de tiempo y de corte transversal han sido combinadas o agrupadas. Tales regresiones se estiman frecuentemente en situaciones en donde se tienen muy pocas observaciones de corte transversal (como en el presente caso) y un buen número de observaciones de series de tiempo. Como escriben Vinod y Ullah:

> Cuando se está tratando con información de corte transversal y de series de tiempo en donde cada muestra individual de corte transversal es pequeña de tal forma que no es posible realizar inferencias precisas sobre los coeficientes, es una práctica frecuente en el trabajo aplicado reunir todos los datos y estimar una regresión común. La motivación básica para agrupar información de series de tiempo y de corte transversal es que si el modelo está apropiadamente especificado, la agrupación proporciona una estimación más eficiente, permite la inferencia y posiblemente la predicción[17].

Considérense ahora los problemas de estimación de (15.12.3). Supóngase que se estima mediante el procedimiento usual MCO: Simplemente se ordenan las observaciones de la G.M. y de la Westinghouse, de tal manera que las primeras 20 observaciones correspondan a G.M. y las últimas 20 correspondan a la Westinghouse. ¿Es este procedimiento equivocado?

Tal procedimiento supone implícitamente que los parámetros de regresión no cambian en el tiempo (estabilidad temporal) y que no difieren entre las diversas unidades de corte transversal (estabilidad de corte transversal). También está implícito en ese procedimiento el supuesto de que la varianza del error de las funciones de inversión de la G.M. y de la Westinghouse son homoscedásticas y el error en la función de inversión de la G.M. en el tiempo t no está correlacionado con el término de error en la función de inversión de la Westinghouse en el tiempo t. Estos son obviamente supuestos poco probables. Existen diversas formas de suavizar estos supuestos y de incorporarlos al procedimiento de estimación. Desafortunadamente, el tiempo, el espacio y las limitantes matemáticas impiden avanzar más con ellos[18]. Se presentará solamente un caso en donde se supone que los valores del intercepto en las funciones de inversión de la G.M. y de la Westinghouse son diferentes (cuestión de estabilidad de corte transversal) pero que los coeficientes de las pendientes son los mismos. También se supone que el término de error en la regresión agrupada tiene las propiedades MCO usuales para todas las observaciones de series de tiempo y de corte transversal.

---

[17]*Ibid.*, p. 248.

[18]La mejor fuente sencilla para las diversas técnicas de estimación es Terry E. Dielman, *Pooled Cross-Sectional and Time Series Data Analysis*, Marcel Dekker, New York, 1989.

Con estos supuestos, se escribe (15.12.3) como

$$Y_{it} = \beta_1 + \beta_2 X_{2it} + \beta_3 X_{3it} + \beta_4 D_{it} + u_{it} \qquad (15.12.4)$$

donde $D_{1t} = 1$ para observaciones sobre G.M. y 0 de lo contrario. Así, si β_4 en (15.12.4) es estadísticamente significativo, quiere decir que el valor del intercepto de la función de inversión de G.M. es diferente de aquél de la función de inversión de la Westinghouse. En otras palabras, β_4 es el valor del *intercepto diferencial*. En el ejercicio 15.32 se le pide al lector introducir los coeficientes diferenciales de pendiente.

Ejemplo 15.8. Funciones de inversión para las compañías General Motors y Westinghouse

Utilizando la información dada en la tabla 15.4, se obtienen las siguientes estimaciones de (15.12.4)[19]:

$$\hat{Y}_{it} = -58.09 + 0.0986 X_{2it} + 0.3763 X_{3it} - 2.6929 D_{it} \qquad (15.12.5)$$
$$t = (-3.291)(7.409) \qquad (14.01) \qquad (-0.0579)$$
$$R^2 = 0.9673 \qquad d = 0.7765$$

Como lo indican estos resultados, puesto que el intercepto diferencial dicótomo no es estadísticamente significativo, se puede concluir que las funciones de inversión de la G.M. y de la Westinghouse tienen estadísticamente los mismos interceptos. Por supuesto, esta conclusión debe tomarse con un poco de reserva, puesto que solamente hemos permitido que difieran los interceptos y no las pendientes. El hecho de que el estadístico Durbin-Watson sea bajo sugiere que probablemente hay errores de especificación en (15.2.4). Es de admitir que la regresión (15.2.4) fue seleccionada solamente para demostrar el uso de las variables dicótomas en la información agrupada.

*ALGUNOS ASPECTOS TÉCNICOS DEL MÉTODO DE LA VARIABLE DICÓTOMA

En esta sección se analizan algunos puntos específicos sobre el uso de las variables dicótomas en el análisis de regresión.

Interpretación de las variables dicótomas en regresiones semilogarítmicas

Recuérdese el análisis con respecto a los modelos de regresión log-lin donde la variable regresada es logarítmica y los regresores son lineales. Para ser específicos, considérese el siguiente modelo:

$$\ln Y_i = \beta_1 + \beta_2 X_i + \beta_3 D_i + u_i \qquad (15.13.1)$$

donde $Y =$ es el salario de iniciación de los profesores de universidad, $X =$ años de experiencia docente y $D = 1$ para hombres e igual a cero de lo contrario.

---

[19]Para estimar la regresión, ordénense las observaciones para las dos firmas. Es decir, las primeras 20 observaciones pertenecen a la G.M. y las últimas 20 observaciones a la Westinghouse. Créese la variable dicótoma y dese a ésta un valor de 1 para todas las observaciones de la G.M. y un valor de 0 para todas las observaciones de la Westinghouse.

*Opcional.

Siguiendo el capítulo 6, se interpreta el coeficiente β_2 como el que da el cambio relativo (o cambio porcentual cuando se multiplica el cambio relativo por 100) en el valor de la media de Y por un cambio unitario en X. Por tanto, en el presente ejemplo, si la experiencia docente aumenta en un año, el cambio relativo en el salario de iniciación promedio será igual a β_2. Esta interpretación puede aplicarse a un cambio en el valor de cualquier regresor, *siempre y cuando el regresor sea una variable continua y no dicótoma como es el caso de la variable dicótoma*. Pero se puede obtener el cambio relativo en la media de Y aun para variables dicótomas mediante el mecanismo sugerido por Halvorsen y Palmquist[20]: *Tome el antilog(base e) del coeficiente dicótomo estimado y reste 1 de éste.*

Ejemplo 15.9. Regresión semilogarítmica con variable dicótoma

A manera de ilustración, considérese la información dada en la tabla 15.5 que relaciona el salario de iniciación (Y) con años de experiencia docente (X_2) y el sexo ($D = 1$ para los profesores hombres). Suponiendo el modelo (15.13.1), se obtienen los siguientes resultados:

$$\widehat{\ln Y_i} = \quad 2.9298 + 0.0546X_{2i} + 0.1341D_i$$
$$t = (481.524) \ (48.3356) \quad (27.2250) \qquad\qquad (15.13.2)$$
$$R^2 = 0.9958 \quad d = 2.51$$

Como lo indican estos resultados y manteniendo otras cosas iguales (en este caso el sexo de los profesores), el salario promedio o medio aumenta en 5.46% por año. Pero *no se puede decir que, manteniendo constante la experiencia docente, el salario promedio sea superior en 13.41% para los profesores hombres*.

TABLA 15.5
Información hipotética sobre salarios de profesores universitarios en relación con años de experiencia docente y sexo

Salario de iniciación, Y (en miles de US$)	Años de experiencia docente, X_2	Sexo (1 = hombre) (0 = mujer)
23.0	1	1
19.5	1	0
24.0	2	1
21.0	2	0
25.0	3	1
22.0	3	0
26.5	4	1
23.1	4	0
25.0	5	0
28.0	5	1
29.5	6	1
26.0	6	0
27.5	7	0
31.5	7	1
29.0	8	0

[20]Robert Halvorsen y Raymond Palmquist, «The Interpretation of Dummy Variables in Semilogarithmic Equations», *American Economic Review*, vol. 70, no. 3, 1980, pp. 474-475.

Siguiendo a Halvorsen y Palmquist, se encuentra el antilog de 0.1341 ≐ 1.1435. Restando 1 de este valor, se obtiene 0.1435 o 14.35%; el salario promedio de los profesores es entonces más alto (que para las profesoras) en 14.35%. En el ejercicio 15.33 se le pide comparar los resultados de la regresión dados en (15.13.2) con los obtenidos del modelo lineal.

Otro método para evitar la trampa de la variable dicótoma

Hay otra forma de evitar la trampa de la variable dicótoma. Para ver esto, continúese con el modelo (15.2.4) pero escríbase el modelo como

$$Y_i = \alpha_2 D_{2i} + \alpha_3 D_{3i} + \beta X_i + u_i \qquad (15.13.3)$$

con las variables dicótomas como aparecen definidas en la ecuación (15.2.4). Obsérvese que en (15.13.3) se ha eliminado el término intercepto α_1. Ahora no se caerá en la trampa de la variable dicótoma porque ya no se tiene colinealidad perfecta, como puede verse de la matriz de datos dada en seguida de la ecuación (15.2.4), al eliminar la columna de unos.

Obsérvese que como resultado de este cambio, se requiere interpretar en forma diferente α_2 y α_3. Estos han dejado de ser coeficientes diferenciales del intercepto; ahora dan estimaciones directas de los interceptos en las diversas categorías. Así, en el caso presente, sin α_1, α_2 dará el valor del intercepto de la regresión del salario de los profesores hombres y α_3 el valor del intercepto de la regresión del salario de las profesoras. *Pero, obsérvese que para estimar (15.13.3), se tendrá que utilizar el procedimiento de estimación de la regresión a través del origen*, expuesto en el capítulo 6. Por supuesto, la mayoría de los paquetes de software han sistematizado este proceso.

Retornando a la regresión (15.1.3), se hubiera podido estimar que una regresión como

$$Y_i = \alpha_2 D_{2i} + \alpha_3 D_{3i} + u_i \qquad (15.13.4)$$

donde $D_{2i} = 1$ para los profesores hombres y 0 en otro caso y $D_{3i} = 1$ para las profesoras y 0 en otro caso. (*Nota:* no hay intercepto común en esta regresión).

Si se hubiera seguido esta estrategia, se habrían obtenido los siguientes resultados de regresión:

$$
\begin{aligned}
\hat{Y}_i &= \;\; 21.28 D_{2i} + 18.00 D_{3i} \\
ee &= \;\; (0.3118) \quad\;\; (0.3118) \\
t &= (68.2556) \quad (57.7350) \quad R^2 = 0.8737
\end{aligned}
\qquad (15.13.5)
$$

que son los mismos de (15.1.3), pero en una presentación diferente.

La práctica común es asignar las variables dicótomas de tal manera que si una variable tiene m categorías, se introducen solamente $(m - 1)$ variables dicótomas. La ventaja de este esquema es que muy frecuentemente se desea comparar los resultados en términos de una categoría de referencia. Además, al mantener un intercepto común, se obtiene el valor usual de R^2, mientras que con el modelo intercepto de cero, el R^2 convencional frecuentemente no es significativo. Por consiguiente, se seguirá la práctica común.

Variables dicótomas y heteroscedasticidad

Considérese nuevamente el ejemplo del ahorro-ingreso del Reino Unido estudiado en la sección 15.6. Al utilizar la técnica de variable dicótoma para combinar las dos regresiones (15.6.1) y (15.6.2) como en (15.7.1), se supuso implícitamente que $\text{var}(u_{1i}) = \text{var}(u_{2i}) = \sigma^2$, es decir, homoscedasticidad.

Si este supuesto no es válido, es decir, si las dos varianzas de error son diferentes, es muy probable que se encuentre que los dos interceptos y los dos coeficientes de las pendientes no son estadísticamente diferentes aunque se encontrará que el coeficiente de la variable dicótoma en la regresión (15.7.1) es estadísticamente significativo[21]. Por consiguiente, al aplicar la técnica de la variable dicótoma (o la prueba de Chow para ese fin) se debe verificar que en un caso dado no se está enfrentando al problema de la heteroscedasticidad. Pero, a estas alturas, ya se sabe cómo tratar ese problema.

Variables dicótomas y autocorrelación

Considérese el modelo siguiente que contiene información de series de tiempo:

$$Y_t = \beta_1 + \beta_2 D_t + \beta_3 X_t + \beta_4 (D_t X_t) + u_t \qquad (15.13.6)$$

donde $D_t = 0$ para las observaciones en el primer periodo de tiempo y 1 para aquellas en el segundo periodo de tiempo. Supóngase que hay n_1 observaciones en el primer periodo de tiempo y n_2 en el segundo. Obsérvese que (15.13.6), el cual permite intercepto y pendiente diferencial dicótoma, es precisamente el modelo (15.7.1) utilizado para estudiar la relación ahorro-ingreso del Reino Unido.

Supóngase además que el término de error u_t en (15.13.6) es generado por el esquema autorregresivo de primer orden de Markov, el esquema AR(1), a saber

$$u_t = \rho u_{t-1} + \varepsilon_t \qquad (15.13.7)$$

donde ε satisface los supuestos estándar.

Ahora, del capítulo 12, se sabe cómo transformar un modelo de regresión para deshacerse de la autocorrelación (de primer orden) (recuérdese el método generalizado en diferencia): Suponiendo que ρ se conoce o es estimado, se utiliza $(Y_t - \rho Y_{t-1})$ como la variable regresada y $(X_t - \rho X_{t-1})$ como el regresor. Pero la presencia del regresor dicótomo D plantea un problema especial: Obsérvese que la variable dicótoma sencillamente clasifica una observación como perteneciente al primero o al segundo periodo. Entonces, ¿cómo se puede transformar? Maddala sugiere el siguiente procedimiento[22]:

1. En (15.13.6), los valores de D son cero para todas las observaciones en el primer periodo; en el periodo 2, el valor de D para la *primera* observación es $1/(1 - \rho)$ en lugar de 1, y es 1 para todas las demás observaciones.
2. La variable X_t se transforma en $(X_t - \rho X_{t-1})$). Obsérvese que se pierde una observación en esta transformación, a menos que se acuda a la **transformación de Prais-Winsten**.
3. El valor de $D_t X_t$ es cero para todas las observaciones en el primer periodo (*Nota:* D_t es cero en el primer periodo); en el segundo periodo la *primera observación* toma el valor de $D_t X_t = X_t$ y las observaciones restantes en el segundo periodo son de forma que $(D_t X_t - D_t X_{t-1}) = (X_t - \rho X_{t-1})$. (*Nota:* El valor de D_t en el segundo periodo es 1).

Como se señala en el análisis anterior, la *observación crítica* es la primera observación en el segundo periodo. Si se maneja en la forma sugerida, la estimación de regresiones tal como (15.3.6) sujetas a autocorrelación como está especificada en (15.13.7) no deben tener problema.

---

[21]Al respecto, *véase* G. S. Maddala, *Introduction to Econometrics*, Macmillan, 2a. ed., New York, 1992, pp. 320-322.

[22]Maddala, *ibid.*, pp. 321-322.

15.14 TEMAS PARA ESTUDIO POSTERIOR

En la teoría se analizan diversos temas relacionados con las variables dicótomas que son relativamente avanzados, incluyendo (1) **modelos de parámetros aleatorios** o **variables,** (2) **modelos «switching de regresión** y (3) **modelos de desequilibrio.**

En los modelos de regresión considerados en este texto, se supone que los parámetros, los β, son desconocidos pero fijos. Los modelos de coeficientes aleatorios —de los cuales hay diversas versiones— suponen que los β pueden ser aleatorios también. El trabajo principal de referencia en ésta área es el realizado por Swamy[23].

En el modelo de variable dicótoma que utiliza interceptos diferenciales al igual que pendientes diferenciales, se supone implícitamente que se conoce el punto de quiebre. Así, en la regresión de ahorro-ingreso del Reino Unido, se identificó el año 1946–1954 como el periodo de reconstrucción y 1955–1963 como el periodo de posreconstrucción. Pero, ¿qué sucede si no se sabe si el quiebre tuvo lugar en 1955, en 1954 o en 1956? La técnica de **modelos «switching» de regresión** maneja esta situación, permitiendo que el punto de quiebre sea en sí mismo aleatorio. El trabajo original en esta área se atribuye a Goldfeld y Quandt[24].

Se requieren técnicas especiales de estimación para tratar con lo que se conoce como **situaciones de desequilibrio,** es decir, situaciones en donde los mercados no son claros (es decir, la demanda no es igual a la oferta). El ejemplo clásico es el de demanda y de oferta de un bien. La demanda de un bien es función de su precio y de otras variables y la oferta de ese bien es también función de su precio y de otras variables, algunas de las cuales son diferentes de aquellas que hacen parte de la función de demanda. Ahora, la cantidad realmente comprada y vendida del bien no necesariamente debe ser igual a la obtenida igualando la demanda a la oferta, llevando así a un desequilibrio. Para un análisis completo de **modelos de desequilibrio**, el lector puede referirse a Quandt[25].

15.15 RESUMEN Y CONCLUSIONES

1. Las variables dicótomas que tienen valores de 1 y 0 (o sus transformaciones lineales) son un medio de introducir regresores cualitativos en el análisis de regresión.
2. Las variables dicótomas son un mecanismo de clasificación de información ya que permiten dividir una muestra en diversos subgrupos con base en cualidades o atributos (sexo, estado civil, raza, religión, etc) e *implícitamente* permiten que se efectúen regresiones individuales para cada subgrupo. Si hay diferencias en la respuesta de la variable regresada a la variación en las variables cuantitativas en los diversos subgrupos, éstas se reflejarán en las diferencias en los interceptos o en los coeficientes de las pendientes o en ambos, de las diversas regresiones de subgrupo.
3. Aunque es una herramienta versátil, la técnica de variable dicótoma debe ser manejada cuidadosamente. Primero, si la regresión contiene un término constante, el número de variables dicótomas debe ser menor que el número de clasificaciones de cada variable cualitativa. Segundo, el coeficiente que acompaña las variables dicótomas *siempre* debe ser interpretado con relación al grupo base o de referencia, es decir, con el grupo que adquiere el valor de cero. Finalmente, si un modelo tiene diversas variables cualitativas con diversas categorías, la

---

[23]P. A. V. B. Swamy, *Statistical Inference in Random Coefficient Regression Models*, Springer-Verlag, Berlin, 1971.

[24]S. Goldfeld y R. Quandt, *Nonlinear Methods in Econometrics*, North Holland, Amsterdam, 1972.

[25]Richard E. Quandt, *The Econometrics of Disequilibrium*, Basil Blackwell, New York, 1988.

introducción de las variables dicótomas puede consumir un gran número de grados de libertad. Por consiguiente, siempre se debe ponderar el número de variables dicótomas que van a ser introducidas por el número total de observaciones disponible para el análisis.

4. En este capítulo se consideraron sólo algunas de las diversas aplicaciones de la técnica de variables dicótomas. Estas incluyeron (1) comparación de dos (o más) regresiones, (2) desestacionalización de datos de series de tiempo, (3) combinación de información de series de tiempo y de corte transversal y (4) modelos de regresión lineal por tramos.

5. Puesto que las variables dicótomas no son estocásticas, éstas no presentan problemas especiales en la aplicación de MCO. Sin embargo, debe tenerse cuidado al transformar información que contiene variables dicótomas. En particular, los problemas de autocorrelación y heteroscedasticidad necesitan ser manejados muy cuidadosamente.

EJERCICIOS

Preguntas

15.1. Si usted tiene información mensual para distintos años, ¿cuántas variables dicótomas se introducirán para probar las siguientes hipótesis?:

(a) Todos los 12 meses del año presentan patrones estacionales.

(b) Solamente febrero, abril, junio, agosto, octubre y diciembre presentan patrones estacionales.

15.2. Refiérase a la regresión (15.5.1), que explica la determinación del salario hora del trabajador con más de un empleo. A partir de esta ecuación, derívense las ecuaciones de salario hora para las siguientes clases de personas que poseen más de un empleo:

(a) Blanco, rural, residente en el área occidental y con educación secundaria

(b) No blanco, urbano, residente en el área no occidental y sin educación secundaria

(c) Blanco, rural, residente en el área no occidental y con educación secundaria

15.3. Al estudiar el efecto de un diverso número de atributos cualitativos sobre los precios cobrados por la entrada a cine en una gran área metropolitana durante el periodo 1961–1964, R. D. Lampson obtuvo la siguiente regresión para el año 1961:[*]

$$\hat{Y} = 4.13 + 5.77D_1 + 8.21D_2 - 7.68D_3 - 1.13D_4$$
$$(2.04) \quad (2.67) \quad (2.51) \quad (1.78)$$
$$+ 27.09D_5 + 31.46\log X_1 + 0.81X_2 + 3 \text{ otras variables dicótomas}$$
$$(3.58) \quad (13.78) \quad (0.17)$$
$$R^2 = 0.961$$

donde D_1 = ubicación del teatro: 1 si está en un suburbio, 0 si está en el centro de la ciudad

D_2 = edad del teatro: 1 si tiene menos de 10 años de haber sido construido o desde la última renovación importante, 0 de lo contrario

D_3 = tipo de teatro: 1 si es al aire libre, 0 si es bajo techo

D_4 = estacionamiento: 1 si lo tiene, 0 en los demás casos

D_5 = clase de película: 1 si es de estreno, 0 en los demás casos

X_1 = porcentaje promedio de sillas desocupadas por presentación

X_2 = precio promedio del alquiler de películas, centavos por tiquete cobrados por el distribuidor

Y = precio de entrada nocturna para adultos en centavos de dólar

y donde las cifras en paréntesis son los errores estándar.

---

[*]R. D. Lampson, «Measured Productivity and Price Change: Some Empirical Evidence on Service Industry Bias, Motion Picture Theaters», *Journal of Political Economy*, vol. 78, marzo/abril 1970, pp. 291-305.

(*a*) Coméntense los resultados.

(*b*) ¿Cómo se racionaliza la introducción de la variable X_1?

(*c*) ¿Cómo se explicaría el valor negativo del coeficiente de D_4?

15.4. Con base en información anual para el periodo 1972–1979, William Nordhaus estimó el siguiente modelo para explicar el comportamiento del precio del petróleo de la OPEP (errores estándar entre paréntesis):*

$$y_t = 0.3x_{1t} + 5.22x_{2t}$$

$$(0.03)\quad(0.50)$$

donde y_t = diferencia entre el precio del año en curso y del año anterior (dólares por barril)

$\quad\quad x_{1t}$ = diferencia entre el precio del momento del año en curso y el precio de la OPEP en el año anterior

$\quad\quad x_{2t}$ = 1 para el año 1974 y cero de lo contrario

(*Nota:* durante el periodo 1973–1974 tuvo lugar el embargo de petróleo). Interprétese este resultado y muéstrese el resultado gráficamente para los periodos previos al embargo y posteriores a éste.

15.5. Supóngase que se modifica la regresión del salario de los profesores universitarios (15.4.1) de la siguiente manera:

$$Y_i = \alpha_1 + \alpha_2 D_{2i} + \alpha_3 D_{3i} + \alpha_4(D_{2i}D_{3i}) + \beta X_i + u_i$$

donde Y_i = salario anual de un profesor universitario

$\quad\quad X_i$ = años de experiencia docente

$\quad\quad D_2$ = 1   si es hombre y cero si no lo es

$\quad\quad D_3$ = 1   si es blanco y cero si no lo es

(*a*) El término $D_{2i}D_{3i}$ representa el *efecto de interacción*. ¿Qué significa esta expresión?

(*b*) ¿Qué significa el coeficiente α_4?

(*c*) Encuéntrese $E(Y_i \mid D_2 = 1, D_3 = 1, X_i)$ e interprételo.

15.6. **Variables dicótomas *versus* códigos asignados.** Refiérase a la regresión (15.2.1). En lugar de adoptar el procedimiento de variables dicótomas que aquí aparece, supóngase que se utilizan los siguientes *códigos asignados:*

$$D_i = 1 \text{ si es mujer}$$

$$= 2 \text{ si es hombre}$$

(*a*) Interprétese la regresión utilizando la asignación de códigos.

(*b*) ¿Cuál es la ventaja, si existe, de asignar los códigos mencionados en comparación con el procedimiento de variable dicótoma cero-uno?

15.7. Continúese con el ejercicio 15.6, pero considérese ahora este esquema de asignación:

$$D_i = 1 \text{ si es mujer}$$

$$= -1 \text{ si es hombre}$$

Interprétese la regresión utilizando este esquema y compárense los resultados con el método usual de variables dicótomas cero-uno.

15.8. Refiérase a la regresión (15.10.1). ¿Cómo se probaría la hipótesis

(*a*) $\alpha_2 = \alpha_3$

(*b*) $\alpha_2 = \alpha_4$

(*c*) Si $\alpha_2 \neq \alpha_1$ y $\alpha_3 \neq \alpha_1$, en términos estadísticos, significa esto que $\alpha_2 \neq \alpha_3$? *Guía:* var$(A + B) =$ var(A) + var (B) + 2 cov (A,B) y var $(A - B) =$ var(A) + var(B) - 2cov(A,B)

---

*«Oil and Economic Performance in Industrial Countries», *Brookings Papers on Economic Activity,* 1980, pp. 341-388.

15.9. (*a*) ¿Cómo se obtendrían los errores estándar de los coeficientes de regresión en los modelos (15.8.3) y (15.8.4), que fueron estimados de la regresión «agrupada» (15.8.2)?

(*b*) Para obtener respuestas numéricas, ¿qué información adicional, de existir ésta, se requiere?

15.10. Como se planteó en el texto, las estimaciones de los coeficientes de regresión obtenidas de (15.7.1) serán idénticas a aquellas obtenidas de la estimación individual de las dos regresiones (15.6.1) y (15.6.2). ¿Se cumplirá esto también para $\hat{\sigma}^2$, el estimador de la verdadera varianza de σ^2; es decir, será el $\hat{\sigma}^2$ obtenido de (15.7.1) igual que el obtenido de (15.6.1) o de (15.6.2)? ¿Por qué o por qué no?

15.11. **Agrupación de información de corte transversal y de series de tiempo.** Supóngase que se tiene información sobre producción, trabajo e insumos de capital para N empresas en una industria para T periodos de tiempo y supóngase que desea ajustar una función de producción del siguiente tipo:

$$Y_{it} = \alpha + \beta_1 X_{1it} + \beta_2 X_{2it} + u_{it} \qquad \begin{array}{l} i = 1, 2, 3, \ldots, N \\ t = 1, 2, 3, \ldots, T \end{array}$$

donde $Y =$ producción
$X_1 =$ insumo capital
$X_2 =$ insumo trabajo

Suponiendo que se posee la información relevante, se pide desarrollar modelos tales que

(*a*) Las empresas difieren en *eficiencia gerencial* y las diferencias afectan solamente el intercepto α; esto puede llamarse el *efecto empresa.*

(*b*) Todas las empresas tienen igual eficiencia gerencial, pero el intercepto α se desplaza de un año a otro; esto puede llamarse el *efecto año.*

(*c*) El intercepto de la función de producción anterior está afectado por el efecto empresa al igual que por el efecto año. Además,

(*d*) ¿Qué supuestos se hacen sobre el término de perturbación u_{it}?

15.12. En su estudio sobre las horas de trabajo dedicadas por el FDIC (Federal Deposit Insurance Corporation) al análisis de 91 bancos, R.J. Miller estimó la siguiente función:*

$$\widehat{\ln Y} = 2.41 + 0.3674 \ln X_1 + 0.2217 \ln X_2 + 0.0803 \ln X_3$$
$$(0.0477) \qquad (0.0628) \qquad (0.0287)$$
$$- 0.1755 D_1 + 0.2799 D_2 + 0.5634 D_3 - 0.2572 D_4$$
$$(0.2905) \qquad (0.1044) \qquad (0.1657) \qquad (0.0787)$$
$$R^2 = 0.766$$

donde $Y =$ horas-hombre del examinador del FDIC
$X_1 =$ activos totales del banco
$X_2 =$ número total de oficinas en el banco
$X_3 =$ razón de préstamos clasificados a préstamos totales para el banco
$D_1 = 1$ si la administración fue calificada de «muy buena»
$D_2 = 1$ si la administración fue calificada de «buena»
$D_3 = 1$ si la administración fue calificada de «satisfactoria»
$D_4 = 1$ si la evaluación fue realizada conjuntamente con el Estado.

Las cifras en paréntesis son los errores estándar estimados.

(*a*) Interprétense estos resultados.

(*b*) ¿Hay algún problema en la interpretación de las variables dicótomas en este modelo por estar Y en forma logarítmica?

(*c*) ¿Cómo se interpretarían los coeficientes de las variables dicótomas?

---

*«Examination of Man-Hour Cost for Independent, Joint, and Divided Examination Programs», *Journal of Bank Research*, vol. 11, 1980, pp. 28-35. *Nota:* Las notaciones han sido modificadas para que se ajusten a nuestra notación.

15.13. Para evaluar el efecto de la política del gobierno federal sobre liberación de tasas de interés iniciada en julio de 1979, Sidney Langer, una alumna mía, estimó el siguiente modelo para el periodo trimestral comprendido entre 1975–III y 1983–II*.

$$\hat{Y}_t = 8.5871 - 0.1328P_t - 0.7102\text{Un}_t - 0.2389M_t$$
$$\text{ee}(1.9563) \quad (0.0992) \quad (0.1909) \quad (0.0727)$$
$$+ 0.6592Y_{t-1} + 2.5831\text{Dum}_t \qquad R^2 = 0.9156$$
$$(0.1036) \qquad (0.7549)$$

donde Y = tasa de bonos del Tesoro a tres meses
   P = tasa de inflación esperada
   Un = tasa de desempleo ajustada estacionalmente
   M = cambios en la base monetaria
   Dic = variable dicótoma, que adquiere el valor de 1 para las observaciones que empiezan en julio 1 de 1979

(a) Interprétense estos resultados.
(b) ¿Cuál ha sido el efecto de la liberación de la tasa? ¿Tienen sentido económico los resultados?
(c) Los coeficientes de P_t, Un_t y M_t son negativos. ¿Se puede ofrecer un razonamiento económico?

15.14. Refiérase a la regresión por tramos analizada en el texto. Supóngase que no solamente hay un cambio en el coeficiente de la pendiente en X^* sino que también hay un salto en la línea de regresión, como se muestra en la figura 15.10. ¿Cómo se modificaría (15.11.1) para considerar el salto en la línea de regresión en X^*?

15.15. *Determinantes del precio por onza de cola.* Cathy Schaefer, una alumna mía, estimó la siguiente regresión con base en información de corte transversal de 77 observaciones†:

$$P_i = \beta_0 + \beta_1 D_{1i} + \beta_2 D_{2i} + \beta_3 D_{3i} + \mu_i$$

donde P_i = precio por onza de cola
   D_{1i} = 001 si es almacén de descuento
   = 010 si es almacén de cadena
   = 100 si es almacén de conveniencia
   D_{2i} = 10 si es un producto de marca
   = 01 si es un producto sin marca
   D_{3i} = 0001 botella de 67.6 onzas (2 litros)
   = 0010 botellas de 28-33.8 onzas (*Nota:* 33.8 oz = 1 litro)
   = 0100 botella de 16 onzas
   = 1000 latas de 12 onzas

Los resultados fueron los siguientes:

$$\hat{P}_i = 0.0143 - 0.000004D_{1i} + 0.0090D_{2i} + 0.00001D_{3i}$$
$$(0.00001) \qquad (0.00011) \quad (0.00000)$$
$$t = (-0.3837) \qquad (8.3927) \qquad (5.8125)$$
$$R^2 = 0.6033$$

Nota: Los errores estándar se muestran solamente con cinco decimales.

---

*Sidney Langer, «Interest Rate Deregulation and Short-Term Interest Rates», trabajo universitario no publicado.

†Cathy Schaefer, «Price Per Ounce of Cola Beverage as a Function of Place of Purchase, Size of Container, and Branded or Unbranded product», trabajo universitario, sin publicar.

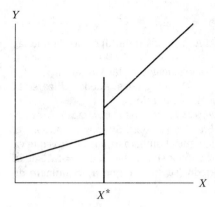

FIGURA 15.10
Regresión lineal por tramos discontinua.

(*a*) Coméntese sobre la forma en que las variables dicótomas han sido introducidas en el modelo.

(*b*) Suponiendo que el procedimiento de variables dicótomas es aceptable, ¿cómo se interpretan los resultados?

(*c*) El coeficiente de D_3 es positivo y estadísticamente significativo. ¿Cómo se racionaliza este resultado?

15.16. Basado en información para 101 países sobre el ingreso *per cápita* en dólares (X) y la esperanza de vida en años (Y) a principios de la década de los años setenta, Sen y Srivastava obtuvieron los siguientes resultados de regresión*:

$$\hat{Y}_i = -2.40 + 9.39 \ln X_i - 3.36[D_i(\ln X_i - 7)]$$
$$ee = \quad (4.73) \quad (0.859) \qquad (2.42) \qquad\qquad R^2 = 0.752$$

donde $D_i = 1$ si $\ln X_i > 7$ y $D_i = 0$ de lo contrario. *Nota:* Cuando $\ln X_i = 7$, $X = $ US\$ 1097 (aproximadamente).

(*a*) ¿Cuál(es) podría(n) ser la(s) razón(es) para introducir la variable ingreso en forma logarítmica?

(*b*) ¿Cómo se interpretaría el coeficiente 9.39 del $\ln X_i$?

(*c*) ¿Cuál podría ser la razón para introducir el regresor $D_i(\ln X_i - 7)$? ¿Cómo se explica este regresor? Y ¿cómo se interpreta el coeficiente −3.36 de este regresor? (*Guía:* regresión lineal por tramos)

(*d*) Suponiendo un ingreso *per cápita* de US\$ 1097 como la línea divisoria entre los países más pobres y los más ricos, ¿cómo se derivaría la regresión para países cuyo ingreso *per cápita* es menor que US\$ 1097 y la regresión para países cuyo ingreso *per cápita* es mayor que US\$ 1097?

(*e*) ¿Qué conclusiones generales se obtienen del resultado de la regresión presentada en este problema?

15.17. Considérese el siguiente modelo:

$$Y_i = \beta_1 + \beta_2 D_i + u_i$$

donde $D_i = 0$ para las primeras 20 observaciones y $D_i = 1$ para las 30 observaciones restantes. También se dice que la var $(u_i^2) = 300$.

(*a*) ¿Cómo se interpretan β_1 y β_2?

(*b*) ¿Cuáles son los valores promedio de los dos grupos?

(*c*) ¿Cómo se calcularía la varianza de $(\hat{\beta}_1 + \hat{\beta}_2)$? *Nota:* Un dato que se da es que la cov $(\hat{\beta}_1, \hat{\beta}_2) = -15$.

---

*Ashish Sen y Muni Srivastava, *Regression Analysis: Theory, Methods, and Applications*, Springer-Verlag, New York, 1990, p. 92. Se ha cambiado la notación.

Problemas

15.18. Utilizando la información dada en el apéndice 15 A, sección 15A.1, pruébese la hipótesis de que las varianzas de los errores en los dos subperíodos 1958–IV a 1966- III y 1966–IV a 1971–II son los mismos. *Véanse*, en el capítulo 11, los diversos métodos para probar la homogeneidad de las varianzas.

15.19. Pruébese la hipótesis de que $\hat{\sigma}_2^2$ y $\hat{\sigma}_3^2$ estimadas de (8.8.6) y (8.8.7) son iguales. Puede utilizarse la prueba de Bartlett sobre homogeneidad de varianza analizada en el capítulo 11.

15.20. Prueba de Chow modificada (*cuando el número de observaciones es menor que el número de parámetros que van a ser estimadas*). Refiérase a las regresiones (15.6.1) y (15.6.2). Supóngase que n_2, el número de observaciones en el segundo periodo, es menor o igual que el número de parámetros que va a ser estimado. En este caso, Chow sugiere la siguiente modificación a su prueba: Sea S_1 = SRC de la regresión agrupada; S_2 = SRC de la regresión del primer periodo (se supone que $n_1 >$ número de parámetros). Ahora, utilícese la siguiente prueba F:

$$F = \frac{(S_1 - S_2)/n_2}{S_2/(n_1 - k)}$$

que tiene n_2 y $(n_1 - k)$ g de l.

   Si este valor F resulta estadísticamente significativo, rechácese la hipótesis de que las últimas n_2 observaciones provienen del modelo que generó la regresión del primer periodo basada en n_1 observaciones. Si no es significativo, no se puede rechazar esa hipótesis.

   Utilícese la información de la tabla 15.2 para probar la hipótesis de que las dos últimas observaciones provienen de la misma población que generó las primeras 16 observaciones.

15.21. Utilizando la metodología analizada en el capítulo 8, compárese la regresión no restringida (15.10.2) con la restringida (15.10.3), es decir, pruébese la validez de las restricciones impuestas.

15.22. Refiérase a la información dada en el apéndice 15A, sección 15A.2 y a la regresión (15.10.2). Desarróllese un modelo de regresión para probar la hipótesis de que la pendiente, al igual que el término del intercepto de la regresión de utilidades sobre ventas es diferente para el segundo trimestre del año comparada con los demás trimestres. Muéstrense los cálculos necesarios.

15.23. Desestacionalización de datos. El ejemplo ilustrativo de la sección 15.10 mostró la forma como las variables dicótomas pueden ser utilizadas para considerar los efectos estacionales. Luego de estimar la regresión (15.10.2), se encontró que solamente la variable dicótoma asociada con el segundo trimestre del año era estadísticamente significativa, indicando que solamente el segundo trimestre presentaba algún efecto estacional. Por consiguiente, un método de desestacionalizar la información sería sustraer de las cifras de utilidades y de ventas del segundo trimestre de cada año el valor de 1,322.8938 (millones de dólares), es decir, el valor del coeficiente de la variable dicótoma para el segundo trimestre y efectuar la regresión de las utilidades sobre las ventas con base en la información así transformada.

   (*a*) Transfórmese la información anterior y efectúese la regresión. No deben introducirse variables dicótomas en esta regresión. (¿Por qué?)

   (*b*) Compárese el coeficiente de la variable ventas en la regresión estimada utilizando la información transformada con aquél dado en (15.10.2). Se espera que estos dos coeficientes sean idénticos estadísticamente? ¿Por qué?

   (*c*) Supóngase que en (*a*) se introdujeron variables dicótomas. ¿Qué debe sucederle a los coeficientes de las variables dicótomas?

15.24. En la regresión ahorro-ingreso (15.7.4), supóngase que, en lugar de utilizar los valores 1 y 0 para la variable dicótoma D_i, se debía utilizar $Z_i = a + bD_i$, donde $D_i = 1$ y 0 y donde $a = 2$ y $b = 3$. Compárense los dos resultados.

15.25. Continuando con la regresión ahorro-ingreso (15.7.4), supóngase que se debía asignar $D_i = 1$ a las observaciones en el segundo periodo y $D_i = 0$ a las observaciones en el primer periodo. ¿Cómo cambiarían los resultados mostrados en (15.7.4)?

15.26. ¿Cómo se obtendrían los errores estándar de los coeficientes estimados para las regresiones (15.7.5) y (15.7.6)? ¿Qué información adicional se necesitaría, de ser precisa, para obtener los resultados numéricos?

15.27. En la siguiente tabla se presenta información trimestral (sin ajustar estacionalmente) sobre venta de acciones de fondos mutuos por parte de la industria de fondos mutuos durante el periodo 1968–1973. Considérese el siguiente modelo:

Venta de acciones de fondos mutuos (millones de dólares)

Año	Trimestre			
	I	**II**	**III**	**IV**
1968	1,564	1,654	1,607	1,994
1969	2,129	1,658	1,428	1,503
1970	1,381	1,039	975	1,230
1971	1,304	1,288	1,108	1,446
1972	1,398	1,176	1,099	1,219
1973	1,382	888	933	1,156

Fuente: 1974 Mutual Fund Fact Book, Investment Company Institute, Washington, D.C. (Las cifras han sido aproximadas al millón de dólares más cercano).

$$\text{Ventas}_t = \alpha_1 + \alpha_2 D_2 + \alpha_3 D_3 + \alpha_4 D_4 + u_t$$

donde $D_2 = 1$ para el segundo trimestre, 0 de lo contrario
$D_3 = 1$ para el tercer trimestre, 0 de lo contrario
$D_4 = 1$ para el cuarto trimestre, 0 de lo contrario

(*a*) Estímese la regresión anterior.
(*b*) ¿Cómo se interpretarían los α?
(*c*) ¿Cómo se utilizarían los α estimados para desestacionalizar la información de ventas?

15.28. Utilícese la información del ejercicio 15.27, pero úsese el siguiente modelo:

$$\text{Ventas}_t = \alpha_1 D_1 + \alpha_2 D_2 + \alpha_3 D_3 + \alpha_4 D_4 + u_t$$

donde las D son las variables dicótomas que toman valores de 1 o 0 en los trimestres 1 a 4.
(*a*) ¿Cómo se estimaría la ecuación anterior?
(*b*) ¿La ecuación anterior viola la regla de que el número de variables dicótomas debe ser un número menor que el número de clasificaciones (trimestres)?
(*c*) Compárense los resultados con aquellos obtenidos en el ejercicio 15.27.

*15.29. **Regresiones aparentemente no relacionadas (SURE).** Refiérase a las funciones de inversión de G.M. y Westinghouse dadas en (15.12.1) y (15.12.2). Aunque estas funciones pueden ser estimadas separadamente, podría ser más eficiente (en el sentido estadístico) si se estiman en forma conjunta, porque las dos empresas operan en los mismos mercados de capital y es probable que un «shock» (por ejemplo, un incremento en la tasa de interés) afecte a las dos empresas. Por consiguiente, es probable que el término de error u de G.M. y el término de error u' de Westinghouse puedan estar correlacionados en el mismo punto del tiempo (esta situación se denomina **correlación contemporánea**). En este caso, Zellner ha demostrado que la estimación de las dos ecuaciones en forma simultánea, aunque aparentemente éstas puedan no estar relacionadas, puede mejorar la eficiencia de los estimadores en comparación con los obtenidos si se estima cada ecuación en forma separada†. De aquí, su nombre en inglés (SURE).

---

*Opcional

†A. Zellner, «An Efficient Method of Estimating Seemingly Unrelated Regressions and Tests for Aggregation Bias,» *Journal of the American Statistical Association*, vol. 57, 1962, pp. 348-368.

El procedimiento de estimación SURE es un poco complejo, pero esta rutina SURE hace parte de los paquetes econométricos estándar.

(*a*) Utilizando cualquier paquete econométrico, encuéntrense las estimaciones SURE de los parámetros de las dos funciones de inversión.

(*b*) Obténganse también las estimaciones MCO de las dos funciones de inversión separadamente.

(*c*) Compárense los errores estándar de los diversos coeficientes de regresión obtenidos por los métodos MCO y SURE ¿Cuál método es mejor y por qué?

15.30. Refiérase al ejemplo 15.5 dado en la sección 15.8. Aplíquese la prueba de Chow a los datos dados allí y compárense los resultados con aquellos dados en el Ejemplo 15.5. ¿Cuál método es mejor, por qué razón?

15.31. Utilizando la información de inversión dada en la tabla 15.4, efectúese una regresión agrupada para Westinghouse y G.E. utilizando el modelo (15.12.3) y compárense los resultados con la regresión agrupada de G.M. y Westinghouse. Si se encuentran diferencias en los resultados ¿cuál puede ser la razón de estas diferencias?

¿Cómo se efectuaría una regresión agrupada para G.M., G.E. y Westinghouse utilizando la técnica de variables dicótomas?

15.32. Utilizando la información dada en la tabla 15.4, estímense las funciones de inversión de G.M. y de Westinghouse permitiendo que ambas variables dicótomas, la del intercepto diferencial y la de pendiente, diferencien las dos compañías; coméntense los resultados frente a los obtenidos en (15.12.5).

15.33. Compárense los resultados de la regresión (15.13.2) con aquellos obtenidos de estimar el modelo lineal, es decir, donde Y es una función lineal de X_2 y D_i.

APÉNDICE 15 A

15A.1 MATRIZ DE INFORMACIÓN PARA REGRESIÓN (15.8.2)

Año y trimestre	Tasa de desempleo UN, %	Tasa de vacantes de empleo V, %	D	DV	Año y trimestre	Tasa de desempleo UN, %	Tasa de vacantes de empleo V, %	D	DV
1958–IV	1.915	0.510	0	0	1965–I	1.201	0.997	0	0
1959–I	1.876	0.541	0	0	–II	1.192	1.035	0	0
–II	1.842	0.541	0	0	–III	1.259	1.040	0	0
–III	1.750	0.690	0	0	–IV	1.192	1.086	0	0
–IV	1.648	0.771	0	0	1966–I	1.089	1.101	0	0
1960–I	1.450	0.836	0	0	–II	1.101	1.058	0	0
–II	1.393	0.908	0	0	–III	1.243	0.987	0	0
–III	1.322	0.968	0	0	–IV	1.623	0.819	1	0.819
–IV	1.260	0.998	0	0	1967–I	1.821	0.740	1	0.740
1961–I	1.171	0.968	0	0	–II	1.990	0.661	1	0.661
–II	1.182	0.964	0	0	–III	2.114	0.660	1	0.660
–III	1.221	0.952	0	0	–IV	2.115	0.698	1	0.698
–IV	1.340	0.849	0	0	1968–I	2.150	0.695	1	0.695
1962–I	1.411	0.748	0	0	–II	2.141	0.732	1	0.732
–II	1.600	0.658	0	0	–III	2.167	0.749	1	0.749
–III	1.780	0.562	0	0	–IV	2.107	0.800	1	0.800
–IV	1.941	0.510	0	0	1969–I	2.104	0.783	1	0.783
1963–I	2.178	0.510	0	0	–II	2.056	0.800	1	0.800
–II	2.067	0.544	0	0	–III	2.170	0.794	1	0.794
–III	1.942	0.568	0	0	–IV	2.161	0.790	1	0.790
–IV	1.764	0.677	0	0	1970–I	2.225	0.757	1	0.757
1964–I	1.532	0.794	0	0	–II	2.241	0.746	1	0.746
–II	1.455	0.838	0	0	–III	2.366	0.739	1	0.739
–III	1.409	0.885	0	0	–IV	2.324	0.707	1	0.707
–IV	1.296	0.978	0	0	1971–I	2.516*	0.583*	1	0.583*
					–II	2.909*	0.524*	1	0.524*

*Estimaciones preliminares

Fuente: Damodar Gujarati, «The Behaviour of Unemployment and Unfilled Vacancies: Great Britain, 1958-1971" *The Economic Journal*, vol. 82, marzo 1972, p. 202.

15A.2 MATRIZ DE INFORMACIÓN PARA REGRESIÓN (15.10.2)

Año y trimestre	Utilidades (millones de dólares)	Ventas (millones de dólares)	D_2	D_3	D_4
1965–I	10,503	114,862	0	0	0
–II	12,092	123,968	1	0	0
–III	10,834	121,454	0	1	0
–IV	12,201	131,917	0	0	1
1966–I	12,245	129,911	0	0	0
–II	14,001	140,976	1	0	0
–III	12,213	137,828	0	1	0
–IV	12,820	145,465	0	0	1
1967–I	11,349	136,989	0	0	0
–II	12,615	145,126	1	0	0
–III	11,014	141,536	0	1	0
–IV	12,730	151,776	0	0	1
1968–I	12,539	148,862	0	0	0
–II	14,849	158,913	1	0	0
–III	13,203	155,727	0	1	0
–IV	14,947	168,409	0	0	1
1969–I	14,151	162,781	0	0	0
–II	15,949	176,057	1	0	0
–III	14,024	172,419	0	1	0
–IV	14,315	183,327	0	0	1
1970–I	12,381	170,415	0	0	0
–II	13,991	181,313	1	0	0
–III	12,174	176,712	0	1	0
–IV	10,985	180,370	0	0	1

Notas: $D_2 = 1$ para el segundo trimestre, 0 en otro caso

$D_3 = 1$ para el tercer trimestre, 0 en otro caso

$D_4 = 1$ para el cuarto trimestre, 0 en otro caso

Fuente: La información sobre utilidades y ventas se refiere a centro manufacturero total y proceden del *Quarterly Financial Report for Manufacturing Corporations*, U.S. Federal Trade Commission and the U.S. Securities and Exchange Commission.

REGRESIÓN CON LA VARIABLE DEPENDIENTE DICÓTOMA: LOS MODELOS MLP, LOGIT, PROBIT Y TOBIT

En los modelos de regresión con variable dicótoma considerados en el capítulo 15, se supuso implícitamente que la variable dependiente Y era cuantitativa mientras que las variables explicativas podían ser cuantitativas o cualitativas o un mezcla de las dos. En este capítulo se consideran modelos de regresión en los cuales la variable dependiente o de respuesta puede ser en sí misma de naturaleza dicótoma, tomando un valor de 1 o de 0 y se señalan algunos problemas interesantes de estimación asociados con tales modelos.

16.1 VARIABLE DEPENDIENTE DICÓTOMA

Supóngase que se desea estudiar la participación de la fuerza laboral de hombres adultos en función de la tasa de desempleo, de la tasa de salarios promedio, del ingreso familiar, de la educación, etc. Una persona o bien está en la fuerza laboral o no lo está. Por tanto, la variable dependiente que es la participación en la fuerza laboral, solamente puede adquirir dos valores: 1 si la persona está en la fuerza laboral y 0 si él o ella no lo está.

Considérese otro ejemplo. Supóngase que se desea estudiar la condición de pertenencia a un sindicato de profesores universitarios en función de diversas variables cuantitativas y cualitativas. Ahora bien, un profesor universitario o bien pertenece al sindicato o no pertenece a éste. Por consiguiente, la variable dependiente, que es la condición de pertenencia al sindicato, es una variable dicótoma que toma los valores de 0 o 1, donde el 0 significa la no pertenencia al sindicato y el 1, su pertenencia a éste.

Hay diversos ejemplos de este tipo en los cuales la variable dependiente es dicótoma. Así, una familia posee una casa o no la posee, tiene seguro de incapacidad física o no lo tiene, ambos cónyuges están en la fuerza laboral o solamente uno de ellos lo está. En forma similar, una determinada droga es efectiva para curar una enfermedad o no lo es. Una empresa decide declarar ciertos dividendos de acciones o decide no hacerlo, un senador decide votar a favor de la enmienda de derechos igualitarios o decide no hacerlo, el Presidente decide vetar un proyecto de ley, o decide aceptarlo, etc.

Una característica única de todos estos ejemplos es que la variable dependiente es del tipo que produce una respuesta de sí o no; es decir, es dicótoma por naturaleza[1].

¿Cómo se tratan los modelos que contienen variables de respuesta dicótoma? Es decir, ¿cómo se estiman? ¿Hay problemas de estimación y/o de inferencia especiales asociados con tales modelos? o ¿pueden ser ellos tratados dentro del procedimiento usual de MCO? Para responder a estas preguntas y a inquietudes relacionadas, se consideran en este capítulo los cuatro enfoques utilizados más comúnmente para la estimación de tales modelos:

1.   El modelo lineal de probabilidad (MLP)
2.   El modelo logit
3.   El modelo probit
4.   El modelo tobit (regresión censurada)

16.2 MODELO LINEAL DE PROBABILIDAD (MLP)

Para establecer las ideas, considérese el siguiente modelo simple:

$$Y_i = \beta_1 + \beta_2 X_i + u_i \qquad (16.2.1)$$

donde $X =$ el ingreso familiar
$Y = 1$ si la familia posee una casa
$\quad = 0$ si la familia no posee una casa

Modelos tales como (16.2.1), que expresan la variable dicótoma Y_i como una función lineal de la(s) variable(s) explicativa(s) X_i, se denominan **modelos lineales de probabilidad** (MLP) puesto que $E(Y_i \mid X_i)$, la esperanza condicional de Y_i dado X_i, puede ser interpretada como la *probabilidad condicional* de que el evento suceda dado X_i; es decir, $\Pr(Y_i = 1 \mid X_i)$. Así, en el caso anterior, $E(Y_i \mid X_i)$ da la probabilidad de que una familia posea una casa y tenga un ingreso de una cierta cantidad X_i. La justificación del nombre MLP para modelos como (16.2.1) puede ser la siguiente.

Suponiendo que $E(u_i) = 0$, como es lo usual (para obtener estimadores insesgados), se obtiene

$$E(Y_i \mid X_i) = \beta_1 + \beta_2 X_i \qquad (16.2.2)$$

---

[1]La variable dicótoma es un caso especial de variable **polítoma** o variable dependiente de múltiples categorías, por ejemplo, la afiliación a un partido (demócrata, republicano o independiente). Sin embargo, el análisis en este capítulo se limita a variables dicótomas. Para los modelos polítomos, *véase* Moshe Ben-Akiva y Steven R. Lerman, *Discrete Choice Analysis*, The MIT Press, Cambridge, Mass., 1985, capítulo 5.

Ahora, permitiendo que P_i = probabilidad de que $Y_i = 1$ (es decir, de que el evento ocurra) y $1 - P_i$ = probabilidad de que $Y_i = 0$ (es decir, de que el evento no ocurra), la variable Y tiene la siguiente distribución:

Y_i	Probabilidad
0	$1 - P_i$
1	P_i
Total	1

Por consiguiente, por la definición de esperanza matemática, se obtiene

$$E(Y_i) = 0(1 - P_i) + 1(P_i)$$
$$= P_i \qquad (16.2.3)$$

Comparando (16.2.2) con (16.2.3), se puede igualar

$$E(Y_i \mid X_i) = \beta_1 + \beta_2 X_i = P_i \qquad (16.2.4)$$

es decir, la esperanza condicional del modelo (16.2.1) puede, de hecho, ser interpretada como la probabilidad condicional de Y_i.

Puesto que la probabilidad P_i debe encontrarse entre 0 y 1, se tiene la restricción

$$0 \le E(Y_i \mid X_i) \le 1 \qquad (16.2.5)$$

es decir, la esperanza condicional o probabilidad condicional debe encontrarse entre 0 y 1.

16.3 PROBLEMAS EN LA ESTIMACIÓN DE MLP

Puesto que (16.2.1) «parece» igual a cualquier otro modelo de regresión, ¿por qué no estimarlo mediante el método MCO estándar? Esto puede hacerse como parte de una rutina mecánica. Sin embargo, se deben enfrentar algunos problemas especiales que son los siguientes.

No normalidad de las perturbaciones u_i

Aun cuando MCO no requiere que las perturbaciones (las u) estén normalmente distribuidas, se supuso que lo estaban para fines de inferencia estadística, es decir, para las pruebas de hipótesis, etc. Pero el supuesto de normalidad para u_i ya no se mantiene en los MLP porque, al igual que Y_i, u_i solamente toma dos valores. Para ver esto, se escribe (16.2.1) como

$$u_i = Y_i - \beta_1 - \beta_2 X_i \qquad (16.3.1)$$

Ahora, cuando

$$Y_i = 1 \qquad u_i = 1 - \beta_1 - \beta_2 X_i$$

y cuando

$$(16.3.2)$$

$$Y_i = 0 \qquad u_i = -\beta_1 - \beta_2 X_i$$

Obviamente, no puede suponerse que u_i esté normalmente distribuida; en realidad ésta sigue una distribución binomial.

Pero el no cumplimiento del supuesto de normalidad puede no ser tan crítico como parece porque se sabe que las estimaciones puntuales MCO aún permanecen insesgadas (recuérdese que si el objetivo es la estimación puntual, el supuesto de normalidad es inconsecuente). Además, puede demostrarse que a medida que el tamaño de la muestra aumenta indefinidamente, los estimadores MCO generalmente tienden a estar normalmente distribuidos[2]. Por consiguiente, en muestras grandes, la inferencia estadística del MLP seguirá el procedimiento MCO usual bajo el supuesto de normalidad.

Varianzas heteroscedásticas de las perturbaciones

Aun si $E(u_i) = 0$ y $E(u_i u_j) = 0$, para $i \neq j$ (es decir, no hay correlación serial), ya no es posible sostener la afirmación de que las perturbaciones u_i son homoscedásticas. Para ver esto, las u dadas en (16.3.2) tienen la siguiente distribución:

u_i	Probabilidad
$-\beta_1 - \beta_2 X_i$	$1 - P_i$
$1 - \beta_1 - \beta_2 X_i$	P_i
Total	1

La distribución de probabilidad anterior se obtiene de la distribución de probabilidad para Y_i dada anteriormente[3].

Ahora, por definición,

$$\text{var}(u_i) = E[u_i - E(u_i)]^2$$
$$= E(u_i^2) \text{ ya que } E(u_i) = 0 \text{ por supuestos}$$

Por consiguiente, utilizando la distribución de probabilidad anterior para u_i, se obtiene

$$\text{var}(u_i) = E(u_i^2) = (-\beta_1 - \beta_2 X_i)^2(1 - P_i) + (1 - \beta_1 - \beta_2 X_i)^2(P_i)$$
$$= (-\beta_1 - \beta_2 X_i)^2(1 - \beta_1 - \beta_2 X_i) + (1 - \beta_1 - \beta_2 X_i)^2(\beta_1 + \beta_2 X_i)$$
$$= (\beta_1 + \beta_2 X_i)(1 - \beta_1 - \beta_2 X_i) \tag{16.3.3}$$

o

$$\text{var}(u_i) = E(Y_i \mid X_i)[1 - E(Y_i \mid X_i)]$$
$$= P_i(1 - P_i) \tag{16.3.4}$$

---

[2]La prueba está basada en el teorema del límite central y puede encontrarse en E. Malinvaud, *Statistical Methods of Econometrics*, Rand McNally & Company, Chicago, 1966, pp. 195-197. Si los regresores se consideran estocásticos y están normalmente distribuidos en forma conjunta, las pruebas F y t pueden ser aun utilizadas aunque las perturbaciones no sean normales.

[3]Ésta puede verse también como

Y_i	u_i	Probabilidad
0	$-\beta_1 - \beta_2 X_i$	$1 - P_i$
1	$1 - \beta_1 - \beta_2 X_i$	P_i

donde se hace uso del hecho de que $E(Y_i \mid X_i) = \beta_1 + \beta_2 X_i = P_i$. La ecuación (16.3.4) muestra que la varianza de u_i es heteroscedástica porque depende de la esperanza condicional de Y, la cual, por supuesto, depende del valor que adquiera X. Así, en última instancia, la varianza de u_i depende de X y, por tanto, no es homoscedástica.

Ya se sabe que en presencia de heteroscedasticidad los estimadores MCO, aunque insesgados, no son eficientes; es decir, no tienen varianza mínima. Pero, nuevamente, el problema de heteroscedasticidad no es insuperable. En el capítulo 11 se analizaron diversos métodos para tratar el problema de heteroscedasticidad. Puesto que la varianza de u_i depende del valor esperado de Y, el cual está condicionado al valor de X, como se muestra en (16.3.3), una forma de resolver el problema de heteroscedasticidad es transformar la información dividiendo ambos lados del modelo (16.2.1) por

$$\sqrt{E(Y_i \mid X_i)[1 - E(Y_i \mid X_i)]} = \sqrt{P_i(1 - P_i)} = \text{digamos } \sqrt{w_i}$$

$$\frac{Y_i}{\sqrt{w_i}} = \frac{\beta_1}{\sqrt{w_i}} + \beta_2 \frac{X_i}{\sqrt{w_i}} + \frac{u_i}{\sqrt{w_i}} \qquad (16.3.5)$$

El término de perturbación en (16.3.5) será ahora homoscedástico. (¿Por qué?) Por consiguiente, se puede proceder a la estimación MCO de (16.3.5).

Por supuesto, la verdadera $E(Y_i \mid X_i)$ no se conoce; por tanto, las ponderaciones w_i no se conocen. Para estimar w_i, se puede utilizar el siguiente procedimiento que consta de dos etapas:

Etapa 1. Efectúese la regresión MCO sobre (16.2.1) sin considerar el problema de heteroscedasticidad y obténgase $\hat{Y}_i$ = el valor estimado de la verdadera $E(Y_i \mid X_i)$. Luego, obténgase $\hat{w}_i = \hat{Y}_i(1 - \hat{Y}_i)$, el valor estimado de w_i.

Etapa 2. Utilícese el $\hat{w}_i$ estimado para transformar la información como en (16.3.5) y efectúese la regresión MCO sobre la información así transformada[4].

No cumplimiento de $0 \leq E(Y_i \mid X_i) \leq 1$

Puesto que $E(Y_i \mid X_i)$ en los modelos lineales de probabilidad mide la probabilidad condicional de que ocurra el evento Y dado X, ésta debe encontrarse necesariamente entre 0 y 1. Aunque *a priori* esto es verdadero, no hay garantía de que $\hat{Y}_i$, los estimadores de $E(Y_i \mid X_i)$, cumplan necesariamente esta restricción *y éste es el problema real con la estimación MCO del MLP*. Hay dos formas de establecer si el $\hat{Y}_i$ estimado se encuentra entre 0 y 1. Una es estimar el MLP mediante el método usual MCO y determinar si el $\hat{Y}_i$ estimado se encuentra entre 0 y 1. Si algunos valores son menores que 0 (es decir, negativos), para esos casos se supone que $\hat{Y}_i$ es cero; si son mayores de 1, se supone que son 1. El segundo procedimiento es diseñar una técnica de estimación que garantice que las probabilidades condicionales estimadas $\hat{Y}_i$ se encuentran entre 0 y 1. Los modelos logit y probit analizados más adelante garantizarán que las probabilidades estimadas se encuentren con seguridad entre los límites lógicos 0 y 1.

---

[4]Para conocer la justificación de este procedimiento, *véase* Arthur S. Goldberger, *Econometric Theory*, John Wiley & Sons, New York, 1964, pp. 249-250.

R^2, Valor cuestionable como medida de bondad del ajuste

El R^2 calculado convencionalmente tiene un valor limitado en los modelos de respuesta dicótoma. Para ver la razón, considérese la siguiente figura. Dado un X, Y es igual a 0 o a 1. Por consiguiente, todos los valores de Y se encontrarán en el eje X o en la línea correspondiente a 1. Entonces, por lo general, no se espera que haya un MLP que ajuste bien a tal dispersión, bien sea el *MLP no restringido* (fig. 16.1*a*) o el *MLP truncado o restringido* (fig. 16.1*b*), un *MLP* estimado en forma tal que no caiga por fuera de la banda lógica 0-1. Como resultado, es probable que el R^2 calculado convencionalmente sea muy inferior a 1 para tales modelos. En la mayoría de las aplicaciones prácticas, el R^2 se

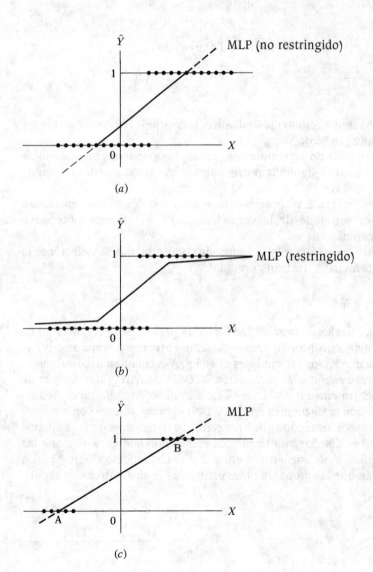

(a)

(b)

(c)

FIGURA 16.1
Modelos lineales de probabilidad.

encuentra dentro de un rango de 0.2 a 0.6. El R^2 en ese tipo de modelos será elevado, por ejemplo, si es superior a 0.8, solamente cuando la dispersión observada esté muy concentrada alrededor de los puntos A y B (figura 16.1 *c*), ya que en ese caso es fácil establecer la línea recta uniendo los dos puntos A y B. En este caso, el Y_i predicho estará muy cerca a 0 o a 1.

Por estas razones, John Aldrich y Forrest Nelson sostienen que «el uso del coeficiente de determinación como estadístico resumen debe evitarse en modelos con variable dependiente cualitativa[5]».

16.4 MLP: UN EJEMPLO NUMÉRICO

Para ilustrar algunos de los puntos señalados sobre el MLP en la sección anterior, se presenta un ejemplo numérico. La tabla 16.1 muestra información inventada sobre propiedad de vivienda Y (1 = posee casa, 0 = no posee casa) e ingreso familiar X (miles de dólares) para 40 familias. Con base en esta información, el MLP estimado por MCO fue el siguiente:

$$\hat{Y}_i = -0.9457 + 0.1021X_i$$
$$(0.1228) \quad (0.0082)$$
$$t = (-7.6984) \quad (12.515) \qquad (16.4.1)$$
$$R^2 = 0.8048$$

TABLA 16.1
Información hipotética sobre propiedad de vivienda (Y = 1 si posee vivienda, 0 de lo contrario) e ingreso X (miles de dólares)

Familia	Y	X	Familia	Y	X
1	0	8	21	1	22
2	1	16	22	1	16
3	1	18	23	0	12
4	0	11	24	0	11
5	0	12	25	1	16
6	1	19	26	0	11
7	1	20	27	1	20
8	0	13	28	1	18
9	0	9	29	0	11
10	0	10	30	0	10
11	1	17	31	1	17
12	1	18	32	0	13
13	0	14	33	1	21
14	1	20	34	1	20
15	0	6	35	0	11
16	1	19	36	0	8
17	1	16	37	1	17
18	0	10	38	1	16
19	0	8	39	0	7
20	1	18	40	1	17

---

[5]*Véase* su sencilla monografía *Linear Probability, Logit, and Probit Models*, Sage Publications, Beverly Hills, Calif., 1984, p. 15. Para otras medidas de bondad de ajuste en modelos que contienen variables regresadas dicótomas, *véase* T. Amemiya, «Qualitative Response Models», *Journal of Economic Literature*, vol. 19, 1981, pp. 331-354.

Primero, se interpreta esta regresión de la siguiente manera. El intercepto de -0.9457 da la «probabilidad» de que una familia con ingreso cero posea una casa. Puesto que este valor es negativo y dado que la probabilidad no puede ser negativa, se considera que este valor es cero, lo cual es razonable en este caso[6]. El valor de la pendiente de 0.1021 significa que para un cambio unitario en el ingreso (aquí US$1,000), en promedio, la probabilidad de poseer una casa aumenta en 0.1021 o alrededor del 10% Por supuesto, dado un nivel de ingreso determinado, se puede estimar la probabilidad real de poseer una casa a partir de (16.4.1). Así, para $X = 12$ (US$12,000), la probabilidad estimada de poseer casa es

$$(\hat{Y}_i \mid X_i = 12) = -0.9457 + 12(0.1021)$$
$$= 0.2795$$

Es decir, la probabilidad de que una familia con un ingreso de US$12,000 posea una casa es alrededor de 28% La tabla 16.2 muestra las probabilidades estimadas, $\hat{Y}_i$, para los diversos niveles de ingreso enumerados en la tabla. La característica más sobresaliente de esta tabla es que seis valores estimados son negativos y seis valores exceden a uno, lo cual demuestra claramente el punto planteado anteriormente de que, aunque $E(Y_i \mid X_i)$ es positivo y menor que 1, no necesariamente se cumple que sus estimadores $\hat{Y}_i$ sean positivos o inferiores a 1. Esta es una razón por la cual el MLP no es el modelo recomendado cuando la variable dependiente es dicótoma.

TABLA 16.2
Y observado, Y estimado y ponderaciones w_i para el ejemplo de propiedad de vivienda

Y_i	$\hat{Y}_i$	$\hat{w}_i$**	$\sqrt{\hat{w}_i}$	Y_i	$\hat{Y}_i$	$\hat{w}_i$**	$\sqrt{\hat{w}_i}$
0	−0.129*	—	—	1	1.301†	—	—
1	0.688	0.2146	0.4633	1	0.688	0.2147	0.4633
1	0.893	0.0956	0.3091	0	0.280	0.2016	0.4990
0	0.178	0.1463	0.3825	0	0.178	0.1463	0.3825
0	0.280	0.2016	0.4490	1	0.688	0.2147	0.4633
1	0.995	0.00498	0.0705	0	0.178	0.1463	0.3825
1	1.098†	—	—	1	1.097†	—	—
0	0.382	0.2361	0.4859	1	0.893	0.0956	0.3091
0	−0.0265*	—	—	0	0.178	0.1463	0.3825
0	0.076	0.0702	0.2650	0	0.076	0.0702	0.2650
1	0.791	0.1653	0.4066	1	0.791	0.1653	0.4055
1	0.893	0.0956	0.3091	0	0.382	0.2361	0.4859
0	0.484	0.2497	0.4997	1	1.199†	—	—
1	1.097†	—	—	1	1.097†	—	—
0	−0.333*	—	—	0	0.178	0.1463	0.3825
1	0.995	0.00498	0.0705	0	−0.129*	—	—
1	0.688	0.2147	0.4633	1	0.791	0.1653	0.4066
0	0.076	0.0702	0.2650	1	0.688	0.2147	0.4633
0	−0.129*	—	—	0	−0.231*	—	—
1	0.893	0.0956	0.3091	1	0.791	0.1653	0.4066

Nota: * Se considera igual a cero para evitar que las probabilidades sean negativas.

    † Se considera igual a uno para evitar que las probabilidades excedan a uno.

    ** $\hat{Y}_i(1 - \hat{Y}_i)$.

---

[6]Generalmente, se puede interpretar un valor altamente negativo como una probabilidad casi nula de poseer una casa cuando el ingreso es cero.

Aun si los Y_i estimados fueran todos positivos e inferiores a 1, el MLP aún sufre del problema de heteroscedasticidad, lo cual puede verse fácilmente de (16.3.4). Como consecuencia, no se puede confiar en los errores estándar estimados que se reportan en (16.4.1). (¿Por qué?) Pero se puede utilizar el procedimiento de mínimos cuadrados ponderados (MCP), analizado anteriormente, para obtener estimaciones más eficientes de los errores estándar. Las ponderaciones necesarias, $\hat{w}_i$, requeridas para la aplicación de MCP se muestran también en la tabla 16.2. Pero, obsérvese que algunos Y_i son negativos y algunos exceden el valor de uno, los $\hat{w}_i$ correspondientes a estos valores será negativo. Por tanto, no se pueden utilizar estas observaciones en MCP (¿por qué?), con lo cual se reduce el número de observaciones, de 40 a 28 en este ejemplo[7]. Omitiendo estas observaciones, la regresión MCP es

$$
\frac{Y_i}{\sqrt{w_i}} = \underset{(0.1206)}{-1.2456}\frac{1}{\sqrt{w_i}} + \underset{(0.0069)}{0.1196}\frac{X_i}{\sqrt{w_i}} \tag{16.4.2}
$$

$$
t = (-10.332) \qquad (17.454) \qquad R^2 = 0.9214
$$

Estos resultados demuestran que, comparado con (16.4.1), los errores estándar estimados son menores y, correspondientemente, las razones t estimadas (en valores absolutos) son más grandes. Pero se debe tomar este resultado con cierta reserva puesto que al estimar (16.4.2) se tuvieron que eliminar 12 observaciones. Además, puesto que los w_i son estimados, los procedimientos usuales de prueba de hipótesis estadísticas son válidos, estrictamente hablando, en muestras grandes (*véase* capítulo 11).

16.5 APLICACIONES DE MLP

Hasta el desarrollo de paquetes de computador para estimar los modelos logit y probit (que serán analizados en breve), el MLP era utilizado en forma bastante extensa debido a su simplicidad. A continuación se ilustran algunas de estas aplicaciones.

Ejemplo 16.1 Estudio de Cohen, Rea y Lerman[8]

En un estudio preparado por el Departamento del Trabajo de los Estados Unidos, Cohen, Rea y Lerman estuvieron interesados en examinar la participación en la fuerza laboral de diversas categorías de trabajo como función de diversas variables socioeconómico-demográficas. En todas sus regresiones, la variable dependiente era dicótoma, con un valor de 1 si la persona pertenecía a la fuerza laboral y con un valor de 0 si él o ella no pertenecían a ésta. En la tabla 16.3 se reproduce una de sus diversas regresiones de variable dependiente dicótoma.

Antes de interpretar los resultados, obsérvense estas características: la regresión anterior fue estimada utilizando MCO. Para corregir por heteroscedasticidad, los autores utilizaron el procedimiento de dos etapas descrito anteriormente en algunas de sus regresiones pero encontraron que los errores estándar de las estimaciones así obtenidas no diferían materialmente de las obtenidas sin la corrección por heteroscedasticidad. Posiblemente, este resultado se deba al puro tamaño de la muestra, de alrededor de 25,000. Debido a este gran tamaño de muestra, los valores t estimados pueden ser probados por su significancia estadística mediante el procedimiento MCO usual aun cuando el término de error adquiera valores dicotómicos. El R^2 estimado de 0.175 puede parecer relativamente bajo, pero en vista del gran tamaño de la muestra, este R^2 sigue siendo significativo con base en la prueba F dada en la sección 8.5. Finalmente, obsérvese la forma como los autores han mezclado variables cuantitativas y cualitativas y cómo han tomado en consideración los efectos de la interacción.

---

[7]Para evitar la pérdida de grados de libertad, se podría dejar que $Y_i = 0.01$ cuando los Y_i estimados sean negativos y $Y_i = 0.99$ cuando éstos superen o igualen a 1. *Véase* el ejercicio 16.1.

[8]Malcolm S. Cohen, Samuel A. Rea, Jr. y Robert I. Lerman, *A Micro Model of Labor Supply*, BLS Staff Paper 4, Departamento de Trabajo de los Estados Unidos, 1970.

TABLA 16.3

Participación en la fuerza laboral

Regresión de mujeres, edad 22 y superior, que viven en las 96 áreas estadísticas metropolitanas estándar más grandes (AEME) (variable dependiente: perteneció a la fuerza laboral durante 1966 o no perteneció)

Variable explicativa	Coeficiente	Razón *t*
Constante	0.4368	15.4
Estado civil		
Casada, vive con su esposo	...	...
Casada, otro	0.1523	13.8
Soltera	0.2915	22.0
Edad		
22–54	...	...
55–64	−0.0594	−5.7
65 y más	−0.2753	−9.0
Años de educación		
0–4	...	...
5–8	0.1255	5.8
9–11	0.1704	7.9
12–15	0.2231	10.6
16 y más	0.3061	13.3
Tasa de desempleo (1966), %		
Menos de 2.5	...	...
2.5–3.4	−0.0213	−1.6
3.5–4.0	−0.0269	−2.0
4.1–5.0	−0.0291	−2.2
5.1 y más	−0.0311	−2.4
Cambio en el empleo (1965-1966),%		
Menor que 3.5	...	...
3.5–6.49	0.0301	3.2
6.5 y más	0.0529	5.1
Oportunidades relativas de empleo, %		
Menor que 62	...	...
72–73.9	0.0381	3.2
74 y más	0.0571	3.2
IFMJ, $		
Menos de 1.500 y negativo	...	...
1,500–7,499	−0.1451	−15.4
7,500 y más	−0.2455	−24.4
Interacción (estado civil y edad)		
Estado civil Edad		
Otros 55-64	−0.0406	−2.1
Otros 65 y más	−0.1391	−7.4
Soltera 55-64	−0.1104	−3.3
Soltera 65 y más	−0.2045	−6.4

TABLA 16.3 (continuación)

Variable explicativa	Coeficiente	Razón t
Interacción (edad y años de educación aprobados)		
Edad Años de educación		
65 y más 5–8	−0.0885	−2.8
65 y más 9–11	−0.0848	−2.4
65 y más 12–15	−0.1288	−4.0
65 y más 16 y más	−0.1628	−3.6
$R^2 = 0.175$		
No. de observaciones = 25,153		

Fuente: Malcolm S. Cohen, Samuel A. Rea, Jr. y Robert I. Lerman, *A Micro Model of Labor Supply*, BLS Staff Paper 4, Departamento de Trabajo de los Estados Unidos, 1970, tabla F-6, pp. 212-213.

Nota:...indica la categoría base o categoría omitida

IFMJ: Ingreso familiar menos jornales propios e ingresos por salarios.

Retornando a la interpretación de los resultados, se observa que cada coeficiente de pendiente da la tasa de cambio en la probabilidad condicional del evento que está ocurriendo ante un cambio unitario en el valor de la variable explicativa. Por ejemplo, el coeficiente de –0.2753 que acompaña a la variable «edad 65 y más» significa que, manteniendo todos los demás factores constantes, la probabilidad de participación en la fuerza laboral de mujeres en este grupo de edad es menor en alrededor del 27% (en comparación con la categoría base de mujeres con edades entre 22 y 54 años). Utilizando el mismo razonamiento, el coeficiente de 0.3061, asociado con la variable «16 o más años de educación», significa que manteniendo todos los demás factores constantes, la probabilidad de que las mujeres con esta misma educación participen en la fuerza laboral es más alta en cerca del 31% (comparado con la categoría base, que son mujeres con menos de 5 años de educación).

Ahora, considérese el **término de interacción** estado civil y edad. La tabla muestra que la probabilidad de participación en la fuerza laboral es más alta en cerca de 29% para aquellas mujeres solteras (comparado con la categoría base) y es más baja en alrededor de 28% para aquellas mujeres de 65 y más años de edad (nuevamente en relación con la categoría base). Pero la probabilidad de participación de mujeres solteras y que tienen 65 años o más es menor en cerca de 20% comparada con la categoría base. Esto implica que es probable que las mujeres solteras de 65 años de edad y más participen en la fuerza laboral en mayor proporción que aquellas casadas o clasificadas dentro de la categoría «otros», con 65 años de edad.

Siguiendo este procedimiento, el lector puede interpretar fácilmente el resto de los coeficientes dados en la tabla 16.3. De la información dada, es fácil obtener las estimaciones de las probabilidades condicionales de la participación de la fuerza laboral de las diversas categorías. Así, si se desea encontrar la probabilidad para mujeres casadas (otras), entre las edades de 22 a 54, con 12 a 15 años de educación, con una tasa de desempleo de 2.4 a 3.4%, cambio de empleo de 3.5 a 6.49%, oportunidades relativas de empleo de 74% y por encima y con IFMJ de US\$7500 y más, se obtiene

$$0.4368 + 0.1523 + 0.2231 - 0.0213 + 0.0301 + 0.0571 - 0.2455 = 0.6326$$

En otras palabras, la probabilidad de la participación de las mujeres en la fuerza laboral, con las características anteriores se ha estimado en alrededor del 63%.

Ejemplo 16.2 Predicción de las tasas de bonos

Con base en información de series de tiempo y corte transversal de 200 bonos Aa (alta calidad) y Baa (calidad media) durante el período 1961-1966, Joseph Cappelleri estimó el siguiente modelo de predicción para la clasificación de bonos[9].

$$Y_i = \beta_1 + \beta_2 X_{2i}^2 + \beta_3 X_{3i} + \beta_4 X_{4i} + \beta_5 X_{5i} + u_i$$

donde Y_i = 1 si la clasificación del bono es Aa (avalúo de la firma Moody)

= 0 si la clasificación del bono es Baa (avalúo de la firma Moody)

X_2 = Razón de capitalización de la deuda, una medida de endeudamiento

$\quad = \dfrac{\text{Valor en dólares de la deuda de largo plazo}}{\text{Valor en dólares de la capitalización total}} \cdot 100$

X_3 = Tasa de rentabilidad

$\quad = \dfrac{\text{Valor en dólares del ingreso después de impuestos}}{\text{Valor en dólares de los activos totales netos}} \cdot 100$

X_4 = Desviación estándar de la tasa de rentabilidad, una medida de la variabilidad de la tasa de rentabilidad

X_5 = Activos totales netos (miles de dólares), una medida de tamaño

A priori, se espera que β_2 y β_4 sean negativos (¿por qué?) y que β_3 y β_5 sean positivos.

Después de corregir por heteroscedasticidad y por autocorrelación de primer orden, Cappelleri obtuvo los siguientes resultados[10]:

$$\hat{Y}_i = 0.6860 - 0.0179 X_{2i}^2 + 0.0486 X_{3i} + 0.0572 X_{4i}$$
$$\quad (0.1775) \quad (0.0024) \qquad (0.0486) \qquad (0.0178)$$
$$\quad + \ 0.378(E\text{-}7)X_5$$
$$\quad (0.039)(E\text{-}8)$$

$$R^2 = 0.6933$$

(16.5.1)

Nota: 0.378 *E*-7 significa 0.0000000378, etc.

Todos los coeficientes, a excepción de X_4, tienen los signos correctos. Se deja que los estudiantes de finanzas deduzcan la razón por la cual el coeficiente de la variabilidad de la tasa de rentabilidad tiene signo positivo, ya que se espera que cuanto mayor sea la variabilidad en las utilidades, menos probable es que la firma Moody dé una clasificación Aa, manteniendo iguales las demás condiciones.

La interpretación de la regresión es clara. Por ejemplo, el 0.0486 asociado con X_3 significa que, manteniendo las otras condiciones iguales, un incremento de un punto porcentual en la tasa de rendimiento conducirá, en promedio, a alrededor de un 0.05 de incremento en la probabilidad de que un bono obtenga la clasificación Aa. En forma similar, cuanto más alta sea la tasa de endeudamiento elevada al cuadrado, menor en 0.02 será la probabilidad de que un bono sea clasificado como bono Aa por unidad de incremento en esta tasa.

---

[9]Joseph Cappelleri, «Predicting a Bond Rating», trabajo universitario sin publicar, C.U.N.Y.. El modelo utilizado en este documento es una modificación del modelo utilizado por Thomas F. Pogue y Robert M. Soldofsky, «What Is in a Bond Rating? *Journal of Financial and Quantitative Analysis*, junio 1969, pp. 201-228.

[10]Algunas de las probabilidades estimadas antes de corregir por heteroscedasticidad fueron negativas y algunas fueron superiores a 1; para facilitar el cálculo de las ponderaciones w_i en estos casos, se supuso que éstas fueron 0.01 y 0.99, respectivamente.

Ejemplo 16.3 Predicción de omisiones en el pago de bonos

Para predecir la probabilidad de que no se pagaran sus obligaciones en forma de bonos, Daniel Rubinfeld estudió una muestra de 35 municipalidades en Massachusetts durante el año 1930, donde una diversidad de éstos incumplieron sus obligaciones de pago. El modelo MLP seleccionado y estimado por él fue el siguiente[11]:

$$\hat{P} = 1.96 - 0.029 \text{ IMPUESTO} - 4.86 \text{ INT} + 0.063 \text{ AV}$$
$$\quad (0.29) \quad (0.009) \qquad (2.13) \qquad (0.028)$$
$$+ \; 0.007 \text{ DAV} \qquad - \; 0.48 \text{ BIENESTAR} \qquad \qquad (16.5.2)$$
$$\quad (0.003) \qquad \qquad (0.88) \qquad \qquad R^2 = 0.36$$

Donde $P = 0$ si la comunidad incumplió el pago y 1 de lo contrario, IMPUESTO = tasas de impuesto promedio de 1929, 1930 y 1931: INT = % del presupuesto observado asignado a pagos de interés en 1930; AV = crecimiento porcentual en los avalúos catastrales de la propiedad entre 1925 y 1930; DAV = razón de la deuda neta directa total con respecto al avalúo catastral total en 1930; y BIENESTAR = porcentaje del presupuesto de 1930 asignado a caridad, pensiones y beneficios de los soldados.

La interpretación de (16.5.2) nuevamente es clara. Así, manteniendo las otras condiciones iguales, un incremento en la tasa de impuestos de US$1 por cada mil aumentará la probabilidad de incumplimiento en alrededor de 0.03, o 3%. El valor R^2 es relativamente bajo pero, como se mencionó anteriormente, en los MLP, los valores de R^2 generalmente tienden a ser inferiores y son de uso limitado al juzgar la bondad de ajuste del modelo.

16.6 ALTERNATIVAS AL MLP

Como se ha visto, el MLP tiene infinidad de problemas, tales como (1) la no normalidad de los u_i, (2) la heteroscedasticidad de u_i, (3) la posibilidad de que $\hat{Y}_i$ se encuentre por fuera del rango 0-1 y (4) los valores generalmente bajos de R^2. Pero estos problemas se pueden resolver. Por ejemplo, se puede utilizar el MCP para resolver el problema de heteroscedasticidad o incrementar el tamaño de la muestra y minimizar así el problema de la no normalidad. Recurriendo a las técnicas de mínimos cuadrados restringidos o de programación matemática, es posible hacer que las probabilidades estimadas se encuentren dentro del intervalo 0–1.

Pero aun entonces el problema fundamental con el MLP es que lógicamente no es un modelo muy atractivo porque supone que $P_i = E(Y = 1 \mid X)$ aumenta linealmente con X, es decir, el efecto marginal o incremental de X permanece constante todo el tiempo. Así, en el ejemplo de propiedad de vivienda se encontró que a medida que X aumenta en una unidad (US$1,000), la probabilidad de ser propietario de una casa aumenta en la misma cantidad constante de 0.10. Esto es así sea el nivel del ingreso US$8,000, US$10,000, US$18,000 o US$22,000. Esto no parece ser realista. En realidad se esperaría que P_i estuviera relacionado en forma no lineal con X_i: Para ingresos muy bajos, una familia no poseerá una casa, pero a un nivel de ingresos suficientemente altos, por ejemplo, X^*, es muy probable que ésta sí posea una casa. Cualquier incremento en el ingreso más allá de X^* tendrá un efecto pequeño sobre la probabilidad de poseer una casa. Así, a ambos extremos de la distribución de ingresos, la probabilidad de poseer casa no se verá afectada, virtualmente, por un pequeño incremento en X.

---

[11]D. Rubinfeld, «An Econometric Analysis of the Market for General Municipal Bonds», disertación doctoral sin publicar, Massachusetts Institute of Technology, 1972. Los resultados dados en este ejemplo se reproducen de Robert S. Pindyck y Daniel L. Rubinfeld, *Econometric Models and Economic Forecasts*, 2a. ed., McGraw-Hill, New York, 1981, p. 279.

Por consiguiente, lo que se necesita es un modelo (probabilístico) que tenga estas dos características: (1) A medida que X_i aumenta, $P_i = E(Y = 1 \mid X)$ aumenta pero nunca se sale del intervalo 0–1 y (2) la relación entre P_i y X_i es no lineal, es decir, «uno se acerca a cero a tasas cada vez más lentas a medida que X_i se hace más pequeño y se acerca a uno a tasas cada vez más lentas a medida que X_i se hace muy grande»[12].

Geométricamente, el modelo que se desea tendría la forma de la figura 16.2. Obsérvese en este modelo que la probabilidad se encuentra entre 0 y 1 y que éste varía en forma no lineal con X.

El lector se dará cuenta de que el sigmoide o curva en forma de S en la figura se parece mucho a la **función de distribución acumulativa** de una variable aleatoria(FDA)[13]. Por consiguiente, se puede utilizar fácilmente la FDA en regresiones de modelos en los cuales la variable de respuesta es dicótoma, adquiriendo valores 0–1. La pregunta práctica ahora es, ¿cuál FDA? Puesto que aunque todos los FDA tienen forma de S, para cada variable aleatoria hay una FDA única. Por razones históricas al igual que prácticas, las FDA comúnmente seleccionadas para representar los modelos de respuesta 0–1 son (1) la logística y (2) la normal, la primera dando lugar al modelo **logit** y la última, al modelo **probit** (o **normit**).

Aunque el análisis detallado de los modelos logit y probit está por fuera del alcance de este libro, se indicará de manera algo informal la forma de estimar tales modelos y la forma de interpretarlos.

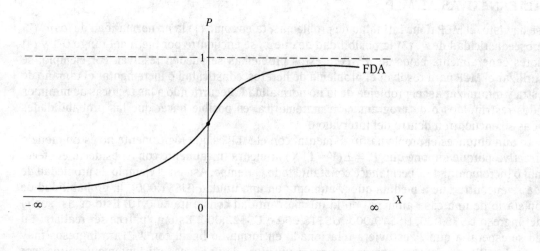

FIGURA 16.2
Función de distribución acumulativa (FDA).

---

[13]Como se analizó en el apéndice A, la FDA de una variable aleatoria X es sencillamente la probabilidad de que ésta tome un valor menor o igual a x_0, donde x_0 es algún valor numérico especificado de X. En resumen, $F(X)$, la FDA de X, es $F(X = x_0) = P(X \leq x_0)$.

16.7 EL MODELO LOGIT

Se continúa con el ejemplo de propiedad de vivienda para explicar las ideas básicas detrás del modelo logit. Recuérdese que en la explicación de la propiedad de vivienda en relación con el ingreso, el MLP fue

$$P_i = E(Y = 1 \mid X_i) = \beta_1 + \beta_2 X_i \qquad (16.7.1)$$

donde X es el ingreso y $Y = 1$ significa que la familia es propietaria de una casa. Pero considérese ahora la siguiente representación de la propiedad de vivienda:

$$P_i = E(Y = 1 \mid X_i) = \frac{1}{1 + e^{-(\beta_1 + \beta_2 X_i)}} \qquad (16.7.2)$$

Para facilidad de la exposición, se escribe (16.7.2) como

$$P_i = \frac{1}{1 + e^{-Z_i}} \qquad (16.7.3)$$

donde $Z_i = \beta_1 + \beta_2 X_i$

La ecuación (16.7.3) representa lo que se conoce como **función de distribución logística** (acumulativa)[14].

Es fácil verificar que a medida que Z_i se encuentra dentro de un rango de $-\infty$ a $+\infty$, P_i se encuentra dentro de un rango de 0 a 1 y que P_i no está linealmente relacionado con Z_i (es decir, con X_i), satisfaciendo así los dos requerimentos considerados anteriormente[15]. Pero parece que al satisfacer estos requerimentos, se ha creado un problema de estimación porque P_i es no lineal no solamente en X sino también en los β, como puede verse claramente a partir de (16.7.2). Esto significa que no se puede utilizar el procedimiento familiar MCO para estimar los parámetros[16]. Pero este problema es más aparente que real porque (16.7.2) es intrínsecamente lineal, lo cual puede verse de la siguiente manera.

Si P_i, la probabilidad de poseer una casa, está dada por (16.7.3), entonces $(1 - P_i)$, la probabilidad de no poseer una casa es

$$1 - P_i = \frac{1}{1 + e^{Z_i}} \qquad (16.7.4)$$

Por consiguiente, se puede escribir

$$\frac{P_i}{1 - P_i} = \frac{1 + e^{Z_i}}{1 + e^{-Z_i}} = e^{Z_i} \qquad (16.7.5)$$

Ahora $P_i/(1 - P_i)$ es sencillamente la **razón de probabilidades** en favor de poseer una casa — la razón de la probabilidad de que una familia posea una casa a la probabilidad de que no la posea. Así, si $P_i = 0.8$, significa que las probabilidades son 4 a 1 en favor de la familia que posee una casa.

---

[14]El modelo logístico ha sido utilizado extensamente en análisis de fenómenos de crecimiento, tales como la población, el PNB, la oferta monetaria, etc. Para conocer detalles teóricos y prácticos de los modelos logit y probit, *véase* J. S. Kramer, *The Logit Model for Economists*, Edward Arnold Publishers, Londres, 1991; y G. S. Maddala, *Limited Dependent and Qualitative Variables in Econometrics*, Cambridge University Press, New York, 1983.

[15]*Obsérvese* que a medida que $Z_i \to +\infty$, e^{-Z_i} tiende a cero y a medida que $Z_i \to -\infty$, e^{-Z_i} aumenta indefinidamente. Recuerde que $e = 2.71828$.

[16]Ciertamente, se pueden utilizar técnicas de estimación no lineales pero éstas están por fuera del alcance de este texto.

Ahora, si se toma el logaritmo natural de (16.7.5), se obtiene un resultado muy interesante, a saber,

$$L_i = \ln\left(\frac{P_i}{1 - P_i}\right) = Z_i$$

$$= \beta_1 + \beta_2 X_i$$

(16.7.6)

es decir, L, el logaritmo de la razón de probabilidades no es solamente lineal en X, sino también (desde el punto de vista de estimación) lineal en los parámetros[17]. L es llamado **logit** y de aquí el nombre **modelo logit** para modelos como (16.7.6).

Obsérvense estas características del modelo logit.

1. A medida que P va de 0 a 1 (es decir, a medida que Z varía de $-\infty$ a $+\infty$, el logit L va de $-\infty$ a $+\infty$. Es decir, aunque las probabilidades (por necesidad) se encuentran entre 0 y 1, los logit no están limitados en esa forma.

2. Aunque L es lineal en X, las probabilidades en sí mismas no lo son. Esta propiedad hace contraste con el modelo MLP (16.7.1) en donde las probabilidades aumentan linealmente con X[18].

3. La interpretación del modelo logit es la siguiente: β_2, la pendiente, mide el cambio en L ocasionado por un cambio unitario en X, es decir, dice cómo el logaritmo de las probabilidades en favor de poseer una casa cambia a medida que el ingreso cambia en una unidad, por ejemplo US$1000. El intercepto β_1 es el valor del logaritmo de las probabilidades en favor de poseer una casa si el ingreso es cero. Al igual que la mayoría de las interpretaciones de interceptos, esta interpretación puede no tener significado físico alguno.

4. Dado un nivel determinado de ingreso, por ejemplo, X^*, si realmente se desea estimar la probabilidad misma de poseer una casa, y no las probabilidades en favor de poseer una casa, esto puede hacerse directamente a partir de (16.7.2) una vez se disponga de las estimaciones de β_1 y β_2. Pero esto plantea la pregunta más importante: ¿Cómo estimar β_1 y β_2 en primer lugar? La respuesta está dada en la siguiente sección.

5. Mientras que el MLP supone que P_i está linealmente relacionado con X_i, el modelo logit supone que el logaritmo de la razón de probabilidades está relacionado linealmente con X_i.

16.8 ESTIMACIÓN DEL MODELO LOGIT

Para fines de estimación, se escribe (16.7.6) de la siguiente manera:

$$L_i = \ln\left(\frac{P_i}{1 - P_i}\right) = \beta_1 + \beta_2 X_i + u_i$$

(16.8.1)

En breve, se analizarán las propiedades del término de perturbación estocástico.

---

[17]Recuérdese que el supuesto de linealidad de MCO no requiere que la variable X sea necesariamente lineal. Entonces, se puede tener X^2, X^3, etc., como regresores en el modelo. Para nuestro propósito, lo crucial es la linealidad en los parámetros.
[18]Utilizando el cálculo, puede demostrarse que $dP/dX = \beta_2 P(1-P)$, lo cual muestra que la tasa de cambio en la probabilidad con respecto a X contiene no solamente a β_2, sino también al nivel de probabilidad a partir del cual se mide el cambio (pero más a este respecto en la sección 16.9). A propósito, *obsérvese* que el efecto de un cambio unitario en X_i sobre P es máximo cuando $P = 0.5$ y mínimo cuando P está cercano a 0 o a 1.

Para estimar el modelo, además de X_i, se necesitan los valores del logit L_i. Pero ahora se incurre en algunas dificultades. Si existe información disponible sobre familias individuales, como en la tabla 16.1, entonces $P_i = 1$ si una familia posee una casa y $P_i = 0$ si no la posee. Pero, si se colocan estos valores directamente en el logit L_i, se obtiene

$$L_i = \ln\left(\frac{1}{0}\right) \text{ si una familia posee casa}$$

$$L_i = \ln\left(\frac{0}{1}\right) \text{ si una familia no posee casa}$$

Obviamente, estas expresiones no tienen sentido. Por consiguiente, si la información disponible está a nivel micro o individual, no se puede estimar (16.8.1) mediante la rutina MCO estándar. En esta situación puede ser preciso recurrir al método de máxima verosimilitud para estimar los parámetros. Pero, debido a su complejidad matemática, no se procederá a hacerlo aquí, aunque más adelante se presentará un ejemplo basado en este método[19].

Pero supóngase que se tiene la información, como se muestra en la tabla 16.4. Correspondiente a cada nivel de ingreso X_i en esta tabla son N_i familias, de las cuales n_i poseen casa ($n_i \leq N_i$). Por consiguiente, si ahora se calcula

$$\hat{P}_i = \frac{n_i}{N_i} \tag{16.8.2}$$

TABLA 16.4
Información hipotética sobre X_i (Ingreso), N_i (número de familias con ingreso X_i) y n_i (número de familias que poseen casa)

X (miles de dólares)	N_i	n_i
6	40	8
8	50	12
10	60	18
13	80	28
15	100	45
20	70	36
25	65	39
30	50	33
35	40	30
40	25	20

---

[19]Para un análisis de máxima verosimilitud comparativamente sencillo en el contexto del modelo logit, *véase* John Aldrich y Forrest Nelson, *op. cit.*, pp. 49-54. *Véase* también Alfred Demaris, *Logit Modeling: Practical Applications*, Sage Publications, Newbury Park, Calif., 1992.

es decir, la *frecuencia relativa,* se puede utilizar ésta como una estimación del verdadero P_i correspondiente a cada X_i. Si N_i es relativamente grande, $\hat{P}_i$ será una estimación razonablemente buena de P_i[20]. Utilizando el P_i estimado, se puede obtener el logit estimado como

$$\hat{L}_i = \ln\left(\frac{\hat{P}_i}{1 - \hat{P}_i}\right) = \hat{\beta}_1 + \hat{\beta}_2 X_i \qquad (16.8.3)$$

lo cual será una estimación relativamente buena del verdadero logit L_i si el número de observaciones N_i a cada nivel X_i es razonablemente grande.

En resumen, dada la información *agrupada* o *replicada* (observaciones repetidas), tal como la que se presenta en la tabla 16.4, se puede obtener información sobre la variable dependiente, los logit, para estimar el modelo (16.8.1). ¿Puede entonces aplicarse MCO a (16.8.3) y estimar los parámetros en la forma usual? La respuesta es, aún no, ya que hasta el momento no se ha dicho nada sobre las propiedades del término de perturbación estocástico. Puede demostrarse que si N_i es relativamente grande y si cada observación en una clase de ingreso dado X_i está distribuida en forma independiente como una variable binomial, entonces

$$u_i \sim N\left[0, \frac{1}{N_i P_i (1 - P_i)}\right] \qquad (16.8.4)$$

es decir u_i sigue una distribución normal con media cero y varianza igual a $1/[N_i P_i (1 - P_i)]$[21].

Por consiguiente, como en el caso del MLP, el término de perturbación en el modelo logit es heteroscedástico. Así, en lugar de utilizar MCO se deberán utilizar mínimos cuadrados ponderados (MCP). Para fines empíricos, sin embargo, se reemplazará la P_i desconocida por $\hat{P}_i$ y se utilizará

$$\hat{\sigma}^2 = \frac{1}{N_i \hat{P}_i (1 - \hat{P}_i)} \qquad (16.8.5)$$

como estimador de σ^2.

Ahora se describen los diversos pasos en la estimación de la regresión logit (16.8.1):

1. Para cada nivel de ingreso X_i, calcule la probabilidad estimada de poseer una casa como $\hat{P}_i = n_i/N_i$.

2. Por cada X_i, obtenga el logit mediante[22]

$$\hat{L}_i = \ln[\hat{P}_i/(1 - \hat{P}_i)]$$

---

[20]De la estadística elemental recuérdese que la probabilidad de un evento es el límite de la frecuencia relativa a medida que el tamaño de la muestra se hace infinitamente grande.

[21]Como se demuestra en la teoría de probabilidad elemental, $\hat{P}_i$, la proporción de éxitos (en este caso, la posesión de una casa) sigue la distribución binomial con media igual a la verdadera P_i y varianza igual a $P_i (1 - P_i)/N_i$; y a medida que N_i aumenta indefinidamente, la distribución binomial se aproxima a la distribución normal. Las propiedades distribucionales de u_i dadas en (16.8.4) se desprenden de esta teoría básica. Para mayores detalles, *véase* Henry Theil, «On the Relationships Involving Qualitative Variables», *American Journal of Sociology*, vol. 76, julio 1970, pp. 103-154.

[22]Puesto que $\hat{P}_i = n_i/N_i$, L_i puede ser expresado alternativamente como $\hat{L}_i = \ln n_i/(N_i - n_i)$. A propósito, debe resaltarse que para evitar que $\hat{P}_i$ tome el valor de 0 o 1, en la práctica $\hat{L}_i$ se mide como $\hat{L}_i = \ln(n_i + \frac{1}{2})/(N_i - n_i + \frac{1}{2}) = \ln(\hat{P}_i + 1/2N_i)/(1 - \hat{P}_i + 1/2 N_i)$. Se recomienda como regla práctica, que N_i sea por lo menos 5 para cada valor de X_i. Para mayores detalles *véase* D.R. Cox, *Analysis of Binary Data,* Methuen, Londres, 1970, p. 33.

3. Para resolver el problema de heteroscedasticidad, transforme (16.8.1) de la siguiente manera[23].

$$\sqrt{w_i}L_i = \beta_1 \sqrt{w_i} + \beta_2 \sqrt{w_i}X_i + \sqrt{w_i}u_i \qquad (16.8.6)$$

que se escribe como

$$L_i^* = \beta_1 \sqrt{w_i} + \beta_2 X_i^* + v_i \qquad (16.8.7)$$

donde las ponderaciones $w_i = N_i\hat{P}_i(1 - \hat{P}_i)$; $L_i^* = L_i$ transformada o ponderada; $X_i^* = X_i$ transformada o ponderada; y v_i = término de error transformado. Es fácil verificar que el término de error transformado v_i es homoscedástico, teniendo en mente que la varianza de error original es $\sigma_u^2 = 1/[N_i P_i (1 - P_i)]$.

4. Estímese (16.8.6) mediante MCO —recuérdese que MCP es MCO aplicado sobre la información transformada. Obsérvese que en (16.8.6) no hay término de intercepto introducido explícitamente (¿por qué?). Por consiguiente, se tendrá que utilizar el procedimiento de regresión a través del origen para estimar (16.8.6).

5. Establézcanse intervalos de confianza y/o pruebas de hipótesis dentro del marco usual MCO, *pero tenga en mente que todas las conclusiones serán válidas estrictamente hablando si la muestra es razonablemente grande* (¿Por qué?). Por consiguiente, en muestras pequeñas, los resultados estimados deben ser interpretados cuidadosamente.

16.9 MODELO LOGIT: EJEMPLO NUMÉRICO

Aunque paquetes tales como SAS y SHAZAM estiman ahora los modelos logit con relativa facilidad, se puede entender más fácilmente la lógica en la cual se apoyan realizando un problema numérico. Se utilizará la información dada en la tabla 16.4. La información necesaria sin procesar y otros cálculos relevantes están dados en la tabla 16.5. Los resultados de la regresión de mínimos cuadrados ponderados (16.8.6) basados en la información dada en la tabla 16.5 son los siguientes:

$$\hat{L}_i^* = \quad -1.5932 \sqrt{w_i} + 0.0787X_i^*$$
$$\qquad (0.1115) \qquad (0.0054) \qquad\qquad (16.9.1)$$
$$t = (-14.290) \qquad (14.4456)$$
$$R^2 = 0.9637 \qquad \hat{\sigma}^2 = 0.2921$$

Nota: $\hat{L}_i^*$ y X_i^* son $\hat{L}_i$ y X_i ponderados, como se indica en (16.8.6) y el intercepto estimado es $\beta_1 \sqrt{N_i\hat{P}_i(1 - \hat{P}_i)}$.

Como lo muestra esta regresión, el coeficiente de pendiente estimado sugiere que para un incremento unitario (US$1000) en el ingreso ponderado, el logaritmo ponderado de las probabilidades a favor de poseer una casa aumenta en alrededor de 0.08. Tomando el antilog de 0.0787, se obtiene 1.0818 aproximadamente, lo cual significa que para un incremento unitario en X^*, las probabilidades ponderadas en favor de poseer una casa aumentan en 1.0818 o alrededor de 8.18%. *En general, si se toma el antilogaritmo del coeficiente de la jésima pendiente, se resta uno de éste valor y se multiplica el resultado por 100, se obtendrá el cambio porcentual en las probabilidades para una unidad de incremento en el j ésimo regresor.*

---

[23]Si se estima (16.8.1) ignorando la heteroscedasticidad, los estimadores, aunque sean insesgados, no serán eficientes, como se sabe del capítulo 11.

TABLA 16.5
Información para estimar el modelo logit sobre propiedad

X (miles de dólares) (1)	N_i (2)	n_i (3)	$\hat{P}_i$ (4) = (3) ÷ (4)	$1 - \hat{P}_i$ (5)	$\dfrac{\hat{P}_i}{1 - \hat{P}_i}$ (6)	$\hat{L}_i = \ln\left(\dfrac{\hat{P}_i}{1 - \hat{P}_i}\right)$ (7)	$N_i\hat{P}_i(1 - \hat{P}_i)$ $= w_i$ (8)	$\sqrt{w_i} =$ $\sqrt{N_i\hat{P}_i(1 - \hat{P}_i)}$ $= \sqrt{(8)}$ (9)	$\hat{L}_i^* =$ $\hat{L}_i\sqrt{w_i}$ (10) = (7)(9)	$X_i^* =$ $X_i\sqrt{w_i}$ (11) = (1)(9)
6	40	8	0.20	0.80	0.25	−1.3863	6.40	2.5298	−3.5071	15.1788
8	50	12	0.24	0.76	0.32	−1.1526	9.12	3.0199	−3.4807	24.1592
10	60	18	0.30	0.70	0.43	−0.8472	12.60	3.5496	−3.0072	35.4960
13	80	28	0.35	0.65	0.54	−0.6190	18.20	4.2661	−2.6407	55.4593
15	100	45	0.45	0.55	0.82	−0.2007	24.75	4.9749	−0.9985	74.6235
20	70	36	0.51	0.49	1.04	0.0400	17.49	4.1825	0.1673	83.6506
25	65	39	0.60	0.40	1.50	0.4054	15.60	3.9497	1.6012	98.7425
30	50	33	0.66	0.34	1.94	0.6633	11.20	3.3496	2.2218	100.4880
35	40	30	0.75	0.25	3.0	1.0986	7.50	2.7386	3.0086	95.8405
40	25	20	0.80	0.20	4.0	1.3863	4.00	2.000	2.7726	80.0000

¿Se puede calcular la probabilidad de poseer una casa, dado el ingreso, a partir de la razón de probabilidades estimada? Este cálculo puede hacerse fácilmente. Supóngase que se desea estimar la probabilidad de poseer una casa para el nivel de ingreso de US$20,000. Reemplazando $X = 20$ en (16.9.1), se obtiene

$$\hat{L}_i^* \mid (X = 20) = -0.0944 \quad y \quad \hat{L}_i = \hat{L}_i^* \mid \sqrt{w_i} = -0.0199$$

tomando el antilog de $\hat{L}_i^* = $ antilog$[\hat{P}_i /(1 - \hat{P}_i)] = $ antilog(-0.0199), se obtiene $[P_i /(1 - \hat{P}_i)] = 0.9803$, de donde se obtiene $\hat{P}_i = 0.4950$, es decir, la probabilidad de que una familia con un ingreso de US$20,000 posea una casa es de alrededor de 0.49. La estimación de probabilidades similares a otros niveles de ingreso puede estimarse fácilmente (*véase* el ejercicio 16.5).

Como se mencionó, el coeficiente de pendiente de 0.0787 da el cambio en *el logaritmo ponderado de la razón de probabilidades* de poseer una casa por unidad de incremento en el ingreso ponderado. También se ha visto que [el antilog de 0.0787 menos uno] multiplicado por 100 da el cambio porcentual en las *probabilidades* ponderadas por un incremento unitario en el ingreso ponderado. ¿Es posible calcular el cambio en la probabilidad misma de poseer una casa por cambio unitario en el ingreso? Como se mencionó en la nota de pie de página 18, eso depende no solamente del β_2 estimado, sino también del nivel de la probabilidad a partir del cual es medido el cambio; esto último depende, por supuesto, del nivel de ingreso para el cual se calcula la probabilidad. Para ilustrar, supóngase que se desea medir el cambio en la probabilidad de poseer una casa empezando en el nivel de ingreso de US$20,000. Entonces, de la nota de pie de página 18, se obtiene el cambio en la probabilidad por un incremento unitario en el ingreso del nivel 20 (miles) es $\hat{\beta}_2 (1 - \hat{P}) \hat{P} = 0.0787(0.5143)(0.4950) = 0.0197$. Es decir, para un nivel de ingreso de US$20,000, si el ingreso aumenta en US$1,000, la probabilidad de poseer una casa aumenta en alrededor de 0.02[24]. Pero, al nivel de ingreso de 40 (miles), la probabilidad de poseer una casa aumenta solamente en alrededor de 0.012 por US$1,000 de incremento en el ingreso. [*Nota:* $\hat{\beta}_2 (1 - \hat{P}) \hat{P} = 0.0126$ a $X = 40$]. Como el lector puede apreciarlo, este cálculo es muy diferente del MLP en donde el cambio en la probabilidad de poseer una casa permanece constante a todo lo largo[25]. Para nuestro ejemplo ilustrativo, la figura 16.3 muestra el cambio en la probabilidad de poseer una casa a los diversos niveles de ingreso.

Retornando a la regresión (16.9.1), se observa que los coeficientes estimados individualmente son estadísticamente significativos aun al nivel del 1%. Pero, como se advirtió anteriormente, esta afirmación es correcta, estrictamente, en muestras grandes, es decir, cuando el número de observaciones N_i para cada X_i es grande –no es preciso que el número de niveles al cual se mide X_i sea necesariamente grande; en el ejemplo, X tiene 10 valores diferentes.

Al examinar la tabla 16.5, se observa que las N_i, aunque no son muy grandes, son razonablemente grandes, pero téngase en mente que entre más grandes sean las N_i, mejores serán los procedimientos de prueba.

El R^2 estimado es bastante «alto», alrededor de 0.96. Pero se ha señalado que en modelos de variable dependiente dicótoma, el R^2 como medida de bondad del ajuste es de valor cuestionable[26]. En la literatura se han sugerido diversas alternativas pero éstas no se considerarán aquí. (Sin embargo, *véase* el ejercicio 16.11).

---

[24]Puesto que se están utilizando los resultados derivados del cálculo, este cálculo es estrictamente válido si el cambio en X es muy pequeño (*infinitesimal* en el lenguaje de cálculo).

[25]Si se tiene más de una variable X en el modelo, la probabilidad calculada dependerá de los valores que toman todas las variables X, lo cual significa que el cambio en la probabilidad tomará en consideración los valores de todas las X simultáneamente, con lo cual entran a actuar los efectos de interacción de las demás X cuando una X dada cambia en una unidad. (*Véase* el ejemplo 16.5)

[26]*Véase* Aldrich y Nelson, *op. cit.*, pp. 55-58.

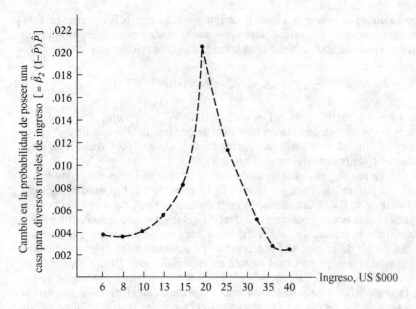

FIGURA 16.3
El *cambio* en la probabilidad de poseer una casa para diversos niveles de ingreso.

Para concluir nuestro análisis de los modelos logit, se presentan a continuación los resultados de la regresión basados en MCO, o regresión no ponderada, para el ejemplo de propiedad de vivienda:

$$\hat{L}_i = -1.6587 + 0.0792X_i$$
$$(0.0958)\quad(0.0041)$$
$$t = (-17.32)\quad(19.11)\quad R^2 = 0.9786$$

(16.9.2)

Se deja al lector comentar estos resultados en comparación con aquellos basados en los MCP dados en (16.9.1). (*Véase* el ejercicio 16.8).

16.10 MODELO LOGIT: EJEMPLOS ILUSTRATIVOS

Ejemplo 16.4 «Una aplicación del análisis Logit a la predicción de blancos de fusión»

Para predecir la probabilidad de que una empresa dada sea blanco de fusión, J. Kimball Dietrich y Eric Sorensen[27] estimaron el siguiente modelo logit:

$$P(Y) = \frac{1}{1 + e^{-Y}}$$

(16.10.1)

donde $Y = 1$ si la empresa es un candidato de fusión y 0 si no lo es. Los autores suponen que Y está relacionada linealmente con las variables que aparecen más adelante:

$$Y_i = \beta_1 + \beta_2\,\text{pagos} + \beta_3\,\text{rotación} + \beta_4\,\text{tamaño} + \beta_5\,\text{endeud.} + \beta_6\,\text{vol.} + \text{error}\quad(16.10.2)$$

---

[27]*Journal of Business Research*, vol. 12, septiembre 1984, pp. 393-402.

donde $Y_i = 1$ si es un blanco de fusión y 0 de lo contrario; Pagos = razón de pagos a los accionistas (dividendos/ingresos); Rotación = rotación de activos (ventas/ activos totales); Tamaño = valor de mercado del patrimonio; Endeud. = tasa de endeudamiento (deuda de largo plazo/ activos totales); Vol = volumen de transacciones en el año de adquisición.

A priori, se espera que β_2, β_4, y β_5 sean negativos, β_6 positivo y β_3 positivo o negativo. Con base en una muestra de 24 empresas fusionadas ($Y = 1$) y 43 no fusionadas ($Y = 0$), los autores obtuvieron los resultados que aparecen en la tabla 16.6[28]. Como se esperaba, los coeficientes estimados tienen los signos esperados a priori y la mayoría son estadísticamente significativos al nivel del 10% o a un mejor nivel (es decir, menos del 10%). Los resultados, por ejemplo, indican que entre más alta sea la rotación y más grande sea el tamaño, menores son las probabilidades (log) de que la empresa sea un blanco de fusión. (¿Por qué?) Por otra parte, entre mayor sea el volumen de transacciones, mayores son las probabilidades de ser candidato a fusión, ya que las empresas de altos volúmenes pueden implicar costos de transacción de adquisición más bajos debido a su fácil negociabilidad. Basado en su análisis, los autores concluyen:

...un factor importante que afecta el atractivo de la empresa es la incapacidad que tiene la gerencia encargada de generar ventas por unidad de activos. Además, una baja rotación de activos debe ir acompañada por una combinación de un nivel bajo de dividendos, un nivel bajo de endeudamiento financiero, un alto volumen de transacciones y su pequeño tamaño dentro del valor agregado del mercado con el fin de producir una alta probabilidad de fusión[29].

Ejemplo 16.5 Predicción de tasas de bonos[30]

En el ejemplo 16.2 se consideraron las estimaciones MLP llevadas a cabo por Joseph Cappelleri del modelo de clasificación de bonos para una muestra de 200 bonos Aa y Baa. Para la misma información, Cappelleri estimó el siguiente modelo logit utilizando el método de máxima verosimilitud, pero no ajustó sus resultados por heteroscedasticidad (las cifras en paréntesis corresponden a los errores estándar):

TABLA 16.6
Resultados de la estimación Logit

Variable	Coeficiente	Error asintótico	valor t
Pago	−0.74	0.29	−2.51†
Rotación	−11.64	3.86	−3.01†
Tamaño	−5.74	2.39	−2.40†
Endeud	−1.33	0.97	−1.37
Vol	2.55	1.58	1.62*
Constante	−10.84	3.40	−3.20†

*Significancia al 90%.

†Significancia al 99%.

Fuente: J. Kimball Dietrich y Eric Sorenen, «An Application of Logit Analysis to Prediction of Merger Targets», *Journal of Business Research*, vol. 12, 1984, p. 401.

---

[28]Los autores ensayaron algunas otras variables pero conservaron solamente aquellas que eran significativas en términos generales.

[29]*Ibid.*, p. 402.

[30]Joseph Cappelleri, *op. cit.*

$$\ln\left(\frac{P_i}{1 - P_i}\right) = -1.6622 - 0.3185X_{2i}^2 + 0.6248X_3 - 0.9041X_4$$

$$\qquad\qquad (1.1968)\ (0.0635)\qquad (0.1359)\qquad (0.2206) \qquad\qquad (16.10.3)$$

$$\qquad\qquad + \ 0.00000092X_5$$

$$\qquad\qquad (0.00000002)$$

donde las variables corresponden a las definidas en el ejemplo 16.2. Todos los coeficientes de pendiente estimados son significativos a un nivel del 5% y están de acuerdo con las expectativas *a priori*. Así, entre más alta sea la variabilidad de la tasa de beneficio (X_4), menores serán las probabilidades de que un bono sea cotizado como Aa, o cuanto más grandes sean los activos totales netos (X_5), mayores serán las probabilidades de que un bono sea cotizado Aa. Dado $X_2^2 = 9.67\%$, $X_3 = 7.77\%$, $X_4 = 0.5933\%$ y $X_5 = 3429$ (000), el log estimado de la razón de probabilidades de (16.10.3) es -0.457, del cual es posible calcular en 0.387 la probabilidad estimada. Así, un bono con los valores X establecidos tiene una probabilidad de cerca del 39% de ser considerado como un bono Aa.

16.11 MODELO PROBIT

Como se ha mencionado, para explicar el comportamiento de una variable dependiente dicótoma, es preciso utilizar una FDA seleccionada apropiadamente. El modelo logit utiliza la función logística acumulativa, como se indica en (16.7.2). Pero esta no es la única FDA que se puede utilizar. En algunas aplicaciones, la FDA normal se ha encontrado útil. El modelo de estimación que surge de una FDA[31] normal, es comúnmente conocido como el **modelo probit**, aunque algunas veces también es conocido como el **modelo normit**. En principio, se puede sustituir la FDA normal por la FDA logística en (16.7.2) y proceder como en la sección 16.7. Pero en lugar de seguir este camino, se presentará el modelo probit basado en la teoría de la utilidad, o de la perspectiva de selección racional con base en el comportamiento, según el modelo desarrollado por McFadden[32].

Para motivar el modelo probit, supóngase que en el ejemplo de propiedad de vivienda, la decisión de la *i*ésima familia de poseer una casa o de no poseerla depende de un *índice de conveniencia no observable I_i* que está determinado por una o varias variables explicativas, por ejemplo, el ingreso X_i, de tal manera que entre mayor sea el valor del índice I_i, mayor será la probabilidad de que la familia posea vivienda. Se expresa el índice I_i como

$$I_i = \beta_1 + \beta_2 X_i \qquad\qquad (16.11.1)$$

donde X_i es el ingreso de la *i*ésima familia.

---

[31]*Véase* el apéndice A para un análisis de la FDA normal. Brevemente, si una variable Z sigue la distribución normal con media μ_z y varianza σ^2, su FDP es

$$f(Z) = \frac{1}{\sqrt{2\pi}\sigma}e^{-(Z-\mu_z)^2/2\sigma^2}$$

y su FDA es

$$F(Z) = \int_{-\infty}^{Z_0} \frac{1}{\sqrt{2\pi}\sigma}e^{-(Z-\mu_z)^2/2\sigma^2}$$

donde Z_0 es algún valor especificado de Z.

[32]D. McFadden, «Conditional Logit Analysis of Qualitative Choice Behaviour», en P. Zarembka, *Frontiers in Econometrics*, Academic Press, New York, 1973.

¿Cómo se relaciona el I_i (no observable) con la decisión específica de poseer una casa? Igual que antes, sea $Y = 1$ si la familia posee una casa y $Y = 0$ si no la posee. Ahora bien, es razonable suponer que para cada familia hay un *nivel crítico o umbral* del índice, que se puede denominar I_i^*, tal que si I_i excede a I_i^*, la familia poseerá una casa, de lo contrario no lo hará. El umbral I_i^*, al igual que I_i, no es observable, pero si se supone que está distribuido normalmente con la misma media y varianza, es posible, no solamente estimar los parámetros del índice dado en (16.11.1) sino también obtener alguna información sobre el índice no observable mismo. Este cálculo se muestra de la siguiente manera.

Dado el supuesto de normalidad, la probabilidad de que I_i^* sea menor o igual que I_i puede ser calculada a partir de la FDA normal estandarizada como[33]

$$
P_i = \Pr(Y = 1) = \Pr(I_i^* \le I_i) = F(I_i) = \frac{1}{\sqrt{2\pi}} \int_{-\infty}^{T_i} e^{-t^2/2} dt
$$

$$
= \frac{1}{\sqrt{2\pi}} \int_{-\infty}^{\beta_1 + \beta_2 X_i} e^{-t^2/2} dt \qquad (16.11.2)
$$

donde t es una variable normal estandarizada, es decir, $t \sim N(0,1)$.

Puesto que P_i representa la probabilidad de que ocurra un evento, en este caso la probabilidad de poseer una casa, ésta se mide por el área de la curva normal estándar de $-\infty$ a I_i, como se muestra en la figura 16.4a.

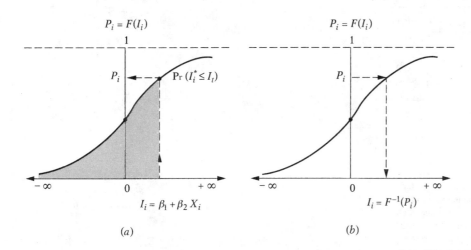

FIGURA 16.4
Modelo Probit: *(a)* Dado I_i, léase P_i de la ordenada; *(b)* Dado P_i, léase I_i de la abscisa.

---

[33]Una distribución normal con media cero y varianza unitaria ($=1$) se conoce como una variable normal estándar o estandarizada. (*Véase* apéndice A)

Ahora, para obtener información sobre I_i, el índice de utilidad, lo mismo que para $\hat{\beta}_1$ y $\hat{\beta}_2$, se toma la inversa de (16.11.2) para obtener[34]

$$I_i = F^{-1}(I_i) = F^{-1}(P_i)$$
$$= \beta_1 + \beta_2 X_i \qquad\qquad (16.11.3)$$

donde F^{-1} es la inversa de la FDA normal. El significado de todo esto puede aclararse con la figura 16.4. En el panel a de esta figura se obtiene (de la ordenada) la probabilidad (acumulada) de poseer una casa dado $I_i^* \le I_i$, mientras que en el panel b se obtiene (de la abscisa) el valor de I_i dado el valor de P_i, que es simplemente inverso del primero.

Pero, específicamente ¿cómo se obtiene el índice I_i al igual que las estimaciones de β_1 y β_2, ya que la única información disponible se refiere al ingreso X_i y $Y = 1$ o 0, dependiendo de si la familia posee o no una casa? Supóngase que se tiene **información agrupada** como se muestra en la tabla 16.5 y se desea ajustar el modelo probit a estos datos como una alternativa al modelo logit. Puesto que ya se tiene $\hat{P}_i$, la frecuencia relativa (la medida empírica de probabilidad), ésta se puede utilizar para obtener I_i de la FDA normal como se muestra en la tabla 16.7, o en la figura 16.5. Una vez se tiene I_i estimada, la estimación de β_1 y de β_2 es un asunto relativamente sencillo como se mostrará en breve. A propósito, obsérvese que en el lenguaje del análisis probit, el índice de utilidad no observable I_i es conocido simplemente como la *desviación equivalente normal* (d.e.n) o simplemente **normit**. Puesto que d.e.n. o I_i será negativa siempre que $P_i < 0.5$, en la práctica se agrega el número 5 al d.e.n y el resultado se denomina un probit[35].

TABLA 16.7
Estimación del índice I_i de la FDA estándar normal

$\hat{P}_i$	$I_i = F^{-1}(\hat{P}_i)$
0.20	−0.84
0.24	−0.70
0.30	−0.52
0.35	−0.38
0.45	−0.12
0.51	0.03
0.60	0.25
0.66	0.40
0.75	0.67
0.80	0.84

Notas: (1) Los P_i provienen de la tabla 16.5; (2) Los I_i han sido estimados de la tabla FDA normal estándar dada en el apéndice D. Obsérvese que los I_i estimados son relativamente aproximados, pero existen programas de computador eficientes para estimarlos en forma más precisa.

---

[34]*Obsérvese* que (16.11.2) es altamente no lineal, pero también lo era la función logística acumulativa (16.7.2). Y así como la obtención del logaritmo de la razón de posibilidades permitió linealizar el modelo logístico, el inverso de la FDA normal permite también linealizar el modelo (probit) que se va a estimar.

[35]Si se examina la FDA normal estándar, se verá que al agregar 5 hará que d.e.n. sea positivo para todos los fines prácticos (¿por qué?)

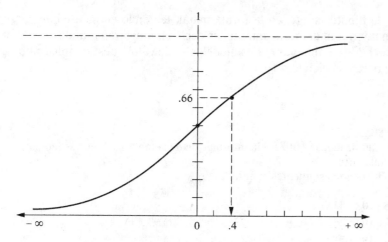

FIGURA 16.5
FDA Normal.

En resumen,

$$\text{Probit} = \text{d.e.n.} + 5$$
$$= I_i + 5 \qquad (16.11.4)$$

Ahora, para estimar β_1 y β_2, se escribe (16.11.1) como

$$I_i = \beta_1 + \beta_2 X_i + u_i \qquad (16.11.5)$$

donde u es el término de perturbación estocástica.

Los pasos involucrados en la estimación del modelo probit son los siguientes:

1. A partir de la información agrupada, tal como aparece en la tabla 16.5, estímese P_i como en el caso del modelo logit[36].
2. Dado $\hat{P}_i$, obténgase d.e.n. ($= I_i$) de la FDA normal estándar.
3. Utilícese la I_i estimada $= \hat{I}_i$ obtenida en el paso 2 como la variable dependiente en la regresión (16.11.5).
4. Si se desea, agréguese 5 al I_i estimado para convertirlos en probits y utilícense los probits así obtenidos (*véase* 16.11.4) como variables dependientes en la regresión (16.11.5). Si se utiliza el d.e.n. o los probits, los resultados de la regresión serán comparables en el sentido de que el coeficiente de pendiente β_2 y el R^2 serán idénticos en los dos modelos (¿por qué?), aunque los interceptos serán diferentes (¿por qué?)
5. El término de perturbación en (16.11.5) es heteroscedástico. Por consiguiente, para obtener estimaciones eficientes de los parámetros, se tendrá que transformar la información de tal manera que el término de error en el modelo transformado será homoscedástico. La transformación sugerida está dada en el ejercicio 16.10.

---

[36]Si la información está disponible a nivel individual solamente, entonces se deberán utilizar métodos de MV, lo cual no se considerará aquí. Pueden verse detalles de este método en Aldrich y Nelson, *op. cit.*

6. Es posible realizar pruebas de hipótesis, etc, en la forma usual, teniendo en mente que las conclusiones obtenidas se mantendrán asintóticamente, es decir, en muestras grandes.

7. Por las razones ya anotadas, el R^2 obtenido para tales modelos es de valor cuestionable como medida de bondad de ajuste (*véase* el ejercicio 16.11).

16.12 EL MODELO PROBIT: UN EJEMPLO NUMÉRICO

Para ilustrar el mecanismo recién analizado, se utilizará la información de la tabla 16.7, que se reproduce en la tabla 16.8 con algunas adiciones.

Con base en los d.e.n., se obtienen los siguientes resultados[37]:

$$\hat{I}_i = -1.0088 + 0.0481 X_i$$
$$(0.0582) \quad (0.0025) \qquad R^2 = 0.9786 \qquad (16.12.1)$$
$$t = (-17.330) \quad (19.105)$$

lo cual muestra que a medida que X aumenta en una unidad, en promedio I se incrementa en 0.05 unidades. Como se mencionó anteriormente, entre más alto sea el valor del índice I_i, mayor será la probabilidad de que una familia posea una casa. Así, si $X = 6$ (miles), $\hat{I}_i$ de (16.12.1) es −0.7202 pero, si $X = 7$, $\hat{I}_i$ es −0.6721; el primero corresponde a la probabilidad de alrededor de 0.24 y el último a alrededor de 0.25. Todos estos pueden obtenerse de la FDA normal estandarizada o, geométricamente, a partir de la figura 16.4*a*.

Los resultados de la regresión basados en los probits (= d.e.n. + 5) son los siguientes, donde Z_i = probit:

$$Z_i = 3.9911 + 0.0481 X_i$$
$$(0.0582) \quad (0.0025) \qquad R^2 = 0.9786 \qquad (16.12.2)$$
$$t = (68.560) \quad (19.105)$$

Excepto por el término del intercepto, estos resultados son idénticos a aquellos basados en (16.12.1). Pero esto no debe sorprender. (¿Por qué?)

TABLA 16.8
Los probits para el ejemplo de propiedad de vivienda

$\hat{P}_i$	$I_i = F^{-1}(\hat{P}_i)$ (d.e.n)	Probits (d.e.n. + 5)
0.20	−0.84	4.16
0.24	−0.70	4.30
0.30	−0.52	4.48
0.35	−0.38	4.62
0.45	−0.12	4.88
0.51	0.03	5.03
0.60	0.25	5.25
0.66	0.40	5.40
0.75	0.67	5.67
0.80	0.84	5.84

Fuente: Véase tabla 16.7

---

[37]Los siguientes resultados no están corregidos por heteroscedasticidad (*véase* ejercicio 16.10).

Logit *versus.* probit

Ahora que se han considerado los modelos logit y probit, ¿cuál es preferible en la práctica? Desde una perspectiva teórica, la diferencia entre los dos modelos es como se muestra en la figura 16.6. Como el lector puede apreciar, las formulaciones logística y probit son bastante comparables, siendo la principal diferencia que la logística tiene colas ligeramente más planas, es decir, la curva normal, o probit se acerca a los ejes más rápidamente que la curva logística[38]. Por consiguiente, la selección entre los dos es de conveniencia (matemática) y de disponibilidad instantánea de los programas de computador. En este punto, el modelo logit es generalmente utilizado con preferencia sobre el probit.

Comparación de estimaciones logit y probit

Aunque cualitativamente los modelos logit y probit tienen resultados similares, las estimaciones de los parámetros de los dos modelos no son directamente comparables[39]. Así, para el ejemplo de propiedad de vivienda, el coeficiente de la pendiente del modelo logit de 0.0792 dado en (16.9.2) y la estimación correspondiente del coeficiente de pendiente en el modelo probit de 0.0481 dado en (16.12.1) no son directamente comparables. Pero como lo sugiere Amemiya, una estimación logit de un parámetro multiplicada por 0.625 proporciona una aproximación relativamente buena de la estimación probit del mismo parámetro[40]. En el ejemplo, (0.625)(0.0792) = 0.0495, que es aproximadamente igual a la estimación probit correspondiente.

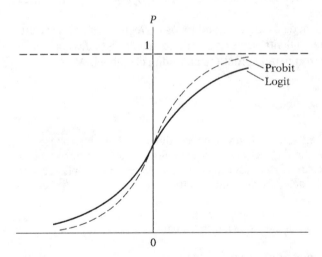

FIGURA 16.6
Distribuciones acumulativas Logit y Probit.

---

[38]En realidad, Eric Hanushek y John Jackson afirman, «La distribución logística es muy similar a la distribución *t* con siete grados de libertad, mientras que la distribución normal es una distribución *t* con un número infinito de grados de libertad». *Véase* su artículo *Statistical Methods for Social Scientists*, Academic Press, New York, 1977, p. 189.

[39]La razón para esto es que la varianza de la variable normal estándar (la base del probit) es uno, mientras que la varianza de la distribución logística (la base del logit) es $\pi^2/\sqrt{3}$, donde π es aproximadamente igual a $\frac{22}{7}$.

[40]T. Amemiya, «Qualitative Response Model: A Survey», *Journal of Economic Literature*, vol. 19, 1981, pp. 481-536.

A propósito, Amemiya también ha demostrado que los coeficientes de los modelos MLP y logit están relacionados de la siguiente manera:

$$\beta_{\text{MLP}} \cong 0.25\beta_{\text{Logit}}, \text{ excepto para el intercepto}$$

$$\beta_{\text{MLP}} \cong 0.25\beta_{\text{Logit}} + 0.5 \text{ para el intercepto}$$

donde $\cong$ significa aproximadamente.

Todas las aproximaciones anteriores funcionan bien cuando el valor promedio de la probabilidad (de que suceda el evento) no este lejana de 0.5.

El efecto marginal de un cambio unitario en el valor de un regresor

En un modelo de regresión lineal el coeficiente de pendiente de un regresor mide el efecto sobre el valor promedio de la variable regresada ocasionado por un cambio unitario en el valor del regresor. Pero, puesto que los modelos MLP, logit y probit tratan con la probabilidad de que ocurra un evento, se debe tener cuidado al interpretar el coeficiente de pendiente.

En el MLP, como se mencionó anteriormente, el coeficiente de pendiente mide directamente el cambio en la probabilidad de que ocurra un evento como resultado de un cambio unitario en el valor del regresor. También como se mencionó en la nota de pie de página 18, en el logit, la tasa de cambio en la probabilidad está dada por $\beta_j P_i(1 - P_i)$, donde β_j es el coeficiente del $j$ésimo regresor. En el probit, la tasa de cambio en la probabilidad es algo complicada y está dada por $\beta_j \phi(Z_i)$, donde $\phi(.)$ es la función de densidad de la variable normal estándar y donde $Z_i = \beta_1 + \beta_2 X_{2i} + \cdots + \beta_k X_{ji}$, es decir, el modelo de regresión utilizado en el análisis.

Como lo muestra el análisis anterior, en los modelos logit y probit todos los regresores están involucrados en el cálculo de los cambios en probabilidad, mientras que en el MLP solamente está involucrado el regresor $j$ésimo. Esta diferencia puede ser una razón para la pronta popularidad del modelo MLP.

16.13 MODELO PROBIT: EJEMPLO 16.5

Para averiguar si las subsidiarias, ya sea de un banco o de una empresa dueña de múltiples bancos en países de banca unitaria, tienen características financieras y de mercado diferentes a las de otros bancos y si las diferencias en las leyes sobre banca estatal relativas a compañías que poseen múltiples bancos *per se*, ocasionan alguna diferencia en estas características, Ronald M Brown estimó cuatro regresiones probit que se muestran en la tabla 16.9[41]. Las definiciones de las variables explicativas están dadas en la tabla 16.10. Las siguientes variables dependientes están en el análisis:

Y_1 = 1, si el banco es de propiedad de una empresa dueña de múltiples bancos
    = 0, en los demás casos

Y_2 = 1, si el banco es de propiedad de una empresa dueña de un solo banco
    = 0, en los demás casos

Y_3 = 1, si el banco es de propiedad de una empresa con un sólo banco o con múltiples bancos
    = 0, en los demás casos

---

[41]«The Effect of State Banking Laws on Holding Company Banks», *Review,* Federal Reserve Bank of St. Louis, vol. 65, no. 7, agosto-septiembre 1983, pp. 26-35.

Nota: La información está conformada por observaciones individuales y no agrupadas. Por tanto, el método de máxima verosimilitud ha sido utilizado para estimar los parámetros. Para conocer un análisis de la estimación máximo verosímil en este contexto, *véase* John Aldrich y Forrest Nelson, *op. cit.*

TABLA 16.9
Resultados de las estimaciones de coeficientes del análisis probit (1978) (estadísticos t en paréntesis)

Variables independientes	EMB submuestra**		EUB submuestra‡	Muestra completa
	Y_1	Y_2	Y_2	Y_3
Variables financieras				
RNI	−12.39	47.75†	30.57†	9.87*
	(−1.45)	(4.11)	(4.85)	(2.48)
ROE	−2.56	16.79†	−3.33	−1.22
	(−0.52)	(3.01)	(−1.50)	(−0.82)
REQ	0.24	−6.06†	−14.21†	−2.41†
	(0.23)	(−2.88)	(−7.28)	(−3.16)
RTL	2.01†	−0.44	1.82†	1.92†
	(4.30)	(−0.87)	(5.48)	(7.63)
RNFFS	−2.05*	1.62	−1.43*	−0.97*
	(−2.53)	(1.93)	(−2.26)	(−2.06)
TA	7.49†	−0.99	3.11†	6.49†
	(4.68)	(−1.02)	(3.17)	(6.14)
Variables de mercado				
SMSA	0.44†	0.12	−0.26*	0.09
	(3.26)	(0.85)	(−2.49)	(1.18)
MBHC				0.46†
				(6.61)
CR	−1.17†	0.98†	0.16	0.16
	(−2.72)	(2.93)	(0.59)	(0.76)
MKGR	0.20	0.05	−1.38†	−0.31*
	(1.17)	(0.26)	(−5.64)	(−2.41)
DCRTA	7.18*	−2.77	−0.87	4.32*
	(2.22)	(−0.86)	(−0.52)	(2.10)
DCRSMSA	0.59	−0.36	0.13	0.29
	(1.40)	(−0.68)	(0.42)	(1.13)
DCRMBHC				−0.35†
				(3.55)
Constante	−1.60†	−2.09†	0.61	−1.26†
	(−3.58)	(−4.54)	(1.74)	(−5.75)
Prueba de razón de verosimilitud	221.07†	45.77†	187.29†	348.92†
N‡‡	1,101	1,101	1,546	2,647
Y = 1§	369	181	529	1,100

* Significativo al nivel de confianza del 5%.

† Significativo al nivel de confianza del 1%.

** Estados que permiten la operación de las empresas accionistas de múltiples bancos (EMB).

‡ Estados que permiten la operación de empresas accionistas dueñas de un solo banco (EUB).

‡‡ Número de observaciones.

§ Número de observaciones sobre las variables dependientes (Y_1, Y_2 o Y_3) en 1. Las demás observaciones en cero. Los números no pueden sumarse al través porque hay 21 bancos subsidiarios de las empresas accionistas de bancos múltiples, incluidos en la submuestra de empresas accionistas de un solo banco.

Fuente: Ronald M. Brown, «The Effect of State Banking Laws on Holding Company Banks», *Review*, Federal Reserve Bank of St. Louis, vol. 60, no. 7, agosto-septiembre 1983, p.32.

TABLA 16.10
Definiciones de los términos en la tabla 18.9 y estadísticos resumen de las variables independientes

		1978		1991	
Variable	Definición	Media	Desviación estándar	Media	Desviación estándar
RNI	Ingresos después de impuestos netos/activos totales	0.010	0.007	0.013	0.009
ROE	Gastos de funcionamiento /activos totales	0.063	0.022	0.100	0.021
REQ	Capital patrimonial más reservas/activos totales	0.092	0.037	0.092	0.038
RTL	Préstamos totales, brutos/activos totales	0.551	0.116	0.518	0.122
RNFFS	Fondos federales vendidos menos fondos federales comprados/activos totales	0.038	0.065	0.061	0.082
TA	Activos totales/1,000,000	0.032	0.111	0.043	0.158
AEME	= 1, si el banco está ubicado en una AEME = 0, de lo contrario	0.293	0.455	0.303	0.460
MBHC	= 1, el estado en donde el banco está ubicado permite MBHC = 0, en los demás casos	0.416	0.493	0.427	0.495
CR*	Índice Herfindahl del mercado	0.257	0.155	0.254	0.150
MKGR	Crecimiento en cinco años de los activos totales del mercado	0.656	0.203	0.778	0.254
DCR†	= 1, si CR > 0.25 = 0, en los demás casos				
DCRTA	DCR × TA	0.009	0.022	0.011	0.029
DCRTA	DCR × AEME	0.013	0.113	0.013	0.114
DCRMBHC	DCR × EMB	0.178	0.383	0.187	0.390

* El índice está calculado con base en las acciones de los activos totales:

$$CR = \sum_{t=1}^{n}\left(TA_i \Big/ \sum^{n} TA\right)$$

donde TA_i son los activos totales de la $i$ésima operación bancaria en el mercado. Obsérvese que $0 < CR \leq 1$.

† La variable DCR no se incluyó en los modelos probit puesto que está altamente correlacionada con CR. Esta no entra dentro de las tres variables de interacción.

En la tabla 16.9, un signo positivo (negativo) sobre el coeficiente de una variable explicativa indica que los valores más altos de la variable incrementan (reducen) la posibilidad de que un banco sea de propiedad de un tipo específico de entidad bancaria. Por ejemplo, para la regresión Y_1, el coeficiente positivo sobre la variable TA (activos totales/1,000,000), que es estadísticamente significativo, indica que, manteniendo otros factores iguales, a medida que el tamaño de un banco aumenta, la posibilidad de que el banco sea de propiedad de una entidad bancaria múltiple es también mayor. En forma similar, el coeficiente positivo sobre el AEME sugiere, *ceteris paribus*, que es más probable que el banco sea de propiedad de una compañía bancaria múltiple.

El lector puede hacer otras comparaciones muy fácilmente. Pero, obsérvese que en todas las regresiones a las que se hace referencia en la tabla 16.9, las razones de verosimilitud son altas y estadísticamente significativas, indicando que los bancos de empresas propietarias de acciones, como grupo, pueden diferenciarse de los bancos independientes con base en las variables explicativas incluidas en la tabla[42]. Para otros detalles del análisis, el lector puede referirse al artículo original.

---

[42]En este texto no se ha analizado el enfoque de la razón de verosimilitud para probar hipótesis estadísticas a profundidad. En este contexto, una razón de verosimilitud significativa quiere decir que los bancos de empresas de accionistas bancarios muestran características diferentes de los bancos independientes. Los resultados muestran que las tienen. Para un análisis claro de la prueba de la razón de verosimilitud, consulte Alexander M. Mood, Franklin A. Graybill y Duane C. Boes, *Introduction to the Theory of Statistics* 3a. ed. McGraw-Hill, New York, 1974, capítulo IX.

16.14 MODELO TOBIT

Una extensión del modelo probit es el **modelo tobit,** desarrollado por James Tobin, economista laureado con el Nobel. Para explicar este modelo, se continúa con el ejemplo de propiedad de vivienda. Pero supóngase que ahora se desea encontrar la cantidad de dinero que el consumidor gasta en comprar una casa en relación con su ingreso (y otras variables económicas). Ahora se tiene un problema: Si un consumidor no compra una casa, obviamente no se tiene información sobre el gasto en vivienda de tales consumidores; se tiene tal información solamente sobre los consumidores que efectivamente compran casa.

Así, los consumidores están divididos en dos grupos, uno que consiste, por ejemplo, en n_1 consumidores sobre quienes se posee información sobre los regresores (por ejemplo, ingreso, tasa de interés hipotecaria, etc) al igual que sobre la variable regresada (cantidad de gasto en vivienda) y otro que consiste, por ejemplo, en n_2 consumidores sobre quienes solamente se tiene información sobre los regresores pero no sobre la variable regresada. Cuando en una muestra la información sobre la variable regresada está disponible solamente para algunas observaciones, ésta se conoce como **muestra censurada**[43]. Por consiguiente, el modelo tobit también se conoce como un modelo de regresión censurada. Algunos autores llaman a tales modelos **modelos de variable dependiente limitada** debido a la restricción impuesta sobre los valores tomados por la variable regresada.

En términos matemáticos, se puede expresar el modelo tobit como

$$
\begin{aligned}
Y_i &= \beta_1 + \beta_2 X_{2i} + u_{2i} \quad \text{si RHS} > 0 \\
&= 0, \text{ en los demás casos}
\end{aligned}
\tag{16.14.1}
$$

donde RHS = lado derecho. *Nota:* Otras variables X pueden agregarse fácilmente al modelo.

¿Es posible estimar la regresión (16.14.1) utilizando solamente n_1 observaciones y simplemente no preocuparse por las n_2 observaciones restantes? La respuesta es no, ya que las estimaciones MCO de los parámetros obtenidos del subconjunto de n_1 observaciones estarán *sesgadas y serán inconsistentes*[44].

Para ver esto, considérese la figura 16.7. Como lo muestra esta figura, si Y no es observado, todas esas observaciones ($= n_2$) quedarán sobre el eje horizontal. Si Y es observado, las observaciones ($= n_1$) quedarán en el plano Y-X. Es intuitivamente claro que si se estima una regresión basada en las n_1 observaciones solamente, los coeficientes resultantes del intercepto y de la pendiente están limitados a ser diferentes de los que se obtendrían si todas las $n_1 + n_2$ observaciones fueran tenidas en cuenta.

¿Cómo se estiman entonces los modelos de regresión tobit (o censurados), tales como (16.14.1)? No se trabajará en los cálculos matemáticos pero, para estimar los parámetros de tales modelos puede utilizarse el método de máxima verosimilitud (*véase* el capítulo 4). La mayoría de los paquetes de computador más comunes, tales como ET, SHAZAM y RATS, tienen ahora programas para estimar los modelos tobit. Se presentará ahora un ejemplo ilustrativo.

---

[43]Una muestra censurada debe diferenciarse de una **muestra truncada,** en la cual la información sobre los regresores está disponible solamente si la variable regresada es observada. Para la distinción y los procedimientos de estimación para estos dos casos, el lector puede consultar William H. Greene, *Econometric Analysis*, Macmillan, 2a. ed., New York, 1993, capítulo 22. Para un análisis intuitivo, *véase* Peter Kennedy, *A Guide to Econometrics,* The MIT Press, Cambridge, Mass., 3a. ed. 1992, capítulo 15.

[44]El sesgo surge del hecho de que si solamente se consideran las n_1 observaciones y se omiten las demás, no hay garantía de que $E(u_i)$ será necesariamente igual a cero. Y sin $E(u_i) = 0$ no se puede garantizar que los estimadores MCO serán insesgados. Este sesgo puede verse fácilmente en el análisis del apéndice 3A, ecuaciones (4) y (5).

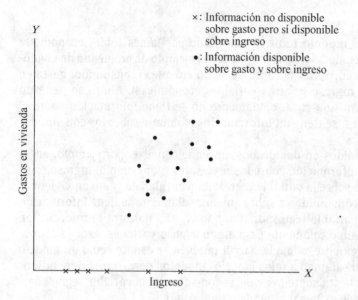

FIGURA 16.7
Gráfica de la cantidad de dinero que gasta el consumidor en comprar una casa *vs.* el ingreso.

Ejemplo 16.6. Negociación de préstamos por los bancos comerciales. Los bancos que otorgan préstamos a clientes comerciales frecuentemente los renegocian en los mercados secundarios[45]. En su estudio, Pavel y Phillis utilizan el modelo logit al igual que el modelo tobit para estudiar la actividad de reventa de los bancos comerciales[46]. Ellos utilizaron el modelo tobit para determinar el valor en dólares de los préstamos que los bancos renegocian cada año. Sus resultados basados en una encuesta de datos para 10,425 bancos se presentan en la tabla 16.11; la variable regresada es SOLD, definida como préstamos totales vendidos en 1985 dividido por los activos al final del año en 1984.

La interpretación directa de los diversos coeficientes de regresión dados en la tabla 16.11 no es fácil. Pero de los coeficientes estimados se puede evaluar el impacto de un cambio de una unidad de desviación estándar (STD) en el valor del regresor sobre la variable regresada[47]. Como lo muestra la tabla 16.11, un incremento (o disminución) de una desviación estándar en el valor de NINTEXP (razón de gastos sin interés), permaneciendo otros factores constantes, reducirá (aumentará) la proporción de préstamos sobre ventas por parte de los bancos en alrededor de 1.74 puntos porcentuales. De igual forma, manteniendo otros factores constantes, un cambio de una desviación estándar en los ACTIVOS llevará a los bancos a incrementar su PRESTAMO en alrededor de 0.19 puntos porcentuales.

[45]Esta práctica es muy común en el mercado hipotecario de vivienda. Un banco que otorga un préstamo de vivienda a un individuo puede renegociarlo más tarde a una tercera persona en lugar de llevarlo en sus libros durante el término de la hipoteca, que generalmente es de 15, 25 o 30 años.

[46]Christine Pavel y David Phillis, «Why Commercial Banks Sell Loans: An Empirical Analysis», *Economic Perspectives*, Federal Reserve Bank of Chicago, mayo/junio 1987, pp. 3-14.

[47]Para un análisis de por qué los coeficientes probit estimados no pueden ser utilizados directamente para evaluar el impacto de un cambio unitario en el valor del regresor sobre la variable regresada, el lector puede consultar los libros de texto de Maddala y Greene. *Véase* también el análisis de la sección 16.12 de este libro sobre el efecto marginal de un cambio en el valor del regresor.

TABLA 16.11
Modelo tobit multivariado

	Estimaciones de parámetros	Estadísticos t	Impacto de un cambio de una STD, %
Intercepto	−0.060	−7.097	
RESERVAS	0.962	3.488	0.25
PRMCAP	0.022	0.339	
BIND55	0.032	3.259	
BIND557	0.015	3.488	
PREMIUM	0.019	5.675	0.61
LNINDEX	0.059	23.194	1.80
LNGROW	0.005	3.700	0.25
NCHRGOFF	0.208	2.209	0.15
NINTEXP	−1.074	−16.847	−1.74
ASSETS	0.002	3.288	0.19
MULTI	0.044	13.226	
Sigma	0.150	123.770	

* Significativo al nivel de 5%.

† Significativo al nivel del 1%.

Signo esperado

Impuestos regulatorios

RESERVAS = encaje requerido durante el último período reportado
en 1984 / activos totales** a finales del año 1984† — Positivo

PRMCAP = razón de capital primario a finales de año 1984 — Negativo

BIND55 = 1 si PRMCAP es menor que 5.5%; cero si PRMCAP es mayor de 5.5% — Positivo

BIND557 = 1 si PRMCAP está entre 5.5% y 7%; cero si PRMCAP es menor de 5.5%,
mayor de 7% — Positivo

PREMIUM = depósitos domésticos totales/ depósitos asegurados totales
a finales del año 1984 — Positivo

Diversificación

LNINDEX = $(L_i^2 + \dots + L_{10}^2)/1000$ donde L_i es la razón de préstamos a activos
para préstamos tipo i a finales del año 1984 — Positivo

Provisión de fondos/Liquidez

LNGROW = préstamos totales al final del año 1984 / préstamos totales
al final del año 1983 — Positivo

Calidad de préstamos

NCHRGOFF = recargos sobre préstamos menos recuperaciones / préstamos
totales a finales del año 1984 — ?

Ventaja comparativa

NINTEXP = gastos diferentes a intereses durante 1984 / préstamos
totales a finales del año 1984 + préstamos vendidos durante 1984 — Negativo

Variables de control

ASSETS = activos totales a finales del año 1984 en miles de millones de dólares — Positivo

MULTI = 1 si el banco es miembro de una empresa propietaria
de múltiples bancos; 0 en los demás casos — Positivo

Variable dependiente
    SOLD = préstamos vendidos totales en 1985 / activos a finales del año 1984 (para tobit)

** Los activos totales incluyen activos extranjeros y domésticos
No hubo información disponible sobre requerimientos de encaje para 3,338 bancos. Por consiguiente, se estimó un modelo de regresión MCO con los requerimientos de encaje como variable dependiente y los depósitos totales como variable independiente, utilizando información para los 10,425 bancos sobre los cuales se encontró información sobre requerimientos de encaje. El R^2 del modelo fue 97%.
Fuente: Christine Pavel y David Phillis, «Why Commercial Banks Sell Loans: An Empirical Analysis», Federal Reserve Bank of Chicago, mayo/junio 1987, p. 6 y p. 11.

16.15 RESUMEN Y CONCLUSIONES

1. Los modelos de regresión en los cuales la variable regresada origina una respuesta de un sí o de un no o de presente o ausente, se conocen como modelos de regresión de variable dependiente dicótoma. Ellos son aplicables en una amplia diversidad de campos y se utilizan extensamente en información de tipo encuesta o censo.

2. Entre los métodos que se utilizan para estimar tales modelos, en este capítulo se consideraron tres —el MLP, el logit y el probit.

3. De los tres modelos, el MLP es el más sencillo de utilizar pero tiene diversas limitaciones, a saber, (1) la no normalidad del término de error, (2) heteroscedasticidad y (3) la posibilidad de que la probabilidad estimada se encuentre por fuera de los límites 0-1. Aun si se resuelven estos problemas, el MLP lógicamente no es un modelo muy atractivo ya que supone que las probabilidades condicionales aumentan linealmente con los valores de las variables explicativas. Es más probable que las probabilidades tiendan a reducirse a medida que los valores de las variables explicativas aumentan o se reduzcan indefinidamente. Por consiguiente, lo que se requiere es un modelo de probabilidad que tenga la característica de la forma S, de la función de distribución acumulativa (FDA).

4. Aun cuando la selección de la FDA es amplia, en la práctica se seleccionan FDA logístico y normal, el primero dando lugar al modelo logit y el último dando lugar al probit.

5. Ambos modelos, el logit y el probit, garantizan que las probabilidades estimadas se encuentren dentro del rango 0–1 y que estén relacionadas en forma no lineal con las variables explicativas.

6. De estos dos modelos, el logit es ligeramente menos complejo pues al tomar el logaritmo de la razón de probabilidades, lo que aparenta ser un modelo altamente no lineal se convierte en un modelo lineal (en los parámetros) que puede ser estimado dentro del marco MCO estándar. En el probit, se requiere invertir el FDA normal, lo cual conduce a errores de aproximación a menos que se tenga un programa de computador fácilmente disponible.

7. En la información agrupada, las estimaciones logit y probit son relativamente sencillas. Pero si la información está disponible solamente a nivel individual, se tienen que utilizar técnicas de estimación de máxima verosimilitud. Afortunadamente, los paquetes de computador, tales como ET, LIMPDEP, SHAZAM, TSP, RATS y SAS pueden hacer esto en forma relativamente fácil.

8. Un modelo relacionado con el probit es el tobit. En el tobit, que es un ejemplo de una clase general de modelos conocidos como modelos de regresión censurada (también conocidos como modelos de variable dependiente limitada), los valores de la variable regresada no están disponibles para algunas observaciones, aunque los valores de los regresores lo están para todas ellas. Tales modelos usualmente son estimados por los métodos de máxima verosimilitud.

9. Diversos investigadores han hecho extensiones a los modelos probit y logit lo mismo que al modelo tobit, como son **el probit bivariado, el probit ordenado, el tobit de dos límites**, etc.

Un análisis detallado de estos temas y de otros relacionados puede encontrarse en los libros de Maddala y Greene[48].

EJERCICIOS

Preguntas

16.1. Refiérase a la información dada en la tabla 16.2. Si $\hat{Y}_i$ es negativo, suponga que es igual a 0.01 y si es mayor de 1, suponga que es igual a 0.99. Recalcule las ponderaciones w_i y estime el MLP utilizando MCP. Compárense los resultados con aquellos dados en (16.4.2) y coméntese los.

16.2. Para la información sobre propiedad de vivienda dada en la tabla 16.1, las estimaciones de máxima verosimilitud del modelo logit son las siguientes:

$$\hat{L}_i = \ln\left(\frac{\hat{P}_i}{1 - \hat{P}_i}\right) = -341.33 + 22.813 \text{ ingreso}$$
$$t(-0.0009)(0.0009)$$

Coméntense estos resultados, teniendo en mente que todos los valores de ingreso por encima de 16 (mil dólares) corresponden a $Y = 1$ y todos los valores de ingreso por debajo de 16 corresponden a $Y = 0$. *A priori*, ¿qué se esperaría en tal situación?

16.3. Al estudiar la compra de bienes durables Y ($Y = 1$ si ha habido compra, $Y = 0$ si no la ha habido) como función de diversas variables para un total de 762 unidades de vivienda, Janet A. Fisher[*] obtuvo los siguientes resultados:

Variable explicativa	Coeficiente	Error estándar
Constante	0.1411	$\cdots$
Ingreso disponible 1957, X_1	0.0251	0.0118
(Ingreso disponible $= X_1)^2$, X_2	−0.0004	0.0004
Cuentas corrientes, X_3	−0.0051	0.0108
Cuentas de ahorro, X_4	0.0013	0.0047
Bonos de ahorro de los Estados Unidos, X_5	−0.0079	0.0067
Condición de vivienda: alquilada, X_6	−0.0469	0.0937
Condición de vivienda: propia, X_7	0.0136	0.0712
Alquiler mensual, X_8	−0.7540	1.0983
Pagos de hipoteca mensual, X_9	−0.9809	0.5162
Deuda personal diferente a cuotas, X_{10}	−0.0367	0.0326
Edad, X_{11}	0.0046	0.0084
Edad elevada al cuadrado, X_{12}	−0.0001	0.0001
Estado civil, X_{13} (1 = casado)	0.1760	0.0501
Número de hijos, X_{14}	0.0398	0.0358
(Número de hijos $= X_{14})^2$, X_{15}	−0.0036	0.0072
Planes de compra, X_{16} (1 = planeado; 0 en los demás casos)	0.1760	0.0384
$R^2 = 0.1336$		

Notas: Todas las variables financieras están expresadas en miles de dólares.

Condición de vivienda: Alquilada (1 si es alquilada; 0 en los demás casos)

Condición de vivienda: Propia (1 si es propia; 0 en los demás casos)

Fuente: Janet A. Fisher, «An Analysis of Consumer Good Expenditure», *The Review of Economics and Statistics,* vol. 64, no. 1, tabla 1, 1962, p. 67.

---

[48]G.S. Maddala, *op.cit.*, y William H. Greene, *op. cit.*

[*]«An Analysis of Consumer Good Expenditure», *The Review of Economics and Statistics*, vol 64, no. 1, 1962, pp. 64-71.

(a) Háganse comentarios generales sobre el ajuste de la ecuación.

(b) ¿Cómo se interpreta el coeficiente de −0.0051 asociado con la variable de cuentas corrientes? ¿Cómo se explica el signo negativo para esta variable?

(c) ¿Cuál es el razonamiento que respalda la introducción de las variables edad elevada al cuadrado y número de hijos elevado al cuadrado? ¿Por qué es el signo negativo en ambos casos?

(d) Suponiendo valores de cero para todas las variables excepto para la variable ingreso, encuéntrese la probabilidad condicional de una unidad familiar cuyo ingreso es US$20,000, de comprar un bien durable.

(e) Estímese la probabilidad condicional de poseer uno o más bienes durables, dado que: $X_1 =$ US$15,000, $X_3 =$ US$3,000, $X_4 =$ US$5,000, $X_6 = 0$, $X_7 = 1$, $X_8 =$ US$500, $X_9 =$ US$300, $X_{10} = 0$, $X_{11} = 35$, $X_{13} = 1$, $X_{14} = 2$, $X_{16} = 0$.

16.4. El valor R^2 en la regresión de la participación de la fuerza laboral dada en la tabla 16.3 es 0.175, que es relativamente bajo. ¿Puede probarse la significancia estadística para este valor? ¿Qué prueba se utiliza y por qué? Háganse comentarios generales sobre el valor del R^2 en tales modelos.

16.5. Estímense las probabilidades de poseer una casa a los diversos niveles de ingreso en los que se basa la regresión (16.9.1). Grafíquense frente al ingreso y háganse comentarios sobre la relación resultante.

*16.6. En la regresión probit (16.12.1) muéstrese que el intercepto es igual a $-\mu_x/\sigma_x$ y la pendiente es igual a $1/\sigma_x$, donde μ_x y σ_x son la media y la desviación estándar de X.

16.7. Con base en información para 54 áreas estadísticas metropolitanas estándar (AEME), Demaris estimó el siguiente modelo logit para explicar las altas tasas de asesinatos *versus* las bajas tasas de asesinatos†:

$$\ln \hat{O}_i = 1.1387 + 0.0014P_i + 0.0561C_i - 0.4050R_i$$

$$\text{ee} = \quad\quad (0.0009)\quad (0.0227)\quad (0.1568)$$

donde O = probabilidades de una alta tasa de asesinatos, P = tamaño de la población en 1980 en miles, C = tasa de crecimiento de la población entre 1970 y 1980, R = cociente obtenido y ee son los errores estándar asintóticos.

(a) ¿Cómo se interpretan los diversos coeficientes?

(b) ¿Cuáles de los coeficientes son individualmente estadísticamente significativos?

(c) ¿Cuál es el efecto de un incremento unitario en el cociente obtenido de las probabilidades de tener una alta tasa de asesinatos?

(d) ¿Cuál es el efecto de un incremento en un punto porcentual en la tasa de crecimiento poblacional sobre las probabilidades de tener una alta tasa de asesinatos?

16.8. Compárense y coméntese sobre las regresiones MCO y MCP (16.9.1) y (16.9.2).

Problemas

16.9. Para evaluar la efectividad de un nuevo método de enseñanza denominado PSI (sistema de instrucción personalizada) en un curso intermedio de macroeconomía, Spector y Mazzeo reunieron la información que aparece en la siguiente tabla**.

En este ejemplo, la variable dependiente es $Y = 1$ si la nota final es A y 0 si ésta es B o C. Para proyectar la calificación final, los investigadores utilizaron los predictores GPA (calificación puntual promedio de ingreso), TUCE (puntaje sobre un examen dado al principio del período de estudio para probar el conocimiento de macroeconomía al ingresar) y PSI (= 1 si el nuevo método es utilizado, = 0 en los demás casos).

---

*Opcional

†Demaris, *op. cit.*, p. 46.

**L. Spector, y M. Mazzeo, «Probit Analysis and Economic Education», *Journal of Economic Education*, vol. 11, 1980, pp. 37-44.

Información sobre el efecto del «Sistema Personalizado de Instrucción» (PSI) sobre las calificaciones del curso

OBS PSI	GPA Del curso	TUCE Del curso	PSI	Del curso	Calificación del curso	OBS PSI	GPA Del curso	TUCE Del curso	PSI	Curso	Calificación del curso
1	2.66	20	0	0	C	17	2.75	25	0	0	C
2	2.89	22	0	0	B	18	2.83	19	0	0	C
3	3.28	24	0	0	B	19	3.12	23	1	0	B
4	2.92	12	0	0	B	20	3.16	25	1	1	A
5	4.00	21	0	1	A	21	2.06	22	1	0	C
6	2.86	17	0	0	B	22	3.62	28	1	1	A
7	2.76	17	0	0	B	23	2.89	14	1	0	C
8	2.87	21	0	0	B	24	3.51	26	1	0	B
9	3.03	25	0	0	C	25	3.54	24	1	1	A
10	3.92	29	0	1	A	26	2.83	27	1	1	A
11	2.63	20	0	0	C	27	3.39	17	1	1	A
12	3.32	23	0	0	B	28	2.67	24	1	0	B
13	3.57	23	0	0	B	29	3.65	21	1	1	A
14	3.26	25	0	1	A	30	4.00	23	1	1	A
15	3.53	26	0	0	B	31	3.10	21	1	0	C
16	2.74	19	0	0	B	32	2.39	19	1	1	A

Fuente: Spector y Mazzeo, *op. cit.* Esta tabla ha sido reproducida de Aldrich y Nelson, *op. cit.*, p. 16.

(*a*) Ajústese MLP a la información utilizando ambos MCO y MCP y háganse comentarios sobre el ajuste.
(*b*) Utilizando un paquete de computador, estímense los modelos logit y probit para la misma información y compárense sus resultados.
(*c*) ¿Cuál modelo se seleccionaría y por qué?

16.10. En el modelo probit (16.11.5), la perturbación u_i tiene esta varianza:

$$\sigma_u^2 = \frac{P_i(1 - P_i)}{N_i f_i^2}$$

donde f_i es la función de densidad normal estándar evaluada en $F^{-1}(P_i)$.

(*a*) Dada la varianza anterior de u_i, ¿cómo se transforma (16.11.5) para hacer que el término de error resultante sea homoscedástico?
(*b*) Utilícese la información de la tabla 16.7 para mostrar la información transformada.
(*c*) Reestímese (16.12.1) utilizando MCP y compárense los resultados de las dos regresiones.

16.11. Puesto que el R^2 como medida de bondad de ajuste no es particularmente apropiado para los modelos de variable dependiente dicótoma, una alternativa sugerida es la prueba χ^2 descrita enseguida:

$$\chi^2 = \sum_{i=1}^{G} \frac{N_i(\hat{P}_i - P_i^*)^2}{P_i^*(1 - P_i^*)}$$

donde N_i = número de observaciones en la $i$ésima celda
P_i = probabilidad real de ocurrencia del evento ($= n_i/N_i$)
P_I^* = probabilidad estimada
G = número de celdas (es decir, el número de niveles al cual se mide X_i, es decir, 10 en la tabla 16.4)

Puede demostrarse que para muestras grandes, χ^2 está distribuido de acuerdo con la distribución χ^2 con $(G - k)$ g de l, donde k es el número de parámetros en el modelo a ser estimado ($k < G$).

Apliquese la prueba anterior χ^2 a la regresión (16.9.1), coméntese la bondad de ajuste resultante y compárese con el valor del R^2 reportado.

16.12. La siguiente tabla da información sobre los resultados de dispersar rotenone de diferentes concentra-
ciones en *chrysanthemum aphis* en grupos de aproximadamente cincuenta unidades.

**Estudio de toxicidad y del rotenone sobre las
Chrysanthemum Aphis**

Concentración, miligramos por litro		Total	Muerte	
X	$\log(X)$	N_i	n_i	$\hat{P}_i = n_i/N_i$
2.6	0.4150	50	6	0.120
3.8	0.5797	48	16	0.333
5.1	0.7076	46	24	0.522
7.7	0.8865	49	42	0.857
10.2	1.0086	50	44	0.880

Fuente: D.J. Fennet, *Probit Analysis*, Cambridge University Press,
Londres, 1964.

Desarróllese un modelo apropiado para expresar la probabilidad de muerte como función del logaritmo
de X, el logaritmo de la dosificación y coméntense los resultados. Calcúlese también la prueba χ^2 de
ajuste analizada en el ejercicio 16.11.

16.13. Catorce aplicantes a un programa de graduados tuvieron los siguientes puntajes cuantitativos y verbales sobre el GRE. Seis estudiantes fueron admitidos al programa.

Número de estudiante	Puntajes de prueba de aptitud GRE		Admitidos al programa de graduados (Si = 1, No = 0)
	Cuantitativo, Q	Verbal, V	
1	760	550	1
2	600	350	0
3	720	320	0
4	710	630	1
5	530	430	0
6	650	570	0
7	800	500	1
8	650	680	1
9	520	660	0
10	800	250	0
11	670	480	0
12	670	520	1
13	780	710	1

Fuente: Donald F. Morrison, *Applied Linear Statistical Methods*, Prentice-Hall,
Inc., Englewood Cliffs, N.J., 1983, p. 279 (adaptado).

(*a*) Utilícese el modelo MLP para predecir la probabilidad de admisión al programa basado en los
puntajes cuantitativos y verbales del GRE.

(*b*) ¿Es este un modelo satisfactorio? De no serlo, ¿qué alternativa(s) se sugiere(n)?

16.14. Para estudiar la efectividad de un cupón de descuento de precio sobre una bebida suave de dos litros,
en empaque de seis, Douglas Montgomery y Elizabeth Peck reunieron la información que aparece en
la siguiente tabla. Una muestra de 5,500 consumidores se asignó aleatoriamente a las once categorías de descuento que aparecen en la tabla, 500 por categoría. La variable de respuesta es si los
consumidores redimieron el cupón en un lapso de un mes, o si no lo hicieron.

Precio con descuento $X, \cent$	Tamaño de la muestra N_i	Número de cupones redimidos n_i
5	500	100
7	500	122
9	500	147
11	500	176
13	500	211
15	500	244
17	500	277
19	500	310
21	500	343
23	500	372
25	500	391

Fuente: Douglas C. Montgomery y Elizabeth A. Peck, *Introduction to Linear Regression Analysis*, John Wiley & Sons, New York, 1982, p. 243 (la notación ha sido cambiada).

(*a*) Véase si el modelo logit se ajusta a la información, considerando la tasa de redención como variable dependiente y el precio de descuento como la variable explicativa.

(*b*) Véase si el modelo probit opera tan bien como el modelo logit.

(*c*) ¿Cuál es la tasa de redención proyectada si la tasa de descuento de precio fue de 17 centavos de dólar?

(*d*) Estímese el precio de descuento por el cual el 70% de los cupones será redimido.

16.15. Para averiguar quién tiene una cuenta bancaria (corriente, de ahorro, etc.,) y quién no la tiene, John Caskey y Andrew Peterson estimaron un modelo probit para los años 1977 y 1989, utilizando información sobre las unidades familiares en los Estados Unidos. Los resultados están dados en la tabla de la página siguiente. Los valores de los coeficientes de pendiente dados en la tabla miden el efecto implicado en un cambio unitario en un regresor sobre la probabilidad de que una unidad familiar tenga una cuenta bancaria, siendo estos efectos marginales calculados para los valores medios de los regresores incluidos en el modelo.

(*a*) Para 1977, ¿cuál es el efecto del estado civil sobre la propiedad de una cuenta bancaria? y ¿para 1989? ¿Tienen sentido económico estos resultados?

(*b*) ¿Por qué es negativo el coeficiente asociado a la variable *minoría* para 1977 al igual que para 1989?

(*c*) ¿Cómo se puede explicar el signo negativo de la variable número de hijos?

(*d*) ¿Qué sugiere el estadístico ji cuadrado dado en la tabla? (*Guía:* ejercicio 16.11).

16.16. **Estudio de Monte Carlo:** Como una ayuda para entender el modelo probit, William Becker y Donald Waldman supusieron lo siguiente*:

$$E(Y \mid X) = -1 + 3X$$

Entonces, dejando que $Y = -1 + 3X + \varepsilon_i$, donde ε_i se supone normal estándar (es decir, media cero y varianza unitaria), ellos generaron una muestra de 35 observaciones como se muestra en la tabla de la siguiente página.

(*a*) De la información sobre Y y X dada en esta tabla, ¿puede estimarse un MLP? Recuérdese que la verdadera $E(Y \mid X) = -1 + 3X$.

(*b*) Dado $X = 0.48$, estímese $E(Y \mid X = 0.48)$ y compárese con la verdadera $E(Y \mid X = 0.48)$. *Nota* $\bar{X} = 0.48$.

---

*William E. Becker and Donald M. Waldman, «A Graphical Interpretation of Probit Coefficients», *Journal of Economic Education*, vol 20, no. 4, otoño 1989, pp. 371-378.

Regresiones probit donde la variable dependiente es la posesión de una cuenta bancaria

	Información de 1977		Información de 1989	
	Coeficientes	Pendiente implicada	Coeficientes	Pendiente implicada
Constante	-1.06		-2.20	
	(3.3)*		(6.8)*	
Ingreso (miles US$ de 1991)	0.030	0.002	0.025	0.002
	(6.9)		(6.8)	
Casado	0.127	0.008	0.235	0.023
	(0.8)		(1.7)	
Número de hijos	-0.131	-0.009	-0.084	-0.008
	(3.6)		(2.0)	
Edad de la cabeza del hogar (HH)	0.006	0.0004	0.021	0.002
	(1.7)		(6.3)	
Educación de HH	0.121	0.008	0.128	0.012
	(7.4)		(7.7)	
HH hombres	-0.078	-0.005	-0.144	-0.011
	(0.5)		(0.9)	
Minoría	-0.750	-0.050	-0.600	-0.058
	(6.8)		(6.5)	
Empleado	0.186	0.012	0.402	0.039
	(1.6)		(3.6)	
Propietario de vivienda	0.520	0.035	0.522	0.051
	(4.7)		(5.3)	
Log-verosimilitud	-430.7		-526.0	
Estadístico jicuadrado (H_0: Todos los coeficientes, excepto la constante, son iguales a cero)	408		602	
Número de observaciones	2,025		2,091	
Porcentaje en la muestra con predicciones correctas	91		90	

Fuente: John P. Caskey y Andrew Peterson, «Who Has a Bank Account and Who Doesn't: 1977 and 1989", Research Working Paper # 93-10, Federal Reserve Bank of Kansas City, octubre 1993.

* Los números en paréntesis son estadísticos t.

(c) Utilizando información sobre Y^* y X dada en la siguiente tabla, estímese un modelo probit. Se puede utilizar cualquier paquete estadístico que se desee. El modelo probit estimado por el autor es el siguiente:

$$\hat{Y}_i^* = -0.969 + 2.764 X_i$$

Averígüese la $P(Y^* = 1 \mid X = 0.48)$, es decir, $P(Y_1 > 0 \mid X = 0.48)$. Véase si la respuesta coincide con la respuesta de 0.64 del autor.

(d) La desviación estándar muestral de los valores X dados en esta tabla es de 0.31. ¿Cuál es el cambio en la probabilidad proyectado si X está una desviación estándar por encima del valor de la media, es decir, ¿cuál es $P(Y^* = 1 \mid X = 0.79)$? La respuesta del autor es 0.25.

Información hipotética generada por el modelo
$Y = -1 + 3X + \varepsilon$ y $Y^* = 1$ si $Y > 0$

Y	Y^*	X
−0.3786	0	0.29
1.1974	1	0.59
−0.4648	0	0.14
1.1400	1	0.81
0.3188	1	0.35
2.2013	1	1.00
2.4473	1	0.80
0.1153	1	0.40
0.4110	1	0.07
2.6950	1	0.87
2.2009	1	0.98
0.6389	1	0.28
4.3192	1	0.99
−1.9906	0	0.04
−0.9021	0	0.37
0.9433	1	0.94
−3.2235	0	0.04
0.1690	1	0.07
−0.3753	0	0.56
1.9701	1	0.61
−0.4054	0	0.17
2.4416	1	0.89
0.8150	1	0.65
−0.1223	0	0.23
0.1428	1	0.26
−0.6681	0	0.64
1.8286	1	0.67
−0.6459	0	0.26
2.9784	1	0.63
−2.3326	0	0.09
0.8056	1	0.54
−0.8983	0	0.74
−0.2355	0	0.17
1.1429	1	0.57
−0.2965	0	0.18

Fuente: William E. Becker y Donald M. Waldman, «A Graphical Interpretation of Probit Coefficients», *Journal of Economic Education*, Otoño 1989, tabla 1, p. 373.

MODELOS ECONOMÉTRICOS DINÁMICOS: MODELOS AUTORREGRESIVOS Y DE REZAGOS DISTRIBUIDOS

En el análisis de regresión que contiene información de series de tiempo, cuando el modelo de regresión incluye no solamente los valores actuales sino además los valores rezagados (pasados) de las variables explicativas (las X), se denomina **modelo de rezagos distribuidos**. Si el modelo incluye uno o más valores rezagados de la variable dependiente entre sus variables explicativas, se denomina **modelo autorregresivo**. Así,

$$Y_t = \alpha + \beta_0 X_t + \beta_1 X_{t-1} + \beta_2 X_{t-2} + u_t$$

representa un modelo de rezago distribuido mientras que

$$Y_t = \alpha + \beta X_t + \gamma Y_{t-1} + u_t$$

es un ejemplo de un modelo autorregresivo. Estos últimos también se conocen como **modelos dinámicos** puesto que señalan la trayectoria en el tiempo de la variable dependiente en relación con su(s) valor(es) pasados.

Los modelos autorregresivos y de rezagos distribuidos son utilizados extensamente en el análisis econométrico y en este capítulo se estudian en detalle tales modelos con el objeto de averiguar lo siguiente:

1.   ¿Cuál es el papel de los rezagos en economía?

2.   ¿Cuáles son las razones para justificar los rezagos?

3.   ¿Existe alguna justificación teórica para los modelos rezagados comúnmente utilizados en la econometría empírica?

4.   ¿Cuál es la relación, de existir ésta, entre los modelos autorregresivos y los modelos de rezagos distribuidos? ¿Pueden derivarse unos de otros?

5.   ¿Cuáles son algunos de los problemas estadísticos relacionados con la estimación de tales modelos?

6.   ¿La relación adelatada-rezagada entre variables implica causalidad? De ser así, como se puede medir?

17.1 EL PAPEL DEL «TIEMPO», O DEL «REZAGO», EN ECONOMÍA

En economía, la dependencia de una variable Y (la variable dependiente) respeto de otra u otras variables X (las variables explicativas) raramente es instantánea. Muy frecuentemente, Y responde a X en un lapso de tiempo. Dicho lapso de tiempo se denomina *rezago*. Para ilustrar la naturaleza del rezago, se consideran aquí diversos ejemplos.

Ejemplo 17.1 La función consumo. Supóngase que una persona recibe un incremento salarial de US$ 2,000 en su pago anual y supóngase que se trata de un incremento «permanente» en el sentido de que se mantiene el incremento en el salario. ¿Cuál será el efecto de este incremento en el ingreso sobre el gasto de consumo anual de la persona?

Inmediatamente después del aumento en el ingreso, la gente usualmente no se apura a gastarse todo el incremento inmediatamente. Así, el beneficiario del ejemplo puede decidir aumentar su gasto de consumo en US$ 800 durante el primer año siguiendo el incremento salarial en el ingreso, en US$ 600 en el siguiente año y en otros US$ 400 un año después y ahorra el resto. A finales del tercer año, el gasto de consumo anual de la persona habrá aumentado en US$1,800. Se puede entonces escribir la función de consumo como

$$Y_t = \text{constante} + 0.4X_t + 0.3X_{t-1} + 0.2X_{t-2} + u_t \qquad (17.1.1)$$

donde Y es el gasto de consumo y X es el ingreso.

La ecuación (17.1.1) muestra que el efecto de un incremento en el ingreso de US$2,000 se propaga, o se distribuye, durante un periodo de tres años. Por consiguiente, modelos como (17.1.1) se denominan por consiguiente, **modelos de rezagos distribuidos** porque el efecto de una causa dada (el ingreso) se propaga durante un número de periodos de tiempo. Geométricamente, el modelo de rezagos distribuidos (17.1.1) se muestra en la figura 17.1, o alternativamente, en la figura 17.2.

Más generalmente, se puede escribir

$$Y_t = \alpha + \beta_0 X_t + \beta_1 X_{t-1} + \beta_2 X_{t-2} + \cdots + \beta_k X_{t-k} + u_t \qquad (17.1.2)$$

que es el modelo de rezagos distribuidos con un rezago finito de k periodos de tiempo. El coeficiente β_0 se conoce como el **multiplicador de corto plazo** o **de impacto** porque da el cambio en el valor medio de Y que sigue a un cambio unitario en X en el mismo periodo de tiempo[1]. Si el cambio en X se mantiene al mismo nivel desde el principio, entonces $(\beta_0 + \beta_1)$ nos da el cambio en (el valor medio de) Y en el periodo siguiente, $(\beta_0 + \beta_1 + \beta_2)$ en el que le sigue y así sucesivamente.

---

[1]Técnicamente, β_0 es la derivada parcial de Y con respecto a X_t, β_1 con respecto a X_{t-1}, β_2 con respecto a X_{t-2} y así sucesivamente. Simbólicamente, $\partial Y_t/\partial X_{t-k} = \beta_k$.

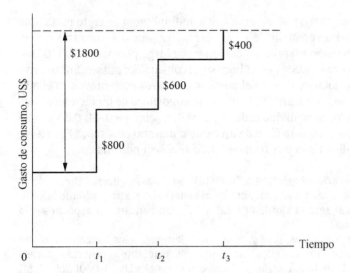

FIGURA 17.1
Ejemplo de rezagos distribuidos.

Estas sumas parciales se denominan **multiplicadores interim**, o **intermedios**. Finalmente, después de k periodos se obtiene

$$\sum_{i=0}^{k} \beta_i = \beta_0 + \beta_1 + \beta_2 + \cdots + \beta_k = \beta \qquad (17.1.3)$$

que se conoce como el **multiplicador de rezagos distribuidos de largo plazo** o **total**, siempre y cuando la suma β exista (esto será explicado en otra parte).

Si se define

$$\beta_i^* = \frac{\beta_i}{\sum \beta_i} = \frac{\beta_i}{\beta} \qquad (17.1.4)$$

se obtiene β_i «estandarizado». Las sumas parciales del β_i estandarizado dan entonces la proporción del impacto de largo plazo, o total, sentido durante cierto periodo de tiempo.

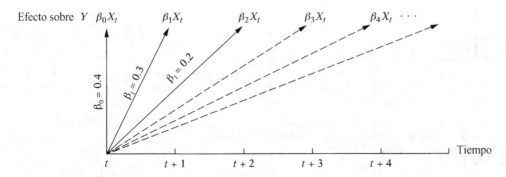

FIGURA 17.2
Efecto de un cambio unitario en X sobre Y en el tiempo t y sobre los periodos de tiempo subsiguientes.

Retornando a la regresión de consumo (17.1.1), se observa que el multiplicador de corto plazo, que no es otra cosa que la propensión marginal a consumir de corto plazo (PMC), es 0.4, mientras que el multiplicador de largo plazo, que es la propensión marginal a consumir de largo plazo, es 0.4 + 0.3 + 0.2 = 0.9. Es decir, después de un incremento de US$ 1 en el ingreso, el consumidor aumentará su nivel de consumo en alrededor de 40 centavos de dólar en el año del aumento, en otros 30 centavos en el año siguiente y en otros 20 centavos más en el siguiente año. El impacto de largo plazo de un incremento de US$ 1 en el ingreso es entonces 90 centavos. Si se divide cada β_i por 0.9, se obtiene 0.44, 0.33 y 0.23 respectivamente, lo cual indica que el 44% del impacto total de un cambio unitario en X sobre Y se siente inmediatamente, el 77% se siente después de un año y el 100% al finalizar el segundo año.

Ejemplo 17.2. Creación de dinero bancario (depósitos a la vista). Supóngase que el Sistema de la Reserva Federal emite US$ 1,000 de dinero nuevo, el cual entrega al sistema bancario mediante la compra de títulos-valores del gobierno. ¿Cuál será la cantidad total del dinero bancario, o depósitos a la vista, que se generarán en último término?

Siguiendo el sistema de reservas fraccionales, si se supone que la ley exige a los bancos retener un 20% de las reservas para respaldar los depósitos que ellos crean entonces, mediante el conocido proceso multiplicador, el total de los depósitos a la vista que serán generados será igual a US$ 1,000[1/(1 – 0.8)] = US$ 5,000. Por supuesto, US$ 5,000 en depósitos a la vista no serán creados de la noche a la mañana. El proceso toma tiempo, como puede verse esquemáticamente en la figura 17.3.

Ejemplo 17.3. Vínculo entre el dinero y los precios. De acuerdo con los monetaristas, la inflación es esencialmente un fenómeno monetario en el sentido de que un incremento continuo en el nivel general de precios se debe a la tasa de expansión en la oferta monetaria que excede en mayor medida, la cantidad de dinero realmente demandada por las unidades económicas. Por supuesto, este vínculo entre inflación y cambios en la oferta monetaria no es instantáneo. Estudios han demostrado que el rezago entre las dos

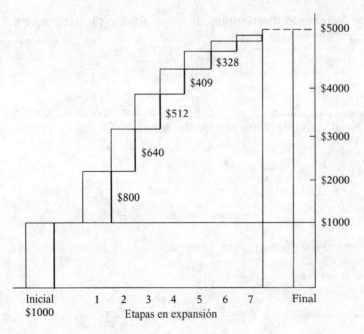

FIGURA 17.3
Expansión acumulativa en depósitos bancarios (reserva inicial US$ 1,000 y requerimientos de encaje del 20%).

está en alguna parte entre 3 y alrededor de 20 trimestres. Los resultados de tal estudio se presentan en la tabla 17.1[2], donde se ve que el efecto de un cambio de 1% en la oferta monetaria M1B (= dinero circulante + depósitos a la vista en las instituciones financieras) se siente durante un periodo de 20 trimestres. El impacto de largo plazo de un cambio de un 1% en la oferta monetaria sobre la inflación es de alrededor de 1 ($= \sum m_i$), que es estadísticamente significativo, mientras que el impacto de corto plazo es de alrededor de 0.04, que no es significativo, aunque los multiplicadores intermedios por lo general parecen ser significativos. A propósito, obsérvese que puesto que P y M están ambos expresados en forma porcentual, las m_i (β_i en nuestra notación usual) dan la elasticidad de P con respecto a M, es decir, la respuesta porcentual de los precios a un incremento de 1% en la oferta monetaria. Así, $m_0 = 0.041$ significa que para un incremento de 1% en la oferta monetaria, la elasticidad de corto plazo de los precios es de alrededor de 0.04%. La elasticidad de largo plazo es 1.03%, lo cual implica que en el largo plazo, un incremento de 1% en la oferta monetaria se refleja en apenas alrededor del mismo incremento porcentual en los precios. En resumen, un incremento de 1% en la oferta monetaria está acompañado en el largo plazo por un incremento de 1% en la tasa de inflación.

Ejemplo 17.4. Rezagos entre el gasto en I&D y la productividad. La decisión de invertir en gastos de investigación y desarrollo (I&D) y su compensación definitiva en términos de mayor productividad involucra un considerable rezago, de hecho formado por diversos rezagos, tales como, «...el rezago entre la inversión de los fondos y el momento en el cual los inventos realmente empiezan a aparecer, el rezago entre la invención de una idea o mecanismo y su desarrollo hasta llegar a la etapa en que sea comercialmente aplicable y el rezago que se introduce en razón del proceso de difusión: se requiere tiempo para reemplazar las máquinas viejas por nuevas y mejores»[3].

TABLA 17.1
Estimación de la ecuación dinero-precios: Especificación original

Período muestral: 1995-I a 1969-IV: $m_{21} = 0$
$\dot{P} = -.146 + \sum\limits_{i=0}^{20} m_i \dot{M}_{-i}$ (.395)

	Coef.	$\lvert t \rvert$		Coef.	$\lvert t \rvert$		Coef.	$\lvert t \rvert$
m_0	0.041	1.276	m_8	0.048	3.249	m_{16}	0.069	3.943
m_1	0.034	1.538	m_9	0.054	3.783	m_{17}	0.062	3.712
m_2	0.030	1.903	m_{10}	0.059	4.305	m_{18}	0.053	3.511
m_3	0.029	2.171	m_{11}	0.065	4.673	m_{19}	0.039	3.338
m_4	0.030	2.235	m_{12}	0.069	4.795	m_{20}	0.022	3.191
m_5	0.033	2.294	m_{13}	0.072	4.694	$\sum m_i$	1.031	7.870
m_6	0.037	2.475	m_{14}	0.073	4.468	**Rezago medio**	10.959	5.634
m_7	0.042	2.798	m_{15}	0.072	4.202			
$\bar{R}^2$	0.525							
ee	1.066							
D.W.	2.00							

Notación: $\dot{P}$ = tasa de cambio anual compuesta del deflactor del PNB
$\dot{M}$ = tasa de cambio anual compuesta de M1B

Fuente: Keith M. Carlson, «The Lag from Money to Prices», *Review,* Federal Reserve Bank of St. Louis, octubre 1980, tabla 1, p.4.

---

[2]Keith M. Carlson, «The Lag from Money to Prices», *Review,* Federal Reserve Bank of St. Louis, octubre, 1980, tabla 1, p.4.
[3]Zvi Griliches, «Distributed Lags: A Survey», *Econometrica*, vol. 36, no. 1, enero 1967, pp. 16-49.

Los ejemplos anteriores son solamente una muestra del uso de los rezagos en economía. Sin duda, el lector puede dar diversos ejemplos con base en su propia experiencia.

17.2 RAZONES PARA LOS REZAGOS[4]

Aunque los ejemplos citados en la sección 17.1 señalan la naturaleza de los fenómenos rezagados, éstos no explican plenamente la razón por la cual ocurren los rezagos. Hay tres razones principales:

1. **Razones sicológicas.** Como resultado de la fuerza del hábito (inercia), la gente no cambia sus hábitos de consumo inmediatamente después de una reducción de precios o de un incremento en el ingreso probablemente debido a que el proceso de cambio puede conllevar alguna inutilidad inmediata. Así, aquellos que se convierten instantáneamente en millonarios al ganar loterías pueden no cambiar el estilo de vida al cual estaban acostumbrados durante largo tiempo porque pueden no saber cómo reaccionar inmediatamente a una ganancia repentina como esa. Por supuesto, después de un tiempo razonable, ellos pueden aprender a vivir con su recién adquirida fortuna. También, la gente puede no saber si un cambio es «permanente» o «transitorio». Así, mi reacción a un incremento en mi ingreso dependerá de si el incremento es permanente o no lo es. Si es solamente un incremento que no se repite y en los periodos siguientes mi ingreso retorna a su nivel anterior, puede ser que yo ahorre la totalidad del incremento, mientras que otra persona en mi posición podría decidir «disfrutarlo».

2. **Razones tecnológicas.** Supóngase que el precio del capital relativo al trabajo se reduce, haciendo que la sustitución del capital por trabajo sea económicamente factible. Por supuesto, la adición de capital toma tiempo (el periodo de gestación). Además, si se espera que la caída en precios sea temporal, las empresas pueden no apurarse a sustituir el capital por trabajo, especialmente si ellas esperan que luego de la caída temporal el precio del capital puede aumentar más allá de su nivel anterior. Algunas veces, el conocimiento imperfecto también explica los rezagos. En el momento, el mercado por computadores personales está lleno de toda clase de computadores con diversas características y precios. Además, desde su introducción a finales de la década de los años setenta, los precios de la mayoría de los computadores personales se han reducido en forma dramática. Como resultado, los posibles consumidores del computador personal pueden dudar en comprar hasta que hayan tenido tiempo de revisar las características y los precios de todas las marcas que compiten. Además, ellos pueden dudar en comprar ante la expectativa de mayores descensos en el precio o de innovaciones.

3. **Razones institucionales.** Estas razones también contribuyen a los rezagos. Por ejemplo, las obligaciones contractuales pueden impedir que las empresas cambien de una fuente de trabajo o de materias primas a otra. Como otro ejemplo, aquellos quienes han colocado fondos en cuentas de ahorro de largo plazo a término fijo, tales como uno, tres o siete años, están esencialmente «encerrados» aun cuando las condiciones del mercado de dinero puedan ser tales que existan rendimientos más altos disponibles en otras partes. En forma similar, los patrones frecuentemente permiten escoger a sus empleados entre diversos planes de seguro de salud, pero sólo se hace una selección y un empleado no puede cambiarse a otro plan durante un año por lo menos. Aunque esto puede hacerse por conveniencia administrativa, el empleado está encerrado durante un año.

---

[4]Esta sección se apoya bastante en Marc Nerlove, *Distributed Lags and Demand Analysis for Agricultural and Other Commodities*, Agricultural Handbook No. 141, U.S. Department of Agriculture, junio 1958.

Por las razones recién expuestas, el rezago ocupa un papel central en economía. Esto se refleja claramente en la metodología económica del corto y largo plazo. Por esta razón, se dice que las elasticidades precio-ingreso de corto plazo son generalmente menores (en valores absolutos) que las elasticidades correspondientes de largo plazo o que la propensión marginal a consumir de corto plazo es generalmente menor que la propensión marginal a consumir de largo plazo.

17.3 ESTIMACIÓN DE MODELOS DE REZAGOS DISTRIBUIDOS

Una vez se está de acuerdo en que los modelos de rezagos distribuidos juegan un papel bastante útil en economía, ¿cómo se estiman dichos modelos? Supóngase específicamente, que se tiene el siguiente modelo de rezagos distribuidos en una variable explicativa[5]:

$$Y_t = \alpha + \beta_0 X_t + \beta_1 X_{t-1} + \beta_2 X_{t-2} + \cdots + u_t \qquad (17.3.1)$$

donde no se ha definido la longitud del rezago, es decir, qué tan atrás en el pasado se desea ir. Tal modelo se denomina un **modelo de infinito de rezago**, mientras que un modelo del tipo (17.1.2) se denomina un **modelo de rezago distribuido (rezago) finito** porque la longitud del rezago k está especificada. Se continuará utilizando (17.3.1) por ser fácil de manejar matemáticamente, como se verá[6].

¿Cómo se estiman el α y los β de (17.3.1)? Pueden adoptarse dos enfoques: (1) estimación *ad hoc* y (2) restricciones *a priori* sobre los β suponiendo que los (β) siguen un patrón sistemático. Se considerará la estimación *ad hoc* en esta sección y el otro enfoque en la sección 17.4.

Estimación *ad hoc* de los modelos de rezagos distribuidos

Puesto que se supone que la variable explicativa X_t no es estocástica (o por lo menos no correlacionada con el término de perturbación u_t), X_{t-1}, X_{t-2}, y así sucesivamente, igualmente son no estocásticas. Por consiguiente, en principio, el método de mínimos cuadrados ordinarios (MCO) puede ser aplicado a (17.3.1). Este es el enfoque adoptado por Alt[7] y Tinbergen[8]. Ellos sugieren que para estimar (17.3.1), se puede proceder *secuencialmente*; es decir, regresar primero Y_t sobre X_t, luego regresar Y_t sobre X_t y X_{t-1}, luego regresar Y_t sobre X_t, X_{t-1}, y X_{t-2}, y así sucesivamente. Este procedimiento secuencial se detiene cuando los coeficientes de regresión de las variables rezagadas empiezan a hacerse estadísticamente insignificantes y /o el coeficiente de por lo menos una de las variables cambia de signo de positivo a negativo o *viceversa*. Siguiendo este precepto, Alt efectuó la regresión de Y, consumo de fuel oil, sobre nuevos pedidos X. Con base en información trimestral durante el periodo 1930-1939, los resultados fueron los siguientes:

$$\hat{Y}_t = 8.37 + 0.171 X_t$$

$$\hat{Y}_t = 8.27 + 0.111 X_t + 0.064 X_{t-1}$$

$$\hat{Y}_t = 8.27 + 0.109 X_t + 0.071 X_{t-1} - 0.055 X_{t-2}$$

$$\hat{Y}_t = 8.32 + 0.108 X_t + 0.063 X_{t-1} + 0.022 X_{t-2} - 0.020 X_{t-3}$$

---

[5]Si hay más de una variable explicativa en el modelo, cada variable puede tener un efecto rezagado sobre Y. Por simplicidad, se supone solamente una variable explicativa.

[6]En la práctica, sin embargo, se espera que los coeficientes de los valores X distantes tengan un efecto insignificante sobre Y.

[7]F. F. Alt, «Distributed Lags», *Econometrica*, vol. 10, 1942, pp. 113 - 128.

[8]J. Tinbergen, «Long-Term Foreign Trade Elasticities», *Metroeconomica*, vol. 1, 1949, pp. 174 - 185.

Alt escogió la segunda regresión como la «mejor» porque en las últimas dos ecuaciones el signo X_{t-2} no fue estable y en la última ecuación el signo de X_{t-3} fue negativo, lo cual puede ser difícil de interpretar en términos económicos.

Aunque la estimación *ad hoc* parece sencilla ésta posee muchas desventajas, tales como las siguientes:

1. No hay guía a priori sobre la longitud máxima que debe tener el rezago[9].
2. A medida que se estiman rezagos sucesivos, quedan menos grados de libertad, con lo cual la inferencia estadística se hace algo débil. Generalmente, los economistas no tienen la suerte de contar con series largas que les permitan estimar numerosos rezagos.
3. Aún más importante, en la información de series de tiempo económicas, los valores (de rezagos) sucesivos tienden a estar altamente correlacionados; por tanto, la multicolinealidad sale a relucir. Como se anotó en el capítulo 10, la multicolinealidad conduce a estimación imprecisa; es decir, los errores estándar tienden a ser grandes en relación con los coeficientes estimados. Como resultado, basados en las razones t calculadas computacionalmente, se puede tender a declarar (erróneamente), que uno o varios coeficientes de los rezagos son estadísticamente no significativos.
4. La búsqueda secuencial de la longitud de los rezagos hace que el investigador pueda incurrir en «**data-mining**». También, como se anotó en la sección 13.4, el nivel de significancia nominal y verdadero para probar hipótesis estadísticas se convierte en un asunto importante en tales búsquedas secuenciales [*véase* ecuación (13.4.2)].

En vista de los problemas anteriores, es muy poco lo que puede recomendarse el procedimiento de estimación *ad hoc*. Claramente, deben tenerse en cuenta algunas consideraciones previas o teóricas para tratar los diversos β si se desea salir adelante con el problema de estimación.

17.4 ENFOQUE DE KOYCK PARA LOS MODELOS DE REZAGOS DISTRIBUIDOS

Koyck ha propuesto un método ingenioso de estimación de los modelos de rezagos distribuidos. Supóngase que se empieza con un modelo de rezago distribuido infinito (17.3.1). *Suponiendo que los β tienen todos el mismo signo,* Koyck supone que estos se reducen geométricamente de la siguiente manera[10].

$$\beta_k = \beta_0 \lambda^k \qquad k = 0, 1, \dots \qquad (17.4.1)^{11}$$

donde λ, tal que $0 < \lambda < 1$, se conoce como la *tasa de descenso*, o *de caída*, del rezago distribuido y donde $1 - \lambda$ se conoce como *la velocidad de ajuste*.

---

[9] Si la longitud del rezago, k, está especificada incorrectamente, se tendrá que enfrentar el problema de errores de especificación analizado en el capítulo 13. Téngase en mente también la advertencia sobre «**data mining**».

[10] L. M. Koyck, *Distributed Lags and Investment Analysis*, North Holland Publishing Company, Amsterdam, 1954.

[11] Algunas veces esto se escribe también como

$$\beta_k = \beta_0(1 - \lambda)\lambda^k \qquad k = 0, 1, \dots$$

por las razones dadas en la nota de pie de página 12.

Lo que se postula en (17.4.1) es que cada coeficiente β sucesivo es numéricamente inferior a cada β anterior (esta afirmación se debe a que $\lambda < 1$), lo cual implica que a medida que se retorna al pasado distante, el efecto de ese rezago sobre Y_t se hace progresivamente más bajo, un supuesto bastante razonable. Después de todo, se espera que los ingresos actuales y del pasado reciente afecten al gasto de consumo actual con mayor peso que el ingreso en el pasado distante. Geométricamente, el esquema Koyck se ilustra en la figura 17.4.

Como lo muestra esta figura, el valor del coeficiente del rezago β_k, depende, aparte del β_0 común, del valor de λ. Entre más cerca de 1 esté λ, más lenta será la tasa de descenso en β_k, mientras que, entre más cerca esté de cero, más rápido será el descenso en β_k. En el primer caso, los valores del pasado distante de X ejercerán un impacto considerable sobre Y_t, mientras que en el último caso, su influencia sobre Y_t desaparecerá rápidamente. Este patrón puede verse claramente en la siguiente ilustración:

λ	β_0	β_1	β_2	β_3	β_4	β_5	$\cdots$	β_{10}
0.75	β_0	$0.75\beta_0$	$0.56\beta_0$	$0.42\beta_0$	$0.32\beta_0$	$0.24\beta_0$	$\cdots$	$0.06\beta_0$
0.25	β_0	$0.25\beta_0$	$0.06\beta_0$	$0.02\beta_0$	$0.004\beta_0$	$0.001\beta_0$	$\cdots$	0.0

Obsérvense estas características del esquema de Koyck: (1) Al suponer valores no negativos para λ, Koyck elimina la posibilidad de que los β cambien de signo; (2) al suponer que $\lambda < 1$, le da un menor peso a los β en el pasado distante que a los actuales; y (3) asegura que la suma de los β, que da el multiplicador de largo plazo, es finita, a saber,

$$\sum_{k=0}^{\infty} \beta_k = \beta_0 \left(\frac{1}{1 - \lambda} \right) \qquad (17.4.2)^{[12]}$$

Como resultado de (17.4.1), el modelo de rezagos infinitos (17.3.1) puede escribirse como

$$Y_t = \alpha + \beta_0 X_t + \beta_0 \lambda X_{t-1} + \beta_0 \lambda^2 X_{t-2} + \cdots + u_t \qquad (17.4.3)$$

Como está planteado, el modelo aún no está adecuado para su fácil estimación puesto que un gran número (literalmente infinito) de parámetros quedan aún por ser estimados y el parámetro λ ingresa en una forma fuertemente no lineal: Estrictamente hablando, el método de análisis de regresión lineal (en parámetros) no puede ser aplicado a un modelo de este tipo. Pero ahora Koyck sugiere una forma ingeniosa para lograrlo. Él rezaga (17.4.3) en un periodo para obtener

$$Y_{t-1} = \alpha + \beta_0 X_{t-1} + \beta_0 \lambda X_{t-2} + \beta_0 \lambda^2 X_{t-3} + \cdots + u_{t-1} \qquad (17.4.4)$$

Entonces, él multiplica (17.4.4) por λ para obtener

$$\lambda Y_{t-1} = \lambda \alpha + \lambda \beta_0 X_{t-1} + \beta_0 \lambda^2 X_{t-2} + \beta_0 \lambda^3 X_{t-3} + \cdots + \lambda u_{t-1} \qquad (17.4.5)$$

---

[12]Esto se debe a que

$$\sum \beta_k = \beta_0(1 + \lambda + \lambda^2 + \lambda^3 + \cdots) = \beta_0 \left(\frac{1}{1 - \lambda} \right)$$

puesto que la expresión en paréntesis al lado derecho es una serie geométrica infinita cuya suma es $1/(1 - \lambda)$ siempre y cuando $0 < \lambda < 1$. A propósito, *obsérvese* que si β_k está definido como en la nota de pie de página 11, $\sum \beta_k = \beta_0(1 - \lambda)/(1 - \lambda) = \beta_0$ asegurando así que las ponderaciones $(1 - \lambda)\lambda^k$ sumen uno.

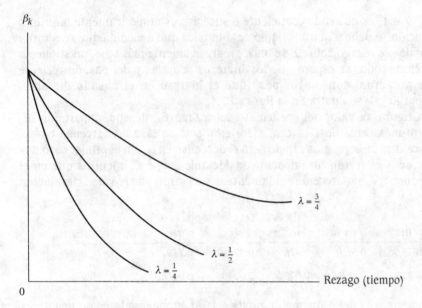

FIGURA 17.4
Esquema de Koyck (distribución geométrica descendente).

Restando (17.4.5) de (17.4.3), él obtiene

$$Y_t - \lambda Y_{t-1} = \alpha(1 - \lambda) + \beta_0 X_t + (u_t - \lambda u_{t-1}) \qquad (17.4.6)$$

o reordenando,

$$Y_t = \alpha(1 - \lambda) + \beta_0 X_t + \lambda Y_{t-1} + v_t \qquad (17.4.7)$$

donde $v_t = (u_t - \lambda u_{t-1})$, es **un promedio móvil de** u_t y u_{t-1}.

El procedimiento recién descrito se conoce como la **transformación de Koyck.** Comparando (17.4.7) con (17.3.1), se ve la enorme simplificación lograda por Koyck. Mientras que antes era preciso estimar α y un número infinito de β, ahora se tienen que estimar solamente tres incógnitas: α, β_0 y λ. Ahora bien, no hay razón para esperar multicolinealidad. En cierto sentido, la multicolinealidad se resuelve reemplazando X_{t-1}, X_{t-2},..., por una variable única, a saber, Y_{t-1}. Pero obsérvense las siguientes características de la transformación de Koyck:

1. Se empezó con un modelo de rezagos distribuidos y se terminó con un modelo autorregresivo porque Y_{t-1} aparece como una de las variables explicativas. Esta transformación muestra la forma como un modelo de rezagos distribuidos se puede «convertir» en un modelo autorregresivo.
2. Es probable que la aparición de Y_{t-1} cree algunos problemas estadísticos. Y_{t-1}, al igual que Y_t, es estocástico, lo cual significa que se tiene una variable explicativa estocástica en el modelo. Recuérdese que la teoría clásica de mínimos cuadrados se basa en el supuesto de que las variables explicativas o bien son no estocásticas o, en caso de serlo, están distribuidas independientemente del término de perturbación estocástico. Por tanto, se debe averiguar si Y_{t-1} satisface este supuesto. (Se volverá a este punto en la sección 17.8).

3. En el modelo original (17.3.1), el término de perturbación era u_t, mientras que en el modelo transformado es $v_t = (u_t - \lambda u_{t-1})$. Las propiedades estadísticas de v_t dependen de lo que se suponga sobre las propiedades estadísticas de u_t, ya que, como se muestra más adelante, si los u_t originales no están serialmente correlacionados, los v_t están serialmente correlacionados. Por consiguiente, se puede tener que enfrentar el problema de correlación serial adicionalmente a la variable explicativa estocástica Y_{t-1}. Esto se hará en la sección 17.8.

4. La presencia de Y rezagado viola uno de los supuestos en los cuales se basa la prueba d de Durbin-Watson. Por consiguiente, se deberá desarrollar una prueba alternativa para verificar correlación serial en presencia de Y rezagado. Una alternativa es la **prueba h de Durbin,** que se analiza en la sección 17.10.

Como se vió en (17.1.4), las sumas parciales de los β_i estandarizados reflejan la proporción del impacto de largo plazo, o total, sentido durante un cierto periodo de tiempo. En la practica, sin embargo, el **rezago medio** o **mediano** es utilizado frecuentemente para caracterizar la naturaleza de la estructura de los rezagos de un modelo de rezagos distribuidos.

Mediana de rezagos

La mediana de los rezagos es el tiempo requerido para la primera mitad, o el 50%, del cambio total en Y ocurrido como consecuencia de un cambio unitario sostenido en X. Para el modelo de Koyck, la mediana de los rezagos es la siguiente (*véase* ejercicio 17.6):

$$\text{Modelo de Koyck: Mediana de rezagos} = -\frac{\log 2}{\log \lambda} \qquad (17.4.8)$$

Así, si $\lambda = 0.2$, la mediana de rezagos es 0.4306, pero si $\lambda = 0.8$, la mediana de rezagos es 3.1067. Expresado verbalmente, en el primer caso, el 50% del cambio total en Y se logra en menos de la mitad de un periodo, mientras que en el último caso, este requiere más de 3 periodos para alcanzar el cambio del 50%. Pero este contraste no debe sorprender, ya que como es sabido, entre más alto sea el valor de λ, menor será la velocidad del ajuste y entre menor sea el valor de λ, mayor será la velocidad del ajuste.

Rezago medio

Siempre y cuando todos los β_k sean positivos, el rezago medio o promedio, se define como

$$\text{Rezago medio} = \frac{\sum_0^\infty k\beta_k}{\sum_0^\infty \beta_k} \qquad (17.4.9)$$

que es simplemente el promedio ponderado de todos los rezagos involucrados, con los coeficientes β actuando como ponderaciones. En resumen, es un **rezago ponderado promedio** de tiempo. Para el modelo de Koyck, el rezago medio es (*véase* ejercicio 17.7)

$$\text{Modelo de Koyck: Rezago medio} = \frac{\lambda}{1 - \lambda} \qquad (17.4.10)$$

Así, si $\lambda = \frac{1}{2}$, el rezago medio es 1.

De la exposición anterior, es claro que la mediana y la media de los rezagos sirven como medida resumen de la velocidad con la cual Y responde a X. En el ejemplo dado en la tabla 17.1, el rezago medio es alrededor de 11 trimestres, indicando que se requiere algún tiempo, en promedio, para que el efecto de los cambios en la oferta monetaria se sienta en los cambios de precios.

Ejemplo 17.5. Gasto personal de consumo *per cápita* (GPCP) con relación al ingreso personal disponible *per cápita* (IPDP), en los Estados Unidos. Reconsidérese el ejemplo GPCP/IPDP estudiado en el capítulo 14. Para facilitar la referencia, se reproduce aquí la ecuación (14.4.10):

$$\widehat{GPCP}_t = -841.8568 + 0.7117\ IPDP_t + 0.2954\ GPCP_{t-1}$$
$$t = \quad (-2.4137) \quad (5.4634) \qquad (2.3681) \qquad\qquad (17.4.11)$$
$$R^2 = 0.9912 \qquad d = 1.0144$$

Nota: El estadístico d será analizado bajo el encabezamiento de estadístico h más adelante en el texto. Si se supone que este modelo resultó de una transformación tipo Koyck, λ es 0.2954. La mediana de los rezagos es $-(\log 2 / \log \lambda) = -(\log 2 / \log 0.2954) = 0.5684$ y el rezago medio es $(0.2954/0.7046) = 0.4192$. En otras palabras, el GPCP se ajusta al IPDP en un periodo de tiempo relativamente corto.

17.5 RACIONALIZACIÓN DEL MODELO DE KOYCK: EL MODELO DE EXPECTATIVAS ADAPTATIVAS

Aunque es muy claro, el modelo de Koyck (17.4.7) es *ad hoc* puesto que fue obtenido mediante un proceso puramente algebraico; está desprovisto de cualquier soporte teórico. Pero esta falla puede suplirse si se empieza desde una perspectiva diferente. Supóngase que se postula el siguiente modelo:

$$Y_t = \beta_0 + \beta_1 X_i^* + u_t \qquad\qquad (17.5.1)$$

donde Y = demanda de dinero (balances reales de efectivo)
   X^* = tasa de interés normal o esperada de largo plazo o de equilibrio, u óptima
   u = término de error

La ecuación (17.5.1) postula que la demanda de dinero es función de la tasa de interés *esperada* (en el sentido de anticipación).

Puesto que la variable de expectativas X^* no es directamente observable, se puede proponer la siguiente hipótesis sobre la manera como se conforman las expectativas:

$$X_t^* - X_{t-1}^* = \gamma(X_t - X_{t-1}^*) \qquad\qquad (17.5.2)[13]$$

donde γ, tal que $0 < \gamma \leq 1$, es conocido como el **coeficiente de expectativas.** La hipótesis (17.5.2) es conocida como hipótesis de **expectativas adaptativas, expectativas progresivas o de aprendizaje por error**, popularizada por Cagan[14] y Friedman[15].

---

[13]Algunas veces el modelo es expresado como

$$X_t^* - X_{t-1}^* = \gamma(X_{t-1} - X_{t-1}^*)$$

[14]P. Cagan, «The Monetary Dynamics of Hyperinflations», en M. Friedman (ed.), *Studies in the Quantity Theory of Money*, University of Chicago Press, Chicago, 1956.

[15]Milton Friedman, *A Theory of the Consumption Function*, National Bureau of Economic Research, Princeton University Press, Princeton, N.J., 1957.

Lo que (17.5.2) implica es que los «agentes económicos adaptarán sus expectativas a la luz de la experiencia pasada y que en particular, ellos aprenderán de sus errores»[16]. Más específicamente, (17.5.2) establece que las expectativas son corregidas cada periodo por una fracción γ de la brecha entre el valor actual de la variable y su valor esperado anterior. Así, para nuestro modelo esto significaría que las expectativas sobre tasas de interés son corregidas cada periodo por una fracción γ de la discrepancia entre la tasa de interés observada en el periodo actual y lo que había sido su valor anticipado en el periodo anterior. Otra forma de plantear esto sería escribir (17.5.2) como

$$X_t^* = \gamma X_t + (1 - \gamma)X_{t-1}^* \qquad (17.5.3)$$

lo cual muestra que el valor esperado de la tasa de interés en el tiempo t es un promedio ponderado del valor actual de la tasa de interés en el tiempo t y su valor esperado en el periodo anterior, con ponderaciones de γ y $1 - \gamma$, respectivamente. Si $\gamma = 1$, $X_t^* = X_t$, lo cual significa que las expectativas se cumplen inmediatamente y en forma completa, es decir, en el mismo periodo de tiempo. Si, por otra parte, $\gamma = 0$, $X_t^* = X_{t-1}^*$, lo que significa que las expectativas son estáticas, es decir, «las condiciones que prevalecen hoy se mantendrán en todos los periodos subsiguientes. Los valores futuros esperados se identifican entonces con los valores actuales»[17].

Sustituyendo (17.5.3) en (17.5.1), se obtiene

$$\begin{aligned} Y_t &= \beta_0 + \beta_1[\gamma X_t + (1 - \gamma)X_{t-1}^*] + u_t \\ &= \beta_0 + \beta_1\gamma X_t + \beta_1(1 - \gamma)X_{t-1}^* + u_t \end{aligned} \qquad (17.5.4)$$

Ahora, rezáguese (17.5.1) un periodo, multiplíquese por $1 - \gamma$ y réstese el producto de (17.5.4). Luego de un reordenamiento algebraico sencillo, se obtiene

$$\begin{aligned} Y_t &= \gamma\beta_0 + \gamma\beta_1 X_t + (1 - \gamma)Y_{t-1} + u_t - (1 - \gamma)u_{t-1} \\ &= \gamma\beta_0 + \gamma\beta_1 X_t + (1 - \gamma)Y_{t-1} + v_t \end{aligned} \qquad (17.5.5)$$

donde $v_t = u_t - (1 - \gamma)u_{t-1}$.

Antes de continuar, es preciso advertir sobre la diferencia entre (17.5.1) y (17.5.5). En la primera, β_1 mide la respuesta promedio de Y ante un cambio unitario en X^*, el valor de equilibrio o de largo plazo de X. En (17.5.5), por otra parte, $\gamma\beta_1$ mide la respuesta promedio de Y ante un cambio unitario en el valor actual u observado de X. Estas respuestas no serán las mismas a menos, por supuesto, que $\gamma = 1$, es decir, los valores actuales y de largo plazo de X sean los mismos. En la práctica, primero se estima (17.5.5). Una vez se ha obtenido una estimación de γ del coeficiente del Y rezagado, se puede calcular β_1 fácilmente simplemente dividiendo el coeficiente de $X_t(= \gamma\beta_1)$ por γ.

La similitud entre el modelo de expectativas adapatativas (17.5.5) y el modelo de Koyck (17.4.7) debe verse fácilmente aunque las interpretaciones de los coeficientes en los dos modelos son diferentes. Obsérvese que el modelo de expectativas adaptativas es autorregresivo, lo mismo que el modelo de Koyck y su término de error es similar al término de error de Koyck. Se volverá a tratar la estimación del modelo de expectativas adaptativas en la sección 17.8 y se darán algunos ejemplos

---

[16]G. K. Shaw, *Rational Expectations: An Elementary Exposition*, St. Martin's Press, New York, 1984, p. 25.
[17]*Ibid.*, pp. 19-20.

en la sección 17.12. Ahora que se ha delineado el modelo de expectativas adaptativas (EA), ¿qué tan realista es éste? Es cierto que es más atractivo que el enfoque de Koyck puramente algebraico pero, ¿es la hipótesis EA razonable? En favor de la hipótesis EA se puede decir lo siguiente:

Ésta proporciona un medio relativamente simple de diseñar modelos de expectativas en la teoría económica mientras que a la vez, postula una forma de comportamiento por parte de los agentes económicos que parece ser eminentemente razonable. La creencia de que la gente aprende de la experiencia es, obviamente, un punto de partida más razonable que el supuesto implícito de que ella está totalmente desprovista de memoria, característica de la tesis de expectativas estáticas. Además, la afirmación de que experiencias más distantes ejercen un efecto menor que las experiencias más recientes estarían de acuerdo con el sentido común y parecerían estar ampliamente confirmados por la simple observación[18].

Hasta la llegada de la **hipótesis de expectativas racionales (ER)**, planteada inicialmente por J. Muth y difundida más adelante por Robert Lucas y Thomas Sargent, la hipótesis EA fue bastante popular en la economía empírica. Los proponentes de la hipótesis ER sostienen que la hipótesis EA es inadecuada porque en la formulación de expectativas, se basa tan solo en los valores pasados de una variable[19], mientras que la hipótesis ER supone, «que los agentes económicos individuales utilizan información *actual disponible y relevante* en la formación de sus expectativas y no se apoyan únicamente en experiencia pasada[20]». En resumen, la hipótesis ER sostiene que «las expectativas son 'racionales' en el sentido de que incorporan eficientemente *toda* la información disponible en el momento en que se formulan las expectativas[21]» y no solamente la información pasada.

La crítica dirigida por los proponentes ER en contra de la hipótesis EA es bien recibida, aunque hay muchas críticas a la propia hipótesis ER[22]. Este no es el lugar para dejarse enredar con este material reciente. Posiblemente se puede estar de acuerdo con Stephen McNees en que, «en el mejor de los casos, el supuesto de las expectativas adaptativas puede ser defendido solamente como una «hipótesis de trabajo» u aproximación a un mecanismo de formación de expectativas más complejo, posiblemente cambiante[23]».

Ejemplo 17.6. Ejemplo 17.5 reconsiderado. Si se considera el modelo (17.4.11) como generado por el mecanismo de expectativas adaptativas (es decir, GPCP una función del IPDP esperado), entonces γ, el coeficiente de expectativas, puede ser obtenido de (17.5.5) como $1 - 0.2954 = 0.7046$. Luego, siguiendo el análisis anterior sobre el modelo EA, se puede decir que alrededor del 70% de la discrepancia entre el IPDP observado y esperado es eliminada en el término de un año, un ajuste relativamente rápido.

---

[18]*Ibid.*, p. 27.

[19]Al igual que el modelo de Koyck, puede demostrarse que, bajo EA, las expectativas de una variable son un promedio ponderado exponencialmente de valores pasados de dicha variable.

[20]G.K. Shaw, *op. cit.*, p. 47. Para detalles adicionales de la hipótesis ER, *véase* Steven M. Sheffrin, *Rational Expectations*, Cambridge University Press, New York, 1983.

[21]Stephen K. McNees, «The Phillips Curve: Forward - or Backward-Looking?» *New England Economic Review*, julio-agosto 1979, p. 50.

[22]Para una evaluación crítica de la hipótesis ER, véase Michael C. Lovell, «Test of the Rational Expectations Hypothesis», *American Economic Review*, marzo 1966, pp. 110 -124.

[23]Stephen K. McNees, *op. cit.*, p. 50.

17.6 OTRA RACIONALIZACIÓN DEL MODELO DE KOYCK: EL MODELO DE AJUSTE DE EXISTENCIAS O MODELO DE AJUSTE PARCIAL

El modelo de expectativas adaptativas es una forma de racionalizar el modelo de Koyck. Otra racionalización ha sido dada por Marc Nerlove en el llamado **modelo de ajuste de existencias** o de **ajuste parcial**[24]. Para ilustrar este modelo, considérese el **modelo de acelerador flexible** de la teoría económica, que supone que hay un nivel de existencias de capital de *equilibrio, óptimo, deseado,* o *de largo plazo* requerido para generar una producción dada bajo unas condiciones dadas de tecnología, tasa de interés etc. Por simplicidad, supóngase que este nivel de capital deseado Y_t^* es una función lineal de la producción X de la siguiente manera:

$$Y_t^* = \beta_0 + \beta_1 X_t + u_t \qquad (17.6.1)$$

Puesto que el nivel deseado de capital no es directamente observable, Nerlove postula la siguiente hipótesis, conocida como **hipótesis de ajuste parcial** o de **ajuste de existencias**:

$$Y_t - Y_{t-1} = \delta(Y_t^* - Y_{t-1}) \qquad (17.6.2)^{[25]}$$

donde δ, tal que $0 < \delta \leq 1$, es conocido como el **coeficiente de ajuste** y donde $Y_t - Y_{t-1}$ = cambio observado y $(Y_t^* - Y_{t-1})$ = cambio deseado.

Puesto que $Y_t - Y_{t-1}$, el cambio en las existencias de capital entre dos periodos, no es otra cosa que la inversión, (17.6.2) puede escribirse alternativamente como

$$I_t = \delta(Y_t^* - Y_{t-1}) \qquad (17.6.3)$$

donde I_t = inversión en el periodo de tiempo t.

La ecuación (17.6.2) postula que el cambio observado en las existencias de capital (la inversión) en cualquier momento del tiempo t es alguna fracción δ del cambio deseado durante ese periodo. Si $\delta = 1$, significa que las existencias de capital observadas son iguales a las existencias deseadas; es decir, las existencias observadas se ajustan instantáneamente (durante el mismo periodo de tiempo) a las deseadas. Sin embargo, si $\delta = 0$, significa que nada cambia puesto que las existencias actuales en el tiempo t son las mismas que las observadas en el periodo de tiempo anterior. Típicamente, se espera que δ se encuentre dentro de estos extremos puesto que es probable que el ajuste a las existencias deseadas de capital sea incompleto debido a rigideces, inercia, obligaciones contractuales, etc. de aquí el nombre de **modelo de ajuste parcial**. Obsérvese que el mecanismo de ajuste (17.6.2) puede ser escrito alternativamente como

$$Y_t = \delta Y_t^* + (1 - \delta)Y_{t-1} \qquad (17.6.4)$$

---

[24]Marc Nerlove, *Distributed Lags and Demand Analysis for Agricultural and Other Commodities, op.cit.*

[25]Algunos autores no agregan el término estocástico de error u_t, a la relación (17.6.1) pero lo agregan a esta relación, creyendo que si la primera es verdaderamente una relación de equilibrio, el término de error no tiene fundamento, mientras que el mecanismo de ajuste puede ser imperfecto y puede requerir el término de perturbación. A propósito, *obsérvese* que (17.6.2) se escribe algunas veces también como

$$Y_t - Y_{t-1} = \delta(Y_{t-1}^* - Y_{t-1})$$

mostrando que las existencias de capital observadas en el tiempo t son un promedio ponderado de las existencias de capital deseado en ese momento y las existencias de capital observadas en el periodo anterior, siendo δ y $(1 - \delta)$ las ponderaciones. Ahora, la sustitución de (17.6.1) en (17.6.4) da

$$
\begin{aligned}
Y_t &= \delta(\beta_0 + \beta_1 X_t + u_t) + (1 - \delta)Y_{t-1} \\
&= \delta\beta_0 + \delta\beta_1 X_t + (1 - \delta)Y_{t-1} + \delta u_t
\end{aligned}
\tag{17.6.5}
$$

Este modelo se denomina **modelo de ajuste parcial.**

Puesto que (17.6.1) representa la demanda de existencias de capital de largo plazo o de equilibrio, (17.6.5) puede denominarse la función de demanda de existencias de capital de *corto plazo*, puesto que en el corto plazo, las existencias de capital pueden no ser necesariamente iguales a su nivel en el largo plazo. Una vez se estima la función de corto plazo (17.6.5) y se obtiene la estimación del coeficiente de ajuste δ (del coeficiente de Y_{t-1}), se puede derivar fácilmente la función de largo plazo dividiendo simplemente $\delta\beta_0$ y $\delta\beta_1$ por δ y omitiendo el término rezagado de Y que dará entonces (17.6.1).

Geométricamente, el modelo de ajuste parcial puede mostrarse como aparece en la figura 17.5[26]. En esta figura, Y^* son las existencias deseadas de capital y Y_1 las existencias observadas de capital del periodo en curso. Para fines ilustrativos, supóngase que $\delta = 0.5$. Esto implica que la empresa planea cerrar la mitad de la brecha entre las existencias de capital observadas y deseadas cada periodo. Así, en el primer periodo, ésta se mueve a Y_2, con la inversión igual a $(Y_2 - Y_1)$, que a su vez, es igual a la mitad de $(Y^* - Y_1)$. En cada periodo subsiguiente, éste cierra la mitad de la brecha entre las existencias de capital a principios del periodo y las existencias deseadas de capital Y^*.

El modelo de ajuste parcial se parece a los modelos de Koyck y de expectativas adaptativas en que es autorregresivo. Sin embargo, tiene un término de perturbación mucho más sencillo: el término de perturbación original u_t multiplicado por una constante δ. Pero téngase en mente que aunque son similares en apariencia, los modelos de expectativas adaptativas y de ajuste parcial

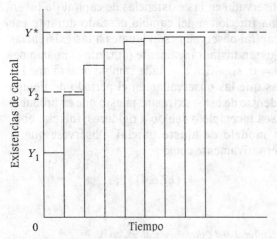

FIGURA 17.5
Ajuste gradual de existencias de capital.

---

[26]Esto es adaptado de la figura 7.4 de Rudiger Dornbusch y Stanley Fischer, *Macroeconomics*, 3a. ed., McGraw-Hill, New York, 1984, p. 216.

conceptualmente son muy diferentes. El primero está basado en la incertidumbre (sobre el curso futuro de los precios, las tasas de interés, etc.), mientras que el último se debe a rigideces técnicas o institucionales, a la inercia, al costo del cambio, etc. Sin embargo, teóricamente ambos modelos son mucho más sólidos que el modelo de Koyck.

Puesto que aparentemente los modelos de expectativas adaptativas y de ajuste parcial son indistinguibles, el coeficiente γ de 0.7046 del modelo de expectativas adaptativas puede ser interpretado también como el coeficiente δ del modelo de ajuste de existencias si se supone que el último modelo es operativo en el presente caso (es decir, es el GPCP deseado o esperado que está relacionado linealmente con el IPDP actual).

El punto importante de tener en cuenta es que puesto que el modelo de Koyck, el de expectativas adaptativas y el de ajuste de existencias - aparte de la diferencia en la apariencia del término de error - producen al final el mismo modelo estimado, se debe tener gran cuidado al decir al lector cuál modelo está utilizando el investigador y por qué. Por tanto, los investigadores deben especificar el soporte teórico de sus modelos.

*17.7 COMBINACIÓN DE LOS MODELOS DE EXPECTATIVAS ADAPTATIVAS Y DE AJUSTE PARCIAL

Considérese el siguiente modelo:

$$Y_t^* = \beta_0 + \beta_1 X_t^* + u_t \tag{17.7.1}$$

donde Y_t^* = existencias de capital deseadas y Y_t^* = nivel esperado de producción esperado.

Puesto que ni Y_t^* ni X_t^* son directamente observables, se puede utilizar el mecanismo de ajuste parcial para Y_t^* y el modelo de expectativas adaptativas para X_t^* para llegar a la siguiente ecuación de estimación (*véase* ejercicio 17.2):

$$
\begin{aligned}
Y_t &= \beta_0\,\delta\gamma + \beta_1\,\delta\gamma X_t + [(1-\gamma)+(1-\delta)]Y_{t-1} \\
&\quad - (1-\delta)(1-\gamma)Y_{t-2} + [\delta u_t - \delta(1-\gamma)u_{t-1}] \\
&= \alpha_0 + \alpha_1 X_t + \alpha_2 Y_{t-1} + \alpha_3 Y_{t-2} + v_t
\end{aligned}
\tag{17.7.2}
$$

donde $v_t = \delta[u_t - (1-\gamma)u_{t-1}]$. Este modelo es también autorregresivo, siendo la única diferencia con respecto al modelo puramente de expectativas adaptativas que Y_{t-2} aparece junto con Y_{t-1} como variable explicativa. Al igual que los modelos de Koyck y AE, el término de error en (17.7.2) sigue un proceso de promedios móviles. Otra característica de este modelo es que aunque el modelo es lineal en los α, no es lineal en los parámetros originales.

Una aplicación conocida de (17.7.1) ha sido la hipótesis del ingreso permanente de Friedman, que plantea que el consumo «permanente» o de largo plazo es una función del ingreso «permanente» o de largo plazo[27].

La estimación de (17.7.2) presenta los mismos problemas de estimación que el modelo de Koyck o que el modelo EA ya que todos estos modelos son autorregresivos con estructuras similares de error. Adicionalmente, (17.7.2) involucra algunos problemas de estimación no lineal que se considerarán brevemente en el ejercicio 17.10, pero los cuales no se tratarán a fondo en este libro.

---

*Opcional.

[27]Milton Friedman, *A Theory of Consumption Function*, Princeton University Press, Princeton, N.J. 1957.

17.8 ESTIMACIÓN DE MODELOS AUTORREGRESIVOS

Del análisis realizado hasta el momento se tienen los tres modelos siguientes:

Koyck

$$Y_t = \alpha(1 - \lambda) + \beta_0 X_t + \lambda Y_{t-1} + (u_t - \lambda u_{t-1}) \qquad (17.4.7)$$

Expectativas adaptativas

$$Y_t = \gamma \beta_0 + \gamma \beta_1 X_t + (1 - \gamma) Y_{t-1} + [u_t - (1 - \gamma) u_{t-1}] \qquad (17.5.5)$$

Ajuste parcial

$$Y_t = \delta \beta_0 + \delta \beta_1 X_t + (1 - \delta) Y_{t-1} + \delta u_t \qquad (17.6.5)$$

Todos estos modelos tienen la forma común siguiente:

$$Y_t = \alpha_0 + \alpha_1 X_t + \alpha_2 Y_{t-1} + v_t \qquad (17.8.1)$$

es decir, todos son autorregresivos por naturaleza. Por consiguiente, se debe mirar ahora el problema de estimación de dichos modelos, porque los mínimos cuadrados clásicos pueden no ser aplicables directamente a ellos. **La razón es doble: la presencia de variables explicativas estocásticas y la posibilidad de correlación serial.**

Ahora, como se mencionó anteriormente, para la aplicación de la teoría clásica de mínimos cuadrados, debe demostrarse que la variable explicativa estocástica Y_{t-1} está distribuida independientemente del término de perturbación v_t. Para determinar si esto es así, es esencial conocer las propiedades de v_t. Si se supone que el término de perturbación original u_t satisface todos los supuestos clásicos, tales como $E(u_t) = 0$, $\text{var}(u_t) = \sigma^2$ (el supuesto de homoscedasticidad) y $\text{cov}(u_t, u_{t+s}) = 0$ para $s \neq 0$ (el supuesto de no autocorrelación), v_t puede no heredar todas estas propiedades. Considérese, por ejemplo, el término de error en el modelo de Koyck, que es $v_t = (u_t - \lambda u_{t-1})$. Dados los supuestos sobre u_t, se puede demostrar fácilmente que v_t está serialmente correlacionada porque

$$E(v_t v_{t-1}) = -\lambda \sigma^2 \qquad (17.8.2)^{[28]}$$

que es diferente de cero (a menos de que λ resulte ser cero). Y puesto que Y_{t-1} aparece en el modelo de Koyck como variable explicativa, está limitado a estar correlacionado con v_t (a través de la presencia de u_{t-1} en éste). De hecho, puede demostrarse que

$$\text{cov}[Y_{t-1}, (u_t - \lambda u_{t-1})] = -\lambda \sigma^2 \qquad (17.8.3)$$

que es lo mismo que (17.8.2). El lector puede verificar que lo mismo es cierto con respecto al modelo de expectativas adaptativas.

---

[28] $E(v_t v_{t-1}) = E(u_t - \lambda u_{t-1})(u_{t-1} - \lambda u_{t-2})$

$\qquad = -\lambda E(u_{t-1})^2$ puesto que las covarianzas entre las u son cero por supuestos

$\qquad = -\lambda \sigma^2$

¿Cuál es la implicación de encontrar que en el modelo de Koyck, al igual que en el modelo de expectativas adaptativas, la variable explicativa estocástica Y_{t-1} está correlacionada con el término de error v_t? Como se mencionó anteriormente, **si una variable explicativa en un modelo de regresión está correlacionada con el término de perturbación estocástico, los estimadores MCO no solamente están sesgados sino que además, no son siquiera consistentes; es decir, aun si el tamaño de la muestra se aumenta indefinidamente, los estimadores no se aproximan a sus valores poblacionales verdaderos**[29]. **Por consiguiente, la estimación de los modelos de Koyck y de expectativas adaptativas mediante el procedimiento usual MCO pueden producir resultados inconducentes o erróneos.**

Sin embargo, el modelo de ajuste parcial es diferente. En este modelo, $v_t = \delta u_t$, donde $0 < \delta \leq 1$. Por consiguiente, si u_t satisface los supuestos del modelo clásico de regresión lineal dado anteriormente, igual lo hará δu_t. Por tanto, la estimación MCO del modelo de ajuste parcial dará estimaciones consistentes aun cuando las estimaciones tiendan a estar sesgadas (en muestras finitas o pequeñas)[30]. Intuitivamente, la razón para la consistencia es ésta: Aunque Y_{t-1} depende de u_{t-1} y de todos los términos de perturbación anteriores, no está relacionado con el término de error actual u_t. Por consiguiente, siempre que u_t sea serialmente independiente, Y_{t-1} también será independiente o por lo menos no estará correlacionado con u_t, satisfaciendo con esto un supuesto importante de MCO, a saber, la no correlación entre la(s) variable(s) explicativa(s) y el término de perturbación estocástico.

Aunque la estimación MCO del modelo de ajuste de existencias, o parcial, proporciona una estimación consistente debido a la estructura simple del término de error en un modelo de estos, no se debe suponer que éste se aplica en lugar del modelo de Koyck o de expectativas adaptativas[31]. Se aconseja al lector no hacer esto. Un modelo debe seleccionarse con base en consideraciones teóricas sólidas, no simplemente porque pueda conducir a una estimación estadística sencilla. Todo modelo debe ser considerado en sus propios méritos, prestando debida atención a las perturbaciones estocásticas que aparecen en ellos. Si en modelos tales como el de Koyck o el de expectativas adaptativas no es posible aplicar directamente el MCO, se deben diseñar métodos para resolver el problema de estimación. Existen diversos métodos alternativos de estimación disponibles aunque algunos de ellos pueden ser computacionalmente tediosos. En la siguiente sección se considera uno de estos métodos.

17.9 MÉTODO DE VARIABLES INSTRUMENTALES(IV)

La razón por la cual el MCO no puede aplicarse al modelo de Koyck o de expectativas adaptativas es que la variable explicativa Y_{t-1} tiende a estar correlacionada con el término de error v_t. Si de alguna manera es posible eliminar esta correlación, se pueden aplicar MCO para obtener estimaciones consistentes, como se mencionó anteriormente. (*Nota:* Habrá algún sesgo de muestra pequeña). ¿Cómo puede lograrse esto? Liviatan ha propuesto la siguiente solución.[32]

---

[29]La prueba se sale del alcance de este libro y puede encontrarse en Griliches, *op. cit.*, pp. 36-38. Sin embargo, *véase* en el capítulo 18 un esquema de la prueba en otro contexto.

[30]Para una prueba, *véase* J. Johnston, *Econometric Methods*, 3a. ed., McGraw-Hill, New York, 1984, pp 360-362. *Véase* además H.E: Doran y J. W. B. Guise, *Single Equation Methods in Econometrics: Applied Regression Analysis*, University of New England Teaching Monograph Series 3, Armidale, NSW, Australia, 1984, pp. 236-244.

[31]También, como lo menciona J. Johnston (*op. cit.*, p. 350), «[el] patrón de ajuste [sugerido por el modelo de ajuste parcial]... puede algunas veces no ser razonable».

[32]N. Liviatan, «Consistent Estimation of Distributed Lags», *International Economic Review*, vol. 4, enero 1963, pp. 44-52.

Supóngase que se encuentra una *variable aproximada* para Y_{t-1} que esté altamente correlacionada con Y_{t-1} pero que no lo está con v_t, donde v_t es el término de error que aparece en el modelo de Koyck o en el de expectativas adaptativas. Tal aproximación se denomina una **variable instrumental** (IV)[33]. Liviatan sugiere a X_{t-1} como variable instrumental para Y_{t-1} y sugiere además que los parámetros de la regresión (17.8.1) pueden ser obtenidos al resolver las siguientes ecuaciones normales:

$$\sum Y_t = n\hat{\alpha}_0 + \hat{\alpha}_1 \sum X_t + \hat{\alpha}_2 \sum Y_{t-1}$$

$$\sum Y_t X_t = \hat{\alpha}_0 \sum X_t + \hat{\alpha}_1 \sum X_t^2 + \hat{\alpha}_2 \sum Y_{t-1} X_t \qquad (17.9.1)$$

$$\sum Y_t X_{t-1} = \hat{\alpha}_0 \sum X_{t-1} + \hat{\alpha}_1 \sum X_t X_{t-1} + \hat{\alpha}_2 \sum Y_{t-1} X_{t-1}$$

Obsérvese que si se fuera a aplicar MCO directamente a (17.8.1), las ecuaciones normales MCO usuales serían (*véase* la sección 7.4)

$$\sum Y_t = n\hat{\alpha}_0 + \hat{\alpha}_1 \sum X_t + \hat{\alpha}_2 \sum Y_{t-1}$$

$$\sum Y_t X_t = \hat{\alpha}_0 \sum X_t + \hat{\alpha}_1 \sum X_t^2 + \hat{\alpha}_2 \sum Y_{t-1} X_t \qquad (17.9.2)$$

$$\sum Y_t Y_{t-1} = \hat{\alpha}_0 \sum Y_{t-1} + \hat{\alpha}_1 \sum X_t Y_{t-1} + \hat{\alpha}_2 \sum Y_{t-1}^2$$

La diferencia entre los dos conjuntos de ecuaciones normales debe verse fácilmente. Liviatan ha demostrado que los α estimados a partir de (17.9.1) son consistentes, mientras que aquellos estimados de (17.9.2) pueden no serlo porque Y_{t-1} y $v_t[= u_t - \lambda u_{t-1}$ o $u_t - (1 - \gamma)u_{t-1}]$ pueden estar correlacionados, mientras que X_t y X_{t-1} no están correlacionados con v_t.(¿Por qué?)

Aunque en la práctica es fácil de aplicar una vez se ha encontrado una variable aproximada apropiada, es probable que la técnica de Liviatan sufra del problema de multicolinealidad debido a que es factible que X_t y X_{t-1}, que hacen parte de las ecuaciones normales de (17.9.1), estén altamente correlacionadas (como se mencionó en el capítulo 12, es típico que la mayoría de las series de tiempo económicas presenten un alto grado de correlación entre valores sucesivos). La implicación, entonces, es que aunque el procedimiento de Liviatan genera estimaciones consistentes, es probable que los estimadores sean ineficientes[34].

Antes de continuar, la pregunta obvia es: ¿Cómo encontrar una «buena» variable aproximada para Y_{t-1}, de tal manera que, aunque esté altamente correlacionada con Y_{t-1}, no lo esté con v_t? Hay algunas sugerencias en la literatura, que se consideran aquí en forma de ejercicio (*véase* ejercicio 17.5). Pero debe afirmarse que encontrar buenas variables aproximadas no siempre es fácil, en cuyo caso el método IV es de poca utilidad práctica y puede ser necesario recurrir a las técnicas de estimación de máxima verosimilitud, que están por fuera del alcance de este libro[35].

---

[33]Estas variables instrumentales se utilizan frecuentemente en modelos de ecuaciones simultáneas (*véase* capítulo 20).

[34]Para ver la forma como puede mejorarse la eficiencia de los estimadores, consúltese Lawrence R Klien, *A Textbook of Econometrics*, 2a. ed., Prentice-Hall, Englewood Cliffs, N.J., 1974, p. 99. *Véase* también William H. Greene, *Econometric Analysis*, Macmillan, 2a. ed., New York, 1993, pp. 535-538.

[35]Para un análisis condensado de los métodos de MV, *véase* J. Johnston, *op.cit.*, pp. 366-371, al igual que el apéndice 4A.

17.10 DETECCION DE AUTOCORRELACION EN MODELOS AUTORREGRESIVOS: PRUEBA DURBIN h

Como se ha visto, la correlación serial probable en los errores v_t hacen que el problema de estimación en el modelo autorregresivo sea algo complejo: En el modelo de ajuste de existencias, el término de error v_t no tenía correlación serial (de primer orden) cuando el término de error u_t en el modelo original no estaba serialmente correlacionado, mientras que en los modelos de Koyck y de expectativas adaptativas v_t estaba serialmente correlacionado aun cuando u_t fuera serialmente independiente. La pregunta entonces es: ¿Cómo se sabe si hay correlación serial en el término de error que aparece en los modelos autorregresivos?

Como se mencionó en el capítulo 12, el estadístico d de Durbin-Watson no puede ser utilizado para detectar correlación serial (de primer orden) en modelos autorregresivos porque el valor d calculado en tales modelos generalmente tiende a 2, que es el valor de d esperado en una secuencia verdaderamente aleatoria. En otras palabras, si el estadístico d se calcula en forma computacional para tales modelos, se forma un sesgo que impide descubrir la correlación serial (de primer orden). A pesar de esto, muchos investigadores calculan el valor d por falta de algo mejor. Recientemente, sin embargo, Durbin mismo ha propuesto una prueba de *muestras grandes* para la correlación serial de primer orden en modelos autorregresivos[36]. Esta prueba, llamada **el estadístico h**, es la siguiente:

$$h = \hat{\rho} \sqrt{\frac{n}{1 - n[\text{var}(\hat{\alpha}_2)]}} \qquad (17.10.1)$$

donde n = tamaño de la muestra, $\text{var}(\hat{\alpha}_2)$ = varianza del coeficiente del rezago Y_{t-1}, y $\hat{\rho}$ = estimación de ρ, la correlación serial de primer orden que está dada por la ecuación (12.5.8).

Para un tamaño de muestra grande, Durbin ha demostrado que **si $\rho = 0$**, el estadístico h sigue la distribución normal estándar, es decir, la distribución normal con media cero y varianza unitaria. De aquí, la significancia estadística de un h observado puede ser determinada fácilmente a partir de la tabla de la distribución normal estándar (*véase* apéndice D, tabla D.1).

En la práctica no hay necesidad de calcular $\hat{\rho}$ porque se ha visto en el capítulo 12 que éste puede ser aproximado a partir del d estimado de la siguiente manera:

$$\hat{\rho} \doteq 1 - \tfrac{1}{2}d \qquad (12.6.12)$$

donde d es el estadístico usual de Durbin-Watson[37]. Por consiguiente, (17.10.1) puede escribirse como

$$h \doteq \left(1 - \frac{1}{2}d\right) \sqrt{\frac{n}{1 - n[\text{var}(\hat{\alpha}_2)]}} \qquad (17.10.2)$$

---

[36] J. Durbin, «Testing for Serial Correlation in Least-Squares Regression When Some of the Regressors Are Lagged Dependent Variables», *Econometrica*, vol. 38, 1970, pp. 410-421.

[37] *Obsérvese* que este valor d en sí mismo no puede ser utilizado para probar la presencia de correlación serial en modelos autorregresivos. Este solamente proporciona un *insumo* para el cálculo del estadístico h.

Los pasos involucrados en la aplicación del estadístico h son los siguientes:

1. Estímese (17.8.1) mediante MCO (no debe preocuparse por problemas de estimación en esta etapa).
2. Anótese la var($\hat{\alpha}_2$).
3. Calcúlese $\hat{\rho}$ como se ha indicado en (12.6.12).
4. Ahora, calcúlese h de (17.10.1), o (17.10.2).
5. Suponiendo que n es grande, se acaba de ver que

$$h \sim AN(0, 1) \qquad (17.10.3)$$

Es decir, **h está distribuida en forma asintóticamente normal con media cero y varianza unitaria.** Ahora, de la distribución normal, se sabe que

$$Pr(-1.96 \le h \le 1.96) = 0.95 \qquad (17.10.4)$$

es decir, la probabilidad de que h (es decir, cualquier variable normal estándar) se encuentre entre -1.96 y $+1.96$ es alrededor del 95%. Por consiguiente, la regla de decisión es ahora

(*a*) si $h > 1.96$, rechácese la hipótesis nula de que no hay autocorrelación positiva de primer orden y

(*b*) si $h < -1.96$, rechácese la hipótesis nula de que no hay autocorrelación negativa de primer orden, pero

(*c*) si h se encuentra entre -1.96 y 1.96, no debe rechazarse la hipótesis nula de que no hay autocorrelación de primer orden (positiva o negativa).

Como ilustración, supóngase que en una aplicación que considera 100 observaciones, se encontró que $d = 1.9$ y var($\hat{\alpha}_2$) = 0.005. Por consiguiente,

$$h = [1 - \frac{1}{2}(1.9)]\sqrt{\frac{100}{1 - 100(0.005)}}$$
$$= 0.7071$$

Puesto que el valor de h calculado se encuentra entre los límites de (17.10.4), no se puede rechazar la hipótesis, al nivel de 5%, de que no hay autocorrelación positiva de primer orden.

Obsérvense estas características del estadístico h:

1. No importa cuántas variables X o cuántos valores rezagados de Y son incluidos en el modelo de regresión. Para calcular h, se debe considerar solamente la varianza del coeficiente del rezago Y_{t-1}.
2. La prueba no es aplicable si $[n \, var(\hat{\alpha}_2)]$ excede a 1. (¿Por qué?) En la práctica, sin embargo, no es usual que esto suceda.
3. Puesto que se trata de una prueba de muestras grandes, su aplicación en muestras pequeñas no se justifica estrictamente, como lo demuestran Inder[38] y Kiviet.[39] Se ha sugerido que la prueba de Breusch-Godfrey (BG), también conocida como prueba del multiplicador de Lagrange, analizada en el capítulo 12, es estadísticamente más potente, no solamente en las muestrs grandes, sino también en muestras finitas, o pequeñas y, por consiguiente, es preferible a la prueba h.[40]

---

[38]B. Inder, «An Approximation to the Null Distribution of the Durbin-Watson Statistic in Models Containing Lagged Dependent Variables», *Econometric Theory,* vol. 2, no. 3, 1986, pp. 413-428.

[39]J.F. Kiviet, «On the Vigour of Some Misspecification Tests for Modelling Dynamic Relationships», *Review of Economic Studies,* vol. 53, no. 173, 1986, pp. 241-262.

[40]Gabor Korosi, Laszlo Matyas, e Istvan P. Szekely, *Practical Econometrics,* Ashgate Publishing Company, Brookfield, Vermont, 1992, p. 92.

17.11. EJEMPLO NUMÉRICO:
LA DEMANDA DE DINERO EN LA INDIA

Refiérase al ejercicio 7.25, que da información anual sobre existencias de dinero, ingreso nacional, precios y tasa de interés de largo plazo en la India durante el periodo 1948–1949 a 1964–1965. Supóngase que se postula la siguiente relación de demanda de dinero.[41]

$$M_t^* = \beta_0 R_t^{\beta_1} Y_t^{\beta_2} e^{u_t} \qquad (17.11.1)$$

donde M_t^* = demanda de dinero (balances reales de efectivo) deseada, o de largo plazo
  R_t = tasa de interés de largo plazo, %
  Y_t = ingreso nacional real agregado

Para la estimación estadística, (17.11.1) puede ser expresada convenientemente en forma logarítmica como

$$\ln M_t^* = \ln \beta_0 + \beta_1 \ln R_t + \beta_2 \ln Y_t + u_t \qquad (17.11.2)$$

Puesto que la variable de demanda deseada no es observable directamente, supóngase la hipótesis de ajuste de existencias, a saber,

$$\frac{M_t}{M_{t-1}} = \left(\frac{M_t^*}{M_{t-1}}\right)^{\delta} \qquad 0 < \delta \le 1 \qquad (17.11.3)$$

La ecuación (17.11.3) establece que un porcentaje constante (¿por qué?) de la discrepancia entre los balances reales de efectivo observados y los deseados es eliminado en un sólo periodo (año). En forma logarítmica, la ecuación (17.11.3) puede expresarse como

$$\ln M_t - \ln M_{t-1} = \delta(\ln M_t^* - \ln M_{t-1}) \qquad (17.11.4)$$

Sustituyendo $\ln M_t^*$ de (17.11.2) en la ecuación (17.11.4) y reordenando, se obtiene

$$\ln M_t = \delta \ln \beta_0 + \beta_1 \delta \ln R_t + \beta_2 \delta \ln Y_t + (1 - \delta) \ln M_{t-1} + \delta u_t \qquad (17.11.5)^{[42]}$$

que puede llamarse la *función de demanda de dinero de corto plazo*. (¿Por qué?) Si se supone que u_t y, por tanto, δu_t satisfacen los supuestos MCO usuales, los resultados de la regresión basada en la información dada son los siguientes:

$$\widehat{\ln M_t} = \begin{array}{cccc} 1.5484 & -\ 0.1041 \ln R_t & +\ 0.6859 \ln Y_t & +\ 0.5297 \ln M_{t-1} \\ (0.8336) & (0.3710) & (0.3859) & (0.2013) \\ t = (1.857) & (-0.2807) & (1.777) & (2.631) \end{array}$$

$$R^2 = 0.9379 \qquad d = 1.8801$$

$(17.11.6)^{[43]}$

---

[41]Para un modelo similar, véase Gregory C. Chow, «On the Long-Run and Short-Run Demand for Money», *Journal of Political Economy,* vol. 74, no.2, 1966, pp. 111-131. *Obsérvese* que una ventaja de la función multiplicativa es que los exponentes de las variables dan estimaciones directas de las elasticidades (*véase* capítulo 6).

[42]A propósito, *obsérvese* que este modelo es esencialmente no lineal en los parámetros. Por consiguiente, aunque MCO puede generar una estimación insesgada de, por ejemplo, $\beta_1 \delta$ tomado en conjunto, puede no dar estimaciones insesgadas de β_1 y δ individualmente, especialmente si la muestra es pequeña.

[43]Adviértase esta característica de los errores estándar estimados. El error estándar del coeficiente de $\ln R_t$ por ejemplo, se refiere al error estándar de $\widehat{\beta_1 \delta}$, un estimador de $\beta_1 \delta$. No hay una forma simple de obtener los errores estándar de $\hat{\beta}_1$ y de $\hat{\delta}$ individualmente a partir del error estándar de $\widehat{\beta_1 \delta}$, especialmente si la muestra es relativamente pequeña. Para muestras grandes, sin embargo, los errores estándar individuales de $\hat{\beta}_1$ y $\hat{\delta}$ pueden ser obtenidos aproximadamente, pero los cálculos son complicados. *Véase* Jan Kmenta, *Elements of Econometrics,* Macmillan, New York, 1971, p. 444.

La función de demanda de corto plazo estimada muestra que la elasticidad-interés de corto plazo es estadísticamente no significativa pero la elasticidad-ingreso de corto plazo es estadísticamente significativa al nivel del 5% (prueba de una cola). El coeficiente de ajuste es $\delta = 1 - 0.5297 = 0.4703$, implicando que alrededor del 47% de la discrepancia entre los balances de efectivo real deseados y observados es eliminada en un año. Para volver a la función de demanda de largo plazo (17.11.2), todo lo que debe hacerse es dividir la función de demanda de corto plazo por δ (¿por qué?) y eliminar el término $\ln M_{t-1}$. Los resultados son

$$\ln M_t^* = 3.2923 - 0.2214 \ln R_t + 1.4584 \ln Y_t \qquad (17.11.7)[44]$$

Como puede verse, la elasticidad-ingreso de largo plazo de la demanda de dinero, 1.4584, es sustancialmente mayor que la elasticidad de corto plazo correspondiente, 0.6859.

Obsérvese que el d estimado de Durbin-Watson es 1.8801, que está cercano a 2. Esto apoya el comentario anterior de que en los modelos autorregresivos, el d calculado generalmente está cercano a 2. Por consiguiente, no se puede confiar en el d calculado para determinar si hubo correlación serial en los datos. Aunque el tamaño de la muestra es más bien pequeño, generar la prueba h es inapropiado, estrictamente hablando, no obstante, se presenta aquí con el fin de ilustrar la mecánica detrás del cálculo. Utilizando el valor d estimado y la fórmula (17.10.2), se obtiene

$$h = [1 - \frac{1}{2}(1.8801)]\sqrt{\frac{16}{1 - 16(0.0405)}}$$
$$= 0.1905$$

donde la varianza de la variable dependiente rezagada es obtenida del error estándar estimado de esa variable, a saber, $(0.2013)^2$.

Aunque el h estimado es relativamente pequeño, conduce a la aceptación de la hipótesis de que no hay correlación serial (de primer orden), esta conclusión debe tomarse con reserva en vista de la pequeñez de la muestra.

17.12 EJEMPLOS ILUSTRATIVOS

En esta sección, se presentan algunos ejemplos de modelos de rezagos distribuidos para mostrar la forma como los investigadores los han utilizado en estudios empíricos.

Ejemplo 17.7. El Banco de la Reserva Federal y la tasa de interés real

Para evaluar el efecto del crecimiento de M1 (circulante + depósitos a la vista) sobre la tasa de interés real de los bonos Aaa, G.J. Santoni y Courtenay C. Stone[45] estimaron, utilizando información mensual, el siguiente modelo de rezagos distribuidos para los Estados Unidos.

$$r_t = \text{constante} + \sum_{i=0}^{11} a_i \dot{M}_{t-i} + u_i \qquad (17.12.1)$$

donde r_t = Índice de rendimiento de los bonos Aaa de Moody menos la tasa de cambio promedio anual en el índice de precios al consumidor ajustadas estacionalmente durante los 36 meses anteriores, que se utiliza como medida de la tasa de interés real y $\dot{M}_t$ = crecimiento mensual de M_1.

---

[44]*Obsérvese* que no se han presentado los errores estándar de los coeficientes estimados por las razones analizadas en la nota de pie de página 43.

[45]«The Fed and the Real Rate of Interest», *Review,* Federal Reserve Bank of St. Louis, diciembre 1982, pp. 8-18.

De acuerdo con la «doctrina monetaria de neutralidad» que establece que las variables económicas reales — tales como la producción, el empleo, el crecimiento económico y la tasa de interés real — no están influenciadas en forma permanente por el crecimiento monetario y, por consiguiente, no están afectados esencialmente por la política monetaria... Dado este argumento, la Reserva Federal no tiene influencia permanente alguna sobre la tasa real de interés.[46]

Si esta doctrina es válida, entonces se debe esperar que los coeficientes a_i de los rezagos distribuidos, al igual que su suma, sean estadísticamente no diferente de cero. Para averiguar si éste es el caso, los autores estimaron (17.12.1) para dos periodos de tiempo diferentes, febrero 1951 a septiembre 1979 y octubre 1979 a noviembre 1982, el último para considerar el cambio en la política monetaria del Banco de la Reserva Federal, la cual desde octubre 1979 ha prestado mayor atención a la tasa de crecimiento de la oferta monetaria que a la tasa de interés, cuando ésta última había sido el objeto de política en el periodo anterior. Los resultados de su regresión se presentan en la tabla 17.2. Estos resultados parecen apoyar la «doctrina monetaria de neutralidad», puesto que durante el periodo de febrero 1951 a septiembre 1979 el crecimiento monetario del periodo en curso al igual que el rezagado, no tuvieron un efecto estadísticamente significativo sobre la medida de la tasa de interés real. Igualmente, durante el último periodo, la doctrina de neutralidad parece mantenerse puesto que $\sum a_i$ no es estadísticamente diferente de cero; solamente el coeficiente a_1 es significativo, pero tiene el signo equivocado. (¿Por qué?)

TABLA 17.2
Influencia del crecimiento mensual de M_1 sobre una medida de tasa de interés real de bonos Aaa: Febrero 1951 a Noviembre 1982

$$r = \text{constante} + \sum_{i=0}^{11} a_i \dot{M}_{1_{t-1}}$$

	Febrero 1951 a Septiembre 1979		Octubre 1979 a Noviembre 1982	
	Coeficiente	$|t|^*$	Coeficiente	$|t|$
Constante	1.4885†	2.068	1.0360	0.801
a_0	−0.00088	0.388	0.00840	1.014
a_1	0.00171	0.510	0.03960†	3.419
a_2	0.00170	0.423	0.03112	2.003
a_3	0.00233	0.542	0.02719	1.502
a_4	−0.00249	0.553	0.00901	0.423
a_5	−0.00160	0.348	0.01940	0.863
a_6	0.00292	0.631	0.02411	1.056
a_7	0.00253	0.556	0.01446	0.666
a_8	0.00000	0.001	−0.00036	0.019
a_9	0.00074	0.181	−0.00499	0.301
a_{10}	0.00016	0.045	−0.01126	0.888
a_{11}	0.00025	0.107	−0.00178	0.211
$\sum a_i$	0.00737	0.221	0.1549	0.926
$\bar{R}^2$	0.9826		0.8662	
D-W	2.07		2.04	
RH01	1.27†	24.536	1.40†	9.838
RH02	−0.28†	5.410	−0.48†	3.373
NOB	344.		38.	
SER (= SRC)	0.1548		0.3899	

$*|t|$ = valor absoluto de t.

† Significativamente diferente de cero al nivel del 0.05.

Fuente: G.J. Santoni y Courtenay C. Stone, «The Fed and the Real Rate of Interest», *Review,* Federal Reserve Bank of St. Louis, diciembre 1982, p. 16.

---

[46]*Ibid.*, p. 15.

Ejemplo 17.8. Funciones de consumo agregado de corto y largo plazo para los Estados Unidos, 1946-1972

Supóngase que el consumo C está relacionado linealmente con el ingreso permanente X^*:

$$C_t = \beta_1 + \beta_2 X_t^* + u_t \qquad (17.12.2)$$

Puesto que X^*_t no es observable directamente, se necesita especificar el mecanismo que genera el ingreso permanente. Supóngase que se adopta la hipótesis de expectativas adaptativas especificada en (17.5.2). Utilizando (17.5.2) y simplificando, se obtiene la siguiente ecuación de estimación (comparable con 17.5.5):

$$C_t = \alpha_1 + \alpha_2 X_t + \alpha_3 C_{t-1} + v_t \qquad (17.12.3)$$

donde $\alpha_1 = \gamma\beta_1$
$\alpha_2 = \gamma\beta_2$
$\alpha_3 = (1 - \gamma)$
$v_t = [u_t - (1 - \gamma)u_{t-1}]$

Como se sabe, β_2 da la respuesta media del consumo a, por ejemplo, un incremento de un dólar en el ingreso permanente, mientras que α_2 da la respuesta media del consumo a un incremento de un dólar en el ingreso actual.

Con base en información trimestral para los Estados Unidos durante el periodo 1946-1972, Michael C. Lovell obtuvo los siguientes resultados[47]; tanto las cifras de consumo agregado como las cifras de ingreso disponible agregado fueron deflactadas por un índice de precios para convertirlas en cantidades reales:

$$\hat{C}_t = 2.361 + 0.2959X_t + 0.6755C_{t-1}$$
$$(1.229) \quad (0.0582) \qquad (0.0666)$$
$$\bar{R}^2 = 0.999 \qquad (17.12.4)$$
$$d = 1.77$$

Esta regresión muestra que la propensión marginal a consumir (PMC) es 0.2959, o alrededor de 0.30. Esto sugeriría que un incremento de US$1 en el ingreso disponible actual u observado aumentaría el consumo en alrededor de 30 centavos en promedio. Pero si este incremento en el ingreso es sostenido, entonces, finalmente, la PMC proveniente del ingreso permanente será $\beta_2 = \gamma\beta_2/\gamma = 0.2959/0.3245$, o alrededor de 91 centavos. En otras palabras, cuando los consumidores han tenido tiempo de ajustarse al cambio de US$1 en el ingreso, aumentarán su consumo en alrededor de 91 centavos.

Ahora, supóngase que la función de consumo fuera

$$C_t^* = \beta_1 + \beta_2 X_t + u_t \qquad (17.12.5)$$

En esta formulación, el consumo permanente o de largo plazo C_t es una función lineal del ingreso actual u observado. Puesto que C_t^* no es observable directamente, es preciso acudir al modelo de ajuste parcial (17.6.2). Utilizando este modelo y luego de reordenamiento algebraico, se obtiene

$$C_t = \delta\beta_1 + \delta\beta_2 X_t + (1 - \delta)C_{t-1} + \delta u_t$$
$$= \alpha_1 + \alpha_2 X_t + \alpha_3 C_{t-1} + v_t \qquad (17.12.6)$$

---

[47]*Macroeconomics: Measurement, Theory and Policy,* John Wiley & Sons, New York, 1975, p. 148. *Obsérvese* que Lovell no especifica la fuente de la información o el índice de precios utilizado para obtener las cantidades en términos reales.

En apariencia, este modelo no se diferencia del modelo de expectativas adaptativas (17.12.3). Por consiguiente, los resultados de la regresión dados en (17.12.4) son igualmente aplicables aquí. Sin embargo, hay una gran diferencia en la interpretación de los dos modelos, para no mencionar el problema de estimación asociado con el modelo autorregresivo y posiblemente serialmente correlacionado (17.12.3)[48]. El modelo (17.12.5) es la función de consumo de largo plazo, o de equilibrio, mientras que (17.12.6) es la función de consumo de corto plazo. β_2 mide la PMC de largo plazo, mientras que $\alpha_2 (= \delta\beta_2)$ da la PMC de corto plazo; la primera puede obtenerse de la segunda dividiendo esta última por δ, el coeficiente de ajuste.

Retornando a (17.12.4), se puede interpretar ahora a 0.2959 como la PMC de corto plazo. Puesto que $\delta = 0.3245$, la PMC de largo plazo es 0.91, o alrededor de 91 centavos. Obsérvese que el coeficiente de ajuste de alrededor de 0.33 sugiere que en cualquier periodo de tiempo dado, los consumidores solamente ajustan su consumo una tercera parte del camino hacia su nivel deseado o de largo plazo.

Este ejemplo considera el punto crucial de que, en apariencia, los modelos de expectativas adaptativas y de ajuste parcial, o el modelo de Koyck para este caso, son tan similares que solamente con observar la regresión estimada, tal como (17.12.4), no se puede decir cuál es la especificación correcta. Por esta razón, es vital que se especifique la base teórica del modelo seleccionado para el análisis empírico y proceder luego apropiadamente. Si el hábito o la inercia caracterizan el comportamiento del consumo, entonces el modelo de ajuste parcial es el apropiado. Por otra parte, si el comportamiento del consumo mira hacia adelante en el sentido de que está basado en el ingreso futuro esperado, entonces el modelo de expectativas adaptativas es el apropiado. Si es el último, entonces se tendrá que prestar mucha atención al problema de estimación para obtener estimadores consistentes. En el primer caso, el MCO proporcionará estimadores consistentes, siempre y cuando se cumplan los supuestos de MCO.

17.13 EL ENFOQUE DE ALMON A LOS MODELOS DE REZAGOS DISTRIBUIDOS: REZAGO DISTRIBUIDO POLINOMIAL O DE ALMON (PDL)[49]

Aunque se ha utilizado extensamente en la práctica, el modelo de rezagos distribuidos de Koyck está basado en el supuesto de que los coeficientes β se reducen geométricamente a medida que el rezago aumenta (*véase* figura 17.4). Este supuesto puede ser muy restrictivo en algunas situaciones. Considérese, por ejemplo, la figura 17.6.

En la figura 17.6*a* se supone que los β aumentan al principio y luego disminuyen, mientras que en la figura 17.6*c* se supone que siguen un patrón cíclico. Obviamente, el esquema de Koyck de modelos de rezagos distribuidos no funcionará en estos casos. Sin embargo, después de mirar la figura 17.6*a* y *c*, parece posible expresar β_i como función de *i*, la duración del rezago (tiempo) y ajustar curvas apropiadas para reflejar la relación funcional entre las dos, como lo indican las figuras 17.6*b* y *d*. Este enfoque es precisamente el sugerido por Shirley Almon. Para ilustrar su técnica, se considera nuevamente el modelo finito de rezagos distribuidos analizado anteriormente, a saber,

$$Y_t = \alpha + \beta_0 X_t + \beta_1 X_{t-1} + \beta_2 X_{t-2} + \cdots + \beta_k X_{t-k} + u_t \quad (17.1.2)$$

el cual puede escribirse en forma más compacta como

$$Y_t = \alpha + \sum_{i=0}^{k} \beta_i X_{t-i} + u_t \quad (17.13.1)$$

---

[48]De los resultados de regresión presentados por Lovell, no es posible saber si se ha considerado este problema.

[49]Shirley Almon, «The Distributed Lag Between Capital Appropriations and Expenditures», *Econometrica,* vol. 33, enero 1965, pp. 178-196.

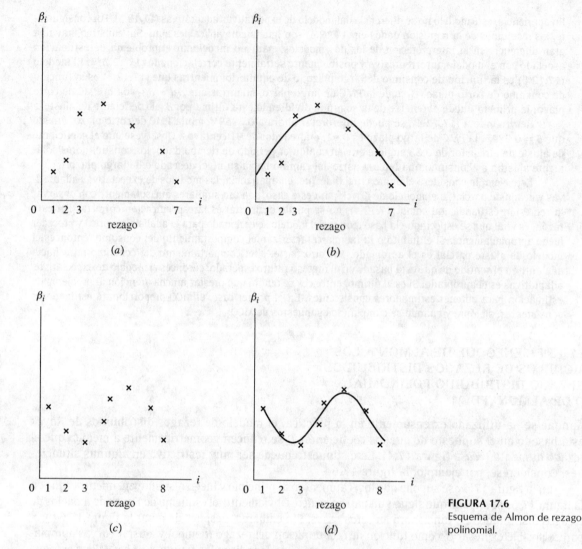

FIGURA 17.6
Esquema de Almon de rezago polinomial.

Siguiendo un teorema en matemáticas conocido como el **teorema de Weierstrass**, Almon supone que β_i puede ser aproximado mediante un polinomio en i, la longitud del rezago[50] de un grado apropiado. Por ejemplo, si el esquema de rezagos que se muestra en la figura 17.6a se aplica, puede escribirse

$$\beta_i = a_0 + a_1 i + a_2 i^2 \qquad (17.13.2)$$

que es un polinomio cuadrático, o de segundo grado en i (*véase* figura 17.6b). Sin embargo, si los β siguen el patrón de la figura 17.6d, se puede escribir

$$\beta_i = a_0 + a_1 i + a_2 i^2 + a_3 i^3 \qquad (17.13.3)$$

---

[50]En términos generales, el teorema plantea que en un intervalo cerrado finito, cualquier función continua puede ser aproximada uniformemente mediante un polinomio de un grado apropiado.

que es un polinomio de tercer grado en i (*véase* figura 17.6d). Más generalmente, se puede escribir

$$\beta_i = a_0 + a_1 i + a_2 i^2 + \cdots + a_m i^m \qquad (17.13.4)$$

que es un polinomio de grado m en i. Se supone que m (el grado del polinomio) es menor que k (longitud máxima del rezago).

Para explicar la forma como funciona el esquema de Almon, se supone que los β siguen el patrón que aparece en la figura 17.6a y, por consiguiente, la aproximación polinomial de segundo grado es apropiada. Sustituyendo (17.13.2) en (17.13.1), se obtiene

$$Y_t = \alpha + \sum_{i=0}^{k} (a_0 + a_1 i + a_2 i^2) X_{t-i} + u_t$$

$$= \alpha + a_0 \sum_{i=0}^{k} X_{t-i} + a_1 \sum_{i=0}^{k} i X_{t-i} + a_2 \sum_{i=0}^{k} i^2 X_{t-i} + u_t \qquad (17.13.5)$$

Definiendo

$$Z_{0t} = \sum_{i=0}^{k} X_{t-i}$$

$$Z_{1t} = \sum_{i=0}^{k} i X_{t-i} \qquad (17.13.6)$$

$$Z_{2t} = \sum_{i=0}^{k} i^2 X_{t-i}$$

(17.13.5) puede escribirse como

$$Y_t = \alpha + a_0 Z_{0t} + a_1 Z_{1t} + a_2 Z_{2t} + u_t \qquad (17.13.7)$$

En el esquema de Almon, Y es regresada sobre las variables Z construidas, no sobre las variables X originales. Obsérvese que (17.13.7) puede ser estimada mediante el procedimiento usual MCO. Las estimaciones de α y a_i así obtenidas tendrán todas las propiedades estadísticas deseables siempre y cuando el término de perturbación estocástico u satisfaga los supuestos del modelo clásico de regresión lineal. A este respecto, la técnica de Almon tiene una clara ventaja sobre el método de Koyck porque, como se ha visto, el último tiene algunos problemas graves de estimación que resultan de la presencia de la variable explicativa estocástica Y_{t-1} y de su probable correlación con el término de perturbación.

Una vez se han estimado los a de (17.13.7), pueden estimarse los β originales de (17.13.2) [o más generalmente de (17.13.4)] de la siguiente manera:

$$\hat{\beta}_0 = \hat{a}_0$$
$$\hat{\beta}_1 = \hat{a}_0 + \hat{a}_1 + \hat{a}_2$$
$$\hat{\beta}_2 = \hat{a}_0 + 2\hat{a}_1 + 4\hat{a}_2$$
$$\hat{\beta}_3 = \hat{a}_0 + 3\hat{a}_1 + 9\hat{a}_2 \qquad (17.13.8)$$
$$\dots\dots\dots\dots\dots$$
$$\hat{\beta}_k = \hat{a}_0 + k\hat{a}_1 + k^2\hat{a}_2$$

Antes de aplicar la técnica de Almon, se deben resolver los siguientes problemas prácticos.

1.   La longitud máxima del rezago k debe ser especificada por adelantado. Aquí, posiblemente se puede seguir el consejo de Davidson y MacKinnon:

> El mejor enfoque es probablemente definir la cuestión de la longitud del rezago primero, empezando con un valor muy grande de q [la longitud del rezago] y luego ver si el ajuste del modelo se deteriora significativamente cuando éste es reducido sin imponer restricción alguna sobre la forma del rezago distribuido[51].

Este consejo está en la dirección del enfoque de Hendry de arriba hacia abajo analizado en el capítulo 14. Recuérdese que si hay alguna longitud de rezago «verdadera», la selección de menos rezagos conducirá al «sesgo de omisión de variable relevante», cuyas consecuencias, como se vió en el capítulo 13, pueden ser muy graves. Por otra parte, la selección de más rezagos de los necesarios conducirá al «sesgo de inclusión de variable irrelevante», cuyas consecuencias son menos graves; los coeficientes pueden ser estimados consistentemente por MCO, aunque sus varianzas pueden ser menos eficientes.

Hay una prueba formal de longitud de rezago desarrollada por Schwarz y conocida popularmente como el **criterio de Schwarz**, que se analiza en el ejercicio 17.28.

2.   Habiendo especificado k, se debe especificar también el grado m del polinomio. Generalmente, el grado del polinomio debe ser por lo menos uno más que el número de puntos de inflexión en la curva que relaciona β_i con i. Así, en la figura17.6a, solamente hay un punto de inflexión: por tanto, un polinomio de segundo grado será una buena aproximación. En la figura 17.6c, hay dos puntos de inflexión: por tanto, un polinomio de tercer grado será una buena aproximación. *A priori*, sin embargo, no puede saberse el número de puntos de inflexión y, por consiguiente, la selección de m es bastante subjetiva. Sin embargo, la teoría puede sugerir una forma particular en algunos casos. En la práctica, se espera que un polinomio de relativamente pocos grados (por ejemplo $m = 2$ o 3) dará buenos resultados. Habiendo seleccionado un valor particular de m, si se desea averiguar si un polinomio de mayor grado dará un mejor ajuste, se puede proceder de la siguiente manera.

Supóngase que se debe decidir entre polinomios de segundo y tercer grado. Para el polinomio de segundo grado, la ecuación de estimación es como (17.13.7). Para el polinomio de tercer grado, la ecuación correspondiente es

$$Y_t = \alpha + a_0 Z_{0t} + a_1 Z_{1t} + a_2 Z_{2t} + a_3 Z_{3t} + u_t \qquad (17.13.9)$$

donde $Z_{3t} = \sum_{i=0}^{k} i^3 X_{t-i}$. Después de efectuar la regresión (17.13.9), si se encuentra que a_2 es estadísticamente significativo pero *que* a_3 no lo es, se puede suponer que el polinomio de segundo grado proporciona una aproximación razonablemente buena.

Alternativamente, como lo sugieren Davidson y MacKinnon, «Después de determinar q [la longitud del rezago], se puede tratar de determinar d [el grado del polinomio] empezando de nuevo con un valor grande y luego ir reduciéndolo.»

Sin embargo, se debe tener cuidado con el problema de la multicolinealidad, que probablemente surgirá debido a la forma como están construidas las Z de las X, como se muestra en (17.13.6) [*véase* también (17.13.10)]. Como se muestra en el capítulo 10, en casos de

---

[51]Russell Davidson y James G. MacKinnon, *Estimation and Inference in Econometrics,* Oxford University Press, New York, 1993, pp. 675-676.

multicolinealidad grave, $\hat{a}_3$ puede resultar estadísticamente no significativo, no porque el verdadero a_3 sea cero, sino simplemente porque la muestra disponible no permite evaluar el impacto separado de Z_3 sobre Y. Por consiguiente, en la ilustración, antes de aceptar la conclusión de que el polinomio de tercer grado no es la selección correcta, se debe asegurar que el problema de multicolinealidad no sea lo suficientemente grave, lo cual puede hacerse aplicando las técnicas analizadas en el capítulo 10.

3. Una vez m y k han sido especificados, los Z pueden construirse fácilmente. Por ejemplo, si $m = 2$ y $k = 5$, los Z son

$$Z_{0t} = \sum_{i=0}^{5} X_{t-i} = (X_t + X_{t-1} + X_{t-2} + X_{t-3} + X_{t-4} + X_{t-5})$$

$$Z_{1t} = \sum_{i=0}^{5} iX_{t-i} = (X_{t-1} + 2X_{t-2} + 3X_{t-3} + 4X_{t-4} + 5X_{t-5}) \qquad (17.13.10)$$

$$Z_{2t} = \sum_{i=0}^{5} i^2 X_{t-i} = (X_{t-1} + 4X_{t-2} + 9X_{t-3} + 16X_{t-4} + 25X_{t-5})$$

Obsérvese que los Z son combinaciones lineales de los X originales. Obsérvese también la razón por la cual es probable que los Z presenten multicolinealidad.

Antes de proceder a un ejemplo numérico, adviértanse las ventajas del método de Almon. Primero, éste proporciona un método flexible de incorporar una diversidad de estructuras de rezago (*véase* ejercicio 17.17). La técnica de Koyck, por otra parte, es bastante rígida en el sentido de que supone que los β se reducen geométricamente. Segundo, a diferencia de la técnica de Koyck, en el método de Almon no hay preocupación por la presencia de la variable dependiente rezagada como variable explicativa en el modelo y los problemas de estimación que esto crea. Finalmente, si se puede ajustar un polinomio de un grado suficientemente bajo, el número de coeficientes que ha de ser estimado (los a) es considerablemente menor que el número original de coeficientes (los β).

Pero debe hacerse nuevamente énfasis en los problemas de la técnica de Almon. Primero, el grado del polinomio, al igual que el valor máximo del rezago, es en gran medida una decisión subjetiva. Segundo, por las razones anotadas anteriormente, es probable que las variables Z presenten multicolinealidad. Por consiguiente, en modelos como (17.13.9) es probable que los α estimados muestren errores estándar grandes (relativos a los valores de estos coeficientes), con lo cual se obtienen uno o más de tales coeficientes estadísticamente no significativos con base en la prueba t convencional. Pero esto no necesariamente significa que uno o más de los coeficientes $\hat{\beta}$ originales también serán estadísticamente no significativos. (La prueba de esta afirmación es ligeramente complicada pero se sugiere en el ejercicio 17.18). Como resultado, el problema de multicolinealidad puede no ser tan serio como se podría pensar. Además, como se sabe, en casos de multicolinealidad aun si no se puede estimar un coeficiente individual en forma precisa, es posible estimar una combinación lineal de tales coeficientes (la **función estimable**) en forma más precisa.

Un ejemplo numérico. Para ilustrar la técnica de Almon, en la tabla 17.3 se presenta información sobre inventarios Y y ventas X en el sector manufacturero de los Estados Unidos durante el periodo 1955-1974. Para fines ilustrativos, supóngase que los inventarios dependen de las ventas en el año en curso y en los tres años anteriores de la siguiente manera:

$$Y_t = \alpha + \beta_0 X_t + \beta_1 X_{t-1} + \beta_2 X_{t-2} + \beta_3 X_{t-3} + u_t \qquad (17.13.11)$$

Además, supóngase que β_i puede ser aproximado mediante un polinomio de segundo grado como se muestra en (17.13.2). Entonces, siguiendo (17.13.5), se puede escribir

$$Y_t = \alpha + a_0 Z_{0t} + a_1 Z_{1t} + a_2 Z_{2t} + u_t \qquad (17.13.12)$$

donde

$$Z_{0t} = \sum_{i=0}^{3} X_{t-i} = (X_t + X_{t-1} + X_{t-2} + X_{t-3})$$

$$Z_{1t} = \sum_{i=0}^{3} i X_{t-i} = (X_{t-1} + 2X_{t-2} + 3X_{t-3}) \qquad (17.13.13)$$

$$Z_{2t} = \sum_{i=0}^{3} i^2 X_{t-i} = (X_{t-1} + 4X_{t-2} + 9X_{t-3})$$

Las variables Z, así construidas, se muestran en la tabla 17.3. Utilizando la información sobre Y y sobre Z, se obtiene la siguiente regresión:

$$\hat{Y}_t = -7140.7564 + 0.6612Z_{0t} + 0.9020Z_{1t} - 0.4322Z_{2t}$$

$$\phantom{\hat{Y}_t =} (1992.9809) \quad (0.1655) \quad\;\; (0.4831) \quad\;\; (0.1665)$$

$$t = \qquad (-4.0847) \quad (3.9960) \quad\;\; (1.8671) \quad (-2.5961) \qquad (17.13.14)$$

$$\bar{R}^2 = 0.9961 \quad \text{g de l} = 13$$

TABLA 17.3
Inventarios Y y ventas X en las industrias manufactureras de los Estados Unidos, 1955-1974 (millones de dólares)

Año	Y	X	Z_0	Z_1	Z_2
1955	45,069	26,480	...	...	...
1956	50,642	27,740	...	...	...
1957	51,871	28,736	...	...	...
1958	50,070	27,280	110,236	163,656	378,016
1959	52,707	30,219	113,975	167,972	391,884
1960	53,814	30,796	117,031	170,987	397,963
1961	54,939	30,896	119,191	173,074	397,192
1962	58,213	33,113	125,024	183,145	426,051
1963	60,043	35,032	129,837	187,293	433,861
1964	63,383	37,335	136,376	193,946	445,548
1965	68,221	41,003	146,483	206,738	475,480
1966	77,965	44,869	158,239	220,769	505,631
1967	84,655	46,449	169,656	238,880	544,896
1968	90,875	50,282	182,603	259,196	594,952
1969	97,074	53,555	195,155	277,787	639,899
1970	101,645	52,859	203,145	293,466	672,724
1971	102,445	55,917	212,613	310,815	719,617
1972	107,719	62,017	224,348	322,300	749,348
1973	120,870	71,398	242,191	332,428	761,416
1974	147,135	82,078	271,410	363,183	822,719

Fuente: Información sobre inventarios y ventas del *Economic Report of the President*, tabla C-41, febrero 1975, p. 297.

(*Nota:* Puesto que se está suponiendo un rezago de 3 años, el número total de observaciones se reduce de 20 a 17).

De los coeficientes a estimados dados en la ecuación (17.13.14), se estiman los coeficientes β de la relación (17.13.8) de la siguiente manera:

$$\hat{\beta}_0 = \hat{a}_0 = 0.6612$$

$$\hat{\beta}_1 = (\hat{a}_0 + \hat{a}_1 + \hat{a}_2) = (0.6612 + 0.9020 - 0.4322) = 1.1310$$

$$\hat{\beta}_2 = (\hat{a}_0 + 2\hat{a}_1 + 4\hat{a}_2) = [0.6612 + 2(0.9020) - 4(0.4322)] = 0.7364$$

$$\hat{\beta}_3 = (\hat{a}_0 + 3\hat{a}_1 + 9\hat{a}_2) = [0.6612 + 3(0.9020) - 9(0.4322)] = -0.5226$$

Así, el modelo de rezagos distribuidos estimado correspondiente a (17.13.11) es

$$\hat{Y}_t = -7140.7564 + 0.6612X_t + 1.1311X_{t-1} + 0.7367X_{t-2} - 0.5220X_{t-3}$$

$$(1992.9803) \quad (0.1655) \quad (0.1799)^{52} \quad (0.1643)^{52} \quad (0.2348)^{52}$$

$$t = (-3.5829) \quad (3.9960) \quad (6.2844) \quad (4.4846) \quad (-2.2231)$$

$$(17.13.15)$$

Geométricamente, los β_i estimados se muestran en la figura 17.7.

Nuestro ejemplo numérico puede ser utilizado para señalar algunas características adicionales del procedimiento de Almon:

1. Los errores estándar de los coeficientes a se obtienen directamente de la regresión MCO (17.13.14), pero los errores estándar de algunos de los coeficientes $\hat{\beta}$, que son el objetivo de principal interés, no pueden ser obtenidos así. Pero estos errores estándar pueden calcularse fácilmente de los errores estándar de los coeficientes a estimados utilizando la fórmula de estadística bien conocida, que está dada en el ejercicio 17.18.[53]

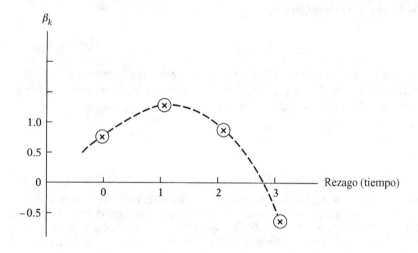

FIGURA 17.7
Estructura de rezagos del ejemplo ilustrativo.

---

[52]Estos errores estándar se calculan de la fórmula dada en el ejercicio 17.18.

[53]Diversos programas de computador sobre análisis de regresión con la opción del rezago de Almon calculan hoy día dichos errores estándar.

2. Los $\hat{\beta}$ obtenidos en (17.13.15) se denominan *estimaciones no restringidas* en el sentido de que no se colocan restricciones *a priori* sobre ellos. En algunas situaciones, sin embargo, se puede desear imponer las llamadas **restricciones de punto final** sobre los β suponiendo que β_0 y β_k (el coeficiente del periodo actual y el del *k*ésimo rezago) son cero. Debido a razones sicológicas, institucionales o tecnológicas, el valor de la variable explicativa en el periodo actual puede no tener impacto alguno sobre el valor actual de la variable dependiente, lo cual justifica con esto el valor de cero para β_0. Por las mismas razones, más allá de cierto periodo de tiempo, la variable explicativa *k* puede no tener impacto alguno sobre la variable dependiente, lo cual apoya el supuesto de que β_k es cero[54]. Algunas veces los β son estimados con la restricción de que la suma de todos los coeficientes β es la unidad. (Para ver la forma como tales restricciones se tienen en cuenta, se refiere al lector al artículo de Almon, nota de pie de página 49). Los paquetes de computador tales como ET, LIMDEP, SHAZAM y TSP manejan hoy día, en forma de rutina computacional, tales restricciones de puntos extremos.

17.14 CAUSALIDAD EN ECONOMÍA: PRUEBA DE GRANGER

Atrás, en la sección 1.4, se mencionó que aunque el análisis de regresión trata con la dependencia de una variable sobre otras variables, esto no necesariamente implica causación. Pero considérese esta situación: Supónganse dos variables, por ejemplo, el PNB y la oferta monetaria M se afectan entre sí con rezagos (distribuidos). Entonces, ¿es posible decir que el dinero «causa» el PNB ($M \to$ PNB) o que el PNB «causa» M(PNB $\to M$), o que hay retroalimentación entre las dos ($M \to$ PNB y PNB $\to M$)? En resumen, la pregunta que se está planteando es si *estadísticamente* se puede detectar la dirección de la causalidad (relación causa y efecto) cuando hay una relación *temporal* del tipo adelantado-rezagado entre las dos variables.

Sin ir más a fondo en este asunto ya que esto se saldría del tema[55], se considerará solamente una prueba de causalidad relativamente sencilla, propuesta por Granger[56]. Esta prueba se explica utilizando la relación entre el PNB y M como ejemplo.

Prueba de Granger[57]

La prueba de causalidad de Granger supone que la información relevante para la predicción de las variables respectivas, PNB y M, está contenida únicamente en la información de series de tiempo sobre estas variables. La prueba involucra la estimación de las siguientes regresiones:

$$\text{PNB}_t = \sum_{i=1}^{n} \alpha_i M_{t-i} + \sum_{j=1}^{n} \beta_j \text{ PNB}_{t-j} + u_{1t} \qquad (17.14.1)$$

---

[54]En este ejemplo se puede observar el valor negativo de $\hat{\beta}_3$. Si dicho valor negativo no tiene sentido a la luz de la teoría, se puede desear restringir $\beta_3 = 0$ y reestimar la estructura de rezagos. Para una aplicación concreta, *véase* D.B. Batten y Daniel Thornton, «Polynomial Distributed Lags and the Estimation of St. Louis Equation», *Review*, Federal Bank of St. Louis, abril 1983, pp. 13-25.

[55]Para un excelente análisis sobre este tema, *véase* Arnold Zellner, «Causality and Econometrics», *Carnegie-Rochester Conference Series, 10*, K. Brunner y A. H. Meltzer (eds.), North Holland Publishing Company, Amsterdam, 1979, pp. 9-50. *Obsérvese* que el econometrista Edward Leamer prefiere el término **precedencia** sobre el de causalidad.

[56]C.W.J. Granger, «Investigating Causal Relations by Econometric Models and Cross-Spectral Methods», *Econometrica*, julio 1969, pp. 424-438. Aunque se conoce comúnmente como la prueba de causalidad de Granger, es apropiado llamarla la prueba de causalidad Wiener-Granger, ya que anteriormente había sido sugerida por Wiener. *Véase* N. Wiener, «The Theory of Prediction», en E.F. Beckenback, ed., *Modern Mathematics for Engineers*, McGraw-Hill, New York, 1956, pp. 165-190.

[57]El análisis que a continuación se presenta se apoya bastante en R.W. Hafer, «The Role of fiscal Policy in the St. Louis Equation», *Review*, Federal Reserve Bank of St. Louis, enero 1982, pp. 17-22.

$$M_t = \sum_{i=1}^{m} \lambda_i M_{t-i} + \sum_{j=1}^{m} \delta_j \, \text{PNB}_{t-j} + u_{2t} \qquad (17.14.2)$$

donde se supone que las perturbaciones u_{1t} y u_{2t} no están correlacionadas.

La ecuación (17.14.1) postula que el PNB actual está relacionado con los valores pasados del PNB mismo al igual que con los de M y (17.14.2) postula un comportamiento similar para M_t. Obsérvese que estas regresiones pueden ser realizadas en forma de crecimientos, PNB y M, donde un punto sobre una variable indica su tasa de crecimiento. Ahora bien, se distinguen cuatro casos:

1. *Causalidad unidireccional de M hacia el PNB* es la indicada si los coeficientes estimados sobre la M rezagada en (17.14.1) son estadísticamente diferentes de cero considerados en grupo (es decir, $\sum \alpha_i \neq 0$) y el conjunto de coeficientes estimados sobre el PNB rezagado en (17.14.2) no es estadísticamente diferente de cero (es decir, $\sum \delta_j = 0$).
2. En forma contraria, *la causalidad unidireccional de PNB hacia M* existe si el conjunto de coeficientes de M rezagado en (17.14.1) no son estadísticamente diferentes de cero (es decir, $\sum \alpha_i = 0$) y el conjunto de coeficientes del PNB rezagado en (17.14.2) es estadísticamente diferente de cero (es decir., $\sum \delta_j \neq 0$).
3. *Retroalimentación,* o *causalidad bilateral,* es sugerida cuando los conjuntos de coeficientes de M y de PNB son estadísticamente significativos, diferentes de cero, en ambas regresiones.
4. Finalmente, se sugiere *independencia* cuando los conjuntos de coeficientes de M y de PNB no son estadísticamente significativos en ambas regresiones.

Más generalmente, puesto que el futuro no puede predecir el pasado, si la variable X causa (Granger) la variable Y, entonces los cambios en X deben *preceder* a los cambios en Y. Por consiguiente, en una regresión de Y sobre otras variables (incluyendo sus propios valores pasados), si se incluyen valores pasados o rezagados de X y esto mejora significativamente la predicción de Y, entonces se puede decir que X causa (Granger) a Y. Una definición similar se aplica si Y causa (Granger) a X.

Los pasos comprendidos en la implementación de la prueba de causalidad de Granger son los siguientes. Se ilustran estos pasos con el ejemplo PNB-dinero dado en la ecuación (17.14.1).

1. Regrésese el PNB actual sobre todos los términos rezagados del PNB y otras variables, de existir, pero *no* incluya las variables M rezagadas en esta regresión. Siguiendo el capítulo 8, esta es la regresión restringida. A partir de esta regresión, obténgase de la suma de residuales restringidos al cuadrado, SRC_R.
2. Ahora efectúese la regresión incluyendo los términos rezagados M. En el lenguaje del capítulo 8, ésta es la regresión no restringida. A partir de esta regresión obténgase la suma de residuales no restringidos al cuadrado, SRC_{NR}.
3. La hipótesis nula es $H_0: \sum \alpha_i = 0$, es decir, los términos rezagados de M no pertenecen a la regresión.
4. Para probar esta hipótesis, se aplica la prueba F dada por (8.7.9), a saber,

$$F = \frac{(\text{SRC}_R - \text{SRC}_{NR})/m}{\text{SRC}_{NR}/(n-k)} \qquad (8.7.9)$$

que sigue la distribución F con m y $(n-k)$ g de l. En el presente caso, m es igual al número de términos rezagados de M y k es el número de parámetros estimados en la regresión no restringida.
5. Si el valor F calculado excede al valor F crítico al nivel seleccionado de significancia, se rechaza la hipótesis nula, en cuyo caso los términos rezagados de M pertenecen a la regresión. Esta es otra forma de decir que M causa al PNB.

6. Los pasos 1 a 5 pueden repetirse para probar el modelo (17.14.2), es decir, para definir si el PNB causa a M.

Antes de proceder a las aplicaciones de la prueba de Granger, téngase en mente que el número de términos rezagados que debe ser incluido en regresiones como (17.14.1) y (17.14.2) es una pregunta práctica importante, similar a la planteada cuando se analizaron los modelos de rezagos distribuidos. Como un ejemplo ilustrativo lo mostrará más adelante, *la dirección de la causalidad puede depender críticamente del número de términos rezagados incluidos.*

Resultados empíricos

R.W. Hafer utilizó la prueba de Granger para establecer la naturaleza de la causalidad entre el PNB y M para los Estados Unidos durante el periodo 1960-I a 1980-IV. Utilizó cuatro valores rezagados de las dos variables en cada una de las dos regresiones en esta sección y obtuvo los siguientes resultados[58]:

Dirección de la causalidad	Valor F	Decisión
$\dot{M} \to \dot{Y}$	2.68	No rechace
$\dot{Y} \to \dot{M}$	0.56	Rechace

Estos resultados sugieren que la dirección de la causalidad va de $\dot{M}$ hacia $\dot{Y}$ puesto que el valor F estimado es significativo al nivel del 5%; el valor F crítico es 2.50 (para 4,71 g de l). Por otra parte, no hay una «causación reversible» de $\dot{Y}$ hacia $\dot{M}$, puesto que el valor F calculado no es estadísticamente significativo. (*Nota:* Los puntos sobre las variables, como ya se indicó, se refieren a tasas de crecimiento).

Las consideraciones acerca de si estos resultados son específicos a la muestra particular, o si el modelo utilizado es el modelo correcto, son preguntas que mejor se dejan para las referencias[59]. El objetivo en esta sección era solamente introducir el método de Granger. Para una crítica acerca de este método, se invita al lector a leer el artículo de Zellner citado anteriormente. Se concluye esta sección con otro ejemplo.

Ejemplo 17.9. Causalidad entre las ventas de automóviles (AS) y la tasa de Bonos del Tesoro (TB), Estados Unidos, 1960-I a 1978-4. Utilizando cuatro rezagos de cada variable, se estimaron regresiones similares a (17.14.1) y (17.14.2), con los siguientes resultados[60].

Dirección de la causalidad	valor F	Valor P de F	Decisión
TB $\to$ AS	0.8693	0.4871	Rechace
AS $\to$ TB	6.2412	0.0002	No rechace

Por lo tanto, TB no «causa-Granger» a AS, ¡pero AS Causa-Granger a TB! este resultado parece extraño.

---

[58]*Véanse* en su artículo los detalles de su procedimiento de estimación, especialmente en su nota de pie de página 12.

[59]Para una prueba alternativa, conocida como la **prueba de Sims**, *véase* Christopher A. Sims, «Money, Income, and Causality», *American Economic Review,* vol. 62, septiembre 1972, pp. 540-552.

[60]Estos resultados son reproducidos de *MicroTsp: User's Manual,* Versión 7.0, publicada por Quantitative Micro Software, Irvine, California, 1990, p. 16-15. La muestra completa consiste de observaciones de 1958-Primer trimestre a 1978-Cuarto trimestre.

Pero, cuando se utilizan 12 rezagos, se obtienen los siguientes resultados:

Dirección de la causalidad	valor F	Valor P de F	Decisión
TB → AS	2.3042	0.0209	No rechace
AS → TB	1.3158	0.2418	Rechace

Ahora TB parece que Causa-Granger a AS, pero AS no Causa-Granger a TB, lo cual parece un resultado más razonable.

Pero supóngase que se introducen ocho rezagos. Ahora se tiene el siguiente resultado:

Dirección de la causalidad	valor F	Valor P de F	Decisión
TB → AS	3.0784	0.0057	No rechace
AS → TB	2.6217	0.0158	No rechace

Ahora TB Causa-Granger a AS y AS Causa-Granger a TB, un caso de causalidad bilateral.

¿Por qué existen resultados conflictivos de este tipo? La razón es que la *prueba de causalidad de Granger es muy sensible al número de rezagos utilizados en el análisis.* Es por esto que Davidson y MacKinnon sugieren utilizar más rezagos en lugar de menos. Desde un punto de vista práctico, si la prueba de causalidad de Granger no es muy sensible a la longitud del rezago, se tendrá más confianza en las conclusiones que se obtengan que si los resultados son muy sensibles a la longitud del rezago. Es decir, se debe tener mucho cuidado al implementar la prueba de causalidad de Granger[61].

17.15 RESUMEN Y CONCLUSIONES

1. Por razones sicológicas, tecnológicas e institucionales, una variable regresada puede responder a uno o varios regresores con un rezago de tiempo. Los modelos de regresión que tienen en cuenta rezagos de tiempo se conocen como **modelos de regresión dinámicos** o **rezagados.**

2. Hay dos tipos de modelos rezagados: **de rezagos distribuidos** y **autorregresivos.** En el primero, los valores actuales y rezagados de los regresores son variables explicativas. En el último, el(los) valor(es) rezagado(s) del regresando aparece(n) como variable(s) explicativa(s).

3. Un modelo puramente de rezagos distribuidos puede ser estimado mediante MCO, pero en ese caso está el problema de multicolinealidad puesto que los valores rezagados sucesivos de un regresor tienden a estar correlacionados.

4. Como resultado, se han diseñado algunos métodos abreviados. Estos incluyen los mecanismos de Koyck, de expectativas adaptativas y de ajuste parcial. El primero es un enfoque puramente algebraico y los otros dos están basados en principios económicos.

5. Pero una característica única de los modelos de **Koyck, de expectativas adaptativas** y de **ajuste parcial** es que todos son autorregresivos por naturaleza, es decir el valor o valores de la variable regresada aparecen como una de las variables explicativas.

6. La autorregresividad plantea desafíos en la estimación; si la variable regresada rezagada está correlacionada con el término de error, los estimadores MCO de tales modelos no solamente están sesgados sino que también son inconsistentes. El sesgo y la inconsistencia se presentan con los modelos de Koyck y de expectativas adaptativas; el modelo de ajuste parcial es diferente y puede ser estimado consistentemente mediante MCO, no obstante la presencia de la variable regresada rezagada.

---

[61]Hay otra prueba de causalidad, conocida como la **causalidad de Sims**, *véase* Christopher Sims, *op. cit.*, pp. 540-552. Para mayores detalles, *véase* el ejercicio 17.29.

7. Para estimar los modelos de Koyck y de expectativas adaptativas consistentemente, el método más popular es el **método de variables instrumentales.** La variable instrumental es una variable aproximada para la variable regresada rezagada pero con la propiedad de que no está correlacionada con el término de error.

8. Una alternativa para los modelos rezagados de regresión recién analizada es el **modelo polinomial de rezagos distribuidos de Almon** con el cual se evitan los problemas de estimación asociados a los modelos autorregresivos. El principal problema con el enfoque de Almon, sin embargo, es que se debe *preespecificar* la longitud del rezago y el grado del polinomio. Hay métodos formales e informales de resolver la selección de la longitud del rezago y el grado del polinomio.

9. A pesar de los problemas de estimación, que pueden ser resueltos, los modelos distribuidos y autorregresivos han demostrado ser extremadamente útiles en la economía empírica porque con ellos es posible dinamizar la teoría económica que, de otra forma, sería estática, al tener en cuenta explícitamente el papel del tiempo. Tales modelos permiten diferenciar respuestas de corto y largo plazo de la variable dependiente ante cambios unitarios en el valor de la(s) variable(s) explicativa(s). Así, para la estimación del precio de corto y de largo plazo del ingreso, de la elasticidad de sustitución y de otras elasticidades, estos modelos han demostrado ser bastante útiles[62].

10. Debido a los rezagos involucrados, los modelos distribuidos y/o autorregresivos conducen al tema de la causalidad en las variables económicas. En el trabajo aplicado, la elaboración de modelos de **causalidad de Granger** ha recibido considerable atención. Pero se debe tener mucho cuidado al utilizar la metodología de Granger porque ésta es muy sensible a la longitud del rezago utilizado en el modelo.

EJERCICIOS

Preguntas

17.1. Explíquese dando una breve razón, si las siguientes afirmaciones son ciertas, falsas o inciertas:
   (a) Todos los modelos econométricos son esencialmente dinámicos.
   (b) El modelo de Koyck no tendría mucho sentido si algunos de los coeficientes de los rezagos distribuidos son positivos y algunos negativos.
   (c) Si los modelos de Koyck y de expectativas adaptativas son estimados mediante MCO, los estimadores serán sesgados pero consistentes.
   (d) En el modelo de ajuste parcial, los estimadores MCO son sesgados en muestras finitas.
   (e) En la presencia de uno o varios regresores estocásticos y de un término de error autocorrelacionado, el método de variables instrumentales producirá estimaciones insesgadas al igual que consistentes.
   (f) En la presencia de una variable regresada rezagada como regresor, el estadístico d de Durbin-Watson para detectar autocorrelación es prácticamente inútil.
   (h) La prueba h de Durbin es válida en muestras grandes y pequeñas.
   (i) La prueba de Granger es una prueba de precedencia más que una prueba de causalidad.

17.2. Desarróllese la ecuación (17.7.2).

17.3. Pruébese la ecuación (17.8.3).

17.4. Supóngase que los precios se forman de acuerdo con la siguiente hipótesis de expectativas adaptativas:

$$P_t^* = \gamma P_{t-1} + (1 - \gamma)P_{t-1}^*$$

donde P^* es el precio esperado y P es el precio observado.

---

[62]Para aplicaciones de estos modelos, *véase* Arnold C. Harberger, ed., *The Demand for Durable Goods,* University of Chicago Press, Chicago, 1960.

Complétese la siguiente tabla, suponiendo $\gamma = 0.5^*$:

Período	P^*	P
$t - 3$	100	110
$t - 2$		125
$t - 1$		155
t		185
$t + 1$		—

17.5. Considérese el modelo

$$Y_t = \alpha + \beta_1 X_{1t} + \beta_2 X_{2t} + \beta_3 Y_{t-1} + v_t$$

Supóngase que Y_{t-1} y v_t están correlacionados. Para eliminar la correlación, supóngase que se utiliza el siguiente enfoque de variable instrumental: Primero, regrésese Y_t sobre X_{1t} y X_{2t} y obténgase el estimado $\hat{Y}_t$ de esta regresión. Luego efectúese la regresión

$$Y_t = \alpha + \beta_1 X_{1t} + \beta_2 X_{2t} + \beta_3 \hat{Y}_{t-1} + v_t$$

donde $\hat{Y}_{t-1}$ son estimadas de la regresión de la primera etapa.

(a) ¿Cómo se elimina, mediante este procedimiento, la correlación entre Y_{t-1} y v_t en el modelo original?

(b) ¿Cuáles son las ventajas del procedimiento recomendado sobre el enfoque de Liviatan?

†17.6. (a) Desarróllese (17.4.8)

(b) Evalúese la mediana de los rezagos para $\lambda = 0.2, 0.4, 0.6, 0.8$.

(c) ¿Hay alguna relación sistemática entre el valor de λ y el valor de la mediana de los rezagos?

17.7. (a) Pruébese que para el modelo de Koyck, el rezago medio es como el que aparece en (17.4.10).

(b) Si λ es relativamente grande, ¿cuáles son sus implicaciones?

17.8. Utilizando la fórmula para el rezago medio dada en (17.4.9), verifíquese el rezago medio de 10.959 trimestres reportado en la ilustración de la tabla 17.1.

17.9. Supóngase que

$$M_t = \alpha + \beta_1 Y_t^* + \beta_2 R_t^* + u_t$$

donde M = demanda de saldos reales de efectivo, Y^* = ingreso real esperado y R^* = tasa de interés esperada. Supóngase que las expectativas se formulan de la siguiente manera:

$$Y_t^* = \gamma_1 Y_t + (1 - \gamma_1) Y_{t-1}^*$$
$$R_t^* = \gamma_2 R_t + (1 - \gamma_2) R_{t-1}^*$$

donde γ_1 y γ_2 son los coeficientes de expectativas, ambos entre 0 y 1.

(a) ¿Cómo se expresa M_t en términos de las cantidades observables?

(b) ¿Cuáles problemas de estimación se prevéen?

*17.10. Si se estima (17.7.2) por MCO pueden derivarse estimaciones de los parámetros originales? ¿Qué problemas se prevéen? (Para mayores detalles, *véase* Roger N. Waud†).

---

*Adaptado de G.K. Shaw, *op. cit.*, p. 26.

†Opcional

*Opcional

†Misspecification in the 'Partial Adjustment'and 'Adaptive Expectations'Models», *International Economic Review*, vol. 9, no. 2, junio 1968, pp. 204-217.

17.11. Modelo de correlación serial. Considérese el siguiente modelo:

$$Y_t = \alpha + \beta X_t + u_t$$

Supóngase que u_t sigue el esquema autorregresivo de Markov de primer orden dado en el capítulo 12, a saber,

$$u_t = \rho u_{t-1} + \varepsilon_t$$

donde ρ es el coeficiente de autocorrelación (de primer orden) y donde ε_t satisface todos los supuestos clásicos del MCO. Entonces, como se muestra en el capítulo 12, el modelo

$$Y_t = \alpha(1 - \rho) + \beta(X_t - \rho X_{t-1}) + \rho Y_{t-1} + \varepsilon_t$$

tendrá un término de error serialmente independiente, haciendo que la estimación MCO sea posible. Pero este modelo, llamado el **modelo de correlación serial**, se parece mucho a los modelos de Koyck, de expectativas adaptativas y de ajuste parcial. ¿Como se sabría, en cualquier situación dada, cuál de los modelos anteriores es el apropiado?*

17.12. Considérese el modelo de Koyck (o para ese caso, el de expectativas adaptativas) dado en (17.4.7), a saber,

$$Y_t = \alpha(1 - \lambda) + \beta_0 X_t + \lambda Y_{t-1} + (u_t - \lambda u_{t-1})$$

Supóngase que en el modelo original, u_t sigue el esquema autorregresivo de primer orden $u_t - \rho u_{1-t} = \varepsilon_t$, donde ρ es el coeficiente de autocorrelación y donde ε_t satisface todos los supuestos clásicos de MCO.

(*a*)   Si $\rho = \lambda$, ¿Puede el modelo de Koyck ser estimado mediante MCO?

(*b*)   ¿Serán insesgadas las estimaciones así obtenidas? ¿Consistentes? ¿Por qué o por qué no?

(*c*)   ¿Qué tan razonable es suponer que $\rho = \lambda$?

17.13. Modelo de rezago distribuido triangular, aritmético†. Este modelo supone que el estímulo (la variable explicativa) ejerce su mayor impacto en el periodo de tiempo actual y luego se reduce en cantidades iguales

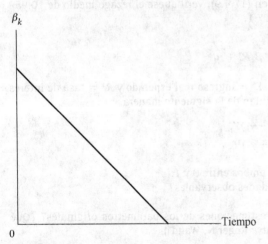

FIGURA 17.8
Esquema de rezagos triangular o aritmético (Fisher).

---

*Para un análisis del modelo de correlación serial, véase Zvi Griliches, «Distributed Lags: A Survey», *Econometrica,* vol. 35, no. 1, enero 1967, p.34.

†Este modelo fue propuesto por Irving Fisher en «Note on a Short-Cut Method for Calculating Distributed Lags», *International Statistical Bulletin,* 1937, pp. 323-328.

hasta llegar a cero a medida que uno retrocede en el pasado. Geométricamente, esto se muestra en la figura 17.8. Siguiendo esta distribución, supóngase que se efectúa la siguiente sucesión de regresiones:

$$Y_t = \alpha + \beta \left(\frac{2X_t + X_{t-1}}{3} \right)$$

$$Y_t = \alpha + \beta \left(\frac{3X_t + 2X_{t-1} + X_{t-2}}{6} \right)$$

$$Y_t = \alpha + \beta \left(\frac{4X_t + 3X_{t-1} + 2X_{t-2} + X_{t-1}}{10} \right)$$

etc. y se selecciona la regresión que da el R^2 más elevado como la «mejor» regresión. Coméntese esta estrategia.

17.14. Basado en la información trimestral durante el periodo 1950-1960, F.P.R. Brechling obtuvo la siguiente función de demanda de trabajo para la economía británica (las cifras en paréntesis son errores estándar)*:

$$\dot{E}_t = 14.22 + 0.172Q_t - 0.028t - 0.0007t^2 - 0.297E_{t-1}$$
$$(2.61)\ (0.014)\quad (0.015)\ (0.0002)\quad (0.033)$$
$$\bar{R}^2 = 0.76 \quad d = 1.37$$

donde $\dot{E}_t = (E_t - E_{t-1})$
Q = producción
t = tiempo

La ecuación anterior estuvo basada en el supuesto de que el nivel deseado de empleo E_t^* es una función de la producción, del tiempo y del tiempo elevado al cuadrado y bajo la hipótesis de que $E_t - E_{t-1} = \delta(E_t^* - E_{t-1})$, donde δ, el coeficiente de ajuste, se encuentra entre 0 y 1.

(a) Interprétese la regresión anterior.
(b) ¿Cuál es el valor de δ?
(c) Derívese la función de demanda de trabajo de largo plazo a partir de la función de demanda de corto plazo estimada.
(d) ¿Cómo se evaluaría la correlación serial en el modelo anterior?

17.15. Al estudiar la demanda agrícola por tractores, Griliches utilizó el siguiente modelo†:

$$T_t^* = \alpha X_{1,t-1}^{\beta_1} X_{2,t-1}^{\beta_2}$$

donde T^* = existencias deseadas de los tractores
X_1 = precios relativos de los tractores
X_2 = tasa de interés

Utilizando el modelo de ajuste de existencias, él obtuvo los siguientes resultados para el periodo 1921-1957:

$$\log T_t = \text{constante} - 0.218 \log X_{1,t-1} - 0.855 \log X_{2,t-1} + 0.864 \log T_{t-1}$$
$$(0.051)\qquad\qquad (0.170)\qquad\qquad (0.035)$$
$$R^2 = 0.987$$

donde las cifras en paréntesis son los errores estándar estimados.

---

*F.P.R. Brechling, «The Relationship between Output and Employment in British Manufacturing Industries», *Review of Economic Studies*, vol. 32, Julio 1965.

†Zvi Griliches, «The Demand for a Durable Input: Farm Tractors in the United States, 1921-1957», en Arnold C. Harberger, ed., *The Demand for Durable Goods*, University of Chicago Press, Chicago, 1960.

(*a*) ¿Cuál es el coeficiente de ajuste estimado?

(*b*) ¿Cuáles son las elasticidades-precio de corto y largo plazo?

(*c*) ¿Cuáles son las elasticidades-interés correspondientes?

(*d*) ¿Cuáles son las razones para una tasa de ajuste alta o baja en este modelo?

17.16. Siempre que la variable dependiente rezagada aparezca como variable explicativa, el R^2 es usualmente mucho más alto que cuando ésta no es incluida. ¿Cuáles son las razones para esta observación?

17.17. Considérense los patrones de rezago en la figura 17.9. ¿Qué grado de polinomio ajustaría usted a las estructuras rezagadas y por qué?

17.18. Considérese la ecuación (17.13.4)

$$\beta_i = a_0 + a_1 i + a_2 i^2 + \cdots + a_m i^m$$

Para obtener la varianza de $\hat{\beta}_i$ de las varianzas de $\hat{a}_i$, se utiliza la siguiente fórmula:

$$\text{var}(\hat{\beta}_i) = \text{var}(\hat{a}_0 + \hat{a}_1 i + \hat{a}_2 i^2 + \cdots + \hat{a}_m i^m)$$

$$= \sum_{j=0}^{m} i^{2j} \, \text{var}(\hat{a}_j) + 2 \sum_{j<p} i^{(j+p)} \text{cov}(\hat{a}_j \hat{a}_p)$$

(*a*) Utilizando la fórmula anterior, encuéntrese la varianza de $\hat{\beta}_i$ expresada como

$$\hat{\beta}_i = \hat{a}_0 + \hat{a}_1 i + \hat{a}_2 i^2$$

$$\hat{\beta}_i = \hat{a}_0 + \hat{a}_1 i + \hat{a}_2 i^2 + \hat{a}_3 i^3$$

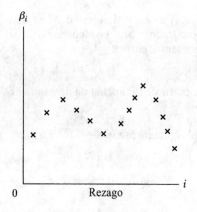
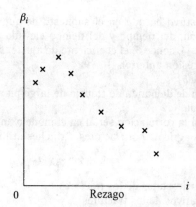
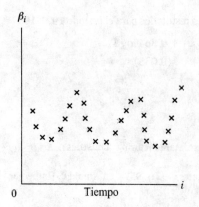
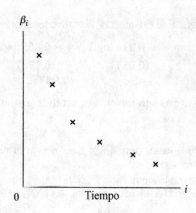

FIGURA 17.9
Estructuras rezagadas hipotéticas.

(b) Si las varianzas de $\hat{a}_i$ son grandes relativamente a ellas mismas, ¿la varianza de $\hat{\beta}_i$ será grande también? ¿Por qué o por qué no?

17.19. Considérese el siguiente modelo de rezagos distribuidos:

$$Y_t = \alpha + \beta_0 X_t + \beta_1 X_{t-1} + \beta_2 X_{t-2} + \beta_3 X_{t-3} + \beta_4 X_{t-4} + u_t$$

Supóngase que β_i puede ser expresado adecuadamente mediante el polinomio de segundo grado de la siguiente manera:

$$\beta_i = a_0 + a_1 i + a_2 i^2$$

¿Como se pueden estimar los β si se desea imponer la restricción de que $\beta_0 = \beta_4 = 0$?

17.20. El modelo de rezagos distribuidos en V invertida. Considérese el modelo de rezagos distribuidos finitos de k periodos

$$Y_t = \alpha + \beta_0 X_t + \beta_1 X_{t-1} + \beta_2 X_{t-2} + \cdots + \beta_k X_{t-k} + u_t$$

F. DeLeeuw ha propuesto la estructura para los β como la presentada en la figura 17.10, donde los β siguen la forma de V invertida. Suponiendo, por simplicidad, que k (la longitud máxima del rezago) es un número par y suponiendo además que β_0 y β_k son cero, DeLeeuw sugiere el siguiente esquema para los β*:

$$\beta_i = i\beta \qquad 0 \le i \le \frac{k}{2}$$
$$= (k-i)\beta \qquad \frac{k}{2} \le i < k$$

¿Cómo se puede utilizar el esquema de DeLeeuw para estimar los parámetros del modelo anterior de rezago distribuido de k periodos?

12.21. Refiérase al ejercicio 12.15. Puesto que el valor d que allí aparece es de poco uso en la detección de la autocorrelación (de primer orden) (¿por qué?), ¿cómo se probaría la presencia de autocorrelación en este caso?

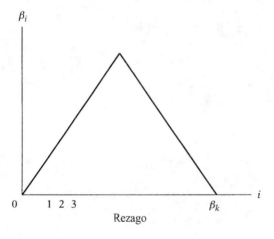

FIGURA 17.10
Modelo de rezago distribuido en V invertida.

Véase su artículo, «The Demand for Capital Goods by Manufacturers: A Study of Quarterly Time Series», *Econometrica*, vol.30, no.3 julio 1962, pp. 407-423.

Problemas

17.22. Considérese el siguiente modelo:

$$Y_t^* = \alpha + \beta_0 X_t + u_t$$

donde Y^* = el gasto empresarial deseado, o de largo plazo, en nueva planta y equipo, X_t = ventas, y t = tiempo. Utilizando el modelo de ajuste de existencias, estímense los parámetros de la función de demanda de largo y de corto plazo del gasto en nueva planta y equipo a partir de la información en la tabla de ésta página.

¿Cómo se puede averiguar si hay correlación serial en la información?

17.23. Utilícese la información del ejercicio 17.22, pero considérese el siguiente modelo:

$$Y_i^* = \beta_0 X_t^{\beta_1} e^{u_t}$$

Utilizando el modelo de ajuste de existencias (¿Por qué?), estímense las elasticidades de corto y de largo plazo del gasto en nueva planta y equipo con respecto a las ventas. Compárense los resultados con aquellos obtenidos en el ejercicio 17.22. ¿Cuál modelo se seleccionaría y por qué? ¿Hay correlación serial en la información? ¿Cómo se sabe?

Inversión en planta y equipo fijo en la manufactura de Y y ventas de manufacturas X_2 en miles de millones de dólares, ajustados estacionalmente, Estados Unidos, 1970-1991

Año	Gasto en planta, Y	Ventas, X
1970	36.990	52.8050
1971	33.600	55.9060
1972	35.420	63.0270
1973	42.350	72.9310
1974	52.480	84.7900
1975	53.660	86.5890
1976	58.530	98.7970
1977	67.480	113.201
1978	78.130	126.905
1979	95.130	143.936
1980	112.60	154.391
1981	128.68	168.129
1982	123.97	163.351
1983	117.35	172.547
1984	139.61	190.682
1985	152.88	194.538
1986	137.95	194.657
1987	141.06	206.326
1988	163.45	223.541
1989	183.80	232.724
1990	192.61	239.459
1991	182.81	235.142

Fuente: Economic Report of the President, Información de 1993 sobre Y de la tabla B-52, p. 407; información sobre X de la tabla 8-53, p. 408.

17.24. Utilícese la información del ejercicio 17.22, pero supóngase que

$$Y_t = \alpha + \beta X_t^* + u_t$$

donde X_t^* son las ventas deseadas. Estímense los parámetros de este modelo y compárense los resultados con aquellos obtenidos en el ejercicio 17.22. ¿Cómo se decidiría cuál es el modelo apropiado? Con base en el estadístico h, se concluiría que hay correlación serial en la información?

17.25. Supóngase que alguien lo convence de que la relación entre el gasto de la empresa en nueva planta y equipo y las ventas es la siguiente:

$$Y_t^* = \alpha + \beta X_t^* + u_t$$

donde Y^* es el gasto deseado y X^* son las ventas deseadas o esperadas. Utilícese la información dada en el ejercicio 17.22 para estimar este modelo y coméntense los resultados.

17.26. Utilizando la información dada en el ejercicio 17.22, determínese si el gasto en planta causa-Granger las ventas o si las ventas causa-Granger el gasto en planta. Utilícense hasta seis rezagos y coméntense los resultados. ¿Qué conclusiones importantes se obtienen de este ejercicio?

17.27. Supóngase que las ventas en el ejercicio 17.22 tienen un efecto de rezagos distribuidos sobre el gasto en planta y equipo. Utilícense cuatro rezagos y un polinomio de segundo grado para estimar el modelo de rezagos distribuidos y coméntense los resultados.

17.28. Criterio de Schwarz (CS) para determinar la longitud del rezago. Para determinar la longitud de un rezago en un modelo de rezagos distribuidos, Schwarz sugiere que se minimice la siguiente función:

$$CS = \ln \tilde{\sigma}^2 + m \ln n$$

donde $\tilde{\sigma}^2$ es la estimación de máxima verosimilitud de σ^2 ($= SRC/n$), m es la longitud del rezago y n es el número de observaciones. En esencia, se utiliza un modelo de regresión utilizando diversos valores rezagados ($= m$) y se selecciona el valor de m que minimiza el valor de CS.

Aplíquese el criterio de Schwarz para determinar la longitud apropiada del rezago para el gasto en nueva planta y equipo en relación con las ventas para la información en el ejercicio 17.22.

17.29. Prueba de causalidad de Sims.[*] En una mala interpretación de la causalidad de Granger, Sims explota el hecho de que el futuro no puede causar el presente. Supóngase que se desea averiguar si X causa a Y. Ahora, considérese el siguiente modelo:

$$Y_t = \alpha + \beta_k X_{t-k} + \beta_{k-1} X_{t-k-1} + \cdots + \beta_1 X_{t-1} + \beta_0 X_t +$$
$$\lambda_1 X_{t+1} + \lambda_2 X_{t+2} + \cdots + \lambda_m X_{t+m} + u_t$$

Esta regresión incluye valores del regresor X rezagados, actuales y futuros, o **líderes,** los términos tales como X_{t+1}, X_{t+2} son llamados **términos líderes.** En la regresión anterior, hay k términos rezagados y m términos líderes. Si X causa (Granger) a Y, la suma de los coeficientes de los términos líderes X deben ser estadísticamente iguales a cero.[†]

Aplíquese la prueba de Causalidad de Sims a la información dada en el ejercico 17.22 para determinar si las ventas causan (Granger) al gasto en inversión. Decídanse los valores líderes y rezagados apropiados del regresor.

---

[*]C.A. Sims, «Money, Income, and Causality», *American Economic Review,* vol. 62, 1972, pp. 540-552.

[†]La selección entre las pruebas de causalidad de Granger y de Sims no es clara. Para un análisis adicional de estas pruebas, *véase* G. Chamberlain, «The General Equivalence of Granger and Sims Causality», *Econometrica,* vol. 50, 1982, pp. 569-582.

PARTE
IV

MODELOS DE ECUACIONES SIMULTÁNEAS

Una mirada casual al trabajo empírico publicado en administración de empresas y en economía revelará que muchas relaciones económicas son del tipo uniecuacional. Por esta razón, se han dedicado las tres primeras partes de este libro a modelos de regresión uniecuacionales. En tales modelos, una variable (la variable dependiente Y) es expresada como función lineal de una o más variables (las variables explicativas, las X). En tales modelos, un supuesto implícito es que la relación causa efecto, de existir, entre Y y X es unidireccional: Las variables explicativas son la *causa* y la variable dependiente es el *efecto*.

Sin embargo, hay situaciones en las cuales hay influencia bidireccional entre las variables económicas; es decir, una variable económica afecta otra(s) variable(s) económica(s) y, a su vez, es afectada por ésta(s). Así, en la regresión del dinero M sobre la tasa de interés r, la metodología uniecuacional supone implícitamente que la tasa de interés ha sido fijada (por ejemplo, por el Sistema de la Reserva Federal) y trata de encontrar la respuesta del dinero demandado a cambios en el nivel de la tasa de interés. Pero, ¿qué sucede si la tasa de interés depende de la demanda de dinero? En este caso, el análisis de regresión condicional hecho en este libro hasta el momento, puede no ser apropiado porque ahora M depende de r y r depende de M. Por tanto, es preciso considerar dos ecuaciones, una que relaciona M con r y otra que relaciona r con M. Y esto conduce a la consideración de los modelos de ecuaciones simultáneas, modelos en los cuales hay más de una ecuación de regresión, una para cada variable interdependiente.

En la parte IV se presenta una introducción muy elemental y casi heurística al complejo tema de **modelos de ecuaciones simultáneas**, dejando los detalles para las referencias.

En el capítulo 18 se presentan diversos ejemplos de modelos de ecuaciones simultáneas y se muestra por qué el método de mínimos cuadrados ordinarios, considerado anteriormente es generalmente inaplicable para estimar los parámetros de cada una de las ecuaciones en el modelo.

En el capítulo 19 se considera el denominado **problema de identificación**. Si en un sistema de ecuaciones simultáneas que contiene dos o más ecuaciones no es posible obtener valores numéricos de cada parámetro en cada ecuación porque las ecuaciones no son *observacionalmente distinguibles* o se parecen mucho entre sí, entonces se tiene el problema de identificación. Así, en la regresión de la cantidad Q sobre el precio P, ¿es la ecuación resultante una función de demanda o una función de oferta, ya que Q y P hacen parte de las dos funciones?. Por consiguiente, si se tiene información sobre Q y P solamente y no hay otra información, será difícil, si no imposible identificar la regresión como la función de demanda o la función de oferta. Es indispensable resolver el problema de identificación antes de proceder a la estimación, pues no saber lo que se está estimando hace que la estimación por sí misma carezca de sentido. En el capítulo 19 se ofrecen diversos métodos para resolver el problema de la identificación.

En el capítulo 20, se consideran diversos métodos de estimación diseñados específicamente para estimar los modelos de ecuaciones simultáneas y se consideran sus bondades y limitaciones.

MODELOS DE ECUACIONES SIMULTÁNEAS

En este capítulo y en los dos siguientes, se analizarán los modelos de ecuaciones simultáneas. En particular, se mirarán sus características especiales, su estimación y algunos de los problemas estadísticos asociados con ellos.

18.1 NATURALEZA DE LOS MODELOS DE ECUACIONES SIMULTÁNEAS

En las partes I a III de este texto se trató exclusivamente con modelos uniecuacionales, es decir, modelos en los cuales había una sola variable dependiente Y y una o más variables explicativas, las X. En tales modelos, el énfasis estuvo en la estimación y /o la predicción del valor medio de Y condicional a los valores fijos de las variables X. Por consiguiente, la relación causa efecto en esos modelos iba de las X a Y.

Pero, en muchas situaciones, tal relación causa efecto en un sentido o unidireccional no tiene sentido. Esto sucede cuando Y está determinada por las X y algunas de las X están, a su vez, determinadas por Y. En otras palabras, hay una relación en dos sentidos, o simultánea, entre Y y (algunas de) las X, que hace que la distinción entre variables *dependientes y explicativas* tenga valor dudoso. Es mejor reunir un conjunto de variables que puedan ser determinadas simultáneamente mediante el conjunto restante de variables —precisamente lo que se hace en los modelos de ecuaciones simultáneas. En tales modelos, hay más de una ecuación —una para cada una de las **variables** *mutuamente o conjuntamente,* dependientes o **endógenas**[1].Y, a diferencia de los

[1]En el contexto de los modelos de ecuaciones simultáneas, las variables dependientes conjuntamente se denominan **variables endógenas** y las variables que son realmente no estocásticas o que pueden ser consideradas como tales, se denominan **variables exógenas** o **predeterminadas**. (Se verá más al respecto en el capítulo 19).

modelos uniecuacionales, en los modelos de ecuaciones simultáneas, no es posible estimar los parámetros de una ecuación aisladamente sin tener en cuenta la información proporcionada por las demás ecuaciones en el sistema.

¿Qué sucede si los parámetros de cada ecuación son estimados aplicando, por ejemplo, el método de MCO, sin considerar las otras ecuaciones en el sistema? Recuérdese que uno de los supuestos cruciales del método MCO es que las variables explicativas X son no estocásticas o, de serlo (aleatorias), están distribuidas independientemente del término de perturbación estocástico. Si ninguna de estas condiciones se cumple, entonces, como se muestra más adelante, los estimadores de mínimos cuadrados no solamente son sesgados, sino también inconsistentes; es decir, a medida que el tamaño de la muestra aumenta indefinidamente, los estimadores no convergen hacia sus verdaderos valores (poblacionales). Así, en el siguiente sistema hipotético de ecuaciones[2],

$$Y_{1i} = \beta_{10} + \beta_{12}Y_{2i} + \gamma_{11}X_{1i} + u_{1i} \qquad (18.1.1)$$

$$Y_{2i} = \beta_{20} + \beta_{21}Y_{1i} + \gamma_{21}X_{1i} + u_{2i} \qquad (18.1.2)$$

donde Y_1 y Y_2 son variables mutuamente dependientes, o endógenas y X_1 una variable exógena y u_1 y u_2 son los términos de perturbación estocástica, las variables Y_1 y Y_2 son ambas estocásticas. Por consiguiente, a menos que pueda demostrarse que la variable explicativa estocástica Y_2 en (18.1.1) está distribuida independientemente de u_1 y que la variable explicativa estocástica Y_1 en (18.1.2) está distribuida independientemente de u_2, la aplicación del MCO clásico a estas ecuaciones individualmente conducirá a estimaciones inconsistentes.

En lo que resta de este capítulo, se dan algunos ejemplos de modelos de ecuaciones simultáneas y se muestra el sesgo contenido en la aplicación directa del método de mínimos cuadrados a tales modelos. Después de analizar el denominado problema de identificación en el capítulo 19, se estudiarán algunos métodos especiales desarrollados para manejar los modelos de ecuaciones simultáneas en el capítulo 20.

18.2 EJEMPLOS DE MODELOS DE ECUACIONES SIMULTÁNEAS

Ejemplo 18.1. Modelo de demanda y oferta

Como es bien sabido, el precio P de un bien y la cantidad vendida Q están determinados por la intersección de las curvas de demanda y oferta para ese bien. Asi, suponiendo por simplicidad que las curvas de demanda y oferta son lineales y adicionando los términos de perturbación estocásticos u_1 y u_2, se pueden escribir las funciones empíricas de demanda y oferta como

Función de demanda:	$Q_t^d = \alpha_0 + \alpha_1 P_t + u_{1t}$ $\alpha_1 < 0$	(18.2.1)
Función de oferta:	$Q_t^s = \beta_0 + \beta_1 P_t + u_{2t}$ $\beta_1 > 0$	(18.2.2)
Condición de equilibrio:	$Q_t^d = Q_t^s$	

donde Q^d = cantidad demandada
$\quad\quad\quad Q^s$ = cantidad ofrecida
$\quad\quad\quad t$ = tiempo

---

[2]Esta notación económica, aunque autoexplicativa, será generalizada a más de dos ecuaciones en el capítulo 19.

y los α y β son los parámetros. *A priori*, se espera que α_1 sea negativo (curva de demanda de pendiente hacia abajo) y que β_1 sea positivo (curva de oferta de pendiente hacia arriba).

Ahora bien, no es muy difícil ver que P y Q son variables conjuntamente dependientes. Si, por ejemplo, u_{1t} en (18.2.1) cambia debido a cambios en otras variables que afectan a Q_t^d (tales como el ingreso, la riqueza y los gustos), la curva de demanda se desplazará hacia arriba si u_{1t} es positivo y hacia abajo si u_{1t} es negativo. Estos desplazamientos se muestran en la figura 18.1.

Como lo muestra la figura, un desplazamiento en la curva de demanda cambia a P y a Q. En forma similar, un cambio en u_{2t} (ocasionado por huelgas, clima, restricciones sobre las importaciones o las exportaciones, etc) desplazará la curva de oferta, afectando nuevamente a P y a Q. Debido a esta dependencia simultánea entre Q y P, u_{1t} y P_t en (18.2.1) y u_{2t} y P_t en (18.2.2) no pueden ser independientes. Por consiguiente, una regresión de Q sobre P como en (18.2.1) violaría un supuesto importante del modelo clásico de regresión lineal, a saber, el supuesto de no correlación entre la(s) variable(s) explicativas y el término de perturbación.

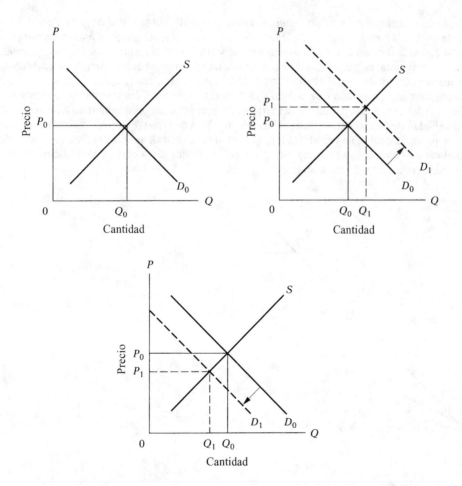

FIGURA 18.1

Interdependencia de precio y de cantidad.

Ejemplo 18.2 Modelo keynesiano de determinación del ingreso

Considérese el modelo keynesiano simple de determinación del ingreso:

Función de consumo: $C_t = \beta_0 + \beta_1 Y_t + u_t$ $0 < \beta_1 < 1$ (18.2.3)

Identidad del ingreso: $Y_t = C_t + I_t (= S_t)$ (18.2.4)

donde C = gasto de consumo
   Y = ingreso
   I = inversión (se supone exógena)
   S = ahorro
   t = tiempo
   u = término de perturbación estocástico
 β_0 y β_1 = parámetros

El parámetro β_1 se conoce como la *propensión marginal a consumir* (PMC) (la cantidad de gasto de consumo extra resultante de un dólar extra de ingreso). De la teoría económica, se espera que β_1 se encuentre entre 0 y 1. La ecuación (18.2.3) es la función de consumo (estocástica); y (18.2.4) es la identidad de ingreso nacional, que significa que el ingreso total es igual al gasto de consumo total más el gasto de inversión total, entendiendo que el gasto de inversión total es igual al ahorro total. Gráficamente, se tiene la figura 18.2.

De la función consumo postulada y de la figura 18.2, es claro que C y Y son interdependientes y que no se espera que Y_t (18.2.3) sea independiente del término de perturbación porque cuando u_t se desplaza (debido a una diversidad de factores contenidos dentro del término de error), entonces la función consumo también se desplaza, la cual, a su vez afecta a Y_t. Por consiguiente, una vez más el método clásico de mínimos cuadrados no es aplicable a (18.2.3). De aplicarse, los estimadores obtenidos de dicho método serán inconsistentes, como se verá más adelante.

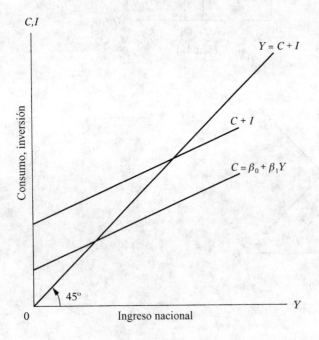

FIGURA 18.2
Modelo keynesiano de determinación del ingreso.

Ejemplo 18.3 Modelos de salario-precio

Considérese el siguiente modelo tipo Phillips de determinación de salarios monetarios y precios:

$$\dot{W}_t = \alpha_0 + \alpha_1 UN_t + \alpha_2 \dot{P}_t + u_{1t} \qquad (18.2.5)$$

$$\dot{P}_t = \beta_0 + \beta_1 \dot{W}_t + \beta_2 \dot{R}_t + \beta_3 \dot{M}_t + u_{2t} \qquad (18.2.6)$$

donde $\dot{W}$ = tasa de cambio de los salarios monetarios
  UN = tasa de desempleo, %
  $\dot{P}$ = tasa de cambio de los precios
  $\dot{R}$ = tasa de cambio del costo de capital
  $\dot{M}$ = tasa de cambio del precio de las materias primas importadas
  t = tiempo
  u_1, u_2 = perturbaciones estocásticas.

Puesto que la variable precio $\dot{P}$ entra en la ecuación de salarios y la variable salarios $\dot{W}$ entra en la ecuación de precios, las dos variables son conjuntamente dependientes. Por consiguiente, se espera que estas variables explicativas estocásticas estén correlacionadas con las perturbaciones estocásticas pertinentes, haciendo que, una vez más, el método clásico MCO sea inaplicable para estimar individualmente los parámetros de las dos ecuaciones.

Ejemplo 18.4 El modelo IS de macroeconomía

El conocido modelo IS, o de equilibrio del mercado de bienes, de macroeconomía[3] en su forma no estocástica puede expresarse como

Función consumo:	$C_t = \beta_0 + \beta_1 Y_{dt}$	$0 < \beta_1 < 1$ (18.2.7)
Función de impuestos:	$T_t = \alpha_0 + \alpha_1 Y_t$	$0 < \alpha_1 < 1$ (18.2.8)
Función de inversión:	$I_t = \gamma_0 + \gamma_1 r_t$	(18.2.9)
Definición:	$Y_{dt} = Y_t - T_t$	(18.2.10)
Gasto del gobierno:	$G_t = \bar{G}$	(18.2.11)
Identidad del ingreso nacional:	$Y_t = C_t + I_t + G_t$	(18.2.12)

donde Y = ingreso nacional
  C = gasto de consumo
  I = inversión neta planeada o deseada
  $\bar{G}$ = nivel dado de gasto del gobierno
  T = impuestos
  Y_d = ingreso disponible
  r = tasa de interés

Si se sustituye (18.2.10) y (18.2.8) en (18.2.7) y se sustituyen la ecuación resultante por C y la ecuación (18.2.9) y (18.2.11) en (18.2.12), debe obtenerse

Ecuación IS: $$Y_t = \pi_0 + \pi_1 r_t \qquad (18.2.13)$$

---

[3]«El esquema de equilibrio en el mercado de bienes, o esquema IS, muestra combinaciones de tasas de interés y de niveles de producto tales que el gasto planeado iguala al ingreso». *Véase* Rudiger Dornbusch y Stanley Fischer, *Macroeconomics*, 3a. ed., McGraw-Hill, New York, 1984, p. 102. *Obsérvese* que, por simplicidad, se ha supuesto que no existe el sector de comercio exterior.

donde

$$\pi_0 = \frac{\beta_0 - \alpha_0\beta_1 + \gamma_0 + \bar{G}}{1 - \beta_1(1 - \alpha_1)}$$

$$\pi_1 = \frac{1}{1 - \beta_1(1 - \alpha_1)}$$

(18.2.14)

La ecuación (18.2.13) es la ecuación de IS, o de equilibrio del mercado de bienes, es decir, da las combinaciones de tasa de interés y de nivel de ingreso tales que el mercado de bienes se despeja o está en equilibrio. Geométricamente, la curva IS se muestra en la figura 18.3.

¿Qué sucedería si se fuera a estimar, por ejemplo, la función consumo (18.2.7) en forma aislada? ¿Se podrían obtener estimaciones insesgadas y/o consistentes de β_0 y β_1? Tal resultado no es probable puesto que el consumo depende del ingreso disponible, el cual depende del ingreso nacional Y, que a su vez depende de r y $\bar{G}$, como también de otros parámetros que entran en π_0. Por consiguiente, a menos que se consideren todas estas influencias, es probable que una simple regresión de C sobre Y_d produzca estimaciones sesgadas y/o inconsistentes de β_0 y β_1.

Ejemplo 18.5 Modelo LM

La otra mitad del famoso paradigma IS-LM es el LM, o relación de equilibrio en el mercado monetario, que da las combinaciones de tasa de interés y nivel de ingreso tales que el mercado monetario sea despejado, es decir, la demanda de dinero sea igual a su oferta. Algebraicamente, el modelo, en la forma no estocástica, puede expresarse como:

Función de demanda de dinero:	$M_t^d = a + bY_t - cr_t$	(18.2.15)
Función de oferta de dinero:	$M_t^s = \bar{M}$	(18.2.16)
Condición de equilibrio:	$M_t^d = M_t^s$	(18.2.17)

donde Y = ingreso, r = tasa de interés y $\bar{M}$ = nivel supuesto de oferta monetaria, por ejemplo, el determinado por el Banco de la Reserva Federal.

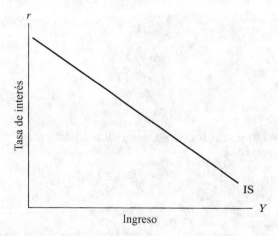

FIGURA 18.3
Curva IS.

Igualando las funciones de demanda y oferta de dinero y simplificando, se obtiene:

Ecuación LM: $$Y_t = \lambda_0 + \lambda_1\bar{M} + \lambda_2 r_t \qquad\qquad (18.2.18)$$

donde

$$\lambda_0 = -a/b$$
$$\lambda_1 = 1/b \qquad\qquad (18.2.19)$$
$$\lambda_2 = c/b$$

Para un $M = \bar{M}$ dado, la curva LM que representa la relación (18.2.18) es como se muestra en la figura 18.4.

Las curvas IS y LM respectivamente, muestran que un ordenamiento completo de tasas de interés es consistente con el equilibrio en el mercado de bienes y un ordenamiento completo de tasas de interés es compatible con el equilibrio en el mercado monetario. Por supuesto, solamente una tasa de interés y un nivel de ingreso será consistente simultáneamente con los dos equilibrios. Para obtener éstos, todo lo que debe hacerse es igualar (18.2.13) y (18.2.18). En el ejercicio 18.4 se le pide mostrar el nivel de la tasa de interés y del ingreso que es simultáneamente compatible con el equilibrio en los mercados de bienes y de dinero.

Ejemplo 18.6 Modelos econométricos

Los modelos de ecuaciones simultáneas han sido ampliamente utilizados en la construcción de modelos econométricos llevados a cabo por diversos econometristas. Un pionero en este campo fue el Profesor Lawrence Klein del Wharton School de la Universidad de Pensilvania. Su modelo inicial, conocido como el **Modelo I de Klein** es el siguiente:

Función de consumo: $$C_t = \beta_0 + \beta_1 P_t + \beta_2(W + W')_t$$
$$+ \beta_3 P_{t-1} + u_{1t}$$

Función de inversión: $$I_t = \beta_4 + \beta_5 P_t + \beta_6 P_{t-1} + \beta_7 K_{t-1} + u_{2t}$$

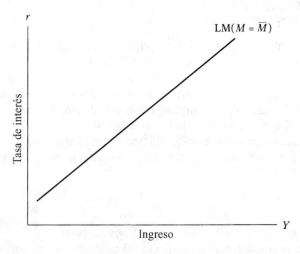

FIGURA 18.4
Curva LM.

Demanda de trabajo: $W_t = \beta_8 + \beta_9(Y + T - W')_t$

$\qquad\qquad\qquad\qquad\qquad + \beta_{10}(Y + T - W')_{t-1}$

$\qquad\qquad\qquad\qquad\qquad + \beta_{11}t + u_{3t}$

Identidad: $Y_t + T_t = C_t + I_t + G_t$ (18.2.20)

Identidad: $Y_t = W'_t + W_t + P_t$

Identidad: $K_t = K_{t-1} + I_t$

donde C = gasto de consumo
$\qquad\quad I$ = gasto de inversión
$\qquad\quad G$ = gasto del gobierno
$\qquad\quad P$ = utilidades
$\qquad\quad W$ = nómina del sector privado
$\qquad\quad W'$= nómina del gobierno
$\qquad\quad K$ = existencias de capital
$\qquad\quad T$ = impuestos
$\qquad\quad Y$ = ingreso después de impuestos
$\qquad\quad t$ = tiempo
u_1, u_2, u_3 = perturbaciones estocásticas[4]

En el modelo anterior, las variables C, I, W, Y, P y K son consideradas como variables conjuntamente dependientes o endógenas y las variables P_{t-1}, K_{t-1} y Y_{t-1} se consideran como predeterminadas.[5] En total, hay seis ecuaciones (incluyendo las tres identidades) para estudiar la interdependencia de las seis variables endógenas.

En el capítulo 20 se verá la forma como se estiman tales modelos econométricos. Por el momento, obsérvese que debido a la interdependencia entre las variables endógenas, en general, ellas no son independientes de los términos de perturbación estocásticos, lo cual, por consiguiente, hace que la aplicación del método MCO a una ecuación individual en el sistema sea inapropiada. Como se muestra en la sección 18.3, los estimadores así obtenidos son inconsistentes; éstos no convergen a sus verdaderos valores poblacionales aunque el tamaño de la muestra sea muy grande.

18.3 SESGO EN LAS ECUACIONES SIMULTÁNEAS: INCONSISTENCIA DE LOS ESTIMADORES MCO

Como se planteó anteriormente, el método de mínimos cuadrados no puede ser aplicado para estimar una sola ecuación del sistema de ecuaciones simultáneas si una o más de las variables explicativas están correlacionadas con el término de perturbación en esa ecuación porque los estimadores así obtenidos son inconsistentes. Para mostrar esto, considérese nuevamente el modelo keynesiano simple de determinación del ingreso dado en el ejemplo 18.2. Supóngase que se desean estimar los parámetros de la función consumo (18.2.3). Suponiendo que $E(u_t) = 0$, $E(u_t^2) = \sigma^2$, $E(u_t u_{t+j}) = 0$ (para $j \neq 0$) y $\text{cov}(I_t, u_t) = 0$, que son los supuestos del modelo clásico de regresión lineal, se demuestra primero que Y_t y u_t en (18.2.3) están correlacionados y luego se prueba que $\hat{\beta}_1$ es un estimador inconsistente de β_1.

---

[4]L.R. Klein, *Economic Fluctuations in the United States, 1921-1941*, John Wiley & Sons, New York, 1950.

[5]El constructor de modelos deberá especificar cuáles de las variables en un modelo son endógenas y cuáles son predeterminadas. K_{t-1} y Y_{t-1} son predeterminadas porque, en el tiempo t, sus valores son conocidos. (Se verá más sobre este aspecto en el capítulo 19).

Para probar que Y_t y u_t están correlacionados, se procede de la siguiente manera. Sustitúyase (18.2.3) en (18.2.4) para obtener

$$Y_t = \beta_0 + \beta_1 Y_t + u_t + I_t$$

es decir,

$$Y_t = \frac{\beta_0}{1 - \beta_1} + \frac{1}{1 - \beta_1} I_t + \frac{1}{1 - \beta_1} u_t \qquad (18.3.1)$$

Ahora bien,

$$E(Y_t) = \frac{\beta_0}{1 - \beta_1} + \frac{1}{1 - \beta_1} I_t \qquad (18.3.2)$$

donde se hace uso del hecho de que $E(u_t) = 0$ y de que siendo I_t exógeno o predeterminado (porque está fijo con anterioridad), tiene como su valor esperado I_t.

Por consiguiente, restando (18.3.2) de (18.3.1), resulta

$$Y_t - E(Y_t) = \frac{u_t}{1 - \beta_1} \qquad (18.3.3)$$

Además,

$$u_t - E(u_t) = u_t \quad \text{¿(Por qué?)} \qquad (18.3.4)$$

de donde

$$\text{cov}(Y_t, u_t) = E[Y_t - E(Y_t)][u_t - E(u_t)]$$

$$= \frac{E(u_t^2)}{1 - \beta_1} \quad \text{utilizando (18.3.3) y (18.3.4)}$$

$$= \frac{\sigma^2}{1 - \beta_1} \qquad (18.3.5)$$

Puesto que σ^2 se ha supuesto positivo (¿por qué?), la covarianza entre Y y u dada en (18.3.5) tiende a ser diferente de cero[6]. Como resultado se espera que Y_t y u_t en (18.2.3) estén correlacionados, lo cual viola el supuesto del modelo clásico de regresión lineal de que las perturbaciones son independientes o por lo menos no están correlacionadas con las variables explicativas. Como se mencionó anteriormente, los estimadores MCO en esta situación son inconsistentes.

Para mostrar que el estimador MCO $\hat{\beta}_1$ es un estimador inconsistente de β_1, debido a la correlación entre Y_t y u_t, se procede de la siguiente manera:

$$\hat{\beta}_1 = \frac{\sum (C_t - \bar{C})(Y_t - \bar{Y})}{\sum (Y_t - \bar{Y})^2}$$

$$= \frac{\sum c_t y_t}{\sum y_t^2}$$

$$= \frac{\sum C_t y_t}{\sum y_t^2} \qquad (18.3.6)$$

---

[6]Será mayor que cero siempre que β_1, la PMC, se encuentre entre 0 y 1 y será negativa si β_1 es mayor que la unidad. Por supuesto, un valor de PMC mayor que la unidad no tendría mucho sentido económico. En realidad, se espera que la covarianza entre Y_t y u_t sea positiva.

donde las letras minúsculas, como es usual, indican desviaciones de la media (muestral). Sustituyendo por C_t de (18.2.3), se obtiene

$$\hat{\beta}_1 = \frac{\sum(\beta_0 + \beta_1 Y_t + u_t)y_t}{\sum y_t^2}$$

$$= \beta_1 + \frac{\sum y_t u_t}{\sum y_t^2} \tag{18.3.7}$$

donde, en el último paso, se hace uso del hecho de que $\sum y_t = 0$ y $(\sum Y_t y_t / \sum y_t^2) = 1$ (¿por qué?).

Si se toma el valor esperado de (18.3.7) a ambos lados, se obtiene

$$E(\hat{\beta}_1) = \beta_1 + E\left[\frac{\sum y_t u_t}{\sum y_t^2}\right] \tag{18.3.8}$$

Infortunadamente, no se puede evaluar $E(\sum y_t u_t / \sum y_t^2)$ puesto que el operador de valor esperado es un operador lineal. [*Nota*: $E(A/B) \neq E(A)/E(B)$]. Pero, intuitivamente, debe quedar claro que a menos que el término $(\sum y_t u_t / \sum y_t^2)$ sea cero, $\hat{\beta}_1$ es un estimador sesgado de β_1. Pero, ¿no se ha demostrado en (18.3.5) que la covarianza entre Y y u es diferente de cero y que, por consiguiente, $\hat{\beta}_1$ estaría sesgado? La respuesta es no del todo, puesto que $\text{cov}(Y_t, u_t)$, un concepto poblacional, no equivale exactamente a $\sum y_t u_t$, que es una medida muestral aunque, a medida que el tamaño de la muestra aumenta indefinidamente, el último tenderá hacia el primero. Pero si el tamaño de la muestra aumenta indefinidamente, entonces se puede recurrir al concepto de estimador consistente y averiguar qué le sucede a $\hat{\beta}_1$ a medida que n, el tamaño de la muestra, aumenta indefinidamente. En resumen, cuando no se puede evaluar explícitamente el valor esperado de un estimador, como ocurrió en (18.3.8), se puede centrar la atención en su comportamiento en una muestra grande.

Ahora bien, se dice que un estimador es consistente si su **límite de probabilidad**[7], o **plim** para abreviar, es igual a su verdadero valor (poblacional). Por consiguiente, para demostrar que $\hat{\beta}_1$ de (18.3.7) es inconsistente, se debe demostrar que su plim no es igual al verdadero β_1. Aplicando las reglas de límite de probabilidad a (18.3.7), se obtiene[8]

$$\text{plim}(\hat{\beta}_1) = \text{plim}(\beta_1) + \text{plim}\left(\frac{\sum y_t u_t}{\sum y_t^2}\right)$$

$$= \text{plim}(\beta_1) + \text{plim}\left(\frac{\sum y_t u_t/n}{\sum y_t^2/n}\right)$$

$$= \beta_1 + \frac{\text{plim}(\sum y_t u_t/n)}{\text{plim}(\sum y_t^2/n)} \tag{18.3.9}$$

donde, en el segundo paso, se ha dividido $\sum y_t u_t$ y $\sum y_t^2$ por el número total de observaciones en la muestra, n, de tal manera que las cantidades en los paréntesis son ahora la covarianza muestral entre Y y u y la varianza muestral de Y, respectivamente.

---

[7]*Véase* el apéndice A para la definición de límite de probabilidad.

[8]Como se afirmó en el apéndice A, el plim de una constante (por ejemplo β_1) es la constante misma y el plim de $(A/B) = \text{plim}(A)/\text{plim}(B)$. *Obsérvese*, sin embargo, que $E(A/B) \neq E(A)/E(B)$.

En palabras, (18.3.9) establece que el límite de probabilidad de $\hat{\beta}_1$ es igual al verdadero β_1 más la razón del plim de la covarianza muestral entre Y y u con respecto al plim de la varianza muestral de Y. Ahora, a medida que el tamaño n de la muestra aumenta indefinidamente, se esperaría que la covarianza muestral entre Y y u se aproxime a la verdadera covarianza poblacional $E[Y_t - E(Y_t)][u_t - E(u_t)]$, la cual, de (18.3.5), es igual a $[\sigma^2/(1 - \beta_1)]$. En forma similar, a medida que n tiende a infinito, la varianza muestral de Y se aproximará a su varianza poblacional, es decir σ_Y^2. Por consiguiente, la ecuación (18.3.9) puede escribirse como

$$\text{plim}(\hat{\beta}_1) = \beta_1 + \frac{\sigma^2/(1 - \beta_1)}{\sigma_Y^2}$$

$$= \beta_1 + \frac{1}{1 - \beta_1}\left(\frac{\sigma^2}{\sigma_Y^2}\right) \qquad (18.3.10)$$

Dado que $0 < \beta_1 < 1$ y que σ^2 y σ_Y^2 son ambas positivas, es obvio, de la ecuación (18.3.10), que plim $(\hat{\beta}_1)$ será siempre mayor que β_1; es decir, $\hat{\beta}_1$ sobreestimará el verdadero β_1[9]. En otras palabras, $\hat{\beta}_1$ es un estimador sesgado y no importa qué tan grande sea el tamaño de la muestra, el sesgo no desaparecerá.

18.4 SESGO DE LAS ECUACIONES SIMULTÁNEAS: EJEMPLO NUMÉRICO

Para demostrar algunos de los puntos planteados en la sección anterior, considérese nuevamente el modelo keynesiano simple de determinación del ingreso dado en el ejemplo 18.2 y efectúese el siguiente estudio de **Monte Carlo**[10]. Supóngase que los valores de la inversión I se muestran en la columna (3) de la tabla 18.1. Supóngase además, que

$$E(u_t) = 0$$
$$E(u_t u_{t+j}) = 0 \qquad (j \neq 0)$$
$$\text{var}(u_t) = \sigma^2 = 0.04$$
$$\text{cov}(u_t, I_t) = 0$$

Los u_t, así generados, se muestran en la columna (4).

Para la función consumo (18.2.3) supóngase que los valores de los verdaderos parámetros se conocen y son $\beta_0 = 2$ y $\beta_1 = 0.8$.

De los valores supuestos de β_0 y β_1 y de los valores generados de u_t, se pueden generar los valores del ingreso Y_t de (18.3.1), los cuales se muestran en la columna (1) de la tabla 18.1. Una vez se conocen los Y_t y conociendo β_0, β_1 y u_t, se pueden generar fácilmente los valores de consumo C_t de (18.2.3). Los C, así generados, están dados en la columna 2.

Puesto que los verdaderos β_0 y β_1 se conocen y nuestros errores muestrales son exactamente los mismos que los errores «verdaderos» (debido a la forma en que se diseñó el estudio Monte Carlo), si se utiliza la información de la tabla 18.1 para regresar C_t sobre Y_t, se debe obtener $\beta_0 = 2$

---

[9]En general, sin embargo, la dirección del sesgo dependerá de la estructura del modelo particular y de los verdaderos valores de los coeficientes de la regresión.

[10]Éste ha sido prestado de Kenneth J. White, Nancy G. Horsman y Justin B. Wyatt, *SHAZAM: Computer Handbook for Econometrics for Use with Basic Econometrics*, McGraw-Hill, New York, pp. 131-134.

TABLA 18.1

Y_t (1)	C_t (2)	I_t (3)	u_t (4)
18.15697	16.15697	2.0	-0.3686055
19.59980	17.59980	2.0	$-0.8004084E\text{-}01$
21.93468	19.73468	2.2	0.1869357
21.55145	19.35145	2.2	0.1102906
21.88427	19.48427	2.4	$-0.2314535E\text{-}01$
22.42648	20.02648	2.4	0.8529544E\text{-}01
25.40940	22.80940	2.6	0.4818807
22.69523	20.09523	2.6	$-0.6095481E\text{-}01$
24.36465	21.56465	2.8	0.7292983E\text{-}01
24.39334	21.59334	2.8	0.7866819E\text{-}01
24.09215	21.09215	3.0	-0.1815703
24.87450	21.87450	3.0	$-0.2509900E\text{-}01$
25.31580	22.11580	3.2	-0.1368398
26.30465	23.10465	3.2	0.6092946E\text{-}01
25.78235	22.38235	3.4	-0.2435298
26.08018	22.68018	3.4	-0.1839638
27.24440	23.64440	3.6	-0.1511200
28.00963	24.40963	3.6	0.1926739E\text{-}02
30.89301	27.09301	3.8	0.3786015
28.98706	25.18706	3.8	$-0.2588852E\text{-}02$

Fuente: Kenneth J. White, Nancy G, Horsman y Justin B. Wyatt, *SHAZAM Computer Handbook for Econometrics for Use with Damodar Gujarati: Basic Econometrics*, septiembre, 1985, p. 132.

y $\beta_1 = 0.8$, si MCO fuera insesgado. Pero, de (18.3.7), se sabe que este no será el caso si el regresor Y_t y la perturbación u_t están correlacionados. Ahora no es muy difícil verificar, de la información disponible, que la covarianza (muestral) entre Y_t y u_t es $\sum y_t u_t = 3.8$ y que $\sum y_t^2 = 184$. Entonces, como lo indica (18.3.7), debe tenerse

$$
\begin{aligned}
\hat{\beta}_1 &= \beta_1 + \frac{\sum y_t u_t}{\sum y_t^2} \\
&= 0.8 + \frac{3.8}{184} \\
&= 0.82065
\end{aligned}
\qquad (18.4.1)
$$

Es decir, $\hat{\beta}_1$ está sesgado hacia arriba por 0.02065.

Ahora, al efectuar la regresión de C_t sobre Y_t, utilizando la información dada en la tabla 18.1, los resultados de la regresión son

$$
\begin{aligned}
\hat{C}_t &= 1.4940 + 0.82065 Y_t \\
(ee)&(0.35413)(0.01434) \\
(t)&(4.2188)(57.209) \qquad R^2 = 0.9945
\end{aligned}
\qquad (18.4.2)
$$

Como se esperaba, el β_1 estimado es precisamente el predicho por (18.4.1). A propósito, obsérvese que el β_0 estimado también está sesgado.

En general, el valor del sesgo en $\hat{\beta}_1$ depende de β_1, σ^2 y var(Y) y, en particular, del grado de la covarianza entre Y y u[11]. Como lo afirman Kenneth White *et al.*, «en esto consiste el sesgo de las ecuaciones simultáneas. En contraste con los modelos uniecuacionales, ya no se puede seguir suponiendo que las variables que se encuentran al lado derecho de la ecuación no están correlacionadas con el término de error»[12]. Téngase en mente que este sesgo permanece aun en las muestras grandes.

En vista de las consecuencias potencialmente graves que tiene el aplicar MCO a los modelos de ecuaciones simultáneas, ¿existe una prueba de simultaneidad que pueda indicar si en un momento dado se tiene un problema de simultaneidad? Una versión de la **prueba de especificación de Hausman** puede ser utilizada para este propósito, la cual se analizará en el capítulo 20.

18.5 RESUMEN Y CONCLUSIONES

1. En contraste con los modelos uniecuacionales, los modelos de ecuaciones simultáneas contienen más de una variable dependiente, o **endógena**, lo cual requiere un número de ecuaciones igual al número de variables endógenas.

2. Una característica única de los modelos de ecuaciones simultáneas es que la variable endógena (es decir, la variable regresada) en una ecuación puede aparecer como variable explicativa (es decir, como regresor) en otra ecuación del sistema.

3. Como consecuencia, tal **variable explicativa endógena** se convierte en estocástica y usualmente está correlacionada con el término de perturbación de la ecuación en la cual aparece como variable explicativa.

4. En esta situación, el método MCO clásico no puede ser aplicado porque los estimadores así obtenidos no son consistentes, es decir, no convergen hacia sus verdaderos valores poblacionales independientemente de qué tan grande sea el tamaño de la muestra.

5. El ejemplo de Monte Carlo presentado en el texto muestra la naturaleza del sesgo contenido en la aplicación de MCO para estimar los parámetros de una ecuación de regresión en la cual el regresor está correlacionado con el término de perturbación, que es el caso típico en los modelos de ecuaciones simultáneas.

6. Puesto que los modelos de ecuaciones simultáneas son de uso frecuente, especialmente en los modelos econométricos, diversos autores han desarrollado técnicas alternativas de estimación. Estas se analizan en el capítulo 20, después de considerar el tema del **problema de identificación** en el capítulo 19, un tema que lógicamente es previo a la estimación.

EJERCICIOS

Preguntas

18.1. Desarróllese un modelo de ecuaciones simultáneas para la oferta y la demanda de odontólogos en los Estados Unidos. Especifíquense las variables endógenas y exógenas en el modelo.

18.2. Desarróllense un modelo simple de la demanda y la oferta de dinero en los Estados Unidos y compárese su modelo con aquellos desarrollados por K. Brunner y A. H. Meltzer* y R. Tiegen†.

---

[11]*Véase* la ecuación (18.3.5).

[12]*Op. cit.*, pp. 133-134.

*«Some Further Evidence on Supply and Demand Functions for Money», *Journal of Finance*, vol. 19, mayo 1964, pp. 240-283.

†«Demand and Supply Functions for Money in the United States», *Econometrica,* vol 32, no. 4, octubre 1964, pp. 476-509.

18.3. (*a*) Para el modelo de demanda y oferta del ejemplo 18.1, obténgase la expresión para el límite de probabilidad de $\hat{\alpha}_1$.

(*b*) ¿Bajo cuáles condiciones este límite de probabilidad será igual al verdadero α_1?

18.4. Para el modelo IS-LM analizado en el texto, encuéntrense los niveles de tasa de interés y de ingreso simultáneamente compatibles con el equilibrio del mercado de bienes y de dinero.

18.5. Para estudiar la relación entre la inflación y el rendimiento de las acciones comunes, Bruno Oudet[*] utilizó el siguiente modelo:

$$R_{bt} = \alpha_1 + \alpha_2 R_{st} + \alpha_3 R_{bt-1} + \alpha_4 L_t + \alpha_5 Y_t + \alpha_6 \text{NIS}_t + \alpha_7 I_t + u_{1t}$$

$$R_{st} = \beta_1 + \beta_2 R_{bt} + \beta_3 R_{bt-1} + \beta_4 L_t + \beta_5 Y_t + \beta_6 \text{NIS}_t + \beta_7 E_t + u_{2t}$$

donde L = base monetaria real *per cápita*

Y = ingreso real *per cápita*

I = tasa de inflación esperada

NIS = variable de nueva emisión

E = retornos esperados de acciones a fin de período, aproximados por razones rezagadas de precios de acciones

R_{bt} = rendimiento de los bonos

R_{st} = rendimiento de las acciones comunes

(*a*) Preséntese una justificación teórica para este modelo y véase si su razonamiento coincide con el de Oudet.

(*b*) ¿Cuáles son las variables endógenas del modelo? ¿Y cuáles las exógenas?

(*c*) ¿Cómo se considerarían los rezagos de las R_{bt} y R_{st} —endógenas o exógenas?

18.6. En su artículo, «Un modelo de distribución de productos de uso personal de marca en Jamaica»[†], John U. Farley y Harold J. Levitt desarrollaron el siguiente modelo (los productos de uso personal considerados fueron crema de afeitar, crema para la piel, toallas sanitarias y crema dental):

$$Y_{1i} = \alpha_1 + \beta_1 Y_{2i} + \beta_2 Y_{3i} + \beta_3 Y_{4i} + u_{1i}$$

$$Y_{2i} = \alpha_2 + \beta_4 Y_{1i} + \beta_5 Y_{5i} + \gamma_1 X_{1i} + \gamma_2 X_{2i} + u_{2i}$$

$$Y_{3i} = \alpha_3 + \beta_6 Y_{2i} + \gamma_3 X_{3i} + u_{3i}$$

$$Y_{4i} = \alpha_4 + \beta_7 Y_{2i} + \gamma_4 X_{4i} + u_{4i}$$

$$Y_{5i} = \alpha_5 + \beta_8 Y_{2i} + \beta_9 Y_{3i} + \beta_{10} Y_{4i} + u_{5i}$$

donde Y_1 = porcentaje de almacenes que tienen existencias del producto

Y_2 = unidades vendidas por mes

Y_3 = índice de contacto directo con el importador y con el fabricante del producto

Y_4 = índice de actividad de las ventas al por mayor en el área

Y_5 = índice de penetración de marca del producto en existencia (por ejemplo, número de marcas de un mismo producto almacenado que, en promedio, mantienen los almacenes que ofrecen el producto en venta)

X_1 = población objetivo para el producto

X_2 = ingreso *per cápita* en la población donde se encuentra el área

X_3 = distancia del centro de gravedad poblacional a Kingston

X_4 = distancia del centro poblacional al pueblo mayorista más cercano

---

[*]Bruno A. Oudet, «The Variation of the Return on Stocks in Periods of Inflation», *Journal of Financial and Quantitative Analysis*, vol. 8, no. 2, marzo, 1973, pp. 247-258.

[†]«A Model of the Distribution of Branded Personal Products in Jamaica» *Journal of Marketing Research*, noviembre 1968, pp. 362-368.

(*a*) ¿Se pueden identificar las variables endógenas y exógenas en el modelo anterior?

(*b*) ¿Puede estimarse una o más ecuaciones en el modelo mediante el método de mínimos cuadrados? ¿Por qué o por qué no?

18.7. Para estudiar la relación entre el gasto de publicidad y ventas de cigarrillos, Frank Bass utilizó el siguiente modelo*:

$$Y_{1t} = \alpha_1 + \beta_1 Y_{3t} + \beta_2 Y_{4t} + \gamma_1 X_{1t} + \gamma_2 X_{2t} + u_{1t}$$

$$Y_{2t} = \alpha_2 + \beta_3 Y_{3t} + \beta_4 Y_{4t} + \gamma_3 X_{1t} + \gamma_4 X_{2t} + u_{2t}$$

$$Y_{3t} = \alpha_3 + \beta_5 Y_{1t} + \beta_6 Y_{2t} + u_{3t}$$

$$Y_{4t} = \alpha_4 + \beta_7 Y_{1t} + \beta_8 Y_{2t} + u_{4t}$$

donde Y_1 = logaritmo de las ventas de cigarrillos con filtro (número de cigarrillos) dividido por la población mayor de 20 años

Y_2 = logaritmo de ventas de cigarrillos sin filtro (número de cigarrillos) dividido por la población mayor de 20 años

Y_3 = logaritmo del valor de la publicidad de cigarrillos con filtro dividido por la población mayor de 20 años, dividido por el índice de precios de la publicidad.

Y_4 = logaritmo del valor de la publicidad de cigarrillos sin filtro dividido por la población mayor de 20 años, dividido por el índice de precios de la publicidad.

X_1 = logaritmo del ingreso personal disponible dividido por la población mayor de 20 años, dividido por el índice de precios al consumidor

X_2 = logaritmo del precio por paquete de cigarrillos sin filtro dividido por el índice de precios al consumidor.

(*a*) En el modelo anterior las *Y* son endógenas y las *X* son exógenas. ¿Por que supone el autor que X_2 es exógena?

(*b*) Si X_2 se considera una variable endógena ¿cómo se modificaría el modelo anterior?

18.8. G. Menges desarrolló el siguiente modelo econométrico para la economía de Alemania Occidental†:

$$Y_t = \beta_0 + \beta_1 Y_{t-1} + \beta_2 I_t + u_{1t}$$

$$I_t = \beta_3 + \beta_4 Y_t + \beta_5 Q_t + u_{2t}$$

$$C_t = \beta_6 + \beta_7 Y_t + \beta_8 C_{t-1} + \beta_9 P_t + u_{3t}$$

$$Q_t = \beta_{10} + \beta_{11} Q_{t-1} + \beta_{12} R_t + u_{4t}$$

donde Y = ingreso nacional

I = formación neta de capital

C = consumo personal

Q = utilidades

P = índice de costo de vida

R = productividad industrial

t = tiempo

u = perturbaciones estocásticas

(*a*) ¿Cuáles de las variables se considerarían endógenas y cuáles exógenas?

(*b*) ¿Hay alguna ecuación en el sistema que pueda ser estimada mediante el método de mínimos cuadrados uniecuacional?

(*c*) ¿Cuál es la razón para incluir la variable *P* en la función consumo?

---

*«A Simultaneous Equation Regression Study of Advertising and Sales of Cigarettes», *Journal of Marketing Research*, vol. 6, agosto 1969, pp. 291-300.

†G. Menges, «Ein Ökonometriches Modell der Bundesrepublik Deutschland (Vier Strukturgleichungen)», I.F.O. Studien, vol. 5, 1959, pp. 1-22.

18.9. L.E. Gallaway y P. E. Smith desarrollaron un modelo simple para la economía de los Estados Unidos, que es el siguiente*:

$$Y_t = C_t + I_t + G_t$$
$$C_t = \beta_1 + \beta_2 YD_{t-1} + \beta_3 M_t + u_{1t}$$
$$I_t = \beta_4 + \beta_5(Y_{t-1} - Y_{t-2}) + \beta_6 Z_{t-1} + u_{2t}$$
$$G_t = \beta_7 + \beta_8 G_{t-1} + u_{3t}$$

donde Y = producto nacional bruto
    C = gasto de consumo personal
    I = inversión privada doméstica bruta
    G = gasto del gobierno más inversión extranjera neta
    YD = ingreso disponible, o después de impuestos
    M = oferta monetaria al principio del trimestre
    Z = ingreso patrimonial antes de impuestos
    t = tiempo
$u_1, u_2,$ y u_3 = perturbaciones estocásticas

Todas las variables están medidas en forma de primeras diferencias.

Basados en la información trimestral de 1948-1957, los autores aplicaron el método de mínimos cuadrados a cada ecuación individualmente y obtuvieron los siguientes resultados:

$$C_t = 0.09 + 0.43YD_{t-1} + 0.23M_t \qquad R^2 = 0.23$$
$$I_t = 0.08 + 0.43(Y_{t-1} - Y_{t-2}) + 0.48Z_t \qquad R^2 = 0.40$$
$$G_t = 0.13 + 0.67G_{t-1} \qquad R^2 = 0.42$$

(*a*) ¿Cómo se justifica el uso del método de mínimos cuadrados uniecuacional en este caso?
(*b*) ¿Por qué son los valores R^2 relativamente bajos?

Problemas

18.10. Se da la siguiente información sobre Y (producto interno bruto), C (gasto de consumo personal) e I (inversión privada doméstica bruta), en miles de millones de dólares, para el período 1970-1991.

Año	Gasto de consumo personal, C^*	Inversión privada doméstica bruta, I^*	Producto interno bruto, Y^*
1970	1,813.5	429.7	2,873.9
1971	1,873.7	475.7	2,955.9
1972	1,978.4	532.2	3,107.1
1973	2,066.7	591.7	3,268.6
1974	2,053.8	543.0	3,248.1
1975	2,097.5	437.6	3,221.7
1976	2,207.3	520.6	3,380.8
1977	2,296.6	600.4	3,533.3
1978	2,391.8	664.6	3,703.5
1979	2,448.4	669.7	3,796.8

*«A Quarterly Econometric Model of the United States», *Journal of American Statistical Association,* vol. 56, 1961, pp. 379-383.

Año	Gasto de consumo personal, C^*	Inversión privada doméstica bruta, I^*	Producto interno bruto, Y^*
1980	2,447.1	594.4	3,776.3
1981	2,476.9	631.1	3,843.1
1982	2,503.7	540.5	3,760.3
1983	2,619.4	599.5	3,906.6
1984	2,746.1	757.5	4,148.5
1985	2,865.8	745.9	4,279.8
1986	2,969.1	735.1	4,404.5
1987	3,052.2	749.3	4,539.9
1988	3,162.4	773.4	4,718.6
1989	3,223.3	784.0	4,838.0
1990	3,260.4	739.1	4,877.5
1991	3,240.8	661.1	4,821.0

* Miles de millones de dólares.

Fuente: Economic Report of the President, 1993, tabla B-2, p. 350.

Supóngase que C está relacionado linealmente con Y como en el modelo keynesiano simple de determinación del ingreso del ejemplo 18.2. Obténganse estimaciones MCO de los parámetros de la función consumo. Guárdense los resultados para una revisión posterior a la misma información utilizando los métodos desarrollados en el capítulo 20.

18.11. Utilizando la información dada en el ejercicio 18.10, efectúese la regresión de la inversión doméstica bruta I sobre el PIB y guarde los resultados para ser examinados nuevamente en un capítulo posterior.

18.12. Considérese la identidad macroeconómica

$$C + I = Y \quad (= \text{ PIB})$$

Igual que antes, supóngase que

$$C_t = \beta_0 + \beta_1 Y_t + u_t$$

y, siguiendo el **modelo acelerador** de macroeconomía, sea

$$I_t = \alpha_0 + \alpha_1(Y_t - Y_{t-1}) + v_t$$

donde u y v son los términos de error. De la información dada en el ejercicio 18.10, estímese el modelo acelerador y guárdense los resultados para un estudio posterior.

EL PROBLEMA DE
LA IDENTIFICACIÓN

En este capítulo se considera la naturaleza y el significado del problema de identificación (y la manera de resolverlo), cuya esencia es la siguiente: Recuérdese el modelo de demanda y oferta presentado en la sección 18.2. Supóngase que se tiene información de series de tiempo sobre Q y P solamente y que no hay datos adicionales (tales como el ingreso del consumidor, el precio prevaleciente en el periodo anterior y las condiciones del clima); el problema de la identificación consiste entonces en buscar una respuesta a la siguiente pregunta: Dada solamente la información sobre P y Q, ¿cómo se sabe si se está estimando la función de demanda o la función de oferta? O, dicho de otra manera, si se *piensa* que se está especificando una función de demanda, ¿cómo se garantiza que, en realidad, se está estimando dicha función y no otra?

Un momento de reflexión revelará que es necesario responder a la pregunta anterior antes de proceder a estimar los parámetros de la función de demanda. Para resolver el problema de la identificación, inicialmente se introducen algunas notaciones y definiciones, y luego se ilustra dicho problema con diversos ejemplos. Enseguida se establecen las reglas que pueden ser utilizadas para averiguar si una ecuación en un modelo de ecuaciones simultáneas está identificada, es decir, si se trata realmente de la relación que se está estimando, bien sea la función de demanda, de oferta u otra función cualquiera.

19.1 NOTACIÓN Y DEFINICIONES

Para facilitar la exposición, se introducen las siguientes notaciones y definiciones:

El modelo general de M ecuaciones con M variables endógenas o conjuntamente dependientes puede escribirse como la Ecuación (19.1.1):

$$Y_{1t} = \qquad \beta_{12}Y_{2t} + \beta_{13}Y_{3t} + \cdots + \beta_{1M}Y_{Mt}$$
$$+ \gamma_{11}X_{1t} + \gamma_{12}X_{2t} + \cdots + \gamma_{1K}X_{Kt} + u_{1t}$$

$$Y_{2t} = \beta_{21}Y_{1t} \qquad + \beta_{23}Y_{3t} + \cdots + \beta_{2M}Y_{Mt}$$
$$+ \gamma_{21}X_{1t} + \gamma_{22}X_{2t} + \cdots + \gamma_{2K}X_{Kt} + u_{2t}$$

$$Y_{3t} = \beta_{31}Y_{1t} + \beta_{32}Y_{2t} \qquad + \cdots + \beta_{3M}Y_{Mt}$$
$$+ \gamma_{31}X_{1t} + \gamma_{32}X_{2t} + \cdots + \gamma_{3K}X_{Kt} + u_{3t}$$

....

$$Y_{MT} = \beta_{M1}Y_{1t} + \beta_{M2}Y_{2t} + \cdots + \beta_{M,M-1}Y_{M-1,t}$$
$$+ \gamma_{M1}X_{1t} + \gamma_{M2}X_{2t} + \cdots + \gamma_{MK}X_{Kt} + u_{Mt}$$

$$(19.1.1)$$

donde $Y_1, Y_2, ..., Y_M = M$ variables endógenas o conjuntamente dependientes

$\quad X_1, X_2, ..., X_K = K$ variables predeterminadas (una de estas variables X puede tomar un valor unitario para dar cabida al término intercepto en cada ecuación)

$\quad u_1, u_2, ..., u_M = M$ perturbaciones estocásticas

$\quad t = 1,2,..., T = $ número total de observaciones

$\quad \beta = $ coeficientes de las variables endógenas

$\quad \gamma = $ coeficientes de las variables predeterminadas

Como se puede observar, no es preciso que todas y cada una de las variables aparezcan en cada ecuación. Efectivamente, como se muesttra en la sección 19.2, para que una ecuación esté identificada no es indispensable que la totalidad de las variables aparezcan en cada ecuación.

En la ecuación (19.1.1), se observa que las variables que ingresan al modelo de ecuaciones simultáneas son de dos tipos: **endógenas**, es decir, aquellas (cuyos valores están) determinados dentro del modelo; y **predeterminadas**, es decir, aquellas (cuyos valores están) determinados por fuera del modelo. Las variables endógenas se consideran estocásticas, mientras que las predeterminadas se consideran como no estocásticas.

Las variables predeterminadas están divididas en dos categorías: **exógena**, tanto presente como rezagada, y **endógena rezagada**. Así, X_{1t} es una variable exógena actual (del tiempo presente), mientras que $X_{1(t-1)}$ es una variable exógena rezagada, con un rezago de un periodo de tiempo. $Y_{(t-1)}$ es una variable endógena rezagada con rezago de un periodo de tiempo pero, puesto que el valor de $Y_{1(t-1)}$ es conocido para el periodo presente t, ésta es considerada como no estocástica y, por tanto, una variable predeterminada[1]. En resumen, las variables exógenas presentes y rezagadas y las endógenas rezagadas se consideran predeterminadas; sus valores no están determinados por el modelo en el periodo de tiempo presente.

Corresponde al diseñador del modelo especificar cuáles variables son endógenas y cuáles son predeterminadas. Aunque las variables (no económicas), tales como la temperatura y la lluvia, son claramente exógenas o predeterminadas, el diseñador de modelos debe tener gran precaución al clasificar las variables económicas como endógenas o predeterminadas, debiendo defender la clasificación con argumentos teóricos a *priori*. No obstante, más adelante en el capítulo se proporciona una prueba estadística de exogeneidad.

---

[1] Se supone implícitamente aquí que las perturbaciones estocásticas, las u, no están serialmente correlacionadas. De no ser éste el caso, Y_{t-1} estaría correlacionada con el término de perturbación del periodo actual u_t y, por tanto, no se podría tratar como predeterminada.

Las ecuaciones que aparecen en (19.1.1) se conocen como ecuaciones **estructurales**, o **de comportamiento**, porque ellas representan la estructura (de un modelo económico) de una economía o del comportamiento de un agente económico (por ejemplo, un consumidor o un productor). Los β y los γ se conocen como **parámetros** o **coeficientes estructurales**.

A partir de las ecuaciones estructurales, se pueden resolver variables endógenas para las M, y derivar **las ecuaciones de forma reducida** y los correspondientes **coeficientes de forma reducida**. **Una ecuación en forma reducida es aquella que expresa una variable endógena en términos de las variables predeterminadas y las perturbaciones estocásticas únicamente.** A modo de ilustración, se puede considerar el modelo keynesiano de determinación del ingreso presentado en el capítulo 18:

$$\text{Función de consumo:} \qquad C_t = \beta_0 + \beta_1 Y_t + u_t \qquad 0 < \beta_1 < 1 \quad (18.2.3)$$

$$\text{Identidad del ingreso:} \qquad Y_t = C_t + I_t \qquad\qquad\qquad (18.2.4)$$

En este modelo, C (consumo) y Y (ingreso) son las variables endógenas e I (gasto de inversión) es considerada como una variable exógena. Ambas ecuaciones son estructurales, siendo (18.2.4) una identidad. Como es usual, se supone que β_1, la PMC se encuentra entre 0 y 1.

Si (18.2.3) es sustituida en (18.2.4), mediante un reordenamiento algebraico simple se obtiene:

$$Y_t = \Pi_0 + \Pi_1 I_t + w_t \qquad\qquad (19.1.2)$$

donde

$$\Pi_0 = \frac{\beta_0}{1 - \beta_1}$$

$$\Pi_1 = \frac{1}{1 - \beta_1} \qquad\qquad (19.1.3)$$

$$w_t = \frac{u_t}{1 - \beta_1}$$

La ecuación (19.1.2) es una **ecuación de forma reducida**; expresa la variable endógena Y solamente como función de la variable exógena I (o predeterminada) y del término de perturbación estocástica u. Π_0 y Π_1 son los correspondientes **coeficientes de la forma reducida**. Obsérvese que estos coeficientes son combinaciones no lineales del (los) coeficiente(s) estructural(es).

Si se sustituye el valor de Y de (19.1.2) en C de (18.2.3), se obtiene otra ecuación de forma reducida:

$$C_t = \Pi_2 + \Pi_3 I_t + w_t \qquad\qquad (19.1.4)$$

donde

$$\Pi_2 = \frac{\beta_0}{1 - \beta_1} \qquad \Pi_3 = \frac{\beta_1}{1 - \beta_1} \qquad\qquad (19.1.5)$$

$$w_t = \frac{u_t}{1 - \beta_1}$$

Los coeficientes de la forma reducida, tales como Π_1 y Π_3, también se conocen como **multiplicadores de impacto** o **de corto plazo,** porque miden el impacto inmediato de un cambio unitario en el valor de la variable sobre la variable exógena sobre la variable endógena[2]. Si en el modelo keynesiano anterior se incrementa el gasto de inversión en US$1, por ejemplo, y se ha supuesto que la PMC es 0.8, entonces de (19.1.3), se obtiene $\Pi_1 = 5$. Este resultado significa que el incremento de US$1 en la inversión (en el periodo de tiempo actual) producirá inmediatamente un incremento en el ingreso de US$5, es decir, un aumento cinco veces mayor. En forma similar, bajo las condiciones supuestas, (19.1.5) muestra que $\Pi_3 = 4$, lo cual significa que un incremento de US$1 en el gasto de inversión conllevará de inmediato a un incremento de US$4 en el gasto de consumo.

En el contexto de los modelos econométricos, ecuaciones tales como (18.2.4) o $Q_t^d = Q_t^s$ (la cantidad demandada igual a la cantidad ofrecida) se conocen como *condiciones de equilibrio.* La identidad (18.2.4) establece que el ingreso agregado Y debe ser igual al consumo agregado (es decir, gastos de consumo más gastos de inversión). Cuando se alcanza esta proporción, las variables endógenas asumen sus valores de equilibrio[3].

Obsérvese una característica interesante de las ecuaciones de forma reducida. Puesto que solamente las variables predeterminadas y las perturbaciones estocásticas aparecen al lado derecho de estas ecuaciones, y puesto que se ha presumido que las variables predeterminadas no están correlacionadas con los términos de perturbación, el método MCO puede ser aplicado para estimar los coeficientes de las ecuaciones de forma reducida (los Π). A partir de éstos, se pueden estimar los coeficientes estructurales (los β), como se muestra más adelante. Este procedimiento se conoce como **mínimos cuadrados indirectos** (MCI) y los coeficientes estructurales estimados se denominan estimaciones MCI.

En el capítulo 20 se estudiará el método MCI con mayor detalle. Mientras tanto, obsérvese que puesto que los coeficientes de la forma reducida pueden ser estimados mediante el método MCO y puesto que dichos coeficientes son combinaciones de los coeficientes estructurales, existe la posibilidad de que estos últimos puedan ser «recuperados» a partir de los coeficientes de la forma reducida y es en la estimación de los parámetros estructurales donde se puede estar finalmente interesado. ¿Cómo se recuperan los coeficientes estructurales a partir de los coeficientes de la forma reducida? La respuesta se da en la sección 19.2. Esta respuesta contiene la esencia del problema de identificación.

19.2 PROBLEMA DE IDENTIFICACIÓN

El problema de identificación pretende establecer si las estimaciones numéricas de los parámetros de una ecuación estructural pueden ser obtenidas de los coeficientes estimados de la forma reducida. Si puede hacerse, se dice que la ecuación particular está *identificada*; si no, se dice entonces que la ecuación bajo consideración *no está identificada* o *está subidentificada.*

Una ecuación identificada puede estar *exactamente* (o total o precisamente) *identificada* o *sobreidentificada.* Se dice que está exactamente identificada si pueden obtenerse valores numéricos únicos de los parámetros estructurales. Se dice que está sobreidentificada si puede obtenerse más de un valor numérico para algunos de los parámetros de las ecuaciones estructurales. Las circunstancias bajo las cuales puede ocurrir cada uno de los casos anteriores se indicarán en seguida.

---

[2]En los modelos econométricos, las variables exógenas juegan un papel crucial. Muy frecuentemente, esas variables están bajo el control directo del gobierno. Algunos ejemplos son la tasa de impuestos personales y empresariales, los subsidios y las cesantías laborales.

[3]Para mayores detalles, *véase* Jan Kmenta, *Elements of Econometrics*, 2a. ed., Macmillan, New York, 1986, pp. 723-731.

El problema de identificación surge porque diferentes conjuntos de coeficientes estructurales pueden ser compatibles con el mismo conjunto de información. En otras palabras, una ecuación de forma reducida dada puede ser compatible con diferentes ecuaciones estructurales o con diferentes hipótesis (modelos) y puede ser difícil decir cuál hipótesis (modelo) particular se está investigando. En lo que resta de la sección, se consideran diversos ejemplos para mostrar la naturaleza del problema de identificación.

Subidentificación

Considérese de nuevo el modelo de demanda y oferta (18.2.1) y (18.2.2), conjuntamente con la condición de despejamiento del mercado, o de equilibrio, según la cual, la demanda es igual a la oferta. Mediante la condición de equilibrio se obtiene:

$$\alpha_0 + \alpha_1 P_t + u_{1t} = \beta_0 + \beta_1 P_t + u_{2t} \tag{19.2.1}$$

Al resolver (19.2.1), se obtiene el precio de equilibrio

$$P_t = \Pi_0 + v_t \tag{19.2.2}$$

donde

$$\Pi_0 = \frac{\beta_0 - \alpha_0}{\alpha_1 - \beta_1} \tag{19.2.3}$$

$$v_t = \frac{u_{2t} - u_{1t}}{\alpha_1 - \beta_1} \tag{19.2.4}$$

Sustituyendo P_t de (19.2.2) en (18.2.1) o (18.2.2), se obtiene la siguiente cantidad de equilibrio:

$$Q_t = \Pi_1 + w_t \tag{19.2.5}$$

donde

$$\Pi_1 = \frac{\alpha_1 \beta_0 - \alpha_0 \beta_1}{\alpha_1 - \beta_1} \tag{19.2.6}$$

$$w_t = \frac{\alpha_1 u_{2t} - \beta_1 u_{1t}}{\alpha_1 - \beta_1} \tag{19.2.7}$$

A propósito, es necesario observar que los términos de error v_t y w_t son combinaciones lineales de los términos de error originales u_1 y u_2.

Las ecuaciones (19.2.2) y (19.2.5) son ecuaciones de forma reducida. Ahora bien, nuestro modelo de demanda y oferta contiene cuatro coeficientes estructurales α_0, α_1, β_0 y β_1, pero no hay una forma única de estimarlos. ¿Por qué? La respuesta se encuentra en los dos coeficientes de la forma reducida dados en (19.2.3) y (19.2.6). Estos coeficientes contienen los cuatro parámetros estructurales, pero no hay forma de estimar las cuatro incógnitas estructurales a partir únicamente de dos coeficientes de la forma reducida. En el álgebra de la secundaria, se decía que para estimar cuatro incógnitas, se deben tener cuatro ecuaciones (independientes) y, en general, para estimar k incógnitas se deben tener k ecuaciones (independientes). A propósito, si se efectúa la regresión de la forma reducida (19.2.2) y (19.2.5) se verá que no hay variables explicativas, sólo las *constantes* y éstas simplemente darán los valores promedio de P y Q (¿por qué?).

Todo esto significa que, dada la información de series de tiempo sobre P (precio) y Q (cantidad) y ninguna información adicional, no hay forma de que el investigador pueda garantizar si está estimando la función de demanda, o la función de oferta. Es decir, P_t y Q_t, dados éstos, representan simplemente el punto de intersección de las curvas apropiadas de demanda y oferta en razón de la condición de equilibrio de que la demanda sea igual a la oferta. Para ver esto con claridad, considérese el diagrama de dispersión que aparece en la Figura 19.1.

La Figura 19.1a muestra algunos puntos dispersos que relacionan Q con P. Cada punto disperso representa la intersección de una curva de demanda y de oferta, como se muestra en la figura 19.1b. Ahora, considérese un punto aislado como el que se muestra en la Figura 19.1c. No hay forma de estar seguro sobre cuál de las curvas de demanda y oferta, entre toda la familia de curvas que aparece en ese panel, generó ese punto. Es claro que se requiere de información adicional sobre la naturaleza de dichas curvas. Por ejemplo, si la curva de demanda se desplaza en el tiempo debido a cambios en el ingreso, en los gustos, etc, pero la de oferta permanece relativamente estable ante esos cambios, como se ilustra en la figura 19.1d, los puntos dispersos están trazando una curva de oferta. En esta situación, se dice que se ha identificado la curva de oferta. Mediante el mismo procedimiento, si la curva de oferta se desplaza en el tiempo debido a cambios en las condiciones climáticas (en el caso de bienes agrícolas) o debido a otros factores externos, pero la de demanda permanece relativamente estable, como se ilustra en la Figura 19.1e, los puntos dispersos están trazando una curva de demanda. En este caso, se dice que la curva de demanda se ha identificado.

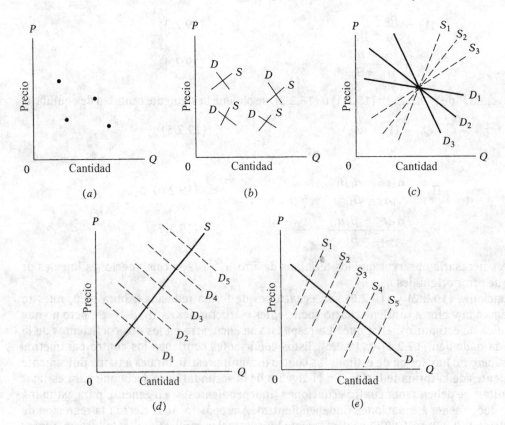

FIGURA 19.1
Funciones hipotéticas de oferta y demanda y el problema de la identificación.

Hay una forma alternativa y posiblemente más ilustrativa, de considerar el problema de la identificación. Supóngase que se multiplica (18.2.1) por λ ($0 \le \lambda \le 1$) y (18.2.2) por $1 - \lambda$ para obtener las siguientes ecuaciones (*Nota:* se eliminan aquí los superíndices de Q):

$$\lambda Q_t = \lambda\alpha_0 + \lambda\alpha_1 P_t + \lambda u_{1t} \tag{19.2.8}$$

$$(1 - \lambda)Q_t = (1 - \lambda)\beta_0 + (1 - \lambda)\beta_1 P_t + (1 - \lambda)u_{2t} \tag{19.2.9}$$

Al agregar estas dos ecuaciones, se obtiene la siguiente *combinación lineal* de las ecuaciones originales de demanda y oferta:

$$Q_t = \gamma_0 + \gamma_1 P_t + w_t \tag{19.2.10}$$

donde

$$\gamma_0 = \lambda\alpha_0 + (1 - \lambda)\beta_0$$
$$\gamma_1 = \lambda\alpha_1 + (1 - \lambda)\beta_1 \tag{19.2.11}$$
$$w_t = \lambda u_{1t} + (1 - \lambda)u_{2t}$$

La ecuación (19.2.10) «combinada» *no es distinguible por observación* de (18.2.1) ni de (18.2.2) porque éstas consideran las regresiones de Q y de P. Por consiguiente, si se tiene información de series de tiempo sobre P y Q solamente, cualquiera de las ecuaciones, (18.2.1), (18.2.2) ó (19.2.10) pueden ser compatibles con la misma información. En otras palabras, la misma información puede ser compatible con la «hipótesis» (18.2.1), (18.2.2) o (19.2.10) y no hay forma de decir cuál de éstas se está probando.

Para que una ecuación esté identificada, es decir, para que sus parámetros sean estimados, debe mostrarse que el conjunto dado de información no producirá una ecuación estructural que sea similar en apariencia a la ecuación en la cual se está interesado. Si se pretende estimar la función de demanda, se debe demostrar que la información dada no es consistente con la función de oferta ni con otro tipo combinado de ecuación.

Identificación precisa o exacta

La razón por la cual no fue posible identificar la función de demanda anterior o la función de oferta fue porque las mismas variables P y Q están presentes en ambas funciones y no se dispone de información adicional, como la indicada en las figuras 19.1*d* o *e*. Pero, supóngase que se considera el siguiente modelo de demanda y oferta:

Función de demanda: $\quad Q_t = \alpha_0 + \alpha_1 P_t + \alpha_2 I_t + u_{1t} \quad\quad \alpha_1 < 0, \alpha_2 > 0 \quad$ (19.2.12)

Función de oferta: $\quad\quad Q_t = \beta_0 + \beta_1 P_t + u_{2t} \quad\quad\quad\quad \beta_1 > 0 \quad\quad\quad$ (19.2.13)

donde I = ingreso del consumidor, una variable exógena y todas las demás variables que se definieron anteriormente.

Obsérvese que la única diferencia entre el modelo anterior y el modelo original de demanda y oferta es que hay una variable adicional en la función de demanda, a saber, el ingreso. De la teoría económica de la demanda, se sabe que el ingreso es, por lo general, un determinante importante de la demanda de la mayoría de bienes y servicios. Por consiguiente, su inclusión en la función de demanda dará información adicional sobre el comportamiento del consumidor. Para la mayoría de los bienes se espera que el ingreso tenga un efecto positivo sobre el consumo ($\alpha_2 > 0$).

Utilizando la condición de equilibrio del mercado, cantidad demandada = cantidad ofrecida, se tiene:

$$\alpha_0 + \alpha_1 P_t + \alpha_2 I_t + u_{1t} = \beta_0 + \beta_1 P_t + u_{2t} \qquad (19.2.14)$$

Al resolver la ecuación (19.2.14), se obtiene el siguiente valor de equilibrio de P_t:

$$P_t = \Pi_0 + \Pi_1 I_t + v_t \qquad (19.2.15)$$

donde los coeficientes de la forma reducida son

$$\Pi_0 = \frac{\beta_0 - \alpha_0}{\alpha_1 - \beta_1}$$

$$\Pi_1 = -\frac{\alpha_2}{\alpha_1 - \beta_1} \qquad (19.2.16)$$

y

$$v_t = \frac{u_{2t} - u_{1t}}{\alpha_1 - \beta_1}$$

Sustituyendo el valor de equilibrio de P_t en la función de demanda u oferta anterior, se obtiene la siguiente cantidad de equilibrio:

$$Q_t = \Pi_2 + \Pi_3 I_t + w_t \qquad (19.2.17)$$

donde

$$\Pi_2 = \frac{\alpha_1 \beta_0 - \alpha_0 \beta_1}{\alpha_1 - \beta_1}$$

$$\Pi_3 = -\frac{\alpha_2 \beta_1}{\alpha_1 - \beta_1} \qquad (19.2.18)$$

y

$$w_t = \frac{\alpha_1 u_{2t} - \beta_1 u_{1t}}{\alpha_1 - \beta_1}$$

Puesto que (19.2.15) y (19.2.17) son ambas ecuaciones forma reducida, puede aplicarse el método MCO para estimar sus parámetros. Ahora bien, el modelo de demanda y oferta (19.2.12) y (19.2.13) contiene cinco coeficientes estructurales —α_0, α_1, α_2, β_1 y β_2—, pero sólo se dispone de cuatro ecuaciones para estimarlos, a saber, los cuatro coeficientes de la forma reducida Π_0, Π_1, Π_2 y Π_3, dados en (19.2.16) y (19.2.18). Por tanto, no es posible encontrar una solución única para todos los coeficientes estructurales. Sin embargo, puede mostrarse con facilidad que los parámetros de la función de oferta pueden ser identificados (estimados) porque

$$\beta_0 = \Pi_2 - \beta_1 \Pi_0$$

$$\beta_1 = \frac{\Pi_3}{\Pi_1} \qquad (19.2.19)$$

Pero no hay una forma única de estimar los parámetros de la función de demanda; por consiguiente, ésta permanece subidentificada. A propósito, obsérvese que el coeficiente estructural β_1 es una función no lineal de los coeficientes de la forma reducida, lo cual crea algunos problemas cuando se trata de estimar el error estándar del β_1 estimado, como se verá en el capítulo 20.

Para verificar que la función de demanda (19.2.12) no puede ser identificada (estimada), multiplíquesela por λ ($0 \leq \lambda \leq 1$) y (19.2.13) por $1 - \lambda$ y luego súmeselas para obtener la siguiente ecuación «combinada»:

$$Q_t = \gamma_0 + \gamma_1 P_t + \gamma_2 I_t + w_t \qquad (19.2.20)$$

donde

$$\begin{aligned}
\gamma_0 &= \lambda\alpha_0 + (1 - \lambda)\beta_0 \\
\gamma_1 &= \lambda\alpha_1 + (1 - \lambda)\beta_1 \qquad (19.2.21) \\
\gamma_2 &= \lambda\alpha_2
\end{aligned}$$

y

$$w_t = \lambda u_{1t} + (1 - \lambda)u_{2t}$$

La ecuación (19.2.20) no es distinguible observacionalmente de la función de demanda (19.2.12) aunque sí lo es de la función de oferta (19.2.13), que no contiene la variable I como una variable explicativa. Por tanto, la función de demanda permanece sin identificar.

Obsérvese un hecho interesante: ¡Es la presencia de una variable adicional en la función de demanda la que permite identificar la función de oferta! ¿Por qué? La inclusión de la variable ingreso en la ecuación de demanda proporciona alguna información adicional sobre la variabilidad de la función, como lo indica la Figura 19.1d. La figura muestra cómo la intersección de la curva estable de oferta con la curva de demanda en movimiento (debido a cambios en el ingreso) permite trazar (identificar) la curva de oferta. Como se mostrará en breve, con mucha frecuencia la identificabilidad de una ecuación depende de si ésta excluye una o más variables que están incluidas en otras ecuaciones del modelo.

Pero, supóngase que se considera el siguiente modelo de demanda y oferta:

Función de demanda: $\quad Q_t = \alpha_0 + \alpha_1 P_t + \alpha_2 I_t + u_{1t} \qquad \alpha_1 < 0, \alpha_2 > 0$
$$(19.2.12)$$

Función de oferta: $\qquad Q_t = \beta_0 + \beta_1 P_t + \beta_2 P_{t-1} + u_{2t} \qquad \beta_1 > 0, \beta_2 > 0$
$$(19.2.22)$$

donde la función de demanda permanece igual que antes pero la función de oferta incluye una variable explicativa adicional, el precio rezagado un periodo. La función de oferta postula que la cantidad ofrecida de un bien primario depende de su precio actual y del periodo anterior, un modelo frecuentemente utilizado para explicar la oferta de muchos bienes agrícolas. Obsérvese que P_{t-1} es una variable predetermianda porque su valor se conoce en el tiempo t.

Por la condición de equilibrio del mercado, se tiene que

$$\alpha_0 + \alpha_1 P_t + \alpha_2 I_t + u_{1t} = \beta_0 + \beta_1 P_t + \beta_2 P_{t-1} + u_{2t} \qquad (19.2.23)$$

Al resolver esta ecuación, se obtiene el siguiente precio de equilibrio:

$$P_t = \Pi_0 + \Pi_1 I_t + \Pi_2 P_{t-1} + v_t \qquad (19.2.24)$$

donde

$$\Pi_0 = \frac{\beta_0 - \alpha_0}{\alpha_1 - \beta_1}$$

$$\Pi_1 = -\frac{\alpha_2}{\alpha_1 - \beta_1} \qquad\qquad (19.2.25)$$

$$\Pi_2 = \frac{\beta_2}{\alpha_1 - \beta_1}$$

$$v_t = \frac{u_{2t} - u_{1t}}{\alpha_1 - \beta_1}$$

Sustituyendo el precio de equilibrio en la ecuación de demanda o en la de oferta, se obtiene la correspondiente cantidad de equilibrio:

$$Q_t = \Pi_3 + \Pi_4 I_t + \Pi_5 P_{t-1} + w_t \qquad\qquad (19.2.26)$$

donde los coeficientes de la forma reducida son

$$\Pi_3 = \frac{\alpha_1 \beta_0 - \alpha_0 \beta_1}{\alpha_1 - \beta_1}$$

$$\Pi_4 = -\frac{\alpha_2 \beta_1}{\alpha_1 - \beta_1} \qquad\qquad (19.2.27)$$

$$\Pi_5 = \frac{\alpha_1 \beta_2}{\alpha_1 - \beta_1}$$

y

$$w_t = \frac{\alpha_1 u_{2t} - \beta_1 u_{1t}}{\alpha_1 - \beta_1}$$

El modelo de demanda y oferta dado en las ecuaciones (19.2.12) y (19.2.22) contiene seis coeficientes estructurales —$\alpha_0, \alpha_1, \alpha_2, \beta_0, \beta_1$ y β_2— y hay seis coeficientes de la forma reducida —$\Pi_0, \Pi_1, \Pi_2, \Pi_3, \Pi_4$ y Π_5— para estimarlos. Así, se tienen seis ecuaciones con seis incógnitas y normalmente es posible obtener estimaciones únicas. Por consiguiente, tanto los parámetros de ambas ecuaciones, la de demanda y la de oferta, y el sistema como un todo pueden ser identificados. (En el ejercicio 19.2 se pide al lector expresar los seis coeficientes estructurales de términos de los seis coeficientes en la forma reducida dados anteriormente para mostrar que la estimación única del modelo es posible).

Para verificar que las funciones de demanda y oferta anteriores son identificables, se puede recurrir también al mecanismo de multiplicar la ecuación de demanda (19.2.12) por λ ($0 \leq \lambda \leq 1$) y la función de oferta (19.2.22) por $1 - \lambda$ y luego agregarlas para obtener una ecuación combinada. Esta ecuación contiene las variables predeterminadas I_t y P_{t-1}; por tanto, ésta será una ecuación diferente observacionalmente de la ecuación de demanda como también de la ecuación de oferta porque la primera no contiene P_{t-1} y la última no contiene I_t.

Sobreidentificación

Para ciertos bienes y servicios, el ingreso, al igual que la riqueza del consumidor, es un determinante importante de la demanda. Por consiguiente, modificando la función de demanda (19.2.12) de la manera que se verá a continuación, y manteniendo, como antes, la función de oferta inalterada se obtiene:

Función de demanda: $Q_t = \alpha_0 + \alpha_1 P_t + \alpha_2 I_t + \alpha_3 R_t + u_{1t}$ (19.2.28)

Función de oferta: $Q_t = \beta_0 + \beta_1 P_t + \beta_2 P_{t-1} + u_{2t}$ (19.2.22)

donde, adicionalmente a las variables ya definidas, R representa la riqueza; para la mayoría de los bienes y servicios, se espera que la riqueza, al igual que el ingreso, tengan un efecto positivo sobre el consumo.

Igualando la demanda a la oferta, se obtiene el siguiente precio y la siguiente cantidad de equilibrio:

$$P_t = \Pi_0 + \Pi_1 I_t + \Pi_2 R_t + \Pi_3 P_{t-1} + v_t \qquad (19.2.29)$$

$$Q_t = \Pi_4 + \Pi_5 I_t + \Pi_6 R_t + \Pi_7 P_{t-1} + w_t \qquad (19.2.30)$$

donde

$$\Pi_0 = \frac{\beta_0 - \alpha_0}{\alpha_1 - \beta_1} \qquad \Pi_1 = -\frac{\alpha_2}{\alpha_1 - \beta_1}$$

$$\Pi_2 = -\frac{\alpha_3}{\alpha_1 - \beta_1} \qquad \Pi_3 = \frac{\beta_2}{\alpha_1 - \beta_1}$$

$$\Pi_4 = \frac{\alpha_1\beta_0 - \alpha_0\beta_1}{\alpha_1 - \beta_1} \qquad \Pi_5 = -\frac{\alpha_2\beta_1}{\alpha_1 - \beta_1} \qquad (19.2.31)$$

$$\Pi_6 = -\frac{\alpha_3\beta_1}{\alpha_1 - \beta_1} \qquad \Pi_7 = \frac{\alpha_1\beta_2}{\alpha_1 - \beta_1}$$

$$w_t = \frac{\alpha_1 u_{2t} - \beta_1 u_{1t}}{\alpha_1 - \beta_1} \qquad v_t = \frac{u_{2t} - u_{1t}}{\alpha_1 - \beta_1}$$

El anterior modelo de demanda y oferta contiene siete coeficientes estructurales, pero hay ocho ecuaciones para estimarlos —los ocho coeficientes de la forma reducida dados en (19.2.31); es decir, el número de ecuaciones es mayor que el número de incógnitas. Como resultado, no es posible obtener una estimación única de todos los parámetros del modelo, lo cual puede demostrarse fácilmente. De los anteriores coeficientes en la forma reducida, se puede obtener

$$\beta_1 = \frac{\Pi_6}{\Pi_2} \qquad (19.2.32)$$

o

$$\beta_1 = \frac{\Pi_5}{\Pi_1} \qquad (19.2.33)$$

es decir, hay dos estimaciones del coeficiente de precios en la función de oferta y no hay garantía de que estos dos valores o soluciones sean idénticos[4]. Además, puesto que β_1 aparece en los denominadores de todos los coeficientes de la forma reducida, la ambigüedad en la estimación de β_1 será transmitida también a las demás estimaciones.

¿Por qué fue posible identificar la función de oferta en el sistema (19.2.12) y (19.2.22) pero no en el sistema (19.2.28) y (19.2.22), siendo que en ambos casos la función de oferta permanece igual? La respuesta es: porque se tiene **demasiada información** para identificar la curva de oferta. Esta situación es la opuesta al caso de subidentificación, donde hay muy poca información. El exceso de información resulta del hecho de que en los modelos (19.2.12) y (19.2.22), la exclusión de la variable ingreso de la función de oferta fue suficiente para identificarla, pero en los modelos (19.2.28) y (19.2.22) la función de oferta excluye no solamente la variable ingreso sino también la variable riqueza. En otras palabras, en el último modelo se pusieron «muchas» restricciones sobre la función de oferta al requerir excluir más variables de las necesarias para identificarla; sin embargo, esta situación no implica que la sobreidentificación necesariamente sea mala. En el capítulo 20 se verá la forma de manejar el problema de tener mucha información o muchas restricciones.

Ya se han examinado exhaustivamente todos los casos. Como lo muestra la exposición anterior, una ecuación en un modelo de ecuaciones simultáneas puede estar subidentificada o identificada (sobreidentificada o exactamente identificada). El modelo como un todo está identificado si cada una de sus ecuaciones también lo está. Para asegurar la identificación, se acude a las ecuaciones de forma reducida. En la sección 19.3 se considera un método alternativo y posiblemente menos dispendioso para determinar si una ecuación en un modelo de ecuaciones simultáneas está identificada o no.

19.3 REGLAS PARA LA IDENTIFICACIÓN

Como lo indican los ejemplos en la sección 19.2, en principio es posible recurrir a las ecuaciones de forma reducida para determinar la identificación de una ecuación en un sistema de ecuaciones simultáneas. Pero estos ejemplos también muestran que este proceso puede llegar a ser muy dispendioso y laborioso. Por fortuna, no es indispensable utilizar este procedimiento. Las llamadas **condiciones de orden y de rango de identificación** aligeran la labor, proporcionando una rutina sistemática.

Para entender las condiciones de orden y de rango, se introduce la siguiente notación:

M = número de variables endógenas en el modelo.

m = número de variables endógenas en una ecuación dada.

K = número de variables predeterminadas en el modelo.

k = número de variables predeterminadas en una ecuación dada.

Condición de orden de la identificación[5]

Una condición necesaria (pero no suficiente) para la identificación, conocida como la **condición de orden**, puede expresarse en dos formas diferentes pero equivalentes, de la siguiente manera (la condición de identificación necesaria y suficiente de identificación se presenta más adelante):

---

[4]*Obsérvese* la diferencia entre subidentificación y sobreidentificación. En el primer caso, es imposible obtener estimaciones de los parámetros estructurales, mientras que en el último, puede haber diversas estimaciones de uno o más coeficientes estructurales.

[5]El término **orden** se refiere al orden de una matriz, es decir, el número de filas y de columnas que aparecen en ella. *Véase* el apéndice B.

Definición 19.1. En un modelo de M ecuaciones simultáneas, para que una ecuación esté identificada, debe excluir *al menos* $M - 1$ de las variables (endógenas y predeterminadas) que aparecen en el modelo. Si excluye exactamente $M - 1$ variables, la ecuación está exactamente identificada. Si excluye más de $M - 1$ variables, estará sobreidentificada.

Definición 19.2. En un modelo de M ecuaciones simultáneas, para que una ecuación esté identificada, el número de variables predeterminadas excluidas de esa ecuación no debe ser menor que el número de variables endógenas incluidas en la ecuación menos 1, es decir.

$$K - k \geq m - 1 \qquad\qquad (19.3.1)$$

Si $K - k = m - 1$, la ecuación está exactamente identificada, pero si $K - k > m - 1$, ésta estará sobreidentificada.

En el ejercicio 19.1 se le pide al lector demostrar que las dos definiciones anteriores son equivalentes. Para ilustrar la condición de orden, considérense de nuevo los ejemplos anteriores.

Ejemplo 19.1

$$\text{\textit{Función de demanda:}} \quad Q_t = \alpha_0 + \alpha_1 P_t + u_{1t} \qquad (18.2.1)$$
$$\text{\textit{Función de oferta:}} \quad Q_t = \beta_0 + \beta_1 P_t + u_{2t} \qquad (18.2.2)$$

Este modelo tiene dos variables endógenas P y Q y no tiene variables predeterminadas. Para ser identificadas, cada una de estas ecuaciones debe excluir por lo menos $M - 1 = 1$ variable. Puesto que éste no es el caso, ninguna ecuación está identificada.

Ejemplo 19.2

$$\text{\textit{Función de demanda:}} \quad Q_t = \alpha_0 + \alpha_1 P_t + \alpha_2 I_t + u_{1t} \qquad (19.2.12)$$
$$\text{\textit{Función de oferta:}} \quad Q_t = \beta_0 + \beta_1 P_t + u_{2t} \qquad (19.2.13)$$

En este modelo, Q y P son endógenas e I es exógena. Al aplicar la condición de orden dada en (19.3.1), se observa que la función de demanda no está identificada. Por otra parte, la función de oferta está exactamente identificada porque excluye de manera estrica $M - 1 = 1$ variable I_t.

Ejemplo 19.3

$$\text{\textit{Función de demanda:}} \quad Q_t = \alpha_0 + \alpha_1 P_t + \alpha_2 I_t + u_{1t} \qquad (19.2.12)$$
$$\text{\textit{Función de oferta:}} \quad Q_t = \beta_0 + \beta_1 P_t + \beta_2 P_{t-1} + u_{2i} \qquad (19.2.22)$$

Dado que P_t y Q_t son endógenas e I_t y P_{t-1} son predeterminadas, la ecuación (19.2.12) excluye exactamente una variable P_{t-1} y la ecuación (19.2.22) hace lo mismo con una variable I_t. Por tanto, cada ecuación está identificada según la condición de orden. Así, el modelo considerado como un todo también está identificado.

Ejemplo 19.4

$$\text{\textit{Función de demanda:}} \quad Q_t = \alpha_0 + \alpha_1 P_t + \alpha_2 I_t + \alpha_3 R_t + u_{1t} \qquad (19.2.28)$$
$$\text{\textit{Función de oferta:}} \quad Q_t = \beta_0 + \beta_1 P_t + \beta_2 P_{t-1} + u_{2t} \qquad (19.2.22)$$

En este modelo, P_t y Q_t son endógenas e I_t, R_t y P_{t-1} son predeterminadas. La función de demanda excluye exactamente una variable P_{t-1} y, por tanto, según la condición de orden, está exactamente identificada. Pero la función de oferta excluye dos variables I_t y R_t y, se dice entonces que está sobreidentificada. Como se mencionó anteriormente, en este caso hay dos formas de estimar β_1, el coeficiente de la variable precio.

Aquí se observa una ligera complicación. Según la condición de orden, la función de demanda está identificada. Pero si se trata de estimar los parámetros de esta ecuación a partir de los coeficientes de la forma reducida dados en (19.2.31), las estimaciones no serán únicas porque β_1, que hace parte de los cálculos, toma dos valores y es preciso decidir cuál de éstos es el apropiado. Esta complicación puede obviarse porque, como se muestra en el capítulo 20, en casos de sobreidentificación, el método de mínimos cuadrados indirectos no es apropiado y debe ser descartado en favor de otros métodos. Uno de tales métodos es el de **mínimos cuadrados en dos etapas**, el cual se estudiará en detalle en el capítulo 20.

Como lo indican los ejemplos anteriores, la identificación de una ecuación en un modelo de ecuaciones simultáneas es posible si dicha ecuación excluye una o más variables que están presentes en otras partes del modelo. Esta situación se conoce como el *criterio de exclusión* (de variables), o el *criterio de restricciones cero* (se supone que los coeficientes de las variables que no aparecen en una ecuación tienen valor de cero). Este criterio es el más utilizado para asegurar o determinar la identificación de una ecuación. Obsérvese que el criterio de restricciones cero está basado en expectativas *a priori* o teóricas acerca de la ausencia de ciertas variables en una ecuación dada. Es deber del investigador señalar claramente la razón por la cual espera que ciertas variables aparezcan en algunas ecuaciones y en otras no.

Condición de rango de la identificabilidad[6]

La condición de orden analizada anteriormente es una condición *necesaria pero no suficiente* para la identificación; es decir, aun si ésta se cumple, puede suceder que una ecuación no esté identificada. Así, en el ejemplo 19.2, la ecuación de oferta fue identificada por la condición de orden porque excluyó la variable ingreso I_t, la cual aparecía en la función de demanda. Pero la identificación se logra solamente si α_2, el coeficiente de I_t en la función de demanda, no es cero, es decir, si la variable ingreso efectivamente hace parte de la función de demanda, no sólo en forma probable sino real.

En términos más generales, aun si una ecuación cumple la condición de orden $K - k \geq m - 1$, ésta puede no estar identificada porque las variables predeterminadas excluidas de la ecuación, pero presentes en el modelo, pueden no todas ser independientes de tal manera que puede no haber una correspondencia uno a uno entre los coeficientes estructurales (los β) y los coeficientes de la forma reducida (los Π). O sea, puede no ser posible estimar los parámetros estructurales de los coeficientes de la forma reducida, como se mostrará en breve. Por consiguiente, se requiere una condición que sea tanto necesaria como suficiente para la identificación. Ésta es la *condición de rango* de la identificación, la cual puede expresarse en los siguientes términos:

> **Condición de rango de la identificación.** En un modelo que contiene M ecuaciones en M variables endógenas, una ecuación está identificada si y solo si puede construirse *por lo menos* un determinante diferente de cero, de orden $(M - 1)(M - 1)$, a partir de los coeficientes de las variables (endógenas y predeterminadas) excluidas de esa ecuación particular pero incluidas en las otras ecuaciones del modelo.

---

[6]El término **rango** se refiere al rango de una matriz y está dado por la matriz cuadrada de máximo rango (contenida en la matriz dada) cuyo determinante sea diferente de cero. De manera alterna, el rango de una matriz es el número máximo de filas o de columnas linealmente independientes de dicha matriz. *Véase* el apéndice B.

Como ilustración de la condición de rango de la identificación, considérese el siguiente sistema hipotético de ecuaciones simultáneas, en el cual las variables Y son endógenas y las X variables predeterminadas.[7]

$$Y_{1t} - \beta_{10} \qquad\qquad - \beta_{12}Y_{2t} - \beta_{13}Y_{3t} - \gamma_{11}X_{1t} \qquad\qquad\qquad = u_{1t} \quad (19.3.2)$$

$$Y_{2t} - \beta_{20} \qquad\qquad - \beta_{23}Y_{3t} - \gamma_{21}X_{1t} - \gamma_{22}X_{2t} \qquad\qquad = u_{2t} \quad (19.3.3)$$

$$Y_{3t} - \beta_{30} - \beta_{31}Y_{1t} \qquad\qquad - \gamma_{31}X_{1t} - \gamma_{32}X_{2t} \qquad\qquad = u_{3t} \quad (19.3.4)$$

$$Y_{4t} - \beta_{40} - \beta_{41}Y_{1t} - \beta_{42}Y_{2t} \qquad\qquad\qquad\qquad - \gamma_{43}X_{3t} = u_{4t} \quad (19.3.5)$$

Para facilitar la identificación, se escribe el anterior sistema en la tabla 19.1, que se explica por sí misma.

Primero se aplica la condición de orden de la identificación, como se muestra en la Tabla 19.2. Cada ecuación es identificada mediante la condición de orden. Verifíquese esto con la condición de rango. Considérese la primera ecuación, que excluye las variables Y_4, X_2 y X_3 (esta exclusión está representada por los ceros en la primera fila de la tabla 19.1). Para que esta ecuación esté identificada, se debe obtener por lo menos un determinante diferente de cero de orden 3×3, a partir de los coeficientes de las variables excluidas de esta ecuación pero incluidas en otras. Para conseguir el determinante, se obtiene primero la matriz relevante de los coeficientes de las variables Y_4, X_2 y X_3 incluidas en las otras ecuaciones. En el presente caso, solamente hay una matriz como esa, llamada **A**, definida de la siguiente manera:

$$\mathbf{A} = \begin{bmatrix} 0 & -\gamma_{22} & 0 \\ 0 & -\gamma_{32} & 0 \\ 1 & 0 & -\gamma_{43} \end{bmatrix} \qquad\qquad (19.3.6)$$

Se puede ver que el determinante de esta matriz es cero:

$$\det \mathbf{A} = \begin{vmatrix} 0 & -\gamma_{22} & 0 \\ 0 & -\gamma_{32} & 0 \\ 1 & 0 & -\gamma_{43} \end{vmatrix} \qquad\qquad (19.3.7)$$

Puesto que el determinante es cero, el rango de la matriz (19.3.6), denotado por $\rho(\mathbf{A})$, es menor que 3. Por consiguiente, la ecuación (19.3.2) no satisface la condición de rango y, por tanto, no está identificada.

TABLA 19.1

Ecuación no.	Coeficientes de las variables							
	1	Y_1	Y_2	Y_3	Y_4	X_1	X_2	X_3
(19.3.2)	$-\beta_{10}$	1	$-\beta_{12}$	$-\beta_{13}$	0	$-\gamma_{11}$	0	0
(19.3.3)	$-\beta_{20}$	0	1	$-\beta_{23}$	0	$-\gamma_{21}$	$-\gamma_{22}$	0
(19.3.4)	$-\beta_{30}$	$-\beta_{31}$	0	1	0	$-\gamma_{31}$	$-\gamma_{32}$	0
(19.3.5)	$-\beta_{40}$	$-\beta_{41}$	$-\beta_{42}$	0	1	0	0	$-\gamma_{43}$

---

[7]El sistema de ecuaciones simultáneas expuesto en (19.1.1) puede presentarse en la siguiente forma alterna, que puede ser conveniente para el manejo matricial.

TABLA 19.2

Ecuación no.	No. de variables predeterminadas excluídas, $(K - k)$	No. de variaciones endógenas incluídas menos uno, $(m - 1)$	¿Identificadas?
(19.3.2)	2	2	Exactamente
(19.3.3)	1	1	Exactamente
(19.3.4)	1	1	Exactamente
(19.3.5)	2	2	Exactamente

Como se anotó, la condición de rango es tanto necesaria como suficiente para la identificación. Por consiguiente, a pesar de que la condición de orden muestra que la ecuación (19.3.2) está identificada, la condición de grado muestra que no lo está. Aparentemente, las columnas o las filas de la matriz **A** dadas en (19.3.6) no son (linealmente) independientes, lo que significa que hay alguna relación entre las variables Y_4, X_2 y X_3. Como resultado, puede no haber suficiente información para estimar los parámetros de la ecuación (19.3.2); para el modelo anterior, las ecuaciones de forma reducida mostrarán que no es posible obtener los coeficientes estructurales de esa ecuación a partir de los coeficientes de la forma reducida. El lector debe verificar que, mediante la condición de rango, las ecuaciones (19.3.3) y (19.3.4) tampoco están identificadas, mientras que la ecuación (19.3.5) sí lo está.

Como lo muestra el análisis anterior, *la condición de rango dice si la ecuación bajo consideración está identificada o no, mientras que la condición de orden dice si ésta está exactamente identificada o sobreidentificada.*

Para aplicar la condición de rango, se puede proceder de la siguiente manera:

1. Escríbase el sistema en forma tabular, como aparece en la tabla 19.1.
2. Elimínense los coeficientes de la fila en la cual aparece la ecuación bajo consideración.
3. Elimínense también las columnas que corresponden a aquellos coeficientes en dos que son diferentes de cero.
4. Los datos que quedan en la tabla corresponden únicamente a los coeficientes de las variables incluidas en el sistema pero no en la ecuación bajo consideración. Con estos datos, fórmense todas las matrices posibles, en este caso **A**, de orden $M - 1$ y obténganse los determinantes correspondientes. Si es posible encontrar al menos un determinante diferente de cero, la ecuación en cuestión estará identificada (en forma exacta o sobreidentificada). El rango de la matriz, por ejemplo **A**, en este caso, es exactamente igual a $M - 1$. Si todos los determinantes posibles $(M - 1)(M - 1)$ son cero, el rango de la matriz **A** es menor que $M - 1$ y la ecuación bajo investigación no está identificada.

El estudio de las condiciones de orden y de rango para la identificación conduce a los siguientes principios generales de identificabilidad de una ecuación estructural en un sistema de M ecuaciones simultáneas:

1. Si $K - k > m - 1$ y el rango de la matriz **A** es $M - 1$, la ecuación está sobreidentificada.
2. Si $K - k = m - 1$ y el rango de la matriz **A** es $M - 1$, la ecuación está exactamente identificada.
3. Si $K - k \geq m - 1$ y el rango de la matriz **A** es menor que $M - 1$, la ecuación está subidentificada.
4. Si $K - k < m - 1$ la ecuación estructural no está identificada. El rango de la matriz **A** en este caso debe ser menor que $M - 1$. (¿Por qué?)

En adelante, cuando se hable de identificación, debe entenderse identificación exacta o sobreidentificación. No tiene sentido considerar ecuaciones no identificadas o subidentificadas puesto que, no importa qué tan completa sea la información, los parámetros estructurales no pueden ser estimados. Sin embargo, como se muestra en el capítulo 20, es posible identificar los parámetros de las ecuaciones sobreidentificadas al igual que aquéllos de las ecuaciones exactamente identificadas.

Cuál condición se debe utilizar en la práctica ¿orden o rango? Para modelos grandes de ecuaciones simultáneas, la aplicación de la condición de rango es una labor muy dispendiosa. Por consiguiente, como afirma Harvey,

> Afortunadamente, la condición de orden por lo general es suficiente para asegurar la identificabilidad y aunque es importante tener conciencia de la condición de rango, la no verificación de su cumplimiento raramente resultará en un desastre[8].

*19.4 PRUEBA DE SIMULTANEIDAD[9]

Si no hay ecuaciones simultáneas, o presencia del **problema de simultaneidad**, los MCO producen estimadores consistentes y eficientes. Por otra parte, si hay simultaneidad, los estimadores MCO no son siquiera consistentes. Como se mostrará en el capítulo 20, en presencia de simultaneidad, los métodos de **mínimos cuadrados en dos etapas (MC2E)** y de **variables instrumentales** producirán estimadores consistentes y eficientes. Extrañamente, si se aplican métodos alternativos cuando de hecho no hay simultaneidad, éstos producen estimadores que son consistentes pero no eficientes (es decir, con menor varianza). Todo este análisis sugiere que se debe verificar la presencia del problema de simultaneidad antes de descartar MCO en favor de las alternativas.

Como se mostró anteriormente, el problema de simultaneidad surge porque algunos de los regresores son endógenos y, por consiguiente, es probable que estén correlacionados con el término de perturbación o de error. Así pues, en *una prueba de simultaneidad, esencialmente se intenta averiguar si un regresor (una endógena) está correlacionado con el término de error.* Si lo está, existe el problema de simultaneidad, en cuyo caso deben encontrarse alternativas al MCO; si no lo está, se puede utilizar MCO. Para averiguar cuál es el caso en una situación concreta, se puede utilizar la prueba de error de especificación de Hausman.

Prueba de especificación de Hausman

Una versión de esta prueba, que puede ser utilizada para probar la presencia del problema de simultaneidad, se explica de la siguiente manera[10]:

Para exponer la idea, considérese el siguiente modelo de dos ecuaciones:

$$\textit{Función de demanda:} \quad Q_t = \alpha_0 + \alpha_1 P_t + \alpha_2 I_t + \alpha_3 R_t + u_{1t} \qquad (19.4.1)$$

---

[8]Andrew Harvey, *The Econometric Analysis of Time Series*, 2a. ed., The MIT Press, Cambridge, Mass., 1990, p. 328.

*Opcional.

[9]El siguiente análisis se obtuvo de Robert S. Pindyck y Daniel L. Rubinfeld, *Econometric Models and Economic Forecasts*, 3a. ed., McGraw-Hill, New York, 1991, pp. 303-305.

[10]J. A. Hausman, «Specification Tests in Econometrics», *Econometrica*, vol 46, noviembre 1976, pp. 1251-1271. *Véase* también A. Nakamura y M. Nakamura, «On the Relationship among Several Specification Error Tests Presented by Durbin, Wu y Hausman,» *Econometrica*, vol. 49, noviembre 1981, pp. 1583-1588.

$$\text{Función de oferta:} \qquad Q_t = \beta_0 + \beta_1 P_t + u_{2t} \tag{19.4.2}$$

donde P = precio
$\quad\quad Q$ = cantidad
$\quad\quad I$ = ingreso
$\quad\quad R$ = riqueza
$\quad\quad u$ = términos de error

Supóngase que I y R son exógenas. Por supuesto, P y Q son endógenas.

Ahora, considérese la función de oferta (19.4.2). Si no hay problema de simultaneidad (es decir, P y Q son mutuamente independientes), entonces P_t y u_{2t} no deben estar correlacionados (¿por qué?) Por otra parte, si hay simultaneidad, P_t y u_{2t} estarán correlacionados. Para averiguar cuál es el caso, se realiza la siguiente prueba de Hausman:

Primero, de (19.4.1) y (19.4.2) se obtienen las siguientes ecuaciones de la forma reducida:

$$P_t = \Pi_0 + \Pi_1 I_t + \Pi_2 R_t + v_t \tag{19.4.3}$$

$$Q_t = \Pi_3 + \Pi_4 I_t + \Pi_3 R_t + w_t \tag{19.4.4}$$

donde v y w son los términos de error de la forma reducida. Si se estima (19.4.3) por MCO, se obtiene

$$\hat{P}_t = \hat{\Pi}_0 + \hat{\Pi}_1 I_t + \hat{\Pi}_2 R_t \tag{19.4.5}$$

Por consiguiente,

$$P_t = \hat{P}_t + \hat{v}_t \tag{19.4.6}$$

donde $\hat{P}_t$ son los P_t estimados y $\hat{v}_t$ son los residuales estimados. Al sustituir (19.4.6) en (19.4.2), se obtiene

$$Q_t = \beta_0 + \beta_1 \hat{P}_t + \beta_1 \hat{v}_t + u_{2t} \tag{19.4.7}$$

Nota: Los coeficientes de P_t y de v_t son los mismos.

Ahora, bajo la hipótesis nula de que no hay simultaneidad, la correlación entre $\hat{v}_t$ y u_{2t} debe ser cero, asintóticamente. Así, si se efectúa la regresión (19.4.7) y se encuentra que el coeficiente de v_t en (19.4.7) es estadísticamente igual a cero, se puede concluir que no hay problema de simultaneidad. Por supuesto, esta conclusión se invierte si se encuentra que este coeficiente sí es estadísticamente significativo.

En esencia, la prueba Hausman comprende los siguientes pasos:

Paso 1. Efectúese la regresión de P_t sobre I_t y R_t para obtener $\hat{v}_t$.

Paso 2. Efectúese la regresión de Q_t sobre $\hat{P}_t$ y $\hat{v}_t$ y realícese una prueba t sobre el coeficiente de $\hat{v}_t$. Si éste es significativo, no debe rechazarse la hipótesis de simultaneidad; de otra forma, rechácesela[11]. Sin embargo, para una estimación eficiente, Pindyck y Rubinfeld sugieren regresar Q_t sobre P_t y $\hat{v}_t$[12].

---

[11] Si hay más de un regresor endógeno involucrado, se deberá utilizar la prueba F.

[12] Pindyck y Rubinfeld, *op. cit.*, p. 304. *Nota:* El regresor es P_t y *no* $\hat{P}_t$.

Ejemplo 19.5 Modelo de gasto público de Pindyck-Rubinfeld[13]

Para estudiar el comportamiento del gasto gubernamental de los Estados Unidos a nivel estatal y local, los autores desarrollaron el siguiente modelo de ecuaciones simultáneas:

$$EXP = \beta_1 + \beta_2 AID + \beta_3 INC + \beta_4 POP + u_i \qquad (19.4.8)$$

$$AID = \delta_1 + \delta_2 EXP + \delta_3 PS + v_i \qquad (19.4.9)$$

donde EXP = gasto público del gobierno estatal y local.

  AID = nivel de ayuda con garantía federal.

  INC = ingreso de los estados.

  POP = población estatal.

  PS = población de los niños de primaria y secundaria.

  u y v = términos de error.

En este modelo, INC, POP y PS se consideran exógenas.

  Debido a la posibilidad de que existiera simultaneidad entre EXP y AID, los autores efectuaron primero la regresión de AID sobre INC, POP y PS (es decir, la regresión de la forma reducida). Sea w_i el término de error en esta regresión y $\hat{w}_i$ el residual calculado, los autores entonces efectuaron la regresión de EXP sobre AID, INC, POP, y $\hat{w}_i$, para obtener los siguientes resultados:

$$\widehat{EXP} = -89.41 + 4.50AID + 0.00013INC - 0.518POP - 1.39\hat{w}_i \quad (19.4.10)^{[14]}$$
$$t = (-1.04) \quad (5.89) \quad\quad (3.06) \quad\quad (-4.63) \quad\quad (-1.73)$$
$$R^2 = 0.99$$

Al nivel de significancia de 5%, el coeficiente de $\hat{w}_i$ no es estadísticamente significativo y, por consiguiente, a este nivel no hay problema de simultaneidad. Sin embargo, al nivel de significancia de 10%, éste sí es estadísticamente significativo, y aumenta la posibilidad de que exista el problema de simultaneidad.

  A propósito, la estimación MCO de (19.4.8) es la siguiente:

$$\widehat{EXP} = -46.81 + 3.24AID + 0.00019INC - 0.597POP \quad (19.4.11)$$
$$t = (-0.56)(13.64) \quad\quad (8.12) \quad\quad (-5.71)$$
$$R^2 = 0.993$$

Se puede observar una característica interesante de los resultados dados en (19.4.10) y (19.4.11): cuando la simultaneidad se considera de manera explícita, la variable AID es menos significativa, aunque numéricamente es de una magnitud mayor.

*19.5 PRUEBAS DE EXOGENEIDAD

Como ya se dijo, es responsabilidad del investigador especificar cuáles variables son endógenas y cuáles exógenas. Esto dependerá del problema en cuestión y de la información *a priori* de la cual se disponga. Pero ¿es posible desarrollar una prueba estadística de exogeneidad, al estilo de la prueba de causalidad de Granger?

---

[13]Pindyck y Rubinfeld, *op. cit*, pp. 176-177. La notación ha sido ligeramente alterada.

[14]Al igual que en la nota de pie de página 12, los autores utilizan como regresor AID en lugar de $\widehat{AID}$.

*Opcional.

La prueba de Hausman, analizada en la sección 19.4, puede ser utilizada para responder a esta pregunta. Supóngase que se tiene un modelo de tres ecuaciones con tres variables endógenas, Y_1, Y_2 y Y_3 y que hay tres variables exógenas, X_1, X_2 y X_3. Supóngase además que la primera ecuación del modelo es

$$Y_{1i} = \beta_0 + \beta_2 Y_{2i} + \beta_3 Y_{3i} + \alpha_1 X_{1i} + u_{1i} \qquad (19.5.1)$$

Si Y_2 y Y_3 son verdaderamente endógenas, no se puede estimar (19.5.1) por MCO (¿por qué?) Entonces, ¿cómo determinarlo? Se puede proceder de la siguiente manera: se obtienen las ecuaciones de la forma reducida para Y_2 y Y_3 (*nota:* las ecuaciones en la forma reducida tendrán solamente variables predeterminadas al lado derecho). De estas ecuaciones se obtienen $\hat{Y}_{2i}$ y $\hat{Y}_{3i}$, los valores proyectados de Y_{2i} y Y_{3i}, respectivamente. Entonces, dentro del planteamiento de la prueba de Hausman, analizada anteriormente, se puede estimar la siguiente ecuación mediante MCO:

$$Y_{1i} = \beta_0 + \beta_2 Y_{2i} + \beta_3 Y_{3i} + \alpha_1 X_{1i} + \lambda_2 \hat{Y}_{2i} + \lambda_3 \hat{Y}_{3i} + u_{1i} \qquad (19.5.2)$$

Utilizando la prueba F, se demuestra la hipótesis de que $\lambda_2 = \lambda_3 = 0$. Si esta hipótesis es rechazada, Y_2 y Y_3 pueden considerarse endógenas, pero si no lo es, éstas pueden ser tratadas como exógenas. Para un ejemplo concreto, *véase* el ejercicio 19.16.

Nota sobre causalidad y exogeneidad

¿Existe alguna conexión entre causalidad y exogeneidad? Por ejemplo, si X causa-Granger Y, ¿significa eso que X es exógena? Infortunadamente la respuesta es complicada, ya que hay diferentes grados de exogeneidad, tales como exogeneidad débil, fuerte y super, y el análisis de este tema se sale del alcance del presente libro. El lector interesado puede consultar a G. S. Maddala sobre las dimensiones de este problema[15]. Como él lo sugiere, es mejor mantener separados los conceptos de causalidad y de exogeneidad.

19.6 RESUMEN Y CONCLUSIONES

1. El problema de identificación es anterior al problema de estimación.
2. Por problema de identificación se entiende la posibilidad de obtener estimaciones numéricas únicas de los coeficientes estructurales a partir de los coeficientes de la forma reducida.
3. Si esto puede hacerse, una ecuación que hace parte de un sistema de ecuaciones simultáneas está identificada. Si esto no puede hacerse, la ecuación estará no identificada o subidentificada.
4. Una ecuación identificada puede estarlo en forma exacta o estar sobreidentificada. En el primer caso pueden obtenerse valores únicos de los coeficientes estructurales; en el segundo, puede haber más de un valor para uno o más de los parámetros estructurales.
5. El problema de la identificación surge porque el mismo conjunto de información puede ser compatible con diferentes conjuntos de coeficientes estructurales, es decir, diferentes modelos. Así, en la regresión del precio sobre la cantidad solamente, es difícil decir si se está estimando la función de oferta o la función de demanda, porque el precio y la cantidad hacen parte de ambas ecuaciones.

---

[15]G. S. Maddala, *Introduction to Econometrics*, Macmillan, 2a. ed., New York, 1992, pp. 389-395.

6.   Para establecer si una ecuación estructural está identificada, se puede aplicar la técnica de las **ecuaciones de la forma reducida,** que expresan una variable endógena únicamente como función de variables predeterminadas.

7.   Sin embargo, este dispendioso procedimiento se puede evitar recurriendo a la **condición de orden** o a la **condición de rango** de identificación. Aunque la condición de orden es fácil de aplicar, ésta proporciona solamente una condición necesaria para la identificación. Por otra parte, la condición de rango es una condición necesaria y suficiente para la identificación. Si la condición de rango se satisface, la de orden se satisface también, aunque lo contrario no es cierto. Pero, en la práctica, la condición de orden es generalmente adecuada para asegurar la identificabilidad.

8.   En presencia de simultaneidad, por lo general, el MCO no es aplicable, como se mostró en el capítulo 18. No obstante, si se desea utilizarlo es imperativo realizar explícitamente la prueba de simultaneidad. La **prueba de especificación de Hausman** puede emplearse para este propósito.

9.   Aunque, en la práctica, la decisión de si una variable es endógena o exógena es un asunto de juicio, es posible utilizar la prueba de especificación de Hausman para determinar si una variable o un grupo de variables lo son.

10.   Aunque están en la misma familia, los conceptos de causalidad y de exogeneidad son diferentes y uno puede no necesariamente implicar el otro. En la práctica, es mejor mantener esos conceptos separados.

EJERCICIOS

19.1.   Demuéstrese que las dos definiciones de la condición de orden de identificación son equivalentes.

19.2.   Dedúzcanse los coeficientes estructurales de los coeficientes de la forma reducida dados en (19.2.25) y (19.2.27).

19.3.   Obténgase la forma reducida de los siguientes modelos y determínese en cada caso si las ecuaciones estructurales no están identificadas, están identificadas exactamente o están sobreidentificadas:
   (a)   Capítulo 18, ejemplo 18.2.
   (b)   Capítulo 18, ejemplo 18.3.
   (c)   Capítulo 18, ejemplo 18.6.

19.4.   Verifíquese la identificabilidad de los modelos del ejercicio 19.3, aplicando las condiciones de orden y de rango de identificación.

19.5.   En el modelo (19.2.22) y (19.2.28) se demostró que la ecuación de oferta estaba sobreidentificada. ¿Cuáles restricciones, de existir, sobre los parámetros estructurales harán que esta ecuación esté exactamente identificada? Justifíquense las restricciones que se impongan.

19.6.   Del modelo

$$Y_{1t} = \beta_{10} + \beta_{12}Y_{2t} + \gamma_{11}X_{1t} + u_{1t}$$
$$Y_{2t} = \beta_{20} + \beta_{21}Y_{1t} + \gamma_{22}X_{2t} + u_{2t}$$

se obtuvieron las siguientes ecuaciones de la forma reducida:

$$Y_{1t} = \Pi_{10} + \Pi_{11}X_{1t} + \Pi_{12}X_{2t} + w_t$$
$$Y_{2t} = \Pi_{20} + \Pi_{21}X_{1t} + \Pi_{22}X_{2t} + v_t$$

   (a)   ¿Están identificadas las ecuaciones estructurales?
   (b)   ¿Qué sucede con la identificación si se sabe *a priori* que $\gamma_{11} = 0$.

19.7.   Refiérase al ejercicio 19.6. Las ecuaciones estimadas de forma reducida son las siguientes:

$$Y_{1t} = 4 + 3X_{1t} + 8X_{2t}$$
$$Y_{2t} = 2 + 6X_{1t} + 10X_{2t}$$

(a) Obténganse los valores de los parámetros estructurales.

(b) ¿Cómo se probaría la hipótesis nula de que $\gamma_{11} = 0$?

19.8. El modelo

$$Y_{1t} = \beta_{10} + \beta_{12}Y_{2t} + \gamma_{11}X_{1t} + u_{1t}$$
$$Y_{2t} = \beta_{20} + \beta_{21}Y_{1t} + u_{2t}$$

produce las siguientes ecuaciones de forma reducida:

$$Y_{1t} = 4 + 8X_{1t}$$
$$Y_{2t} = 2 + 12X_{1t}$$

(a) ¿Cuáles coeficientes estructurales, de existir, pueden ser estimados a partir de los coeficientes de la forma reducida? Demuéstrese el argumento.

(b) ¿Cómo cambia la respuesta de (a) si se sabe *a priori* que (1) $\beta_{12} = 0$ y (2) $\beta_{10} = 0$?

19.9. Determínese si las ecuaciones estructurales del modelo dado en el ejercicio 18.8 están identificadas.

19.10. Refiérase al ejercicio 18.7 y determínense cuáles ecuaciones estructurales pueden ser identificadas.

19.11. El siguiente es un modelo de cinco ecuaciones con cinco variables endógenas Y y cuatro variables exógenas X:

	Coeficientes de las variables								
Ecuación no.	Y_1	Y_2	Y_3	Y_4	Y_5	X_1	X_2	X_3	X_4
1	1	β_{12}	0	β_{14}	0	γ_{11}	0	0	γ_{14}
2	0	1	β_{23}	β_{24}	0	0	γ_{22}	γ_{23}	0
3	β_{31}	0	1	β_{34}	β_{35}	0	0	γ_{33}	γ_{34}
4	0	β_{42}	0	1	0	γ_{41}	0	γ_{43}	0
5	β_{51}	0	0	β_{54}	1	0	γ_{52}	γ_{53}	0

Determínese la identificabilidad de cada ecuación con la ayuda de las condiciones de orden y de rango de las identificaciones.

19.12. Considérese el siguiente modelo keynesiano ampliado de determinación del ingreso:

Función consumo:	$C_t = \beta_1 + \beta_2Y_t - \beta_3T_t + u_{1t}$
Función inversión:	$I_t = \alpha_0 + \alpha_1Y_{t-1} + u_{2t}$
Función sobre impuestos:	$T_t = \gamma_0 + \gamma_1Y_t + u_{3t}$
Identidad del ingreso:	$Y_t = C_t + I_t + G_t$

donde C = gasto de consumo
  Y = ingreso
  I = inversión
  T = impuestos
  u = términos de perturbación

En el modelo, las variables endógenas son C, I, T y Y y las variables predeterminadas G y Y_{t-1}.

Aplicando la condición de orden, verifíquese la identificabilidad de cada una de las ecuaciones en el sistema y del sistema como un todo. ¿Qué sucedería si r_t, la tasa de interés, que se ha supuesto exógena, apareciera al lado derecho de la función de inversión?

19.13. Refiérase a la información dada en la tabla 18.1 del capítulo 18. Utilizando esta información, estímense las regresiones en la forma reducida (19.1.2) y (19.1.4). ¿Se pueden estimar β_0 y β_1? Muéstrense los cálculos. ¿Está el modelo identificado? ¿Por qué o por qué no?

19.14. Supóngase que se propone una definición adicional de la condición de orden de identificabilidad:

$$K \geq m + k - 1$$

que establece que el número de variables predeterminadas en el sistema no puede ser menor que el número de coeficientes desconocidos en la ecuación que va a ser identificada. Muéstrese que esta definición es equivalente a las otras dos definiciones de la condición de orden dadas en el texto.

19.15. A continuación se presenta una versión simplificada del modelo de Suits del mercado de sandías*:

Ecuación de demanda: $\qquad P_t = \alpha_0 + \alpha_1(Q_t/N_t) + \alpha_2(Y_t/N_t) + \alpha_3 F_t + u_{1t}$

Ecuación de la oferta de la cosecha: $Q_t = \beta_0 + \beta_1(P_t/W_t) + \beta_2 P_{t-1} + \beta_3 C_{t-1} + \beta_4 T_{t-1} + u_{2t}$

donde $\quad P$ = precio.

$\qquad (Q/N)$ = cantidad demandada *per cápita*.

$\qquad (Y/N)$ = ingreso *per cápita*.

$\qquad F$ = costos de transporte.

$\qquad (P/W)$ = precio relativo a la tasa salarial agrícola.

$\qquad C$ = precio del algodón.

$\qquad T$ = precio de otros vegetales.

P y Q son las variables endógenas.

(a) Obténgase la forma reducida.

(b) Determínese si la función de demanda, de oferta, o las dos están identificadas.

19.16. Considérese el siguiente modelo de demanda y oferta de dinero:

Demanda de dinero: $\quad M_t^d = \beta_0 + \beta_1 Y_t + \beta_2 R_t + \beta_3 P_t + u_{1t}$

Oferta de dinero: $\quad M_t^s = \alpha_0 + \alpha_1 Y_t + u_{2t}$

donde M = dinero

$\qquad Y$ = ingreso

$\qquad R$ = tasa de interés

$\qquad P$ = precio

$\qquad u$ = términos de error

Supóngase que R y P son exógenas y que M y Y son endógenas. En la siguiente tabla se presenta información sobre M (definición M_2), Y (PIB), R (Tasa de bonos del Tesoro a tres meses) y P (Índice de Precios al Consumidor), para los Estados Unidos durante 1970-1991.

(a) ¿Está identificada la función de demanda?

(b) ¿Está identificada la función de oferta?

(c) Obténganse las expresiones para las ecuaciones de forma reducida para M y para Y.

(d) Aplíquese la prueba de simultaneidad a la función de oferta.

(e) ¿Cómo se puede establecer si en la función de oferta de dinero Y es realmente endógena?

---

*D. B. Suits, «An Econometric Model of the Watermelon Market», *Journal of Farm Economics*, vol. 37, 1955, pp. 237-251.

Año	M_2, US\$ miles de millones	Producto Interno Bruto, US\$ miles de millones	Tasa de Bonos del Tesoro a 3 meses, %	Índice de Precios al Consumidor, 1982-1984 = 100
1970	628.1	1,017.7	6.458	38.8
1971	712.7	1,097.2	4.348	40.5
1972	805.2	1,207.0	4.071	41.8
1973	861.0	1,349.6	7.041	44.4
1974	908.6	1,458.6	7.886	49.3
1975	1,023.3	1,585.9	5.838	53.8
1976	1,163.7	1,768.4	4.989	56.9
1977	1,286.6	1,974.1	5.265	60.6
1978	1,388.7	2,232.7	7.221	65.2
1979	1,496.7	2,488.6	10.041	72.6
1980	1,629.5	2,708.0	11.506	82.4
1981	1,792.9	3,030.6	14.029	90.9
1982	1,951.9	3,149.6	10.686	96.5
1983	2,186.1	3,405.0	8.6300	99.6
1984	2,374.3	3,772.2	9.5800	103.9
1985	2,569.4	4,038.7	7.4800	107.6
1986	2,811.1	4,268.6	5.9800	109.6
1987	2,910.8	4,539.9	5.8200	113.6
1988	3,071.1	4,900.4	6.6900	118.3
1989	3,227.3	5,250.8	8.1200	124.0
1990	3,339.0	5,522.2	7.5100	130.7
1991	3,439.8	5,677.5	5.4200	136.2

Fuente: Economic Report of the President, 1993. M2 (tabla B65); PIB (tabla B1); Bonos del Tesoro (Tasa de Bonos del Tesoro a tres meses, tabla B69); IPC (Todos los renglones, tabla B56).

CAPÍTULO

20

MÉTODOS DE
ECUACIONES SIMULTÁNEAS

Después de analizar la naturaleza de los modelos de ecuaciones simultáneas en los dos capítulos anteriores, en éste se trata el problema de la estimación de los parámetros de tales modelos. Para empezar, se puede decir que el problema de estimación es algo complejo porque hay una diversidad de técnicas de estimación con propiedades estadísticas diversas. En vista de la naturaleza introductoria de este texto, se considerarán solamente algunas de estas técnicas. La exposición será simple y con frecuencia heurística, dejando los detalles más complejos para las referencias.

20.1 ENFOQUES PARA LA ESTIMACIÓN

Si se considera el modelo general de M ecuaciones con M variables endógenas dado en (19.1.1), se pueden adoptar dos enfoques para estimar las ecuaciones estructurales, a saber: métodos uniecuacionales, también conocidos como **métodos de información limitada**, y métodos de sistemas, conocidos como **métodos de información completa**. En los métodos uniecuacionales que serán considerados en breve, cada ecuación en el sistema (de ecuaciones simultáneas) se estima individualmente, considerando las restricciones impuestas sobre ella (tales como la exclusión de algunas variables) sin preocuparse de las restricciones sobre las otras ecuaciones en el sistema[1]; de ahí el nombre de *métodos de información limitada*. Por otra parte, en los métodos de sistemas, se estiman todas las ecuaciones en el modelo de manera simultánea, teniendo en cuenta las restricciones ocasionadas por la omisión o ausencia de algunas variables sobre dichas ecuaciones (recuérdese que tales restricciones son esenciales para la identificación), de aquí el nombre *métodos de información completa*.

---

[1]Sin embargo, para fines de identificación, la información proporcionada por otras ecuaciones tendrá que ser tenida en cuenta. Pero, como se mencionó en el capítulo 19, la estimación es posible sólo en el caso de ecuaciones identificadas (completamente o sobreidentificadas). En este capítulo se supone que el problema de identificación ha sido resuelto utilizando las técnicas de dicho capítulo.

Como ejemplo, considérese el siguiente modelo de cuatro ecuaciones:

$$
\begin{aligned}
Y_{1t} &= \beta_{10} + && + \beta_{12}Y_{2t} + \beta_{13}Y_{3t} + && + \gamma_{11}X_{1t} + && + u_{1t} \\
Y_{2t} &= \beta_{20} + && + \beta_{23}Y_{3t} && + \gamma_{21}X_{1t} + \gamma_{22}X_{2t} && + u_{2t} \\
Y_{3t} &= \beta_{30} + \beta_{31}Y_{1t} + && + \beta_{34}Y_{4t} + \gamma_{31}X_{1t} + \gamma_{32}X_{2t} + && + u_{3t} \\
Y_{4t} &= \beta_{40} + && + \beta_{42}Y_{2t} && && + \gamma_{43}X_{3t} + u_{4t}
\end{aligned}
$$

$$(20.1.1)$$

donde las Y son las variables endógenas y las X son las variables exógenas. Si se está interesado en estimar, por ejemplo, la tercera ecuación, los métodos uniecuacionales considerarán solamente esta ecuación, observando que las variables Y_2 y X_3 están excluidas de ella. En los métodos de sistemas, por el contrario, se tratan de estimar las cuatro ecuaciones simultáneamente, teniendo en cuenta todas las restricciones impuestas sobre las diversas ecuaciones del sistema.

Para preservar el objetivo de los modelos de ecuaciones simultáneas, idealmente se debería utilizar el método de sistemas, tal como el **método de máxima verosimilitud con información completa (MVIC)**[2]. Sin embargo, en la práctica, tales métodos no son de uso frecuente por múltiples razones. Primero, la carga computacional es enorme. Por ejemplo, el modelo comparativamente pequeño (20 ecuaciones) de Klein-Goldberger de la economía de los Estados Unidos para 1955 tenía 151 coeficientes diferentes de cero, de los cuales los autores estimaron sólo 51, utilizando información de series de tiempo. El modelo econométrico del Brookings -Social Science Research Council (SSRC) (Consejo de Investigación de las Ciencias Sociales de Brookings) para la economía estadounidense, publicado en 1965, tenía inicialmente 150 ecuaciones[3]. Aunque modelos tan elaborados pueden proporcionar detalles complejos de los diversos sectores de la economía, los cálculos representan un enorme esfuerzo aun en estos días de computadores de alta velocidad, para no mencionar el costo involucrado. Segundo, los métodos de sistemas tales como el MVIC conducen a soluciones que son altamente no lineales en los parámetros y, por consiguiente, difíciles de determinar. Tercero, si hay un error de especificación (por ejemplo, una forma funcional equivocada o la exclusión de variables relevantes) en una o en más ecuaciones del sistema, dicho error es transmitido al resto del sistema. Como resultado, los métodos de sistema se vuelven muy sensibles a los errores de especificación.

Por consiguiente, en la práctica, los métodos uniecuacionales son utilizados frecuentemente. Como lo plantea Klein,

Los métodos uniecuacionales, en el contexto de un sistema simultáneo, pueden ser menos sensibles a errores de especificación en el sentido de que aquellas partes del sistema que están correctamente especificadas pueden no verse afectadas apreciablemente por errores en la especificación de otra parte[4].

En el resto del capítulo se tratará sólo con los métodos uniecuacionales. Específicamente, se estudiarán los siguientes métodos uniecuacionales:

1. Mínimos cuadrados ordinarios (MCO)
2. Mínimos cuadrados indirectos (MCI)
3. Mínimos cuadrados en dos etapas (MC2E)

---

[2]Para conocer un análisis sencillo de este método, *véase* Carl F. Christ, *Econometric Models and Methods*, John Wiley & Sons, New York, 1966, pp. 395-401.

[3]James S. Duesenberry, Gary Fromm, Lawrence R. Klein y Edwin Kuh, eds., *A Quarterly Model of the United States Economy*, Rand McNally, Chicago, 1965.

[4]Lawrence R. Klein, *A Textbook of Econometrics*, 2a. ed., Prentice-Hall, Englewood Cliffs, NJ., 1974, p. 150.

20.2 MODELOS RECURSIVOS Y MÍNIMOS CUADRADOS ORDINARIOS

En el capítulo 18, se vio que, debido a la interdependencia entre el término de perturbación estocástico y la(s) variable(s) explicativa(s) endógena(s), el método MCO es inapropiado para la estimación de una ecuación en un sistema de ecuaciones simultáneas. Así, como se explicó en la sección 18.3, si se aplica erróneamente, los estimadores no sólo son sesgados (en muestras pequeñas) sino también inconsistentes; es decir, sin importar qué tan grande sea el tamaño de la muestra, el sesgo no desaparece. Sin embargo hay una situación en la cual el MCO puede ser aplicado apropiadamente, aun en el contexto de las ecuaciones simultáneas. Este es el caso de los modelos **recursivos, triangulares** o **causales**. Para ver la naturaleza de estos modelos, considérese el siguiente sistema de tres ecuaciones:

$$
\begin{aligned}
Y_{1t} &= \beta_{10} & &+ \gamma_{11}X_{1t} + \gamma_{12}X_{2t} + u_{1t} \\
Y_{2t} &= \beta_{20} + \beta_{21}Y_{1t} & &+ \gamma_{21}X_{1t} + \gamma_{22}X_{2t} + u_{2t} \qquad (20.2.1) \\
Y_{3t} &= \beta_{30} + \beta_{31}Y_{1t} + \beta_{32}Y_{2t} & &+ \gamma_{31}X_{1t} + \gamma_{32}X_{2t} + u_{3t}
\end{aligned}
$$

donde, como es usual, las Y y las X son las variables endógenas, y exógenas respectivamente. Las perturbaciones son tales que

$$
\text{cov}(u_{1t}, u_{2t}) = \text{cov}(u_{1t}, u_{3t}) = \text{cov}(u_{2t}, u_{3t}) = 0
$$

es decir, las perturbaciones de diferentes ecuaciones en el mismo periodo no están correlacionadas (técnicamente, éste es el supuesto de **cero correlación contemporánea**).

Ahora, considérese la primera ecuación de (20.2.1). Puesto que ésta contiene solamente variables exógenas al lado derecho y como, por supuestos, ellas no están correlacionadas con el término de perturbación u_{1t}, esta ecuación satisface el supuesto crítico del MCO clásico, a saber, la no correlación entre las variables explicativas y las perturbacones estocásticas. Por tanto, MCO puede aplicarse directamente a esta ecuación. Luego, considérese la segunda ecuación de (20.2.1), la cual contiene la variable endógena Y_1 como una variable explicativa junto con las X no estocásticas. Ahora bien, MCO también puede ser aplicado a esta ecuación, siempre y cuando Y_{1t} y u_{2t} no estén correlacionadas. ¿Es esto así? La respuesta es sí porque u_1, el cual afecta a Y_1, por supuestos, no está correlacionado con u_2. Por consiguiente, para todos los efectos prácticos, Y_1 es una variable predeterminada en lo que respecta a Y_2. Así, se puede proceder con la estimación MCO de esta ecuación. Llevando este argumento un paso más adelante, también se puede aplicar MCO a la tercera ecuación en (19.2.1) porque Y_1 y Y_2 no están correlacionados con u_3.

Así, en el sistema recursivo, puede aplicarse MCO a cada ecuación en forma separada; de hecho, no se tiene el problema de ecuaciones simultáneas en esta situación. Por la estructura de tales sistemas, es claro que no hay interdependencia entre las variables endógenas. Así, Y_1 afecta a Y_2 pero Y_2 no afecta a Y_1. En forma similar, Y_1 y Y_2 influencia a Y_3 sin que esta última los influencie. En otras palabras, cada ecuación presenta una dependencia causal unilateral, de ahí el nombre de modelos causales[5]. La figura 20.1 ilustra esto de manera esquemática.

---

[5]El nombre alternativo *triangular* se desprende del hecho de que si se forma la matriz de los coeficientes de las variables endógenas dadas en (20.2.1), se obtiene la siguiente matriz triangular:

$$
\begin{array}{c}
\phantom{\text{ecuación 1}} \\
\text{ecuación 1} \\
\text{ecuación 2} \\
\text{ecuación 3}
\end{array}
\begin{array}{ccc}
Y_1 & Y_2 & Y_3 \\
\left[\begin{array}{ccc}
1 & 0 & 0 \\
\beta_{21} & 1 & 0 \\
\beta_{31} & \beta_{32} & 1
\end{array}\right]
\end{array}
$$

Obsérvese que los datos por encima de la diagonal principal son cero (¿por qué?)

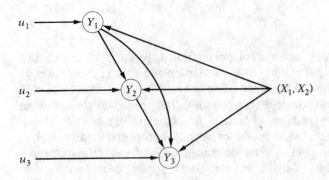

FIGURA 20.1
Modelo recursivo.

Como ejemplo de un sistema recursivo, se puede postular el siguiente modelo de determinación de salarios y precios:

Ecuación de precios: $\quad \dot{P}_t = \beta_{10} + \beta_{11}\dot{W}_{t-1} + \beta_{12}\dot{R}_t + \beta_{13}\dot{M}_t + \beta_{14}\dot{L}_t + u_{1t}$

Ecuación de salarios: $\quad \dot{W}_t = \beta_{20} + \beta_{21}\text{UN}_t + \beta_{32}\dot{P}_t + u_{2t}$

$$(20.2.2)$$

donde $\quad \dot{P}$ = tasa de cambio del precio por unidad de producción.
$\qquad \dot{W}$ = tasa de cambio de los salarios por empleado.
$\qquad \dot{R}$ = tasa de cambio del precio del capital.
$\qquad \dot{M}$ = tasa de cambio de los precios de importación.
$\qquad \dot{L}$ = tasa de cambio de la productividad laboral.
$\qquad \text{UN}$ = tasa de desempleo, %[6].

La ecuación de precios postula que la tasa de cambio del precio en el periodo actual es una función de las tasas de cambio en los precios del capital y de las materias primas, de la tasa de cambio en la productividad laboral y de la tasa de cambio en los salarios en el periodo anterior. La ecuación de salarios muestra que la tasa de cambio en los salarios en el periodo actual está determinada por la tasa de cambio del precio en el periodo actual y por la tasa de desempleo. Es claro que la cadena causal va de $\dot{W}_{t-1} \rightarrow \dot{P}_t \rightarrow \dot{W}_t$ y, por consiguiente, puede aplicarse MCO para estimar los parámetros de las dos ecuaciones individualmente.

Aunque los modelos recursivos han demostrado ser útiles, la mayor parte de los modelos de ecuaciones simultáneas no presentan tal relación unilateral causa y efecto. Por consiguiente, el MCO, en general, es inapropiado para estimar una sola ecuación en el contexto de un modelo de ecuaciones simultáneas[7].

---

[6]*Nota:* El símbolo con punto significa «derivada con respecto al tiempo». Por ejemplo, $\dot{P} = dP/dt$. Para series de tiempo discretas, dP/dt en ocasiones es aproximado por $\Delta P/\Delta t$, donde el símbolo Δ es el operador de primera diferencia, que fue introducido originalmente en el capítulo 12.

[7]Es importante tener presente que se está suponiendo que las perturbaciones entre ecuaciones no están contemporáneamente correlacionadas. Si éste no es el caso, puede ser que se deba recurrir a la técnica de estimación SURE (seemingly unrelated regressions) de Zellner para estimar los parámetros del sistema recursivo. *Véase* A. Zellner, «An Efficient Method of Estimating Seemingly Unrelated Regressions and Tests for Aggregation Bias», *Journal of the American Statistical Association*, vol. 57, 1962, pp. 348-368.

Hay quienes sostienen que MCO generalmente es inaplicable a modelos de ecuaciones simultáneas, se puede utilizar solamente como estándar o norma de comparación. Es decir, se puede estimar una ecuación estructural mediante MCO, con las propiedades resultantes de sesgamiento, inconsistencia, etc. Entonces, la misma ecuación puede ser estimada por otros métodos especialmente diseñados para manejar el problema de simultaneidad y los resultados de los dos métodos pueden ser comparados, por lo menos, de manera cualitativa. En muchas aplicaciones, los resultados de MCO inapropiadamente aplicado pueden no diferir mucho de aquéllos obtenidos por métodos más sofisticados, como se verá más adelante. En principio, no debe haber mucha objeción a la producción de resultados basados en MCO siempre y cuando las estimaciones hechas con base en métodos alternativos diseñados para modelos de ecuaciones simultáneas también sean presentadas. De hecho, este enfoque podría dar alguna idea de qué tan malas son las estimaciones de MCO en situaciones en las cuales dicho método es aplicado inapropiadamente[8].

20.3 ESTIMACIÓN DE UNA ECUACIÓN EXACTAMENTE IDENTIFICADA: EL MÉTODO DE MÍNIMOS CUADRADOS INDIRECTOS (MCI)

Para una ecuación estructural precisa o exactamente identificada, el método de obtener las estimaciones de los coeficientes estructurales a partir de las estimaciones MCO de los coeficientes de la forma reducida se conoce como **método de mínimos cuadrados indirectos (MCI)** y las estimaciones así obtenidas se conocen como **estimaciones de mínimos cuadrados indirectos.** MCI comprende los tres pasos siguientes:

Paso 1.   Se obtienen primero las ecuaciones de la forma reducida. Como se mencionó en el capítulo 19, éstas se obtienen de las ecuaciones estructurales en forma tal que la variable dependiente en cada ecuación es la única variable endógena y está en función únicamente de las variables predeterminadas (exógenas o endógenas rezagadas) y del(los) término(s) de error estocástico(s).

Paso 2.   Se aplica MCO individualmente a las ecuaciones de la forma reducida. Esta operación es permisible puesto que las variables explicativas en estas ecuaciones están predeterminadas y por tanto, no están correlacionadas con las perturbaciones estocásticas. Las estimaciones así obtenidas son consistentes[9].

Paso 3.   Se obtienen estimaciones de los coeficientes estructurales originales a partir de los coeficientes estimados de la forma reducida obtenidos en el paso 2. Como se mencionó en el capítulo 19, si una ecuación está exactamente identificada, hay una correspondencia uno a uno entre los coeficientes estructurales y los coeficientes de la forma reducida; es decir, se pueden derivar estimaciones únicas de los primeros a partir de los últimos.

---

[8]Puede mencionarse que en muestras pequeñas, los estimadores alternativos, al igual que los estimadores MCO, también son sesgados. Pero el estimador MCO tiene la «virtud» de tener varianza mínima entre estos estimadores alternativos. Pero esto es cierto sólo para muestras pequeñas.

[9]Además de ser consistentes, las estimaciones «pueden ser las mejores insesgadas y/o asintóticamente eficientes respectivamente, dependiendo de que (*i*) las *z* [= *X*] sean exógenas y no simplemente predeterminadas [es decir, que no contengan valores rezagados de variables endógenas] y/o (*ii*) la distribución de las perturbaciones sea normal.» (W. C. Hood y Tjalling C. Koopmans, *Studies in Econometric Method,* John Wiley & Sons, New York, 1953, p. 133.)

Como lo indica este procedimiento de tres etapas, el nombre MCI se deriva del hecho de que los coeficientes estructurales (objeto principal de investigación en la mayoría de los casos) se obtienen indirectamente a partir de las estimaciones MCO de los coeficientes de la forma reducida.

Ejemplo ilustrativo

Considérese el modelo de demanda y oferta introducido en la sección 19.2, el cual, por conveniencia, está dado más adelante con un ligero cambio en la notación:

$$\text{Función de demanda:} \quad Q_t = \alpha_0 + \alpha_1 P_t + \alpha_2 X_t + u_{1t} \qquad (20.3.1)$$
$$\text{Función de oferta:} \quad Q_t = \beta_0 + \beta_1 P_t + u_{2t} \qquad (20.3.2)$$

donde Q = cantidad
  P = precio
  X = ingreso o gasto

Supóngase que X es exógena. Como se mencionó antes, la función de oferta está exactamente identificada, mientras que la función de demanda no lo está.

Las ecuaciones de la forma reducida correspondientes a las ecuaciones estructurales anteriores son:

$$P_t = \Pi_0 + \Pi_1 X_t + w_t \qquad (20.3.3)$$
$$Q_t = \Pi_2 + \Pi_3 X_t + v_t \qquad (20.3.4)$$

donde los Π son los coeficientes de la forma reducida y son combinaciones (no lineales) de los coeficientes estructurales, como se muestra en las ecuaciones (19.2.16) y (19.2.18), y donde w y v son combinaciones lineales de las perturbaciones estructurales u_1 y u_2.

Obsérvese que cada ecuación de la forma reducida contiene una sola variable endógena, que es la dependiente y está en función únicamente de la variable exógena X (el ingreso) y de las perturbaciones estocásticas. Por tanto, los parámetros de las ecuaciones de la forma reducida anteriores pueden ser estimados por MCO. Estas estimaciones son:

$$\hat{\Pi}_1 = \frac{\sum p_t x_t}{\sum x_t^2} \qquad (20.3.5)$$

$$\hat{\Pi}_0 = \bar{P} - \hat{\Pi}_1 \bar{X} \qquad (20.3.6)$$

$$\hat{\Pi}_3 = \frac{\sum q_t x_t}{\sum x_t^2} \qquad (20.3.7)$$

$$\hat{\Pi}_2 = \bar{Q} - \hat{\Pi}_3 \bar{X} \qquad (20.3.8)$$

donde las letras en minúsculas, como es usual, denotan desviaciones de las medias muestrales y $\bar{Q}$ y $\bar{P}$ son los valores de la media muestral de Q y de P. Los $\hat{\Pi}_i$ son estimadores consistentes y, bajo los supuestos apropiados, también son insesgados, de varianza mínima o asintóticamente eficientes (véase nota de pie de página 9).

Puesto que el objetivo principal es determinar los coeficientes estructurales, se verá si es posible estimarlos a partir de los coeficientes de la forma reducida. Ahora, como se indicó en la sección 19.2, la función de oferta está exactamente identificada. Por consiguiente, sus parámetros pueden ser estimados en forma única a partir de los coeficientes de la forma reducida de la siguiente manera:

$$\beta_0 = \Pi_2 - \beta_1 \Pi_0 \qquad y \qquad \beta_1 = \frac{\Pi_3}{\Pi_1}$$

Por tanto, las estimaciones de estos parámetros pueden ser obtenidas a partir de las estimaciones de los coeficientes de la forma reducida como

$$\hat{\beta}_0 = \hat{\Pi}_2 - \hat{\beta}_1 \hat{\Pi}_0 \qquad\qquad (20.3.9)$$

$$\hat{\beta}_1 = \frac{\hat{\Pi}_3}{\hat{\Pi}_1} \qquad\qquad (20.3.10)$$

que son los estimadores MCI. Obsérvese que los parámetros de la función de demanda no pueden ser estimados de esta forma (sin embargo, obsérvese el ejercicio 20.13).

Para dar algunos resultados numéricos, se obtuvo la información que aparece en la tabla 20.1. Primero, se estiman las ecuaciones de la forma reducida, efectuando separadamente las regresiones del precio y de la cantidad sobre el gasto de consumo real *per cápita*. Los resultados son los siguientes:

$$\hat{P}_t = 72.3091 + 0.0043 X_t$$
$$\text{ee} = (9.2002) \quad (0.0009) \qquad\qquad (20.3.11)$$
$$t = (7.8595) \quad (4.4104) \qquad R^2 = 0.4930$$

$$\hat{Q}_t = 84.0702 + 0.0020 X_t$$
$$\text{ee} = (4.8960) \quad (0.0005) \qquad\qquad (20.3.12)$$
$$t = (17.1711) \quad (3.7839) \qquad R^2 = 0.4172$$

TABLA 20.1
Producción de cosechas, precios de cosecha y gastos de consumo personal per cápita, en dólares de 1982; Estados Unidos, 1970-1991

Año	Índice de producción de cosecha (1977= 100), Q	Indice de precios de cosecha recibidos por los agricultores (1977 = 100), P	Gasto de consumo real personal *per cápita* X
1970	77	52	3,152
1971	86	56	3,372
1972	87	60	3,658
1973	92	91	4,002
1974	84	117	4,337
1975	93	105	4,745
1976	92	102	5,241
1977	100	100	5,772
1978	102	105	6,384
1979	113	116	7,035
1980	101	125	7,677
1981	117	134	8,375
1982	117	121	8,868
1983	88	128	9,634
1984	111	138	10,408
1985	118	120	11,184
1986	109	107	11,843
1987	108	106	12,568
1988	92	126	13,448
1989	107	134	14,241
1990	114	127	14,996
1991	111	130	15,384

Fuente: Economic Report of the President, 1993. Información sobre Q (tabla B-94), sobre P (tabla B-96), sobre X (tabla B-5).

Utilizando (20.3.9) y (20.3.10), se obtienen estas estimaciones MCI:

$$\hat{\beta}_0 = 51.0562 \qquad\qquad (20.3.13)$$

$$\hat{\beta}_1 = 0.4566 \qquad\qquad (20.3.14)$$

Por consiguiente, la regresión MCI estimada es[10]

$$\hat{Q}_t = 51.0562 + 0.4566\,P_t \qquad\qquad (20.3.15)$$

Para comparar, se dan los resultados de la regresión MCO (aplicada inapropiadamente) de Q sobre P:

$$
\begin{aligned}
\hat{Q}_t &= 65.1719 + 0.3272\,P_t \qquad\qquad (20.3.16)\\
ee &= (9.3294)\quad(0.0835)\\
t &= (6.9856)\quad(3.9203) \qquad R^2 = 0.4345
\end{aligned}
$$

Estos resultados muestran cómo MCO puede distorsionar la «verdadera» realidad cuando es aplicado en situaciones inapropiadas.

Propiedades de los estimadores MCI

Se ha visto que los estimadores de los coeficientes de la forma reducida son consistentes y, bajo los supuestos apropiados, también los mejores insesgados o asintóticamente eficientes (*véase* nota 9 de pie de página). ¿Se trasladan estas propiedades a los estimadores MCI? Puede demostrarse que los estimadores MCI heredan todas las propiedades asintóticas de los estimadores de la forma reducida, tales como consistencia y eficiencia asintótica. Pero, propiedades (de muestras pequeñas) tales como insesgamiento generalmente no continúan siendo válidas. En el apéndice 20A, sección 20A.1, se demuestra que los estimadores MCI $\hat{\beta}_0$ y $\hat{\beta}_1$ de la función de oferta dados anteriormente son sesgados, pero el sesgo desaparece a medida que el tamaño de la muestra aumenta indefinidamente (es decir, los estimadores son consistentes)[11].

20.4 ESTIMACIÓN DE UNA ECUACIÓN SOBREIDENTIFICADA: MÉTODO DE MÍNIMOS CUADRADOS EN DOS ETAPAS (MC2E)

Considérese el siguiente modelo:

Función de ingreso:
$$Y_{1t} = \beta_{10} + \quad + \beta_{11}Y_{2t} + \gamma_{11}X_{1t} + \gamma_{12}X_{2t} + u_{1t} \qquad (20.4.1)$$

Función de oferta monetaria:
$$Y_{2t} = \beta_{20} + \beta_{21}Y_{1t} \qquad\qquad\qquad + u_{2t} \qquad (20.4.2)$$

---

[10]No se han presentado los errores estándar de los coeficientes estructurales estimados porque, como ya se mencionó, estos coeficientes generalmente son funciones no lineales de los coeficientes de la forma reducida y no hay un método simple de estimar sus errores estándar a partir de los errores estándar de los coeficientes en la forma reducida. Para tamaños de muestra grandes, sin embargo, los errores estándar de los coeficientes estructurales pueden ser obtenidos aproximadamente. Para mayores detalles, *véase* Jan Kmenta, *Elements of Econometrics*, Macmillan, New York, 1971, p. 444.

[11]Intuitivamente esto puede verse de la siguiente manera: $E(\hat{\beta}_1) = \beta_1$ si $E(\hat{\Pi}_3/\hat{\Pi}_1) = (\Pi_3/\Pi_1)$. Ahora bien, si $E(\hat{\Pi}_3) = \Pi_3$ y $E(\hat{\Pi}_1), = \Pi_1$ puede demostrarse que $E(\hat{\Pi}_3/\hat{\Pi}) \neq E(\hat{\Pi}_3)/E(\hat{\Pi}_1)$; es decir, la esperanza de la razón de dos variables no es igual a la razón de las esperanzas de las dos variables. Sin embargo, como se muestra en el apéndice 20A.1, $\text{plim}(\hat{\Pi}_3/\hat{\Pi}_1) = \text{plim}(\hat{\Pi}_3)/\text{plim}(\hat{\Pi}_1) = \Pi_3/\Pi_1$, puesto que $\hat{\Pi}_3$ y $\hat{\Pi}_1$ son estimadores consistentes.

donde Y_1 = ingreso
$\quad\quad Y_2$ = existencias de dinero
$\quad\quad X_1$ = gasto de inversión
$\quad\quad X_2$ = gasto del gobierno en bienes y servicios

·Las variables X_1 y X_2 son exógenas.

La ecuación de ingreso, un híbrido de los enfoques de las teorías cuantitativa y keynesiana de la distribución del ingreso, establece que éste está determinado por la oferta monetaria, el gasto de inversión y el gasto del gobierno. *La función de la oferta monetaria* postula que las existencias de dinero están determinadas (por el Sistema de la Reserva Federal) con base en el nivel del ingreso. Como es obvio, se tiene un problema de ecuaciones simultáneas, el cual puede verificarse mediante la prueba de simultaneidad estudiada en el capítulo 19.

Al aplicar la condición de orden para la identificación, puede verse que la ecuación del ingreso está subidentificada mientras que la ecuación de la oferta monetaria está sobreidentificada. Es poco lo que se puede hacer sobre la ecuación del ingreso a no ser que se altere la especificación del modelo. La función de la oferta monetaria sobreidentificada no puede ser estimada mediante MCI porque hay dos estimaciones de β_{21} (el lector debe verificar esto por medio de los coeficientes de la forma reducida).

A manera de práctica, se puede aplicar MCO a la ecuación de la oferta monetaria, pero las estimaciones obtenidas por este mecanismo serán inconsistentes en vista de la correlación probable entre la variable explicativa estocástica Y_1 y el término de perturbación estocástico u_2. Supóngase, sin embargo, que se encuentra una «variable aproximada o proxy» para la variable explicativa estocástica Y_1, tal que, aunque «se parece» a Y_1 (en el sentido de que está altamente correlacionada con Y_1), no está correlacionada con u_2. Tal variable aproximada se conoce también como una **variable instrumental** (*véase* el capítulo 17). Si se puede encontrar tal variable aproximada, puede utilizarse MCO directamente para estimar la función de oferta monetaria. Pero, ¿cómo se obtiene tal variable instrumental? Una respuesta está dada por el método de **los mínimos cuadrados en dos etapas** (MC2E), desarrollado independientemente por Henri Theil[12] y Robert Basmann[13]. Como lo indica el nombre, el método comprende dos aplicaciones sucesivas de MCO. El proceso es el siguiente:

Etapa 1. Para eliminar la correlación probable entre Y_1 y u_2, efectúese primero la regresión de Y_1 sobre *todas* las variables predeterminadas en el *sistema completo,* no solamente sobre esa ecuación. En el presente caso, esto significa efectuar la regresión de Y_1 sobre X_1 y X_2 de la siguiente manera:

$$Y_{1t} = \hat{\Pi}_0 + \hat{\Pi}_1 X_{1t} + \hat{\Pi}_2 X_{2t} + \hat{u}_t \qquad (20.4.3)$$

donde $\hat{u}_t$ son los residuales MCO tradicionales. De la ecuación (20.4.3), se obtiene

$$\hat{Y}_{1t} = \hat{\Pi}_0 + \hat{\Pi}_1 X_{1t} + \hat{\Pi}_2 X_{2t} \qquad (20.4.4)$$

[12]Henri Theil, «Repeated Least-Squares Applied to Complete Equation Systems», The Hague; Oficina Central de Planeación, Países Bajos, 1953 (mimeógrafo).

[13]Robert L. Basmann, «A Generalized Classical Method of Linear Estimation of Coefficients in a Structural Equation», *Econometrica*, vol. 25, 1957, pp. 77-83.

donde $\hat{Y}_{1t}$ es una estimación del valor medio de Y condicional sobre las X fijas. Obsérvese que (20.4.3) no es otra cosa que una regresión de la forma reducida porque solamente las variables exógenas o predeterminadas aparecen en el lado derecho.

La ecuación (20.4.3) puede expresarse ahora como

$$Y_{1t} = \hat{Y}_{1t} + \hat{u}_t \qquad (20.4.5)$$

lo cual muestra que la Y_1 estocástica consta de dos partes: $\hat{Y}_{1t}$ que es una combinación lineal de las X no estocásticas y un componente aleatorio $\hat{u}_t$. Siguiendo la teoría MCO, $\hat{Y}_{1t}$ y $\hat{u}_t$ no están correlacionadas. (¿Por qué?)

Etapa 2. La ecuación sobreidentificada de la oferta monetaria puede escribirse ahora como

$$
\begin{aligned}
Y_{2t} &= \beta_{20} + \beta_{21}(\hat{Y}_{1t} + \hat{u}_t) + u_{2t} \\
&= \beta_{20} + \beta_{21}\hat{Y}_{1t} + (u_{2t} + \beta_{21}\hat{u}_t) \\
&= \beta_{20} + \beta_{21}\hat{Y}_{1t} + u_t^* \qquad (20.4.6)
\end{aligned}
$$

donde $u_t^* = u_{2t} + \beta_{21}\hat{u}_t$.

Comparando (20.4.6) con (20.4.2), se observa que son muy similares en apariencia, siendo la única diferencia que Y_1 ha sido reemplazada por $\hat{Y}_1$. ¿Cuál es la ventaja de (20.4.6)? Puede mostrarse que aunque en la ecuación original de oferta monetaria Y_1 está correlacionada o es probable que esté correlacionada con el término de perturbación u_2 (de aquí resulta que MCO sea inapropiado), $\hat{Y}_{1t}$ en (20.4.6) no está correlacionado con u_t^*, *asintóticamente,* es decir, en muestras grandes (o en forma más precisa, a medida que el tamaño de la muestra aumenta indefinidamente). Como resultado, puede aplicarse MCO a (20.4.6), lo cual dará estimaciones consistentes de los parámetros de la función de oferta de dinero[14].

Como lo indica este procedimiento de dos etapas, la idea básica detrás de MC2E es «purificar» la variable explicativa estocástica Y_1 de la influencia de la perturbación estocástica u_2. Esta meta se logra efectuando la regresión de la forma reducida de Y_1 sobre todas las variables predeterminadas en el sistema (Etapa 1), obteniendo los estimados $\hat{Y}_{1t}$, y reemplazando Y_{1t} en la ecuación original por los estimados $\hat{Y}_{1t}$, para luego aplicar MCO a la ecuación así transformada (Etapa 2). Los estimadores así obtenidos son consistentes, es decir, convergen hacia sus verdaderos valores a medida que el tamaño de la muestra aumenta indefinidamente.

---

[14]Obsérvese que en muestras pequeñas es probable que $\hat{Y}_{1t}$ esté correlacionada con u^*_t. La razón es la siguiente: De (20.4.4), se ve que $\hat{Y}_{1t}$ es una combinación lineal ponderada de las X predeterminadas con $\hat{\Pi}$ como las ponderaciones. Ahora, aun si las variables predeterminadas son verdaderamente no estocásticas, los $\hat{\Pi}$, siendo estimadores, son estocásticos. Por consiguiente, $\hat{Y}_{1t}$ también es estocástica. Ahora bien, del análisis de ecuaciones en la forma reducida y de la estimacion de mínimos cuadrados indirectos, es claro que los coeficientes en la forma reducida, los $\hat{\Pi}$, son funciones de las perturbaciones estocásticas, tales como u_2. Puesto que $\hat{Y}_{1t}$ depende de los $\hat{\Pi}$, es probable que éste esté correlacionado con u_2, que es un componente de u^*_t; como resultado, se espera que $\hat{Y}_{1t}$ esté correlacionada con u^*_t. Pero, como se mencionó anteriormente, esta correlación desaparece a medida que el tamaño de la muestra tiende a infinito. La desventaja de todo esto es que en muestras pequeñas, el procedimiento MC2E puede conducir a estimaciones sesgadas.

Para ilustrar MC2E aún más, se modifica el modelo ingreso-oferta monetaria de la siguiente manera:

$$Y_{1t} = \beta_{10} + \beta_{12}Y_{2t} + \gamma_{11}X_{1t} + \gamma_{12}X_{2t} \qquad\qquad + u_{1t} \qquad (20.4.7)$$

$$Y_{2t} = \beta_{20} + \beta_{21}Y_{1t} \qquad\qquad + \gamma_{23}X_{3t} + \gamma_{24}X_{4t} + u_{2t} \qquad (20.4.8)$$

donde, adicionalmente a las variables ya definidas, X_3 = el ingreso en el periodo de tiempo anterior y X_4 = la oferta monetaria en el periodo anterior. Tanto X_3 como X_4 son predeterminadas.

Puede verificarse fácilmente que ambas ecuaciones (20.4.7) y (20.4.8) están sobreidentificadas. Para aplicar MC2E, se procede de la siguiente manera: En la Etapa 1, se efectúa la regresión de las variables endógenas sobre *todas* las variables predeterminadas en el sistema. Así,

$$Y_{1t} = \hat{\Pi}_{10} + \hat{\Pi}_{11}X_{1t} + \hat{\Pi}_{12}X_{2t} + \hat{\Pi}_{13}X_{3t} + \hat{\Pi}_{14}X_{4t} + \hat{u}_{1t} \qquad (20.4.9)$$

$$Y_{2t} = \hat{\Pi}_{20} + \hat{\Pi}_{21}X_{1t} + \hat{\Pi}_{22}X_{2t} + \hat{\Pi}_{23}X_{3t} + \hat{\Pi}_{24}X_{4t} + \hat{u}_{2t} \qquad (20.4.10)$$

En la Etapa 2, se reemplazan Y_1 y Y_2 en las ecuaciones originales (estructurales) por sus valores estimados de las dos regresiones anteriores y luego se efectúan las regresiones MCO de la siguiente manera:

$$Y_{1t} = \beta_{10} + \beta_{12}\hat{Y}_{2t} + \gamma_{11}X_{1t} + \gamma_{12}X_{2t} + u_{1t}^* \qquad (20.4.11)$$

$$Y_{2t} = \beta_{20} + \beta_{21}\hat{Y}_{1t} + \gamma_{23}X_{3t} + \gamma_{24}X_{4t} + u_{2t}^* \qquad (20.4.12)$$

donde $u_{1t}^* = u_{1t} + \beta_{12}\hat{u}_{2t}$ y $u_{2t}^* = u_{2t} + \beta_{21}\hat{u}_{1t}$. Las estimaciones así obtenidas serán consistentes. Obsérvense las siguientes características de MC2E.

1. Pueden aplicarse a una ecuación individual en el sistema sin tener en cuenta directamente ninguna otra ecuación o ecuaciones en el mismo. Por tanto, para resolver modelos econométricos que contienen un gran número de ecuaciones, MC2E ofrece un método económico. Por esta razón, el método ha sido extensamente utilizado en la práctica.
2. A diferencia de MCI, el cual proporciona múltiples estimaciones de los parámetros en las ecuaciones sobreidentificadas, MC2E proporciona solamente una estimación por parámetro.
3. Es fácil de aplicar porque todo lo que se necesita saber es el número total de variables exógenas o predeterminadas en el sistema sin conocer ninguna otra variable en el mismo.
4. Aunque está especialmente diseñado para manejar ecuaciones sobreidentificadas, el método también puede ser aplicado a ecuaciones exactamente identificadas. Pero, entonces MCI y MC2E darán estimaciones idénticas. (¿Por qué?)
5. Si los valores de R^2 en las regresiones de la forma reducida (es decir, regresiones de la primera etapa) son muy altos, por ejemplo, superan 0.8, las estimaciones clásicas MCO y MC2E estarán muy cercanas. No obstante, este resultado no debe sorprender porque si el valor del R^2 en la primera etapa es muy alto, significa que los valores estimados de las variables endógenas están muy cercanos a sus valores observados y, por tanto, es menos probable que estas últimas estén correlacionadas con las perturbaciones estocásticas en las ecuaciones estructurales originales. (¿Por qué?)[15] Sin embargo, si los valores del R^2 en las regresiones de la primera etapa son muy bajos, las estimaciones de MC2E prácticamente no tendrán significado porque

---

[15]En caso extremo, si $R^2 = 1$ en la regresión de la primera etapa, la variable explicativa endógena en la ecuación original (sobreidentificada) será prácticamente no estocástica. (¿Por qué?)

se estarán reemplazando las Y originales en la regresión de la segunda etapa por las estimadas $\hat{Y}$ de las regresiones de la primera etapa, las cuales representarán esencialmente las perturbaciones en las regresiones de esta etapa. En otras palabras, en este caso, las $\hat{Y}$ serán «variables aproximadas o proxys» muy deficientes de las Y originales.

6. Obsérvese que en los resultados de la regresión MCI en (20.3.15), no se determinaron los errores estándar de los coeficientes estimados (por las razones explicadas en la nota de pie de página 10). Pero éstos pueden ser determinados para las estimaciones de MC2E puesto que los coeficientes estructurales son estimados directamente de las regresiones (MCO) de la segunda etapa. Sin embargo, debe tenerse precaución en un aspecto. Los errores estándar estimados en las regresiones de la segunda etapa deben ser modificados porque, como se observó en la ecuación (20.4.6), el término de error u_t^* es, en realidad, el término de error original, u_{2t} más $\beta_{21}\hat{u}_t$. Por tanto, la varianza de u_t^* no es exactamente igual a la varianza de u_{2t} original. La modificación requerida puede realizarse fácilmente mediante la fórmula dada en el apéndice 20A, sección 20A.2.

7. Al utilizar MC2E, ténganse en mente las siguientes observaciones de Henri Theil:

> La justificación estadística de MC2E es del tipo de muestras grandes. Cuando no hay variables endógenas rezagadas,... los estimadores de los coeficientes MC2E son consistentes si las variables exógenas son constantes en muestras repetidas y si la[s] perturbacion[es] [que aparecen en las diversas ecuaciones de comportamiento o estructurales]... son independientes e idénticamente distribuidas con medias cero y varianzas finitas... Si estas dos condiciones se satisfacen, la distribución muestral de los estimadores MC2E de los coeficientes se aproxima a la normal para muestras grandes...
>
> Cuando el sistema de ecuaciones contiene variables endógenas rezagadas, la consistencia y la normalidad de muestras grandes de los estimadores MC2E de los coeficientes requieren una condición adicional,... que a medida que la muestra aumenta, el cuadrado de la media de los valores tomados por cada variable endógena rezagada converge en probabilidad hacia un límite positivo...
>
> Si las [perturbaciones que aparecen en las diversas ecuaciones estructurales] *no* están distribuidas independientemente, las variables endógenas rezagadas no son independientes del funcionamiento actual del sistema de ecuaciones..., lo que significa que estas variables no son realmente predeterminadas. Por consiguiente, si estas variables son consideradas como predeterminadas en el procedimiento MC2E, los estimadores resultantes no son consistentes[16].

20.5 MC2E EJEMPLO NUMÉRICO

Para ilustrar el método MC2E, considérese el modelo ingreso-oferta monetaria dado anteriormente en las ecuaciones (20.4.1) y (20.4.2). Como se mostró, la ecuación de la oferta monetaria está sobreidentificada. Para estimar los parámetros de esta ecuación, se acude al método de mínimos cuadrados en dos etapas. La información requerida para el análisis está dada en la tabla 20.2; esta tabla también contiene la información requerida para responder algunas de las preguntas hecha en los ejercicios.

Regresión de la etapa 1. Primero se efectúa la regresión de la variable explicativa estocástica ingreso Y_1, representada por el PIB, sobre las variables predeterminadas, inversión privada X_1 y gastos del gobierno X_2, obteniendo los siguientes resultados:

$$\hat{Y}_{1t} = 128.0355 + 0.5170 X_{1t} + 3.8126 X_{2t}$$
$$ee = (62.3531) \quad (0.4151) \quad (14.6504) \qquad\qquad (20.5.1)$$
$$t = (2.0534) \quad (1.2453) \quad (14.6504) \qquad R^2 = 0.9948$$

---

[16]Henri Theil, *Introduction to Econometrics*, Prentice-Hall, Englewood Cliffs, N.J., 1978, pp. 341-342.

TABLA 20.2

Información macroeconómica seleccionada, Estados Unidos, 1970-1991. Toda la información en miles de millones de dólares, excepto la tasa de interés

Año	Producto Interno Bruto Y_1	M_2 oferta monetaria, Y_2	Inversión doméstica privada bruta X_1	Gasto del gobierno federal X_2	Tasa de interés, %, sobre bonos del Tesoro a 6 meses X_3
1970	1,010.7	628.1	150.3	208.5	6.562
1971	1,097.2	717.2	175.5	224.3	4.511
1972	1,207.0	805.2	205.6	249.3	4.466
1973	1,349.6	861.0	243.1	270.3	7.178
1974	1,458.6	908.6	245.8	305.6	7.926
1975	1,585.9	1,023.3	226.0	364.2	6.122
1976	1,768.4	1,163.7	286.4	392.7	5.266
1977	1,974.1	1,286.6	358.3	426.4	5.510
1978	2,232.7	1,388.7	434.0	469.3	7.572
1979	2,488.6	1,496.7	480.2	520.3	10.017
1980	2,708.0	1,629.5	467.6	613.1	11.374
1981	3,030.6	1,792.9	558.0	697.8	13.776
1982	3,149.6	1,951.9	503.4	770.9	11.084
1983	3,405.0	2,186.1	546.7	840.0	8.750
1984	3,777.2	2,374.3	718.9	892.7	9.800
1985	4,038.7	2,569.4	714.5	969.9	7.660
1986	4,268.6	2,811.1	717.6	1,028.2	6.030
1987	4,539.9	2,910.8	749.3	1,065.6	6.050
1988	4,900.0	3,071.1	793.6	1,109.0	6.920
1989	5,250.8	3,227.3	832.3	1,181.6	8.040
1990	5,522.2	3,339.0	799.5	1,273.6	7.470
1991	5,677.5	3,439.8	721.1	1,332.7	5.490

Fuente: Economic Report of the President, 1993

X_1 y Y_1 (tabla B-1, p.348)

Y_2 (tabla B-65, p.423)

X_2 (tabla B-77, p.439)

X_3 (tabla B-69, p. 428)

Regresión de la etapa 2. Se estima ahora la función de oferta monetaria (20.4.2), reemplazando la Y_1 endógena por Y_1 ($= \hat{Y}_1$) estimada de (20.5.1). Los resultados son los siguientes:

$$\hat{Y}_{2t} = 34.5799 + 0.6144\,\hat{Y}_{1t}$$
$$ee = (31.5757) \quad (0.0094) \tag{20.5.2}$$
$$t = (1.0951) \quad (65.5730) \qquad R^2 = 0.9954$$

Ya se señaló que los errores estándar estimados dados en (20.5.2) deben ser corregidos en la forma sugerida en el apéndice 20.A, sección 20A.2. Realizando esta corrección (la mayoría de los paquetes econométricos estándar hacen esto rutinariamente), se obtienen los siguientes resultados:

$$\hat{Y}_{2t} = 34.5799 + 0.6144\,\hat{Y}_{1t}$$
$$ee = (30.5416) \quad (0.0091) \tag{20.5.3}$$
$$t = (1.1322) \quad (67.7933) \qquad R^2 = 0.9957$$

Como se mencionó en el apéndice 20A, sección 20A.2, los errores estándar dados en (20.5.3) no difieren mucho de aquéllos dados en (20.5.2), debido a que el R^2 en la regresión de la primera etapa es muy alto.

Regresión MCO. Con fines comparativos, se presenta la regresión de las existencias de dinero sobre el ingreso, como se muestra en (20.4.2), sin «depurar» la Y_{1t} estocástica de la influencia del término de perturbación estocástica:

$$\hat{Y}_{2t} = 39.0814 + 0.6129\,Y_{1t}$$
$$ee = (30.4576) \quad (0.0090)$$
$$t = (1.2831) \quad (67.8498) \qquad R^2 = 0.9957 \qquad (20.5.4)$$

Al comparar los resultados «inapropiados» de MCO con la regresión de la etapa 2, se observa que las dos regresiones son virtualmente iguales. ¿Significa esto que el procedimiento MC2E no tiene valor? Definitivamente no. No debe sorprender que en la situación actual los dos resultados sean prácticamente idénticos porque, como se mencionó anteriormente, el valor del R^2 en la primera etapa es muy alto, igualando prácticamente $\hat{Y}_{1t}$ con Y_{1t} observado. Por consiguiente, en este caso las regresiones MCO y de la segunda etapa serán más o menos similares. Pero no hay garantía de que esto suceda en cada aplicación. Una implicación, entonces, es que en ecuaciones sobreidentificadas no se debe aceptar el procedimiento clásico MCO sin verificar la(s) regresion(es) de la segunda etapa.

Simultaneidad entre el PIB y la oferta monetaria. Para averiguar si el PIB (Y_1) y la oferta monetaria (Y_2) son mutuamente dependientes, se utiliza la prueba de simultaneidad de Hausman analizada en el capítulo 19.

Primero, se efectúa la regresión del PIB sobre X_1 (gasto de inversión) y X_2 (gasto del gobierno), las variables exógenas en el sistema (es decir, se estima la regresión de la forma reducida). De esta regresión, se obtiene el PIB estimado y los residuales v_t, como lo sugiere la ecuación (19.4.7). Luego, se efectúa la regresión de la oferta monetaria sobre el PIB estimado y sobre $\hat{v}_t$ para obtener los siguientes resultados:

$$\hat{Y}_{2t} = 34.5799 + 0.6144\,\hat{Y}_{1t} + 0.3250\,\hat{v}_t$$
$$ee = (26.8831) + (0.0080) \quad (0.1109)$$
$$t = (1.2863) \quad (77.0193) \quad (2.9312) \qquad R^2 = 0.9968 \qquad (20.5.5)$$

Puesto que el valor t de v_t es estadísticamente significativo (el valor p es 0.0086), no se puede rechazar la hipótesis de simultaneidad entre la oferta monetaria y el PIB, lo cual no debe sorprender. (*Nota:* Hablando de manera estricta, esta conclusión es válida sólo en muestras grandes; técnicamente, a medida que el tamaño de la muestra aumenta indefinidamente).

Prueba de hipótesis. Suponga que se desea probar la hipótesis de que el ingreso no tiene efecto sobre la demanda de dinero. ¿Se puede probar esta hipótesis con la prueba t usual de la regresión estimada (20.5.2)? Sí, siempre y cuando la muestra sea grande, y siempre y cuando se corrijan los errores estándar, como se muestra en (20.5.3); se puede utilizar la prueba t para probar la significancia de un coeficiente individual y la prueba F para probar la significancia conjunta de dos o más coeficientes, utilizando la fórmula (8.5.7)[17].

¿Qué sucede si el término de error en una ecuación estructural está autocorrelacionado y/o correlacionado con el término de error de otra ecuación estructural del sistema? Una respuesta completa a este interrogante se sale del alcance de este libro y es mejor dejarla para las referencias (*véase* la referencia dada en la nota de pie de página 7). Sin embargo, existen técnicas de estimación (tales como la técnica SURE de Zellner) para manejar estas complicaciones.

---

[17]Pero hay que tener cuidado con lo siguiente: La SRC restringida y no restringida en el numerador debe ser calculada utilizando la Y proyectada (como en la etapa 2 de MC2E) y la SRC en el denominador está calculada utilizando valores observados y no proyectados de los regresores. Para una explicación sencilla a este respecto, *véase* T. Dudley Wallace y J. Lew Silver, *Econometrics: An Introduction,* Addison-Wesley, Reading, Mass., 1988, sec. 8.5.

20.6 EJEMPLOS ILUSTRATIVOS

En esta sección se consideran algunas aplicaciones de los métodos de ecuaciones simultáneas.

Ejemplo 20.1 Márgenes de publicidad, concentración y precio

Para estudiar las interrelaciones entre los márgenes de publicidad, concentración (medida por la razón de concentración) y precio-costo, Allyn D. Strickland y Lenord W. Weiss formularon el siguiente modelo de tres ecuaciones[18].

Función de intensidad de publicidad:

$$Ad/S = a_0 + a_1 M + a_2(CD/S) + a_3 C + a_4 C^2 + a_5 Gr + a_6 Dur \qquad (20.6.1)$$

Función de concentración:

$$C = b_0 + b_1(Ad/S) + b_2(MES/S) \qquad (20.6.2)$$

Función de margen precio-costo:

$$M = c_0 + c_1(K/S) + c_2 Gr + c_3 C + c_4 GD + c_5(Ad/S) + c_6(MES/S) \quad (20.6.3)$$

donde Ad = gasto en publicidad
      S = valor de los embarques
      C = razón de concentración de cuatro firmas
      CD = demanda del consumidor
      MES = escala mínima de eficiencia
      M = márgen precio/costo
      Gr = tasa de crecimiento anual de la producción industrial
      Dur = variable dicótoma para la industria de bienes durables
      K = existencias de capital
      GD = medida de la dispersión geográfica de la producción

Según las condiciones de orden para la identificación, la ecuación (20.6.2) está sobreidentificada, mientras que (20.6.1) y (20.6.3) están exactamente identificadas.

La información para el análisis provino, en gran parte, del censo de fabricantes de 1963 y cubrió 408 de las 417 industrias manufactureras de cuatro dígitos. Las tres ecuaciones fueron estimadas inicialmente por MCO, produciendo los resultados que aparecen en la tabla 20.3. Para corregir por el sesgo de ecuaciones simultáneas, los autores reestimaron el modelo utilizando MC2E. Los resultados obtenidos se presentan en la tabla 20.4. Se deja al lector la comparación de los dos resultados.

Ejemplo 20.2 Modelo I de Klein

En el ejemplo 18.6 se analizó, de manera breve, el modelo pionero de Klein. Inicialmente, el modelo fue estimado para el periodo 1920-1941. La información base está dada en la tabla 20.5, y las estimaciones de MCO, de la forma reducida y de MC2E están dadas en la tabla 20.6. Se deja al lector la interpretación de estos resultados.

---

[18]*Véase* su artículo «Advertising, Concentration, and Price-Cost Margins», *Journal of Political Economy*, vol. 84, no. 5, 1976, pp. 1109-1121.

TABLA 20.3
Estimaciones MCO de las tres ecuaciones (razones *t* en paréntesis)

	Variable dependiente		
	Ad/S Ec. (20.6.1)	C Ec. (20.6.2)	M Ec. (20.6.3)
Constante	−0.0314 (−7.45)	0.2638 (25.93)	0.1682 (17.15)
C	0.0554 (3.56)	···	0.0629 (2.89)
C^2	−0.0568 (−3.38)	···	···
M	0.1123 (9.84)	···	···
CD/S	0.0257 (8.94)	···	···
Gr	0.0387 (1.64)	···	0.2255 (2.61)
Dur	−0.0021 (−1.11)	···	···
Ad/S	···	1.1613 (3.3)	1.6536 (11.00)
MES/S	···	4.1852 (18.99)	0.0686 (0.54)
K/S	···	···	0.1123 (8.03)
GD	···	···	−0.0003 (−2.90)
R^2	0.374	0.485	0.402
g de l	401	405	401

TABLA 20.4
Estimaciones de mínimos cuadrados en dos etapas de las tres ecuaciones (razones *t* entre paréntesis)

	Variable dependiente		
	Ad/S Ec. (20.6.1)	C Ec. (20.6.2)	M Ec. (20.6.3)
Constante	−0.0245 (−3.86)	0.2591 (21.30)	0.1736 (14.66)
C	0.0737 (2.84)	···	0.0377 (0.93)
C^2	−0.0643 (−2.64)	···	···
M	0.0544 (2.01)	···	···
CD/S	0.0269 (8.96)	···	···
Gr	0.0539 (2.09)	···	0.2336 (2.61)
Dur	−0.0018 (−0.93)	···	···
Ad/S	···	1.5347 (2.42)	1.6256 (5.52)
MES/S	···	4.169 (18.84)	0.1720 (0.92)
K/S	···	···	0.1165 (7.30)
GD	···	···	−0.0003 (−2.79)

Ejemplo 20.3 Modelo de fijación de precios de activos de capital expresado como un sistema recursivo

En una aplicación poco usual de los modelos recursivos de ecuaciones simultáneas, Cheng F. Lee y W. P. Lloyd[19] estimaron el siguiente modelo para la industria petrolera:

$$R_{1t} = \alpha_1 \qquad\qquad\qquad\qquad\qquad\qquad\qquad\qquad\qquad + \gamma_1 M_t + u_{1t}$$
$$R_{2t} = \alpha_2 + \beta_{2t}R_{1t} \qquad\qquad\qquad\qquad\qquad\qquad\qquad + \gamma_2 M_t + u_{2t}$$
$$R_{3t} = \alpha_3 + \beta_{31}R_{1t} + \beta_{32}R_{2t} \qquad\qquad\qquad\qquad\quad + \gamma_3 M_t + u_{3t}$$
$$R_{4t} = \alpha_4 + \beta_{41}R_{1t} + \beta_{42}R_{2t} + \beta_{43}R_{3t} \qquad\qquad\quad + \gamma_4 M_t + u_{4t}$$
$$R_{5t} = \alpha_5 + \beta_{51}R_{1t} + \beta_{52}R_{2t} + \beta_{53}R_{3t} + \beta_{54}R_{4t} \qquad + \gamma_5 M_t + u_{5t}$$
$$R_{6t} = \alpha_6 + \beta_{61}R_{1t} + \beta_{62}R_{2t} + \beta_{63}R_{3t} + \beta_{64}R_{4t} + \beta_{65}R_{5t} \quad + \gamma_6 M_t + u_{6t}$$
$$R_{7t} = \alpha_7 + \beta_{71}R_{1t} + \beta_{72}R_{2t} + \beta_{73}R_{3t} + \beta_{74}R_{4t} + \beta_{75}R_{5t} + \beta_{76}R_{6t} + \gamma_7 M_t + u_{7t}$$

---

[19]«The Capital Asset Pricing Model Expressed as a Recursive System: An Empirical Investigation» *Journal of Financial and Quantitative Analysis*, junio, 1976, pp. 237-249.

TABLA 20.5
Información base para el modelo I de Klein

Año	C*	P	W	I	K₋₁	X	W'	G	T
1920	39.8	12.7	28.8	2.7	180.1	44.9	2.2	2.4	3.4
1921	41.9	12.4	25.5	−0.2	182.8	45.6	2.7	3.9	7.7
1922	45.0	16.9	29.3	1.9	182.6	50.1	2.9	3.2	3.9
1923	49.2	18.4	34.1	5.2	184.5	57.2	2.9	2.8	4.7
1924	50.6	19.4	33.9	3.0	189.7	57.1	3.1	3.5	3.8
1925	52.6	20.1	35.4	5.1	192.7	61.0	3.2	3.3	5.5
1926	55.1	19.6	37.4	5.6	197.8	64.0	3.3	3.3	7.0
1927	56.2	19.8	37.9	4.2	203.4	64.4	3.6	4.0	6.7
1928	57.3	21.1	39.2	3.0	207.6	64.5	3.7	4.2	4.2
1929	57.8	21.7	41.3	5.1	210.6	67.0	4.0	4.1	4.0
1930	55.0	15.6	37.9	1.0	215.7	61.2	4.2	5.2	7.7
1931	50.9	11.4	34.5	−3.4	216.7	53.4	4.8	5.9	7.5
1932	45.6	7.0	29.0	−6.2	213.3	44.3	5.3	4.9	8.3
1933	46.5	11.2	28.5	−5.1	207.1	45.1	5.6	3.7	5.4
1934	48.7	12.3	30.6	−3.0	202.0	49.7	6.0	4.0	6.8
1935	51.3	14.0	33.2	−1.3	199.0	54.4	6.1	4.4	7.2
1936	57.7	17.6	36.8	2.1	197.7	62.7	7.4	2.9	8.3
1937	58.7	17.3	41.0	2.0	199.8	65.0	6.7	4.3	6.7
1938	57.5	15.3	38.2	−1.9	201.8	60.9	7.7	5.3	7.4
1939	61.6	19.0	41.6	1.3	199.9	69.5	7.8	6.6	8.9
1940	65.0	21.1	45.0	3.3	201.2	75.7	8.0	7.4	9.6
1941	69.7	23.5	53.3	4.9	204.5	88.4	8.5	13.8	11.6

* La interpretación de los encabezamientos de las columnas se describe en el ejemplo 18.6.

Fuente: Esta información de G. S. Maddala, *Econometrics*, McGraw-Hill, New York, 1977, p. 238.

donde R_1 = tasa de retorno sobre el título-valor 1 (= Imperial Oil)
  R_2 = tasa de retorno sobre el título-valor 2 (= Sun Oil)
  .
  .
  .
  R_7 = tasa de retorno sobre el título-valor 7 (= Standard of Indiana)
  M_t = tasa de retorno sobre el índice de mercado
  u_{it} = perturbaciones (i = 1,2,...,7)

Antes de presentar los resultados, la pregunta obvia es: ¿Cómo se selecciona cuál es el título-valor 1, cuál es el título-valor 2 y así sucesivamente? Lee y Lloyd responden esta pregunta en forma empírica. Efectúan la regresión de la tasa de retorno del título-valor i sobre las tasas de retorno de los seis títulos-valores restantes y observan el R^2 resultante. Así obtienen siete regresiones de este tipo. Entonces ordenan los valores R^2 estimados, de menor a mayor. El título- valor que tiene el menor R^2 se selecciona como título- valor 1 y el que tiene el R^2 mayor se selecciona como 7. La idea detrás de esto es intuitivamente simple. Si el R^2 de la tasa de retorno de, por ejemplo, Imperial Oil, es el más bajo con respecto a los seis títulos-valores restantes, esto sugiere que este título-valor es el menos afectado por los movimientos en los retornos de los demás títulos-valores. Por consiguiente, el ordenamiento causal, de existir, va de este título-valor hacia los otros y no hay retroalimentación procedente de los otros títulos-valores.

Aunque se puede objetar este enfoque puramente experimental del ordenamiento causal, en la tabla 20.7 se presentan los resultados empíricos.

TABLA 20.6*
Estimaciones MCO, forma reducida y MC2E del modelo I de Klein

MC0:

$$C = 16.237 + 0.193P + 0.796(W + W') + 0.089P_{-1} \qquad \bar{R}^2 = 0.978 \qquad DW = 1.367$$
$$\quad\;\;(1.203)\;\;(0.091)\;\;\;\;(0.040)\;\;\;\;\;\;\;\;\;\;\;\;(0.090)$$

$$I = 10.125 + 0.479P + 0.333P_{-1} - 0.112K_{-1} \qquad \bar{R}^2 = 0.919 \qquad DW = 1.810$$
$$\quad\;\;(5.465)\;\;(0.097)\;\;(0.100)\;\;\;\;\;\;(0.026)$$

$$W = 0.064 + 0.439X + 0.146X_{-1} + 0.130t \qquad \bar{R}^2 = 0.985 \qquad DW = 1.958$$
$$\quad\;\;(1.151)\;(0.032)\;\;\;\;(0.037)\;\;\;\;\;(0.031)$$

Forma reducida:

$$P = 46.383 + 0.813P_{-1} - 0.213K_{-1} + 0.015X_{-1} + 0.297t - 0.926T + 0.443G$$
$$\quad\;\;(10.870)\;(0.444)\;\;\;\;(0.067)\;\;\;\;(0.252)\;\;\;\;(0.154)\;\;(0.385)\;\;(0.373)$$

$$\bar{R}^2 = 0.753 \qquad DW = 1.854$$

$$W + W' = 40.278 + 0.823P_{-1} - 0.144K_{-1} + 0.115X_{-1} + 0.881t - 0.567T + 0.859G$$
$$\quad\;\;\;\;\;\;\;(8.787)\;(0.359)\;\;\;\;(0.054)\;\;\;\;(0.204)\;\;\;\;(0.124)\;\;(0.311)\;\;(0.302)$$

$$\bar{R}^2 = 0.949 \qquad DW = 2.395$$

$$X = 78.281 + 1.724P_{-1} - 0.319K_{-1} + 0.094X_{-1} + 0.878t - 0.565T + 1.317G$$
$$\quad\;\;(18.860)\;(0.771)\;\;\;\;(0.110)\;\;\;\;(0.438)\;\;\;\;(0.267)\;\;(0.669)\;\;(0.648)$$

$$\bar{R}^2 = 0.882 \qquad DW = 2.049$$

MC2E:

$$C = 16.543 + 0.019P + 0.810(W + W') + 0.214P_{-1} \qquad \bar{R}^2 = 0.9726$$
$$\quad\;\;(1.464)\;\;(0.130)\;\;\;\;(0.044)\;\;\;\;\;\;\;\;\;\;\;\;(0.118)$$

$$I = 20.284 + 0.149P + 0.616P_{-1} - 0.157K_{-1} \qquad \bar{R}^2 = 0.8643$$
$$\quad\;\;(8.361)\;\;(0.191)\;\;(0.180)\;\;\;\;\;\;(0.040)$$

$$W = 0.065 + 0.438X + 0.146X_{-1} + 0.130t \qquad \bar{R}^2 = 0.9852$$
$$\quad\;\;(1.894)\;(0.065)\;\;\;\;(0.070)\;\;\;\;\;(0.053)$$

* La interpretación de las variables se presenta en el ejemplo 18.6 (errores estándar en paréntesis).

Fuente: G. S. Maddala, *Econometrics*, McGraw-Hill, New York, 1977, p. 242.

En el ejercicio 5.5 se introdujo la *línea característica* de la teoría de inversión moderna que es simplemente la regresión de la tasa de retorno del título-valor *i* sobre la tasa de retorno del mercado. El coeficiente de pendiente, conocido como el *coeficiente Beta*, es una medida de la volatilidad del retorno del título-valor. Los resultados de la regresión de Lee-Lloyd sugieren que hay relaciones intraindustriales significativas entre los retornos de los títulos-valores, aparte de la influencia común del mercado representadas por el portafolio del mercado. Así, el rendimiento de Standard de Indiana depende no solamente de la tasa de retorno del mercado sino, además, de las tasas de retorno de Shell Oil, Phillips Petroleum y Union Oil. Para plantear la idea en forma diferente, el movimiento de la tasa de retorno de Standard de Indiana puede explicarse mejor si, además de la tasa de retorno del mercado, se consideran las tasas de retorno obtenidas por Shell Oil, Phillips Petroleum y Union Oil.

TABLA 20.7
Estimaciones del sistema recursivo para la industria del petróleo

	Variables dependientes en forma lineal						
	Standard de Indiana	Shell Oil	Phillips Petroleum	Union Oil	Standard de Ohio	Sun Oil	Imperial Oil
Standard de Indiana							
Shell Oil	0.2100* (2.859)						
Phillips Petroleum	0.2293* (2.176)	0.0791 (1.065)					
Union Oil	0.1754* (2.472)	0.2171* (3.177)	0.2225* (2.337)				
Standard de Ohio	−0.0794 (−1.294)	0.0147 (0.235)	0.4248* (5.501)	0.1468* (1.735)			
Sun Oil	0.1249 (1.343)	0.1710* (1.843)	0.0472 (0.355)	0.1339 (0.908)	0.0499 (0.271)		
Imperial Oil	−0.1077 (−1.412)	0.0526 (0.6804)	0.0354 (0.319)	0.1580 (1.290)	−0.2541* (−1.691)	0.0828 (0.971)	
Constante	0.0868 (0.681)	−0.0384 (1.296)	−0.0127 (−0.068)	−0.2034 (0.986)	0.3009 (1.204)	0.2013 (1.399)	0.3710* (2.161)
Índice de mercado	0.3681* (2.165)	0.4997* (3.039)	0.2884 (1.232)	0.7609* (3.069)	0.9089* (3.094)	0.7161* (4.783)	0.6432* (3.774)
R^2	0.5020	0.4658	0.4106	0.2532	0.0985	0.2404	0.1247
Durbin-Watson	2.1083	2.4714	2.2306	2.3468	2.2181	2.3109	1.9592

* Denota significancia al nivel del 0.10 o mejor para la prueba de dos colas.

Nota: Los valores t aparecen en paréntesis debajo de los coeficientes.

Fuente: Cheng F. Lee y W. P. Lloyd, *op. cit.*, tabla 3b.

Ejemplo 20.4 Forma revisada del modelo de San Luis[20]

El conocido y controversial modelo de San Luis, desarrollado originalmente a finales de la década de los años sesenta, ha sido revisado con alguna frecuencia. Una de tales revisiones se presenta en la tabla 20.8 y los resultados empíricos basados en este modelo revisado están dados en la tabla 20.9. (*Nota:* Un punto sobre una variable representa la tasa de crecimiento de dicha variable.) El modelo consiste básicamente de las ecuaciones (1), (2), (4) y (5) de la tabla 20.8; las otras ecuaciones representan las definiciones. La ecuación (1) fue estimada por MCO. Las ecuaciones (1), (2) y (4) fueron estimadas utilizando el método de rezagos distribuidos de Almon con (puntos extremos) restricciones sobre los coeficientes. En donde es relevante, las ecuaciones fueron corregidas por correlación serial de primer orden (ρ_1) y/o correlación serial de segundo orden(ρ_2).

---

[20]*Review*, Federal Reserve Bank of St. Louis, mayo, 1982, p. 14.

TABLA 20.8
El modelo de San Luis

(1) $\quad \dot{Y}_1 = C1 + \sum_{i=0}^{4} CM_i(\dot{M}_{t-i}) + \sum_{i=0}^{4} CE(\dot{E}_{t-i}) + \varepsilon1_t$

(2) $\quad \dot{P}_t = C2 + \sum_{i=1}^{4} CPE_i(\dot{PE}_{t-i}) + \sum_{i=0}^{5} CD_i(\dot{X}_{t-i} - \dot{XF}_{t-i}^*)$
$\qquad\qquad + CPA(\dot{PA}_t + CDUM1(DUM1) + CDUM2(DUM2) + \varepsilon2_t$

(3) $\quad \dot{PA}_t = \sum_{i=1}^{21} CPRL_i(\dot{P}_{t-i})$

(4) $\quad RL_t = C3 + \sum_{i=0}^{20} CPRL_i(\dot{P}_{t-i}) + \varepsilon3_t$

(5) $\quad U_t - UF_t = CG(GAP_t) + CG1(GAP_{t-1}) + \varepsilon4_t$

(6) $\quad Y_t = (P_t/100)(X_t)$

(7) $\quad \dot{Y}_t = [(Y_t/Y_{t-i})^4 - 1]100$

(8) $\quad \dot{X}_t = [(X_t/X_{t-i})^4 - 1]100$

(9) $\quad \dot{P}_t = [(P_t/P_{t-i})^4 - 1]100$

(10) $\quad GAP_t = [(XF_t/X_t)/XF_t]100$

(11) $\quad XF_t^* = [(XF_t/X_{t-1})^4 - 1]100$

Y = PNB nominal
M = existencias de dinero (M1)
E = gastos que arrojan un alto nivel de empleo
P = deflactor PNB (1972 = 100)
PE = precio relativo de la energía
X = producción en dólares de 1972
XF = producción potencial (Rasche/Tatom)
RL = tasa de bonos empresariales
U = tasa de desempleo
UF = tasa de desempleo en pleno empleo
DUM1 = variable dicótoma de control (1971-III a 1973-I= 1; 0 en los
demás casos)
DUM2 = variable dicótoma de control posterior (1973-II a 1975-I =
1; 0 en los demás casos)
Fuente: Federal Reserve Bank of St. Louis, *Review*, mayo, 1982, p. 14.

Al examinar los resultados, se observa que la tasa de crecimiento de la oferta monetaria es el determinante principal de la tasa de crecimiento del PNB (nominal) y no la tasa de crecimiento de los gastos de generación de un alto nivel de empleo. La suma de los coeficientes M es 1.06, lo cual sugiere que un uno por ciento (sostenido) de incremento en la oferta monetaria conduce, en promedio, a cerca de un 1.06% de incremento en el PNB nominal. Por otra parte, la suma de los coeficientes E, alrededor de 0.05, sugiere que un cambio en el gasto de generación de niveles altos de empleo por parte del gobierno tiene poco impacto sobre la tasa de crecimiento del PNB nominal. Se deja al lector interpretar los resultados de las demás regresiones que aparecen en la tabla 20.9.

TABLA 20.9
Estimación dentro de muestra: 1960-I a 1980-IV (valor absoluto del estadístico *t* entre paréntesis)

(1) $\quad \dot{Y}_t = 2.44 + 0.40\dot{M}_t + 0.39\dot{M}_{t-1} + 0.22\dot{M}_{t-2} + 0.06\dot{M}_{t-3}$
$\qquad\quad (2.15)\ (3.38)\qquad (5.06)\qquad (2.18)\qquad (0.82)$

$\qquad\quad -0.01\dot{M}_{t-4} + 0.06\dot{E}_t + 0.02\dot{E}_{t-1} - 0.02\dot{E}_{t-2}$
$\qquad\qquad (0.11)\qquad (1.46)\quad (0.63)\qquad (0.57)$

$\qquad\qquad -0.02\dot{E}_{t-3} + 0.01\dot{E}_{t-4}$
$\qquad\qquad\ (0.52)\qquad (0.34)$

$\qquad R^2 = 0.39 \quad ee = 3.50 \quad DW = 2.02$

(2) $\quad \dot{P}_t = 0.96 + 0.01\dot{PE}_{t-1} + 0.04\dot{PE}_{t-2} - 0.01\dot{PE}_{t-3}$
$\qquad\quad (2.53)\ (0.75)\qquad (1.96)\qquad (0.73)$

$\qquad\qquad + 0.02\dot{PE}_{t-4} - 0.00(\dot{X}_t - \dot{XF}_t^*) + 0.01(\dot{X}_{t-1} - \dot{XF}_{t-1}^*)$
$\qquad\qquad\ (1.38)\qquad\quad (0.18)\qquad\qquad (1.43)$

$\qquad\qquad + 0.02(\dot{X}_{t-2} - \dot{XF}_{t-2}^*) + 0.02(\dot{X}_{t-3} - \dot{XF}_{t-3}^*)$
$\qquad\qquad\ (4.63)\qquad\qquad\quad (3.00)$

$\qquad\qquad + 0.02(\dot{X}_{t-4} - \dot{XF}_{t-4}^*) + 0.01(\dot{X}_{t-5} - \dot{XF}_{t-5}^*) + 1.03(\dot{PA}_t)$
$\qquad\qquad\ (2.42)\qquad\qquad\quad (2.16)\qquad\qquad\quad (10.49)$

$\qquad\qquad - 0.61(DUM1_t) + 1.65(DUM2_t)$
$\qquad\qquad\ (1.02)\qquad\qquad (2.71)$

$\qquad R^2 = 0.80 \quad ee = 1.28 \quad DW = 1.97 \quad \hat{\rho} = 0.12$

(4) $\quad RL_t = 2.97 + 0.96 \sum\limits_{i=0}^{20} \dot{P}_{t-i}$
$\qquad\quad (3.12)\ (5.22)$

$\qquad R^2 = 0.32 \quad ee = 0.33 \quad DW = 1.76 \quad \hat{\rho} = 0.94$

(5) $\quad U_t - UF_t = 0.28(GAP_t) + 0.14(GAP_{t-1})$
$\qquad\qquad\quad (11.89)\qquad\quad (6.31)$

$\qquad R^2 = 0.63 \quad ee = 0.17 \quad DW = 1.95 \quad \hat{\rho}_1 = 1.43 \quad \hat{\rho}_2 = 0.52$

Fuente: Federal Reserve Bank of St. Louis, mayo, 1982, p. 14.

20.7 RESUMEN Y CONCLUSIONES

1. Suponiendo que una ecuación en un modelo de ecuaciones simultáneas está identificada (en forma exacta o sobreidentificada), se dispone de diversos métodos para estimarla.
2. Estos métodos se clasifican en dos categorías generales: *Métodos uniecuacionales* y *métodos de sistema.*
3. Por razones de economía, errores de especificación, etc., los métodos uniecuacionales son los más comunes. Una característica única de estos métodos es que es posible estimar aisladamente una ecuación que hace parte de un modelo multiecuacional sin preocuparse mucho de las otras ecuaciones del sistema. (*Nota:* Para fines de identificación, sin embargo, las demás ecuaciones en el sistema sí cuentan.)
4. Tres métodos uniecuacionales comúnmente utilizados son: **MCO, MCI** y **MC2E.**
5. Aunque MCO en general es inapropiado en el contexto de los modelos de ecuaciones simultáneas, éste puede ser aplicado a los llamados **modelos recursivos** en donde hay una relación causa y efecto definida pero unidireccional entre las variables endógenas.

6. El método de MCI es apropiado para ecuaciones precisas o exactamente identificadas. Mediante este método, se aplica MCO a la ecuación en la forma reducida y es a partir de los coeficientes de dicha forma que se estiman los coeficientes estructurales originales.

7. El método de MC2E está diseñado en especial para ecuaciones sobreidentificadas, aunque también puede ser aplicado a ecuaciones exactamente identificadas. Pero, entonces los resultados de MC2E y MCI son idénticos. La idea básica detrás de MC2E es reemplazar la variable explicativa endógena (estocástica) por una combinación lineal de variables predeterminadas en el modelo y utilizar esta combinación como variable explicativa en lugar de la variable endógena original. El método MC2E se parece entonces al **método de estimación de variable instrumental** en el cual la combinación lineal de las variables predeterminadas sirve como instrumento o variable aproximada para el regresor endógeno.

8. Una característica importante de mencionar sobre MCI y MC2E es que las estimaciones obtenidas son consistentes, es decir, a medida que el tamaño de la muestra aumenta indefinidamente, las estimaciones convergen hacia sus verdaderos valores poblacionales. Las estimaciones pueden no satisfacer las propiedades de muestra pequeña tales como el insesgamiento y la varianza mínima. Por consiguiente, los resultados obtenidos mediante la aplicación de estos métodos a muestras pequeñas y las inferencias obtenidas de ellos deben ser interpretados con la debida precaución.

EJERCICIOS

Preguntas

20.1 Determínese si cada una de las siguientes afirmaciones es verdadera o falsa:
(a) El método de MCO no es aplicable para estimar una ecuación estructural en un modelo de ecuaciones simultáneas.
(b) En caso de que una ecuación no sea identificada, MC2E no es aplicable.
(c) El problema de simultaneidad no surge en un modelo recursivo de ecuaciones simultáneas.
(d) Los problemas de simultaneidad y de exogeneidad significan lo mismo.
(e) El MC2E y otros métodos de estimación de ecuaciones estructurales tienen propiedades estadísticas deseables solamente en muestras grandes.
(f) En general, en los modelos de ecuaciones simultáneas, no existe un concepto similar al de R^2.
*(g) El MC2E y otros métodos de estimación de ecuaciones estructurales no son aplicables si los errores ecuacionales están autocorrelacionados y/o están correlacionados entre ecuaciones.
(h) Si una ecuación está exactamente identificada, MCI y MC2E dan resultados idénticos.

20.2. ¿Por qué no es necesario aplicar el método de mínimos cuadrados en dos etapas a ecuaciones exactamente identificadas?

20.3. Considérese el siguiente modelo keynesiano modificado de determinación del ingreso:

$$C_t = \beta_{10} + \beta_{11}Y_t + u_{1t}$$
$$I_t = \beta_{20} + \beta_{21}Y_t + \beta_{22}Y_{t-1} + u_{2t}$$
$$Y_t = C_t + I_t + G_t$$

donde C = gasto de consumo
    I = gasto de inversión
    Y = ingreso
    G = gasto del gobierno
    G_t y Y_{t-1} se suponen predeterminados.

---

*Opcional.

(a) Obténganse las ecuaciones de la forma reducida y determínense cuáles de las ecuaciones anteriores están identificadas (en forma exacta o sobreidentificadas).

(b) ¿Cuál método se puede utilizar para estimar los parámetros de la ecuación sobreidentificada y de la ecuación exactamente identificada? Justifíquese la respuesta.

20.4. Considérense los siguientes resultados:*

$$\text{MCO}: \quad \dot{W}_t = 0.276 + 0.258\dot{P}_t + 0.046\dot{P}_{t-1} + 4.959V_t \qquad R^2 = 0.924$$

$$\text{MCO}: \quad \dot{P}_t = 2.693 + 0.232\dot{W}_t - 0.544\dot{X}_t + 0.247\dot{M}_t + 0.064\dot{M}_{t-1} \qquad R^2 = 0.982$$

$$\text{MC2E}: \quad \dot{W}_t = 0.272 + 0.257\dot{P}_t + 0.046\dot{P}_{t-1} + 4.966V_t \qquad R^2 = 0.920$$

$$\text{MC2E}: \quad \dot{P}_t = 2.686 + 0.233\dot{W}_t - 0.544\dot{X}_t + 0.246\dot{M}_t + 0.046\dot{M}_{t-1} \qquad R^2 = 0.981$$

donde $\dot{W}_t$, $\dot{P}_t$, $\dot{M}_t$ y $\dot{X}_t$ son los cambios porcentuales en las ganancias, los precios, los precios de importación y la productividad laboral (todos los cambios porcentuales se calculan con base en el año anterior), respectivamente, y donde V_t representa las vacantes de empleo sin llenar (porcentaje del número total de empleados).

«Puesto que los resultados de MCO y de MC2E son prácticamente idénticos, MC2E no tiene significado». Coméntese.

†20.5. Supóngase que la producción está caracterizada por la función de producción Cobb-Douglas

$$Q_i = AK_i^\alpha L_i^\beta$$

donde
- Q = producción
- K = insumo capital
- L = insumo trabajo
- A, α y β = parámetros
- i = firma iésima

dado el precio de la producción final P, el precio del trabajo W y el precio del capital R, y suponiendo maximización de utilidades, se obtiene el siguiente modelo empírico de producción:

Función de producción:

$$\ln Q_i = \ln A + \alpha \ln K_i + \beta \ln L_i + \ln u_{1i} \qquad (1)$$

Función del producto marginal del trabajo:

$$\ln Q_i = -\ln \beta + \ln L_i + \ln \frac{W}{P} + \ln u_{2i} \qquad (2)$$

Función del producto marginal del capital:

$$\ln Q_i = -\ln \alpha + \ln K_i + \ln \frac{R}{P} + \ln u_{3i} \qquad (3)$$

donde u_1, u_2 y u_3 son las perturbaciones estocásticas.

En el modelo anterior hay tres ecuaciones con tres variables endógenas Q, L y K. P, R y W son exógenas.

Fuente: Prices and Earnings in 1951-1969: An Econometric Assessment, Department of Employment, United Kingdom, Her Majesty's Stationery Office, London, 1971, p. 30.

†Opcional.

(a) ¿Cuáles problemas se encuentran al estimar el modelo si $\alpha + \beta = 1$, es decir, cuando hay rendimientos constantes a escala?

(b) Aun si $\alpha + \beta \neq 1$, ¿se pueden estimar las ecuaciones? Respóndase considerando la identificación del sistema.

(c) Si el sistema no está identificado, ¿qué puede hacerse para convertirlo en identificable?

   Nota: Las ecuaciones (2) y (3) se obtienen al diferenciar Q con respecto al trabajo y al capital, respectivamente, igualándolos a W/P y R/P, transformando las expresiones resultantes en logaritmos y agregando (el logaritmo de) los términos de perturbación.

20.6. Considérese el siguiente modelo de demanda y oferta de dinero:

$$Demanda\ de\ dinero: \qquad M_t^d = \beta_0 + \beta_1 Y_1 + \beta_2 R_t + \beta_3 P_t + u_{1t}$$

$$Oferta\ de\ dinero: \qquad M_t^s = \alpha_0 + \alpha_1 Y_t + u_{2t}$$

donde M = dinero
   Y = ingreso
   R = tasa de interés
   P = precio

Supóngase que R y P están predeterminados.

(a) ¿Está identificada la función de demanda?

(b) ¿Está identificada la función de oferta?

(c) ¿Cuál método se utilizaría para estimar los parámetros de la(s) ecuación(es) identificada(s)? ¿Por qué?

(d) Supóngase que se modifica la función de oferta agregando las variables explicativas Y_{t-1} y M_{t-1}. ¿Qué sucede con el problema de identificación? ¿Se utilizaría aún el método que utilizó en (c)? ¿Por qué o por qué no?

20.7. Refiérase al ejercicio 18.10. Para el sistema de dos ecuaciones se obtuvieron las ecuaciones de la forma reducida y se estimaron sus parámetros. Estímese la regresión de mínimos cuadrados indirectos del consumo sobre el ingreso y compárense los resultados con la regresión MCO.

Problemas

20.8. Considérese el siguiente modelo:

$$R_t = \beta_0 + \beta_1 M_t + \beta_2 Y_t + u_{1t}$$

$$Y_t = \alpha_0 + \alpha_1 R_t + u_{2t}$$

donde M_t (oferta monetaria) es exógena, R_t es la tasa de interés y Y_t es el PIB.

(a) ¿Cómo se justificaría el modelo?

(b) ¿Están identificadas las ecuaciones?

(c) Utilizando la información dada en la tabla 20.2, estímense los parámetros de las ecuaciones identificadas. Justifíquese el(los) método(s) que se utilizan.

20.9. Supóngase que en el ejercicio 20.8 se cambia el modelo de la siguiente manera:

$$R_t = \beta_0 + \beta_1 M_t + \beta_2 Y_t + \beta_3 Y_{t-1} + u_{1t}$$

$$Y_t = \alpha_0 + \alpha_1 R_t + u_{2t}$$

(a) Averígüese si el sistema está identificado.

(b) Utilizando la información dada en la tabla 20.2, estímense los parámetros de la(s) ecuación(es) identificada(s).

20.10. Considérese el siguiente modelo:

$$R_t = \beta_0 + \beta_1 M_t + \beta_2 Y_t + u_{1t}$$

$$Y_t = \alpha_0 + \alpha_1 R_t + \alpha_2 I_t + u_{2t}$$

donde las variables están definidas como en el ejercicio 20.8. Considerando I (inversión doméstica) y M exógenamente, determínese la identificación del sistema. Utilizando la información de la tabla 20.2, estímense los parámetros de la(s) ecuación(es) identificada(s).

20.11. Supóngase que se cambia el modelo del ejercicio 20.10 de la siguiente manera:

$$R_t = \beta_0 + \beta_1 M_t + \beta_2 Y_t + u_{1t}$$

$$Y_t = \alpha_0 + \alpha_1 R_t + \alpha_2 I_t + u_{2t}$$

$$I_t = \gamma_0 + \gamma_1 R_t + u_{3t}$$

Supóngase que M está determinado exógenamente.

(*a*) Determínese cuáles ecuaciones están identificadas.

(*b*) Estímese los parámetros de la(s) ecuación(es) identificada(s) utilizando la información de la tabla 20.2. Justifíquese el(los) método(s).

20.12. Verifíquense los errores estándar presentados en (20.5.3)

20.13. Retórnese al modelo de demanda-oferta dado en las ecuaciones (20.3.1) y (20.3.2). Supóngase que la función de oferta se altera de la siguiente manera:

$$Q_t = \beta_0 + \beta_1 P_{t-1} + u_{2t}$$

donde P_{t-1} es el precio que prevale en el periodo anterior.

(*a*) Si X (gasto) y P_{t-1} están predeterminados, ¿existe un problema de simultaneidad?

(*b*) Si existe, ¿están determinadas cada una de las funciones de demanda y de oferta? Si lo están, obténganse las ecuaciones de la forma reducida y estímeselas basados en la información dada en la tabla 20.1.

(*c*) ¿Pueden derivarse los coeficientes estructurales a partir de los coeficientes de la forma reducida? Muéstrense los cálculos necesarios.

20A.1 SESGO EN LOS ESTIMADORES DE MÍNIMOS CUADRADOS INDIRECTOS

Para mostrar que los estimadores MCI, aunque consistentes, están sesgados, se utiliza el modelo de demanda y oferta dado en las ecuaciones (20.3.1) y (20.3.2). De (20.3.10), se obtiene

$$\hat{\beta}_1 = \frac{\hat{\Pi}_3}{\hat{\Pi}_1}$$

Ahora

$$\hat{\Pi}_3 = \frac{\sum q_t x_t}{\sum x_t^2} \quad \text{utilizando (20.3.7)}$$

y

$$\hat{\Pi}_1 = \frac{\sum p_t x_t}{\sum x_t^2} \quad \text{utilizando (20.3.5)}$$

Por consiguiente, al sustituir, se obtiene

$$\hat{\beta}_1 = \frac{\sum q_t x_t}{\sum p_t x_t} \tag{1}$$

Al utilizar (20.3.3) y (20.3.4), se obtiene

$$p_t = \Pi_1 x_t + (w_t - \bar{w}) \tag{2}$$
$$q_t = \Pi_3 x_t + (v_t - \bar{v}) \tag{3}$$

donde $\bar{w}$ y $\bar{v}$ son los valores de las medias de w_t y v_t, respectivamente.

Al sustituir (2) y (3) en (1), se obtiene

$$\hat{\beta}_1 = \frac{\Pi_3 \sum x_t^2 + \sum (v_t - \bar{v}) x_t}{\Pi_1 \sum x_t^2 + \sum (w_t - \bar{w}) x_t}$$

$$= \frac{\Pi_3 + \sum (v_t - \bar{v}) x_t / \sum x_t^2}{\Pi_1 + \sum (w_t - \bar{w}) x_t / \sum x_t^2} \tag{4}$$

Puesto que el operador de valor esperado E es un operador lineal, no se puede obtener la esperanza de (4), aunque está claro que generalmente $\hat{\beta}_1 \neq (\Pi_3/\Pi_1)$. (¿Por qué?)

Pero, a medida que el tamaño de la muestra tiende a infinito, se puede obtener

$$\text{plim}(\hat{\beta}_1) = \frac{\text{plim}\,\Pi_3 + \text{plim} \sum (v_t - \bar{v}) x_t / \sum x_t^2}{\text{plim}\,\Pi_1 + \text{plim} \sum (w_t - \bar{w}) x_t / \sum x_t^2} \tag{5}$$

donde se hace uso de las propiedades de plim, a saber, que

$$\text{plim}(A + B) = \text{plim}\,A + \text{plim}\,B \quad \text{y} \quad \text{plim}\left(\frac{A}{B}\right) = \frac{\text{plim}\,A}{\text{plim}\,B}$$

Ahora bien, a medida que el tamaño de la muestra aumenta indefinidamente, el segundo término en el denominador y el numerador de (5) tiende a cero (¿por qué?), generando

$$\text{plim} (\hat{\beta}_1) = \frac{\Pi_3}{\Pi_1} \tag{6}$$

lo que muestra que, aunque $\hat{\beta}_1$ sea sesgado, éste es un estimador consistente de β_1.

20.A.2 ESTIMACIÓN DE LOS ERRORES ESTÁNDAR DE LOS ESTIMADORES MC2E

El propósito de este apéndice es mostrar que los errores estándar de las estimaciones, obtenidos de la regresión de la segunda etapa del procedimiento MC2E, utilizando la fórmula aplicable en la estimación MCO, no son estimaciones «apropiadas» de los «verdaderos» errores estándar. Para ver esto, se utiliza el modelo del ingreso-oferta monetaria dado en (20.4.1) y (20.4.2). Se estiman los parámetros de la función de oferta monetaria sobreidentificada a partir de la regresión de segunda etapa como

$$Y_{2t} = \beta_{20} + \beta_{21}\hat{Y}_{1t} + u_t^* \tag{20.4.6}$$

donde

$$u_t^* = u_{2t} + \beta_{21}\hat{u}_t \tag{7}$$

Ahora bien, cuando se efectúa la regresión (20.4.6), el error estándar de $\hat{\beta}_{21}$, por ejemplo, se obtiene de la siguiente expresión:

$$\text{var}(\hat{\beta}_{21}) = \frac{\hat{\sigma}_{u^*}^2}{\sum \hat{y}_{1t}^2} \tag{8}$$

donde

$$\hat{\sigma}_{u^*}^2 = \frac{\sum (\hat{u}_t^*)^2}{n - 2} = \frac{\sum (Y_{2t} - \hat{\beta}_{20} - \hat{\beta}_{21}\hat{Y}_{1t})^2}{n - 2} \tag{9}$$

Pero $\sigma_{u^*}^2$ no es lo mismo que $\hat{\sigma}_{u_2}^2$, puesto que el último es una estimación insesgada de la verdadera varianza de u_2. Esta diferencia puede verificarse fácilmente en (7). Para obtener la verdadera $\hat{\sigma}_{u_2}^2$ (como se definió anteriormente), se procede de la siguiente manera:

$$\hat{u}_{2t} = Y_{2t} - \hat{\beta}_{20} - \hat{\beta}_{21}Y_{1t}$$

donde $\hat{\beta}_{20}$ y $\hat{\beta}_{21}$ son las estimaciones de la regresión de la segunda etapa. Por tanto,

$$\hat{\sigma}_{u_2}^2 = \frac{\sum (Y_{2t} - \hat{\beta}_{20} - \hat{\beta}_{21}Y_{1t})^2}{n - 2} \tag{10}$$

Obsérvese la diferencia entre (9) y (10): en (10) se utiliza el Y_1 observado más que el Y_1 estimado de la regresión de la primera etapa.

Después de estimar (10), la forma más fácil de corregir los errores estándar de los coeficientes estimados en la regresión de la segunda etapa es multiplicar cada uno de ellos por $\hat{\sigma}_{u_2}/\hat{\sigma}_{u^*}$. Obsérvese que si Y_{1t} y $\hat{Y}_{1t}$ están muy cerca uno del otro, es decir, el R^2 en la regresión de la primera etapa es muy alto, el factor de corrección $\hat{\sigma}_{u_2}/\hat{\sigma}_{u^*}$ estará cercano a 1, en cuyo caso, los errores estándar estimados en la regresión de la segunda etapa pueden ser considerados como estimaciones verdaderas. En otras situaciones se deberá utilizar el factor de corrección anterior.

ECONOMETRÍA DE SERIES DE TIEMPO

L as series de tiempo han adquirido un uso tan frecuente e intensivo en la investigación empírica, que los econometristas han empezado recientemente a prestar cuidadosa atención a ese tipo de información. En el capítulo 1 se hizo énfasis en un supuesto implícito en el cual se basa el análisis de regresión que considera series de tiempo, esto es, que dichas series son **estacionarias**. De no ser este el caso, el procedimiento convencional de prueba de hipótesis, basado en las pruebas t, F, ji-cuadrado y otras pruebas similares, será de dudosa aceptación. En los capítulos 21 y 22 se considerarán en detalle las series de tiempo.

En el capítulo 21 se define primero el concepto de serie de tiempo estacionaria y luego se desarrollan pruebas para determinar si una serie de tiempo es estacionaria. Para este fin, se introducen algunos conceptos relacionados, tales como **raíz unitaria, caminata aleatoria** y **serie de tiempo integrada**. Luego, se diferencia entre serie de tiempo **estacionaria alrededor de una tendencia (TS)** y **estacionaria en diferencia (DS)**, y se señalan sus implicaciones prácticas. Un problema común en las regresiones que contienen series de tiempo es el fenómeno de la **regresión espuria**; aquí se analizarán sus implicaciones prácticas. Se introduce luego el concepto de **cointegración** y se señala su importancia en la investigación empírica. Todos estos conceptos están bien ilustrados.

En el capítulo 22, el enfoque principal está en la proyección utilizando series de tiempo. Si se supone que una serie de tiempo es estacionaria o que puede convertirse en estacionaria mediante la(s) transformación(es) apropiadas, se muestra cómo **el diseño de modelos ARIMA,** hecho popular por Box y Jenkins, puede ser utilizado para predecir. En este capítulo se analiza también un método de proyección alterno, conocido como **vectores autorregresivos** (VAR) y se consideran sus ventajas sobre los modelos econométricos de proyección de ecuaciones simultáneas tradicionales. Mediante ejemplos apropiados, se muestra la forma como se realiza la proyección mediante ARIMA Y VAR.

Estos dos capítulos son apenas un bosquejo de la econometría de series de tiempo. Esta es una de las áreas más activas de la investigación econométrica y se han escrito ya diversos libros especializados sobre este tema. El objetivo de estos dos capítulos es solamente introducir al lector al atractivo mundo de la econometría de series de tiempo.

ECONOMETRÍA DE SERIES DE TIEMPO I: ESTACIONARIEDAD, RAICES UNITARIAS Y COINTEGRACIÓN

En el capítulo 1 se mencionó que uno de los dos tipos importantes de información utilizada en el análisis empírico son las series de tiempo. En este capítulo y el siguiente se estudia en detalle tal información ya que ésta plantea diversos desafíos a econometristas y practicantes.

Primero, el trabajo empírico basado en series de tiempo supone que la serie de tiempo en cuestión es **estacionaria**. Aunque en el capítulo 1 se introdujo una idea intuitiva de estacionariedad, este concepto se analiza con más detalle en este capítulo. Más específicamente, se tratará de averiguar el significado de **estacionariedad** y la razón por la cual debe preocupar el hecho de que una serie de tiempo no sea estacionaria.

Segundo, al efectuar la regresión de una variable de serie de tiempo sobre otra variable de serie de tiempo, con frecuencia se obtiene un R^2 muy elevado aunque no haya una relación significativa entre las dos. Esta situación ejemplifica el problema de la **regresión espuria** (*véase* sección 8.2). Este problema surge porque si las dos series de tiempo involucradas presentan **tendencias** fuertes (movimientos sostenidos hacia arriba o hacia abajo), el alto R^2 observado se debe a la presencia de la tendencia y no a la verdadera relación entre las dos. Por consiguiente, es muy importante averiguar si la relación entre las variables económicas es verdadera o es espuria. En este capítulo se verá la forma como puede surgir una regresión espuria cuando las series de tiempo no son estacionarias.

Tercero, los modelos de regresión que consideran series de tiempo se utilizan frecuentemente para predicción. En vista de lo expuesto antes, se desea saber si tal predicción es válida cuando las series de tiempo sobre las cuales se basa no son estacionarias.

En lo restante de este capítulo, se estudian en detalle las series de tiempo estacionarias.

21.1 UNA OJEADA A ALGUNAS SERIES DE TIEMPO ECONÓMICAS DE LOS ESTADOS UNIDOS

Para definir el escenario, examínense las series de tiempo dadas en la tabla 21.1, que presenta información sobre cinco series de tiempo económicas de los Estados Unidos para periodos trimestrales entre 1970 y 1991, con un total de 88 observaciones para cada serie de tiempo. Las series son el Producto Interno Bruto (PIB), el ingreso personal disponible (IPD), el gasto de consumo personal (GCP), las utilidades y los dividendos.

En la figura 21.1 se grafica la información correspondiente al PIB, al IPD y al GCP de la tabla 21.1, y la figura 21.2 presenta las otras dos series de tiempo.

Graficar la información es usualmente el primer paso en el análisis de cualquier serie de tiempo. La primera impresión que se tiene de las graficadas en las figuras 21.1 y 21.2 es que todas parecen tender hacia arriba, aunque la tendencia no es suave, especialmente en la serie de utilidades. En realidad, éstas son ejemplos de **series de tiempo no estacionarias**. ¿Qué significa eso? La respuesta se da a continuación.

21.2 PROCESO ESTOCÁSTICO ESTACIONARIO

Cualquier serie de tiempo puede ser generada por un **proceso estocástico** o **aleatorio**; y un conjunto concreto de información, como el que muestra la tabla 21.1, puede ser considerado como una **realización** (particular) (por ejemplo, una muestra) del proceso estocástico subyacente. La distin-

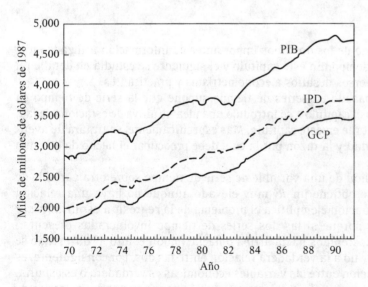

FIGURA 21.1
PIB, IPD Y GCP, Estados Unidos, 1970-1991 (trimestral).

TABLA 21.1
Información macroeconómica, Estados Unidos,
1970-I a 1991-IV

Trimestre	PIB	IPD	GCP	Utilidades	Dividendos
1970–I	2,872.8	1,990.6	1,800.5	44.7	24.5
1970–II	2,860.3	2,020.1	1,807.5	44.4	23.9
1970–III	2,896.6	2,045.3	1,824.7	44.9	23.3
1970–IV	2,873.7	2,045.2	1,821.2	42.1	23.1
1971–I	2,942.9	2,073.9	1,849.9	48.8	23.8
1971–II	2,947.4	2,098.0	1,863.5	50.7	23.7
1971–III	2,966.0	2,106.6	1,876.9	54.2	23.8
1971–IV	2,980.8	2,121.1	1,904.6	55.7	23.7
1972–I	3,037.3	2,129.7	1,929.3	59.4	25.0
1972–II	3,089.7	2,149.1	1,963.3	60.1	25.5
1972–III	3,125.8	2,193.9	1,989.1	62.8	26.1
1972–IV	3,175.5	2,272.0	2,032.1	68.3	26.5
1973–I	3,253.3	2,300.7	2,063.9	79.1	27.0
1973–II	3,267.6	2,315.2	2,062.0	81.2	27.8
1973–III	3,264.3	2,337.9	2,073.7	81.3	28.3
1973–IV	3,289.1	2,382.7	2,067.4	85.0	29.4
1974–I	3,259.4	2,334.7	2,050.8	89.0	29.8
1974–II	3,267.6	2,304.5	2,059.0	91.2	30.4
1974–III	3,239.1	2,315.0	2,065.5	97.1	30.9
1974–IV	3,226.4	2,313.7	2,039.9	86.8	30.5
1975–I	3,154.0	2,282.5	2,051.8	75.8	30.0
1975–II	3,190.4	2,390.3	2,086.9	81.0	29.7
1975–III	3,249.9	2,354.4	2,114.4	97.8	30.1
1975–IV	3,292.5	2,389.4	2,137.0	103.4	30.6
1976–I	3,356.7	2,424.5	2,179.3	108.4	32.6
1976–II	3,369.2	2,434.9	2,194.7	109.2	35.0
1976–III	3,381.0	2,444.7	2,213.0	110.0	36.6
1976–IV	3,416.3	2,459.5	2,242.0	110.3	38.3
1977–I	3,466.4	2,463.0	2,271.3	121.5	39.2
1977–II	3,525.0	2,490.3	2,280.8	129.7	40.0
1977–III	3,574.4	2,541.0	2,302.6	135.1	41.4
1977–IV	3,567.2	2,556.2	2,331.6	134.8	42.4
1978–I	3,591.8	2,587.3	2,347.1	137.5	43.5
1978–II	3,707.0	2,631.9	2,394.0	154.0	44.5
1978–III	3,735.6	2,653.2	2,404.5	158.0	46.6
1978–IV	3,779.6	2,680.9	2,421.6	167.8	48.9
1979–I	3,780.8	2,699.2	2,437.9	168.2	50.5
1979–II	3,784.3	2,697.6	2,435.4	174.1	51.8
1979–III	3,807.5	2,715.3	2,454.7	178.1	52.7
1979–IV	3,814.6	2,728.1	2,465.4	173.4	54.5
1980–I	3,830.8	2,742.9	2,464.6	174.3	57.6
1980–II	3,732.6	2,692.0	2,414.2	144.5	58.7
1980–III	3,733.5	2,722.5	2,440.3	151.0	59.3
1980–IV	3,808.5	2,777.0	2,469.2	154.6	60.5
1981–I	3,860.5	2,783.7	2,475.5	159.5	64.0
1981–II	3,844.4	2,776.7	2,476.1	143.7	68.4
1981–III	3,864.5	2,814.1	2,487.4	147.6	71.9
1981–IV	3,803.1	2,808.8	2,468.6	140.3	72.4
1982–I	3,756.1	2,795.0	2,484.0	114.4	70.0
1982–II	3,771.1	2,824.8	2,488.9	114.0	68.4

TABLA 21.1 (continuación)

Trimestre	PIB	IPD	GCP	Utilidades	Dividendos
1982–III	3,754.4	2,829.0	2,502.5	114.6	69.2
1982–IV	3,759.6	2,832.6	2,539.3	109.9	72.5
1983–I	3,783.5	2,843.6	2,556.5	113.6	77.0
1983–II	3,886.5	2,867.0	2,604.0	133.0	80.5
1983–III	3,944.4	2,903.0	2,639.0	145.7	83.1
1983–IV	4,012.1	2,960.6	2,678.2	141.6	84.2
1984–I	4,089.5	3,033.2	2,703.8	155.1	83.3
1984–II	4,144.0	3,065.9	2,741.1	152.6	82.2
1984–III	4,166.4	3,102.7	2,754.6	141.8	81.7
1984–IV	4,194.2	3,118.5	2,784.8	136.3	83.4
1985–I	4,221.8	3,123.6	2,824.9	125.2	87.2
1985–II	4,254.8	3,189.6	2,849.7	124.8	90.8
1985–III	4,309.0	3,156.5	2,893.3	129.8	94.1
1985–IV	4,333.5	3,178.7	2,895.3	134.2	97.4
1986–I	4,390.5	3,227.5	2,922.4	109.2	105.1
1986–II	4,387.7	3,281.4	2,947.9	106.0	110.7
1986–III	4,412.6	3,272.6	2,993.7	111.0	112.3
1986–IV	4,427.1	3,266.2	3,012.5	119.2	111.0
1987–I	4,460.0	3,295.2	3,011.5	140.2	108.0
1987–II	4,515.3	3,241.7	3,046.8	157.9	105.5
1987–III	4,559.3	3,285.7	3,075.8	169.1	105.1
1987–IV	4,625.5	3,335.8	3,074.6	176.0	106.3
1988–I	4,655.3	3,380.1	3,128.2	195.5	109.6
1988–II	4,704.8	3,386.3	3,147.8	207.2	113.3
1988–III	4,734.5	3,407.5	3,170.6	213.4	117.5
1988–IV	4,779.7	3,443.1	3,202.9	226.0	121.0
1989–I	4,809.8	3,473.9	3,200.9	221.3	124.6
1989–II	4,832.4	3,450.9	3,208.6	206.2	127.1
1989–III	4,845.6	3,466.9	3,241.1	195.7	129.1
1989–IV	4,859.7	3,493.0	3,241.6	203.0	130.7
1990–I	4,880.8	3,531.4	3,258.8	199.1	132.3
1990–II	4,900.3	3,545.3	3,258.6	193.7	132.5
1990–III	4,903.3	3,547.0	3,281.2	196.3	133.8
1990–IV	4,855.1	3,529.5	3,251.8	199.0	136.2
1991–I	4,824.0	3,514.8	3,241.1	189.7	137.8
1991–II	4,840.7	3,537.4	3,252.4	182.7	136.7
1991–III	4,862.7	3,539.9	3,271.2	189.6	138.1
1991–IV	4,868.0	3,547.5	3,271.1	190.3	138.5

Notas: PIB (Producto Interno Bruto), miles de millones de dólares de 1987, p. A-96.

IPD (Ingreso Personal Disponible), miles de millones de dólares de 1987, p. A-112.

GCP (Gastos de Consumo Personal), miles de millones de dólares de 1987, p. A-96.

Utilidades (utilidades empresariales después de impuestos), miles de millones de dólares, p. A-110.

Dividendos (Pagos de dividendos empresariales netos), miles de millones de dólares, p. A-110.

Fuente: Departamento de Comercio de los Estados Unidos, Oficina de Análisis Económico, *Business Statistics, 1963-1991*, junio, 1992.

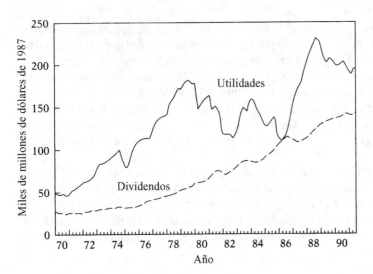

FIGURA 21.2
Utilidades y dividendos, Estados Unidos, 1970-1991 (trimestral).

ción entre un proceso estocástico y su realización es semejante a la distinción entre la información de corte transversal poblacional y muestral. De la misma manera como se utiliza información muestral para inferir sobre una población, en las series de tiempo se utiliza la realización para inferir sobre el proceso estocástico subyacente. Un tipo de proceso estocástico que ha recibido gran atención y que ha sido objeto de escrutinio por parte de los analistas de series de tiempo es el llamado **proceso estocástico estacionario**.

En términos generales, *se dice que un proceso estocástico es estacionario si su media y su varianza son constantes en el tiempo y si el valor de la covarianza entre dos periodos depende solamente de la distancia o rezago entre estos dos periodos de tiempo y no del tiempo en el cual se ha calculado la covarianza*[1].

Para explicar esta afirmación, sea Y_t una serie de tiempo estocástica con estas propiedades:

Media :	$E(Y_t) = \mu$	(21.2.1)
Varianza :	$\text{var}(Y_t) = E(Y_t - \mu)^2 = \sigma^2$	(21.2.2)
Covarianza :	$\gamma_k = E[(Y_t - \mu)(Y_{t+k} - \mu)]$	(21.2.3)

donde γ_k, la covarianza (o autocovarianza) al rezago k, es la covarianza entre los valores de Y_t y Y_{t+k}, es decir, entre dos valores Y que están separados k periodos. Si $k = 0$, se obtiene γ_0, que es simplemente la varianza de Y ($= \sigma^2$); si $k = 1$, γ_1 es la covarianza entre dos valores adyacentes de Y, el tipo de covarianza encontrada en el capítulo 12 cuando se estudió el tema de la autocorrelación.

Supóngase que el origen de Y se desplaza de Y_t hasta Y_{t+m}. Ahora, si se espera que Y_t sea estacionaria, la media, la varianza y la covarianza de Y_{t+m} deben ser las mismas que las de Y_t. En resumen, si una serie de tiempo es estacionaria, su media, su varianza y su autocovarianza (en los diferentes rezagos) permanecen iguales sin importar el momento en el cual se midan.

---

[1]En la literatura de series de tiempo, un proceso estocástico como éste se conoce como un **proceso estocástico débilmente estacionario**. Para efectos de este capítulo, y en la mayoría de las situaciones prácticas, tal tipo de estacionariedad será suficiente.

Si una serie de tiempo no es estacionaria en el sentido antes definido, se denomina una **serie de tiempo no estacionaria** (hay que tener en mente que se está hablando sólo de estacionariedad débil); algunas veces la no estacionariedad puede deberse a un desplazamiento en la media.

Para visualizar todo esto, considérese la figura 21.3. La figura 21.3a presenta observaciones anuales desde 1872 hasta 1986 de la tasa de retorno real sobre el índice de acciones S&P 500, y la figura 21.3b presenta, de manera trimestral, la dispersión de las tasas de interés (o diferencia entre tasas de interés de largo y corto plazo) del Reino Unido para el periodo comprendido entre 1952 y 1988. La primera es un ejemplo de series de tiempo estacionarias y la segunda de una serie de tiempo no estacionaria.

Al mirar las series de tiempo económicas de los Estados Unidos en las figuras 21.1 y 21.2, se tiene la «sensación» de que éstas no son estacionarias porque, a primera vista, por lo menos, la media, la varianza y las autocovarianzas de las series individuales no parecen ser invariantes en el tiempo. ¿Cómo se puede estar seguro de que la figura 21.3a representa una serie de tiempo estacionaria y de que las figuras 21.3b, 21.1 y 21.2 representan series de tiempo no estacionarias? Esta pregunta se analiza en la siguiente sección.

21.3 PRUEBA DE ESTACIONARIEDAD BASADA EN EL CORRELOGRAMA

Una prueba sencilla de estacionariedad está basada en la denominada **función de autocorrelación** (ACF). La ACF al rezago k, denotada por ρ_k, se define como

$$\rho_k = \frac{\gamma_k}{\gamma_0}$$

$$= \frac{\text{covarianza al regazo } k}{\text{varianza}}$$

Obsérvese que si $k = 0$, $\rho_0 = 1$. (¿Por qué?)

Puesto que la covarianza y la varianza están medidas en las mismas unidades, ρ_k es un número sin unidad de medida, o puro. Se encuentra entre -1 y $+1$, igual que cualquier coeficiente de correlación. Si se grafica ρ_k frente a k, la gráfica obtenida se conoce como **correlograma poblacional**.

Puesto que, en la práctica, sólo se tiene una realización de un proceso estocástico (es decir, la muestral), solamente se puede calcular la **función de autocorrelación muestral**, $\hat{\rho}_k$. Para tal efecto, se debe calcular primero la **covarianza muestral** al rezago k, $\hat{\gamma}_k$, y la **varianza muestral**, $\hat{\gamma}_0$, que están definidas como[2]

$$\hat{\gamma}_k = \frac{\sum (Y_t - \bar{Y})(Y_{t+k} - \bar{Y})}{n} \tag{21.3.2}$$

$$\hat{\gamma}_0 = \frac{\sum (Y_t - \bar{Y})^2}{n} \tag{21.3.3}$$

donde n es el tamaño de la muestra y $\bar{Y}$ es la media muestral.

---

[2]Estrictamente hablando, se debe dividir la covarianza muestral al rezago k por $(n-k)$ y la varianza muestral por $(n-1)$ en lugar de n (¿por qué?). Sin embargo, en muestras grandes esto no debe ocasionar una gran diferencia.

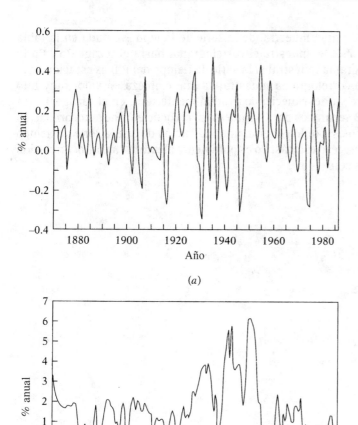

FIGURA 21.3

Ejemplos de series de tiempo estacionarias y no estacionarias: *(a)* Índice S&P 500 (retornos reales 1872-1986): Una serie de tiempo estacionaria; *(b)* Dispersión de la tasa de interés en el Reino Unido (trimestral 1952-I-1988-IV): Una serie de tiempo no estacionaria. (*Fuente:* Terence C. Mills. *The Econometric Modelling of Financial Time Series*, Cambridge University Press, New York, 1993, pp. 25 y 27).

Por consiguiente, la función de autocorrelación muestral al rezago k es

$$\hat{\rho}_k = \frac{\hat{\gamma}_k}{\hat{\gamma}_0} \qquad (21.3.4)$$

que es simplemente la razón entre la covarianza y varianza muestrales. La gráfica de $\hat{\rho}_k$ frente a k se conoce como **correlograma muestral**.

La figura 21.4 presenta el correlograma muestral de la serie de tiempo PIB dada en la tabla 21.1, obtenida de MICRO TSP, versión 7.0. Se muestra el correlograma hasta el rezago 25[3]. En la figura 21.4, ¿cómo se indica el correlograma muestral si la serie de tiempo del PIB es estacionaria? Una característica importante de este correlograma muestral es que empieza en valor muy alto (alrededor de 0.97 en el rezago 1) y se va desvaneciendo gradualmente. Aun en el rezago 14 (es decir, la correlación entre valores del PIB separados por 14 trimestres) el coeficiente de autocorrelación es considerable: 0.5. Este tipo de patrón es, por lo general, una indicación de que la serie de tiempo es no estacionaria. En contraste, si un proceso estocástico es puramente aleatorio, su autocorrelación en cualquier rezago mayor que cero es cero.

FIGURA 21.4
Correlograma, PIB, Estados Unidos,
1970-I a 1991-IV

Rezago	Muestra ACF ($\hat{\rho}_k$)	
1	0.969	* * * * * * * * * * * * *
2	0.935	* * * * * * * * * * * *
3	0.901	* * * * * * * * * * * *
4	0.866	* * * * * * * * * * *
5	0.830	* * * * * * * * * * *
6	0.791	* * * * * * * * * *
7	0.752	* * * * * * * * * *
8	0.713	* * * * * * * * *
9	0.675	* * * * * * * * *
10	0.638	* * * * * * * *
11	0.601	* * * * * * * *
12	0.565	* * * * * * *
13	0.532	* * * * * * *
14	0.500	* * * * * *
15	0.468	* * * * * *
16	0.437	* * * * * *
17	0.405	* * * * *
18	0.375	* * * * *
19	0.344	* * * * *
20	0.313	* * * * *
21	0.279	* * * * *
22	0.246	* * *
23	0.214	* * *
24	0.182	* *
25	0.153	* *

Intervalo de confianza al 95%

Nota: Estadística Q Box-Pierce: 792.98
Estadístico Ljung-Box (LB): 891.25

---

[3]Aunque hay pruebas sobre la longitud máxima del rezago que debe ser utilizado en los cálculos, en la práctica generalmente se utilizan rezagos que van hasta una tercera parte del tamaño muestral. Pero este asunto, con frecuencia, es subjetivo.

La significancia estadística de cualquier $\hat{\rho}_k$ puede ser evaluada por su error estándar. Bartlett ha demostrado que si una serie de tiempo es puramente aleatoria, es decir, presenta **ruido blanco** (*véase* sección 21.4), los coeficientes de autocorrelación muestral están distribuidos en forma *aproximadamente* normal con media cero y varianza $1/n$, donde n es el tamaño de la muestra[4]. Para la serie, $n = 88$, lo que implica una varianza de $1/88$ o un error estándar de $1/\sqrt{88} = 0.1066$. Entonces, siguiendo las propiedades de la distribución normal estándar, el intervalo de confianza al 95% para cualquier ρ_k será $\pm 1.96(0.1066) = 0.2089$ a cualquier lado del cero. Así, si un ρ_k estimado se encuentra dentro del intervalo $(-0.2089, 0.2089)$, no se rechaza la hipótesis de que el verdadero ρ_k es cero. Pero, si se encuentra por fuera de este intervalo de confianza, entonces se puede rechazar la hipótesis de que el verdadero ρ_k sea cero. El intervalo de confianza del 95% se muestra como dos líneas sólidas en la figura 21.4.

En la figura 21.4, el lector puede ver que todos los coeficientes $\hat{\rho}_k$ hasta el rezago 23 son estadísticamente significativos de manera individual, es decir, significativamente diferentes de cero.

Para probar la *hipótesis conjunta* de que todos los coeficientes de autocorrelación ρ_k son simultáneamente iguales a cero, se puede utilizar la **estadística Q** desarrollada por Box y Pierce, que está definida como

$$Q = n \sum_{k=1}^{m} \hat{\rho}_k^2 \qquad (21.3.5)$$

donde $n = $ tamaño de la muestra
       $m = $ longitud del rezago

La estadística Q está repartida *aproximadamente* (es decir, en grandes muestras) como la distribución ji-cuadrado con m g de l. En una aplicación, si la Q calculada excede el valor Q crítico de la tabla ji-cuadrado al nivel de significancia seleccionado, se puede rechazar la hipótesis nula de que todos los ρ_k son iguales a cero; por lo menos algunos de ellos deben ser diferentes de cero.

Una variante de la estadística Q de Box-Pierce es la **estadística Ljung-Box (LB)** que está definida como[5]

$$LB = n(n+2) \sum_{k=1}^{m} \left(\frac{\hat{\rho}_k^2}{n-k} \right) \sim \chi_m^2 \qquad (21.3.6)$$

Aunque en muestras grandes tanto la estadístico Q como la LB siguen la distribución ji-cuadrado con m g de l, se ha encontrado que la estadística LB posee mejores propiedades de muestra pequeña (más potente, en el sentido estadístico) que la estadística Q.

Para la información del PIB, la estadística Q basada en 25 rezagos es alrededor de 793, y el estadístico LB alrededor de 891, siendo ambos altamente significativos; los valores p de obtener tales valores ji cuadrado son prácticamente cero. Por consiguiente, la conclusión es que no todos los ρ_k de nuestro PIB son cero.

Con base en el correlograma, la conclusión general es que la serie de tiempo PIB dada en la tabla 21.1 no es estacionaria.

---

[4]M. S. Bartlett, "On the Theoretical Specification of Sampling Properties of Autocorrelated Time Series", *Journal of the Royal Statistical Society*, Series B, vol. 27, 1946, pp. 27-41.

[5]G. M. Ljung y G. P. E. Box, "On a Measure of Lack of Fit in Time Series Models", *Biometrika*, vol. 66, 1978, pp. 66-72.

21.4 PRUEBA DE RAÍZ UNITARIA
SOBRE ESTACIONARIEDAD

Una prueba alternativa sobre estacionariedad que se ha hecho popular recientemente se conoce como la **prueba de raíz unitaria**. La forma más fácil de introducir esta prueba es considerar el siguiente modelo:

$$Y_t = Y_{t-1} + u_t \tag{21.4.1}$$

donde u_t es el término de error estocástico que sigue los supuestos clásicos, a saber: tiene media cero, varianza constante σ^2 y no está autocorrelacionado. Un término de error con tales propiedades es conocido también como **término de error ruido blanco** en la terminología de ingeniería[6]. Del capítulo 12, el lector reconocerá que la ecuación (21.4.1) es una regresión de primer orden, o AR(1), en la cual se efectúa la regresión del valor de Y en el tiempo t sobre su valor en el tiempo $(t-1)$. Ahora bien, si el coeficiente de Y_{t-1} es en realidad igual a 1, surge lo que se conoce como el **problema de raíz unitaria**, es decir, una situación de no estacionariedad[7]. Por consiguiente, si se efectúa la regresión

$$Y_t = \rho Y_{t-1} + u_t \tag{21.4.2}$$

y se encuentra que $\rho = 1$, entonces se dice que la variable estocástica Y_t tiene una raíz unitaria. En econometría (de series de tiempo) una serie de tiempo que tiene una raíz unitaria se conoce como una **caminata aleatoria**. Una caminata aleatoria es un ejemplo de una serie de tiempo no estacionaria[8]. Por ejemplo, los precios de activos tales como las acciones, siguen una caminata aleatoria, es decir, no son estacionarios. En el apéndice a este capítulo se observa que una caminata aleatoria representa una serie de tiempo no estacionaria.

La ecuación (21.4.2) con frecuencia se expresa en forma alternativa como

$$\Delta Y_t = (\rho - 1)Y_{t-1} + u_t$$
$$= \delta Y_{t-1} + u_t \tag{21.4.3}$$

donde $\delta = (\rho - 1)$ y donde Δ, como es sabido, es el operador de *primera diferencia* introducido en el capítulo 12. Obsérvese que $\Delta Y_t = (Y_t - Y_{t-1})$. Haciendo uso de esta definición, el lector puede ver fácilmente que (21.4.2) y (21.4.3) son iguales. Sin embargo, ahora la hipótesis nula es que $\delta = 0$ (¿por qué?).

Si δ es en realidad 0, se puede escribir (21.4.3) como

$$\Delta Y_t = (Y_t - Y_{t-1}) = u_t \tag{21.4.4}$$

La ecuación (21.4.4) dice que la primera diferencia de una serie de tiempo de caminata aleatoria ($= u_t$) es una serie de tiempo estacionaria porque, por supuestos, u_t es puramente aleatoria.

---

[6]*Obsérvese* que si los u_t no sólo no están autocorrelacionados sino que también son independientes, entonces tal término de error se denomina **ruido blanco estricto**. *Obsérvese* también que si el término de error está autocorrelacionado, como se muestra más adelante en el análisis de la **prueba de Dickey-Fuller aumentada (ADF)**, puede darse cabida fácilmente a esta contingencia.

[7]Un punto técnico: se puede escribir (21.4.1) como $Y_t - Y_{t-1} = u_t$. Ahora bien, utilizando el operador de rezagos L de tal manera que $LY_t = Y_{t-1}$, $L^2 Y_t = Y_{t-2}$ y así sucesivamente, se puede escribir (21.4.1) como $(1-L)Y_t = u_t$. El término *raíz unitaria* se refiere a la raíz del polinomio en el operador de rezago.

[8]A menudo, la caminata aleatoria es comparada con caminata de una persona ebria. Al dejar el bar, el ebrio se mueve a una distancia aleatoria u_t en el tiempo t y si él o ella continúa caminando indefinidamente, se alejarán cada vez más del bar. Lo mismo se dice acerca de los precios de las acciones. El precio de las acción hoy es igual al precio de la acción ayer más un «shock» o innovación aleatoria.

Ahora bien, si una serie de tiempo ha sido diferenciada una vez y la serie diferenciada resulta ser estacionaria, se dice que la serie original (caminata aleatoria) es **integrada de orden** 1, y se denota por I(1). En forma similar, si la serie original debe ser diferenciada dos veces (es decir, debe tomarse la primera diferencia de la primera diferencia) para hacerla estacionaria, se dice que la serie original es **integrada de orden** 2, o I(2). En general, si una serie de tiempo debe ser diferenciada d veces, se dice que ésta es integrada de orden d o I(d). Así, siempre que se disponga de una serie de tiempo integrada de orden 1 o más, se tiene una serie de tiempo no estacionaria. Por convención, si $d = 0$, el proceso resultante I(0) representa una serie de tiempo estacionaria. Se utilizarán en forma sinónima los términos *proceso estacionario* y *proceso I(0)*.

Para averiguar si una serie de tiempo Y_t (por ejemplo PIB) es no estacionaria, efectúese la regresión (21.4.2) y determínese si $\hat{\rho}$ es estadísticamente igual a 1 o, en forma equivalente, estímese (21.4.3) y determínese si $\hat{\delta} = 0$ con base en, por ejemplo, el estadístico t. Infortunadamente, el valor t así obtenido no sigue la distribución t de Student aun en muestras grandes.

Bajo la hipótesis nula de que $\rho = 1$, el estadístico t calculado convencionalmente se conoce como el **estadístico τ (tau)**, cuyos valores críticos han sido tabulados por Dickey y Fuller con base en simulaciones de Monte Carlo[9]. En la literatura, la **prueba tau** se conoce como la **prueba Dickey-Fuller (DF)**, en honor a sus descubridores. Obsérvese que, si la hipótesis nula de que $\rho = 1$ es rechazada (es decir, la serie de tiempo es estacionaria), se puede utilizar la prueba t usual (de Student).

En su forma más simple, se estima una regresión como (21.4.2), se divide el coeficiente ρ estimado por su error estándar para calcular el estadístico τ de Dickey-Fuller y se consultan las tablas de Dickey-Fuller para ver si la hipótesis nula $\rho = 1$ es rechazada. Sin embargo, estas tablas no son totalmente adecuadas y han sido ampliadas por MacKinnon a través de simulaciones de Monte Carlo[10]. Paquetes estadísticos tales como **ET, MICRO TSP** y **SHAZAM**, dan los valores críticos de Dickey-Fuller y de MacKinnon del estadístico DF.

Si el valor absoluto calculado del *estadístico* τ (es decir, $|\tau|$) excede los valores absolutos τ críticos de DF o de MacKinnon, DF, entonces no se rechaza la hipótesis de que la serie de tiempo dada es estacionaria. Si, por el contrario, éste es menor que el valor crítico, la serie de tiempo es no estacionaria[11].

Por razones teóricas y prácticas, la prueba Dickey-Fuller se aplica a regresiones efectuadas en las siguientes formas:

$$\Delta Y_t = \delta Y_{t-1} + u_t \qquad\qquad (21.4.3)$$

$$\Delta Y_t = \beta_1 + \delta Y_{t-1} + u_t \qquad\qquad (21.4.5)$$

$$\Delta Y_t = \beta_1 + \beta_2 t + \delta Y_{t-1} + u_t \qquad\qquad (21.4.6)$$

donde t es la variable de tiempo o tendencia. En cada caso, la hipótesis nula es que $\delta = 0$, es decir, que hay una raíz unitaria. La diferencia entre (21.4.3) y las otras dos regresiones se encuentra en la inclusión de la constante (el intercepto) y el término de tendencia.

---

[9]D. A. Dickey y W. A. Fuller, «Distribution of the Estimators for Autoregressive Time Series with a Unit Root», *Journal of the American Statistical Association* vol. 74, 1979, pp. 427-431. *Véase* también W. A. Fuller, *Introduction to Statistical Time Series*, John Wiley & Sons, New York, 1976.

[10]J. G. MacKinnon, «Critical Values of Cointegration Tests», en R. F. Engle y C. W. J. Granger, eds., *Long-Run Economic Relationships: Readings in Cointegration*, Chapter 13, Oxford University Press, New York, 1991.

[11]Si se efectúa la regresión en la forma de (21.4.3), el estadístico τ estimado usualmente tiene un signo negativo. Por consiguiente, un valor negativo de τ grande generalmente es un indicativo de estacionariedad.

Si el término de error u_t está autocorrelacionado, se modifica (21.4.6) de la siguiente manera:

$$\Delta Y_t = \beta_1 + \beta_2 t + \delta Y_{t-1} + \alpha_i \sum_{i=1}^{m} \Delta Y_{t-i} + \varepsilon_t \qquad (21.4.7)$$

donde, por ejemplo, $\Delta Y_{t-1} = (Y_{t-1} - Y_{t-2})$, $\Delta Y_{t-2} = (Y_{t-2} - Y_{t-3})$, etc.;, es decir, se utilizan términos en diferencia rezagados. El número de términos en diferencia rezagados que debe incluirse con frecuencia se determina empíricamente, siendo la idea incluir suficientes términos, de tal manera que el término de error en (21.4.7) sea serialmente independiente. La hipótesis nula continúa siendo que $\delta = 0$ o $\rho = 1$, es decir, que existe una raíz unitaria en Y (es decir, Y es no estacionaria). Cuando se aplica la prueba DF a modelos como (21.4.7), ésta se llama **prueba Dickey-Fuller aumentada (ADF)**. El estadístico de prueba ADF posee la misma distribución asintótica que el estadístico DF, de manera que pueden utilizarse los mismos valores críticos.

¿Es el PIB de los Estados Unidos una serie estacionaria?

Para ilustrar la prueba DF, se utiliza la información del PIB dada en la tabla 21.1. Con base en **MICRO TSP 7.0**, las regresiones correspondientes a (21.4.5) y (21.4.6) dieron los siguientes resultados:

$$\widehat{\Delta PIB}_t = 32.9693 - 0.0025\, PIB_{t-1}$$
$$t = \quad (1.3304)\ (-0.3932) \qquad\qquad (21.4.8)$$
$$r^2 = 0.0018 \qquad d = 1.3520$$

$$\widehat{\Delta PIB}_t = 183.9751 + 1.3949t - 0.0579\, PIB_{t-1}$$
$$t = \quad (1.7877) \quad (1.5111)\,(-1.5563) \qquad (21.4.9)$$
$$R^2 = 0.0286 \qquad d = 1.3147$$

Para los fines presentes, lo importante es el estadístico t (= tau) de la variable PIB_{t-1}. Obsérvese que la hipótesis nula es que $\delta = 0$, lo que significa que $\rho = 1$, o raíz unitaria. Ahora bien, en el modelo (21.4.8), los estadísticos τ críticos al 1%, 5% y 10%, como han sido calculados por MacKinnon, son -3.5073, -2.8951 y -2.5844, respectivamente. Puesto que el valor τ calculado es -0.3932, que en términos absolutos es menor que los valores críticos al 1%, 5% o 10%, no se rechaza la hipótesis nula de que $\delta = 0$, es decir, la serie PIB presenta una raíz unitaria, que es otra forma de decir que la serie PIB es no estacionaria. Con base en la prueba del correlograma analizada anteriormente, se debía haber anticipado esta conclusión.

Para el modelo (21.4.9), los valores críticos de τ al 1%, 5% y 10% son -4.0673, -3.4620 y -3.1570, respectivamente. El valor calculado t (= tau) de -1.5563 para el PIB_{t-1} no es estadísticamente significativo, lo cual sugiere de nuevo que $\delta = 0$ o que hay una raíz unitaria en la información del PIB. A propósito, *obsérvese que los valores DF críticos dependen de si hay un término constante y/o un término de tendencia.*

Para hacer posible la correlación serial en u_t, se puede utilizar un modelo como (21.4.7) y luego aplicar la **prueba ADF**; obsérvese que el estadístico d de Durbin-Watson dado en (21.4.8) y (21.4.9) sugiere tal posibilidad. Al permitir un valor rezagado de las primeras diferencias del PIB, se obtienen los siguientes resultados de regresión[12]:

---

[12]El hecho de incluir dos valores rezagados de ΔPIB no cambió los resultados materialmente.

$$\widehat{\Delta PIB}_t = 233.0806 + 1.8922t - 0.0787\, PIB_{t-1} + \Delta PIB_{t-1}$$
$$t = \quad (2.3848) \quad (2.1522) \quad (-2.2153) \qquad (3.4647) \qquad (21.4.10)$$
$$R^2 = 0.1526 \qquad d = 2.0858$$

Puesto que el d de Durbin-Watson ha aumentado, tal vez hubo correlación serial. Pero obsérvese que el $\tau = -2.2153$ está aún por debajo de los valores críticos ADF de -4.0673 (1%), -3.4620 (5%) y -3.1570 (10%), lo que sugiere que la serie de tiempo PIB es no estacionaria.

Para resumir, con base en el correlograma y en las pruebas de raíz unitaria DF y ADF, la serie PIB de los Estados Unidos entre 1970-I y 1991-IV es no estacionaria.

¿Es estacionaria la serie en primera diferencia del PIB?

Se repite ahora el ejercicio anterior, sólo que esta vez se desea determinar si $\Delta PIB_t = (PIB_t - PIB_{t-1})$ es estacionaria. Por conveniencia, se utiliza D_t para denotar ΔPIB_t. Se obtienen los siguientes resultados:

$$\widehat{\Delta D}_t = 15.5313 - 0.6748\, D_{t-1}$$
$$t = (3.4830)(-6.4956) \qquad\qquad (21.4.11)$$
$$r^2 = 0.3436$$

Los valores τ críticos al 1%, 5% y 10% calculados por MacKinnon son -3.5082, -2.8955 y -2.5846, respectivamente. En términos absolutos, el valor τ de 6.4956 excede cualquiera de estos valores críticos, de tal manera que ahora se puede rechazar la hipótesis de que δ (el coeficiente de D_{t-1}) es cero. O sea, la serie del PIB en primera diferencia no presenta una raíz unitaria, lo que significa que es estacionaria. Es decir, es I(0)[13]. La figura 21.5 muestra la información del PIB en primera diferencia. Comparado con la serie original del PIB dada en la figura 21.1, la serie diferenciada del PIB presentada en la figura 21.5 no exhibe tendencia alguna.

Puesto que, como se mencionó, ΔPIB_t es estacionaria, se trata de un proceso estocástico I(0), lo cual significa que el PIB_t sin diferenciar es una serie de tiempo I(1); esencialmente es una caminata aleatoria.

A propósito, puesto que la prueba DF o ADF indica si una serie de tiempo es integrada, se conoce también como una prueba de integración.

21.5 PROCESO ESTOCÁSTICO ESTACIONARIO ALREDEDOR DE UNA TENDENCIA (TS) Y ESTACIONARIO EN DIFERENCIA (DS)

En las regresiones que consideran series de tiempo, la variable t de tiempo, o de tendencia, es incluida con frecuencia como uno de los regresores para evitar el problema de correlación espuria (*véase* capítulo 8). Las series de tiempo económicas a menudo tienden a moverse en la misma dirección debido a una tendencia que es común a todas ellas. Por ejemplo, en la regresión del GCP sobre el IPD, si se observa un R^2 muy elevado, lo cual típicamente es el caso, puede ser que éste no refleje el verdadero grado de asociación entre las dos variables sino, tan sólo, la tendencia común presente en ellas.

---

[13]Un punto técnico: existe algún debate sobre si se puede aplicar la prueba DF secuencialmente, primero a la información sin diferenciar y luego en la forma de primera diferencia. Al respecto, *véase* D. A. Dickey y S. S. Pantula, «Determining the Order of Differencing in Autoregressive Processes», *Journal of Business and Statistics*, vol. 5, 1987, pp. 455-461.

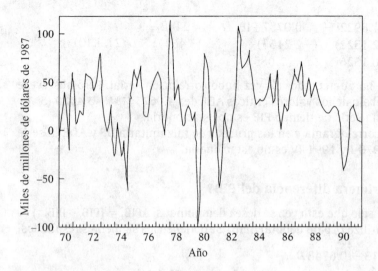

FIGURA 21.5
Primeras diferencias del PIB, Estados Unidos, 1970-I a 1991-IV.

Para evitar tal asociación espuria, la práctica común es efectuar la regresión del GCP sobre el IPD y sobre t, la variable de tendencia. El coeficiente de IPD obtenido de esta regresión representa ahora la influencia neta del IPD sobre el GCP, habiendo eliminado el efecto de tendencia. En otras palabras, la introducción explícita de la variable de tendencia en la regresión tiene el efecto de eliminar la influencia de la tendencia del GCP y del IPD (es decir, remover la influencia de la tendencia).

Recientemente, una nueva generación de econometristas de series de tiempo ha desafiado esta práctica común. De acuerdo con ellos, esta práctica estándar puede aceptarse sólo si la variable de tendencia es **determinística** y no **estocástica**[14].

En términos generales, la tendencia es determinística si es perfectamente predecible y no es variable. El significado de esto puede verse en la figura 21.1. Si se fuera a trazar una línea recta de tendencia a través de la serie de tiempo PIB que allí aparece, se vería que una sola línea de tendencia no hace justicia a los datos. Posiblemente, hay una línea de tendencia para el periodo 1970-I a 1974-IV, otra para 1975-I a 1981-IV, y aun otra para 1982-I a 1991-IV. En resumen, la línea de tendencia misma se está desplazando, es decir, es estocástica. Si éste es el caso, la práctica corriente de liberar la información del efecto de tendencia mediante una sola línea de tendencia será engañosa.

¿Cómo se averigua si la tendencia en una serie, como el PIB, es determinística o variable (es decir, estocástica)? En la regresión (21.4.6) se tiene la respuesta. Al estimar esta regresión, si se encuentra que una serie de tiempo dada (por ejemplo, el PIB) posee una raíz unitaria (es decir, es no estacionaria), se puede concluir que dicha serie de tiempo presenta una tendencia estocástica. Si ésta no tiene una raíz unitaria, la serie de tiempo presenta una tendencia determinística.

---

[14]*Véanse* dos estudios interesantes y valiosos: Charles R. Nelson y Charles I. Plosser, «Trends and Random Walks in Macroeconomic Time Series: Some Evidence and Implications», *Journal of Monetary Economics,* vol. 10, 1982, pp. 139-162; James H. Stock y Mark W. Watson, «Variable Trends in Economic Time Series», *Journal of Economic Perspectives,* vol. 2, no. 3, Verano 1988, pp. 147-174.

Considérense de nuevo las regresiones (21.4.9) y (21.4.10). Se había concluido ya que la serie de tiempo PIB de los Estados Unidos para 1970-I a 1991-IV no era estacionaria. Por consiguiente, dicha serie presentará una tendencia estocástica. Como consecuencia, si se fuera a efectuar esta regresión,

$$\text{PIB}_t = \beta_1 + \beta_2 t + u_t \qquad (21.5.1)$$

bajo la creencia errada de que la tendencia es determinística, el PIB libre de tendencia obtenido como

$$\hat{u}_t = (\text{PIB}_t - \hat{\beta}_1 - \hat{\beta}_2 t) \qquad (21.5.2)$$

no sería de mucho valor si en realidad la tendencia fuera estocástica. Por consiguiente, las proyecciones basadas en (21.5.1) serían de valor dudoso. Por esta razón, en el capítulo 5 se advirtió que no se debe utilizar la línea de regresión estimada históricamente para realizar proyecciones a muy lejano plazo.

Ahora se introducen dos conceptos clave en el análisis de series de tiempo, a saber: un **proceso estacionario alrededor de una tendencia (TSP)** y un **proceso estacionario en diferencia (DSP)**. Si en la regresión

$$Y_t = \beta_1 + \beta_2 t + u_t \qquad (21.5.3)$$

u_t realmente es estacionario, con media cero y varianza σ^2, entonces (21.5.3) representa un TSP; si se resta la tendencia (es decir, $\beta_1 + \beta_2 t$) de (21.5.3), el resultado es un proceso estacionario. Sin embargo, si Y_t está generada como

$$Y_t - Y_{t-1} = \alpha + u_t \qquad (21.5.4)$$

donde α es una constante y u_t es estacionario, con media cero y varianza σ^2, por ejemplo, ese proceso se denomina un DSP. Obsérvese que $(Y_t - Y_{t-1}) = \Delta Y_t$, es decir, la primera diferencia de Y_t.

Considérese nuevamente la serie de tiempo PIB. Se ha visto ya que el nivel del PIB no es un TSP, mientras que, como se vio en la regresión (21.4.11), ΔPIB es un DSP.

En pocas palabras, una serie de tiempo estacionaria puede ser modelada como un proceso TS, mientras que una serie de tiempo no estacionaria representa un proceso DS. Como lo afirman Holden, Peel y Thompson:

> Con una tendencia determinística, las variables pueden ser convertidas en estacionarias incluyendo una variable de tendencia de tiempo en cualquier regresión o efectuando una regresión preliminar sobre el tiempo y restando la tendencia estimada [como se hizo en la regresión (21.5.2)]. Con una tendencia estocástica se requieren las pruebas para cointegración [analizadas más adelante] y no estacionariedad[15].

Se concluye planteando este interrogante: ¿Cuál es la significancia práctica del TSP y del DSP? Desde el punto de vista de las proyecciones a largo plazo, aquéllas realizadas a partir de un TSP serán más confiables, mientras que no podrá dependerse de las proyecciones hechas a partir de un DSP, pues algunas veces es muy arriesgado hacerlo. Como lo afirma Nathan Balke, «la presencia de una tendencia estocástica implica que las fluctuaciones en una serie de tiempo son el resultado de «shocks» que no solamente afectan el componente transitorio o cíclico, sino también el componente de tendencia»[16]. Es decir, las perturbaciones o «shocks» sobre tales series de tiempo alterarán permanentemente su nivel.

---

[15]K. Holden, D. A. Peel y J. L. Thompson, *Economic Forecasting: An Introduction*, Cambridge University Press, New York, 1990, p.81.

[16]Nathan S. Balke, «Modelling Trends in Macroeconomic Time Series», *Economic Review*, Federal Reserve Bank of Dallas, mayo 1991, p. 21. Éste es un artículo fácil de leer sobre los procesos TS y DS.

21.6 REGRESIÓN ESPURIA

Las regresiones que consideren series de tiempo conllevan a la posibilidad de obtener resultados **espurios** o dudosos en el sentido de que superficialmente los resultados se ven bien pero al ensayarlos repetidas veces, se vuelven sospechosos. Para ver este problema con claridad, considérese de nuevo la información de GCP y IPD para los Estados Unidos dada en la tabla 21.1. Supóngase que se efectúa la regresión de GCP sobre IPD para encontrar la relación entre las dos variables. Utilizando la información dada en la tabla 21.1, se obtienen los siguientes resultados:

$$\widehat{GCP}_t = -171.4412 + 0.9672\,IPD_t$$
$$t = (-7.4809) \quad (119.8711) \tag{21.6.1}$$
$$R^2 = 0.9940 \quad d = 0.5316$$

Estos resultados de regresión se ven «fabulosos»: el R^2 es bastante alto, al igual que el valor de la razón t del IPD, y la propensión marginal a consumir (PMC) del IPD es positiva y alta. El único resultado adverso es que el Durbin-Watson d es bajo. Como lo han sugerido Granger y Newbold[17], *una buena regla práctica para sospechar que la regresión estimada sufre de regresión espuria es que $R^2 > d$.*

Si se estima la ecuación (21.4.9) para GCP e IPD, se obtienen los siguientes resultados:

$$\widehat{\Delta GCP}_t = 91.7110 + 0.7704t - 0.0432\,GCP_{t-1}$$
$$t = (1.6358) \quad (1.2983) \quad (-1.3276) \tag{21.6.2}$$
$$\widehat{\Delta IPD}_t = 326.2089 + 2.8834t - 0.1579\,IPD_{t-1}$$
$$t = (2.7368) \quad (2.5243) \quad (-2.5751) \tag{21.6.3}$$

Para el propósito actual, interesa el valor τ del GCP rezagado e IPD. Los valores DF o τ críticos al 1%, 5% y 10%, como fueron calculados por MacKinnon, son −4.0673, −3.4620 y −3.1570, respectivamente. Ahora, en términos absolutos, los valores τ de 1.3276 y 2.5751 de GCP e IPD rezagados son menores que el valor τ crítico aun al nivel del 10%. Así, la conclusión es que GCP e IPD poseen cada una una raíz unitaria, es decir, no son estacionarias.

Por consiguiente, cuando se efectuó la regresión de GCP sobre IDP en (21.6.1), pudo haberse efectuado una regresión de una serie de tiempo no estacionaria sobre otra igualmente no estacionaria. En ese caso, los procedimientos estándar de pruebas t y F no son válidos[18]. En este sentido, la regresión (21.6.1) es espuria. A propósito, obsérvese que en (21.6.3), si se toma el valor t de -2.5751 de IPD_{t-1} con base en la prueba t convencional, éste es estadísticamente significativo al nivel del 2%. Pero, con base en la prueba τ, éste no es significativo aun al nivel del 10%, *lo cual indica nuevamente la razón por la cual, en el caso de series de tiempo no estacionarias, no se debe depender de los valores t estimados.*

Se deja como ejercicio al lector demostrar que las series GCP e IDP en primera diferencia, ΔGCP_t e ΔIDP_t son estacionarias.

---

[17]C. W. J. Granger y P. Newbold, «Spurious Regressions in Econometrics», *Journal of Econometrics*, vol. 2, 1974, pp. 111-120.

[18]Este problema fue mencionado por Dickey y Fuller, *op. cit.* y más recientemente por P. C. B Phillips en «Time Series Regressions with Unit Roots», *Econometrica*, vol 55, 1987, pp. 277-302 y «Towards a Unified Asymptotic Theory of Autoregression», *Biometrika*, vol. 74, 1987, pp. 535-547. Para una exposición de texto sencilla al respecto y otros aspectos de análisis de series de tiempo, *véase* Terence C. Mills, *Time Series Techniques for Economists*, Cambridge University Press, New York, 1990.

Puesto que ΔGCP y ΔIDP son estacionarias, ¿por qué no efectuar la regresión de la primera sobre la segunda y evitar el problema de no estacionariedad, tendencia estocástica y problemas relacionados? La respuesta es: resolver el problema de no estacionariedad en esta forma puede ser como lanzar un bebé al agua ya que, al tomar la primera diferencia (o de orden mayor), se puede perder una relación valiosa de largo plazo entre GCP e IDP que está dada por las variables en niveles (en contraposición con la primera diferencia). La mayor parte de la teoría económica se postula con base en relaciones de largo plazo entre las variables en niveles, es decir, no en forma de primera diferencia. Así, la hipótesis del ingreso permanente de Milton Friedman postula que el nivel del consumo permanente es función del nivel del ingreso permanente; la relación no está planteada en términos de las primeras diferencias de estas variables. Así mismo, las relaciones entre el gasto del gobierno y los recaudos de impuestos, la oferta monetaria y los precios (recuérdese la Teoría Cuantitativa del Dinero), las tasas de bonos del Tesoro a tres y seis meses, etc., también están expresadas mejor en niveles.

Para ver esto con más claridad, refiérase a la figura 21.1. Aunque ambos, GCP e IDP, presentan tendencias crecientes en una forma estocástica, parece que *estuvieran juntos en la tendencia*. El movimiento se parece a una pareja de bailarines, cada uno de los cuales está siguiendo un sendero aleatorio, pero cuyos caminos parecen estar en unísono. La sincronía es intuitivamente la idea detrás de las **series de tiempo cointegradas**. Como se muestra en la sección siguiente, si GCP e IDP están cointegradas, entonces los resultados de regresión dados en (21.6.1) pueden no ser espurios y las pruebas t y F usuales son válidas. Como lo afirma Granger, «Una prueba de cointegración puede ser considerada como una prueba previa para evitar situaciones 'de regresión espuria'»[19].

21.7 COINTEGRACIÓN

Considérese, otra vez, las regresiones (21.6.1), (21.6.2) y (21.6.3). Las dos últimas muestran que tanto GCP como IDP son procesos estocásticos no estacionarios o caminatas aleatorias [*nota:* cada uno es I(1)]. A pesar de esto, la combinación lineal de estas dos variables podría ser estacionaria. Más específicamente, si se escribe (21.6.1) como

$$u_t = \text{GCP}_t - \beta_1 - \beta_2 \, \text{IPD}_t \qquad (21.7.1)$$

y se encuentra que u_t [es decir, la combinación lineal $(\text{GCP}_t - \beta_1 - \beta_2 \text{IPD}_t)$] es I(0) o estacionaria, entonces se dice que las variables GCP e IPD están **cointegradas;** es decir, están sobre la misma longitud de onda. Intuitivamente se observa que cuando u_t en (21.7.1) es I(0), las «tendencias» en GCP e IPD se cancelan[20]. Y éstas estarán en la misma longitud de onda si son integradas del mismo orden. Así, si una serie Y es I(1) y otra serie X es también I(1), ellas pueden estar cointegradas. En general, si Y es I(d) y X es también I(d), donde d es el mismo valor, estas dos series pueden estar cointegradas. Si ése es el caso, la regresión de las dos variables en niveles, como en (21.6.1), es significativa (es decir, no es espuria); y no se pierde información valiosa de largo plazo, lo cual sucedería si se utilizaran sus primeras diferencias.

[19]C. W. J. Granger, «Developments in the Study of Co-integrated Economic Variables», *Oxford Bulletin of Economics and Statistics*, vol. 48, 1986, p. 226.

[20]Esta forma intuitiva de mirar la cointegración ha sido señalada en William E. Griffiths, R. Carter Hill y George G. Judge, *Learning and Practicing Econometrics*, John Wiley & Sons, New York, 1993, pp. 700-702.

En resumen, siempre y cuando se verifique que los residuales de las regresiones como (21.6.1) son I(0) o estacionarios, la metodología tradicional de regresión (incluyendo las pruebas t y F) aprendida hasta ahora es aplicable a las series de tiempo. *La contribución valiosa de los conceptos de raíz unitaria, cointegración, etc., es que obliga a determinar si los residuales de la regresión son estacionarios.*

En el lenguaje de la teoría de la cointegración, una regresión tal como (21.6.1) se conoce como **regresión cointegrada** y el parámetro β_2 es conocido como **parámetro cointegrado**[21].

En artículos de revistas especializadas, han sido propuestos diversos métodos para probar cointegración. Dos métodos sencillos son (1) la prueba DF o ADF sobre u_t estimado a partir de la regresión de cointegración y (2) la prueba de Durbin-Watson de la regresión cointegrada (CRWD)[22].

Prueba de Engle-Granger (EG) o prueba de Engle-Granger aumentada (AEG)

Ya se sabe cómo aplicar la prueba de raíz unitaria DF o ADF. Todo lo que se requiere es estimar una regresión como (21.6.1), obtener los residuales y utilizar la prueba DF o ADF[23]. Sin embargo, debe tenerse una precaución. Puesto que la u estimada está basada en el parámetro de cointegración estimado β_2, los valores críticos de significancia DF y ADF no son del todo apropiados. Engle y Granger han calculado estos valores, los cuales pueden encontrarse en las referencias[24]. Por consiguiente, en el contexto actual, las pruebas DF y ADF se conocen como la **prueba de Engle-Granger (EG)** y la **prueba de Engle-Granger aumentada (AEG)**. Sin embargo, paquetes de software como TSP, SHAZAM y muchos otros publican estos valores críticos con otros resultados[25].

Considérese nuevamente la regresión GCP-IPD (21.6.1) y sométanse los residuales estimados de esta regresión a la prueba de raíz unitaria DF.

Se obtendrán los siguientes resultados:

$$\Delta\hat{u}_t = -0.2716\hat{u}_{t-1}$$
$$t = (-3.6725) \qquad\qquad (21.7.2)$$
$$r^2 = 0.1422$$

---

[21]El concepto de cointegración puede ser ampliado a un modelo de regresión que contiene k regresores. En este caso, se tendrán k parámetros cointegrados. Para un análisis general al respecto, consúltense las referencias citadas en las diversas notas de pie de página.

[22]Esta diferencia existe entre pruebas para raíces unitarias y pruebas para cointegración: como lo mencionan David A. Dickey, Dennis W. Jansen y Daniel I. Thornton, «Las pruebas para raíces unitarias se realizan sobre series de tiempo univariadas [es decir, singulares]. En contraste, la cointegración trata con la relación entre un grupo de variables, en donde cada una (incondicionalmente) tiene una raíz unitaria». *Véase* su artículo, «A Primer on Cointegration with an Application to Money and Income», *Economic Review*, Federal Reserve Bank of St. Louis, marzo-abril 1991, p. 59. Como lo sugiere el nombre, es una introducción excelente para la prueba de cointegración.

[23]Si GCP e IPD no están cointegradas, las combinaciones lineales que de ellos se hagan no serán estacionarias y, por consiguiente, los residuos u_t tampoco lo serán.

[24]R. F. Engle y C. W. J. Granger, «Co-integration and Error Correction: Representation, Estimation and Testing», *Econometrica*, vol. 55, 1987, pp. 251-276; R. F. Engle y B. Sam Yoo, «Forecasting and Testing in Co-integrated Systems», *Journal of Econometrics*, vol. 35, pp. 143-159; R.F. Engle, «Co-integrated Economic Time Series: An Overview with New Results», en R. F. Engle y C. W. J. Granger, eds., *Long-Run Economic Relationships: Readings in Cointegration*, Oxford University Press, 1991, capítulo 12. Este libro contiene también el artículo de James MacKinnon citado anteriormente, al igual que diversos artículos seminales en esta área.

[25]Valores críticos selectos de EG y de EGA se reproducen también en Russell Davidson y James G. MacKinnon, *Estimation and Inference in Econometrics*, Oxford University Press, New York, 1993, tabla 20.2, p. 722. También pueden encontrarse en las versiones MICRO-TSP 7.0 y SHAZAM 7.0.

Los valores críticos de τ al 1%, 5% y 10% de Engle-Granger (estadístico t en la regresión anterior) son –2.5899, –1.9439 y –1.6177, respectivamente. Puesto que, en términos absolutos, el valor τ estimado de 3.6725 excede todos estos valores críticos, la conclusión sería que el u_t estimado es estacionario (es decir, no tiene raíz unitaria) y, por consiguiente, GCP e IPD están cointegradas a pesar de no ser estacionarias individualmente[26].

Prueba Durbin-Watson sobre la regresión de cointegración (DWRC)

Un método alternativo y más rápido para determinar si GCP e IPD están cointegrados es la prueba DWRC, cuyos valores críticos fueron suministrados inicialmente por Sargan y Bhargava[27]. En DWRC se utiliza el valor d de Durbin-Watson obtenido de la regresión de cointegración, el $d = 0.5316$ dado en (21.6.1). Pero ahora la hipótesis nula es que $d = 0$ en lugar del $d = 2$ tradicional. Con base en 10,000 simulaciones, cada una de ellas conformada por 100 observaciones, los valores críticos resultantes al 1%, 5% y 10% para probar la hipótesis de que la verdadera $d = 0$ fueron 0.511, 0.386 y 0.322, respectivamente. Así, cuando el valor d calculado es menor que, por ejemplo, 0.511, se rechaza la hipótesis de cointegración al nivel del 1%. En el ejemplo, el valor d de 0.5316 está por encima de este nivel crítico, lo cual sugeriría que GCP e IPD están cointegrados, una conclusión similar a la que se llegó con base en la prueba EG[28].

Para resumir, con base en las pruebas EG y DWRC la conclusión es que GCP e IPD están cointegrados[29]. Aunque individualmente ellas presentan caminatas aleatorias, parece haber una relación estable de largo plazo entre las dos variables; ellas no se separarán alejándose una de otra, lo cual es evidente en la figura 21.1.

21.8 COINTEGRACIÓN Y MECANISMO DE CORRECCIÓN DE ERRORES (ECM)

Se acaba de demostrar que GCP e IPD están cointegradas, es decir, hay una relación de equilibrio de largo plazo entre las dos. Por supuesto, en el corto plazo, puede haber desequilibrio. En consecuencia, se puede tratar el término de error en (21.7.1) como el «error de equilibrio»[30]. Y se puede utilizar este término de error para atar el comportamiento de corto plazo del GCP con su valor de largo plazo. El **mecanismo de corrección de errores (ECM)** utilizado por primera vez por Sargan[31] y

---

[26]Un punto técnico sobre la regresión de cointegración estimada (21.6.1): Puesto que GCP e IPD son I(1), no se pueden utilizar los errores estándar estimados y los valores t asociados de los coeficientes estimados que aparecen en esta regresión con el fin de inferir sobre los parámetros poblacionales.

[27]J. D. Sargan y A. S. Bhargava, «Testing Residuals from Least Squares Regression for Being Generated by the Gaussian Random Walk», *Econometrica*, vol 51, 1983, pp. 153-174.

[28]Hay gran debate sobre la superioridad del DWRC sobre el DF, como puede apreciarse en el libro editado de Engle-Granger, *op. cit.* El debate se relaciona con la potencia de los dos estadísticos, es decir, la probabilidad de que no se incurra en un error de tipo II (es decir, la aceptación de una hipótesis nula cuando ésta es falsa).

[29]Las pruebas EG y DWRC son ahora suplementadas por otras más potentes desarrolladas por Johansen. Pero el análisis del **método Johansen** se sale del alcance de este libro. *Véase* S. Johansen y K. Juseliu, «Maximum Likelihood Estimation and Inference on Cointegration-with Applications to the Demand for Money», *Oxford Bulletin of Economics and Statistics*, vol. 52, 1990, pp. 169-210.

[30]Este término se atribuye a Griffiths *et al.*, *op.cit.*, p. 701.

[31]J. D. Sargan, «Wages and Prices in the United Kingdom: A Study in Econometric Methodology», publicado originalmente en 1964 y reproducido en K. F. Wallis y D. F. Hendry, eds., *Quantitative Economics and Econometric Analysis*, Basil Blackwell, Oxford, 1984.

popularizado más tarde por Engle y Granger, corrige el desequilibrio. Sin profundizar en detalles teóricos, con el ejemplo GCP/IPD, se muestra simplemente la forma como funciona el ECM; los detalles pueden encontrarse en el trabajo clave de Engle y Granger citado anteriormente (*véase* nota número de pie de página 24).

Como un ejemplo sencillo del ECM, considérese el siguiente modelo:

$$\Delta GCP_t = \alpha_0 + \alpha_1 \Delta IPD_t + \alpha_2 \hat{u}_{t-1} + \varepsilon_t \qquad (21.8.1)^{32}$$

donde Δ, como es usual, denota la primera diferencia; $\hat{u}_{t-1}$ es el valor del residual de la regresión (21.6.1) rezagado un periodo, la estimación empírica del término de error de equilibrio; y ε es el término de error con las propiedades usuales.

La regresión (21.8.1) relaciona el cambio en GCP con el cambio en IPD y el error «equilibrador» en el periodo anterior. En esta regresión, ΔIPD recoge las perturbaciones de corto plazo en IPD mientras que el término de corrección de errores $\hat{u}_{t-1}$ recoge el ajuste hacia el equilibrio de largo plazo. Si α_2 es estadísticamente significativo, éste dice qué proporción del desequilibrio en GCP en un periodo es corregida en el periodo siguiente. Utilizando la información dada en la tabla 21.1, se obtienen los siguientes resultados:

$$\widehat{\Delta GCP}_t = 11.6918 + 0.2906 \Delta IPD_t - 0.0867 \hat{u}_{t-1}$$
$$t = (5.3249) \quad (4.1717) \qquad (-1.6003)$$
$$R^2 = 0.1717 \qquad d = 1.9233 \qquad\qquad (21.8.2)$$

Estos resultados muestran que los cambios de corto plazo en el IDP tienen efectos positivos significativos en el GCP y que alrededor del 0.09 de la discrepancia entre el valor del GCP actual y el valor de largo plazo o de equilibrio es eliminado o corregido cada trimestre. Pero, puesto que el valor p del último coeficiente es alrededor de 0.11, la significancia estadística de este hallazgo no es clara[33]. Al mirar la regresión de co-integración (21.6.1), se ve que la PMC es alrededor de 0.97, lo cual sugiere que hay prácticamente una relación uno a uno entre GCP e IPD, y que GCP se ajusta con rapidez a su senda de crecimiento de largo plazo en seguida de una perturbación.

Antes de concluir esta sección, es importante recordar la recomendación expresada por S. G. Hall:

> Mientras que el concepto de cointegración es claramente un fundamento teórico importante del modelo de corrección de errores, hay aún diversos problemas que rodean su aplicación práctica; los valores críticos y el desempeño de muestras pequeñas de muchas de las pruebas son desconocidos para un amplio rango de modelos; la inspección informada del correlograma puede ser aún una herramienta importante[34].

---

[32]También pueden introducirse términos del IDP rezagados en diferencia.

[33]*Obsérvese* que la regresión ECM utilizada es bastante simple. Pueden encontrarse otras variantes de esta regresión en las referencias. *Obsérvese* también que no se ha introducido mayor dinámica con la introducción de diferencias de órdenes mayores de IPD o de GCP rezagadas.

[34]S. G. Hall, «An Application of the Granger and Engle Two-Step Estimation Procedure to the United Kingdom Aggregate Wage Data», *Oxford Bulletin of Economics and Statistics*, vol. 48, no. 3, agosto 1986, p. 238. *Véase* también John Y. Campbell y Pierre Perron, «Pitfalls and Opportunities: What Macroeconomists Should Know about Unit Roots», *NBER* (National Bureau of Economic Research) *Macroeconomics Annual 1991*, The MIT Press, 1991, pp. 141-219. En mi opinión, este artículo es una lectura obligatoria para economistas practicantes.

21.9 RESUMEN Y CONCLUSIONES

1. El análisis de regresión basado en información de series de tiempo supone implícitamente que la serie de tiempo en la cual se basa es estacionaria. Las pruebas clásicas t y F entre otras, están basadas en este supuesto.

2. En la práctica, la mayoría de las series de tiempo económicas son no estacionarias.

3. Se dice que un proceso estocástico es **estacionario débil** si su media, varianza y autocovarianzas son constantes en el tiempo (es decir, son invariantes en el tiempo).

4. A nivel informal, la estacionariedad débil puede ser probada mediante el **correlograma** de una serie de tiempo, que es una gráfica de la autocorrelación a diferentes rezagos. Para una serie de tiempo estacionaria, el correlograma se desvanece rápidamente, mientras que para las series no estacionarias éste lo hace de manera gradual. Cuando una serie es puramente aleatoria, las autocorrelaciones en todos los rezagos 1 y superiores son cero.

5. A nivel formal, la estacionariedad puede ser verificada averiguando si la serie de tiempo contiene una raíz unitaria. Las pruebas de **Dickey-Fuller (DF)** y **Dickey-Fuller Aumentada (ADF)** pueden ser utilizadas para este propósito.

6. Una serie de tiempo económica puede ser **estacionaria alrededor de una tendencia (TS)** o **estacionaria en diferencia (DS).** Una serie de tiempo TS tiene una tendencia determinística, mientras que una serie de tiempo DS tiene una tendencia variable o estocástica. La práctica común de incluir la variable de tiempo o de tendencia en un modelo de regresión para eliminar la influencia de la tendencia en la información, es justificable solamente para series de tiempo TS. Las pruebas DF y ADF pueden ser aplicadas para determinar si una serie de tiempo es TS o DS.

7. La regresión de una variable de serie de tiempo sobre una o más variables de series de tiempo, frecuentemente puede dar resultados sin sentido o espurios. Este fenómeno se conoce como **regresión espuria.** Una forma de protegerse de ésta es establecer si las series de tiempo están cointegradas.

8. **Cointegración** significa que a pesar de no ser estacionarias a nivel individual, una combinación lineal de dos o más series de tiempo puede ser estacionaria. Para definir si dos o más series de tiempo están cointegradas pueden utilizarse las pruebas EG, AEG y DWRC

9. La cointegración de dos (o más) series de tiempo sugiere que existe una relación de largo plazo, o de equilibrio, entre ellas.

10. El **mecanismo de corrección de errores (ECM)** desarrollado por Engle y Granger sirve para reconciliar el comportamiento de corto plazo de una variable económica con su comportamiento de largo plazo.

11. El campo de la econometría de series de tiempo ha evolucionando. Los resultados y pruebas establecidas en algunos casos son tentativos y queda aún mucho trabajo pendiente. Una pregunta importante, que necesita una respuesta, es por qué algunas series de tiempo económicas son estacionarias y otras no lo son.

EJERCICIOS

Preguntas

21.1. ¿Qué significa estacionariedad débil?
21.2. ¿Qué significa serie de tiempo integrada?
21.3. ¿Cuál es el significado de raíz unitaria?
21.4. Si una serie de tiempo es I(3), ¿cuántas veces debe usted diferenciarla para hacerla estacionaria?
21.5. ¿Qué son las pruebas Dickey-Fuller (DF) y DF aumentada?
21.6. ¿Qué son las pruebas Engle-Granger (EG) y EG aumentada?

21.7. ¿Cuál es el significado de cointegración?

21.8. ¿Cuál es la diferencia, de existir, entre pruebas de raíz unitaria y pruebas de cointegración?

21.9. ¿Qué es regresión espuria?

21.10. ¿Cuál es la conexión entre cointegración y regresión espuria?

21.11. ¿Cuál es la diferencia entre una tendencia determinística y una tendencia estocástica?

21.12. ¿Qué significa un proceso estacionario alrededor de una tendencia (TSP) y un proceso estacionario en diferencia (DSP)?

21.13. ¿Qué es una (modelo) caminata aleatoria?

21.14. «Para un proceso estocástico de caminata aleatoria, la varianza es infinita». ¿Está de acuerdo? ¿Por qué?

21.15. ¿Qué es el mecanismo de corrección de errores (ECM)? ¿Cuál es su relación con cointegración?

Problemas

21.16. Utilizando la información dada en la tabla 21.1, obténganse los correlogramas muestrales hasta el rezago 25 para las series de tiempo GCP, IPD, utilidades y dividendos. ¿Qué patrón general se observa? Intuitivamente, ¿cuáles de estas series parecen ser estacionarias?

21.17. Para cada una de las series de tiempo del ejercicio 21.16, utilícese la prueba DF para determinar si estas series contienen una raíz unitaria. Si existe una raíz unitaria, ¿cómo se caracteriza esa serie de tiempo?

21.18. Continúese con el ejercicio 21.17. ¿Cómo se decide si una prueba ADF es más apropiada que una prueba DF?

21.19. Considérense las series de tiempo de dividendos y de utilidades dadas en la tabla 21.1. Puesto que los dividendos dependen de las utilidades, considérense el siguiente modelo simple:

$$\text{Dividendos}_t = \beta_1 + \beta_2 \text{Utilidades}_t + u_t$$

(a) ¿Se espera que esta regresión sufra del fenómeno de regresión espuria? ¿Por qué?

(b) ¿Están cointegradas las series de tiempo de dividendos y de utilidades? ¿Cómo probar esto explícitamente? Si después de la prueba se encuentra que están cointegradas, ¿cambiaría la respuesta en *(a)*?

(c) Empléese el mecanismo de corrección de errores (ECM) para estudiar el comportamiento de corto y largo plazo de los dividendos en relación con las utilidades.

(d) Si se examinan las series de dividendos y de utilidades individualmente, ¿presentan ellas tendencias estocásticas o determinísticas? ¿Qué pruebas se utilizan?

*(e) Supóngase que los dividendos y las utilidades están cointegrados. Entonces, en lugar de efectuar la regresión de los dividendos sobre las utilidades, se regresan las utilidades sobre los dividendos. ¿Es válida tal regresión?

21.20. Obténganse las primeras diferencias de las series de tiempo dadas en la tabla 21.1 y gráfiqueselas. Obténgase también un correlograma de cada serie de tiempo hasta el rezago 25. ¿Qué llama la atención sobre estos correlogramas?

21.21. En lugar de efectuar la regresión de dividendos sobre utilidades en niveles, supóngase que se efectúa la regresión de la primera diferencia de los dividendos sobre la primera diferencia de las utilidades. ¿Se incluiría el intercepto en esta regresión? ¿Por qué o por qué no? Muéstrense los cálculos.

21.22. Continúese con el ejercicio anterior. ¿Cómo se probaría la presencia de estacionariedad en la regresión en primera diferencia? En este ejemplo, ¿qué se esperaría *a priori* y por qué? Muéstrense todos los cálculos.

21.23. Con base en las conexiones telefónicas del sector privado en el Reino Unido durante el periodo 1948 a 1984, Terence Mills obtuvo los siguientes resultados de regresión:†

---

*Opcional.

†Terence C. Mills, *op. cit.*, p. 127. La notación ha sido alterada ligeramente.

$$\Delta X_t = \begin{array}{cc} 31.03 & - & 0.188 X_{t-1} \end{array}$$
$$ee = \begin{array}{cc} (12.50) & (0.080) \end{array}$$
$$(t =)\tau \qquad (-2.35)$$

Nota: El valor τ crítico al 5% es -2.95 y el valor crítico de τ al 10% crítico de es -2.60.

(*a*) Con base en estos resultados, ¿la serie de tiempo de las conexiones telefónicas en viviendas es estacionaria o no estacionaria? Alternativamente, ¿hay una raíz unitaria en esta serie de tiempo? ¿Cómo se sabe?

(*b*) Si se fuera a utilizar la prueba *t* usual, ¿es el valor *t* observado estadísticamente significativo? ¿Con esta base se habría concluido que esta serie de tiempo es estacionaria?

(*c*) Ahora considérense los siguientes resultados de regresión:

$$\Delta^2 X_t = \begin{array}{ccc} 4.76 & - & 1.39 \Delta X_{t-1} & + & 0.313 \Delta^2 X_{t-1} \end{array}$$
$$ee = \begin{array}{ccc} (5.06) & (0.236) & (0.163) \end{array}$$
$$(t =)\tau \qquad (-5.89)$$

donde Δ^2 es el operador de segunda diferencia, es decir, la primera diferencia de la primera diferencia. El valor τ estimado es ahora estadísticamente significativo. ¿Qué se puede decir sobre la estacionariedad de la serie de tiempo en cuestión?

Nota: El propósito de la regresión anterior es determinar si hay **una segunda raíz unitaria** en la serie de tiempo.

21.A1 UN MODELO DE CAMINATA ALEATORIA

Supóngase que $\{u_t\}$ es una serie aleatoria con media μ y una varianza σ^2 (constante) y no está serialmente correlacionada (*nota:* {} indica una serie). Entonces, se dice que la serie $\{Y_t\}$ es una caminata aleatoria si

$$Y_t = Y_{t-1} + u_t \tag{1}$$

En el modelo de caminata aleatoria, como lo muestra (1), el valor de Y en el tiempo t es igual a su valor en el tiempo $(t-1)$ más un «shock» aleatorio. Sea $Y_0 = 0$ en el tiempo $t = 0$, de tal manera que

$$Y_1 = u_1$$
$$Y_2 = Y_1 + u_2 = u_1 + u_2$$
$$Y_3 = Y_2 + u_3 = u_1 + u_2 + u_3$$

y, en general,

$$Y_t = \sum u_t$$

Por consiguiente,

$$E(Y_t) = E(\sum u_t) = t \cdot \mu \tag{2}$$

En forma similar, se puede mostrar que

$$\text{var}(Y_t) = t \cdot \sigma^2 \tag{3}$$

Como se observa en (2) y (3), puesto que la media y la varianza de Y_t cambian con el tiempo t (en realidad aumentan en el presente caso), el proceso es no estacionario.

Sin embargo,

$$Y_t - Y_{t-1} = u_t \tag{4}$$

es un proceso puramente aleatorio. Es decir, las primeras diferencias de una serie de tiempo de caminata aleatoria son estacionarias.

ECONOMETRÍA DE SERIES DE TIEMPO II: PRONÓSTICOS CON LOS MODELOS ARIMA Y VAR

Después de analizar la importancia de las series de tiempo estacionarias en el capítulo anterior, se estudian aquí dos preguntas prácticas: (1) ¿Cómo se diseña un modelo para una serie de tiempo estacionaria?, es decir, ¿qué clase de modelo de regresión se puede utilizar para describir su comportamiento?, y (2) ¿Cómo se utiliza el modelo estimado para fines de predicción? Como se mencionó en la **Introducción,** la predicción es una parte importante del análisis econométrico, siendo probablemente lo más importante para algunas personas.

Un método muy popular de diseñar modelos para las series de tiempo estacionarias es el **autorregresivo integrado de media móvil (ARIMA),** comúnmente conocido como la metodología de **Box-Jenkins**[1]. En este capítulo se presentan las bases del enfoque Box-Jenkins para el diseño de modelos económicos y para la predicción. Una alternativa al método de Box-Jenkins son los **vectores autorregresivos (VAR).** También se analizan los aspectos esenciales de este popular método.

---

[1]G. P. E. Box y G.M. Jenkins, *Time Series Analysis: Forecasting and Control*, revised ed., Holden Day, San Francisco, 1978.

22.1. ENFOQUES PARA LA PREDICCIÓN ECONÓMICA

En términos generales, hay cuatro enfoques para la predicción económica basados en series de tiempo: (1) Los modelos de regresión uniecuacionales, (2) los modelos de regresión de ecuaciones simultáneas, (3) los modelos autorregresivos integrados de media móvil (ARIMA) y (4) los modelos de vectores autorregresivos (VAR).

Como ejemplo de un modelo de regresión uniecuacional, considérese la función de demanda de automóviles. La teoría económica postula que la demanda de automóviles es función de los precios de los mismos, del gasto en publicidad, del ingreso del consumidor, de la tasa de interés (como medida del costo de endeudamiento) y de otras variables relevantes. A partir de las series de tiempo, se estima un modelo apropiado de demanda de autos, el cual puede ser utilizado en la predicción de la demanda en el futuro. Por supuesto, como se mencionó en la sección 5.10, los errores de predicción aumentan rápidamente al alejarse mucho en el futuro.

En los capítulos 18, 19 y 20 se consideraron los modelos de ecuaciones simultáneas. En su momento de apogeo durante las décadas de los años sesenta y setenta, los modelos elaborados para describir la economía de los Estados Unidos basados en ecuaciones simultáneas dominaron la predicción económica[2]. Pero más adelante, el encanto respecto de ese tipo de predicción terminó debido a las crisis del precio del petróleo de 1973 y de 1979, y a la **crítica de Lucas**[3]. La fuerza de esta crítica consiste en afirmar que los parámetros estimados de un modelo econométrico dependen de la política prevaleciente en el momento en que el modelo se estima y que cambiarán si hay un cambio de política. En resumen, los parámetros estimados no son invariantes ante cambios de política.

Por ejemplo, en octubre de 1979 el Banco de la Reserva Federal cambió su política monetaria en forma sustancial. En lugar de fijar metas de tasas de interés, anunció que en adelante supervisaría la tasa de crecimiento de la oferta monetaria. Ante un cambio tan relevante, un modelo econométrico estimado a partir de información pasada tendría poco valor predictivo en el nuevo régimen.

La publicación de G. P. E. Box y G. M. Jenkins sobre análisis de series de tiempo: predicción y control (*Time Series Analysis: Forecasting and Control* [*op. cit.*]) estableció una nueva generación de herramientas de predicción. Popularmente conocida como metodología de Box-Jenkins (**BJ**), pero técnicamente conocida como metodología ARIMA, el énfasis de este nuevo método de predicción no está en la construcción de modelos uniecuacionales o de ecuaciones simultáneas sino en el análisis de las propiedades probabilísticas, o estocásticas, de las series de tiempo económicas por sí mismas bajo la filosofía de «*permitir que la información hable por sí misma*». A diferencia de los modelos de regresión, en los cuales Y_t está explicada por los k regresores $X_1, X_2, X_3,...X_k$, en los modelos de series de tiempo del tipo BJ, Y_t puede ser explicada por valores pasados o rezagados de sí misma, y por los términos estocásticos de error[4]. Por esta razón, los modelos ARIMA reciben algunas veces el nombre de modelos *a-teóricos* —porque no pueden ser derivados de teoría económica alguna- y las teorias económicas a menudo son la base de los modelos de ecuaciones simultáneas.

---

[2]Para conocer un tratamiento didáctico acerca del uso de modelos de ecuaciones simultáneas en la predicción, *véase* Robert S. Pindyck y Daniel L. Rubinfeld, *Econometric Models & Economic Forecasts*, McGraw-Hill, 3a. ed., New York, 1991, capítulos 11, 12 y 13.

[3]Robert E. Lucas, «Econometric Policy Evaluation: A Critique», en Carnegie-Rochester Conference Series, *The Phillips Curve*, North-Holland, Amsterdam, 1976, pp. 19-46.

[4]Se analizan solamente los modelos ARIMA univariados, es decir, los modelos ARIMA relacionados con series de tiempo univariadas. Pero el análisis puede extenderse a modelos ARIMA multivariados. Para una exposición al respecto de esos modelos consúltense las referencias.

A primera vista, la metodología **VAR** se asemeja a los modelos de ecuaciones simultáneas pues considera diversas variables endógenas de manera conjunta. Pero cada variable endógena es explicada por sus valores rezagados, o pasados, y por los valores rezagados de todas las demás variables endógenas en el modelo; usualmente no hay variables exógenas en el modelo.

En lo restante de este capítulo, se analizan las bases de los enfoques de Box-Jenkins y VAR para la predicción económica. El análisis es elemental y heurístico. Se aconseja al lector que desee continuar el estudio de este tema, consultar las referencias[5].

22.2 ELABORACIÓN DE MODELOS AR, MA Y ARIMA PARA SERIES DE TIEMPO

Para introducir diversas ideas, algunas viejas y algunas nuevas, se trabaja aquí con la serie de tiempo del PIB de los Estados Unidos dada en la tabla 21.1. El gráfico de dicha serie de tiempo ha sido presentado en las figuras 21.1 (PIB no diferenciado) y 21.5 (PIB en primera diferencia); recuérdese que el PIB en niveles es no estacionario, pero en su forma diferenciada (en primer grado) sí lo es.

Si una serie de tiempo es estacionaria, se puede modelar en diversidad de formas.

Proceso autorregresivo (AR)

Sea Y_t el PIB en el período t. Si se modela Y_t como

$$(Y_t - \delta) = \alpha_1(Y_{t-1} - \delta) + u_t \qquad (22.2.1)$$

donde δ es la media de Y y donde u_t es un término de error aleatorio no correlacionado con media cero y varianza constante σ^2 (es decir, *ruido blanco*), entonces se dice que Y_t sigue un proceso estocástico **autorregresivo de primer orden**, o **AR(1)**, al cual ya se ha hecho referencia en el capítulo 12. Aquí el valor de Y en el tiempo t depende de su valor en el periodo de tiempo anterior y de un término aleatorio; los valores de Y están expresados como desviaciones de su valor medio. En otras palabras, este modelo dice que el valor de pronóstico de Y en el periodo t es simplemente alguna proporción ($= \alpha_1$) de su valor en el periodo ($t-1$) más un «shock» o innovación aleatorio o perturbación en el tiempo t; nuevamente los valores de Y están expresados alrededor del valor de su media.

Pero, si se considera este modelo

$$(Y_t - \delta) = \alpha_1(Y_{t-1} - \delta) + \alpha_3(Y_{t-2} - \delta) + u_t \qquad (22.2.2)$$

entonces, se dice que Y_t sigue un **proceso autorregresivo de segundo orden**, o **AR(2)**. Es decir, el valor de Y en el tiempo t depende de sus valores en los dos periodos anteriores, los valores de Y expresados alrededor del valor de su media δ.

En general, se tiene

$$(Y_t - \delta) = \alpha_1(Y_{t-1} - \delta) + \alpha_2(Y_{t-2} - \delta) + \cdots + \alpha_p(Y_{t-p} - \delta) + u_t \quad (22.2.3)$$

en cuyo caso, Y_t es un **proceso autorregresivo de orden p**, o **AR(p)**.

---

[5]*Véase* Pindyck y Rubinfeld, *op. cit.*, Parte 3; Alan Pankratz, *Forecasting with Dynamic Regression Models*, John Wiley & Sons, New York, 1991 (este es un libro aplicado); y Andrew Harvey, *The Econometric Analysis of Time Series*, The MIT Press, 2a. ed., Cambridge, Mass., 1990 (este es un libro relativamente avanzado). Un análisis completo pero fácil de entender puede encontrarse en Terence C. Mills, *Time Series Techniques for Economists*, Cambridge University Press, New York, 1990.

Obsérvese que en todos los modelos anteriores solamente se están considerando los valores actuales y anteriores de Y; no hay otros regresores. En este sentido, se dice que «los datos hablan por sí mismos». Son una clase de *modelos de forma reducida* a los cuales se hizo referencia en el análisis de los modelos de ecuaciones simultáneas.

Proceso de media móvil (MA)

El proceso AR recién expuesto no es el único mecanismo que puede haber generado a Y. Supóngase que se modela Y de la siguiente manera:

$$Y_t = \mu + \beta_0 u_t + \beta_1 u_{t-1} \qquad (22.2.4)$$

donde μ es una constante y u, al igual que antes, es el término de error estocástico ruido blanco. Aquí, Y en el periodo t es igual a una constante más un promedio móvil de los términos de error presente y pasado. Así, en el caso presente, se dice que Y sigue un proceso de **media móvil de primer orden**, o **MA(1)**.

Pero, si Y sigue la expresión

$$Y_t = \mu + \beta_0 u_t + \beta_1 u_{t-1} + \beta_2 u_{t-2} \qquad (22.2.5)$$

entonces, es un proceso **MA(2)**. En forma más general,

$$Y_t = \mu + \beta_0 u_t + \beta_1 u_{t-1} + \beta_2 u_{t-2} + \cdots + \beta_q u_{t-q} \qquad (22.2.6)$$

es un proceso **MA(q)**. En resumen, un proceso de medio móvil es sencillamente una combinación lineal de términos de error ruido blanco.

Proceso autorregresivo y de media móvil (ARMA)

Por supuesto, es muy probable que Y tenga características de AR y de MA a la vez y, por consiguiente, sea *ARMA*. Así, Y_t sigue un proceso **ARMA (1,1)** si éste puede escribirse como

$$Y_t = \theta + \alpha_1 Y_{t-1} + \beta_0 u_t + \beta_1 u_{t-1} \qquad (22.2.7)$$

porque hay un término autorregresivo y uno de media móvil. En (22.2.7), θ representa un término constante.

En general, en un proceso **ARMA(p,q)**, habrá p términos autorregresivos y q términos de medias móviles.

Proceso autorregresivo integrado de media móvil (ARIMA)

Los modelos de series de tiempo analizados están basados en el supuesto de que las series de tiempo consideradas son (débilmente) estacionarias en el sentido definido en el capítulo 21. En pocas palabras, la media y la varianza para una serie de tiempo débilmente estacionaria son constantes y su covarianza es invariante en el tiempo. Pero se sabe que muchas series de tiempo económicas son no estacionarias, es decir, son *integradas*; por ejemplo, las series de tiempo económicas en la tabla 21.1. son integradas.

Pero también se vio en el capítulo 21 que si una serie de tiempo es integrada de orden 1 [es decir, si es I(1)], sus primeras diferencias son I(0), es decir, estacionarias. En forma similar, si una serie de tiempo es I(2), su segunda diferencia es I(0). En general, si una serie de tiempo es I(d), después de diferenciarla d veces se obtiene una serie I(0).

Por consiguiente, si se debe diferenciar una serie de tiempo d veces para hacerla estacionaria y luego aplicar a ésta el modelo *ARMA* (p,q), se dice que la serie de tiempo original es **ARIMA(p,d,q)**, es decir, es una serie de tiempo **autorregresiva integrada de media móvil**, donde p denota el número de términos autorregresivos, d el número de veces que la serie debe ser diferenciada para de hacerse estacionaria y q el número de términos de media movil. Así, una serie de tiempo *ARIMA* (2,1,2) tiene que ser diferenciada una vez ($d = 1$) antes de que se haga estacionaria, y la serie de tiempo estacionaria (en primera diferencia) puede ser modelada como un proceso *ARMA* (2,2), es decir, que tiene dos términos AR y dos términos MA. Por supuesto, si $d = 0$ (es decir, si para empezar la serie es estacionaria), $ARIMA(p,d = 0,q) = ARMA$ (p,q). Obsérvese que un proceso *ARIMA* $(p,0,0)$ significa un proceso estacionario $AR(p)$ puro; un $ARIMA(0,0,q)$ significa un proceso estacionario MA(q) puro. Dados los valores de p,d y q, puede decirse cuál proceso está siendo modelado.

El punto importante de mencionar es que para utilizar la metodología Box-Jenkins, se debe tener una serie de tiempo estacionaria o una serie de tiempo que sea estacionaria después de una o más diferenciaciones. La razón para suponer estacionariedad puede explicarse de la siguiente manera:

El objetivo de BJ [Box-Jenkins] es identificar y estimar un modelo estadístico que pueda ser interpretado como generador de la información muestral. Entonces, si este modelo estimado va ser utilizado para predicción, se debe suponer que sus características son constantes a través del tiempo y, particularmente, en periodos de tiempo futuro. Así, la simple razón para requerir información estacionaria es que cualquier modelo que sea inferido a partir de esta información pueda ser interpretado como estacionario o estable, proporcionando, por consiguiente, una base válida para predicción[6].

22.3 METODOLOGÍA DE BOX-JENKINS (BJ)

La pregunta del millón de dólares es obviamente: Mirando una serie de tiempo, tal como la serie del PIB de los Estados Unidos en la figura 21.1, ¿cómo se sabe si ésta sigue un proceso AR puro (de ser así, cuál es el valor de p) o un proceso MA puro (de ser así, cuál es el valor de q) o un proceso ARMA (de ser así, cuáles son los valores de p y q) o un proceso ARIMA, en cuyo caso se deben conocer los valores de p, d y q?. La metodología BJ resulta útil para responder la pregunta anterior. El método considera cuatro pasos:

Paso 1. **Identificación.** Es decir, encontrar los valores apropiados de p, d y q. Enseguida se mostrará la forma como el **correlograma** y el **correlograma parcial** ayudan en esta labor.

Paso 2. **Estimación.** Habiendo identificado los valores apropiados de p y q, la siguiente etapa es estimar los parámetros de los términos autorregresivos y de media móvil incluidos en el modelo. Algunas veces, este cálculo puede hacerse mediante mínimos cuadrados simples, pero otras se tendrá que recurrir a métodos de estimación no lineal (en parámetros). Puesto que esta labor es llevada a cabo ahora a través de rutinas en diversos paquetes estadísticos, en la práctica no es preciso preocuparse por los desarrollos matemáticos de la estimación; el estudiante interesado en el tema puede consultar a este respecto las referencias.

---

[6]Michael Pokorny, *An Introduction to Econometrics*, Basil Blackwell, New York, 1987, p. 343.

Paso 3. **Verificación de diagnóstico.** Después de seleccionar un modelo ARIMA particular y de estimar sus parámetros, se trata de ver luego si el modelo seleccionado ajusta los datos en forma razonablemente buena, ya que es posible que exista otro modelo ARIMA que también lo haga. Es por esto que el diseño de modelos ARIMA de Box-Jenkins es un arte más que una ciencia; se requiere gran habilidad para seleccionar el modelo ARIMA correcto. Una simple prueba del modelo seleccionado es ver si los residuales estimados a partir de este modelo son ruido blanco; si lo son, se puede aceptar el ajuste particular; si no lo son, se debe empezar nuevamente. **Por tanto, la metodología BJ es un proceso iterativo.**

Paso 4. **Predicción.** Una de las razones de la popularidad del proceso de modelación ARIMA es su éxito en la predicción. En muchos casos las predicciones obtenidas por este método son más confiables que aquéllas obtenidas de la elaboración tradicional de modelos particularmente para predicciones de corto plazo. Por supuesto, cada caso debe ser verificado.

Luego de esta exposición general, se presentan a continuación estos cuatro pasos con algún detalle. Durante el análisis se utilizará la información del PIB dada en la tabla 21.1 para ilustrar los diversos puntos.

22.4 IDENTIFICACIÓN

Las herramientas principales en la identificación son la **función de autocorrelación (ACF),** la **función de autocorrelación parcial (PACF)** y los **correlogramas** resultantes,que son simplemente los gráficos de ACF y de PACF frente a la longitud del rezago.

En el capítulo anterior se definió la ACF (ρ_k) (poblacional) y la ACF ($\hat{\rho}_k$) (muestral). El concepto de autocorrelación parcial es análogo al concepto de coeficiente de regresión parcial. En el modelo de regresión múltiple con k variables, el $k$ésimo coeficiente de regresión β_k mide la tasa de cambio en el valor medio de la variable regresada ante un cambio unitario en el $k$ésimo regresor X_k, manteniendo constante la influencia de todos los demás regresores.

En forma similar, la **autocorrelación parcial** ρ_{kk} mide la correlación entre observaciones (serie de tiempo) que están separadas k periodos de tiempo manteniendo constantes las correlaciones en los rezagos intermedios (es decir, rezagos menores de k). En otras palabras, la autocorrelación parcial es la correlación entre Y_t y Y_{t-1} después de eliminar el efecto de las Y intermedias[7]. En la sección 7.9 se introdujo el concepto de correlación parcial en el contexto de regresión y se mostró su relación con las correlaciones simples. Tales correlaciones parciales son ahora calculadas a través de rutinas en la mayoría de paquetes estadísticos.

En la figura 22.1, se muestran el correlograma y el correlograma parcial de la serie del PIB. En esta figura sobresalen dos hechos: primero, la ACF decrece muy lentamente; como se muestra en la figura 21.4, la ACF hasta el rezago 23 es estadísticamente diferente de cero a nivel individual, ya que todas ellas están por fuera de los límites del 95% de confianza. Segundo, después del primer rezago, la PACF decrece en forma considerable y todas las PACF, después del primer rezago, son estadísticamente no significativas.

Puesto que la serie de tiempo del PIB de los Estados Unidos es no estacionaria, se debe convertir en estacionaria antes de aplicar la metodología de Box-Jenkins. En la figura 21.5 se grafica la

---

[7]En la información de series de tiempo, gran proporción de la correlación entre Y_t y Y_{t-k} puede deberse a las correlaciones que ellas tienen con los rezagos intermedios $Y_{t-1}, Y_{t-2},..., Y_{t-k+1}$. La correlación parcial p_{kk} elimina la influencia de estas variables intermedias.

Rezago		Muestra ACF ($\hat{\rho}_k$)	Muestra PACF ($\hat{\rho}_{kk}$)	
1	* * * * * * * * * * * * *	0.969	0.969	* * * * * * * * * * * * *
2	* * * * * * * * * * * *	0.935	−0.058	*
3	* * * * * * * * * * * *	0.901	−0.020	
4	* * * * * * * * * * *	0.866	−0.045	*
5	* * * * * * * * * * *	0.830	−0.024	
6	* * * * * * * * * *	0.791	−0.062	*
7	* * * * * * * * * *	0.752	−0.029	
8	* * * * * * * * *	0.713	−0.024	
9	* * * * * * * * *	0.675	−0.009	
10	* * * * * * * *	0.638	−0.010	
11	* * * * * * * *	0.601	−0.020	
12	* * * * * * *	0.565	−0.012	
13	* * * * * * *	0.532	−0.020	
14	* * * * * *	0.500	−0.012	
15	* * * * * *	0.468	−0.021	
16	* * * * * *	0.437	−0.001	
17	* * * * *	0.405	−0.041	*
18	* * * * *	0.375	−0.005	
19	* * * *	0.344	−0.038	*
20	* * * *	0.313	−0.017	
21	* * * *	0.279	−0.066	*
22	* * *	0.246	−0.019	
23	* * *	0.214	−0.008	
24	* *	0.182	−0.018	
25	* *	0.153	0.017	

Intervalo de confianza al 95%   Intervalo de confianza al 95%

FIGURA 22.1
Correlograma y correlograma parcial, PIB, Estados Unidos, 1970-I a 1991-IV.

primera diferencia del PIB. En contraste con la figura 21.1, no se observa ninguna tendencia en esta serie, sugiriendo posiblemente que la serie de tiempo del PIB en primera diferencia es estacionaria[8]. Una aplicación formal de la **prueba de raíz unitaria de Dickey-Fuller** muestra que éste, en efecto, es el caso. Esto puede visualizarse también mediante los correlogramas ACF y PACF estimados dados en la figura 22.2. Ahora se tiene un patrón muy diferente de ACF y de PACF. Las ACF en los rezagos 1, 8 y 12 parecen ser estadísticamente diferentes de cero; recuérdese, del capítulo 21, que los límites de confianza aproximados al 95% para ρ_k son −0.2089 y +0.2089. (*Nota:* Como se analizó en el capítulo 21, estos límites de confianza son asintóticos y, por tanto, pueden considerarse aproximados.) Pero, en todos los demás rezagos, ellas no son estadísticamente diferentes de cero. Esto es también cierto con respecto a las autocorrelaciones parciales $\hat{\rho}_{kk}$.

Ahora, ¿cómo permiten los correlogramas dados en la figura 22.2 encontrar el patrón ARMA de la serie de tiempo del PIB? (*Nota:* Se considerará solamente la serie del PIB en primera diferencia por ser estacionaria.) Una forma de lograr esto es considerar la ACF y la PACF, y los correlogramas

---

[8]Es difícil decir si la varianza de esta serie es estacionaria, especialmente alrededor de 1979-1980. El embargo petrolero de 1979 y un cambio significativo en la política monetaria del Banco de la Reserva Federal en el mismo año pueden tener algo que ver con esta dificultad.

Rezago		Muestra ACF ($\hat{\rho}_k$)	Muestra PACF ($\hat{\rho}_{kk}$)	
1	* * * *	0.316	0.316	* * * *
2	* *	0.186	0.095	*
3	*	0.049	−0.038	
4	*	0.051	0.033	
5		−0.007	−0.032	
6		−0.019	−0.020	
7	*	−0.073	−0.062	*
8	* * * *	−0.289	−0.280	* * * *
9	*	−0.067	0.128	* *
10		0.019	0.100	*
11		0.037	−0.008	
12	* * *	−0.239	−0.311	* * * *
13	* *	−0.117	0.011	
14	* * *	−0.204	−0.114	*
15	* *	−0.128	−0.051	*
16		−0.035	−0.021	
17	*	−0.056	−0.019	
18		0.009	0.122	* *
19	*	−0.045	−0.071	*
20	*	0.066	−0.126	* *
21	*	0.084	0.089	*
22	*	0.039	−0.060	*
23	*	−0.068	−0.121	* *
24		−0.032	−0.041	*
25		0.013	0.092	*

Intervalo de confianza al 95%   Intervalo de confianza al 95%

FIGURA 22.2
Correlograma y correlograma parcial, PIB en primeras diferencias,
Estados Unidos, 1970-I a 1991-IV.

asociados de un número seleccionado de procesos ARMA, tales como AR(1), AR(2), MA(1), MA(2), ARMA(1,1), ARIMA(2,2) y así sucesivamente. Puesto que cada uno de estos procesos estocásticos presenta patrones típicos de ACF y de PACF, si la serie de tiempo bajo estudio se ajusta a alguno de estos patrones, se puede identificar con tal proceso. Por supuesto, será necesario aplicar pruebas de diagnóstico para determinar si el modelo seleccionado ARMA es razonablemente preciso.

El estudio de las propiedades de los diversos procesos estándar ARIMA consumiría mucho espacio. En su lugar, se dan lineamientos generales (*véase* tabla 22.1); en las referencias se pueden obtener detalles de los diversos procesos estocásticos.

Obsérvese que las ACF y las PACF de los procesos AR(p) y MA(q) tienen patrones opuestos; en el caso AR(p), la ACF decrece geométrica o exponencialmente pero la PACF se corta después de un cierto número de rezagos, mientras que lo opuesto sucede a un proceso MA(q).

Geométricamente, estos patrones se muestran en la figura 22.3.

Una advertencia. Puesto que en la práctica no se observan las ACF y PACF teóricas y se depende, por tanto, de sus aproximaciones muestrales, las ACF y PACF estimadas no concordarán exactamente con sus valores teóricos. Se está buscando una similitud entre las ACF y las PACF teóricas y

TABLA 22.1
Patrones teóricos de ACF y PACF

Tipo de modelo	Patrón típico de ACF	Patrón típico de PACF
AR(p)	Decrece exponencialmente o con un patrón sinusoidal o ambos	Picos grandes a lo largo de los p rezagos
MA(q)	Picos grandes a lo largo de los q rezagos	Decrece exponencialmente
ARMA (p,q)	Decrece exponencialmente	Decrece exponencialmente

Nota: Los términos decrecimiento exponencial y decrecimiento geométrico significan la misma cosa (recuérdese el análisis sobre el rezago distribuido de Koyck).

muestrales, de manera que éstas señalen la dirección correcta en la construcción de los modelos ARIMA. Es por esto que la elaboración de modelos ARIMA requiere gran habilidad, lo cual, por supuesto, se obtiene con la práctica.

Identificación ARIMA del PIB de los Estados Unidos. Considerando nuevamente el correlograma y el correlograma parcial del PIB estacionario (después de la primera diferenciación) de los Estados Unidos para 1970-I a 1991-IV dado en la figura 22.2, ¿qué se observa?

Recordando que la ACF y la PACF que aparecen allí son cantidades muestrales, no se tiene un buen patrón como el sugerido en la tabla 22.1. Las autocorrelaciones decrecen hasta el rezago 4; luego, con excepción de los rezagos 8 y 12, los restantes son estadísticamente no diferentes de cero (las líneas sólidas que aparecen en esta figura dan los límites de confianza aproximados al 95%). Las autocorrelaciones parciales, con picos en los rezagos 1, 8 y 12, parecen estadísticamente significativas pero el resto no; si el coeficiente de correlación parcial fuera significativo solamente en el rezago 1, se podría haber identificado esto como un modelo AR(1). Supóngase, por consiguiente, que el proceso que generó el PIB (en primera diferencia) es como máximo un proceso AR(12). Por supuesto, no es nesario incluir todos los térmios AR hasta 12, ya que del correlograma parcial, se sabe que solamente los términos AR para los rezagos, 1, 8 y 12 son significativos.

22.5 ESTIMACIÓN DEL MODELO ARIMA

Sea Y_t^* la primera diferencia del PIB de los Estados Unidos. Entonces, el modelo AR identificado tentativamente es

$$Y_t^* = \delta + \alpha_1 Y_{t-1}^* + \alpha_8 Y_{t-8}^* + \alpha_{12} Y_{t-12}^* \qquad (22.5.1)$$

Utilizando MICRO TSP versión 7.0, se obtuvieron las siguientes estimaciones:

$$\widehat{Y_t^*} = 23.0894 + 0.3428\, Y_{t-1}^* - 0.2994\, Y_{t-8}^* - 0.2644 Y_{t-12}^*$$
$$\text{ee} = (2.9774)\ (0.0987)\qquad (0.1016)\qquad (0.0986) \qquad (22.5.2)$$
$$t = (7.7547)\ (3.4695)\qquad (-2.9475)\qquad (-2.6817)$$
$$R^2 = 0.2931 \qquad d = 1.7663$$

Se deja como ejercicio al lector estimar un modelo que contenga solamente Y_{t-1}^* y un modelo que contenga ambos términos: Y_{t-1}^* y Y_{t-8}^*, para comparar los resultados con aquéllos dados en (22.5.2).

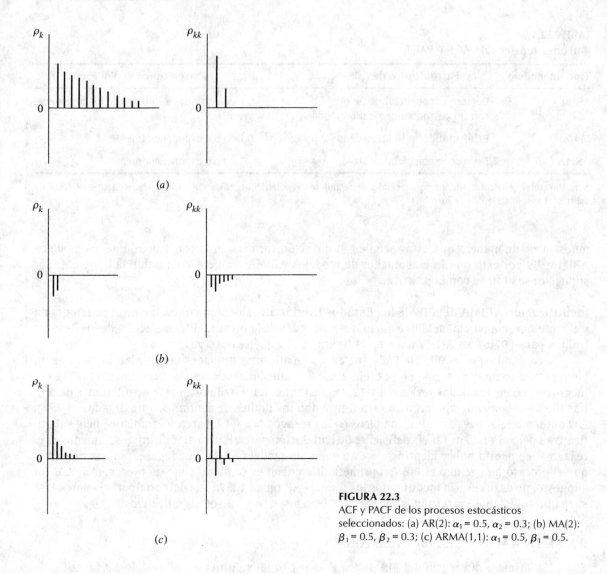

FIGURA 22.3
ACF y PACF de los procesos estocásticos
seleccionados: (a) AR(2): $\alpha_1 = 0.5$, $\alpha_2 = 0.3$; (b) MA(2):
$\beta_1 = 0.5$, $\beta_2 = 0.3$; (c) ARMA(1,1): $\alpha_1 = 0.5$, $\beta_1 = 0.5$.

22.6 VERIFICACIÓN DE DIAGNÓSTICO

¿Cómo se sabe que el modelo en (22.5.2) es un ajuste razonable a la información? Un diagnóstico simple es obtener los residuales de (22.5.2) y obtener la ACF y la PACF de estos residuales, por ejemplo, hasta el rezago 25. Las ACF y PACF estimadas se muestran en la figura 22.4. Como se ve en esta figura, ninguna de las autocorrelaciones y de las autocorrelaciones parciales de manera individual son estadísticamente significativas. Tampoco lo es la suma de las 25 autocorrelaciones elevadas al cuadrado, como lo indican los estadísticos Q de Box-Pierce y LB de Ljung-Box LB (*véase* capítulo 21). En otras palabras, los correlogramas de la autocorrelación y de la autocorrelación parcial dan la impresión de que los residuales estimados de (22.5.2) son puramente aleatorios. Por tanto, puede no ser necesario de buscar otro modelo ARIMA.

22.7 PRONÓSTICO

Recuérdese que la información del PIB es para el periodo 1970-I a 1991-IV. Supóngase, con base en el modelo (22.5.2), que se desea pronosticar el PIB para el primero de los cuatro trimestres de 1992. Pero, en (22.5.2), la variable dependiente es el *cambio* en el PIB frente al trimestre anterior. Por consiguiente, si se utiliza (22.5.2.), se pueden obtener pronósticos de los cambios en el PIB entre el primer trimestre de 1992 y el cuarto trimestre de 1991, el segundo trimestre de 1992 y el primer trimestre de 1992, etc.

Para obtener el pronóstico del PIB en niveles en lugar de en sus cambios, se puede «deshacer» la transformación de primeras diferencias que se había utilizado para obtener los cambios. (Más técnicamente, se *integra* la serie en primera diferencia.) Así, para obtener el valor de pronóstico del PIB (no del Δ PIB) para 1992-I, se reescribe el modelo (22.5.1) como

$$Y_{1992-I} - Y_{1991-IV} = \delta + \alpha_1[Y_{1991-IV} - Y_{1991-III}]$$
$$+ \quad \alpha_8[Y_{1989-IV} - Y_{1989-III}]$$
$$+ \quad \alpha_{12}[Y_{1988-IV} - Y_{1988-III}] + u_{1992-I} \quad (22.7.1)$$

Autocorrelaciones	Autocorrelaciones parciales	Rezago	ACF ($\hat{\rho}_k$)	PACF ($\hat{\rho}_{kk}$)
*	*	1	0.043	0.043
*	*	2	0.113	0.112
		3	0.020	0.012
*	* *	4	−0.100	−0.116
*	*	5	−0.068	−0.065
		6	−0.029	0.001
*		7	−0.040	−0.019
*	* *	8	−0.112	−0.118
*	*	9	0.065	0.069
* *	* *	10	0.126	0.151
*	*	11	0.099	0.076
	*	12	−0.026	−0.106
* *	*	13	0.120	0.102
* *	* *	14	−0.181	−0.150
* *	* *	15	−0.128	−0.131
*	*	16	−0.073	−0.050
* *		17	−0.121	−0.038
	*	18	0.017	0.059
		19	−0.007	−0.027
*	* *	20	−0.085	−0.163
*	*	21	0.055	0.059
		22	0.010	−0.016
	*	23	−0.038	−0.103
*	*	24	−0.053	−0.072
	*	25	−0.002	0.100

Intervalo de confianza al 95%   Intervalo de confianza al 95%

Estadístico Q de Box-Pierce	14.42	Probabilidad 0.9540	SE de correlaciones 0.110
Estadístico (LB) de Ljung-Box (LB)	17.63	Probabilidad 0.8578	

FIGURA 22.4
Correlogramas de los residuales obtenidos del modelo ARIMA (22.5.2).

Es decir,

$$Y_{1992-I} = \delta + (1 + \alpha_1)Y_{1991-IV} - \alpha_1 Y_{1991-III} + \alpha_8 Y_{1989-IV} - \alpha_8 Y_{1989-III}$$
$$+ \ \alpha_{12}Y_{1988-IV} - \alpha_{12}Y_{1988-III} + u_{1992-I} \qquad (22.7.2)$$

Los valores de δ, α_1, α_8 y α_{12} se conocen de la regresión estimada (22.5.1). El valor de $u_{1992\text{-}I}$ se ha supuesto cero (¿por qué?) Por consiguiente, se puede obtener fácilmente el valor de pronóstico de $Y_{1992\text{-}I}$. La estimación numérica de este valor de pronóstico es[9]:

$$
\begin{aligned}
\hat{Y}_{1992-I} &= 23.0894 + (1 + 0.3428)\,Y_{1991-IV} - 0.3428\,Y_{1991-III} \\
&\quad + (-0.2994)\,Y_{1989-IV} - (-0.2994)\,Y_{1989-III} \\
&\quad + (-0.2644)\,Y_{1988-IV} - (-0.2644)\,Y_{1988-III} \\
&= 23.0894 + 1.3428(4868) - 0.3428(4862.7) \\
&\quad - 0.2994(4859.7) + 0.2994(4845.6) - 0.2644(4779.7) \\
&\quad + 0.2644(4734.5) \\
&= 4876.7(\text{aprox.})
\end{aligned}
$$

Así, el valor de pronóstico del PIB para 1992-I es alrededor de US$4,877 miles de millones (dólares de 1987). A propósito, el valor observado del PIB real para 1992-I fue US$4,873.7 miles de millones; el error de pronóstico fue una sobreestimación de US$3 miles de millones.

Obsérvese que si se fuera a utilizar (22.5.2) para calcular el pronóstico del cambio del PIB entre 1991-IV y 1992-I, se obtendría la cifra de -US$4.25 miles de millones.

22.8 ASPECTOS ADICIONALES DE LA METODOLOGÍA BJ

En los párrafos anteriores se presentó sólo una introducción general al diseño de modelos BJ. Hay muchos aspectos de esta metodología no considerados por falta de espacio, como por ejemplo la **estacionalidad**. Muchas series de tiempo presentan un comportamiento estacional, como pueden ser las ventas por almacenes de departamento realizadas durante días festivos, el consumo estacional de helado, los viajes durante días festivos nacionales, etc. Si, por ejemplo, se dispone de la información trimestral de ventas de los almacenes de departamento, estas cifras mostrarán picos en el cuarto trimestre. En tales situaciones, es posible eliminar la influencia estacional considerando las diferencias de orden cuatro de las cifras de ventas y luego decidiendo qué clase de modelo ARIMA ajustar.

Se ha analizado una serie de tiempo a la vez. Sin embargo, nada impide que la metodología BJ sea extendida al estudio simultáneo de dos o más series de tiempo. Una revisión de tal tema se saldría del alcance de este libro. El lector interesado puede desear consultar las referencias[10]. No obstante, en la siguiente sección se analiza este tema en el contexto de lo que se conoce como vectores autorregresivos.

---

[9]Aunque los paquetes de computador estándar hacen este cálculo mediante una rutina, se mostrarán los cálculos detallados para ilustrar la mecánica involucrada.

[10]Para un tratamiento fácil de entender sobre este tema, *véase* Terence C. Mills, *Time Series Techniques for Economists*, Cambridge University Press, New York, 1990, parte III.

22.9 VECTORES AUTORREGRESIVOS (VAR)

En los capítulos 18 a 20 se consideraron los modelos de ecuaciones simultáneas o estructurales. En esos modelos, algunas variables son tratadas como endógenas y otras como exógenas o predeterminadas (exógenas y endógenas rezagadas). Antes de estimar tales modelos, se debe estar seguro de que las ecuaciones en el sistema estén identificadas (en forma exacta, o sobreidentificadas). Esta identificación se logra frecuentemente suponiendo que algunas de las variables predeterminadas sólo están presentes en ciertas ecuaciones. Esta decisión, a menudo, es subjetiva y ha sido severamente criticada por Christopher Sims[11].

De acuerdo con Sims, si hay verdadera simultaneidad entre un conjunto de variables, todas deben ser tratadas sobre una base de igualdad; no debe haber ninguna distinción *a priori* entre variables endógenas y exógenas. Es en este contexto que Sims desarrolló su modelo **VAR**.

Las semillas de este modelo habían sido sembradas ya en la prueba de causalidad de Granger, estudiada en el capítulo 17. En las ecuaciones (17.14.1) y (17.14.2), que explican el PNB actual en términos de la oferta monetaria rezagada y del PNB rezagado, y la oferta monetaria actual en términos de la oferta monetaria rezagada y del PNB rezagado, se está tratando esencialmente al PNB y a la oferta monetaria como un par de variables endógenas. No hay variables exógenas en este sistema.

En forma similar, en el modelo de ventas de autos (AS) y de Bonos del Tesoro (TB) presentado en el ejemplo 17.9, AS está explicada en términos de sus propios valores rezagados y de los valores rezagados de TB, y TB está explicado en términos de sus propios valores rezagados y de los valores rezagados de AS.

Estos dos ejemplos son ilustraciones de **modelos de vectores autorregresivos**; el término autorregresivo se refiere a la aparición del valor rezagado de la variable dependiente en el lado derecho, y el término vector se atribuye al hecho de que se está tratando con un vector de dos (o más) variables.

Estimación VAR

Considerando otra vez el ejemplo AS/TB, se observó que cuando se introdujeron ocho términos de rezago de cada variable como regresores, no se pudo rechazar la hipótesis de que hay una causalidad bilateral entre AS y TB. Es decir, AS afecta a TB y TB, a su vez, afecta a AS. Estas situaciones son idealmente apropiadas para la aplicación de VAR.

Para explicar la forma como se estima el modelo VAR, se continúa con el modelo AS/TB. Para simplificar, supóngase que cada ecuación contiene cuatro valores rezagados de AS y cuatro valores rezagados de TB como regresores. En este caso se puede estimar cada una de las ecuaciones mediante MCO[12]. Por consiguiente, se estima el siguiente modelo

$$\text{AS}_t = \alpha + \sum_{j=1}^{4} \beta_j \, \text{AS}_{t-j} + \sum_{j=1}^{4} \gamma_j \, \text{TB}_{t-j} + u_{1t} \tag{22.9.1}$$

$$\text{TB}_t = \alpha' + \sum_{j=1}^{4} \theta_j \, \text{AS}_{t-j} + \sum_{j=1}^{4} \lambda_j \, \text{TB}_{t-j} + u_{2t} \tag{22.9.2}$$

---

[11]C. A. Sims, «Macroeconomics and Reality», *Econometrica*, vol. 48, 1980, pp. 1-48.

[12]Se puede utilizar la técnica **SURE** (regresión aparentemente no relacionada) para estimar las dos ecuaciones a la vez. Sin embargo, puesto que cada regresión contiene el mismo número de variables endógenas rezagadas, la estimación MCO de cada ecuación separadamente produce estimaciones idénticas (y eficientes).

donde los u son los términos de error estocásticos, llamados **impulsos** o **innovaciones** en el lenguaje de VAR.

Utilizando el comando VAREST de **MICRO TSP versión 7.0**, se obtuvieron las estimaciones de los parámetros del modelo AS/TB dado en (22.9.1) y (22.9.2), como se muestra en la tabla 22.2. Puesto que (22.9.1) y (22.9.2) son regresiones MCO, la salida de dichas regresiones, dada en la tabla 22.2, debe ser interpretada en la forma usual. Por supuesto, por considerar diferentes rezagos de las mismas variables, cada coeficiente estimado no será estadísticamente significativo, debido posiblemente a multicolinealidad. Pero, en forma conjunta, es decir, con base en la prueba F estándar, ellos sí pueden ser significativos. Así, en la regresión para AS solamente, los coeficientes de AS en el rezago 1 y 2 son estadísticamente significativos pero no lo son en el resto. Por otra parte, en la regresión de TB, todos los coeficientes de TB rezagada, lo mismo que el coeficiente de AS en el rezago 1, son estadísticamente significativos.

Predicción con VAR

El modelo VAR estimado dado en la tabla 22.2 puede ser utilizado en la predicción de los valores futuros de AS y TB. Por ejemplo, para la predicción de AS en 1979-I, se requiere información de AS y de TB en los rezagos 1978-IV, 1978-III, 1978-II y 1978-I. Una vez efectuada la predicción de AS para 1979-I, se puede pronosticar AS para 1979-II en forma similar; esta vez se necesita información para AS y TB para 1979-I, 1978-IV, 1978-III y 1978-II. Pero, obsérvese que la información para 1979-I será el valor de la predicción obtenido anteriormente, puesto que la información observada para 1979-I no está disponible ya que la muestra termina en 1978-IV. Como puede sospecharlo el lector, en este procedimiento cualquier error hecho en la predicción de AS para 1979-I será trasladado a las predicciones siguientes.

Algunos problemas en la elaboración de modelos VAR

Los defensores del VAR hacen énfasis en las siguientes virtudes del método: (1) El método es simple; no es preciso preocuparse por determinar cuáles variables son endógenas y cuáles son exógenas. Todas las variables en EL VAR son endógenas[13]. (2) La estimación es simple, es decir, el método usual MCO puede ser aplicado a cada ecuación por separado. (3) Las predicciones obtenidas mediante este método son mejores en muchos casos que aquéllas obtenidas de modelos de ecuaciones simultáneas más complejos[14].

Pero los críticos de los modelos VAR señalan los siguientes problemas:

1. A diferencia de los modelos de ecuaciones simultáneas, un modelo VAR es *a-teórico* porque utiliza menos información previa. Recuérdese que en los modelos de ecuaciones simultáneas, la exclusión o inclusión de ciertas variables juega un papel crucial en la identificación del modelo.
2. Debido a su énfasis en la predicción, los modelos VAR son menos apropiados para el análisis de política.

---

[13]Algunas veces se incluyen variables puramente exógenas para dar cabida a factores estacionales y de tendencia.

[14]*Véase*, por ejemplo, T. Kinal y J. B. Ratner, «Regional Forecasting Models with Vector Autoregression: The Case of New York State», Documento de trabajo # 155, Departamento de Economía, State University of New York at Albany, 1982.

TABLA 22.2
Modelo VAR AS/TB

VAREST // Dependent Variable is AS
SMPL range: 1959.1–1978.4
Number of observations: 80

Variable	Coefficient	STD. Error	T-Stat.	2-Tail Sig.
AS (-1)	0.5555045	0.1170769	4.7447848	0.0000
AS (-2)	0.3129130	0.1363310	2.2952445	0.0247
AS (-3)	0.0357919	0.1363381	0.2587279	0.7966
AS (-4)	0.0324633	0.1246661	0.2604022	0.7953
TB (-1)	-0.1761464	0.1642311	-1.0725520	0.2871
TB (-2)	0.1498503	0.2559182	0.5855397	0.5600
TB (-3)	-0.2791645	0.2495872	-1.1185050	0.2671
TB (-4)	0.2041068	0.1482409	1.3768588	0.1729
C	1.0779153	0.4998183	2.1566141	0.0344

R-squared	0.738664		Mean of dependent var	7.868741
Adjusted R-squared	0.709218		S.D. of dependent var	1.303142
S.E. of regression	0.702709		Sum of squared resid	35.05978
Log likelihood	-80.51620		F-statistic	25.08514
Durbin-Watson stat	2.075730		Prob(F-statistic)	0.000000

VAREST // Dependent Variable is TB
Date: 5-29-1994 / Time: 8:27
SMPL range: 1959.1–1978.4
Number of observations: 80

Variable	Coefficient	STD. Error	T-Stat.	2-Tail Sig.
AS (-1)	0.1983992	0.0817601	2.4266004	0.0178
AS (-2)	-0.0728026	0.0952062	-0.7646830	0.4470
AS (-3)	-0.0553507	0.0966079	-0.5729423	0.5685
AS (-4)	0.1361520	0.0870601	1.5638857	0.1223
TB (-1)	1.2740809	0.1146901	11.108896	0.0000
TB (-2)	-0.6893779	0.1787194	-3.8573189	0.0002
TB (-3)	0.4829150	0.1742982	2.7706251	0.0071
TB (-4)	-0.2293524	0.1035234	-2.2154630	0.0299
C	-0.7823958	0.3490461	-2.2415258	0.0281

R-squared	0.921100		Mean of dependent var	4.824005
Adjusted R-squared	0.912210		S.D. of dependent var	1.656238
S.E. of regression	0.490734		Sum of squared resid	17.09820
Log likelihood	-51.79294		F-statistic	103.6089
Durbin-Watson stat	2.029895		Prob(F-statistic)	0.000000

3. El mayor desafío práctico en el diseño de modelos VAR es seleccionar la longitud apropiada del rezago. Supóngase que se tiene un modelo VAR de tres variables y se decide incluir ocho rezagos de cada variable en cada ecuación. Se tendrán 24 parámetros rezagados en cada ecuación más el término constante, para un total de 25 parámetros. A menos que el tamaño de la muestra sea grande, la estimación de tantos parámetros consumirá muchos grados de libertad, con todos los problemas que a ello se asocian[15].

4. Estrictamente hablando, en un modelo VAR de m variables, todas las m variables deben ser estacionarias (en forma conjunta). Si éste no es el caso, se tendrá que transformar la información en forma apropiada (por ejemplo, mediante diferenciación). Como lo menciona Harvey, los resultados de la información transformada pueden no ser satisfactorios. Afirma además que «El enfoque usual adopatado por los *aficionados* al VAR es, por consiguiente, trabajar en niveles, aun si algunas de estas series no son estacionarias. En este caso, es importante reconocer el efecto de las raíces unitarias sobre la distribución de los estimadores»[16]. Peor aún, si el modelo contiene una mezcla de variables I(0) e I(1), es decir, una mezcla de variables estacionarias y no estacionarias, la transformación de la información no será fácil.

5. Puesto que los coeficientes individuales estimados en los modelos VAR son, con frecuencia, difíciles de interpretar, los practicantes de esta técnica a menudo estiman la llamada **función de impulso-respuesta (IRF)**. La IRF estudia la respuesta de la variable dependiente en el sistema VAR ante «shocks» en los términos de error, tales como u_1 y u_2 en las ecuaciones (22.9.1) y (22.9.2). Supóngase que u_1 en la ecuación AS aumenta en el valor de una desviación estándar. Ese «shock» o cambio modificará a AS en el periodo actual al igual que en periodos futuros. Pero, dado que AS aparece en la regresión de TB, el cambio en u_1 tendrá también un impacto sobre TB. En forma similar, un cambio de una desviación estándar en u_2 de la ecuación de TB tendrá un impacto sobre AS. La IRF estudia el impacto de tales «shocks» durante diversos periodos en el futuro. Aunque la utilidad del análisis IRF ha sido cuestionada por los investigadores, es la pieza central en el análisis VAR[17].

Para una comparación del desempeño de VAR con otras técnicas de predicción, el lector puede consultar las referencias[18].

Una aplicación VAR: modelo VAR de la economía de Texas

Para probar el refrán convencional, «Por donde va la mancha de petróleo, por allí se extiende la economía de Texas», Thomas Fomby y Joseph Hirschberg desarrollaron un modelo VAR de tres variables de la economía de Texas para el periodo 1974-I a 1988-I[19]. Las tres variables consideradas fueron: (1) cambio porcentual en el precio real del petróleo, (2) cambio porcentual en el empleo no

---

[15]Si se tiene un modelo VAR de m ecuaciones con p valores rezagados de las m variables, en total se tienen que estimar $(m + pm^2)$ parámetros.

[16]Andrew Harvey, *The Econometric Analysis of Time Series*, The MIT Press, 2a. ed., Cambridge, Mass., 1990, p. 83.

[17]D. E. Runkle, «Vector Autoregression and Reality», *Journal of Business and Economic Statistics*, vol. 5, 1987, pp. 437-454.

[18]S. McNees, «Forecasting Accuracy of Alternative Techniques: A Comparison of U.S. Macroeconomic Forecasts», *Journal of Business and Economic Statistics*, vol. 4, 1986, pp. 5-15; E. Mahmoud, «Accuracy in Forecasting: A Survey», *Journal of Forecasting*, vol. 3, 1984, pp. 139-159.

[19]Thomas B. Fomby y Joseph G. Hirschberg, «Texas in Transition: Dependence on Oil and the National Economy», *Economic Review*, Federal Reserve Bank of Dallas, enero 1989, pp. 11-28.

TABLA 22.3

Resultados de la estimación para el sistema VAR de segundo orden*
de Texas 1974-I a 1988-I

Dependent variable: x (percentage change in real price of oil)

Variable	Lag	Coefficient	Standard error	Significance level
x	1	0.7054	0.1409	.8305E−5
x	2	−0.3351	0.1500	.3027E−1
y	1	−1.3525	2.7013	.6189
y	2	3.4371	2.4344	.1645
z	1	3.4566	2.8048	.2239
z	2	−4.8703	2.7500	.8304E−1
Constant	0	−0.9983E−2	0.1696E−1	.5589

$\bar{R}^2 = 0.2982; Q(21) = 8.2618\,(P = .9939)$

Tests for joint significance, dependent variable $= x$

Variable	F-statistic	Significance level
x	12.5536	.4283E−4
y	1.3646	.2654
z	1.5693	.2188

Dependent variable: y (percentage change in Texas nonagricultural employment)

Variable	Lag	Coefficient	Standard error	Significance level
x	1	0.2228E−1	0.8759E−2	.1430E−1
x	2	−0.1883E−2	0.9322E−2	.8407
y	1	0.6462	0.1678	.3554E−3
y	2	0.4234E−1	0.1512	.7807
z	1	0.2655	0.1742	.1342
z	2	−0.1715	0.1708	.3205
Constant	0	−0.1602E−2	0.1053E−1	.1351

$\bar{R}^2 = 0.6316; Q(21) = 21.5900\,(P = .4234)$

Tests for joint significance, dependent variable $= y$

Variable	F-statistic	Significance level
x	3.6283	.3424E−4
y	19.1440	.8287E−6
z	1.1684	.3197

Dependent variable: z (percentage change in nonagricultural employment
in rest of United States)

Variable	Lag	Coefficient	Standard error	Significance level
x	1	−0.8330E−2	0.6849E−2	.2299
x	2	0.3635E−2	0.7289E−2	.6202
y	1	0.3849	0.1312	.5170E−2
y	2	−0.4805	0.1182	.1828E−2
z	1	0.7226	0.1362	.3004E−5
z	2	−0.1366E−1	0.1336	.9190
Constant	0	−0.2387E−2	0.8241E−3	.5701E−2

$\bar{R}^2 = 0.6503; Q(21) = 15.6182\,(P = .7907)$

Tests for joint significance, dependent variable $= z$

Variable	F-statistic	Significance level
x	0.7396	.4827
y	8.2714	.8360E−3
z	27.9609	.1000E−7

FUENTE: Economic Review, Federal Reserve Bank of Dallas, enero 1989, p. 21.

* Términos con dos rezagos de cada variable.

agrícola de Texas y (3) cambio porcentual en el empleo no agrícola en el resto de los Estados Unidos. Los autores introdujeron el término constante y dos valores rezagados de cada variable en cada ecuación. Por consiguiente, el número de parámetros estimados en cada ecuación fue siete. Los resultados de la estimación MCO del modelo VAR se dan en la tabla 22.3. Las pruebas F dadas en esta tabla corroboran la hipótesis de que en forma conjunta, los diversos coeficientes rezagados son cero. Por tanto, la prueba F para la variable x (cambio porcentual en el precio real del petróleo) muestra que los dos términos rezagados de x son estadísticamente diferentes de cero; la probabilidad de obtener un valor F de 12.5536, bajo la hipótesis nula de que ambos son simultáneamente iguales a cero, es muy baja, alrededor de 0.00004. Por otra parte, en forma conjunta, los dos valores y rezagados (cambio porcentual en el empleo no agrícola de Texas) no son significativamente diferentes de cero para explicar x; el valor F es sólo 1.36. Todos los demás estadísticos F deben ser interpretados en forma similar.

Con base en éstos y en otros resultados presentados en su trabajo, Fomby y Hirschberg concluyen que el refrán sobre la economía de Texas no es del todo preciso, ya que después de la inestabilidad inicial resultante de las crisis del petróleo de los países de la OPEP, la economía de Texas es ahora menos dependiente de las fluctuaciones en el precio del petróleo.

22.10 RESUMEN Y CONCLUSIONES

1.   Los enfoques Box-Jenkins y VAR para la predicción económica son alternativas a los modelos tradicionales uniecuacionales y de ecuaciones simultáneas.
2.   Para el pronóstico de valores de una serie de tiempo, la estrategia básica de Box-Jenkins es la siguiente:
     (a) Examínese primero si la serie es estacionaria. Esto puede lograrse calculando la función de autocorrelación (ACF) y la función de autocorrelación parcial (PACF), o mediante un análisis formal de raíz unitaria. Los correlogramas asociados con ACF y PACF son, con frecuencia, buenas herramientas de diagnóstico visual.
     (b) Si la serie de tiempo es no estacionaria, ésta debe diferenciarse una o más veces para alcanzar la estacionariedad.
     (c) Se calculan entonces la ACF y la PACF de la serie de tiempo estacionaria para determinar si la serie es autorregresiva pura, del tipo de media móvil puro, o una mezcla de las dos. Así, de los lineamientos generales dados en la tabla 22.1, se pueden determinar los valores de p y q en el proceso ARMA que va a ser ajustado. En esta etapa, el modelo ARMA(p,q) seleccionado es tentativo.
     (d) El modelo tentativo es entonces estimado.
     (e) Los residuales de este modelo tentativo son examinados para establecer si son ruido blanco. Si lo son, el modelo tentativo es probablemente una buena aproximación al proceso estocástico subyacente. Si no lo son, el proceso se inicia de nuevo. Por consiguiente, el método de Box-Jenkins es iterativo.
     (f) El modelo finalmente seleccionado puede ser utilizado para predicción.
3.   El enfoque VAR para proyección considera diferentes series de tiempo a la vez. Las características que distinguen al VAR son las siguientes:
     (a) Es un sistema simultáneo en el sentido de que todas las variables son consideradas endógenas.
     (b) En la elaboración de modelos VAR, el valor de una variable es expresado como una función lineal de los valores pasados o rezagados de esa variable y de todas las demás variables incluidas en el modelo.

(c) Si cada ecuación contiene el mismo número de variables rezagadas en el sistema, éste puede ser estimado mediante MCO sin recurrir a otros métodos asociados a sistemas, tales como el método de mínimos cuadrados en dos etapas (MC2E) o las regresiones aparentemente no relacionadas (SURE).

(d) Esta simplicidad de la elaboración de modelos VAR puede ser su desventaja. En vista del limitado número de observaciones que están disponibles en la mayoría de los análisis económicos, la introducción de los diversos rezagos de cada variable puede consumir muchos grados de libertad[20].

(e) Si hay varios rezagos en cada ecuación, no siempre es fácil interpretar cada coeficiente, especialmente si los signos de los coeficientes se alternan. Por esta razón, en la elaboración de modelos VAR, se examina la función de impulso-respuesta (IRF) para determinar la forma como responde la variable dependiente ante un «shock» administrado a una o más ecuaciones en el sistema.

(f) Hay mucha discusión y controversia sobre la superioridad de los diversos métodos de predicción. Los métodos de predicción uniecuacionales, de ecuaciones simultáneas, Box-Jenkins y VAR tienen sus admiradores como también sus detractores. Todo lo que se puede decir es que no hay un método que por sí mismo sea apropiado para todas las situaciones. Si ese fuera el caso, no habría necesidad de analizar las diversas alternativas. Una cosa es segura: las metodologías de Box-Jenkins y VAR se han convertido en parte integral de la econometría.

EJERCICIOS

Preguntas

22.1. ¿Cuáles son los métodos más importantes de la predicción económica?

22.2. ¿Cuáles son las principales diferencias entre el enfoque de ecuaciones simultáneas y el enfoque de Box-Jenkins para la predicción económica?

22.3. Esquematícense los pasos principales relacionados con la aplicación del enfoque de Box-Jenkins para la predicción económica.

22.4. ¿Qué sucede si las técnicas de Box-Jenkins son aplicadas a series de tiempo no estacionarias?

22.5. ¿Qué diferencias hay entre los enfoques de Box-Jenkins y VAR para la predicción económica?

22.6. ¿En qué sentido es el VAR a-teórico?

22.7. «Si el objetivo principal es la predicción, VAR lo logrará». Evalúese críticamente esta afirmación.

22.8. Puesto que el número de rezagos que va a ser introducido en un modelo VAR puede ser un asunto subjetivo, ¿cómo se decide cuántos rezagos deben ser introducidos en una aplicación concreta?

22.9. Coméntese la siguiente afirmación: «Box-Jenkins y VAR son los ejemplos más importantes de medición sin teoría».

22.10. ¿Cuál es la conexión, de existir, entre las pruebas de causalidad de Granger y el diseño de modelos VAR?

Problemas

22.11. Considérese la información sobre el IDP (ingreso disponible personal) dada en la tabla 21.1. Supóngase que desea ajustar un modelo ARIMA apropiado a esta información. Defínanse los pasos involucrados en la realización de esta labor.

22.12. Repítase el ejercicio 22.11 para la información de GCP (gasto de consumo personal) dado en la tabla 21.1.

---

[20]Los seguidores de las estadísticas bayesianas creen que este problema puede ser minimizado. *Véase* R. Litterman, «A Statistical Approach to Economic Forecasting», *Journal of Business and Economic Statistics*, vol. 4, 1986, pp. 1-4.

22.13. Repítase el ejercicio 22.11 para la información de utilidades dada en la tabla 21.1.

22.14. Repítase el ejercicio 22.11 para la información de dividendos dada en la tabla 21.1.

22.15. En el ejercicio 17.28 se explicó el criterio Schwarz para determinar la longitud del rezago. ¿Cómo se utilizaría este criterio para determinar la longitud apropiada del rezago en un modelo VAR?

22.16. Utilizando la información sobre GCP e IPD dada en la tabla 21.1, desarróllese un modelo bivariado VAR para el periodo 1970-I a 1990-IV. Utilícese este modelo para predecir los valores de estas variables para los cuatro trimestres de 1991 y compárense los valores de predicción con los valores observados dados en la tabla 21.1.

22.17. Repítase el ejercicio 22.16 utilizando la información sobre dividendos y utilidades.

*22.18. Refiérase a MICRO TSP-7.0 o a otro paquete estadístico y estímese la función de impulso-respuesta para un periodo hasta de ocho rezagos para el modelo VAR que se desarrolló en el ejercicio 22.16.

*22.19. Repítase el ejercicio 22.18 para el modelo VAR desarrollado en el ejercicio 22.17.

22.20. Refiérase a los resultados de regresión VAR dados en la tabla 22.3. De las diversas pruebas F reportadas en las tres regresiones que allí se dieron, ¿qué se puede decir sobre la naturaleza de la causalidad en las tres variables?

22.21. Continuando con el ejercicio 20.20, ¿se puede adivinar la razón por la cual los autores decidieron expresar las tres variables en el modelo en forma de cambios porcentuales en lugar de las variables en niveles? (*Guía:* Estacionariedad.)

---

*Opcional.

REVISIÓN DE ALGUNOS CONCEPTOS ESTADÍSTICOS

En este apéndice se introducen, en forma muy general, algunos de los conceptos estadísticos que aparecen en este texto. El análisis no es riguroso y no se dan pruebas debido a que existen diversos libros de estadística excelentes que hacen muy bien ese trabajo. Algunos de esos libros se relacionan al final del apéndice.

A.1 OPERADORES DE SUMATORIA Y DE PRODUCTO

La letra mayúscula griega $\sum$ (sigma) se utiliza para indicar sumatoria. Así,

$$\sum_{i=1}^{n} x_i = x_1 + x_2 + \cdots + x_n$$

Algunas de las propiedades más importantes del operador de sumatoria $\sum$ son

1. $\sum_{i=k}^{n} k = nk$, donde k es una constante. Así, $\sum_{i=1}^{4} 3 = 4 \cdot 3 = 12$.
2. $\sum_{i=1}^{n} kx_i = k \sum_{i=1}^{n} x_i$, donde k es una constante.
3. $\sum_{i=1}^{n} (a + bx_i) = na + b \sum_{i=1}^{n} x_i$, donde a y b son constantes y donde se hace uso de las propiedades 1 y 2 anteriores.
4. $\sum_{i=1}^{n} (x_i + y_i) = \sum_{i=1}^{n} x_i + \sum_{i=1}^{n} y_i$

El operador de sumatoria también puede ser ampliado a sumas múltiples. Así, $\sum \sum$, el operador de doble sumatoria, es definido como

$$\sum_{i=1}^{n}\sum_{j=1}^{m} x_{ij} = \sum_{i=1}^{n}(x_{i1} + x_{i2} + \cdots + x_{im})$$

$$= (x_{11} + x_{21} + \cdots + x_{n1}) + (x_{12} + x_{22} + \cdots + x_{n2})$$

$$+ \cdots + (x_{1m} + x_{2m} + \cdots + x_{nm})$$

Algunas de las propiedades de $\sum \sum$ son

1. $\sum_{i=1}^{n}\sum_{j=1}^{m} x_{ij} = \sum_{j=1}^{m}\sum_{i=1}^{n} x_{ij}$; es decir, el orden en el cual se realice la doble sumatoria es intercambiable.
2. $\sum_{i=1}^{n}\sum_{j=1}^{m} x_i y_j = \sum_{i=1}^{n} x_i \sum_{j=1}^{m} y_j$.
3. $\sum_{i=1}^{n}\sum_{j=1}^{m}(x_{ij} + y_{ij}) = \sum_{i=1}^{n}\sum_{j=1}^{m} x_{ij} + \sum_{i=1}^{n}\sum_{j=1}^{m} y_{ij}$.
4. $\left[\sum_{i=1}^{n} x_i\right]^2 = \sum_{i=1}^{n} x_i^2 + 2\sum_{i=1}^{n-1}\sum_{j=i+1}^{n} x_i x_j = \sum_{i=1}^{n} x_i^2 + 2\sum_{i<j} x_i x_j$.

El operador de producto $\prod$ es definido como

$$\prod_{i=1}^{n} x_i = x_1 \cdot x_2 \cdots x_n$$

Por tanto,

$$\prod_{i=1}^{3} x_i = x_1 \cdot x_2 \cdot x_3$$

A.2 ESPACIO MUESTRAL, PUNTOS MUESTRALES Y EVENTOS

El conjunto de todos los resultados posibles de un experimento aleatorio, o del azar, se denomina la **población** o **espacio muestral** y cada miembro de este espacio muestral se denomina un **punto muestral**. Por tanto, en el experimento de lanzar dos monedas, el espacio muestral consta de estos cuatro resultados posibles: *CC, CS, SC,* y *SS,* donde *CC* significa una cara en el primer lanzamiento y nuevamente una cara en el segundo lanzamiento, *CS* significa una cara en el primer lanzamiento y un sello en el segundo lanzamiento, y así sucesivamente. Cada uno de los eventos anteriores constituye un punto muestral.

Un **evento** es un subconjunto del espacio muestral. Así, si *A* denota la ocurrencia de una cara y de un sello, entonces, de los posibles resultados anteriores, solamente dos pertenecen a *A*, a saber *CS* y *SC*. En este caso, *A* constituye un evento. En forma similar, la ocurrencia de dos caras en el lanzamiento de dos monedas es un evento. Se dice que los eventos son **mutuamente excluyentes** si la ocurrencia de uno impide la ocurrencia de otro. Si en el ejemplo anterior ocurre CC, la ocurrencia del evento CS al mismo tiempo no es posible. Se dice que los eventos son **exhaustivos** (colectivamente) si todos los resultados posibles de un experimento se agotan. Así, en el ejemplo, los eventos (a) dos caras, (b) dos sellos y (c) un sello una cara, agotan todos los resultados posibles; por tanto, ellos son eventos exhaustivos (colectivamente).

A.3 PROBABILIDAD Y VARIABLES ALEATORIAS

Probabilidad

Sea A un evento en un espacio muestral. Sea $P(A)$ la probabilidad del evento A, es decir, la proporción de veces que el evento A ocurrirá en ensayos repetidos de un experimento. En forma alterna, en un total de n posibles resultados igualmente probables de un experimento, si m de ellos son favorables a la ocurrencia del evento A, se define la razón m/n como la frecuencia relativa de A. Para valores grandes de n, esta frecuencia relativa constituirá una muy buena aproximación de la probabilidad de A.

Propiedades de la probabilidad. $P(A)$ es una función de valor real[1] y tiene estas propiedades:
1. $0 \le P(A) \le 1$ para todo A.
2. Si A, B, C,... constituye un conjunto de eventos exhaustivo, entonces $P(A + B + C...) = 1$, donde $A + B + C$ significa A o B o C y así sucesivamente.
3. Si A, B, C,... son eventos mutuamente excluyentes, entonces

$$P(A + B + C + \cdots) = P(A) + P(B) + P(C) + \cdots$$

Ejemplo 1. Considérese el experimento de lanzar un dado numerado del 1 al 6. El espacio muestral consta de los resultados 1,2,3,4,5 y 6. Por consiguiente, estos seis eventos agotan la totalidad del espacio muestral. La probabilidad de obtener cualquiera de estos números es 1/6 puesto que son seis resultados igualmente probables y cada uno de ellos tiene igual probabilidad de aparecer. Puesto que 1,2,3,4,5 y 6 forman un conjunto exhaustivo de eventos, $P(1+2+3+4+5+6) = 1$ donde 1, 2, 3,... significa la probabilidad del número 1 o del número 2 o del número 3, etc. Dado que 1, 2,..., 6 son eventos mutuamente excluyentes en donde dos números no pueden obtenerse simultáneamente, $P(1+2+3+4+5+6) = P(1) + P(2)+...+ P(6) = 1$.

Variables aleatorias

Una variable cuyo valor está determinado por el resultado de un experimento de azar se denomina **variable aleatoria** (va). Las variables aleatorias se denotan usualmente por las letras mayúsculas X, Y, Z y así sucesivamente, y los valores que ellas toman están denotadas por letras minúsculas, x, y, z, etc.

Una variable aleatoria puede ser **discreta** o **continua**. Una va discreta adquiere solamente un número finito (o infinito contable) de valores[2]. Por ejemplo, al lanzar dos dados, cada uno numerado del 1 al 6, si se define la variable aleatoria X como la suma de los números que aparecen en los dados, entonces X tomará uno de los siguientes valores: 2, 3, 4, 5, 6, 7, 8, 9, 10, 11 o 12. Por tanto, ésta se trata de una variable aleatoria discreta. Una va continua, por su parte, es una variable que puede tomar cualquier valor dentro de un intervalo de valores. Así, la estatura de un individuo es una variable continua -por ejemplo, en el rango, entre 152.4 y 165.1 centímetros- ésta puede adquirir cualquier valor, dependiendo de la precisión de la medición.

---

[1]Una función cuyo dominio y rango son subconjuntos de números reales se conoce generalmente como una función de valor real. Para mayores detalles, *véase* Alpha C. Chiang, *Fundamental Methods of Mathematical Economics*, 3a. ed., McGraw-Hill, 1984, capítulo 2.

[2]Para un análisis sencillo de la noción de conjuntos infinitos contables, *véase* R. G. D. Allen, *Basic Mathematics,* Macmillan, Londres, 1964, p. 104.

A.4 FUNCIÓN DE DENSIDAD DE PROBABILIDAD (FDP)

Función de densidad de probabilidad de una variable aleatoria discreta

Sea X una va discreta que toma valores diferentes $x_1, x_2, \ldots x_n$. Entonces, la función

$$f(x) = P(X = x_i) \quad \text{para } i = 1, 2, \ldots, n, \ldots$$
$$= 0 \qquad\qquad \text{para } x \neq x_i$$

se denomina la **función de densidad de probabilidad discreta** (FDP) de X, donde $P(X = x_i)$ significa la probabilidad de que la va discreta X tome el valor de x_i.

> **Ejemplo 2.** En un lanzamiento de dos dados, la variable aleatoria X, o sea la suma de los números que aparecen en dos dados, puede tomar uno de los 11 valores mostrados. La FDP de esta variable puede aparecer como sigue (*véase* también la figura A.1):
>
> $$x = \quad 2 \quad 3 \quad 4 \quad 5 \quad 6 \quad 7 \quad 8 \quad 9 \quad 10 \quad 11 \quad 12$$
> $$f(x) = (\tfrac{1}{36})(\tfrac{2}{36})(\tfrac{3}{36})(\tfrac{4}{36})(\tfrac{5}{36})(\tfrac{6}{36})(\tfrac{5}{36})(\tfrac{4}{36})(\tfrac{3}{36})(\tfrac{2}{36})(\tfrac{1}{36})$$
>
> Estas probabilidades pueden verificarse fácilmente. En total, hay 36 resultados posibles, de los cuales uno es favorable al número 2, dos son favorables al número 3 (puesto que la suma de 3 puede presentarse bien sea como 1 en el primer dado y 2 en el segundo dado, o 2 en el primer dado y 1 en el segundo dado) y así sucesivamente.

Función de densidad de probabilidad de una variable aleatoria continua

Sea X una va continua. Entonces, se dice que $f(x)$ es la FDP de X si se satisfacen las siguientes condiciones:

$$f(x) \geq 0$$

$$\int_{-\infty}^{\infty} f(x)\,dx = 1$$

$$\int_{a}^{b} f(x)\,dx = P(a \leq x \leq b)$$

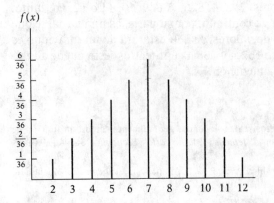

FIGURA A.1
Función de densidad de la variable aleatoria discreta del Ejemplo 2.

donde $f(x)dx$ es conocido como el *elemento probabilístico* (la probabilidad asociada con un pequeño intervalo de una variable continua) y donde $P(a \leq x \leq b)$ significa la probabilidad de que X se encuentre en el intervalo a a b. Geométricamente, se tiene la figura A.2.

Para una va continua, en contraste con una va discreta, la probabilidad de que X tome un valor específico es cero[3]; la probabilidad para tal variable puede medirse solamente sobre un rango o intervalo dado, tal como (a, b) que aparece en la figura A.2.

Ejemplo 3. Considérese la siguiente función de densidad:

$$f(x) = \tfrac{1}{9}x^2; \qquad 0 \leq x \leq 3$$

Puede verificarse con facilidad que $f(x) \geq 0$ para toda x en el rango 0 a 3 y que $\int_0^3 \tfrac{1}{9}x^2 dx = 1$. (*Nota:* La integral es $(\tfrac{1}{27}x^3 \,|_0^3) = 1$). Si se desea evaluar la FDP anterior entre 0 y 1, se obtiene $\int_0^1 \tfrac{1}{9}x^2 dx = (\tfrac{1}{27}x^3 \,|_0^1) = \tfrac{1}{27}$; es decir, la probabilidad de que x se encuentre entre 0 y 1 es 1/27.

Funciones de densidad de probabilidad conjunta:

FDP conjunta discreta. Sean X y Y dos variables aleatorias discretas. Entonces, la función

$$\begin{aligned} f(x, y) &= P(X = x \text{ y } Y = y) \\ &= 0 \quad \text{cuando } X \neq x \text{ y } Y \neq y \end{aligned}$$

se conoce como la **función de densidad de probabilidad conjunta discreta** y da la probabilidad (conjunta) de que X tome el valor de x y Y tome el valor de y.

Ejemplo 4. La siguiente tabla presenta la FDP conjunta de las variables discretas X y Y.

		X			
		−2	**0**	**2**	**3**
Y	**3**	0.27	0.08	0.16	0
	6	0	0.04	0.10	0.35

Esta tabla muestra que la probabilidad de que X tome el valor de −2 mientras simultáneamente Y toma el valor de 3 es 0.27, y que la probabilidad de que X tome el valor de 3 mientras Y toma el valor de 6 es 0.35 y así sucesivamente.

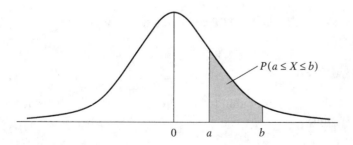

FIGURA A.2
Función de densidad de una variable aleatoria continua.

---

[3]*Nota:* $\int_a^a f(x)\,dx = 0$

Función de densidad de probabilidad marginal

En relación con $f(x,y)$, $f(x)$ y $f(y)$ se denominan funciones de densidad de probabilidad **individuales** o **marginales**. Estas FDP marginales se obtienen de la siguiente manera:

$$f(x) = \sum_y f(x, y) \qquad \text{FDP marginal de } X$$

$$f(y) = \sum_x f(x, y) \qquad \text{FDP marginal de } Y$$

donde, por ejemplo, $\sum_y$ significa la suma sobre todos los valores de Y y $\sum_x$ significa la suma sobre todos los valores de X.

Ejemplo 5. Considérese la información dada en el Ejemplo 4. La FDP marginal de X se obtiene de la siguiente manera:

$$f(x = -2) = \sum_y f(x, y) = 0.27 + 0 = 0.27$$

$$f(x = 0) = \sum_y f(x, y) = 0.08 + 0.04 = 0.12$$

$$f(x = 2) = \sum_y f(x, y) = 0.16 + 0.10 = 0.26$$

$$f(x = 3) = \sum_y f(x, y) = 0 + 0.35 = 0.35$$

Así mismo, la FDP marginal de Y se obtiene así:

$$f(y = 3) = \sum_x f(x, y) = 0.27 + 0.08 + 0.16 + 0 = 0.51$$

$$f(y = 6) = \sum_x f(x, y) = 0 + 0.04 + 0.10 + 0.35 = 0.49$$

Como lo muestra este ejemplo, para obtener la FDP marginal de X, se adiciona la columna de números y para obtener la FDP marginal de Y se adiciona la fila de números. Obsérvese que $\sum_x f(x)$ sobre todos los valores de X es 1, como lo es $\sum_y f(y)$ sobre todos los valores de Y (¿por qué?).

FDP condicional. Como se mencionó en el capítulo 2, en el análisis de regresión, el interés se centra, con frecuencia, en estudiar el comportamiento de una variable condicional a los valores de otra u otras variables. Esto puede hacerse considerando la FDP condicional.

La función

$$f(x \mid y) = P(X = x \mid Y = y)$$

se conoce como la **FDP condicional** de X; ésta da la probabilidad de que X tome el valor de x dado que Y ha asumido el valor y. En forma similar,

$$f(y \mid x) = P(Y = y \mid X = x)$$

lo cual da la *FDP condicional de Y.*

Las FDP condicionales pueden obtenerse de la siguiente manera:

$$f(x \mid y) = \frac{f(x, y)}{f(y)} \qquad \text{FDP condicional de } X$$

$$f(y \mid x) = \frac{f(x, y)}{f(x)} \qquad \text{FDP condicional de } Y$$

Como lo muestran las expresiones anteriores, la FDP condicional de una variable se puede expresar como la razón de la FDP conjunta con respecto a la FDP marginal de otra variable.

Ejemplo 6. Continuando con los ejemplos 4 y 5, se calculan las siguientes probabilidades condicionales, así:

$$f(X = -2 \mid Y = 3) = \frac{f(X = -2, Y = 3)}{f(Y = 3)} = 0.27 / 0.51 = 0.53$$

Obsérvese que la probabilidad incondicional $f(X = -2)$ es 0.27, pero si Y ha asumido el valor de 3, la probabilidad de que X tome el valor de –2 es 0.53.

$$f(X = 2 \mid Y = 6) = \frac{f(X = 2, Y = 6)}{f(Y = 6)} = 0.10 / 0.49 = 0.20$$

Obsérvese de nuevo que la probabilidad incondicional de que X tome el valor de 2 es 0.26, la cual es diferente de 0.20, que es su valor si Y asume el valor de 6.

Independencia estadística

Dos variables aleatorias X y Y son estadísticamente independientes sí y sólo sí

$$f(x, y) = f(x)f(y)$$

es decir, si la FDP conjunta puede ser expresada como el producto de las FDP marginales.

Ejemplo 7. Una bolsa contiene tres bolas numeradas 1,2 y 3. Se seleccionan de la bolsa dos bolas al azar, con reemplazamiento (es decir, la primera bola sacada es reemplazada antes de sacar la segunda). Sea X el número de la primera bola sacada y Y el número de la segunda. La siguiente tabla da la FDP conjunta de X y Y.

		X		
		1	**2**	**3**
	1	$\frac{1}{9}$	$\frac{1}{9}$	$\frac{1}{9}$
Y	**2**	$\frac{1}{9}$	$\frac{1}{9}$	$\frac{1}{9}$
	3	$\frac{1}{9}$	$\frac{1}{9}$	$\frac{1}{9}$

Ahora $f(X = 1, Y = 1) = \frac{1}{9}$, $f(X = 1) = \frac{1}{3}$ (obtenido mediante la suma de los elementos de la primera columna), y $f(Y = 1) = \frac{1}{3}$ (obtenido mediante la suma de los elementos de la primera fila). Puesto que $f(X, Y) = f(X)f(Y)$, en este ejemplo, se puede decir que las dos variables son estadísticamente independientes. Puede verificarse que para cualquier otra combinación de los valores X y Y dados en la tabla anterior, las FDP conjuntas se factorizan en FDP individuales.

Se observa que las variables X y Y dadas en el Ejemplo 4 no son estadísticamente independientes puesto que el producto de las dos FDP marginales no es igual a la FDP conjunta. (*Nota:* $f(X, Y) = f(X)f(Y)$ debe cumplirse para todas las combinaciones de X y Y si las dos variables han de ser estadísticamente independientes.)

FDP conjunta continua. La FDP $f(x, y)$ de dos variables continuas X y Y es tal que

$$f(x, y) \geq 0$$

$$\int_{-\infty}^{\infty} \int_{-\infty}^{\infty} f(x, y)\, dx\, dy = 1$$

$$\int_{c}^{d} \int_{a}^{b} f(x, y)\, dx\, dy = P(a \leq x \leq b, c \leq y \leq d)$$

Ejemplo 8. Considérese la siguiente FDP:

$$f(x, y) = 2 - x - y \qquad 0 \leq x \leq 1; 0 \leq y \leq 1$$

Es obvio que $f(x, y) \geq 0$. Además[4]

$$\int_{0}^{1} \int_{0}^{1} (2 - x - y)\, dx\, dy = 1$$

La FDP marginal de X y de Y puede obtenerse como

$$f(x) = \int_{-\infty}^{\infty} f(x, y)\, dy \qquad \text{FDP marginal de } X$$

$$f(y) = \int_{-\infty}^{\infty} f(x, y)\, dx \qquad \text{FDP marginal de } Y$$

Ejemplo 9. Las dos FDP marginales de la FDP conjunta dada en el Ejemplo 8 son las siguientes:

$$f(x) = \int_{0}^{1} f(x, y)\, dy = \int_{0}^{1} (2 - x - y)\, dy$$

$$\left(2y - xy - \frac{y^2}{2} \right)\Big|_{0}^{1} = \frac{3}{2} - x \qquad 0 \leq x \leq 1$$

$$f(y) = \int_{0}^{1} (2 - x - y)\, dx$$

$$\left(2x - xy - \frac{x^2}{2} \right)\Big|_{0}^{1} = \frac{3}{2} - y \qquad 0 \leq y \leq 1$$

---

[4]

$$\int_{0}^{1} \left[\int_{0}^{1} (2 - x - y)\, dx \right] dy = \int_{0}^{1} \left[\left(2x - \frac{x^2}{2} - xy \right)\Big|_{0}^{1} \right] dy$$

$$= \int_{0}^{1} \left(\frac{3}{2} - y \right) dy$$

$$= \left(\frac{3}{2}y - \frac{y^2}{2} \right)\Big|_{0}^{1} = 1$$

Nota: La expresión $(\frac{3}{2}y - y^2/2)\big|_{0}^{1}$ significa que la expresión entre paréntesis debe ser evaluada para el valor del límite superior 1 y para el valor del límite inferior 0; el último valor es restado del primero para obtener el valor de la integral. Así, en el ejemplo anterior, los límites son $(\frac{3}{2} - \frac{1}{2})$ en $y = 1$ y 0 en $y = 0$, dando igual a 1 el valor de la integral.

Para ver si las dos variables del Ejemplo 8 son estadísticamente independientes, se debe determinar si $f(x, y) = f(x)f(y)$. Puesto que $(2 - x - y) \neq (\frac{3}{2} - x)(\frac{3}{2} - y)$, se puede decir que las dos variables no son estadísticamente independientes.

A.5 CARACTERÍSTICAS DE LAS DISTRIBUCIONES DE PROBABILIDAD

Una distribución de probabilidad a menudo puede resumirse en términos de algunas de sus características, conocidas como los **momentos** de la distribución. Dos de los momentos más ampliamente utilizados son la **media**, o **valor esperado** y la **varianza**.

Valor esperado

El valor esperado de una va discreta X, denotado por $E(X)$, se define de la siguiente manera:

$$E(X) = \sum_x xf(x)$$

donde $\sum_x$ significa la suma sobre todos los valores de X y donde $f(x)$ es la FDP (discreta) de X.

Ejemplo 10. Considérese la distribución de probabilidad de la suma de dos números en el lanzamiento de dos dados analizada en el Ejemplo 2 (*véase* la figura A.1.) Multiplicando los diversos valores de X dados allí por sus correspondientes probabilidades y sumando sobre todas las observaciones, se obtiene:

$$E(X) = 2(\tfrac{1}{36}) + 3(\tfrac{2}{26}) + 4(\tfrac{3}{36}) + \cdots + 12(\tfrac{1}{36}) +$$
$$= 7$$

que es el valor promedio de la suma de los números observada en un lanzamiento de dos dados.

Ejemplo 11. Estímese $E(X)$ y $E(Y)$ para la información dada en el Ejemplo 4. Se ha visto que

x	-2	0	2	3
$f(x)$	0.27	0.12	0.26	0.35

Por consiguiente,

$$E(X) = \sum_x xf(x)$$
$$= (-2)(0.27) + (0)(0.12) + (2)(0.26) + (3)(0.35)$$
$$= 1.03$$

En forma similar,

y	3	6
$f(y)$	0.51	0.49

$$E(Y) = \sum_y yf(y)$$
$$= (3)(0.51) + (6)(0.49)$$
$$= 4.47$$

El valor esperado de una va continua está definido como

$$E(X) = \int_{-\infty}^{\infty} x f(x)\, dx$$

La única diferencia entre este caso y el valor esperado de la va aleatoria discreta es que el símbolo de sumatoria se reemplaza por el símbolo de integral.

Ejemplo 12. Para determinar el valor esperado de la FDP continua dada en el Ejemplo 3, se procede como sigue:

$$
\begin{aligned}
E(X) &= \int_0^3 x\left(\frac{x^2}{9}\right) dx \\
&= \frac{1}{9}\left[\left(\frac{x^4}{4}\right)\right]_0^3 \\
&= \frac{9}{4} \\
&= 2.25
\end{aligned}
$$

Propiedades del valor esperado

1. El valor esperado de una constante es la constante misma. Así, si b es una constante, $E(b) = b$.
2. Si a y b son constantes,

$$E(aX + b) = aE(X) + b$$

Esto se puede generalizar. Si $X_1, X_2,..., X_N$ son N variables aleatorias y $a_1, a_2,... a_N$ y b son constantes, entonces

$$E(a_1X_1 + a_2X_2 + \cdots + a_NX_N + b) = a_1E(X_1) + a_2E(X_2) + \cdots + a_NE(X_N) + b$$

3. Si X y Y son variables aleatorias *independientes,* entonces

$$E(XY) = E(X)E(Y)$$

Es decir, la esperanza del producto XY es el producto de las esperanzas individuales de X y Y.
4. Si X es una variable aleatoria con FDP $f(x)$ y si $g(X)$ es cualquier función de X, entonces

$$E[g(X)] = \sum_x g(X)f(x) \qquad \text{si } X \text{ es discreta}$$

$$= \int_{-\infty}^{\infty} g(X)f(x)\, dx \qquad \text{si } X \text{ es continua}$$

Por tanto, si $g(X) = X^2$,

$$E(X^2) = \sum_x x^2 f(X) \qquad \text{si } X \text{ es discreta}$$

$$= \int_{-\infty}^{\infty} x^2 f(X)\, dx \qquad \text{si } X \text{ es continua}$$

Ejemplo 13. Considérese la siguiente FDP:

x	-2	1	2
$f(x)$	$\frac{5}{8}$	$\frac{1}{8}$	$\frac{2}{8}$

Entonces,

$$E(X) = -2(\tfrac{5}{8}) + 1(\tfrac{1}{8}) + 2(\tfrac{2}{8})$$
$$= -\tfrac{5}{8}$$

y

$$E(X^2) = 4(\tfrac{5}{8}) + 1(\tfrac{1}{8}) + 4(\tfrac{2}{8})$$
$$= \tfrac{29}{8}$$

Varianza

Sea X una variable aleatoria y sea $E(X) = \mu$. La distribución o dispersión de los valores de X alrededor del valor esperado puede ser medida por la varianza, la cual se define como

$$\text{var}(X) = \sigma_X^2 = E(X - \mu)^2$$

La raíz cuadrada positiva de σ_X^2, σ_X, está definida como la **desviación estándar** de X. La varianza o la desviación estándar dan una indicación de qué tan cercanos o dispersos están los valores individuales de X con respecto al valor de su media.

La varianza definida anteriormente se calcula de la siguiente forma:

$$\text{var}(X) = \sum_x (X - \mu)^2 f(x) \qquad \text{si } X \text{ es una va discreta}$$

$$= \int_{-\infty}^{\infty} (X - \mu)^2 f(x)\, dx \qquad \text{si } X \text{ es una va continua}$$

Por conveniencia computacional, la fórmula de la varianza dada anteriormente puede ser expresada también como

$$\text{var}(X) = \sigma_x^2 = E(X - \mu)^2$$
$$= E(X^2) - \mu^2$$
$$= E(X^2) - [E(X)]^2$$

Aplicando esta fórmula, puede verse que la varianza de la variable aleatoria dada en el Ejemplo 13 es $\tfrac{29}{8} - (-\tfrac{5}{8})^2 = \tfrac{207}{64} = 3.23$.

Ejemplo 14. Para determinar la varianza de la variable aleatoria dada en el Ejemplo 3, se procede así:

$$\text{var}(X) = E(X^2) - [E(X)]^2$$

Ahora,

$$E(X^2) = \int_0^3 x^2 \left(\frac{x^2}{9}\right) dx$$
$$= \int_0^3 \frac{x^4}{9}\, dx$$
$$= \frac{1}{9}\left[\frac{x^5}{5}\right]_0^3$$
$$= 243/45$$
$$= 27/5$$

Puesto que $E(X) = \frac{9}{4}$ (*véase* Ejemplo 12), se tiene finalmente

$$\begin{aligned} \text{var}(X) &= 243/45 - (\tfrac{9}{4})^2 \\ &= 243/720 = 0.34 \end{aligned}$$

Propiedades de la varianza

1. $E(X - \mu)^2 = E(X^2) - \mu^2$, como se mencionó anteriormente.
2. La varianza de una constante es cero.
3. Si a y b son constantes, entonces

$$\text{var}(aX + b) = a^2 \, \text{var}(X)$$

4. Si X y Y son variables aleatorias *independientes*, entonces

$$\text{var}(X + Y) = \text{var}(X) + \text{var}(Y)$$

$$\text{var}(X - Y) = \text{var}(X) + \text{var}(Y)$$

Esto puede generalizarse a más de dos variables.
5. Si X y Y son va *independientes* y a y b son constantes, entonces

$$\text{var}(aX + bY) = a^2 \, \text{var}(X) + b^2 \, \text{var}(Y)$$

Covarianza

Sean X y Y dos va con medias μ_x y μ_y, respectivamente. Entonces, la **covarianza** entre las dos variables se define como

$$\text{cov}(X, Y) = E\{(X - \mu_x)(Y - \mu_y)\} = E(XY) - \mu_x\mu_y$$

Puede verse que la varianza de una variable es la covarianza de dicha variable con ella misma.
    La covarianza se calcula de la siguiente manera:

$$\text{cov}(X, Y) = \sum_y \sum_x (X - \mu_x)(Y - \mu_y)f(x, y)$$

$$= \sum_y \sum_x XYf(x, y) - \mu_x\mu_y$$

si X y Y son variables aleatorias discretas y

$$\text{cov}(X, Y) = \int_{-\infty}^{\infty} \int_{-\infty}^{\infty} (X - \mu_x)(Y - \mu_y)f(x, y)\,dx\,dy$$

$$= \int_{-\infty}^{\infty} \int_{-\infty}^{\infty} XYf(x, y)\,dx\,dy - \mu_x\mu_y$$

si X y Y son variables aleatorias continuas.

Propiedades de la covarianza

1. Si X y Y son independientes, su covarianza es cero, puesto que

$$\text{cov}(X, Y) = E(XY) - \mu_x\mu_y$$
$$= \mu_x\mu_y - \mu_x\mu_y \qquad \text{Dado que } E(XY) = E(X)E(Y) = \mu_x\mu_y$$
$$\text{cuando } X \text{ y } Y \text{ son independientes}$$
$$= 0$$

2.

$$\text{cov}(a + bX, c + dY) = bd\,\text{cov}(X, Y)$$

donde a, b, c y d son constantes.

Ejemplo 15. Para determinar la covarianza entre las variables aleatorias discretas X y Y cuyas FDP son iguales a las del Ejemplo 4, se procede así: del Ejemplo 11, se sabe que $\mu_x = E(X) = 1.03$ y que $\mu_y = E(Y) = 4.47$.

$$E(XY) = \sum_{y}\sum_{x}XYf(x, y)$$
$$= (-2)(3)(0.27) + (0)(3)(0.08) + (2)(3)(0.16) + (3)(3)(0)$$
$$+ (-2)(6)(0) + (0)(6)(0.04) + (2)(6)(0.10) + (3)(6)(0.35)$$
$$= 6.84$$

Por consiguiente,

$$\text{cov}(X, Y) = E(XY) - \mu_x\mu_y$$
$$= 6.84 - (1.03)(4.47)$$
$$= 2.24$$

Coeficiente de correlación

El coeficiente de correlación (poblacional) ρ (rho) está definido como

$$\rho = \frac{\text{cov}(X, Y)}{\sqrt{\{\text{var}(X)\,\text{var}(Y)\}}} = \frac{\text{cov}(X, Y)}{\sigma_x\sigma_y}$$

Así definido, ρ es una medida de la asociación *lineal* entre dos variables y se encuentra entre -1 y $+1$, con -1 indicando una perfecta asociación negativa y $+1$ indicando una perfecta asociación positiva.
De la fórmula anterior, puede verse que

$$\text{cov}(X, Y) = \rho\sigma_x\sigma_y$$

Ejemplo 16. Estímese el coeficiente de correlación para la información del Ejemplo 4.
De las FDP dadas en el ejemplo 11, se puede ver con claridad que $\sigma_x = 2.05$ y $\sigma_y = 1.50$. Se ha demostrado ya que la cov $(X,Y) = 2.24$. Por consiguiente, aplicando la fórmula anterior, se estima ρ como $2.24/(2.05)(1.50) = 0.73$.

Varianzas de variables correlacionadas. Sean X y Y dos va. Entonces,

$$\text{var}(X + Y) = \text{var}(X) + \text{var}(Y) + 2\,\text{cov}(X, Y)$$
$$= \text{var}(X) + \text{var}(Y) + 2\rho\sigma_x\sigma_y$$
$$\text{var}(X - Y) = \text{var}(X) + \text{var}(Y) - 2\,\text{cov}(X, Y)$$
$$= \text{var}(X) + \text{var}(Y) - 2\rho\sigma_x\sigma_y$$

Sin embargo, si X y Y son independientes, la cov(X, Y) es cero, en cuyo caso la var$(X + Y)$ y la var$(X - Y)$ son ambas iguales a var(X) + var(Y), como se mencionó anteriormente.

Los resultados anteriores pueden ser generalizados de la siguiente manera: Sea $\sum_{i=1}^{n} X_i = X_1 + X_2 + \ldots + X_n$, entonces la varianza de la combinación lineal $\sum X_i$ es

$$\text{var}\left(\sum_{i=1}^{n} x_i\right) = \sum_{i=1}^{n} \text{var} X_i + 2 \sum\sum_{i<j} \text{cov}(X_i, X_j)$$

$$= \sum_{i=1}^{n} \text{var} X_i + 2 \sum\sum_{i<j} \rho_{ij}\sigma_i\sigma_j$$

donde ρ_{ij} es el coeficiente de correlación entre X_i y X_j y donde σ_i y σ_j son las desviaciones estándar de X_i y X_j.

Por tanto,

$$\begin{aligned}
\text{var}(X_1 + X_2 + X_3) &= \text{var} X_1 + \text{var} X_2 + \text{var} X_3 + 2\,\text{cov}(X_1, X_2) \\
&\quad + 2\,\text{cov}(X_1, X_3) + 2\,\text{cov}(X_2, X_3) \\
&= \text{var} X_1 + \text{var} X_2 + \text{var} X_3 + 2\rho_{12}\sigma_1\sigma_2 \\
&\quad + 2\rho_{13}\sigma_1\sigma_3 + 2\rho_{23}\sigma_2\sigma_3
\end{aligned}$$

donde $\sigma_1, \sigma_2,$ y σ_3 son las desviaciones estándar de X_1, X_2 y X_3, respectivamente, y donde ρ_{12} es el coeficiente de correlación entre X_1 y X_2, ρ_{13} entre X_1 y X_3 y ρ_{23} entre X_2 y X_3.

Esperanza condicional y varianza condicional

Sea $f(x,y)$ la FDP conjunta de las variables aleatorias X y Y. La esperanza condicional de X, dado $Y = y$, se define como

$$E(X \mid Y = y) = \sum_{x} xf(x \mid Y = y) \qquad \text{si } X \text{ es discreta}$$

$$= \int_{-\infty}^{\infty} xf(x \mid Y = y)\,dx \qquad \text{si } X \text{ es continua}$$

donde $E(X \mid Y = y)$ significa la esperanza condicional de X dado $Y = y$, y donde $f(x \mid Y = y)$ es la FDP condicional de X. La esperanza condicional de Y, $E(Y \mid X = x)$, está definida en forma similar.

Esperanza condicional. Obsérvese que $E(X \mid Y)$ es una variable aleatoria porque es una función de la variable condicionante Y. Sin embargo, $E(X \mid Y = y)$, donde y es un valor específico de Y, es una constante.

Varianza condicional. La varianza condicional de X dado $Y = y$ está definida como

$$\begin{aligned}
\text{var}(X \mid Y = y) &= E\{[X - E(X \mid Y = y)]^2 \mid Y = y\} \\
&= \sum_{x} [X - E(X \mid Y = y)]^2 f(x \mid Y = y) \qquad \text{si } X \text{ es discreta} \\
&= \int_{-\infty}^{\infty} [X - E(X \mid Y = y)]^2 f(x \mid Y = y)\,dx \qquad \text{si } X \text{ es continua}
\end{aligned}$$

Ejemplo 17. Calcúlese $E(Y \mid X = 2)$ y $\text{var}(Y \mid X = 2)$ para la información dada en el Ejemplo 4.

$$E(Y \mid X = 2) = \sum_y yf(Y = y \mid X = 2)$$

$$= 3f(Y = 3 \mid X = 2) + 6f(Y = 6 \mid X = 2)$$

$$= 3(0.16/0.26) + 6(0.10/0.26)$$

$$= 4.15$$

Nota: $f(Y = 3 \mid X = 2) = f(Y = 3, X = 2)/f(X = 2) = 0.16/0.26$, y
$f(Y = 6 \mid X = 2) = f(Y = 6, X = 2)/f(X = 2) = 0.10/0.26$, además

$$\text{var}(Y \mid X = 2) = \sum_y [Y - E(Y \mid X = 2)]^2 f(Y \mid X = 2)$$

$$= (3 - 4.15)^2(0.16/0.26) + (6 - 4.15)^2(0.10/0.26)$$

$$= 2.13$$

Momentos superiores de las distribuciones de probabilidad

Aunque la media, la varianza y la covarianza son las medidas resumen más frecuentemente utilizadas de las FDP univariadas y multivariadas, en ocasiones se requiere considerar momentos de orden mayor de las FDP, tales como los momentos tercero y cuarto. Los momentos tercero y cuarto de una FDP univariada $f(x)$ alrededor del valor de su media (μ) se definen como

$$\text{Tercer momento: } E(X - \mu)^3$$

$$\text{Cuarto momento: } E(X - \mu)^4$$

En general, el momento $r$ésimo alrededor de la media se define como

$$r\text{ésimo momento: } E(X - \mu)^r$$

El tercero y cuarto momentos de una distribución se utilizan a menudo para estudiar la «forma» de una distribución de probabilidad, en particular, su **asimetría,** A (es decir, falta de simetría) y su *apuntamiento* o **curtosis** C (es decir, qué tan alta o qué tan plana es la distribución), como se aprecia en la figura A.3.

Una medida de asimetría se define como

$$A = \frac{[E(X - \mu)^3]^2}{[E(X - \mu)^2]^3}$$

$$= \frac{\text{Tercer momento alrededor de la media elevado}}{\text{Segundo momento elevado al cuadrado}}$$

Nota: El segundo momento alrededor de la media es la varianza.

Una medida de curtosis comúnmente utilizada está dada por

$$C = \frac{E(X - \mu)^4}{[E(X - \mu)^2]^2}$$

$$= \frac{\text{Cuarto momento alrededor de la media}}{\text{Segundo momento elevado al cuadrado}}$$

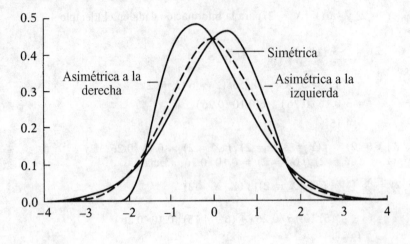

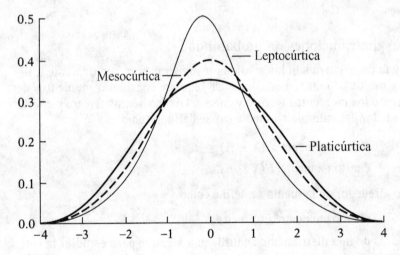

FIGURA A.3
(a) Asimetría; *(b)* Apuntamiento o curtosis.

Las FDP con valores de C menores de 3 se denominan **platicúrtica** (anchas o de colas cortas) y aquéllas con valores mayores de 3 se denominan **leptocúrticas** (delgadas o de colas largas). *Véase* la figura A.3. Una FDP con un valor de apuntamiento de 3 se conoce como **mesocúrtica**, siendo el ejemplo principal de éste, la distribución normal. (*Véase* el análisis de la distribución normal en la sección A.6).

Más adelante, se demostrará la forma como las medidas de asimetría y apuntamiento pueden ser combinadas para determinar si una variable aleatoria sigue una distribución normal. Recuérdese que el procedimiento de prueba de hipótesis, seguido en las pruebas t y F, está basado en el supuesto (por lo menos en muestras pequeñas o finitas) de que la distribución implícita de la variable (o estadístico muestral) es normal. Por consiguiente, es muy importante averiguar si este supuesto se cumple en aplicaciones concretas.

A.6 ALGUNAS DISTRIBUCIONES DE PROBABILIDAD TEÓRICAS IMPORTANTES

En el texto se hace uso extenso de las siguientes distribuciones de probabilidad.

Distribución normal

La más conocida de todas las distribuciones de probabilidad teóricas es la distribución normal, cuya forma de campana es familiar a cualquiera que tenga un mínimo conocimiento estadístico.

Se dice que una variable X aleatoria (continua) está normalmente distribuida si su FDP tiene la siguiente forma:

$$f(x) = \frac{1}{\sigma\sqrt{2\pi}} \exp\left(-\frac{1}{2}\frac{(x-\mu)^2}{\sigma^2}\right) \quad -\infty < x < \infty$$

donde μ y σ^2, conocidos como los *parámetros de la distribución,* son la media y la varianza de la distribución respectivamente. Las propiedades de esta distribución son las siguientes:

1. Es simétrica alrededor de su valor medio.
2. Aproximadamente el 68 por ciento del área bajo la curva normal se encuentra entre los valores de $\mu \pm \sigma$, alrededor del 95 por ciento del área se encuentra entre $\mu \pm 2\sigma$, y alrededor del 99.7 por ciento del área se encuentra entre $\mu \pm 3\sigma$, como se muestra en la figura A.4.
3. La distribución normal depende de dos parámetros μ y σ^2. Por tanto, una vez éstos han sido especificados, se puede contrar la probabilidad de que X se encuentre dentro de cierto intervalo utilizando la FDP de la distribución normal. Pero esta labor puede ser aligerada considerablemente refiriéndose a la tabla D.1 del apéndice D. Para utilizar esta tabla, se convierte la variable X normalmente distribuida dada con media μ y σ^2 en una **variable Z normal estandarizada** mediante la siguiente transformación:

$$Z = \frac{x - \mu}{\sigma}$$

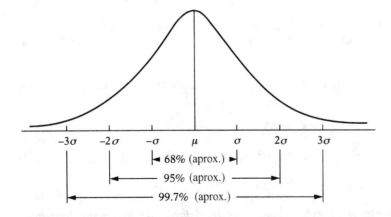

FIGURA A.4
Áreas bajo la curva normal.

Una propiedad importante de cualquier variable estandarizada es que su valor medio es cero y su varianza es la unidad. Así, Z tiene media cero y varianza unitaria. Sustituyendo z en la FDP dada anteriormente, se obtiene

$$f(Z) = \frac{1}{\sqrt{2\pi}} \exp\left(-\frac{1}{2}Z^2\right)$$

que es la FDP de la variable normal estandarizada. Las probabilidades dadas en el apéndice D, tabla D.1, están basados en esta variable normal estandarizada.

Por convención, se denota una variable distribuida normalmente como

$$X \sim N(\mu, \sigma^2)$$

donde $\sim$ significa «distribuido como», N significa la distribución normal y las cantidades en los paréntesis son los dos parámetros de la distribución normal, a saber, la media y la varianza. Siguiendo esta convención,

$$X \sim N(0, 1)$$

significa que X es una variable normalmente distribuida con media cero y varianza unitaria. En otras palabras, es una variable Z normal estandarizada.

Ejemplo 18. Supóngase que $X \sim N(8,4)$. ¿Cuál es la probabilidad de que X tome un valor entre $X_1 = 4$ y $X_2 = 12$? Para calcular la probabilidad requerida, se obtienen los valores Z así:

$$Z_1 = \frac{X_1 - \mu}{\sigma} = \frac{4 - 8}{2} = -2$$

$$Z_2 = \frac{X_2 - \mu}{\sigma} = \frac{12 - 8}{2} = +2$$

Ahora, de la tabla D.1, se observa que $\Pr(0 \leq Z \leq 2) = 0.4772$. Entonces, por simetría, se tiene $\Pr(-2 \leq Z \leq 0) = 0.4772$. Por consiguiente, la probabilidad requerida es $0.4772 + 0.4772 = 0.9544$. (*Véase* la figura A.4).

Ejemplo 19. ¿Cuál es la probabilidad de que en el ejemplo anterior, X exceda 12?
Esta probabilidad es la misma de que Z exceda 2. De la tabla D.1, es obvio que esta probabilidad es $(0.5 - 0.4772)$ o 0.0228.

4.   Sea $X_1 \sim N(\mu_1, \sigma_1^2)$ y $X_2 \sim N(\mu_2, \sigma_2^2)$ y supóngase que son independientes. Considérese ahora la combinación lineal

$$Y = aX_1 + bX_2$$

donde a y b son constantes. Entonces, puede mostrarse que

$$Y \sim N[(a\mu_1 + b\mu_2), (a^2\sigma_1^2 + b^2\sigma_2^2)]$$

Este resultado, que establece que *una combinación lineal de variables normalmente distribuidas es normalmente distribuida*, puede generalizarse fácilmente a una combinación lineal de más de dos variables normalmente distribuidas.

5. **Teorema central del límite.** Sean $X_1, X_2,...,X_n$, n variables aleatorias independientes, las cuales tienen la misma FDP con media $= \mu$ y varianza $= \sigma^2$. Sea $\bar{X} = \sum X_i/n$ (o sea, la media muestral). Entonces, a medida que n aumenta indefinidamente (es decir, $n \to \infty$),

$$\bar{X}_{n\to\infty} \sim N\left(\mu, \frac{\sigma^2}{n}\right)$$

Es decir, $\bar{X}$ se acerca a la distribución normal con media μ y varianza σ^2/n. Obsérvese que este resultado se cumple sin importar la forma de la FDP. Como resultado, se cumple que

$$z = \frac{\bar{X} - \mu}{\sigma/\sqrt{n}} = \frac{\sqrt{n}(\bar{X} - u)}{\sigma} \sim N(0, 1)$$

Es decir, Z es una variable normal estandarizada.

6. Los momentos tercero y cuarto de la distribución normal alrededor del valor de la media son los siguientes:

$$\text{Tercer momento: } E(X - \mu)^3 = 0$$

$$\text{Cuarto momento: } E(X - \mu)^4 = 3\sigma^4$$

Nota: Todos los momentos elevados a potencias impares alrededor del valor de la media de una variable normalmente distribuida son cero.

7. Como resultado, y siguiendo las medidas de asimetría y apuntamiento o curtosis analizadas anteriormente, para una FDP normal se tiene una asimetría $= 0$ y un apuntamiento $= 3$; es decir, una distribución normal es simétrica y mesocúrtica. Por consiguiente, una prueba simple de normalidad es determinar si los valores calculados de asimetría y apuntamiento parten de las normas de 0 y 3. Ésta es, en realidad, la lógica implícita en la **prueba de normalidad de Jarque-Bera (JB)** estudiada en el texto:

$$JB = n\left[\frac{A^2}{6} + \frac{(C - 3)^2}{24}\right] \qquad (5.13.2)$$

donde A significa asimetría y C apuntamiento o curtosis. Bajo la hipótesis nula de normalidad, JB está distribuida como un estadístico **Ji-cuadrado** con 2 g de l.

Distribución χ^2 (Ji-Cuadrado)

Sean $Z_1, Z_2,..., Z_k$ variables normales estandarizadas *independientes* (es decir, variables normales con media cero y varianza unitaria), se dice que la cantidad

$$Z = \sum_{i=1}^{k} Z_i^2$$

sigue la distribución χ^2 con k grados de libertad (g de l), donde el término g de l significa el número de cantidades independientes en la suma anterior. Una variable distribuida ji-cuadrado se denota por χ_k^2, donde el subíndice k indica los g de l. Geométricamente, la distribución ji-cuadrado aparece en la figura A.5.

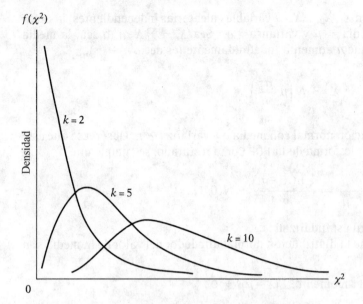

FIGURA A.5
Función de densidad de la variable χ^2.

Las propiedades de la distribución χ^2 son las siguientes:

1. Como lo indica la figura A.5, la distribución χ^2 es una distribución asimétrica; el grado del asimetría depende de los g de l. Cuando los g de l son comparativamente pocos, la distribución está altamente sesgada hacia la derecha; pero, a medida que el número de g de l aumenta, la distribución se hace cada vez más simétrica. De hecho, para g de l por encima de 100, la variable

$$\sqrt{2\chi^2} - \sqrt{(2k-1)}$$

puede ser tratada como una variable normal estandarizada, donde k son los g de l.

2. La media de la distribución ji-cuadrado es k y su varianza es $2k$, donde k son los g de l.

3. Si Z_1 y Z_2 son dos variables ji-cuadrado independientes con k_1 y k_2 g de l, entonces la suma $Z_1 + Z_2$ es también una variable ji-cuadrado con g de l $= k_1 + k_2$.

Ejemplo 20. ¿Cuál es la probabilidad de obtener un valor χ^2 de 40 o superior, dado que los g de l son 20?

Como lo muestra la tabla D.4, la probabilidad de obtener un valor χ^2 de 39.9968 (20 g de l) es 0.005. Por consiguiente, la probabilidad de obtener un valor χ^2 de 40 es menor que 0.005, probabilidad que es relativamente baja.

Distribución t de Student

Si Z_1 es una variable normal estandarizada [es decir, $Z_1 \sim N(0,1)$], y otra variable Z_2 sigue la distribución ji-cuadrado con k g de l y está distribuida independientemente de Z_1, entonces la variable definida como

$$t = \frac{Z_1}{\sqrt{(Z_2/k)}}$$

$$= \frac{Z_1 \sqrt{k}}{\sqrt{Z_2}}$$

sigue la distribución t de Student con k g de l. Una variable distribuida t se designa con frecuencia como t_k, donde el subíndice k denota los g de l. Geométricamente, la distribución t se muestra en la figura A.6.

Las propiedades de la distribución t de Student son las siguientes:

1. Como lo indica la figura A.6, la distribución t, lo mismo que la distribución normal, es simétrica, pero es más plana que la normal. Sin embargo, a medida que aumentan los g de l, la distribución t se aproxima a la distribución normal.
2. La media de la distribución t es cero y su varianza es $k / (k - 2)$.

    La distribución t está tabulada en la tabla D.2.

    Ejemplo 21. Dado g de l = 13, ¿cuál es la probabilidad de tener un valor t (a) de 3 o más, (b) de alrededor de -3 o más pequeño y (c) de $|t|$ de alrededor de 3 o superior, donde $|t|$ significa el valor absoluto (es decir, ignorando el signo) de t?

    De la tabla D.2, las respuestas son (a) alrededor de 0.005, (b) alrededor de 0.005 debido a la simetría de la distribución t, y (c) alrededor de 0.01 = 2(0.005).

Distribución F

Si Z_1 y Z_2 son variables ji-cuadrado distribuidas en forma independiente con k_1 y k_2 g de l, respectivamente, la variable

$$F = \frac{Z_1 / k_1}{Z_2 / k_2}$$

sigue la distribución F (de Fisher) con k_1 y k_2 g de l. Una variable que sigue una distribución F se denota por F_{k_1, k_2}, donde los subíndices indican los g de l asociados con las dos variables Z, llamando k_1 los *g de l del numerador* y k_2 los *g de l del denominador.* En la figura A.7 se muestra geométricamente la distribución F.

La distribución F tiene las siguientes propiedades:

1. Al igual que la distribución ji-cuadrado, la distribución F está sesgada hacia la derecha. Pero puede mostrarse que a medida que k_1 y k_2 aumentan, la distribución F se acerca a la distribución normal.

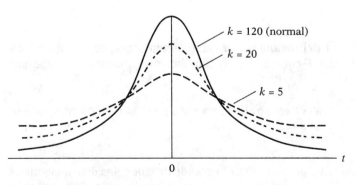

FIGURA A.6
Distribución t de Student para grados de libertad seleccionados.

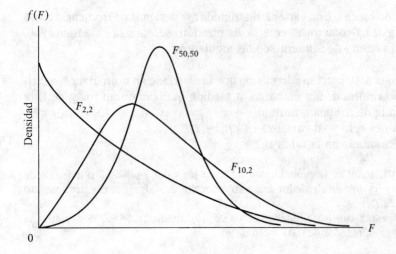

FIGURA A.7
Distribución F para diversos grados de libertad.

2. El valor de la media de una variable con distribución F es $k_2 / (k_2 - 2)$, el cual está definido para $k_2 > 2$ y su varianza es

$$\frac{2k_2^2(k_1 + k_2 - 2)}{k_1(k_2 - 2)^2(k_2 - 4)}$$

definida para $k_2 > 4$.

3. El cuadrado de una variable aleatoria con distribución t con k g de l sigue una distribución F con 1 y k g de l. Simbólicamente,

$$t_k^2 = F_{1,k}$$

Ejemplo 22. Dado $k_1 = 10$ y $k_2 = 8$, ¿cuál es la probabilidad de obtener un valor F (*a*) de 3.4 o mayor y (*b*) de 5.8 o mayor?

Como lo muestra la tabla D.3, estas probabilidades son (*a*) aproximadamente 0.05 y (*b*) aproximadamente 0.01.

4. Si el número de g de l del denominador k_2 es relativamente alto, se cumple la siguiente relación entre las distribuciones F y ji-cuadrado:

$$k_1 F \sim \chi_{k_1}^2$$

Es decir, para un número de g de l del denominador relativamente grande, los g de l del numerador multiplicados por el valor F equivalen aproximadamente a un valor ji-cuadrado con los g de l del numerador.

Ejemplo 23. Sea $k_1 = 20$ y $k_2 = 120$. El valor F crítico al 5% para estos g de l es 1.48. Por consiguiente, $k_1 F = (20)(1.48) = 29.6$. De la distribución ji-cuadrado para 20 g de l, el valor crítico ji-cuadrado al 5% es alrededor de 31.41.

A propósito, obsérvese que puesto que para un número grande de g de l, las distribuciones t, ji-cuadrado y F se aproximan a la distribución normal, éstas tres se conocen como las *distribuciones relacionadas con la distribución normal*.

A.7 INFERENCIA ESTADÍSTICA: ESTIMACIÓN

En la sección A.6 se consideraron diversas distribuciones de probabilidad teóricas. A menudo se conoce o se está dispuesto a suponer que una variable aleatoria X sigue una distribución de probabilidad particular pero no se conoce el valor del(los) parámetro(s) de la distribución. Por ejemplo, si X sigue una distribución normal, se puede desear conocer el valor de sus dos parámetros, a saber, la media y la varianza. Para estimar las incógnitas, el procedimiento usual es suponer que se tiene una **muestra aleatoria** de tamaño n de la distribución de probabilidad conocida y utilizar la información muestral para estimar los parámetros desconocidos[5]. Esto se conoce como el **problema de estimación**. En esta sección se considera este problema con mayor detalle. El problema de estimación puede dividirse en dos categorías: estimación puntual y estimación de intervalos.

Estimación puntual

Para establecer las ideas, sea X una variable aleatoria con FDP $f(x; \theta)$, donde θ es el parámetro de la distribución (para simplificar el análisis, se supone que sólo hay un parámetro desconocido; el análisis puede generalizarse fácilmente). Supóngase que se conoce la forma funcional -es decir, se conoce la FDP teórica, tal como la distribución t- pero no se conoce el valor de θ. Por consiguiente, se obtiene una muestra aleatoria de tamaño n de esta FDP conocida y luego se desarrolla una función de valores muestrales, tal que

$$\hat{\theta} = f(x_1, x_2, \ldots, x_n)$$

proporciona una estimación del verdadero θ. $\hat{\theta}$ se conoce como un **estadístico** o **estimador** y un valor numérico particular que tome el estimador se conoce como una **estimación**. Obsérvese que $\hat{\theta}$ puede ser tratada como una variable aleatoria porque es una función de la información muestral. $\hat{\theta}$ proporciona una regla o fórmula que indica la forma de estimar el verdadero θ. Así, si se permite que

$$\hat{\theta} = \frac{1}{n}(x_1 + x_2 + \cdots + x_n) = \bar{X}$$

donde $\bar{X}$ es la media muestral, entonces $\bar{X}$ es un estimador del verdadero valor de la media, es decir, μ. Si en un caso específico $\bar{X} = 50$, esto proporciona una *estimación de μ*. El estimador $\hat{\theta}$ obtenido anteriormente se conoce como **estimador puntual** porque proporciona sólo una estimación (puntual) de θ.

Estimación de intervalos

En lugar de obtener solamente una estimación puntual de θ, supóngase que se obtienen dos estimaciones de θ construyendo dos estimadores $\hat{\theta}_1(x_1, x_2, \ldots x_n)$ y $\hat{\theta}_2(x_1, x_2, \ldots x_n)$ y se dice con alguna confianza (es decir, probabilidad) que el intervalo entre $\hat{\theta}_1$ y $\hat{\theta}_2$ incluye el verdadero θ. Por tanto, en la estimación de intervalos, en contraste con la estimación puntual, se proporciona un rango de posibles valores dentro de los cuales se puede encontrar el verdadero θ.

---

[5] Sean $X_1, X_2, \ldots, X_n$ n variables aleatorias con FDP conjunta $f(x_1, x_2, \ldots, x_n)$. Si se puede escribir

$$f(x_1, x_2, \ldots, x_n) = f(x_1)f(x_2)\ldots f(x_n)$$

donde $f(x)$ es la FDP común de cada X, entonces se dice que $x_1, x_2, \ldots, x_n$ constituyen una muestra aleatoria de tamaño n de una población con FDP $f(x_n)$.

El concepto clave implícito en la estimación de intervalos es la noción de **muestreo,** o de **distribución de probabilidad, de un estimador.** Por ejemplo, puede mostrarse que si una variable X está normalmente distribuida, entonces la media muestral $\bar{X}$ también está normalmente distribuida con media $= \mu$ (la verdadera media) y varianza $= \sigma^2/n$, donde n es el tamaño de la muestra. En otras palabras, la distribución muestral, o de probabilidad, de un estimador $\bar{X}$ es $\bar{X} \sim N(\mu, \sigma^2/n)$. Como resultado, si se construye el intervalo

$$\bar{X} \pm 2\frac{\sigma}{\sqrt{n}}$$

y se dice que hay una probabilidad de aproximadamente 0.95, o 95%, de que intervalos como éste incluyan la verdadera μ, se está construyendo un estimador de intervalos para μ. Obsérvese que el intervalo antes dado es aleatorio puesto que está basado en $\bar{X}$, la cual variará de muestra en muestra.

Más generalmente, en la estimación de intervalos se construyen dos estimadores $\hat{\theta}_1$ y $\hat{\theta}_2$, ambos funciones de los valores muestrales de X, de tal forma que

$$\Pr(\hat{\theta}_1 \le \theta \le \hat{\theta}_2) = 1 - \alpha \qquad 0 < \alpha < 1$$

Es decir, se puede plantear que la probabilidad es $1 - \alpha$ de que el intervalo de $\hat{\theta}_1$ a $\hat{\theta}_2$ contenga el verdadero θ. Este intervalo se conoce como un **intervalo de confianza** de tamaño $1 - \alpha$ para θ, siendo $1 - \alpha$ el **coeficiente de confianza.** Si $\alpha = 0.05$, entonces $1 - \alpha = 0.95$, lo cual significa que si se construye un intervalo de confianza con un coeficiente de confianza de 0.95, entonces, en construcciones repetidas como ésta, resultantes de un muestreo repetido, se acertará en 95 de cada 100 casos si se sostiene que el intervalo contiene el verdadero θ. Cuando el coeficiente de confianza es 0.95, se dice con frecuencia que se tiene un intervalo de confianza al 95%. En general, si el coeficiente de confianza es $1 - \alpha$, se dice que se tiene un intervalo de confianza al $100(1 - \alpha)\%$. Obsérvese que α se conoce como el **nivel de significancia,** o la probabilidad de cometer un error tipo I. Este tema se analiza en la sección A.8.

Ejemplo 23. Supóngase que la distribución de las estaturas de los hombres en una población está normalmente distribuida con media $= \mu$ centímetros y $\sigma = 6.35$ centímetros. Una muestra de 100 hombres obtenida aleatoriamente de esta población tuvo una estatura promedio de 170.18 centímetros. Establézcase un intervalo de confianza al 95% para la estatura media $(= \mu)$ para la población como un todo.

Como se mencionó, $\bar{X} \sim N(\mu, \sigma^2/n)$ en este caso se convierte en $\bar{X} \sim N(\mu, 2.5^2/100)$. De la tabla D.1, se puede ver que

$$\bar{X} - 1.96\left(\frac{\sigma}{\sqrt{n}}\right) \le \mu \le \bar{X} + 1.96\frac{\sigma}{\sqrt{n}}$$

cubre el 95% del área bajo la curva normal. Por consiguiente, el intervalo anterior proporciona un intervalo de confianza al 95% para μ. Remplazando los valores dados de $\bar{X}$, σ y n, se obtiene el siguiente intervalo de confianza al 95%

$$66.51 \le \mu \le 67.49$$

En repetidas mediciones como ésta, los intervalos así establecidos incluirán la verdadera μ con una confianza del 95%. Aquí se puede mencionar un punto técnico: Aunque es posible decir que la probabilidad de que el intervalo aleatorio$[\bar{X} \pm 1.96(\sigma/\sqrt{n})]$ incluya μ es del 95%, *no* se puede decir que hay una probabilidad del 95% de que el intervalo particular (66.51, 67.49) incluya μ. Una vez fijado este intervalo, la probabilidad de que incluya μ es de 0 o de 1. Lo que se puede decir es que si se construyen 100 intervalos como éste, 95 de los 100 intervalos incluirán la verdadera μ; no se puede garantizar que un intervalo particular necesariamente incluya μ.

Existen muchos métodos de obtener estimadores puntuales, siendo los más conocidos el **método de mínimos cuadrados** y el **método de máxima verosimilitud** (MV). El método de mínimos cuadrados se analiza en forma detallada en el capítulo 3 y el método de máxima verosimilitud se resume brevemente en el capítulo 4. Ambos métodos poseen diversas propiedades estadísticas deseables, que se consideran a continuación.

Las propiedades estadísticas deseables se encuentran en dos categorías: propiedades de muestra pequeña o muestra finita y propiedades de muestra grande o asintóticas. En estos dos conjuntos de propiedades está implícita la noción de que un estimador tiene una distribución muestral o de probabilidad.

Propiedades de muestra pequeña

Insesgamiento. Se dice que un estimador $\hat{\theta}$ es un estimador insesgado de θ si el valor esperado de $\hat{\theta}$ es igual al verdadero θ; es decir,

$$E(\hat{\theta}) = \theta$$

o

$$E(\hat{\theta}) - \theta = 0$$

Si esta igualdad no se mantiene, se dice que el estimador es sesgado y el sesgo se calcula como

$$\text{sesgo}(\hat{\theta}) = E(\hat{\theta}) - \theta$$

Por supuesto, si $E(\hat{\theta}) = \theta$ —es decir, $\hat{\theta}$ es un estimador insesgado— el sesgo es cero.

La situación se ilustra geométricamente en la figura A.8. A propósito, obsérvese que el insesgamiento es una propiedad de muestreo repetido, no de una muestra dada: manteniendo fijo el tamaño de la muestra, se obtienen diversas muestras y se consigue cada vez una estimación del parámetro desconocido. Se espera que el valor promedio de estas estimaciones sea igual al verdadero valor si el estimador es insesgado.

Mínima Varianza. Se dice que $\hat{\theta}_1$ es un estimador de mínima varianza de θ si la varianza de $\hat{\theta}_1$ es menor o igual que la varianza de $\hat{\theta}_2$, que es cualquier otro estimador de θ. La figura A.9 muestra

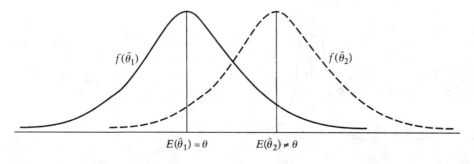

FIGURA A.8
Estimadores sesgados e insesgados.

geométricamente tres estimadores de θ, a saber: $\hat{\theta}_1$, $\hat{\theta}_2$ y $\hat{\theta}_3$ y sus distribuciones de probabilidad. Como se muestra, la varianza de $\hat{\theta}_3$ es menor que aquella de $\hat{\theta}_1$ o de $\hat{\theta}_2$. Por tanto, suponiendo sólo estos tres estimadores posibles, en este caso $\hat{\theta}_3$ es un estimador de mínima varianza. Pero obsérvese que $\hat{\theta}_3$ es un estimador sesgado (¿por qué?).

Estimador insesgado o eficiente. Si $\hat{\theta}_1$ y $\hat{\theta}_2$ son dos estimadores *insesgados* de θ y la varianza de $\hat{\theta}_1$ es menor o igual que la varianza de $\hat{\theta}_2$, entonces $\hat{\theta}_1$ es un estimador **insesgado de mínima varianza**, o **mejor insesgado** o **eficiente**. Así, en la figura A.9, de los dos estimadores insesgados $\hat{\theta}_1$ y $\hat{\theta}_2$, el primero es el mejor insesgado o eficiente.

Linealidad. Se dice que un estimador $\hat{\theta}$ es un estimador lineal de θ si es una función lineal de las observaciones muestrales. Así, la media muestral definida como

$$\bar{X} = \frac{1}{n}\sum X_i = \frac{1}{n}(x_1 + x_2 + \cdots + x_n)$$

es un estimador lineal porque es una función lineal de los valores de X.

Mejor estimador lineal e insesgado (MELI). Si $\hat{\theta}$ es lineal, es insesgado y tiene mínima varianza en la clase de todos los estimadores lineales e insesgados de θ, entonces éste se denomina el *mejor estimador lineal e insesgado*, o **MELI** para abreviar.

Estimador del mínimo error medio cuadrático (EMC). El EMC de un estimador $\hat{\theta}$ se define como

$$\text{EMC}(\hat{\theta}) = E(\hat{\theta} - \theta)^2$$

Esto hace contraste con la varianza de $\hat{\theta}$, la cual está definida como

$$\text{var}(\hat{\theta}) = E[\hat{\theta} - E(\hat{\theta})]^2$$

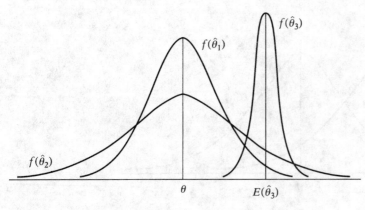

FIGURA A.9
Distribución de tres estimadores de θ.

La diferencia entre los dos es que la var($\hat{\theta}$) mide la dispersión de la distribución de $\hat{\theta}$ alrededor de su media o valor esperado, mientras que EMC($\hat{\theta}$) mide la dispersión alrededor del verdadero valor del parámetro. La relación entre los dos es la siguiente:

$$\begin{aligned}
\text{EMC}(\hat{\theta}) &= E(\hat{\theta} - \theta)^2 \\
&= E[\hat{\theta} - E(\hat{\theta}) + E(\hat{\theta}) - \theta]^2 \\
&= E[\hat{\theta} - E(\hat{\theta})]^2 + E[E(\hat{\theta}) - \theta]^2 + 2E[\hat{\theta} - E(\hat{\theta})][E(\hat{\theta}) - \theta] \\
&= E[\hat{\theta} - E(\hat{\theta})]^2 + E[E(\hat{\theta}) - \theta]^2, \quad \text{puesto que el último} \\
&\qquad\qquad\qquad\qquad\qquad\qquad\qquad\qquad\quad \text{término es cero}[6] \\
&= \text{var}(\hat{\theta}) + \text{sesgo}(\hat{\theta})^2 \\
&= \text{varianza de } \hat{\theta} \text{ más el sesgo al cuadrado.}
\end{aligned}$$

Por supuesto, si el sesgo es cero, EMC($\hat{\theta}$) = var($\hat{\theta}$).

El criterio de mínimo EMC consiste en seleccionar un estimador cuyo EMC sea el menor en un conjunto de estimadores comparables. Pero obsérvese que aun si se encontrara tal estimador, hay un costo involucrado, es decir, para obtener varianza mínima puede ser necesario aceptar algún sesgo. En forma geométrica, la situación es como se indica en la figura A.10. En ella, $\hat{\theta}_2$ está ligeramente sesgado, pero su varianza es menor que aquélla del estimador insesgado $\hat{\theta}_1$. En la práctica, sin embargo, el criterio de mínimo EMC se utiliza cuando el criterio de mejor insesgado es incapaz de producir estimadores con varianzas más pequeñas.

Propiedades de muestra grande

Con frecuencia sucede que un estimador no satisface una o más de las propiedades estadísticas deseables en muestra pequeña. Pero, a medida que el tamaño de la muestra aumenta indefinidamente, el estimador posee diversas propiedades estadísticas deseables. Estas propiedades se conocen como **propiedades de muestra grande,** o **propiedades asintóticas.**

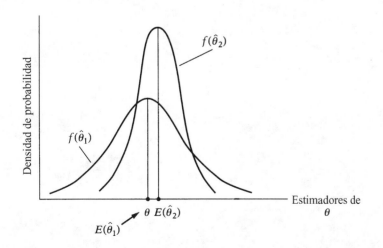

FIGURA A.10
Costo de intercambio entre sesgo y varianza.

---

[6]El último término puede escribirse como $2\{[E(\hat{\theta})]^2 - [E(\hat{\theta})]^2 - \theta E(\hat{\theta}) + \theta E(\hat{\theta})\} = 0$. *Obsérvese* también que $E[E(\hat{\theta}) - \theta]^2 = [E(\hat{\theta}) - \theta]^2$ puesto que el valor esperado de una constante simplemente es la constante misma.

Insesgamiento asintótico. Se dice que un estimador $\hat{\theta}$ es un estimador asintóticamente insesgado de θ si

$$\lim_{n \to \infty} E(\hat{\theta}_n) = \theta$$

donde $\hat{\theta}_n$ significa que el estimador está basado en un tamaño n de muestra, y donde lim quiere decir límite y $n \to \infty$ significa que n aumenta de manera indefinida. En palabras, $\hat{\theta}$ es un estimador asintóticamente insesgado de θ si su valor esperado, o media se aproxima al verdadero valor a medida que el tamaño de la muestra se hace cada vez más grande. Como ejemplo, considérese la siguiente medida de varianza muestral de una variable aleatoria X:

$$S^2 = \frac{\sum(X_i - \bar{X})^2}{n}$$

Puede mostrarse que

$$E(S^2) = \sigma^2 \left(1 - \frac{1}{n}\right)$$

donde σ^2 es la verdadera varianza. Es obvio que en una muestra pequeña, S^2 está sesgado pero, a medida que n aumenta indefinidamente, $E(S^2)$ se aproxima a la verdadera σ^2; por tanto, éste es asintóticamente insesgado.

Consistencia. Se dice que $\hat{\theta}$ es un estimador consistente si se aproxima al verdadero valor de θ a medida que el tamaño de la muestra se hace más grande. La figura A.11 ilustra esta propiedad.

En esta figura se tiene la distribución de $\hat{\theta}$ basada en tamaños muestrales de 25, 50, 80 y 100. Como lo muestra la figura, $\hat{\theta}$ basado en $n = 25$ está sesgado puesto que su distribución muestral no está centrada en el verdadero θ. Pero a medida que n aumenta, la distribución de $\hat{\theta}$ no sólo tiende a estar más centrada en θ (es decir, $\hat{\theta}$ se hace menos sesgado), sino que su varianza también se hace menor. Si en el límite (es decir, cuando n aumenta indefinidamente), la distribución de $\hat{\theta}$ cae al punto θ, es decir, si la distribución de $\hat{\theta}$ tiene cero dispersión o varianza, se dice que $\hat{\theta}$ es un **estimador consistente** de θ.

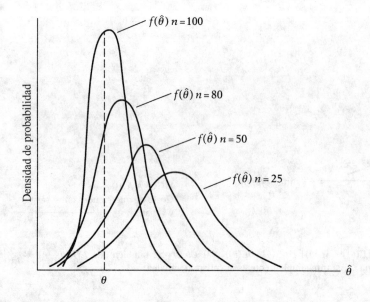

FIGURA A.11
Distribución de $\hat{\theta}$ a medida que aumenta el tamaño de la muestra.

Más formalmente, se dice que un estimador $\hat{\theta}$ es un estimador consistente de θ si la probabilidad de que el valor absoluto de la diferencia entre $\hat{\theta}$ y θ sea menor que δ (una pequeña cantidad positiva arbitraria) se aproxima a la unidad. Simbólicamente,

$$\lim_{n \to \infty} P\{|\hat{\theta} - \theta| < \delta\} = 1 \qquad \delta > 0$$

donde P significa probabilidad. Esto se expresa frecuentemente como

$$\plim_{n \to \infty} \hat{\theta} = \theta$$

donde plim significa probabilidad en el límite.

Obsérvese que las propiedades de insesgamiento y consistencia son conceptualmente muy diferentes. La propiedad de insesgamiento puede mantenerse para cualquier tamaño de muestra, mientras que la de consistencia es estrictamente una propiedad de muestra grande.

Una *condición suficiente* para consistencia es que el sesgo y la varianza tiendan a cero a medida que el tamaño de la muestra aumenta indefinidamente[7]. En forma alterna, una condición suficiente para consistencia es que $\text{EMC}(\hat{\theta})$ tienda a cero a medida que n aumenta de manera indefinida. (Para $\text{EMC}(\hat{\theta})$, *véase* el análisis anterior).

Ejemplo 24. Sea $X_1, X_2,..., X_n$ una muestra aleatoria de una distribución con media μ y varianza σ^2. Demuéstrese que la media muestral $\bar{X}$ es un estimador consistente de μ.

De la estadística elemental, se sabe que $E(\bar{X}) = \mu$ y $\text{var}(\bar{X}) = \sigma^2/n$. Puesto que $E(\bar{X}) = \mu$ sin importar el tamaño de la muestra, ésta es insesgada. Además, a medida que n aumenta indefinidamente, $\text{var}(\bar{X})$ tiende a cero. Por tanto, $\bar{X}$ es un estimador consistente de μ.

Las siguientes reglas sobre probabilidad en el límite son importantes de anotar.

1. *Invarianza (propiedad de Slutsky)*. Si $\hat{\theta}$ es un estimador consistente de θ y si $h(\hat{\theta})$ es cualquier función continua de $\hat{\theta}$, entonces

$$\plim_{n \to \infty} h(\hat{\theta}) = h(\theta)$$

Esto significa que si $\hat{\theta}$ es un estimador consistente de θ, entonces $1/\hat{\theta}$ es también un estimador consistente de $1/\theta$ y que $\log(\hat{\theta})$ es también un estimador consistente de $\log(\theta)$. Obsérvese que esta propiedad no se cumple para el operador de esperanza E; es decir, si $\hat{\theta}$ es un estimador insesgado de θ [es decir, $E(\hat{\theta}) = \theta$], *no es cierto* que $1/\hat{\theta}$ sea un estimador insesgado de $1/\theta$; o sea, $E(1/\hat{\theta}) \neq 1/E(\hat{\theta}) \neq 1/\theta$.

2. Si b es una constante, entonces

$$\plim_{n \to \infty} b = b$$

Es decir, la probabilidad en el límite de una constante es la constante misma.

3. Si $\hat{\theta}_1$ y $\hat{\theta}_2$ son estimadores consistentes, entonces

$$\plim(\hat{\theta}_1 + \hat{\theta}_2) = \plim \hat{\theta}_1 + \plim \hat{\theta}_2$$

---

[7]Más técnicamente, $\lim_{n \to \infty} E(\hat{\theta}_n) = \theta$ y $\lim_{n \to \infty} \text{var}(\hat{\theta}_n) = 0$.

$$\text{plim}(\hat{\theta}_1 \hat{\theta}_2) = \text{plim } \hat{\theta}_1 \text{plim } \hat{\theta}_2$$

$$\text{plim}\left(\frac{\hat{\theta}_1}{\hat{\theta}_2}\right) = \frac{\text{plim } \hat{\theta}_1}{\text{plim } \hat{\theta}_2}$$

En general, las últimas dos propiedades no se cumplen para el operador de esperanzas E. Por tanto, $E(\hat{\theta}_1/\hat{\theta}_2) \neq E(\hat{\theta}_1)/E(\hat{\theta}_2)$. En forma similar, $E(\hat{\theta}_1\hat{\theta}_2) \neq E(\hat{\theta}_1)E(\hat{\theta}_2)$. Sin embargo, si $\hat{\theta}_1$ y $\hat{\theta}_2$ están distribuidos en forma independiente, $E(\hat{\theta}_1\hat{\theta}_2) = E(\hat{\theta}_1)E(\hat{\theta}_2)$, como se mencionó anteriormente.

Eficiencia asintótica. Sea $\hat{\theta}$ un estimador de θ. La varianza de la distribución asintótica de $\hat{\theta}$ se denomina **varianza asintótica** de $\hat{\theta}$. Si $\hat{\theta}$ es consistente y su varianza asintótica es menor que la varianza asintótica de todos los demás estimadores consistentes de θ, $\hat{\theta}$ es llamado **asintóticamente eficiente.**

Normalidad asintótica. Se dice que un estimador $\hat{\theta}$ está normalmente distribuido asintóticamente si su distribución muestral tiende a aproximarse a la distribución normal a medida que el tamaño n de la muestra aumenta de manera indefinida. Por ejemplo, la teoría estadística muestra que si X_1, $X_2,...X_n$ son variables independientes normalmente distribuidas con la misma media μ y la misma varianza σ^2, la media muestral $\bar{X}$ está también normalmente distribuida con media μ y varianza σ^2/n en muestras pequeñas y en muestras grandes. Pero si las X_i son independientes con media μ y varianza σ^2, pero no necesariamente provienen de la distribución normal, entonces la media muestral $\bar{X}$ está normalmente distribuida de forma asintótica con media μ y varianza σ^2/n; es decir, a medida que el tamaño de la muestra n aumenta indefinidamente, la media muestral tiende a estar normalmente distribuida con media μ y varianza σ^2/n. Ese es, en realidad, el teorema del límite central analizado antes.

A.8 INFERENCIA ESTADÍSTICA: PRUEBA DE HIPÓTESIS

La estimación y la prueba de hipótesis constituyen ramas gemelas de la inferencia estadística clásica. Habiendo examinado el problema de la estimación, se considera brevemente el problema de prueba de hipótesis estadística.

El problema de prueba de hipótesis puede plantearse de la siguiente manera: supóngase que se tiene una va X con una FDP conocida $f(x; \theta)$, donde θ es el parámetro de la distribución. Después de obtener una muestra aleatoria de tamaño n, se obtiene el estimador puntual $\hat{\theta}$. Puesto que el verdadero θ raramente se conoce, se plantea la pregunta: ¿Es el estimador $\hat{\theta}$ «compatible» con algún valor de θ bajo hipótesis, por ejemplo, $\theta = \theta^*$, donde θ^* es un valor numérico específico de θ? En otras palabras, ¿puede nuestra muestra haber provenido de FDP $f(x; \theta = \theta^*)$? En el lenguaje de pruebas de hipótesis, $\theta = \theta^*$ se denomina la **hipótesis nula** (sostenida) y generalmente se denota por H_0. La hipótesis nula se prueba contra una **hipótesis alterna**, denotada por H_1, la cual, por ejemplo, puede plantear que $\theta \neq \theta^*$. (*Nota:* En algunos libros de texto H_0 y H_1 se designan por H_1 y H_2, respectivamente).

La hipótesis nula y la hipótesis alterna pueden ser **simples** o **compuestas**. Una hipótesis se denomina *simple* si especifica el(los) valor(es) del(los) parámetro(s) de la distribución; de otra forma, se denomina una hipótesis *compuesta*. Así, si $X \sim N(\mu, \sigma^2)$ y se plantea que

$$H_0: \mu = 15 \quad \text{y} \quad \sigma = 2$$

es una hipótesis simple, mientras que

$$H_0 : \mu = 15 \quad \text{y} \quad \sigma > 2$$

es una hipótesis compuesta porque aquí el valor de σ no está especificado.

Para probar la hipótesis nula (es decir, para probar su validez), se utiliza la información muestral con el fin de obtener lo que se conoce como el **estadístico de prueba**. Con mucha frecuencia, este estadístico de prueba resulta ser el estimador puntual del parámetro desconocido. Entonces, se trata de averiguar la *distribución muestral* o *probabilística* del estadístico de prueba y utilizar el enfoque de **intervalos de confianza** o de **prueba de significancia** para probar la hipótesis nula. La mecánica se ilustra más adelante.

Para fijar las ideas, considérese de nuevo el ejemplo 23, relacionado con la estatura (X) de los hombres en una población. Se dice que

$$X_i \sim N(\mu, \sigma^2) = N(\mu, 2.5^2)$$
$$\bar{X} = 67 \quad n = 100$$

Supóngase que

$$H_0 : \mu = \mu^* = 69$$
$$H_1 : \mu \neq 69$$

La pregunta es: ¿Puede la muestra con $\bar{X} = 67$, el estadístico de prueba, haber provenido de la población con el valor de la media de 69? Por intuición, no se puede rechazar la hipótesis nula si $\bar{X}$ está «suficientemente cerca» a μ^*; de lo contrario, ésta se puede rechazar en favor de una hipótesis alterna. Pero, ¿cómo se decide que $\bar{X}$ esté «suficientemente cercana» a μ^*? Se pueden adoptar dos enfoques: (1) intervalo de confianza y (2) prueba de significancia, ambos conducentes a conclusiones idénticas en cualquier aplicación específica.

Enfoque del intervalo de confianza

Puesto que $X_i \sim N(\mu, \sigma^2)$, se sabe que el estadístico de prueba $\bar{X}$ está distribuido como

$$\bar{X} \sim N(\mu, \sigma^2/n)$$

Si se conoce la distribución de probabilidad de $\bar{X}$, ¿por qué no establecer, por ejemplo, un intervalo de confianza de $100(1 - \alpha)$ para μ basado en $\bar{X}$ y ver si este intervalo incluye $\mu = \mu^*$? Si es así, no se puede rechazar la hipótesis nula; si no lo es, ésta se puede rechazar. Así, si $\alpha = 0.05$, se tendrá un intervalo de confianza al 95%, y si este intervalo de confianza incluye μ^*, no se puede rechazar la hipótesis nula —es probable que 95 de 100 intervalos así construidos incluyan μ^*.

El procedimiento es el siguiente: puesto que $\bar{X} \sim N(\mu, \sigma^2/n)$, se cumple que

$$Z_i = \frac{\bar{X} - \mu}{\sigma/\sqrt{n}} \sim N(0, 1)$$

es decir, una variable normal estándar. Entonces, de la tabla de distribución normal, se sabe que

$$\Pr(-1.96 \leq Z_i \leq 1.96) = 0.95$$

O sea,

$$\Pr\left(-1.96 \le \frac{\bar{X} - \mu}{\sigma/\sqrt{n}} \le 1.96\right) = 0.95$$

la cual, al reordenar términos, da

$$\Pr\left[\bar{X} - 1.96\frac{\sigma}{\sqrt{n}} \le \mu \le \bar{X} + 1.96\frac{\sigma}{\sqrt{n}}\right] = 0.95$$

Éste es un intervalo de confianza al 95% para μ. Una vez se ha construido este intervalo, la prueba de la hipótesis nula es simple. Todo lo que se debe hacer es ver si $\mu = \mu^*$ se encuentra en este intervalo. Si se encuentra, no se puede rechazar la hipótesis nula; si no se encuentra, se puede rechazar.

Retornando al ejemplo, se ha establecido ya un intervalo de confianza al 95% para μ, que es

$$66.51 \le \mu \le 67.49$$

Como es obvio, este intervalo no incluye $\mu = 69$. Por consiguiente, se puede rechazar la hipótesis nula de que el verdadero μ es 69 con un coeficiente de confianza del 95%. La situación se ilustra geométricamente en la figura A.12.

En el lenguaje de prueba de hipótesis, el intervalo de confianza que se ha construido se denomina la **región de aceptación** y el(las) área(s) por fuera de la región de aceptación se denomina(n) **región(es) crítica(s)**, o **región(es) de rechazo** de la hipótesis nula. Los límites inferior y superior de la región de aceptación (que la delimitan con las regiones de rechazo) se denominan **valores críticos**. En este lenguaje de prueba de hipótesis, si el valor bajo la hipótesis se encuentra dentro de la región de aceptación, no se puede rechazar la hipótesis nula; de lo contrario, se puede rechazar.

Es importante anotar que en la decisión de rechazar o no H_0, es probable que se cometan dos tipos de errores: (1) se puede rechazar H_0 cuando ésta es, en realidad, cierta; éste se denomina un **error tipo I** (así, en el ejemplo anterior, $\bar{X} = 67$ podría haber venido de la población con un valor medio de 69), o (2) se puede no rechazar H_0 cuando, en realidad, es falsa; este error se llama **error tipo II**. Por consiguiente, una prueba de hipótesis no establece el valor de la verdadera μ; simplemente proporciona un medio para decidir si se puede actuar como si $\mu = \mu^*$.

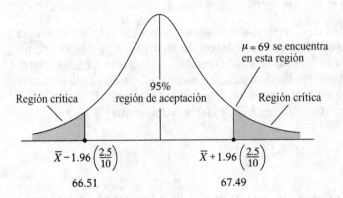

Región crítica   95%
region de aceptación   Región crítica

$\mu = 69$ se encuentra en esta región

$\bar{X} - 1.96\left(\dfrac{2.5}{10}\right)$ $\bar{X} + 1.96\left(\dfrac{2.5}{10}\right)$

66.51   67.49

FIGURA A.12
Intervalo de confianza al 95% para μ.

Errores tipo I y tipo II. Esquemáticamente, se tiene

Decisión	Estado de la naturaleza	
	H_0 es cierta	H_0 es falsa
Rechazar	Error tipo I	No hay error
No rechazar	No hay error	Error tipo II

Sería deseable minimizar ambos errores tipo I y tipo II. Pero, desafortunadamente, para cualquier tamaño de muestra dado, no es posible minimizar ambos errores de manera simultánea. El enfoque clásico a este problema, comprendido en el trabajo de Neyman y Pearson, es suponer que es probable que un error tipo I sea más grave en la práctica que un error tipo II. Por consiguiente, se debe tratar de mantener la probabilidad de cometer un error tipo I a un nivel relativamente bajo, tal como 0.01 o 0.05, y luego tratar de minimizar al máximo la probabilidad de incurrir en un error tipo II.

En la literatura, la probabilidad de un error tipo I está representada por α y se denomina el **nivel de significancia** y la probabilidad de un error tipo II está representada por β. La probabilidad de no cometer un error tipo II, $1 - \beta$, se denomina la **potencia de la prueba**. El enfoque clásico de la prueba de hipótesis es fijar α a niveles tales como 0.01 o 0.05 y luego tratar de maximizar la potencia de la prueba; es decir, minimizar β. La forma como esto se logra es algo complicada y se deja el tema para las referencias. Es suficiente anotar aquí que en la práctica el enfoque clásico simplemente especifica el valor de α sin preocuparse mucho por β.

El lector ya se habrá dado cuenta de que el coeficiente de confianza $(1 - \alpha)$ analizado anteriormente es tan sólo uno menos la probabilidad de cometer un error tipo I. Por tanto, un coeficiente de confianza del 95% significa que se está preparado para aceptar, como máximo, una probabilidad del 5% de cometer un error tipo I —no se desea rechazar la hipótesis verdadera más de 5 veces de cada 100—.

Valor p, o nivel exacto de significancia. En lugar de preseleccionar α a niveles arbitrarios, tales como 1, 5 o 10%, se puede obtener el **valor p (probabilidad)**, o **nivel exacto de significancia** de un estadístico de prueba. El valor p está definido como *el más bajo nivel de significancia al cual puede rechazarse una hipótesis nula.*

Supóngase que en una aplicación que considera 20 g de l, se obtiene un valor t de 3.552. Ahora, el valor p, o la probabilidad exacta, de obtener un valor t de 3.552 o mayor puede verse en la tabla D.2 como 0.001 (a una cola) o 0.002 (a dos colas). Se puede decir que el valor t observado de 3.552 es estadísticamente significativo al nivel de 0.001 o 0.002, dependiendo de si se está utilizando una prueba de una o de dos colas.

Diversos paquetes estadísticos imprimen el valor p de los estadísticos de prueba estimados. Por consiguiente, se aconseja al lector dar el valor p siempre que sea posible.

Enfoque de la prueba de significancia

Recuérdese que

$$Z_i = \frac{\bar{X} - \mu}{\sigma/\sqrt{n}} \sim N(0, 1)$$

En cualquier aplicación dada, $\bar{X}$ y n se conocen (o pueden ser estimados), pero los verdaderos μ y σ no se conocen. Sin embargo, si σ es especificado y se supone (bajo H_0) que $\mu = \mu^*$, un valor numérico específico, entonces Z_i puede ser directamente calculado y se puede consultar la tabla de la distribución normal para encontrar la probabilidad de obtener el valor Z calculado. Si esta probabilidad es baja, por ejemplo, menor que el 5 o que el 1%, se puede rechazar la hipótesis nula —si la hipótesis fuera cierta, la posibilidad de obtener el valor Z particular debe ser muy alta—. Ésta es la idea general en la cual se basa el enfoque de pruebas de significancia para probar hipótesis. La idea clave es el estadístico de prueba (aquí el estadístico Z) y su distribución de probabilidad bajo el valor supuesto $\mu = \mu^*$. Apropiadamente, en el presente caso, la prueba se conoce como la **prueba Z**, puesto que se utiliza el valor (normal estandarizado) de Z.

Considerando de nuevo el ejemplo, si $\mu = \mu^* = 69$, el estadístico Z se convierte en

$$Z = \frac{\bar{X} - \mu^*}{\sigma/\sqrt{n}}$$
$$= \frac{67 - 69}{2.5/\sqrt{100}}$$
$$= -2/0.25 = -8$$

Si se mira la tabla de la distribución normal D.1, se ve que la probabilidad de obtener ese valor de Z es extremadamente baja. (*Nota:* La probabilidad de que Z exceda 3 o –3 es alrededor de 0.001. Por consiguiente, la probabilidad de que Z exceda 8 es aún menor.) Por tanto, se puede rechazar la hipótesis nula de que $\mu = 69$; dado este valor, la probabilidad de obtener un $\bar{X}$ de 67 es extremadamente baja. Así, se duda de que la muestra hubiera venido de una población con un valor medio de 69. La situación se ilustra en forma diagramática en la figura A.13.

En el lenguaje de prueba de significancia, cuando se dice que un (estadístico) de prueba es significativo, generalmente quiere decirse que se puede rechazar la hipótesis nula. Y el estadístico de prueba se considera como significativo si la probabilidad de obtenerlo es igual o menor que α, o sea la probabilidad de cometer un error tipo I. Así, si $\alpha = 0.05$, se sabe que la probabilidad de obtener un valor Z de –1.96 o 1.96 es 5% (o 2.5% en cada cola de la distribución normal estandarizada). En el ejemplo ilustrativo, Z era –8. Por tanto, la probabilidad de obtener ese valor de Z es muy inferior al 2.5%, muy por debajo de nuestra probabilidad preespecificada de cometer un error tipo I. Es por esto que el valor calculado de $Z = -8$ es estadísticamente significativo; es decir, se rechaza la hipótesis nula de que la verdadera μ^* es 69. Por supuesto, se llegó a la misma conclusión utilizando el enfoque de intervalos de confianza para prueba de hipótesis.

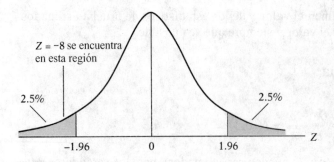

FIGURA A.13
La distribución del estadístico Z.

Se resumen ahora los pasos comprendidos en las pruebas de hipótesis estadísticas:

Paso 1. Postular la hipótesis nula H_0 y la hipótesis alterna H_1 (por ejemplo, H_0: $\mu = 69$ y H_1: $\mu \neq 69$).

Paso 2. Seleccionar el estadístico de prueba (por ejemplo, $\bar{X}$).

Paso 3. Determinar la distribución de probabilidad del estadístico de prueba (por ejemplo, $\bar{X} \sim N(\mu, \sigma^2/n)$).

Paso 4. Seleccionar el nivel de significancia (es decir, la probabilidad de cometer un error tipo I) α.

Paso 5. Utilizando la distribución de probabilidad del estadístico de prueba, construir un intervalo de confianza al $100(1 - \alpha)$%. Si el valor del parámetro bajo la hipótesis nula (por ejemplo, $\mu = \mu^* = 69$) se encuentra en esta región de confianza (la región de aceptación), no debe rechazarse la hipótesis nula. Pero si ésta se encuentra por fuera de este intervalo (es decir, se encuentra en la región de rechazo), se debe rechazar la hipótesis nula. Tenga en mente que al no rechazar o al rechazar la hipótesis nula, se corre el riesgo de estar equivocado α por ciento de las veces.

REFERENCIAS

Para los detalles del material cubierto en este apéndice, el lector puede consultar las siguientes referencias:

Hoel, Paul G.: *Introduction to Mathematical Statistics,* 4a. ed., John Wiley & Sons, New York, 1974. Este libro proporciona una introducción relativamente sencilla a diversos aspectos de la estadística matemática.

Freund, John E., y Ronald E. Walpole: *Mathematical Statistics,* 3a. ed., Prentice Hall, Englewood Cliffs, N.J., 1980. Otro libro de texto introductorio en estadística matemática.

Mood, Alexander M., Franklin A Graybill y Duane C. Boes: *Introduction to the Theory of Statistics*, 3a. ed. McGraw-Hill, New York, 1974. Esta es una introducción completa a la teoría estadística pero es algo más difícil que los dos libros de texto anteriores.

Newbold, Paul: *Statistics for Business and Economics*, Prentice Hall, Englewood Cliffs, N.J., 1984. Una introducción no matemática completa a la estadística con muchos problemas resueltos.

NOCIONES BÁSICAS DE ÁLGEBRA MATRICIAL

En este apéndice se presentan nociones esenciales del álgebra matricial requeridas para entender el capítulo 9 y parte del material del capítulo 18. El análisis no es riguroso y no se dan pruebas. El lector puede consultar las pruebas y mayores detalles en las referencias.

B.1 DEFINICIONES

Matriz

Una matriz es un ordenamiento rectangular de números o de elementos arreglados en filas y en columnas. Más precisamente, una matriz de **orden**, o de **dimensión**, M por N (escrita como $M \times N$) es un conjunto de $M \times N$ elementos ordenados en M filas y N columnas. Por tanto, si las letras en negrilla denotan matrices, una matriz **A** de $(M \times N)$ puede expresarse como

$$\mathbf{A} = [a_{ij}] = \begin{bmatrix} a_{11} & a_{12} & a_{13} & \cdots & a_{1N} \\ a_{21} & a_{22} & a_{23} & \cdots & a_{2N} \\ \hdotsfor{5} \\ a_{M1} & a_{M2} & a_{M3} & \cdots & a_{MN} \end{bmatrix}$$

donde a_{ij} es el elemento que aparece en la $i$ésima fila y la $j$ésima columna de **A**, y donde $[a_{ij}]$ es una expresión abreviada para la matriz **A** cuyo elemento característico es a_{ij}. El orden o dimensión de una matriz —es decir, el número de filas y columnas— frecuentemente está escrito debajo de la matriz para fácil referencia.

$$\mathbf{A}_{2\times 3} = \begin{bmatrix} 2 & 3 & 5 \\ 6 & 1 & 3 \end{bmatrix} \qquad \mathbf{B}_{3\times 3} = \begin{bmatrix} 1 & 5 & 7 \\ -1 & 0 & 4 \\ 8 & 9 & 11 \end{bmatrix}$$

Escalar. Un escalar es un número (real). Alternativamente, un escalar es una matriz 1×1.

Vector columna

Una matriz que consta de M filas y sólo una columna se denomina un **vector columna**. Permitiendo que las letras minúsculas en negrilla denoten vectores, un ejemplo de vector columna es

$$\mathbf{x}_{4\times 1} = \begin{bmatrix} 3 \\ 4 \\ 5 \\ 9 \end{bmatrix}$$

Vector fila

Una matriz que consta de sólo una fila y N columnas se denomina un **vector fila**.

$$\mathbf{x}_{1\times 4} = \begin{bmatrix} 1 & 2 & 5 & -4 \end{bmatrix} \qquad \mathbf{y}_{1\times 5} = \begin{bmatrix} 0 & 5 & -9 & 6 & 10 \end{bmatrix}$$

Transposición

La transpuesta de una matriz $\mathbf{A}$ $M \times N$, denotada por $\mathbf{A}'$ (léase $\mathbf{A}$ prima o $\mathbf{A}$ transpuesta) es una matriz $N \times M$ obtenida mediante el intercambio de filas y columnas de $\mathbf{A}$; es decir, la $i$ésima fila de $\mathbf{A}$ se convierte en la $i$ésima columna de $\mathbf{A}'$. Por ejemplo,

$$\mathbf{A}_{3\times 2} = \begin{bmatrix} 4 & 5 \\ 3 & 1 \\ 5 & 0 \end{bmatrix} \qquad \mathbf{A}'_{2\times 3} = \begin{bmatrix} 4 & 3 & 5 \\ 5 & 1 & 0 \end{bmatrix}$$

Puesto que un vector es un tipo especial de matriz, la transpuesta de un vector fila es un vector columna y la de un vector columna es un vector fila. Por tanto,

$$\mathbf{x} = \begin{bmatrix} 4 \\ 5 \\ 6 \end{bmatrix} \qquad \text{y} \qquad \mathbf{x}' = \begin{bmatrix} 4 & 5 & 6 \end{bmatrix}$$

Se utilizará la convención de indicar los vectores fila mediante el símbolo de transpuesto.

Submatriz

Dada cualquier matriz $\mathbf{A}$ $M \times N$, si se borran todas las filas y columnas de $\mathbf{A}$ menos r filas y s columnas, la matriz resultante de orden $r \times s$ se denomina una **submatriz** de $\mathbf{A}$. Así, si

$$\mathbf{A}_{3\times 3} = \begin{bmatrix} 3 & 5 & 7 \\ 8 & 2 & 1 \\ 3 & 2 & 1 \end{bmatrix}$$

y se borran la tercera fila y la tercera columna de **A**, se obtiene

$$\underset{2\times2}{\mathbf{B}} = \begin{bmatrix} 3 & 5 \\ 8 & 2 \end{bmatrix}$$

que es una submatriz de **A** de orden 2×2.

B.2 TIPOS DE MATRICES

Matriz cuadrada

Una matriz que posee el mismo número de filas y de columnas se denomina **matriz cuadrada**.

$$\mathbf{A} = \begin{bmatrix} 3 & 4 \\ 5 & 6 \end{bmatrix} \qquad \mathbf{B} = \begin{bmatrix} 3 & 5 & 8 \\ 7 & 3 & 1 \\ 4 & 5 & 0 \end{bmatrix}$$

Matriz diagonal

Una matriz cuadrada que posee al menos un elemento diferente de cero sobre la diagonal principal (que parte de la esquina superior izquierda hasta la esquina inferior derecha), siendo cero los valores restantes, se denomina **matriz diagonal**.

$$\underset{2\times2}{\mathbf{A}} = \begin{bmatrix} 2 & 0 \\ 0 & 3 \end{bmatrix} \qquad \underset{3\times3}{\mathbf{B}} = \begin{bmatrix} -2 & 0 & 0 \\ 0 & 5 & 0 \\ 0 & 0 & 1 \end{bmatrix}$$

Matriz escalar

Una matriz diagonal cuyos elementos diagonales son todos iguales se denomina **matriz escalar**. Un ejemplo es la matriz de varianza-covarianza de las perturbaciones poblacionales del modelo clásico de regresión lineal dado en la ecuación (9.2.3), a saber:

$$\text{var-cov}(\mathbf{u}) = \begin{bmatrix} \sigma^2 & 0 & 0 & 0 & 0 \\ 0 & \sigma^2 & 0 & 0 & 0 \\ 0 & 0 & \sigma^2 & 0 & 0 \\ 0 & 0 & 0 & \sigma^2 & 0 \\ 0 & 0 & 0 & 0 & \sigma^2 \end{bmatrix}$$

Matriz identidad o unitaria

Una matriz diagonal cuyos elementos diagonales son todos 1 se denomina **matriz identidad** o **unitaria** y se denota por **I**. Es una clase especial de matriz escalar.

$$\underset{3\times3}{\mathbf{I}} = \begin{bmatrix} 1 & 0 & 0 \\ 0 & 1 & 0 \\ 0 & 0 & 1 \end{bmatrix} \qquad \underset{4\times4}{\mathbf{I}} = \begin{bmatrix} 1 & 0 & 0 & 0 \\ 0 & 1 & 0 & 0 \\ 0 & 0 & 1 & 0 \\ 0 & 0 & 0 & 1 \end{bmatrix}$$

Matriz simétrica

Una matriz cuadrada cuyos elementos por encima de la diagonal son imágenes reflejo de los elementos por debajo de la diagonal principal se denomina **matriz simétrica**. En forma alterna, una matriz simétrica es tal que su transpuesta es igual a sí misma; es decir, $\mathbf{A} = \mathbf{A}'$. O sea, el elemento a_{ij} de $\mathbf{A}$ es igual al elemento a_{ij} de $\mathbf{A}'$. Un ejemplo es la matriz de varianza-covarianza dado en la ecuación (9.2.2). Otro ejemplo es la matriz de correlación dado en (9.5.1).

Matriz nula

Una matriz cuyos elementos son todos cero se denomina **matriz nula** y se denota por **0**.

Vector nulo

Un vector fila o columna cuyos elementos son todos cero se denomina **vector nulo** y se denota también por **0**.

Matrices iguales

Se dice que dos matrices $\mathbf{A}$ y $\mathbf{B}$ son iguales si son del mismo orden y sus elementos correspondientes son iguales; es decir, $a_{ij} = b_{ij}$ para todo i y j. Por ejemplo, las matrices

$$\underset{3\times3}{\mathbf{A}} = \begin{bmatrix} 3 & 4 & 5 \\ 0 & -1 & 2 \\ 5 & 1 & 3 \end{bmatrix} \qquad y \qquad \underset{3\times3}{\mathbf{B}} = \begin{bmatrix} 3 & 4 & 5 \\ 0 & -1 & 2 \\ 5 & 1 & 3 \end{bmatrix}$$

son iguales; es decir $\mathbf{A} = \mathbf{B}$

B.3 OPERACIONES MATRICIALES

Adición de matrices

Sea $\mathbf{A} = [a_{ij}]$ y $\mathbf{B} = [b_{ij}]$. Si $\mathbf{A}$ y $\mathbf{B}$ son del mismo orden, se define la adición de matrices como

$$\mathbf{A} + \mathbf{B} = \mathbf{C}$$

donde $\mathbf{C}$ es del mismo orden que $\mathbf{A}$ y $\mathbf{B}$ y se obtiene como $c_{ij} = a_{ij} + b_{ij}$ para todo i y j; es decir, $\mathbf{C}$ se obtiene sumando los elementos correspondientes de $\mathbf{A}$ y $\mathbf{B}$. Si esa suma puede efectuarse, se dice que $\mathbf{A}$ y $\mathbf{B}$ son *conformables* con respecto a la adición. Por ejemplo, si

$$\mathbf{A} = \begin{bmatrix} 2 & 3 & 4 & 5 \\ 6 & 7 & 8 & 9 \end{bmatrix} \qquad y \qquad \mathbf{B} = \begin{bmatrix} 1 & 0 & -1 & 3 \\ -2 & 0 & 1 & 5 \end{bmatrix}$$

y $\mathbf{C} = \mathbf{A} + \mathbf{B}$, entonces

$$\mathbf{C} = \begin{bmatrix} 3 & 3 & 3 & 8 \\ 4 & 7 & 9 & 14 \end{bmatrix}$$

Resta de matrices

La resta de matrices sigue el mismo principio que la adición de matrices, excepto que $\mathbf{C} = \mathbf{A} - \mathbf{B}$; es decir, se restan los elementos de $\mathbf{B}$ de los elementos correspondientes de $\mathbf{A}$ para obtener $\mathbf{C}$, siempre y cuando $\mathbf{A}$ y $\mathbf{B}$ sean del mismo orden.

Multiplicación por escalar

Para multiplicar una matriz **A** por un escalar λ (un número real), se multiplica cada elemento de la matriz por λ:

$$\lambda \mathbf{A} = [\lambda a_{ij}]$$

Por ejemplo, si $\lambda = 2$ y

$$\mathbf{A} = \begin{bmatrix} -3 & 5 \\ 8 & 7 \end{bmatrix}$$

entonces

$$\lambda \mathbf{A} = \begin{bmatrix} -6 & 10 \\ 16 & 14 \end{bmatrix}$$

Multiplicación de matrices

Sea **A** $M \times N$ y **B** $N \times P$. Entonces, el producto **AB** (en ese orden) está definido para ser una nueva matriz **C** del orden $M \times P$ tal que

$$c_{ij} = \sum_{k=1}^{N} a_{ik} b_{kj} \qquad \begin{matrix} i = 1, 2, \ldots, M \\ j = 1, 2, \ldots, P \end{matrix}$$

Es decir, el elemento en la $i$ésima fila y la $j$ésima columna de **C** se obtiene multiplicando los elementos de la $i$ésima fila de **A** por los elementos correspondientes de la $j$ésima columna de **B** y sumando sobre todos los términos; esto se conoce como la regla de la multiplicación de *fila por columna*. Así, para obtener c_{11}, el elemento en la primera fila y en la primera columna de **C**, se multiplican los elementos en la primera fila de **A** por aquéllos correspondientes en la primera columna de **B** y se suma sobre todos los términos. En forma similar, para obtener c_{12}, se multiplican los elementos de la primera fila de **A** por los correspondientes en la segunda columna de **B** y se suma sobre todos los términos, y así sucesivamente.

Obsérvese que para que exista la multiplicación, las matrices **A** y **B** deben ser conformables con respecto a la multiplicación; es decir, el número de columnas en **A** debe ser igual al número de filas en **B**. Si, por ejemplo,

$$\underset{2\times 3}{\mathbf{A}} = \begin{bmatrix} 3 & 4 & 7 \\ 5 & 6 & 1 \end{bmatrix} \qquad y \qquad \underset{3\times 2}{\mathbf{B}} = \begin{bmatrix} 2 & 1 \\ 3 & 5 \\ 6 & 2 \end{bmatrix}$$

$$\mathbf{AB} = \underset{2\times 2}{\mathbf{C}} = \begin{bmatrix} (3 \times 2) + (4 \times 3) + (7 \times 6) & (3 \times 1) + (4 \times 5) + (7 \times 2) \\ (5 \times 2) + (6 \times 3) + (1 \times 6) & (5 \times 1) + (6 \times 5) + (1 \times 2) \end{bmatrix}$$

$$= \begin{bmatrix} 60 & 37 \\ 34 & 37 \end{bmatrix}$$

Pero si

$$\underset{2\times 3}{\mathbf{A}} = \begin{bmatrix} 3 & 4 & 7 \\ 5 & 6 & 1 \end{bmatrix} \qquad y \qquad \underset{2\times 2}{\mathbf{B}} = \begin{bmatrix} 2 & 3 \\ 5 & 6 \end{bmatrix}$$

el producto **AB** no está definido puesto que **A** y **B** no son conformables con respecto a la multiplicación.

Propiedades de la multiplicación de matrices

1. La multiplicación de matrices no necesariamente es *conmutativa;* es decir, en general $\mathbf{AB} \neq \mathbf{BA}$. Por consiguiente, el orden en el cual se multiplican las matrices es muy importante. $\mathbf{AB}$ significa que $\mathbf{A}$ es *postmultiplicada* por $\mathbf{B}$ o $\mathbf{B}$ es *premultiplicada* por $\mathbf{A}$.

2. Aun si $\mathbf{AB}$ y $\mathbf{BA}$ existen, las matrices resultantes pueden no ser del mismo orden. Por tanto, si $\mathbf{A}$ es $M \times N$ y $\mathbf{B}$ es $N \times M$, $\mathbf{AB}$ es $M \times M$, mientras que $\mathbf{BA}$ es $N \times N$, de donde se explica la diferencia de orden.

3. Aun si $\mathbf{A}$ y $\mathbf{B}$ son ambas matrices cuadradas, de tal manera que $\mathbf{AB}$ y $\mathbf{BA}$ están ambas definidas, las matrices resultantes no necesariamente serán iguales. Por ejemplo, si

$$\mathbf{A} = \begin{bmatrix} 4 & 7 \\ 3 & 2 \end{bmatrix} \qquad y \qquad \mathbf{B} = \begin{bmatrix} 1 & 5 \\ 6 & 8 \end{bmatrix}$$

entonces,

$$\mathbf{AB} = \begin{bmatrix} 46 & 76 \\ 15 & 31 \end{bmatrix} \qquad y \qquad \mathbf{BA} = \begin{bmatrix} 19 & 17 \\ 48 & 58 \end{bmatrix}$$

y $\mathbf{AB} \neq \mathbf{BA}$. Un ejemplo de $\mathbf{AB} = \mathbf{BA}$ es cuando ambos $\mathbf{A}$ y $\mathbf{B}$ son matrices identidad.

4. Un vector fila postmultiplicado por un vector columna es un escalar. Por tanto, considérense los residuales de mínimos cuadrados ordinarios $\hat{u}_1, \hat{u}_2, \dots, \hat{u}_n$. Sea $\mathbf{u}$ un vector columna y $\mathbf{u}'$ un vector fila, se tiene

$$\hat{\mathbf{u}}'\hat{\mathbf{u}} = [\hat{u}_1 \hat{u}_2 \hat{u}_3 \cdots \hat{u}_n] \begin{bmatrix} \hat{u}_1 \\ \hat{u}_2 \\ \hat{u}_3 \\ \vdots \\ \hat{u}_n \end{bmatrix}$$

$$= \hat{u}_1^2 + \hat{u}_2^2 + \hat{u}_3^2 + \cdots + \hat{u}_n'^2$$

$$= \sum \hat{u}_i^2 \quad \text{un escalar [\emph{véase} ecuación (9.3.5).]}$$

5. Un vector columna postmultiplicado por un vector fila es una matriz. Como ejemplo, considérense las perturbaciones poblacionales del modelo clásico de regresión lineal, a saber: $u_1, u_2, \dots, u_n$. Sea $\mathbf{u}$ un vector columna y $\mathbf{u}'$ un vector fila, se obtiene

$$\mathbf{uu}' = \begin{bmatrix} u_1 \\ u_2 \\ u_3 \\ \vdots \\ u_n \end{bmatrix} [u_1 u_2 u_3 \cdots u_n]$$

$$= \begin{bmatrix} u_1^2 & u_1 u_2 & u_1 u_3 & \cdots & u_1 u_n \\ u_2 u_1 & u_2^2 & u_2 u_3 & \cdots & u_2 u_n \\ \cdots\cdots\cdots\cdots\cdots\cdots\cdots\cdots\cdots\cdots\cdots\cdots \\ u_n u_1 & u_n u_2 & u_n u_3 & \cdots & u_n^2 \end{bmatrix}$$

que es una matriz de orden $n \times n$. Obsérvese que la matriz anterior es simétrica.

6.   Una matriz postmultiplicada por un vector columna es un vector columna.
7.   Un vector fila postmultiplicado por una matriz es un vector fila.
8.   La multiplicación de matrices es *asociativa*; es decir, $(\mathbf{AB})\mathbf{C} = \mathbf{A}(\mathbf{BC})$, donde $\mathbf{A}$ es $M \times N$, $\mathbf{B}$ es $N \times P$ y $\mathbf{C}$ es $P \times K$.
9.   La multiplicación de matrices es distributiva con respecto a la suma; o sea, $\mathbf{A}(\mathbf{B} + \mathbf{C}) = \mathbf{AB} + \mathbf{AC}$ y $(\mathbf{B} + \mathbf{C})\mathbf{A} = \mathbf{BA} + \mathbf{CA}$.

Transposición de matrices

Se definió ya el proceso de transposición de matrices como el intercambio de filas y de columnas de una matriz (o de un vector). Se presentan ahora algunas de las propiedades de la transposición.

1.   La transposición de una matriz transpuesta es la matriz original misma. Por tanto, $(\mathbf{A}')' = \mathbf{A}$.
2.   Si $\mathbf{A}$ y $\mathbf{B}$ son conformables para la adición, entonces $\mathbf{C} = \mathbf{A} + \mathbf{B}$ y $\mathbf{C}' = (\mathbf{A} + \mathbf{B})' = \mathbf{A}' + \mathbf{B}'$. Es decir, la transpuesta de la suma de las dos matrices es la suma de sus transpuestas.
3.   Si $\mathbf{AB}$ es definido, entonces $(\mathbf{AB})' = \mathbf{B}'\mathbf{A}'$. O sea, la transpuesta del producto de dos matrices es el producto de sus transpuestas en orden contrario. Esto puede ser generalizado: $(\mathbf{ABCD})' = \mathbf{D}'\mathbf{C}'\mathbf{B}'\mathbf{A}'$.
4.   La transpuesta de una matriz identidad $\mathbf{I}$ es la matriz identidad misma; es decir $\mathbf{I}' = \mathbf{I}$.
5.   La transpuesta de un escalar es el escalar mismo. Por tanto, si λ es un escalar, $\lambda' = \lambda$.
6.   La transpuesta de $(\lambda\mathbf{A})'$ es $\lambda\mathbf{A}'$, donde λ es un escalar. [*Nota:* $(\lambda\mathbf{A})' = \mathbf{A}'\lambda' = \mathbf{A}'\lambda = \lambda\mathbf{A}'$].
7.   Si $\mathbf{A}$ es una matriz cuadrada tal que $\mathbf{A} = \mathbf{A}'$, entonces $\mathbf{A}$ es una matriz simétrica. (Comparable con la definición de matriz simétrica dada anteriormente).

Inversión de matrices

La inversa de una matriz cuadrada $\mathbf{A}$, denotada por $\mathbf{A}^{-1}$ (léase $\mathbf{A}$ inversa), si existe, es una matriz cuadrada única tal que

$$\mathbf{AA}^{-1} = \mathbf{A}^{-1}\mathbf{A} = \mathbf{I}$$

donde $\mathbf{I}$ es una matriz identidad cuyo orden es el mismo que el de $\mathbf{A}$. Por ejemplo,

$$\mathbf{A} = \begin{bmatrix} 2 & 4 \\ 6 & 8 \end{bmatrix} \qquad \mathbf{A}^{-1} = \begin{bmatrix} -1 & \frac{1}{2} \\ \frac{6}{8} & -\frac{1}{4} \end{bmatrix} \qquad \mathbf{AA}^{-1} = \begin{bmatrix} 1 & 0 \\ 0 & 1 \end{bmatrix} = \mathbf{I}$$

Se verá la forma de calcular $\mathbf{A}^{-1}$ después de estudiar el tema del determinante. Mientras tanto obsérvense estas propiedades de la inversa.

1. $(\mathbf{AB})^{-1} = \mathbf{B}^{-1}\mathbf{A}^{-1}$; es decir, la inversa del producto de dos matrices es el producto de sus inversas en orden opuesto.
2. $(\mathbf{A}^{-1}) = (\mathbf{A}')^{-1}$; es decir, la transpuesta de $\mathbf{A}$ inversa es la inversa de $\mathbf{A}$ transpuesta.

B.4 DETERMINANTES

Para cada matriz cuadrada $\mathbf{A}$, existe un número (escalar) conocido como el determinante de la matriz, que se denota por $\det\mathbf{A}$ o por el símbolo $|\mathbf{A}|$, donde $|\;|$ significa «el determinante de». Obsérvese que una matriz por sí misma no tiene valor numérico, pero el determinante de una matriz es un número.

$$A = \begin{bmatrix} 1 & 3 & -7 \\ 2 & 5 & 0 \\ 3 & 8 & 6 \end{bmatrix} \qquad |A| = \begin{vmatrix} 1 & 3 & -7 \\ 2 & 5 & 0 \\ 3 & 8 & 6 \end{vmatrix}$$

El $|A|$ en este ejemplo se denomina determinante de orden 3 porque está asociado con una matriz de orden 3×3.

Evaluación de un determinante

El proceso de encontrar el valor de un determinante se conoce como la *evaluación, expansión* o *reducción* del determinante. Esto se logra manipulando los elementos de la matriz en una forma bien definida.

Evaluación de un determinante de 2×2. Si

$$A = \begin{bmatrix} a_{11} & a_{12} \\ a_{21} & a_{22} \end{bmatrix}$$

su determinante se evalúa de la siguiente manera:

$$|A| = \begin{vmatrix} a_{11} & a_{12} \\ a_{21} & a_{22} \end{vmatrix} = a_{11}a_{22} - a_{12}a_{21}$$

que se obtiene multiplicando en cruz los elementos de la diagonal principal y restando de éstos la multiplicación en cruz de los elementos de la otra diagonal de la matriz A, como lo indican las flechas.

Evaluación de un determinante de 3×3. Si

$$A = \begin{bmatrix} a_{11} & a_{12} & a_{13} \\ a_{21} & a_{22} & a_{23} \\ a_{31} & a_{32} & a_{33} \end{bmatrix}$$

entonces,

$$|A| = a_{11}a_{22}a_{33} - a_{11}a_{23}a_{32} + a_{12}a_{23}a_{31} - a_{12}a_{21}a_{33} + a_{13}a_{21}a_{32} - a_{13}a_{22}a_{31}$$

Un examen cuidadoso de la evaluación de un determinante de 3×3 muestra que:

1. Cada término en la expansión del determinante contiene uno y sólo un elemento de cada fila y de cada columna.
2. El número de elementos en cada término es el mismo que el número de filas (o de columnas) en la matriz. Por tanto, un determinante de 2×2 tiene dos elementos en cada término de su expansión, un determinante de 3×3 tiene tres elementos en cada término de su expansión, y así sucesivamente.
3. Los términos en la expansión alternan su signo de $+$ a $-$.
4. Un determinante de 2×2 tiene dos términos en su expansión y un determinante de 3×3 tiene seis términos en su expansión. La regla general es: El determinante de orden $N \times N$ tiene $N! = N(N-1)(N-2)...3 \cdot 2 \cdot 1$, términos en su expansión donde $N!$ se lee «N factorial». Siguiendo esta regla, un determinante de orden 5×5 tendrá $5 \cdot 4 \cdot 3 \cdot 2 \cdot 1 = 120$ términos en su expansión[1].

---

[1] Para evaluar el determinante de una matriz A de $N \times N$, remítase a las referencias.

Propiedades de los determinantes

1. Una matriz cuyo determinante tiene un valor de cero se denomina una **matriz singular**, mientras que aquélla con un determinante diferente de cero se denomina **matriz no singular**. La inversa de una matriz como la recién definida no existe para una matriz singular.

2. Si todos los elementos de cualquier fila de **A** son cero, su determinante es cero. Por tanto,

$$|\mathbf{A}| = \begin{vmatrix} 0 & 0 & 0 \\ 3 & 4 & 5 \\ 6 & 7 & 8 \end{vmatrix} = 0$$

3. $|\mathbf{A}'| = |\mathbf{A}|$; es decir, los determinantes de **A** y de **A** transpuesta son los mismos.

4. El intercambio de dos filas cualquiera o de dos columnas cualquiera de una matriz **A** cambian el signo de $|\mathbf{A}|$.

    Ejemplo. Si

$$\mathbf{A} = \begin{bmatrix} 6 & 9 \\ -1 & 4 \end{bmatrix} \qquad y \qquad \mathbf{B} = \begin{bmatrix} -1 & 4 \\ 6 & 9 \end{bmatrix}$$

    donde **B** se obtiene intercambiando las filas de **A**, entonces

$$\begin{aligned} |\mathbf{A}| &= 24 - (-9) \qquad y \qquad |\mathbf{B}| &= -9 - (24) \\ &= 33 & &= -33 \end{aligned}$$

5. Si cada elemento de una fila o de una columna de **A** es multiplicado por un escalar λ, entonces $|\mathbf{A}|$ es multiplicado por λ.

    Ejemplo. Si

$$\lambda = 5 \qquad y \qquad \mathbf{A} = \begin{bmatrix} 5 & -8 \\ 2 & 4 \end{bmatrix}$$

    y se multiplica la primera fila de **A** por 5 para obtener

$$\mathbf{B} = \begin{bmatrix} 25 & -40 \\ 2 & 4 \end{bmatrix}$$

    puede verse que $|\mathbf{A}| = 36$ y $|\mathbf{B}| = 180$, que es $5|\mathbf{A}|$.

6. Si dos filas o columnas de una matriz son idénticas, su determinante es cero.

7. Si una fila o una columna de una matriz es un múltiplo de otra fila o columna de esa matriz, su determinante es cero. Por tanto, si

$$\mathbf{A} = \begin{bmatrix} 4 & 8 \\ 2 & 4 \end{bmatrix}$$

    donde la primera fila de **A** es el doble de su segunda fila, $|\mathbf{A}| = 0$. Más generalmente, si cualquier fila (columna) de una matriz es una combinación lineal de otras filas (columnas), su determinante es cero.

8. $|\mathbf{AB}| = |\mathbf{A}||\mathbf{B}|$; es decir, el determinante del producto de dos matrices es el producto de sus determinantes (individuales).

Rango de una matriz

El rango de una matriz es el orden de la submatriz cuadrada más grande cuyo determinante no sea cero.

Ejemplo

$$\mathbf{A} = \begin{bmatrix} 3 & 6 & 6 \\ 0 & 4 & 5 \\ 3 & 2 & 1 \end{bmatrix}$$

Puede verse que $|\mathbf{A}| = 0$. En otras palabras, $\mathbf{A}$ es una matriz singular. Por tanto, aunque su orden es 3×3, su rango es menor que 3. En realidad, es 2, puesto que se puede encontrar una submatriz 2×2 cuyo determinante no es cero. Por ejemplo, si se borran la primera fila y la primera columna de $\mathbf{A}$, se obtiene

$$\mathbf{B} = \begin{bmatrix} 4 & 5 \\ 2 & 1 \end{bmatrix}$$

cuyo determinante es –6, que es diferente de cero. Así, el rango de $\mathbf{A}$ es 2. Como se mencionó anteriormente, la inversa de una matriz singular no existe. Por consiguiente, para una matriz $\mathbf{A}$ $N \times N$, su rango debe ser N para que su inversa exista; si es menor que N, $\mathbf{A}$ es singular.

Menor

Si se borra la fila $i$ésima y la columna $j$ésima de una matriz $N \times N$, el determinante de la submatriz resultante se denomina el **menor** del elemento a_{ij} (el elemento en la intersección de la fila $i$ésima y de la columna $j$ésima) y se denota por $|\mathbf{M}_{ij}|$.

Ejemplo

$$\mathbf{A} = \begin{bmatrix} a_{11} & a_{12} & a_{13} \\ a_{21} & a_{22} & a_{23} \\ a_{31} & a_{32} & a_{33} \end{bmatrix}$$

El menor de a_{11} es

$$|\mathbf{M}_{11}| = \begin{vmatrix} a_{22} & a_{23} \\ a_{32} & a_{33} \end{vmatrix} = a_{22}a_{33} - a_{23}a_{32}$$

En forma similar, el menor de a_{21} es

$$|\mathbf{M}_{21}| = \begin{vmatrix} a_{12} & a_{13} \\ a_{32} & a_{33} \end{vmatrix} = a_{12}a_{33} - a_{13}a_{32}$$

De la misma manera, pueden encontrarse menores de otros elementos de $\mathbf{A}$.

Cofactor

El cofactor del elemento a_{ij} de una matriz $\mathbf{A}$ $N \times N$, denotado por c_{ij}, está definido como

$$c_{ij} = (-1)^{i+j}|\mathbf{M}_{ij}|$$

En otras palabras, un cofactor es un menor con un signo asociado, con signo positivo si $i + j$ es par y negativo si $i + j$ es impar. Por tanto, el cofactor del elemento a_{11} de la matriz $\mathbf{A}$ 3×3 dado anteriormente, es $a_{22}a_{33} - a_{23}a_{32}$, mientras que el cofactor del elemento a_{21} es $-(a_{12}a_{33} - a_{13}a_{32})$ puesto que la suma de los subíndices 2 y 1 es 3, que es un número impar.

Matriz de cofactores. Reemplazando los elementos a_{ij} de una matriz $\mathbf{A}$ por sus cofactores, se obtiene una matriz conocida como la **matriz de cofactores** de $\mathbf{A}$, denotada por (cof $\mathbf{A}$).

Matriz adjunta. La matriz adjunta, escrita como (adj $\mathbf{A}$), es la transpuesta de la matriz de cofactores; es decir, (adj $\mathbf{A}$) = (cof $\mathbf{A}$)$'$.

B.5 FORMA DE ENCONTRAR LA INVERSA DE UNA MATRIZ CUADRADA

Si $\mathbf{A}$ es cuadrada y no singular (es decir, $|\mathbf{A}| \neq 0$), su inversa $\mathbf{A}^{-1}$ puede encontrarse de la siguiente manera:

$$\mathbf{A}^{-1} = \frac{1}{|\mathbf{A}|}(\text{adj } \mathbf{A})$$

Los pasos comprendidos en el cálculo son los siguientes:

1. Encontrar el determinante de $\mathbf{A}$. Si es diferente de cero, procédase al paso 2.
2. Reemplazar cada elemento a_{ij} de $\mathbf{A}$ por su cofactor para obtener la matriz de cofactores.
3. Transponer la matriz de cofactores para obtener la matriz adjunta.
4. Dividir cada elemento de la matriz adjunta por $|\mathbf{A}|$.

Ejemplo. Encuéntrese la inversa de la matriz

$$\mathbf{A} = \begin{bmatrix} 1 & 2 & 3 \\ 5 & 7 & 4 \\ 2 & 1 & 3 \end{bmatrix}$$

Paso 1. Primero se encuentra el determinante de la matriz. Aplicando las reglas de expansión del determinante de 3×3 dado anteriormente, se obtiene $|\mathbf{A}| = -24$.

Paso 2. Se puede obtener ahora la matriz de cofactores, por ejemplo, $\mathbf{C}$:

$$\mathbf{C} = \begin{bmatrix} \begin{vmatrix} 7 & 4 \\ 1 & 3 \end{vmatrix} & -\begin{vmatrix} 5 & 4 \\ 2 & 3 \end{vmatrix} & \begin{vmatrix} 5 & 7 \\ 2 & 1 \end{vmatrix} \\ -\begin{vmatrix} 2 & 3 \\ 1 & 3 \end{vmatrix} & \begin{vmatrix} 1 & 3 \\ 2 & 3 \end{vmatrix} & -\begin{vmatrix} 1 & 2 \\ 2 & 1 \end{vmatrix} \\ \begin{vmatrix} 2 & 3 \\ 7 & 4 \end{vmatrix} & -\begin{vmatrix} 1 & 3 \\ 5 & 4 \end{vmatrix} & \begin{vmatrix} 1 & 2 \\ 5 & 7 \end{vmatrix} \end{bmatrix}$$

$$= \begin{bmatrix} 17 & -7 & -9 \\ -3 & -3 & 3 \\ -13 & 11 & -3 \end{bmatrix}$$

Paso 3. Transponiendo la matriz de cofactores anterior, se obtiene la siguiente matriz adjunta:

$$(\text{adj } \mathbf{A}) = \begin{bmatrix} 17 & -3 & -13 \\ -7 & -3 & 11 \\ -9 & 3 & -3 \end{bmatrix}$$

Paso 4. Se dividen ahora los elementos de (adj **A**) por el valor del determinante –24 para obtener

$$\mathbf{A}^{-1} = -\frac{1}{24} \begin{bmatrix} 17 & -3 & -13 \\ -7 & -3 & 11 \\ -9 & 3 & -3 \end{bmatrix}$$

$$= \begin{bmatrix} -\frac{17}{24} & \frac{3}{24} & \frac{13}{24} \\ \frac{7}{24} & \frac{3}{24} & -\frac{11}{24} \\ \frac{9}{24} & -\frac{3}{24} & \frac{3}{24} \end{bmatrix}$$

Se puede verificar fácilmente que

$$\mathbf{AA}^{-1} = \begin{bmatrix} 1 & 0 & 0 \\ 0 & 1 & 0 \\ 0 & 0 & 1 \end{bmatrix}$$

que es una matriz identidad. El lector debe corroborar que para el ejemplo ilustrativo dado en el capítulo 9, la inversa de la matriz $\mathbf{X'X}$ es la que aparece en la ecuación (9.10.5).

B.6 DIFERENCIACIÓN MATRICIAL

Para seguir el material en la sección 9A.2, se necesitan algunas reglas con respecto a la diferenciación de matrices.

Regla 1. Si $\mathbf{a}' = [a_1 \ a_2 \ ... \ a_n]$ es un vector fila de números y

$$\mathbf{x} = \begin{bmatrix} x_1 \\ x_2 \\ \vdots \\ x_n \end{bmatrix}$$

es un vector columna de las variables $x_1, x_2, ..., x_n$, entonces

$$\frac{\partial(\mathbf{a'x})}{\partial \mathbf{x}} = \mathbf{a} = \begin{bmatrix} a_1 \\ a_2 \\ \vdots \\ a_n \end{bmatrix}$$

Regla 2. Considérese la matriz $\mathbf{x'Ax}$ tal que

$$\mathbf{x'Ax} = [x_1 \ x_2 \ \cdots \ x_n] \begin{bmatrix} a_{11} & a_{12} & \cdots & a_{1n} \\ a_{21} & a_{22} & \cdots & a_{2n} \\ \multicolumn{4}{c}{\cdots\cdots\cdots\cdots\cdots\cdots} \\ a_{n1} & a_{n2} & & a_{nn} \end{bmatrix} \begin{bmatrix} x_1 \\ x_2 \\ \vdots \\ x_n \end{bmatrix}$$

Entonces,

$$\frac{\partial(\mathbf{x}'\mathbf{A}\mathbf{x})}{\partial \mathbf{x}} = 2\mathbf{A}\mathbf{x}$$

que es un vector columna de n elementos, o

$$\frac{\partial(\mathbf{x}'\mathbf{A}\mathbf{x})}{\partial \mathbf{x}} = 2\mathbf{x}'\mathbf{A}$$

que es un vector fila de n elementos.

REFERENCIAS

Chiang, Alpha C.: *Fundamental Methods of Mathematical Economics*, 3a. ed., McGraw-Hill, New York, 1984, capítulos 4 y 5. Allí se realiza un análisis elemental.

Hadley, G.: *Linear Algebra*, Addison-Wesley, Reading, Mass., 1961. Éste es un análisis avanzado.

LISTA DE PAQUETES ECONOMÉTRICOS SELECCIONADOS

A continuación se presenta una lista de algunos paquetes de software estadístico y econométrico que pueden manejar la mayoría de las técnicas econométricas analizadas en este texto. Las versiones para estudiantes de algunos de estos paquetes están disponibles a precios muy reducidos. Algunos también están disponibles en computadores *mainframe*. Puesto que dichos paquetes se actualizan en forma periódica, se aconseja consultar al vendedor con respecto a la última versión.

IBM-PC Y COMPATIBLES

BMDP/PC	BMDP Statiscal Software Inc., 1440 Sepulveda Blvd., Suite 316, Los Angeles, CA 90025. (213) 479-7799.
DATA-FIT	Oxford Electronic Publishing Company, Oxford University Press, Walton Street, Oxford OX2 6DP, U.K.
ESP	Economic Software Package, 76 Bedford St., Suite 33, Lexington, MA 02173. (617) 861-8852.
ET	William H. Greene, Stern Graduate School of Business, New York University, 100 Trinity Place, New York, NY. (212) 285-6164.
GAUSS	Aptech Systems Inc., 26250 196th Place SE, Kent, WA 98042. (206) 631-6679.
LIMDEP	William H. Greene, Stern Graduate School of Business, New York University, 100 Trinity Place, New York, NY. (212) 285-6164.
MATLAB	Math Works Inc., 20 N. Main St., Sherborn, MA 01770. (616) 653-1415.
MICRO TSP	Quantitative Micro Software, 4521 Campus Drive, Suite 336, Irvine, CA 92715. (714) 856-3368.

MINITAB	Minitab, 3081 Enterprise Drive, State College, PA 16801. (814) 238-3280.
PC-GIVE	University of Oxford, Institute of Economics and Statistics, St. Cross Building, Manor Rd., Oxford OX1 3UL. U.K.
PC-TSP	TSP International, P.O. Box 61015, Palo Alto, CA 94306. (415) 326-1927.
RATS	VAR Econometrics, P.O. Box 1818, Evanston, IL 60624-1818. (708) 864-8772.
SAS/STAT	SAS Institute Inc., P.O. Box 8000, SAS Circle, Cary, NC 27511-8000. (919) 467-8000.
SHAZAM	Keneth J. White, Department of Economics, University of British Columbia, Vancouver, BC V6T 1Y2. Canada (602) 228-5062.
SORITEC	The Soritec Group Inc., P.O. Box 2939, 8136 Old Keene Mill Road, Springfield, VA 22152. (703) 569-1400.
SPSS/PC+	SPSS Inc., 444 N. Michigan Ave., Chicago, IL 60611. (312) 329-3600.
STATA	Computing Resource Center, 10801 National Blvd., 3rd Floor, Los Angeles, CA 90064. (800) STATAPC.
STATGRAPHICS	STSC Inc., 2115 E. Jefferson St., Rockville, MD 20852. (800) 592-0050.
STATPRO	Penton Software Inc., 420 Lexington Ave., Suite 2846, New York, NY 10017. (800) 211-3414.
SYSTAT	Systat Inc., 1800 Sherman Ave., Evanston, IL 60201. (708) 864-5670.

APPLE MACINTOSH

MATLAB	Math Works Inc., 20 N. Main St., Sherborn, MA 01770. (617) 653-1415.
PC-TSP	TSP International, P.O. Box 61015, Palo Alto, CA 94306. (415) 326-1927.
RATS	VAR Econometrics, P.O. Box 1818, Evanston, IL 60624-1818. (708) 864-8772.
SHAZAM	Keneth J. White, Department of Economics, University of British Columbia, Vancouver, BC V6T 1Y2. Canada (602) 228-5062.

TABLAS ESTADÍSTICAS

TABLA D.1
Áreas bajo la distribución normal estandarizada

Ejemplo

$\Pr(0 \leq Z \leq 1.96) = 0.4750$

$\Pr(Z \geq 1.96) = 0.5 - 0.4750 = 0.025$

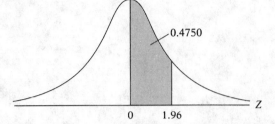

0.4750

Z	.00	.01	.02	.03	.04	.05	.06	.07	.08	.09
0.0	.0000	.0040	.0080	.0120	.0160	.0199	.0239	.0279	.0319	.0359
0.1	.0398	.0438	.0478	.0517	.0557	.0596	.0636	.0675	.0714	.0753
0.2	.0793	.0832	.0871	.0910	.0948	.0987	.1026	.1064	.1103	.1141
0.3	.1179	.1217	.1255	.1293	.1331	.1368	.1406	.1443	.1480	.1517
0.4	.1554	.1591	.1628	.1664	.1700	.1736	.1772	.1808	.1844	.1879
0.5	.1915	.1950	.1985	.2019	.2054	.2088	.2123	.2157	.2190	.2224
0.6	.2257	.2291	.2324	.2357	.2389	.2422	.2454	.2486	.2517	.2549
0.7	.2580	.2611	.2642	.2673	.2704	.2734	.2764	.2794	.2823	.2852
0.8	.2881	.2910	.2939	.2967	.2995	.3023	.3051	.3078	.3106	.3133
0.9	.3159	.3186	.3212	.3238	.3264	.3289	.3315	.3340	.3365	.3389
1.0	.3413	.3438	.3461	.3485	.3508	.3531	.3554	.3577	.3599	.3621
1.1	.3643	.3665	.3686	.3708	.3729	.3749	.3770	.3790	.3810	.3830
1.2	.3849	.3869	.3888	.3907	.3925	.3944	.3962	.3980	.3997	.4015
1.3	.4032	.4049	.4066	.4082	.4099	.4115	.4131	.4147	.4162	.4177
1.4	.4192	.4207	.4222	.4236	.4251	.4265	.4279	.4292	.4306	.4319
1.5	.4332	.4345	.4357	.4370	.4382	.4394	.4406	.4418	.4429	.4441
1.6	.4452	.4463	.4474	.4484	.4495	.4505	.4515	.4525	.4535	.4545
1.7	.4454	.4564	.4573	.4582	.4591	.4599	.4608	.4616	.4625	.4633
1.8	.4641	.4649	.4656	.4664	.4671	.4678	.4686	.4693	.4699	.4706
1.9	.4713	.4719	.4726	.4732	.4738	.4744	.4750	.4756	.4761	.4767
2.0	.4772	.4778	.4783	.4788	.4793	.4798	.4803	.4808	.4812	.4817
2.1	.4821	.4826	.4830	.4834	.4838	.4842	.4846	.4850	.4854	.4857
2.2	.4861	.4864	.4868	.4871	.4875	.4878	.4881	.4884	.4887	.4890
2.3	.4893	.4896	.4898	.4901	.4904	.4906	.4909	.4911	.4913	.4916
2.4	.4918	.4920	.4922	.4925	.4927	.4929	.4931	.4932	.4934	.4936
2.5	.4938	.4940	.4941	.4943	.4945	.4946	.4948	.4949	.4951	.4952
2.6	.4953	.4955	.4956	.4957	.4959	.4960	.4961	.4962	.4963	.4964
2.7	.4965	.4966	.4967	.4968	.4969	.4970	.4971	.4972	.4973	.4974
2.8	.4974	.4975	.4976	.4977	.4977	.4978	.4979	.4979	.4980	.4981
2.9	.4981	.4982	.4982	.4983	.4984	.4984	.4985	.4985	.4986	.4986
3.0	.4987	.4987	.4987	.4988	.4988	.4989	.4989	.4989	.4990	.4990

Nota: Esta tabla da el área en la cola del lado derecho de la distribución (es decir, $Z \geq 0$). Pero, puesto que la distribución normal es simétrica alrededor de $Z = 0$, el área en la cola del lado izquierdo es la misma que el área en la cola correspondiente del lado derecho. Por ejemplo, $P(-1.96 \leq Z \leq 0) = 0.4750$. Por consiguiente, $P(-1.96 \leq Z \leq 1.96) = 2(0.4750) = 0.95$.

TABLA D.2
Puntos porcentuales de la distribución *t*

Ejemplo

Pr ($t > 2.086$) = 0.025

Pr ($t > 1.725$) = 0.05   para g de l = 20

Pr ($|t| > 1.725$) = 0.10

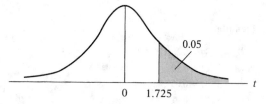

g de l \ Pr	0.25 0.50	0.10 0.20	0.05 0.10	0.025 0.05	0.01 0.02	0.005 0.010	0.001 0.002
1	1.000	3.078	6.314	12.706	31.821	63.657	318.31
2	0.816	1.886	2.920	4.303	6.965	9.925	22.327
3	0.765	1.638	2.353	3.182	4.541	5.841	10.214
4	0.741	1.533	2.132	2.776	3.747	4.604	7.173
5	0.727	1.476	2.015	2.571	3.365	4.032	5.893
6	0.718	1.440	1.943	2.447	3.143	3.707	5.208
7	0.711	1.415	1.895	2.365	2.998	3.499	4.785
8	0.706	1.397	1.860	2.306	2.896	3.355	4.501
9	0.703	1.383	1.833	2.262	2.821	3.250	4.297
10	0.700	1.372	1.812	2.228	2.764	3.169	4.144
11	0.697	1.363	1.796	2.201	2.718	3.106	4.025
12	0.695	1.356	1.782	2.179	2.681	3.055	3.930
13	0.694	1.350	1.771	2.160	2.650	3.012	3.852
14	0.692	1.345	1.761	2.145	2.624	2.977	3.787
15	0.691	1.341	1.753	2.131	2.602	2.947	3.733
16	0.690	1.337	1.746	2.120	2.583	2.921	3.686
17	0.689	1.333	1.740	2.110	2.567	2.898	3.646
18	0.688	1.330	1.734	2.101	2.552	2.878	3.610
19	0.688	1.328	1.729	2.093	2.539	2.861	3.579
20	0.687	1.325	1.725	2.086	2.528	2.845	3.552
21	0.686	1.323	1.721	2.080	2.518	2.831	3.527
22	0.686	1.321	1.717	2.074	2.508	2.819	3.505
23	0.685	1.319	1.714	2.069	2.500	2.807	3.485
24	0.685	1.318	1.711	2.064	2.492	2.797	3.467
25	0.684	1.316	1.708	2.060	2.485	2.787	3.450
26	0.684	1.315	1.706	2.056	2.479	2.779	3.435
27	0.684	1.314	1.703	2.052	2.473	2.771	3.421
28	0.683	1.313	1.701	2.048	2.467	2.763	3.408
29	0.683	1.311	1.699	2.045	2.462	2.756	3.396
30	0.683	1.310	1.697	2.042	2.457	2.750	3.385
40	0.681	1.303	1.684	2.021	2.423	2.704	3.307
60	0.679	1.296	1.671	2.000	2.390	2.660	3.232
120	0.677	1.289	1.658	1.980	2.358	2.617	3.160
∞	0.674	1.282	1.645	1.960	2.326	2.576	3.090

Nota: La probabilidad más baja que aparece en el encabezamiento de cada columna es el área en una cola; la probabilidad más alta es el área en ambas colas.

Fuente: De E. S. Pearson y H. O. Hartley, eds., *Biometrika Tables for Statisticians*, vol. 1, 3a. ed., tabla 12, Cambridge University Press, New York, 1966. Reproducido con permiso de los editores y de los depositarios de *Biometrika*.

TABLA D.3
Puntos porcentuales superiores de la distribución *F*

Ejemplo

Pr ($F > 1.59$) = 0.25
Pr ($F > 2.42$) = 0.10   para g de l $N_1 = 10$
Pr ($F > 3.14$) = 0.05   y $N_2 = 9$
Pr ($F > 5.26$) = 0.01

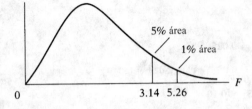

g de l para el deno-minador N_2		g de l para el numerador N_1											
	Pr	**1**	**2**	**3**	**4**	**5**	**6**	**7**	**8**	**9**	**10**	**11**	**12**
1	.25	5.83	7.50	8.20	8.58	8.82	8.98	9.10	9.19	9.26	9.32	9.36	9.41
	.10	39.9	49.5	53.6	55.8	57.2	58.2	58.9	59.4	59.9	60.2	60.5	60.7
	.05	161	200	216	225	230	234	237	239	241	242	243	244
2	.25	2.57	3.00	3.15	3.23	3.28	3.31	3.34	3.35	3.37	3.38	3.39	3.39
	.10	8.53	9.00	9.16	9.24	9.29	9.33	9.35	9.37	9.38	9.39	9.40	9.41
	.05	18.5	19.0	19.2	19.2	19.3	19.3	19.4	19.4	19.4	19.4	19.4	19.4
	.01	98.5	99.0	99.2	99.2	99.3	99.3	99.4	99.4	99.4	99.4	99.4	99.4
3	.25	2.02	2.28	2.36	2.39	2.41	2.42	2.43	2.44	2.44	2.44	2.45	2.45
	.10	5.54	5.46	5.39	5.34	5.31	5.28	5.27	5.25	5.24	5.23	5.22	5.22
	.05	10.1	9.55	9.28	9.12	9.01	8.94	8.89	8.85	8.81	8.79	8.76	8.74
	.01	34.1	30.8	29.5	28.7	28.2	27.9	27.7	27.5	27.3	27.2	27.1	27.1
4	.25	1.81	2.00	2.05	2.06	2.07	2.08	2.08	2.08	2.08	2.08	2.08	2.08
	.10	4.54	4.32	4.19	4.11	4.05	4.01	3.98	3.95	3.94	3.92	3.91	3.90
	.05	7.71	6.94	6.59	6.39	6.26	6.16	6.09	6.04	6.00	5.96	5.94	5.91
	.01	21.2	18.0	16.7	16.0	15.5	15.2	15.0	14.8	14.7	14.5	14.4	14.4
5	.25	1.69	1.85	1.88	1.89	1.89	1.89	1.89	1.89	1.89	1.89	1.89	1.89
	.10	4.06	3.78	3.62	3.52	3.45	3.40	3.37	3.34	3.32	3.30	3.28	3.27
	.05	6.61	5.79	5.41	5.19	5.05	4.95	4.88	4.82	4.77	4.74	4.71	4.68
	.01	16.3	13.3	12.1	11.4	11.0	10.7	10.5	10.3	10.2	10.1	9.96	9.89
6	.25	1.62	1.76	1.78	1.79	1.79	1.78	1.78	1.78	1.77	1.77	1.77	1.77
	.10	3.78	3.46	3.29	3.18	3.11	3.05	3.01	2.98	2.96	2.94	2.92	2.90
	.05	5.99	5.14	4.76	4.53	4.39	4.28	4.21	4.15	4.10	4.06	4.03	4.00
	.01	13.7	10.9	9.78	9.15	8.75	8.47	8.26	8.10	7.98	7.87	7.79	7.72
7	.25	1.57	1.70	1.72	1.72	1.71	1.71	1.70	1.70	1.69	1.69	1.69	1.68
	.10	3.59	3.26	3.07	2.96	2.88	2.83	2.78	2.75	2.72	2.70	2.68	2.67
	.05	5.59	4.74	4.35	4.12	3.97	3.87	3.79	3.73	3.68	3.64	3.60	3.57
	.01	12.2	9.55	8.45	7.85	7.46	7.19	6.99	6.84	6.72	6.62	6.54	6.47
8	.25	1.54	1.66	1.67	1.66	1.66	1.65	1.64	1.64	1.63	1.63	1.63	1.62
	.10	3.46	3.11	2.92	2.81	2.73	2.67	2.62	2.59	2.56	2.54	2.52	2.50
	.05	5.32	4.46	4.07	3.84	3.69	3.58	3.50	3.44	3.39	3.35	3.31	3.28
	.01	11.3	8.65	7.59	7.01	6.63	6.37	6.18	6.03	5.91	5.81	5.73	5.67
9	.25	1.51	1.62	1.63	1.63	1.62	1.61	1.60	1.60	1.59	1.59	1.58	1.58
	.10	3.36	3.01	2.81	2.69	2.61	2.55	2.51	2.47	2.44	2.42	2.40	2.38
	.05	5.12	4.26	3.86	3.63	3.48	3.37	3.29	3.23	3.18	3.14	3.10	3.07
	.01	10.6	8.02	6.99	6.42	6.06	5.80	5.61	5.47	5.35	5.26	5.18	5.11

Fuente: De E. S. Pearson y H. O. Hartley, eds., *Biometrika Tables for Statisticians*, vol. 1, 3a. ed., tabla 18, Cambridge University Press, New York, 1966. Reproducido con permiso de los editores y depositarios de *Biometrika*.

g de l para el numerador N_1													g de l para el denominador N_2
15	20	24	30	40	50	60	100	120	200	500	∞	Pr	
9.49	9.58	9.63	9.67	9.71	9.74	9.76	9.78	9.80	9.82	9.84	9.85	.25	
61.2	61.7	62.0	62.3	62.5	62.7	62.8	63.0	63.1	63.2	63.3	63.3	.10	1
246	248	249	250	251	252	252	253	253	254	254	254	.05	
3.41	3.43	3.43	3.44	3.45	3.45	3.46	3.47	3.47	3.48	3.48	3.48	.25	
9.42	9.44	9.45	9.46	9.47	9.47	9.47	9.48	9.48	9.49	9.49	9.49	.10	2
19.4	19.4	19.5	19.5	19.5	19.5	19.5	19.5	19.5	19.5	19.5	19.5	.05	
99.4	99.4	99.5	99.5	99.5	99.5	99.5	99.5	99.5	99.5	99.5	99.5	.01	
2.46	2.46	2.46	2.47	2.47	2.47	2.47	2.47	2.47	2.47	2.47	2.47	.25	
5.20	5.18	5.18	5.17	5.16	5.15	5.15	5.14	5.14	5.14	5.14	5.13	.10	3
8.70	8.66	8.64	8.62	8.59	8.58	8.57	8.55	8.55	8.54	8.53	8.53	.05	
26.9	26.7	26.6	26.5	26.4	26.4	26.3	26.2	26.2	26.2	26.1	26.1	.01	
2.08	2.08	2.08	2.08	2.08	2.08	2.08	2.08	2.08	2.08	2.08	2.08	.25	
3.87	3.84	3.83	3.82	3.80	3.80	3.79	3.78	3.78	3.77	3.76	3.76	.10	4
5.86	5.80	5.77	5.75	5.72	5.70	5.69	5.66	5.66	5.65	5.64	5.63	.05	
14.2	14.0	13.9	13.8	13.7	13.7	13.7	13.6	13.6	13.5	13.5	13.5	.01	
1.89	1.88	1.88	1.88	1.88	1.88	1.87	1.87	1.87	1.87	1.87	1.87	.25	
3.24	3.21	3.19	3.17	3.16	3.15	3.14	3.13	3.12	3.12	3.11	3.10	.10	5
4.62	4.56	4.53	4.50	4.46	4.44	4.43	4.41	4.40	4.39	4.37	4.36	.05	
9.72	9.55	9.47	9.38	9.29	9.24	9.20	9.13	9.11	9.08	9.04	9.02	.01	
1.76	1.76	1.75	1.75	1.75	1.75	1.74	1.74	1.74	1.74	1.74	1.74	.25	
2.87	2.84	2.82	2.80	2.78	2.77	2.76	2.75	2.74	2.73	2.73	2.72	.10	6
3.94	3.87	3.84	3.81	3.77	3.75	3.74	3.71	3.70	3.69	3.68	3.67	.05	
7.56	7.40	7.31	7.23	7.14	7.09	7.06	6.99	6.97	6.93	6.90	6.88	.01	
1.68	1.67	1.67	1.66	1.66	1.66	1.65	1.65	1.65	1.65	1.65	1.65	.25	
2.63	2.59	2.58	2.56	2.54	2.52	2.51	2.50	2.49	2.48	2.48	2.47	.10	7
3.51	3.44	3.41	3.38	3.34	3.32	3.30	3.27	3.27	3.25	3.24	3.23	.05	
6.31	6.16	6.07	5.99	5.91	5.86	5.82	5.75	5.74	5.70	5.67	5.65	.01	
1.62	1.61	1.60	1.60	1.59	1.59	1.59	1.58	1.58	1.58	1.58	1.58	.25	
2.46	2.42	2.40	2.38	2.36	2.35	2.34	2.32	2.32	2.31	2.30	2.29	.10	8
3.22	3.15	3.12	3.08	3.04	2.02	3.01	2.97	2.97	2.95	2.94	2.93	.05	
5.52	5.36	5.28	5.20	5.12	5.07	5.03	4.96	4.95	4.91	4.88	4.86	.01	
1.57	1.56	1.56	1.55	1.55	1.54	1.54	1.53	1.53	1.53	1.53	1.53	.25	
2.34	2.30	2.28	2.25	2.23	2.22	2.21	2.19	2.18	2.17	2.17	2.16	.10	9
3.01	2.94	2.90	2.86	2.83	2.80	2.79	2.76	2.75	2.73	2.72	2.71	.05	
4.96	4.81	4.73	4.65	4.57	4.52	4.48	4.42	4.40	4.36	4.33	4.31	.01	

$(1, 11)$

TABLA D.3
Puntos porcentuales superiores de la distribución **F** (*continuación*)

| g de l para el denominador N_2 | Pr | \multicolumn{12}{c}{g de l para el numerador N_1} |
		1	2	3	4	5	6	7	8	9	10	11	12
10	.25	1.49	1.60	1.60	1.59	1.59	1.58	1.57	1.56	1.56	1.55	1.55	1.54
	.10	3.29	2.92	2.73	2.61	2.52	2.46	2.41	2.38	2.35	2.32	2.30	2.28
	.05	4.96	4.10	3.71	3.48	3.33	3.22	3.14	3.07	3.02	2.98	2.94	2.91
	.01	10.0	7.56	6.55	5.99	5.64	5.39	5.20	5.06	4.94	4.85	4.77	4.71
11	.25	1.47	1.58	1.58	1.57	1.56	1.55	1.54	1.53	1.53	1.52	1.52	1.51
	.10	3.23	2.86	2.66	2.54	2.45	2.39	2.34	2.30	2.27	2.25	2.23	2.21
	.05	4.84	3.98	3.59	3.36	3.20	3.09	3.01	2.95	2.90	2.85	2.82	2.79
	.01	9.65	7.21	6.22	5.67	5.32	5.07	4.89	4.74	4.63	4.54	4.46	4.40
12	.25	1.46	1.56	1.56	1.55	1.54	1.53	1.52	1.51	1.51	1.50	1.50	1.49
	.10	3.18	2.81	2.61	2.48	2.39	2.33	2.28	2.24	2.21	2.19	2.17	2.15
	.05	4.75	3.89	3.49	3.26	3.11	3.00	2.91	2.85	2.80	2.75	2.72	2.69
	.01	9.33	6.93	5.95	5.41	5.06	4.82	4.64	4.50	4.39	4.30	4.22	4.16
13	.25	1.45	1.55	1.55	1.53	1.52	1.51	1.50	1.49	1.49	1.48	1.47	1.47
	.10	3.14	2.76	2.56	2.43	2.35	2.28	2.23	2.20	2.16	2.14	2.12	2.10
	.05	4.67	3.81	3.41	3.18	3.03	2.92	2.83	2.77	2.71	2.67	2.63	2.60
	.01	9.07	6.70	5.74	5.21	4.86	4.62	4.44	4.30	4.19	4.10	4.02	3.96
14	.25	1.44	1.53	1.53	1.52	1.51	1.50	1.49	1.48	1.47	1.46	1.46	1.45
	.10	3.10	2.73	2.52	2.39	2.31	2.24	2.19	2.15	2.12	2.10	2.08	2.05
	.05	4.60	3.74	3.34	3.11	2.96	2.85	2.76	2.70	2.65	2.60	2.57	2.53
	.01	8.86	6.51	5.56	5.04	4.69	4.46	4.28	4.14	4.03	3.94	3.86	3.80
15	.25	1.43	1.52	1.52	1.51	1.49	1.48	1.47	1.46	1.46	1.45	1.44	1.44
	.10	3.07	2.70	2.49	2.36	2.27	2.21	2.16	2.12	2.09	2.06	2.04	2.02
	.05	4.54	3.68	3.29	3.06	2.90	2.79	2.71	2.64	2.59	2.54	2.51	2.48
	.01	8.68	6.36	5.42	4.89	4.56	4.32	4.14	4.00	3.89	3.80	3.73	3.67
16	.25	1.42	1.51	1.51	1.50	1.48	1.47	1.46	1.45	1.44	1.44	1.44	1.43
	.10	3.05	2.67	2.46	2.33	2.24	2.18	2.13	2.09	2.06	2.03	2.01	1.99
	.05	4.49	3.63	3.24	3.01	2.85	2.74	2.66	2.59	2.54	2.49	2.46	2.42
	.01	8.53	6.23	5.29	4.77	4.44	4.20	4.03	3.89	3.78	3.69	3.62	3.55
17	.25	1.42	1.51	1.50	1.49	1.47	1.46	1.45	1.44	1.43	1.43	1.42	1.41
	.10	3.03	2.64	2.44	2.31	2.22	2.15	2.10	2.06	2.03	2.00	1.98	1.96
	.05	4.45	3.59	3.20	2.96	2.81	2.70	2.61	2.55	2.49	2.45	2.41	2.38
	.01	8.40	6.11	5.18	4.67	4.34	4.10	3.93	3.79	3.68	3.59	3.52	3.46
18	.25	1.41	1.50	1.49	1.48	1.46	1.45	1.44	1.43	1.42	1.42	1.41	1.40
	.10	3.01	2.62	2.42	2.29	2.20	2.13	2.08	2.04	2.00	1.98	1.96	1.93
	.05	4.41	3.55	3.16	2.93	2.77	2.66	2.58	2.51	2.46	2.41	2.37	2.34
	.01	8.29	6.01	5.09	4.58	4.25	4.01	3.84	3.71	3.60	3.51	3.43	3.37
19	.25	1.41	1.49	1.49	1.47	1.46	1.44	1.43	1.42	1.41	1.41	1.40	1.40
	.10	2.99	2.61	2.40	2.27	2.18	2.11	2.06	2.02	1.98	1.96	1.94	1.91
	.05	4.38	3.52	3.13	2.90	2.74	2.63	2.54	2.48	2.42	2.38	2.34	2.31
	.01	8.18	5.93	5.01	4.50	4.17	3.94	3.77	3.63	3.52	3.43	3.36	3.30
20	.25	1.40	1.49	1.48	1.46	1.45	1.44	1.43	1.42	1.41	1.40	1.39	1.39
	.10	2.97	2.59	2.38	2.25	2.16	2.09	2.04	2.00	1.96	1.94	1.92	1.89
	.05	4.35	3.49	3.10	2.87	2.71	2.60	2.51	2.45	2.39	2.35	2.31	2.28
	.01	8.10	5.85	4.94	4.43	4.10	3.87	3.70	3.56	3.46	3.37	3.29	3.23

						g de l para el numerador N_1							g de l para el deno-
15	20	24	30	40	50	60	100	120	200	500	∞	Pr	minador N_2
1.53	1.52	1.52	1.51	1.51	1.50	1.50	1.49	1.49	1.49	1.48	1.48	.25	
2.24	2.20	2.18	2.16	2.13	2.12	2.11	2.09	2.08	2.07	2.06	2.06	.10	10
2.85	2.77	2.74	2.70	2.66	2.64	2.62	2.59	2.58	2.56	2.55	2.54	.05	
4.56	4.41	4.33	4.25	4.17	4.12	4.08	4.01	4.00	3.96	3.93	3.91	.01	
1.50	1.49	1.49	1.48	1.47	1.47	1.47	1.46	1.46	1.46	1.45	1.45	.25	
2.17	2.12	2.10	2.08	2.05	2.04	2.03	2.00	2.00	1.99	1.98	1.97	.10	11
2.72	2.65	2.61	2.57	2.53	2.51	2.49	2.46	2.45	2.43	2.42	2.40	.05	
4.25	4.10	4.02	3.94	3.86	3.81	3.78	3.71	3.69	3.66	3.62	3.60	.01	
1.48	1.47	1.46	1.45	1.45	1.44	1.44	1.43	1.43	1.43	1.42	1.42	.25	
2.10	2.06	2.04	2.01	1.99	1.97	1.96	1.94	1.93	1.92	1.91	1.90	.10	12
2.62	2.54	2.51	2.47	2.43	2.40	2.38	2.35	2.34	2.32	2.31	2.30	.05	
4.01	3.86	3.78	3.70	3.62	3.57	3.54	3.47	3.45	3.41	3.38	3.36	.01	
1.46	1.45	1.44	1.43	1.42	1.42	1.42	1.41	1.41	1.40	1.40	1.40	.25	
2.05	2.01	1.98	1.96	1.93	1.92	1.90	1.88	1.88	1.86	1.85	1.85	.10	13
2.53	2.46	2.42	2.38	2.34	2.31	2.30	2.26	2.25	2.23	2.22	2.21	.05	
3.82	3.66	3.59	3.51	3.43	3.38	3.34	3.27	3.25	3.22	3.19	3.17	.01	
1.44	1.43	1.42	1.41	1.41	1.40	1.40	1.39	1.39	1.39	1.38	1.38	.25	
2.01	1.96	1.94	1.91	1.89	1.87	1.86	1.83	1.83	1.82	1.80	1.80	.10	14
2.46	2.39	2.35	2.31	2.27	2.24	2.22	2.19	2.18	2.16	2.14	2.13	.05	
3.66	3.51	3.43	3.35	3.27	3.22	3.18	3.11	3.09	3.06	3.03	3.00	.01	
1.43	1.41	1.41	1.40	1.39	1.39	1.38	1.38	1.37	1.37	1.36	1.36	.25	
1.97	1.92	1.90	1.87	1.85	1.83	1.82	1.79	1.79	1.77	1.76	1.76	.10	15
2.40	2.33	2.29	2.25	2.20	2.18	2.16	2.12	2.11	2.10	2.08	2.07	.05	
3.52	3.37	3.29	3.21	3.13	3.08	3.05	2.98	2.96	2.92	2.89	2.87	.01	
1.41	1.40	1.39	1.38	1.37	1.37	1.36	1.36	1.35	1.35	1.34	1.34	.25	
1.94	1.89	1.87	1.84	1.81	1.79	1.78	1.76	1.75	1.74	1.73	1.72	.10	16
2.35	2.28	2.24	2.19	2.15	2.12	2.11	2.07	2.06	2.04	2.02	2.01	.05	
3.41	3.26	3.18	3.10	3.02	2.97	2.93	2.86	2.84	2.81	2.78	2.75	.01	
1.40	1.39	1.38	1.37	1.36	1.35	1.35	1.34	1.34	1.34	1.33	1.33	.25	
1.91	1.86	1.84	1.81	1.78	1.76	1.75	1.73	1.72	1.71	1.69	1.69	.10	17
2.31	2.23	2.19	2.15	2.10	2.08	2.06	2.02	2.01	1.99	1.97	1.96	.05	
3.31	3.16	3.08	3.00	2.92	2.87	2.83	2.76	2.75	2.71	2.68	2.65	.01	
1.39	1.38	1.37	1.36	1.35	1.34	1.34	1.33	1.33	1.32	1.32	1.32	.25	
1.89	1.84	1.81	1.78	1.75	1.74	1.72	1.70	1.69	1.68	1.67	1.66	.10	18
2.27	2.19	2.15	2.11	2.06	2.04	2.02	1.98	1.97	1.95	1.93	1.92	.05	
3.23	3.08	3.00	2.92	2.84	2.78	2.75	2.68	2.66	2.62	2.59	2.57	.01	
1.38	1.37	1.36	1.35	1.34	1.33	1.33	1.32	1.32	1.31	1.31	1.30	.25	
1.86	1.81	1.79	1.76	1.73	1.71	1.70	1.67	1.67	1.65	1.64	1.63	.10	19
2.23	2.16	2.11	2.07	2.03	2.00	1.98	1.94	1.93	1.91	1.89	1.88	.05	
3.15	3.00	2.92	2.84	2.76	2.71	2.67	2.60	2.58	2.55	2.51	2.49	.01	
1.37	1.36	1.35	1.34	1.33	1.33	1.32	1.31	1.31	1.30	1.30	1.29	.25	
1.84	1.79	1.77	1.74	1.71	1.69	1.68	1.65	1.64	1.63	1.62	1.61	.10	20
2.20	2.12	2.08	2.04	1.99	1.97	1.95	1.91	1.90	1.88	1.86	1.84	.05	
3.09	2.94	2.86	2.78	2.69	2.64	2.61	2.54	2.52	2.48	2.44	2.42	01	

TABLA D.3
Puntos porcentuales superiores de la distribución *F* (*continuación*)

g de l para el deno-minador N_2	Pr	g de l para el numerador N_1											
		1	2	3	4	5	6	7	8	9	10	11	12
22	.25	1.40	1.48	1.47	1.45	1.44	1.42	1.41	1.40	1.39	1.39	1.38	1.37
	.10	2.95	2.56	2.35	2.22	2.13	2.06	2.01	1.97	1.93	1.90	1.88	1.86
	.05	4.30	3.44	3.05	2.82	2.66	2.55	2.46	2.40	2.34	2.30	2.26	2.23
	.01	7.95	5.72	4.82	4.31	3.99	3.76	3.59	3.45	3.35	3.26	3.18	3.12
24	.25	1.39	1.47	1.46	1.44	1.43	1.41	1.40	1.39	1.38	1.38	1.37	1.36
	.10	2.93	2.54	2.33	2.19	2.10	2.04	1.98	1.94	1.91	1.88	1.85	1.83
	.05	4.26	3.40	3.01	2.78	2.62	2.51	2.42	2.36	2.30	2.25	2.21	2.18
	.01	7.82	5.61	4.72	4.22	3.90	3.67	3.50	3.36	3.26	3.17	3.09	3.03
26	.25	1.38	1.46	1.45	1.44	1.42	1.41	1.39	1.38	1.37	1.37	1.36	1.35
	.10	2.91	2.52	2.31	2.17	2.08	2.01	1.96	1.92	1.88	1.86	1.84	1.81
	.05	4.23	3.37	2.98	2.74	2.59	2.47	2.39	2.32	2.27	2.22	2.18	2.15
	.01	7.72	5.53	4.64	4.14	3.82	3.59	3.42	3.29	3.18	3.09	3.02	2.96
28	.25	1.38	1.46	1.45	1.43	1.41	1.40	1.39	1.38	1.37	1.36	1.35	1.34
	.10	2.89	2.50	2.29	2.16	2.06	2.00	1.94	1.90	1.87	1.84	1.81	1.79
	.05	4.20	3.34	2.95	2.71	2.56	2.45	2.36	2.29	2.24	2.19	2.15	2.12
	.01	7.64	5.45	4.57	4.07	3.75	3.53	3.36	3.23	3.12	3.03	2.96	2.90
30	.25	1.38	1.45	1.44	1.42	1.41	1.39	1.38	1.37	1.36	1.35	1.35	1.34
	.10	2.88	2.49	2.28	2.14	2.05	1.98	1.93	1.88	1.85	1.82	1.79	1.77
	.05	4.17	3.32	2.92	2.69	2.53	2.42	2.33	2.27	2.21	2.16	2.13	2.09
	.01	7.56	5.39	4.51	4.02	3.70	3.47	3.30	3.17	3.07	2.98	2.91	2.84
40	.25	1.36	1.44	1.42	1.40	1.39	1.37	1.36	1.35	1.34	1.33	1.32	1.31
	.10	2.84	2.44	2.23	2.09	2.00	1.93	1.87	1.83	1.79	1.76	1.73	1.71
	.05	4.08	3.23	2.84	2.61	2.45	2.34	2.25	2.18	2.12	2.08	2.04	2.00
	.01	7.31	5.18	4.31	3.83	3.51	3.29	3.12	2.99	2.89	2.80	2.73	2.66
60	.25	1.35	1.42	1.41	1.38	1.37	1.35	1.33	1.32	1.31	1.30	1.29	1.29
	.10	2.79	2.39	2.18	2.04	1.95	1.87	1.82	1.77	1.74	1.71	1.68	1.66
	.05	4.00	3.15	2.76	2.53	2.37	2.25	2.17	2.10	2.04	1.99	1.95	1.92
	.01	7.08	4.98	4.13	3.65	3.34	3.12	2.95	2.82	2.72	2.63	2.56	2.50
120	.25	1.34	1.40	1.39	1.37	1.35	1.33	1.31	1.30	1.29	1.28	1.27	1.26
	.10	2.75	2.35	2.13	1.99	1.90	1.82	1.77	1.72	1.68	1.65	1.62	1.60
	.05	3.92	3.07	2.68	2.45	2.29	2.17	2.09	2.02	1.96	1.91	1.87	1.83
	.01	6.85	4.79	3.95	3.48	3.17	2.96	2.79	2.66	2.56	2.47	2.40	2.34
200	.25	1.33	1.39	1.38	1.36	1.34	1.32	1.31	1.29	1.28	1.27	1.26	1.25
	.10	2.73	2.33	2.11	1.97	1.88	1.80	1.75	1.70	1.66	1.63	1.60	1.57
	.05	3.89	3.04	2.65	2.42	2.26	2.14	2.06	1.98	1.93	1.88	1.84	1.80
	.01	6.76	4.71	3.88	3.41	3.11	2.89	2.73	2.60	2.50	2.41	2.34	2.27
∞	.25	1.32	1.39	1.37	1.35	1.33	1.31	1.29	1.28	1.27	1.25	1.24	1.24
	.10	2.71	2.30	2.08	1.94	1.85	1.77	1.72	1.67	1.63	1.60	1.57	1.55
	.05	3.84	3.00	2.60	2.37	2.21	2.10	2.01	1.94	1.88	1.83	1.79	1.75
	.01	6.63	4.61	3.78	3.32	3.02	2.80	2.64	2.51	2.41	2.32	2.25	2.18

15	20	24	30	40	50	60	100	120	200	500	∞	Pr	N_2
						g de l para el numerador N_1							g de l para el deno-minador
1.36	1.34	1.33	1.32	1.31	1.31	1.30	1.30	1.30	1.29	1.29	1.28	.25	
1.81	1.76	1.73	1.70	1.67	1.65	1.64	1.61	1.60	1.59	1.58	1.57	.10	22
2.15	2.07	2.03	1.98	1.94	1.91	1.89	1.85	1.84	1.82	1.80	1.78	.05	
2.98	2.83	2.75	2.67	2.58	2.53	2.50	2.42	2.40	2.36	2.33	2.31	.01	
1.35	1.33	1.32	1.31	1.30	1.29	1.29	1.28	1.28	1.27	1.27	1.26	.25	
1.78	1.73	1.70	1.67	1.64	1.62	1.61	1.58	1.57	1.56	1.54	1.53	.10	24
2.11	2.03	1.98	1.94	1.89	1.86	1.84	1.80	1.79	1.77	1.75	1.73	.05	
2.89	2.74	2.66	2.58	2.49	2.44	2.40	2.33	2.31	2.27	2.24	2.21	.01	
1.34	1.32	1.31	1.30	1.29	1.28	1.28	1.26	1.26	1.26	1.25	1.25	.25	
1.76	1.71	1.68	1.65	1.61	1.59	1.58	1.55	1.54	1.53	1.51	1.50	.10	26
2.07	1.99	1.95	1.90	1.85	1.82	1.80	1.76	1.75	1.73	1.71	1.69	.05	
2.81	2.66	2.58	2.50	2.42	2.36	2.33	2.25	2.23	2.19	2.16	2.13	.01	
1.33	1.31	1.30	1.29	1.28	1.27	1.27	1.26	1.25	1.25	1.24	1.24	.25	
1.74	1.69	1.66	1.63	1.59	1.57	1.56	1.53	1.52	1.50	1.49	1.48	.10	28
2.04	1.96	1.91	1.87	1.82	1.79	1.77	1.73	1.71	1.69	1.67	1.65	.05	
2.75	2.60	2.52	2.44	2.35	2.30	2.26	2.19	2.17	2.13	2.09	2.06	.01	
1.32	1.30	1.29	1.28	1.27	1.26	1.26	1.25	1.24	1.24	1.23	1.23	.25	
1.72	1.67	1.64	1.61	1.57	1.55	1.54	1.51	1.50	1.48	1.47	1.46	.10	30
2.01	1.93	1.89	1.84	1.79	1.76	1.74	1.70	1.68	1.66	1.64	1.62	.05	
2.70	2.55	2.47	2.39	2.30	2.25	2.21	2.13	2.11	2.07	2.03	2.01	.01	
1.30	1.28	1.26	1.25	1.24	1.23	1.22	1.21	1.21	1.20	1.19	1.19	.25	
1.66	1.61	1.57	1.54	1.51	1.48	1.47	1.43	1.42	1.41	1.39	1.38	.10	40
1.92	1.84	1.79	1.74	1.69	1.66	1.64	1.59	1.58	1.55	1.53	1.51	.05	
2.52	2.37	2.29	2.20	2.11	2.06	2.02	1.94	1.92	1.87	1.83	1.80	.01	
1.27	1.25	1.24	1.22	1.21	1.20	1.19	1.17	1.17	1.16	1.15	1.15	.25	
1.60	1.54	1.51	1.48	1.44	1.41	1.40	1.36	1.35	1.33	1.31	1.29	.10	60
1.84	1.75	1.70	1.65	1.59	1.56	1.53	1.48	1.47	1.44	1.41	1.39	.05	
2.35	2.20	2.12	2.03	1.94	1.88	1.84	1.75	1.73	1.68	1.63	1.60	.01	
1.24	1.22	1.21	1.19	1.18	1.17	1.16	1.14	1.13	1.12	1.11	1.10	.25	
1.55	1.48	1.45	1.41	1.37	1.34	1.32	1.27	1.26	1.24	1.21	1.19	.10	120
1.75	1.66	1.61	1.55	1.50	1.46	1.43	1.37	1.35	1.32	1.28	1.25	.05	
2.19	2.03	1.95	1.86	1.76	1.70	1.66	1.56	1.53	1.48	1.42	1.38	.01	
1.23	1.21	1.20	1.18	1.16	1.14	1.12	1.11	1.10	1.09	1.08	1.06	.25	
1.52	1.46	1.42	1.38	1.34	1.31	1.28	1.24	1.22	1.20	1.17	1.14	.10	200
1.72	1.62	1.57	1.52	1.46	1.41	1.39	1.32	1.29	1.26	1.22	1.19	.05	
2.13	1.97	1.89	1.79	1.69	1.63	1.58	1.48	1.44	1.39	1.33	1.28	.01	
1.22	1.19	1.18	1.16	1.14	1.13	1.12	1.09	1.08	1.07	1.04	1.00	.25	
1.49	1.42	1.38	1.34	1.30	1.26	1.24	1.18	1.17	1.13	1.08	1.00	.10	∞
1.67	1.57	1.52	1.46	1.39	1.35	1.32	1.24	1.22	1.17	1.11	1.00	.05	
2.04	1.88	1.79	1.70	1.59	1.52	1.47	1.36	1.32	1.25	1.15	1.00	.01	

TABLA D.4
Puntos porcentuales superiores de la distribución χ^2 jí-cuadrado

Ejemplo

Pr $(\chi^2 > 10.85) = 0.95$

Pr $(\chi^2 > 23.83) = 0.25$ para g de l = 20

Pr $(\chi^2 > 31.41) = 0.05$

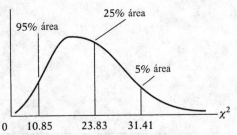

Grados de libertad	.995	.990	.975	.950	.900
1	392704×10^{-10}	157088×10^{-9}	982069×10^{-9}	393214×10^{-8}	.0157908
2	.0100251	.0201007	.0506356	.102587	.210720
3	.0717212	.114832	.215795	.351846	.584375
4	.206990	.297110	.484419	.710721	1.063623
5	.411740	.554300	.831211	1.145476	1.61031
6	.675727	.872085	1.237347	1.63539	2.20413
7	.989265	1.239043	1.68987	2.16735	2.83311
8	1.344419	1.646482	2.17973	2.73264	3.48954
9	1.734926	2.087912	2.70039	3.32511	4.16816
10	2.15585	2.55821	3.24697	3.94030	4.86518
11	2.60321	3.05347	3.81575	4.57481	5.57779
12	3.07382	3.57056	4.40379	5.22603	6.30380
13	3.56503	4.10691	5.00874	5.89186	7.04150
14	4.07468	4.66043	5.62872	6.57063	7.78953
15	4.60094	5.22935	6.26214	7.26094	8.54675
16	5.14224	5.81221	6.90766	7.96164	9.31223
17	5.69724	6.40776	7.56418	8.67176	10.0852
18	6.26481	7.01491	8.23075	9.39046	10.8649
19	6.84398	7.63273	8.90655	10.1170	11.6509
20	7.43386	8.26040	9.59083	10.8508	12.4426
21	8.03366	8.89720	10.28293	11.5913	13.2396
22	8.64272	9.54249	10.9823	12.3380	14.0415
23	9.26042	10.19567	11.6885	13.0905	14.8479
24	9.88623	10.8564	12.4011	13.8484	15.6587
25	10.5197	11.5240	13.1197	14.6114	16.4734
26	11.1603	12.1981	13.8439	15.3791	17.2919
27	11.8076	12.8786	14.5733	16.1513	18.1138
28	12.4613	13.5648	15.3079	16.9279	18.9392
29	13.1211	14.2565	16.0471	17.7083	19.7677
30	13.7867	14.9535	16.7908	18.4926	20.5992
40	20.7065	22.1643	24.4331	26.5093	29.0505
50	27.9907	29.7067	32.3574	34.7642	37.6886
60	35.5346	37.4848	40.4817	43.1879	46.4589
70	43.2752	45.4418	48.7576	51.7393	55.3290
80	51.1720	53.5400	57.1532	60.3915	64.2778
90	59.1963	61.7541	65.6466	69.1260	73.2912
100*	67.3276	70.0648	74.2219	77.9295	82.3581

* Para g de l mayores de 100, la expresión $\sqrt{2\chi^2} - \sqrt{(2k-1)} = Z$ sigue la distribución normal estandarizada, donde k representa los grados de libertad.

.750	.500	.250	.100	.050	.025	.010	.005
.1015308	.454937	1.32330	2.70554	3.84146	5.02389	6.63490	7.87944
.575364	1.38629	2.77259	4.60517	5.99147	7.37776	9.21034	10.5966
1.212534	2.36597	4.10835	6.25139	7.81473	9.34840	11.3449	12.8381
1.92255	3.35670	5.38527	7.77944	9.48773	11.1433	13.2767	14.8602
2.67460	4.35146	6.62568	9.23635	11.0705	12.8325	15.0863	16.7496
3.45460	5.34812	7.84080	10.6446	12.5916	14.4494	16.8119	18.5476
4.25485	6.34581	9.03715	12.0170	14.0671	16.0128	18.4753	20.2777
5.07064	7.34412	10.2188	13.3616	15.5073	17.5346	20.0902	21.9550
5.89883	8.34283	11.3887	14.6837	16.9190	19.0228	21.6660	23.5893
6.73720	9.34182	12.5489	15.9871	18.3070	20.4831	23.2093	25.1882
7.58412	10.3410	13.7007	17.2750	19.6751	21.9200	24.7250	26.7569
8.43842	11.3403	14.8454	18.5494	21.0261	23.3367	26.2170	28.2995
9.29906	12.3398	15.9839	19.8119	22.3621	24.7356	27.6883	29.8194
10.1653	13.3393	17.1170	21.0642	23.6848	26.1190	29.1413	31.3193
11.0365	14.3389	18.2451	22.3072	24.9958	27.4884	30.5779	32.8013
11.9122	15.3385	19.3688	23.5418	26.2962	28.8454	31.9999	34.2672
12.7919	16.3381	20.4887	24.7690	27.5871	30.1910	33.4087	35.7185
13.6753	17.3379	21.6049	25.9894	28.8693	31.5264	34.8053	37.1564
14.5620	18.3376	22.7178	27.2036	30.1435	32.8523	36.1908	38.5822
15.4518	19.3374	23.8277	28.4120	31.4104	34.1696	37.5662	39.9968
16.3444	20.3372	24.9348	29.6151	32.6705	35.4789	38.9321	41.4010
17.2396	21.3370	26.0393	30.8133	33.9244	36.7807	40.2894	42.7956
18.1373	22.3369	27.1413	32.0069	35.1725	38.0757	41.6384	44.1813
19.0372	23.3367	28.2412	33.1963	36.4151	39.3641	42.9798	45.5585
19.9393	24.3366	29.3389	34.3816	37.6525	40.6465	44.3141	46.9278
20.8434	25.3364	30.4345	35.5631	38.8852	41.9232	45.6417	48.2899
21.7494	26.3363	31.5284	36.7412	40.1133	43.1944	46.9630	49.6449
22.6572	27.3363	32.6205	37.9159	41.3372	44.4607	48.2782	50.9933
23.5666	28.3362	33.7109	39.0875	42.5569	45.7222	49.5879	52.3356
24.4776	29.3360	34.7998	40.2560	43.7729	46.9792	50.8922	53.6720
33.6603	39.3354	45.6160	51.8050	55.7585	59.3417	63.6907	66.7659
42.9421	49.3349	56.3336	63.1671	67.5048	71.4202	76.1539	79.4900
52.2938	59.3347	66.9814	74.3970	79.0819	83.2976	88.3794	91.9517
61.6983	69.3344	77.5766	85.5271	90.5312	95.0231	100.425	104.215
71.1445	79.3343	88.1303	96.5782	101.879	106.629	112.329	116.321
80.6247	89.3342	98.6499	107.565	113.145	118.136	124.116	128.299
90.1332	99.3341	109.141	118.498	124.342	129.561	135.807	140.169

Fuente: Compendio de E. S Pearson y H. O Hartley, eds, *Biometrika Tables for Statisticians*, vol. 1, 3a. ed., tabla 8, Cambridge University Press, New York, 1966. Reproducido con permiso de los editores y depositarios de *Biometrika*.

$\nearrow$ # Var. expl.

TABLA D.5a
Estadístico d de Durbin-Watson: puntos de significancia de d_L y d_U al nivel de significancia del 0.05

	$k'=1$		$k'=2$		$k'=3$		$k'=4$		$k'=5$		$k'=6$		$k'=7$		$k'=8$		$k'=9$		$k'=10$	
n	d_L	d_U	d_L	d_U	d_L	d_U	d_L	d_U	d_L	d_U	d_L	d_U	d_L	d_U	d_L	d_U	d_L	d_U	d_L	d_U
6	0.610	1.400	—	—	—	—	—	—	—	—	—	—	—	—	—	—	—	—	—	—
7	0.700	1.356	0.467	1.896	—	—	—	—	—	—	—	—	—	—	—	—	—	—	—	—
8	0.763	1.332	0.559	1.777	0.368	2.287	—	—	—	—	—	—	—	—	—	—	—	—	—	—
9	0.824	1.320	0.629	1.699	0.455	2.128	0.296	2.588	—	—	—	—	—	—	—	—	—	—	—	—
10	0.879	1.320	0.697	1.641	0.525	2.016	0.376	2.414	0.243	2.822	—	—	—	—	—	—	—	—	—	—
11	0.927	1.324	0.658	1.604	0.595	1.928	0.444	2.283	0.316	2.645	0.203	3.005	—	—	—	—	—	—	—	—
12	0.971	1.331	0.812	1.579	0.658	1.864	0.512	2.177	0.379	2.506	0.268	2.832	0.171	3.149	—	—	—	—	—	—
13	1.010	1.340	0.861	1.562	0.715	1.816	0.574	2.094	0.445	2.390	0.328	2.692	0.230	2.985	0.147	3.266	—	—	—	—
14	1.045	1.350	0.905	1.551	0.767	1.779	0.632	2.030	0.505	2.296	0.389	2.572	0.286	2.848	0.200	3.111	0.127	3.360	—	—
15	1.077	1.361	0.946	1.543	0.814	1.750	0.685	1.977	0.562	2.220	0.447	2.472	0.343	2.727	0.251	2.979	0.175	3.216	0.111	3.438
16	1.106	1.371	0.982	1.539	0.857	1.728	0.734	1.935	0.615	2.157	0.502	2.388	0.398	2.624	0.304	2.860	0.222	3.090	0.155	3.304
17	1.133	1.381	1.015	1.536	0.897	1.710	0.779	1.900	0.664	2.104	0.554	2.318	0.451	2.537	0.356	2.757	0.272	2.975	0.198	3.184
18	1.158	1.391	1.046	1.535	0.933	1.696	0.820	1.872	0.710	2.060	0.603	2.257	0.502	2.461	0.407	2.667	0.321	2.873	0.244	3.073
19	1.180	1.401	1.074	1.536	0.967	1.685	0.859	1.848	0.752	2.023	0.649	2.206	0.549	2.396	0.456	2.589	0.369	2.783	0.290	2.974
20	1.201	1.411	1.100	1.537	0.998	1.676	0.894	1.828	0.792	1.991	0.692	2.162	0.595	2.339	0.502	2.521	0.416	2.704	0.336	2.885
21	1.221	1.420	1.125	1.538	1.026	1.669	0.927	1.812	0.829	1.964	0.732	2.124	0.637	2.290	0.547	2.460	0.461	2.633	0.380	2.806
22	1.239	1.429	1.147	1.541	1.053	1.664	0.958	1.797	0.863	1.940	0.769	2.090	0.677	2.246	0.588	2.407	0.504	2.571	0.424	2.734
23	1.257	1.437	1.168	1.543	1.078	1.660	0.986	1.785	0.895	1.920	0.804	2.061	0.715	2.208	0.628	2.360	0.545	2.514	0.465	2.670
24	1.273	1.446	1.188	1.546	1.101	1.656	1.013	1.775	0.925	1.902	0.837	2.035	0.751	2.174	0.666	2.318	0.584	2.464	0.506	2.613
25	1.288	1.454	1.206	1.550	1.123	1.654	1.038	1.767	0.953	1.886	0.868	2.012	0.784	2.144	0.702	2.280	0.621	2.419	0.544	2.560
26	1.302	1.461	1.224	1.553	1.143	1.652	1.062	1.759	0.979	1.873	0.897	1.992	0.816	2.117	0.735	2.246	0.657	2.379	0.581	2.513
27	1.316	1.469	1.240	1.556	1.162	1.651	1.084	1.753	1.004	1.861	0.925	1.974	0.845	2.093	0.767	2.216	0.691	2.342	0.616	2.470
28	1.328	1.476	1.255	1.560	1.181	1.650	1.104	1.747	1.028	1.850	0.951	1.958	0.874	2.071	0.798	2.188	0.723	2.309	0.650	2.431
29	1.341	1.483	1.270	1.563	1.198	1.650	1.124	1.743	1.050	1.841	0.975	1.944	0.900	2.052	0.826	2.164	0.753	2.278	0.682	2.396
30	1.352	1.489	1.284	1.567	1.214	1.650	1.143	1.739	1.071	1.833	0.998	1.931	0.926	2.034	0.854	2.141	0.782	2.251	0.712	2.363
31	1.363	1.496	1.297	1.570	1.229	1.650	1.160	1.735	1.090	1.825	1.020	1.920	0.950	2.018	0.879	2.120	0.810	2.226	0.741	2.333
32	1.373	1.502	1.309	1.574	1.244	1.650	1.177	1.732	1.109	1.819	1.041	1.909	0.972	2.004	0.904	2.102	0.836	2.203	0.769	2.306
33	1.383	1.508	1.321	1.577	1.258	1.651	1.193	1.730	1.127	1.813	1.061	1.900	0.994	1.991	0.927	2.085	0.861	2.181	0.795	2.281
34	1.393	1.514	1.333	1.580	1.271	1.652	1.208	1.728	1.144	1.808	1.080	1.891	1.015	1.979	0.950	2.069	0.885	2.162	0.821	2.257
35	1.402	1.519	1.343	1.584	1.283	1.653	1.222	1.726	1.160	1.803	1.097	1.884	1.034	1.967	0.971	2.054	0.908	2.144	0.845	2.236
36	1.411	1.525	1.354	1.587	1.295	1.654	1.236	1.724	1.175	1.799	1.114	1.877	1.053	1.957	0.991	2.041	0.930	2.127	0.868	2.216
37	1.419	1.530	1.364	1.590	1.307	1.655	1.249	1.723	1.190	1.795	1.131	1.870	1.071	1.948	1.011	2.029	0.951	2.112	0.891	2.198
38	1.427	1.535	1.373	1.594	1.318	1.656	1.261	1.722	1.204	1.792	1.146	1.864	1.088	1.939	1.029	2.017	0.970	2.098	0.912	2.180
39	1.435	1.540	1.382	1.597	1.328	1.658	1.273	1.722	1.218	1.789	1.161	1.859	1.104	1.932	1.047	2.007	0.990	2.085	0.932	2.164
40	1.442	1.544	1.391	1.600	1.338	1.659	1.285	1.721	1.230	1.786	1.175	1.854	1.120	1.924	1.064	1.997	1.008	2.072	0.952	2.149
45	1.475	1.566	1.430	1.615	1.383	1.666	1.336	1.720	1.287	1.776	1.238	1.835	1.189	1.895	1.139	1.958	1.089	2.022	1.038	2.088
50	1.503	1.585	1.462	1.628	1.421	1.674	1.378	1.721	1.335	1.771	1.291	1.822	1.246	1.875	1.201	1.930	1.156	1.986	1.110	2.044
55	1.528	1.601	1.490	1.641	1.452	1.681	1.414	1.724	1.374	1.768	1.334	1.814	1.294	1.861	1.253	1.909	1.212	1.959	1.170	2.010
60	1.549	1.616	1.514	1.652	1.480	1.689	1.444	1.727	1.408	1.767	1.372	1.808	1.335	1.850	1.298	1.894	1.260	1.939	1.222	1.984
65	1.567	1.629	1.536	1.662	1.503	1.696	1.471	1.731	1.438	1.767	1.404	1.805	1.370	1.843	1.336	1.882	1.301	1.923	1.266	1.964
70	1.583	1.641	1.554	1.672	1.525	1.703	1.494	1.735	1.464	1.768	1.433	1.802	1.401	1.837	1.369	1.873	1.337	1.910	1.305	1.948
75	1.598	1.652	1.571	1.680	1.543	1.709	1.515	1.739	1.487	1.770	1.458	1.801	1.428	1.834	1.399	1.867	1.369	1.901	1.339	1.935
80	1.611	1.662	1.586	1.688	1.560	1.715	1.534	1.743	1.507	1.772	1.480	1.801	1.453	1.831	1.425	1.861	1.397	1.893	1.369	1.925
85	1.624	1.671	1.600	1.696	1.575	1.721	1.550	1.747	1.525	1.774	1.500	1.801	1.474	1.829	1.448	1.857	1.422	1.886	1.396	1.916
90	1.635	1.679	1.612	1.703	1.589	1.726	1.566	1.751	1.542	1.776	1.518	1.801	1.494	1.827	1.469	1.854	1.445	1.881	1.420	1.909
95	1.645	1.687	1.623	1.709	1.602	1.732	1.579	1.755	1.557	1.778	1.535	1.802	1.512	1.827	1.489	1.852	1.465	1.877	1.442	1.903
100	1.654	1.694	1.634	1.715	1.613	1.736	1.592	1.758	1.571	1.780	1.550	1.803	1.528	1.826	1.506	1.850	1.484	1.874	1.462	1.898
150	1.720	1.746	1.706	1.760	1.693	1.774	1.679	1.788	1.665	1.802	1.651	1.817	1.637	1.832	1.622	1.847	1.608	1.862	1.594	1.877
200	1.758	1.778	1.748	1.789	1.738	1.799	1.728	1.810	1.718	1.820	1.707	1.831	1.697	1.841	1.686	1.852	1.675	1.863	1.665	1.874

n	$k' = 11$ d_L	d_U	$k' = 12$ d_L	d_U	$k' = 13$ d_L	d_U	$k' = 14$ d_L	d_U	$k' = 15$ d_L	d_U	$k' = 16$ d_L	d_U	$k' = 17$ d_L	d_U	$k' = 18$ d_L	d_U	$k' = 19$ d_L	d_U	$k' = 20$ d_L	d_U
16	0.098	3.503	—	—																
17	0.138	3.378	0.087	3.557	—	—														
18	0.177	3.265	0.123	3.441	0.078	3.603	—	—												
19	0.220	3.159	0.160	3.335	0.111	3.496	0.070	3.642	—											
20	0.263	3.063	0.200	3.234	0.145	3.395	0.100	3.542	0.063	3.676	—	—								
21	0.307	2.976	0.240	3.141	0.182	3.300	0.132	3.448	0.091	3.583	0.058	3.705	—	—	—	—				
22	0.349	2.897	0.281	3.057	0.220	3.211	0.166	3.358	0.120	3.495	0.083	3.619	0.052	3.731	—	—	—	—	—	—
23	0.391	2.826	0.322	2.979	0.259	3.128	0.202	3.272	0.153	3.409	0.110	3.535	0.076	3.650	0.048	3.753	—	—	—	—
24	0.431	2.761	0.362	2.908	0.297	3.053	0.239	3.193	0.186	3.327	0.141	3.454	0.101	3.572	0.070	3.678	0.044	3.773	—	—
25	0.470	2.702	0.400	2.844	0.335	2.983	0.275	3.119	0.221	3.251	0.172	3.376	0.130	3.494	0.094	3.604	0.065	3.702	0.041	3.790
26	0.508	2.649	0.438	2.784	0.373	2.919	0.312	3.051	0.256	3.179	0.205	3.303	0.160	3.420	0.120	3.531	0.087	3.632	0.060	3.724
27	0.544	2.600	0.475	2.730	0.409	2.859	0.348	2.987	0.291	3.112	0.238	3.233	0.191	3.349	0.149	3.460	0.112	3.563	0.081	3.658
28	0.578	2.555	0.510	2.680	0.445	2.805	0.383	2.928	0.325	3.050	0.271	3.168	0.222	3.283	0.178	3.392	0.138	3.495	0.104	3.592
29	0.612	2.515	0.544	2.634	0.479	2.755	0.418	2.874	0.359	2.992	0.305	3.107	0.254	3.219	0.208	3.327	0.166	3.431	0.129	3.528
30	0.643	2.477	0.577	2.592	0.512	2.708	0.451	2.823	0.392	2.937	0.337	3.050	0.286	3.160	0.238	3.266	0.195	3.368	0.156	3.465
31	0.674	2.443	0.608	2.553	0.545	2.665	0.484	2.776	0.425	2.887	0.370	2.996	0.317	3.103	0.269	3.208	0.224	3.309	0.183	3.406
32	0.703	2.411	0.638	2.517	0.576	2.625	0.515	2.733	0.457	2.840	0.401	2.946	0.349	3.050	0.299	3.153	0.253	3.252	0.211	3.348
33	0.731	2.382	0.668	2.484	0.606	2.588	0.546	2.692	0.488	2.796	0.432	2.899	0.379	3.000	0.329	3.100	0.283	3.198	0.239	3.293
34	0.758	2.355	0.695	2.454	0.634	2.554	0.575	2.654	0.518	2.754	0.462	2.854	0.409	2.954	0.359	3.051	0.312	3.147	0.267	3.240
35	0.783	2.330	0.722	2.425	0.662	2.521	0.604	2.619	0.547	2.716	0.492	2.813	0.439	2.910	0.388	3.005	0.340	3.099	0.295	3.190
36	0.808	2.306	0.748	2.398	0.689	2.492	0.631	2.586	0.575	2.680	0.520	2.774	0.467	2.868	0.417	2.961	0.369	3.053	0.323	3.142
37	0.831	2.285	0.772	2.374	0.714	2.464	0.657	2.555	0.602	2.646	0.548	2.738	0.495	2.829	0.445	2.920	0.397	3.009	0.351	3.097
38	0.854	2.265	0.796	2.351	0.739	2.438	0.683	2.526	0.628	2.614	0.575	2.703	0.522	2.792	0.472	2.880	0.424	2.968	0.378	3.054
39	0.875	2.246	0.819	2.329	0.763	2.413	0.707	2.499	0.653	2.585	0.600	2.671	0.549	2.757	0.499	2.843	0.451	2.929	0.404	3.013
40	0.896	2.228	0.840	2.309	0.785	2.391	0.731	2.473	0.678	2.557	0.626	2.641	0.575	2.724	0.525	2.808	0.477	2.892	0.430	2.974
45	0.988	2.156	0.938	2.225	0.887	2.296	0.838	2.367	0.788	2.439	0.740	2.512	0.692	2.586	0.644	2.659	0.598	2.733	0.553	2.807
50	1.064	2.103	1.019	2.163	0.973	2.225	0.927	2.287	0.882	2.350	0.836	2.414	0.792	2.479	0.747	2.544	0.703	2.610	0.660	2.675
55	1.129	2.062	1.087	2.116	1.045	2.170	1.003	2.225	0.961	2.281	0.919	2.338	0.877	2.396	0.836	2.454	0.795	2.512	0.754	2.571
60	1.184	2.031	1.145	2.079	1.106	2.127	1.068	2.177	1.029	2.227	0.990	2.278	0.951	2.330	0.913	2.382	0.874	2.434	0.836	2.487
65	1.231	2.006	1.195	2.049	1.160	2.093	1.124	2.138	1.088	2.183	1.052	2.229	1.016	2.276	0.980	2.323	0.944	2.371	0.908	2.419
70	1.272	1.986	1.239	2.026	1.206	2.066	1.172	2.106	1.139	2.148	1.105	2.189	1.072	2.232	1.038	2.275	1.005	2.318	0.971	2.362
75	1.308	1.970	1.277	2.006	1.247	2.043	1.215	2.080	1.184	2.118	1.153	2.156	1.121	2.195	1.090	2.235	1.058	2.275	1.027	2.315
80	1.340	1.957	1.311	1.991	1.283	2.024	1.253	2.059	1.224	2.093	1.195	2.129	1.165	2.165	1.136	2.201	1.106	2.238	1.076	2.275
85	1.369	1.946	1.342	1.977	1.315	2.009	1.287	2.040	1.260	2.073	1.232	2.105	1.205	2.139	1.177	2.172	1.149	2.206	1.121	2.241
90	1.395	1.937	1.369	1.966	1.344	1.995	1.318	2.025	1.292	2.055	1.266	2.085	1.240	2.116	1.213	2.148	1.187	2.179	1.160	2.211
95	1.418	1.929	1.394	1.956	1.370	1.984	1.345	2.012	1.321	2.040	1.296	2.068	1.271	2.097	1.247	2.126	1.222	2.156	1.197	2.186
100	1.439	1.923	1.416	1.948	1.393	1.974	1.371	2.000	1.347	2.026	1.324	2.053	1.301	2.080	1.277	2.108	1.253	2.135	1.229	2.164
150	1.579	1.892	1.564	1.908	1.550	1.924	1.535	1.940	1.519	1.956	1.504	1.972	1.489	1.989	1.474	2.006	1.458	2.023	1.443	2.040
200	1.654	1.885	1.643	1.896	1.632	1.908	1.621	1.919	1.610	1.931	1.599	1.943	1.588	1.955	1.576	1.967	1.565	1.979	1.554	1.991

Fuente: Esta tabla es una extensión de la tabla original de Durbin-Watson y ha sido reproducida de N. E. Savin y K. J. White, «The Durbin-Watson Test for Serial Correlation with Extreme Small Samples or Many Regressors», *Econometrica*, vol. 45, noviembre de 1977, pp. 1989-96, y ha sido corregida por R. W. Farebrother, *Econometrica*, vol. 48, septiembre de 1980, p. 1554. Reproducida con permiso de la Sociedad Econométrica.

Nota: n = número de observaciones, k' = número de variables explicativas excluyendo el término constante.

Ejemplo. Si $n = 40$ y $k' = 4$, $d_L = 1.285$ y $d_U = 1.721$. Si un valor d calculado es menor que 1.285, hay evidencia de correlación serial positiva de primer orden; si éste es mayor que 1.721, no hay evidencia de correlación serial positiva de primer orden; pero si d se encuentra entre el límite inferior y el superior, hay evidencia inconclusa relacionada con la presencia o no de correlación serial positiva de primer orden.

TABLA D.5b
Estadístico d de Durbin-Watson: puntos de significancia de d_L y d_U al nivel de significancia de 0.01

	$k'=1$		$k'=2$		$k'=3$		$k'=4$		$k'=5$		$k'=6$		$k'=7$		$k'=8$		$k'=9$		$k'=10$	
n	d_L	d_U	d_L	d_U	d_L	d_U	d_L	d_U	d_L	d_U	d_L	d_U	d_L	d_U	d_L	d_U	d_L	d_U	d_L	d_U
6	0.390	1.142	—	—	—	—	—	—	—	—	—	—	—	—	—	—	—	—	—	—
7	0.435	1.036	0.294	1.676	—	—	—	—	—	—	—	—	—	—	—	—	—	—	—	—
8	0.497	1.003	0.345	1.489	0.229	2.102	—	—	—	—	—	—	—	—	—	—	—	—	—	—
9	0.554	0.998	0.408	1.389	0.279	1.875	0.183	2.433	—	—	—	—	—	—	—	—	—	—	—	—
10	0.604	1.001	0.466	1.333	0.340	1.733	0.230	2.193	0.150	2.690	—	—	—	—	—	—	—	—	—	—
11	0.653	1.010	0.519	1.297	0.396	1.640	0.286	2.030	0.193	2.453	0.124	2.892	—	—	—	—	—	—	—	—
12	0.697	1.023	0.569	1.274	0.449	1.575	0.339	1.913	0.244	2.280	0.164	2.665	0.105	3.053	—	—	—	—	—	—
13	0.738	1.038	0.616	1.261	0.499	1.526	0.391	1.826	0.294	2.150	0.211	2.490	0.140	2.838	0.090	3.182	—	—	—	—
14	0.776	1.054	0.660	1.254	0.547	1.490	0.441	1.757	0.343	2.049	0.257	2.354	0.183	2.667	0.122	2.981	0.078	3.287	—	—
15	0.811	1.070	0.700	1.252	0.591	1.464	0.488	1.704	0.391	1.967	0.303	2.244	0.226	2.530	0.161	2.817	0.107	3.101	0.068	3.374
16	0.844	1.086	0.737	1.252	0.633	1.446	0.532	1.663	0.437	1.900	0.349	2.153	0.269	2.416	0.200	2.681	0.142	2.944	0.094	3.201
17	0.874	1.102	0.772	1.255	0.672	1.432	0.574	1.630	0.480	1.847	0.393	2.078	0.313	2.319	0.241	2.566	0.179	2.811	0.127	3.053
18	0.902	1.118	0.805	1.259	0.708	1.422	0.613	1.604	0.522	1.803	0.435	2.015	0.355	2.238	0.282	2.467	0.216	2.697	0.160	2.925
19	0.928	1.132	0.835	1.265	0.742	1.415	0.650	1.584	0.561	1.767	0.476	1.963	0.396	2.169	0.322	2.381	0.255	2.597	0.196	2.813
20	0.952	1.147	0.863	1.271	0.773	1.411	0.685	1.567	0.598	1.737	0.515	1.918	0.436	2.110	0.362	2.308	0.294	2.510	0.232	2.714
21	0.975	1.161	0.890	1.277	0.803	1.408	0.718	1.554	0.633	1.712	0.552	1.881	0.474	2.059	0.400	2.244	0.331	2.434	0.268	2.625
22	0.997	1.174	0.914	1.284	0.831	1.407	0.748	1.543	0.667	1.691	0.587	1.849	0.510	2.015	0.437	2.188	0.368	2.367	0.304	2.548
23	1.018	1.187	0.938	1.291	0.858	1.407	0.777	1.534	0.698	1.673	0.620	1.821	0.545	1.977	0.473	2.140	0.404	2.308	0.340	2.479
24	1.037	1.199	0.960	1.298	0.882	1.407	0.805	1.528	0.728	1.658	0.652	1.797	0.578	1.944	0.507	2.097	0.439	2.255	0.375	2.417
25	1.055	1.211	0.981	1.305	0.906	1.409	0.831	1.523	0.756	1.645	0.682	1.776	0.610	1.915	0.540	2.059	0.473	2.209	0.409	2.362
26	1.072	1.222	1.001	1.312	0.928	1.411	0.855	1.518	0.783	1.635	0.711	1.759	0.640	1.889	0.572	2.026	0.505	2.168	0.441	2.313
27	1.089	1.233	1.019	1.319	0.949	1.413	0.878	1.515	0.808	1.626	0.738	1.743	0.669	1.867	0.602	1.997	0.536	2.131	0.473	2.269
28	1.104	1.244	1.037	1.325	0.969	1.415	0.900	1.513	0.832	1.618	0.764	1.729	0.696	1.847	0.630	1.970	0.566	2.098	0.504	2.229
29	1.119	1.254	1.054	1.332	0.988	1.418	0.921	1.512	0.855	1.611	0.788	1.718	0.723	1.830	0.658	1.947	0.595	2.068	0.533	2.193
30	1.133	1.263	1.070	1.339	1.006	1.421	0.941	1.511	0.877	1.606	0.812	1.707	0.748	1.814	0.684	1.925	0.622	2.041	0.562	2.160
31	1.147	1.273	1.085	1.345	1.023	1.425	0.960	1.510	0.897	1.601	0.834	1.698	0.772	1.800	0.710	1.906	0.649	2.017	0.589	2.131
32	1.160	1.282	1.100	1.352	1.040	1.428	0.979	1.510	0.917	1.597	0.856	1.690	0.794	1.788	0.734	1.889	0.674	1.995	0.615	2.104
33	1.172	1.291	1.114	1.358	1.055	1.432	0.996	1.510	0.936	1.594	0.876	1.683	0.816	1.776	0.757	1.874	0.698	1.975	0.641	2.080
34	1.184	1.299	1.128	1.364	1.070	1.435	1.012	1.511	0.954	1.591	0.896	1.677	0.837	1.766	0.779	1.860	0.722	1.957	0.665	2.057
35	1.195	1.307	1.140	1.370	1.085	1.439	1.028	1.512	0.971	1.589	0.914	1.671	0.857	1.757	0.800	1.847	0.744	1.940	0.689	2.037
36	1.206	1.315	1.153	1.376	1.098	1.442	1.043	1.513	0.988	1.588	0.932	1.666	0.877	1.749	0.821	1.836	0.766	1.925	0.711	2.018
37	1.217	1.323	1.165	1.382	1.112	1.446	1.058	1.514	1.004	1.586	0.950	1.662	0.895	1.742	0.841	1.825	0.787	1.911	0.733	2.001
38	1.227	1.330	1.176	1.388	1.124	1.449	1.072	1.515	1.019	1.585	0.966	1.658	0.913	1.735	0.860	1.816	0.807	1.899	0.754	1.985
39	1.237	1.337	1.187	1.393	1.137	1.453	1.085	1.517	1.034	1.584	0.982	1.655	0.930	1.729	0.878	1.807	0.826	1.887	0.774	1.970
40	1.246	1.344	1.198	1.398	1.148	1.457	1.098	1.518	1.048	1.584	0.997	1.652	0.946	1.724	0.895	1.799	0.844	1.876	0.749	1.956
45	1.288	1.376	1.245	1.423	1.201	1.474	1.156	1.528	1.111	1.584	1.065	1.643	1.019	1.704	0.974	1.768	0.927	1.834	0.881	1.902
50	1.324	1.403	1.285	1.446	1.245	1.491	1.205	1.538	1.164	1.587	1.123	1.639	1.081	1.692	1.039	1.748	0.997	1.805	0.955	1.864
55	1.356	1.427	1.320	1.466	1.284	1.506	1.247	1.548	1.209	1.592	1.172	1.638	1.134	1.685	1.095	1.734	1.057	1.785	1.018	1.837
60	1.383	1.449	1.350	1.484	1.317	1.520	1.283	1.558	1.249	1.598	1.214	1.639	1.179	1.682	1.144	1.726	1.108	1.771	1.072	1.817
65	1.407	1.468	1.377	1.500	1.346	1.534	1.315	1.568	1.283	1.604	1.251	1.642	1.218	1.680	1.186	1.720	1.153	1.761	1.120	1.802
70	1.429	1.485	1.400	1.515	1.372	1.546	1.343	1.578	1.313	1.611	1.283	1.645	1.253	1.680	1.223	1.716	1.192	1.754	1.162	1.792
75	1.448	1.501	1.422	1.529	1.395	1.557	1.368	1.587	1.340	1.617	1.313	1.649	1.284	1.682	1.256	1.714	1.227	1.748	1.199	1.783
80	1.466	1.515	1.441	1.541	1.416	1.568	1.390	1.595	1.364	1.624	1.338	1.653	1.312	1.683	1.285	1.714	1.259	1.745	1.232	1.777
85	1.482	1.528	1.458	1.553	1.435	1.578	1.411	1.603	1.386	1.630	1.362	1.657	1.337	1.685	1.312	1.714	1.287	1.743	1.262	1.773
90	1.496	1.540	1.474	1.563	1.452	1.587	1.429	1.611	1.406	1.636	1.383	1.661	1.360	1.687	1.336	1.714	1.312	1.741	1.288	1.769
95	1.510	1.552	1.489	1.573	1.468	1.596	1.446	1.618	1.425	1.642	1.403	1.666	1.381	1.690	1.358	1.715	1.336	1.741	1.313	1.767
100	1.522	1.562	1.503	1.583	1.482	1.604	1.462	1.625	1.441	1.647	1.421	1.670	1.400	1.693	1.378	1.717	1.357	1.741	1.335	1.765
150	1.611	1.637	1.598	1.651	1.584	1.665	1.571	1.679	1.557	1.693	1.543	1.708	1.530	1.722	1.515	1.737	1.501	1.752	1.486	1.767
200	1.664	1.684	1.653	1.693	1.643	1.704	1.633	1.715	1.623	1.725	1.613	1.735	1.603	1.746	1.592	1.757	1.582	1.768	1.571	1.779

	$k' = 11$		$k' = 12$		$k' = 13$		$k' = 14$		$k' = 15$		$k' = 16$		$k' = 17$		$k' = 18$		$k' = 19$		$k' = 20$	
n	d_L	d_U	d_L	d_U	d_L	d_U	d_L	d_U	d_L	d_U	d_L	d_U	d_L	d_U	d_L	d_U	d_L	d_U	d_L	d_U
16	0.060	3.446	—	—	—	—	—	—	—	—	—	—	—	—	—	—	—	—	—	—
17	0.084	3.286	0.053	3.506	—	—	—	—	—	—	—	—	—	—	—	—	—	—	—	—
18	0.113	3.146	0.075	3.358	0.047	3.357	—	—	—	—	—	—	—	—	—	—	—	—	—	—
19	0.145	3.023	0.102	3.227	0.067	3.420	0.043	3.601	—	—	—	—	—	—	—	—	—	—	—	—
20	0.178	2.914	0.131	3.109	0.092	3.297	0.061	3.474	0.038	3.639	—	—	—	—	—	—	—	—	—	—
21	0.212	2.817	0.162	3.004	0.119	3.185	0.084	3.358	0.055	3.521	0.035	3.671	—	—	—	—	—	—	—	—
22	0.246	2.729	0.194	2.909	0.148	3.084	0.109	3.252	0.077	3.412	0.050	3.562	0.032	3.700	—	—	—	—	—	—
23	0.281	2.651	0.227	2.822	0.178	2.991	0.136	3.155	0.100	3.311	0.070	3.459	0.046	3.597	0.029	3.725	—	—	—	—
24	0.315	2.580	0.260	2.744	0.209	2.906	0.165	3.065	0.125	3.218	0.092	3.363	0.065	3.501	0.043	3.629	0.027	3.747	—	—
25	0.348	2.517	0.292	2.674	0.240	2.829	0.194	2.982	0.152	3.131	0.116	3.274	0.085	3.410	0.060	3.538	0.039	3.657	0.025	3.766
26	0.381	2.460	0.324	2.610	0.272	2.758	0.224	2.906	0.180	3.050	0.141	3.191	0.107	3.325	0.079	3.452	0.055	3.572	0.036	3.682
27	0.413	2.409	0.356	2.552	0.303	2.694	0.253	2.836	0.208	2.976	0.167	3.113	0.131	3.245	0.100	3.371	0.073	3.490	0.051	3.602
28	0.444	2.363	0.387	2.499	0.333	2.635	0.283	2.772	0.237	2.907	0.194	3.040	0.156	3.169	0.122	3.294	0.093	3.412	0.068	3.524
29	0.474	2.321	0.417	2.451	0.363	2.582	0.313	2.713	0.266	2.843	0.222	2.972	0.182	3.098	0.146	3.220	0.114	3.338	0.087	3.450
30	0.503	2.283	0.447	2.407	0.393	2.533	0.342	2.659	0.294	2.785	0.249	2.909	0.208	3.032	0.171	3.152	0.137	3.267	0.107	3.379
31	0.531	2.248	0.475	2.367	0.422	2.487	0.371	2.609	0.322	2.730	0.277	2.851	0.234	2.970	0.196	3.087	0.160	3.201	0.128	3.311
32	0.558	2.216	0.503	2.330	0.450	2.446	0.399	2.563	0.350	2.680	0.304	2.797	0.261	2.912	0.221	3.026	0.184	3.137	0.151	3.246
33	0.585	2.187	0.530	2.296	0.477	2.408	0.426	2.520	0.377	2.633	0.331	2.746	0.287	2.858	0.246	2.969	0.209	3.078	0.174	3.184
34	0.610	2.160	0.556	2.266	0.503	2.373	0.452	2.481	0.404	2.590	0.357	2.699	0.313	2.808	0.272	2.915	0.233	3.022	0.197	3.126
35	0.634	2.136	0.581	2.237	0.529	2.340	0.478	2.444	0.430	2.550	0.383	2.655	0.339	2.761	0.297	2.865	0.257	2.969	0.221	3.071
36	0.658	2.113	0.605	2.210	0.554	2.310	0.504	2.410	0.455	2.512	0.409	2.614	0.364	2.717	0.322	2.818	0.282	2.919	0.244	3.019
37	0.680	2.092	0.628	2.186	0.578	2.282	0.528	2.379	0.480	2.477	0.434	2.576	0.389	2.675	0.347	2.774	0.306	2.872	0.268	2.969
38	0.702	2.073	0.651	2.164	0.601	2.256	0.552	2.350	0.504	2.445	0.458	2.540	0.414	2.637	0.371	2.733	0.330	2.828	0.291	2.923
39	0.723	2.055	0.673	2.143	0.623	2.232	0.575	2.323	0.528	2.414	0.482	2.507	0.438	2.600	0.395	2.694	0.354	2.787	0.315	2.879
40	0.744	2.039	0.694	2.123	0.645	2.210	0.597	2.297	0.551	2.386	0.505	2.476	0.461	2.566	0.418	2.657	0.377	2.748	0.338	2.838
45	0.835	1.972	0.790	2.044	0.744	2.118	0.700	2.193	0.655	2.269	0.612	2.346	0.570	2.424	0.528	2.503	0.488	2.582	0.448	2.661
50	0.913	1.925	0.871	1.987	0.829	2.051	0.787	2.116	0.746	2.182	0.705	2.250	0.665	2.318	0.625	2.387	0.586	2.456	0.548	2.526
55	0.979	1.891	0.940	1.945	0.902	2.002	0.863	2.059	0.825	2.117	0.786	2.176	0.748	2.237	0.711	2.298	0.674	2.359	0.637	2.421
60	1.037	1.865	1.001	1.914	0.965	1.964	0.929	2.015	0.893	2.067	0.857	2.120	0.822	2.173	0.786	2.227	0.751	2.283	0.716	2.338
65	1.087	1.845	1.053	1.889	1.020	1.934	0.986	1.980	0.953	2.027	0.919	2.075	0.886	2.123	0.852	2.172	0.819	2.221	0.786	2.272
70	1.131	1.831	1.099	1.870	1.068	1.911	1.037	1.953	1.005	1.995	0.974	2.038	0.943	2.082	0.911	2.127	0.880	2.172	0.849	2.217
75	1.170	1.819	1.141	1.856	1.111	1.893	1.082	1.931	1.052	1.970	1.023	2.009	0.993	2.049	0.964	2.090	0.934	2.131	0.905	2.172
80	1.205	1.810	1.177	1.844	1.150	1.878	1.122	1.913	1.094	1.949	1.066	1.984	1.039	2.022	1.011	2.059	0.983	2.097	0.955	2.135
85	1.236	1.803	1.210	1.834	1.184	1.866	1.158	1.898	1.132	1.931	1.106	1.965	1.080	1.999	1.053	2.033	1.027	2.068	1.000	2.104
90	1.264	1.798	1.240	1.827	1.215	1.856	1.191	1.886	1.166	1.917	1.141	1.948	1.116	1.979	1.091	2.012	1.066	2.044	1.041	2.077
95	1.290	1.793	1.267	1.821	1.244	1.848	1.221	1.876	1.197	1.905	1.174	1.934	1.150	1.963	1.126	1.993	1.102	2.023	1.079	2.054
100	1.314	1.790	1.292	1.816	1.270	1.841	1.248	1.868	1.225	1.895	1.203	1.922	1.181	1.949	1.158	1.977	1.136	2.006	1.113	2.034
150	1.473	1.783	1.458	1.799	1.444	1.814	1.429	1.830	1.414	1.847	1.400	1.863	1.385	1.880	1.370	1.897	1.355	1.913	1.340	1.931
200	1.561	1.791	1.550	1.801	1.539	1.813	1.528	1.824	1.518	1.836	1.507	1.847	1.495	1.860	1.484	1.871	1.474	1.883	1.462	1.896

Fuente: Savin y White, *op. cit.*, con permiso de la Sociedad Econométrica.

Nota: n = número de observaciones

k' = número de variables explicativas excluyendo el término constante.

TABLA D.6a
Valores críticos de rachas en la prueba de rachas

N_1	\ N_2 = 2	3	4	5	6	7	8	9	10	11	12	13	14	15	16	17	18	19	20
2											2	2	2	2	2	2	2	2	2
3			2	2	2	2	2	2	2	2	2	2	3	3	3	3	3	3	3
4			2	2	2	3	3	3	3	3	3	3	3	4	4	4	4	4	4
5			2	2	3	3	3	3	3	4	4	4	4	4	4	4	5	5	5
6		2	2	3	3	3	3	4	4	4	4	5	5	5	5	5	5	6	6
7		2	2	3	3	3	4	4	5	5	5	5	5	6	6	6	6	6	6
8		2	3	3	3	4	4	5	5	5	6	6	6	6	6	7	7	7	7
9		2	3	3	4	4	5	5	5	6	6	6	7	7	7	7	8	8	8
10		2	3	3	4	5	5	5	6	6	7	7	7	7	8	8	8	8	9
11		2	3	4	4	5	5	6	6	7	7	7	8	8	8	9	9	9	9
12	2	2	3	4	4	5	6	6	7	7	7	8	8	8	9	9	9	10	10
13	2	2	3	4	5	5	6	6	7	7	8	8	9	9	9	10	10	10	10
14	2	2	3	4	5	5	6	7	7	8	8	9	9	9	10	10	10	11	11
15	2	3	3	4	5	6	6	7	7	8	8	9	9	10	10	11	11	11	12
16	2	3	4	4	5	6	6	7	8	8	9	9	10	10	11	11	11	12	12
17	2	3	4	4	5	6	7	7	8	9	9	10	10	11	11	11	12	12	13
18	2	3	4	5	5	6	7	8	8	9	9	10	10	11	11	12	12	13	13
19	2	3	4	5	6	6	7	8	8	9	10	10	11	11	12	12	13	13	13
20	2	3	4	5	6	6	7	8	9	9	10	10	11	12	12	13	13	13	14

Nota: Las tablas D.6a y D.6b dan los valores críticos de n rachas para diversos valores de N_1 (símbolo +) y N_2 (símbolo −). Para una prueba de rachas de una muestra, cualquier valor de n igual o menor que el que aparece en la tabla D.6a o igual o superior al que aparece en la tabla D.6b es significativo al nivel del 0.05.

Fuente: Sidney Siegel, *Nonparametric Statistics for the Behavioral Sciences*, McGraw-Hill Book Company, New York, 1956, tabla F, pp. 252-253. Las tablas han sido adaptadas por Siegel de la fuente original: Frieda S. Swed y C. Eisenhart, «Tables for Testing Randomness of Grouping in a Sequence of Alternatives», *Annals of Mathematical Statistics*, vol. 14, 1943. Utilizadas con permiso de McGraw-Hill Book Company y de *Annals of Mathematical Statistics*.

TABLA D.6b
Valores críticos de rachas en la prueba de rachas

N_1	2	3	4	5	6	7	8	9	10	11	12	13	14	15	16	17	18	19	20
2																			
3																			
4				9	9														
5			9	10	10	11	11												
6			9	10	11	12	12	13	13	13	13								
7				11	12	13	13	14	14	14	14	15	15	15					
8				11	12	13	14	14	15	15	16	16	16	16	17	17	17	17	17
9					13	14	14	15	16	16	16	17	17	18	18	18	18	18	18
10					13	14	15	16	16	17	17	18	18	18	19	19	19	20	20
11					13	14	15	16	17	17	18	19	19	19	20	20	20	21	21
12					13	14	16	16	17	18	19	19	20	20	21	21	21	22	22
13						15	16	17	18	19	19	20	20	21	21	22	22	23	23
14						15	16	17	18	19	20	20	21	22	22	23	23	23	24
15						15	16	18	18	19	20	21	22	22	23	23	24	24	25
16							17	18	19	20	21	21	22	23	23	24	25	25	25
17							17	18	19	20	21	22	23	23	24	25	25	26	26
18							17	18	19	20	21	22	23	24	25	25	26	26	27
19							17	18	20	21	22	23	23	24	25	26	26	27	27
20							17	18	20	21	22	23	24	25	25	26	27	27	28

Ejemplo. En una secuencia de 30 observaciones consistentes en 20 signos + (= N_1) y en 10 signos – (= N_2), los valores críticos de las rachas al nivel de significancia del 0.05 son 9 y 20, como lo indican las tablas D.6a y D.6b, respectivamente. Por consiguiente, si en una aplicación se encuentra que el número de rachas es igual o menor que 9 o igual o mayor que 20, se puede rechazar la hipótesis (a un nivel de significancia del 0.05) de que la secuencia observada es aleatoria.

BIBLIOGRAFÍA SELECTA

Introductoria

Frank, C. R., Jr.: *Statistics and Econometrics,* Holt, Rinehart and Winston, New York, 1971.
Gujarati, Damodar N.: *Essentials of Econometrics,* McGraw-Hill, New York, 1992.
Hu, Teh-Wei: *Econometrics: An Introductory Analysis,* University Park Press, Baltimore, 1973.
Katz, David A.: *Econometric Theory and Applications,* Prentice Hall, Englewood Cliffs, N.J., 1982.
Klein, Lawrence R.: *An Introduction to Econometrics,* Prentice Hall, Englewood Cliffs, N.J., 1962.
Walters, A. A.: *An Introduction to Econometrics,* Macmillan, London, 1968.

Intermedia

Aigner, D. J.: *Basic Econometrics,* Prentice Hall, Englewood Cliffs, N.J., 1971.
Dhrymes, Phoebus J.: *Introductory Econometrics,* Springer-Verlag, New York, 1978.
Dielman, Terry E.: *Applied Regression Analysis for Business and Economics,* PWS-Kent, Boston, 1991.
Draper, N. R., and H. Smith: *Applied Regression Analysis,* 2a. ed., John Wiley & Sons, New York, 1981.
Dutta, M.: *Econometric Methods,* South-Western Publishing Company, Cincinnati, 1975.
Goldberger, A. S.: *Topics in Regression Analysis,* Macmillan, New York, 1968.
Griffith, William E., R. Carter Hill and George G. Judge: *Leaming and Practising Econometrics,* John Wiley & Sons, New York, 1993.
Huang, D. S.: *Regression and Econometric Methods,* John Wiley & Sons, New York, 1970.
Judge, George G., Carter R. Hill, William E. Griffiths, Helmut Lütkepohl, and Tsoung-Chao Lee: *Introduction to the Theory and Practice of Econometrics,* John Wiley & Sons, New York, 1982.
Kelejian, H. A., and W. E. Oates: *Introduction to Econometrics: Pnnciples and Applications,* 2a. ed., Harper & Row, New York, 1981.
Koutsoyiannis, A.: *Theory of Econometrics,* Harper & Row, New York, 1973.

Maddala, G. S.: *Introduction to Econometrics,* Macmillan, 2a. ed., New York, 1992.

Mark, Stewart B., and Kenneth F. Wallis: *Introductory Econometrics,* 2a. ed., John Wiley & Sons, New York, 1981. A Halsted Press Book.

Murphy, James L.: *Introductory Econometrics,* Richard D. Irwin, Homewood, Ill., 1973.

Netter, J., and W. Wasserman: *Applied Linear Statistical Models,* Richard D. Irwin, Homewood, Ill., 1974.

Pindyck, R. S., and D. L. Rubinfeld: *Econometric Models and Econometric Forecasts,* 3a. ed., McGraw-Hill, New York, 1990.

Sprent, Peter: *Models in Regression and Related Topics,* Methuen, London, 1969.

Tintner, Gerhard: *Econometrics,* John Wiley & Sons (science ed.), New York, 1965.

Valavanis, Stefan: *Econometrics: An Introduction to Maximum-Likelihood Methods,* McGraw-Hill, NewYork, 1959.

Wonnacott, R. J., and T. H. Wonnacott: *Econometrics,* 2a. ed., John Wiley & Sons, New York, 1979.

Avanzada

Chow, Gregory C.: *Econometric Methods,* McGraw-Hill, New York, 1983.

Christ, C. F.: *Econometric Models and Methods,* John Wiley & Sons, New York, 1966.

Dhrymes, P. J.: *Econometrics: Statistical Foundations and Applications,* Harper & Row, New York, 1970.

Fomby, Thomas B., Carter R. Hill, y Stanley R. Johnson: *Advanced Econometric Methods,* Springer-Verlag, New York, 1984.

Goldberger, A. S.: *A Course in Econometrics,* Harvard University Press, Cambridge, Mass., 1991.

Goldberger, A. S.: *Econometric Theory,* John Wiley & Sons, New York, 1964.

Greene, William H.: *Econometric Analysis,* 2a. ed., Macmillan, New York, 1993.

Harvey, A. C.: *The Econometric Analysis of Time Series,* 2a. ed., MIT Press, Cambridge, Mass., 1990.

Johnston, J.: *Econometric Methods,* 3a. ed., McGraw-Hill, New York, 1984.

Judge, George G., Carter R. Hill, William E. Griffiths, Helmut Lütkepohl, and Tsoung-Chao Lee: *Theory and Practice of Econometrics,* John Wiley & Sons, New York, 1980.

Klein, Lawrence R.: *A Textbook of Econometrics,* 2a. ed., Prentice Hall, Englewood Cliffs, N.J.,1974.

Kmenta, Jan: *Elements of Econometrics,* 2a. ed., Macmillan, New York, 1986.

Madansky, A.: *Foundations of Econometrics,* North-Holland, Amsterdam, 1976.

Maddala, G. S.: *Econometrics,* McGraw-Hill, New York, 1977.

Malinvaud, E.: *Statistical Methods of Econometrics,* 2a. ed., North-Holland, Amsterdam, 1976.

Theil, Henry: *Principles of Econometrics,* John Wiley & Sons, New York, 1971.

Especializada

Belsley, David A., Edwin Kuh, and Roy E. Welsh: *Regression Diagnostics: Identifying Influential Data and Sources of Collinearity,* John Wiley & Sons, New York, 1980.

Dhrymes, E. J.: *Distributed Lags: Problems of Estimation and Formulation,* Holden-Day, San Francisco, 1971.

Goldfeld, S. M., and R. E. Quandt: *Nonlinear Methods of Econometrics,* North-Holland, Amsterdam, 1972.

Graybill, E. A.: *An Introduction to Linear Statistical Models,* vol. 1, McGraw-Hill, New York, 1961.

Hamilton, James D.: *Time Series Analysis,* Princeton University Press, Princeton, 1994.

Mills, T. C.: *Time Series Techniques for Economists,* Cambridge University Press, 1990.

Rao, C. R.: *Linear Statistical Inference and Its Applications,* 2a. ed., John Wiley & Sons, New York, 1975.

Zellner, A.: *An Introduction to Bayesian Inference in Econometrics,* John Wiley & Sons, New York, 1971

Aplicada

Berndt, Ernst R.: *The Practice of Econometrics: Classic and Contemporary,* Addison-Wesley, 1991.

Bridge, J. I.: *Applied Econometrics,* North-Holland, Amsterdam, 1971.

Cramer, J. S.: *Empirical Econometrics,* North-Holland, Amsterdam, 1969.

Desai, Meghnad: *Applied Econometrics,* McGraw-Hill, New York, 1976.

Kennedy, Peter: *A Guide to Econometrics,* 2a. ed., MIT Press, Cambridge, Mass., 1985.

Leser, C. E. V.: *Econometric Techniques and Problems,* 2a. ed., Hafner, London, 1974.

Mills, T. C.: *The Econometric Modelling of Financial Time Series,* Cambridge University Press, 1993.

Rao, Potluri, and Roger LeRoy Miller: *Applied Econometrics,* Wadsworth, Belmont, Calif., 1971.

Nota: Para una lista de los artículos seminales sobre los diversos temas analizados en este libro, favor consultar la extensa bibiliografía dada al final de cada capítulo en Fomby *et al.*, citada arriba.

ÍNDICE DE AUTORES

ÍNDICE TEMÁTICO